富山県庁	〒930-8501	富山市新総曲輪	
石川県庁	〒920-8580	金沢市鞍月1-1	
福井県庁	〒910-8580	福井市大手3-17-1	0776-21-1111
山梨県庁	〒400-8501	甲府市丸の内1-6-1	055-237-1111
長野県庁	〒380-8570	長野市南長野幅下692-21	026-232-0111
岐阜県庁	〒500-8570	岐阜市藪田南2-1-1	058-272-1111
静岡県庁	〒420-8601	静岡市追手町9-6	054-221-2455
愛知県庁	〒460-8501	名古屋市中区三の丸3-1-2	052-961-2111
三重県庁	〒514-8570	津市広明町13	059-224-3070
滋賀県庁	〒520-8577	大津市京町4-1-1	077-524-1121
京都府庁	〒602-8570	京都市上京区下立売通新町西入藪ノ内町	075-451-8111
大阪府庁	〒540-8570	大阪市中央区大手前2	06-6941-0351
兵庫県庁	〒650-8567	神戸市中央区下山手通5-10-1	078-341-7711
奈良県庁	〒630-8501	奈良市登大路町30	0742-22-1101
和歌山県庁	〒640-8585	和歌山市小松原通1-1	073-432-4111
鳥取県庁	〒680-8570	鳥取市東町1-220	0857-26-7111
島根県庁	〒690-8501	松江市殿町1	0852-22-5111
岡山県庁	〒700-8570	岡山市内山下2-4-6	086-224-2111
広島県庁	〒730-8511	広島市中区基町10-52	082-228-2111
山口県庁	〒753-8501	山口市滝町1-1	083-922-3111
徳島県庁	〒770-8570	徳島市万代町1-1	088-621-2500
香川県庁	〒760-8570	高松市番町4-1-10	087-831-1111
愛媛県庁	〒790-8570	松山市一番町4-4-2	089-941-2111
高知県庁	〒780-8570	高知市丸の内1-2-20	088-823-1111
福岡県庁	〒812-8577	福岡市博多区東公園7-7	092-651-1111
佐賀県庁	〒840-8570	佐賀市城内1-1-59	0952-24-2111
長崎県庁	〒850-8570	長崎市江戸町2-13	095-824-1111
熊本県庁	〒862-8570	熊本市水前寺6-18-1	096-383-1111
大分県庁	〒870-8501	大分市大手町3-1-1	097-536-1111
宮崎県庁	〒880-8501	宮崎市橘通東2-10-1	0985-24-1111
鹿児島県庁	〒890-8577	鹿児島市鴨池新町10-1	099-286-2111
沖縄県庁	〒900-8570	那覇市泉崎1-2-2	098-866-2333

[新訂]

現代政治家人名事典

中央・地方の政治家4000人

日外アソシエーツ

Contemporary Japanese Statesmen
A
Biographical Dictionary
Revised Edition

Compiled by
Nichigai Associates, Inc.

©2005 by Nichigai Associates, Inc.

Printed in Japan

本書はディジタルデータでご利用いただくことができます。詳細はお問い合わせください。

●編集スタッフ● 青木 竜馬／寺沢 静恵／岩崎 奈菜／河原 努
装 丁：浅海 亜矢子

刊行にあたって

　前版（現代政治家人名事典）が刊行されたのは1999年1月のことであった。当時の首相は小渕恵三氏である。政権は自民党―自由党―公明党の連立与党によって運営されていた。わずか5年前のことだが、今、当時を振り返ると、何か遠い過去の出来事のように感じはしないだろうか。

　この間に、「改革しないのであれば私が自民党をぶっ壊す」と宣言した小泉純一郎氏が首相に就任し、政権交代可能な二大政党時代をより現実のものとするために民主党と自由党が合併した。そして衆議院選が2度、参議院選は1度行われた。2003年には統一地方選があり、2004年に入ってからは市町村合併による新しい市長選びが各地で行われた。そして選挙では、かつてのように政党、支持団体との結びつきの強さを誇示する候補が苦戦を強いられ、無党派層にいかに訴求出来るかが当落の焦点となった。

　国政、地方を問わず、この5年間にかなりの数の政治家が引退した。また有力といわれた政治家が落選するケースも多く見られた。利益誘導型の政治家が退場し、かつては「数は力」とうそぶいていた派閥の力が弱まった。一方で、秘書給与問題や年金未納問題などの不祥事で辞任・辞職する政治家が相変わらず相次いでもいる。

　政治を取り巻く状況は依然として厳しい。国、地方自治体の財政は危機的状況にある。凶悪犯罪の頻発、検挙率の低下など治安悪化にも歯止めはかかっていない。急激な少子・高齢化社会をむかえ、福祉、教育はどのような方向に進むのか、環境問題は、災害対策は、新たな産業の振興はなどなど、国内問題に目を向けただけでも、政治

がリーダーシップを果たすべき問題が山積されている。

　本書は、1984年から現在までの約20年間に、選挙によって選ばれた政治家4,209人を収録した人名事典である。中央政界で活躍する国会議員全員の他、地方政治を担う知事および市長、特別区長全員、それに一部町村長をも収録した。従って、新たに当選した議員はもちろんの事、この期間に引退、落選した政治家も収録している。

　なお本書制作にあたっては、弊社が構築・維持しているデータベース「WHO」を利用した。「WHO」は日々更新されており、本書刊行後の変動も随時反映されている。併せてご利用いただけると幸いである。

　本書が、この混沌とした政治的状況の中で、政治家を知る手段の一つになればと願っている。

　2004年12月

　　　　　　　　　　　　　　　　　　　　　日外アソシエーツ

凡　例

1．基本方針

1）1984年（昭和59年）以降に実施された公選で選ばれた政治家4,209人を収録した。

2）上記に該当する国会議員全員、知事・市長・特別区長の全員、および顕著な業績のある町村長を収録対象とした。

2．人名見出し

1）見出しには、政治家として普段使用している名前を本名、芸名等の別なく採用した。採用しなかった名前については適宜、参照見出しとした。

2）使用漢字は原則常用漢字、新字体に統一した。

3．プロフィール

記載事項およびその順序は以下の通り。

肩書・職業（所属政党、選挙区）／[専] 専攻分野／[生] 生年月日／[没] 没年月日／[生] 出生（出身）地／本名、旧姓（名）、別名／[学] 学歴、学位／[資] 資格／[興] 興味テーマ／[歴] 経歴／[賞] 受賞名／[団] 所属団体名／[趣] 趣味／[家] 家族／【著書】著書【評伝】評伝／ホームページ

1）選挙区は現職の国会議員に限って掲載した。

2）著書、評伝は政治活動に関係の深い最近の図書を中心に、合計で１人最大10点まで掲載した。なお、関連書籍にはその人物の評伝や伝記的要素の強い書籍を含めた。

4．主な参考資料

「データベースＷＨＯ」　日外アソシエーツ

【 あ 】

相川 堅治 あいかわ・けんじ
富里市長 ㊐昭和15年3月6日 ㊫成田高卒 ㊭富里市が村だった昭和58年以来、村議、町議、市議に5期連続当選。この間、7年にわたり議長を務める。平成15年市長に当選。

相川 宗一 あいかわ・そういち
さいたま市長 ㊐昭17.9.13 ㊞埼玉県浦和市 ㊫慶応義塾大学商学部(昭和40年)卒 ㊭浦和青年会議所理事長を経て、昭和55年以来自民党から埼玉県議に3選。平成3年浦和市長に当選、3期つとめる。13年5月浦和市は大宮市、与野市と合併して、さいたま市となり、同月初代市長に当選。15年4月さいたま市は全国で13番目の政令指定都市となる。 ㊮ゴルフ, 読書 ㊎祖父＝相川宗次郎(浦和市長), 父＝相川曹司(ナンブ社長・浦和市長)

相川 義雄 あいかわ・よしお
富里市長 ㊐大正15年1月27日 ㊞千葉県 ㊫千葉師範卒 ㊭富里町収入役を経て、町長に当選。平成14年富里市に昇格し、市長に就任。通算3期つとめる。15年引退。

逢沢 一郎 あいさわ・いちろう
衆院議員(自民党 岡山1区) 外務副大臣 ㊐昭和29年6月10日 ㊞岡山県岡山市住吉町 ㊫慶応義塾大学工学部(昭和54年)卒, 松下政経塾(昭和60年)卒 ㊭松下政経塾の1期生。祖父、父がともに衆院議員という3代目。昭和58年の選挙で父が次点となり、61年かわりに岡山1区から出馬して当選。平成15年小泉第2次改造内閣の外務副大臣に就任。6期目。宮沢派、加藤派を経て、小里グループ。 ㊎祖父＝逢沢寛(衆院議員), 父＝逢沢英雄(衆院議員) http://www.aisawa.net/

相沢 英之 あいざわ・ひでゆき
衆院議員(自民党) 金融再生委員会委員長 ㊐大正8年7月4日 ㊞大分県宇佐市 ㊫東京帝国大学法学部政治学科(昭和17年)卒 ㊫勲一等旭日大綬章(平成14年) ㊭大蔵省に入り、大蔵省理財局長、主計局長などを歴任、昭和48年大蔵事務次官。翌年退官し、51年以来妻の実家のある鳥取県から衆院議員に当選9回。平成2年第2次海部内閣の経済企画庁長官に就任。10年12月宮沢派を離脱し河野グループに参加。12年7月更迭された久世公堯の後任として第2次森連立内閣の金融再生委員会委員長に就任。15年の総選挙ではかつて自らの公設秘書を務めた川上義博に破れ落選。 ㊎妻＝司葉子(女優) http://www22.ocn.ne.jp/~aizawa/
【著書】読者諸賢いかに思われるか? (ぶんか社 '04)／一日生涯(ぶんか社 '00)
【評伝】花やさしく(司葉子著 講談社'92)／藤原弘達のグリーン放談〈6〉天真爛漫(藤原弘達編 藤原弘達著作刊行会'87)

会田 真一 あいだ・しんいち
守谷市長 ㊐昭和26年2月2日 ㊫中央大学文学部中退 ㊭守谷町長を経て、平成14年市制施行に伴い守谷市長に就任。2期目。

会田 長栄 あいた・ちょうえい
参院議員(社会党) ㊐昭3.8.5 ㊞福島県石川郡浅川町 ㊫石川中(昭和24年)卒 ㊫勲三等旭日中綬章(平成15年) ㊭福島県労協議長、福島県教組委員長を経て、平成元年参院議員に当選。7年落選。

愛知 和男 あいち・かずお

衆院議員（自民党） 防衛庁長官 日本ナショナルトラスト協会会長 日米地域間交流推進協会理事長 [生]昭和12年7月20日 [出]東京 中田 [学]東京大学法学部（昭和36年）卒 [歴]昭和36年日本鋼管に入社。39年元蔵相・愛知揆一の婿養子となる。義父の秘書官を務め、49年1月仙台市長選に出馬したが敗退。51年自民党から衆院選に義父の後を継いで立候補し、当選。外務政務次官、労働政務次官、文教委員長を歴任。平成元年の宮城知事選挙に立候補を予定していたが断念。2年第2次海部改造内閣の環境庁長官に就任。当選8回。竹下派、羽田派を経て、5年6月新生党結成に参加。同年12月防衛庁長官に就任。6年新進党結成に参加したが、9年7月離党し、自民党に戻る。旧小渕派。12年落選。14年政界引退を表明。日本ナショナルトラスト協会会長、日米地域間交流推進協会理事長など役職多数。 [趣]ゴルフ，スキー，音楽 [家]二男＝愛知治郎（参院議員），父＝中田亮吉（日総建社長） http://www.aichi-kazuo.net/

【著書】次世代の日本へ（恒文社21;恒文社〔発売〕'02）／ここを変革すれば日本は必ずよくなる（かんき出版 '95）／共生世界論（プレジデント社 '94）／地球環境の視点に立った世直し論（プレジデント社 '92）／各界首脳と語る（不昧堂出版 '86）

【評伝】改革に挑む男たち（山本集著 日刊スポーツ出版社'95）

愛知 治郎 あいち・じろう

参院議員（自民党 宮城） [生]昭和44年6月23日 [出]宮城県仙台市 [学]中央大学法学部（平成7年）卒 [歴]法律事務所勤務、財団法人常務理事、父・愛知和男衆院議員秘書などを経て、平成13年参院議員に当選。無派閥。 [家]父＝愛知和男（衆院議員），祖父＝愛知揆一（外相・蔵相），中田亮吉（日総建社長） http://www.a-jiro.jp/

愛野 興一郎 あいの・こういちろう

衆院議員（民政党） 経済企画庁長官 [生]昭和3年4月18日 [没]平成10年3月20日 [出]佐賀県鹿島市 [学]中央大学法学部（昭和26年）卒 [歴]民政党代議士だった父の跡を継ぎ、農協組合長、県議。昭和47年自民党から衆院議員に当選。外務政務次官、総理府総務副長官、衆院文教委員長を経て、平成元年竹下改造内閣の経済企画庁長官に就任。竹下派、羽田派、5年6月新生党を経て、6年新進党、10年1月国民の声結成に参加。9期務めた。 [家]父＝愛野時一郎（衆院議員），弟＝福岡政文（佐賀日産社長），愛野克明（東日本観光バス社長）

【評伝】世紀末の日本政治（本沢二郎著 データハウス'94）

相原 正明 あいはら・まさあき

江刺市長 [生]昭和23年3月1日 [学]東北大学法学部卒 [歴]岩手県企業局長を経て、平成15年江刺市長に当選。

青木 愛 あおき・あい

衆院議員（民主党 比例・南関東） [生]昭和40年8月18日 [出]千葉県安房郡千倉町 [学]千葉大学教育学部（昭和63年）卒，千葉大学大学院教育学研究科（平成11年）修了 [資]保育士 [歴]大学卒業後から音楽活動を開始。平成元年、テレビ朝日系「トゥナイト」のエンディング・テーマ曲「愛は蜃気楼の中に」でデビュー。ラジオのDJとしても活躍。その後、千葉大学大学院で保育学を学び、平成12年から千葉県千倉町のゆうひが丘保育園に勤務。15年少子化対策などを公約に掲げて衆院選千葉12区に立候補、浜田靖一防衛庁副長官を相手に善戦のすえ敗れるも、比例区で当選。 http://www.awa.or.jp/home.aoki-ai/

青木 勇　あおき・いさむ
葛飾(東京都)区長　⊕昭和9年11月16日　⊕福岡県福岡市　⊕中央大学法学部(昭和36年)卒　⊕昭和36年葛飾区に入り、厚生部長、総務部長、企画部長を経て、平成3年助役。5年葛飾区長に当選。3期目。　⊕バレーボール

青木 英二　あおき・えいじ
目黒(東京都)区長　⊕昭和30年3月29日　⊕東京都目黒区　⊕慶応義塾大学経済学部(昭和53年)卒　⊕学習塾を経営。昭和58年以来目黒区議2期。平成3年東京都議に当選、自民党都青年部副部長を務める。5年6月落選。9年7月民主党より立候補するが落選。13年返り咲き。通算2期。16年目黒区長に当選。

青木 銀一　あおき・ぎんいち
三笠市長　⊕昭和4年11月19日　⊕北海道夕張市　⊕札幌鉄道教習所(昭和21年)卒　⊕旭日小綬章　⊕三笠市役所に入り、経済振興課長などを経て、昭和54年助役。のち商工会副会長。平成3年三笠市長に当選、3期務め、15年引退。

青木 茂　あおき・しげる
参院議員(サラリーマン新党)　⊕生活経済学　⊕大正11年10月29日　⊕愛知県豊橋市　⊕東京帝国大学商業学科(昭和21年)卒　⊕勲三等旭日中綬章(平成4年)　⊕愛知県立時習館高校教諭から、昭和26年愛知教育大学に転じ、48年から大妻女子大学短期大学部教授を務めた。44年サラリーマン同盟、45年サラリーマン新党、56年日本納税者連合を結成。58年6月の参院選で、サラリーマン新党から当選。平成元年落選し、党代表を辞任、最高顧問となる。その後サラリーマン新党が解散し、4年の参院選では社民連の比例区1位で出馬したが、再び落選。著書に「これで税金が必ずとり戻せる」「サラリーマン『民富論』」「中流の上の生活法」など多数。　⊕ビデオ編集

【著書】検証「税制改革」(ビジネス社'94)／サラリーマンは永遠に不滅です。(ビジネス社'94)／時代の断崖(毎日新聞社'90)／永田町まかせの税制が日本を滅ぼす(主婦の友社'90)

青木 薪次　あおき・しんじ
参院議員(社民党)　労相　⊕大正15年4月8日　⊕静岡県　⊕鉄道教習所修了　⊕勲一等瑞宝章(平成11年)　⊕戦後国労の結成に参加、静岡県評議長を経て、昭和49年以来参院議員に4選。平成7年村山改造内閣の労相に就任。10年引退。

青木 一　あおき・はじめ
中野市長　歯科医　⊕昭和23年10月9日　⊕長野県中野市　⊕日本歯科大学　⊕昭和50年青木歯科医院を開業。のち中野青年会議所理事長として長野五輪招致運動などに携わる。平成15年長野県歯科医師連盟理事長。16年中野市長選に出馬、初当選を果たす。

青木 久　あおき・ひさし
郡山市長　福島県議(新民ク)　⊕大11.8.18　⊕福島県　⊕山形工卒　⊕日東紡富久山工場勤務、郡山地労委議長、福島県労働金庫を経て、昭和34年以来福島県議に6選。60年郡山市長に当選、2期つとめる。平成5年引退。　⊕絵画

青木 久　あおき・ひさし
立川市長　⊕大正14年5月28日　⊕東京都立川市　⊕盛岡工専(昭和22年)卒　⊕中学教諭、立川市助役などを経て、昭和62年8月立川市長に当選。5期目。

青木 宏之　あおき・ひろゆき
衆院議員(保守党)　⊕昭和20年1月20日　⊕愛知県　⊕大阪大学法学部(昭和42年)卒　⊕衆院議員・春日一幸秘書を経て、昭和54年以来民社党から愛知県議に当選4回。平成5年新生党に転じて、衆院議員に当選。6年新進党、10年1月自由党、12年保守党に参加。同年落選。2期務めた。　⊕囲碁，ゴルフ

青木 正久　あおき・まさひさ
衆院議員(自民党)　環境庁長官　[生]大正12年1月22日　[没]平成13年8月6日　[出]埼玉県北埼玉郡川里村　[学]東京帝大法学部(昭和22年)卒　[賞]オーストリア政府グランド・デコレーション・オナー(昭和61年),勲一等瑞宝章(平成8年)　[歴]昭和22年東京新聞社に入社。ニューヨーク支局長、編集局長を経て、41年退社。42年以来衆院議員に7選。63年竹下改造内閣の環境庁長官に就任。渡辺派。平成5年落選。　[趣]バラ作り,クラシック音楽　[家]父=青木正(自治相)
【著書】国会議員のふつうの生活(文芸春秋 '94)
【評伝】政界趣味の紳士録(田崎喜朗編著 政経通信社'89)

青木 幹雄　あおき・みきお
参院議員(自民党　島根)　内閣官房長官　[生]昭和9年6月8日　[出]島根県簸川郡大社町　[学]早稲田大学法学部中退　[歴]早大時代は雄弁会に属し、幹事長に就任。昭和33年竹下登の衆院選出馬を応援、そのまま秘書となる。42年島根県議に当選、5期。58年副議長をつとめる。61年参院議員に当選。4期目。竹下派、小渕派を経て、旧橋本派。平成8年自民党副幹事長。11年10月小渕第2次改造内閣の内閣官房長官、沖縄開発庁長官に就任。12年4月小渕首相が脳こうそくで緊急入院したのを受け、首相臨時代理を務めた。同月森連立内閣でも内閣官房長官、沖縄開発庁長官に留任。10年7月参院幹事長を経て、16年7月から参院議員会長を務める。
【評伝】一流のリーダー 二流のボス(小林吉弥著 双葉社'00)／実力政治家を輩出する「早大雄弁会」の研究(大下英治著 PHP研究所'88)

青島 幸男　あおしま・ゆきお
二院クラブ代表　東京都知事　参院議員　タレント　作家　[生]昭和7年7月17日　[出]東京市日本橋区堀留町(現・中央区)　[学]早稲田大学商学部(昭和30年)卒,早稲田大学大学院中退　[賞]直木賞(第35回)(昭和56年)「人間万事塞翁が丙午」,カンヌ国際映画祭批評家週間入選「鐘」　[歴]日本橋の仕出し弁当屋「弁菊」の二男に生まれる。昭和34年フジテレビ「おとなの漫画」の台本を執筆、植木等の歌った"スーダラ節"、38年坂本九が歌った「明日があるさ」の作詞も手掛ける。41年青島幸男プロ製作の映画「鐘」を脚本・監督・主演で撮り、カンヌ国際映画祭批評家週間に入選。以来、テレビを中心に脚本「泣いてたまるか」「意地悪婆さん」(主演も)、司会「お昼のワイドショー」、タレント「シャボン玉ホリデー」と大活躍していたが、43年政治家に転向、参議院全国区に当選する。以後政見放送と公報以外の選挙運動をしない方式で連続4選。この間、市川房枝亡き後二院クラブの代表となる。平成元年4月予算の強行採決に抗議して辞任。同年の参院選で落選。4年復帰し、通算5期。7年辞職して東京都知事選に立候補。政党の応援を一切受けず、政見放送以外は選挙運動も全くしないという独自のスタイルで、保革相乗りの石原元官房副長官を破って当選。同年5月東京都市博の中止を決断した。11年4月の知事選には出馬せず、退任。以後、タレント活動を再開するが、同年二院クラブより参院選比例区に、16年参院選東京選挙区に立候補。小説も書き、昭和56年には「人間万事塞翁が丙午」で直木賞受賞。ほかの著書に「蒼天に翔ける」「極楽トンボ」「繁昌にほんばし弁菊」など。俳優として映画「釣りバカ日誌12 史上最大の有給休暇」「死に花」に出演。　[団]日本映画監督協会,日本作詩家協会
【著書】ドーンと都政じわじわ革命(ぎょうせい '98)／新世紀のココロ(青島幸男,石ノ森章太郎著 勁文社'95)／青島幸男とたった七人の挑戦(徳間書店 '95)／青島幸男の金丸倒せ100万通大作戦(汐文社 '92)

／青島の意地悪議員日記(新潮社'82)／青島幸男の国会を話そうか(ダイヤモンド社'81)
【評伝】東京都の肖像(塚田博康著 都政新報社'02)／都知事とは何か(内藤国夫著 草思社'99)／変節の人(矢崎泰久著 飛鳥新社'97)／どうする!青島知事(山崎泰著 ぱる出版'96)

青野 照雄　あおの・てるお
東予市長　⊕昭和6年10月24日　⊕愛媛県東予市　㊦西条農(昭和24年)卒　㊥勲四等瑞宝章(平成13年)　㊦昭和54年愛媛県人事課長、57年調整監、58年総務部次長、59年議会事務局長を経て、61年公営企業管理局長、62年出納長。平成元年3月退職し、3年東予市長に当選。7年、15年落選。　㊦園芸、ゴルフ、読書

青野 勝　あおの・まさる
東予市長　⊕昭和32年1月12日　⊕愛媛県東予市　㊦慶応義塾大学経済学部(昭和55年)卒　㊦周桑農協庶務課長などを経て、平成7年東予市長に当選。3期目。　㊦野球、アウトドアスポーツ

青山 丘　あおやま・たかし
衆院議員(自民党　比例・東海)　⊕昭和16年4月11日　⊕愛知県瀬戸市　㊦慶応義塾大学法学部(昭和39年)卒　㊦昭和39年青山硝子入社。46年から瀬戸市議2期を経て、51年以来民社党から衆院議員に5選。平成2年落選。5年再選。6年新進党結成に参加。新進党の分裂では自由党に参加。保守党を経て、12年自民党入り。13年小泉内閣の文部科学副大臣に就任。通算9期目。亀井派入り。13年小泉内閣の文部科学副大臣に就任。通算9期目。亀井派入り。　㊦兄=青山優(青山硝子社長)　http://www.sunflower.or.jp/~aotaka/

青山 二三　あおやま・ふみ
衆院議員(公明党)　⊕昭和13年11月7日　⊕徳島県　㊦奈良高(昭和32年)卒　㊦昭和58年足利市議を経て、62年から栃木県議に2選。平成5年公明党から衆院議員に当選。6年新進党、10年1月新党平和結成に参加。11月公明党に合流。3期務め、15年引退。　㊦読書、旅行

青山 良道　あおやま・よしみち
中野区(東京都)区長　⊕大正3年3月31日　⊕昭和61年4月23日　⊕静岡県御殿場市　㊦立正大学専門部地理学科(昭和18年)卒　㊦府立三中(現・両国高校)教諭、都高教組委員長、社会党都議などを経て、昭和54年中野区長に当選。以来教育委員の準公選など住民参加の行政を進め、57年8月「憲法擁護・非核都市宣言」を行なう。59年第1回非核自治体国際会議に日本の非核宣言都市の代表として参加した。　㊦絵画鑑賞、写真

赤井 邦男　あかい・くにお
紋別市長　⊕昭和16年7月14日　⊕北海道紋別市　㊦紋別高卒　㊦紋別市会議長を経て、平成9年紋別市長に当選。2期目。

赤城 徳彦　あかぎ・のりひこ
衆院議員(自民党　茨城1区)　⊕昭和34年4月18日　⊕東京都　㊦東京大学法学部(昭和58年)卒　㊦昭和58年農水省に入省。農蚕園芸局総務課総括係長、林野庁企画課法令係長、官房企画官などを経て昭和63年に退官、祖父の衆院議員・赤城宗徳秘書となる。平成2年衆院議員に当選、5期目。14年小泉改造内閣の防衛庁副長官。16年衆院に新設された北朝鮮による拉致問題等に関する特別委員会委員長に就任。高村派。　㊦ドライブ、水泳、ウインドサーフィン　㊦祖父=赤城宗徳(衆院議員)　http://www.akaginorihiko.com/

赤城 宗徳　あかぎ・むねのり
衆院議員(自民党)　農相　[生]明治37年12月2日　[没]平成5年11月11日　[出]茨城県真壁郡明野町　[学]東京帝国大学法学部法律学科(昭和2年)卒　[賞]勲一等旭日大綬章(昭和50年),ソ連民族友好勲章(昭和55年)　[歴]昭和10年茨城県議を経て、12年衆院議員初当選、以来茨城3区から当選15回。農相(計6回)、官房長官、防衛庁長官、党総務・政調会長などを歴任した。防衛庁長官だった35年の安保騒動では岸首相からの自衛隊出動要請を拒否した。川島派、椎名派を経て、河本派長老。平成2年引退。著書に「平将門」「わが百姓の記」。
[家]弟=赤城正武(NHK専務理事),孫=赤城徳彦(衆院議員)
【著書】素顔のソ連邦(徳間書店 '80)
【評伝】藤原弘達のグリーン放談〈1〉臨機応変(藤原弘達編 藤原弘達著作刊行会;学習研究社〔発売〕'86)

赤木 欣康　あかぎ・よしやす
日向市長　[生]昭和28年3月9日　[出]宮崎県日向市　[学]東京農業大学農経営農学部(昭和50年)卒　[歴]衆院議員秘書を経て、平成8年日向市長に当選、1期務める。12年落選。　[趣]読書

赤桐 操　あかぎり・みさお
参院議員(社民党)　[生]大正9年6月5日　[出]千葉県銚子市　[学]匝嵯中(昭和14年)卒　[賞]勲一等旭日大綬章(平成10年)　[歴]昭和14年銚子郵便局に勤務。戦後労働運動に入り、28年全逓千葉地本執行委員長、35年千葉県労連協議会議長などを歴任後、49年以来参院議員に4選。社会党参院議員会長などを経て、平成4年参院副議長となる。10年引退。著書に「福祉政治への転換」がある。　[趣]読書

赤崎 義則　あかさき・よしのり
鹿児島市長　[生]昭和2年9月11日　[出]鹿児島県　[学]鹿児島農専(昭和24年)卒　[歴]昭和24年鹿児島市役所に入る。50年行政部長、52年総務局長、59年助役を経て、同年市長に当選。5期。平成11年全国市長会会長に就任。16年引退。

赤沢 申也　あかざわ・しんや
さぬき市長　[生]昭和22年6月30日　[出]香川県大川郡志度町(現・さぬき市)　[学]日本大学経済学部(昭和45年)卒　[歴]平成3年香川県・志度町議を経て、7年町長に当選、2期。14年4月志度町、津田町、大川町、寒川町、長尾町が合併したさぬき市長選に出馬、当選。

赤羽 一嘉　あかば・かずよし
衆院議員(公明党　兵庫2区)　[生]昭和33年5月7日　[出]東京都　[学]慶応義塾大学法学部(昭和58年)卒　[歴]三井物産社員を経て、平成5年公明党から衆院議員に当選。6年新進党、10年1月新党平和、10年11月新公明党結成に参加。4期目。
http://www.akaba-now.com/

赤松 寿男　あかまつ・としお
中津村(和歌山県)村長　[生]昭和3年11月13日　[学]日高中(旧制)卒　[歴]中津村税務課長、総務課長、助役を経て、平成4年まで村長を4期務める。のち和歌山県県教育委員。一方、村長時代の昭和59年、日高高校中津分校に野球部を創設、後援会長も務めた。平成9年同校は分校として初めて甲子園に出場。　[趣]盆栽,ゴルフ

赤松 広隆　あかまつ・ひろたか
衆院議員(民主党　愛知5区)　[生]昭和23年5月3日　[出]愛知県名古屋市昭和区
[学]早稲田大学政経学部(昭和46年)卒
[資]一般旅行業業務取扱主任者　[歴]日通航空添乗員を経て、昭和54年以来愛知県議に3選。平成2年以来衆院議員に5選。4年社会党書記長に就任。8年

社民党を経て、民主党に参加。
⚫︎野球, ゴルフ, 読書, テニス　⚫︎父=赤松勇(衆院議員)　http://www.fsinet.or.jp/~akamatsu/
【著書】我等、デモクラッツ。(にんげん社'94)

赤松　正雄　あかまつ・まさお
衆院議員(公明党　比例・近畿)　⚫︎昭和20年11月26日　⚫︎兵庫県　⚫︎慶応義塾大学法学部(昭和44年)卒　⚫︎公明新聞に入り、政策部副部長、月刊誌「公明」の副編集長を務めたのち、公明党衆議院議員国会対策事務局長を経て、同党兵庫県運動局長。平成2年公明党から衆院選に出馬。5年当選。6年新進党、10年1月新党平和、同年11月新公明党結成に参加。4期目。また読書録を自身のメールマガジンで公表する他、「忙中本あり　新幹線車中読書録」などの著書がある。
http://www.akamatsu.net/
【評伝】改革に挑む男たち(山本集著　日刊スポーツ出版社'95)

赤松　良子　あかまつ・りょうこ
文相　文京学院大学大学院客員教授　滋賀県立芸術劇場びわ湖ホール顧問　⚫︎婦人労働問題　⚫︎昭和4年8月24日　⚫︎大阪府大阪市天王寺区　⚫︎津田塾専門学校英語科(昭和25年)卒、東京大学法学部(昭和28年)卒　⚫︎女性解放思想　⚫︎大阪府女性基金プリムラ賞(平成7年)、旭日大綬章(平成15年)　⚫︎昭和28年労働省に入省。45年労働省婦人少年局婦人課長、50年山梨労働基準局長、53年総理府婦人問題担当室長などを経て、54年8月～57年9月国連日本政府代表部公使としてニューヨークへ単身赴任。男女差別撤廃条約の審議に参加し、条約採択にこぎつけた。57年9月婦人少年局長、59年6月から婦人局長。「男女雇用機会均等法案」づくりに専念した。61年1月史上2人目の女性大使としてウルグアイ大使に就任。平成元年退官し、女性職業財団会長、4年文京女子大学(現・文京学院大学)教授を経て、5年細川内閣の文相に就任。羽田内閣でも留任。6年退官し、文京女子大学教授、のち客員教授。9年国際女性の地位協会により、女性差別撤廃条約の研究と普及に努めた人に贈る賞として赤松良子賞が創設される。11年"多くの女性を政治の場へ"と女性候補者支援の募金ネットワーク・WIN WINを結成、代表を務める。　⚫︎社会政策学会、国際人権法学会、国際女性地位協会　⚫︎クラシック音楽
【著書】女性差別撤廃条約とNGO(赤松良子, 山下泰子監修, 日本女性差別撤廃条約NGOネットワーク編　明石書店'03)／均等法をつくる(勁草書房'03)／赤松良子(日本図書センター'01)／詳説 男女雇用機会均等法及び労働基準法(女子関係)(女性職業財団'90)／うるわしのウルグアイ(平凡社'90)／女の力はどう変わる？(赤松良子, フレイザー, A., 藤原房子著　岩波書店'90)／女性と企業の新時代(花見忠, 赤松良子, 渡辺まゆみ著　有斐閣'86)
【評伝】公務員 赤松良子(杉山由美子著　理論社'03)／続 わが道(藤田たき著　ドメス出版'88)／私の転機(朝日新聞「こころ」のページ編　海竜社'86)

赤嶺　政賢　あかみね・せいけん
衆院議員(共産党　比例・九州)　⚫︎昭和22年12月18日　⚫︎沖縄県那覇市　⚫︎東京教育大学文学部(昭和46年)卒　⚫︎那覇市議3期を経て、平成12年共産党から衆院選比例区に当選。2期目。党沖縄県委員長。　http://www.akamine-seiken.naha.okinawa.jp/

秋岡　毅　あきおか・つよし
高梁市長　⚫︎昭和16年2月15日　⚫︎慶応義塾大学商学部卒　⚫︎昭和61年から成羽町長に5選。平成16年高梁市長に当選。　⚫︎父=秋岡博(成羽町長)

あきは

秋葉 忠利 あきば・ただとし
広島市長　衆院議員(社民党)　⊕位相幾何学　⊕昭和17年11月3日　⊕東京　⊕東京大学理学部(昭和41年)卒，東京大学大学院博士課程修了，マサチューセッツ工科大学大学院(昭和45年)博士課程修了 Ph.D.　⊕人間社会;地球;真理　⊕高校時代，AFS留学生として渡米。大学院修了後，マサチューセッツ工科大学に留学し，博士号を取得。ニューヨーク州立大学講師を経て，タフツ大学(マサチューセッツ州)准教授。昭和63年広島修道大学教授。情報技術と社会との関係を調査・研究するための学内組織ノーバート・ウィーナー・フォーラム議長。また，ビジネス・コンサルタントや同時通訳者としても国際的に活躍。53年原爆被災を世界に正しく理解してもらうためのプロジェクトを提唱。これを広島国際文化財団が受けて，"アキバ・プロジェクト"が発足。54年から毎年8月に海外のローカル記者を広島・長崎に招聘している。テレビのキャスターもつとめる。平成2年衆院議員に当選。3期。8年1月社会党委員長選に立候補した。10年社民党政審会長を務める。11年2月広島市長に当選。2期目。主な著書に「顔を持ったコンピュータ」「真珠と桜」，訳書にワイゼンバウム「コンピュータ・パワー」，ヘイズ「時間の三層」など。
【著書】報復ではなく和解を(岩波書店 '04)／夜明けを待つ政治の季節に(三省堂 '93)

秋元 大吉郎 あきもと・だいきちろう
流山市長　俳人　⊕昭和2年4月16日　⊕千葉県　⊕東葛飾中(旧制)卒　⊕流山市議1期，千葉県議2期を経て，昭和58年流山市長に当選，2期。平成3年落選。また俳人としても知られ，句集「初蝶」がある。　⊕日本ペンクラブ

秋元 司 あきもと・つかさ
参院議員(自民党　比例)　⊕昭和46年10月23日　⊕東京都足立区　⊕大東文化大学経済学部(平成8年)卒　⊕大学在学中に小林興起衆院議員の学生秘書となる。平成12年公設第1秘書。16年参院選比例区に自民党から当選。
http://www.akimoto-web.jp/

穐山 篤 あきやま・あつし
参院議員(社会党)　⊕昭和2年1月16日　⊕平成16年4月18日　⊕山梨県甲府市　⊕甲府工土木科(昭和19年)卒　⊕国労静岡地本書記長，昭和44年全日本交通運輸労組協議会事務局長，48年日本ジャーナリスト協会副理事を経て，52年社会党から参院議員に当選。当選3回。参院国対副委員長，決算委員長などを歴任。平成7年引退。　⊕読書，釣り，登山

秋山 幸一 あきやま・こういち
韮崎市長　⊕大正13年3月31日　⊕山梨県　⊕円野青年学校卒　⊕紺綬褒章，勲四等旭日小綬章(平成15年)　⊕韮崎市議2期を経て，昭和54年から山梨県議に4選。62年副議長に就任。平成6年韮崎市長に当選。10年落選。　⊕旅行，スポーツ，剣道

秋山 皐二郎 あきやま・こうじろう
八戸市長　⊕明43.2.22　⊕青森県八戸市　⊕中央大学法学部(昭和11年)卒　⊕勲三等旭日中綬章(平成2年)　⊕昭和27年八戸市議，32年八戸漁協連会長，34年青森県議，42年県会副議長を経て，44年以来八戸市長に5選。平成元年引退。

秋山 重友 あきやま・しげとも
大月市長　⊕昭和6年4月24日　⊕平成7年6月24日　⊕山梨県　⊕日本大学工学部中退　⊕昭和28年秋山商店勤務を経て，35年中央産業を設立，社長。40年鳥沢交通取締役，43年中央開発代表取締役，49年桂川砂利興業に合併，新た

に中央産業を設立、社長に就任。平成4年大月市長に当選。

秋山 隆雄 あきやま・たかお
大島町(長崎県)町長 [生]昭和3年12月27日 [出]長崎県西彼杵郡大瀬戸町 [学]鹿児島農林専(現・鹿児島大学) [賞]旭日中綬章(平成15年) [歴]昭和27年生糸会社から長崎県大島町役場に移る。助役を経て、50年大島町長に当選。7期務め、平成15年引退。炭鉱閉山後の復興のため造船所誘致、焼酎会社や海藻加工公社を設立。また本格的な音楽ホール、完熟トマト栽培、ヒツジ飼育など独自の町おこしを進め、平成元年第1回活力ある町づくり賞自治大臣表彰を受けた。

秋山 長造 あきやま・ちょうぞう
参院議員(社会党) [生]大正6年3月21日 [出]岡山県都窪郡妹尾町 [学]東京帝大法学部政治学科(昭和15年)卒 [賞]勲一等旭日大綬章(平成2年) [歴]朝日新聞記者、岡山二中教諭を経て、昭和22年岡山県議となり、2期つとめる。28年～平成元年参院議員に7回当選。52年社会党参院議員会長、54年参院副議長を歴任。

秋山 肇 あきやま・はじめ
参院議員(自民党) [生]昭6.12.25 [出]東京都世田谷区 [学]早稲田大学法学部(昭和29年)卒 [賞]勲三等旭日中綬章(平成14年) [歴]昭和52年から東京都議に3選するが、61年新自由クラブを離党、都立西高時代の同級生だった野末陳平の率いる税金党の名簿1位として参院選比例区に立候補し、当選。平成2年党解散で自民党に移る。4年落選。当選1回。

芥川 正次 あくたがわ・まさつぐ
草津市長 [生]昭和33年5月23日 [学]立命館大学卒 [歴]首相秘書、代議士秘書を経て、平成7年滋賀県議に当選。2期目途中の15年草津市長に当選するが、後援会幹部が公職選挙法違反の容疑で逮捕された責任を取り、16年2月辞職。同月収賄と公職選挙法違反(特定寄付の禁止)の疑いで滋賀県警に逮捕される。

阿久津 幸彦 あくつ・ゆきひこ
衆院議員(民主党 比例・東京) [生]昭和31年6月26日 [出]東京都 [学]ジョージ・ワシントン大学国際関係学部大学院修士課程 国際関係学修士(ジョージ・ワシントン大学) [歴]石原慎太郎衆院議員秘書を経て、平成8年民主党結成に参加、同年衆院議員に立候補。12年東京24区で、15年東京比例区で当選。2期目。
[趣]釣り http://www.akutsu.org/

阿具根 登 あぐね・のぼる
参院議員(社会党) [生]明治45年3月13日 [没]平成16年1月16日 [出]福岡県大牟田市 [学]横須賀海軍通信学校(昭和8年)卒 [賞]勲一等旭日大綬章(昭和61年) [歴]戦後三池炭鉱に労組を結成して初代組合長となる。大牟田市議、福岡県議を経て、昭和28年以来社会党から参院議員に当選5回。46年には自民党反重宗派と結び河野謙三議長を実現させた。この間、社会党副委員長、石炭対策委員長などを務めた。58年参院副議長に就任。61年引退。

浅井 東兵衛 あさい・とうべえ
一関市長 [生]昭和2年2月25日 [出]岩手県一関市 [学]中央大学専門部(昭和25年)中退 [歴]石油製品販売業の傍ら一関学院理事。平成7年岩手県議に当選、1期。11年一関市長に当選。2期目。

浅井 隼人 あさい・はやと
鹿屋市長 [生]昭和8年6月23日 [没]平成6年4月1日 [出]鹿児島県 [学]鹿児島県立短期大学卒 [歴]鹿屋市助役を経て、平成5年市長に初当選。

浅井 美幸 あさい・よしゆき
衆院議員(公明党) [生]昭和2年8月25日 [出]東京都新宿区 [学]東京歯科医専(昭和24年)卒 [歴]昭和38年大阪府議を経て、42年から衆院議員に9選、公明党副委員長もつとめる。平成5年引退。 [家]父=浅井亨(参院議員)

浅尾 慶一郎 あさお・けいいちろう
参院議員(民主党 神奈川) [生]昭和39年2月11日 [出]東京都 [学]東京大学法学部(昭和62年)卒，スタンフォード大学大学院(平成4年)修了 M.B.A. [歴]平成7年興銀勤務を経て、新進党神奈川県常任幹事。10年民主党から参院議員に当選。2期目。 [家]父=浅尾新一郎(外交官)，祖父=浅尾新甫(日本郵船社長)，三谷隆信(侍従長) http://www.asao.net/

浅川 純直 あさかわ・すみなお
角田市長 [生]明治42年11月29日 [没]平成3年3月9日 [出]宮城県角田市 [学]中央大学法学部(昭和7年)卒 [賞]勲三等瑞宝章(昭和63年) [歴]昭和34年から角田市議6期を経て、55年以来市長に2選。63年引退。

浅名 源重 あさな・げんじゅう
山田村(富山県)村長 [生]大正10年12月17日 [没]平成10年5月15日 [出]富山県婦負郡山田村 [学]婦南青年学校(現・八尾高)(昭和16年)卒 [賞]藍綬褒章(昭和61年)，勲四等旭日小綬章(平成4年) [歴]昭和30年富山県山田村議、33年議長、同年村長に当選。当時36歳の全国最年少村長で、以来8選。過疎からの脱却を目指し、村営牛岳スキー場を建設、過疎の進行にブレーキをかけることに成功。54年から2年間、村長としては史上初の県町村会長をつとめた。平成2年引退。 [趣]盆栽

浅野 勇 あさの・いさむ
岐阜市長 [生]大正15年3月1日 [出]岐阜県岐阜市 [学]東京高師体育科(昭和23年)卒 [歴]昭和23年岐阜高女教師、のち岐阜県教育委員会保健体育課に入り、46年課長補佐、48年岐阜女子商業高校教頭、54年県立岐阜商業高校副校長、55年県保健体育課長、56年市立岐阜商業高校校長、59年岐阜市教育長を経て、平成5年岐阜市長。3期目任期途中の14年1月退任。また、6〜8年岐阜バス非常勤取締役を務めた。 [団]岐阜県柔道連盟 [趣]麻雀，囲碁，柔道

浅野 勝人 あさの・かつひと
参院議員(自民党 愛知) [生]昭和13年4月19日 [出]愛知県豊橋市舟原町 [学]早稲田大学第一政経学部(昭和36年)卒 [歴]NHKに入り、政治部記者となる。外務省キャップ、政治部次長、官邸キャップ等を経て、昭和57〜60年解説委員を務めた。60年8月NHKを退職、61年衆院選に出馬したが落選。平成2年当選。5年再び落選、8年返り咲き。通算3期務める。15年落選。16年参院選で愛知選挙区から当選。河野グループに参加。
http://www.asano-katsuhito.com/

浅野 史郎 あさの・しろう
宮城県知事 [専]福祉関係 [生]昭和23年2月8日 [出]岩手県大船渡市 [学]東京大学法学部(昭和45年)卒 [興]地方財政の三位一体改革 [歴]昭和45年厚生省入省。51年社会局老人福祉課課長補佐、56年年金局年金課課長補佐、58年同局企画課課長補佐、60年北海道民生部福祉課長、62年官房政策課企画官、同年児童家庭局障害福祉課長、平成元年社会局生活課長、3年厚生年金基金連合会年金運用部長を経て、厚生省生活衛生局企画課長。5年宮城県知事に当選。9年の知事選では政党推薦を拒否し、ボランティアを中心とした選挙活動を展開、話題となる。3期目。 [趣]ジョギング
http://www.asanoshiro.org

【著書】アサノ知事のメルマガ1～106（ぶどう社'03）／アサノ知事のスタンス（ぶどう社'03）／福祉立国への挑戦（仙台）本の森'00）／民に聞け（浅野史郎,河内山哲朗著 光文社'99）／政治の出番（浅野史郎,田勢康弘著 日本経済新聞社'99）／豊かな福祉社会への助走〈Part2〉（ぶどう社'91）／豊かな福祉社会への助走（ぶどう社'89）
【評伝】「革命」にかける7人の男たち！（佐藤豊著（仙台）本の森'01）／永田町の通信簿（岸井成格ほか著 作品社'96）／地方分権化の旗手たち（童門冬二著 実務教育出版'96）

浅野 政雄　あさの・まさお
高石市長　⊕明治44年11月5日　⊕平成10年10月19日　⊕大阪府　⊕東京帝国大学農学実科（昭和7年）中退　⊕勲三等瑞宝章（平成3年）　⊕昭和42年以来高石市長に6選。全国市長会副会長もつとめた。平成3年引退。

朝日 俊弘　あさひ・としひろ
参院議員（民主党 比例）医師　⊕精神医学 医療(健康)政策　⊕昭和18年7月26日　⊕愛知県名古屋市　⊕京都大学医学部（昭和45年）卒　⊕高齢社会対策;環境問題;地方行財政制度　⊕兵庫県の公立豊岡病院精神科に勤務。昭和50年公立豊岡病院組合労働組合委員長、59年自治労本部中央執行委員、衛生医療評議会事務局長。平成2年自治労本部中央執行委員・政策局次長・自治研事務局長、4年特別執行委員・医療福祉政策委員長。同年参院選比例区に社会党から当選。2期目。8年社民党を経て、民主党に参加。著書に「自治体精神医療論」他。　⊕日本精神神経学会　⊕散歩,音楽鑑賞
【著書】地域医療計画批判（批評社'88）

朝見 政冨　あさみ・まさとみ
尾張旭市長　⊕大正15年2月13日　⊕愛知県　⊕名古屋第一工学校（旧制）卒　⊕勲四等瑞宝章（平成14年）　⊕昭和24年旭に入り、38年収入役、45年市制施行、46年尾張旭市助役を経て、60年以来同市長に4選。

芦尾 長司　あしお・ちょうじ
参院議員（自民党）　みなと銀行会長　⊕昭和9年6月1日　⊕兵庫県神戸市　⊕京都大学法学部（昭和34年）卒　⊕昭和34年自治省入省。50年北海道財政課長、52年自治省財政局財務調査官、54年静岡県知事公室長、57年自治省財政局公営企業第一課長、58年宮崎県副知事、62年10月自治省行政局公務員部長、平成元年6月総務審議官、2年6月国土庁地方振興局長を経て、4年4月兵庫県副知事に就任。8年参院兵庫補選に共産党以外の全党相乗りで当選。9年10月自民党に入党。10年落選。11年みなと銀行会長。

芦刈 茂治　あしかり・しげはる
野津町（大分県）町長　⊕昭和7年6月25日　⊕大分県　⊕明治薬科大学（昭和31年）卒　⊕勲四等瑞宝章（平成14年）　⊕昭和32年家業の芦刈薬局に従事、41年有限会社に改組し社長。47年より野津町議4期、57年より副議長1期を務め、60年町長に当選。野津町が吉四六さんのとんち話で知られることから、お笑いによる町おこしを考え、平成4年町役場の職員を吉本興業に派遣し、イベント企画、サービスやタレントのマネージを体験させた。　⊕音楽鑑賞,読書

葦沢 明義　あしざわ・めいぎ
小布施町（長野県）町長　玄照寺住職　僧侶　⊕大正12年3月26日　⊕昭和63年12月5日　⊕長野県上高井郡小布施町　⊕駒沢大学禅学科（昭和22年）卒　⊕玄照寺の住職。昭和59年2月に小布施町長に初当選。63年2月に再選。江戸時代の浮世絵師・葛飾北斎のとう留地とクリで知られる同町の特徴を生かし、江戸時代の商家風の建物を再現し、街並み保存に尽くした。

あしと

安次富 盛信　あしとみ・せいしん
宜野湾市長　⊕昭5.12.13　⊕沖縄県　⊕コザ高卒　昭和32年から宜野湾市議4期を経て、52年市長に当選。2期。60年7月落選。

東 健児　あずま・けんじ
那賀町(和歌山県)町長　⊕昭和10年1月30日　⊕和歌山県　⊕中央大学法学部卒　⊕会社勤務を経て、昭和61年和歌山県の那賀町助役に。平成5年同町長に当選、3期目。同町は世界初の全身麻酔による乳がん手術に成功した華岡青洲の生誕地として知られ、3年舞台「華岡青洲の妻」が当たり役となった女優・杉村春子や医療関係者らとともに顕彰会を発足、会長に就任。華岡青洲の里の建設に取り組み、全国的な募金活動を展開。住居・病棟と医学校を兼ねた春林軒などを復元したほか、11年青洲が考案した手術用具や薬草標本などを展示する資料館を開設した。

東 潤　あずま・じゅん
門真市長　⊕昭和7年11月13日　⊕大阪府　⊕関西大学中退　⊕門真市議5期、市会議長を経て、昭和60年市長に当選。5期目。

東 祥三　あずま・しょうぞう
衆院議員(民主党)　⊕昭和26年5月1日　⊕東京都新宿区　⊕創価大学大学院国際経済学専攻(昭和58年)博士課程修了　⊕国連工業開発機関、国連難民高等弁務官事務所を経て、平成2年公明党から衆院議員に当選。6年新進党結成に参加。10年1月自由党に参加。15年9月民主党に合流するが、11月の衆院選で落選。4期務めた。　http://www.azuma.ne.jp/
【著書】サムライ国家へ!(PHP研究所'04)／イグアナに舌づつみ(論創社'95)

東 武　あずま・たける
河内長野市長　⊕大正9年8月1日　⊕大阪府　⊕天王寺師範研究科(昭和22年)卒　⊕勲四等旭日小綬章(平成11年)　⊕大阪府教育長を経て、昭和55年以来河内長野市長に4選。平成8年引退。

吾妻 光春　あずま・みつはる
津田町(香川県)町長　⊕大正13年4月28日　⊕香川県津田町　⊕大阪工専電気科(昭和20年)卒　⊕遠洋漁船の通信士として活躍、船長の資格も持つ。昭和30年地元の青年団に推されて29歳の若さで津田町長に当選。4期務めたあと43年一時退いたが、51年町長に復帰。57年には老人福祉センターに遠くから温泉をひいて"名湯温泉"を造りあげた。平成5年退任。　⊕旅行, 読書

安住 淳　あずみ・じゅん
衆院議員(民主党　宮城5区)　⊕昭和37年1月17日　⊕宮城県　⊕早稲田大学社会科学部(昭和60年)卒　⊕昭和60年NHK記者を経て、平成8年衆院議員に当選。3期目。　⊕父=安住重彦(牡鹿町長)　http://www.miyaginet.com/jun-azumi/

麻生 太郎　あそう・たろう
衆院議員(自民党　福岡8区)　総務相　自民党政調会長　⊕昭和15年9月20日　⊕福岡県飯塚市　⊕学習院大学政治学部政治学科(昭和38年)卒, スタンフォード大学大学院、ロンドン大学大学院、ロンドン大学大学院　⊕福岡・麻生財閥の当主で吉田茂元首相の孫。父・太賀吉の経営する麻生セメントに入社し、副社長、社長を務めたほか、日本青年会議所会頭などを歴任。実業家としてだけでなく、吉田茂の側近ナンバーワンと言われた父と同様に政治家の道に進み、昭和54年衆院議員に当選。8期目。平成5年自民党副幹事長、8年第2次橋本内閣の経済企画庁長官に就任。10年12月自民党・宮沢派を離脱し河野グ

ループに参加。13年1月第2次森改造内閣の経済財政担当相に就任。同年4月党総裁選に立候補。同年政調会長。15年9月小泉第2次改造内閣の総務相に就任。同年11月の第2次小泉内閣、16年の第2次小泉改造内閣でも留任。またクレー射撃を得意とし、昭和48年メキシコでの国際射撃大会で優勝、51年モントリオール五輪にも出場した。平成11年バスケットボールの女子日本リーグ機構(WJBL)会長に就任。 [家]祖父=吉田茂(首相), 父=麻生太賀吉(政治家・実業家), 母=麻生和子(麻生セメント会長), 弟=麻生泰(麻生セメント社長), 妹=三笠宮信子 http://www.aso-taro.jp/

【著書】祖父・吉田茂の流儀(PHP研究所'00)

【評伝】激動のなかを生きる男たち(竹村健一著 (武蔵野)バンガード社'98)

麻生 渡 あそう・わたる

福岡県知事 [生]昭和14年5月15日 [出]福岡県北九州市 [学]京都大学法学部(昭和38年)卒 [歴]昭和38年通産省入省。56年生活産業局紙業課長、60年産業政策局資金課長、61年総務課企画室長、62年総務課長、63年6月通商政策局国際経済部長、平成元年近畿通産局長、2年通商政策局次長、3年6月商務流通審議官を経て、4年6月特許庁長官に就任。6年7月退官。7年福岡県知事に当選。3期目。[趣]囲碁, 水泳, ゴルフ, 歴史書

阿曽田 清 あそだ・きよし

参院議員(自由党) [生]昭和21年10月20日 [出]熊本県宇土郡三角町 [学]東京農業大学農業工学科(昭和44年)卒 [歴]昭和44年熊本県農協中央会勤務。50年園田清充参院議員秘書を経て、54年から自民党所属で熊本県議に4選。平成7年新進党から参院議員に当選、10年1月自由党に参加。12年3月熊本県知事選に立候補するため辞職。

安曽田 豊 あそだ・ゆたか

橿原市長 [生]昭和9年8月16日 [出]奈良県奈良市 [学]奈良高(昭和29年)卒 [歴]平成5年橿原市助役を経て、7年市長に当選。3期目。 [趣]読書, ゴルフ

安宅 敬祐 あたか・けいすけ

岡山市長 [生]昭和17年1月28日 [出]岡山県岡山市 [学]東京大学法学部(昭和40年)卒 [歴]昭和40年自治省に入省。60年岡山県地域振興部長、62年商工部長、のち消防庁防災課長、地方公務員災害補償基金事務局長、自治省官房参事官などを経て、平成3年岡山市長に当選。2期。11年落選。

足立 信也 あだち・しんや

参院議員(民主党 大分) 医師 [専]消化器外科学 [生]昭和32年6月5日 [出]大分県大分市上戸次 [学]筑波大学医学専門学群(昭和57年)卒 医学博士(筑波大学)(平成2年) [興]胃癌に対する治療;転移性肺癌の治療 [歴]筑波大学附属病院、きぬ医師会病院を経て、平成6年筑波大学講師、15年1月助教授、同年4月国立霞ケ浦病院消化器科医長兼筑波メディカルセンター病院診療部長。16年民主党から参院議員に立候補、自民党の現職議員を破り当選。 [団]日本外科学会, 日本消化器外科学会, 日本癌学会 http://www.adachishinya.com/

足立 誠一 あだち・せいいち

浜北市長 [生]大正6年3月29日 [没]平成13年8月31日 [出]静岡県浜北市 [学]浜松蚕業(昭和9年)卒 [賞]勲五等瑞宝章(昭和17年), 勲四等瑞宝章(平成4年) [歴]昭和35年浜北市議を経て、53年以来市長に3選。平成2年落選した。

足立 達夫 あだち・たつお

瑞浪市長 [生]大正4年2月25日 [没]平成3年4月16日 [出]岐阜県瑞浪市 [学]東濃農(昭和6年)卒 [賞]勲五等双光旭日章(昭和63年) [歴]昭和23年瑞浪市役所に

入り、48年収入役、49年助役を経て、54年以来市長に2選。

足立 篤郎 あだち・とくろう
衆院議員(自民党) 農相 [生]明治43年7月22日 [没]昭和63年8月14日 [出]静岡県袋井市 [学]京都帝大法学部(昭和9年)卒 [賞]勲一等旭日大綬章(昭和59年),袋井市名誉市民 [歴]満洲に渡り、満鉄参事などを経て帰国。昭和24年静岡3区から衆院議員に当選。以来12選。47年農相、49年科学技術庁長官を歴任。61年6月引退。

足立 正夫 あだち・まさお
高砂市長 [生]大正15年1月25日 [没]平成12年2月6日 [出]兵庫県高砂市 [学]兵庫県立農(昭和17年)卒 [賞]勲三等瑞宝章(平成8年) [歴]昭和43年高砂市経済社会部長、48年総務部長を経て、49年以来高砂市長に5選。平成3年全国市長会副会長を1年間、のち全国市長会相談役を務め、6年引退。

足立 良平 あだち・りょうへい
参院議員(民主党) [生]昭和10年11月27日 [出]兵庫県 [学]関西大学経済学部(昭和39年)卒 [歴]関西電力労組執行委員長、電力総連副会長、電力労連副会長、大阪同盟会長代理を歴任。平成元年参院選比例区に民社党1位で当選。民社党中執委員・組織局長を務めた。6年新進党、10年1月新党友愛結成に参加。同年4月民主党に合流。2期務め、13年引退。

足立原 茂徳 あだちはら・しげのり
厚木市長 [生]大正10年2月12日 [没]平成14年3月16日 [出]神奈川県厚木市 [学]東京文理科大学文学部東洋史学科(昭和24年)卒 [賞]勲三等瑞宝章(平成7年) [歴]昭和24年神奈川県立厚木高教諭となる。その後、県教育副参事、社会教育部長、県立青少年センター館長などを歴任して、48年厚木市助役に就任。54年以来厚木市長に4選。教育文化都市を掲げ、全国に先駆けた小中学生の宿泊教育施設・七沢自然教室を建設するなど教育福祉分野の施設整備に尽力。平成4年厚木テレコムタウンの推進母体・厚木テレコムパークの初代社長に就任。7年引退した。建設省道路審議会専門委員、全国テレトピア促進協議会会長なども務めた。 [家]弟=足立原明文(トピー工業社長)

阿南 馨 あなん・かおる
竹田市長 [生]昭和10年10月8日 [出]大分県竹田市 [学]三重農(昭和29年)卒 [歴]竹田市助役を経て、平成8年竹田市長に当選。3期目。 [趣]囲碁,読書,釣り

阿南 一成 あなん・かずなり
参院議員(自民党) アルゼ社長 [生]昭和12年7月18日 [出]大分県 [学]東京大学教育学部(昭和37年)卒 [歴]昭和37年文部省入省。38年警察庁に転じ、60年交通指導課長、61年滋賀県警本部長、63年九州管区警察局総務部長、平成3年1月関東管区警察局総務部長、同年11月中国管区警察局長を歴任。4年11月退官。10年参院議員に当選、1期。橋本派。16年政界を引退し、同年9月パチンコ・パチスロ製造のアルゼ社長に就任。 [趣]読書,水泳

安孫子 藤吉 あびこ・とうきち
参院議員(自民党) 自治相 山形県知事 [生]明治37年2月22日 [没]平成4年4月6日 [出]山形県 [学]東京帝大法学部法律学科(昭和4年)卒 [賞]勲一等瑞宝章(昭和55年) [歴]農林省に入省、食糧管理局長を経て、昭和24年初代食糧庁長官に就任。27年退官。30年山形県知事に当選、5期つとめる。49年参院議員に転じ、55年鈴木内閣の自治相に就任。61年7月引退。
【評伝】山形の政治(朝日新聞山形支局著 未来社'86)

油野 和一郎　あぶらの・わいちろう
かほく市長　⊕昭和24年6月23日　⊕法政大学経済学部卒　⊕七塚町議を経て、平成12年町長に当選、1期。16年4月同町が近隣2町と合併して新たに発足したかほく市の初代市長に当選。　⊕父＝油野和正二（七塚町長）。

油屋 亮太郎　あぶらや・りょうたろう
平戸市長　⊕大正9年7月15日　⊕平成8年11月9日　⊕長崎県平戸市　⊕猶興館中卒　⊕昭和30年平戸市議（4期）、46年長崎県議（2期）を経て、58年平戸市長に当選。4期務めた。

阿部 新　あべ・あらた
鹿角市長　⊕大正8年8月17日　⊕秋田県鹿角市　⊕九州帝国大学農学部（昭和18年）卒　⊕勲三等瑞宝章（平成4年）　⊕昭和23年秋田県庁に入る。31年花輪町長に当選し、47年合併で鹿角市長となる。3期つとめ、63年落選。

阿部 和夫　あべ・かずお
鹿沼市長　⊕昭和23年4月11日　⊕栃木県　⊕宇都宮工（昭和42年）卒　⊕鹿沼市会議長を経て、平成12年鹿沼市長に当選。2期目。

阿部 幸代　あべ・さちよ
参院議員（共産党）　⊕昭和23年7月28日　⊕栃木県　⊕お茶の水女子大学文教育学部卒　⊕高校教師、越谷市議を経て、平成7年参院議員に当選。13年落選。15年10月参院補選、16年参院選に立候補。

安部 三十郎　あべ・さんじゅうろう
米沢市長　⊕昭和28年9月21日　⊕早稲田大学法学部卒、福島大学大学院修了　⊕行政書士　⊕行政書士を経て、平成15年米沢市長に当選。

阿部 寿一　あべ・じゅいち
酒田市長　⊕昭和34年8月17日　⊕山形県松山町　⊕東京大学法学部卒　⊕昭和59年建設省に入省、平成7年人事課長補佐。11年酒田市長に当選。2期目。

阿部 昭吾　あべ・しょうご
衆院議員（新進党）　⊕昭和3年8月10日　⊕山形県飽海郡八幡町　⊕法政大学法学部（昭和26年）卒　⊕勲一等瑞宝章（平成11年）　⊕昭和22年小学校教員となると同時に社会党に入党。上林与市郎の秘書を経て、34年から山形県議に2選。42年衆院議員に当選。10期つとめる。52年離党し、社民連の結成に参加、のち書記長となる。平成5年日本新党に合流。6年12月新進党結成に参加。8年落選。
【著書】草の根光芒（第一書林'92）

安倍 晋三　あべ・しんぞう
自民党幹事長代理　衆院議員（自民党山口4区）　内閣官房副長官　⊕昭和29年9月21日　⊕東京都　⊕成蹊大学法学部政治学科（昭和52年）卒　⊕ベスト・ドレッサー賞（政治経済部門、第31回）（平成14年）　⊕昭和53～54年南カリフォルニア大学に留学し、帰国後の54年神戸製鋼入社。57年父・晋太郎の外務大臣就任を機に退社、父の秘書を務める。平成5年衆院議員に当選。4期目。12年7月第二次森内閣の内閣官房副長官に就任。13年1月第二次森改造内閣、同年4月小泉内閣、14年9月小泉改造内閣でも留任。同年10月に再開された日朝国交正常化交渉を主導する。15年9月当選3回、閣僚未経験ながら異例の抜擢人事で自民党幹事長に就任。同年11月の総選挙では"党の顔"として小泉首相と二人三脚で戦い、解散時勢力を下回ったものの公明党、保守新党を加えた与党3党では絶対安定多数を確保。16年の参院選では改選前議席を維持できず、民主党より少ない49議席に留まった。同年9月

党幹事長代理。三塚派を経て、森派。
㊗父＝安倍晋太郎（外相）、祖父＝安倍寛（衆院議員）、岸信介（首相）、妻＝安倍昭恵、弟＝岸信夫（参院議員）
http://www.s-abe.or.jp/
【著書】この国を守る決意（安倍晋三, 岡崎久彦著 扶桑社'04）／「保守革命」宣言（栗本慎一郎, 安倍晋三, 衛藤晟一著 現代書林'96）
【評伝】安倍晋三（大下英治著 徳間書店'04）／気骨（野上忠興著 講談社'04）／安倍晋三物語（山際澄夫著 恒文社21;恒文社〔発売〕'03）／未来を託す男たち〈2〉（細川珠生著 ぶんか社'01）

安倍 晋太郎　あべ・しんたろう

衆院議員（自民党）　外相　㊍大正13年4月29日　㊋平成3年5月15日　㊐山口県大津郡日置村（現・油谷町）　㊐東京大学法学部政治学科（昭和24年）卒
㊗太平洋戦争中に戦争反対を唱え、東条英機首相と対立した安倍寛代議士の長男。昭和20年海軍少尉として終戦を迎え、24年毎日新聞記者となる。郷里の先輩である岸信介の長女と結婚し、岸の下で外相・首相秘書官を経験。33年山口1区から衆院議員に当選して政界入りし、12回当選。同期当選の竹下登らと田中角栄、福田赳夫らの次代を担う自民党の"ニューリーダー"と目され、49年三木内閣の農相として初入閣。52年福田内閣の官房長官、56年鈴木内閣の通産相、57年中曽根内閣の外相など重要閣僚を務め、自民党内でも54年政務調査会長、61年総務会長などを歴任。岸の派閥の継承した福田派（清和会）に属して同派のプリンスと呼ばれ、61年の選挙後に同会長となって福田派を引き継いだ。62年総裁選に出馬し、竹下、宮沢喜一と総理総裁を争うが、中曽根裁定でその座を竹下に譲ると幹事長に就任。63年リクルート事件が発覚して未公開株の購入が明るみに出、平成元年竹下内閣の退陣と共に幹事長を辞任した。　㊗剣道（練士）、囲碁、ゴルフ

㊗父＝安倍寛（衆院議員）、異父弟＝西村正雄（日本興業銀行頭取）、二男＝安倍晋三（衆院議員）
【評伝】安倍晋三物語（山際澄夫著 恒文社21;恒文社〔発売〕'03）／自民党幹事長室の30年（奥島貞雄著 中央公論新社'02）／政治家の病気と死（長谷川学著 かや書房'93）／わたしの安倍晋太郎（安倍洋子著 ネスコ;文芸春秋〔発売〕'92）／総理になれなかった男たち（小林吉弥著 経済界'91）／小沢一郎の政治謀略（菊池久著 山手書房新社'91）／爽快なり、立ち技（大下英治著 徳間書店'90）／実力者に問う!!（浜田幸一著 講談社'90）／永田町の暗闘〈8〉（鈴木棟一著 毎日新聞社'90）／新世紀への架け橋（安倍晋太郎, 田中洋之助著 ライフ社'90）

阿部 孝夫　あべ・たかお

川崎市長　㊍行政学　㊍昭和18年9月18日　㊐福島県福島市　筆名＝小形熊
㊐東京大学法学部（昭和42年）卒　㊍国際化;国家制度の改革（道州制）　㊗昭和42年自治省入省。在サンフランシスコ日本国総領事館領事、自治省税務局、財政局の各課長補佐、茨城県財政課長、自治大学校教授を歴任ののち石川県企画開発・商工労働・総務各部長、環境庁環境管理課長、市町村職員中央研修所研修部長等を経て、北陸大学法学部教授。のち、高崎経済大学教授、法政大学教授。平成13年川崎市長に当選。著書に「スパイスの効いた地域づくり」「地域環境管理計画策定の理論と手法」「国際化と地域活性化」。　㊗日本行政学会, 地方自治経営学会, 自治体学会, 大都市圏研究開発協会, 日本文化会議　㊗カラオケ　http://www.city.kawasaki.jp/mayor-room/mayor.htm
【著書】新 地方自治の論点106（恒松制治監修, 柴田啓次, 阿部孝夫ほか編 時事通信社'02）／これからの日本、これからの地方自治（（八王子）ふこく出版;星雲社〔発売〕'01）／実践的行政管理論（成文堂'99）／政策形成と地域経営（学陽書房'98）／新 地方の時代を読む（学陽書房'89）／日本が変わり地方が変わる（良書普及会'87）

阿部 知子　あべ・ともこ
衆院議員（社民党　比例・南関東）　医師　㊗小児科学　脳死・臓器移植　⊕昭和23年4月24日　⊕東京都目黒区　㊧東京大学医学部医学科（昭和49年）卒　㊨小児神経（発達）;母子保健;思春期診療　㊻昭和52年から稲田登戸病院小児科、国立小児病院神経科、東京大学附属病院小児科などを経て、平成7年から湘南鎌倉総合病院小児科部長、地域医療部長も兼任。川崎、横須賀市の保健所で発達健診も担当。5～6年米国メイヨークリニック疫学部に留学。11年千葉徳洲会病院院長。脳死からの臓器移植反対運動に取り組む。10年参院選神奈川選挙区に社民党から立候補。12年衆院議員に当選。2期目。著書に「脳死からの臓器移植はなぜ問題か」「思春期外来診療室」、共著に「愛ですか?臓器移植」、監修に「見てわかる0～12カ月赤ちゃん育児BOOK」などがある。　http://www.abetomoko.jp/

【著書】痛み癒される社会へ（ゆみる出版 '03）

阿部 文男　あべ・ふみお
衆院議員（自民党）　北海道開発庁長官　⊕大正11年6月23日　⊕山形県東根市　㊧北海道大学林学専修科（昭和23年）卒　㊻北海道を経て、昭和44年以来衆院議員に当選7回。北海道開発政務次官、党水産部会長、農林水産局長、衆院農林水産委員長を歴任。平成元年海部内閣の北海道開発庁長官、沖縄開発庁長官に就任。2年党道連会長。3年総選挙（2年2月）の運動資金が法定費用の7倍（1億600万円）だったことが判明。共和からの5億にのぼる不透明な政治献金も問題になり、同年12月宮沢派事務総長を辞任。4年1月共和から9000万円の賄賂を受け取ったとして受託収賄容疑で逮捕され、自民党離党。5年引退。　㊨弓道，読書

【評伝】「冒頭陳述」（サンデー毎日特別取材班編　毎日新聞社'92）

阿部 正俊　あべ・まさとし
参院議員（自民党　山形）　⊕昭和17年11月4日　⊕山形県東根市　㊧東北大学法学部（昭和41年）卒　㊻昭和41年厚生省入省。大臣秘書官などを経て、55年年金局資金課長、57年保険局国民健康課長、59年社会局老人福祉課長、61年健康政策局医事課長、63年年金局企画課長、平成2年6月総務課長、4年7月官房審議官、6年9月老人保健福祉局長に就任。7年参院議員に当選。11年自民党山形県連会長に就任。2期目。15年小泉第2次改造内閣の外務副大臣に就任。宮沢派、加藤派を経て、小里グループ。　㊨囲碁，麻雀，ゴルフ　http://www.abe-masatoshi.org/

【著書】成熟社会を創造する（社会保険研究所 '95）

阿部 政康　あべ・まさやす
伊達市長　⊕昭和5年11月15日　⊕北海道静内郡静内町　㊧苫小牧工（旧制）卒　㊴勲五等双光旭日章（平成14年）　㊻昭和23年伊達町役場（現・伊達市役所）に入り、税務課長、農政課長、水道課長、総務課長、総務部長を経て、58年伊達市議会事務局長に就任。62年から伊達市長に3選。平成11年引退。　㊨造園

阿部 未喜男　あべ・みきお
衆院議員（社会党）　⊕大正8年12月2日　⊕大分県杵築市　㊧熊本逓信講習所卒　㊴勲二等旭日重光章（平成4年）　㊻全逓地方本部委員長を経て、昭和44年以来衆院議員に7選。60年衆院物価問題特別委員長。平成5年引退。

阿部 実　あべ・みのる
上山市長　⊕昭和11年11月29日　⊕山形県上山市　㊧日本大学工学部卒　㊻山形県土木部長、土地開発公社専務理事、上山市助役を経て、平成11年上山市長に当選。2期目。　㊨囲碁，将棋

安倍 基雄　あべ・もとお
衆院議員(保守党)　⊕昭和6年3月31日　⊕平成16年1月23日　⊕東京　筆名=原章夫　⊕東京大学法学部(昭和28年)卒　経済学博士　⊕昭和28年大蔵省に入省。34～36年フルブライト留学生として米国ペンシルベニア大学大学院に留学。門司税関長、中国財務局長、官房審議官を経て、昭和58年民社党から衆院議員に当選、2期。平成2年落選。5年再選。6年新進党、10年自由党、12年保守党に参加、同年落選。通算4期。細川内閣の文部政務次官、民社党副委員長、自由党代議士会会長、保守党代議士会会長を歴任した。のち拓殖大学客員教授。長期政策研究所主宰。⊕囲碁, 将棋, 麻雀　⊕父=安倍源基(内相)

【著書】この日本が危ない(創樹社 '01)／悔ありて悔なし(プレジデント社 '99)／ある政治家の独白(モノローグ)(プレジデント社 '99)

甘竹 勝郎　あまたけ・かつろう
大船渡市長　⊕昭和18年11月9日　⊕岩手県大船渡市　⊕法政大学経済学部卒　⊕大船渡高校教諭、昭和63年大船渡市議などを経て、平成6年大船渡市長に当選。3期目。男女平等の地域作りを推進し、8年女性サミットを開催。

天野 公義　あまの・きみよし
衆院議員(自民党)　自治相　⊕大正10年3月2日　⊕平成2年7月29日　⊕東京都荒川区　⊕東京大学文学部倫理学科卒, 東京大学法学部卒　⊕同盟通信、共同通信勤務を経て、首相秘書官となり、昭和24年東京6区から衆院議員に当選。文部政務次官、大蔵政務次官、衆院内閣委員長などを歴任。51年三木内閣の自治大臣をつとめる。当選11回。宮沢派。平成2年閣僚在任中に落選して話題を集めた。

天野 建　あまの・けん
山梨県知事　⊕昭和3年2月24日　⊕山梨県大月市　⊕無線電信講習所(現・電気通信大学)(昭和21年)中退　⊕旭日重光章(平成16年)　⊕父親が衆院議員に出たため、昭和21年18歳で家業の造り酒屋を継ぐ。笹一酒造常務、専務を経て、39年石和温泉病院理事長に。かたわら54年以来石和町長を3期務める。平成3年から山梨県知事に3選。15年引退。　⊕尺八(師範), ゴルフ　⊕父=天野久(山梨県知事)

【著書】自らのために計らわず(ぎょうせい '90)
【評伝】天野建と「草の根」の奇跡(岩崎正吾著(甲府)山梨ふるさと文庫;星雲社〔発売〕'91)

天野 幸一　あまの・こういち
大田区(東京都)区長　⊕明治43年12月12日　⊕昭和61年12月11日　⊕宮城県伊具郡丸森町　⊕角田中(現・角田高)(昭和5年)卒　⊕昭和8年東京市本所区役所に入る。22年大田区成立とともに予算係長となり、41年助役を経て、48年の準公選で区長に初当選。4期目在任中に死去。

天野 光晴　あまの・こうせい
衆院議員(自民党)　⊕明治40年3月26日　⊕平成7年3月24日　⊕福島県双葉町　⊕高小卒　⊕勲一等旭日大綬章(昭和61年)　⊕昭和22年福島県議となり、3期つとめたあと、33年福島1区より衆院議員に当選10回。労働、科学技術各政務次官を経て、51年三木内閣の国土庁長官、57年衆院懲罰委員長、59年予算委員長、61年中曽根内閣の建設相を歴任。中曽根派。平成2年落選。　⊕音楽, 盆栽, ゴルフ, 将棋(3段)

【著書】天野光晴ざっくばらん対談(紀尾井書房 '92)
【評伝】天野建設行政474日(田口武雄著 行研出版局 '88)

天野 進吾 あまの・しんご
静岡県議(自民党 静岡市) 静岡市長 [生]昭和17年2月2日 [出]静岡県静岡市 [学]中央大学法学部政治学科(昭和41年)卒 [歴]昭和42年以来静岡市議2期を経て、49年以来静岡県議3期を務める。50年グリーンシャワー代表取締役に就任。62年静岡市長に当選、2期つとめる。平成6年辞任。8年衆院選に立候補したのち、9年補選で県議に復帰。15年4月静岡市長選に立候補するが落選。16年5月補選で県議に復帰。通算6期目。 [趣]ゴルフ，囲碁，釣り，麻雀

天野 敏樹 あまの・としき
宗像市長 [生]大3.4.18 [出]福岡県 [学]宗像中(昭和7年)中退 [賞]勲四等瑞宝章(平成1年) [歴]昭和51年宗像町長に当選、56年市長となる。通算3期。63年引退。

天野 等 あまの・ひとし
衆院議員(社会党) 弁護士 [生]昭8.11.26 [出]茨城県水戸市 [学]東京大学文学部(昭和34年)卒 [歴]昭和58年久保三郎の後継者として衆院議員に当選するが、61年落選。著書に「土地区画整理法の諸問題」(共著)。

天野 房三 あまの・ふさぞう
渋谷(東京都)区長 [生]大正8年11月17日 [出]東京 [学]明治大学専門部文科(昭和19年)卒 [賞]勲三等瑞宝章(平成8年) [歴]昭和24年渋谷区役所に入り、41年区民部長、43年総務部長、45年助役。50年以来渋谷区長に5選。平成7年引退。

天谷 光治 あまや・みつはる
大野市長 [生]昭和23年12月3日 [学]芝浦工業大学卒 [歴]大野市議を経て、平成6年大野市長に当選。3期目。

甘利 明 あまり・あきら
衆院議員(自民党 神奈川13区) 労相 [生]昭和24年8月27日 [出]神奈川県 [学]慶応義塾大学法学部(昭和47年)卒 [歴]昭和47年ソニー勤務を経て、49年父の秘書となり、58年新自由クラブから衆院議員に当選。7期目。61年自民党に入党。平成10年小渕内閣の労相に就任。11年1月小渕改造内閣でも留任。旧渡辺派を経て、10年12月山崎派に参加。主に商工族として活動。16年10月衆院予算委員長。 [家]父＝甘利正(衆院議員)
http://www.amari-akira.com/

網岡 雄 あみおか・ゆう
衆院議員(民主党) [生]昭和3年3月22日 [出]三重県三重郡菰野町 [学]岐阜薬専(昭和26年)卒 [資]薬剤師 [賞]藍綬褒章(昭和58年)，勲三等旭日中綬章(平成10年) [歴]昭和34年30歳で愛知県議に当選し、以来5期20年間の県議生活を送る。党県本部書記長、副委員長を歴任。2回の落選を経験したのち、58年の総選挙で社会党から出馬し初当選を果たす。61年に落選するが、平成2年再選。8年社民党を経て、民主党に参加。同年落選。通算3期。

新井 家光 あらい・いえみつ
深谷市長 医師 [生]昭和30年5月5日 [出]埼玉県深谷市 [学]帝京大学医学部卒 [歴]平成7年埼玉県議に当選、1期。11年深谷市長に当選。2期目。深谷中央病院院長を経て、理事。 [団]健康法協会

新井 馨 あらい・かおる
北本市長 [生]昭和2年7月2日 [出]埼玉県北本市 [学]石戸国民学校卒 [賞]勲五等双光旭日章(平成12年) [歴]北本市収入役、助役を務め、昭和62年より北本市長に3選。平成11年引退。

新井 弘治 あらい・こうじ

上尾市長 [生]昭和11年11月23日 [出]埼玉県上尾市 [学]川越農中退 [歴]上尾市議を経て、昭和62年埼玉県議に当選、3期。平成8年上尾市長に当選。3期目。

荒井 聡 あらい・さとし

衆院議員(民主党 北海道3区) [生]昭和21年5月27日 [出]北海道札幌市 [学]東京大学農学部(昭和45年)卒 [歴]農林水産省関東農政局建設部設計課長、北海道総務部知事室長を経て、平成5年日本新党から衆院議員に当選、6年離党して民主の風を結成。6月新党さきがけに合流。8年民主党に参加するが落選。12年返り咲き。通算3期目。
http://www.arai21.net/

【著書】対談集 まっすぐ駆ける〈Part2〉(ぎょうせい '95)

新井 将敬 あらい・しょうけい

衆院議員(自民党) [生]昭和23年1月12日 [没]平成10年2月19日 [出]大阪府 [学]東京大学経済学部(昭和47年)卒 [歴]新日鉄に勤めたが、昭和48年大蔵省に入り直し、厚生省、日本輸出入銀行などに出向。渡辺美智雄大蔵大臣(当時)の秘書官に抜擢された。57年の衆院選に立候補するが落選。61年自民党から2度目の出馬で当選。渡辺派を経て、無派閥となり、平成6年自由党結成に参加。同年12月新進党結成に参加したが、8年6月離党。同年10月無所属で当選し、11月新会派"21世紀"に参加。9年7月自民党に復帰。4期。10年2月日興証券に利益供与を要求したとして国会に逮捕許諾請求され、同日自殺した。 [趣]ローラースケート,ギター

【著書】エロチックな政治(マガジンハウス '94)/「平成の乱」を起こせ(祥伝社 '93)

【評伝】現代政治の秘密と構造(栗本慎一郎著 東洋経済新報社'99)/代議士の自決(河信基著 三一書房'99)/21世紀のリーダーたち(大下英治著 ぴいぷる社'97)/平成政治家・斬り捨て御免(谷沢永一著 PHP研究所'94)/政界趣味の紳士録(田崎喜朗編著 政経通信社'89)/人間づき合い,こんなに差がつく貸しの作り方借りの返し方(永川幸樹著 ベストセラーズ'89)

荒井 正吾 あらい・しょうご

参院議員(自民党 奈良) [生]昭和20年1月18日 [出]奈良県大和郡山市 [学]東京大学法学部(昭和43年)卒 [歴]昭和43年運輸省入省。海運局外航課室長、OECD日本政府代表部参事官、地域交通局交通計画課長などを経て、61年官房広報室長、63年鉄建公団・本四公団監理官、のち航空局航空事業課長、平成3年6月同局総務課長、4年6月文書課長、5年6月観光部長、7年6月官房審議官、8年6月鉄道局次長、9年6月自動車交通局長、11年7月海上保安庁長官。13年1月退官し、同年7月参院議員に当選。無派閥を経て、堀内派。 [趣]読書
http://www.araishougo.net/

新井 哲二 あらい・てつじ

丸亀市長 [生]昭和19年2月10日 [歴]丸亀市議、副議長を経て、平成15年市長に当選。

新井 利明 あらい・としあき

藤岡市長 [生]昭和28年10月24日 [出]群馬県 [学]法政大学法学部(昭和52年)卒 [歴]福田康夫官房長官秘書官を経て、平成14年藤岡市長に出馬。現職市長らを破り、当選。

荒井 秀吉 あらい・ひでよし

結城市長 [生]昭和16年4月16日 [没]平成9年3月11日 [出]茨城県 [学]学習院大学政経学部(昭和39年)卒 [歴]昭和32年荒井綿業に入社、専務。42年より結城市議3期、53年より茨城県議1期を務めた。62年結城市長に当選。3期務めた。 [趣]音楽鑑賞,読書,柔道(2段)

荒井 広幸　あらい・ひろゆき
参院議員（自民党　比例）　⊕昭和33年5月15日　⊕福島県田村郡船引町　⊕早稲田大学社会科学部（昭和56年）卒　⊕早大雄弁会幹事長、代議士秘書、参院議員秘書を経て、昭和62年4月福島県議に当選。平成2年衆院選に立候補。4年マルチコーディネーターとしてラジオ番組に出演。5年から衆院議員に3選。郵政族議員として度々マスコミに登場して小泉純一郎首相の持論である郵政民営化に反対、15年落選した。16年参院選比例区に立候補し、当選。三塚派、江藤・亀井派を経て、亀井派。　http://www.arai.tv/
【著書】郵便局をアメリカに売り渡すな（飛鳥新社 '03）／ワレ抵抗勢力ト言ワレドモ…（情報センター出版局 '01）／弱者の論理（NEAR総合研究機構;扶桑社〔発売〕'98）／拝啓 小泉純一郎様「あなたは間違っている」（麻布出版 '96）／扶桑の国に来たりし友と語る（荒井広幸, 孔祥林著 行研'94）

新井 正則　あらい・まさのり
衆院議員（自民党）　⊕昭和30年9月16日　⊕埼玉県所沢市下富　⊕日本大学卒　⊕昭和55年西武百貨店に入社。平成2年政治家を志して退社、3年所沢市議に当選。8年、12年衆院選埼玉8区に自民党から立候補。15年当選。同年12月公職選挙法違反（買収）の容疑で逮捕され、16年1月議員辞職。　⊕祖父＝新井万平（所沢市長）

荒井 松司　あらい・まつじ
上尾市長　埼玉県議（自民党）　⊕大正2年4月17日　⊕埼玉県　⊕熊谷農（昭和6年）卒　⊕勲四等旭日小綬章（平成10年）　⊕上尾町議1期、上尾市助役、上尾市議1期を経て、昭和50年以来埼玉県議に3選し、60年県会副議長。63年2月上尾市長に当選。平成8年落選、2期。　⊕読書、ゴルフ、日本画

荒井 三男　あらい・みつお
武蔵村山市長　⊕昭和14年4月21日　⊕多摩高卒　⊕武蔵村山市企画財政部長、教育委員会教育次長、助役、社会福祉協議会長を歴任。平成14年市長選に出馬、徳洲会病院の誘致問題をめぐり市議会と対立した現職の市長を破り、当選。

荒井 幸昭　あらい・ゆきあき
南陽市長　⊕昭和15年6月23日　⊕山形県南陽市　⊕中央大学法学部卒　⊕南陽市議会議長を務める。平成10年市長に当選。2期目。　⊕スポーツ

新井 彬之　あらい・よしゆき
衆院議員（公明党）　⊕昭9.9.15　⊕静岡県榛原郡川崎町　⊕関西大学法学部（昭和32年）卒　⊕神戸市議を経て、昭和44年以来兵庫4区から衆院議員に6選。平成2年引退。

新川 秀清　あらかわ・しゅうせい
沖縄県議（無所属　沖縄市）　沖縄市長　⊕昭和12年1月1日　⊕沖縄県沖縄市山内　⊕コザ高卒　⊕昭和42年コザ市役所（現・沖縄市役所）に入所。45年年金課長、46年経済民生部長、のち民生部長、福祉部長、経済部長、企画参事などを歴任。平成2年沖縄市長に当選、2期つとめた。10年落選。のち沖縄県議に当選。2期目。

荒木 勇　あらき・いさむ
習志野市長　⊕昭和12年5月20日　⊕佐賀県　⊕明治大学法学部卒　⊕弁護士　⊕東京弁護士会常任議員を務めた。平成3年習志野市長に当選、4期目。

荒木 修　あらき・おさむ
菊池市長　⊕大正9年1月2日　⊕平成14年12月13日　⊕熊本県菊池市　⊕京都帝大法学部（昭和19年）卒　⊕藍綬褒章（昭和60年）, 勲四等瑞宝章（平成6年）　⊕昭和38年菊池女子高校設立、39年菊池女子学園理事長兼菊池女子高校長に就任。熊本県私立学校審議会長を務め

た。平成元年菊池市長に当選、1期務めた。5年引退。著書に「私学の本領」がある。 趣釣り

荒木 清寛 あらき・きよひろ
参院議員(公明党 比例) 生昭和31年6月1日 出岐阜県恵那市 学創価大学法学部(昭和54年)卒 資弁護士 歴昭和56年司法試験に合格。59年弁護士登録。以来、名古屋市を中心に弁護士活動を展開。平成4年参院議員に愛知選挙区から当選。10年参院選では比例区に転じて当選。同年11月新公明党結成に参加。3期目。13年第2次森改造内閣の外務副大臣に就任。 団名古屋弁護士会
http://www.k-araki.net/

荒木 武 あらき・たけし
広島市長 生大正5年3月4日 没平成6年6月15日 出広島市 学東京帝国大学法学部法律学科(昭和15年)卒 賞ハマーショルド賞(昭和57年),勲二等瑞宝章(平成6年) 歴三菱重工業に入社、広島造船所に勤務し、被爆。同労組委員長、昭和22年広島市議、26年以来3期広島県議を経て、50年広島市長に当選。54年全国の自治体に、原爆投下時刻の黙祷を要請。60年世界の非核宣言都市による、第1回世界平和連帯都市市長会議を開催。63年非同盟諸国の平和・軍縮首脳会議で演説、平成3年にも世界平和連帯都市市長会議の代表として国連で核戦争阻止を訴えた。また元年原爆ドーム保存募金を全国から募るなど反核平和運動の先頭に立って活躍した。4期務め、3年引退。

荒巻 禎一 あらまき・ていいち
京都府知事 京都文化博物館館長 生昭和6年7月22日 出東京 学九州大学法学部(昭和28年)卒 賞勲一等瑞宝章(平成14年) 歴昭和29年自治省に入省、36年長崎地方課長、38年京都府管理課長、46年京都府総務部長、のち消防庁総務課長を経て、53年京都府副知事となり、林田悠紀夫知事を補佐。61年林田知事の指名を受け、共産党を除く6党の推薦で知事に当選。関西文化学術研究都市や鉄道・道路網の基盤整備を推進するなど、4期16年務めたのち、平成14年引退。北近畿タンゴ鉄道社長も務めた。15年京都文化博物館館長。京都文化財団理事長を兼務。
趣テニス,ゴルフ 家子=荒巻隆三(衆院議員)

【評伝】未踏の大地を切り拓け!(角間隆著 ぎょうせい'88)

荒巻 隆三 あらまき・りゅうぞう
衆院議員(自民党) 生昭和47年10月27日 出京都府京都市 学明星大学情報学部経営情報学科(平成9年)卒 歴父は京都府知事を務めた荒巻禎一。平成9年ワコールに入社。14年10月衆院補選福岡6区に当選。堀内派。15年落選。 趣野球,日本拳法 家父=荒巻禎一(京都府知事),佐藤勝也(長崎県知事)

新谷 昌明 あらや・まさあき
小樽市長 北海道中小企業総合支援センター理事長 生昭和4年2月3日 出北海道小樽市 学慶応義塾大学経済学部(昭和25年)卒 歴大学卒業後結核で5年間の浪人生活を送り、昭和30年北海道庁に入る。上川支庁税務課から出納局を経て、37年商工観光部、54年同部長、56年知事室長、58年公営企業管理者、60年副知事に就任。62年4月から小樽市長に3選。平成11年引退。12年北海道商工指導センター会長、13年北海道中小企業総合支援センター理事長。15年北海道国際航空(エアドゥ)会長を兼務。
趣クラシック音楽鑑賞,麻雀,ゴルフ
家父=新谷由太郎(小樽典礼社会長)

有川 清次 ありかわ・せいじ
衆院議員(社会党) 生昭和4年12月17日 出鹿児島県 通称=有川清次
学鹿屋高(昭和25年)卒 歴昭和56年鹿屋市議、58年鹿児島県議2期を経て、平

成2年衆院議員に当選。5年落選。6年鹿屋市長選に出馬。 ⓗ美術,演劇,釣り

有島 重武 ありしま・しげたけ
衆院議員(公明党) 作曲家 ⓖ大正13年6月28日 ⓗ東京 ⓘ慶応義塾大学工学部(昭和23年)卒 ⓙ創価学会理事,民主音楽協会理事を経て,昭和41年に公明党副幹事長に。42年以来東京6区から衆院議員に当選8回。この間,党文化・教育各局長,衆院議員団副団長,中央委員会副議長を歴任。平成2年引退,日本ユネスコ国内委員会委員などをつとめた。 ⓗ読書,水泳,音楽
【評伝】創価学会を撃つ!!(四宮正貴著 展転社'88)

有馬 朗人 ありま・あきと
参院議員(自民党) 文相 科学技術庁長官 科学技術館館長 東京大学名誉教授 「天為」主宰 物理学者 俳人 ⓖ原子核物理学 ⓗ昭和5年9月13日 ⓘ大阪府大阪市住吉区 ⓙ東京大学理学部物理学科(昭和28年)卒 理学博士(昭和33年) ⓚクォークによる原子核構造論;原子核の集団運動;海外における俳句の可能性 ⓛレジオン・ド・ヌール勲章(平成10年),文化功労者(平成16年),旭日大綬章(平成16年) ⓜ東京大学原子核研究所助手を経て,昭和35年東京大学理学部講師,40年助教授,50年教授。この間,46〜48年ニューヨーク州立ストーニーブルック校教授,56〜57年日本物理学会長,56〜60年東京大学大型計算機センター長を歴任し,平成元年総長に就任。5年3月退官し,4月より法政大学教授。同年10月理化学研究所理事長となる。7〜10年中央教育審議会会長。第13〜15期日本学術会議会員。10年7月参院選比例区に自民党名簿1位で当選し,小渕内閣の文相に就任。11年1月小渕改造内閣でも留任,また科学技術庁長官を兼任。13年北九州市産業学術推進機構初代理事長。16年議員

活動を引退,科学技術館館長となる。一方,昭和25年「東大ホトトギス会」「夏草」に入会,山口青邨門下に入る。28年「夏草」同人。同年「子午線」発刊に参画し,48年「塔の会」入会。国際俳句交流協会会長なども務めた。主な専門書に「科学の饗宴」「原子と原子核」,句集に「母国」「知命」「天為」がある。 ⓝ日本物理学会,俳人協会,日本文芸家協会,日本ペンクラブ,国際俳句交流協会 ⓗ読書,絵画鑑賞
【著書】21世紀に伝えたいこと(司馬遼太郎,木村尚三郎ほか著 工作舎'97)

有馬 直和 ありま・なおかず
直方市長 ⓖ昭和2年1月26日 ⓗ福岡県 ⓘ熊本工専採鉱科(昭和23年)卒 ⓛ勲四等瑞宝章(平成9年) ⓜ昭和27年有馬鉱業専務,39年社長を経て,54年以来直方市長に4選。平成7年引退。

有馬 元治 ありま・もとはる
衆院議員(自民党) ⓖ大正9年1月1日 ⓗ鹿児島県川内市 ⓘ東京帝国大学法学部政治学科(昭和16年)卒 ⓛ勲二等旭日重光章(平成2年) ⓜ大学卒業後,高文行政科合格。のち海軍に入り主計大尉。戦後労働省に入り,職業安定局職業訓練局長心得,中労委事務局長,昭和38年職業安定局長などを経て,43年労働事務次官。44年以来衆院議員に6回当選。防衛政務次官,社会労働委員長を歴任。河本派。平成2年落選し,引退。
【著書】防衛戦略の転換を(有馬元治'82)/新風を求めて 続(有馬元治新風会'79)
【評伝】東京地検特捜部(成島惟義,上原駿介著 アイペック'89)

有村 治子 ありむら・はるこ
参院議員(自民党 比例) ⓖ昭和45年9月21日 ⓗ滋賀県愛知川町 ⓘ国際基督教大学教養学部卒,バーモントSIT大学院(米国)(平成9年)修了 ⓜ平成9年日本マクドナルド勤務,11年桜美林大学非常勤講師を経て,13年参院選比例区

に自民党から当選。無派閥を経て、高村派。 ⓗウォーキング ⓕ父＝有村国宏（滋賀県議） http://www.arimura.tv/

有吉 威 ありよし・たけし
直方市長 ⓑ昭和12年3月3日 ⓞ福岡県北九州市木屋瀬町 ⓔ西南学院大学商学部（昭和35年）卒 ⓗ在学中から有吉鉱業社長、九州酸素社長を務める。昭和40年直方ガス社長に就任。平成7年より直方市長に2選。15年2月公共工事に絡む贈賄容疑で福岡県警に逮捕される。 ⓗ読書

有吉 林之助 ありよし・りんのすけ
太宰府市長 ⓑ大正8年3月31日 ⓞ福岡県太宰府市 ⓔハルビン学院（昭和15年）卒 ⓐ勲五等双光旭日章（平成2年） ⓗ昭和22年満鉄調査部に入社。同年太宰府町議、46年助役、54年町長、58年市長を歴任し、62年引退。古都太宰府を守る会理事長、九州アジア国立博物館を誘致する会（現・九州国立博物館を支援する会）会長などを務める。 ⓗ読書

有賀 正 あるが・ただし
松本市長 ⓑ昭和6年4月29日 ⓞ長野県松本市 ⓔ松本県ケ丘高（昭和25年）卒 ⓐ藍綬褒章（平成8年） ⓗ昭和46年民社党から長野県議に当選し、4期つとめる。のち中間会派である信政クラブ幹事長に就任。62年4月の選挙には立候補せず、63年の松本市長選に出馬したが落選。平成4年市長に当選し、3期務める。16年落選。 ⓗ読書、音楽、演劇

粟森 喬 あわもり・たかし
参院議員（連合） ⓑ昭和14年1月1日 ⓞ石川県金沢市 ⓔ金沢大附属高（昭和32年）卒 ⓗ昭和32年日本電信電話公社入社。37年全電通石川県支部執行委員、のち県支部書記長、県支部委員長などを歴任。45年労働運動専念のため電電公社を退職。この間、社青同結成に参加。石川県評事務局長、石川県評議長などを経て、平成元年参院議員に当選。7年落選。連合国対委員長をつとめた。 ⓗ映画鑑賞

粟屋 敏信 あわや・としのぶ
衆院議員（無所属の会） ⓑ大正15年7月25日 ⓞ広島県広島市 ⓔ東京大学法学部政治学科（昭和23年）卒 ⓐ旭日重光章（平成16年） ⓗ昭和23年建設省入り。36年内閣法制局参事官、39年建設省河川局水政課長。47年内閣審議官兼官房国土総合開発対策室長、49年国土庁官房長、51年建設省官房長を経て、54年建設事務次官となる。61年自民党から衆院議員に当選。竹下派、羽田派、平成5年新生党を経て、6年新進党、8年太陽党結成に参加。当選5回。15年引退。 ⓗ読書、ゴルフ

安西 愛子 ⇒志村愛子（しむら・あいこ）を見よ

安藤 巌 あんどう・いわお
衆院議員（共産党）弁護士 ⓑ大正14年1月2日 ⓞ三重県 ⓔ京都大学法学部（昭和23年）卒 ⓗ中日新聞記者、総評弁護団幹事、地方公務員災害基金名古屋支部審査会長を経て、昭和51年共産党から衆院議員に4選。平成2年落選。

安藤 三郎 あんどう・さぶろう
瑞浪市長 ⓑ大正11年1月11日 ⓞ岐阜県 ⓔ岐阜農林専（昭和21年）卒 ⓗ昭和21年岐阜県土岐郡日吉村農地委員会書記、38年瑞浪市総務課長、50年総務部長、52年収入役、55年助役。62年7月瑞浪市長に無投票で当選、2期。平成7年引退。 ⓗ囲碁

安藤 忠恕 あんどう・ただひろ
宮崎県知事 ⓑ昭和16年3月9日 ⓞ宮崎県日向市 ⓔ宮崎大学卒 ⓗ宮崎県庁に入庁。企画調整部次長、人事委員会事務局長、商工労働部長などを歴任後、平成10年退任。11年宮崎県知事選

に立候補。15年当選。 [趣]バードウォッチング，篆刻，写真，合唱，大型バイク

安藤 哲郎　あんどう・てつお

網走市長 [生]大正15年3月1日 [出]北海道常呂郡端野町 [学]北海道大学法経学部（昭和26年）卒 [賞]北海道社会貢献賞（昭和62年），勲三等瑞宝章（平成11年） [歴]北海道庁に入り、昭和45年総務部次長、46年網走支庁長を経て、50年以来網走市長に6選。平成10年引退。

安藤 正夫　あんどう・まさお

南足柄市長 [生]大正9年10月8日 [出]神奈川県 [学]鉄道教習所（昭和22年）卒 [賞]勲四等瑞宝章（平成3年） [歴]昭和14年国鉄に入り、43年養鶏業を開業。46年南足柄町議1期を経て、50年以来南足柄市長に4選。平成3年引退。 [趣]読書，ゴルフ

安藤 幹夫　あんどう・みきお

三野町（香川県）町長 [生]昭和17年 [出]香川県三豊郡三野町 [学]高瀬高卒 [歴]神島化学工業を経て、大和ハウス工業に入社。年間100棟の販売で四国エリアのトップ成績を収める。昭和60年熊本支店の支店長となり、2年足らずで同支店を黒字転換させ、四国支店長に就任。平成元年三野町長に当選。経済原理に基づいた自治体経営、発芽玄米の取り組みなど新しい行政手法を取り入れる。

安藤 嘉治　あんどう・よしはる

知多市長 [生]昭和9年10月22日 [出]愛知県 [学]慶応義塾大学経済学部（昭和33年）卒 [賞]紺綬褒章 [歴]昭和33年岡徳織布に入社。46年オカトクを設立し、代表、のち会長。55年金丸鉄工所会長、岡徳石油社長なども務める。平成元年9月知多市長に当選。3期目。 [趣]旅行，スキー，読書

アントニオ猪木　あんとにおいのき

参院議員（スポーツ平和党） UFO会長 格闘技プロデューサー 元・プロレスラー [生]昭和18年2月20日 [出]神奈川県横浜市鶴見区生麦町 本名＝猪木寛至 [学]寺尾中中退 [歴]14歳の時、一家揃ってブラジルに移住。昭和35年力道山にスカウトされ帰国。同年9月大木金太郎戦でプロレスラーとしてデビュー。41年力道山のタッグパートナーだった豊登と東京プロレスを旗上げをしたが、崩壊。42年日本プロレスに復帰したが、47年3月再び独立し新日本プロレスを興す。柔道王ウィリアム・ルスカ、ボクシング王者モハメド・アリとの異種格闘技戦を行い、卍固め、延髄斬りを武器に“世界の猪木”の地位を築いた。平成元年スポーツ平和党を結成し、参院選に立候補し当選、民社党と統一会派“民社・スポーツ・国民連合”を結成。平成3年東京都知事選に出馬を表明するが断念。5年元公設秘書から公選法違反や脱税などで東京地検に告発され、党首を辞任。7年落選。10年4月プロレスラーを引退。 [家]父＝猪木佐次郎（横浜市議）
http://www.inokiism.com/

【著書】アントニオ猪木自伝（新潮社 '00）／猪木寛至自伝 新潮社（ '98）／猪木イズム サンクチュアリ出版（ '98）／アントニオ猪木議員の闘魂ハイスクール（未来出版 '92）

【評伝】議員秘書、捨身の告白（佐藤久美子著 講談社'93）／佐川のカネ食った悪徳政治家（菊池久著 山手書房新社'92）

安念 鉄夫　あんねん・てつお

砺波市長 [生]昭和7年10月31日 [出]富山県砺波市 [学]砺波高卒 [歴]昭和62年砺波市収入役を経て、平成9年12月砺波市長に当選。3期目。

【い】

井伊 直愛　いい・なおよし
彦根市長　[生]明治43年7月29日　[没]平成5年12月2日　[出]滋賀県　[学]東京帝大農学部水産科卒，東京帝大大学院修了　農学博士(昭和36年)　[賞]紺綬褒章(昭和36年・平成2年)，勲二等瑞宝章(平成1年)，彦根市名誉市民(平成1年)　[歴]文部省資源科学研究所に勤務し、プランクトンの研究に携わるかたわら、滋賀大学経済学部で教鞭をとった。昭和28年彦根市長に当選、以来平成元年まで連続9期。この間、全国市長会副会長をつとめた。彦根藩主の井伊家第16代当主でもあり、没後、井伊家に伝わる文化財約3万5000点が遺言に従い、彦根市に寄贈された。　[団]琵琶湖治水会　[趣]三味線(長唄)

飯島 忠義　いいじま・ただよし
衆院議員(自民党)　[生]昭和20年6月9日　[出]神奈川県　[学]早稲田大学教育学部(昭和43年)卒　[歴]昭和43年富士ゼロックス、50年アメリカンファミリー生命保険勤務を経て、54年以来横浜市議に4選。平成8年衆院議員に当選。1期。12年落選。三塚派を経て、森派。平成12年9月選挙後に地元市議や町議らに選挙支援の謝礼として商品券を配ったとして、公職選挙法違反で神奈川県警に逮捕される。　[趣]読書，スポーツ

飯塚 昭吉　いいずか・しょうきち
佐野市長　[生]昭和4年3月28日　[出]栃木県　[学]東京逓信講習所卒　[賞]藍綬褒章(平成5年)，勲四等瑞宝章(平成13年)　[歴]佐野市議2期を経て、昭和54年から栃木県議に4選。平成7年落選。11年佐野市長選に落選、13年当選。　[趣]読書

飯塚 正二　いいずか・しょうじ
藤枝市長　[生]大正2年2月24日　[没]平成11年4月27日　[出]静岡県藤枝市　[学]藤枝農(昭和5年)卒　[賞]勲三等瑞宝章(平成4年)　[歴]静岡県庁に入り、昭和41年副出納長、42年事業部長、43年公営企業管理者を経て、47年藤枝市助役に転じ、51年市長に当選、4期つとめた。平成4年引退。

飯塚 正　いいずか・ただし
柏崎市長　[生]昭和4年1月29日　[出]新潟県柏崎市　[学]柏崎農(昭和21年)卒　[賞]勲三等瑞宝章(平成11年)　[歴]柏崎市議を6期、この間副議長、議長を各2期歴任。昭和62年柏崎市長に当選、2期つとめた。平成4年引退。新潟産業大学理事長もつとめた。　[趣]謡，投網

飯泉 嘉門　いいずみ・よしかど
徳島県知事　[生]昭和35年7月29日　[出]大阪府池田市　[学]東京大学法学部(昭和59年)卒　[歴]昭和59年自治省(現・総務省)に入省。埼玉県財政課長時代は日韓共催サッカーW杯の会場となった埼玉スタジアムの整備に奔走。平成12年自治省税務局企画課税務企画監、13年徳島県商工労働部長を経て、14年同県民環境部長。15年徳島県知事選に出馬、本名の“よしかど”を“かもん”に呼び換えて“いい徳島カモン、飯泉嘉門”をキャッチフレーズに選挙活動を行い、全国最年少の42歳で当選。

飯田 忠雄　いいだ・ただお
参院議員(公明党)　衆院議員　元・神戸学院大学教授　俳人　[専]刑法　刑事訴訟法　海上国際法　中華人民共和国刑法　[生]明治45年1月28日　[出]愛知県名古屋市　別名＝常不軽，俳号＝飯田青蛙　[学]京都帝国大学法学部(昭和14年)卒　法学博士(京都大学)(昭和44年)　[賞]勲三等旭日中綬章(平成1年)　[歴]昭和14年渡満、満州国総務庁協和会を経て、21年帰国、22年運輸省に入省。27年海上保安庁警

備救難部付兼総理府事務官、30年第八管区海上保安本部警備救難部長、34年海上保安大学校首席教授を歴任。44年神戸学院大学教授に転じ、同大学生部長、法学部長を務める。51年以来衆院議員を2期務め、58年参院比例代表区に転じて当選。平成元年引退。自主憲法期成議員同盟常任理事。一方、学生時代に作句を始め、中断を経て、昭和63年「みちのく」同人、「黄鐘」同人。句集に「満蒙落日」「生命の詩」がある。
[団]俳人協会

【著書】日本国改造法案((盛岡)信山社;大学図書〔発売〕 '02)/日本国憲法正論((盛岡)信山出版;信山社〔発売〕 '98)/これが日本国憲法だ(近代文芸社 '95)

飯田 満 いいだ・みつる
南茅部町(北海道)町長 [生]昭和11年8月26日 [出]北海道南茅部町 [学]尾札部漁高(昭和31年)卒 [歴]昭和44年北海道南茅部町総務課長、46年建設課長、48年水産課長、54年経済部長、56年地場産業振興センター長を経て、58年から南茅部町長。平成16年同年の参院選で票の取りまとめを依頼したとして公職選挙法違反(公務員の地位利用)容疑で北海道警に逮捕される。6期。

飯野 陽一郎 いいの・よういちろう
喜多方市長 [生]大正13年12月8日 [出]福島県喜多方市 [学]喜多方中卒 [賞]藍綬褒章,勲三等瑞宝章(平成11年) [歴]福島県議を経て、昭和61年喜多方市長に当選、3期つとめる。平成10年引退。

飯村 恵一 いいむら・けいいち
台東(東京都)区長 [生]昭和4年12月1日 [没]平成14年12月21日 [出]東京・浅草(東京都台東区) [学]中央大学法学部卒 [賞]藍綬褒章(平成1年) [歴]台東区議3期を経て、昭和50年から東京都議に5選。平成3年台東区長に当選、3期。14年12月次期区長選に出馬しないことを表明。同月急死した。

飯山 利雄 いいやま・としお
日立市長 [生]昭和6年5月6日 [出]茨城県日立市 [学]早稲田大学政経学部卒 [歴]日立市都市計画部長、市長公室長、教育長を経て、平成3年より日立市長に2選。11年引退。

伊江 朝雄 いえ・ともお
参院議員(自民党) 北海道開発庁長官 沖縄開発庁長官 [生]大10.5.17 [出]沖縄県那覇市 [学]東北帝大法学部法律学科(昭和19年)卒 [賞]勲一等瑞宝章(平成7年) [歴]国鉄に入社。昭和43年名古屋鉄道管理局長、45年旅客局長、47年常務理事を歴任。52年参院議員に当選。58年大蔵委員長。平成3年宮沢内閣の北海道・沖縄開発庁長官に就任。当選3回。7年落選。竹下派を経て、小渕派。

家田 芳喜 いえだ・よしき
西枇杷島町(愛知県)町長 [生]大正14年2月15日 [出]愛知県 [学]東海中夜間部(旧制)卒 [歴]昭和25年愛知県・西枇杷島町役場勤務。43年総務課長、46年総務部総括主幹、51年収入役、同年助役、59年西枇杷島町長に初当選。名古屋、東京、大阪の三大都市圏にあるミニ町の10町長が集り、「全国ミニ団体連絡会議(ミニ・サミット)」を開くことを提唱、西枇杷島町で開催した。平成4年引退。

家西 悟 いえにし・さとる
参院議員(民主党 比例) 元・大阪HIV訴訟原告団団長 [生]昭和35年5月6日 [出]熊本県熊本市 [学]西宇治中(昭和51年)卒 [歴]4歳で血友病と判明。19歳から輸入血液製剤を使い始め、26歳の時HIV感染を告知される。京都血友病友の会事務局長を経て、平成7年から大阪HIV訴訟原告団長(3代目)として、国や製薬会社に謝罪を訴え続け、その間実名を公表。8年裁判所の和解案受け入れを決定。薬害エイズの真相解明や、患者が安心して治療に専念できる環境づくりなどの活動に取り組

む。同年民主党より衆院選に立候補、比例区近畿ブロック1位で当選。通算2期。15年11月の総選挙には出馬しなかった。16年参院選比例区に出馬し当選。　🎣へらぶな釣り、ドライブ
http://www.ienishi.gr.jp/
【著書】妻よ娘よ、きみと生きたい（小学館 '01）／家西悟全記録（（大阪）解放出版社 '00）／お前は忘れても、俺は忘れへん（ロングセラーズ '97）

井岡 大治　いおか・だいじ
衆院議員（社会党）　⊕大正3年5月4日　⊖平成5年6月27日　⊕兵庫県　⊕大阪鉄道学校中退　⊕昭和4年大阪市電気局に入り、20年大阪交通労組執行委員長となり、大阪市労組連執行委員長を兼任。30年以来衆院議員に9選。この間、総同盟副会長、大阪運輸労組協議会議長、社会党国民運動局長などを歴任。48年衆院物価問題対策委員長、のち社会党衆院両院議員総会会長をつとめた。
🖋書道, スポーツ観戦, 読書

井奥 貞雄　いおく・さだお
衆院議員（自民党）　⊕昭和14年1月5日　⊕兵庫県姫路市　⊕飾磨工（昭和32年）卒　⊕昭和32年八家化学工業に入社。40年ヤカ東京工場を設立して工場長となり、43年取締役、52年常務を経て、58年社長に就任。この間松戸青年会議所理事長、54年日本青年会議所会長などを歴任。平成2年自民党から衆院議員に当選。3期務める。竹下派、羽田派、5年新生党を経て、6年新進党結成に参加。8年自民党に復党。10年12月山崎派に参加。12年落選。15年5月千葉県議選で初当選した息子の陣営の選挙違反事件に関わったとして、公職選挙法（買収など）の疑いで県警に逮捕される。
🖋読書, スポーツ　👨息子＝井奥俊博（千葉県議）

伊賀 貞雪　いが・さだゆき
愛媛県知事　⊕大正14年11月14日　⊕愛媛県温泉郡重信町　⊕松山商（昭和17年）卒　⊕昭和21年愛媛県庁に入る。45年財政課長、50年知事公室長、53年調整振興部長、55年出納長、57年副知事を経て、62年1月知事に当選、3期務める。平成11年落選。🖋美術, 鯉飼育, ゴルフ

猪飼 峯隆　いかい・みねたか
栗東市長　⊕昭和3年4月8日　⊖平成15年10月6日　⊕滋賀県栗東市　⊕栗太農学校（昭和20年）卒　⊕勲四等旭日小綬章（平成15年）　⊕栗東町助役を経て、昭和57年より町長に5選。平成13年同町が栗東市へ昇格、初代市長となる。14年の市長選には出馬せず引退。

五十嵐 悦郎　いがらし・えつろう
留萌市長　⊕昭和3年9月30日　⊖平成12年1月3日　⊕北海道留萌市　⊕明治大学商学部卒　⊕留萌市功労者表彰（平成9年）　⊕北海道職員を経て、昭和44年留萌市役所に入る。58年から1年間助役を務めた後、留萌商工会議所専務理事。61年留萌市長に当選。2期務め、平成6年退任。

五十嵐 広三　いがらし・こうぞう
衆院議員（社民党）　内閣官房長官　建設相　⊕大正15年3月15日　⊕北海道旭川市　⊕旭川商（昭和18年）卒　⊕勲一等瑞宝章（平成9年）, 旭川市名誉市民（平成10年）　⊕昭和21年社会党入党。雑穀商、民芸会社、地方新聞社など経営。38年旭川市長に当選。3期つとめる間、アイデア市長として、歩行者天国のさきがけとなった買物公園を始めた。55年以来衆院議員に5選。平成5年細川内閣の建設相、6年村山内閣の官房長官をつとめた。8年引退。共著に「人間都市復権」がある。

【著書】官邸の螺旋階段（ぎょうせい '97）／まちづくり・国づくり（五十嵐広三, 西尾六七著 公人の友社 '97）

五十嵐 忠悦　いがらし・ちゅうえつ
横手市長　⊕昭和22年7月18日　⊕秋田県横手市　㊦武蔵大学経済学部卒　㊦五十嵐印刷専務を経て、社長。平成9年横手市長に当選。2期目。　㊦父＝五十嵐忠次郎（秋田県議）

五十嵐 文彦　いがらし・ふみひこ
衆院議員（民主党　比例・北関東）　⊕昭和23年11月2日　⊕東京都世田谷区　㊦東京大学文学部西洋古典学科（昭和48年）卒　㊦昭和48年時事通信社入社。内政部、浦和支局を経て、政治部記者。この間厚生省、国土庁、首相官邸、自民党、野党等の各記者クラブに所属。63年5月退社し、平成2年衆院選に東京7区から立候補。5年埼玉2区に転じ、日本新党から当選。6年離党し、院内会派グループ青雲を結成。同年6月新党さきがけに合流。8年民主党に参加。同年落選。12年返り咲き。通算3期目。
http://homepage2.nifty.com/gara-I/
【著書】これが民主党だ！（太陽企画出版 '96）／大蔵省解体論（東洋経済新報社 '95）／知ってるつもり選挙のしくみがわかる本（明日香出版社 '92）／選挙 選挙 選挙（竹村出版 '91）／国会がひとめでわかる本（日東書院 '86）

五十嵐 基　いがらし・もとい
五泉市長　⊕昭和15年8月14日　⊕新潟県五泉市　㊦五泉実卒　㊦五泉市議2期を経て、昭和62年新潟県議に当選、3期つとめる。平成10年五泉市長に当選。2期目。

五十里 武　いかり・たけし
鹿嶋市長　⊕昭和9年5月15日　⊕平成16年10月20日　⊕富山県　㊦立命館大学法学部卒　㊦毎日スポーツ人賞文化賞（平5年度）（平成6年）　㊦茨城県鹿島町役場に勤務し、総務部長などを経て、平成2年町長に当選。5年鹿島神宮の町にJリーグ鹿島アントラーズを誘致、地域活性化の一大成功例として全国の自治体の注目を浴びた。7年鹿島町と大野村が合併して鹿嶋市となり、初代市長となる。10年引退。合併の際、佐賀県の鹿島市と同じ名前の新市名を自治省から拒否され、「島」を「嶋」に変えることを決断した。

井川 成正　いがわ・しげまさ
下松市長　⊕昭和5年3月21日　⊕山口県下松市　㊦久保国民学校卒　㊦妹背学園理事長、下松市議、議長を経て、平成12年下松市長に当選。2期目。

井口 一郎　いぐち・いちろう
南魚沼市長　⊕昭和23年3月14日　㊦平成15年六日町町長に当選、1期。16年11月合併により誕生した南魚沼市の初代市長に当選。

井口 経明　いぐち・つねあき
岩沼市長　⊕昭和20年12月22日　⊕宮城県岩沼市　㊦宮城教育大学教育学部卒　㊦岩沼市議・議長を務める。平成10年岩沼市長に当選。2期目。

池口 修次　いけぐち・しゅうじ
参院議員（民主党　比例）　⊕昭和24年11月10日　⊕長野県木曽郡大桑村　㊦早稲田大学理工学部（昭和47年）卒　㊦昭和47年本田技研工業に入社。平成4年自動車総連中央執行委員、8年総連副会長などを経て、13年参院選比例区に民主党から当選。　㊦日曜大工
http://www.ikeguchi-iketel.com/

池田 栄三郎　いけだ・えいざぶろう
桜井市長　⊕大正4年3月25日　㊦平成11年11月15日　⊕奈良県　㊦大阪商科大学（現・大阪市立大学）予科（昭和9年）中退　㊦勲三等旭日中綬章（昭和62年）　㊦昭和30年から大三輪町長2期を経て、42年以来桜井市長に6選。この間全国市長会副会長もつとめた。平成3年引退。

池田 治 いけだ・おさむ
参院議員(連合) 弁護士 [生]昭和6年12月15日 [出]愛媛県東宇和郡野村町 [学]中央大学法学部(昭和31年)卒 [賞]勲三等旭日中綬章(平成14年) [歴]昭和41年司法試験に合格。44年弁護士登録。59年法曹政治連盟会長。平成元年参院議員に当選。連合幹事長。7年落選。 [団]東京弁護士会

池田 克也 いけだ・かつや
衆院議員(公明党) [生]昭和12年3月9日 [出]東京都豊島区 [学]早稲田大学第二政経学部(昭和39年)卒 [歴]昭和39年潮出版社に入社。月刊誌「潮」編集長を経て、51年以来東京3区から衆院議員に4選。平成元年5月リクルート事件の際受託収賄容疑で起訴された。
【評伝】ラグナビーチより愛をこめて(大森実著 学習研究社'89)

池田 勤也 いけだ・きんや
勝山市長 [生]大11.2.4 [出]福井県勝山市 [学]東京外国語大学独語部(昭和19年)卒 [賞]勲五等双光旭日章(平成4年) [歴]外務省を経て、昭和30年勝山市役所に入る。47年助役を経て、51年以来市長に3期。63年引退。

池田 幸一 いけだ・こういち
久居市長 [生]昭和21年7月21日 [出]三重県 [学]松阪商卒 [歴]久居市議、議長を経て、平成13年無投票で市長に当選。

池田 忠雄 いけだ・ただお
和泉市長 [生]昭和7年8月4日 [出]大阪府 [学]関西大学法学部法律学科(昭和35年)卒 [賞]藍綬褒章(平成2年),勲三等瑞宝章(平成14年) [歴]昭和35年以来和泉市議3期、42年市会議長を経て、50年から市長に5選。平成7年引退。
【著書】ロマンに生きる(文芸社 '03)

池田 正晴 いけだ・まさはる
新井市長 [生]大正12年1月20日 [出]新潟県 [学]京都帝大理学部(昭和20年)卒 [歴]新井市議、矢代農協組合長を経て、昭和41年新井市長に当選、5期。61年落選した。

井桁 克 いげた・まさる
津島市長 [生]昭和14年11月11日 [出]愛知県 [学]早稲田大学政経学部(昭和38年)卒 [歴]昭和38年読売新聞東京本社に入社。42年愛知県議になり、50年津島市長に当選。62年4選を果たしたが、自派の出納責任者の公選法違反が確定して連座制の適用で当選が無効となり、63年1月辞任。3月の出直し選挙にも立候補したが落選。10月汚職事件で逮捕された。平成2年、5年衆院選に出馬。15年津島市長選に立候補。
[趣]読書，映画鑑賞

池田 元久 いけだ・もとひさ
衆院議員(民主党 比例・南関東) [生]昭和15年12月20日 [出]神奈川県藤沢市 [学]早稲田大学政経学部(昭和39年)卒 [歴]昭和39年NHK記者となり、石川県マスコミ共闘会議副議長、日放労北海道支部執行委員などを歴任。平成2年社会党より衆院議員に当選。5年落選。8年民主党から衆院議員に返り咲く。通算4期目。 [趣]読書，音楽，バラ・ラン栽培，テニス http://www.m-ikeda.com/

池田 行彦 いけだ・ゆきひこ
衆院議員(自民党) 外相 [生]昭和12年5月13日 [没]平成16年1月28日 [出]兵庫県神戸市 [学]東京大学法学部(昭和36年)卒 [歴]昭和36年大蔵省に入省。広島国税局間税部長、大平正芳蔵相秘書官を務める。51年衆院議員に当選。党遊説局長、国民運動本部長代理を経て、平成元年宇野内閣の総務庁長官、2年第2次海部改造内閣の防衛庁長官、8年橋本内閣の外相に就任。11月第2次橋本内閣でも留任。10年党政調会長、11年党総

務会長。当選10回。外相在任中はペルー日本大使公邸占拠事件の解決に尽力。池田勇人元首相の女婿で、元首相の派閥・宏池会に所属した。
【評伝】21世紀を担う若き政治家たち（木下厚著 政界往来社'89）

池田 幹幸　いけだ・よしたか
参院議員（共産党）　⑭昭和16年10月20日　⑰大阪府　⑲大阪外国語大学中国語科（昭和39年）卒　⑳昭和48年野間友一衆院議員秘書を経て、平成10年参院議員に共産党から当選。1期務めた。
http://ikedanet.org/

池田 隆一　いけだ・りゅういち
北海道議（民主党　小樽市）　衆院議員（民主党）　⑭昭和19年11月1日　⑰北海道小樽市　⑲北海道教育大学札幌分校（昭和42年）卒　⑳小中校教師を24年間勤める。平成3年小樽市議を経て、5年社会党から衆院議員に当選。1期。8年社民党を経て、民主党に参加するが落選。12年の衆院選でも落選。15年北海道議に当選。　⑮読書，パチンコ

池谷 淳　いけたに・きよし
下田市長　⑭昭和7年4月29日　⑰静岡県下田市　⑲中央大学法学部（昭和30年）卒　㉑藍綬褒章（平成7年），旭日中綬章（平成15年）　⑳昭和33年味の素に入社。36年スーパー下田専務、37年三和観光常務。46年下田市議を経て、59年市長に当選。4期務め、平成12年引退。

池辺 勝幸　いけのべ・かつゆき
牛久市長　⑭昭和24年12月4日　⑲早稲田大学商学部卒　⑳牛久市議に3選。この間、副議長も務める。平成15年市長に当選。

池坊 保子　いけのぼう・やすこ
衆院議員（公明党　比例・近畿）　元・池坊文化学院院長　元・池坊学園理事長　㊗文化　教育　⑭昭和17年4月18日　⑰東京都渋谷区　梅渓保子　⑲学習院大学文学部国文科（昭和38年）中退　㉒元子爵・梅渓通虎の三女。華道池坊45代目家元・専永と昭和38年5月に結婚した。執筆、評論、講演活動で活躍。平成8年新進党より衆院選に立候補し、比例区近畿ブロックで1位当選を果たす。10年1月新党平和、同年11月公明党に参加。12年の衆院選でも比例区近畿ブロック1位で当選。3期目。文部科学大臣政務官を務める。著書に「夫につきあう秘密集」「新・内助の功」「わが花、わが愛」など。　⑮読書，音楽鑑賞　㉓父＝梅渓通虎（貴院議員）　http://www.ikenobo-yasuko.net
【著書】きこえますか子どもからのSOS（太田誠一，田中甲ほか著 ぎょうせい'01）／たおやかに 華やかに（明窓出版'98）／花・人そして愛（ビジネス社'90）
【評伝】へぇ、それ、初耳です（鈴木治彦著 光人社'92）／狐狸庵対談 快女・快男・怪話（遠藤周作著 文芸春秋'91）

池端 清一　いけはた・せいいち
衆院議員（民主党）　国土庁長官　⑭昭和4年8月20日　⑰北海道釧路市　⑲早稲田大学法学部（昭和29年）卒　㉑勲一等瑞宝章（平成12年）　⑳中学校教師から、昭和37年北海道教組書記長となり、51年社会党から衆院議員に当選。平成3年社会党北海道本部委員長、7年村山改造内閣の国土庁長官に就任。8年民主党に参加。同年衆院議員に立候補、比例区北海道ブロックで1位当選を果たす。7期務めた。12年引退。　⑮サッカー，スポーツ観戦，読書

池本 正夫　いけもと・まさお
宇治市長　⑭大正9年9月13日　⑯平成13年5月26日　⑰京都府宇治市　⑲莵道青年学校卒　㉑勲三等瑞宝章（平成9年）

[歴]宇治市議4期、昭和48年市会議長、52年宇治商工会議所副会頭を経て、55年以来市長に4選。山城総合運動公園(太陽が丘)の開設や市役所新庁舎の建設に当たり、京都府市長会長や近畿市長会副会長などを務めた。平成8年引退した。

生駒 啓三　いこま・けいぞう
田辺市長　和歌山県議(自民党)　[生]大正10年8月11日　[没]平成6年1月3日　[出]和歌山県　[学]熊野林業卒　[歴]和歌山県総務部長、昭和58年和歌山県議を経て、61年田辺市長に当選。2期つとめた。

井坂 紘一郎　いさか・こういちろう
美唄市長　[生]昭和14年11月15日　[出]北海道札幌市　[学]日本福祉大学社会福祉学部卒　[歴]日本赤十字社北海道支部を経て、昭和38年北海道庁に入庁。生活福祉部次長を経て、平成8年から美唄市長に2選。16年落選。

井崎 義治　いざき・よしはる
流山市長　[専]都市計画　[生]昭和29年2月11日　[出]東京都　[学]立正大学文学部地理学科(昭和51年)卒，サンフランシスコ州立大学大学院環境・人文地理学研究科(昭和56年)修士課程修了　[歴]米国で地域計画、交通計画及び環境アセスメント業務に従事。ジェファーソンアソシエイツ、クウォードラントコンサルタント等を経て、昭和63年住信基礎研究所で都市問題・都市政策研究に従事。総合研究部副主任研究員となり、平成2年東京メガシティプロジェクト・コーディネーター。4年エース総合研究所研究本部副本部長・主席研究員、9年同社研究グループチーフ。12年英国ウェールズ大学通信制大学院助教授、14年教授。15年流山市長に当選。また、流山のごみ問題と環境を考える会世話人もつとめる。著書に「快適都市の創造」、編著に「大都市問題改善に向けた5つの挑戦」、共編著に「ラスベガスの挑戦」など。

諫山 博　いさやま・ひろし
参院議員(共産党)　弁護士　[生]大正10年12月5日　[没]平成16年11月27日　[出]福岡県浮羽郡浮羽町　[学]九州大学法文学部哲学科(昭和24年)卒　[歴]昭和26年弁護士開業。自由法曹団幹事、共産党福岡県委法規対策部長、日中友好協会福岡県連会長などを歴任し、米軍板付基地(現・福岡空港)明け渡し訴訟や三井三池争議の裁判などに携わる。福岡第一法律事務所長から47年衆院議員に当選、1期。61年参院議員に転じ、比例区から当選、1期務め平成4年引退。著書に「三井三池」「駐在所爆破犯人は現職警察官だった」「司法における民主主義」「労働者の権利と労働法」などがある。　[団]自由法曹団，日本平和委員会　[趣]演劇
【著書】スパイ告発(光陽出版社 '00)／警察を衝く(新日本出版社 '92)／消えた巡査部長(昭和出版 '90)

石井 明　いしい・あきら
池田町(北海道)町長　[生]大正13年1月10日　[出]北海道中川郡池田町　[学]帯広中(昭和18年)卒　[賞]勲五等双光旭日章(平成6年)，池田町名誉町民　[歴]鹿追町小教諭を経て、昭和21年北海道池田町役場に入る。36年総務課長、町立病院事務長、41年教育長、44年助役。51年町長に当選。同年全国に6つある池田町が知恵を出し合うユニークなまちおこし、まちづくりを目指す第3回「全国池田町サミット」を開催。4期務め、平成4年退任。　[趣]読書，絵画，釣り，園芸

石井 郁子　いしい・いくこ
衆院議員(共産党　比例・近畿)　[専]教育学　子どもの発達論　[生]昭和15年10月10日　[出]北海道芦別市　[学]北海道学芸大学卒，北海道大学大学院教育学研究科(昭和46年)博士課程修了　[歴]昭和49年大阪教育大学助教授となり教育学を

講じる。のち共産党大阪6区の政策委員長を務め、61年の衆参同時選挙で共産党から衆院議員に当選。平成8年から比例区近畿ブロックに移る。通算4期目。文教委員。日本共産党中央委員。共著に「民主教育の理論〈下〉」「歴史と教育」など。 [団]日本教育学会，日本社会科学会 [趣]スキー，映画 http://www.ishii-ikuko.net/

石井 一二 いしい・いちじ

参院議員(自由連合) [生]昭和11年7月24日 [出]兵庫県神戸市 [学]甲南大学経済学部(昭和34年)卒，オレゴン大学大学院(昭和39年)修了 [歴]昭和46年以来兵庫県議2期を経て、58年以来、自民党から参院議員に3選。河本派。6年離党して新生党に入り、同年12月新進党結成に参加。9年離党、のち自由連合所属。13年参院選に比例区から出馬するが落選。 [家]兄=石井一(衆院議員)

【著書】日本再構築のシナリオ(ダイヤモンド社 '00)／激震(ダイヤモンド社 '87)

石井 啓一 いしい・けいいち

衆院議員(公明党 比例・北関東) [生]昭和33年3月20日 [出]東京都豊島区 [学]東京大学工学部土木科(昭和56年)卒 [歴]昭和56年建設省に入省。道路局路政課長補佐を経て、平成5年公明党から衆院議員に当選。6年新進党、10年1月新党平和、同年11月新公明党結成に参加。12年比例区北関東ブロックから1位で当選。15年小泉第2次改造内閣の財務副大臣に就任。4期目。 http://www.alles.or.jp/~ishii229/

石井 耕一 いしい・こういち

豊栄市長 [生]大正2年7月30日 [出]新潟県 [学]葛塚農商(昭和4年)卒 [賞]藍綬褒章(昭和52年)，勲四等旭日小綬章 [歴]昭和11年現役兵を終え、新潟県・葛塚町役場の臨時雇となり、18年総務課長、22年葛塚町助役、45年豊栄市助役。46年以来豊栄市長に4選。62年引退。主な役職に全国新市連絡協議会副会長、新潟県沖縄戦遺族と戦友の会会長など。著書に「蛙の家・ある草分け農家の歴史」「蛙の独り言」「大正っ子バンザイ」「時の足跡・私の昭和考」「沖縄玉砕戦・ある中隊准尉の戦闘手記」「昭和という時代」など。 [趣]読書，文筆

【著書】昭和という時代(東京図書出版会;星雲社〔発売〕'01)

石井 紘基 いしい・こうき

衆院議員(民主党) [生]昭和15年11月6日 [没]平成14年10月25日 [出]東京都世田谷区代沢 [学]中央大学法学部卒，早稲田大学大学院修了，モスクワ大学大学院(昭和46年)修了 法哲学博士 [歴]日本対外文化協会海外駐在員、東海大学講師、中央大学自治会委員長、同文化部連盟委員長、日本社会党中央本部書記を経て、社会民主連合結成に参画。全国運営委員、同事務局長、江田五月事務所事務局長、党事務局長などを務めた。平成5年日本新党に転じて衆院議員に当選。6年日本新党の解党後、新進党結成に参加せず無所属に。7年12月自由連合を結成、代表となる。8年民主党に参加。同党の政策立案の論客で、政調副会長、衆院決算行政監視委員会委員、衆院災害対策特別委員長などを歴任。13年11月テロ特措法に基づく自衛隊派遣の承認案の採決では党方針に反して棄権した。鈴木宗男衆院議員の疑惑や、加藤紘一元幹事長の事務所代表脱税事件を取り上げるなど政治家や官僚の不正・疑惑の追求に積極的に取り組んだ。また、ライフワークとして道路公団の無駄を一貫して追及。特殊法人の見直しや、税金の無駄遣いの監視を続け、国民会計検査院・国会議員の会代表幹事を務めた。このほか、残虐行為の描写が話題となったR-15指定映画(15歳未満入場禁止)映画「バトル・ロワイヤル」を巡り、"子どもに有害"として深作欣二監督と激論を

繰り広げたことでも有名。著書に「日本が自滅する日」「官僚天国 日本破産」などがある。14年10月自宅マンションの前で右翼団体の男に刺殺された。
http://www.ishiikoki.net/
【著書】だれも知らない日本国の裏帳簿(道出版 '02)／日本を喰いつくす寄生虫(道出版 '01)／告発マンガ 利権列島(ネスコ;文芸春秋〔発売〕'99)／つながればパワー(創樹社 '88)
【評伝】政治家 石井紘基 その遺志を継ぐ(石井紘基議員追悼集刊行委員会編 石井紘基議員追悼集刊行委員会;明石書店〔発売〕'03)

石井 智　いしい・さとし
衆院議員(社民党)　⊕昭和13年5月1日　⊕三重県伊勢市　⊕宇治山田高(昭和32年)卒　⊕昭和32年日立製作所入社。34年横浜ゴムに移る。50年から伊勢市議2期を経て、58年三重県議に当選。2期つとめた。平成2年衆院議員に当選。2期。8年引退。

石井 三雄　いしい・さんゆう
狛江市長　⊕昭和6年4月15日　⊕東京都狛江市　⊕明治大学専門部政経科(昭和28年)卒　⊕藍綬褒章(平成7年)　⊕昭和59年狛江市長に当選。3期つとめるが、知人の会社の連帯保証をして多額の負債を抱えたことが理由で平成8年6月辞職した。平成9年2月市長在職中に同市発注の公共工事の入札参加業者の指名に絡み、市内の建設業者からわいろとして現金200万円を受けとったとして収賄容疑で逮捕される。3月新たな収賄容疑で再逮捕。

石井 茂　いしい・しげる
三島市長　⊕昭和2年11月15日　⊕静岡県三島市　⊕田方商(昭和18年)卒　⊕昭和38年三島市議2期を経て、50年静岡県議に当選。61年副議長、平成3年議長をつとめた。5年三島市長に当選。2期務め、10年引退。

石井 隆一　いしい・たかかず
富山県知事　⊕昭和20年12月15日　⊕富山県　⊕東京大学法学部(昭和44年)卒　⊕昭和44年自治省入省。大蔵省主計局法規課課長補佐、同地方債課理事官、60年北九州市財政局長、のち自治省財務調査官、63年11月福利課長、静岡県総務部長、自治省地方債課長、財政課長、平成7年5月官房審議官、10年1月財政担当審議官、11年8月税務局長、13年1月総務省自治税務局長を経て、14年1月消防庁長官。16年1月退官。同年10月富山県知事に当選。共著に「公営企業の管理と経営戦略」。
【著書】地方分権時代の自治体と防災・危機管理(近代消防社 '04)／地方公務員制度〈5〉福利・厚生・共済(ぎょうせい '91)／自治行政講座〈8〉地方債と資金管理・地方交付税(谷本正憲, 石井隆一著 第一法規出版 '86)

石井 常雄　いしい・つねお
茂原市長　⊕昭和3年9月1日　⊕茂原農卒，海軍航空学校　⊕茂原市助役を経て、昭和63年茂原市長に当選。5期目。

石井 亨　いしい・とおる
仙台市長　⊕大正14年11月11日　⊕北海道赤平市　⊕東京大学法学部政治学科(昭和25年)卒　⊕自治省を経て、昭和38年宮城県庁に入る。40年商工労働部長、42年総務部長、49年副知事を歴任後、59年仙台市長に当選、3期つとめる。平成元年4月仙台市は政令指定都市となり、3～4年全国市長会会長をつとめた。5年6月大手総合建設会社(ゼネコン)のヤミ献金疑惑に絡み、収賄の疑いで逮捕、7月市長を辞任。

石井 直樹　いしい・なおき
下田市長　⊕昭和19年6月20日　⊕静岡県下田市　⊕青山学院大学(昭和40年)中退　⊕昭和40年もりおの勤務、46年下田酒販に入り、53年専務を経て、59年サン印刷社長に就任。平成12年下田市長に当選。2期目。

石井 信弘　いしい・のぶひろ
尾西市長　愛知県市長会理事　⊕大正13年7月4日　⊗昭和62年2月4日　⊕愛知県名古屋市　⊕愛知工業学校（昭和17年）卒　⊕昭和17年名古屋鉄道管理局に入る。のち起町役場に入り、市制施行で尾西市役所に移る。52年助役を経て、56年尾西市長に当選。2期目在任中に死去。

石井 一　いしい・はじめ
衆院議員（民主党　比例・近畿）　自治相　⊕昭和9年8月17日　⊕兵庫県神戸市須磨区　⊕甲南大学経済学部（昭和32年）卒，スタンフォード大学大学院政治学研究科（昭和35年）修了　政治学修士（スタンフォード大学）　⊕昭和44年以来衆院議員に当選11回。運輸、労働各政務次官、党国対副委員長、衆院内閣委員長、党国土開発北陸地方委員長などを歴任。平成元年海部内閣の国土庁長官に就任。のち衆院公職選挙法調査特別委員長、自民党国土開発調査会長などを務める。著書に「自民党よどこへ行く」「ダッカ・ハイジャック事件」、訳書に「挑戦する女サッチャー」などがある。平成2年未公開資産（ハワイのリゾート他）が明るみに出て問題になる。竹下派、羽田派を経て、5年6月新生党結成に参加。6年羽田内閣の自治相に就任。同年12月新進党、10年1月国民の声結成に参加。民政党を経て、同年4月民主党に合流。のち党副代表。　⊕ゴルフ　⊗弟=石井一二（参院議員）　http://www.hajimeishii.net/
【著書】政権交代（石井一,石井登志郎著 自由国民社'02）／民主党政権前夜（自由国民社'99）／近づいてきた遠い国（日本生産性本部'91）／サラリーマン党宣言（日本生産性本部'82）／レーガン大統領への道（ダグ・ウィード,ビル・ウィード著,石井一訳 日本生産性本部'81）
【評伝】職業代議士の妻、賞罰なし。（石井知子著 日本文芸社'99）

石井 正弘　いしい・まさひろ
岡山県知事　⊕昭和20年11月29日　⊕岡山県岡山市　⊕東京大学法学部（昭和44年）卒　⊕建設省に入省、河川総務課長、文書課長、官房審議官を務めた。平成8年10月岡山県知事に当選。3期目。
【著書】新世紀きびの国の創造（ぎょうせい'00）

石井 道子　いしい・みちこ
参院議員（自民党）　環境庁長官　⊕昭和8年2月5日　⊕埼玉県所沢市　斎藤　⊕東京薬科大学薬学科（昭和30年）卒　⊕薬剤師　⊕紺綬褒章（昭和51年）　⊕大学卒業と同時に医師の石井泰彦と結婚。薬剤師として夫を手伝う一方、病院拡大のため事業家としての手腕も発揮。その後夫は埼玉県会議員になるが過労のため他界、その意志を継いで昭和50年同県議に当選。以来58年まで2期を務めた。同年、薬剤師会をバックに自民党鈴木派から参院比例区に立候補したが次点。59年竹内潔参院議員の死去に伴い、繰り上げ当選。3期務めた。平成8年第2次橋本内閣で環境庁長官に就任。宮沢派、加藤派を経て、堀内派。13年引退。　⊕カラオケ　⊗夫=石井泰彦（埼玉県議）,父=斎藤徳次郎（埼玉県議）

石井 義彦　いしい・よしひこ
武雄市長　⊕昭和2年9月7日　⊕佐賀県　⊕佐賀高（旧制）卒　⊕昭和25年蓬来商事に入社、のち社長となり45年まで務めた。38年より武雄市議2期、45年武雄市収入役、49年助役、54年より佐賀県議2期を務め、61年から武雄市長に3選。平成10年引退。

石垣 一夫　いしがき・かずお
衆院議員（公明党）　元・プロ野球選手　⊕昭和6年8月14日　⊗平成16年7月23日　⊕大阪府　⊕新宮高卒　⊕藍綬褒章（平成2年）　⊕常盤炭鉱時代の昭和27年、都市対抗に出場し準々決勝まで進む。28年大阪タイガース（現・阪神）に

入団。34年南海ホークス(現・ダイエー)に移籍。捕手として活躍し、通算448試合出場、821打数180安打、7本塁打、63打点、打率.219。引退後は南海コーチを経て、42年から高槻市議を2期、昭和50年から大阪府議を5期務めた。61年副議長をつとめる。平成7年の府議選には出馬せず、8年衆院選に新進党から立候補し、当選。10年1月自由党、同年11月公明党再結成に参加。12年落選、1期。

石垣 宏　いしがき・ひろし
七尾市長　[生]昭和10年8月10日　[出]石川県　[学]法政大学経済学部(昭和33年)卒　[歴]昭和33年能登信用金庫に入る。50年から七尾市議2期を経て、60年市長に当選、4期務める。平成13年落選。

石垣 正夫　いしがき・まさお
新見市長　[生]昭和16年1月15日　[出]岡山県新見市　[学]新見農卒　[歴]新見市建設課長を経て、平成6年新見市長に当選。14年3選目を果たした市長選で全国初の電子投票を導入した。

石川 勝夫　いしかわ・かつお
蓮田市長　[生]昭和12年12月14日　[出]埼玉県蓮田市　[学]浦和商卒　[歴]昭和32年日本交通公社に勤務。55年同公社代理店サントラベルを設立。蓮田市議、市議会議長を経て、平成2年同市長に当選、2期つとめる。10年、14年落選。

石川 京一　いしかわ・きょういち
平塚市長　[生]大正7年5月2日　[没]平成14年2月5日　[出]神奈川県平塚市　[学]厚木中(昭和11年)卒　[賞]勲三等瑞宝章(平成7年)　[歴]昭和11年金田村役場に入り、25年助役。31年平塚市に合併して農産課長となり、39年経済部長、42年企画部長、46年助役を経て、54年以来市長に4選。平成7年引退した。
[趣]盆栽

石川 精二　いしかわ・せいじ
魚津市長　[生]昭和2年9月18日　[出]富山県　[学]桜井農(昭和20年)卒　[歴]魚津市役所に入り、財政課長、総務課長、企画広報室長、民生経済部長、昭和63年収入役、同年助役を経て、平成4年から魚津市長に3選。16年落選。

石川 次夫　いしかわ・つぎお
名取市長　[生]大正11年6月1日　[出]宮城県名取市　[学]東北帝国大学卒　[歴]昭和30年名取町収入役、33年名取市収入役、46年助役を経て、55年から市長に6選。平成16年引退。

石川 敏治　いしかわ・としはる
高浜市長　[生]大1.9.10　[出]愛知県高浜市　[学]高浜高小(昭和2年)卒　[賞]愛知県知事表彰(平成1年),勲四等旭日小綬章(平成2年)　[歴]昭和22年高浜町議、30年町会議長を経て、48年から高浜市長に4選。平成元年引退。

石川 信義　いしかわ・のぶよし
二本松市長　[生]大正6年12月12日　[没]平成14年1月8日　[出]福島県　[学]安達中(昭和10年)卒　[賞]藍綬褒章(昭和49年)
[歴]二本松市役所に入所。総務課長助役を経て、昭和37年二本松市長に当選、6期務めた。49年福島県市長会会長も務めた。

石川 弘　いしかわ・ひろし
参院議員(自民党)　[生]昭和3年10月3日
[没]平成11年8月2日　[出]石川県金沢市
[学]東京大学法学部(昭和29年)卒　[歴]昭和29年農林省入省。50年官房予算課長、54年食糧庁管理部長を経て、56年食糧庁次長となり、3年にわたりコメ行政を担当。同年畜産局長、59年食糧庁長官、61年農水次官を歴任し、63年1月退官。平成元年参院議員に当選。6年辞職して石川県知事選に立候補したが落選。7年参院議員に復帰。宮沢派を経て、加藤派。当選2回。

石川 洋司 いしかわ・ひろし
鰍沢町(山梨県)町長 [生]昭和14年10月10日 [学]巨摩高卒 [歴]石川呉服店経営の傍ら、鰍沢町教育委員などを歴任。昭和62年から鰍沢町議1期を務めたのち、平成3年町長に当選、4期目。8年過疎化の歯止め策として、20年住めば宅地を無料貸与するという制度を打ち出し、大きな反響を呼んだ。 [趣]柔道

石川 昌 いしかわ・まさし
木更津市長 [生]大正11年5月15日 [出]千葉県木更津市 [学]東京大学法学部政治学科(昭和24年)卒 [賞]勲四等旭日小綬章(平成9年) [歴]昭和30年海上自衛隊に入隊、木更津航空補給所長を経て、54年以来木更津市長に4選。平成7年引退。 [趣]謡，ゴルフ

石川 雅己 いしかわ・まさみ
千代田(東京都)区長 [生]昭和16年2月22日 [出]東京都文京区 [学]東京都立大学法学部(昭和38年)卒 [歴]昭和38年東京都に入庁。総務局災害対策部長、港湾局総務部長、建設局次長などを経て、平成7年港湾局長、8年福祉局長、11年退職。同年首都高速道路公団理事を務め、13年千代田区長に当選。14年全国で初めて歩きたばこを禁止する条例を制定したほか、15年には区職員の内部告発を外部機関が受け付ける制度を導入するなど大胆な施策で話題となる。

石川 道政 いしかわ・みちまさ
美濃市長 [生]昭和15年8月28日 [出]岐阜県美濃市 [学]明治大学商学部(昭和38年)卒 [歴]美濃市議を経て、平成7年美濃市長に当選。3期目。

石川 弥八郎 いしかわ・やはちろう
福生市長 [生]昭和9年7月11日 石川慶一郎 [学]慶応義塾大学法学部(昭和32年)卒 [歴]昭和32年石川酒造所に入り、40年石川酒造設立に際し取締役、52年社長。54年福生市議に当選。60年弥八郎を襲名。63年福生市長に当選。3期務め、平成12年引退。 [趣]ゴルフ，映画

石川 豊 いしかわ・ゆたか
南アルプス市長 [生]昭和2年10月25日 [学]巨摩高卒 [歴]山梨県厚生部長、出納長を経て、櫛形町長に当選。平成15年初代南アルプス市長に当選。

石川 要三 いしかわ・ようぞう
衆院議員(自民党) 防衛庁長官
[生]大正14年7月6日 [出]東京都青梅市 [学]早稲田大学政経学部(昭和26年)卒 [賞]勲一等瑞宝章(平成14年) [歴]昭和34年青梅市議2期、42年青梅市長3期を経て、51年衆院議員に当選。この間、56年環境政務次官、57年外務政務次官、61年衆院内閣委員長を経て、平成2年第2次海部内閣の防衛庁長官に就任。5年落選したが、8年復帰。当選8回。10年12月宮沢派を離脱し河野グループに参加。15年引退。東京都サッカー協会名誉会長をつとめる。 [趣]読書 [家]兄＝岩浪太助(岩浪建設会長)

石川 嘉延 いしかわ・よしのぶ
静岡県知事 [生]昭和15年11月24日 [出]静岡県大東町 [学]東京大学法学部(昭和39年)卒 [歴]昭和39年自治省入省。国土庁官房審議官を経て、平成3年自治省官房審議官、4年7月行政局公務員部長を歴任。5年8月静岡県知事に当選。3期目。静岡文化芸術大学理事長も務める。 [家]兄＝石川雅信(研究社出版社長)

石川 良一 いしかわ・りょういち
稲城市長 [生]昭和27年5月8日 [出]東京都稲城市 [学]早稲田大学社会科学部(昭和53年)卒 [歴]昭和53年三陽商会に入社。空手修業のためアメリカに遊学。帰国後、58年稲城市議にトップ当選。2期つとめる。平成3年稲城市長に当選。4期目。 [趣]空手

いしか

【評伝】青年よ故郷(ふるさと)に帰って市長になろう(全国青年市長会編 読売新聞社'94)

石川 錬治郎 いしかわ・れんじろう
秋田市長 ⊕昭和14年6月22日 ⊕秋田県南秋田郡五城目町字杉沢 ⊕早稲田大学文学部卒,東京大学大学院農学研究科農業経済専攻博士課程修了 ⊕山村振興調査会研究員、千葉大学園芸学部農経学科助手を経て、地域政策研究会を主宰。社会党から参院選に立候補したのち離党。平成2年政党の推薦を受けずに秋田市長に当選した。自転車通勤、交際費公開などで話題を集めるが、3期目途中の13年5月辞職。15年衆院選に立候補。 ⊕ラグビー
【著書】スタンディング・オフ・ポリテイクス(石川市政十周年を記念する会)

石倉 孝昭 いしくら・たかあき
松江市長 ⊕大正14年6月23日 ⊕島根県松江市 ⊕中央大学法学部卒 ⊕昭和20年松江市役所に入る。56年助役、61年松江市総合文化センター館長などを経て、平成元年松江市長に当選。5年落選。

石黒 靖明 いしぐろ・やすあき
岩倉市長 ⊕昭和15年4月10日 ⊕愛知県 ⊕稲沢高卒 ⊕岩倉市総務部長を務め、平成元年1月岩倉市長に当選。4期目。

石毛 鍈子 いしげ・えいこ
衆院議員(民主党 比例・東京) ⊕家庭経済学 ⊕昭和13年8月12日 ⊕千葉県銚子市 ⊕日本女子大学社会福祉学科(昭和36年)卒、日本女子大学大学院修士課程修了 ⊕昭和42年〜平成9年飯田女子短期大学で社会福祉政策を講じ、教授を経て、8年民主党より衆院選に立候補し、比例区東京ブロックで1位当選を果たす。3期目。また、市民福祉サポートセンターメンバー、季刊「福祉労働」編集長。著書に「福祉のまちを歩く」などがある。 ⊕障害児を普通学校へ・全国連絡会,日本家政学会 ⊕オペラ鑑賞 http://e-ishige.jp/
【著書】体あたり介護保険(アトリエ・レクラム;現代書館〔発売〕'00)/お年よりと福祉(石毛鍈子,中村雪江著 岩崎書店'96)/育ち合いの保育(現代書館'87)

石崎 岳 いしざき・がく
衆院議員(自民党 比例・北海道) ⊕昭和30年7月9日 ⊕北海道 ⊕京都大学文学部(昭和54年)卒 ⊕昭和54年北海道放送に入社。報道記者、ニュースキャスターを務める。平成8年衆院議員に当選。12年落選し、15年札幌市長選に立候補。同年衆院議員に復活。2期目。森派。 ⊕水泳,音楽,読書

石津 栄一 いしず・えいいち
川之江市長 ⊕大13.4.24 ⊕愛媛県川之江市 ⊕関西工(昭和18年)卒、川之江高(昭和25年)卒 ⊕藍綬褒章(昭和63年),勲四等旭日小綬章(平成6年),川之江市名誉市民(平成13年) ⊕小学校卒業後、大阪で奉公のかたわら、夜間の工業高校を卒業。戦後家業の石津組を継承。川之江市議2期を経て、昭和49年以来川之江市長に4選。平成2年落選。その後、地元・川之江の方言・研究に従事。川之江文化協会顧問を務める。著書に「かあねえことば(川之江言葉)」「川之江方言探索」など。

石津 賢治 いしず・けんじ
北本市長 ⊕昭和39年11月13日 ⊕東京大学 ⊕北本市議を経て、平成15年市長に当選。

石津 隆敏 いしず・たかとし
川之江市長 ⊕昭和8年10月22日 ⊕愛媛県川之江市 ⊕川之江高(昭和27年)卒 ⊕昭和27年大王製紙に入社。34年伊予段ボール工業に出向、40年取締役工場長。42年瀬戸紙工を設立、社長に就任。平成元年タックシステム設立。2年から川之江市長に4選。16年4月同市が

近隣市町村と合併して新たに発足した四国中央市長選に立候補したが落選。　⑰ゴルフ，読書

石塚 輝雄　いしずか・てるお
板橋(東京都)区長　⑭昭和3年3月12日　⑮茨城県　⑯中央大学法学部卒　⑱板橋区助役を経て、平成3年区長に当選。4期目。　⑰書道

石田 徳　いしだ・いさお
杵築市長　⑭大12.7.4　⑮大分県　⑯東京大学法学部(昭和27年)卒　㊗旭日中綬章(平成15年)　⑱農林省に入り、食糧庁総務課長、経済企画庁総合計画局審議官などを歴任。昭和53年九州農政局長を経て、57年以来杵築市長に5選。平成14年落選。

石田 勝之　いしだ・かつゆき
衆院議員(民主党　埼玉2区)　⑭昭和30年1月30日　⑮埼玉県　⑯日本大学法学部(昭和52年)卒　⑱鳩山邦夫議員秘書、大臣秘書官を経て、昭和62年自民党から埼玉県議に当選、2期。平成5年新党さきがけから衆院議員に当選。6年離党、同年12月新進党結成に参加。10年1月改革クラブに参加。12年落選。15年民主党から衆院議員に当選。通算3期。　http://www.ishida-katsuyuki.net/index01.html/

石田 清茂　いしだ・きよしげ
香芝市長　⑭大正12年12月29日　㊗平成6年8月9日　⑮奈良県　⑯五位堂高小卒　⑱昭和22年旧五位堂役場に奉職する。31年町村合併で香芝町となり香芝町役場に勤務。51年総務部長、53年収入役、57年助役を経て、59年より香芝町長。平成3年市制施行に伴い香芝市長となる。4年引退。

石田 幸四郎　いしだ・こうしろう
衆院議員(公明党)　総務庁長官　⑭昭和5年8月22日　⑮北海道札幌市　⑯明治大学商学部(昭和29年)卒　⑱聖教新聞広告部に入る。公明党の組織作りのため愛知県に派遣され定着。昭和42年の衆院選で当選。当選10回。創価学会時代からホープとして期待され、地元愛知では学会員以外の候補を衆参両院に当選させた手腕、力量をもっている。平成元年5月党委員長に就任。5年8月非自民連立政権に参加、初の国政与党となり、総務庁長官に就任。6年羽田内閣でも留任。同年12月新進党結成に参加し、副党首に就任。10年1月新党平和、同年11月新公明党結成に参加。12年引退。

石田 祝稔　いしだ・のりとし
衆院議員(公明党　比例・四国)　⑭昭和26年9月1日　⑮高知県高知市旭町　⑯創価大学(昭和50年)卒、創価大学大学院(昭和53年)修了　⑱東京都に入り、清掃局職員、教育庁職員ののち、公明党高知県県民運動局長に。平成2年公明党から衆院議員に当選。6年新進党結成に参加。8年、12年落選。15年公明党から衆院議員に返り咲き。通算3期目。　⑰音楽鑑賞

石田 真敏　いしだ・まさとし
衆院議員(自民党　和歌山2区)　⑭昭和27年4月11日　⑮和歌山県海南市　⑯早稲田大学政経学部(昭和51年)卒　⑱昭和51年坊秀男衆院議員秘書、58年から和歌山県議3期を経て、平成6年より海南市長に2選。14年衆院補選に当選。2期目。山崎派。　⑰スポーツ，読書，書道　http://www.ishida-masatoshi.net/

いした

石田 美栄　いしだ・みえ
参院議員（民主党）　⊕英文学　⊕昭和12年8月11日　⊕岡山県玉野市　⊕津田塾大学英文学科（昭和35年）卒　⊕D.H.ロレンス;ジョージ・エリオット　⊕米国バージニア州マディソン大学大学院に留学ののち、昭和52年ブリティシュ・カウンシル研究員として英国に留学。イギリス小説、特にD.H.ロレンス、ジョージ・エリオットに関する論文多数。中国短期大学英語英文科教授を務めた後、平成5年民社党から衆院議員に当選。6年新進党結成に参加。7年参院議員に当選。10年1月新党友愛に参加、4月民主党に合流。13年落選。共訳に「声楽家のためのイタリア語」、デニス・スティーヴンス「歌曲の歴史」。　⊕日本英文学会, 日本D.H.ロレンス協会, 全国語学教師協会
【著書】しなやかに一生懸命（石田美栄, 熊谷裕人著 花伝社;共栄書房〔発売〕'94）

石田 芳弘　いしだ・よしひろ
犬山市長　⊕昭和20年10月13日　⊕愛知県犬山市　⊕同志社大学商学部（昭和43年）卒　⊕江崎真澄代議士秘書を経て、昭和58年以来自民党から愛知県議3選。平成7年犬山市長に当選、3期目。一方、昭和62年犬山祭山車保存会会長に就任したのを機に、犬山祭のからくり人形の歴史をわかりやすく紹介するコミック本「蘇ったからくり人形・犬山祭物語」の原作に取り組む。平成4年議員活動10周年を記念して出版。
⊕ジョギング
【著書】君も市長になれ（全国書籍出版 '03）

石田 良三　いしだ・りょうぞう
大田市長　島根県議（民主党）　⊕昭6.12.1　⊕島根県　⊕邇摩高卒　⊕藍綬褒章（平成9年）卒　⊕昭和30年大田市役所に入り、自治労島根県本部委員長、県評副議長などを経て、50年社会党から島根県議に当選。この間社会党県本部書記を務めた。60年より大田市長1期。平成3年県議に復帰、通算6期務めた。15年引退。同年衆院選に立候補。

石塚 仁太郎　いしつか・じんたろう
岩井市長　⊕昭和25年10月20日　⊕早稲田大学大学院修了　⊕岩井市議を経て、平成6年岩井市長に当選。3期目。

石野 重則　いしの・しげのり
西脇市長　⊕昭和3年12月3日　⊕兵庫県　⊕神戸工専建築科（昭和23年）卒　⊕勲四等瑞宝章（平成12年）　⊕昭和23年中学校教師、25年西脇町に入る。市制施行後、47年市長公室長、51年助役を経て、昭和61年市長に当選、3期つとめる。平成10年引退。

石破 茂　いしば・しげる
衆院議員（自民党　鳥取1区）　防衛庁長官　⊕昭和32年2月4日　⊕鳥取県八頭郡郡家町　⊕慶応義塾大学法学部法律学科（昭和54年）卒　⊕自治相を務めた石破二朗の長男。三井銀行日本橋支店勤務を経て、田中派の木曜クラブ事務局員となり、鳥取商事取締役に。昭和61年の衆参同時選挙で衆院議員に当選。6期目。渡辺派で自民党政治改革を実現する若手議員の会代表世話人を務めたが、平成5年12月離党し、6年4月新生党入り。同年12月新進党結成に参加するが、離党。8年は無所属で当選し、同年11月新会派"21世紀"に参加。9年3月自民党に復党、旧小渕派を経て、旧橋本派。13年第2次森改造内閣の防衛庁副長官を経て、14年小泉改造内閣の防衛庁長官に就任。15年9月第2次改造内閣、11月の第2次小泉内閣でも留任した。
⊕読書, 水泳, マラソン　⊕父=石破二朗（参院議員）　http://www.ishiba.com/

【著書】坐シテ死セズ(石破茂, 西尾幹二著 恒文社21;恒文社〔発売〕'03)／職業政治の復権(サンドケー出版局 '95)

【評伝】21世紀のリーダーたち(大下英治著 ぴいぷる社'97)

石橋 一弥 いしばし・かずや

衆院議員(自民党) 文相 [生]大正11年3月19日 [没]平成11年3月5日 [出]千葉県山武郡公平村 [学]日本農士学校(昭和16年)卒 [賞]勲一等瑞宝章(平成10年) [歴]昭和27年公平村長、39年東金市助役、43年市長を経て、51年衆院議員に当選。55年文部政務次官。平成元年海部内閣の文相に就任。当選8回。三塚派を経て、森派。 [家]長男=石橋清孝(千葉県議)

石橋 誠晃 いしばし・せいこう

常滑市長 [生]昭和11年5月13日 [出]愛知県 [学]法政大学法学部卒 [歴]常滑市議会事務局長、市消防長、助役を経て、平成3年市長に当選。4期目。

石橋 大吉 いしばし・だいきち

衆院議員(民主党) [生]昭和7年1月5日 [出]島根県安来市月坂町 別名=石橋操 [学]能義中(旧制)(昭和24年)卒 [賞]勲二等瑞宝章(平成14年) [歴]安来市職員、自治労島根県委員長、県評議長を経て、昭和61年社会党から衆院議員に当選。平成8年社民党を経て、民主党に参加。同年の衆院選では比例区。12年小選挙区で落選。4期務めた。

石橋 寛久 いしばし・ひろひさ

宇和島市長 [生]昭和25年6月16日 [出]愛媛県 [学]北海道大学農学部卒 [歴]宇和島市議を経て、平成13年宇和島市長に当選。

石橋 政嗣 いしばし・まさし

衆院議員 社会党委員長 [生]大正13年10月6日 [出]台湾·台北 [学]台北経専(昭和19年)卒 [歴]復員後、佐世保市で進駐軍労務者に。米軍佐世保基地の労働運動をはじめ、昭和22年全日本進駐軍要員労働組合(全駐労)佐世保支部を結成、初代書記長となる。長崎県議を経て、30年30歳で長崎2区から総選挙出馬、全国最年少で衆院議員に当選。以来当選12回。45年から7年間、社会党書記長を務め、57年副委員長、58年9月委員長に就任。"ニュー社会党"を提言して現実路線を推進した。62年から憲法擁護国民連合議長。平成2年引退。

【著書】「五五年体制」内側からの証言(田畑書店 '99)／石橋が叩く(ネスコ;文芸春秋〔発売〕'91)／非武装中立論(日本社会党中央本部機関紙局 '80)

【評伝】人生それから(朝日新聞社会部編 朝日新聞社'91)／永田町の暗闘〈7〉(鈴木棟一著 毎日新聞社'90)／日本社会党に警告する!(葉山敏夫著 日本政治経済調査機構;21世紀書院〔発売〕'86)／石橋政嗣は"どん底"のエース?(内田健三, 石川真澄, 岩見隆夫 文芸春秋'83)

石原 健太郎 いしはら・けんたろう

衆院議員(民主党) [生]昭和12年8月25日 [出]東京都渋谷区 [学]慶応義塾大学法学部政治学科(昭和36年)卒 [歴]日本勧業銀行勤務、北大農学部研究生を経て、福島県で農場経営を行う。昭和54年衆院選に立候補するが落選、翌55年同日選挙で中道各党の協力を得て当選を果たす。61年落選後自民党に移り、63年9月参院補選で当選。平成元年再選。4年PKO協力法に異を唱え、河本派には所属したまま自民党会派を離脱。5年辞職して衆院選に立候補したが落選。8年、12年落選。新進党を経て、自由党に所属。13年8月繰り上げ当選。15年9月民主党に合流。通算3期務め、同年10月引退。 [家]父=石原幹市郎(自治相)

石原 慎太郎 いしはら・しんたろう

東京都知事 作家 [生]昭和7年9月30日 [出]兵庫県神戸市 [学]一橋大学法学部社会学科(昭和31年)卒 [賞]文学界新人賞(第1回)(昭和30年)「太陽の季節」, 芥川賞(第34回)(昭和31年)「太陽の季

節」，財界賞（特別賞）（平成12年），経済界大賞（第27回）（平成13年），海洋文学大賞（特別賞，第6回）（平成14年）
㊙大学在学中の昭和30年、「太陽の季節」で華々しく文壇に登場、"太陽族""慎太郎刈り"などの風俗を生み出す。同作品は31年映画化され、弟・裕次郎のデビュー作となった。33年に江藤淳、大江健三郎らと若い日本の会を結成、43年に体制内変革を唱えて参院選全国区に無所属で立候補し、トップ当選。自民党に入党し、47年以来衆院に8選。中川一郎らと自民党内タカ派の青嵐会を創設、50年東京都知事選で美濃部知事に敗北。51年福田内閣の環境庁長官、62年竹下内閣の運輸相。中川派の幹事長を務めていたが、58年中川一郎の死去の後、同派の会長代行に就任。その後安倍派、三塚派に所属。平成元年自民党総裁選に出馬したが落選。同年ソニー会長・盛田昭夫との共著「NOと言える日本」が反米的だとして米国議会で話題にされ、ベストセラーとなる。7年4月在職25年を区切りに衆院議員を辞職。同年12月芥川賞選考委員となる。8年弟・裕次郎を描いた小説「弟」を刊行しベストセラーに。11年4月政党の支援を得ない無党派候補として24年振りに東京都知事選に立候補、その強いリーダーシップが評価されて当選した。15年には4年間の実績を評価され、史上最高の308万票を得て、大差で再選される。他の著書に「化石の森」「生還」や初期評論集「価値紊乱者の光栄」、散文詩集「風と神との黙約」、「石原慎太郎短編全集」（全2巻，新潮社）「三島由紀夫の日蝕」「宣戦布告『no』と言える日本経済」「法華経を生きる」「僕は結婚しない」「老いてこそ人生」など。　㊙日本ペンクラブ（理事）　㊙ヨット，テニス
㊙弟＝石原裕次郎（俳優），長男＝石原伸晃（衆院議員），二男＝石原良純（俳優）
【著書】惰眠を貪る国へ（扶桑社〔発売〕'04）／日本よ（産経新聞ニュースサービス；扶桑社〔発売〕'04）／この日本をどうする（文芸春秋'03）／東京の窓から日本を〈2〉（文春ネスコ；文芸春秋〔発売〕'02）
【評伝】救世主 石原慎太郎（扶桑社〔扶桑社文庫〕'04）／石原慎太郎論（江藤淳著 作品'04）／東京都の「教育改革」（村上義雄著 岩波書店'04）／石原慎太郎というバイオレンス（武藤功，牧梶郎，山根献著 同時代社'03）／石原慎太郎の帝王学（森野美徳著 WAVE出版'02）／検証・石原政権待望論（石原慎太郎研究会著 現代書館'02）

石原 伸晃　いしはら・のぶてる
衆院議員（自民党　東京8区）　国土交通相　㊙昭和32年4月19日　㊙神奈川県　㊙慶応義塾大学文学部社会学科（昭和56年）卒　㊙昭和56年日本テレビに入社。運動部から報道部に移り、警視庁クラブ、運輸省、外務省、経済企画庁担当ののち、63年竹下首相番記者に。同年9月女優の田中理佐と結婚。平成元年6月日本テレビを退社し、2年2月衆院議員に当選。5期目。10年三塚派を離脱、11年加藤派。のち無派閥。12年自民党の明日を創る会を旗揚げし、代表世話人。13年小泉内閣の行政改革担当相に就任。14年の小泉改造内閣でも留任。15年9月の小泉第2次改造内閣、11月の第2次小泉内閣では国土交通相を務めた。　㊙父＝石原慎太郎（東京都知事・作家），弟＝石原良純（俳優）　http://www.nobuteru.or.jp/
【著書】日本経済起死回生トータルプラン（石原伸晃，塩崎恭久ほか著 光文社'01）
【評伝】光速の時代に（石原慎太郎著 PHP研究所'91）

石松 安次　いしまつ・やすじ
日田市長　㊙大正13年11月17日　㊙大分県日田市　㊙高小卒　㊙勲四等瑞宝章（平成9年）　㊙日田商工会議所会頭を経て、昭和54年から日田市長に4選。平成7年引退。

伊志嶺 亮 いしみね・あきら
平良市長 医師 [生]昭和8年1月19日 [出]沖縄県宮古郡多良間村 [学]岡山大学医学部卒 [歴]宮古病院院長、宮古南静園園長、宮古保健所所長などを経て、伊志嶺医院院長。平成6年平良市長に当選。3期目。 [趣]ヨット，俳句

石本 茂 いしもと・しげる
参院議員(自民党) 環境庁長官 [生]大正2年9月6日 [出]石川県能美郡苗代村蓮代寺(現・小松市蓮代寺町) [学]富山赤十字病院看護婦養成所(昭和9年)卒，産業能率短期大学(昭和42年)卒 [賞]勲一等瑞宝章(昭和61年)，フローレンス・ナイチンゲール記章(第38回)(平成13年) [歴]昭和12年から従軍看護婦として中国各地を転々、戦後は厚生省に10年勤めた後、がんセンター総婦長。36年メルボルンの国際看護協会第12回総会に日本代表として出席。44～46年日本看護協会会長を務めた。40年参院議員に当選、4期。59年第2次中曽根改造内閣に環境庁長官として入閣、22年ぶりの女性大臣として注目を集めた。平成元年引退。 [趣]読書 [家]弟＝石本啓語(石川県議)

石渡 清元 いしわた・きよはる
参院議員(自民党) [生]昭15.12.9 [出]神奈川県横浜市 [学]慶応義塾大学商学部(昭和38年)卒 [歴]昭和45年清和会吉野町病院理事長、46年より神奈川県議に5選。60年から1年間議長を務める。平成元年から参院議員に2選。渡辺派、村上・亀井派を経て、江藤・亀井派。13年引退。 [趣]吟詠

石渡 徳一 いしわた・とくかず
鎌倉市長 [生]昭和27年11月3日 [出]神奈川県 [学]慶応義塾大学経済学部(昭和50年)卒 [歴]鎌倉青年会議所理事長などを経て、平成13年鎌倉市長に当選。 [趣]読書，ピアノ，弓道

石渡 照久 いしわたり・てるひさ
衆院議員(自民党) [生]昭和5年10月12日 [出]東京 [学]米沢工専(旧制)中退 [歴]東京都議、八王子市青年会議所理事長、八王子織物工組理事などを歴任。昭和61年衆院議員に当選。渡辺派。平成2年、5年落選。12年八王子市長選に立候補。同年衆院選比例区東京ブロックに保守党から立候補するが落選。

井津 哲彦 いず・てつひこ
安芸市長 [生]昭和12年2月11日 [出]高知県安芸郡北川村 [学]中央大学文学部(昭和34年)卒 [歴]昭和35年安芸市役所に入る。60年総務部福利厚生課長などを経て、高知県文化環境部参事、県国際交流協会常務理事を歴任。平成9年安芸市長に当選。13年の市長選には出馬しなかった。 [趣]ゴルフ，釣り

伊豆野 一郎 いずの・いちろう
両津市長 [生]大正14年8月18日 [没]平成13年6月7日 [出]新潟県 [学]両津高小卒 [賞]勲四等旭日小綬章(平成8年) [歴]両津市議2期、新潟県議2期を経て、昭和59年両津市長に当選。3期つとめ、平成7年引退した。

和泉 清 いずみ・きよし
土佐清水市長 [生]大正15年10月8日 [出]高知県土佐清水市 [学]陸軍航空学校卒 [歴]自民党土佐清水支部長を経て、昭和61年土佐清水市長に当選、3期。平成8年引退。

泉 健太 いずみ・けんた
衆院議員(民主党 京都3区) [生]昭和49年7月29日 [出]北海道札幌市 [学]立命館大学法学部(平成10年)卒 [歴]平成10年福山哲郎参院議員秘書を経て、15年衆院議員に当選。 http://ikenta.at.infoseek.co.jp/

泉 信也　いずみ・しんや

参院議員（自民党　比例）　㋬昭和12年8月1日　㋳福岡県久留米市　㋕九州大学工学部（昭和37年）卒　㋗昭和37年運輸省に入省。港湾局に勤務し、この間53年和歌山県土木部港湾課長、56年国際臨海開発研究センター企画部長に出向。59年本省港湾局開発課長、60年同局建設課長、平成元年第四港湾建設局長、3年3月官房審議官を歴任。同年4月退官し、運輸総合研究所長。4年参院選比例区に自民党から当選、3期目。羽田派、5年6月新生党を経て、6年12月新進党結成に参加。10年1月自由党に参加。のち保守党に参加。13年第2次森改造内閣で国土交通副大臣となり、同年5月小泉内閣でも再任。14年12月保守新党に参加。15年小泉第2次改造内閣の経済産業副大臣に就任。同年11月自民党に合流。　㋛野球、ゴルフ
http://www.izumi-shinya.jp/
【評伝】改革に挑む男たち（山本集著　日刊スポーツ出版社'95）

いずみ たく

参院議員（参院クラブ）　作曲家　演出家　プロデューサー　㋬昭和5年1月20日　㋺平成4年5月11日　㋳東京　本名＝今泉隆雄　㋕舞台芸術学院本科（昭和24年）卒　㋗運転手の傍ら作曲活動に励み、三木トリローの門下生となる。CMソングの作曲で売り出し、「見上げてごらん夜の星を」（ミュージカル）、「夜明けの歌」「世界は二人のために」「恋の季節」「ゲゲゲの鬼太郎」「手のひらを太陽に」など多くのヒット曲を次々に発表し人気作曲家に。また、昭和52年ミュージカル劇団「フォーリーズ」を結成、日本のミュージカル作りに情熱を燃やした。61年参院選比例代表に立候補、平成元年繰上当選。著書に「新ドレミファ交遊録」。　㋜日本作曲家協会　㋛ヨット

泉 房穂　いずみ・ふさほ

衆院議員（民主党　比例・近畿）　㋬昭和38年8月19日　㋳兵庫県明石市　㋕東京大学教育学部（昭和62年）卒　㋖弁護士　㋗東大在学中、駒場寮委員長として寮費値上げに反対するストライキを打つが果たせず、退学届けを提出して帰郷。その後、対立していた学部長に説得され復学、勉学のかたわら市民活動のネットワーク作りに携わる。卒業後はNHKに入局、ディレクターとして福祉番組制作に従事する一方、休日は作業所支援活動を行う。のちテレビ朝日に転じ、「朝まで生テレビ」や「ニュース・ステーション」の制作に従事。その後、石井紘基衆院議員の秘書を経て、4度目の挑戦で司法試験に合格。平成9年弁護士を開業。その後独立していずみ法律事務所を開設。15年衆院選に民主党から立候補、比例区で当選。　http://www.izumi-fusaho.com/

泉 道夫　いずみ・みちお

仁摩町（島根県）町長　㋬大正12年5月1日　㋳島根県邇摩郡仁摩町　㋕東京外国語大学ドイツ語科中退、明治大学法学部（昭和21年）卒　㋘勲五等双光旭日章（平成9年）　㋗昭和18年12月明治大学2年在学中に学徒出陣。旧満州で終戦。陸軍少尉。中学校教員をしたのち、23年朝日新聞社に入社。大阪本社社会部次長、金沢支局長、大津支局長、厚生文化事業団事務局長などを歴任。50年びわ湖放送常務、55年辞任。59年から仁摩町長を務め、平成8年退任。のちエフエム山陰取締役。仁摩町長時代、全長5メートルの1年計砂時計"砂暦（すなごよみ）"で話題になる。　㋛カメラ、読書
【著書】町長の卒業証書（（松江）今井書店'00）

泉田 裕彦　いずみだ・ひろひこ
新潟県知事　㊊昭和37年9月15日　㊈京都大学法学部(昭和62年)卒　㊋昭和62年通産省(現・経済産業省)に入省。平成10年6月官房秘書課長補佐、13年7月国土交通省貨物流通システム高度化推進調整官、15年11月岐阜県新産業労働局長などを経て、16年8月退官。10月新潟県知事に当選、42歳の全国最年少知事となる。新潟県中越地震発生直後に知事に就任、復興の指揮を執る。

泉田 芳次　いずみだ・よしつぐ
下関市長　㊊昭和3年9月17日　㊈奈良県　㊋国学院大学文学部(昭和32年)卒　㊌勲四等旭日小綬章(平成11年)　㊋昭和35年総理府事務官となり、41年下関市財政課長。水道事業管理者を経て、47年助役、54年下関市長に当選、3期。平成3年落選。　㊐ゴルフ

泉谷 和美　いずみや・かずみ
歌志内市長　㊊昭和16年9月3日　㊈北海道歌志内市　㊋歌志内高卒　㊋歌志内市助役を経て、平成16年市長に当選。

岩動 道行　いするぎ・みちゆき
参院議員(自民党　岩手)　㊊大正2年10月15日　㊊昭和62年1月25日　㊈岩手県紫波郡紫波町　㊋京大法学部卒　㊋大蔵省に入省。昭和35年東海財務局長で退官し、38年衆院議員に岩手1区から当選。43年参院に転じる。58年第2次中曽根内閣の科学技術庁長官に就任。当選4回。宮沢派。
【著書】21世紀はどんな時代か(岩動道行,竹内均編著　徳間書店'87)
【評伝】藤原弘達のグリーン放談〈8〉虚心坦懐(藤原弘達編　藤原弘達著作刊行会;学習研究社〔発売〕'87)

伊勢 辰雄　いせ・たつお
東根市長　㊊大正14年10月1日　㊈山形県東根市　㊋日本大学専門部卒　㊌勲五等瑞宝章(平成14年)　㊋旧東根町職員、山形県建築士会副会長などを経て、建築設計事務所会長、東根市振興審議会委員を務める。平成2年東根市長に当選、2期。10年引退。　㊐短歌

井関 和彦　いせき・かずひこ
藤井寺市長　㊊昭和18年3月27日　㊈大阪府　㊋消防長を経て、平成11年藤井寺市長に当選。2期目。

磯 良史　いそ・よしぶみ
笠間市長　㊊昭和15年6月26日　㊈東京農業大学農学部卒　㊋会社社長を経て、平成6年笠間市長に当選。3期目。

五十棲 辰男　いそずみ・たつお
長岡京市長　㊊昭和3年4月28日　㊈京都府長岡京市　㊋京都工専第二部機械科(昭和22年)中退　㊌国土庁水資源功績者(平成3年),勲四等瑞宝章(平成10年)　㊋昭和42年長岡町議、47年長岡京市議を経て、54年以来市長に3選。平成3年引退。5～9年京都府選管委員長をつとめた。著書に「勝龍寺城今昔物語」。

磯村 修　いそむら・おさむ
参院議員(連合)　連合代表　㊊昭和6年1月3日　㊈山梨県甲府市　㊋中央大学法学部(昭和28年)卒　㊌勲三等旭日中綬章(平成13年)　㊋NHKの嘱託を経て、昭和37年同甲府放送局記者となり、ニュースデスクとして「ニュースアイ」での解説などを担当する。平成元年参院議員に当選、7年落選。

磯村 隆文　いそむら・たかふみ
大阪市長　大阪市立大学名誉教授　㊋応用経済学(物価変動分析)　㊊昭和5年12月8日　㊈大阪府大阪市　㊋大阪市立大学経済学部卒、大阪市立大学大学院経済学研究科博士課程修了、ジョンズ・ホプキンズ大学大学院　経済学博士

文化活動の経済効果;都市再開発の問題　昭和34年大阪市立大学助手、50年教授、経済学部長、文化交流センター所長を経て、平成2年大阪市助役。7年から市長に2選。15年引退。著書に「物価変動の理論」「日本の物価構造」など。　日本経済学会，金融学会　テニス
【著書】大阪WAY（中央公論社 '97）

板垣 清一郎　いたがき・せいいちろう
山形県知事　大正4年9月7日　平成5年10月2日　山形県寒河江市　東京高師中退　昭和22年山形県議（4期）、34年副議長、37年副知事を経て、48年以来山形県知事に5選。平成3年庄内空港の開港、4年山形新幹線の開通を実現した。5年引退。
【評伝】明日に向かって飛翔せよ！（角間隆著　ぎょうせい'88）

板垣 武四　いたがき・たけし
札幌市長　大正5年2月13日　平成5年8月12日　北海道川上郡和寒町　東京帝国大学法学部政治学科（昭和16年）卒　札幌市栄誉市民章（平成3年）、勲二等旭日重光章（平成4年）　昭和16年三菱電機神戸製作所に勤務、2年後召集。21年札幌市秘書課長となり、23年総務課長、24年経済部長、27年総務部長、31年第二助役、34年第一助役を経て、46年以来札幌市長に連続5選。47年冬期五輪の開催、同年の政令指定都市昇格を実現。平成3年3月引退。

板垣 正　いたがき・ただし
参院議員（自民党）　大正13年7月1日　東京　陸士（昭和20年）卒，中央大学法学部（昭和30年）卒　日本遺族会事務局長、英霊にこたえる会事務局長を経て、昭和55年参院議員に当選、3期つとめる。平成10年引退。宮沢派。著書に「声なき声」など。　父＝板垣征四郎（将軍大将）
【著書】靖国公式参拝の総括（展転社 '00）

板川 文夫　いたがわ・ふみお
越谷市長　昭和21年2月26日　埼玉県越谷市　明治大学法学部卒　平成9年越谷市長に当選。2期目。　父＝板川正吾（衆院議員）

一井 淳治　いちい・じゅんじ
参院議員（民主党）　弁護士　昭和11年2月11日　岡山県岡山市中山下　東京大学法学部（昭和34年）卒　昭和36年弁護士となり、森永ヒ素ミルク中毒訴訟弁護団団長、岡山県弁護士会副会長、同会長を歴任。61年参院議員に当選、2期めた。この間社民党から民主党に入党。平成10年落選。　絵画鑑賞，テニス

市川 昭男　いちかわ・あきお
山形市長　昭和16年8月10日　新潟大学卒　山形市土地開発公社理事長、総務部長、水道事業管理者、助役などを経て、平成15年山形市長に当選。
囲碁，絵画，ギター

市川 一朗　いちかわ・いちろう
参院議員（自民党　宮城）　昭和12年4月12日　宮城県栗原郡鶯沢町　東京大学法学部（昭和36年）卒　昭和36年建設省入省。54年計画局宅地企画室長、56年宅地開発課長、58年兵庫県都市住宅部長、60年建設省住宅局住宅総務課長、61年官房会計課長、道路局次長、平成元年8月国土庁防災局長、2年7月建設省都市局長、4年6月総務審議官を経て、5年7月国土庁事務次官に就任。6年7月退官。7年参院選に無所属で繰上当選。のち新進党を経て、再び無所属。9年10月宮城県知事選に、政党推薦を拒否した現職の浅野史郎知事の対立候補として自民、新進、公明の推薦をうけ立候補するが、落選。10年参院議員に返り咲き。自民党に入党し、宮沢派、加藤派を経て、堀内派。15年小泉第2次改造内閣の農水副大臣に就任。通算3期目。
http://www.ichikawa-ichiro.net/

市川 一男 いちかわ・かずお

東村山市長 [生]大正8年2月23日 [出]東京 [学]府中農蚕(昭和8年)卒 [賞]勲四等旭日小綬章(平成8年) [歴]東村山市助役を経て、昭和58年市長に当選。3期つとめ、平成7年引退。

市川 正一 いちかわ・しょういち

参院議員(共産党) [生]大正12年9月1日 [出]京都府京都市 [学]神戸高工建築科(昭和21年)卒 [歴]国鉄に入り、国労の結成に参加。昭和52年以来参院議員に3選。平成7年引退。共産党名誉幹部会委員。[団]音楽議員連盟，映画議員連盟，スポーツを愛好する議員の会 [趣]スポーツ，スキー，音楽鑑賞(オペラ)

【著書】芸術・スポーツ・国会(新日本出版社 '89)／活力ある党建設を(新日本出版社 '87)／八〇年代の大衆運動(新日本出版社 '81)

市川 昭吉 いちかわ・しょうきち

中央町(熊本県)町長 [生]昭和7年3月10日 [出]熊本県中央町 [学]御船高(昭和24年)卒 [賞]勲四等旭日小綬章(平成14年) [歴]昭和39年熊本県・中央町議となり、42年下益城郡畜産農業協同組合会長を経て、50年より中央町町長に6選。“日本一親孝行する青年の町、日本一の石の文化の町”の実現をキャッチフレーズに、54年より日本一の石段づくりに取り掛かり、63年3333段の石段が完成。平成6年落選。[趣]読書，山登り，スポーツ

市川 武 いちかわ・たけし

裾野市長 [生]大正13年9月10日 [出]静岡県裾野市 [学]九州帝大工学部土木工学科(昭和22年)卒 [賞]勲四等瑞宝章(平成6年) [歴]昭和27年静岡県庁に入る。44年港湾課長、52年土木部技監を経て、53年裾野市長に当選。4期つとめた。

市川 紀行 いちかわ・のりゆき

美浦村(茨城県)村長 [生]昭和15年12月11日 [出]旧満州・撫順 淀川紀行 [学]北海道大学農学部林業土木科卒 [歴]英語塾マネジャー、ミサワ木材(ミサワホームの前身)のセールスマンを経て、美浦村村議2期。昭和58年同村長に当選。4期務めた。引退後の平成12年から月1回、政治勉強会“一望塾”を開催、人材の育成に努める。少年時代から詩を好み、詩集「朝の場所」がある。

市川 宗貞 いちかわ・むねさだ

飯能市長 埼玉県会議長 [生]明治42年5月22日 [没]平成12年6月11日 [出]埼玉県飯能市 [学]川越中(昭和2年)卒 [賞]藍綬褒章(昭和46年)，勲三等瑞宝章(平成2年) [歴]昭和18年飯能町議、26年埼玉県議を経て、40年から飯能市長に6選。平成元年引退。

一川 保夫 いちかわ・やすお

衆院議員(民主党 比例・北陸信越) [生]昭和17年2月6日 [出]石川県小松市 [学]三重大学農学部(昭和30年)卒 [歴]昭和40年農林水産省に入省。水資源開発公団企画部次長、農林水産省災害対策室長などを歴任。平成2年退官。3年石川県議に当選、2期つとめる。新生石川幹事を兼務。8年新進党より衆院議員に当選。10年1月自由党に参加。15年9月民主党に合流。3期目。 [家]父＝一川保正(石川県議) http://www.y-ichikawa.net/

市川 雄一 いちかわ・ゆういち

衆院議員(公明党) 公明党書記長 [生]昭和10年1月25日 [出]神奈川県横浜市 [学]早稲田大学第二商学部(昭和32年)卒 [歴]公明新聞に入り、政治部長、編集局長を経て、昭和51年以来衆院議員に9選。59年党副書記長、61年12月国対委員長を経て、平成元年5月書記長に就任。6年新進党、10年1月新党平和、同年11月新公明党結成に参加。15年引退。

【評伝】日本をダメにする10人の政治家(上田哲著 データハウス'94)／創価学会・公明党の政権乗っ取りの野望(山村明義著 日新報道'93)／フレッシュ・オープン・エキサイティング(第三文明社編集部編 第三文明社'87)

市田 忠義 いちだ・ただよし
日本共産党書記局長 参院議員(共産党 比例) [生]昭和17年12月28日 [出]大阪府 [学]立命館大学法学部(二部)(昭和42年)卒 [歴]龍谷大学教職組合書記長ののち、昭和60年共産党京都府委員会書記長、63年委員長、平成9年党書記局次長を経て、12年書記局長に就任。この間、10年参院選比例区に名簿2位で、16年1位で当選。2期目。
http://www.t-ichida.gr.jp/

市原 新 いちはら・あらた
波野村(熊本県)村長 [生]昭和21年10月15日 [歴]昭和46年熊本県・波野村役場に入り、平成3年住民課長に。オウム真理教の教団を相手に住民票不受理闘争を展開する中、住民票業務の責任者として先頭に立ち、同教団の撤退を実現させる。5年より同村長に3選。教団撤退後の地域再生に取り組む。

市原 健一 いちはら・けんいち
つくば市長 医師 [生]昭和26年8月19日 [出]茨城県 [学]北里大学医学部(昭和54年)卒 [歴]昭和54年東京女子医科大学整形外科入局、57年東京厚生年金病院整形外科に勤務、60年整形外科医長。63年市原病院を開設、院長に。平成5年補選で茨城県議に当選、4期。16年つくば市長に当選。 [趣]ゴルフ
http://www.iinet.ne.jp/~i-kenkai/

市原 文雄 いちはら・ふみお
天理市長 [生]昭和6年1月29日 [出]千葉県 [学]関西学院大学卒，関西学院大学大学院(昭和38年)修士課程修了 [歴]奈良県高教組を経て、昭和62年から奈良県議2期。平成4年から天理市長に3選。13年天理市の職員採用試験をめぐる受託収賄容疑で、奈良県警に逮捕される。

市村 浩一郎 いちむら・こういちろう
衆院議員(民主党 兵庫6区) [生]昭和39年7月16日 [出]福岡県福岡市 [学]一橋大学社会学部(昭和63年)卒 [歴]松下政経塾9期生で、平成5年日本新党主任政策研究員、7年新進党政策審議室。12年衆院選に出馬。15年衆院議員に当選。1期目。 http://www.javjav.com/

一色 貞輝 いっしき・さだてる
豊中市長 [生]昭和10年9月1日 [出]大阪府 [学]甲南大学経済学部(昭和34年)卒 [歴]昭和33年住友商事入社。43年摂津米穀取締役、50年同社長を経て、58年以来大阪府議に4選。平成10年豊中市長に当選。2期目。 [趣]スポーツ

井出 一太郎 いで・いちたろう
衆院議員(自民党) 郵政相 農相 歌人 [生]明治45年1月4日 [没]平成8年6月2日 [出]長野県南佐久郡臼田町 [学]京都帝国大学農学部農業経済科(昭和18年)卒 [賞]勲一等旭日大綬章(昭和61年)，佐久市名誉市民(平成1年) [歴]昭和21年衆院議員に当選、以来16期連続当選。31年農相、45年郵政相、49年三木内閣の官房長官を歴任。国民協同党の結成以来、一貫して三木派(河本派)に属す。61年6月引退。歌人としては吉植庄亮に師事、53年の新年歌会始の召人を務め、歌集に「政塵抄」「政餘集」「明暗」などがある。 [家]弟＝井出孫六(作家)，息子＝井出正一(衆院議員)
【評伝】政治家 その善と悪のキーワード(加藤尚文著 日経通信社'86)

井手 順二 いで・じゅんじ
北条市長 [生]昭和14年8月16日 [出]愛媛県北条市 [学]松山北高(昭和33年)卒 [歴]北条市役所に入所。昭和61年北条市議会事務局長、平成2年市長公室長、4

年総務課長を経て、7年収入役。12年北条市長に当選。2期目。　[趣]釣り，ソフトボール

井出 正一　いで・しょういち
衆院議員（新党さきがけ）　厚相　長野県酒類販売社長　長野県酒販組合理事長　[生]昭和14年6月20日　[出]長野県南佐久郡臼田町　[学]慶応義塾大学経済学部卒，慶応義塾大学大学院（昭和40年）修了　[歴]農林大臣、官房長官などを務めた井出一太郎の長男。家業の酒造業に従事する傍ら佐久青年会議所理事長、長野県酒造組合理事などの役職も務める。昭和61年自民党から衆院議員に当選、3期。平成5年6月離党し新党さきがけに参加。6年村山内閣の厚相をつとめた。8年8月党代表に就任したが、10月の総選挙で落選し、代表を辞任。10年参院選比例区に立候補するが落選。以後、長野県酒類販売社長などを務める。　[団]日中友好協会（副会長），長野県日中友好協会（会長）　[趣]読書，絵画鑑賞，旅行　[家]父＝井手一太郎（衆院議員），祖父＝小山邦太郎（参院議員）
【著書】終の棲家 さきがけ（三省堂 '99）

井戸 敏三　いど・としぞう
兵庫県知事　[生]昭和20年8月10日　[出]兵庫県揖保郡新宮町　[学]東京大学法学部（昭和43年）卒　[歴]昭和43年自治省入省。平成元年行政局政治資金課長、3年官房文書課長、4年地方債課長、5年7月官房総務課長、7年1月官房審議官を経て、8年兵庫県副知事。13年知事に当選。　[趣]山歩き，タウンウォッチング
【著書】随筆集 一歩いっぽ（（神戸）兵庫ジャーナル社 '02）

伊藤 彬　いとう・あきら
北上市長　[生]昭和14年12月7日　[出]岩手県北上市　[学]武蔵大学経済学部卒　[歴]伊藤治社長、北上商工会議所会頭などを経て、平成11年北上市長に当選。2期目。

伊藤 郁男　いとう・いくお
参院議員（民社党）　俳人　[生]昭和5年9月11日　[出]長野県諏訪市　俳号＝無限子　[学]岡谷南高（昭和24年）卒　[賞]勲三等旭日中綬章（平成12年）　[歴]昭和35年民社党本部書記局に入り52年組織局次長を経て、55年に参院議員に当選。61年、平成元年にそれぞれ比例区で立候補したが落選。一方、句作を続け、昭和48年「鶴」入会、58年同人。62年「初蝶」入会、63年同人。平成9年「魚座」入会、10年同人。句集に「地蜂」「信濃路」「風やはらかき」など。　[団]俳人協会
【著書】日本に明日はあるか（サンケイ出版 '80）

伊藤 功　いとう・いさお
大曲市長　[生]大正8年6月16日　[出]秋田県大曲市　杉山　[学]大曲農（昭和12年）卒　[賞]勲五等双光旭日章（平成5年）　[歴]昭和24年角間川町役場に入り、30年合併で大曲市となる。収入役、助役を経て、54年以来市長に2選。62年引退。

伊藤 一長　いとう・いっちょう
長崎市長　[生]昭和20年8月23日　[出]長崎県　[学]早稲田大学政経学部（昭和43年）卒　[歴]昭和46年長崎市土地開発公社参事を経て、50年以来長崎市議を2期、58年以来長崎県議を3期務めた。平成7年長崎市長に当選。3期目。　[趣]読書

伊藤 英成　いとう・えいせい
衆院議員（民主党）　[生]昭和16年12月1日　[出]愛知県渥美郡渥美町　[学]名古屋大学経済学部（昭和39年）卒　[歴]トヨタ自動車に勤務。労組副委員長などを経て、昭和58年以来衆院議員に6選、民社党副書記長を務めた。平成6年新進党、10年1月新党友愛結成に参加、幹事長となる。同年4月民主党に合流。のち党副代表を務めた。15年引退。
【評伝】改革に挑む男たち（山本集著 日刊スポーツ出版社'95）

いとう

伊藤 喜一郎　いとう・きいちろう
多賀城市長　⚫大正3年2月11日　⚫平成6年7月12日　⚫宮城県多賀城市　⚫笠神高小（大正15年）卒　⚫藍綬褒章（昭和47年）　⚫大正15年多賀城村役場に入り、昭和21年多賀村助役、26年多賀城町助役、46年多賀城市助役を経て、50年以来多賀城市長に5選。

伊藤 孝二郎　いとう・こうじろう
黒川村（新潟県）村長　⚫大正12年12月17日　⚫平成15年7月28日　⚫新潟県北蒲原郡黒川村　⚫盛岡高等農林卒　⚫藍綬褒章（昭和63年）　⚫黒川村議を経て、昭和30年村長に当選。以来、平成15年に健康上の理由で辞任するまで連続12期務め、全国最多選首長として知られた。この間、5年全国町村会副会長を務めた。また新潟県土地改良事業団体連合会会長として、都市と農村の交流に力を注いだ。　⚫スポーツ
【著書】先憂後楽（（新潟）新潟日報事業社 '03）

伊藤 公介　いとう・こうすけ
衆院議員（自民党　東京23区）　国土庁長官　⚫昭和16年10月23日　⚫長野県上伊那郡高遠町　⚫法政大学法学部（昭和39年）卒　⚫昭和39年旧西ドイツベルリン自由大学、42年米国オハイオ州立大学留学。帰国して神田外語学院講師、国会議員秘書を経て、51年新自由クラブから衆院議員に当選、3期務める。58年自治政務次官、59年党国会対策委員長。61年に落選。新自由クラブ解党後、自民党に入り、平成2年衆院議員に復帰。8年第2次橋本内閣で国土庁長官に就任。通算8期目。三塚派を経て、森派。
⚫柔道　http://www.i-kousuke.com/
【著書】なんてったって小泉純一郎（あ・うん '01）

伊藤 宏太郎　いとう・こうたろう
西条市長　⚫昭和17年12月14日　⚫愛媛県西条市　⚫松山商科大学（昭和40年）卒　⚫昭和40年伊予銀行入行。平成元年四国農研グループ代表、3年西条市議を経て、7年西条市長に当選。4期目。
⚫登山、ゴルフ、野球、スキー、アウトドアスポーツ

伊藤 三郎　いとう・さぶろう
川崎市長　⚫大正9年3月29日　⚫平成9年10月16日　⚫千葉県成田市　⚫早大高工（昭和15年）卒　⚫セーシェル国際親善功労賞（昭和63年）、勲二等瑞宝章（平成2年）　⚫15歳の時、川崎へ。昭和26年技術吏員として川崎市役所勤務。川崎市職組委員長、同市労連委員長、自治労神奈川県本部委員長などを経て、46年川崎市長に当選、以来5選。この間、47年全国で最も厳しいとされた市独自の公害防止条例を制定。60年2月には"指紋押捺拒否者告発せず"を決定、大きな反響を呼んだ。当時の美濃部亮吉東京都知事、長洲一二神奈川県知事、飛鳥田一雄横浜市長とともに革新自治体ブームの立役者となった。平成元年10月辞任。昭和58年から全国革新市長会会長もつとめた。　⚫土木学会
⚫読書

伊藤 茂　いとう・しげる
衆院議員（社民党）　社民党副党首　運輸相　⚫昭和3年3月2日　⚫山形県最上郡舟形町　⚫東京大学経済学部経済学科（昭和27年）卒　⚫昭和29年社会党本部に入る。長く成田知巳のブレーンを務め、51年衆院議員に当選。8期務めた。61年党政策審議会長、平成3年副委員長。5年細川内閣の運輸相に就任。8年1月社民党副党首兼政策審議会会長。同年9月党幹事長兼政策審議会会長。10年党副党首。12年引退。
⚫園芸（花を美しく育てる），カメラ，パソコン

【著書】従属国からの脱却(「21世紀・日本の進路」研究会編,隅谷三喜男,伊藤茂ほか著 露満堂;星雲社〔発売〕'02)／動乱連立(中央公論新社'01)／いつか妻が目覚める日のために(時事通信社'00)／政界再編が完結する日(実業之日本社'94)／こんなに損していた日本人(土井たか子,伊藤茂,上田哲著 青春出版社'89)／土地問題への提言とQ&A(伊藤茂,坂口力,米沢隆,菅直人編 アイピーシー'87)

伊藤 信太郎　いとう・しんたろう
衆院議員(自民党 宮城4区) 国際ジャーナリスト ⓢ国際政治学 ⓑ昭和28年5月6日 ⓟ東京都港区 ⓔ慶応義塾大学経済学部(昭和52年)卒,慶応義塾大学大学院法学研究政治学専攻(昭和53年)修士課程修了,アメリカン・フィルム・インスティテュート監督科卒,ハーバード大学大学院(昭和55年)修士課程修了 ⓡ大学院で国際政治学を修めた後,ハーバードやソルボンヌに4年間留学,昭和56年帰国。1年間,防衛庁長官に就任した父・宗一郎の秘書を務めた後,伊藤信太郎プロダクション主宰。ドラマ・ドキュメンタリー・CM等を幅広く演出プロデュース。60年4月よりテレビ朝日CNNニュースキャスターを務める。のち国際ジャーナリストとして活動。平成7年玉川大学大学院講師を経て,東北福祉大学教授。13年父の死去に伴う衆院宮城4区補選に当選。高村派。2期目。 ⓕ父=伊藤宗一郎(衆院議員)
http://www.ito-sintaro.jp/
【著書】福祉と文化(渡辺信英,戸袋勝行,伊藤信太郎著 南窓社'01)／デュカキス(全国朝日放送'88)

伊藤 宗一郎　いとう・そういちろう
衆院議員(自民党) 衆院議長 科学技術庁長官 防衛庁長官 ⓑ大正13年3月21日 ⓓ平成13年9月4日 ⓟ宮城県加美郡中新田町 ⓔ東北帝国大学法学部政治学科(昭和22年)卒 勲一等旭日桐花大綬章(平成13年) ⓡ昭和23年読売新聞社に入社。政治記者時代に河野一郎農相(当時)の日ソ漁業交渉に同行取材したことなどを縁に秘書官に転じて政界入り。農林,科学技術政務次官,党広報委員長,56年鈴木内閣の防衛庁長官など歴任し,62年竹下内閣の科学技術庁長官となる。平成8年11月衆院議長に就任。10年の与野党対立で紛糾した金融国会,12年の衆院定数削減国会などで調整役を務めた。三木元首相の下で総裁予備選制度を起草した。竹下登との深い関係で知られ,竹下死去に伴い日韓議員連盟の後継会長を務めた。当選13回。三木派、河本派を経て、高村派。 ⓗ囲碁,少林寺拳法 ⓕ長男=伊藤信太郎(衆院議員)
【評伝】江戸東京大工道具職人(松永ゆかこ著 冬青社'93)／藤原弘達のグリーン放談 大胆不敵(藤原弘達編 藤原弘達著作刊行会'87)

伊藤 武志　いとう・たけし
新居浜市長 ⓑ昭17.5.14 ⓟ愛媛県新居浜市 ⓔ早稲田大学商学部(昭和40年)卒 ⓡ昭和40年住友スリーエムに入社。村上信二郎,毛利松平の秘書を経て,54年愛媛県議となり,59年新居浜市長に当選。4期つとめ,平成12年落選。 ⓗ野球,拳法,読書

伊藤 忠良　いとう・ただよし
旭市長 ⓑ昭和19年1月22日 ⓟ千葉県 ⓔ匝瑳高(定時制)(昭和38年)卒 ⓡ旭市議を経て,平成13年旭市長に当選。

伊藤 達也　いとう・たつや
衆院議員(自民党 比例・東京) 金融担当相 ⓑ昭和36年7月6日 ⓟ東京都 ⓔ慶応義塾大学法学部(昭和59年)卒 ⓡ松下政経塾出身。昭和63年会議の企画・運営を手がけるブレーン21研究所を設立。平成5年日本新党から衆院議員に当選。6年新進党結成に参加するが,9年7月離党。10年1月民政党結成に参加。4月の新・民主党結成には参加せず,のち自民党に合流。12年比例

区東京ブロックで当選。14年小泉改造内閣の内閣副大臣に就任。15年の第2次改造内閣でも留任。16年第2次小泉改造内閣の金融担当相に就任。4期目。旧小渕派を経て、旧橋本派。
http://www.tatsuyaito.com/

伊藤 忠治 いとう・ちゅうじ
衆院議員(民主党 比例・東海) [生]昭和9年5月2日 [出]三重県津市 [学]三重短期大学法経学部(昭和33年)卒 [歴]電電公社に勤務し、全電通県支部委員長、三重県評議長などを経て、昭和58年より社会党から衆院議員に3選。平成5年落選。8年民主党より出馬して復帰。通算6期目。 http://www.ito-chuji.jp/
【著書】通信ビッグバン(NTT出版 '98)

伊藤 利明 いとう・としあき
印西市長 [生]昭和8年11月13日 [没]平成8年6月10日 [出]千葉県印西市 [学]印旛高(昭和27年)卒 [歴]昭和46年代議士・水野清公秘書、同年印西町議に当選、3期務めた。56年千葉ニュータウン駅前センタービル社長。57年以来印西町長に3選。平成8年市制施行により、印西市長。 [趣]読書

伊藤 信勝 いとう・のぶかつ
田川市長 [生]昭和20年9月22日 [学]北九州大学(現・北九州市立大学)外国語学部 [歴]福岡県課長補佐などを経て、平成15年田川市長に当選。

伊東 秀子 いとう・ひでこ
衆院議員(無所属) 弁護士 [専]民事行政訴訟 刑事訴訟 [生]昭和18年8月15日 [出]旧満州 上坪秀子 [学]東京大学文学部(昭和41年)卒 [興]教育(初等教育における体験の重要性,自然教育);冤罪 [歴]父は関東軍の憲兵隊長。3歳の時、中国から引き揚げて鹿児島で育つ。大学で社会学を勉強し、昭和41年東京で家裁の調査官に。学生結婚した夫が北海道大学に赴任したため札幌へ。54年司法試験に合格。57年弁護士を開業。国家秘密法(スパイ防止法)反対運動に関わり、62年国家秘密法に反対する女の会・北海道を発足させた。平成2年以来北海道1区から衆院議員に2選。7年1月社会党を離党し、北海道知事選に立候補。11年、15年北海道知事選に立候補するが、落選。共著に「どうせ自分なんてと呟く君に」など。 [団]日本社会保障学会 [趣]音楽,映画 http://www.hideko.gr.jp/
【著書】ひとりから、ひとりでも(花伝社;共栄書房〔発売〕 '98)/政治は、いまドラマティック。(社会思想社 '94)/佐川急便事件の真相(佐高信,伊東秀子著 岩波書店'93)/めぐりくる季節(花伝社;共栄書房〔発売〕 '93)

伊藤 寛 いとう・ひろし
三春町(福島県)町長 [生]昭和6年9月2日 [出]福島県田村郡三春町 [学]一橋大学経済学部(昭和29年)卒 [賞]日本建築学会文化賞(昭和61年) [歴]福島県三春町の農協を経て、昭和35年農林中金に入り、本店調査部調査役を最後にUターン。50年三春町助役となり、55年町長に当選、6期。就任以来ユニークな企画を次々に打ち出し、57年には町並みに合った住宅、店舗を建てた住民、設計者、建設会社を表彰する建築賞を制定。58年には町づくり活動の処点として歴史民俗資料館を開館。平成15年退任。 [趣]テニス,マラソン,クラシック音楽

伊藤 政雄 いとう・まさお
日出町(大分県)町長 [生]大正6年8月20日 [出]大分県 [学]大分高商(昭和15年)卒 [賞]勲四等瑞宝章(平成5年) [歴]満鉄勤務を経て、昭和22年大分県庁へ入庁。46年初代公害局長となり、住民運動の先頭として佐伯市の化学工場の告発などを手がけた。50年総務部長を最後に退職し、59年日出町長に当選、3期。62年市町村レベルでは全国初の第3セクター方式のハイテク会社を設立した。

翫 正敏　いとう・まさとし
参院議員(連帯)　正光寺(真宗大谷派)住職　僧侶　[生]昭和22年4月11日　[出]石川県　[学]立命館大学理工学部(昭和45年)卒　[資]測量士　[歴]京都の測量事務所勤務を経て、先代住職の父の後を継ぎ、昭和26年正光寺住職に。小松基地騒音公害訴訟の原告団事務局をつとめ、能登原発反対運動にも関わるなど、非武装平和を訴えた住民運動に取り組む。宗教者平和ネットワーク代表。平成元年社会党から参院議員に当選。6年離党。7年2月連帯に参加。同年参院選では憲法みどり農連を結成して立候補するが落選。8年新社会党から衆院選に立候補するが落選。

伊藤 允久　いとう・まさひさ
尾鷲市長　[生]昭和27年3月2日　[出]三重県　[学]慶応義塾大学法学部(昭和49年)卒　[歴]平成12年尾鷲市長に当選。2期目。三重県石油商業組合理事長も務めた。

伊藤 昌弘　いとう・まさひろ
衆院議員(民社党)　[生]昭和2年10月27日　[出]東京都墨田区　[学]千葉医大薬学部(昭和23年)卒　[歴]昭和34年墨田区議2期、44年東京都議2期(自民党)を経て、58年民社党から衆院議員に当選。61年落選。平成7年文京区長選、11年墨田区長選、13年東京都議選に立候補するが落選。
[趣]読書，スポーツ

伊東 正義　いとう・まさよし
衆院議員(自民党)　外相　[生]大正2年12月15日　[没]平成6年5月20日　[出]福島県会津若松市　[学]東京帝国大学法学部(昭和11年)卒　[歴]昭和11年農林省に入省。農地局長、水産庁長官を経て、37年事務次官。38年政界に入り、福島2区から衆院議員に当選。以来9期。54年大平内閣の官房長官となり、55年首相急死のあと、首相臨時代理を務める。同年鈴木内閣の外相に就任するが、日米首脳会議での共同声明をめぐるトラブルから56年辞任。61年党政調会長、62年党総務会長となり、平成元年竹下首相退陣後の総裁に推されたが、拒否した。自民党のアジア・アフリカ問題研究会や超党派の日中友好議員連盟の会長を務めるハト派。宮沢派。5年引退。
【評伝】官僚たちの志と死(佐高信著 講談社'99)／官僚たちの志と死(佐高信著 講談社'96)／最後の会津人 伊東正義(笠井尚著 (会津若松)歴史春秋社'94)／渡辺美智雄の総裁選(大下英治著 徳間書店'89)

伊藤 光好　いとう・みつよし
海津町(岐阜県)町長　[生]大正3年7月22日　[没]平成14年5月27日　[出]岐阜県海津郡海津町鹿野　[学]海津中(昭和7年)卒
[賞]全国町村長会会長表彰(昭和39年)，藍綬褒章(昭和53年)，勲三等瑞宝章(平成2年)　[歴]昭和16年岐阜県・海津郡吉里村書記、21年収入役、22年助役を経て、30年海津町総務課長、30年収入役、38年海津町長に就任。国営木曽三川公園を海津町に誘致し、治水タワーの建設に一役買うなど、治水事業や土地改良事業に尽力。長良川河口堰建設にも携わった。平成3年連続7期務め、町長退任。この間、岐阜県町村長会長、全国町村長会常任理事を歴任した。また宝暦治水史蹟保存会会長として、江戸時代に木曽三川の宝暦治水工事で幾多の犠牲を払った薩摩義士の苦業について全国で講演。2年義士の語り部としての功績に対し鹿児島県人の手による胸像が送られ、海津町の治水神社に建立された。著書に「薩摩義士顕彰」がある。
[団]岐阜県薩摩義士顕彰会，海津漁業協同組合　[趣]読書，茶道，華道

伊藤 基隆　いとう・もとたか
参院議員(民主党　比例)　[生]昭和13年10月25日　[出]群馬県富岡市　[学]富岡高卒　[歴]一ノ宮郵便局入局。全逓教宣部長、企画部長などを経て、昭和63年書記長、平成3年委員長に就任。7年社会党か

ら参院選比例区に当選。8年社民党を経て、民主党に参加。2期目。一方、平成元年食をテーマにした詩集「浅間山は巨大なカツ丼なのだ」を自費出版。他の著書に「こちら郵便局」などがある。
[趣]料理

【著書】勤倹貯蓄を奨励する歌(亜紀書房 '02)

伊藤 祐一郎　いとう・ゆういちろう
鹿児島県知事　[生]昭和22年11月17日　[出]鹿児島県出水市　[学]東京大学法学部(昭和46年6月)卒　[歴]昭和47年自治省入省。自治省文書広報課課長補佐、短期在外研修(米国)、自治省行政課課長補佐、60年自治大臣秘書官事務取扱、63年埼玉県商工部次長、平成元年商工部長、3年企画財政部長、のち自治省公務員部給与課長、振興課長、行政課長、11年8月官房審議官、13年1月総務省官房審議官、同年7月内閣府地方分権改革推進会議事務局長を兼任。15年1月総務省官房総括審議官兼自治大学校校長、同年11月官房審議官兼自治大学校長、16年1月官房総括審議官。同年2月退官、7月鹿児島県知事に当選。

【著書】総則(ぎょうせい '03)／自治行政講座〈2〉地方議会(第一法規出版 '86)

伊藤 吉和　いとう・よしかず
府中市(広島県)市長　[生]昭和34年4月2日　[出]千葉県　[学]千葉大学大学院修了　[歴]広島県・府中市助役を経て、平成14年市長に当選。

伊藤 善佐　いとう・よしすけ
太宰府市長　[生]昭和8年9月26日　[出]福岡県太宰府市水城　[学]福岡農高併設中卒　[歴]昭和50年太宰府町議に当選。57年市制施行により太宰府市議となり、58年再選。この間市議会議長を務める。62年太宰府市長に当選。2期つとめ、平成7年引退。

伊東 良孝　いとう・よしたか
釧路市長　[生]昭和23年11月24日　[出]北海道釧路市　[学]北海道教育大学教育学部卒　[歴]通信機器会社社長。釧路市議を経て、平成7年北海道議に当選、2期。14年釧路市長に当選。

伊藤 偲彦　いとう・よしひこ
昭島市長　[生]昭和3年1月25日　[出]東京　[学]東京農工大学林学科(昭和22年)卒　[歴]昭和59年昭島市長に当選。3期つとめ、平成8年引退。

伊藤 龍太郎　いとう・りゅうたろう
川西市長　[生]明治44年10月19日　[出]三重県　[学]京都帝大工学部機械学科(昭和10年)卒　[賞]勲三等旭日中綬章(平成2年)　[歴]昭和26年日本精密機械工作社長、35年川西市商工会専務理事などを経て、41年以来川西市長に6選。平成2年引退後、在任当時の建設汚職が発覚、住友建設から200万円を受け取った容疑で逮捕された。

【評伝】市政崩壊(毎日新聞川西事件取財班著 (神戸)祥文社'91)

糸数 慶子　いとかず・けいこ
参院議員(無所属　沖縄)　[生]昭和22年10月11日　[出]沖縄県　[学]読谷高卒　[歴]観光バスのガイドとなるが3年で結婚退職、長女を出産後復職。ひめゆり部隊の生き残りの女性など、沖縄戦の生き証人達の証言を聞くうちに、本土うけを狙った従来のバス会社のシナリオに疑問を感じ、同僚らと勉強会を始め、日本軍ガマ(壕)など沖縄戦をたどる「平和学習コース」の立案者となる。昭和61年に会社を移ってからは沖縄戦の語り部として本格的に活動。国際ツーリズム専門学校や沖縄大学で講義を行う。その後、沖縄県議に3選。平成16年県議選には出馬せず、同年参院議員に無所属で当選。

糸久 八重子　いとひさ・やえこ
参院議員(社会党)　[生]昭和7年3月22日　[出]千葉県茂原市　[学]千葉大学教育学部(昭和29年)卒　[歴]中学校教諭を27年つとめ、昭和58年参院議員に当選。平成3年党副委員長。2期つとめ、7年引退。

糸山 英太郎　いとやま・えいたろう
衆院議員(自民党)　新日本観光会長・社長　[生]昭和17年6月4日　[出]東京　[学]日本大学経済学部(昭和48年)卒　[賞]紺綬褒章(昭和45年)　[歴]自動車のセールス、父の経営するゴルフ場勤めなどを経て新日本企画を設立。昭和49年の参院選で当選したが、のち大がかりな選挙違反が明るみに出て辞任。その後も株買い占め騒動など話題に。58年埼玉3区から衆院に当選、2期。農水政務次官、建設政務次官などを歴任。61年中曽根派に入る。平成2年落選。5年無所属で衆院に返り咲き、自民党に入党したが、8年辞職。10年日本航空株の個人名義、関連会社株を合わせ発行済み株式数の2.9%にあたる5200万株を取得、実質的な筆頭株主となった。湘南工科大学学長兼理事長も務めた。著書に「金儲け哲学」がある。　[家]父=佐々木真太郎(新日本観光興業社長)

稲垣 実男　いながき・じつお
衆院議員(自民党)　北海道開発庁長官　元・キャピタル・インベスト・ジャパン社長　[生]昭和3年3月28日　[出]愛知県幡豆郡一色町　[学]早稲田大学政経学部経済学科(昭和28年)卒　[賞]勲一等瑞宝章(平成12年)　[歴]中垣国男、小笠原三九郎の秘書を経て、昭和51年衆院選に出馬。52年繰上げ当選により初当選。平成2年落選。5年再選。8年第2次橋本内閣で北海道開発庁長官兼沖縄開発庁長官。12年落選。通算7期。中曽根派、渡辺派、村上・亀井派を経て、江藤・亀井派。14〜16年投資顧問会社キャピタル・インベスト・ジャパン社長を務め、16年6月同社が元本保証や高金利をうたった違法な資金集めをしていたとして出資法違反(預かり金の禁止)容疑で警視庁に逮捕された。　[趣]読書，古画・古陶器の鑑賞・収集

稲川 武　いながわ・たけし
鹿沼市長　[生]昭和8年9月21日　[没]平成4年4月27日　[出]栃木県　[学]鹿沼農商卒　[歴]栃木県議3期、昭和59年鹿沼市助役を経て、63年同市長に初当選。平成4年再選直後に死去。

稲田 順三　いなだ・じゅんぞう
和泉市長　[生]昭和16年1月14日　[出]大阪府和泉市　[学]大阪商科大学商経学部(昭和40年)卒　[歴]和泉市教育次長を経て、平成7年和泉市長に当選。3期目。　[趣]スポーツ観戦，読書

稲玉 貞雄　いなだま・さだお
更埴市長　[生]大正3年6月23日　[没]平成1年4月17日　[出]長野県　[学]屋代中(現・屋代高)(昭和7年)卒　[歴]旧制中学卒業後、満鉄に入社。戦後屋代に戻り、昭和34年更埴市土木課長、38年総務課長、42年収入役、49年助役を経て、53年更埴市長に当選。3期。平成元年引退。　[趣]読書，園芸

稲富 稜人　いなとみ・たかと
衆院議員　[生]明治35年10月19日　[没]平成1年11月6日　[出]福岡県八女郡岡山村(現・八女市)　[学]早稲田大学政経学部(大正14年)卒　[賞]勲二等瑞宝章(昭和47年)，勲二等旭日重光章(昭和52年)，勲一等瑞宝章(昭和61年)　[歴]代用教員を経て早大に進学し、農民運動に入る。大正15年全日本農民組合同盟を結成し、日本農民党に参加。のち社会民衆党に参加し、昭和7年日本国家社会党を支持し、10年福岡県議に当選。戦後、21年社会党から衆院議員となったが公職追放、27年改めて衆院議

員に当選。通算11期つとめ、61年引退した。その間、衆院懲罰委員長、民社党中央執行委員などを歴任。

稲留 照雄 いなとめ・てるお
泉南市長 [生]昭和12年2月10日 [出]大阪府 [学]慶応義塾大学文学部哲学科(昭和34年)卒 [歴]昭和49年以来泉南市長に3選。61年落選。

稲名 嘉男 いなな・よしお
清水市長 [生]昭6.6.14 [出]静岡県清水市 [学]法政大学経済学部(昭和27年)卒 [賞]紺綬褒章(昭和35年), 勲四等旭日小綬章(平成15年) [歴]昭和35年稲名製材社長となる。38年静岡県議、51年県会議長を経て、52年から清水市長に2選。60年7月落選。

稲葉 修 いなば・おさむ
衆院議員(自民党) 法相 [生]明治42年11月19日 [没]平成4年8月15日 [出]新潟県村上市 雅号=稲葉虎秀 [学]中央大学法学部独法科(昭和11年)卒, 中央大学大学院(昭和15年)修了 法学博士(昭和37年) [資]弁護士 [賞]勲一等旭日大綬章(昭和55年) [歴]昭和20年中央大学教授を経て、24年新潟2区から衆院議員に当選。憲法学者として自民党の憲法調査会長を長く務めた。文相などを歴任し、ロッキード事件の発覚、田中角栄逮捕と続いた当時の法相。田中軍団から"ハシャギ過ぎ"と決めつけられ、"A級戦犯"扱いとなり、55年ダブル選挙では落選。58年衆院選で復活。当選14回。旧中曽根派(渡辺派)。平成2年引退。横綱審議委員会委員のほか、世界平和協会会長、日本の水をきれいにする会会長を務めた。著書に「それでも親か!」などがある。
[趣]釣り, 囲碁(6段), 剣道(7段)
[家]長男=稲葉大和(衆院議員)
【著書】後生畏るべし(東京新聞出版局 '88)

稲葉 誠一 いなば・せいいち
衆院議員(社会党) 弁護士 [生]大正7年3月3日 [没]平成8年5月4日 [出]東京都新宿区 [学]中央大学法学部卒 [歴]東京・宇都宮等の地検検事を経て、昭和22年退官、弁護士となる。30年栃木県議2期、37年参院議員を経て、47年栃木1区から衆院議員に当選。6期つとめた。平成2年引退。

稲葉 孝彦 いなば・たかひこ
小金井市長 [生]昭和19年11月26日 [出]千葉県 [学]日本大学法学部卒 [歴]クリーニング業、菓子製造会社役員、小金井市議を経て、平成11年小金井市長に当選。3期目。

稲葉 三千男 いなば・みちお
東久留米市長 東京大学名誉教授 評論家 [専]新聞学 マスコミ理論 [生]昭和2年3月10日 [没]平成14年9月8日 [出]福岡県 [学]東京大学文学部社会学科(昭和28年)卒, 東京大学大学院社会学系研究科(昭和33年)修了 [歴]東京大学新聞研究所(現・社会情報研究所)助手、助教授を経て、昭和47年教授。のち同所長。マスコミの政治機能の研究に関心をもち、警察官職務執行法、皇太子成婚におけるマスコミの動向を分析した論文で注目を集める。マルクス主義の立場に立ったマスコミ論を構築、国民文化会議や市民運動で活躍した。61年東日本部落解放研究所初代理事長に就任。62年に東大を退官し、東京国際大学教授を務めた。平成2年共産党、社会党(当時)、社民連などの推薦を受け、東久留米市長に当選。3期目任期途中の13年、体調不良のため退任。著書に「現代ジャーナリズムの批判」「ドレフュス事件とゾラ」「NHK受信料を考える」「マスコミの総合理論」「メディアの死と再生」「コミュニケーションの総合理論」、詩集「昼さがりの詩」など。
[団]日本新聞学会

【評伝】惜別（朝日新聞東京本社企画報道部編　主婦の友社'03）

稲葉　稔　　いなば・みのる
滋賀県知事　レイカディア振興財団理事長　⊕昭和4年9月14日　⊕滋賀県　⊕八日市中（昭和21年）卒　⊕勲二等旭日重光章（平成11年）　⊕昭和21年滋賀県庁に入り、47年県民生活課長、49年総務部地方課参事、53年企画部長、54年滋賀県総務部長、57年副知事を経て、昭和61年知事に当選、3期つとめる。平成10年引退。

稲葉　大和　　いなば・やまと
衆院議員（自民党　新潟3区）　⊕昭和18年11月12日　⊕東京都　⊕中央大学法学部（昭和41年）卒　⊕法務大臣を務めた稲葉修の長男。大学卒業後は司法試験を目指していたが、昭和48年以後父の秘書に。平成2年父の引退をうけて、衆院選に出馬。5年当選。4期目。旧渡辺派を経て、10年12月山崎派に参加。15年第2次小泉内閣の文部科学副大臣に就任。　⊕父＝稲葉修（衆院議員）
http://www.inabayamato.com/

稲見　哲男　　いなみ・てつお
衆院議員（民主党　比例・近畿）　⊕昭和23年7月20日　⊕京都府　⊕大阪星光学院高卒　⊕昭和43年大阪市役所に入る。平成8年、12年衆院選に出馬。15年衆院議員に当選。　http://www.inami-t.jp/

稲嶺　恵一　　いなみね・けいいち
沖縄県知事　⊕昭和8年10月14日　⊕旧満州・大連　⊕慶応義塾大学経済学部（昭和32年）卒　⊕昭和32年いすゞ自動車入社。48年琉球石油（現・りゅうせき）に転じ、49年取締役を経て、61年社長、平成5年会長。同年南西航空会長を兼任。沖縄経済同友会特別幹事、沖縄県冷蔵倉庫協会会長、沖縄自由貿易地域事業者協会副会長、地域産業技術振興協会理事長、沖縄県経営者協会会長なども務める。また、梶山静六官房長官の私的諮問機関、沖縄米軍基地所在市町村に関する懇談会の副座長として、沖縄振興策の提言をまとめた。平成10年県知事選に立候補、現職の大田昌秀知事を破り当選。2期目。
⊕囲碁、ゴルフ

稲村　佐近四郎　　いなむら・さこんしろう
衆院議員（自民党）　国土庁長官　⊕大正6年1月20日　⊕平成2年7月29日　⊕石川県羽咋市　本名＝稲村左近四郎　⊕安田商工専卒　⊕13歳の時に農家から裸一貫でとび出し、上京。新聞配達や土工など苦労を重ね、30代で建設会社社長に。昭和38年石川2区から衆院議員に当選、以来連続8選。46年通産政務次官を経て、52年福田内閣の総理府総務長官、58年中曽根内閣の国土庁長官を歴任。繊維族議員のボスとして、同郷の小田清孝撚糸工連理事長と共に日米繊維交渉や衆院商工委員会で活躍。61年4月横手文雄民社党代議士（当時）らに働きかけた撚糸工連汚職で東京地検特捜部から取調べを受け、5月収賄罪で起訴、自民党を離党。6月引退。
⊕長男＝稲村建男（石川県議）

【評伝】東京地検特捜部とリクルート疑獄（菊池久著　ライブ出版；せきた書房〔発売〕'89）／藤原弘達のグリーン放談〈3〉熱慮断行（藤原弘達編　藤原弘達著作刊行会；学習研究社〔発売〕'86）

稲村　稔夫　　いなむら・としお
参院議員（社会党）　三条市長　⊕昭和3年8月16日　⊕平成12年3月12日　⊕東京　⊕北海道大学農林専門部（昭和23年）卒　⊕中学校教師、社会党中央本部農民部副部長、新潟県本部書記次長、全中連常任理事などを経て、昭和47年三条市長を1期。58年参院議員に当選し、平成7年まで、2期つとめた。8年新社会党より衆院選に立候補。
⊕機械いじり、バラ作り　⊕父＝稲村順三（衆院議員）

稲村 利幸　いなむら・としゆき
衆院議員(自民党)　環境庁長官　[生]昭和10年10月29日　[出]栃木県足利市　[学]学習院大学政経学部(昭和36年)卒，早稲田大学政経学部(昭和36年)卒　[歴]大祖父は県議、叔父は埼玉県議という政治一家に生まれる。昭和38年衆院に立候補。41年山手満男労相の秘書を経て、42年再立候補、44年衆院議員に当選。49年郵政政務次官、52年大蔵政務次官、54年自民党副幹事長、61年第3次中曽根内閣の環境庁長官に就任。当選8回。59年田中派に入るが、62年から中曽根派(のち渡辺派)。平成2年仕手集団・光進の仕手戦で便乗利益21億余りを得て約17億円を脱税していた事実が発覚して起訴され、自民党を離党、議員も辞職した。

乾 晴美　いぬい・はるみ
参院議員(連合)　[生]昭和9年10月18日　[出]徳島県名西郡石井町　[学]徳島大学学芸学部(昭和32年)卒　[賞]旭日中綬章(平成16年)　[歴]母子家庭で就職できずに教職を選び、小中高校の教師、徳島県教育委員、昭和57年県青少年婦人室長補佐などを経て、平成元年保守が15連勝していた徳島から参院議員に当選。自宅に離れ"晴美の部屋"を建てて女性たちに開放するなど、女性問題に力を入れる。7年落選。10年民主党より参院選比例区に立候補するが落選。
【著書】おもしろおかしく「政治家」がわかる本(東洋経済新報社 '94)

犬塚 直史　いぬずか・ただし
参院議員(民主党　長崎)　[生]昭和29年9月28日　[出]東京都　[学]立教大学卒，ダラス大学(米国)大学院(経営学)修士課程 M.B.A.　[歴]ビー・ザ・ワン代表、エバホテル・ワイキキ経営を経て、平成16年参院選で民主党から当選。
http://inuzuka.islandvoice.net/

井上 泉　いのうえ・いずみ
衆院議員(社会党)　[生]大正5年1月16日　[没]平成15年5月18日　[出]高知県南国市　[学]高小卒　[賞]勲二等旭日重光章(平成2年)　[歴]昭和22年稲生村長、26年高知県議を経て、42年高知全県区から衆院議員に当選。通算7期務めた。平成2年引退。帝銀事件の平沢貞通死刑囚の釈放を求める"平沢貞通救援国会議員連盟"事務局長を務めた。

井上 一成　いのうえ・いっせい
衆院議員(保守党)　郵政相　大阪薫英女子短期大学客員教授　[生]昭和7年1月15日　[出]大阪府摂津市　[学]同志社大学経済学部(昭和29年)卒　[賞]勲一等瑞宝章(平成14年)　[歴]昭和35年三島町議、43年摂津市長2期を経て、51年社会党より衆院議員に当選。当選8回。平成7年村山改造内閣の郵政相に就任。8年民主党結成に参加したが、10年無所属となり、同年12月自由党に入党。12年保守党に移り、同年落選。15年落選。権」「ヨーロッパの地方自治」「社会福祉論講義」「ダグラス・グラマン疑惑追及の足跡」「青春紀行」など。　[団]日本セネガル友好協会，日本レンゲの会　[趣]水上スキー
【著書】日中友好のかけ橋(井上一成事務所 '78)／基本的人権をみんなの手で(井上一成 '77)／摂津訴訟と地方自治の復権(井上一成 '75)／この道に賭ける(井上一成 '72)

井上 和雄　いのうえ・かずお
衆院議員(民主党　比例・東京)　[生]昭和27年4月24日　[出]東京都文京区　[学]東京大学大学院教育学研究科修士課程修了，オレゴン大学大学院修士課程，コロンビア大学大学院博士課程　教育学修士(オレゴン大学)　[歴]昭和57年国連ユニセフ職員、平成7年水野誠一参院議員秘書、8年川内博史衆院議員秘書を経て、12年衆院議員に当選。2期目。
http://www.inouekazuo.net/

井上 和久 いのうえ・かずひさ
愛媛県議(公明党 松山市) 衆院議員 [生]昭和16年6月5日 [出]愛媛県松山市 [学]松山商科大学短期大学部中退 [歴]昭和53年から松山市議2期を経て、61年衆院議員に当選。平成2年落選。3年愛媛県議に当選、4期目。 [趣]囲碁，スキューバダイビング，ゴルフ

井上 喜一 いのうえ・きいち
衆院議員(自民党 兵庫4区) 防災担当相 [生]昭和7年5月24日 [出]兵庫県 [学]東京大学法学部(昭和30年)卒 [歴]昭和30年農林省入省、56年水産庁海洋漁業部長、58年経済局統計情報部長、59年構造改善局長を歴任して退官。61年自民党から衆院議員に当選。竹下派、羽田派、平成5年新生党、6年新進党を経て、10年1月自由党、12年保守党、14年12月保守新党に参加。15年小泉第2次改造内閣の防災担当相に就任。同年11月総選挙での敗北を受けて保守新党は解党し自民党に合流、第2次小泉内閣でも防災担当相に留任。6期目。
【評伝】改革に挑む男たち(山本集著 日刊スポーツ出版社'95)

井上 吉夫 いのうえ・きちお
参院議員(自民党) 国土庁長官 北海道開発庁長官 沖縄開発庁長官 [生]大正12年3月1日 [没]平成15年10月24日 [出]鹿児島県出水市 [学]熊本工採鉱冶金科(昭和17年)卒 [賞]勲一等旭日大綬章(平成11年) [歴]昭和38年鹿児島県議3期を経て、49年以来参院議員に5選。平成元年宇野内閣の北海道・沖縄開発庁長官。5年細川内閣の予算委員長。10年第1次小渕内閣の北海道・沖縄開発庁長官。10月国土庁長官を兼任。自民党参院議員会長も務めた。旧田中派二階堂系、竹下派、小渕派を経て、橋本派。

井上 計 いのうえ・けい
参院議員(新進党) 日動印刷社長 [生]大正8年10月22日 [出]広島県福山市 [学]師範附属小卒 [歴]昭和22年京都大松東京支店長、28年日動印刷を設立、社長。52年民社党から参院議員に当選し、平成6年新進党結成に参加。3期つとめる。7年愛知選挙区から比例区に回ったが、立候補を辞退した。

井上 哲士 いのうえ・さとし
参院議員(共産党 比例) [生]昭和33年5月5日 [出]山口県徳山市 [学]京都大学法学部(昭和58年)卒 [歴]昭和58年梅田勝衆院議員秘書、平成3年赤旗記者、衆院議員秘書を経て、13年参院選比例区に共産党から当選。 http://www.inoue-satoshi.com/

井上 章平 いのうえ・しょうへい
参院議員(自民党) [生]昭和4年12月1日 [没]平成7年8月22日 [出]徳島県徳島市 [学]京都大学工学部土木学科(昭和29年)卒 [歴]昭和29年建設省入省。58年河川局長、60年12月技監、62年1月事務次官を歴任。63年1月退官。平成元年参院選比例区に自民党から立候補し当選。竹下派を経て、小渕派。7年引退。 [趣]囲碁

井上 伸史 いのうえ・しんし
大分県議(自民党 日田郡) [生]昭和21年11月22日 [出]大分県日田郡上津江村 [学]東京農業大学林学科(昭和44年)卒 [歴]昭和54年上津江村議を経て、56年村長に当選。県下の最年少首長となり、以後4選。57年“20年後にマイホーム用杉材を”と呼びかけた一口山林地主募集のアイデアが大当たり、投資額を基金に林業振興やふるさとづくりに取り組む。平成11年大分県議に当選。2期目。

井上 信治　いのうえ・しんじ
衆院議員（自民党　東京25区）　⊕昭和44年10月7日　⊕東京都　⊕東京大学法学部（平成6年）卒，ケンブリッジ大学大学院土地経済学部（平成10年）修士課程修了　⊕平成6年建設省（現・国土交通省）に入省。7年住宅局市街地建築課係長、10年外務省欧亜局東欧課、12年国土交通省航空局飛行場部環境整備課専門官、14年住宅局建築指導課課長補佐。15年5月退官。同年10月衆院議員に当選。　http://www.inoue-s.jp/

井上 信也　いのうえ・しんや
摂津市長　⊕昭和9年1月11日　⊕大阪府摂津市　⊕関西大学商学部（昭和29年）中退　⊕藍綬褒章（平成2年）、旭日小綬章（平成16年）　⊕昭和40年三島町議、44年摂津市議、46年大阪府議2期を経て、51年以来摂津市長に3選。63年落選。平成元年参院選比例区にサラリーマン新党から立候補したが落選。2年サラリーマン新党代表に就任。4年の参院選では社会党から出馬。
⊕兄＝井上一成（衆院議員）

井上 澄和　いのうえ・すみかず
春日市長　⊕昭和26年4月10日　⊕福岡県春日市　⊕西南学院大学経済学部（昭和51年）卒　⊕代議士秘書を経て、昭和62年より福岡県議に3選。平成11年春日市長に当選。2期目。　⊕読書，スポーツ

井上 孝　いのうえ・たかし
参院議員（自民党）　国土庁長官　⊕大正14年2月23日　⊕平成16年11月7日　⊕新潟県東頸城郡牧村　⊕京都帝国大学工学部土木工学科（昭和21年）卒　⊕勲一等瑞宝章（平成10年）　⊕昭和23年建設省に入省。47年東北地方建設局長、49年道路局長、51年技監、53年事務次官を歴任して、54年退官。55年以来参院議員に3選。平成4年宮沢改造内閣の国土庁長官に就任。参院内閣委員長、同議員運営委員長や自民党副幹事長なども務めた。竹下派を経て、小渕派。10年引退。この間、5年竹下派の小沢一郎代議士が自民党を離れ新生党を結成した際には誘いを断り、派内の参院議員の大半をまとめて党内にとどまった。
【著書】国土とともに（日刊建設通信新聞社 '99）

井上 孝俊　いのうえ・たかとし
大和市長　⊕昭和2年4月23日　⊕平成8年12月16日　⊕神奈川県大和市　⊕東京農林専（旧制）（昭和24年）卒　⊕昭和38年大和市農協理事。50年より大和市議3期務め、62年大和市長に当選、2期。平成元年「大和」と表記する全国の自治体に参加を呼びかけて11市町村で第1回まほろばサミットを開催。全国基地協議会理事、大和市基地対策協議会会長を務める。平成7年引退。

井上 武　いのうえ・たけし
大阪狭山市長　⊕昭和19年7月4日　⊕大阪府　⊕堺市立第二商高（昭和39年）卒　⊕大阪狭山市理事を経て、平成11年大阪狭山市長に当選、1期務める。15年落選。

井上 哲夫　いのうえ・てつお
四日市市長　参院議員（連合）　弁護士　⊕昭和13年7月12日　⊕三重県四日市市　⊕名古屋大学法学部（昭和38年）卒　⊕昭和40年司法試験に合格、43年弁護士登録。豊田商事被害者三重弁護団長、三重弁護士会長を務める。平成元年参院議員に当選。連合副代表。7年落選。8年四日市市長に当選。3期目。

井上 篤太郎　いのうえ・とくたろう
羽村市長　⊕昭和4年3月7日　⊕東京　⊕東京都立農林高卒　⊕勲四等旭日小綬章（平成14年）　⊕羽村町会議長を経て、昭和60年以来羽村町長に3選、平成3年市制施行に伴い羽村市長となる。3期務め、13年引退。

井上 信幸 いのうえ・のぶゆき
別府市長 [生]昭和12年3月12日 [出]大分県別府市 [学]日本大学法学部政経学科(昭和34年)卒 [賞]大分県知事表彰(平成6年) [歴]高校教師、別府市議、同市会議長を経て、平成7年別府市長に当選。2期務める。15年落選。 [趣]ゴルフ，野球，釣り，ジャズ

井上 博司 いのうえ・ひろし
函館市長 [生]昭和11年9月7日 [出]北海道函館市 [学]函館西高(昭和30年)卒 [歴]函館市企画部長、市民部長、助役を経て、平成11年4月函館市長に当選。2期目。

井上 普方 いのうえ・ひろのり
衆院議員(社会党) [生]大14.1.14 [出]徳島県阿南市辰巳町 [学]徳島大学医学部(昭和28年)卒 医学博士 [賞]勲一等瑞宝章(平成10年) [歴]昭和26年から徳島県議3期を経て、42年以来衆院議員に9選。平成5年落選。

井上 博通 いのうえ・ひろみち
瀬戸市長 [生]昭和2年1月15日 [出]愛知県 [学]東海中(旧制)卒 [賞]勲四等瑞宝章(平成11年) [歴]瀬戸市助役を経て、昭和62年より市長に3選。平成11年引退。

井上 増吉 いのうえ・ますきち
小野市長 [生]大3.8.21 [出]兵庫県 [学]日本大学経済学部(昭和14年)卒 [賞]勲四等瑞宝章(平成1年) [歴]昭和27年明石市役所に入り、収入役を経て、51年以来小野市長に3選。63年引退。

井上 美代 いのうえ・みよ
参院議員(共産党) 新日本婦人の会代表委員 [生]昭和11年6月13日 [出]佐賀県 [学]中央大学法学部政治学科卒 [歴]昭和35年外務省に勤務。37年新婦人創立と同時に職場で班を結成。49年から新婦人専従となり、52年東京都本部会長、中央本部事務局長を経て、平成2年新日本婦人の会会長。のち代表委員を務める。10年参院議員に当選、1期。16年引退。共著に「『合理化』と婦人労働者」「『経済大国』日本の女性」などがある。
【著書】ピカピカトイレは子どものいのち(本の泉社 '03)／21世紀いのち輝け(本の泉社 '02)／太陽のように(本の泉社 '98)

井上 裕 いのうえ・ゆたか
参院議員(自民党) 文相 参院議長 [生]昭和2年11月17日 [出]千葉県成田市 [学]東京歯科医専卒 [賞]勲一等旭日大綬章(平成12年) [歴]千葉県議を経て、昭和51年千葉2区から衆院議員にトップ当選を果たすが、54年落選。55年参院議員に転じ、平成2年第2次海部改造内閣の文相に就任。参院予算委員長なども務めた。12年参院議長に就任。当選4回。三塚派を経て、森派。14年5月政策秘書が競売入札妨害容疑で逮捕されたのを受け、辞職。この間、6年から東京歯科大学理事長もつとめた。

井上 義久 いのうえ・よしひさ
衆院議員(公明党 比例・東北) [生]昭和22年7月24日 [出]富山県富山市 [学]東北大学工学部(昭和45年)卒 [歴]創価学会副青年部長、公明新聞記者を経て、平成2年公明党から衆院議員に当選、1期つとめ、5年落選。8年新進党の比例区に転じて当選。10年1月新党平和を経て、同年11月公明党再結成に参加。通算4期目。 http://www.yoshihisa.gr.jp/

猪木 寛至 ⇒アントニオ猪木(あんとにおいのき) を見よ

猪熊 重二 いのくま・じゅうじ
参院議員(公明) 弁護士 [生]昭和6年1月9日 [出]群馬県北群馬郡子持村 [学]中央大学法学部(昭和28年)卒 [歴]小学校教諭を6年間務めた後、昭和38年弁護士に。40年猪熊法律事務所を開設。庶民派として鳴らし、簡易裁判所の調停委員、同人権擁護委員、東京弁護士会常議員などを歴任。昭和61年参院議員に当選、2期つとめる。平成10年引退。

猪瀬 征次郎　いのせ・まさじろう
今市市長　⊕大正3年3月12日　⊕栃木県　⊖今市中(旧制)卒　⊖昭和34〜39年今市市議、のち今市市長。54年再び今市市議となり、62年市長に再選。平成3年今市市議選に出馬するが落選。

猪俣 良記　いのまた・よしき
会津若松市長　⊕大正9年10月27日　⊕福島県会津若松市　⊖日本大学商経学部(昭和18年)卒　⊖勲三等瑞宝章(平成4年)　⊖門田村議、会津若松市議を経て、昭和42年以来福島県議に5選。58年会津若松市長に当選。62年落選。

井元 正流　いのもと・まさる
西之表市長　医師　⊕大正2年5月28日　⊕鹿児島県西之表市　⊖東京医専(昭和11年)卒　⊖駿河台病院、立川飛行機病院に勤務。昭和18年応召、近衛騎兵連隊付軍医。21年西之表市に医院を開業。48年から西之表市長を3期つとめ、60年3月引退。また、46年〜平成元年日本ポルトガル協会理事の他、熊毛振興協議会会長、全国離島振興協議会副会長、種子島国際友好協会会長などを歴任。著書に「種子島今むかし―見たこと・聞いたこと・思うこと」がある。

伊庭 嘉兵衛　いば・かへえ
草津市長　⊕昭和17年5月21日　⊕滋賀県　⊖同志社大学経済学部(昭和41年)卒　⊖草津市総務部長、議会事務局長、助役などを経て、平成16年市長に当選。

伊波 幸夫　いは・ゆきお
平良市長　⊕昭和2年11月30日　⊕沖縄県平良市(本籍)　⊖台中第二中(昭和20年)卒　⊖藍綬褒章、勲四等旭小綬章(平成12年)　⊖平良市議、議長を経て、昭和57年市長に当選。61年落選。

伊波 洋一　いは・よういち
宜野湾市長　⊕昭和27年1月4日　⊕沖縄県宜野湾市　⊖琉球大学理工学部物理学科卒　⊖昭和49年宜野湾市役所に入る。市職労委員長などを務め、平成8年沖縄県議に当選。15年宜野湾市長に当選。沖縄で反基地市民平和運動に関わり、国内外へ米軍基地問題を訴える。共著に「これが米軍の『思いやり予算』だ!」など。

【著書】グローバリゼーションの中の沖縄(波平勇夫、タイラ、コージほか著, 沖縄国際大学広報委員会編(宜野湾)沖縄国際大学広報委員会;(那覇)編集工房東洋企画〔発売〕'04／米軍基地を押しつけられて(創史社;八月書館〔発売〕'00)

井原 勇　いはら・いさむ
与野市長　⊕大正15年11月17日　⊕埼玉県与野市　⊖東京大学工学部卒　⊖勲三等瑞宝章(平成14年)　⊖新潟鉄工所副事業部長、与野市収入役を経て、昭和58年与野市長に当選。5期務める。平成13年5月与野市は大宮市、浦和市と合併、さいたま市となり、市長代行を務めた。

【著書】巡り合わせの人生(さきたま出版会(非売品))

井原 勝介　いはら・かつすけ
岩国市長　⊕昭和25年7月7日　⊕山口県　⊖東京大学法学部(昭和51年)卒　⊖昭和51年労働省に入省。秘書官、職業安定局課長を経て、平成11年岩国市長に当選。2期目。

井原 巧　いはら・たくみ
四国中央市長　⊕昭和38年11月13日　⊕愛媛県伊予三島市　⊖専修大学経営学部(昭和61年)卒　⊖代議士秘書を経て、平成7年から愛媛県議に3選。16年4月近隣市町村が合併して新たに発足した四国中央市の初代市長に当選。
祖父=井原岸高(衆院議員)

井原 恒治 いはら・つねはる
市原市長 [生]大8.1.2 [出]千葉県 [学]千葉中(昭和12年)卒 [賞]勲三等瑞宝章(平成4年) [歴]昭和34年市原町議、38年市原市議3期を経て、50年から市長に4選。

衣斐 賢譲 いび・けんじょう
鈴鹿市長 [生]昭和14年9月24日 [出]三重県鈴鹿市 [学]早稲田大学法学部(昭和37年)卒 [歴]昭和40年竜光寺住職となる。42年鈴鹿青年会議所理事長、45年鈴鹿学園理事長、58年三重県議を経て、62年鈴鹿市長に当選。2期。平成7年落選。12年衆院選に自民党から立候補するが、落選。

伊吹 文明 いぶき・ぶんめい
衆院議員(自民党 京都1区) 労相 [生]昭和13年1月9日 [出]京都府京都市 [学]京都大学経済学部(昭和35年)卒 [歴]大蔵省に入省し、官房参事官で退官。昭和58年衆院議員に当選。平成9年第2次橋本改造内閣の労相に就任。12年第2次森改造内閣の国家公安委員会委員長に就任。7期目。旧渡辺派事務総長なども務めた。亀井派。 [家]父=伊吹良太郎(伊吹社長) http://www.zms.or.jp/~ibuki/
【著書】シナリオ日本経済と財政の再生(伊吹文明, 渡辺喜美著 日刊工業新聞社'01)

今井 勇 いまい・いさむ
衆院議員(自民党) 厚相 [生]大正8年7月21日 [没]平成10年11月6日 [出]長野県長野市 [学]東京帝大工学部(昭和19年)卒 [賞]勲一等瑞宝章(平成4年) [歴]昭和24年建設省入省。四国地方建設局長を経て、47年より衆院議員に当選7回。農水政務次官、厚生政務次官、党社会部会長、党政調副会長、59年衆院農林水産常任委員長を経て、60年中曽根第2次改造内閣で厚相。宮沢派。平成5年引退。 [趣]ゴルフ, 小唄

今井 澄 いまい・きよし
参院議員(民主党) 元・諏訪中央病院院長 医師 [生]昭和14年11月17日 [没]平成14年9月1日 [出]旧満州・ハルビン [学]東京大学医学部(昭和45年)卒 [歴]在学中から安保闘争、大管法闘争に参加。昭和43〜44年の東大闘争では、山本義隆、最首悟らとともに全学共闘会議の中心的担い手として活動し、44年1月の"安田講堂攻防戦"では防衛隊長として最後まで現場で指揮した。その後、逮捕され、裁判をかかえながら医者となる。医療を通じての地域運動を志し、47年長野県に移住。佐久市の浅間病院を経て、49年諏訪中央病院へ。55年院長となり、赤字病院を再建、ベット数200床、常勤医師23名の近代的総合病院になるまでにこぎつけた。平成4年参院選長野選挙区に社会党(当時)から当選。8年社民党を経て、10年参院選比例区に民主党2位で当選、2期。参院厚生委員長、党医療制度改革ワーキングチーム座長など務めた。
【著書】理想の医療を語れますか(東洋経済新報社 '02)
【評伝】名医ここにあり(水野肇著 ネスコ;文芸春秋〔発売〕'89)

今井 三右衛門 いまい・さんうえもん
勝山市長 [生]昭和5年12月9日 [出]福井県 [学]勝山高卒 [賞]勲三等瑞宝章(平成13年) [歴]勝山市議を経て、昭和63年11月勝山市長に当選。3期つとめ、平成12年引退。

今井 晶三 いまい・しょうぞう
豊岡市長 [生]昭和6年3月1日 [学]早稲田大学卒 [歴]日本経済新聞社に入社。記者を経て、電波室長。昭和56年東通に転じ、社長室付。57年テークワン社長に就任。平成元年豊岡市長に当選。3期務める。13年落選。 [趣]ゴルフ

いまい

今井 清二郎 いまい・せいじろう
富岡市長 ⑭昭和15年12月28日 ⑲群馬県富岡市 ⑳明治大学商学部（昭和40年）卒 ㊣建設会社役員を務める。平成7年富岡市長に当選。3期目。 ㊣写真，ゴルフ，読書

今井 忠光 いまい・ただみつ
白河市長 ⑭昭和10年12月14日 ⑲福島県白河市 ⑳東京農業大学農学部短期大学部（昭和32年）卒 ㊣家業の農業に従事。昭和42年大村旅館経営、57年ホテル大村を経営。一方、52年以来白河市議を5期。議長（2期）も務める。平成6年市長に当選、2期務める。14年落選。 ㊣庭いじり

今井 民雄 いまい・たみお
長岡京市長 ⑭昭和12年12月22日 ⑲京都府 ⑳平安高（昭和31年）卒 ㊣昭和31年当時の長岡町役場に就職。長岡京市生活環境部長、経済衛生部長、建設部長、総務部長などを経て、平成2年収入役。3年同市長に当選、3期務める。15年の市長選には立候補しなかった。

今井 哲夫 いまい・てつお
柏崎市長　元・陸上選手 ⑭明治45年5月29日 ⑭昭和62年12月27日 ⑲新潟県 ⑳慶応義塾大学経済学部（昭和11年）卒 ㊣昭和11年三越百貨店、23年北陸食品を経て、26年柏崎市役所に入る。38年助役を務め、54年以来柏崎市長に2選。62年引退。青年時代は陸上選手として活躍し、11年にはベルリン五輪3000メートル障害に出場した。 ㊣スポーツ，園芸，料理

今井 英二 いまい・ひでじ
白河市長 ⑭昭和5年7月27日 ⑭平成6年7月13日 ⑲福島県白河市 ⑳明治大学中退 ㊣昭和48年から2期白河市長を務めたが、56年落選。平成元年、8年ぶりに市長に返り咲く。通算4期つとめた。

今井 宏 いまい・ひろし
衆院議員（自民党　比例・北関東）総務副大臣 ⑭昭和16年7月15日 ⑲埼玉県草加市 ⑳早稲田大学政経学部（昭和39年）中退 ㊣昭和45年29歳で草加市議に当選、51年には市会議長となり、52年市長に当選、3期つとめる。平成5年日本新党から衆院議員に当選。6年新進党結成に参加。9年離党。同年12月自民党に入党。12年落選。15年比例区から返り咲き。16年第2次小泉改造内閣の総務副大臣に就任。堀内派。3期目。
http://www.imai718.jp/

今井 正郎 いまい・まさお
亀山市長 ⑭大正5年5月3日 ⑭平成7年7月19日 ⑲三重県亀山市 ⑳京都帝大法学部（昭和16年）卒 ㊣勲四等旭日小綬章（平成6年） ㊣昭和31年三重県中小企業団体中央会事務局長を経て、34年から亀山市収入役を11年間つとめ、45年市長に当選。6期務め、平成6年引退。

今泉 昭 いまいずみ・あきら
参院議員（民主党　千葉） ⑭昭和9年7月23日 ⑲神奈川県藤沢市 ⑳早稲田大学文学部（昭和35年）卒 ㊣社会保険労務士 ㊣昭和38年ゼンキン連合会会長、平成6年友愛会会長を経て、7年新進党から参院比例区に当選。10年1月新党友愛に参加、4月民主党に合流。13年参院選では千葉選挙区で当選。2期目。
http://imaizumi.room.ne.jp/

今泉 隆雄 ⇒いずみ・たく を見よ

今泉 和 いまいずみ・やわら
潮来市長 ⑭昭和23年3月25日 ⑲茨城県 ⑳鹿島高（昭和41年）卒 ㊣測量会社社長、潮来町長を経て、平成14年合併に伴い潮来市長に。15年初の市長選で当選。

今枝 敬雄　いまえだ・のりお
衆院議員(自民党)　⑮大正13年8月18日　⑯愛知県　⑰陸軍航空学校操縦科卒　⑱勲二等瑞宝章(平成9年)　⑲昭和42年から愛知県議を4期務める。議団幹事長を経て、55年より衆院議員に3選。自民党都市局次長、自民党愛知県顧問、経済企画政務次官などを歴任。竹下派を経て、小渕派。平成5年、8年落選。
⑳読書、絵画骨董観賞、ゴルフ

今岡 睦之　いまおか・むつゆき
伊賀市長　⑮昭和14年5月5日　⑯三重県　⑰大阪工業大学建築学科(昭和38年)卒　⑱1級建築士　⑲昭和38年三重県土木部、45年ツカモト総合設計事務所各勤務を経て、51年上野建築研究所を設立、代表取締役。また、50年以来上野市議に連続当選し、のち議長を務める。平成5年から上野市長に3選。16年合併により誕生した伊賀市の初代市長に当選。

今川 正彦　いまがわ・まさひこ
京都市長　⑮明治44年1月4日　⑯平成8年12月7日　⑰山口県防府市　⑱東京帝国大学農学部(昭和10年)卒　⑲勲三等旭日中綬章(平成7年)　⑳旧内務省に入り、戦時中は中国勤務。戦後は経済安定本部などを経て建設省。昭和36年京都市都市計画局長、46年から助役を3期務め、前市長の病気辞任に伴い、56年市長に当選。60年古都保存協力税を導入して京都仏教会と対立し、63年に廃止した。平成元年引退。

今川 正美　いまがわ・まさみ
衆院議員(社民党)　⑮昭和22年8月7日　⑯長崎県佐世保市　⑰佐賀大学農学部中退　⑲連合長崎佐世保地方協同組合事務局長を経て、平成4年全国一般労組長崎委員長、6年佐世保地区労事務局長。12年社民党から衆院選比例区に当選。15年落選。　http://www.imagawa3.jp/

今給黎 久　いまきいれ・ひさし
枕崎市長　⑮昭和7年2月24日　⑯鹿児島県枕崎市　⑰鹿児島大学文理学部(昭和31年)卒　⑲サンケイ新聞大阪本社入社。東京本社経済部次長、サンケイ商業新聞社報道部長、サンケイリビング新聞社編成局長などを歴任。平成2年から枕崎市長に3選。14年落選。著書に「入門ファクシミリ・エイジ」他。
⑳読書、釣り、ゴルフ、料理
【著書】株式会社神戸市はいま(オーエス出版 '87)

今津 寛　いまず・ひろし
衆院議員(自民党　北海道6区)　防衛庁副長官　⑮昭和21年9月30日　⑯北海道旭川市　⑰中央大学法学部(昭和45年)卒　⑲昭和50年から旭川市議2期、58年から北海道議2期を経て、平成2年から衆院議員に2選。平成6年6月村山内閣発足後、離党。海部元首相グループと新党みらいの統一会派"高志会"に所属し、同年12月新進党の結成に参加。8年の衆院選には自民党より立候補するが、落選。12年の衆院選でも落選。15年返り咲き、通算3期目。16年第2次小泉改造内閣の防衛庁副長官に就任。旧橋本派。
㉑兄＝今津秀雄(写真家)　http://www.hiroshi-i.net/

今津 礼二郎　いまず・れいじろう
観音寺市長　⑮昭和9年1月25日　⑯香川県　⑰観音寺中卒　⑲アイスクリーム販売の後、昭和33年ちぬや乳業設立、40年ちぬや食品と改める。55年新工場建設で資金繰りが悪化し倒産。62年4月香川県議選に立候補。平成3年観音寺市長に当選するが、不信任案が可決されて解任となる。しかし、同年再選された。7年落選。

いまた

今田 武 いまだ・たけし
五条市長 ⊕昭和16年11月15日 ⊕奈良県 ⊕五条高卒 ⊕昭和54年奈良県議に当選。56年五条市長に転じ、4期目。工業団地"テクノパーク・なら"を誘致した。平成9年落選。

今中 原夫 いまなか・もとお
上野市長 ⊕大正7年2月21日 ⊕平成5年2月12日 ⊕三重県 ⊕三重師範研究科(昭和19年)卒 ⊕昭和34年上野市立花之木小校長、43年崇広中校長、44年上野市教育長を経て、52年以来市長に4選。

今成 守雄 いまなり・もりお
羽生市長 ⊕昭和9年12月1日 ⊕埼玉県羽生市 ⊕不動岡高卒 ⊕羽生市監査委員事務局長、同総務部長を経て、平成6年羽生市長に当選。3期目。

今道 仙次 いまみち・せんじ
城陽市長 ⊕昭和6年3月28日 ⊕京都府久世郡富野荘村(現・城陽市) ⊕日本大学法学部(昭和28年)卒 ⊕藍綬褒章(平成2年) ⊕農家に生まれる。京都府連合青年団団長を経て、昭和38年京都府議に立候補。42年から京都府議3期、52年以来城陽市長に5選。JR奈良線複線電化促進協議会会長もつとめる。平成9年落選。

今村 修 いまむら・おさむ
衆院議員(社民党) ⊕昭和17年2月23日 ⊕青森県青森市 ⊕法政大学法学部通信制卒 ⊕青森県労事務局次長、青森市議などを経て、昭和62年青森県議に当選、平成3年落選。5年衆院議員に当選。8年、12年、15年落選。この間、11年青森県知事選に立候補。

今村 雅弘 いまむら・まさひろ
衆院議員(自民党 佐賀2区) ⊕昭和22年1月5日 ⊕鹿児島県 ⊕東京大学法学部(昭和45年)卒 ⊕昭和45年国鉄に入る。平成2年JR九州経営管理室長、4年関連事業本部企画部長を経て、8年衆院議員に当選。3期目。旧小渕派を経て、旧橋本派。 ⊕山歩き,マリンスポーツ
http://www.imamura-masahiro.com/

井村 均 いむら・ひとし
鳥羽市長 ⊕昭和11年9月3日 ⊕三重大学学芸学部卒 ⊕鳥羽市などの小中学校教師、教頭、校長を歴任。鳥羽市教育長を経て、平成9年鳥羽市長に当選。2期目。この間、2年5月～11年3月鳥羽小浜開発社長を兼務した。

井本 勇 いもと・いさむ
佐賀県知事 ⊕大正14年9月17日 ⊕佐賀県東松浦郡鬼塚村(現・唐津市山本)保利 ⊕武雄中(昭和18年)卒 ⊕旭日重光章(平成15年) ⊕昭和22年佐賀県庁に入庁。50年経済部、51年総務部各次長、54年総務部長を経て、57年副知事に就任。平成3年佐賀県知事に当選。3期務め、15年引退。 ⊕スポーツ, 読書
【著書】試意創意熱意(ぎょうせい '94)

伊利 仁 いり・ひとし
坂戸市長 ⊕昭和14年3月16日 ⊕埼玉県坂戸市 ⊕松山高卒 ⊕坂戸市議を経て、埼玉県議を4期。平成8年坂戸市長選に立候補するが落選。12年当選。2期目。

入沢 肇 いりさわ・はじむ
参院議員(自民党) ⊕昭和15年8月26日 ⊕群馬県 ⊕東京大学法学部(昭和38年)卒 ⊕昭和38年農林省に入省。57年水産庁振興部沿岸部沿岸課長、59年農水省構造改善局農政部農政課長、61年企画室長、平成元年2月林野庁林政部長、2年林野庁次長、3年農水省総務審議官、4年構造改善局長を経て、7年1月

林野庁長官。9年1月退官。10年自由党比例区より参院議員に当選。のち保守党、14年12月保守新党を経て、15年7月自民党に入党。16年落選。高村派。

岩井 国臣 いわい・くにおみ
参院議員(自民党 比例) 国土交通副大臣 ㊔昭和13年2月5日 ㊒京都府京都市 ㊫京都大学工学部土木工学科卒,京都大学大学院工学研究科土木工学専攻(昭和37年)修士課程修了 ㊩昭和37年建設省に入り、63年河川計画課長、平成元年中国地方建設局長、4年河川局長を歴任。5年7月退官。のち河川環境監理財団理事長。7年参院議員に当選。16年第2次小泉改造内閣の国土交通副大臣に就任。2期目。小渕派を経て、旧橋本派。 ㊣登山,囲碁
http://www.kuniomi.gr.jp/chikudo/
【著書】風土と地域づくり(風土工学デザイン研究所監修,五十嵐日出男,岩井国臣ほか著 ブレーン出版'03)/桃源雲情(新公論社 '94)

岩尾 豊 いわお・ゆたか
八代市長 ㊔大正6年12月12日 ㊕昭和63年8月17日 ㊒熊本県八代郡坂本村 ㊫京都帝国大学経済学部(昭和17年)卒 ㊬勲三等旭日中綬章(昭和63年) ㊩昭和22年から熊本県議5期、34年県会議長を経て、42年から八代市長に5選。

岩上 二郎 いわかみ・にろう
参院議員(自民党) 茨城県知事 ㊔大正2年11月29日 ㊕平成1年8月16日 ㊒茨城県那珂郡瓜連町 ㊫京都帝大法学部政治学科(昭和15年)卒 ㊬勲一等瑞宝章(昭和62年) ㊩昭和22年瓜連町長に当選、1期4年を務め、27年アメリカに1年留学。ニュー・ディール農業政策を学び、再び町長に復帰。34年茨城県知事に当選。以後、50年まで4期16年在任。その間、独特のキャッチフレーズ"農工両全"を掲げ、工業と農業が両立する開発(鹿島開発)をうたったが、農業荒廃、公害発生など、開発に伴う問題点も発生。また開発に深入りするにつれ、当初の革新色は薄れ、次第に保守化していった。53年参院議員に当選、3期つとめ、田中派、竹下派に属した。この間、62年の公文書館法を議員立法で成立させた功績により、平成元年国際文書館評議会(ICA)から名誉メダルを授与された。 ㊇妻=岩上妙子(参院議員)
【著書】公文書館への道((水戸)共同編集室;田畑書店〔発売〕 '88)

岩川 徹 いわかわ・てつ
鷹巣町(秋田県)町長 ㊔昭和23年12月20日 ㊒秋田県北秋田郡鷹巣町 ㊫昭和薬科大学薬学部(昭和49年)卒 ㊩昭和49年佐藤製薬に入社。50年昭和堂薬局に勤務。鷹巣阿仁青年会議所理事長を経て、平成3年から鷹巣町長に3選。5年全国に先駆けて24時間ホームヘルパー派遣制度を設けるなど、デンマークの福祉政策にならった"住民参加による住みよい福祉のまちづくり"を展開。秋田大学医学部非常勤講師も務めた。9年福祉自治体ユニット代表幹事に就任。11年高齢者在宅複合型施設"ケアタウンたかのす"を開設。15年落選。 ㊣テニス

岩城 光英 いわき・みつひで
参院議員(自民党 福島) ㊔昭和24年12月4日 ㊒福島県いわき市 ㊫上智大学法学部(昭和48年)卒 ㊩昭和48年サントリー入社。49年学習塾・英智学館を開業。55年以来いわき市議2期、62年4月から福島県議に2選。平成2年いわき市長に当選、2期つとめる。10年参院議員に当選、2期目。三塚派を経て、森派。 ㊣読書
【評伝】地方分権化の旗手たち(童門冬二著 実務教育出版'96)/青年よ故郷(ふるさと)に帰って市長になろう(全国青年市長会編 読売新聞社'94)

岩国 哲人　いわくに・てつんど
衆院議員（民主党　神奈川8区）　出雲市長　㊗国際金融論　㊌昭和11年7月11日　㊙大阪府大阪市東淀川区　㊐東京大学法学部（昭和34年）卒　㊆日本改造政策　㊏経済界大賞（特別賞、第16回）（平成2年）　㊎昭和34年日興証券入社、ニューヨーク、ロンドン、パリの支店長、国際部副部長を歴任。また日本で初めての公社債ファンドの開発を行う。52年退社してモルガン・スタンレー投資銀行部長に就任、59年にはメリル・リンチ社に入り専務兼メリル・リンチ・ジャパン社長、のち会長となる。62年米国本社副社長に就任。平成元年3月島根県出雲市の市長に転じ、トップダウンのアイデアマンとして、元号を西暦に改める、冠婚葬祭への出席をやめる、大企業から幹部職を派遣させる等の策を実施する。2期つとめ、8年新進党より衆院議員に当選。のち太陽党、民政党、さらに民主党結成に参加。12年衆院選に比例区東京ブロックから当選。15年の衆院選は神奈川8区から立候補、無所属現職の江田憲司を破り当選。3期目。著書に「『勇』なきリーダーが国を滅ぼす」他。　㊎カラオケ、写真、ドライブ　http://www.1892.jp/
【著書】一月三舟〈4〉世界の目、日本の目、あなたの目（新風会;（米子）今井書店［発売］'01）／次代を創る〈Part2〉日本再生へ最後の選択（プレジデント社 '98）／凛として日本（光文社 '95）／三つの約束〈4〉（読売新聞社 '95）／東京「新思考」宣言（徳間書店 '95）／出雲発 日本の選択（日本放送出版協会 '94）／男が決断する時（PHP研究所 '94）／出雲発 日本改革論（日本放送出版協会 '93）／出雲からの挑戦（日本放送出版協会 '91）

岩倉 博文　いわくら・ひろふみ
衆院議員（自民党）　㊌昭和25年1月15日　㊙北海道苫小牧市　㊐立教大学経済学部（昭和47年）卒　㊎昭和49年岩倉組土建（現・岩倉建設）に入社し、営業部長次長。同年苫小牧青年会議所に入会、60年同理事長、63年日本青年会議所北海道地区協議会長、平成元年同副会頭に就任。12年衆院選では小選挙区で鳩山由起夫に肉薄し、比例区北海道ブロックで当選、注目を集めた。1期。橋本派。15年落選。　㊎アイスホッケー　㊐父＝岩倉巻次（岩倉組会長）、祖父＝岩倉巻次（岩倉組創業者）　http://homepage2.nifty.com/JIMINH9/

岩倉 幹良　いわくら・みきろう
高萩市長　㊌昭和16年10月19日　㊙茨城県　㊐早稲田大学文学部（昭和40年）卒　㊎衆院議員秘書などを経て、平成14年高萩市長に当選。

岩佐 晃典　いわさ・あきすけ
松浦市長　㊌大正15年5月17日　㊁平成2年12月5日　㊙長崎県松浦市　㊐熊本工専土木科（昭和23年）卒　㊎昭和23年中興工業入社。28年今福町役場に入り、合併で松浦市役所に移る。44年松田組専務、50年九州道路社長を経て、54年松浦市長に当選、3期つとめる。

岩佐 恵美　いわさ・えみ
参院議員（共産党）　衆院議員（共産党）　㊌昭和14年5月25日　㊙神奈川県　㊐早稲田大学文学部（昭和37年）卒　㊎貿易会社、日本生活協同組合連合会勤務を経て、昭和54年衆院議員に当選。平成2年落選。5年再選したが、8年落選。通算4期務めた。10年参院選比例区に名簿3位で当選、1期。16年引退。
【著書】ごみ問題こうして解決（合同出版 '01）

岩浅 嘉仁　いわさ・よしひと
阿南市長　衆院議員（自由党）　㊌昭和29年11月3日　㊙徳島県　㊐早稲田大学社会学部（昭和53年）卒　㊎昭和58年自民党の徳島県議を経て、平成5年新生党から衆院議員に当選。6年新進党結成に参加。10年12月自由党に入党。2期務めるが、12年落選。15年阿南市長に当選。

岩崎 純三 いわさき・じゅんぞう
参院議員（自民党） 総務庁長官 [生]大正13年5月5日 [没]平成16年7月10日 [出]栃木県真岡市 [学]日本大学法文学部（昭和23年）卒 [賞]勲一等旭日大綬章（平成13年） [歴]昭和26年真岡町議を経て、37年全国最年少の37歳で真岡市長に当選、4期務める。52年以来参院議員に当選4回。平成3年宮沢内閣の総務庁長官に就任。9年予算委員長。河本派。13年引退。

岩崎 昭弥 いわさき・しょうや
参院議員（社会党） [生]昭和2年4月6日 [没]平成8年11月13日 [出]滋賀県 [学]彦根工専（昭和23年）卒 [資]1級建築士 [賞]藍綬褒章（昭和58年） [歴]昭和26年岐阜市役所建築課勤務。33年岐阜市労連委員長を経て、34年より岐阜市議2期、41年より岐阜県議9期を務める。55年参院選候補者を公募して話題を呼んだ。平成5年7月参院補選に当選、1期。7年落選。[団]日本建築学会，岐阜県建築士学会 [趣]詩，文学，絵画鑑賞

岩崎 忠夫 いわさき・ただお
衆院議員（自民党 比例・北陸信越） [生]昭和17年12月8日 [出]長野県佐久市 [学]東京大学法学部（昭和40年）卒 [歴]昭和40年自治省に入省。管理、振興各課長などを経て、平成2年行政局行政課長、3年岐阜県副知事、5年9月消防庁次長、6年7月自治大学校校長、7年8月国土庁地方振興局長に就任。8年10月水資源開発公団理事。11年9月退任。12年6月衆院選比例区北陸信越ブロックで当選を果たす。2期目。旧橋本派。著書に「地方自治基礎法」「住民参加論」「明るい選挙推進の手引」などがある。 http://www.t-iwasaki.net/

岩崎 俊男 いわさき・としお
赤穂市長 [生]昭和7年3月2日 [没]平成2年12月18日 [出]兵庫県赤穂市 [学]兵庫県立赤穂高校卒 [歴]赤穂市職員となり、市職労書記長、固定資産税係長、社会教育課長、市教育次長などを歴任。地方新聞社社長を経て、平成元年5月赤穂市長に初当選。

岩崎 正男 いわさき・まさお
桶川市長 [生]昭和16年8月21日 [出]埼玉県桶川市 [学]熊谷農卒 [歴]桶川市役所に入所。建設部長、収入役を経て、平成13年桶川市長に当選。

岩崎 泰也 いわさき・やすや
津久見市長 大分県会議長 [生]昭和11年3月1日 [出]大分県 [学]明治大学政経学部政治学科（昭和33年）卒 [賞]藍綬褒章（平成4年） [歴]昭和42年から大分県議に4選。56年県会議長を経て、58年から津久見市長に5選。平成15年引退。

岩下 栄一 いわした・えいいち
衆院議員（自民党） [生]昭和21年7月23日 [出]熊本県熊本市 [学]早稲田大学大学院（昭和46年）修士課程修了 [歴]父は熊本市議。昭和47年河野洋平代議士秘書を経て、53〜61年新自由クラブ熊本県連合会代表。この間、54年熊本県議に当選、のち自民党に移り、4期務める。平成7年副議長。8年衆院選に立候補、10年の補選で当選。同年12月宮沢派を離脱し河野グループに参加。12年、15年落選。当選1回。 [趣]歴史探訪

岩下 真人 いわした・まこと
垂水市長 [生]昭和22年8月16日 [出]鹿児島県 [学]東洋大学経済学部卒 [歴]会社役員を経て、平成7年垂水市長に当選、1期。11年落選。

岩瀬 良三 いわせ・りょうぞう
佐原市長 参院議員(自民党) [生]昭和8年8月20日 [出]千葉県 [学]横浜市立大学文理学部卒 [歴]千葉県教育長を経て、平成7年新進党から参院議員に当選。10年1月改革クラブに参加するが、同年10月離党、11年5月自民党に入党。13年3月千葉県知事選に立候補。15年佐原市長に当選。
【著書】未萌の時代(東京書籍 '99)

岩田 巖 いわた・いわお
大垣市長 [生]大正8年11月5日 [没]平成15年3月18日 [出]岐阜県大垣市 [学]大垣商(昭和12年)卒 [賞]勲五等双光旭日章(平成2年) [歴]昭和22年大垣市役所に入り、収入役、54年助役を経て、56年市長に当選。1期つとめた。60年引退。

岩田 順介 いわた・じゅんすけ
衆院議員(民主党) [生]昭和12年7月28日 [出]福岡県嘉穂郡穂波町 [学]西日本短期大学法科(昭和38年)卒 [歴]福岡県職員となり、県職労副委員長、県評副議長など歴任。のち自治労県本部委員長、党本部副委員長を兼任。平成2年社会党から衆院議員に当選。8年社民党を経て、民主党に参加。3期務める。

岩田 弘志 いわた・ひろし
室蘭市長 [生]大正14年4月29日 [出]岡山県岡山市 [学]浜松工専機械科(昭和20年)卒 [賞]勲三等瑞宝章(平成11年) [歴]北海道庁に入り、昭和48年観光部次長、50年胆振支庁長、52年商工観光部長を経て、54年から室蘭市長に4選。平成7年引退。

岩田 博正 いわた・ひろまさ
羽島市長 [生]大正14年6月25日 [出]岐阜県羽島市 [学]足近村高小(昭和15年)卒 [賞]旭日双光章(平成16年) [歴]昭和15年足近村役場書記、25年足近村助役。29年羽島市役所に入り、54年助役などを務め、55年辞職。63年市長に当選、2期。平成8年落選。

岩垂 寿喜男 いわたれ・すきお
衆院議員(社民党) 環境庁長官 [生]昭和4年4月25日 [没]平成13年3月7日 [出]長野県松本市 [学]中央大学専門部(昭和26年)卒 [賞]勲一等瑞宝章(平成11年) [歴]昭和30年総評本部に入り、国民運動部長や企画部長を務め、大衆運動や地方首長選挙で、社会党と総評とのパイプ役を務めた。安保反対国民会議事務局次長等を経て、47年神奈川2区から衆院議員に当選。59年7月自然保護議員連盟幹事長に就任。平成8年橋本内閣の環境庁長官に就任。8期務め、同年引退。環境庁長官時代には、サンゴの群生地で、空港建設を巡って揺れた石垣島の白保海域などを国立公園に指定する方針を表明。三重県の長良川河口ぜき問題でも、河川事業を所管する旧建設省と旧環境庁の調整機関の設置を実現した。日本野鳥の会副会長を務めた。社民党神奈川県連顧問の他、東京大学教養部非常勤講師(環境問題)。

岩月 収二 いわつき・しゅうじ
安城市長 [生]大正7年1月15日 [出]愛知県安城市 [学]陸軍航空技術学校(昭和15年),自治大学校(昭和33年)卒 [賞]勲四等瑞宝章(平成3年) [歴]昭和21年安城市職員。総務部長時代、新幹線の建設に先立って用地取得に奔走。54年安城市長。59年新幹線三河新駅実現に成功。平成3年引退。 [趣]剣道4段,柔道2段,銃剣術,片手軍刀術

岩永 浩美 いわなが・ひろみ
参院議員(自民党 佐賀) [生]昭和17年6月17日 [出]佐賀県 [学]中央大学商学部中退 [歴]昭和42年から7年間中尾栄一衆院議員秘書を経て、50年以来佐賀県議に6選。63年副議長、平成7年議長。同年11月参院補選に当選。3期目。旧橋本派。 [趣]読書 http://www2.ocn.ne.jp/~iwanaga/

岩永 峯一 いわなが・みねいち
衆院議員(自民党 滋賀4区) 農水副大臣 [生]昭和16年9月5日 [出]滋賀県 [学]甲賀高(昭和35年)卒，中央大学法学部中退 [歴]昭和46年から信楽町議1期を経て、50年以来県議に5選。平成2年県会議長。8年滋賀3区から衆院議員に当選。15年の総選挙では滋賀4区から当選。3期目。9年自民党入り。16年第2次小泉改造内閣の農水副大臣に就任。堀内派。 http://www.iwanaga.gr.jp/

岩波 三郎 いわなみ・さぶろう
練馬(東京都)区長 [生]大正11年1月28日 [出]東京都練馬区 [学]日本大学専門部卒 [賞]日本建築学会賞(業績)(平成5年)，旭日中綬章(平成16年) [歴]昭和14年東京市に入る。練馬区区民部長、教育長を経て、62年区長に当選。4期務め、平成15年引退。全国自転車問題自治体連絡協会会長も務めた。

岩橋 辰也 いわはし・たつや
都城市長 [生]大正15年11月30日 [出]宮崎県 [学]都城商(昭和18年)卒 [歴]川崎航空機工業を経て、昭和20年都城市役所に入る。43年市立図書館長、44年人事課長、47年水道局長、51年建設部長、52年助役を経て、59年市長に当選、5期。平成16年落選。

石見 利勝 いわみ・としかつ
姫路市長 [専]都市計画 [生]昭和16年8月14日 [出]兵庫県 [学]京都大学理学部宇宙物理学科(昭和40年)卒，東京工業大学大学院理工学研究科建築学専攻(昭和48年)博士課程修了 工学博士 [歴]東京工業大学助手、建設省建築研究所第六研究部都市防災研究室長を経て、昭和62年筑波大学社会工学系助教授、平成6年立命館大学政策科学部教授。10～13年学部長。15年姫路市長に当選。共著に「住生活の地域社会」「居住環境管理と財政運営」「地域イメージとまちづくり」がある。 [団]日本建築学会，日本都市計画学会，日本不動産学会
【著書】姫路まちづくり戦略(新生姫路市民の会 '04)／地域イメージとまちづくり(石見利勝, 田中美子著 技報堂出版'92)

岩村 卯一郎 いわむら・ういちろう
衆院議員(自民党) [生]昭和2年9月8日 [没]平成16年8月28日 [出]新潟県 [学]法政大学法学部(昭和28年)卒 [歴]昭和42年以来新潟県議を6期。議長、自民党県連幹事長を務めた。平成2年衆院議員に当選、1期。旧宮沢派。5年、8年落選。 [趣]スポーツ [家]父＝岩村時次郎(新潟県議)

岩村 越司 いわむら・えつじ
島田市長 [生]昭和10年3月30日 [出]静岡県 [学]榛原高(昭和31年)卒 [歴]静岡県職員となり、昭和60年静岡県中部振興センター所長兼静岡財務事務所長を経て、62年同県商工部次長、63年商工部長、平成2年民生部長、4年静岡県住宅供給公社副理事長。5年島田市長に当選。2期務め、13年落選。

岩室 敏和 いわむろ・としかず
阪南市長 [生]昭和22年9月23日 [出]大阪府 [学]立命館大学産業社会学部卒 [歴]阪南市議を経て、平成12年市長に当選。

岩本 荘太 いわもと・そうた
参院議員(無所属の会) [生]昭和15年5月9日 [出]東京 [学]東京大学農学部(昭和39年)卒 [歴]昭和40年農林省に入省。平成元年農水省構造改善局建設部整備課長、2年石川県水産部長を経て、6年石川県副知事。10年退官。同年参院議員に当選、1期。16年引退。

岩本 辰次 いわもと・たつじ
紀宝町(三重県)町長 [生]大正5年11月15日 [出]三重県南牟婁郡紀宝町井田 [賞]勲四等旭日小綬章(平成7年) [歴]昭和30年紀宝町議に当選。のち町議会議長、郡町村議会議長、会長を歴任。49年以来紀宝町長に4選。63年全国でも珍しい「ウ

岩本 司　いわもと・つかさ
参院議員(民主党　福岡)　⊕昭和39年7月21日　⊕福岡県福岡市　⊕日本大学生産工学部(昭和63年)卒　大学卒業後英国に留学し、EFスクールケンブリッジ校ビジネス課程を修了。日本新党本部財務部課長、渋谷区議を経て、平成12年衆院選に立候補。13年参院議員に当選。 http://www.iwamoto-tsukasa.net/

岩本 久人　いわもと・ひさと
参院議員(社会党)　みずうみ理事長　⊕昭和18年3月21日　⊕島根県浜田市　⊕浜田高(通信制)(昭和37年)卒、法政大学法学部(通信制)(昭和41年)中退　昭和37年島根県職員となる。46年県職労書記長、50年自治労中国地連事務局長。54年から島根県議に3選。平成元年から参院議員を1期。6年～7年参院地方行政委員長。7年落選。12年衆院選に立候補。昭和60年から社会福祉法人みずうみ理事長も務める。　⊕スポーツ、囲碁、読書
【著書】福祉正々堂々(工作舎'03)／介護を生きる(工作舎'99)／地方分権でなければ日本はダメになる(ダイヤモンド社'96)

岩本 政光　いわもと・まさみつ
参院議員(自民党)　東洋交通社長　⊕昭和4年4月15日　⊕北海道札幌市　⊕北海道大学工学部土木科卒　勲二等旭日重光章(平成11年)　学生時代からスキー製作を手掛け、そのまま実業界入り。昭和35年東洋交通社長。父の故・政一の選挙を手伝ううちに政界を志すようになり、46年北海道議2期を経て、55年から参院議員に2選。宮沢派。平成4年落選。　⊕囲碁(6段)　父=岩本政一(参院議員)、弟=岩本允(北海道議)

岩屋 毅　いわや・たけし
衆院議員(自民党　大分3区)　⊕昭和32年8月24日　⊕大分県別府市　⊕早稲田大学政経学部(昭和56年)卒　⊕昭和55年鳩山邦夫秘書を経て、62年大分県議に当選。平成2年衆院議員に当選。5年6月自民党を離党し新党さきがけに参加。同年7月落選、6年離党。8年新進党より立候補するが、落選。12年自民党から立候補し当選。通算3期目。河野グループ。　父=岩屋啓(大分県議)　http://www.t-iwaya.com/

【う】

植木 公　うえき・ただし
上越市長　⊕大12.10.11　⊕新潟県　⊕中央大学法学部(昭和23年)卒　勲三等瑞宝章(平成6年)　昭和26年新道村議、30年高田市議、38年副議長、46年上越市会議長を経て、49年以来市長に5選。平成5年引退。

植木 光教　うえき・みつのり
参院議員(自民党)　総務庁長官　⊕昭和2年3月24日　⊕京都府　⊕東京大学法学部(昭和25年)卒　勲一等旭日大綬章(平成9年)　NHK勤務、町村金五秘書を経て、昭和37年京都府知事選に立候補するが落選。38年の補選で参院議員となる。49年三木内閣の総務長官となり、婦人対策室を開設し、独禁法改正をとりまとめた。55年自民党婦人問題協議会長に就任。61年党両院議員総会長となる。当選5回。平成元年引退。日本教育教会会長・理事長を務める。

上草 義輝　うえくさ・よしてる
衆院議員(自民党)　⑭昭和14年6月11日　⑮北海道留萌郡小平町　⑯早稲田大学政経学部卒　⑰大野伴睦、中川一郎の秘書を経て昭和54年の総選挙で初当選。中川代議士の死後、中曽根派を経て、渡辺派へ移籍。59年北海道開発政務次官に就任。当選5回。平成5年落選。8年には新進党より出馬するが落選。13年参院選比例区に自由連合から出馬。

上杉 光弘　うえすぎ・みつひろ
参院議員(自民党)　自治相　⑭昭和17年4月12日　⑮宮崎県　⑯東京農業大学農学部(昭和41年)卒　⑰農村の青年運動のリーダーとして頭角を現し、自民党宮崎県青年部長、宮崎県議2期、宮崎県SAP会理事長、自民党宮崎県連青年局長を経て、昭和61年参院議員に当選。平成9年第2次橋本改造内閣の自治相に就任。3期務める。16年落選。竹下派、小渕派を経て、橋本派。
【著書】都市ばかりが日本ではない((宮崎)上杉光弘後援会出版部;(宮崎)鉱脈社〔発売〕'02)／これでよいのか日本の国土(上杉光弘後援会出版部;クレスト社〔発売〕'94)

上田 晃弘　うえだ・あきひろ
衆院議員(新進党)　⑭昭和26年7月29日　⑮神奈川県横浜市　⑯神奈川大学法学部(昭和49年)卒　⑰昭和50年公明党本部職員。平成5年公明党から衆院議員に当選。6年新進党結成に参加。8年落選。

上田 勇　うえだ・いさむ
衆院議員(公明党　神奈川6区)　財務副大臣　⑭昭和33年8月5日　⑮神奈川県横浜市　⑯東京大学農学部(昭和56年)卒、コーネル大学経営大学院M.B.A.(コーネル大学)　⑰昭和56年農林水産省に入省。59～61年米国コーネル大学経営大学院に留学。同省国際専門官を経て、平成4年退官。5年公明党から衆院議員に当選。6年新進党、10年1月新党平和、同年11月新公明党結成に参加。15年の衆院選は神奈川6区に立候補し当選。16年第2次小泉改造内閣の財務副大臣に就任。4期目。
⑱テニス、野球、読書、旅行、登山
http://www.isamu-u.com/

上田 清　うえだ・きよし
大和郡山市長　⑭昭和26年9月11日　⑮奈良県　⑯京都大学文学部(昭和50年)卒　⑰昭和50年郡山高に教諭として赴任。63年奈良県教育委員会事務局学校教育課指導主事、平成3年教職員課主事、9年課長補佐などを経て、13年大和郡山市長に当選。1期目。

上田 清司　うえだ・きよし
埼玉県知事　衆院議員(民主党)　⑭昭和23年5月15日　⑮福岡県福岡市　⑯法政大学卒、早稲田大学大学院政治学研究科(昭和52年)修了　⑰昭和51年新自由クラブ立党に参加、青年局長を務める。54～61年建設大学校中央訓練所(現・富士教育訓練センター)非常勤講師。同年から4度衆院選に出馬するが落選。平成5年新生党から衆院議員に当選。6年新進党結成に参加。9年7月離党。10年民政党に参加し、同年4月民主党に合流。15年8月3期目途中で民主党を離党し無所属で埼玉県知事選に立候補、同月当選。　http://www.ueda-kiyoshi.com/
【著書】法律は「お役人」のメシの種(オーエス出版'98)

上田 建二郎　⇒不破哲三(ふわ・てつぞう)を見よ

上田 耕一郎　うえだ・こういちろう
日本共産党副委員長　参院議員(共産党)　⑯政治理論　政策　⑭昭和2年3月9日　⑮神奈川県茅ヶ崎市　⑯東京大学経済学科(昭和26年)卒　⑱社会主義の問題;旧ソ連史;現代史;戦争論;国際経済　⑰昭和21年一高在学中に日本共産党に入党。東大経済学部卒業後、「中野新

報」の記者として地域活動に専心。31年に「戦後革命論争史」で論壇へ。一時、構造改革派として活躍する。48年政権構想「民主連合政府綱領」を提案。「赤旗」編集局長、宣伝局長、政策委員長、副委員長などを歴任。参院議員当選4回。実弟不破哲三とともに宮本体制の理論的な支柱。平成10年引退。著書は「先進国革命の理論」ほか多数。
㊙文学，演劇，音楽　㊦弟＝不破哲三（共産党議長）
【著書】ブッシュ新帝国主義論（新日本出版社'02）／戦争・憲法と常備軍（大月書店'01）／変革の世紀（新日本出版社'99）／新ガイドラインと米世界戦略（新日本出版社'98）／安保・沖縄問題と集団的自衛権（新日本出版社'97）／構造変動の時代（新日本出版社'95）／政界再編と日本の進路（新日本出版社'93）／上田耕一郎政策論集〈上,下〉（新日本出版社'80）
【評伝】左翼イデオロギー批判（降旗節雄著　社会評論社'04）

上田　繁潔　うえだ・しげきよ
奈良県知事　㊞大正10年10月16日　㊞奈良県奈良市　㊞関西大学経済学部（昭和21年）卒　㊞14歳から奈良県庁に勤務し、傍ら夜間中学へ通う。関西大進学と同時に学徒出陣し、復員後、大学に戻り、昭和21年卒業、奈良県庁入り。以後、財政課長、総務部長を経て、50年副知事。54年知事に当選、3期つとめる。平成3年引退。4年関西大学理事長に就任。　㊙映画

上田　卓三　うえだ・たくみ
衆院議員（社会党）　元・部落解放同盟中央執行委員長　㊞反差別運動　㊞昭和13年6月24日　㊞大阪府大阪市　㊞扇町第二商（昭和33年）卒　㊞昭和43年部落解放同盟大阪府連書記長、48年委員長を経て、51年以来衆院議員に5選。63年"リクルート疑惑"に秘書が関与し、議員を辞職した。平成2年再選されるが、5年落選。通算6期務めた。6年部落解放同盟書記長を経て、8年中央執行委員長。10年退任。著書に「部落解放と人間の復権」がある。
【評伝】同和利権の真相〈1〉（寺園敦史, 一ノ宮美成, グループ・K21著　宝島社'03）／続　リクルートゲートの核心（朝日ジャーナル編　すずさわ書店'89）

上田　哲　うえだ・てつ
衆院議員（社会党）　参院議員　マスコミ世論研究所理事長　㊞財政　外交　マスコミ文化　小児医療　㊞昭和3年2月26日　㊞東京　別名＝清邨　㊞京都大学法学部政治学科（昭和29年）卒　㊞囲碁3段　㊞勲二等旭日重光章（平成10年）
㊞旧制高校卒業後、滋賀県で高校教師をする傍ら大学に通う。26歳でNHKに入る。昭和37年日本放送労働組合（日放労）委員長となり、政府与党のNHK介入に対し「言論の自由」の旗を揚げ、別名"上田天皇"といわれるほどの威力を発揮した。42年新聞、放送、映画など全日本のマスコミ労組の組織化（現・MIC）を達成、議長。社会党から参院選全国区に立候補、3位当選。2期目は東京地方区に転じて当選。54年には衆院議員に転じ、以来5期。平成3年社会党委員長選に立候補するが、田辺誠に敗れる。5年落選。のち社会党を離党し、護憲新党あかつきの委員長。以後、7年東京都知事選、同年の参院選、8年衆院選、10年衆院補選、同年参院選東京選挙区、12年衆院選比例区、13年、16年参院選東京選挙区に立候補。著書に「日本をダメにする十人の政治家」「こどもが危ない」「妻よ、お前の癌は告知できない」など。
㊙サッカー，著作
【著書】上田哲が、一人で最高裁を追いつめた本邦初の裁判「国民投票法・合憲」「小選挙区法・違憲」逃げた首相と議長と裁判官たち（データハウス'01）／ガイドライン（データハウス'97）／日本が変わる　誕生！「国民投票」（データハウス'96）／政治バカ入門（データハウス'95）／東京絶望論（データハウス'95）／羽田政権の陰謀

（データハウス '94）／社会党への涙（データハウス '94）／民衆からの強訴状（データハウス '93）／日本社会党の命運（ごま書房 '93）／社会党大好き!!（データハウス '93）

上田 利正 うえだ・としまさ
衆院議員（社会党） [生]昭5.9.13 [出]山梨県中巨摩郡甲西町 [学]甲府工（昭和25年）卒 [賞]勲三等旭日中綬章（平成13年） [歴]昭和25年電電公社（のちのNTT）に入社。全電通山梨県委員長、山梨県労連議長などを経て、61年から衆院議員に2選。平成5年引退。

上田 博之 うえだ・ひろゆき
東広島市長 [生]昭和8年1月1日 [出]広島県東広島市 [学]西条高卒 [歴]広島県に入り、平成元年民生部長を経て、3年出納長。10年東広島市長に当選。2期目。

上田 文雄 うえだ・ふみお
札幌市長 弁護士 [生]昭和23年6月11日 [出]北海道幕別町 [学]中央大学法学部法律学科（昭和47年）卒 [歴]昭和53年から道央法律事務所に勤務して弁護士として活動。平成6年札幌弁護士会副会長。この間、医療事故や少年事件、消費者金融問題などを手がける。"人権派弁護士"として活躍する傍ら、市民運動にも積極的に参加し、11年北海道NPOサポートセンター理事長となる。15年4月札幌市長選に出馬、得票1位となるが法定得票に達せず無効。同年6月の再選挙で当選。 [団]札幌弁護士会 http://www.uedafumio.jp/

上田 稔 うえだ・みのる
参院議員（自民党） 環境庁長官 [生]大正3年5月8日 [出]京都府京都市 [学]京都帝大工学部土木工学科（昭和13年）卒 [賞]勲一等瑞宝章（昭和61年） [歴]昭和13年内務省に入省、秋田県経済部土木課土木技手兼道路技手。陸軍応召を経て、戦後も建設省に勤務。38年近畿地方建設局長、39年河川局長、40年総理府近畿圏整備本部次長などを歴任して、42年退官。翌43年以降、参院議員に4選。58年第2次中曽根内閣の環境庁長官に就任。61年7月引退。同年東洋建設最高顧問。62年日本技術士会会長、平成5年顧問。
【著書】黄塵の野を征く（善本社 '02）

植田 至紀 うえだ・むねのり
衆院議員（社民党） [生]昭和40年12月7日 [出]奈良県桜井市 [学]立命館大学文学部（平成3年）卒 [歴]平成3年社会党職員、12年社民党奈良県副代表、党政審事務局次長を経て、同年衆院選比例区に当選。1期。15年落選。
http://homepage3.nifty.com/munemune/

植竹 繁雄 うえたけ・しげお
衆院議員（自民党 比例・北関東） [生]昭和5年12月20日 [出]栃木県那須郡黒羽町 [学]青山学院大学商学部（昭和28年）卒 [歴]昭和28年三井物産に入社。36年国会議員秘書となり、55年衆院議員に当選。石油販売会社社長、青山学院校友会理事、自民党栃木県顧問などを務める。平成2年再選、5年落選。8年再び返り咲き、通算5期目。13年小泉内閣の外務副大臣に就任。堀内派。 [趣]ゴルフ，ラグビー，ボート [家]父＝植竹春彦（衆院議員），祖父＝植竹三右衛門（貴院議員）

上野 哲弘 うえの・あきひろ
新宮市長 [生]昭和19年10月1日 [出]和歌山県 [学]中央大学法学部（昭和43年）卒 [歴]昭和50年より新宮市議、市会副議長を経て、平成3年和歌山県議に当選。3期務めた。15年新宮市長に当選。

上野 晃 うえの・あきら
登別市長 [生]昭和9年12月20日 [出]北海道小樽市 [学]北海道大学農学部農学科（昭和32年）卒 [歴]昭和32年北海道根室支庁産業課入庁。50年農務部農業構造改善課計画第一係長、55年後志支庁経

済部長、57年農務部農業対策室参事、58年農務部農政課長、60年道競馬事務所長、のち胆振支庁長を経て、63年登別市長に当選。5期目。北海道市長会副会長を経て、平成15年会長。
㊤ゴルフ、テニス

上野 建一　うえの・けんいち
衆院議員（社会党）　㊤昭和6年2月25日　㊤山形県鶴岡市　㊤明治大学法学部新聞学科中退　㊤昭和38年千葉県議4期を経て、58年社会党より衆院議員に当選。61年落選したが、平成2年再選。4年真里谷会長・染谷敏夫との不明朗な交際で辞職。8年新社会党より衆院比例区に出馬するが落選。

上野 公成　うえの・こうせい
参院議員（自民党）　内閣官房副長官　㊤昭和14年7月23日　㊤新潟県　㊤東京大学工学部（昭和41年）卒　㊤昭和41年建設省に入省。63年住宅局住宅生産課長、平成2年同住宅建設課長を歴任。4年から参院議員に2選。12年7月第2次森内閣の内閣官房副長官に就任。同年12月第2次森改造内閣、13年4月小泉内閣、14年9月小泉改造内閣でも留任。三塚派を経て、森派。16年落選。

上野 政夫　うえの・まさお
西春町（愛知県）町長　㊤昭和11年7月4日　㊤愛知県の西春町町議を経て、昭和61年より町長に5選。平成7年罰金制を含む環境三条例を制定、環境保護に取り組む。8年には空き缶のポイ捨てなどの迷惑行為に腹を立てた体験談を国内外から募り、"でらむか・うっぷんばらし大賞"として企画、反響を呼ぶ。13年機構改革で課や係を廃し、企業経営の発想を導入、"部長""課長"職を"専務""常務"などに変更した。

植野 保　うえの・やすし
塩山市長　㊤昭6.10.6　㊤山梨県　㊤日本経営大学卒　㊤昭和50年から山梨県議2期を経て、56年塩山市長に当選。落選をはさんで平成元年再選。

上野 雄文　うえの・ゆうぶん
参院議員（社会党）　㊤昭和2年11月1日　㊦平成9年8月7日　㊤栃木県宇都宮市　㊤専修大学短大法律実務科（昭和28年）卒　㊤昭和42年以来栃木県議4期を経て、58年補選で参院議員に当選。同年再選し、通算3期つとめる。平成7年引退。

上原 栄一　うえはら・えいいち
桶川市長　㊤昭和5年9月29日　㊤埼玉県熊谷市　㊤中央大学法学部卒　㊤旭日小綬章（平成15年）　㊤埼玉県人事委員会事務局長、桶川市助役、埼玉県道路公社常務理事などを経て、平成5年桶川市長に当選。2期務め、13年落選。

上原 宜成　うえはら・ぎせい
糸満市長　㊤昭和7年8月15日　㊤沖縄県糸満市字大里　㊤糸満高（昭和26年）卒　㊤昭和26年琉球上訴検察庁検察事務官、46年字大里区長兼公民館長、47年糸満市教育委員、56年糸満市議2期を経て、63年糸満市長に当選、2期つとめる。平成8年、12年落選。
㊤果樹園芸

上原 康助　うえはら・こうすけ
衆院議員（民主党）　国土庁長官　㊤昭和7年9月19日　㊤沖縄県国頭郡本部町字伊豆味　㊤北山高（昭和26年）卒　㊤勲一等旭日大綬章（平成14年）　㊤昭和36〜45年全沖縄軍労組委員長。米国相手に労働基本権の確立、反基地闘争、復帰運動と大活躍。45年以来衆院議員に当選10回。平成3年社会党影の内閣の外相に選ばれた。5年細川内閣の国土庁長官兼北海道開発庁長官・沖縄開発庁長官に就任。6年党副委員長、7年衆院予算委員長。10年社民党を離党し、民主党入り。12年落選。13年政界を引退。

【著書】道なかば((那覇)琉球新報社 '01)／まーかいがウチナー(上原康助, 照屋林賢対談 日本社会党中央本部機関紙局'94)

【評伝】ザ・選挙(佐久田繁, 川条昭見編著(那覇)月刊沖縄社'86)

上原 公子 うえはら・ひろこ

国立市長 [生]昭和24年5月3日 [出]宮崎県 [学]法政大学卒, 法政大学大学院中退 [歴]東京生活者ネットワーク代表、国立市議を歴任。平成8年街の景観が壊されたとして、市と東京都を相手に損害賠償請求訴訟を起こした市民グループの幹事を務める。11年国立市長に当選。2期目。

【著書】分権は市民の権限委譲(公人の友社 '01)

【評伝】福島瑞穂の新世紀対談(福島瑞穂著 明石書店'01)

上原 博 うえはら・ひろし

糸満市長 [生]昭和17年7月12日 [出]沖縄県糸満市 [学]東海大学工学部建築学科(昭和42年)卒 [歴]建築士を務める。昭和56年から糸満市議4期を経て、平成8年糸満市長に当選。1期務める。 [趣]旅行, 読書

上松 陽助 うえまつ・ようすけ

岐阜県知事 [生]大正3年7月2日 [没]平成8年1月18日 [出]東京都渋谷区 [学]東京帝大法学部政治学科(昭和16年)卒 [賞]岐阜市名誉市民(平成1年), 岐阜県名誉県民(平成2年), 勲二等旭日重光章(平成2年) [歴]日鉄鉱業勤務をへて、昭和23年岐阜市役所に入る。42年助役、45年から岐阜市長2期を務めたのち、52年岐阜県知事に当選。3期つとめ、平成元年引退。昭和55年中部圏の自然保護のため"中部圏統一クリーンデー(8月1日)"を提唱、57年実現させた。

上村 千一郎 うえむら・せんいちろう

衆院議員(自民党) 環境庁長官 愛知大学教授 弁護士 [生]明治45年1月17日 [没]平成3年3月19日 [出]愛知県渥美郡渥美町 [学]早稲田大学法学部(昭和9年)卒 法学博士 [賞]勲一等旭日大綬章(昭和61年) [歴]弁護士となり、豊橋市選管委員、名古屋弁護士会副会長、日弁連人権擁護委員などを歴任後、昭和35年愛知5区から衆院議員に初当選。以来当選10回。この間、43年大蔵政務次官、49年衆院大蔵委員長、51年法務委員長、53年大平内閣の環境庁長官など歴任。62年には裁判官弾劾裁判所裁判長をつとめた。旧中曽根派。平成2年引退し、愛知大学教授。 [趣]囲碁(初段), 読書

植村 秀正 うえむら・ひでまさ

大島町(東京都)町長 [生]大正11年2月24日 [出]東京都大島町野増 [学]中央大学経済学部(昭和22年)卒 [歴]東京都財務局課長、大島支庁長を務め、昭和58年大島町長選に無所属で立候補。元町地区以外からの初めての町長に当選し、2期。61年11月の三原山大噴火では島民全員脱出を決断した。平成3年落選。

【評伝】人生それから(朝日新聞社会部編 朝日新聞社'92)／全島避難せよ(NHK取材班著 日本放送出版協会'87)

魚住 汎英 うおずみ・ひろひで

参院議員(自民党 比例) [生]昭和15年2月11日 [出]熊本県菊池市 [学]成城大学経済学部(昭和39年)卒 [歴]昭和40年菊池市議を経て、53年父の死去にともなう補選で熊本県議に当選し、以後3選。61年衆院選に無所属で当選、自民党に追加公認された。2期。竹下派、羽田派を経て、平成5年6月新生党結成に参加。同年落選。8年新進党より立候補するが、落選。12年4月参院熊本選挙区補欠選挙に無所属で立候補し当選。のち自民党入りし、13年参院選では比例区から当選。2期目。江藤・亀井派を

経て、亀井派。熊本県商工会連合会会長、全国商工会連合会副会長などを歴任。　[家]父＝魚住一海（熊本県議）
http://www.h-uozumi.com/

魚住 裕一郎　うおずみ・ゆういちろう
参院議員（公明党　比例）　[生]昭和27年8月1日　[出]和歌山県和歌山市　[学]東京大学法学部（昭和52年）卒　[資]弁護士　[歴]昭和55年司法試験合格。弁護士の傍ら、公明党ヒューマン東京事務局長を務める。平成7年新進党から参院選に東京選挙区から当選。10年公明、同年11月新公明党結成に参加。13年比例区に転じて当選。2期目。　[趣]読書，スポーツ
http://www.uozumi.gr.jp/

鵜飼 一郎　うかい・いちろう
春日井市長　[生]昭和3年12月28日　[出]愛知県　[学]明倫中（旧制）卒　[歴]昭和19年坂下町役場に勤務。41年春日井市建設部土木課長、44年建設部長、48年市長公室長、58年助役を経て、平成3年春日井市長に当選。4期目。

浮島 智子　うきしま・ともこ
参院議員（公明党　比例）　[生]昭和38年2月1日　[出]東京都杉並区　[学]東京立正女子高（昭和59年）卒　[歴]3歳でバレエを始める。高校時代からテレビ出演などプロ活動を開始、香港バレエ団で4年半活躍。62年退団。香港やシンガポールでカルチャースクール経営などをした後、渡米。オハイオ州の名門・デイトンバレエ団で再びプリマとなり、「ロミオとジュリエット」のジュリエット役を演じるなど活躍するが、平成8年一時帰国で神戸を訪れたのをきっかけに、阪神淡路大震災の被災者の心をいやす活動をしたいとバレエ団を退団。帰国後は、人材派遣会社に勤める傍ら、被災した子どもたちを募り、バレエやミュージカルなどを指導。企業から協賛金を集め、バレエやミュージカルの公演を開催、小・中学校、老人福祉施設などを回る。劇団・夢サーカスも創立。16年参院選比例区に公明党から当選。
【著書】夢が踊りだす（浮島とも子著 第三文明社'04）

鵜崎 博　うざき・ひろし
菰野町（三重県）町長　水墨画家　[生]大正13年4月30日　[出]三重県　[学]京都大学文学部哲学科（昭和24年）卒　[歴]高校教師を経て、昭和35年三重県職員となり、三重県立博物館館長などを務めた。54年以来菰野町長を2期つとめた。この間、51年に出版した学徒兵の体験記「戦塵」がきっかけで詩人の高橋新吉と出会い、作品の本格的研究とともに、その人間性の探究にも力を注ぎ、62年「高橋新吉論」を出版。他の著書に「日本神話における生成と降臨」など。元「バイキング」同人。また、60代になってから水墨画を始め、平成4年南京市博物館で個展を開催。5年南京書画院特約画師兼海外芸術顧問に認定された。8年には中国を代表する月刊総合雑誌「人民中国」で大きく紹介されるなど、高い評価を受ける。　[趣]文学，水墨画，スポーツ

宇佐美 登　うさみ・のぼる
衆院議員（民主党　比例・東京）　[生]昭和42年2月16日　[出]東京都大田区　[学]早稲田大学理工学部機械工学科（平成1年）卒　[歴]平成元年松下政経塾に入塾。4年武村正義代議士秘書を経て、5年26歳で衆院議員に当選。7年9月フランスの核実験に対するムルロア環礁沖での抗議に参加、フランスに一時身柄を拘束された。8年落選。10年参院選比例区に、12年衆院選に民主党から立候補するが落選。15年復活、通算2期目。
【著書】2045発目の核 PHP研究所（'96）

牛尾 郁夫　うしお・いくお
益田市長　[生]昭和18年2月7日　[出]岡山県　[学]東京外国語大学外国語学部英米科（昭和41年）卒　[歴]昭和41年文部省に入省。教育助成局財務課海外子女教育

室長、国際交流基金人物交流部長を経て、平成元年文部省学術国際局国際企画課長、4年官房審議官、5年7月横浜国立大学事務局長を経て、公立学校共済組合理事。12年益田市長に当選。2期目。

牛尾 一弘 うしお・かずひろ
江津市長 [生]大正10年1月1日 [没]平成16年9月25日 [出]島根県 [学]江津工(昭和12年)卒 [賞]勲四等旭日小綬章(平成11年) [歴]昭和41年江津市議に。文教厚生委員長、建設委員長、市会副議長を経て、平成2年江津市長に当選、2期つとめる。10年引退。 [趣]スポーツ, 囲碁

牛尾 一 うしお・はじめ
美祢市長 [生]昭和7年11月8日 [出]山口県美祢市 [学]慶応義塾大学法学部卒 [歴]昭和31年宇部興産入社。60年9月伊佐セメント工場総務部長を最後に退職。61年より美祢市長に4選。 [家]父=牛尾美鶴(美祢市初代市長)

牛嶋 正 うしじま・ただし
参院議員(公明) 名城大学都市情報学部教授 名古屋市立大学名誉教授 [専]財政学 [生]昭和6年2月25日 [出]兵庫県 [学]京都大学経済学部(昭和30年)卒, 大阪大学大学院経済学研究科博士課程修了 経済学博士(大阪大学)(昭和39年) [興]税制改革;人口問題 [賞]勲三等旭日中綬章(平成13年) [歴]名古屋市立大学経済学部教授の傍ら、税制調査会の専門委員をはじめ、愛知県財政問題懇談会や名古屋市建築審査会など各委員会の委員を務める。成熟社会と税体系を研究。平成2年日本都市学会会長に就任。4年参院選比例区に公明党1位で当選。6年新進党結成に参加。7年名城大学都市情報学部教授。10年公明に参加、同年引退。著書に「財政」「経済成長と企業課税」など。 [団]日本財政学会, 日本都市学会 [趣]俳句, 絵画

【著書】これからの税制 目的税(東洋経済新報社 '00)/新版 現代の地方自治(有斐閣 '93)/公共政策論(有斐閣 '91)/租税の政治経済学(有斐閣 '90)/現代の地方自治(有斐閣 '88)

宇治田 省三 うじた・しょうぞう
和歌山市長 [生]大正6年1月3日 [没]平成1年6月11日 [出]和歌山県 [学]立命館大学法文学部経済学科(昭和17年)卒 [賞]勲二等瑞宝章(昭和62年) [歴]和歌山市議2期、和歌山県議2期を経て、昭和41年和歌山市長に当選、5期。61年6月落選。 [家]長男=宇治田栄蔵(和歌山県議)

宇津 徹男 うず・てつお
浜田市長 島根県議(自民党) [生]昭和18年8月1日 [出]島根県浜田市 [学]慶応義塾大学法学部(昭和43年)卒 [歴]昭和46年以来島根県議に7選。62年副議長、平成3年議長。8年浜田市長に当選。3期目。 [趣]囲碁, ゴルフ, 旅行, 読書

臼井 勝三 うすい・かつぞう
大船渡市長 [生]大正2年5月24日 [没]平成16年5月20日 [出]岩手県大船渡市 [学]日頃市高小卒 [歴]広田村収入役、助役を歴任後、合併で大船渡市に入る。43年収入役、47年助役を経て、51年以来市長に3選。61年病気のため、任期途中で辞任した。

臼井 千秋 うすい・ちあき
多摩市長 [生]昭和2年9月9日 [出]東京 [学]東京農工大学農学部卒 [賞]藍綬褒章(平成5年), 勲三等瑞宝章(平成11年) [歴]多摩市会副議長を経て、昭和54年から多摩市長に5選。平成11年引退。

臼井 日出男　うすい・ひでお
衆院議員(自民党)　法相　防衛庁長官　⊕昭和14年1月3日　⊗千葉県千葉市　⊕中央大学経済学部(昭和36年)卒　父の秘書を経て、昭和55年衆院議員に当選、7期務めた。平成8年橋本内閣の防衛庁長官。11年10月小渕第2次改造内閣の法相に就任。12年4月森連立内閣でも留任。15年自民党の新人候補に敗れ落選。河本派を経て、高村派。　父＝臼井荘一(衆院議員)　http://www.usui.gr.jp/

宇田川 芳雄　うだがわ・よしお
衆院議員(無所属)　⊕昭和4年2月1日　⊗東京都江戸川区葛西　⊕中央大学経済学部(昭和33年)卒　昭和28年島村一郎衆院議員秘書を経て、52年から東京都議(自民党)に6選。平成11年江戸川区長選に立候補。12年無所属で衆院選に立候補し、当選。15年無所属の会より立候補し、落選。著書に「ここに都政あり」「選挙参謀」「あいさつ稼業」などがある。

内田 滋　うちだ・しげる
熱海市長　⊕大正9年8月25日　⊘平成8年12月9日　⊗静岡県熱海市　⊕韮山中(昭和13年)卒　紺綬褒章(昭和38年)、勲四等瑞宝章(平成7年)　昭和38年熱海市議1期、55年熱海温泉組合長を経て、57年市長に当選。3期つとめた。

内田 次郎　うちだ・じろう
富田林市長　⊕大正9年3月11日　⊗大阪府　⊕天王寺師範(昭和14年)卒　旭日中綬章(平成15年)　昭和44年美原町立美原中学校校長、46年大阪府教育委員会南河内郡出張所長代理兼学務課長、49年富田林市立金剛中校長を経て、50年以来富田林市長に7選。平成15年引退。　囲碁、読書、園芸
【著書】続 平素(ぎょうせい)／平素(ぎょうせい '91)

内田 全一　うちだ・ぜんいち
秩父市長　医師　精神科　⊕昭和5年3月6日　⊗埼玉県秩父市　⊕日本医科大学医学部(昭和29年)卒　旭日小綬章(平成15年)　秩父中央病院院長を務めた。昭和62年秩父市長に当選。4期務め、平成15年引退。

内田 俊郎　うちだ・としろう
鹿嶋市長　⊕昭和22年8月5日　⊕独協大学経済学部卒　鹿嶋市議を経て、平成10年鹿嶋市長に当選。2期目。

内野 優　うちの・まさる
海老名市長　⊕昭和30年10月13日　⊕専修大学法学部卒　海老名市議を経て、平成15年海老名市長に当選。

内野 欣　うちの・よし
鶴ケ島市長　⊕昭和6年12月25日　⊗埼玉県　⊕飯能実18　鶴ケ島町役場に入り、総務課長、企画財政課長、坂戸鶴ケ島水道企業団事務局長、助役を経て、平成元年鶴ケ島町長。3年市制施行に伴い鶴ケ島市長。5年引退。

内橋 直昭　うちはし・なおあき
西脇市長　⊕昭和12年1月17日　⊗兵庫県　⊕兵庫農科大学短期大学部卒　西脇市収入役、助役を経て、平成10年市長に当選。2期目。

内原 英郎　うちはら・えいろう
石垣市長　⊕大正10年7月22日　⊘平成8年1月8日　⊗沖縄県　⊕陸軍獣医学校(昭和19年)卒　石垣市助役を経て、昭和49年から市長に3選。平成2年落選。

内山 晃　うちやま・あきら
衆院議員(民主党　千葉7区)　⊕昭和29年3月3日　⊗千葉県柏市　⊕専修大学商学部(昭和51年)卒　社会保険労務士　内山労務管理事務所所長、年金ライフ社長を務める。平成12年衆院選千葉7区に民主党から立候補。15年当選。

http://www.nenkinlife.com/dpj/renew/frame.html/

内山 栄一 うちやま・えいいち

台東区(東京都)区長 税理士 ㊐明治44年11月25日 ㊊埼玉県大里郡岡部町 ㊫法政大学経済学部(昭和10年)卒 ㊧昭和10年税理士を開業。26年台東区議に当選、4期務め、42年から都議3期を経て、50年4月台東区長に当選、4期16年務める。区議会の所信表明で、「潤いとロマンに満ちた文化行政の積極的な推進」を掲げ、浅草の庶民の下町文化、伝統技能の継承、上野の森の芸術の復活、振興に執念を燃やした。平成3年退任後は税理士として活動。 ㊮囲碁

【評伝】内山栄一・下町区長の十六年(出版刊行会編 東京新聞出版局'91)

内山 文雄 うちやま・ふみお

見附市長 ㊐大正11年9月6日 ㊊新潟県 ㊫名木野高小卒 ㊛勲三等旭日中綬章(平成7年) ㊧二谷村議、見附市議3期を経て、昭和41年以来見附市長に6選。平成6年引退。

内山 裕一 うちやま・ゆういち

三条市長 ㊐昭和3年12月1日 ㊊新潟県三条市 ㊫早稲田大学理工学部(昭和27年)卒 ㊛勲五等双光旭日章(平成11年) ㊧三条市教育委員長を経て、昭和58年三条市長に当選。3期つとめ、平成7年引退。 ㊮読書, スキー

宇都宮 徳馬 うつのみや・とくま

参院議員(新政クラブ) 衆院議員(自民党) ミノファーゲン製薬創業者 日中友好協会名誉会長 ㊐明治39年9月24日 ㊚平成12年7月1日 ㊊東京都渋谷区 ㊫京都帝国大学経済学部中退 ㊛勲一等瑞宝章(昭和55年), 勲一等旭日大綬章(昭和62年) ㊧陸軍幼年学校卒業後、京大経済学部へ。社研のリーダーをつとめるが、昭和3年不敬罪で検束され退学。5年日本共産党へ入党、治安維持法で投獄されるが転向。相場で大もうけし、13年ミノファーゲン製薬会社を設立、社長となる。戦後27年自民党より衆院議員に立候補し、以後当選10回。スローガンは平和共存外交、リベラリストとして自民党内では異色の人だった。日中、日ソ、日朝国交回復に尽力、日中友好協会会長も務め、「平和共存と日本外交」を著わす。51年ロッキード事件と金大中事件への自民党の対応に抗議して離党、議員も辞職した。55年参院選東京地方区に転じ、61年には新自由クラブの名簿1位として、比例区から当選。平成4年引退。この間、昭和55年公約に従い宇都宮軍縮研究室をつくり、月刊で「軍縮問題資料」を発行するなど軍縮に政治生命をかけた。私財で平成12年7月号(237号)まで続けた。著書に「七億人の隣人」「暴兵損民」など。 ㊮父=宇都宮太郎(陸軍大将), 長男=宇都宮恭三(ミノファーゲン製薬社長)

【著書】軍拡無用(すずさわ書店 '88)

【評伝】風成の人(坂本龍彦著 岩波書店'93)

宇都宮 真由美 うつのみや・まゆみ

衆院議員(社会党) 弁護士 ㊐昭和24年11月3日 ㊊愛媛県喜多郡内子町 ㊫愛媛大学法文学部(昭和48年)卒 ㊧昭和55年司法試験合格、58年弁護士登録。平成2年衆院議員に当選。5年、8年、12年落選。 ㊮読書

内海 重忠 うつみ・しげただ

御殿場市長 ㊐昭和19年9月16日 ㊊静岡県御殿場市 ㊫東京大学工学部(昭和44年)卒 ㊧昭和44年建設省に入省。63年住宅局住宅生産課木造住宅対策官・木造住宅振興室長、国土庁大都市圏整備局特別整備課長を経て、平成5年御殿場市長に当選。2期務める。13年落選。

【評伝】青年よ故郷(ふるさと)に帰って市長になろう(全国青年市長会編 読売新聞社'94)

うつみ

内海 英男 うつみ・ひでお
衆院議員（自民党）　元・中央大学理事長　⊕大正11年4月26日　⊕旧満州・大連　⊕中央大学法学部（昭和19年）卒　⊕勲一等旭日大綬章（平成4年）　⊕学徒出陣し、復員後住宅営団に就職したが倒産。その後衆院議員だった父の秘書になり、昭和42年地盤を譲り受けた。初当選以降船田派だったが54年10月の総選挙後田中派に転じる。57年中曽根内閣の建設相、63年5月竹下内閣の国土庁長官に就任。竹下派を経て、小渕派。当選9回。平成5年引退。同年中央大学理事長に就任。11年退任。　⊕父＝内海安吉（衆院議員）

内海 勇三 うつみ・ゆうぞう
塩釜市長　⊕大正13年10月16日　⊕宮城県塩釜市浦戸　⊕大同工業（旧制）卒　⊕藍綬褒章（昭和63年）　⊕昭和38年以来連続5期塩釜市議。この間、全国市議会議長会監事など歴任。58年統一地方選で塩釜市長に初当選、2期。"誠実、清潔、親切"を信条にガラス張り市政を掲げ、どんな難問も十分話し合いを尽くす合理主義に徹してきた。平成3年落選。

有働 正治 うどう・まさはる
参院議員（共産党）　⊕昭和19年10月28日　⊕熊本県　⊕熊本大学教育学部卒　⊕昭和43年高校教師を経て、「赤旗」編集局勤務。日本共産党中央委員から、平成4年参院議員に当選。10年引退。著書に「史録 革新都政」ほか。
【著書】まちで雇用をふやす（自治体研究社'04）／革新都政史論（新日本出版社'89）

宇野 治 うの・おさむ
衆院議員（自民党 比例・近畿）　⊕昭和22年9月2日　⊕東京都　⊕立教大学経済学部（昭和45年）卒　⊕元首相・宇野宗佑の娘婿。東芝勤務、代議士秘書を経て、平成3〜15年滋賀県議を3期務めた。15年国政に転じ、衆院議員に当選。
http://www.unosamu.com/

宇野 宗佑 うの・そうすけ
衆院議員（自民党）　首相　⊕大正11年8月27日　⊕平成10年5月19日　⊕滋賀県野洲郡守山町（現・守山市）　俳号＝宇野犂子　⊕彦根高商（昭和18年）卒、神戸商業大学（昭和18年）中退　⊕勲一等旭日桐花大綬章（平成6年）　⊕"栄爵"という銘柄を持つ滋賀県守山市にある造り酒屋の8人兄弟の長男。昭和18年神戸商業大学在学中に学徒出陣し、20年から2年間、シベリアに抑留された。26年滋賀県議、33年河野一郎衆院議員秘書を経て、35年衆院議員に当選。河野派、中曽根派に属し、"中曽根の一番弟子"を自任して重鎮として同派を支えた。49年田中内閣の防衛庁長官として初入閣。以来、福田内閣で科学技術庁長官、大平内閣で行政管理庁長官、中曽根内閣で通産相、竹下内閣で外相を務める。平成元年竹下内閣の退陣を受け首相に就任、派閥の領袖、党3役を経験していない初の首相となった。しかしリクルート事件や自らの女性スキャンダルの余波を受けて同年7月の参院選で社会党に与野党の逆転の大敗北を喫し、手腕を発揮できないまま在任69日で退陣に追い込まれた。8年政界を引退。当選12回。また昭和23年26歳でシベリア抑留記「ダモイ・トウキョウ」を出版（27年映画化）、「庄屋平兵衛獄門記」「中仙道守山宿」などの著作で文人政治家として知られ、犂子の名で俳句もよくした。　⊕俳人協会　⊕俳句、絵画、剣道　⊕祖父＝宇野正蔵（守山町長）
【評伝】歴代首相物語（御厨貴編　新書館'03）／激突!総理への道（大下英治著　講談社'00）／日本の首相マルバツサンカクシカク（鹿嶋海馬著　ケイ.ワイプランニング；みき書房〔発売〕'94）／自民党株式会社社長戦争（プレジデント・ウォーズ）（塩田潮著　徳間書店'91）／続・老記者の置土産（大草実、萱原宏一、下村亮一著　経済往

来社'90)／男たちの誤算(福島端穂編 径書房'90)／貧困なる精神(本多勝一著 朝日新聞社'89)／大いなる影法師(塩田潮著 文芸春秋'89)／総理大臣の権力と陰謀(神一行著 大陸書房'89)／宇野宗佑・全人像(柚木弘志, 沼田大介著 行研'88)

生方 幸夫　うぶかた・ゆきお

衆院議員(民主党 千葉6区) 経済評論家 ジャーナリスト [生]昭和22年10月31日 [出]東京都 [学]早稲田大学第一文学部(昭和47年)卒 [興]情報化が日本経済に及ぼす影響;日本経済の摩擦構造;工業型企業から情報化型企業への転換 [歴]昭和47年読売新聞社編集局入社、50年退社。以後、情報、経営、ニューメディア関係のフリージャーナリストとして幅広く活躍。60年信州大経済学部講師、平成2年産能大学事業本部講師、3年産能短期大学兼任教員。8年民主党より衆院議員に当選。12年衆院選では千葉6区で当選。3期目。著書に「野村証券VS住友銀行」「生き抜く商社 泣く商社」「金融子会社」「衛星がビジネスを変える」「M&A」「驚異の戦略的情報システム『SIS』のすべて」など。 [団]地下経済研究会, 信州大学経済学会 [趣]読書, 旅行 http://member.nifty.ne.jp/UBUKATA/

【著書】日本人が築いてきたもの壊してきたもの(新潮社 '01)／日本経済・失速からの教訓(PHP研究所 '92)／バチ当たり日本はどこへ行くか(新井喜美夫, 細川隆一郎ほか著 東急エージェンシー出版事業部'92)

海野 義孝　うみの・よしたか

参院議員(公明党) [生]昭和10年8月18日 [出]愛知県 [学]中央大学経済学部卒 [歴]勧角証券株式部長、勧角総合研究所取締役を歴任。平成7年参院比例区に新進党から当選。10年公明、同年11月新公明党結成に参加。1期務め、13年引退。

梅沢 一郎　うめざわ・いちろう

加須市長 [生]明治41年9月1日 [没]平成7年5月28日 [出]埼玉県 [学]北海道大学農学部 [歴]昭和42年から連続5期加須市長を務めた。

梅沢 健三　うめざわ・けんぞう

千歳市長 [生]昭和8年3月31日 [出]北海道小樽市緑町 [学]札幌商卒, 自治大学校卒 [歴]昭和24年千歳町役場(現・千歳市役所)に入り、商工観光課商工係長、監査事務局長、総務部総務課長、市民部長、環境部長を経て、58年総務部長に就任。62年千歳市長に当選、1期つとめる。平成3年落選。 [趣]音楽, 野球, テニス

梅田 勝　うめだ・まさる

衆院議員(共産党) [生]昭2.8.14 [出]京都府京都市 [学]高小卒 [歴]島津製作所勤務を経て、昭和48年以来衆院議員に3選。61年落選。

梅原 一　うめばら・はじめ

須崎市長 高知短期大学名誉教授 [生]昭4.11.17 [出]高知県高知市 [学]日本体育大学(昭和26年)卒 [歴]昭和58年から高知県議に3選。副議長もつとめた。平成7年落選。8年須崎市長に当選。2期目途中の15年12月健康上の理由により引退。 [趣]茶道, 演劇

浦井 洋　うらい・よう

衆院議員(共産党) 東神戸病院名誉院長 元・兵庫県民医連会長 医師 [生]昭和2年11月8日 [出]兵庫県神戸市 [学]神戸医科大学(現・神戸大学医学部)(昭和27年)卒 [歴]昭和29年東神戸診療所長、39年東神戸病院院長を経て、44年以来衆院議員に7選。平成2年落選し、医業に専念。港湾労働者の診療などに尽力し、“神戸の赤ひげ先生”と呼ばれた。

浦上 秀男　うらかみ・ひでお
府中市(広島県)市長　[生]大正5年4月1日　[出]広島県　[学]戸手実卒　[歴]昭和57〜61年広島県府中市長を務めた。

浦田 勝　うらた・まさる
参院議員(自民党)　[生]大14.6.20　[出]熊本県玉名郡岱明町　[学]九州学院(昭和18年)卒，日本大学法学部政治経済学科(昭和48年)卒　[賞]藍綬褒章(昭和56年)，勲二等旭日重光章(平成10年)　[歴]昭和34年以来熊本県議6期を務め、県議会議長、九州議長会会長を歴任。58年参院議員に当選。62年11月労働政務次官。平成元年落選。4年復帰するが、10年落選。通算2期務めた。無派閥。著書に「理由なき犯罪—覚せい剤汚染」がある。　[趣]絵画，刀剣，トローリング

浦野 清　うらの・きよし
富士見市長　[生]昭和9年4月26日　[出]埼玉県富士見市　[学]与野農学校卒　[歴]飲食店を経営。富士見市議、同市会議長を経て、平成7年埼玉県議に当選、1期。11年落選。12年富士見市長に当選。2期目。

浦野 烋興　うらの・やすおき
衆院議員(自民党)　科学技術庁長官　[生]昭和16年11月3日　[出]愛知県豊田市　[学]学習院大学政経学部(昭和39年)卒　[歴]昭和39年警視庁に入る。45年豊田通商に転じ、父の秘書を経て、54年衆院議員に当選。平成7年村山改造内閣の科学技術庁長官に就任。6期。宮沢派。8年落選。10年参院選愛知選挙区に立候補。

漆原 良夫　うるしばら・よしお
衆院議員(公明党　比例・北陸信越)　弁護士　[生]昭和19年11月18日　[出]新潟県燕市　[学]明治大学法学部卒　[歴]平成8年新進党から衆院議員に当選。3期目。10年1月新党平和、同年11月公明党に参加。　http://www.urusan.net/

海野 徹　うんの・とおる
参院議員(民主党)　[生]昭和24年4月21日　[出]静岡県静岡市　[学]静岡大学経済学部(昭和47年)卒　[歴]静岡市議2期を経て、平成2年静岡県議補選で自民党から当選、3期。5年新生党、のち平成会に移る。10年参院議員に当選、1期。16年落選。　http://www.unno-toru.com/

【え】

江上 均　えがみ・ひとし
大川市長　[生]昭和36年11月9日　[出]福岡県　[学]福岡農業大学校卒　[歴]衆院議員秘書を経て、平成13年大川市長に当選。1期目。

江川 昇　えがわ・のぼる
金沢市長　卯辰山工芸工房理事長　[生]明治42年3月25日　[出]石川県　[学]石川県立農(大正15年)卒　[賞]勲三等瑞宝章(平成2年)　[歴]昭和26年金沢商工会議所常務理事、27年専務理事、38年金沢市助役を経て、53年金沢市長に当選、3期目つとめる。平成2年引退。のち卯辰山工芸工房理事長。　[趣]写真，読書

江口 一雄　えぐち・かずお
衆院議員(自民党)　[生]昭和12年9月25日　[出]千葉県八千代市　[学]千葉大学園芸学部卒　[歴]昭和46年以来千葉県議に4選。61年衆院議員に当選。通算3期務めた。三塚派を経て、森派。　[趣]ゴルフ，読書　http://www.k-eguchi.org/

江口 隆一　えぐち・りゅういち
水俣市長　[生]昭和40年8月25日　[出]熊本県　[学]九州東海大学工学部卒　[歴]代議士秘書を経て、平成3年自民党から熊本県議に当選、3期務める。14年水俣市長に当選。　[家]父＝江口龍則(江口建設工業社長)

江崎 鉄磨 えさき・てつま
衆院議員(自民党 愛知10区) [生]昭和18年9月17日 [出]愛知県 [学]立教大学文学部卒 [歴]衆院議員を務めた江崎真澄の三男。父の秘書などを経て、平成5年新生党から衆院議員に当選。6年新進党結成、10年1月自由党、12年4月保守党に参加。同年落選。15年保守新党から立候補して返り咲き。選挙後、保守新党は解党して自民党に合流。3期目。 [家]父=江崎真澄(衆院議員), 弟=江崎洋一郎(衆院議員)
【評伝】改革に挑む男たち(山本集著 日刊スポーツ出版社'95)

江崎 真澄 えさき・ますみ
衆院議員(自民党) 防衛庁長官 自治相 通産相 [生]大正4年11月23日 [没]平成8年12月11日 [出]愛知県一宮市 [学]日本大学経済学部卒 [賞]勲一等旭日大綬章(平成5年), 一宮市名誉市民(平成8年) [歴]下出義雄代議士秘書を経て、昭和21年以来衆院議員に当選17回。池田、佐藤内閣の防衛庁長官、田中内閣の自治相、党総務・政調会長、大平内閣の通産相などを歴任。60年12月第2次中曽根第2回改造内閣で総務庁長官に就任。旧田中派二階堂系を経て、無派閥。平成5年引退。 [趣]剣道, 将棋 [家]三男=江崎鉄磨(衆院議員), 五男=江崎洋一郎(衆院議員)
【著書】明日をつくる歩み(隊友会 '80)/たしかな明日へ(隊友会 '79)/朝はかならず来る(隊友会 '77)
【評伝】わが人生の師(新井正明, 素野福次郎ほか著 竹井出版'86)

江崎 洋一郎 えさき・よういちろう
衆院議員(自民党 比例・南関東) [生]昭和33年4月20日 [出]東京都 [学]慶応義塾大学法学部政治学科(昭和56年)卒 [歴]衆院議員を務めた江崎真澄の五男。昭和56年日本興業銀行勤務を経て、平成12年民主党から衆院議員に当選。のち民主党を離党し自民党に参加。2期目。 [家]父=江崎真澄(衆院議員), 兄=江崎鉄磨(衆院議員) http://www.cityfujisawa.ne.jp/~esaki/

江島 淳 えじま・あつし
参院議員(自民党 山口) [生]昭和2年10月5日 [没]昭和62年5月25日 [出]山口県下関市 [学]東大工学部土木工学科(昭和26年)卒 [歴]国鉄に入り、建設局計画課長、広島鉄道管理局長を経て、昭和55年以来参院議員に2選。安倍派。大蔵政務次官、参院自民党副幹事長などをつとめた。 [家]息子=江島潔(下関市長)

江島 潔 えじま・きよし
下関市長 [生]昭和32年4月2日 [出]山口県下関市 [学]東京大学大学院工学研究科(昭和57年)修了 [歴]東亜大学講師などを経て、専門学校長、日本新党支部長を務めた。平成7年下関市長に当選、3期目。 [趣]散歩, テニス [家]父=江島淳(参院議員)

江尻 勇 えじり・いさむ
西山町(新潟県)町長 [生]大正2年3月18日 [没]平成9年7月21日 [出]新潟県西山町 [学]日大商業学校 [歴]高等小学校を出て上京し、新聞配達や保険の外交員として働く。戦後は地元に戻り、一時社会党を支持したが、のち田中角栄の後援会・越山会の重鎮となる。昭和39~63年西山町町長を6期24年つとめた。田中と密接な連絡をとりながら企業誘致や越後線複線化に飛び回った。平成2年町長当時、品田建設と佐藤組に20億円を越える公金を融資していた事実が発覚、背任容疑で逮捕された。

江田 憲司 えだ・けんじ
衆院議員(無所属) 桐蔭横浜大学教授 [専]統治構造論 行政学 [生]昭和31年4月28日 [出]岡山県 [学]東京大学法学部(昭和54年)卒 [資]司法試験合格 [歴]昭和54年通産省に入省。のち、ハーバード大学に留学。産業政策局などを経て、平

成6年6月より橋本龍太郎通産相の事務秘書官。8年橋本氏の首相就任を機に内閣官房に出向、首相の首席秘書官にあたる政務秘書官となる。10年7月橋本内閣総辞職とともに退官。12年自民党から衆院選に立候補。13年桐蔭横浜大学教授の傍ら、テレビのコメンテーターなどで活躍。14年無所属で衆院補選神奈川8区に出馬し、当選。15年の衆院選では選挙区替えした民主党の岩国哲人に敗れ落選。　http://www.eda-k.net
【著書】改革政権が壊れるとき(江田憲司, 西野智彦著 日経BP社;日経BP出版センター〔発売〕'02)／首相官邸(江田憲司, 龍崎孝著 文芸春秋'02)／誰のせいで改革を失うのか(新潮社'99)

江田 五月　えだ・さつき
参院議員(民主党 岡山)　衆院議員　科学技術庁長官　社民連代表　㊌昭和16年5月22日　㊍岡山県上道郡財田村長岡(現・岡山市)　号(書)＝水月　㊋東京大学法学部(昭和41年)卒　㊐弁護士　㊙憲法9条;連合新党の結成　㊊江田三郎元社会党副委員長の長男。東大教養部の自治会委員長時代に大学管理制度改革に反対し、全学ストを指揮して退学処分を受ける。1年後に復学して運動と縁を切り、昭和40年司法試験合格。41年卒業後、43年から東京、千葉、横浜の各地裁判事補。父の死により52年7月参院全国区に当選。58年衆院議員に転じ、岡山1区でトップ当選、4期。60年2月田英夫に代わって社民連代表に就任、野党連合の実現を目指し、奔走。平成4年政策集団シリウスを結成。5年8月非自民連立政権に参加し、科学技術庁長官となる。6年5月解党して日本新党に合流、日本新党副代表をつとめた。同年12月新進党結成に参加。8年離党し無所属となる。同年10月岡山県知事選に出馬するが落選。10年民主党より参院選岡山選挙区に立候補し、当選。通算3期目。

㊎日本鳥類保護連盟, アムネスティ議員連盟, 国連人権活動協力議員連盟　㊙水泳(古式泳法), 書道, カラオケ　㊊父＝江田三郎(衆院議員)　http://www.eda-jp.com/
【著書】出発のためのメモランダム(毎日新聞社'96)
【評伝】高校生が考える「少年法」(アムネスティ・インターナショナル日本編 明石書店'02)／男の渡る橋(内藤国夫著 主婦と生活社'97)／日本の政治家 父と子の肖像(俵孝太郎著 中央公論社'97)／ドラマティック(吉永みち子著 小学館'93)／後継者の条件(小林吉弥著 光文社'90)／平成維新に挑む憂国の志士たち(村上薫著 紀尾井書房'90)

江田 康幸　えだ・やすゆき
衆院議員(公明党 比例・九州)　㊌昭和31年3月19日　㊍福岡県八女市　㊋熊本大学大学院修了　工学博士(熊本大学)(平成15年)　㊊昭和56年化学及血清療法研究所主任研究員となり、バイオ医薬品の開発に携わる。平成12年公明党から衆院選比例区に当選。2期目。15年政治活動の傍ら続けていた研究により工学博士号を取得。

枝野 幸男　えだの・ゆきお
衆院議員(民主党 埼玉5区)　㊌昭和39年5月31日　㊍栃木県宇都宮市　㊋東北大学法学部(昭和62年)卒　㊐弁護士　㊊昭和63年司法試験に合格、平成3年弁護士登録。5年日本新党の候補者公募に応募し衆院議員に当選。6年離党して民主の風を結成。6月新党さきがけに合流。8年民主党に参加。4期目。11年民主党政調会長代理を経て、14年政調会長。
http://www.edano.gr.jp/
【著書】それでも政治は変えられる(マネジメント伸社'98)

枝本 豊助　えだもと・とよすけ
垂水市長　㊌大正5年3月19日　㊍鹿児島県　㊋大分高商(昭和15年)卒　㊊昭和41年鹿児島県町村会事務局長を

経て、50年垂水市長に当選。通算4期つとめ、平成7年引退。

江渡 聡徳 えと・あきのり
衆院議員（自民党　青森2区）　[生]昭和30年10月12日　[出]青森県　[学]日本大学大学院法学研究科（昭和56年）修了　[歴]短期大学講師を経て、障害者施設園長。平成8年衆院議員に当選。12年落選を経て、15年返り咲き。2期目。高村派。光星学院八戸短期大学講師も務める。
[家]父＝江渡誠一（青森県議）

江頭 貞元 えとう・さだもと
飯塚市長　[生]昭和8年10月20日　[出]福岡県　[学]西南学院大学商学部卒　[歴]飯塚市収入役を経て、平成10年市長に当選。2期目。

衛藤 晟一 えとう・せいいち
衆院議員（自民党　比例・九州）　厚生労働副大臣　[生]昭和22年10月1日　[出]大分県　[学]大分大学経済学部卒　[歴]昭和48年大分市議を経て、54年以来大分県議に2選。61年衆院選に立候補。平成2年当選。8年比例区九州ブロックで1位当選を果たす。12年落選。15年比例区で返り咲き。16年第2次小泉改造内閣の厚生労働副大臣に就任。当選4回。亀井派。　[趣]読書　http://www.eto-seiichi.jp/
【著書】「保守革命」宣言（現代書林 '96）

衛藤 征士郎 えとう・せいしろう
衆院議員（自民党　大分2区）　防衛庁長官　[生]昭和16年4月29日　[出]旧朝鮮　[学]早稲田大学政経学部政治学科（昭和41年）卒，早稲田大学大学院政治学研究科（昭和48年）修了　[歴]昭和46年玖珠町長に当選、2期。52年参院議員となり、58年衆院議員に転ずる。当選7回。農水政務次官などを経て、平成7年村山改造内閣の防衛庁長官に就任。10年12月宮沢派を離脱し河野グループに参加、のち森派。13年第2次森改造内閣の外務副大臣に就任。日本近代五種・バイアスロン連合会長を経て、全日本テコンドー協会会長も務める。
http://www.seishiro.jp/
【著書】今この国にある危機（徳間書店 '02）／検証・李登輝訪日（衛藤征士郎, 小枝義人著 ビイング・ネット・プレス;星雲社〔発売〕'01）

江藤 隆美 えとう・たかみ
衆院議員（自民党）総務庁長官　[生]大正14年4月10日　[出]宮崎県日向市　[学]宮崎農専（昭和22年）卒　[賞]勲一等旭日大綬章（平成10年）　[歴]宮崎県議を経て、昭和44年衆院議員に当選。58年国対委員長を経て、60年建設相、平成元年海部内閣の運輸相に就任。落選をはさんで当選10回。7年村山改造内閣の総務庁長官に就任するが、同年11月朝鮮半島に対する日本の植民地支配に関する発言で辞任。渡辺派を経て、村上・亀井派入りし、11年7月江藤・亀井派会長。15年10月亀井静香に派閥を継承し、引退。
[趣]囲碁（5段），蘭　[家]長男＝江藤拓（衆院議員）
【著書】「真の悪役」が日本を救う（講談社 '03）
【評伝】平成維新に挑む憂国の志士たち（村上薫著 紀尾井書房'90）

江藤 拓 えとう・たく
衆院議員（自民党　宮崎2区）　[生]昭和35年7月1日　[出]宮崎県日向市　[学]成城大学経済学部（昭和60年）卒　[歴]父は衆院議員を務めた江藤隆美。父の秘書などを経て、平成15年無所属で衆院議員に当選し、自民党に入党。亀井派。
[家]父＝江藤隆美（衆院議員）

江藤 守国 えとう・もりくに
久留米市長　[生]昭和16年9月7日　[学]九州大学卒　[歴]久留米市商工部長、福岡県南広域水道企業団企業長を経て、平成15年久留米市長に当選。

えなみ

榎並 邦夫 えなみ・くにお
刈谷市長 ⽣昭和10年7月14日 出大阪府大阪市 学名古屋工業大学建築学部（昭和34年）卒 ①1級建築士 愛知県建築部技監、住宅供給公社常務理事を経て、平成7年刈谷市長に当選。3期目。 趣音楽鑑賞，読書

榎 信晴 えのき・のぶはる
五条市長 ⽣昭和14年8月16日 出奈良県五条市 学大阪商科大学商経学部（昭和37年）卒 奈良県議（自民党）4期を経て、平成元年参院選、4年参院補選に立候補するが落選。9年五条市長に当選。2期目。

榎本 修 えのもと・おさむ
西之表市長 ⽣昭4.3.29 出鹿児島県 学陸軍幼年学校中退 勲四等旭日小綬章（平成13年） 西之表市議3期を経て、昭和60年市長に当選。3期つとめる。平成9年引退。

榎本 和平 えのもと・わへい
衆院議員（自民党） ⽣大15.6.23 出山形県天童市 学中央大学経済学部（昭和27年）卒 勲三等旭日中綬章（平成8年） 山形新聞報道部長、衆院議員・木村武雄秘書を経て、昭和46年以来山形県議に4選。55年副議長を経て、58年から衆院議員に2選。竹下派。平成2年落選。5年山形県知事選に立候補。

江波戸 辰夫 えばと・たつお
八日市場市長 ⽣昭和3年3月1日 学旭農卒 八日市場市議、市会議長を経て、平成3年千葉県議に当選、2期。10年八日市場市長に当選。2期目。

榎原 一夫 えばら・かずお
吹田市長 ⽣大正15年4月16日 没平成12年7月24日 出大阪府 学摂南工専土木科（昭和23年）卒 藍綬褒章（平成3年）、勲三等旭日中綬章（平成8年） 昭和23年吹田市役所に入る。市職員組合委員長を経て、46年社共の統一候補として市長に初当選。50年、54年共産の単独推薦、58年、62年5党推薦で当選、5期をつとめた。平成3年引退。

海老原 栄 えびはら・さかえ
印西市長 ⽣昭和7年3月12日 出千葉県 学印旛高併設中卒 印西市議を経て、平成8年から印西市長に2選。16年退任。

海老原 龍生 えびはら・たつお
竜ケ崎市長 ⽣昭和6年7月29日 学茨城大学教育学部（昭和26年）卒 竜ケ崎市教育長を経て、平成4年から市長に2選。8年の市長選をめぐる公職選挙法違反事件で、9年11月同法違反（候補者買収）の容疑で茨城県警に逮捕される。12月起訴され、同月辞職した。

海老原 義彦 えびはら・よしひこ
参院議員（自民党） ⽣昭和3年10月7日 出茨城県 学東京大学農学部農芸化学科（昭和27年）卒 勲二等旭日重光章（平成14年） 昭和27年人事院に入る。のち総理府賞勲局に移り、54年総務課長、57年審議官、59年賞勲局長、62年6月次長を歴任。平成元年退官し、公害等調整委員会委員となる。7年参院議員に当選。渡辺派、村上・亀井派を経て、江藤・亀井派。1期務め、13年引退。

江村 利雄 えむら・としお
高槻市長 ⽣大正13年10月24日 出大阪府高槻市 学摂南工科専門学校（旧制）（昭和24年）卒 旭日小綬章（平成16年） 大阪府高槻町（現・高槻市）の町議の長男として生まれる。大阪府水道部技術長を経て、昭和56年高槻市助役。定年退職後、59年市長に当選。4期つとめる。平成11年2月パーキンソン病と診断された妻の介護のため、4月で辞任、大きな話題となった。同年介護の秘決などをまとめた手記「夫のかわりはおりまへん」を刊行。14年衆院補選大阪10区に民主党から立候補。

【著書】夫のかわりはおりまへん(徳間書店 '01)

江本 孟紀 えもと・たけのり
参院議員(民主党) 野球評論家 元・プロ野球選手 [生]昭和22年7月22日 [出]高知県香美郡土佐山田町 [学]法政大学経営学部 [歴]高知商、法政大、熊谷組を経て、昭和46年東映に入団、47年南海に移り、51年阪神に移る。54年まで連続8年10勝以上。56年8月放言の責任をとって引退。11年間で、113勝126敗19S、防御率3.52をあげる。引退後に出版した「プロ野球を10倍楽しく見る方法」は200万部を超す大ベストセラーとなる。野球解説の傍ら、タレントとしても活躍。平成4年参院選にスポーツ平和党から当選したが、7年離党し、12月自由連合(のち自由の会)に参加。9年フロムファイブ、10年1月民政党を経て、4月民主党に合流。2期。16年1月大阪府知事選に立候補。他の著書に「プロ野球大反省・大予想」「2003年版 プロ野球を10倍楽しく見る方法」など50冊以上。
【著書】江本センセイの国会の舞台裏がスミからスミまでわかる本(日本文芸社 '02)

江守 光起 えもり・みつおき
舞鶴市長 [生]昭和19年10月26日 [出]京都府舞鶴市 [学]大阪経済大学経済学部(昭和42年)卒 [歴]昭和42年江守石油に入社。53年舞鶴市議に当選。58年京都府議に当選し3期つとめる。平成7年舞鶴市長に当選。3期目。 [趣]山登り,座禅

遠藤 乙彦 えんどう・おとひこ
衆院議員(公明党 比例・北関東) [生]昭和22年2月1日 [出]岐阜県 [学]慶応義塾大学経済学部(昭和44年)卒 [歴]昭和44年外務省入省。ケンブリッジ大学留学後、在英、在印大使館、在EC代表部などに勤務。のち、60年情報調査局調査室長、61年文化交流部文化第二課長、埼玉大学客員教授などを歴任。平成2年公明党から衆院議員に当選。6年新進党、10年1月新党平和、同年11月新公明党結成に参加。12年落選。15年比例区北関東ブロックで返り咲き。通算4期目。

遠藤 嘉一 えんどう・かいち
大和市長 [生]大1.11.15 [出]神奈川県 [学]高小卒 [賞]勲四等旭日小綬章(昭和62年) [歴]昭和20年大和町助役、36年大和市立病院事務局長、40年大和市総務部長、42年助役を経て、50年市長に当選。62年引退。

遠藤 和良 えんどう・かずよし
衆院議員(公明党) [生]昭和18年5月9日 [出]徳島県徳島市 [学]静岡大学工業短期大学機械工学科(昭和40年)卒 [歴]聖教新聞記者を経て、昭和58年公明党から衆院議員に当選。平成6年新進党、10年1月新党平和結成に参加。11月公明党に合流。13年第2次森改造内閣で総務副大臣となり、同年5月小泉内閣でも再任。6期務め、15年引退。

遠藤 要 えんどう・かなめ
参院議員(自民党) 法相 [生]大正4年10月31日 [出]宮城県白石市 [学]白石高小卒 [賞]勲一等旭日大綬章(平成11年) [歴]昭和22年宮城県議(7期)、46年県会議長を経て、49年から参院議員に4選。61年第3次中曽根内閣の法相に就任。平成10年落選。竹下派を経て、小渕派。 [家]弟=遠藤雄三(宮城県議)

遠藤 武彦 えんどう・たけひこ
衆院議員(自民党 山形2区) [生]昭和13年10月5日 [出]山形県米沢市 [学]中央大学文学部(昭和36年)卒 [歴]米沢市農協を経て、昭和50年以来山形県議に3選。61年衆院議員に当選、2期。平成5年落選。8年復帰。13年小泉内閣の農水副大臣に就任。通算5期目。旧渡辺派を経て、山崎派。 [趣]読書 http://www3.ocn.ne.jp/~entake/

えんと

遠藤 忠 えんどう・ただし
矢板市長 ⓑ昭和15年10月5日 ⓞ栃木県 ⓖ宇都宮大学教育学部（昭和39年）卒 ⓗ矢板市教育長を経て、平成16年矢板市長に当選。

遠藤 利 えんどう・とし
水海道市長 ⓑ昭和3年4月24日 ⓞ茨城県水海道市 ⓖ東京医療専門学校（昭和30年）卒 ⓗ関鉄労組委員長、水海道市議6期を経て、平成7年水海道市長に当選。3期目。 ⓜ油絵、柔道

遠藤 利明 えんどう・としあき
衆院議員（自民党 山形1区） ⓑ昭和25年1月17日 ⓞ山形県上山市 ⓖ中央大学法学部（昭和48年）卒 ⓗ昭和48年代議士秘書を務め、58年以来山形県議に2選。平成2年衆院選に立候補。5年衆院議員に当選し、日本新党に入党。6年12月日本新党の解党後、新進党結成に参加せず無所属となり、7年12月自民党に入党。12年落選するが、15年返り咲き。通算3期目。小里グループ。
ⓜラグビー、野球 http://www.246.ne.jp/~toshiaki/

円藤 寿穂 えんどう・としお
徳島県知事 ⓑ昭和18年5月28日 ⓞ徳島県板野郡板野町 ⓖ東京大学法学部（昭和42年）卒 ⓗ昭和42年運輸省に入省。57年官房政策計画官、59年地域交通局交通計画課長、61年航空局飛行場部関西国際空港課長、62年監理部航空事業課長、平成元年国有鉄道改革推進部監理課長、4年官房審議官を歴任。5年5月退官。同年9月徳島県知事に当選。3期目任期途中の14年3月、県発注の公共工事に絡み収賄容疑で東京地検特捜部に逮捕され、のち1000万円の収賄約束罪にも問われた。

遠藤 登 えんどう・のぼる
天童市長　衆院議員（社民党） ⓑ昭和4年4月27日 ⓞ山形県天童市 ⓖ天童高定時制（昭和25年）卒 ⓗ天童市議4期を経て、昭和50年から山形県議に4選。平成2年衆院議員に当選、2期務める。9年天童市長に当選。2期目。
ⓜ釣り、柔道

遠藤 政夫 えんどう・まさお
参院議員（自民党） ⓑ大正12年2月6日 ⓓ平成7年11月9日 ⓞ福岡県甘木市 ⓖ東京帝大法学部（昭和19年）卒 ⓡ勲二等瑞宝章（平成7年） ⓗ労働省に入り、昭和47年職業訓練局長、48年職業安定局長を歴任して退官。52年参院議員に当選。当選2回。平成元年落選。選挙後、地元の久留米市議に対する大がかりな買収が明らかになった。4年無所属で立候補したが再び落選し、引退した。
【評伝】東京地検特捜部（成島惟義, 上原駿介著 アイペック'89）

遠藤 正則 えんどう・まさのり
文京（東京都）区長 ⓑ大正3年6月30日 ⓞ茨城県水戸市 ⓖ中央大学商学部二部（昭和14年）卒 ⓡ勲三等瑞宝章（平成11年） ⓗ昭和8年本郷区に入り、働きながら大学を卒業。35年文京区総務課長、43年助役を経て、50年以来区長に6選。平成11年引退。

【 お 】

及川 一夫 おいかわ・かずお
参院議員（社民党） ⓢ労働問題　労働運動 ⓑ昭和4年5月9日 ⓞ宮城県仙台市 ⓖ仙台通信講習所（昭和22年）卒 ⓡ勲二等瑞宝章（平成11年） ⓗ昭和22年仙台電信局に入る。30年東北地本書記長、31年全電通本部執行委員、35年

調交部長、38年調査室長、40年調交部長となり、闘争責任者として解雇。以後42年合対部長、43年書記長、49年委員長、53年総評副議長、57年全電通委員長を歴任。61年から参院議員に2選。平成10年引退。 ㊙スポーツ ㊣弟＝及川栄二（瑞鳳園社長）

及川 舜一　おいかわ・しゅんいち
一関市長　㊉大正3年2月14日　㊥平成11年3月11日　㊤岩手県東磐井郡大東町　㊦岩手県立工卒　㊥勲四等瑞宝章（平成7年）　㊥昭和6年岩手県庁に入る。22年一関土木事務所長、37年大船渡土木事務所長、40年一関市建設部長、50年助役を経て、58年市長に当選。3期務め、引退。北上川改修、一関遊水地事業などにあたった。

及川 順郎　おいかわ・じゅんろう
参院議員（公明）　㊉昭12.4.13　㊤北海道斜里郡斜里町　㊦日本大学理工学部土木工学科（昭和37年）卒　㊥公明党役員、党山梨県本部長を経て、昭和61年参院議員に当選、2期つとめる。平成10年引退。

及川 勉　おいかわ・つとむ
江刺市長　㊉昭5.10.29　㊤岩手県江刺市　㊦盛岡農専（昭和26年）卒　㊥旭日中綬章（平成15年）　㊥昭和26年農林省に入省。構造改善局地域計画課長補佐を経て、54年江刺市助役となり、58年市長に当選。5期務め、平成15年引退。

及川 哲夫　おいかわ・てつお
東和町（宮城県）町長　㊉明治39年2月22日　㊥平成16年7月22日　㊤宮城県桃生郡矢本町　㊦宮城県青年学校教員養成所（大正15年）卒　㊥勲四等瑞宝章（昭和52年）、東和町名誉町民（平成4年）　㊥昭和29年米川村長、31年日高村長を経て、32年以来東和町長に8選。この間、地方町村会副会長、46年宮城県登米地方町村会長、宮城県町村会副会長、50年

同会長を歴任。また、61年東和、中田、津山、登米の宮城県4町が連合してつくったミニ共和国"みやぎ北上連邦"（60年建国）の第2代大統領に就任した。
㊙旅行

扇 千景　おうぎ・ちかげ
参院議長　参院議員（自民党　比例）
国土交通相　保守党党首　元・女優
㊉昭和8年5月10日　㊤兵庫県神戸市　本名＝林寛子　木村寛子　㊦神戸高（昭和27年）卒、宝塚音楽学校（昭和29年）卒　㊥芸術祭賞（奨励賞）（昭和34年）「君は今何をみつめている」、旭日大綬章（平成15年）　㊥昭和29年宝塚歌劇団入団。52年自民党から参院全国区に当選。56年科学技術庁政務次官、60年参院文教常任委員長を務めた。平成元年落選するが、5年繰り上げ当選、6年4月新生党入りし、同年12月新進党結成に参加。10年1月自由党に参加。12年4月自由党が連立離脱するにあたり新党・保守党を結成して党首に就任、自民、公明両党とともに森連立政権に参画したが、直後の衆院選では16議席から7議席に激減した。同年7月第2次森連立内閣の建設相、国土庁長官に就任。同年12月第2次森改造内閣でも留任し、新たに運輸相、北海道開発庁長官に就任。13年1月中央省庁再編で国土交通相となり、同年4月の小泉内閣、14年9月の小泉改造内閣でも留任。13年7月参院選では自身の1議席のみとなり、9月保守党党首を退任。14年12月保守新党に参加。15年11月自民党に合流。16年7月参院初の女性議長に就任。通算5期目。他のエッセイに「できること できないこと」がある。　㊣夫＝中村鴈治郎（3代目）、長男＝中村翫雀（5代目）、二男＝中村扇雀（3代目）
【著書】できることできないこと（世界文化社'01）
【評伝】へぇ、それ、初耳です（鈴木治彦著　光人社'92）

おうま

合馬 敬 おうま・けい
参院議員(自民党) ⑰昭和12年9月26日 ⑲福岡県 ㉓東京大学法学部(昭和35年)卒 ㉕昭和35年農林水産省入省。企画室企画官、構造改善局農政部管理課長、官房参事官などを経て、60年構造改善局総務課長、61年北海道開発庁北海道開発局次長、62年農林水産省構造改善局計画部長を歴任。63年6月退官し、翌平成元年2月参院福岡選挙区補選に自民党公認で立候補したが落選。同年7月の参院選で当選。渡辺派。7年落選。

近江 巳記夫 おうみ・みきお
衆院議員(公明党) 科学技術庁長官 ⑰昭和10年10月1日 ⑲大阪府池田市 ㉓関西大学経済学部(昭和37年)卒 ㉕昭和38年大阪市議を経て、42年公明党から衆院議員に当選。平成6年羽田内閣の科学技術庁長官に就任。同年12月新進党、10年1月新党平和、同年11月新公明党に参加。10期務めた。

麻植 豊 おえ・ゆたか
小松島市長 ⑰明治41年1月17日 ⑲徳島県 ㉓警察大学校卒 ㉕昭和30年小松島警察署長となり、同年から小松島市議5期、48年〜平成元年市長を4期をつとめた。

大井 一雄 おおい・かずお
我孫子市長 ⑰昭和3年7月12日 ㉒平成11年3月19日 ⑲千葉県 ㉓東葛中(昭和21年)卒 ㉕会社を経営しながら、我孫子市議、市商工会専務などを務める。昭和62年1月我孫子市長に当選。2期務めた。

大井 喜栄 おおい・きえい
岩国市議 山口県議(自民党) ⑰昭和9年10月9日 ⑲山口県岩国市藤生町 ㉓慶応義塾大学経済学部卒 ㉕岩国市議1期、山口県議2期を経て、昭和62年4月岩国市長選に当選。平成3年落選。

大池 良平 おおいけ・りょうへい
江南市長 ⑰昭和20年3月6日 ⑲愛知県江南市 ㉓安城農林(昭和38年)卒 ㉕昭和55年江南市土地改良区理事、59年江南青年会議所理事長、のち江南市議を経て、平成3年江南市長に当選。3期務め、15年引退。

大石 昭忠 おおいし・あきただ
日田市長 ⑰昭和17年8月8日 ⑲大分県日田市 ㉓横浜国立大学経済学部(昭和41年)卒 ㉕給食会社顧問を経て、平成7年日田市長に当選。3期目。
⑳ゴルフ

大石 千八 おおいし・せんぱち
衆院議員(自民党) 郵政相 元・アナウンサー ⑰昭和10年11月21日 ⑲静岡県静岡市 ㉓早稲田大学商学部 ㉕NHKのスポーツ・アナウンサーを12年務めたが、実父の八治代議士が倒れて、昭和47年静岡1区から出馬。当選8回。厚生・自治政務次官、衆院地方行政委員長を務め、平成元年海部内閣の郵政相に就任。旧渡辺派。8年引退。
㉖父=大石八治(衆院議員)、息子=大石秀政(衆院議員)

大石 尚子 おおいし・ひさこ
衆院議員(民主党 神奈川4区) ⑰昭11.8.26 ⑲神奈川県鎌倉市 ㉓横浜国立大学教育学部心理学科(昭和34年)卒 ㉕民社党神奈川県議5期を経て、平成元年参院選、2年衆院選、4年参院選に立候補。8年新進党より衆院比例区に立候補。12年民主党より衆院議員に当選。2期目。絵本に「まこちゃんがはだしになった」がある。
⑳旅行 ㉖祖父=秋山真之(海軍中将)
http://www.oishihisako.com/

大石 秀政　おおいし・ひでまさ
衆院議員(自民党)　[生]昭和38年11月12日　[出]静岡県　[学]早稲田大学教育学部中退　[歴]代議士秘書を経て、平成8年衆院議員に当選。旧渡辺派を経て、10年12月山崎派に参加。12年落選。　[家]父＝大石千八(郵政相),祖父＝大石八治(衆院議員)

大石 正光　おおいし・まさみつ
参院議員(民主党　比例)　[生]昭和20年1月28日　[出]宮城県仙台市　[学]立教大学文学部(昭和61年)卒,フィットワース大学政治学部　[歴]祖父も父も衆院議員の家に生まれる。国土計画に勤務した後、農相秘書官、参議院議員秘書、自民党中田支部長を経て、中曽根首相の私設秘書に。昭和61年衆院議員に当選。平成5年12月自民党を離党し、6年1月改革の会を結成するが、同年自由改革連合を経て、新進党結成に参加。8年落選。12年2月民主党から衆院補選で返り咲き。15年落選。通算5期。16年参院選比例区に出馬し当選。　[家]父＝大石武一(衆院議員),祖父＝大石倫治(衆院議員)

大出 彰　おおいで・あきら
衆院議員(民主党　比例・南関東)　[生]昭和25年11月19日　[出]神奈川県横浜市　[学]明治大学法学部法律学科(昭和50年)卒　[資]行政書士　[歴]父は衆院議員を務めた大出俊。父の秘書などを経て、平成12年衆院議員に当選。2期目。　[家]父＝大出俊(衆院議員)　http://www.ocn.ne.jp/~a-oide/

大出 俊　おおいで・しゅん
衆院議員(社民党)　郵政相　[生]大正11年3月10日　[没]平成13年11月8日　[出]神奈川県横浜市　[学]逓信官吏練習所卒　[賞]勲一等旭日大綬章(平成7年)　[歴]横浜鶴見郵便局に勤務。全逓本部書記長、副委員長、総評副議長を経て、昭和38年社会党(現・社民党)から衆院議員に当選。以後11回当選。61年9月党国対委員長、平成6年村山内閣の郵政相、党副委員長をつとめ、8年引退した。縦じまのスーツがトレードマークで国会でロッキード、ダグラス・グラランなどの汚職事件を追及、たびたび審議をストップさせたことから“国会止め男”とも呼ばれた。安保問題にも詳しく、旧社会党を代表する論客の一人だった。
[趣]剣道　[家]二男＝大出彰(衆院議員)
【評伝】永田町の暗闘〈8〉(鈴木棟一著 毎日新聞社'90)

大内 恭平　おおうち・きょうへい
銚子市長　[生]昭和7年5月12日　[出]千葉県　[学]慶応義塾大学法学部(昭和30年)卒　[賞]藍綬褒章,勲四等瑞宝章(平成15年)　[歴]昭和53年以来銚子市長に2選。61年落選。

大内 啓伍　おおうち・けいご
民社党委員長　衆院議員　厚相
[生]昭和5年1月23日　[出]東京都台東区
[学]早稲田大学法学部(昭和26年)卒
[賞]勲一等旭日大綬章(平成12年)
[歴]昭和28年右派社会党政策審議会事務局に入り、35年民社党結成に参加。民社党政策審議会事務局長、副会長を経て、51年衆院議員に当選。59年衆院沖縄・北方問題特別委員長、60年〜平成元年2月党書記長。民社党のニューリーダーとして期待され、61年に落選したが、平成2年復帰し、同年4月党委員長に就任。5年8月非自民連立政権に参加し、細川内閣の厚生相に就任。羽田内閣でも留任。6年6月衆院の新会派・改新の結成を提唱したことが、社会党の政権離脱など政局の混乱を招いたとして、党委員長辞任。同年12月民社党が解党して新進党が発足した際には参加せず、自由連合に参加。7年11月自民党入り。通算6期つとめる。8年、12年落選。著書に「平和への道」「左翼全体主義」(共著)など。

【著書】われ、事に後悔せず(大和出版 '95)
【評伝】藤原弘達のグリーン放談〈5〉豪放磊落(藤原弘達編 藤原弘達著作刊行会;学習研究社〔発売〕〔'86)/議員秘書、捨身の告白(佐藤久美子著 講談社'93)/永田町の“都の西北”(大下英治著 角川書店'88)

大内 秀夫 おおうち・ひでお
高砂市長 [生]昭和7年3月14日 [出]兵庫県 [学]関西大学法学部(昭和30年)卒 [賞]旭日小綬章(平成16年) [歴]兵庫県環境局長を経て、平成6年高砂市長に当選。10年落選。

大江 康弘 おおえ・やすひろ
参院議員(民主党 比例) [生]昭和28年12月4日 [出]和歌山県田辺町 [学]芦屋大学教育学部(昭和52年)卒 [歴]玉置和郎衆院議員秘書を経て、昭和53年西オーストラリア工科大学に留学。父の急死により、54年父の地盤を引きついで、自民党から和歌山県議に当選。平成4年副議長。のち和歌山市に転じ6期つとめる。12年和歌山県知事選に立候補。13年参院選比例区に自由党から立候補し、当選。15年9月民主党に合流。 [家]父=大江敏一(和歌山県議)

大家 啓一 おおか・けいいち
小矢部市長 医師 [生]昭和10年3月22日 [出]富山県小矢部市 [学]金沢大学医学部(昭和34年)卒，金沢大学大学院医学研究科(昭和39年)修了 医学博士 [歴]昭和39年金沢大学医学部助手。41年七尾松原病院院長、42年小矢部大家病院(内・精神科)を開業。61年12月小矢部市長に当選。5期目。 [趣]読書，ゴルフ，野球

大方 春一 おおがた・はるいち
上川町(北海道)町長 [生]大正8年5月14日 [没]平成10年5月25日 [出]北海道上川郡上川町 [学]永山農(現・旭川農)中退 [賞]勲七等瑞宝章(昭和18年)，北海道農協功労者賞(昭和39年)，北海道政治功労賞(昭和62年)，全国町村会表彰自治功労者(平成1年)，北海道社会貢献賞(平成6年)，勲四等旭日小綬章(平成8年)，上川町功労者 [歴]旧永山農業を病気中退し、産業組合に入る。昭和15年応召。復職後、農協参事、町議を経て、42年社会党から北海道議に。3期連続当選。52年から上川町長を務め、59年町営ホテル赤字粉飾決算事件で引責辞任するが、63年再び町長に復帰。通算4期務めた。 [趣]読書，庭園観賞

大川 清幸 おおかわ・きよゆき
参院議員(公明党) [生]大正14年11月6日 [出]東京都墨田区 [学]中央大学経済学部(昭和27年)卒 [歴]昭和34年墨田区議(1期)、38年東京都議(5期)を経て、55年参院議員に当選。58年参院法務委員長をつとめた。61年引退。

大川 政武 おおかわ・まさたけ
銚子市長 [生]昭和23年11月24日 [学]明治大学商学部卒 [歴]銚子市議を経て、平成6年より銚子市長に2選。14年落選。

大川 靖則 おおかわ・やすのり
奈良市長 [生]昭和6年9月20日 [出]奈良県 [学]近畿大学短期大学部卒 [歴]昭和23年旧平城村役場に入り、26年合併により奈良市役所に勤務。53年社会福祉事務所長、60年市長公室長、62年収入役、63年助役を経て、平成4年から奈良市長に4選。16年落選。 [趣]囲碁，園芸

大河原 太一郎 おおかわら・たいちろう
参院議員(自民党) 農水相 [生]大正11年5月26日 [出]群馬県碓氷郡松井田町 [学]東京帝大法学部政治学科(昭和19年)卒 [歴]農林省に入省。昭和47年畜産局長、49年官房長、50年食糧庁長官、53年事務次官を歴任して、54年退官。55年参院議員に当選、3期つとめる。平成6年村山内閣の農水相をつとめた。8年予算委員長。旧渡辺派。10年引退。

大木 正吾　おおき・しょうご
衆院議員（社民党）　[生]大正11年3月26日　[没]平成16年3月17日　[出]千葉県山武郡松尾町　[学]日本大学専門部法科（昭和18年）中退　[賞]勲二等旭日重光章（平成9年）　[歴]昭和12年東京浅草寿町郵便局に勤務。戦後の23年、全逓信従業員組合中央執行委員。25年郵政を離れ公社化された電電公社関東電気通信局に移り、28～32年全国電気通信労働組合（全電通）書記長。33年委員長となるが、千代田丸事件により1期で辞任。37年総評幹事を経て、45～51年事務局長。52年社会党から参院議員に当選、2期務めた。平成2年衆院議員に転じ、2期。8年引退。　[趣]囲碁

大木 浩　おおき・ひろし
衆院議員（自民党）　環境相　[生]昭2.6.30　[出]愛知県名古屋市　[学]東京大学法学部（昭和27年）卒　[賞]勲一等瑞宝章（平成11年）　[歴]昭和26年外務省入省、54年在ホノルル総領事で退官。55年以来参院議員に3選。平成9年第2次橋本改造内閣の環境庁長官に就任。同年12月気候変動枠組み条約第3回締約国会議（温暖化防止京都会議）本会議議長を務めた。10年落選。12年衆院選に転じ、当選。14年2月外相に転じた川口順子元環境相の後任として、小泉内閣の環境相に就任。15年落選。橋本派。
http://www.hiroshi-ohki.com/

大気 弘久　おおき・ひろひさ
矢板市長　[生]昭和8年3月20日　[出]栃木県矢板市　[学]東北大学法学部（昭和31年）卒　[歴]昭和32年東京都選挙管理委員会、34年栃木県教育委員会事務局学校管理課、56年総務部人事課主幹兼課長補佐、58年商工労働部労政課長、59年総務部人事課長、60年総務部次長兼人事課長、61年商工労働部長などを歴任し、63年矢板市長に当選。2期つとめ、平成8年退任。

大来 佐武郎　おおきた・さぶろう
外相　国際大学名誉学長　エコノミスト　[専]経済問題　資源・人口問題　[生]大正3年11月3日　[没]平成5年2月9日　[出]旧満州・大連　[学]東京帝国大学工学部電気工学科（昭和12年）卒　経済学博士　[賞]マグサイサイ賞，西ドイツ大功労十字星章，コンパニオン・オブ・ジ・オーダー・オブ・オーストラリア勲章（昭和60年），勲一等旭日大綬章（昭和61年），ブリタニカ賞（第2回）（昭和62年），白象一等勲章（タイ）（平成1年），インディラ・ガンジー平和・軍縮・開発賞（平成4年），東洋経済賞（第4回・特別賞）（平成5年）　[歴]昭和12年逓信省に入省。14年興亜院（のち大東亜省）に出向。戦後は外務省に属し、22年4月総理庁事務官、6月経済安定本部調査課長。27年国連エカフェ事務局経済分析課長となり、29年帰国して経済企画庁に復帰、32年総合計画局長として国民所得倍増計画策定を担当した。38年退官。この間、23～26年「経済白書」を執筆。その後、39年日本経済研究センター初代理事長、48年海外経済協力基金総裁を経て、54年第2次大平内閣で外相に就任、民間人外相として話題となった。56年内外政策研究会会長、外務省顧問、57年国際大学学長となり、62年総長。対外経済協力審議会会長などを務め、国際的エコノミストとして活躍した。著書に「世界経済診断」「日本官僚事情」「資源のない国日本と世界」「21世紀に向けての日本の役割」などがある。平成7年大来佐武郎記念賞が創設された。　[団]経済政策学会，計画行政学会，世界自然保護基金（日本委員会会長），日本ユニセフ協会（会長）　[趣]読書，ゴルフ
【著書】経済外交に生きる（東洋経済新報社 '92）／西太平洋経済を読む（大来佐武郎，渡辺利夫著 プラネット出版'91）／アメリカの論理 日本の対応（ジャパンタイムズ '89）／有沢広巳 戦後経済を語る（有沢広巳著，大来佐武郎，河合三良，氏原正治

郎, 井上亮聞き手　東京大学出版会'89)／エコノミスト外相の二五二日(東洋経済新報社'80)／八方破れの経済戦略(東洋経済新報社'78)
【評伝】わが志は千里に在り(小野善邦著　日本経済新聞社'04)／昭和のエコノミスト(杉田弘明著　中央経済社'89)／戦後経済復興と経済安定本部(経済企画庁編　大蔵省印刷局'88)

大口　善徳　おおぐち・よしのり
衆院議員(公明党　比例・東海)　⊕昭和30年9月5日　⊕大阪府　⊕創価大学法学部(昭和53年)卒　⊕弁護士
⊕昭和56年弁護士登録。平成5年公明党から衆院議員に当選。6年新進党、10年1月新党平和、同年11月新公明党結成に参加。12年落選するが、15年返り咲き。通算3期目。　⊕静岡県弁護士会
http://www.oguchi.gr.jp/

大久保　清　おおくぼ・きよし
高萩市長　茨城県議(社会党)　⊕昭和5年3月9日　⊕平成16年11月24日　⊕茨城県高萩市　⊕青年学校(昭和20年)卒
⊕旭日中綬章(平成15年)　⊕高荻炭砿で組合活動に携わり、昭和30年高萩市議に当選、5期。49年茨城県議に転じ、3期務めた。61年高萩市長選に出馬したが落選、平成2年当選。3期務める。14年落選。16年屋根から倒落死した。
⊕草野球

大久保　慎七　おおくぼ・しんしち
小金井市長　⊕大正9年5月22日　⊕東京　⊕東京府立二商卒　⊕税理士
⊕勲四等瑞宝章(平成12年)　⊕土地開発公社理事長、小金井市総務部長、助役などを務め、昭和62年から小金井市長に3選。平成11年引退。

大久保　敬　おおくぼ・たかし
糸魚川市長　⊕大10.11.13　⊕新潟県　⊕能生水産学校(昭和11年)卒　⊕昭和16年糸魚川町役場に入る。糸魚川市総務課長、助役を経て、44年以来市長に4選。60年10月引退。

大久保　勉　おおくぼ・つとむ
参院議員(民主党　福岡)　⊕昭和36年3月11日　⊕福岡県久留米市　⊕京都大学経済学部(昭和59年)卒　⊕昭和59年東京銀行(現・東京三菱銀行)に入行。為替資金部、ニューヨーク支店から平成6年モルガンスタンレー証券東京支店に移り、金融派生商品グループバイスプレジデントを経て、7年エグゼクティブディレクター。16年マネージングディレクターを最後に退職。同年6月参院選福岡選挙区に民主党から立候補し当選。共著に「スワップ革命──日本金融村に地殻変動が起きた」「よくわかるデリバティブ入門講座」などがある。
http://www.t-okubo.jp/

大久保　寿夫　おおくぼ・としお
小山市長　⊕昭和23年8月9日　⊕栃木県　⊕東京大学大学院(昭和48年)修了
⊕農林水産省職員を経て、平成12年小山市長に当選。2期目。

大久保　直彦　おおくぼ・なおひこ
衆院議員(公明党)　参院議員　⊕昭和11年4月10日　⊕東京都千代田区　⊕早稲田大学政経学部(昭和34年)卒　⊕証券会社に勤め、民主音楽協会常務理事に。創価学会副理事長を経て、昭和44年東京4区より公明党公認で衆院議員に当選。以来当選7回。平成2年落選、4年参院選比例区で当選。この間、党青年局長、副書記長、副委員長を歴任。国会対策畑が長く、昭和52年から公明党国対委員長もつとめた。平成10年引退。
⊕野球、音楽、日本画鑑賞、将棋
【評伝】永田町の"都の西北"小説早稲田大学〈前編〉(大下英治著　角川書店'88)

大久保 福義 おおくぼ・ふくよし
那珂川町(福岡県)町長 [生]昭和8年8月16日 [出]福岡県筑紫郡那珂川町 [学]南畑中(昭和23年)卒 [歴]昭和44年福岡県の那珂川町議に当選。50年町議会議長、筑紫郡議会会長などを経て、53年那珂川町長に当選。同年から山陽新幹線の回送線を通勤・通学に利用する運動に取り組み、63年福岡市・春日市と"新幹線乗車実現期成会"を結成、会長に。平成元年実現を果たした。 [趣]山菜・タケノコ採り

大久保 誠 おおくぼ・まこと
金峰町(鹿児島県)町長 [生]昭和12年5月19日 [出]鹿児島県日置郡金峰町 [学]法政大学法学部卒 [歴]鹿児島県庁に入庁。秘書課長、中小企業課長、商工政策課長などを経て、平成3年金峰町町長に当選。高齢化の歯止めになればと40歳以下の妻帯者が転入して10年間住んだら100万円贈るというユニークなアイデアを打ち出し話題に。4期目。

大蔵 律子 おおくら・りつこ
平塚市長 [生]昭和14年4月19日 [出]鹿児島県加世田市 [学]鹿児島大学文理学部理学科(昭和37年)卒 [歴]主婦仲間との消費者運動や平和運動に携わり、昭和62年から平塚市議に4選。平成15年"平成の大合併"による湘南市構想の再考などを訴え、市長に当選。

大河内 鷹 おおこうち・たか
二本松市長 [生]大正10年7月17日 [出]福島県二本松市 [学]陸士(昭和17年)卒 [歴]二本松市議7期、市会議長2期を経て、昭和59年市長に当選。3期。平成8年引退。

大幸 甚 おおさか・じん
加賀市長 [生]昭和16年12月23日 [出]石川県 [学]専修大学法学部(昭和40年)卒 [歴]加賀市議1期を経て、昭和50年自民党から石川県議に6選。63年副議長、平成5年議長。11年加賀市長に当選。2期目。

逢坂 誠二 おおさか・せいじ
ニセコ町(北海道)町長 [生]昭和34年4月24日 [出]北海道虻田郡ニセコ町 [学]北海道大学薬学部卒 [歴]昭和58年ニセコ町役場に入り、企画広報係長、財政係長などを経て、平成6年北海道内最年少の町長に。3期目。「住んでいる人が誇れる町づくり」を目指して町政改革に取り組む。 [団]自治体学会,札幌地方自治法研究会
【著書】わたしたちのまちの憲法(木佐茂男, 逢坂誠二編 日本経済評論社'03)

大沢 郁夫 おおさわ・いくお
和良村(岐阜県)村長 [生]昭和4年12月12日 [出]岐阜県郡上郡和良村 [学]武義中(昭和21年)卒 [賞]勲四等瑞宝章(平成12年) [歴]昭和32年和良村役場に入り、43年建設課長、46年農林課長。47年村長に当選、4期務める。亡父が村長だった頃に村の1割にあたる人が中国に入植したことから、残留者のために予算を組み、"終身年金"を送った。

大沢 一治 おおさわ・かずはる
八千代市長 [生]昭和22年10月2日 [学]習志野高卒 [歴]大沢興業代表取締役。日本青年会議所常任理事を経て、八千代市商工会副会長。平成3年自民党から千葉県議に当選、1期務める。7年八千代市長に当選、2期務める。14年11月収賄容疑で千葉県警に逮捕される。

大沢 辰美 おおさわ・たつみ
参院議員(共産党) [生]昭和15年9月20日 [出]兵庫県 [学]川崎高等看護学院(昭和37年)卒 [歴]昭和37年看護婦を経て、47年より三田市議を5期務めた。平成10年参院議員に共産党から当選、1期。16年落選。 http://www.oosawa-tatsumi.com/

大沢 善隆 おおさわ・よしたか
桐生市長 [生]昭和16年10月27日 [出]群馬県 [学]早稲田大学商学部(昭和40年)卒 [歴]衆院議員秘書を経て、昭和46年以来群馬県議に3選。62年桐生市長に当選。平成3年落選。11年返り咲き。通算3期目。 [趣]釣り, 野球, 囲碁

大塩 和男 おおしお・かずお
枚方市長 [生]昭和4年2月5日 [出]京都府京都市 [学]立命館大学経済学部(昭和30年)卒 [賞]勲四等瑞宝章(平成11年) [歴]昭和23年枚方市役所に勤務。50年総務部長、52年水道事業管理者などを歴任。60年収入役となり、のち助役を経て、平成3年枚方市長に当選。1期つとめ、7年引退。

大塩 満雄 おおしお・みつお
見附市長 新潟県議(自民党) [生]昭和8年9月18日 [没]平成15年12月6日 [出]新潟県見附市 [学]早稲田大学法学部卒 [歴]見附JC理事長、明日の見附を考える会代表幹事などを歴任。昭和62年から新潟県議に2選。平成6年から見附市長に2選、新潟県中部産業団地への企業誘致、地元繊維産業の振興などに尽力した。14年引退。

大下 勝正 おおした・かつまさ
町田市長 [生]昭和2年2月18日 [出]大阪府大阪市 [学]京都大学法学部政治学科(昭和23年)卒 [歴]鈴木茂三郎元社会党委員長秘書を経て、社会党中央本部政策審議会に入る。昭和45年以来町田市長に5選。平成2年引退。著書に「車いすで歩けるまちづくり」「一人ひとりの命を」などがある。 [趣]読書
【著書】町田市が変わった(朝日新聞社 '92)

大島 敦 おおしま・あつし
衆院議員(民主党 埼玉6区) [生]昭和31年12月21日 [出]埼玉県北本市 [学]早稲田大学法学部(昭和56年)卒 [歴]昭和56年日本鋼管、平成7年ソニー生命保険勤務を経て、11年武蔵学園理事長、きたもと幼稚園理事。12年民主党から衆院議員に当選。2期目。
http://www.sakitama.or.jp/oshima/
【著書】人生転換(全日法規 '01)

大島 晋作 おおしま・しんさく
尾西市長 [生]昭和19年5月12日 [出]愛知県尾西市 [学]立教大学法学部卒 [歴]染色整理会社長。平成11年尾西市長に当選、1期務める。15年落選。

大島 理森 おおしま・ただもり
衆院議員(自民党 青森3区) 農水相 文相 [生]昭和21年9月6日 [出]青森県八戸市 [学]慶応義塾大学法学部(昭和45年)卒 [歴]昭和45年毎日新聞社入社。50年以来青森県議2期を経て、58年衆院議員に当選、7期。平成7年村山改造内閣の環境庁長官、12年第2次森連立内閣の文相、科学技術庁長官に就任。14年小泉改造内閣の農水相に就任。15年3月元秘書の献金流用疑惑などの責任を取り農水相を辞任。旧河本派を経て、高村派。 [家]父=大島勇太郎(青森県議)
http://www.hi-net.ne.jp/morry/

大島 忠義 おおしま・ただよし
中間市長 [生]昭和18年4月13日 [出]山口県 [学]厚狭高(昭和37年)卒 [歴]昭和38年新日鉄八幡製鉄所に入社。労働組合運動に携わり、47年八幡製鉄労組専従役員。62年中間市議となり、副議長を経て、平成13年中間市長に当選。 [趣]柔道, ゴルフ, 庭いじり

大島 友治 おおしま・ともじ
参院議員(自民党) 科学技術庁長官 [生]大正5年10月2日 [没]平成11年4月19日 [出]栃木県下都賀郡岩船町 [学]京都帝大農学部(昭和16年)卒 [賞]勲一等瑞宝章(平成4年) [歴]栃木県庁に入り、昭和46年教育次長、47年農務部長を経て、49年以来参院議員に3選。平成2年第2次海部内閣の科学技術庁長官に就任。渡辺派。4年引退。 [趣]剣道(教士6段)

大島 靖　おおしま・やすし
大阪市長　⚪大正4年1月30日　⚪和歌山県田辺市　⚪東京帝大法学部（昭和14年）卒　⚪ポーランド功労勲章コマンダー章（昭和61年）　⚪昭和14年内務省入省。24年大阪府労働部長、29年在ジュネーブ総領事、労働省労働統計調査部長、34年審議官、35年労働基準局長を歴任後、38年大阪市助役に。46年全国初の社公民相乗りで大阪市長に当選。2期からは自民党も加わる。4期つとめ、62年引退。この間、都市基盤整備に力を入れ、下水道はほぼ100%完備を実現した。63年大阪国際交流センターに就任。平成3年国際フォーラム・自治体と海外協力実行委員。　⚪囲碁、ゴルフ　⚪弟＝大島弘（衆院議員）

大島 慶久　おおしま・よしひさ
参院議員（自民党）　歯科医　⚪昭和15年3月30日　⚪愛知県名古屋市　⚪愛知学院大学歯学部（昭和42年）卒　医学博士（名古屋市立大学）（昭和56年）　⚪昭和46年大島病院副理事長。54年以来名古屋市議を3期務め、平成2年11月の参院愛知補選に初当選。その後、比例代表区に転じる。13年9月経済産業副大臣。当選3回。竹下派、小渕派を経て、橋本派。16年引退。　⚪ゴルフ

大島 令子　おおしま・れいこ
衆院議員（社民党）　⚪昭和27年5月14日　⚪静岡県富士宮市　⚪静岡県立大学（昭和50年）卒　⚪昭和51年から10年間松山市に住み、合成洗剤追放運動に参加、松山学校給食を良くする会事務局長を務めた。その後書店、ジャズ喫茶を経営するかたわら身体障害者の介護に参加。61年愛知郡長久手町に移住、会社勤務を続けながら、平成3年より長久手町議を2期務める。11年愛知県議選に立候補。12年社民党より衆院選に立候補、比例区東海ブロックで1位当選を果たし、1期務める。15年落選。

⚪バイオリン　http://www.ylw.mmtr.or.jp/~ooshima/

大城 真順　おおしろ・しんじゅん
参院議員（自民党）　⚪昭2.10.5　⚪沖縄県島尻郡玉城村百名　⚪ミズーリ州立大学政治学部（昭和30年）卒　⚪勲二等旭日重光章（平成9年）　⚪昭和40年琉球立法府議員となる。復帰後沖縄県議を経て、54年衆院議員に当選。57年補選で参院議員に転じ、2期つとめる。竹下派。平成4年落選。　⚪21世紀の沖縄を創る会
【評伝】ザ・選挙（佐久田繁, 川条昭見編著　月刊沖縄社'86）

大城 伸彦　おおしろ・のぶひこ
伊豆市長　⚪昭和14年4月7日　⚪明治大学卒　⚪東芝テック三島工場長などを経て、平成13年修善寺町長に当選。16年4月同町が近隣3町と合併して新たに発足した伊豆市の初代市長に当選。

太田 昭宏　おおた・あきひろ
衆院議員（公明党　東京12区）　⚪昭和20年10月6日　⚪愛知県新城市　⚪京都大学大学院（昭和46年）修士課程修了　⚪大学院修了後、創価学会本部勤務。男子部長を経て、昭和57年5月青年部長、公明党東京都副書記長などを歴任。平成2年東京8区から衆院選に出馬。5年東京9区に転じて、衆院議員に当選。6年新進党、10年1月新党平和、同年11月新公明党結成に参加。4期目。
http://www.akihiro-ohta.com/
【評伝】改革に挑む男たち（山本集著　日刊スポーツ出版社'95）

太田 淳夫　おおた・あつお
参院議員（公明党）　⚪昭9.1.28　⚪東京都中央区　⚪東京大学文学部国史学科（昭和31年）卒　⚪三井生命勤務を経て、昭和49年以来参院議員に3選。平成4年引退。

太田 貴美 おおた・あつみ
野田川町(京都府)町長 [生]昭和21年9月18日 [出]京都府京都市 [学]ノートルダム女子大学(昭和41年)中退 [歴]昭和29年子供親善大使としてタイを訪問。41年日本航空に入社しスチュワーデスとして1年間勤務。42年結婚退職し、夫の故郷の京都府野田川町に移り、50年28歳の時同町議に当選。1期務めた後、58年再び出馬し、以来3期連続当選を果たす。平成5年町会議長。6年同町長に当選、全国で唯一の女性町長となる。3期目。

太田 誠一 おおた・せいいち
衆院議員(自民党) 総務庁長官 [生]昭和20年10月30日 [出]福岡県福岡市 [学]慶応義塾大学経済学部(昭和43年)卒, 慶応義塾大学大学院経済研究科(昭和48年)修了 経済学博士(慶応義塾大学)(昭和48年) [歴]福岡大学助教授を経て、昭和55年以来衆院議員に7選。平成6年離党して自由党を結成。同年12月新進党結成に参加したが、7年5月離党、8月自民党に復党。10年小渕内閣の総務庁長官、11年小渕改造内閣でも留任。宮沢派、加藤派を経て、堀内派。15年民主党の新人候補に敗れ落選。 [家]父=太田清之助(博多大丸会長)
http://www.otaseiichi.gr.jp/
【評伝】21世紀のリーダーたち(大下英治著 ぴいぷる社'97)

太田 大三郎 おおた・だいさぶろう
加茂市長 [生]大正12年7月24日 [出]新潟県 [学]加茂朝中卒 [歴]三菱重工名古屋航空機製作所に入社、技術員教習所で技術を習得し、戦後七欧無線電気に入る。昭和34年新潟紙器工業、45年新潟フォーム、49年ダイサン、51年ダイサンコンテナー、53年ダイサン佐渡コンテナー各会社を設立、代表取締役に就任。62年加茂市長に当選。2期つとめ、平成7年引退。 [趣]読書, スポーツ観戦

太田 大三 おおた・だいぞう
盛岡市長 [生]大正14年6月30日 [没]平成13年12月17日 [出]岩手県盛岡市 [学]京都大学農学部(昭和23年)卒 [賞]勲三等瑞宝章(平成8年) [歴]昭和23年盛岡市役所に入り、産業部長、財政部長、助役を歴任。54年9月以来盛岡市長に4選。平成7年引退した。 [趣]囲碁, 読書

太田 正 おおた・ただし
徳島県知事 [生]昭和18年8月10日 [出]徳島県三好郡東祖谷山村 [学]池田高卒 [歴]専売公社勤務、徳島県北島町議4期、徳島県労評青年部長、社会党県本部書記次長などを歴任。昭和62年から徳島県議に4選。平成13年徳島県知事選に立候補。14年円藤寿穂知事の辞職に伴う知事選に当選し、保守合同以来、徳島では初の“非自民”知事となる。15年3月県議会による不信任決議を受け失職。それに伴う知事選に再出馬するが、自民党推薦の新人候補に敗れる。

太田 豊秋 おおた・とよあき
参院議員(自民党 福島) [生]昭和10年2月15日 [出]福島県原町市 [学]法政大学経済学部(昭和34年)卒 [賞]紺綬褒章(昭和53年) [歴]福島県議に5選し、平成3年議長に就任。5年7月補欠選挙で参院議員に当選。14年小泉改造内閣の農水副大臣に就任。3期目。宮沢派、加藤派を経て、堀内派。一方、相馬地方の伝統行事“野馬追”では500騎の騎馬武者を指揮する軍師を務める。 [趣]ゴルフ, アマチュア無線, 射撃 [家]祖父=太田秋之助(衆院議員), 長男=太田光秋(福島県議)

太田 房江 おおた・ふさえ
大阪府知事 [生]昭和26年6月26日 [出]広島県呉市 [学]東京大学経済学部(昭和50年)卒 [歴]昭和50年通産省入省。産業政策局産業構造課、生活産業局通産課、国土庁出向などを経て、62年6月官房広報課長補佐となり、内外のマスコミとの応対のほか、広報誌「通産ジャーナル」

の編集も担当。63年10月初代産業労働企画官、平成2年通産研究所研究主幹、住宅産業課長、消費経済課長ののち、9年7月岡山県副知事に就任。男女共同参画社会の推進に努め、11年7月通商産業省消費者行政担当審議官。12年2月大阪府知事選に当選し全国初の女性知事となる。2期目。 [趣]音楽

【評伝】地方が変わる、日本を変える(読売新聞社編 ぎょうせい'02)／保守を忘れた自民政治(井尻千男著 ワック'02)

大田 昌秀 おおた・まさひで

参院議員(社民党 比例) 大田平和総合研究所所長 琉球大学名誉教授 沖縄県知事 [専]広報学 社会学 [生]大正14年6月12日 [出]沖縄県島尻郡具志川村(久米島) [学]早稲田大学教育学部(昭和29年)卒, シラキュース大学(米国)大学院(昭和31年)修士課程修了 [興]沖縄戦 [賞]沖縄タイムス文化賞(昭和47年), 東恩納寛惇賞(昭和62年) [歴]昭和16年沖縄師範入学、在学中の20年鉄血勤皇隊員として沖縄戦を体験。29年早稲田大学教育学部卒後、米国留学し、43年琉球大学講師、のち教授、法文学部長を経て、平成2年退官。東京大学新聞研究所、ハワイ大学、アリゾナ大学でも教授·研究を行う。著書に「沖縄のこころ」「これが沖縄戦だ」「近代沖縄の政治構造」「沖縄の民衆意識」など多数。沖縄と本土人との差別是正を訴えている。平成2年沖縄県知事に当選、12年ぶりの革新県政誕生となった。7年米国軍用地の強制使用手続きにかかわる代理署名を拒否。12月村山首相は職務執行命令を求める行政訴訟(沖縄代理署名訴訟)を起した。8年8月最高裁で敗訴。同年9月基地整理·縮小と日米地位協定見直しを問う県民投票を実施。過半数が見直しについて賛成し、その結果を持って橋本首相と会談。首相が沖縄経済振興への政府の新たな取り組みを示し、理解を示したことを評価し、代理署名に応じた。9年4月改正駐留軍用地特別措置法が成立。10年2月米国軍普天間飛行場の返還に伴う海上航空基地(ヘリポート)建設について、建設候補地の名護市での市民投票で建設反対が過半数を占めたことにより反対を表明。同年3選を目指すが、落選。11年1月基地問題や高齢化社会などについて研究し、政策を提言していく大田平和・総合研究所を開設。13年7月社民党から参院選比例区に当選。 [団]日本新聞学会, 日本社会学会 [趣]読書 http://www.ota-m.com/

【著書】沖縄、基地なき島への道標(集英社'00)／沖縄の決断(朝日新聞社 '00)／ひたすらに平和の創造に向けて(近代文芸社'97)／沖縄 平和の礎(岩波書店 '96)／沖縄は訴える((京都)かもがわ出版 '96)／代理署名拒否の理由(大田昌秀, 沖縄県基地対策室著 ひとなる書房'96)／沖縄(朝日新聞社 '96)

【評伝】茶柱が倒れる(神山吉光編 (那覇)閣文社'98)／永田町の通信簿(岸井成格, 佐高信ほか著 作品社'96)

太田 満保 おおた・みつやす

平田市長 [生]昭和22年7月7日 [出]島根県平田市 [学]京都大学文学部卒 [歴]学生時代は全共闘の闘士として活動、卒業後は地元に帰って家業の金物業一筋。昭和62年平田市長に当選、4期務める。平成12年“週1回はパソコンに触れない日を”と禁パソコン構想“パソコンノーデー”を打ち出し話題となる。15年島根県知事選に立候補するが落選。島根県内の50歳以下の市町村長を集めた“若手首長会”を結成し、過疎、高齢化問題に取り組む。一方、ゲームマニアでもあり、6年4人将棋を発案。10年には二手ずつ打つ囲碁“団碁”を発表。 [趣]読書, 観賞魚飼育

【評伝】青年よ故郷(ふるさと)に帰って市長になろう(全国青年市長会編 読売新聞社'94)

おおた

大高 省三　おおたか・しょうぞう
高萩市長　⊕昭和5年2月21日　⊗平成2年1月29日　⊕茨城県　⊕明治大学文学部卒　⊕高萩市議を経て、昭和57年市長に当選。60年汚職事件で逮捕され辞任。

大鷹 淑子　⇒山口淑子（やまぐち・よしこ）を見よ

大滝 芳雄　おおたき・よしお
朝日村（山形県）村長　⊕大正9年1月15日　⊗平成15年9月2日　⊕山形県東田川郡朝日村　⊕大泉高小卒　⊕勲四等瑞宝章（平成6年）　⊕鉱山の事務員を務め、昭和42年から朝日村議に4選。副議長、議長を歴任して57年村長に当選、3期務めた。村興し策として、同村の大鳥池に生棲し、滝をものともせずに登るという体長2〜3メートルの幻の大魚"タキタロウ"の捕獲に奔走。58年から調査に乗出し、59年には池に魚群探知機を持込み、体長2メートルの複数の物体を確認した。

大竹 俊博　おおたけ・としひろ
南陽市長　⊕昭和14年12月2日　⊕山形県　⊕宮内高卒　⊕南陽市議、山形県議を経て、昭和61年南陽市長に当選、3期務める。平成10年引退。　⊕読書、写真、登山、パソコン

大武 幸夫　おおたけ・ゆきお
福井市長　⊕大正12年3月24日　⊗平成6年1月28日　⊕福井県福井市　⊕名古屋帝国大学医学部（昭和21年）卒　⊕昭和35年福井市衛生部衛生課長、42年厚生部長、46年総務部長を経て、49年市長に当選。連続5期。全国市長会副会長を4期務めた。

大谷 忠雄　おおたに・ただお
衆院議員（無所属）　⊕昭和10年9月19日　⊕愛知県幡豆郡吉良町　⊕中央大学経済学部卒　⊕自民党の愛知県議を経て、平成5年新生党から衆院議員に当選。6年2月所得税法違反などの罪で在宅のまま起訴された。　⊕囲碁

大谷 信盛　おおたに・のぶもり
衆院議員（民主党　大阪9区）　⊕昭和37年12月4日　⊕兵庫県　本名＝大谷信雪　⊕大阪商業大学（昭和60年）卒、ジョージ・ワシントン大学大学院（平成3年）修士課程修了　⊕ジョージ・ワシントン大学大学院で国際政治学を専攻し、修了後は同大研究員に。のち選挙コンサルタントも手がけるPR会社エディ・マイカンパニーに入社。平成4年米大統領選には共和党（ブッシュ陣営）のコンサルタントとして参加した。また、さきがけ選対室長も務めた。8年民主党から衆院選に立候補。12年再出馬し、当選。2期目。　http://www.nobumori.jp/

大谷 久満　おおたに・ひさみつ
浜田市長　⊕大正14年12月9日　⊕島根県浜田市　⊕法政大学商学部卒　⊕藍綬褒章（平成2年），勲三等瑞宝章（平成9年）　⊕島根県教組委員長を経て、昭和42年から島根県議を5期つとめ、59年浜田市長に当選。3期つとめる。平成8年引退。

大津 鉄治　おおつ・てつじ
名瀬市長　⊕大正3年7月23日　⊗平成1年5月14日　⊕鹿児島県名瀬市　⊕東京帝大政治学科（昭和15年）卒　⊕全国市長会特別功労賞（昭和53年），藍綬褒章（昭和53年），日赤金色有功章（昭和53年），勲三等旭日中綬章（昭和62年）　⊕シベリアから復員後、奄美群島政府副知事を経て、昭和33年名瀬市長に当選、以来連続7期。1期目は社会党公認だったが、財政再建問題で意見が対立して無所属に転じた。

大塚 耕平 おおつか・こうへい
参院議員(民主党 愛知) [生]昭和34年10月5日 [出]愛知県名古屋市 [学]早稲田大学政治経済学部(昭和58卒),早稲田大学大学院社会学研究科(平成12年)博士課程修了 博士号(早稲田大学)(平成12年) [歴]昭和58年日本銀行に入行し営業局に勤務。平成4年従業員組合執行副委員長、5年システム情報局調査役、12年政策委員会室国会渉外課調査役などを経て、同年日本銀行を退行。10年以降は名古屋青年会議所の政策系委員会でアドバイザーを務める。13年参院議員に当選。 http://www.oh-kouhei.org/
【著書】公共政策としてのマクロ経済政策(成文堂 '04)

大塚 清次郎 おおつか・せいじろう
参院議員(自民党) [生]大正10年9月5日 [没]平成7年10月3日 [出]佐賀県鹿島市 [学]佐賀商卒 [歴]鹿島市議4期、同市会議長を経て、昭和46年以来佐賀県議に4選。59年県会副議長。61年参院議員に当選。2期目。竹下派、羽田派を経て、無派閥。佐賀県農協中央会会長などを歴任。

大塚 喬 おおつか・たかし
参院議員(社会党) [生]大正6年6月7日 [没]平成16年5月31日 [出]栃木県 [学]栃木師範(昭和18年)卒 [賞]勲三等旭日中綬章(昭和62年) [歴]小中学校教師を経て、昭和30年から栃木県議に4選。49年社会党から参院議員に当選。55年引退。1期。 [趣]読書,水泳,旅行,音楽鑑賞

大塚 久郎 おおつか・ひさお
新井市長 [生]昭和3年9月7日 [出]新潟県新井市 [学]千葉農専卒 [賞]勲四等瑞宝章(平成15年) [歴]新井市税務課長、出納室長などを務めた後、昭和61年11月新井市長に当選、4期務めた。平成14年引退。

大塚 雄司 おおつか・ゆうじ
衆院議員(自民党) 建設相 [生]昭和4年4月6日 [出]東京都港区 [学]慶応義塾大学経済学部(昭和29年)卒 [歴]昭和44年東京都議2期を経て、51年衆院議員に当選。当選6回。国土・文部政務次官、建設委理事、文教委筆頭理事、党調査局長などを経て、平成2年第2次海部改造内閣の建設相に就任。5年、8年落選。著書に「都市再開発について」「東京の政治」「今後の土地・地価対策の展開」など。三塚派。 [家]息子=大塚隆朗(東京都議)

大坪 健一郎 おおつぼ・けんいちろう
衆院議員(自民党) 参院議員 [生]大正14年7月7日 [没]平成3年12月25日 [出]宮城県仙台市 [学]東京大学法学部政治学科(昭和24年)卒 [歴]労働省に入省、昭和49年大臣官房統計情報部長で退官。51年衆院議員に当選。2期つとめたあと、57年の補選で参院議員に転じるが、2期目の61年辞職して再び衆院議員に当選。通産政務次官、科学技術委員長など歴任。平成2年落選。
【評伝】サヨナラだけが人生、か。(いいだもも著 はる書房'98)

大鶴 文雄 おおつる・ふみお
佐伯市長 [生]大正10年4月16日 [没]昭和61年7月14日 [出]大分県佐伯市 [学]臼杵商(昭和10年)卒 [歴]昭和34年佐伯市議(4期)、46年市会議長を経て、54年市長に当選。同市初の革新市長となった。2期半ばで死去。

大西 忠 おおにし・ただし
城陽市長 [生]昭和10年10月26日 [出]京都府京都市左京区 [学]鴨沂高卒 [歴]通産省に入省。産業検査所広島出張所長、大阪支所化学部長を経て、平成4～9年城陽商工会議所専務理事。9年城陽市長に当選、1期務める。13年落選。

大西 正男 おおにし・まさお
衆院議員(自民党) 郵政相 [生]明治43年10月12日 [没]昭和62年9月18日 [出]高知県高知市 [学]東京帝大法学部(昭和8年)卒 [賞]高知県出版文化賞(昭和35年)「壁の幻想」 [歴]昭和22年戦後初の高知県知事選に出馬するが、決選投票で敗れる。24年衆院議員に当選。27年国政を離れ、高知県地方労働委員会会長などを務める。38年衆院選に当選して国政に復帰。54年第2次大平内閣の郵政相に就任。河本派代表世話人もつとめた。61年引退。通算9期。著書に欧米旅行記「壁の幻想」がある。 [家]父=大西正幹(衆院議員)

大仁田 厚 おおにた・あつし
参院議員(自民党 比例) ZEN主宰 プロレスラー タレント [生]昭和32年10月25日 [出]長崎県長崎市 別名=グレート・ニタ [学]長崎東高中退，駿台学園高定時制(平成12年)卒，明治大学経済学部，明治大学政経学部2部 [歴]昭和48年全日本プロレスに入門し、49年デビュー。53年渡米、57年チャボ・ゲレロを破り、NWA認定世界ジュニアヘビー級王者となるが、59年ヒザの故障で引退。平成元年新団体FMWを設立、7年5月引退。8年NHK大河ドラマ「秀吉」に蜂須賀小六役で出演。同年12月プロレスに復帰。FMWの取締役に就任し、選手活動を含む団体の運営、後進の育成に携わる。9年9月退任。同年プロレス新団体・ZENを設立。181センチ、105キロ。10年映画「モスラ3・キングギドラ来襲」に出演。11年歌手の田中昌之、中島啓江とともにユニット“サンドイッチ”を結成、NHK「みんなのうた」で「この胸おいで…」を唄い歌手デビュー。同年駿台学園高校定時制に入学。12年明治大学経済学部に入学。13年明治大学政経学部2部に転学。同年自民党から参院比例区に当選。14年2月堀内派入り。著書にエッセイ「おめえら、俺らは生きとんのじゃ」がある。 [趣]釣り http://www.onita.co.jp/

大沼 昭 おおぬま・あきら
酒田市長 [生]昭和5年1月27日 [出]山形県酒田市 [学]仙台工専土木科卒 [歴]山形県庄内支庁河川砂防課長、酒田市建設部長、総務部長、議会事務局長、市収入役を経て、平成3年から酒田市長に2選。11年落選。 [趣]読書，山遊び

大野 明 おおの・あきら
参院議員(自民党) 運輸相 労相 [生]昭和3年11月13日 [没]平成8年2月5日 [出]岐阜県 [学]慶応義塾大学法学部(昭和27年)卒 [歴]日本耐火建築社長を経て、昭和39年衆院議員に当選。57年第1次中曽根内閣の労相に就任するが、58年の総選挙で現職の閣僚ながら落選。61年復帰し、平成2年第2次海部内閣の運輸相。5年落選。通産9期。7年参院議員に当選。三塚派。 [趣]俳句，囲碁，将棋，麻雀 [家]父=大野伴睦(衆院議員)，妻=大野つや子(参院議員)

【評伝】藤原弘達のグリーン放談〈9〉縦横無尽(藤原弘達編 藤原弘達著作刊行会;学習研究社〔発売〕'87)

大野 潔 おおの・きよし
衆院議員(公明党) [生]昭和5年3月30日 [出]東京都品川区 [学]攻玉社高工(昭和21年)卒 [歴]昭和42年以来衆院議員に東京7区から当選8回。党国対委員長、党選挙対策委員長等を歴任。平成2年引退。

【著書】流れがかわった(亜紀書房 '86)

大野 つや子 おおの・つやこ
参院議員(自民党 岐阜) [生]昭和9年9月27日 [出]東京都目黒区 [学]国府台女学院高(昭和27年)卒 [歴]昭和31年大野明と結婚。夫は旧岐阜1区で衆院議員を通算9期務めたのち、平成7年7月参院に転出。8年2月夫の急死に伴い無所属で参院岐阜選挙区補欠選挙に当選。同年10月自民党入り。10年9月三塚派

を離脱し亀井グループに参加。11年3月村上・亀井派、のち江藤・亀井派を経て、15年10月亀井派。2期目。㊗夫＝大野明（参院議員）　http://www.oono.net/tsuyako/

大野　正雄　　おおの・まさお
牛久市長　㊗昭和5年2月3日　㊗茨城県　㊗取手農芸（現・取手一高）卒　㊗勲四等瑞宝章（平成14年）　㊗昭和38年茨城県牛久町議、43年牛久町交通指導隊長、46年牛久町議会副議長、49年牛久町商工会長、50年牛久町長に当選し、以来3選。61年6月市制施行で市長となり、62年再選。53年からカッパまつりを始め、平成元年第1回河童ドン会議を開催、河童のふるさと創り全国連絡協議会を設立、会長に就任。3年落選。㊗旅行

大野　松茂　　おおの・まつしげ
衆院議員（自民党　埼玉9区）　㊗昭和11年1月15日　㊗埼玉県狭山市　㊗川越農（昭和29年）卒　㊗昭和54年から埼玉県議2期を経て、61年5月狭山市長に当選、2期つとめる。平成6年落選。8年衆院議員に当選。3期目。森派。㊗読書，郷土史　http://www.matsushige.org/
【著書】日本人の使命（国書刊行会'02）

大野　由利子　　おおの・ゆりこ
衆院議員（公明党）　㊗昭和17年1月20日　㊗大阪府　㊗京都大学薬学部（昭和41年）卒　㊗薬剤師免許　㊗大阪市立小児保健センター、潮出版社を経て、フリーライターに。平成2年公明党から衆院議員に当選、3期つとめる。6年新進党、10年1月新党平和、同年11月新公明党結成に参加。12年落選。

大野　喜男　　おおの・よしお
牛久市長　㊗昭和21年9月15日　㊗茨城県　㊗法政二工中退　㊗昭和37年家業の舗装工事業に従事、47年桂建設を設立、代表取締役、58年会長。町議、牛久市議を経て、平成3年から牛久市長に3選。15年落選。㊗ゴルフ，囲碁　㊗弟＝大野登（桂建設代表取締役）
【評伝】青年よ故郷（ふるさと）に帰って市長になろう（全国青年市長会編　読売新聞社'94）

大野　功統　　おおの・よしのり
衆院議員（自民党　香川3区）　防衛庁長官　㊗昭和10年10月16日　㊗香川県坂出市　㊗東京大学法学部（昭和33年）卒　㊗昭和33年大蔵省に入省。46年在ジュネーブ一等書記官、51年関税局国際第2課長、52年国際金融局国際機構課長を歴任し、同年退官。53年の香川県知事選に出馬するが落選。61年衆院議員に当選。6期目。山崎派。平成13年第2次森改造内閣の文部科学副大臣。16年第2次小泉改造内閣の防衛庁長官に就任。
http://member.nifty.ne.jp/yohno/

大野　和三郎　　おおの・わさぶろう
豊郷町（滋賀県）町長　㊗昭和30年11月30日　㊗滋賀県　㊗昭和56年から豊郷町議に5選、議長も務める。平成11年町長に当選。13年米国出身の著名な建築家、ウィリアム・メレル・ヴォーリズ（一柳米来留）が設計した町立豊郷小学校本校舎について、老朽化を理由に解体を決定。これに対して校舎の保存を訴える住民の反対運動が起こり、14年反対する住民団体が工事差し止めを提訴するが、同年一部校舎の解体を強行したことから、住民から建造物損壊容疑で告発を受ける騒ぎとなった。その後、校舎の保存と新校舎の建築を表明するが、15年3月住民によるリコール（解職要求）成立により失職。同年4月の出直し選挙に出馬、ヴォーリズが設計した校舎の改修・活用を訴えた候補者を55票差で破り返り咲きを果たす。

大場 脩 おおば・おさむ
網走市長 [生]昭和12年5月26日 [出]北海道常呂郡常呂町 [学]網走南ケ丘高卒 [歴]高校卒業後、札幌国税局に入る。紋別、網走税務署勤務ののち、26歳で網走市役所に入る。財政課長、経済部長、総務部長などを経て、助役。平成9年退職。10年11月網走市長に当選。2期目。

大場 啓二 おおば・けいじ
世田谷(東京都)区長 [生]大正12年2月10日 [出]山形県最上郡舟形町 [学]日本大学法学部(昭和38年)卒 [賞]旭日中綬章(平成15年) [歴]昭和15年東京市経済局に入り、勤務しながら大学を卒業。18年世田谷区役所に移り、農務、広報各係長、区議会事務局長を経て、50年以来世田谷区長に7選。平成15年引退。著書に「まちづくり最前線—巨大都市世田谷から」ほか。 [趣]油絵，写真，スキー，テニス
【著書】手づくりまちづくり(ダイヤモンド社 '90)

大庭 健三 おおば・けんぞう
御殿場市長 [生]大正11年2月16日 [没]平成12年11月23日 [出]静岡県御殿場市 [学]東京商大(昭和19年)卒 [賞]勲四等瑞宝章(平成5年) [歴]昭和51年御殿場市議2期を経て、56年から市長に3選。平成5年引退。

大場 進 おおば・すすむ
蒲郡市長 [生]大14.8.22 [出]愛知県 [学]蒲郡農学校(昭和17年)卒 [賞]勲四等瑞宝章(平成10年) [歴]昭和45年蒲郡市助役を経て、57年市長に当選。3期つとめた。

大橋 和夫 おおはし・かずお
船橋市長 [生]昭3.8.3 [出]新潟県 [学]東京大学法学部(昭和27年)卒 [賞]勲三等旭日中綬章(平成11年) [歴]昭和27年自治省に入省。43年千葉県企画部長に転じ、46年教育長を経て、56年から船橋市長に4選。平成9年落選。

大橋 巨泉 おおはし・きょせん
参院議員(民主党) タレント 著述業 [生]昭和9年3月22日 [出]東京都墨田区本所 本名=大橋克巳 [学]早稲田大学政経学部新聞学科(昭和31年)中退 [興]西洋美術 [賞]ギャラクシー賞(昭和54年) [歴]早稲田大学在学中よりジャズ評論家となり、のち放送作家に転じる。昭和41年「11PM」の司会者としてテレビタレントデビュー、テレビの生んだ典型的タレントとなる一方、競馬、ゴルフ、釣りなどの評論家としても活躍。「世界まるごとHowマッチ」(TBS系)「クイズダービー」(TBS系)「巨泉のこんなモノいらない」(NTV系)のホストを長くつとめたほか、「ギミアぶれいく」「巨泉まとめて百万円」「巨泉のワールドスターゴルフ」「巨泉のジャズスタジオ」「巨泉のチャレンジゴルフ」などに出演。平成2年“セミ・リタイア”と称して全ての番組を降板後は、一年の大半をオーストラリアやカナダで過ごす。また世界各地に展開している土産物屋・OKギフトショップやタレント事務所を経営。13年7月菅直人幹事長(当時)からの要請を受け、民主党から参院選比例区に立候補して1位で当選するが、安保政策の対応などで党執行部への批判を繰り返し、わずか7ケ月で辞職。16年初の自叙伝「ゲバゲバ70年! 大橋巨泉自伝」を出版。他の著書に「生意気」「こうすりゃよくなる日本のスポーツ」「巨泉—人生の選択」「巨泉2—実践・日本脱出」「巨泉流メジャーリーグを楽しむ法」などがある。 [趣]ゴルフ，将棋，釣り，音楽鑑賞，スポーツ観戦，西洋美術，旅行 [家]弟=大橋哲也(大橋巨泉事務所社長)
【著書】「国会議員」失格(講談社 '02)
【評伝】そうだ、国会議員になろう(ツルネン・マルテイ著 中経出版'03)

大橋 建一　おおはし・けんいち
和歌山市長　⑰昭和21年6月22日　⑲和歌山県東牟婁郡那智勝浦町　⑳東京大学文学部卒　㉑昭和46年毎日新聞に入社し、記者、東京本社制作技術局次長委員、社長室委員、編集制作総センター編集部長などを務める。平成14年和歌山市長選に出馬、公立大構想の是非を問うために辞職して再出馬した現職市長を破り、当選を果たす。　㊙父＝大橋正雄（和歌山県知事）

大橋 俊二　おおはし・しゅんじ
裾野市長　医師　⑰昭和11年12月23日　⑲静岡県裾野市　⑳日本大学大学院医学研究科博士課程修了　㉑大橋小児科医院院長、のち理事長を務める。平成6年裾野市長に当選。3期目。

大橋 敏雄　おおはし・としお
衆院議員　⑰大正14年11月3日　⑲福岡県福岡市　⑳旧制中卒　㉑昭和27年日蓮正宗に入信、28年創価学会に入会。西日本相互銀行勤務を経て、38年公明党より福岡県議に当選。42年以来福岡2区で公明党より衆院議員に8選。63年創価学会池田大作名誉会長を公然と批判する論文を月刊誌「文芸春秋」に発表し、別件で公明党を除名される。平成2年引退。
【著書】自立（関慈謙, 大橋敏雄, 倉光遵道著（下関）日蓮正宗法華堂;（西宮）鹿砦社〔発売〕'96）／"吹けば飛ぶ男"の奮戦記（人間の科学社 '90）
【評伝】創価学会のドン 池田大作は失脚する（東京スポーツ創価学会取材班著 日本経済通信社 '88）

大橋 信之　おおはし・のぶゆき
備前市長　⑰昭和4年12月2日　⑲岡山県　⑳閑谷中（現・閑谷高）（昭和24年）卒　㉒旭日小綬章（平成16年）　㉑昭和28年備前町役場に入り、のち町村合併で備前市役所勤務。50年同市産業部長、54年民生部長などを歴任。58年東備水道企業団に移り企業長を務め、平成2年退任。3年備前市長に当選、7年落選。

大橋 幸雄　おおはし・ゆきお
取手市長　⑰昭2.11.18　⑲茨城県　⑳取手園芸（昭和20年）卒　㉑取手市議を経て、自民党から茨城県議に当選。5期務め、県会副議長も務めた。平成7年取手市長に当選、2期務める。15年落選。
【著書】日本への建白 待ったなし 心耳を澄まして 心の不況を正す 甦れニッポン（西田書店 '03）

大畠 章宏　おおはた・あきひろ
衆院議員（民主党　茨城5区）　⑰昭和22年10月5日　⑲茨城県　⑳武蔵工業大学大学院（昭和49年）修士課程修了　㉑昭和49年日立製作所に入社。労組日立支部執行委員を経て、61年茨城県議。平成2年社会党から衆院議員に当選。8年社民党を経て、民主党に参加。12年衆院選では茨城5区で当選。5期目。　㊙祖父＝一木一（石塚町長）　http://www.oohata.com/

大幡 基夫　おおはた・もとお
衆院議員（共産党）　⑰昭和26年11月25日　⑲大阪府大阪市　⑳立命館大学経営部中退　㉑昭和57年民青中央委員長、平成9年共産党大阪府委員長を経て、12年衆院議員に当選。15年引退。

大浜 長照　おおはま・ながてる
石垣市長　⑰昭和22年10月18日　⑲沖縄県石垣市　⑳群馬大学医学部卒　㉑沖縄県立八重山病院院長を経て、平成6年石垣市長に当選。3期目。11年日米防衛指針関連法案が国会で審議されるにあたり、国から米軍への協力を求められた場合は拒否することを明言した。

大浜 方栄 おおはま・ほうえい
参院議員(自民党) おもと会理事長 医師 [生]昭和2年10月27日 [出]沖縄県石垣市大川 [学]熊本医科大学附属医専(昭和25年)卒 医学博士(昭和34年) [賞]勲二等瑞宝章(平成13年) [歴]昭和33年大浜病院を創設。のち第一病院・第二病院理事長兼院長、医療法人おもと会理事長。沖縄県教育委員長、沖縄県医師会会長などを歴任。58年参院議員に当選、2期務め、平成7年引退。竹下派を経て、小渕派。著書に「教師は学力低下の最大責任者」「日本のエイズ」など。 [趣]読書, 競歩, 旅行
【著書】真相 医者のひそひそ話(エール出版社 '96)

大原 一三 おおはら・いちぞう
衆院議員(自民党) 農水相 [生]大正13年7月1日 [出]宮崎県東臼杵郡北方町 [学]東京大学法学部政治学科(昭和26年)卒 [賞]勲一等瑞宝章(平成9年) [歴]大蔵省に入り昭和33年沼津税務署長。34年主税局課長補佐を経て、42年専売公社企画課長、45年大蔵官房参事官。51年新自由クラブから衆院議員に当選。のち自民党に移るが58年の選挙で落選。61年の衆参同時選挙で衆院議員に返り咲いた。平成8年橋本内閣の農水相に就任。当選7回。竹下派、旧小渕派、橋本派を経て、無派閥。15年引退。著書に「パンとサーカスの時代」など。 [趣]囲碁
【著書】改革者(フォレスト出版〔'01)/官庁大改造(扶桑社 '04)/日本人の忘れもの(時事通信社 '03)/改革者(角川書店 '02)/日本の没落(角川書店 '01)/さあ!明日を語ろう(大原一三, 樋口広太郎著 フォレスト出版'00)/日本再生の条件(東洋経済新報社 '99)/明日では遅すぎる(文芸春秋 '96)

大原 亨 おおはら・とおる
衆院議員(社会党) [生]大正4年7月25日 [没]平成2年4月7日 [出]広島県豊田郡本郷町 [学]中央大学法学部(昭和17年)卒業 [歴]読売新聞社に入社。戦後教員となり、広島県教組委員長、県労会議長などを経て、昭和33年広島1区から衆院議員に当選。11期つとめ、平成2年引退。

大原 義治 おおはら・よしはる
三木市長 [生]大正14年7月18日 [没]平成1年12月2日 [出]兵庫県三木市 [学]兵庫県立農学校(昭和17年)卒 [賞]藍綬褒章(昭和57年) [歴]昭和26年志染村議、29年から三木市議5期を経て、42年以来市長に6選。

大衡 照夫 おおひら・てるお
古川市長 [生]明44.6.22 [出]宮城県古川市 [学]宇都宮高農農政経済科(昭和7年)卒 [賞]藍綬褒章(昭和51年), 勲三等瑞宝章(昭和63年) [歴]昭和26年から古川市議を7期つとめ、副議長、議長を歴任。51年以来市長に3選。63年引退。

大渕 絹子 おおふち・きぬこ
参院議員(無所属) [生]昭和19年11月12日 [出]新潟県北魚沼郡川口町 [学]都立第三商(定時制)(昭和40年)卒 [歴]集団就職で上京、日東紡績勤務。傍ら定時制高校に通う。ゼンセン同盟主催の弁論大会に最年少で全国2位に。労働組合のリーダー格として活躍し、結婚後の昭和45年帰郷。58年から協成鋼管小千谷工場勤務。62年新潟県議選に社会党推薦で立候補。平成元年6月参院新潟選挙区補欠選挙で当選、新潟県内初の女性参院議員となる。6年無所属、のち社民党に復党。14年離党。3期務めた。16年の参院選には出馬しなかった。 [趣]日本画, 舞踊

大前 繁雄 おおまえ・しげお
衆院議員(自民党 兵庫7区) [生]昭和17年6月28日 [出]兵庫県川西市 [学]京都大学法学部(昭和41年)卒 [賞]藍綬褒章(平成11年) [歴]青木建設労組委員長、社長室広報課長を経て、昭和54年民社党から兵庫県議に当選。のち新進党・県民

クラブを経て、無所属。6期つとめる。平成12年西宮市長選に立候補。15年衆院兵庫7区に自民党から立候補、社民党党首・土井たか子を破って初当選。山崎派。　🏷読書、ゴルフ、スキー　http://oomae.jp/

大町 行治　　おおまち・ゆきはる
南国市長　🗓大正11年4月28日　🏠高知県南国市　🎓高小卒　📋昭和45年高知県病院局長、47年高知県企画管理部長、48年総務部長、50年住宅供給公社理事長、52年高知県出納長、56年(財)高知医大豊仁会理事長、60年高知県観光開発公社副社長、62年高知県中小企業公社理事長を歴任。平成3年南国市長に当選、2期つとめる。7年11月収賄で逮捕され、辞任。　🏷読書、レコード鑑賞

大向 貢　　おおむかい・みつぐ
輪島市長　🗓大正7年1月3日　✝平成14年3月30日　🏠石川県　🎓金沢高工土木科(昭和13年)卒　🎖勲五等双光旭日章(昭和63年)、輪島市名誉市民　📋昭和23年大向高洲堂を設立、46年株式に改組して社長に就任。49年以来輪島市長に3選し、61年引退。

大村 襄治　　おおむら・じょうじ
衆院議員(自民党)　防衛庁長官　🗓大正8年3月30日　✝平成9年12月15日　🏠東京都新宿区　🎓東京帝大法学部法律学科(昭和16年)卒　🎖勲一等瑞宝章(平成1年)　📋自治庁(現・自治省)に入り、昭和37年官房長、38年財政局長などを経て、42年以来衆院議員に当選8回。大蔵政務次官、党副幹事長などを歴任し、鈴木内閣の防衛庁長官をつとめた。竹下派。平成2年落選。　🏷剣道、短歌　👪父＝大村清一(防衛庁長官)

大村 秀章　　おおむら・ひであき
衆院議員(自民党　愛知13区)　🗓昭和35年3月9日　🏠愛知県　🎓東京大学法学部(昭和57年)卒　📋昭和57年農林水産省入省。平成3年農協課長補佐、5年食糧庁企画課長補佐を経て、8年衆院議員に当選。3期目。旧橋本派。　🏷サッカー、読書　http://www.ohmura.ne.jp
【著書】再生、興国への突破口(小学館クリエイティブ;小学館スクウェア〔発売〕'03)／それでも日本は蘇る(日経事業出版社'98)

大森 昭　　おおもり・あきら
参院議員(社会党)　🗓昭和2年3月20日　🏠茨城県　🎓法政大学法学部(昭和25年)中退　🎖勲二等旭日重光章(平成9年)　📋全逓副委員長を経て、昭和52年参院議員に当選、3期つとめる。平成7年引退。

大森 猛　　おおもり・たけし
衆院議員(共産党)　🗓昭和19年9月18日　🏠島根県安来市　🎓大阪大学工学部中退　📋代議士秘書を経て、昭和58年神奈川県議に当選。62年落選。平成元年、4年参院選、5年衆院選に立候補。8年衆院議員に当選。2期務めた。15年落選。　http://www.tak.gr.jp/sec_area/top.html

大森 礼子　　おおもり・れいこ
参院議員(公明党)　🗓昭和24年7月11日　🏠岡山県　🎓津田塾大学英文科(昭和47年)卒　💼弁護士　📋検事を経て、弁護士に。平成7年新進党名簿1位で参院比例区に当選。10年公明、同年11月新公明党結成に参加。1期務め、13年引退。

大矢 快治　　おおや・かいじ
根室市長　🗓昭和3年1月3日　🏠北海道根室市　🎓和田青年学校(昭和21年)卒　🎖勲四等瑞宝章(平成13年)　📋昭和20年旧和田村(現・根室市)役場に入る。総務畑を長く務め、61年5月に辞めるまで2期8年の助役時代には、留守がちの寺

嶋市長に代わり、北方領土視察者などのホスト役を務めた。61年9月根室市長に当選、3期務める。平成10年落選。

大矢 卓史　おおや・たかし
衆院議員(無所属)　⊕昭和4年7月9日　⊗平成8年2月7日　⊕三重県　⊕関西大学文学部新聞学科(昭和28年)卒　⊕議員秘書を経て、昭和42年初当選以来大阪府議を3期務める。61年9月衆院議員に繰り上げ当選した。平成2年は連合候補として出馬したが、落選。5年民社党から2度目の当選。6年新進党結成に参加せず無所属となる。　⊕演劇　⊕父=大矢省三(衆院議員)

大山 耕二　おおやま・こうじ
中津川市長　⊕昭和24年9月29日　⊕岐阜県　⊕名古屋大学大学院(昭和50年)修了　⊕昭和50年建設省(現・国土交通省)に入省。豊田市助役、和歌山県土木部長などを経て、平成15年国土交通省中部地方整備局副局長。16年4月中津川市長に当選。

大脇 雅子　おおわき・まさこ
参院議員(無所属)　弁護士　⊕労働法　⊕昭和9年10月15日　⊕岐阜県岐阜市　⊕名古屋大学法学部(昭和32年)卒　⊕昭和37年弁護士登録。名古屋大学法学部助手を経て、62年弁護士として開業。63年〜平成2年4月日弁連女性の権利に関する委員会委員長。4年参院選比例区に社会党から当選。6年無所属、のち社民党へ。15年離党し、会派"民主党・新緑風会"に所属。2期務め、16年議員活動を引退。外国人労働者弁護団(LAFLR)代表も務める。著書に「働いて生きる」、共同執筆に「女子労働判例」「女性法律家」「女子差別撤廃条約―国際化の中の女性の地位」など。　⊕名古屋弁護士会　http://www.jca.apc.org/owaki/
【著書】マサコの戦争(講談社 '04)／21世紀の男女平等法(大脇雅子, 中島通子, 中野麻美編 有斐閣 '98)／働くものの権利が危ない(高梨昌, 大脇雅子ほか著(京都)かもがわ出版 '98)／働く女たちの裁判(大脇雅子, 中野麻美, 林陽子著 学陽書房 '96)／21世紀の男女平等法(大脇雅子, 中島通子, 中野麻美編 有斐閣 '96)／北京につどう(久保田真苗, 大脇雅子共著 日本社会党機関紙局 '94)／「平等」のセカンド・ステージへ(学陽書房 '92)／教科書の中の男女差別(伊東良徳, 大脇雅子ほか著 明石書店 '91)／均等法時代を生きる(有斐閣 '87)

岡 勇　おか・いさむ
小野田市長　⊕大4.11.28　⊕山口県阿武郡福栄村　⊕山口高商卒　⊕昭和21年山口県庁に入り、42年小野田市助役を経て、57年以来市長に2選。平成2年引退。

岡 利定　おか・としさだ
参院議員(自民党)　⊕昭和9年5月10日　⊗平成12年10月2日　⊕和歌山県　⊕東京大学法学部(昭和34年)卒　⊕家業の電器店を継いだ後、昭和37年郵政省入省。50年東北郵政局人事部長、52年関東郵政局人事部長、53年電気通信参事官、55年電波管理局放送部業務課長、58年企画課長、59年放送行政局総務課長、61年文書課長、62年北海道郵政局長、63年6月郵政局次長を経て、平成元年6月官房審議官に就任。4年参院選比例区に自民党から当選。竹下派、小渕派を経て、橋本派に所属。2期務め、科学技術政務次官、党国対副委員長、党地方行政部会長などを歴任。

岡 英雄　おか・ひでお
江別市長　⊕大正15年3月5日　⊕北海道江別市　⊕北海中卒　⊕勲四等瑞宝章(平成8年)　⊕江別市総務・財政各課長、経済建設部長、助役を経て、昭和58年から市長に3選。平成7年落選。

岡崎 トミ子　おかざき・とみこ

参院議員(民主党　宮城)　[生]昭和19年2月16日　[出]福島県福島市　[学]福島女子高(昭和37年)卒　[歴]ラジオ福島アナウンサーを経て、昭和42年東北放送アナウンサーに転じ、8月15日前後の反戦・平和特別番組などを担当。同労組副委員長を務めた。平成2年社会党から衆院議員に当選、2期。8年社民党を経て民主党に参加。党副代表となるが、直後の総選挙で落選した。9年11月参院宮城補選に当選。2期目。　http://www1.ocn.ne.jp/~okatomi/

岡崎 洋　おかざき・ひろし

神奈川県知事　情報セキュリティフォーラム理事長　[生]昭和7年3月27日　[出]神奈川県藤沢市　[学]東京大学経済学部(昭和29年)卒　[歴]昭和29年大蔵省入省。54年名古屋国税局長、56年官房審議官、58年日銀政策委員を経て、59年環境庁官房長に転じ、60年企画調整局長、61年次官を歴任。62年退官し、同年信託協会副会長に就任。平成2年退任、地球・人間環境フォーラム理事長に。7年神奈川県知事に当選。2期務め、15年退任。日銀政策委員も務めた。16年新設のNPO・情報セキュリティフォーラム理事長に就任。

[趣]囲碁，将棋，麻雀，野球，テニス

【著書】元次官覚書き 素顔の環境行政(エネルギージャーナル社 '90)

岡崎 宏美　おかざき・ひろみ

衆院議員(新社会党)　[生]昭和26年6月12日　[出]兵庫県神戸市須磨区　[学]明石南高(昭和45年)卒　[歴]兵庫県民生部に就職。職労役員を経て、平成2年衆院兵庫1区で社会党の公認を土肥隆一(現・衆院議員)と争って得られず無所属から出馬し、当選。8年3月新社会党の結成に参加、副委員長。2期務めた。8年、12年落選。13年は参院選比例区に出馬。

【著書】国会に窓はない(教育資料出版会 '98)

岡崎 誠之　おかざき・まさゆき

向日市長　[生]昭和19年11月11日　[出]京都府向日市　[学]桃山学院大学経済学部(昭和43年)卒　[歴]昭和43年向日町(現・向日市)役場に入る。企画財政課長時代の59年、長岡京遷都千二百年記念事業の総責任者を務めた。総務部長を経て、平成7年向日市長に当選。2期務め、15年引退。　[趣]カラオケ，野球観戦

[家]父＝岡崎荘介(向日町長)

岡崎 万寿秀　おかざき・ますひで

衆院議員(共産党)　[生]昭和5年1月1日　[出]佐賀県唐津市　[学]中央大学法学部(昭和28年)卒　[歴]「前衛」編集長を経て、昭和58年以来衆院議員に2選。平成2年、5年落選。

【著書】ジャーナリストの原点(城戸又一, 岡崎万寿秀編 大月書店'82)／現代マスコミ危機論(新日本出版社 '81)

小笠原 喜郎　おがさわら・きろう

南国市長　[生]明治44年7月25日　[没]平成4年1月12日　[出]高知県南国市田村　[学]神戸商大(昭和9年)卒　[歴]昭和9年三井生命保険に入社。13年大日本塩業、16年北支那開発に転じ、21年経済安定本部に入る。その後、27年防衛庁調達実施本部副本部長、41年伊藤忠商事顧問を経て、50年南国市長に当選、4期つとめる。平成3年落選。

小笠原 貞子　おがさわら・さだこ

日本共産党副委員長　参院議員　[生]大正9年4月20日　[没]平成7年10月9日　[出]北海道札幌市　[学]札幌高女卒　[歴]熱心なクリスチャンの家庭に育ち、キリスト教矯風運動から平和運動に携わる。昭和28年共産党に入党。37年新日本婦人の会創立に参加、事務局長に。43年より北海道選出で参院議員当選4回、党婦人・児童局長などを歴任。55年7月に女性としては初めて党員の最高位、

常任幹部会委員となり、62年11月副委員長に就任。平成4年引退。著書に「面を太陽にむけ」、歌集「きたぐに」がある。
【著書】今日の空は青（新日本出版社 '92）／花のとき（新日本出版社 '90）
【評伝】熱い思いを言葉にのせて（金子満広著 新日本出版社'87）

小笠原 臣也　おがさわら・しんや
呉市長　⊕昭和10年2月17日　⊕広島県呉市東愛宕町　⊕中央大学法学部（昭和32年）卒　⊕昭和32年自治省に入り、50年松山市助役、56年自治省選挙部管理課長、59年7月選挙部長を経て、62年広島県副知事に就任。平成5年呉市長に当選。3期目。　⊕父＝小笠原好雄（呉市議）

岡下 信子　おかした・のぶこ
衆院議員（自民党）　⊕昭和14年6月28日　⊕香川県　⊕学習院女子短期大学文学部（昭和35年）卒　⊕昭和37年大蔵省勤務の岡下昌浩と結婚。平成元年退官し政治活動を開始した夫の秘書を務める。10年夫が急逝。意志を継ぎ、12年自民党から衆院選に出馬し、当選。1期。橋本派。15年落選。堺女性の人権を守る会会長を務める。

岡島 一夫　おかじま・かずお
今治市長　⊕昭和7年5月15日　⊕平成15年4月12日　⊕愛媛県今治市　⊕早稲田大学政経学部（昭和30年）卒　⊕藍綬褒章（平成7年）、勲三等瑞宝章（平成14年）　⊕昭和30年砂田重政衆院議員秘書、33年八木徹雄衆院議員秘書を経て、46年から愛媛県議を3期つとめる。56年今治市長に当選、4期16年の在任中に野間馬ハイランドの開設やJR予讃線の高架事業推進、下水道普及などに取り組んだ。平成10年引退。　⊕読書、旅行

岡島 一正　おかじま・かずまさ
衆院議員（民主党 千葉3区）　⊕昭和32年11月3日　⊕千葉県　⊕早稲田大学社会科学部（昭和56年）卒　⊕昭和56年NHKに入局。福岡放送局、沖縄放送局を経て、報道局へ異動。平成3年〜6年バンコク特派員を務める。その後、8年ニュース総合デスク、12年番組担当副部長を歴任し、13年退局。同年7月参院選に自由党から立候補。15年の衆院選では民主党から千葉3区に立候補、現職の松野博一自民党議員を破り当選。　⊕父＝岡倉正之（衆院議員）
http://www.ojima-net.com/

岡島 錦也　おかじま・きんや
東海市長　植物研究家　⊕大正3年2月13日　⊕平成9年6月13日　⊕愛知県名古屋市　⊕愛知第一師範植物分類学専攻卒　⊕勲四等旭日小綬章（昭和61年）　⊕愛知県広報課長、県知事事務所長などを経て、昭和44〜60年東海市長を4期つとめ引退。一方、植物研究がライフワークで、帰化植物研究の第一人者。平成6年地中海沿岸などに分布するユリ科の"ハナツルボラン"が東海市北部の埋め立て地に帰化して自生しているのを発見した。

岡島 正之　おかじま・まさゆき
衆院議員（保守党）　⊕昭和5年11月20日　⊕平成14年10月22日　⊕千葉県市原市　⊕日本大学文学部中退　⊕勲二等瑞宝章（平成13年）　⊕昭和46年千葉県議に当選、4期。54年副議長。61年自民党から衆院議員に当選、4期務め、自治政務次官、厚生政務次官など歴任。竹下派、羽田派、平成5年新生党、6年新進党を経て、10年1月自由党、12年保守党に参加。同年6月落選。　⊕父＝岡島種徳（岡島企業グループ会長）、長男＝岡島一正（衆院議員）

岡田 昭守 おかだ・あきもり
竜ケ崎市長 [生]昭和2年3月15日 [没]平成4年5月30日 [出]茨城県竜ケ崎市 [学]竜ケ崎中(昭和17年)卒 [歴]昭和25年竜ケ崎町役場に入る。43年竜ケ崎消防署長、51年総務部長、54年助役を経て、56年市長に当選、3期つとめた。

岡田 克也 おかだ・かつや
民主党代表 衆院議員(民主党 三重3区) [生]昭和28年7月14日 [出]三重県四日市市 [学]東京大学法学部(昭和51年)卒 [歴]父は岡田卓也イオン名誉会長相談役、兄は岡田元也イオン社長。通産省に入省し、事務官、資源エネルギー庁国際資源課長補佐を経て、大臣官房企画調査官に。平成2年自民党から衆院議員に当選。5期目。竹下派、羽田派、5年新生党を経て、6年新進党、10年1月国民の声結成に参加。同年4月民主党に合流。12年党政策調査会長、14年党幹事長代理に就任。同年12月鳩山由紀夫代表の辞任に伴う代表選に出馬するが、菅直人に敗れ、党幹事長となる。16年5月国民年金保険料未納問題で引責辞任した菅の後任として党代表に就任。同年7月の参院選では改選前議席から大幅に議席を増やして比例第1党となり、選挙区を合わせた獲得議席数も自民党を上回るなど躍進を果たし、9月の党代表選では無投票で再選された。安全保障から経済まで幅広い政策通として知られるほか、贈答品を一切受けとらない堅物ぶりでも有名。 [家]父=岡田卓也(イオン名誉会長相談役), 兄=岡田元也(イオン社長)
http://www.katsuya.net/

緒方 克陽 おがた・かつよう
衆院議員(社民党) [生]昭和13年2月5日 [出]佐賀県鳥栖市 [学]鳥栖工卒 [歴]佐賀県評議長を経て、昭和61年衆院議員に当選、3期つとめる。平成8年、12年落選。

尾形 智矩 おがた・ちえのり
衆院議員(自民党) [生]昭和11年8月10日 [出]福岡県 [学]中央大学法学部卒 [歴]衆院選に2度出馬後、昭和52年苅田町長に当選、3期つとめる。敬老金支給、訪中団派遣などアイデア町長として知られた。57年には自ら税徴収に歩いた。61年衆院議員に当選。安倍派(当時)。平成2年苅田町の住民税ピンハネ疑惑の当時者として追及を受け、同年落選。3年苅田町議に当選した。

岡田 利春 おかだ・としはる
衆院議員(社会党) [生]大14.5.28 [出]北海道白糠郡音別町 [学]釧路工採礦科(昭和17年)卒 [賞]勲一等瑞宝章(平成7年) [歴]太平洋炭鉱労組委員長を経て、昭和35年以来衆院議員に9選。衆院石炭対策特別委員長、社会党政審副会長を歴任し、61年党副委員長に就任。平成5年落選。

岡田 稔久 おかだ・としひさ
水俣市長 [生]大正12年4月1日 [出]山口県 [学]長崎高商卒 [歴]昭和28年水俣市役所入り、市立病院事務部長、市長公室長、収入役などを歴任。61年5選をめざした現職市長を破り水俣市長に当選、2期つとめた。平成6年引退。

岡田 直樹 おかだ・なおき
参院議員(自民党 石川) [生]昭和37年6月9日 [出]石川県金沢市 [学]東京大学法学部卒, 東京大学文学部卒 [歴]北国新聞論説委員を経て、平成14年3月石川県議補選に当選。15年の県議選には不出馬。16年参院議員に自民党から当選。森派。 [家]父=岡田尚壮(北国新聞社長)
http://www.okada-naoki.net/

岡田 仲太郎 おかだ・なかたろう
桶川市長 [生]大正9年3月17日 [没]平成14年10月4日 [出]埼玉県 [学]高小卒 [歴]桶川市長を3期つとめ、昭和60年落選。

おかた

岡田 進裕　おかだ・のぶひろ
明石市長　⊕昭和3年6月23日　⊕兵庫県　㊣神戸工専卒　㊣明石市水道部長、土地開発公社理事長、明石市助役などを経て、平成3年明石市長に当選、3期。15年引退。

岡田 春夫　おかだ・はるお
衆院副議長（社会党）　⊕大正3年6月14日　㊣平成3年11月6日　⊕北海道美唄市　岡田穣　㊣小樽高商（昭和12年）卒，慶応義塾大学（昭和12年）中退　㊣勲一等旭日大綬章（昭和61年）　㊣製材業を営み、北海道議、労農党中執委などを経て、昭和21年の戦後第1回総選挙で初当選。以来当選15回。54年から衆院副議長を2期4年務めた。社会党の"安保七人衆"の一人として60年安保闘争の先頭に立った。また自衛隊幹部が有事を想定した極秘扱いの「三矢研究」をスッパ抜くなど"爆弾質問男"の異名を取った。60年衆院政治倫理審査会委員となる。61年6月引退。自伝に「オカッパル一代記」がある。

【著書】国会爆弾男 オカッパル一代記（行研出版局 '87）

岡田 広　おかだ・ひろし
参院議員（自民党）　⊕明治43年4月6日　㊣栃木県矢板市　㊣東京帝大文学部（昭和11年）卒　㊣勲二等旭日重光章（平成4年）　㊣芝浦工大講師、同短大教授を経て、昭和49年から参院議員に3選。宮沢派。参院沖縄北方問題特別委員長、懲罰委員長、裁判官弾劾裁判所裁判長等を歴任。平成4年引退。

岡田 広　おかだ・ひろし
参院議員（自民党　茨城）　⊕昭和22年1月31日　㊣茨城県　㊣立命館大学社会学部（昭和44年）卒　㊣参院議員秘書を経て、昭和61年から茨城県議（自民党）に2選。平成5年から水戸市長に3選。15年参院補選に当選。2期目。山崎派。

岡田 正勝　おかだ・まさかつ
衆院議員（民社党）　⊕大11.12.8　㊣広島県福山市　㊣撫順工土木科（昭和15年）卒　㊣藍綬褒章（昭和53年），勲二等瑞宝章（平成5年）　㊣昭和26年から三原市議に5選し、43年市会議長。46年から広島県議2期を経て、54年広島3区から衆院議員に当選。4期つとめた。平成2年引退。

緒方 靖夫　おがた・やすお
参院議員（共産党　東京）　⊕国際問題　国際政治　⊕昭和22年10月29日　㊣東京都千代田区　㊣東京外国語大学中国語学科（昭和46年）卒，ブカレスト大学専門課程（昭和48年）修了　㊣ヨーロッパ現代史;国際関係論;アジアの政治　㊣「赤旗」パリ特派員、外信部長、編集局次長を経て、昭和60年共産党国際部長、日本平和委員会理事。共産党国際部長だった61年11月神奈川県警による自宅電話の盗聴工作が発覚、国と神奈川県、同県警の警察官4人を相手取り、総額3600万円の損害賠償を求める訴訟をおこす。一審では県警だけでなく国の責任も認める。平成9年の控訴審では国と県の責任を認め、約400万円の支払いを命じたが、警官への請求は棄却した。同年7月国と県が上告を断念し、判決が確定した。この間、7年参院議員に当選。2期目。著書に「激動のアフガニスタンを行く」「フランス左翼の実験」など。　㊣ブタの人形のコレクション，ラテン音楽　http://www.ogata-jp.net/

【著書】イスラム世界を行く（新日本出版社 '03）／日本共産党の野党外交（新日本出版社 '02）／視点を変えるとこんな日本が見えてくる（新日本出版社 '00）／「おくれた日本」と「すすんだ日本」（新日本出版社 '94）／三大陸・人権と対話の旅（リベルタ出版;新興出版社〔発売〕 '93）／国際政治の渦中で（新日本出版社 '92）／たたかいと

友愛の1500日（昭和出版 '91）／激動の世界を見る（新日本出版社 '89）
【評伝】警察の盗聴を裁く（上田誠吉, 佐野洋, 塩田庄兵衛編 労働旬報社'88）／告発警察官電話盗聴事件（緒方靖夫, 緒方周子著 新日本出版社'87）

岡田 義弘 おかだ・よしひろ
三田市長 ⓖ昭和12年10月16日 ⓒ中央大学工学部卒 ⓗ三田市助役を経て、平成11年市長に当選。2期目。

岡野 一兄 おかの・かずい
新利根村（茨城県）村長 ⓖ大正9年2月6日 ⓗ茨城県稲敷郡新利根村 ⓒ太田高小（昭和8年）卒 ⓗ昭和15年消防団副団長、35年統計調査員、37年新利根村区長会長、39年新利根村議、51年同議会議長を経て、56年から新利根村長。平成元年公共事業をめぐる汚職容疑で辞任。 ⓢ読書, 将棋

岡野 義一 おかの・ぎいち
朝霞市長 埼玉県議（自民党） ⓖ大正13年11月5日 ⓓ平成16年7月22日 ⓗ埼玉県朝霞市 ⓒ早稲田大学専門部政経科（昭和25年）卒 ⓟ藍綬褒章, 勲四等旭日小綬章（平成10年） ⓗ朝霞町議、朝霞市議、埼玉県議3期を経て、平成元年朝霞市長に当選。5年落選。1期。
【著書】一農夫から市長まで（（朝霞）相原書店;星雲社〔発売〕'96）

岡野 敬一 おかの・けいいち
因島市長 ⓖ昭和26年7月23日 ⓗ広島県因島市 ⓒ東京農業大学大学院農学研究科農業経済学専攻博士課程修了 ⓗ東京農業大学教員を経て、丸扇技行（因島市）専務。昭和60年因島市議を経て、62年より因島市長に3選。平成11年落選。15年広島県議選に立候補。全国青年市長会顧問。
【評伝】青年よ故郷（ふるさと）に帰って市長になろう（全国青年市長編 読売新聞社'94）

岡野 裕 おかの・ゆたか
参院議員（自民党） 労相 ⓖ昭和2年2月3日 ⓓ平成16年8月23日 ⓗ福島県福島市 ⓒ京都大学法学部（昭和28年）卒 ⓟ勲一等瑞宝章（平成12年） ⓗ郵政省に入省。貯金局次長、九州郵政局次長、人事局長を歴任して退官。58年から参院議員に3選。平成8年第2次橋本内閣の労相に就任。参院予算委員長、自民党参院幹事長なども務めた。竹下派、旧小渕派を経て、橋本派。13年引退。
ⓢ剣道, 水泳, 書道

岡橋 四郎 おかはし・しろう
橿原市長 奈良県議（自民党） ⓖ大正9年5月24日 ⓗ奈良県橿原市 ⓒ畝傍中（昭和14年）卒 ⓗ住友金属工業を昭和22年に退社して、家業の米穀肥料商に従事。54年から奈良県議に3選。63年副議長をつとめた。平成4年橿原市長に当選、1期つとめる。7年引退。 ⓢ読書

岡部 三郎 おかべ・さぶろう
参院議員（自民党） 北海道開発庁長官 沖縄開発庁長官 ⓖ大正15年8月12日 ⓗ神奈川県横浜市 ⓒ東京大学農学部農業土木学科（昭和23年）卒 ⓟ勲一等瑞宝章（平成9年） ⓗ農林省に入省。昭和52年構造改善局次長、53年全国土地改良事業団体連顧問を経て、55年参院議員に当選、3期。平成8年北海道・沖縄開発庁長官に就任。竹下派を経て、小渕派。10年引退。

岡部 昇栄 おかべ・しょうえい
砺波市長 ⓖ大正8年3月1日 ⓗ富山県砺波市 ⓒ富山県青年学校教員養成所卒 ⓟ盤錦市（中国）名誉市民（平成8年）, 勲四等瑞宝章（平成10年） ⓗ昭和22年旧油田村議、23年旧油田村助役のあと、町村合併で27年砺波市建設課長、同企画室長、40年収入役、45年助役を経て、50年より富山県議3期、県議会副議長など歴任。60年砺波市長に就

岡部 一陽彦　おかべ・とよひこ
鴻巣市長　⊕大正6年3月8日　⊗平成10年2月15日　⊕埼玉県　⊕東京外国語大学卒　⊛昭和57年8月～61年8月鴻巣市長を1期務めた。

任、3期つとめた。平成10年1月落選。
⊛登山，スキー，写真

岡部 英男　おかべ・ひでお
衆院議員（自民党）　⊕昭和3年8月20日　⊕茨城県　⊕法政大学工学部建築学科（昭和26年）卒　⊛藍綬褒章（平成3年）　⊛茨城県議7期、昭和60年議長を経て、平成10年2月衆院補選で当選。9月三塚派を離脱し亀井グループに参加。村上・亀井派、のち江藤・亀井派。12年落選。
⊛スポーツ，読書

岡村 喜郎　おかむら・きろう
安芸市長　⊕昭和2年9月10日　⊗平成4年2月22日　⊕高知県　⊕中村水産学校（昭和23年）卒　⊛昭和29年安芸町役場に入る。45年安芸市教育次長を経て、49年より市長に3選。61年8月落選。

岡村 幸四郎　おかむら・こうしろう
川口市長　⊕昭和28年1月12日　⊕埼玉県川口市　⊕早稲田大学法学部卒　⊛川口市職員、同市議を経て、平成3年から埼玉県議に2選。9年川口市長に当選。2期目。

岡村 初博　おかむら・はつひろ
津市長　⊕大正12年1月23日　⊕三重県　⊕東京帝大文学部西洋史学科中退　⊛勲三等旭日中綬章（平成6年）　⊛津市議、昭和42年三重県議（2期）を経て、49年津市長に当選。5期目。10～15年津中学野球部に所属し、28～36年には津高校野球部監督をつとめた経験をもつ。平成6年引退。

岡村 雅夫　おかむら・まさお
芸西村（高知県）村長　⊕大正8年1月1日　⊕高知県安芸郡芸西村　⊕関西大学専門部卒　⊛藍綬褒章（昭和53年），勲三等瑞宝章（平成1年）　⊛昭和17年高知県・西分村（現・芸西村）役場に入り、20年助役に。8カ月間議会選任村長を務めた後、21年28歳の時村長選に当選。平成6年全国最多の13選を果たす。8年10月任期途中で勇退。　⊛囲碁

岡本 要　おかもと・かなめ
伊予市長　⊕大13.1.2　⊕愛媛県伊予市　⊕松山中（昭和16年）卒　⊛勲四等旭日小綬章（平成7年）　⊛昭和48年伊予農協組合長を経て、50年以来伊予市長に5選。平成7年引退。　⊛ゴルフ，盆栽，花づくり

岡本 健　おかもと・けん
東金市長　⊕昭和8年9月18日　⊗平成11年12月25日　⊕千葉県　⊕山武農卒　⊛東金市助役を経て、平成6年東金市長に当選。10年落選。

岡本 淳　おかもと・すなお
中村市長　SAMエンタープライズ取締役　⊕昭和13年1月18日　⊕高知県中村市　⊕神奈川大学法律経済学部卒　⊛NTT土佐中村電報電話局長、NTT今治支店長を経て、平成4年中村市長、1期。8年、12年落選。SAMエンタープライズ取締役。　⊛ゴルフ

岡本 富夫　おかもと・とみお
衆院議員（公明党）　⊕大10.11.9　⊕奈良県吉野郡西吉野村　⊕近畿短大中退　⊛勲二等旭日重光章（平成4年）　⊛昭和42年衆院議員に当選、以来7選。科学技術委員長などをつとめ、61年6月引退。

岡本 日出士 おかもと・ひでし
大東市長 [生]昭和11年1月1日 [出]大阪府 [歴]昭和29年盛工務店に勤務。44年岡本建設を設立、社長に就任。四条保育園理事長なども務める。平成12年大東市長に当選。2期目。 [趣]ゴルフ

岡本 充功 おかもと・みつのり
衆院議員(民主党 比例・東海) [生]昭和46年6月18日 [出]滋賀県八日市市 [学]名古屋大学医学部医学科卒, 名古屋大学大学院医学研究科博士課程 [資]医師免許 [歴]平成15年民主党から衆院議員に当選。 http://www.mitsunori.net/

岡本 芳郎 おかもと・よしろう
衆院議員(自民党 比例・四国) [生]昭和18年10月5日 [出]徳島県 [学]東京大学農学部農工学科(昭和42年)卒 [歴]昭和42年農林水産省に入省。構造改善局水利課長、建設部長を経て、平成8年9月次長。10年退官。12年衆院選徳島1区に自民党から立候補。15年衆院議員に当選。旧橋本派。

小川 勇夫 おがわ・いさお
相模原市長 [生]昭和6年1月1日 [出]神奈川県相模原市 [学]早稲田大学商学部(昭和33年)卒 [歴]神奈川県青年技能者海外派遣団長を経て、昭和54年以来新自由クラブから神奈川県議に2選。62年には無所属で立候補したが落選。平成3年自民党で県議に復帰。通算4期。神奈川県土地利用計画審議会会長も務めた。9年1月相模原市長に当選。2期目。 [趣]詩吟
【著書】道標(相模経済新聞社 '04)

小川 勝也 おがわ・かつや
参院議員(民主党 北海道) [生]昭和38年7月7日 [出]北海道上川郡和寒町 [学]日本大学法学部(昭和62年)卒 [歴]鳩山邦夫衆院議員秘書を経て、平成7年新進党から参院議員に当選。2期目。8年12月民主党に移る。 http://www.ogawa-k.net/

小川 公人 おがわ・きみと
江別市長 [生]昭和16年9月1日 [出]北海道江別市 [学]江別高(昭和35年)卒 [歴]江別市職員、江別市議6期を経て、平成7年江別市長に当選。3期目。

小川 国彦 おがわ・くにひこ
衆院議員(社会党) [生]昭和8年1月8日 [出]千葉県成田市 [学]中央大学法学部(昭和30年)卒 [歴]昭和29～37年小川豊明衆院議員秘書。38年から千葉県議3期。47年シンガポールで開かれたアジア社会主義インターに日本社会党代表として出席。51年以来衆院議員に6選。平成5年落選。7年成田市長に当選。2期務め、15年引退。著書に「利権の海—東京湾埋め立ての虚構」「新利権の海—青べか物語の浜から」「成田—現実と希望」など。
【著書】総理大臣の「私生活」はなぜ徹底追及できないのか(三一書房 '93)

小川 省吾 おがわ・しょうご
衆院議員(社会党) [生]大正11年3月29日 [没]平成5年12月23日 [出]群馬県新田郡新田町 [学]北京大学法学院(昭和18年)卒 [賞]勲二等瑞宝章(平成4年) [歴]群馬県庁職員労組書記長を6期務め、県議2期。昭和47年以来、衆院議員5期。61年6月引退。 [趣]読書, 散歩 [家]兄=小川泰(新田町長)

小川 勝寿 おがわ・しょうじ
安中市長 [生]昭和2年12月6日 [出]群馬県安中市 [学]安中蚕糸卒 [歴]安中市教育委員長、市商工会常務理事を経て、平成3年安中市長に当選、2期つとめる。7年辞任。

小川 仁一 おがわ・じんいち
衆院議員(社会党) [生]大正7年2月1日 [没]平成14年11月24日 [出]岩手県和賀郡東和町 [学]岩手師範本科(昭和13年)卒 [歴]日教組副委員長、総評副議長を経て、昭和51年旧岩手1区で社会党から衆院議員に当選。2期つとめ61年落選。62年参

院選補選で自民党公認候補を大差で破って当選、25年振りに議席を獲得した。その後“ミスター売上税”として、全国各地で演説し、売上税廃案のきっかけを作った。のち参院地方行政委員長、参院議運委員長など歴任、土井たか子委員長時代の社会党躍進の一翼を担った。2期つとめ、平成7年引退。

小川 新一郎 おがわ・しんいちろう
衆院議員(公明党) [生]大正15年8月1日 [出]東京 [学]芝商(昭和19年)中退 [賞]勲二等旭日重光章(平成8年) [歴]牛乳販売店経営、日動火災海上勤務を経て、昭和38年埼玉県議に初当選。42年以来、衆院議員に7選。59年衆院交通安全対策特別委員長に就任。平成2年引退。 [趣]スポーツ観戦, 刀剣鑑賞

小川 進 おがわ・すすむ
四街道市長 [生]昭和2年6月2日 [没]平成8年9月11日 [出]千葉県四街道市 [学]明治大学政治経済学部卒 [歴]四街道市教育長、収入役を経て、平成4年市長に当選、2期。

小川 泰 おがわ・たい
衆院議員(民社党) [生]大12.1.2 [出]千葉県 [学]中央大学専門部経済学科(昭和19年)卒 [歴]昭和19年日本発送電入社。戦後東京電力労組に入り、同盟政治局長を経て、58年衆院議員に当選。61年落選。

小川 剛 おがわ・たけし
明石市長 [生]大正5年1月13日 [没]平成13年12月2日 [出]兵庫県 [学]大観青年学校(昭和11年)卒 [賞]勲四等旭日小綬章(平成4年) [歴]兵庫県土木部次長、昭和46年明石市助役を経て、58年以来市長に2選。平成3年引退した。

小川 竹二 おがわ・たけじ
豊栄市長 [生]昭和12年6月17日 [出]新潟県豊栄市 [学]立命館大学経済学部(昭和35年)卒 [歴]大学卒業後農業に従事、昭和46年以来豊栄市議を4期務め、62年豊栄市長に当選。5期目。 [趣]読書, 絵画

小川 敏夫 おがわ・としお
参院議員(民主党 東京) [生]昭和23年3月18日 [出]東京 [学]立教大学法学部(昭和45年)卒 [資]弁護士 [歴]昭和48年静岡地裁裁判官を経て、東京、福岡、横浜地検検事、56年弁護士。平成10年参院議員に民主党から当選。2期目。
http://www.ogawatoshio.com/

小川 元 おがわ・はじめ
衆院議員(自民党) 駐チリ大使
[生]昭和14年1月1日 [出]長野県諏訪市
[学]学習院大学政経学部卒 [歴]三菱商事大阪支社部長代理を経て、叔父の秘書となり、昭和61年衆院議員に当選。平成2年落選。5年再選。通算3期務めた。12年落選。宮沢派を経て、加藤派。14年5月民間から駐チリ大使に就任。
[家]父=小川一平(衆院議員), 祖父=小川平吉(政治家)

小川 敏 おがわ・びん
大垣市長 [生]昭和25年11月15日 [出]岐阜県 [学]東京大学法学部(昭和49年)卒
[歴]紙類卸会社社長。平成13年大垣市長に当選。

小川 信 おがわ・まこと
衆院議員(社会党) [生]昭和7年9月6日
[出]山口県山口市 [学]山口大学農学部(昭和30年)卒 [歴]山口県農協中央会参事、総務部長、農政会議事務局長などを歴任。平成2年衆院議員に当選、5年落選。

小川 亮 おがわ・まこと

徳山市長 岡山県副知事 [生]大正13年5月12日 [出]山口県徳山市 [学]東京帝大法学部政治学科(昭和23年)卒 [賞]勲三等旭日中綬章(平成12年) [歴]昭和23年人事院に入る。34年福岡県水産課長、38年徳島県企画開発部長、41年自治省指導課長、43年新潟県総務部長、46年自治省固定資産税課長、50年岡山県副知事を経て、54年以来徳山市長に5選。平成11年引退。

沖 勝治 おき・かつじ

苅田町(福岡県)町長 [生]昭和6年6月21日 [出]福岡県苅田町 [学]豊前農(昭和25年)卒 [賞]旭日双光章(平成16年) [歴]農業に従事する傍ら、苅田町給食センター所長や苅田町職員組合委員長を歴任。昭和61年町長に当選。

沖 外夫 おき・そとお

参院議員(自民党) 三協アルミニウム工業社長 [生]大正14年8月12日 [没]昭和61年6月28日 [出]富山県高岡市 [学]興亜工学院(昭和20年)卒 [歴]昭和35年三協アルミニウムを設立して常務となり、40年専務、46年副社長、54年社長を歴任。57年参院補選で当選、1期だけつとめ、61年6月の改選には立候補せず、政界からの引退を表明後死去。 [趣]ゴルフ，小唄

【評伝】藤原弘達のグリーン放談大胆不敵(藤原弘達編 藤原弘達著作刊行会;学習研究社〔発売〕'87)

小木曽 亮弌 おぎそ・りょういち

根羽村(長野県)村長 [生]昭和14年9月10日 [学]飯田高卒 [歴]根羽村で約30年間建設業に従事したのち、根羽村教育委員会を経て、平成3年村長に当選、4期目。平成9年村内の中学2年生全員の海外研修を実施。10年長野五輪に役場の職員34人がボランティアとして参加、自ら駐車場の交通整理にあたる。

沖田 正人 おきた・まさと

衆院議員(社会党) [生]昭和4年2月15日 [没]平成13年6月15日 [出]山口県 [学]西南学院専卒 [賞]藍綬褒章，勲四等旭日小綬章(平成11年) [歴]東京土建産業労組副委員長を務め、昭和30年以来渋谷区議2期、37年以来東京都議に5選。社会党都議団政調会長、東京建設業国保組合理事長、社会党都議団幹事長、社会党渋谷総支部委員長を経て、平成2年旧東京4区から衆院議員に当選、1期つとめた。5年落選。

沖田 嘉典 おきた・よしのり

八代市長 [生]昭和3年2月29日 [出]熊本県 [学]早稲田大学政経学部(昭和23年)中退 [歴]八代市役所に入所。建設省関東地方建設局勤務を経て、昭和30年灘屋物産、灘屋ゴルフを設立。42年大和田ビルを設立、社長に。平成2年より八代市長に3選。14年2月市職員採用に絡み現金を受け取ったとして、収賄の疑いで熊本県警に逮捕される。 [趣]ゴルフ，釣り

荻野 幸和 おぎの・ゆきかず

黒部市長 [生]昭和13年6月28日 [出]富山県黒部市 [学]慶応義塾大学法学部(昭和37年)卒 [歴]昭和38年荻野石油取締役、50年銀盤酒造取締役、52年金太郎温泉取締役を歴任し、55年以来黒部市長に7選。平成16年退任。 [趣]読書，ゴルフ

荻原 健司 おぎわら・けんじ

参院議員(自民党 比例) 元・スキー選手(複合) [生]昭和44年12月20日 [出]群馬県吾妻郡草津町 [学]早稲田大学人間科学部(平成4年)卒 [歴]中学3年の時、双子の弟・次晴とともにスキーの全国大会複合競技で1、2位を独占、“荻原兄弟”の名を全国にとどろかせる。平成元年と3年ユニバーシアード(ソフィア，札幌)で2連勝。W杯には大学1年から出場。4年アルベールビル五輪個人7位、団体で金メダル。5年2月の世界ノ

ルディック選手権個人1位、団体1位は日本人初の2冠。4～5年W杯では6勝を挙げ、日本人初の個人総合優勝、5～6年のW杯も5勝で史上初の連続個人総合優勝。同年のリレハンメル五輪個人4位、団体では金メダル。6～7年W杯6勝で総合3連覇。9年2月世界ノルディック選手権個人1位。10年長野五輪個人4位、団体5位。開会式では日本選手団の主将として選手宣誓を行った。14年4大会連続となるソルトレークシティ五輪では、個人11位、団体8位、スプリント33位に終る。同年5月引退。W杯通算19勝は世界最多記録。15年日本スポーツ仲裁機構発足に併い、理事に就任。16年参院選比例区に自民党から出馬し、当選。 ⓢ弟＝荻原次晴（スキー選手）

奥 吉尚　おく・よしひさ

名田庄村（福井県）村長　⊕明治44年4月1日　⊕福井県遠敷郡名田庄村　⊕奥名田高小卒　⊕奥名田村書記、名田庄村書記、収入役、教育長を経て、昭和50～62年村長。この間、59年特産品の研究開発と販売体制の強化、市場の調査開拓を目的に、村、農協、森林組合らが株主の株式会社名田庄商会が設立され、その初代社長を務めた。

奥沢 順一　おくざわ・じゅんいち

結城市長　奥順工業社長　⊕大正3年6月29日　⊕茨城県　⊕宇都宮商（昭和7年）卒　⊕藍綬褒章（昭和53年）、勲三等瑞宝章（平成1年）　⊕昭和30年結城市議（4期）、45年茨城県議（2期）を経て、54年結城市長に当選、2期。62年1月落選。

奥田 吉郎　おくだ・きちろう

三島市長　⊕昭6.1.9　⊕岐阜県高山市　⊕日本大学法学部法律学科（昭和28年）卒　⊕紺綬褒章（昭和56年）　⊕昭和28年鳩山一郎秘書となり、52年三島市長に当選、4期務めた。

奥田 清晴　おくだ・きよはる

松阪市長　⊕大正11年2月24日　⊕三重県　⊕櫛田村立農業青年学校卒　⊕勲四等旭日小綬章（平成13年）　⊕昭和21年櫛田村役場に入り、31年収入役。36年松阪市社会福祉事務所長、38年人事課長、42年農林水産部長、45年総務部長、46年建設部長、48年収入役、59年助役を経て、63年同市長に当選。3期つとめ、平成12年引退。

奥田 敬和　おくだ・けいわ

衆院議員（民主党）　運輸相　⊕昭和2年11月26日　⊕平成10年7月16日　⊕石川県石川郡美川町　⊕早稲田大学政経学部（昭和26年）卒　⊕勲一等旭日大綬章（平成10年）　⊕北国新聞に入り、政治記者、経済部次長。昭和33年治山社副社長、40年社長。42年石川県議に初当選。44年自民党から衆院議員に当選10回。この間50年自治政務次官、51年外務政務次官、55年外務常任委員長、57年党副幹事長、58年中曽根内閣の郵政相、平成2年第2次海部内閣の自治相、3年宮沢内閣の運輸相に就任。有数の外交通。竹下派、羽田派、平成5年新生党を経て、6年新進党、8年太陽党結成に参加。10年民主党に参加。　ⓢ柔道，囲碁　ⓢ長男＝奥田建（衆院議員）

【評伝】選挙事務長三十年（金原博著（金沢）金原博連合後援会;（金沢）北国新聞社〔発売〕'04）／改革に挑む男たち（山本集著 日刊スポーツ出版社'95）／藤原弘達のグリーン放談 大胆不敵（藤原弘達編 藤原弘達著作刊行会'87）

奥田 建　おくだ・けん

衆院議員（民主党 石川1区）　⊕昭和34年1月16日　⊕石川県　⊕日本大学理工学部（昭和57年）卒　⊕平成10年父・奥田敬和衆院議員の死去に伴う補欠選挙で当選。12年の衆院選では比例区北陸信越ブロックで当選。15年の衆院選では石川1区で当選。3期目。　ⓢ父＝奥田

敬和（衆院議員） http://www.okuda-ken.gr.jp/

奥田 八二 おくだ・はちじ
福岡県知事 九州大学名誉教授 [専]社会思想史 [生]大正9年11月1日 [没]平成13年1月21日 [出]兵庫県姫路市 号＝奥田葦水 [学]九州帝大法文学部経済科（昭和19年）卒，九州大学大学院経済学研究科修了 [賞]勲二等旭日重光章（平成7年） [歴]農家の八男に生れる。出征し、復員後九州大学で学者の道を歩く。昭和34年には、産炭地域の救済をめざす“黒い羽根運動”の先頭に立つなど、社会主義活動の理論的指導者として活躍。39年教授となり、43年九州大学紛争の最中に学生部長に就任、紛争の収拾では革新陣営も驚く手腕を発揮。58年社共両党、学者等の支持を得て福岡県知事に当選、16年ぶりに革新県政を実現した。3期つとめ、平成7年引退。この間、福岡県情報公開条例を制定したほか、企業誘致や日韓の自治体外交に尽力。佐賀、長崎両県との3県知事サミットを実現した。知事公舎には入居しないという公約を最後まで守り通した。引退後も、平和運動に積極的に携わった。
【著書】岐路に立つ国民生活（社会問題研究所 '82）

奥田 幹生 おくだ・みきお
衆院議員（自民党） 文相 [生]昭和3年3月21日 [出]京都府綾部市 [学]早稲田大学政経学部（昭和27年）卒 [賞]勲一等瑞宝章（平成11年） [歴]小学校教師、昭和28年読売新聞記者、京都市議4期を経て、54年京都府議となり、55年衆院議員に当選。63年通産政務次官を経て、平成8年橋本内閣の文相に就任。当選6回。宮沢派を経て、加藤派。12年引退。

奥谷 通 おくたに・とおる
衆院議員（自民党） [生]昭和26年10月7日 [没]平成15年7月8日 [出]兵庫県神戸市 [学]甲南大学法学部（昭和49年）卒 [歴]昭和52年代議士秘書を経て、62年建材会社副社長。平成3年兵庫県議に当選、2期。8年衆院選に立候補するが落選。10年11月野田実代議士の失職により比例区・近畿ブロックより繰り上げ当選、2期。同年12月山崎派に参加。14年小泉内閣の環境政務官を務めた。

小口 利幸 おぐち・としゆき
塩尻市長 [生]昭和26年8月24日 [出]長野県塩尻市 [学]慶応義塾大学理工学部卒 [歴]セイコーエプソン設計課長、塩尻市議を経て、平成14年市長に当選。

奥野 一雄 おくの・かずお
衆院議員（社会党） [生]大正15年5月26日 [没]平成4年2月17日 [出]北海道函館市 [学]逓信講習所卒 [歴]函館市議、北海道議を経て、昭和58年衆院議員に当選、2期。平成2年落選。

奥野 信亮 おくの・しんすけ
衆院議員（自民党 奈良3区） (株)バンテック会長·CEO [生]昭和19年3月5日 [出]東京都 [学]慶応義塾大学工学部（昭和41年）卒 [歴]昭和41年日産自動車に入社。平成6年東日本営業本部副本部長、8年取締役を経て、11年系列の物流会社であるバンテック社長に就任。13年親会社から事業権を買いとって独立する企業買収（MBO）を実施して、日産から独立。15年引退した父·奥野誠亮代議士の後継者として衆院選に出馬し、当選。森派。 [家]父＝奥野誠亮（衆院議員）

奥野 誠亮 おくの・せいすけ
衆院議員（自民党） 法相 文相 [生]大正2年7月12日 [出]奈良県御所市 [学]東京帝国大学法学部政治学科（昭和13年）卒 [賞]勲一等旭日大綬章（昭和61年） [歴]内務省に入り、戦後自治事務次

おくの

官を経て、昭和38年政界入り、以来当選13回。自民党文教制度調査会長、文相等を歴任。55年法相に就任したが、憲法改正論を打ち出した"奥野発言"をめぐって衆院予算委などが紛糾した。62年竹下内閣の国土庁長官となるが、63年5月今度は日中戦争をめぐる発言で引責辞任。平成5年衆院政治倫理審査会初代会長に就任。無派閥。15年引退。 ㊣ゴルフ, 囲碁, 美術鑑賞 ㊣長男＝奥野信亮(衆院議員)
【著書】派に頼らず, 義を忘れず(PHP研究所 '02)
【評伝】証言 地方自治(本間義人編著 ぎょうせい'94)／国際化日本の壁(卓南生著, 田中宏, 吉井敬雄訳 東洋経済新報社'90)／藤原弘達のグリーン放談〈1〉臨機応変(藤原弘達編 藤原弘達著作刊行会;学習研究社〔発売〕'86)

奥野 泰三 おくの・たいぞう
近江八幡市長 ㊣大正1年10月9日 ㊣平成16年6月1日 ㊣滋賀県彦根市 ㊣旧彦根高商卒 ㊣勲五等瑞宝章(昭和61年) ㊣近江八幡市収入役、助役を経て、昭和57年市長に就任。1期務め、61年退任。

奥野 登 おくの・のぼる
近江八幡市長 ㊣昭和7年2月19日 ㊣滋賀県草津市 ㊣立命館大学経済学部(昭和32年)卒 ㊣勲五等双光旭日章(平成14年) ㊣昭和25年滋賀県庁に入り、52年教職員課長、54年秘書課長、56年長浜県事務所長、58年近江八幡市助役、61年市長に就任。2期つとめた。

奥村 展三 おくむら・てんぞう
衆院議員(民主党 比例・近畿) 参院議員(さきがけ) ㊣昭和19年8月10日 ㊣滋賀県甲賀郡甲西町 ㊣立命館大学中退 ㊣昭和40～44年及び49～50年大学在学中から、母校甲賀高(現・水口高)野球部監督をつとめ甲子園にも出場、解説等でも活躍。44年家業4代目を継ぎ、甲西町議を経て、54年より滋賀県議(自民党)に4選。のち新党さきがけに入り、平成7年参院議員に当選。平成10年10月党名をさきがけと改め、武村正義と二人で党を存続させるが、12年衆院選に立候補し、落選。15年民主党から衆院議員に当選した。 ㊣父＝奥村藤一(甲西町長)

奥本 務 おくもと・つとむ
高槻市長 ㊣昭和9年7月3日 ㊣高槻市助役を経て、平成11年高槻市長に当選。2期目。

奥山 茂彦 おくやま・しげひこ
衆院議員(自民党) ㊣昭和17年9月4日 ㊣京都府京都市 ㊣桃山高(昭和37年)卒 ㊣昭和49年以来京都市議に当選7回。61年市会議長。平成8年比例区近畿ブロックより衆院議員に当選。12年の衆院選では京都3区から当選。2期。橋本派。15年落選。 ㊣水泳, ダンス, 読書, 山登り http://www.yamabikonet.gr.jp/

奥山 澄雄 おくやま・すみお
墨田(東京都)区長 ㊣昭和4年3月25日 ㊣平成13年1月30日 ㊣愛知県北設楽郡津貝村 ㊣日本大学経済学部卒 ㊣勲四等旭日小綬章(平成11年) ㊣昭和24年から東京都墨田区役所に勤務。企画経営室長、総務部財務課長、建設部計画課長などを経て、57年助役。62年区長に当選。3期務め、JR錦糸町駅北口の再開発、区役所新庁舎、福祉保健センター、郷土文化資料館の建設などに力を注いだ。また平成7年雨水利用促進助成制度を創設、9年開館したすみだトリフォニーホールを新日本フィルハーモニー交響楽団の活動拠点にするなど、ユニークな施策を打ち出した。11年引退。 ㊣ビリヤード

小倉 敏雄　おぐら・としお
下妻市長　⊕昭和15年5月5日　⊕茨城県　⊕日本大学理工学部(昭和40年)卒　⊕自動車部品加工会社社長などを経て、平成14年下妻市長に当選。

小倉 満　おぐら・みつる
大垣市長　⊕昭和7年5月5日　⊕平成13年3月3日　⊕岐阜県　⊕中央大学法学部(昭和30年)中退　⊕岐阜倉庫運輸社長を経て、昭和60年から大垣市長に4選。徳山ダムの建設推進派だった。平成13年4月の次期市長選には健康上の理由から不出馬を表明していたが、同年3月病気で死亡した。　⊕長男=小倉康宏(岐阜倉庫運輸社長)

小倉 基　おぐら・もとい
渋谷(東京都)区長　⊕昭和6年9月28日　⊕鹿児島県鹿児島市　⊕国学院大学政経学部(昭和29年)卒　⊕藍綬褒章(昭和63年)　⊕昭和34年以来渋谷区議2期を経て、48年東京都議に当選。当選5回。都議会自民党幹事長などを歴任。平成元年都議会議長を務めた。4年参院選に立候補。7年渋谷区長に当選、2期めで15年引退。司法保護司も務める。　⊕娘=村上英子(東京都議)

小倉 利三郎　おぐら・りさぶろう
古河市長　⊕大正15年4月27日　⊕平成16年4月16日　⊕茨城県　⊕明治大学政経学部(昭和22年)卒　⊕昭和46年から古河市議に2選。49年副議長、52年議長。58年市長に当選、2期。平成3年落選。7年返り咲き。通算3期務めた。11年落選。

小此木 八郎　おこのぎ・はちろう
衆院議員(自民党　神奈川3区)　経済産業副大臣　⊕昭和40年6月22日　⊕神奈川県横浜市中区　⊕玉川大学文学部(平成1年)卒　⊕父は衆院議員の小此木彦三郎。昭和63年父の秘書を経て、平成5年衆院議員に当選。16年第2次小泉改造内閣の経済産業副大臣に就任。4期目。旧渡辺派を経て、無派閥。　⊕父=小此木彦三郎(衆院議員)
http://www.hachirou.com/

小此木 彦三郎　おこのぎ・ひこさぶろう
衆院議員(自民党)　⊕昭和3年1月26日　⊕平成3年11月4日　⊕神奈川県横浜市中区末吉町　⊕早稲田大学文学部哲学科(昭和27年)卒　⊕家業の材木商の社長をつとめ、昭和38年横浜市議を経て、44年衆院議員に当選。以来8期。外務、運輸政務次官を経て、58年通産相、63年竹下改造内閣の建設相に就任。平成3年衆院政治改革特別委員長に就任、政治改革関連法案の廃案を宣言。渡辺派。　⊕ゴルフ、読書　⊕父=小此木歌治(衆院議員)、息子=小此木八郎(衆院議員)

小坂 樫男　おさか・かしお
伊那市長　⊕昭和10年8月16日　⊕長野県伊那市　⊕上伊那農卒　⊕長野県庁に入庁。県土地対策課長、医務課長、県公衆衛生専門学校長、伊那市助役を経て、平成7年伊那市長に当選。3期目。

尾崎 喜代房　おざき・きよふさ
天理市長　⊕大正8年9月25日　⊕平成9年10月25日　⊕奈良県天理市　⊕天王寺師範卒　⊕昭和41年天理市収入役、45年助役を経て、51年から市長に3選。63年引退。

尾崎 清太郎　おざき・せいたろう
東大和市長　⊕大正13年3月8日　⊕平成10年2月9日　⊕東京　⊕府中農蚕(昭和16年)卒　⊕藍綬褒章(昭和60年)、勲三等瑞宝章(平成6年)　⊕東大和市会議長を経て、昭和46年以来市長に5選。東京都市会会長なども務めた。平成3年引退。

おさき

尾崎 吉弘 おざき・よしひろ
和歌山市長 ⚫昭和11年8月16日 ⚫和歌山県 ⚫桐蔭高卒 ⚫藍綬褒章（平成4年） 和歌山市議を経て、昭和54年から和歌山県議（自民党）に4選。平成7年和歌山市長に当選。10年11月市職員採用試験にからむ収賄容疑で逮捕される。同月辞任した。

長田 開蔵 おさだ・かいぞう
御殿場市長 ⚫昭和16年9月29日 ⚫静岡県 ⚫御殿場高（昭和35年）卒 ⚫御殿場市職員を経て、平成13年御殿場市長に当選。

長田 武士 おさだ・たけし
衆院議員（公明党） ⚫昭和6年8月31日 ⚫平成10年11月24日 ⚫神奈川県津久井郡津久井町 ⚫八王子高（定時制）（昭和27年）卒 公明党中央執行委員総務局長を経て、昭和51年以来衆院議員に6選。平成5年引退。
【評伝】フレッシュ・オープン・エキサイティング（第三文明社編集部編 第三文明社'87）

長田 徹 おさだ・とおる
壱岐市長 ⚫昭和20年12月17日 ⚫長崎県勝本町（現・壱岐市） ⚫名古屋商科大学（昭和43年）卒 郷ノ浦町議を経て、平成16年4月同町が近隣3町と合併して新たに発足した壱岐市の初代市長に就任。

長田 裕二 おさだ・ゆうじ
参院議長 参院議員（自民党） 科学技術庁長官 ⚫大正6年3月13日 ⚫平成15年4月28日 ⚫千葉県勝浦市 ⚫東京帝大法学部政治学科（昭和14年）卒 ⚫勲一等旭日大綬章（平成4年） 昭和14年逓信省に入省。戦後郵政省に移り、37年経理局長、39年郵務局長、41年事務次官を歴任して退官。43年自民党から参院選に出馬、4期連続当選。54年第2次大平内閣の科学技術庁長官、参院予算委員長、自民党参院議員会長などを務めた。平成3年10月～4年7月参院議長。在任中、国連平和維持活動（PKO）協力法採決の際、野党側が"牛歩戦術"を展開して採決までに13時間を要した。同年引退。
⚫囲碁, 謡曲, 歴史小説

小里 貞利 おざと・さだとし
衆院議員（自民党 鹿児島4区） 総務庁長官 労相 ⚫昭和5年8月17日 ⚫鹿児島県姶良郡霧島町 ⚫加治木高（昭和24年）卒 ⚫勲一等旭日大綬章（平成13年） 昭和34年鹿児島県議6期、県会議長を経て、54年以来衆院議員に9選。平成2年第2次海部改造内閣の労相、6年村山内閣の北海道・沖縄開発庁長官となり、阪神大震災の発生で地震対策担当相に。9年9月佐藤総務庁長官の辞任をうけて同長官に就任。宮沢派を経て、加藤派。15年11月小里グループ会長。 ⚫バイク, 山歩き
http://www.mct.ne.jp/ozato/
【著書】秘録・永田町（講談社'02）／震災大臣特命室（読売新聞社'95）

長内 順一 おさない・じゅんいち
衆院議員（公明党） ⚫昭和22年3月7日 ⚫北海道札幌市 ⚫北海学園大学経済学部卒 昭和62年以来札幌市議2期を経て、平成5年公明党から衆院議員に当選。6年新進党、10年1月新党平和、同年11月新公明党結成に参加。2期務めた。12年引退。

小佐野 常夫 おさの・つねお
富士河口湖町（山梨県）町長 ⚫昭和15年10月20日 ⚫山梨県・河口湖町議を経て、昭和63年から町長に4選。"五感文化構想"を掲げ、ブルーベリー狩りを楽しめる自然生活館、3000人収容の野外音楽堂などを建設。河口湖畔の年間清掃費が膨大になってきたことに伴い、平成13年勝山村、足和田村とともに全国初の法定外目的税"遊魚釣り税"200円を徴収し、話題となる。15年11月河

口湖町が勝山村、足和田村と合併して富士河口湖町が発足、12月初代町長に当選。

小座間 泰蔵　おざま・たいぞう
天童市長　㊗大正9年2月21日　㊙昭和60年1月15日　㊐山形県天童市　㊗東北帝大工学部卒　㊗山形県新庄、米沢各建設事務所長、県土木砂防課長、土木部次長。昭和50年天童市助役、56年市長に当選。

小沢 一郎　おざわ・いちろう
衆院議員（民主党　岩手4区）　民主党副代表　自由党党首　㊗昭和17年5月24日　㊐岩手県水沢市　㊗慶応義塾大学経済学部（昭和42年）卒、日本大学大学院中退　㊗日大大学院在学中の昭和44年、亡父・小沢佐重喜（元建設相）の跡を継いで、27歳で自民党から衆院当選。以来連続12期。党内では建設・郵政族の一人で、田中政権発足時には1年生議員ながら力を発揮、田中の"秘蔵っ子"と言われたが、創成会結成に参画、以降竹下政権づくりに尽力する。政調副会長、総務局長などを歴任し、衆院議運委員長2期、国家公安委員長、自治相を経て、平成元年8月自民党幹事長。2年訪韓時天皇の"お言葉"問題に関する"土下座不要"発言が物議を醸す。3年東京都知事選後、混乱の責を取って党幹事長を辞任。4年12月竹下派が分裂し羽田孜と共に羽田派を結成した。5年6月衆院解散を機に自民党を離党、羽田らと新生党を結成して代表幹事となる。さらに6年12月、公明、日本新、民社と組んで新進党を結成し、幹事長に就任。7年12月羽田を大差で破り党首となる。8年羽田が離党、総選挙では現有議席を割り込み敗北した。9年12月党首に再選するが、解党して10年1月新たに自由党を結成。11年1月自由党は自民党と連立を組み、小渕改造内閣が発足するが、12年4月には政権から離脱、その際所属議員の約半数が脱党して保守党を旗上げした。15年9月自由党は解散して菅直人率いる民主党と合併。同年の総選挙で民主党は大幅に議席を増やした。同年12月民主党代表代行・副代表。16年5月岡田克也代表の下で新執行部が発足するにともない代表代行・副代表を退任。同年11月副代表に復帰。　㊗読書，釣り　㊗父＝小沢佐重喜（建設相）
http://ozawa-ichiro.jp/

【著書】政権交代のシナリオ（小沢一郎，菅直人著 PHP研究所'03）／語る（文芸春秋'96）／日本改造計画（講談社'93）

【評伝】日本変革（板垣英憲著 ベストセラーズ'03）／小泉・安倍VS.菅・小沢の国盗り戦争（板垣英憲著 日新報道'03）／闇将軍（松田賢弥著 講談社'03）／消費される権力者（遠藤浩一著 中央公論新社'01）／小沢一郎はなぜTVで殴られたか（鈴木美勝著 文芸春秋'00）／虎視耽耽 小沢一郎（大下英治著 徳間書店'99）／一を以って貫く（大下英治著 講談社'96）

小沢 和秋　おざわ・かずあき
衆院議員（共産党）　㊗昭和6年9月15日　㊐愛知県稲沢市　㊗東京大学法学部（昭和29年）卒　㊗八幡製鉄に入社。昭和38年から福岡県議を3期つとめ、55年衆院議員に当選。5年、8年落選。12年返り咲き、通算4期務め、15年引退。

小沢 和夫　おざわ・かずお
釜石市長　㊗昭和19年3月15日　㊐岩手県釜石市　㊗法政大学社会学部　㊗釜石市議に7選、議長も務める。平成15年市長に当選。　http://www10.ocn.ne.jp/~ozken/

小沢 克介　おざわ・かつすけ
衆院議員（社会党）　弁護士　㊗昭和19年4月13日　㊐台湾・台北　㊗慶応義塾大学法学部（昭和42年）卒　㊗宇部興産勤務を経て、昭和48年司法試験に合格、弁護士となる。58年から衆院議員に3選。この間、衆院法務委員や社会党副書記長を歴任。平成5年落選。弁護士活動を

再開。 [家]父＝小沢太郎（衆参院議員・山口県知事）

小沢 潔 おざわ・きよし

衆院議員（自民党） 国土庁長官 [生]昭和2年8月1日 [出]東京都国立市 [学]国立中（現・国立高）（昭和20年）卒 [賞]勲一等旭日大綬章（平成12年） [歴]昭和27年国立町議、42年国立市議、44年東京都議を経て、54年衆院議員に当選。平成6年村山内閣の国土庁長官を務めた。当選7回。宮沢派を経て、加藤派。12年引退。

小沢 鋭仁 おざわ・さきひと

衆院議員（民主党 山梨1区） [生]昭和29年5月31日 [出]山梨県 [学]東京大学法学部（昭和53年）卒 [歴]3年間大学教授の私的研究室で政策科学を学ぶ。のち東京銀行入行。2年後、29歳のとき浜田卓二郎に誘われて国会議員の政策スタッフ集団・FFS（のちのFLS自由社会フォーラム）の事務局長となる。日本では他に先駆けた新しい職業として注目された。平成4年細川護熙らの日本新党結成に参画し、同代表付となる。5年衆院議員に当選。4期目。6年離党し、院内会派グループ青雲を結成。6月新党さきがけに合流。8年民主党に参加。 http://www.e-ozawa.net/

【著書】未来のために語ろう（小沢鋭仁, 成毛真著 PHP研究所'96）／ニューリベラル国家論（PHP研究所 '94）／細川政権二百五十日の真実!（（豊島区）東京出版 '94）

小沢 辰男 おざわ・たつお

改革クラブ代表 衆院議員（改革クラブ） 厚相 新潟平成学院理事長 [生]大正5年12月7日 [出]新潟県新潟市 [学]東京帝大法学部政治学科（昭和16年）卒 [賞]勲一等旭日大綬章（平成12年） [歴]内務省に入る。昭和24年厚生省医務局整備課長になり、公衆衛生局、保険局を経て、34年新潟硫酸取締役、35年新潟米油社長を兼任。35年自民党から出馬以来、衆院議員に当選13回。この間建設大臣、環境庁長官、厚生大臣を歴任。平成5年6月離党、新生党結成に参加。6年新進党結成に参加。10年解党後は改革クラブを結成、代表。12年引退。 [家]父＝小沢国治（衆院議員）

【評伝】愛郷無限（新潟日報事業社編著（新潟）新潟日報事業社'01）／藤原弘達のグリーン放談 大胆不敵（藤原弘達編 藤原弘達著作刊行会'87）／誰も書かなかった目白邸（小林吉弥著 徳間書店'86）

小沢 貞孝 おざわ・ていこう

衆院議員（民社党） [生]大正5年12月1日 [没]平成14年12月17日 [出]長野県松本市 [学]長野工（昭和13年）卒 [賞]勲二等旭日重光章（平成2年） [歴]昭和電工塩尻労組副委員長を経て、昭和26年から長野県議に2選。33年旧長野4区から無所属で衆院議員に当選、通算7期。のち社会党を経て、35年民社党結成に参加。民社党中央執行委員、党国会対策委員長、国会議員団長などを歴任した。55年衆院沖縄北方特別委員長に就任。平成2年落選した。

小沢 博 おざわ・ひろし

草加市長 [生]昭和7年1月28日 [出]埼玉県草加市 [学]埼玉大学教育学部卒 [賞]旭日双光章（平成15年） [歴]草加市教育委員長を経て、教育長。平成5年草加市長に当選。2期務めた。

小沢 良明 おざわ・よしあき

小田原市長 [生]昭和18年8月2日 [出]神奈川県小田原市 [学]芝浦工業大学建築学科（昭和41年）卒 [資]1級建築士 [歴]昭和41年建設業を開業。46年以来小田原市議に4選、58年議長。62年から神奈川県議に2選。平成4年小田原市長に当選。4期目。 [趣]読書，鮎釣り

小田 豊　おだ・ゆたか
長岡京市長　⑰昭和19年4月9日　⑰京都府　⑰甲南大学経済学部（昭和43年）卒　⑰昭和43年京都府長岡町（現・長岡京市）町役場に入る。企画部長、理事などを経て、平成14年4月水道事業管理者。15年市長に当選。

小平 英哉　おだいら・ひでや
日光市長　⑰昭和4年3月19日　⑰栃木県　⑰今市中（旧制）卒　⑰勲五等双光旭日章（平成11年）　⑰昭和58年日光市議に当選。再選を経て、平成元年同市長に当選、2期つとめる。9年落選。

尾立 源幸　おだち・もとゆき
参院議員（民主党　大阪）　⑰昭和38年10月9日　⑰慶応義塾大学経済学部（昭和62年）卒　⑰税理士　⑰昭和62年アーサー・アンダーセン（現・朝日監査法人）に入社、マニラ、ロサンゼルスで勤務。平成4年独立、尾立村形公認会計事務所長、ゼニックス・コンサルティング代表取締役に就任。9年鳩山由紀夫衆院議員の秘書を兼務。12年民主党から衆院選に立候補。16年参院議員に当選。
http://www.odachi.com/

越智 伊平　おち・いへい
衆院議員（自民党）　農水相　⑰大正9年12月10日　⑰平成12年3月24日　⑰愛媛県越智郡玉川町　⑰相模原工科学校（昭和16年）卒　⑰勲一等旭日大綬章（平成10年）　⑰愛媛県議4期を経て、昭和47年旧愛媛2区から衆院議員に当選。環境、労働各政務次官、自民党副幹事長、59年衆院大蔵委員長を経て、61年議運委員長、62年竹下内閣の建設相、平成2年予算委員長、4年宮沢改造内閣の運輸相、7年11月宗教法人特別委員会委員長、9年9月第2次橋本改造内閣の農水相に就任するが、病気療養のため同月辞任。当選10回。渡辺派を経て、村上・亀井派。　⑰少林寺拳法（6段）
⑰長男＝越智務（四国通建社長）

越智 通雄　おち・みちお
衆院議員（自民党）　金融再生委員会委員長　経済企画庁長官　⑰昭和4年4月23日　⑰東京・銀座　⑰東京大学法学部（昭和27年）卒　⑰勲一等旭日大綬章（平成12年）　⑰昭和27年大蔵省に入り、32年ニューヨーク副領事、40年大蔵大臣秘書官、46年主計局調査課長などを経て、47年から衆院議員に連続4選。58年の選挙では敗れたが、61年7月衆院に復帰。通算8期。平成元年宇野内閣、2年第2次海部改造内閣の経済企画庁長官を歴任。10年2月予算委員長。11年10月小渕第2次改造内閣の金融再生委員会委員長に就任するが、12年2月舌禍問題で辞任。同年落選。15年衆院補選に立候補するが落選。三塚派を経て、森派。
⑰兄＝越智英雄（越川社長）、越智昭二（日銀監事）

落合 庄次　おちあい・しょうじ
水海道市長　⑰明治41年11月11日　⑰平成5年10月22日　⑰茨城県　⑰石岡農（大正15年）卒　⑰勲四等旭日小綬章（昭和54年）　⑰茨城県庁に入庁。33年下館支庁長、34年出納事務局長、37年県西振興事務所長を経て、昭和38～62年水海道市長に6選。　⑰釣り

落合 浩英　おちあい・ひろひで
西之表市長　⑰昭和9年10月21日　⑰鹿児島大学農学部卒　⑰鹿児島市助役を経て、平成9年3月西之表市長に当選。2期目。

尾辻 秀久　おつじ・ひでひさ
参院議員（自民党　比例）　厚生労働相　⑰昭和15年10月2日　⑰鹿児島県　⑰東京大学教養学部中退　⑰日本遺族会副会長を経て、昭和54年以来鹿児島県議に2選。平成元年参院選比例区に自民党から当選。3期目。13年小泉内閣の財務副大臣。16年第2次小泉改造内閣の厚生労働相に就任。旧河本派を経て、旧橋

おと

本派。　㊙妹＝尾辻義（鹿児島県議）
http://www.otsuji.gr.jp/

小渡 三郎　おど・さぶろう
衆院議員（自民党）　㊤大正14年12月14日　㊦昭和63年7月28日　㊧沖縄県沖縄市美里　㊨海兵（昭和20年）卒　㊙昭和33年美里村議に当選。その後、琉球政府に入り、労働局長、通産局長、副主席を歴任。46年立法院議員を経て、55年以来衆院議員に3選。中曽根派。　㊙釣り
【評伝】ザ・選挙（佐久田繁，川条昭見編著　月刊沖縄社'86）

翁長 雄志　おなが・たけし
那覇市長　㊤昭和25年10月2日　㊧沖縄県那覇市　㊨法政大学卒　㊙那覇市議を経て、沖縄県議を2期務める。平成12年経済重視の市政への転換を訴え、那覇市長に当選。保守系市長の当選は32年ぶりで、沖縄本土復帰後初めて。この間、自民党沖縄県連幹事長を務めた。2期目。

尾西 堯　おにし・たかし
龍野市長　㊤大正7年9月12日　㊧兵庫県龍野市　㊨日本大学大阪専（昭和17年）卒　㊗行政書士、勲四等旭日小綬章（平成11年）　㊙昭和12年兵庫県庁に入庁。46年農政課長、51年知事公室長。52年兵庫県農業信用基金協会に転じ、専務理事、57年龍野市農協組合長を歴任。61年龍野市長に当選、3期務めた。平成10年引退。著書に、句文集「みづほ春秋」がある。　㊙読書，囲碁，俳句

小野 明　おの・あきら
参院副議長（社会党）　㊤大正9年4月6日　㊦平成2年4月19日　㊧福岡県北九州市小倉北区　㊨小倉師範（昭和15年）卒　㊙福岡県教組委員長、福岡県評議会議長を経て、昭和40年参院議員に当選、5期。平成元年参院副議長に就任。

小野 和秀　おの・かずひで
佐伯市長　㊤昭和11年1月27日　㊦平成14年11月13日　㊧大分県本匠村　㊨明治大学法学部卒　㊙大分県企業局長、県住宅供給公社理事長を経て、平成10年佐伯市長に当選。2期つとめた。

小野 亀八郎　おの・きはちろう
白河市長　㊤大10.7.23　㊧福島県　㊨三重高等農林（昭和16年）卒　㊙昭和21年県南土建工業に入社。41年社長、56年会長を歴任。同年から白河市長に2選。平成元年落選。

小野 清子　おの・きよこ
参院議員（自民党　比例）　JOC理事　国家公安委員会委員長　元・体操選手　㊤昭和11年2月4日　㊧宮城県　㊨東京教育大学体育学部（昭和33年）卒　㊙14歳から体操を始め、現役15年間にローマ五輪、東京五輪に出場。東京では体操女子団体銅メダル獲得の原動力に。日本体操界初のオリンピック金メダリスト・小野喬と結婚し、引退後は夫と一緒にスポーツ普及クラブづくりに打ち込む。中教審委員を始め、社教審や国際交流基金の委員も兼ね、57年にはJOC初の女性委員にも選ばれる。平成11年JOC理事。一方、昭和61年参院議員に当選。平成10年落選、13年返り咲き。15年9月小泉第2次改造内閣、同年11月第2次小泉内閣の国家公安委員会委員長。通算3期目。旧渡辺派、江藤・亀井派を経て、亀井派。この間、2年北京アジア大会の日本選手団本部役員（女子競技担当）や日本音楽著作権協会（JASRAC）理事長も務めた。
http://www.onokiyoko.com/

小野 修一　おの・しゅういち
韮崎市長　㊤昭和18年11月22日　㊧山梨県韮崎市　㊨東京農業大学農学部（昭和41年）卒　㊙山梨県内の不動産管理会社に勤務し、昭和62年から7年間韮崎市

議を務める。平成10年韮崎市長に当選。2期目。　釣り，読書，ゴルフ

小野 信一　おの・しんいち
釜石市長　衆院議員（社会党）　昭和7年4月26日　岩手県釜石市　成城大学経済学部（昭和31年）卒　旭日中綬章（平成15年）　昭和34年から釜石市議を4期務める。37年岩手県青年団体協議会長、50年釜石米雑穀協組理事長に。54年から衆院議員を2期務め、58年の選挙で落選したが61年の衆参同時選挙で返り咲きを果たす。通算4期。平成5年落選。7年岩手県知事選に立候補。11年釜石市長に当選、1期。15年引退。　スポーツ，読書　弟＝小野文克（小野総合企業社長）

小野 晋也　おの・しんや
衆院議員（自民党　愛媛3区）　昭和30年4月28日　愛媛県新居浜市　東京大学工学部航空学科（昭和53年）卒，東京大学大学院工学系研究科航空学専攻（昭和55年）修士課程修了　昭和55年松下政経塾1期生となり、56年秋から3ケ月間、岩手・田野畑村役場臨時嘱託として農村問題も学ぶ。自民党・森清代議士から後継者にと見込まれ、58年愛媛県議当選。平成2年衆院選に立候補、5年当選。16年5月学歴虚偽問題で引責辞任した原田義昭の後任として第2次小泉内閣の文部科学副大臣に就任。4期目。森派。　音楽，読書
http://homepage2.nifty.com/oaktree/
【著書】日本は必ず米国に勝てる（小学館'01）／志力奔流（致知出版社'01）／国家百年の計（渡部昇一，中西輝政ほか著　致知出版社'01）
【評伝】人間の森よひろがれ（明石信吉著　菜根出版'97）

小野 強　おの・つよし
井原市長　大正3年3月22日　昭和62年8月20日　岡山県小田郡矢掛町小田　大邱師範卒　井原市助役を経て、昭和48年から市長に3期。60年4月引退。

小野 紀男　おの・のりお
尾花沢市長　昭和16年2月7日　山形県　尾花沢高卒　昭和50年から尾花沢市議を務める。平成10年尾花沢市長に当選。2期目。　読書

小野 光彦　おの・みつひこ
岩沼市長　昭和18年3月11日　宮城県岩沼市　福島大学経済学部卒　岩沼市議を経て、平成2年岩沼市長に当選、2期つとめる。10年、14年落選。

小野 光洪　おの・みつひろ
塩尻市長　大9.7.28　長野県　早稲田大学専門部商科（昭和16年）卒　勲三等瑞宝章（平成3年）　昭和34年塩尻市議、38年副議長、42年議長を経て、53年市長に当選。3期つとめ、平成2年引退。　父＝小野祐之（衆院議員）

小野沢 静夫　おのざわ・しずお
飯山市長　大正10年10月10日　平成11年5月6日　長野県飯山市　飯山中（昭和14年）卒　勲四等旭日小綬章（平成3年）　昭和37年飯山市議、45年議長を経て、53年以来飯山市長に3選。平成2年引退。

小野田 隆　おのだ・たかし
新宿（東京都）区長　大正12年8月20日　千葉県　慶応義塾大学経済学部（昭和24年）卒　昭和52年より東京都議4期を経て、平成3年より新宿区長に3選。任期途中の14年10月退任。小野田石油社長も務める。

小野寺 五典　おのでら・いつのり
衆院議員（自民党　宮城6区）　行政学　地方自治　昭和35年5月5日　宮城県気仙沼市　東京水産大学海洋環境工学科卒，東京大学大学院法学政治学研究科（平成5年）修士課程修了　昭和58年宮城県職員を経て、東北福

おのて

祉大学専任講師、平成8年助教授、のち特任教授。松下政経塾政策調査室研究員も務める。9年12月補欠選挙で衆院議員に当選。12年公職選挙法違反(寄付行為の禁止)の疑いで仙台地検に書類送検されたのを受け、議員を辞職。15年衆院選で返り咲き。堀内派。通算2期目。
⊕テニス、スキー
【著書】一票の値段(三天書房 '96)

小野寺 信雄　おのでら・のぶお
気仙沼市長　宮城県議(自民党)　⊕大正14年7月25日　⊗平成15年5月13日　⊕宮城県気仙沼市　⊕拓殖大学商学部(昭和23年)卒　⊕藍綬褒章(平成3年)、勲四等旭日小綬章(平成10年)　⊕昭和46年から宮城県議に6選。平成3年議長。4年参院宮城補選に出馬するが連合候補に敗れる。5年気仙沼市長に当選、1期。9年落選。　⊕書道、居合道

小畑 元　おばた・はじめ
大館市長　⊕昭和23年7月25日　⊕秋田県秋田市　⊕東京大学文学部卒、東京大学工学部卒　⊕建設省経済局海外協力官、政策科学研究員を経て、青森大学教授。平成3年大館市長に当選、4期目。

小原 豊明　おばら・とよあき
二戸市長　⊕昭和15年9月19日　⊕岩手県二戸市　⊕北海道大学農学部(昭和38年)卒　⊕昭和38年厚生省に入省。国立公園部レンジャーを経て、53年環境庁設立と同時に移り、大気保全局大気規制課、自然保護局計画課、同局企画調整課、63年同局保護管理課長、平成3年同局国立公園課長。この間尾瀬の雑排水問題に取り組み、入園料徴収を構想、湿原保護に一石を投じた。4年二戸市長に当選。4期目。

小原 秀夫　おばら・ひでお
東和町(岩手県)町長　⊕昭和2年1月18日　⊕岩手県和賀郡東和町　⊕宮古海員学校卒　⊕昭和18年日本郵船を経て、28年東和町役場入り。50年総務課長、53年助役などを経て、61年東和町長。以来、農水省女性キャリアの採用や、川崎市の高校生400人を農家180戸で受け入れた農家ステイ、海外留学を町が補助する町民海外研修制度など、数々のアイデアを実現。平成7年阪神大震災に対して友好都市等被災住民緊急受け入れ条例を議決し、被災した小、中学生を受け入れることを決めた。平成9年国の方針に反して、コメの減反を農家の自主性に任せる"減反自主参加"を決めるが、実施を断念。同年12月辞任。10年4月より岩手大学で「地域開発論」を講じる。　⊕読書
【著書】その気になれば「ムラ」は変わる!(風雲舎 '98)

小原 正巳　おばら・まさみ
遠野市長　岩手県議　⊕大正6年7月11日　⊗平成13年10月22日　⊕岩手県遠野市　⊕青山学院商(昭和14年)卒　⊕遠野市勢振興功労者表彰(平成6年)、勲三等瑞宝章(平成6年)　⊕川村松助参院議員秘書、北海道開発庁長官秘書官などを経て、昭和34年以来岩手県議5期、57年遠野市長に当選。3期つとめた。

小渕 恵三　おぶち・けいぞう
衆院議員(自民党)　首相　自民党総裁　⊕昭和12年6月25日　⊗平成12年5月14日　⊕群馬県吾妻郡中之条町　⊕早稲田大学文学部(昭和37年)卒、早稲田大学大学院政治学研究科　⊕昭和38年大学院在学中に群馬3区から衆院議員に当選、以来当選12回。郵政政務次官、建設政務次官、総理府総務長官、沖縄開発庁長官、衆院安全保障委員長などを歴任し、59年自民党副幹事長。62年竹

下内閣の官房長官に就任し、"平成"の元号を発表して有名になった。平成3年自民党幹事長。4年竹下派会長に選ばれたが、同年12月竹下派が分裂、小渕派として継承。6年党副総裁となり、9年第2次橋本改造内閣の外相に就任。10年7月橋本首相の後任として、党総裁選の末、梶山静六、小泉純一郎を破り、同月首相に就任。11年1月小沢一郎党首率いる自由党と連立して内閣を改造。9月の党総裁選で加藤紘一、山崎拓を抑え再選すると、10月に公明党を加えた3党連立による第2次改造内閣を発足させた。12年4月脳こうそくで倒れて総辞職、以来こん睡状態が続いていたが、5月に入院先で死去。首相在任中は経済再生などに尽力し、金融再生関連法を成立させたほか、賛否両論の日米防衛協力のための新指針（ガイドライン）関連法、国旗・国歌法、通信傍受法など次々と成立させ、自自公の巨大与党を作った。また"人柄のオブチ"と呼ばれ、"ブッチホン"の流行語を生み出すほど頻繁に電話を掛ける気配りを見せた。㊂父＝小淵光平（衆院議員），兄＝小淵光平（光山社社長），妻＝小渕千鶴子，長女＝小渕暁子（イラストレーター），二女＝小渕優子（衆院議員）
【評伝】この政治空白の時代（内田健三著 木鐸社'01）／父が読めなかった手紙（小渕暁子著 扶桑社'01）／父のぬくもり（小渕暁子著 扶桑社'01）／凡宰伝（佐野真一著 文芸春秋'00）／小渕恵三の615日。（K・O・K編 光進社'00）／新政界再編 小渕自民vs.菅民主（大下英治著 徳間書店'98）／激動のなかを生きる男たち（竹村健一著 バンガード'98）／21世紀リーダー候補の真贋（小林吉弥著 読売新聞社'96）／天下を取る！（小林吉弥著 講談社'93）

小渕 優子　　おぶち・ゆうこ
衆院議員（自民党　群馬5区）　㊐昭和48年12月11日　㊐東京都北区　㊐成城大学経済学部（平成8年）卒　㊐小渕恵三元首相の二女。平成8年東京放送（TBS）に入社。約3年の勤務を経て、父が首相在任中の11年から首相秘書を務める。12年1月より沖縄サミットで父の通訳を務めるため英国・ロンドンの語学専門学校に留学。同年4月父が脳こうそくで倒れたため帰国。5月父が死去したのを受けて、6月後継者として衆院選に出馬し、当選。2期目。旧橋本派。16年TBS入社同期のテレビプロデューサーと結婚。㊂夫＝瀬戸口克陽（テレビプロデューサー），父＝小渕恵三（首相），母＝小渕千鶴子，姉＝小渕暁子（イラストレーター），祖父＝小淵光平（衆院議員）
http://www.obuchiyuko.com/

小俣 治男　　おまた・はるお
大月市長　㊐大正7年8月28日　㊐山梨県　㊐石和蚕糸学校（昭和12年）卒　㊐大月市議、副議長、助役を経て、昭和56年以来市長に2選したが、63年ゴルフ場開発をめぐる贈収賄事件で起訴され辞任。

尾又 正則　　おまた・まさのり
東大和市長　㊐経済理論　㊐昭和22年11月29日　㊐東京都東大和市　㊐明治大学大学院政治経済研究科理論経済専攻（昭和49年）博士課程修了　㊐価値、価格及び貨幣　㊐国士舘大学政経学部助教授を経て、教授。平成7年東大和市長に当選。3期目。　㊐経済理論学会　㊂父＝尾又大六（東大和市会副議長）

尾身 幸次　　おみ・こうじ
衆院議員（自民党　群馬1区）　科学技術政策担当相　沖縄及び北方対策担当相　㊐昭和7年12月14日　㊐群馬県沼田市　㊐一橋大学商学部（昭和31年）卒　㊐日刊工業新聞技術科学図書文化賞（審査委員特別賞，第12回）（平成8年）「科学技術立国論」　㊐通産省に入省し、中小企業庁指導部長で退官。昭和58年衆院議員に当選。平成9年第2次橋本改造内閣の経済企画庁長官。12年比例区北関東ブロックから当選。13年小泉内閣の科学

技術政策担当相・沖縄及び北方対策担当相に就任。15年比例区から群馬1区に転じる。当選7回。三塚派を経て、森派。
http://www.omi.or.jp/
【著書】科学技術で日本を創る（東洋経済新報社 '03）／科学技術立国論（読売新聞社 '96）／誇れる日本を創る（太陽企画出版 '91）

親泊 康晴 おやどまり・こうせい
那覇市長 [生]大正15年8月28日 [出]沖縄県那覇市 [学]九州医専中退 [賞]勲三等瑞宝章（平成13年） [歴]復帰前の琉球政府で労政課長、地方課長を歴任。昭和51年那覇市助役を経て、59年市長に当選。4期務めた。平成12年引退。 [趣]囲碁，盆栽
【著書】心 水の如く（（那覇）沖縄タイムス社 '02）

小山田 時利 おやまだ・ときとし
山田市長 元・山田信用農協理事長 [生]大正6年3月27日 [没]平成3年8月19日 [出]福岡県山田市 [学]高小卒 [歴]山田市議、山田市信用農協理事長を経て、昭和57年市長に当選したが、60年職員採用に絡む汚職疑惑で辞任。

親松 貞義 おやまつ・さだよし
赤平市長 [生]昭和10年2月8日 [出]北海道標津郡標津町 [学]滝川西高（昭和28年）卒 [歴]昭和28年赤平市に入庁。赤平政治経済研究所理事長を経て、46年赤平市議、赤平市会議長などを務め、62年赤平市長に当選。4期務め、平成15年引退。

織茂 良平 おりも・りょうへい
本庄市長 [生]大正15年9月2日 [没]平成1年5月21日 [出]埼玉県 [学]深谷商（昭和19年）卒 [歴]本庄市収入役を経て、昭和54年から市長に3選。

【か】

甲斐 畩常 かい・けさつね
高千穂町（宮崎県）町長 郷土史家 [専]宮崎県 [生]大正3年2月16日 [没]平成15年7月7日 [出]宮崎県 [学]高千穂高小卒 [賞]高千穂町名誉町民（平成3年），宮崎日日新聞出版文化賞（第3回）（平成5年）「高千穂村の探訪」 [歴]昭和22年宮崎県高千穂町役場に入る。厚生課長、助役、税務課長、農業組合長理事を歴任し、昭和58年町長に当選。平成3年まで2期8年間務め、旧国鉄の高千穂線存続に力を注いだ。宮崎県郡町村会長も務めた。郷土史家としても知られ、著書に「高千穂村の探訪」がある。

甲斐 敏 かい・さとし
清和村（熊本県）村長 [没]平成15年11月18日 [歴]熊本県清和村農協組合長、村議を経て、村長に就任。3期務め、平成11年引退。熊本県が進めていた“くまもと日本一づくり運動”の一環として、住民自ら歌舞伎や文楽を演じる伝統をふまえて“文楽の里”造りに着手。4年文楽館を開館させ、全国に“清和文楽”の名を広めた。

甲斐 道清 かい・みちきよ
守山市長 僧侶 [生]昭和12年11月11日 [出]滋賀県 [学]同志社大学文学部卒 [歴]昭和35年マツダオート京都に入社、のち課長。48年守山市土地開発公社職員、のち事務局次長。一方、6歳で得度。平成元年臨済宗大徳寺派小林寺住職。7年1月守山市長に当選、2期務める。15年落選。 [趣]ジョギング，カラオケ

海江田 鶴造　かいえだ・つるぞう
参院議員(自民党)　⑰大正12年3月27日　⑭鹿児島県姶良郡福山町　⑳東京帝大法学部政治学科(昭和18年)卒　⑳勲二等瑞宝章(平成5年)　⑳内務省に入省。海軍生活を経て、警察庁に入り、昭和47年近畿管区警察局長となり、退官。阪神高速道路利用協会理事長を経て、58年参院選に自民党比例代表で当選。環境政務次官をつとめた。平成元年落選。

海江田 万里　かいえだ・ばんり
衆院議員(民主党　東京1区)　経済評論家　⑰昭和24年2月26日　⑭東京都　⑳慶応義塾大学法学部(昭和47年)卒　⑳参院議員・野末陳平の秘書となり、国会活動、著述活動などを行う。税金党の事務局長兼政策委員長も務めた。昭和59年独立し、以来、若手の金融・経済評論家の第一人者としてマスコミなどで活躍。平成5年日本新党から衆院議員に当選。6年9月日本新党の衆院議員4人で院内会派・民主新党クラブを結成し、代表となる。同年12月の新進党結成には不参加。7年5月東京市民21を結成、代表委員に。8年1月市民リーグ結成。同年民主党参加のため代表委員を辞任。10月の衆院選では比例区から当選。12年小選挙区から当選。14年党政調会長、のち党東京都会長。4期目。著書に「女性のためのマネー作戦」「絶対得するカード活用法」「よくわかる売上税」「危機を乗りきる財テク」「マネー新時代の資産倍増法」など。「地球!朝一番」(TBS系)、「ザ・ウィーク」(フジテレビ系)などのキャスターも務めた。　⑳現代中国学会　http://aya.com/banri/
【著書】「国のお金」のしくみがビシッと!わかる本(オーエス出版 '01)／改正外為法で日本は浮上する(ベストセラーズ '98)／「次の時代」をどう生きるか(泉書房 '97)／日本型ビックバン(ベストセラーズ '97)／僕が小沢政治を嫌いなほんとの理由(二期出版 '96)／対論 国会議事堂のダンディー(海江田万里、弘兼憲史著 こーりん社 '94)／「生活充実国」宣言(講談社 '94)

貝蔵 治　かいぞう・おさむ
珠洲市長　⑰昭和12年9月10日　⑭石川県　⑳飯田高卒　⑳珠洲市総務課長を経て、平成8年7月市長に当選。3期目。

甲斐田 国彦　かいだ・くにひこ
大村市長　⑰昭和11年7月14日　⑭長崎県　⑳長崎大学経済学部卒　⑳長崎県秘書課長、総務部次長、人事課長を経て、昭和63年県北振興局長、平成3年経済部長、4年総務部長、6年出納長を歴任。同年大村市長に当選、2期務める。14年落選。　㊥釣り、空手、音楽

海東 英和　かいとう・ひでかず
新旭町(滋賀県)町長　スロータウン連盟会長　⑰昭和35年1月24日　⑭滋賀県新旭町　⑳龍谷大学卒　⑳新旭町職員、町議を経て、町長に当選。2期目。従来の社会が効率・利便性などのスピード重視に偏っていたとの反省から、平成14年保存・再生に重点を置く"スロー社会"の構築を目指してスロータウン連盟を発足させ、会長に就任。　http://www.slowtown.jp/

貝沼 次郎　かいぬま・じろう
衆院議員(新進党)　⑰昭8.3.15　⑭新潟県　⑳新潟大学理学部(昭和30年)卒　⑳原子燃料公社、公明党県役員、創価学会理事を経て、昭和44年以来衆院議員に7選。公明党副委員長を務め、平成6年新進党結成に参加。8年落選。

貝原 俊民　かいはら・としたみ
兵庫県知事　阪神淡路大震災記念協会理事長　行吉学園理事長　⑰昭和8年8月24日　⑭佐賀県　⑳東京大学法学部(昭和31年)卒　⑳フランス芸術文化勲章コマンドール章(平成9年)、クルゼイロ・ド・スル(南十字星)勲章グランクルス(ブラジル)(平成9年)　⑳昭和31年自治省に入省。税務局固定資産税課

長補佐を経て、昭和45年兵庫県総務部地方課長、48年同部財政課長、49年農林部長、51年総務部長、55年副知事などを歴任。61年から兵庫県知事に4選。3期目の平成7年1月阪神大震災が起き、対応に追われた。13年妻の介護のため退任。14年阪神淡路大震災記念協会理事長、行吉学園理事長。この間、11年より兵庫地域政策研究機構理事長も務める。著書に「美しい兵庫をめざして"21世紀へのメッセージ"」などがある。
⊛スポーツ，読書，音楽鑑賞
【著書】暮らしの中から分権を((神戸)兵庫ジャーナル社 '97)／大震災100日の記録(ぎょうせい '95)／新兵庫物語(ぎょうせい '94)
【評伝】貝原俊民 県政十五年(神戸新聞社会部編 (神戸)神戸新聞総合出版センター '02)／閉塞感を打ち破れ！(角間隆著 ぎょうせい '88)

海部 俊樹　　かいふ・としき
衆院議員(自民党　愛知9区)　首相
⊛昭和6年1月2日　⊛愛知県名古屋市東区　⊛早稲田大学法学部(昭和29年)卒
⊛河野金昇代議士に師事し、大学院で政治学を学ぶ。昭和35年の衆院選に、全国最年少の29歳で当選。三木派ののち、河本派。労働政務次官、衆院議運委員長、三木内閣の官房副長官などを経て、福田内閣の文相を務め、大学入試制度改革のため、共通一次試験を導入。教育行政に精通し、その行政手腕は高く評価された。60年12月第2次中曽根内閣第2回改造内閣の文相を経て、平成元年8月首相に就任。翌2年総選挙で勝利し、第2次内閣を組閣。3年政治改革関連法案が廃案となり、辞任。6年6月首相指名選挙の際、自民党を離党して、新生党・公明党・日本新党らの連立政権側から立候補したが敗れた。7月新党みらいと共に統一会派"高志会"を結成。12月新進党発足にあたり党首となる。7年12月退任。9年12月解党に伴い、無所属。10年4月無所属の会入り。11年1月自由党、12年4月保守党、14年12月保守新党に参加。15年11月自民党に合流。15期目。早大時代、雄弁会に所属し、全国学生弁論大会に優勝したこともあり、弁が立つ。著書に「未来への選択」など。
⊛水玉模様のネクタイの収集　⊛長男＝海部正樹(首相秘書)　http://www.anan.ne.jp/kaifu/
【著書】志ある国家 日本の構想(東洋経済新報社 '95)
【評伝】検証 日露首脳交渉(佐藤和雄，駒木明義著 岩波書店'03)／政治家につける薬(渡部恒三著 東洋経済新報社'95)／改革に挑む男たち(山本集著 日刊スポーツ出版社'95)／日本の首相マルバツサンカクシカク(鹿嶋海馬著 ケイワイプランニング'94)／繁栄の軌跡(加藤寛著 講談社'93)／宰相の器(早坂茂三著 クレスト社'92)／ドキュメント 政権誕生(日本経済新聞社編 日本経済新聞社'91)／検証 海部内閣(毎日新聞政治部著 角川書店'91)／海部俊樹・全人像(豊田行二著 行研'91)

嘉数 知賢　　かかず・ちけん
衆院議員(自民党　沖縄3区)　⊛昭和16年6月1日　⊛沖縄県名護市　⊛早稲田大学政経学部(昭和41年)卒　⊛昭和50〜61年我那覇産業専務、のち沖縄県議に4選。平成7年議長。8年自民党より衆院議員に当選。12年は比例区九州ブロックで、15年は沖縄3区で当選。3期目。三塚派を経て、森派。
⊛ゴルフ，読書

柿沢 弘治　　かきざわ・こうじ
衆院議員(無所属)　外相　⊛昭和8年11月26日　⊛東京都中央区　⊛東京大学経済学部(昭和33年)卒　⊛レジオン・ド・ヌール勲章(平成1年)，旭日大綬章(平成16年)　⊛昭和33年大蔵省に入省し、大蔵省主計局主査、内閣官房長官秘書官、大蔵大臣官房参事官などを歴任。52年参院議員に新自由クラブから当選、55年衆院に転じ、のち自民党に移る。58年環境政務次官、平成4年外務政

務次官。6年自由党を結成、院内会派・改新に参加して連立与党に加わり、羽田内閣の外相に就任。同年12月の新進党結成には参加せず、自由連合に参加。7年11月自民党に復帰。旧渡辺派を経て、10年12月山崎派に参加。11年4月自民党の方針に反して東京都知事選に立候補し、除名される。12年無所属で衆院選に当選。15年落選。通算7期。東海大学平和戦略国際研究所教授、柿沢総合政策研究所所長をつとめる。　㊟ワイン，歌舞伎，小唄　㊡長男＝柿沢未途（東京都議）　http://www.Kakizawa.com/
【著書】外務省の掟（長谷川慶太郎，岡崎久彦ほか著 ビジネス社'01）／ボクの再出発（扶桑社 '00）／東京ビッグバン（ダイヤモンド社 '99）

鍵田 節哉　かぎた・せつや
衆院議員（民主党）　㊟昭和12年4月20日　㊞大阪府大阪市　㊡大阪工大附属高中退　㊞連合大阪事務局長を経て、ゼンキン連合大阪副委員長。平成8年新進党から衆院議員に当選。10年1月新党友愛に参加、4月民主党に合流。当選2回。15年引退。

鍵田 忠三郎　かぎた・ちゅうざぶろう
奈良市長　衆院議員（自民党）　㊟大正11年7月25日　㊞平成6年10月26日　㊞奈良県　㊞拓殖大学（昭和18年）卒　㊞西安市名誉市民（昭和59年），勲三等瑞宝章（平成5年）　㊞昭和26年29歳で奈良県議。その後、新若草山ドライブウェー、三笠温泉開発などの事業を手がけたが、38歳当時、胸を病んで2ヶ月の命と宣告され、死ぬ気で四国遍路に。生命をとりとめ、42年以来、奈良市長に4選。雲の動きで地震を予知し、"地震雲市長"の異名で知られた。48年中国・西安市と友好都市の関係を結び、日本全国の自治体が中国の市と友好都市関係を結ぶきっかけとなる。58年奈良全県区から衆院議員に当選、1期つとめた。61年落選。

鍵田 忠兵衛　かぎた・ちゅうべえ
奈良市長　宝蔵院流槍術20世宗家　㊟昭和32年8月6日　㊞国士舘大学政経学部卒　㊞近鉄百貨店社員を経て、代議士秘書。平成7年から奈良県議に3選。16年奈良市長に当選。

柿本 善也　かきもと・よしや
奈良県知事　㊟昭和13年2月7日　㊞奈良県大和高田市　㊞東京大学法学部（昭和36年）卒　㊞昭和36年自治省に入り、51年茨城県環境局長、53年商工労働部長、54年総務部長を歴任して、56年自治省に戻り、行政局公務員部給与課長。58年財政局地方債券課長、61年財政課長、62年10月官房審議官、63年7月自治大学校長を経て、平成2年4月奈良県副知事に就任。3年知事に当選。4期目。

鹿熊 安正　かくま・やすまさ
参院議員（自民党）　㊟昭和2年1月9日　㊞富山県下新川郡朝日町　㊞東京農業大学（昭和23年）卒　㊞藍綬褒章，勲二等瑞宝章（平成13年）　㊞昭和34年から富山県議に連続8期当選。県議会幹事長、県スキー連盟会長、県会議長を歴任。平成元年から参院議員に2選。三塚派を経て、森派。13年引退。　㊟スキー　㊡長男＝鹿熊正一（富山県議）

桟 熊獅　かけはし・くまし
佐世保市長　㊟大正12年4月25日　㊞長崎県　㊞東京大学経済学部（昭和23年）卒　㊞勲三等瑞宝章（平成7年）　㊞昭和29年佐世保市商工課長、32年佐世保重工総務課長、44年鉄鋼営業部長、45年長崎県出納長、47年副知事、51年佐世保魚市場社長を経て、54年以来市長に4選。平成7年引退。のち長崎県教育委員長を務めた。

景山 俊太郎　かげやま・しゅんたろう
参院議員(自民党　島根県)　[生]昭和19年5月8日　[出]島根県飯石郡掛合町掛合　[学]早稲田大学大学院政治学研究科(昭和45年)修士課程修了　[歴]竹下登衆院議員の秘書を経て、昭和46年島根県議に当選、6期。63年6月副議長、平成2年議長を務める。7年参院議員に当選。2期目。小渕派を経て、旧橋本派。　[趣]読書，音楽　[家]父＝景山俊弘(掛合町長)

加古 房夫　かこ・ふさお
三木市長　[生]昭和4年6月2日　[出]兵庫県　[学]兵庫県立農(昭和22年)卒　[歴]三木市に入り、市長公室主査、人事担当主幹、農林課長、総務部長を経て、昭和59年助役に就任。平成2年市長に当選。4期目。　[趣]園芸

籠尾 源吉　かごお・げんきち
土佐市長　[生]昭和4年5月20日　[出]高知県土佐市　[学]東京理科大学理学部化学科卒　[歴]高知県立高岡高校長、土佐市教育委員などを経て、平成3年土佐市長に当選。7年落選。　[趣]スポーツ，釣り

笠井 亮　かさい・あきら
参院議員(共産党)　[生]昭和27年10月15日　[出]大阪府　[学]東京大学経済学部(昭和52年)卒　[歴]昭和51年全学連副委員長、62年「赤旗」記者を経て、共産党准中央委員。平成7年参院比例区に当選。13年、16年落選。

笠木 忠男　かさぎ・ただお
赤穂市長　[生]昭和5年12月7日　[没]平成5年1月9日　[出]兵庫県赤穂市　[学]赤穂中(昭和23年)卒　[賞]藍綬褒章(昭和61年)　[歴]赤穂市議3期を経て、昭和48年から市長に4選。平成元年引退。

笠原 俊一　かさはら・しゅんいち
諏訪市長　[生]大正15年11月21日　[出]長野県諏訪市　[学]岡谷工卒　[賞]勲四等瑞宝章(平成11年)　[歴]昭和26年中洲村職員を経て、諏訪市職員に。42年財政課長、54年助役。58年諏訪市長に当選。4期務めた。平成11年引退。　[趣]俳句

笠原 潤一　かさはら・じゅんいち
参院議員(自民党)　[生]昭和7年4月14日　[没]平成14年4月20日　[出]岐阜県岐阜市　[学]長良高(昭和27年)卒　[賞]藍綬褒章(平成1年)　[歴]岐阜市議2期を経て、昭和50年以来岐阜県議に5選。平成3年副議長を務めた。平成5年辞任して岐阜市長選に出馬。同年7月補欠選挙で参院議員に当選。沖縄開発政務次官を務めた。10年落選。無派閥。　[趣]ゴルフ，読書，旅行

笠原 武　かさはら・たけし
武生市長　福井県議　[生]大正9年10月26日　[没]平成1年4月12日　[出]福井県　[学]東京帝大法学部政治学科(昭和19年)卒　[歴]昭和22年から福井県議4期を経て、48年武生市長に当選。4期目在任中に死去。

風間 康静　かざま・こうじょう
白石市長　僧侶　[学]立正大学卒　[歴]平成16年白石市長に当選。

風間 昶　かざま・ひさし
参院議員(公明党　比例)　医師　[生]昭和22年5月6日　[出]北海道　[学]札幌医科大学(昭和47年)卒　[歴]江別市立病院整形外科部長などを経て、公明党北海道道民運動本部長。平成4年参院議員に北海道選挙区から当選。10年参院選では比例区に転じる。同年11月新公明党結成に参加。13年小泉内閣の環境副大臣に就任。3期目。
http://www.kazama-hisashi.net/

鍛冶 清 かじ・きよし
衆院議員(公明党) ⑭昭和3年2月18日 ⑭福岡県北九州市小倉北区 ⑭明治工専(昭和23年)卒 ⑭勲二等瑞宝章(平成10年) ⑭北九州市議を3期務めた後、昭和51年から衆院議員に5選。この間公明党福岡県副本部長、公明党中央委員を務めた。平成5年引退。 ⑭読書,スポーツ

梶 文秋 かじ・ふみあき
輪島市長 ⑭昭和23年11月4日 ⑭輪島高卒 ⑭輪島市議を経て、平成10年市長に当選。2期目。

梶木 又三 かじき・またぞう
参院議員(自民党) 全国土地改良事業団体連合会会長 ⑭大正8年1月4日 ⑭兵庫県神戸市 ⑭京都帝国大学農学部農林工学科(昭和16年)卒 農学博士 ⑭勲一等瑞宝章(平成2年) ⑭昭和17年農林省入省。42年農地局建設部長に。45年退官し、46年参院に当選、以来3選。大蔵政務次官、ロッキード特別委員長を歴任。57年国対委員長として、参院全国区の改正法案成立に尽力した。同年環境庁長官に就任。

樫木 実 かしき・みのる
士別市長 ⑭大正7年1月14日 ⑭北海道士別市 ⑭多寄尋常高小高等科卒 ⑭北海道社会貢献賞(昭和63年)、勲三等瑞宝章(平成11年) ⑭農業に従事する傍ら、澱粉工場を経営。昭和26年多寄村議に当選。29年合併により士別市議に。41年士別市議に返り咲き、以後市議に6期連続当選、49年副議長、61年議長を歴任。平成2年士別市長に当選、2期つとめる。10年引退。 ⑭山菜採り、川柳、カラオケ

梶田 功 かじた・いさお
箕面市長 ⑭昭和15年3月17日 ⑭大阪府 ⑭大阪府立園芸高卒 ⑭箕面市役所に入所。職員課長、市民生活部長、生涯学習推進部長、消防長、総務部長、助役などを経て、平成12年箕面市長に当選。16年落選。

梶田 昌宏 かじた・まさひろ
上下町(広島県)町長 ⑭昭和19年1月25日 ⑭広島県甲奴郡上下町 ⑭近畿大学理工学部卒 ⑭高松市の建設会社に入ったが2年後、故郷に戻り家業の建設業を手伝う。上下町議を5年務め、昭和63年7月町長に初当選。平成元年町の活性策の一つにと、ツチノコ探しに懸賞金をかけ、全国に町名を広めた。16年4月同町は府中市に編入。

柏村 武昭 かしむら・たけあき
参院議員(自民党 広島) タレント ⑭昭和19年1月1日 ⑭広島県三次市 ⑭早稲田大学文学部演劇科(昭和41年)卒 ⑭昭和50年中国放送アナウンサーから独立。フリーの司会者、タレントとして活躍。出演番組は、中国放送制作のラジオ番組「サテライトNO1」、中京テレビ制作「お笑いマンガ道場」など多数。58年広島市に事務所を開設し、専属タレントを抱える社長業を兼ねる。平成13年参院広島選挙区に無所属で当選。のち自民党に入党。江藤・亀井派を経て、亀井派。 ⑭ゴルフ http://www.kashimura-takeaki.jp/

樫村 千秋 かしむら・ちあき
日立市長 ⑭昭和19年1月17日 ⑭茨城県 ⑭関東学院大学経済学部(昭和41年)卒 ⑭茨城県地方課長、県知事公室長を経て、平成11年4月日立市長に当選。2期目。

かしや

加治屋 義人　かじや・よしと
参院議員(自民党 鹿児島)　㊗昭和13年4月22日　㊙鹿児島県鹿児島市　㊦玉龍高(昭和32年)卒　㊥昭和32年鹿児島県経済農業協連に入る。39年谷口慶吉参院議員秘書を経て、45年帝国物産商事に入社。51年以来鹿児島市議3期、市会副議長も務めた。平成3年から鹿島県議に3選。13年参院議員に当選。旧加藤派を経て、小里グループに所属。㊥野球
http://www3.ocn.ne.jp/~kajiya-y/

梶山 静六　かじやま・せいろく
衆院議員(自民党) 内閣官房長官　㊗大正15年3月27日　㊨平成12年6月6日　㊙茨城県常陸太田市　㊦日本大学工学部土木科(昭和24年)卒　㊥勲一等旭日大綬章(平成11年)　㊥常陸大理石専務から昭和30年茨城県議に当選。42年県会議長を経て、44年茨城2区から衆院議員に当選。通産政務次官、衆院商工委員長などを歴任し、62年竹下内閣の自治相、平成元年宇野内閣の通産相、2年海部内閣の法相、4年党幹事長、8年橋本内閣の官房長官となり、第2次橋本内閣でも留任。10年7月自民党総裁選に出馬するが、小渕恵三に敗れる。当選9回。竹下派、小渕派を経て、無派閥。竹下内閣時代は"竹下派七奉行"の一人として"武闘派""大乱世の梶山"の異名を取った。12年1月追突事故にあい入院、同年4月政界引退を表明、同年6月衆院解散直後に死去。　㊥ゴルフ,将棋
㊥長男=梶山弘志(衆院議員)
【著書】破壊と創造(講談社 '00)
【評伝】日本の母(岸本裕紀子著 広済堂出版'98)／激動のなかを生きる男たち(竹村健一著 バンガード社'98)／永田町の通信簿(岸井成格ほか著 作品社'96)／政変劇の舞台裏(鈴木哲夫著 葦書房'94)／竹下派の分裂と政界激変地図(宮下博行著 エール出版社'93)／天下を取る!(小林吉弥著 講談社'93)／小説 日本大学〈下〉(大下英治著 角川書店'88)

梶山 弘志　かじやま・ひろし
衆院議員(自民党 茨城4区)　㊗昭和30年10月18日　㊙茨城県　㊦日本大学法学部(昭和54年)卒　㊥内閣官房長官などを務めた梶山静六衆院議員の長男。平成12年6月父の政界引退表明を受け衆院選に立候補し、当選。2期目。無派閥。　㊥父=梶山静六(衆院議員)
http://www.kajiyama-office.com/

柏木 征夫　かしわぎ・いくお
御坊市長　㊗昭和16年2月10日　㊙和歌山県御坊市　㊦京都大学農学部農学科(昭和39年)卒　㊥昭和40年京都大学農学部助手、42年福岡県立園芸試験場技師、54年和歌山県農林部みかん園芸課主査、59年農林総合対策室班長、62年農林水産企画課主幹、平成3年農業振興課副課長などを経て、4年御坊市長に無投票で当選。4期目。　㊥読書,釣り

柏木 武美　かしわぎ・たけよし
行橋市長　㊗昭和7年1月26日　㊙福岡県　㊦久留米大学商学部(昭和28年)卒　㊥勲四等瑞宝章(平成15年)　㊥昭和28年大塚建材店に入り、32年コンクリート製品製造販売業を開業、40年生コン会社・柏木興産を設立、社長に就任。平成2年行橋市長に当選、3期務めた。　㊥読書,旅行,スポーツ観戦

柏木 幹雄　かしわぎ・みきお
秦野市長　㊗昭和4年3月12日　㊨平成11年5月8日　㊙神奈川県秦野市　㊦平塚工業学校(昭和20年)卒　㊥勲四等瑞宝章(平成11年)　㊥昭和52年秦野市助役を経て、57年以来市長3期つとめた。

柏木 和三郎　かしわぎ・わさぶろう
津名町(兵庫県)町長　㊗昭和6年8月13日　㊙兵庫県津名郡津名町　㊦姫路工業大学機械工学部(昭和27年)卒　㊥ミノルタカメラ研究所勤務の後、津名町議、志筑郵便局長を経て、昭和54年町長に当選。志筑浦漁業協同組合長も務

める。平成元年ふるさと創生交付金の1億円で金塊を買って史料館に展示し話題となる。14年のサッカーW杯では強豪イングランド代表チームのキャンプ地となり、注目を集める。 [団]日本交通協会(理事) [趣]スポーツ

梶原 清 かじわら・きよし

参院議員(自民党) [生]大正10年11月2日 [出]兵庫県 [学]京都大学法学部卒 [賞]勲二等旭日重光章(平成12年) [歴]昭和25年運輸省に入省。47年広島陸運局長、48年官房参事官、49年航空局飛行場部長、52年自動車局業務部長、53年自動車局を歴任し、54年退官。55年参院議員に当選、2期つとめた。4年引退。 [家]長男=梶原康弘(衆院議員)

【著書】日本の陸と海と空(永田書房 '80)

梶原 敬義 かじわら・けいぎ

参院議員(社民党) [生]昭和12年1月2日 [出]大分県別府市 [学]大分大学経済学部(昭和35年)卒 [歴]昭和35年鶴崎パルプ入社。労組副委員長を経て、昭和58年参院議員に当選。3期。平成13年落選。

梶原 拓 かじわら・たく

岐阜県知事 [生]昭和8年11月14日 [出]岐阜県岐阜市 本名=梶原拓 筆名=かじのたく [学]京都大学法学部(昭和31年)卒 [興]健康;情報 [賞]ハイビジョンアウォード特別功績者への郵政大臣賞(第10回)(平成10年),マルチメディアグランプリ2000特別賞(平成12年) [歴]昭和31年建設省に入省。52年岐阜県企画部長として出向、道路局道路総務課長、のち官房会計課長、57年道路局次長、59年都市局長などを経て、60年岐阜県副知事に就任。平成元年から知事に4選。3年からデジタル・ミュージアム推進協議会会長も務める。全国情報通信基盤等整備促進協議会会長、社会資本整備推進地方連合座長、全国知事会情報化推進対策特別委員会委員長。15年全国知事会会長。著書に「道路情報学」「都市情報学」「自治体職員のための地域情報学」など。 [趣]読書,囲碁,ゴルフ,釣り,作詞(かじのたく) http://www.pref.gifu.lg.jp

【著書】国土情報学(ぎょうせい '00)/ブレイクスルー(日比野省三,梶原拓著 講談社'93)/THE地域活性化大学(実業之日本社 '89)/明日の都市づくり(学陽書房 '89)

【評伝】夢おこし奮戦記(角間隆著 ぎょうせい'92)

柏原 正之 かしわら・まさゆき

加西市長 兵庫県議(自民党) [生]昭和17年11月21日 [出]兵庫県 [学]神奈川県歯科大学卒 [歴]歯科医。平成7年から兵庫県議に2選。13年加西市長に当選。

梶原 康弘 かじわら・やすひろ

衆院議員(民主党 比例・近畿) [生]昭和31年10月14日 [学]早稲田大学第一文学部(昭和59年)卒 [歴]参院議員を務めた梶原清の長男。昭和55年父の秘書などを経て、平成12年自由党から総選挙に出馬。15年民主党から衆院議員に当選。1期目。 [家]父=梶原清(参院議員) http://www.kajiwarayasuhiro.org/

春日 一幸 かすが・いっこう

衆院議員 民社党委員長 [生]明治43年3月25日 [没]平成1年5月2日 [出]岐阜県海津郡東江村(現・海津町) [学]名古屋逓信講習所高等科(昭和3年)卒 [賞]勲一等旭日大綬章(昭和55年) [歴]名古屋中央電信局員を経て、昭和10年春日楽器製造を設立。20年の日本社会党結成に参加し、右派に属す。愛知県議2期ののち、27年の総選挙で愛知1区から当選し、以来連続14期。35年民社党旗揚げに加わり、国対委員長、書記長等を歴任後、46年委員長に就任。中小企業育成に努力し、強い反共論者。また連合政権を悲願とし、政局の節目には必ず登場した。52年委員長を辞任、常任顧問となるが、党内に強い影響力を行使した。美文調"春日ぶし"の演説を得意とした。

【著書】天鼓 1～（民社党教宣局'80）
【評伝】昭和をつくった明治人〈下〉（塩田潮著 文芸春秋'95）／リンチ共産党事件を糾明（民社党30年史〔16〕）（民社党党史編集委員会 かくしん'92）／民主社会主義は本流（民社党30年史〔13〕）（民社党党史編集委員会 かくしん'92）／建設的革新政党の創造（民社党30年史〔12〕）（民社党党史編集委員会 かくしん'92）／鮮烈なる野党精神に徹す（民社党30年史〔11〕）（民社党党史編集委員会 かくしん'92）／清川虹子の愛と涙の交遊録（清川虹子著 広済堂出版'88）／田中角栄の「人を動かす」極意（小林吉弥著 光文社'86）

粕谷 茂　かすや・しげる
衆院議員（自民党） 北海道開発庁長官 ⓖ大正15年2月14日 ⓙ東京都渋谷区 ⓢ日本大学法文学部（昭和23年）卒 ⓗ勲一等旭日大綬章（平成12年） ⓘ東京都議4期を経て、昭和47年以来衆院議員を9期務めた。57年自民党副幹事長、59年衆院商工常任委員長、62年竹下内閣の北海道・沖縄各開発庁長官を歴任。平成4年政治改革本部長。5年予算委員長。10年12月宮沢派を離脱し河野グループに参加。12年落選。

粕谷 照美　かすや・てるみ
参院議員（社会党） ⓖ大13.4.19 ⓙ新潟県佐渡郡 ⓢ東京府立女子師範（昭和18年）卒 ⓗ勲二等宝冠章（平成6年） ⓘ新潟の小中学校教師を10数年務める。昭和26年新潟県教組委員、日教組中執委員を歴任。49年以来全国区より参院議員に3選。参院社会労働委員長、社会党文教副部会長、参院環境特別委員長を歴任。61年党教育文化局長に就任。4年引退。親と子の教育相談室長を務める。

加瀬 五郎　かせ・ごろう
旭市長 ⓖ昭和6年3月4日 ⓙ千葉県 ⓢ匝瑳高（昭和25年）卒 ⓗ勲四等瑞宝章（平成15年） ⓘ千葉県に入庁。昭和25年海匝地方事務所、53年海匝支庁総務課長、60年商工労働部長などを経て、61年企画部長。平成元年旭市長に当選、3期務めた。

片岡 清一　かたおか・せいいち
衆院議員（自民党） 郵政相 ⓖ明治44年7月23日 ⓓ平成11年2月26日 ⓙ富山県砺波市苗加 野村 ⓢ東京帝大法学部政治学科（昭和10年）卒 ⓗ勲一等瑞宝章（平成1年） ⓘ昭和9年高文行政科合格、10年内務省入省。兵庫県警本部長、東北管区警察局長など主に警察畑を歩み、35年退官。41年砺波市長、44年自民党に入党。47年以来富山2区から衆院議員に6選。56年自民党人事局長、58年衆院内閣委員長、59年衆院法務委員長を経て、63年竹下改造内閣の郵政相に就任。旧中曽根派。平成2年引退。ⓚ囲碁、ゴルフ、麻雀、乗馬、読書

片岡 武司　かたおか・たけし
衆院議員（自民党） ⓖ昭和24年11月27日 ⓙ愛知県名古屋市 ⓢ中京大学文学部（昭和47年）卒 ⓘ昭和47年ユアサ石油販売勤務を経て、53年水平豊彦代議士の秘書となる。自民党愛知県青年部委員長も務め、61年7月衆院議員に当選。3期。平成8年、12年落選。旧渡辺派。ⓚスポーツ、読書

片上 公人　かたかみ・こうじん
参院議員（無所属） ⓖ昭和14年6月28日 ⓙ兵庫県神戸市 ⓢ神戸大学経済学部（昭和42年）卒 ⓘ神戸市職員を経て聖教新聞記者となり、公明党兵庫県民運動本部長から、昭和61年参院議員に当選、2期つとめる。平成9年離党、10年の参院選には出馬しなかった。16年は無所属で立候補するが、落選。

片山 圭之　かたやま・けいじ
丸亀市長 ⓖ昭和16年10月24日 ⓙ香川県 ⓢ神戸大学経済学部（昭和39年）卒 ⓘ昭和39年父経営のササヤに勤務、42年ニューキャッスルを設立、54年専

務。54年以来香川県議に3選。平成3年丸亀市長に当選、3期務める。15年落選。　⑱音楽
【評伝】青年よ故郷（ふるさと）に帰って市長になろう（全国青年市長会編 読売新聞社'94）

片山 舜平　かたやま・しゅんぺい
加茂川町（岡山県）町長　⑭昭和6年12月12日　⑮岡山県豊岡村（現・加茂川町）⑯高松農卒　⑰昭和29年岡山県の豊岡村役場に入り、30年から4村と合併した加茂川町役場に勤務。助役を経て、平成3年町長に当選、4期目。5年郵政省の国際ボランティア貯金の実態調査でバングラディシュを訪問。それがきっかけで、国際貢献に関心を持ち、同年国際ボランティア団体の要請にこたえ、ソマリア難民救済のため2人の職員を派遣。6年従来の国際交流の枠を越え発展途上国や海外の被災地などの救援に町職員や町民を派遣するというユニークな"国際化の推進に関する条例"を発案、施行した。

片山 甚市　かたやま・じんいち
参院議員（社会党）　⑭大正12年1月31日　⑮徳島県阿南市　⑯大阪逓信講習所普通科（昭和15年）卒　⑰勲二等瑞宝章（平成5年）　⑱全電通副委員長を経て、昭和49年から参院議員に2選。61年7月引退。

片山 虎之助　かたやま・とらのすけ
参院議員（自民党　岡山）　総務相
⑭昭和10年8月2日　⑮岡山県笠岡市⑯東京大学法学部（昭和33年）卒
⑰昭和33年自治省に入り、岡山県企画部長、自治省財務調査官、行政局振興課長、静岡県総務部長などを経て、59年消防庁総務課長。60年岡山県副知事、62年5月消防庁次長を歴任した。63年7月退官。平成元年参院議員に当選。12年第2次森改造内閣の郵政相、自治相、総務庁長官に就任し、13年1月中央省庁再編で総務相となる。同年4月の小泉内閣、14年9月の小泉改造内閣でも留任。15年9月参院予算委員長。竹下派、小渕派を経て、旧橋本派。3期目。
http://www.tvt.ne.jp/toranosuke/
【著書】私の地域創造論（ぎょうせい'88）／地方自治体のための財政運営12章（良書普及会'79）

片山 吉忠　かたやま・よしただ
新発田市長　片山食品グループ会長
⑭大正7年5月30日　⑮新潟県新発田市⑯明治大学政治経済学部（昭和30年）卒⑰家業の片山商店に勤務。32年片山食品と改称、37年株式に改組し専務。38年社長、平成4年会長に就任。10年新発田市長に当選。2期目。　⑱ラグビー観戦、園芸

片山 善博　かたやま・よしひろ
鳥取県知事　⑭昭和26年7月29日　⑮岡山県赤磐郡瀬戸町　⑯東京大学法学部（昭和49年）卒　⑰昭和49年自治省に入省。府県税課長、固定資産税課長、鳥取県総務部長、自治省府県税課長を経て、平成11年鳥取県知事に当選。15年知事としては全国で21年ぶりに無投票で再選される。2期目。
【著書】地域間交流が外交を変える（片山善博, 釼持佳苗著　光文社'03）
【評伝】"改革"の技術（岩波書店'04）

片山 力夫　かたやま・りきお
相生市長　⑭大正14年2月23日　㉑平成4年4月26日　⑮兵庫県相生市　⑯兵庫師範（昭和19年）卒　⑰昭和46年相生市教育委員会学校教育課長、49年教育長を経て、56年以来市長に3選。

可知 義明　かち・よしあき
恵那市長　⑯恵那高卒　⑰恵那市総務部長、助役を経て、平成16年恵那市長に当選。

勝井 勝丸　かつい・かつまる

池田町(北海道)町長　⑭昭和25年6月11日　⑰宮城県色麻町　⑱山梨大学工学部発酵学科(昭和49年)卒　⑲池田町のワイン作りアドバイザーを務めていた大学時代のゼミの教授の勧めで、昭和49年池田町職員となる。以後、企業部公営課醸造係に在籍、新酒開発の先頭に立ち58年日本で初めて赤ワイン・ヌーボーをつくった。平成10年同町ワイン製造を指揮する企業部長となる。12年町長に当選、2期目。　⑳囲碁、バスケット
http://www10.plala.or.jp/KATUI/

香月 熊雄　かつき・くまお

佐賀県知事　⑭大正5年1月25日　⑮平成7年6月18日　⑰佐賀県杵島郡白石町　⑱鹿児島高等農林農芸化学科(昭和11年)卒　⑲勲二等旭日重光章(平成3年)　⑳昭和11年佐賀県庁農務課に入る。以来農林畑一筋で、開拓課長、農政食糧課長などを経て、33年農林部長、48年県農協中央会副会長。農林部長時代の40年と41年、2年連続で米の収穫量全国一位を達成。50年副知事を経て、54年から知事に3選。平成元年九州知事会長を務める。3年引退。　⑳剣道，読書

勝木 健司　かつき・けんじ

参院議員(民主党)　⑭昭和18年3月11日　⑰中国　⑱早稲田大学法学部(昭和42年)卒　⑲昭和42年ダイエー入社。43年全ダイエー労組中央執行委員、組織部長、44年中央書記長、46年中央委員長、52年ゼンセン同盟執行委員、流通部会副部会長、53年副会長を歴任。61年民社党から参院議員に当選。民社党機関紙局長・中央執行委員を務めた。平成6年新進党、10年1月新党友愛結成に参加。同年4月民主党に合流。3期務めた。　⑳相撲、音楽鑑賞

勝間田 清一　かつまた・せいいち

衆院副議長　日本社会党委員長　⑭明治41年2月11日　⑮平成1年12月14日　⑰静岡県御殿場市　⑱京都帝国大学農業経済学部(昭和6年)卒　⑲勲一等旭日大綬章(昭和61年)　⑳協調会参事、企画院調査官、硫安製造業組合常勤理事を歴任。昭和16年4月のいわゆる企画院事件に連座して、2年間を巣鴨の監獄で過ごす。22年社会党に入党し、同年以来、衆院当選14回。国対委員長、政審会長等を経て、42年委員長に就任。翌年参院選敗北により引責退陣し、以後は党理論センター所長を務める。58年衆院副議長に就任。61年6月引退。片山内閣時代は党内の数少ない政策マンとして外交、経済政策の立案にあたったほか、党内論争の調停役としての功績が名高い。和田博雄以来の政策グループ路線を形成。座右の銘は「有情」。著書に「日本農業の統制機構」など。　⑳読書

【著書】なぜ社会主義をめざすか 上(日本社会党中央本部機関紙局 '82)／社会主義への道と現代(社会新報 '77)

桂 信雄　かつら・のぶお

札幌市長　札幌ドーム社長　⑭昭和5年10月18日　⑰北海道札幌市　⑱北海道大学法経学部(昭和28年)卒　⑲昭和28年札幌市役所に入所。46年財政部長、47年北区長、50年企画調査局長、54年教育長を経て、58年助役。平成2年5月辞任。3年4月札幌市長に当選。3期務め、15年引退。この間、10年より札幌ドーム社長を務める。　⑳読書，音楽鑑賞

角 光雄　かど・みつお

松任市長　⑭昭6.5.29　⑰石川県松任市　⑱松任農高等科(昭和23年)中退　⑳昭和48年松任市議、市会議長を経て、58年から石川県議に4選。平成9年議長。10年松任市長に当選。2期目。　⑳読書，現代刻字，庭木

【著書】妻へ((金沢)北国新聞社 '01)

加戸 守行　かと・もりゆき
愛媛県知事　⊕昭和9年9月18日　⊕旧満州・大連　⊕東京大学法学部(昭和32年)卒　⊕昭和32年文部省入省。56年官房総務課長、58年文化部長、同年文化庁次長、61年6月体育局長、同年9月教育助成局長を経て、63年6月官房長に就任。平成元年4月退官、同年7月公立学校共済組合理事長。4年日本芸術文化振興会理事長、7年日本音楽著作権協会理事長。11年愛媛県知事に当選。2期目。持ち歌2千曲、歌詞カードなしでうたう"カラオケの大家"として有名。　⊕著作権法学会　⊕囲碁、麻雀、クラシック

加藤 功　かとう・いさお
知多市長　⊕昭和16年9月18日　⊕愛知県　⊕横須賀高卒　⊕昭和36年知多町役場に入る。平成13年知多市長に当選。

加藤 出　かとう・いずる
山口村(長野県)村長　⊕昭和12年12月12日　⊕長野県山口村　⊕中津高卒　⊕昭和33年山口村役場に入る。総務課長、助役などを歴任し、平成7年村長に当選。3期目。県を異にする岐阜県中津川市との合併を17年に控える。

加藤 一敏　かとう・かずとし
豊島(東京都)区長　⊕大正15年2月13日　⊕東京都豊島区　⊕早稲田大学文学部卒　⊕勲四等旭小綬章(平成12年)　⊕昭和25年豊島区役所に入り、59年助役を経て、62年区長に当選。3期務めた。平成11年引退。

加藤 勝信　かとう・かつのぶ
衆院議員(自民党　比例・中国)　⊕昭和30年11月22日　⊕東京都　⊕東京大学経済学部経営学科(昭和54年)卒　⊕昭和54年大蔵省に入省。59年倉吉税務署長、61年内閣官房副長官(政務)秘書官、平成元年主計局法規課長補佐を経て、官房企画官などを務める。10年参院選岡山選挙区に無所属で立候補。12年自民党に入党し、衆院選に立候補。15年衆院議員に当選。　⊕ボートセーリング　http://www.sgr.or.jp/usr/katunobu/

加藤 勝見　かとう・かつみ
稲沢市長　⊕昭和10年6月29日　⊕平成6年11月14日　⊕愛知県　⊕立正大学経済学部(昭和33年)卒　⊕僧侶。稲沢市会議長を経て、平成3年稲沢市長に当選。

加藤 清政　かとう・きよまさ
衆院議員(社会党)　千代田(東京都)区長　⊕大正6年1月10日　⊕平成7年12月7日　⊕長野県　⊕法政大学法学部(昭和15年)卒　⊕紺綬褒章(昭和33年)、藍綬褒章(昭和45年)、勲三等旭中綬章(昭和63年)、千代田区名誉区民(平成1年)　⊕戦後、千代田区役所主事をへて都職労青年部長。昭和22年から千代田区議3期、都議4期。47年東京1区から衆院に初当選、51年再選に失敗。54年飛鳥田・社会党委員長の出馬に伴い立候補を断念、参院選に立候補したが落選。56年1月自民党推薦で千代田区長に当選、2期つとめた。

加藤 公一　かとう・こういち
衆院議員(民主党　東京20区)　⊕昭和39年4月6日　⊕東京都千代田区神田　⊕上智大学理工学部電気電子工学科(昭和63年)卒　⊕昭和63年リクルートに入社。商品プロデューサー事業部企画室課長などを務め、平成8年退社。民主党に入り、菅直人の広報担当を務める。12年衆院議員に当選。2期目。http://www.katokoichi.com/

加藤 浩一　かとう・こういち
水戸市長　⊕昭和17年11月23日　⊕茨城県水戸市　⊕茨城高卒　⊕藍綬褒章(平成10年)　⊕水戸市議会副議長を経て、昭和61年茨城県議に当選、5期。平

成15年水戸市長に当選。水戸市サッカー協会会長、市遺族会会長もつとめる。

加藤 紘一 かとう・こういち
衆院議員（自民党 山形3区） ⚪昭和14年6月17日 ⚪愛知県名古屋市 ⚪東京大学法学部（昭和39年）卒、ハーバード大学大学院（昭和42年）修士課程修了 ⚪加藤精三代議士の五男。昭和47年外交官から政界入り。外務官僚時代、ハーバード大学、台湾の大学に留学し、英語、中国語を話す国際派。大平内閣では内閣官房副長官に登用され、首相の外遊にはいつも同行、名スポークスマンをつとめた。また"年金の官民格差"を地道に追究して脚光を浴びた。59年11月中曽根内閣改造で防衛庁長官として初入閣、60年末の第2次改造で留任。3年宮沢内閣の官房長官。6年党政調会長、7年党幹事長。10年参院選で大敗を喫し、幹事長を辞任。同年12月宮沢派を継承し、加藤派領袖となる。11年党総裁選に立候補するが、敗れる。12年11月森内閣不信任決議案を採決する衆院本会議を欠席した。13年衆院テロ対策特別委員長。14年3月元事務所代表の脱税事件に絡み自民党を離党、4月辞職。15年の衆院選は無所属で出馬し返り咲き、自民党に復党し、小里グループ（旧加藤派）にも復帰。当選11回。
⚪料理、読書 ⚪父＝加藤精三（衆院議員） http://www.katokoichi.org/
【著書】いま政治は何をすべきか（講談社'99）
【評伝】激動のなかを生きる男たち（竹村健一著 バンガード社'98）／日本の政治家 父と子の肖像（俵孝太郎著 中央公論社'97）／天下を取る！（小林吉弥著 講談社'93）／加藤紘一・全人像（仲衛著 行研'92）／屈託なく生きる（城山三郎著 講談社'92）／後継者の条件（小林吉弥著 光文社'90）／天下を狙う男たち（豊田行二著 茜新社'90）／21世紀の首相候補生（時事通信社政治部著 時事通信社'89）／自民党の若き獅子たち（大下英治著 角川書店'88）

加藤 鉱一 かとう・こういち
岩城町（秋田県）町長 ⚪昭和23年10月19日 ⚪秋田県由利郡岩城町 ⚪秋田短期大学商経科卒 ⚪昭和62年から岩城町議を4期務め、平成11年町長に当選。14年町が秋田市、本庄市のどちらと合併するかを問う住民投票で、全国で初めて18歳からの投票を実現し話題となる。

加藤 栄 かとう・さかえ
鈴鹿市長 ⚪昭和2年4月28日 ⚪三重県鈴鹿市 ⚪三重農専農業土木科（昭和24年）卒 ⚪旭日小綬章（平成16年） ⚪鈴鹿市経済部長を経て、昭和58年自民党から三重県議に当選。3期。平成5年副議長となる。7年鈴鹿市長に当選、2期。15年引退。 ⚪スポーツ

加藤 繁秋 かとう・しげあき
衆院議員（社会党） ⚪昭和22年6月11日 ⚪香川県 ⚪丸亀高（昭和41年）卒 ⚪高松郵便局員ののち、社青同中央部副委員長、社会党香川県政策審議会事務局長を経て、党県組織部長。平成2年衆院議員に当選。5年、8年落選。10年参院選に立候補。12年、15年衆院選に立候補。

加藤 繁太郎 かとう・しげたろう
瀬戸市長 ⚪大正6年6月18日 ⚪愛知県瀬戸市 ⚪名古屋高商卒 ⚪藍綬褒章（昭和58年）、勲三等旭日中綬章（昭和63年） ⚪昭和22年瀬戸商工会議所会頭、32年瀬戸輸出陶磁器工業組合理事長を経て、38年瀬戸市長に当選。6期つとめ、62年引退。

加藤 修一 かとう・しゅういち
参院議員（公明党 比例） ⚪昭和22年9月28日 ⚪北海道端野町 ⚪北海道大学大学院（昭和56年）博士課程修了 学術博士 ⚪昭和61年たくぎん総合研究所次長、高専講師、平成5年小樽商科大学教授を歴任。7年新進党から参院比例

区に当選。10年公明に移り、同年11月新公明党結成に参加。15年小泉第2次改造内閣の環境副大臣に就任。2期目。
http://www.katoh-s.com/

加藤 節夫 かとう・せつお
安来市長 [生]昭和4年2月3日 [出]島根県 [学]安来農(昭和21年)卒 [歴]昭和48年より安来市議4期、58年副議長をつとめた。平成元年市長に当選。2期。9年引退。 [趣]スポーツ，読書

加藤 高 かとう・たかし
北本市長 [生]昭和17年3月31日 [出]埼玉県北本市 [学]熊谷農卒 [歴]北本市議会事務局長、総務部長、助役を経て、平成11年北本市長に当選、1期。15年落選。

加藤 卓二 かとう・たくじ
衆院議員(自民党) 加藤近代美術館館主 [生]大正15年9月19日 [没]平成16年7月22日 [出]埼玉県秩父郡小鹿野町 [学]明治大学専門部法科(昭和26年)卒 [賞]勲一等瑞宝章(平成12年) [歴]昭和20年油糧工場を設立。以後、常磐観光、トキワなど設立し、不動産、流通、観光などを手がける。58年から衆院議員に5選。平成12年落選。三塚派を経て、森派。トキワグループ会長も務め、郷土の旧柿原商店を改装し、加藤近代美術館を開設した。 [趣]絵画鑑賞，コレクション，ヨット，ゴルフ，囲碁
【著書】地に足がついたわが体験的市場経済論(東都書房;講談社〔発売〕'92)／地に足がついたわがリゾート論(東都書房;講談社〔発売〕'89)

加藤 武徳 かとう・たけのり
参院議員(自民党) 自治相 北海道開発庁長官 弁護士 [生]大正4年11月21日 [没]平成12年2月9日 [出]岡山県笠岡市 [学]中央大学法学部(昭和17年)卒 [賞]勲一等旭日大綬章(昭和61年) [歴]昭和17年司法試験に合格し、同年内務省入省。19年応召。23年衆院選に立候補。24年司法修習生となるが、25年参院議員に当選、2期。39年岡山県知事に転じて2期務めた後、49年参院議員に復帰し、3期、通算5期務めた。52年福田改造内閣で自治相、北海道開発庁長官、55年参院安全保障特別委員長などをを歴任。三塚派を経て、平成3年加藤グループに参加。4年引退。5年4月再び司法修習生となり、7年それまでの最高齢79歳で終了。郷里で弁護士を開業する。
[家]二男=加藤紀文(参院議員)，弟=加藤六月(衆院議員)

加藤 太郎 かとう・たろう
島田市長 [生]昭6.11.24 [出]静岡県島田市 筆名=中島光太郎 [学]早稲田大学文学部(昭和31年)卒 [賞]藍綬褒章(平成5年) [歴]昭和48年以来島田市長に5選し、平成5年引退。一方、句誌「主流」同人で「家族」「たべる・のむ」などの詩集がある。 [趣]古貨幣収集，酒類収集

加藤 常太郎 かとう・つねたろう
衆院議員(自民党) 労相 [生]明治38年4月30日 [没]平成2年10月11日 [出]香川県高松市 [学]奉天外語学堂卒 [賞]勲一等旭日大綬章(昭和50年) [歴]加藤海運社長を経て、昭和22年参院議員に当選。27年衆院議員に転じ、以来13選。47年第2次田中内閣の労相に就任。河本派。61年6月引退。 [家]長男=加藤芳宏(瀬戸内海放送会長)

加藤 直樹 かとう・なおき
多治見市長 [生]昭和8年5月14日 [出]岐阜県多治見市 [学]名古屋大学法学部(昭和33年)卒 [歴]昭和33年シェル石油に入社。48年ロンドン本社執行、51年名古屋支店次長を経て、53年加藤政治経済研究所長に。54年以来多治見市長に4選。平成7年落選。 [趣]囲碁

かとう

加藤 尚彦 かとう・なおひこ
衆院議員（民主党　比例・南関東）
⊕昭和12年3月31日　⊕愛知県　⊕早稲田大学卒、早稲田大学大学院政治学研究科国際政治専攻（昭和36年）修了
⊕昭和38年藤山愛一郎衆院議員秘書を経て、50年から横浜市議（自民党）に5選。平成5年新党さきがけより、8年、12年民主党より衆院選に立候補。15年衆院議員に当選。　http://www.kato-naohiko.com/

加藤 紀文 かとう・のりふみ
参院議員（自民党）　⊕昭和23年12月19日　⊕岡山県岡山市　⊕中央大学商学部（昭和46年）卒　⊕昭和46年岡山県知事秘書、52年自治相秘書官、平成3年岡山武徳館長などを経て、4年参院議員に当選。2期務める。14年小泉改造内閣の総務副大臣に就任。渡辺派を経て、11年3月村上・亀井派に参加。のち江藤・亀井派を経て、亀井派。16年落選。
⊕剣道, ゴルフ, 将棋　⊕父＝加藤武徳（自治相）　http://ataru.co.jp/n-kato/

加藤 寛嗣 かとう・ひろつぐ
四日市市長　⊕大正9年9月26日　⊕平成14年3月17日　⊕ハワイ　⊕東京帝国大学経済学部（昭和19年）卒　⊕グローバル500賞（平成7年）, 勲三等旭日中綬章（平成9年）　⊕東海硫安工業、東海瓦斯化成、三菱油化四日市事業所総務部長を経て、昭和42年四日市市助役となり、51年以来市長に5選。助役時代から公害対策に取り組み、途上国が公害防止技術を学ぶための機関・国際環境技術移転センター（ICETT＝アイセット）を設立、副理事長を務めた。平成7年四日市公害を克服し環境改善に取り組んできた同市と共に国連環境計画（UNEP）のグローバル500賞を受賞。8年市長を引退した。

加藤 博康 かとう・ひろやす
秩父市長　⊕大正4年7月15日　⊕平成14年7月18日　⊕埼玉県秩父市　⊕東京帝大法学部法律学科（昭和15年）卒　⊕藍綬褒章（昭和52年）, 秩父市名誉市民　⊕昭和26年から埼玉県の両神村長を3期。39年秩父市助役を経て、50年以来秩父市長に3選。62年引退。
⊕読書, 釣り, 水泳

加藤 正一 かとう・まさいち
豊田市長　⊕昭和3年10月25日　⊕愛知県豊田市　⊕挙母町立青年学校（昭和22年）卒　⊕勲四等旭日小綬章（平成13年）　⊕昭和22年愛知県挙母町（現・豊田市）役場入り。42年豊田市人事課長、44年秘書課長、46年市議会事務局長、50年総務部長、51年総合企画部長、同年8月総務部長、55年助役を経て、63年2月市長に当選。3期務めた。　⊕茶道, 日本画, 囲碁

加藤 万吉 かとう・まんきち
衆院議員（社民党）　⊕大正15年12月11日　⊕神奈川県茅ケ崎市　⊕電機学校（現・東京電機大学）（昭和17年）卒　⊕勲二等旭日重光章（平成9年）　⊕戦後労働運動に入り、総評の結成に参加。総評常任理事を経て、昭和42年衆院議員に当選。8期。平成8年引退。

加藤 六月 かとう・むつき
衆院議員（保守党）　農水相　⊕大正15年6月17日　⊕岡山県笠岡市　雅号＝城山　⊕陸士卒, 姫路高（旧制）（昭和22年）卒　⊕勲一等旭日大綬章（平成11年）　⊕星島二郎衆院議長の秘書を経て、昭和42年岡山2区から衆院議員に当選、以来11期務めた。47年運輸政務次官、53年衆院大蔵委員長、56年自民党全国組織委員長などを歴任。ロッキード事件の"灰色高官"と名指しされたが、57年第1次中曽根内閣の国土庁長官・北海道開発庁長官に就任して復活。60年自民党税制調査会長として党税制改正大綱

案をまとめた。61年第3次中曽根内閣の農水相に就任。平成2年党政調会長。3年三塚派から除名され、加藤グループを旗揚げ、5年7月総選挙後離党。6年4月新生党に入党し、羽田内閣の農水相に就任。同年12月新進党結成に参加、8年新進党税政調査会会長。10年1月自由党、12年保守党に参加。同年引退。
[趣]読書　[家]兄=加藤武徳(自治相)

【評伝】藤原弘達のグリーン放談〈4〉勇往邁進(藤原弘達編 藤原弘達著作刊行会;学習研究社〔発売〕〔'86)／宮沢喜一の選択と経世会支配の構図(大塚英樹著 天山出版'92)／官邸の揺らぐ日(大下英治著 広済堂出版'91)／東京地検特捜部(成島惟義,上原駿介著 アイペック'89)

加藤 義和　かとう・よしかず

観音寺市長　加ト吉社長・会長　[生]昭和11年1月7日　[出]香川県観音寺市　[学]観音寺中(昭和26年)卒　[賞]経済界大賞(異色企業賞, 第19回)(平成5年)　[歴]昭和31年加ト吉水産(現・加ト吉)を設立、社長を経て、49年会長。平成8年社長を兼務。中学卒業後、蒲鉾の行商から始め、冷凍食品の開発で現在の加ト吉グループを造り上げた。この間、42年から観音寺市議を務め、50年～平成3年市長に5選。6年村さ来本社会長を兼任。9年4月会社更生法適用を申請していた京樽の管財人となる。
[趣]ゴルフ

【著書】がんばれば、ここまでやれる(経済界 '01)／変革への挑戦(プレジデント社 '96)

【評伝】企業を大成させる「読み」と「選択」(鶴蒔靖夫著 IN通信社'93)

角屋 堅次郎　かどや・けんじろう

衆院議員(社会党)　[生]大正6年3月15日　[出]三重県伊勢市　[学]三重高農土木科(昭和13年)卒　[賞]勲一等旭日大綬章(平成1年)　[歴]三重県労協議長などを経て、昭和33年三重2区から衆院議員に当選。当選11回。平成2年引退。　[趣]囲碁(3段),剣道(5段)

金石 清禅　かないし・しょうぜん

参院議員(保守党)　[生]昭和13年8月15日　[出]北海道磯谷郡蘭越町　[学]早稲田大学文学部哲学科(昭和37年)卒　[歴]昭和37年日本航空に入社し、秘書課長、総務部長などを経て、63年から燃料部長。平成元年8月早大雄弁会の先輩・海部俊樹が自民党総裁に決まり、直接懇請を受けて首相の首席秘書官に転身。海部首相が初めて衆院選に立候補した際仲間と選挙運動を手伝い、当選後は学生の傍ら秘書を務めた関係でもあった。また日航総務部長時代には民営化の推進役も果たし、政治との接点を経験。平成4年JR北海道顧問。5年北海道1区から衆院選に立候補。7年参院選では新進党比例区から出馬。任期切れ2ケ月前の13年5月に友部達夫議員の失職に伴い繰り上げ当選、保守党に入党した。同年7月史上最短40日間の任期満了後、参院選には出馬しなかった。

金沢 隆　かなざわ・たかし

弘前市長　[生]昭和6年11月28日　[出]青森県弘前市　[学]法政大学法学部(昭和49年)卒　[歴]弘前市長公室長を経て、平成4年弘前市長。4期目。

金沢 忠雄　かなざわ・ただお

山形市長　元・東北芸術工科大学理事長　[生]大正8年10月21日　[没]平成15年9月12日　[出]山形県南沼原村(現・山形市)　[学]柏倉門伝青年学校卒　[賞]藍綬褒章(昭和51年),勲二等瑞宝章(平成6年)　[歴]戦後、南沼原村(現・山形市)に農協を設立し、初代組合長に就任。昭和26年社会党から山形県議に当選、4期。41年から山形市長に7選。平成6年引退。東北芸術工科大学理事長も務め、12年退任。
[家]長男=金沢忠一(山形県議)

鐘ケ江 管一 かねがえ・かんいち
島原市長 島原名水ブルワリー会長
[生]昭和6年1月22日 [出]長崎県島原市
[学]島原中(昭和23年)卒 [賞]勲四等瑞宝章(平成13年) [歴]中学卒業後、家業の旅館・国光屋を継ぐ。島原市旅館組合副組合長ののち、昭和54年長崎県教育委員長を経て、55年以来市長に3選。平成3年雲仙・普賢岳の噴火の際にはヒゲを剃らずに奔走した。4年引退。5年噴火発生から市長退任までの763日間を綴った「普賢、鳴りやまず」を出版。8年10月開業した地ビール製造・販売の島原名水ブルワリー会長に就任。
【著書】普賢、鳴りやまず(集英社 '97)/「勝つということ」(仰木彬, 鐘ヶ江管一著 集英社'97)
【評伝】男の引き際(黒井克行著 新潮社'04)

金子 一平 かねこ・いっぺい
衆院議員(自民党) 蔵相 [生]大正2年2月12日 [没]平成1年3月23日 [出]岐阜県吉城郡国府村(現・国府町) [学]東京帝大法学部(昭和12年)卒 [賞]勲一等旭日大綬章(昭和61年) [歴]昭和12年大蔵省に入り、大阪国税局長などをつとめたあと、35年岐阜2区から衆院議員に当選、9期。53年大平内閣の蔵相、59年第2次中曽根改造内閣の経済企画庁長官を歴任。鈴木派。61年6月引退。
[家]長男=金子一義(衆院議員)
【評伝】大蔵省主税局(栗林良光著 講談社'87)

金子 一義 かねこ・かずよし
衆院議員(自民党 比例・東海) 規制改革担当相 産業再生機構担当相 [生]昭和17年12月20日 [出]岐阜県国府町
[学]慶応義塾大学経済学部(昭和41年)卒
[歴]昭和41年日本長期信用銀行入行。のち父の秘書となり、61年衆院議員に当選。平成15年小泉第2次改造内閣の規制改革担当相・産業再生機構担当相に就任。同年11月の衆院選では比例東海ブロックで1位当選し、第2次小泉内閣でも規制改革担当相、産業再生機構担当相に留任。6期目。宮沢派、加藤派を経て、堀内派。 [家]父=金子一平(衆院議員) http://www.kazuyoshi.gr.jp/

金子 清 かねこ・きよし
新潟県知事 [生]昭和7年6月7日 [出]東京都大田区 [学]東京大学法学部(昭和32年)卒 [歴]昭和32年自治省に入省。53年市町村税課長、54年府県税課長、57年企画課長、58年新潟県副知事を歴任。平成元年知事に当選。4年9月知事選をめぐり東京佐川急便社長(当時)から受けとった1億円のヤミ献金を隠すなど虚偽の政治資金収支報告書を作成したとして問題となり辞任。
【評伝】知事の背信(新潟日報報道部著 潮出版社'93)/巨悪を逃がすな!〈第2弾〉佐川のカネ食った悪徳政治家(菊池久著 山手書房新社'92)

金子 原二郎 かねこ・げんじろう
長崎県知事 衆院議員(自民党)
[生]昭和19年5月8日 [出]長崎県北松浦郡生月町(生月島) [学]慶応義塾大学文学部(昭和43年)卒 [歴]長崎県施網漁協理事を経て、長崎県議に3選。昭和58年引退した父のあとを継いで衆院議員となり、5期務めた。平成10年2月長崎県知事に当選。2期目。旧宮沢派。
[家]父=金子岩三(農水相), 兄=金子源吉(テレビ長崎社長)

金子 佐一郎 かねこ・さいちろう
調布市長 [生]昭和2年8月6日 [出]東京
[学]日本大学農獣医学部(昭和26年)卒
[賞]勲五等双光旭日章(平成9年) [歴]昭和53年以来調布市長を2期つとめた。

金子 善次郎 かねこ・ぜんじろう
衆院議員(保守新党) [生]昭和18年9月24日 [出]山形県東置賜郡川西町
[学]一橋大学法学部(昭和41年)卒
[歴]昭和41年自治省入省。59年埼玉県生活福祉部長、61年企画財政部長、自治

省財務調査官、公務員課長を経て、平成3年7月消防庁総務課長、4年7月審議官、5年4月公営企業金融公庫総務部長。8年新進党より衆院選埼玉5区に立候補。12年民主党より衆院議員に当選。14年12月保守新党に参加。15年落選。
http://www.zenjiro.org/
【著書】21世紀・快適"日本"の構築(ぎょうせい '99)／新地方主義(ぎょうせい '94)

金子 哲夫　かねこ・てつお
衆院議員(社民党)　⊕昭和23年7月18日　⊕島根県出雲市　⊕出雲高(昭和42年)卒　⊕昭和42年電電公社(のちの日本電信電話)に入社。63年広島県原水禁事務局次長に就任。平成5〜8年代議士秘書を経て、平成12年衆院選比例区に当選。1期つとめる。15年落選。16年参院選比例区に出馬するが落選。社民党広島県連合代表。　http://kaneko.lilac.cc/

金子 德之介　かねこ・とくのすけ
衆院議員(新進党)　⊕昭和7年3月22日　⊕福島県伊達郡保原町　⊕東北大学農学部(昭和30年)卒　⊕勲三等旭日中綬章(平成14年)　⊕昭和31年福島市役所に入る。商工部長を経て、54年から保原町長に3選。平成2年自民党から衆院議員に2選。竹下派、羽田派、5年新生党を経て、6年新進党結成に参加。8年引退。

金子 みつ　かねこ・みつ
衆院議員　社会党副委員長　東京サフランホーム理事長　⊕看護学　⊕大正3年4月30日　⊕東京　本名=金子光　⊕聖路加女子専門学校(現・聖路加看護大学)(昭和10年)卒,トロント大学大学院公衆衛生看護学専攻(昭和15年)卒,エール大学大学院公衆衛生学専攻(昭和24年)修了　⊕勲二等宝冠章(平成3年)　⊕昭和14年カナダのトロント大学で7カ月間勉強後、米国へ。16年厚生省に勤務。看護課長を経て、35年東京大学医学部保健科助教授、38年日本看護協会会長など歴任。47年衆院議員に当選。以来連続当選6回。平成2年引退。この間、58年より社会保障政策委員長、土井委員長の下で党副委員長を務めた。著書に「保健婦助産婦看護婦法の解説」がある。
⊕日本看護協会(会長)，家庭生活研究会(副会長)
【著書】保健医療問題入門(労大新書73)(加茂甫，金子みつ編著 '82)

金子 満広　かねこ・みつひろ
日本共産党副委員長　衆院議員(共産党)　⊕大正13年11月17日　⊕群馬県　⊕鉄道教習所卒　⊕国労高崎支部書記長を経て、昭和21年共産党に入党。47年衆院議員に当選。58年落選、61年再選。平成5年落選。8年の総選挙では比例区北関東ブロックで1位当選を果たし返り咲く。通算6期務めた。この間、昭和57年書記局長、平成2年副委員長に就任。12年引退。著書に「原水爆禁止運動の原点」など。　⊕演劇観賞，写真
【著書】ともに語り、ともにめざす(新日本出版社 '93)／熱い思いを言葉にのせて(新日本出版社 '87)／売上税葬送記(吉田敏幸，金子満広著 あゆみ出版 '87)／反帝国際統一戦線(新日本出版社 '78)

金子 恭之　かねこ・やすし
衆院議員(自民党　熊本5区)　⊕昭和36年2月27日　⊕熊本県球磨郡深田村　⊕早稲田大学商学部(昭和59年)卒　⊕昭和59年代議士秘書を経て、平成12年衆院議員に当選。2期目。山崎派。
http://www.kaneko-yasushi.com/

金田 英行　かねた・えいこう
衆院議員(自民党　比例区・北海道)　⊕昭和17年12月30日　⊕北海道旭川市　⊕中央大学法学部(昭和41年)卒　⊕昭和57年北海道開発庁長官秘書官、平成元年調整官を経て、5年衆院議員に当選。4期目。森派。15年第2次小泉内閣の農水副大臣に就任。

かねた

金田 勝年　かねだ・かつとし
参院議員(自民党　秋田)　㊤昭和24年10月4日　㊦秋田県平鹿郡増田町　㊨一橋大学経済学部(昭和48年)卒　㊧昭和48年大蔵省に入省。山梨税務署長、給与課長、主計官を経て、平成7年参院議員に当選。2期目。小渕派を経て、旧橋本派。　http://www.kaneda-k.com/

金田 誠一　かねた・せいいち
衆院議員(民主党　北海道8区)　㊤昭和22年9月28日　㊦北海道上磯郡木古内町　㊨函館東高(昭和41年)卒　㊧昭和41年函館市役所職員を経て、54年以来函館市議を4期務める。この間、副議長も務めた。平成5年社会党から衆院議員に当選。7年党を除名され、新党さきがけに移る。8年民主党に参加。党NPO委員長代理、政調副会長。また脳死を人の死としない臓器移植法をめざす議員の会代表を務める。4期目。　㊋ソフトテニス　http://www.kanetas.com/

金田 武　かねた・たけし
紋別市長　㊤大正11年1月7日　㊦北海道中川郡本別町　㊨紋別青年学校(昭和14年)卒　㊋勲四等旭日小綬章(平成10年)　㊧昭和52年以来紋別市長に5選。平成9年引退。

金丸 三郎　かねまる・さぶろう
参院議員(自民党)　総務庁長官　統計情報研究開発センター会長　㊤大正3年2月8日　㊦鹿児島県出水市　俳号=清萍　㊨東京帝国大学法学部(昭和13年)卒　㊋勲一等瑞宝章(平成1年)　㊧昭和13年内務省に入り、自治庁税務局長などを経て、33年鹿児島県副知事、38年自治事務次官を歴任。42年以来鹿児島知事を3期務めた。52年参院に転じ、当選2回。参院選挙制度改革プロジェクトチームの座長に選ばれ、全国区制の改革に取り組んだ。59年参院地方行政常任委員長。63年竹下改造内閣の総務庁長官。

金丸 信　かねまる・しん
衆院議員　自民党副総裁　副総理　㊤大正3年9月17日　㊥平成8年3月28日　㊦山梨県中巨摩郡今諏訪村(現・白根町上今諏訪)　㊨東京農業大学専門部(昭和11年)卒　㊋バスコ・ヌネス・デ・バルボア章(平成1年)、ペルー太陽勲章大十字位(平成4年)　㊧日東工業を創設。その後大平醸造などの社長を経て、昭和33年衆院議員に当選。以来、当選12回。田中角栄に師事。建設相、国土庁長官、防衛庁長官、衆院行革委員長を歴任。国対委員長4回の経験から与野党のパイプ役をつとめ、調整のうまさには定評があった。59年自民党幹事長、61年第3次中曽根内閣の副総理に就任。竹下登を総理・総裁にすることに情熱を燃やし、62年の竹下内閣誕生で自民党の大御所的存在となる。平成3年党副総裁となるが、4年佐川急便事件で副総裁を辞任。同年10月違法献金と暴力団との関係の責任をとって衆院議員を辞職、竹下派会長も辞任した。11月入院先で臨床尋問が行われ、竹下政権誕生の際に暴力団の関与したことを認めた。平成5年3月所得税法違反(脱税)の容疑で東京地検特捜部に逮捕、起訴されるが、糖尿病悪化のため、7年7月以降公判停止。8年3月判決を待たずに死去した。　㊕長男=金丸康信(テレビ山梨社長)、弟=金丸孝(信栄コンクリート会社社長)
【著書】わが体験的防衛論(エール出版社'79)
【評伝】巨悪vs言論(立花隆著　文芸春秋'03)／特捜検察〈下〉政治家・官僚・経営者の逮捕(山本祐司著　講談社'02)／金融腐敗の原点(立石勝規著　徳間書店'97)／談合と贈与(宮田登編　小学館'97)／戦後の肖像(保阪正康著　ティビーエス・ブリタニカ'95)／佐川急便事件の真相(佐高信、伊東秀子著　岩波書店'93)／激争　中曽根VS金・竹・小(木村愛二著　汐文社'93)／青島幸男の金丸倒せ100万通大作戦(青島幸男編　汐文

社'92）／捨ててこそ、首領（ドン）小説金丸信（大下英治著 政界往来社'90）

鹿野 文永　かの・ふみなが
鹿島台町（宮城県）町長　全国町村会副理事長　⑭昭和10年7月21日　⑮宮城県志田郡鹿島台町深谷　⑯東北大学文学部中退　⑰昭和50年から鹿島台町長に8選。平成15年全国町村会副理事長。
http://www.mmjp.or.jp/K-land/kano/

鹿野 道彦　かの・みちひこ
衆院議員（民主党　比例・東北）　農水相　⑭昭和17年1月24日　⑮山形県山形市　⑯学習院大学政経学部政治学科（昭和40年）卒　⑰父の秘書を経て、昭和51年自民党から衆院議員に当選。56年運輸政務次官、61年衆院運輸委員長を歴任。平成元年海部内閣の農水相、4年宮沢改造内閣の総務庁長官に就任。6年離党して新党みらいを結成、代表となる。同年12月新進党結成に参加。8年党内に鹿野グループを結成。10年解党後は、国民の声を結成して代表となり、民政党結成に参加。同年4月民主党に合流、11年9月党副代表。10期目。　⑱囲碁、将棋、釣り　⑲父＝鹿野彦吉（衆院議員）
http://www.kano.or.jp/
【評伝】新進党VS.自民党（大下英治著 徳間書店'96）／政界再編の鍵を握る男たち（大下英治著 政界出版社'94）

狩野 明男　かのう・あきお
参院議員（自民党）　⑭昭和9年10月3日　⑮平成4年2月26日　⑯茨城県新治郡出島村　⑰慶応義塾大学法学部（昭和32年）卒　⑱昭和54年から衆院議員2期、茨城県遺族連合会長などを経て、平成元年参院議員に当選。三塚派。
⑲妻＝狩野安（参院議員）

加納 時男　かのう・ときお
参院議員（自民党　比例）　元・東京電力副社長　⑭エネルギー政策　⑮昭和10年1月5日　⑯東京都千代田区　⑰東京大学法学部（昭和32年）卒、慶応義塾大学経済学部（昭和39年）卒　⑱地球環境保全のためのエネルギー選択　⑲エネルギーフォーラム普及啓発賞（第10回）（平成2年）「なぜ原発か」　⑳昭和32年東京電力に入社。国際科学博覧会の電力館館長などを歴任し、61年関連事業部長、63年原子力本部副本部長。平成元年取締役、常務、のち副社長。昭和54年より東京大学非常勤講師も務める。国際エネルギー問題の第一人者。平成7年ウラン協会副会長となり、8年日本人としては初めて会長に就任。9年12月東京電力副社長を退任。10年参院議員に当選。2期目。小里グループに所属。著書は「エネルギー最前線」など多数。　㉑太平洋経済協力会議（PECC）日本委員会（委員），鉱産物／エネルギーフォーラム（名誉委員長），世界原子力協会（顧問）　㉒音楽，読書，スポーツ
http://www.eco-22.com/
【著書】崖っぷち日本（ミオシン出版'00）／90年代のエネルギー（鈴木篤之、加納時男著 日本経済新聞社'90）／なぜ「原発」か（祥伝社'89）／日本エネルギー戦略（東洋経済新報社'81）

狩野 勝　かのう・まさる
衆院議員（自民党）　⑭昭10.4.26　⑮群馬県　⑯中央大学法学部（昭和33年）卒　⑰昭和49年以来千葉県議に5選し、62年議長に就任。平成2年衆院議員に当選、2期。8年、12年落選。旧三塚派、のち森派。著書に「明日の政治を考えよう」。

狩野 安　かのう・やす
参院議員（自民党　茨城）　⑭昭和10年3月5日　⑮群馬県　⑯共立女子大学中退　⑰自民党茨城県婦人局長、茨城県更生保護婦人連盟副会長。平成4年夫の狩野明男参院議員の死去に伴う茨

かはや

城選挙区補欠選挙に立ち、当選。3期目。10年三塚派を離脱し亀井グループに参加。11年3月村上・亀井派、同年7月江藤・亀井派を経て、亀井派。14年1月小泉内閣の厚生労働副大臣。　㊂夫＝狩野明男（参院議員），父＝加藤高蔵（衆院議員）　http://www1.odn.ne.jp/~aac64460/KanouYasuHome.htm

樺山 一雄　かばやま・かずお
大口市長　㊉大7.4.1　㊉鹿児島県大口市　㊂玉川学園専卒　㊂勲四等瑞宝章（平成9年）　㊂昭和58年大口市長に当選、3期つとめる。平成7年落選。

釜井 健介　かまい・けんすけ
豊前市長　㊉昭和18年11月8日　㊂青山学院大学経済学部卒　㊂豊前市議を経て、平成9年豊前市長に当選。2期目。

鎌田 要人　かまだ・かなめ
参院議員（自民党）　㊉大正10年10月2日　㊉鹿児島県日置郡金峰町　㊂東京帝国大学法学部（昭和18年）卒　㊂勲一等瑞宝章（平成11年）　㊂昭和18年内務省に入り、戦後、自治省に。地方自治体の財政制度の確立に力を注いだ。38年静岡県副知事を経て、48年事務次官となり、51年に退官。52年3月鹿児島県知事に当選。九州新幹線の開通などに尽力。3期つとめる。平成元年から参院議員に2選。宮沢派を経て、加藤派。直言型の硬骨漢で知られる。13年引退。著書に「付加価値税」「国定資産税」「試練に立つ地方自治」など。
【著書】行政の守備範囲〈臨調答申と自治体〉（ぎょうせい '82）
【評伝】証言 地方自治（本間義人編著 ぎょうせい '94）

鎌田 さゆり　かまた・さゆり
衆院議員（民主党　宮城2区）　㊉昭和40年1月8日　㊉宮城県仙台市　㊂東北学院大学経済学部経済学科卒　㊂平成7～10年仙台市議を経て、12年衆院議員に当選。16年12月、15年の総選挙をめぐる陣営幹部の選挙違反事件で最高裁は上告を棄却し、2期目途中で議員辞職を表明。　㊂かるた　http://www.est.hi-ho.ne.jp/sayuri-hf/

蒲牟田 喜之助　かまむた・きのすけ
鹿屋市長　㊉大5.2.20　㊉鹿児島県　㊂鹿屋農学校（昭和8年）卒　㊂勲四等瑞宝章（平成6年）　㊂昭和38年鹿児島県特産課長、44年鹿屋市助役を経て、市長に3選。平成5年引退。

釜本 邦茂　かまもと・くにしげ
参院議員（自民党）　日本サッカー協会副会長　元・サッカー選手　㊉昭和19年4月15日　㊉京都府京都市　㊂早稲田大学商学部（昭和42年）卒　㊂早大2年の時、東京五輪代表。関東大学リーグでは3回優勝、史上初の4年連続得点王に輝いた。42年ヤンマー・ディーゼル（現・セレッソ大阪）に入社。翌43年メキシコ五輪では7得点を挙げ得点王を獲得するなど銅メダル獲得に貢献。53年監督兼任、59年2月選手引退宣言をして、監督に専念。生涯548ゴール、リーグ通算202得点、13ハットトリック、国際試合73得点。60年監督を辞任。8年6月日本サッカー協会理事、10年7月副会長に就任。14年常務理事。7年自民党から参院議員に当選。三塚派を経て、森派。12年第2次森内閣の労働総括政務次官に就任。13年落選。http://www5.ocn.ne.jp/~kamamoto/

紙 智子　かみ・ともこ
参院議員（共産党　比例）　㊉昭和30年1月13日　㊉北海道札幌市　㊂北海道女子短期大学工芸美術科（昭和50年）卒　㊂会社員ののち、共産党員に。のち共産党中央委員。昭和61年参院選に立候補。平成5年、8年、12年衆院選に立候補。13年参院選比例区に当選。　㊂スキー、山歩き、絵画、料理　http://www.jcphkdbl.gr.jp/kami.htm

上川 陽子　かみかわ・ようこ
衆院議員（自民党　比例・東海）　⑰昭和28年3月1日　⑭静岡県静岡市　⑮東京大学教養学部卒，ハーバード大学大学院J.F.ケネディースクール修士課程　政治行政学修士（ハーバード大学）
⑱昭和52年三菱総合研究所客員研究員、63年政策コンサルティング会社社長を経て、平成12年無所属で衆院議員に当選。2期目。のち自民党入りし、堀内派。
http://www.kamikawayoko.net/

神坂 篤　かみさか・あつし
備前市長　⑰大正9年6月3日　⑱平成16年4月20日　⑭岡山県備前市　⑮日本大学大専門部（昭和16年）卒　⑯勲四等旭日小綬章（平成4年）　⑱昭和38年備前町議、46年合併により備前市議。47年議長。50年以来備前市長に4選。平成3年引退。　㊚釣り

上条 勝久　かみじょう・かつひさ
参院議員（自民党）　⑰明治43年8月29日　⑭宮崎県児湯郡高鍋町　⑮高鍋中（昭和5年）卒　⑯勲二等旭日重光章（昭和63年）　⑱昭和11年宮崎県に入り、16年内務省入省。20年内務省国土局内務理事官、32年国土地理院総務部長に。40年建設大学校長、日本道路公団顧問を経て、49年以来、参院議員に当選2回。この間、52年科学技術政務次官、56年地方行政常任委員長。60年9月、なくなった参院118名に対する追悼演説集を編集、出版した。61年落選。
㊚ゴルフ，刀剣鑑賞，釣り

神園 征　かみその・ただし
枕崎市長　⑰昭和18年12月28日　⑭鹿児島県　⑮早稲田大学法学部卒
⑱枕崎市議を経て、平成14年枕崎市長に当選。

神谷 信之助　かみたに・しんのすけ
参院議員（共産党）　⑰大正13年3月15日　⑱平成11年1月8日　⑭京都府京都市下京区　⑮東亜同文書院（昭和20年）卒
⑱昭和27年共産党に入党、京都府職員労働組合書記長に就任。49年全国区から参院議員に当選。55年京都に移り、通算3期。平成4年引退。6年共産党中央委員会名誉幹部会委員、名誉府委員となった。

神谷 昇　かみたに・のぼる
泉大津市長　⑰昭和24年4月12日　⑭大阪府　⑮泉大津高卒　⑯藍綬褒章（平成16年）　⑱泉大津市議を経て、平成3年から大阪府議に4選。府民連合、無所属を経て、自民党に所属。16年泉大津市長に当選。

上西 和郎　かみにし・かずろう
衆院議員（社会党）　⑰昭和6年11月23日　⑱平成13年12月11日　⑭鹿児島県
⑮鹿屋高（昭和25年）卒　⑱昭和25年九州電力に入社。27年から組合専従となり、社会党鹿児島本部書記長、全九電労組本部書記を経て、59年5度目の挑戦で衆院議員に初当選、ニュー社会党の看板の一つ市民相談活動推進委員会事務局長に就任。1期務め、61年落選。のちニシム電子工業顧問を務めた。
【著書】暮しに役立つわかりやすい年金（八重岳書房 '92）

神本 美恵子　かみもと・みえこ
参院議員（民主党　比例）　⑰昭和23年1月22日　⑭福岡県三輪町　⑮福岡教育大学教育学部（昭和45年）卒　⑱長く小学校教師を務め、平成12年日教組教育文化局長。13年参院選比例区に民主党から当選。　http://www.kamimoto-mieko.net/

神谷 明　かみや・あきら
磐田市長　[生]大正9年12月24日　[学]国学院大学卒　[賞]勲五等双光旭日章（平成7年）　[歴]磐田市助役を経て、昭和61年から市長に2選。平成6年引退。

神谷 学　かみや・がく
安城市長　[生]昭和33年6月4日　[歴]安城市議、市議会議長を経て、平成15年市長に当選。　http://www.gaku21.jp/

神谷 尚　かみや・たかし
庄和町（埼玉県）町長　[生]昭和19年7月10日　[没]平成4年10月16日　[出]茨城県猿島郡五霞村　[学]早稲田大学政経学部卒　[歴]埼玉県に入庁。地方課を経て、労政課係長。昭和58年庄和町町長に当選。以来住民総参加行政などユニークな行政を展開。平成4年町づくりの一環として学校給食廃止を打ち出し話題となった。著書に「夢追い町長実践記」など。
【著書】政治家（実業之日本社 '92）

上山 和人　かみやま・かずと
参院議員（社民党）　[生]昭和4年11月25日　[出]鹿児島県川内市　[学]鹿児島大学教育学部（昭和29年）卒　[歴]鹿児島県高教組委員長を経て、昭和61年参院鹿児島選挙区に立候補するが落選。平成4年再出馬し、当選。10年無所属で立候補するが落選。

上山 利勝　かみやま・としかつ
幌延町（北海道）町長　[生]昭和2年5月1日　[出]旧樺太・サハリン　[学]豊原中（旧制）中退　[賞]藍綬褒章（平成5年），旭日小綬章（平成16年）　[歴]戦後、樺太から引き揚げ、昭和23年北海道幌延町に入植、酪農を営む。30年幌延町議に当選、以来連続8期。この間、副議長、54年議長。動力炉・核燃料開発事業団の高レベル放射性廃棄物研究・貯蔵施設誘致の是非が争点となった61年の町長選に立候補し、柔軟な推進路線を掲げて当選、4期務めた。平成14年落選。

上吉原 一天　かみよしはら・いってん
参院議員（自民党）　[生]昭和17年11月14日　[出]栃木県　[学]東京大学法学部（昭和40年）卒　[歴]昭和40年自治省に入省。61年消防庁危険物規制課長、62年自治省官房企画兼参事官、同年愛媛県総務部長、のち自治省税務局企画課長、宇都宮市助役を経て、平成5年4月消防庁官房審議官。8年10月参院補選に当選。10年落選。

亀井 郁夫　かめい・いくお
参院議員（自民党　広島）　[生]昭和8年11月1日　[出]広島県庄原市　[学]東京大学法学部（昭和32年）卒　[歴]昭和32年旭化成工業入社。54年総務部長、58年取締役。61年退社、弟の選挙を支援。62年自らも広島県議に当選、2期務めた。平成5年広島県知事選に出馬。10年参院議員に当選。同年9月三塚派を離脱し亀井グループに参加。11年3月村上・亀井派、のち江藤・亀井派を経て、亀井派。2期目。[趣]書道，ゴルフ　[家]弟＝亀井静香（衆院議員）　http://www.kamei.com/

亀井 英一　かめい・えいいち
海老名市長　[生]昭和7年5月28日　[学]横浜国立大学学芸学部卒　[賞]旭日小綬章（平成16年）　[歴]海老名市教育長を経て、平成6年から海老名市長に2選。15年引退。

亀井 静香　かめい・しずか
衆院議員（自民党　広島6区）　建設相
[生]昭和11年11月1日　[出]広島県庄原市
[学]東京大学経済学部（昭和35年）卒　[歴]昭和35年製鉄化学会社勤務。37年警察庁に入庁。46年警備局極左事件総括責任者となり、成田空港問題、あさま山荘事件、テルアビブ空港乱射事件などに取り組む。官房調査官などを経て、52年退官。54年衆院議員に当選。当選9回。平成6年村山内閣の運輸相、8年第2次橋本内閣の建設相を歴任。10年9月自民党・三塚派を離脱し亀井グループを結成。

11年3月旧渡辺派と合併し、村上・亀井派を旗揚げ、会長代行となる。のち江藤・亀井派。同年10月党政調会長。13年4月党総裁選に立候補。同年11月超党派の国会議員でつくる死刑廃止議員連盟会長に就任。15年9月再び党総裁選に立候補。同年10月亀井派会長。党内タカ派のリーダーとして知られる。 ㊎兄＝亀井郁夫(参院議員) http://www.kamei-shizuka.net/

【著書】ニッポン劇的大改造(扶桑社 '03)／死刑廃止論(花伝社;共栄書房〔発売〕'02)

【評伝】タテ読みヨコ読み世界時評(谷口智彦著 日本経済新聞社'04)／政界大迷走 亀井静香奔る!(大下英治著 徳間書店'00)／激動のなかを生きる男たち(竹村健一著 バンガード社'98)／政界の仕掛人・亀井静香放言録(久慈力著 緑風出版'98)／21世紀を担う若き政治家たち(木下厚著 政界往来社'89)

亀井 俊明 かめい・としあき

鳴門市長 亀井組社長 ㊐昭和18年7月25日 ㊑徳島県鳴門市 ㊫徳島大学工学部(昭和42年)卒 ㊟昭和42年亀井組に入社、社長に就任。62年より徳島県議に3選。平成11年鳴門市長に当選。2期目。 ㊮音楽，ゴルフ，釣り

亀井 利克 かめい・としかつ

名張市長 ㊐昭和27年2月13日 ㊑三重県 ㊫中京大学体育学部卒 ㊟名張市役所係長を経て、平成3年より三重県議に3選。14年名張市長に当選。

亀井 久興 かめい・ひさおき

衆院議員(自民党 比例・中国) 国土庁長官 ㊐昭14.11.8 ㊑東京 ㊫学習院大学政経学部政治学科(昭和37年)卒 ㊟昭和37年日本郵船勤務、38年松田竹千代衆院議長(当時)の秘書を経て、49年自民党から参院議員に当選、2期務めた。61年6月衆院選に立候補するが落選、平成2年無所属で当選。3年自民党に復党。9年第2次橋本改造内閣の国土庁長官に就任。10年12月宮沢派を離脱し河野グループに参加。15年比例区で当選。通算4期目。 ㊮ゴルフ ㊎父＝亀井茲建(旧伯爵)，祖父＝有馬頼寧(旧伯爵) http://www.kamei-hisaoki.com/

【著書】21世紀 世界の調和と日本(東明社 '88)

亀井 善之 かめい・よしゆき

衆院議員(自民党 神奈川16区) 農水相 運輸相 ㊐昭和11年4月30日 ㊑神奈川県伊勢原市 ㊫慶応義塾大学経済学部(昭和37年)卒 ㊟大日本製糖、神糖物産勤務、父の秘書を経て、昭和54年以来衆院議員に8選。平成8年橋本内閣の運輸相に就任。15年4月大島理森農水相の辞任を受け、小泉内閣の農水相に就任。同年9月の小泉第2次改造内閣、11月の第2次小泉内閣でも留任した。旧渡辺派を経て、10年12月山崎派に参加。 ㊮スポーツ ㊎父＝亀井善彰(参院議員) http://www.y-kamei.com/

【著書】日本エネルギー改造論(エネルギーフォーラム '02)

亀岡 数一 かめおか・かずいち

泉大津市長 ㊐大正15年2月28日 ㊫岸和田商中退 ㊛勲五等双光旭日章(平成8年) ㊟泉大津市助役を経て、昭和63年市長に当選。平成4年引退。

亀岡 高夫 かめおか・たかお

衆院議員(自民党) 農林水産相 ㊐大正9年1月27日 ㊣平成1年3月13日 ㊑福島県伊達郡桑折町 ㊫陸士(昭和15年)卒 ㊟元陸軍少佐でガダルカナルで重傷を負う。戦後、復員して政治運動へ。厚生大臣秘書官、積雪寒冷地帯知事会事務局長などを経て、昭和35年以来福島1区から衆院に10回当選。郵政政務次官、内閣官房副長官などを歴任後、48年第2次田中改造内閣の建設大臣、55年鈴木内閣の農林水産大臣に就任。57年自民党バイオ・サイエンス議員懇談会代表世話人をつとめた。平成元年2月

昭和天皇の大喪の礼で倒れ、3月死去。竹下派。

亀田　博　かめだ・ひろし
下関市長　徳島県副知事　⊕昭和12年1月5日　⊕山口県　⊕九州大学法学部（昭和34年）卒　⊕昭和38年自治省に入省、54年鳥取県総務部長、57年自治省財政局指導課長、58年徳島県副知事などを歴任して、61年消防大学校長。62年退官し、地方債協会常務理事、63年地域総合整備財団常務理事を経て、平成3年下関市長。7年、11年落選。

亀田　良一　かめだ・りょういち
尾道市長　⊕昭和2年2月1日　⊕広島県尾道市　⊕早稲田大学政治経済学部（昭和26年）卒　⊕尾道JC理事長、尾道商工会議所副会頭などを経て、平成7年尾道市長に当選。3期目。　⊕絵画、旅行、ゴルフ

亀長　友義　かめなが・ともよし
参院議員（自民党）　全国農業共済協会会長　⊕大正9年9月26日　⊕徳島県三好郡池田町　⊕東京帝国大学法学部（昭和18年）卒　⊕勲二等旭日重光章（平成2年）　⊕農林省に入り、昭和44年官房長、45年食糧庁長官、47年事務次官を歴任して、49年退官。52年から参院議員に2選。平成元年落選。また10年にわたり大日本水産会会長をつとめた。

亀谷　長英　かめや・ちょうえい
春日市長　⊕大正3年1月4日　⊕平成11年1月13日　⊕沖縄県玉城村　⊕沖縄県立男子師範（昭和13年）卒　⊕昭和24年若竹保育園長、43年亀谷建設社長。傍ら、春日村議、春日町議を通算4期務め、市制施行後の50年以来春日市長に2選。62年引退。市長在任中、全国の市では初の情報公開条例やため池保全条例などを制定した。

亀谷　博昭　かめや・ひろあき
参院議員（自民党）　⊕昭和15年5月18日　⊕平成15年2月19日　⊕神奈川県横須賀市　⊕仙台一高（昭和34年）卒　⊕河北新報社に勤務した後、昭和50年以来宮城県議に5選。平成4年県会議長を務めた。7年宮城選挙区から参院議員に当選、1期。農水政務次官を務めた。13年落選。三塚派を経て、森派。　⊕スポーツ、読書、旅行

鴨下　一郎　かもした・いちろう
衆院議員（自民党　比例・東京）
鴨下学園理事長　医師　⊕心身医学　⊕昭和24年1月16日　⊕東京都足立区　⊕日本大学医学部卒、日本大学大学院（昭和54年）博士課程修了　医学博士　⊕疾病と社会システムの関係（過労死、休養など）　⊕大学院では"ストレスと免疫機能"を研究。昭和56年日比谷国際クリニックを開業。主に気管支喘息の治療に取り組む。58年からは、自宅近くにも診療所を開設。また、日大板橋病院・心療内科外来の診察も担当。サラリーマン、OLの心身症、精神症状の治療に多大な実績がある。平成5年日本新党から衆院議員に当選。6年新進党結成に参加。9年7月離党、12月自民党入り。14年小泉改造内閣の厚生労働副大臣に就任。4期目。旧橋本派。著書に「女性がストレスとつきあう本」「エゴグラム恋愛論」などがある。　⊕日本心身医学会、日本ストレス学会、日本産業衛生学会、日本アレルギー学会、日本公衆衛生学会、日本東洋医学会
http://www.kamoshita.gr.jp/

萱沼　俊夫　かやぬま・としお
富士吉田市長　⊕昭和10年4月30日　⊕山梨県富士吉田市下吉田　⊕東京経済大学経済学部（昭和35年）卒　⊕行政書士　⊕平成3年から富士吉田市議に3選。15年市長に当選。　http://www.kayanuma.jp/

萱野 茂　かやの・しげる
参院議員（民主党）　萱野茂二風谷アイヌ資料館館長　著述業　㊗アイヌ民族文化　アイヌ語　㊗大正15年6月15日　㊗北海道沙流郡平取町二風谷コタン　㊗二風谷尋常小（昭和14年）卒　学術博士（総合研究大学院大学）（平成13年）　㊗アイヌ語辞典の作成　㊗北海道文化財保護協会文化財保護功労賞（昭和40年），北海道功労賞（平成12年），北海道新聞文化賞（社会部門，第54回）（平成12年），勲三等瑞宝章（平成13年），平取町名誉町民，アイヌ文化賞（平15年度）　㊗アイヌ語を母語とし、小学校卒業と同時に山子（やまこ）を昭和34年まで続ける。傍ら知里真志保に師事して日高地方を中心にユーカラ、ウェペケレなどアイヌの口承文芸の保存に努め、47年に二風谷アイヌ文化資料館を設立、館長となる（平成3年退任）。昭和50年アイヌ昔話をまとめた「ウウェペケレ集大成」で菊池寛賞受賞。アイヌ民族文化の保護活動で広く知られる。61年にはカナダを訪れ、カナダインディアンとの交流を行う。50年平取町議。62年から札幌放送のラジオアイヌ語講座「イランカラプテ」講師も務める。平成4年シシリムカ・二風谷アイヌ資料館（現・萱野茂二風谷アイヌ資料館）を設立、また参院選比例区に社会党から出馬。6年7月繰り上げ当選で参院議員となり、アイヌ初の国会議員となる。8年社民党を経て、民主党入り。10年政界を引退。一方、北海道平取町の二風谷ダム建設をめぐりアイヌ民族の地権者とともに北海道収用委員会を相手取り、土地収用裁決の取り消しを求めた行政訴訟を起こす。9年札幌地裁は建設省のダム建設事業の認定と、それに基づく収用裁決は〝違法〟とする判断を示したが、ダム本体がすでに完成しているため、請求は棄却した。11年アイヌ語を学ぶ若者を支援するため、萱野茂アイヌ語育英基金を設立。13年論文「アイヌ民族における神送りの研究」が評価され、総合研究大学院大学の博士号を受ける。同年平取町二風谷地区で受信できるミニFM局・エフエム二風谷放送を開局。他の著書にアイヌ民族の生活体験を通して作った「萱野茂のアイヌ語辞典」や、「妻は借りもの・アイヌ民族の心、いま」「アイヌの碑」「ひとつぶのサッチポロ　アイヌ昔話」「萱野茂のアイヌ神話集成」「アイヌ歳時記」、絵本「火の雨　氷の雨」「パヨカムイユカラで村をすくったアイヌのはなし」など。
【著書】アイヌ語が国会に響く（榎森進、大塚和義ほか著　草風館'97）／アジアの先住民族（大塚和義、萱野茂ほか著（大阪）解放出版社'95）／アイヌの里　二風谷（にぶたに）に生きて（（札幌）北海道新聞社'87）

唐沢 茂人　からさわ・しげと
伊那市長　㊗昭和3年9月20日　㊗平成7年12月6日　㊗長野県伊那市　㊗上伊那農卒　㊗伊那市助役を経て、平成6年伊那市長に当選。

唐沢 俊二郎　からさわ・しゅんじろう
衆院議員（自民党）　郵政相　全国治水砂防協会会長　㊗昭和5年6月24日　㊗東京都千代田区　㊗東京大学法学部（昭和28年）卒　㊗西ドイツ功労勲章大功労十字星章付大綬章（昭和62年），勲一等旭日大綬章（平成12年）　㊗富士銀行入行。元法相の父・俊樹の死去で、昭和44年総選挙に父の地元、長野4区から立候補し当選。以来連続9回当選。自民党国対副委員長、大蔵政務次官、文部政務次官、衆院社会労働委員長、党政調副会長を歴任。60年12月内閣官房副長官、61第3次中曽根内閣の郵政相に就任。平成元年8月党総務会長。旧渡辺派。8年引退。著書に「わが子を守る50章」「通信大国ニッポン」など。
㊗父＝唐沢俊樹（法相）

【評伝】藤原弘達のグリーン放談〈9〉縦横無尽(藤原弘達編 藤原弘達著作刊行会;学習研究社〔発売〕'87)

柄谷 道一　からたに・みちかず
参院議員(民社党)　⊕大正13年11月19日　㊣平成13年10月11日　⊕兵庫県神戸市　㊣国立拓南塾(昭和17年)卒　㊣勲二等瑞宝章(平成7年)　⊕昭和21年日東紡績に入社。全繊同盟中執委員、書記長、副会長などを経て、49年以来参院議員に2選。61年兵庫選挙区に転じて立候補したが落選した。

唐橋 東　からはし・あずま
喜多方市長 衆院議員　⊕大1.9.1　㊣福島県耶麻郡高郷村　㊣福島師範専(昭和7年)卒業　㊣勲三等旭日中綬章(昭和62年)　⊕地元の小学校教員や中学校長を務め、日教組活動を経て福島県議4期、代議士1期を務める。後、喜多方市長に転じ、保守的な風土の会津地方で革新市政を4期保つ。文教・福祉行政に特色を発揮し、国の重要文化財である熊野神社長床拝殿の復元や小学校一校ごとの幼稚園付設制の確立などを手がけた。昭和61年落選。

刈田 貞子　かりた・ていこ
参院議員(新進党)　⊕昭和7年5月21日　㊣東京都港区　㊣東京学芸大学中退　⊕教師を志し大学に入学したが中退。結婚後专業主婦のかたわら、社会教育活動に活躍。小、中、高のPTA活動13年、国立市の教育委員5年半。添加物追い出し運動などの消費者運動にも10数年の実績をあげ、昭和58年公明党から参院議員に当選、2期。公明党婦人局長も務めた。平成6年新進党結成に参加。7年引退。

仮谷 志良　かりや・しろう
和歌山県知事　⊕大正11年3月13日　㊣平成9年9月2日　㊣和歌山県西牟婁郡串本町　㊣京都帝大法学部(昭和22年)卒　㊣勲一等瑞宝章(平成8年)　⊕昭和24年和歌山県庁に入る。34年土木部次長、38年経済部長、42年出納長、50年副知事を経て、同年以来知事に5選。全国知事会副会長、近畿知事会長、全日本実業団相撲連盟会長(6期)などを歴任。平成7年引退。
【評伝】地方人よ、先手を打て!(角間隆著 ぎょうせい'89)

刈谷 瑛男　かりや・ひでお
中村市長　⊕昭和2年12月1日　㊣平成12年8月6日　㊣高知県中村市　㊣中村中卒　⊕昭和25年高知県庁に入る。57年幡多事務所次長、58年所長を経て、59年中村市長に当選、2期つとめた。平成4年落選。

河井 克行　かわい・かつゆき
衆院議員(自民党 比例・中国)　⊕昭和38年3月11日　㊣広島県三原市本町　㊣慶応義塾大学法学部政治学科(昭和60年)卒, 松下政経塾(6期)修了　⊕広島学院高校時代から松下政経塾を志望し、大学卒業後の昭和60年入塾。21世紀初頭の地方中枢管理都市、広島の在るべき姿などを研究テーマに活動。東京で都市論を学ぶ傍ら、広島で地域の政財界人にインタビューなどを重ね、地域フォーラムなども企画。平成3年広島県議に当選。5年衆院選に立候補し、8年当選、1期。12年落選。15年返り咲き。通算2期目。旧小渕派を経て、旧橋本派。㊣映画, 音楽鑑賞

川合 喜一　かわい・きいち
川越市長　⊕大6.4.28　㊣埼玉県川越市　㊣中央大学専門部中退　㊣勲三等旭日中綬章(平成5年)　⊕昭和26年から川越市議6期。48年助役となり、56年から市長に3選。平成5年引退。

河合 常則 かわい・つねのり
参院議員（自民党　富山）　⽣昭和12年1月10日　⽣富山県東礪波郡城端町　⽣慶応義塾大学経済学部（昭和36年）卒　⽣藍綬褒章（平成4年）　⽣昭和39年から城端町議を3期務め、50年から富山県議に8選。平成3年議長。16年参院議員に当選。旧橋本派。　⽣野球, スキー, ゴルフ, 読書

川井 貞一 かわい・ていいち
白石市長　⽣昭和8年1月16日　⽣宮城県白石市　⽣東北大学経済学部卒　⽣昭和49年川井商店社長となり、59年から白石市長に5選。平成16年引退。

川井 敏久 かわい・としひさ
松戸市長　⽣昭和18年3月1日　⽣千葉県　⽣法政大学経済学部卒　⽣千葉県議を経て、平成6年松戸市長選に当選、新党さきがけ単独推薦による初の市長となる。3期目。

河合 正智 かわい・まさとも
衆院議員（公明党　比例・東海）　⽣昭和19年1月22日　⽣岐阜県羽島市　⽣中央大学法学部（昭和41年）卒　⽣昭和50年岐阜商工信用組合に入る。公明党岐阜県政策局次長を経て、62年岐阜県議に当選、2期務める。平成5年衆院議員に当選。6年新進党、10年1月新党平和、同年11月新公明党結成に参加。4期目。　http://www2.famillie.ne.jp/~m_kawai/

川合 良樹 かわい・よしき
美濃加茂市長　⽣昭和7年10月26日　⽣岐阜県　⽣加茂高卒　⽣昭和26年蜂屋村役場に入り、29年から美濃加茂市役所に勤務。53年木曽川右岸用水土地改良事務局長、55年美濃加茂市秘書課長、60年収入役、61年助役。平成5年美濃加茂市長に当選。3期目。　⽣読書

川内 博史 かわうち・ひろし
衆院議員（民主党　比例・九州）　⽣昭和36年11月2日　⽣鹿児島県鹿児島市　⽣早稲田大学政経学部（昭和61年）卒　⽣早稲田大学雄弁会時代から政治を志す。昭和61年大和銀行勤務、63年ホテル取締役を経て、平成8年衆院議員に当選。3期目。　⽣社交ダンス　⽣祖父＝山田弥一（衆院議員）　http://www2c.biglobe.ne.jp/~kawauchi/

河上 敢二 かわかみ・かんじ
熊野市長　⽣昭和31年7月18日　⽣三重県　⽣東京大学医学部卒　⽣農林水産省課長補佐を経て、平成10年熊野市長に当選。2期目。

河上 武雄 かわかみ・たけお
岩国市長　⽣大3.4.7　⽣山口県岩国市　⽣旅順工大鉱山学科（昭和14年）卒　⽣勲三等瑞宝章（平成4年）　⽣満鉄に入社。昭和22年岩国市議、30年山口県議（4期）を経て、50年から岩国市長に3選。62年落選。

河上 辰男 かわかみ・たつお
東予市長　⽣大正5年4月17日　⽣平成11年12月24日　⽣東京　⽣慶応義塾大学経済学部（昭和16年）卒　⽣昭和24年河北中教諭、27年丹原高教諭を経て、36年壬生川町助役、44年町長に就任。46年合併で東予町長となり、47年市制施行で東予市長に就任、以来4選。平成3年引退。この間、昭和56〜58年愛媛県市長会長を務めた。

河上 民雄 かわかみ・たみお
衆院議員（社会党）　聖学院大学大学院客員教授　東海大学名誉教授　⽣現代政治　⽣大正14年7月12日　⽣兵庫県神戸市　⽣東京大学文学部西洋史学科（昭和23年）卒　⽣青山学院大学、東京神学大学各講師を経て、昭和41年〜平成8年東海大学教授。一方、昭和42年父の後を継ぎ衆院議員に。兵庫1区から当選7回。

52～57年党国際局長。平成2年引退。著書に「社会思想読本」「河上丈太郎演説集」「現代政治家の条件」「政治と人間像」など。 [家]父＝河上丈太郎(社会党委員長)

【著書】社会党の外交(サイマル出版会 '94)

河上 覃雄 かわかみ・のぶお
衆院議員(公明党 比例・南関東) [生]昭和21年4月11日 [出]北海道札幌市 [学]中央大学文学部(昭和43年)卒 [歴]創価学会神奈川県組織局長などを経て、公明党神奈川県副本部長兼都市問題対策委員長。平成2年衆院議員に当選。6年新進党、10年1月新党平和、同年11月新公明党結成に参加。5期目。
http://members.jcom.home.ne.jp/kawakami-nobuo/

川上 幸男 かわかみ・ゆきお
富山村(愛知県)村長 [生]昭和3年 [出]愛知県北設楽郡富山村 [学]富山青年学校(昭和22年)卒 [歴]予科練に合格した所で終戦を迎える。戦後木材会社を作る。昭和44年富山村議に当選、52年議長に就任。59年1月、23年振りに行われた選挙で村長に就任。6期目。

川上 義博 かわかみ・よしひろ
衆院議員(自民党 鳥取2区) [生]昭和25年10月26日 [出]鳥取県東伯郡 [学]青山学院大学経営学部(昭和50年)卒 [歴]昭和50年相沢英之衆院議員公設秘書。平成7年から鳥取県議に2選。15年国政に転じ、衆院選鳥取2区に無所属で立候補、相沢英之を破って当選。グループ改革代表を経て、自民党に入党。
http://www.kawakamiyoshihiro.jp/

川岸 光男 かわぎし・みつお
鈴鹿市長 [生]昭和17年9月17日 [出]三重県四日市市 [学]神戸高(昭和40年)卒 [歴]本田技研労組委員長を経て、昭和54年から三重県議に5選。平成15年鈴鹿市長に当選。 [趣]スポーツ観戦

川口 市雄 かわぐち・いちお
熱海市長 [生]昭和11年9月19日 [出]静岡県 [学]早稲田大学文学部卒 [歴]熱海市助役を経て、平成6年市長に当選。3期目。

川口 徳一 かわぐち・とくいち
両津市長 [生]昭和14年11月8日 [出]新潟県両津市 [学]両津高(昭和33年)卒 [歴]漁業協同組合参事を経て、平成7年から両津市長に3選。任期途中の16年3月佐渡島島内の全市町村が合併して新たに佐渡市が発足。 [趣]読書，釣り

川口 順子 かわぐち・よりこ
首相補佐官 外相 [生]昭和16年1月14日 [出]東京 [学]東京大学教養学部(昭和40年)卒，エール大学大学院経済学部(昭和48年)修了 [賞]醤油文化賞(第1回)(平成14年) [歴]昭和40年通商産業省入省。45～48年米国留学、工業技術院国際研究協力課長、産業政策局国際企業課長、61年調査統計部統計解析課長、平成元年官房地方課長を経て、2年通商政策局経済協力部長に就任。通産省初の女性部長として話題になる。同年8月駐米公使、4年6月通産省官房審議官に就任。5年7月退官し、9月サントリー常務となる。行政改革推進本部規制改革委員会委員、中央教育審議会委員も務める。12年7月民間から第2次森連立内閣の環境庁長官に起用される。同年12月第2次森改造内閣でも留任。13年1月中央省庁再編で環境相となり、小泉内閣でも留任。14年2月田中真紀子元外相の後任として、小泉内閣の外相に就任。同年9月の小泉改造内閣、15年9月の第2次改造内閣でも留任。16年第2次小泉改造内閣の発足に伴い首相補佐官(外交担当)に起用される。 [趣]油絵，スキー [家]夫＝川口融(通産省福岡通産局長)

【著書】変わる生活 変わるビジネス(東洋経済新報社 '99)

川越 光明　かわごえ・みつあき
日南市長　川越本店社長　⊕大13.8.26　⊕宮崎県　⊕九州帝大法文学部（昭和22年）卒　⊕宮崎県文化賞（芸術部門）（昭和38年）　⊕昭和25年日南信金理事、31年川越本店社長、32年宮崎日産自動車社長、のち会長を兼ねる。55年〜平成4年日南市長を3期つとめた。　⊕弓道（5段）

川崎 寛治　かわさき・かんじ
衆院議員（社会党）　⊕大正11年4月18日　⊕鹿児島県川辺郡川辺町　⊕京都帝国大学法学部政治学科（昭和21年）卒　⊕高校教諭、県労評事務局長、参院議員・佐多忠隆秘書を経て、昭和38年以来衆院議員に9選。平成5年落選し、引退。この間、昭和61年7月社会主義理論センター所長に就任。
【著書】政権への挑戦（第一書林 '92）

川崎 二郎　かわさき・じろう
衆院議員（自民党　三重1区）　運輸相　⊕昭和22年11月15日　⊕三重県　⊕慶応義塾大学商学部（昭和46年）卒　⊕昭和46年松下電器勤務を経て、55年衆院議員に当選。58年の選挙では落選し、自民党三重県相談役などを務める。61年の衆参同時選挙で返り咲きを果たす。平成10年小渕内閣の運輸相に就任。11年小渕改造内閣でも留任、また北海道開発庁長官を兼任。通算7期目。小里グループ。　⊕父＝川崎秀二（厚相）、祖父＝川崎克（衆院議員）
http://www.kawasaki-jiro.ne.jp/

川崎 泰彦　かわさき・やすひこ
大野市長　⊕昭3.1.2　⊕福井県　⊕岐阜農林専卒　⊕昭和50年福井県議を経て、58年大野市長に当選、2期。61年6月落選。

川島 信也　かわしま・しんや
長浜市長　⊕昭和11年3月24日　⊕滋賀県　⊕東京大学法学部（昭和34年）卒　⊕昭和34年国鉄に入社。大鉄局旅客課長、経営計画室長、運輸調査局外国部長を歴任。平成3年長浜市長に当選、1期つとめる。7年落選、11年返り咲き。15年落選。

川島 健正　かわしま・たけまさ
野田市長　⊕昭4.6.17　⊕千葉県　⊕野田農学校（昭和22年）卒　⊕昭和55年以来野田市長に3選。平成4年引退。

川島 実　かわしま・みのる
衆院議員（新進党）　⊕昭和11年2月20日　⊕福井県　⊕名城大学理工学部建築学部（昭和36年）卒　⊕昭和46年愛知県議に当選、4期。社民連愛知代表をつとめた。61年衆院選に愛知4区から立候補したが落選。平成2年社会党から再出馬し当選、2期。6年離党し、同年12月新進党結成に参加。8年、12年落選。13年は参院選比例区に自由連合から出馬した。

河瀬 一治　かわせ・かずはる
敦賀市長　⊕昭和26年10月12日　⊕福井県　⊕日本大学商学部（昭和51年）卒　⊕福井県商議所青年部連合会長、敦賀市議2期を経て、平成3年福井県議に当選。1期つとめる。7年敦賀市長に当選。3期目。敦賀学園理事長も務めた。

川田 悦子　かわだ・えつこ
衆院議員（無所属）　元・東京HIV訴訟原告団副代表　⊕医療　司法制度　⊕昭和24年2月13日　⊕福島県　松本悦子　⊕白河女子高（昭和42年）卒　⊕医療事故;司法制度改革;感染症問題（SARS, BSE, HIV）;内部告発者保護法の立法化;政治と金の問題　⊕JCJ賞（奨励賞）（平成9年）「龍平とともに―薬害エイズとたたかう日々」　⊕昭和47年長男出産後、地域の学童保育づくり運動を行う。51年二男・龍平を出産、生

後6ケ月で血友病と診断される。60年から仕事に就き、血友病患者会の活動に参加、62年"血友病の子どもを守る親の会"を結成、事務局長を経て代表。その間61年に二男が小学校5年の時、HIV感染の告知を受ける。平成5年9月東京HIV訴訟原告団に参加、のち副代表を務め、同訴訟原告団編・著「薬害エイズ原告からの手紙」に執筆。6年9月全米科学アカデミーの公聴会に出席、日本の薬害エイズの被害について発言。以来、街頭や集会で積極的に薬害エイズの真相を訴える。8年3月実質原告勝訴の形でHIV訴訟の和解が成立。12年10月衆院補選に当選。15年11月民主党新人に敗れ落選。人権アクティビストの会役員も務める。他の著書に「龍平の未来―エイズと闘う19歳」「龍平とともに―薬害エイズとたたかう日々」がある。
㊟編集レイアウト、ガーデニング　㊕二男＝川田龍平（元東京HIV訴訟原告）
http://www.kawada.com/etsuko/
【著書】貧乏議員 国会「イビリの掟」を笑う（講談社 '02）

川田 正則　かわた・まさのり
衆院議員（自民党）　㊕大正12年3月20日　㊟昭和61年12月30日　㊕北海道旭川市　㊕中央大学法学部（昭和21年）卒　㊕昭和22年旭川市役所に入る。企画室長を経て42年には衆院議員・松浦周太郎の秘書となり、51年から衆院に2選。外務、社会、労働の各委員を務めた。58年落選し、自民党北海道連顧問を務めていたが61年の衆参同時選挙で再び返り咲いた。　㊟ラグビー

川内 昇　かわち・のぼる
多久市長　㊕大11.4.1　㊕佐賀県　㊕東亜同文書院中退　㊕満鉄、九州経済調査会勤務を経て、多久市役所に入る。昭和40年企画財政課長、51年市長公室長、52年助役を経て、60年市長に当選。平成元年引退。

河野 順吉　かわの・じゅんきち
深川市長　㊕昭和13年3月30日　㊕北海道深川市　㊕深川農（昭和23年）卒　㊕北海道社会貢献賞（昭和51年）、北海道産業貢献賞（昭和57年）　㊕高校卒業後、農業に従事する。父の後を継ぎ29歳で深川市議に当選以来、7期27年。副議長も務めた。平成6年市長に当選。3期目。深川バレーボール協会会長、日本体育協会の北海道少年スポーツセンター副所長も務める。

河野 正　かわの・ただし
衆院議員（社会党）　㊕大3.1.1　㊕福岡県篠栗町　㊕九州医専（昭和10年）卒　医学博士　㊕勲二等旭日重光章（平成2年）　㊕昭和16年九州帝大附属専門部助教授。26年福岡県議となり、30年以来福岡1区から衆院議員に8選。平成2年引退。

川野 信男　かわの・のぶお
加世田市長　㊕昭和11年4月17日　㊕鹿児島県　㊕熊本大学法文学部卒　㊕熊本県総務部次長を経て、平成5年加世田市長に当選。3期目。

河野 弘史　かわの・ひろふみ
柳川市長　㊕昭和11年9月21日　㊕大分県　㊕早稲田大学商学部（昭和34年）卒　㊕平成13年柳川市長に当選。

河野 正雄　かわの・まさお
前原市長　㊕昭和23年7月3日　㊕熊本市立商卒　㊕昭和42年日本電電公社に入社。福岡電報電話局を経て、平成14年関連会社へ。同年前原市議に立候補。15年退職し、パソコン講師となる。同年前原市長に当選。　㊟山歩き

川橋 幸子　かわはし・ゆきこ
参院議員（民主党）　㊕昭和13年5月10日　㊕新潟県　㊕東北大学法学部（昭和36年）卒　㊕昭和36年労働省入省。58年婦人少年局婦人課長、61年内閣官房審議官、62年総理府婦人問題担当室長を経て、63年所沢市企画部長となり、平成

元年助役に就任。平成3年労働省労働研修所長。4年参院選比例区に社会党から当選。5年女性初の社会党広報局長に。8年社民党を経て、民主党に参加。2期務めた。16年引退。
【著書】わかりやすい男女共同参画政策と女性のエンパワーメント（アプレコミュニケーションズ;労働教育センター〔発売〕'98）

川端 五兵衛　かわばた・ごへえ
近江八幡市長　ダイゴ社長　⊕昭和12年11月14日　⊕東京都文京区　川端康夫　⊕京都薬科大学薬学科（昭和35年）卒　⊕藍綬褒章（平成11年）　⊕昭和35年三星堂を経て、39年大五薬品（現・ダイゴ）に入社。44年五兵衛を襲名し社長に就任。京都薬科大学理事長も務めた。平成10年近江八幡市長に当選。2期目。⊕読書　⊕弟＝川端達夫（衆院議員）
【著書】まちづくりはノーサイド（ぎょうせい）'91）

川端 達夫　かわばた・たつお
民主党幹事長　衆院議員（民主党　滋賀1区）　⊕昭和20年1月24日　⊕滋賀県　⊕京都大学工学部卒、京都大学大学院工学研究科（昭和45年）修了　⊕昭和45年東レに入社。労組滋賀支部長、58年滋賀地方同盟副会長を経て、61年民社党から衆院議員に当選。平成6年新進党、10年1月新党友愛結成に参加。同年4月民主党に合流。16年9月岡田克也党代表の下、幹事長に就任。6期目。　⊕兄＝川端五兵衛（近江八幡市長）　http://www.kawa-bata.net/

川畑 強　かわばた・つよし
阿久根市長　⊕大正9年3月17日　⊕昭和63年7月30日　⊕鹿児島県　⊕阿久根高小（昭和10年）卒　⊕昭和14年鹿児島県庁に入り、42年総務部人事課長、45年県議会事務局長、47年水産商工部長を歴任し、54年から阿久根市長に3選。

河原 勇　かわはら・いさむ
目黒（東京都）区長　⊕大正15年3月15日　⊕東京都杉並区　俳号＝井寒　⊕早稲田大学政経学部卒　⊕勲四等瑞宝章（平成12年）　⊕東京都出納長室勤務の後、目黒区役所に入る。戸籍課長、区民課長、総務課長、福祉問題担当主幹、区民センター管理事務所長、区民部長、企画部長を経て助役。平成2年から目黒区長に2選。10年引退。　⊕俳句

川原 新次郎　かわはら・しんじろう
参院議員（自民党）　⊕大正6年10月28日　⊕平成7年12月4日　⊕鹿児島県揖宿郡喜入町　⊕鹿屋農（昭和12年）卒　⊕勲二等瑞宝章（昭和63年）　⊕専売公社勤めから鹿児島県議2期、喜入町長3期。町長時代に日石喜入基地を誘致。昭和50年4月の知事選では負けを承知で現職の金丸三郎と争う。55年6月参院選で2期目を目ざした社会党の久保亘を押しのけて当選、「奇跡」といわれた。2期つとめる。旧田中派二階堂系を経て、宮沢派。4年引退。　⊕剣道, 柔道, 囲碁

河原 敬　かわはら・たかし
歌志内市長　⊕昭和6年4月11日　⊕北海道芦別市　⊕歌志内高（昭和28年）卒　⊕歌志内市役所に入る。企画開発課長、財政課長、土地開発公社理事、昭和55年総務課長、のち助役、中空知広域市町村圏組合事務局所を経て、平成4年から歌志内市長に3選。16年引退。

川原 幸男　かわはら・ゆきお
港区（東京都）区長　⊕大正2年8月30日　⊕昭和60年9月24日　⊕東京　⊕法政大学専門部経済科（昭和12年）卒　⊕昭和10年東京市芝区に入り、港区総務部長、教育長、助役を歴任。50年初の区長公選で当選、以来3選。

かわへ

川辺 俊雄　かわべ・としお
砺波市長　⊕大正12年7月21日　⊕富山県砺波市　⊕福野農中退　⊕勲三等瑞宝章（平成5年）　⊕昭和29年から砺波市議4期、36年副議長、40年議長、42年助役を経て、45年市長に当選。4期つとめ、60年引退。平成5年富山県選管委員長。

【評伝】実践 カナダ町おこしビジネス（田中直隆著 評言社'92）

川俣 健二郎　かわまた・けんじろう
衆院議員（社会党）　⊕大15.7.5　⊕秋田県雄勝郡稲川町　⊕早稲田大学政経学部（昭和26年）卒　⊕勲二等旭日重光章（平成10年）　⊕同和鉱業労組委員長を経て、昭和44年以来衆院議員に8選。61年9月政構研代表に就任。平成5年落選。　⊕囲碁（5段）、尺八

河村 修　かわむら・おさむ
山鹿市長　⊕昭和18年10月6日　⊕熊本県　⊕熊本商科大学卒　⊕山鹿市博物館協議会長、山鹿市議などを経て、平成7年熊本県議に当選。10年山鹿市長に当選。2期目。

河村 和登　かわむら・かずと
周南市長　⊕昭和14年9月25日　⊕山口県　⊕山口商工（昭和33年）卒　⊕徳山市議、市会議長を経て、平成11年徳山市長に当選、1期。15年徳山市、新南陽市、熊毛町、鹿野町の合併に伴う周南市長選に当選。

河村 勝　かわむら・かつ
衆院議員（民社党）　⊕大正4年10月4日　⊕平成13年1月30日　⊕神奈川県小田原市　⊕東京帝国大学法学部（昭和13年）卒　⊕勲二等旭日重光章（平成2年）　⊕鉄道省入省。昭和37年国鉄常務理事を経て、40年退官。民社党に入り、42年以来神奈川5区から衆院議員に7選。党政策審議会長、平成元年党副委員長を歴任。2年引退。民社党神奈川県連会長も務めた。　⊕囲碁

河村 たかし　かわむら・たかし
衆院議員（民主党　愛知1区）　⊕昭和23年11月3日　⊕愛知県　⊕一橋大学商学部（昭和47年）卒　⊕平成5年日本新党から衆院議員に当選。6年新進党結成に参加。10年1月自由党に参加したが、4月に離党、12月民主党に入党。4期目。
http://www.bekkoame.jp/~nagoyalove/

【著書】国破れて議員あり（徳間書店 '04）

河村 建夫　かわむら・たけお
衆院議員（自民党　山口3区）　文部科学相　⊕昭和17年11月10日　⊕山口県萩市　⊕慶応義塾大学商学部（昭和42年）卒　⊕昭和42年西部石油に入社。のち田中龍夫代議士の地元秘書などを経て、51年以来山口県議に4期。平成2年衆院議員に当選。5期目。安倍派、三塚派、10年9月亀井グループ、11年3月村上・亀井派、江藤・亀井派を経て、亀井派。13年第2次森改造内閣の文部科学副大臣、14年小泉改造内閣の文部科学副大臣を経て、15年小泉第2次改造内閣、同年11月第2次小泉内閣の文部科学相を務めた。　⊕切手
http://www.tspark.net/

河村 憐次　かわむら・れんじ
下松市長　⊕大正6年6月14日　⊕山口県下松市　⊕慶応義塾大学法学部（昭和16年）卒　⊕旭日中綬章（平成16年）　⊕昭和21年東洋鋼鈑入社。42年退職。この間、29年下松市議、58年山口県議を経て、59年市長に当選、4期つとめる。平成12年落選。

川本 明　かわもと・あきら
伊万里市長　⊕昭和10年3月18日　⊕佐賀県　⊕伊万里商卒　⊕伊万里市議会事務局長を経て、平成6年より伊万里市長に2選。14年落選。

河本 英典　かわもと・えいすけ
参院議員(自民党)　綾羽社長　[生]昭和23年7月3日　[出]滋賀県　[学]慶応義塾大学商学部卒　[歴]父河本嘉久蔵からアヤハグループを引き継ぎ、綾羽工業(現・綾羽)取締役、常務を経て、社長に就任。ほかにアヤハゴルフリンクス、綾羽工業高島、英恒集成社各社長を兼任。平成4年参院議員に当選。羽田派を経て、5年6月新生党結成に参加。6年12月の新進党結成には参加せず無所属となる。8年4月自民党に復党。橋本派。2期務めた。　[家]父＝河本嘉久蔵(参院議員)
http://www.e-kawamoto.net/

河本 嘉久蔵　かわもと・かくぞう
参院議員(自民党)　国土庁長官　[生]大正6年3月27日　[没]平成2年3月24日　[出]滋賀県高島郡安曇川町　[学]彦根高商(昭和12年)卒　[賞]勲一等瑞宝章(昭和62年)　[歴]昭和21年山城織物(現・綾羽工業)を設立して社長に就任。46年参院議員に当選。以来3選。通産・農林各政務次官、参院大蔵委員長、北海道開発庁長官を歴任後、59年第2次中曽根改造内閣の国土庁長官に就任。平成元年落選。
[家]長男＝河本英典(参院議員)

瓦 力　かわら・つとむ
衆院議員(自民党　石川3区)　防衛庁長官　建設相　[生]昭和12年4月1日　[出]石川県七尾市　[学]中央大学法学部(昭和35年)卒　[歴]益谷秀次の秘書を経て、昭和47年以来衆院議員に11選。62年竹下内閣の防衛庁長官に就任するが、63年潜水艦事故で引責辞任。平成9年第2次橋本改造内閣の建設相。11年10月小渕第2次改造内閣の防衛庁長官に就任。12年4月森連立内閣でも留任。宮沢派、加藤派を経て、堀内派。
http://homepage3.nifty.com/kawara/
【評伝】政治の流れはこう変わる(森田実著 サンケイ出版'87)

川原田 敬造　かわらだ・けいぞう
東通村(青森県)村長　[生]大正4年6月8日　[没]平成9年2月24日　[出]青森県下北郡東通村　[学]明徳中卒　[歴]東通村総務課長、収入役などを経て、昭和56年助役から村長選に出馬し初当選。のち三期連続で無投票当選を果たす。"原発立地による村づくり"を持論に電力側と地元漁協との補償交渉で仲介役を務めた。

河原田 穣　かわらだ・じょう
福島市長　[生]大正6年1月3日　[没]昭和60年10月27日　[出]秋田県仙北郡角館町　[学]福島高商(現・福島大学経済学部)(昭和12年)卒　[歴]横浜正金銀行(現・東京銀行)に入行。昭和31年商工課長として福島市役所に移り、企画商工、厚生、総務の各部長を経て、助役を2期務める。54年から市長に2選。この間、福島県市長会会長、全国市町会副会長を歴任。摺上川ダム建設計画、福島駅前再開発事業などを手がけた他、「福島市小鳥の森」の開園、市音楽堂の建設、テレトピアの指定獲得など市政、文化の面で功績を残した。

菅 朝照　かん・ともてる
北条市長　歯科医　[生]昭和3年9月24日　[没]平成12年1月13日　[出]愛媛県北条市　[学]東京歯科医専卒　[歴]北条市歯科医師会長、愛媛県歯科医師政治連盟副理事長を務め、昭和62年から愛媛県議に2選。平成4年北条市長に当選。2期つとめた。　[趣]釣り，ゴルフ

菅 直人　かん・なおと
衆院議員(民主党　東京18区)　民主党代表　厚相　[生]昭和21年10月10日　[出]山口県宇部市　[学]東京工業大学応用物理学科(昭和45年)卒　[資]弁理士
[歴]大学卒業後、特許事務所を開く傍ら、住宅問題、食品公害問題等に取り組む。昭和49年の参院選では市川房枝の選挙事務長をつとめた。52年江田三郎と共に社会市民連合を結成、のち田英夫ら

と合流して社民連を創立し、55年衆院議員に当選。8期目。社民連政策委員長を務めた。平成6年新党さきがけに移る。8年橋本内閣の厚相に就任、エイズ薬害訴訟では厚生省を代表して原告団に公式に謝罪。同年実質原告勝訴の形でHIV訴訟の和解が成立した。同年9月民主党を旗揚げし鳩山由紀夫とともに代表となる。9年9月2人代表制を廃止し、党代表に。10年4月民主、民政、新党友愛、民主改革連合からなる新党・民主党の代表に就任。7月の参院選では改選議席18を大きく上回る27議席を獲得。同月参院本会議の首班指名投票では、野党が結束し決選投票で小渕恵三に40票もの差をつけて首班指名された。11年1月民主党代表に再選。9月再選を目指し党代表選に出馬するが、決選投票で鳩山由紀夫に敗れ、党政調会長に。14年9月の党代表選では再び鳩山に敗れるが、12月鳩山の辞任に伴う党代表選で岡田克也を破り代表に就任。野党各党が基本政策に合意した上で統一首相候補を挙げて政権交代を目指す"政権連合"を提唱。15年9月民主党は小沢一郎率いる自由党と合併。同年11月の総選挙では、高速道路無料化などのマニフェスト(政権公約)を発表し政権交代を掲げ戦った結果、議席を大幅に伸ばし、比例代表では自民党を上回る72議席を獲得した。16年5月年金制度改革関連法案の取りまとめ中に自らの国民年金保険料一部未納が発覚、党内の混乱を招いた責任をとり代表を辞任。著書に「市民ゲリラ国会に挑む」「創発の座標」など。 [家]父=菅寿雄(セントラル硝子常務),妻=菅伸子,長男=菅源太郎(市民運動家)
http://www.n-kan.jp/

【著書】総理大臣の器(幻冬舎 '03)／改革政権準備完了(光文社 '02)／大臣(岩波書店 '98)／民益論(鳩山由紀夫, 菅直人著, 古川元久企画 PHP研究所'97)／日本 大転換(光文社 '96)／国会論争『土地政策』(新評論 '92)

【評伝】菅直人は天下を取れるか(山口朝雄著 エール出版社'98)／菅直人総理待望論(木下厚著 あっぷる出版社'96)／がんばれ菅直人(板垣英憲著 同文書院'96)／激論社民連VS革自連(菅直人, ばばこういち著 ちはら書房'79)

神尾 徹生 かんお・てつお

大竹市長 [生]明治45年3月5日 [没]平成16年7月21日 [出]広島県大竹市小方 [学]広島二中卒 [賞]大竹市名誉市民 [歴]昭和17年小方町議、29年大竹市議を経て、49年大竹市長に当選。4期つとめ、平成2年引退。大竹商工会議所副会頭もつとめた。

菅家 一郎 かんけ・いちろう

会津若松市長 [生]昭和30年5月20日 [出]福島県会津若松市 [学]早稲田大学社会科学部卒 [歴]新日本産業代表取締役を務める。会津若松市議1期を経て、平成7年福島県議に当選、1期。11年4月会津若松市長に当選。2期目。

神崎 武法 かんざき・たけのり

公明党代表 衆院議員(公明党 比例・九州) 新党平和代表 郵政相 [生]昭和18年7月15日 [出]中国・天津 [学]東京大学法学部(昭和41年)卒 [資]弁護士 [歴]昭和39年司法試験合格。検察庁に入り、43年横浜地検検事、東京、那覇地検などを経て、56年法務省刑事局勤務となる。57年3月退職。58年衆院議員に当選、7期目。公明党副書記長を経て、平成5年細川内閣の郵政相に就任。6年12月新進党結成に参加。9年党解散に伴い、10年1月新党平和を結成、代表に就任。同年11月新党平和は参院議員と地方議員で構成する公明と合流、公明党を結成、代表に就任。11年7月自民党との連立政権への閣内協力を決定。15年の総選挙では議席数を伸ばし、引き続き自民党との連立与党を継

続。同年12月イラク復興支援特例措置法にもとづく自衛隊派遣に向けて、陸上自衛隊の派遣予定地であるイラク南東部サマワの治安状況を視察。16年参院選で公明党は改選11議席を確保。
http://www.kanzakitakenori.org/
【評伝】創価学会・公明党の政権乗っ取りの野望(山村明義著 日新報道'93)／フレッシュ・オープン・エキサイティング(第三文明社編集部編 第三文明社'87)

神崎 治一郎　かんざき・はるいちろう
益田市長　⊕大正13年3月8日　⊗平成7年6月12日　⊕島根県　⊗日本大学法学部(昭和22年)卒　⊗勲三等瑞宝章(平成6年)　⊗昭和22年自治庁に入る。島根県企画部長などを経て、51年から益田市長に4選。平成4年引退。

神沢 浄　かんざわ・きよし
衆院議員(社会党)　⊕大正4年8月25日　⊕山梨県中巨摩郡竜王町上篠原　⊗甲府中(昭和8年)卒　⊗勲三等旭日中綬章(平成10年)　⊗竜王村長、山梨県議2期を経て、昭和46年参院議員、54年衆院議員各1期。内閣、予算委員など歴任。昭和59年10月竜王町長選に革新陣営からかつぎ出されて当選、2期つとめた。
【著書】落穂拾い(青山書房'86)

神田 厚　かんだ・あつし
衆院議員(民主党)　防衛庁長官　⊕昭和16年5月11日　⊕栃木県芳賀郡益子町　⊗早稲田大学文学部国文科(昭和41年)卒　⊗昭和41年東京の私立駒込学園高教諭、のち栃木自動車整備専門学校教員。47年父の秘書となり、後継者として51年民社党から衆院議員に当選。農林漁業対策委員長・国対副委員長や、全国農民同盟書記長、衆院リクルート特別委員会理事、衆院運営委員会理事などを歴任。平成6年羽田内閣の防衛庁長官に就任。同年12月新進党結成に参加。8年の総選挙では比例区北関東ブロックで1位当選を果たす。10年1月新党友愛に参加、4月民主党に合流。8期務めた。12年引退。　⊗父＝神田大作(衆院議員)

神田 孝次　かんだ・こうじ
北見市長　⊕昭和26年8月12日　⊕北海道釧路市　⊗東洋大学工学部建築学科(昭和49年)卒　⊗北海道ちほく高原鉄道社長、青年会議所理事長を務める。平成11年4月北見市長に当選。2期目。

神田 真秋　かんだ・まさあき
愛知県知事　弁護士　⊕昭和26年10月1日　⊕愛知県　⊗中央大学法学部卒　⊗昭和51年弁護士登録。平成元年より3期一宮市長を経て、11年愛知県知事に当選。2期目。
【評伝】青年よ故郷(ふるさと)に帰って市長になろう(全国青年市長会編 読売新聞社'94)

菅野 俊吾　かんの・しゅんご
陸前高田市長　⊕昭10.5.19　⊕岩手県陸前高田市　⊗東北大学法学部(昭和34年)卒　⊗昭和54年から岩手県議を2期。62年2月陸前高田市長に当選、4期務める。平成15年落選。

菅野 哲雄　かんの・てつお
衆院議員(社民党)　⊕昭和23年10月22日　⊕宮城県気仙沼市　⊗一関工業高専(昭和44年)卒　⊗昭和44年気仙沼市職員、48年市議を経て、平成12年社民党から衆院選比例区に当選。15年落選。16年参院選比例区に出馬するが落選。
http://www.sdp.or.jp/kantetu/

菅野 寿　かんの・ひさし
参院議員(社民党)　⊕大正12年4月1日　⊕東京　⊗日本大学医学部(昭和17年)卒　⊗勲二等瑞宝章(平成12年)　⊗昭和33年から埼玉県和光市で総合病院を開業、理事長となる。埼玉県医師会理事、日本医師会常任理事などを歴任して、平成元年参院比例区に当選。2期務め、13年引退。

かんの

観音 信則 かんのん・のぶのり
占冠村（北海道）村長 ⑰昭和2年7月17日 ⑰旧樺太 ⑰占冠村中央尋常高小卒 ⑰一時東京・立川の軍需工場で働いたが、昭和22年北海道の占冠村に戻り役場職員に。52年前村長の死去に伴い、産業課長から出馬して当選、5期つとめる。トマム開発への企業誘致、村運動公園やレク関連施設整備など、過疎脱却にかける人口約1500人のミニ村のアイデア村長として知られた。62年には道内初の景観条例を制定した。

神林 弘 かんばやし・ひろし
水海道市長 ⑰昭和16年11月29日 ⑰茨城県水海道市 ⑰早稲田大学文学部卒 ⑰参院議員秘書、水海道市議会副議長などを務め、昭和62年水海道市長に当選。2期。平成7年、11年、15年落選。

【 き 】

城井 崇 きい・たかし
衆院議員（民主党 比例・九州） ⑰昭和48年6月23日 ⑰福岡県北九州市 ⑰京都大学総合人間学部（平成10年）卒 ⑰松下政経塾19期生。平成13年前原誠司衆院議員秘書などを経て、15年衆院議員に当選。1期目。 http://www.kiitaka.net/

木内 正勝 きうち・まさかつ
飯山市長 ⑰昭和20年1月6日 ⑰長野県飯山市 ⑰農業講習所卒 ⑰飯山市助役を経て、平成14年市長に当選。

城内 実 きうち・みのる
衆院議員（自民党 静岡7区） ⑰昭和40年4月19日 ⑰静岡県 ⑰東京大学教養学部国際関係論分科（平成1年）卒 ⑰平成元年外務省に入省。2〜7年在ドイツ大使館に勤務。10年9月総理府国際平和協力隊員として停戦後のボスニアに選挙監視のため派遣される。14年11月退官。15年無所属で保守新党の熊谷弘代表を破り衆院議員に当選し、自民党に入党。森派。 ⑰父＝城内康光（警察庁長官） http://www.m-kiuchi.com/

木内 良明 きうち・よしあき
東京都議（公明党 江東区） 衆院議員（公明党） ⑰昭19.9.23 ⑰東京都墨田区 ⑰慶応義塾大学法学部政治学科（昭和41年）中退 ⑰昭和54年以来衆院議員に3選。平成2年落選。9年東京都議に当選。2期目。
【評伝】フレッシュ・オープン・エキサイティング（第三文明社編集部編 第三文明社'87）

喜岡 淳 きおか・じゅん
参院議員（社会党） ⑰昭和27年9月19日 ⑰香川県高松市 ⑰大阪市立大学商学部（昭和51年）卒 ⑰社青同香川地本副委員長、社会党香川県本部副委員長を経て、平成元年参院議員に当選。7年落選。のち社民党香川県代表となり、10年参院選に立候補するが落選。

黄川田 徹 きかわだ・とおる
衆院議員（民主党 岩手3区） ⑰昭和28年10月14日 ⑰岩手県陸前高田市 ⑰早稲田大学法学部（昭和52年）卒 ⑰昭和52年陸前高田市職員を経て、製材業。平成7年岩手県議に当選。2期務める。この間、新進党を経て、自由党。12年衆院議員に当選。15年9月民主党に合流。2期目。 http://www.kikawada.com/

菊田 真紀子 きくた・まきこ
衆院議員（民主党 新潟4区） ⑰昭和44年10月24日 ⑰新潟県加茂市 ⑰加茂高（昭和63年）卒 ⑰平成7年から加茂市議に2選。12年衆院選新潟4区に自民党から出馬。同年小沢一郎衆院議員秘書を経て、15年の衆院選では民主党から立候補、現職の栗原博久自民党議

菊地 勝志郎 きくち・かつしろう
取手市長 ⊕大正9年4月10日 ⊕茨城県北相馬郡藤代町 ⊗竜ケ崎中(昭和13年)卒 ⊛勲四等瑞宝章(平成7年) ⊕昭和13年朝鮮総督府鉄道局、16年川崎信託銀行、19年東晃製機を経て、47年茨城県造園建設協会長に。54年以来取手市長に4選。平成7年引退。⊛読書

員を破り当選。http://www.kikuta-makiko.net/

菊池 渙治 きくち・かんじ
青森県議(無所属) むつ市長 ⊕大正8年6月10日 ⊗平成15年6月16日 ⊕青森県田名部町(現・むつ市) ⊗早稲田大学文学部(昭和18年)卒 ⊛勲三等瑞宝章(平成5年) ⊕昭和23年田名部農協組合長、30年田名部町議、34年からむつ市議3期、42年青森県議を経て、48年むつ市長に当選。落選をはさんで3選したが、61年再び落選した。62年県議に当選。通算3期つとめ、平成3年引退。

菊池 正 きくち・しょう
遠野市長 ⊕大正13年8月26日 ⊗平成16年4月17日 ⊕岩手県遠野市 ⊗遠野中(旧制)卒 ⊛藍綬褒章、勲三等瑞宝章(平成14年) ⊕昭和38年から遠野市議4期を経て、54年以来岩手県議に4選。平成3年議長に就任。6年遠野市長に当選、2期務めた。 ⊛盆栽

菊池 大蔵 きくち・だいぞう
宇和島市長 ⊕昭5.11.2 ⊕愛媛県宇和島市 ⊗東京大学経済学部(昭和30年)卒 ⊕昭和42年宇和島市議1期、47年宇和島市代表監査委員1期を経て、56年市長に当選、2期。平成元年落選。

菊地 菫 きくち・ただす
衆院議員(社民党) (株)アジア太平洋センター代表取締役 ⊕昭和16年10月29日 ⊕静岡県修善寺町 ⊗日本社会事業大学中退 ⊕佐々木更三代議士秘書、会社社長を経て、平成12年2月比例代表東海ブロックで衆院議員に繰上げ当選。12年落選。のちアジア太平洋センター代表取締役。著書に「カンボジア・ベトナム関係史」「中国食養紀行」など。

菊池 長右エ門 きくち・ちょううえもん
宮古市長 岩手県議(自民党) ⊕昭和9年4月7日 ⊕岩手県宮古市 ⊗慶応義塾大学法学部(昭和32年)卒 ⊕昭和58年から岩手県議に3選。平成5年宮古市長に当選、1期。9年落選。

菊地 恒三郎 きくち・つねさぶろう
真岡市長 ⊕大正13年8月22日 ⊕栃木県 ⊗真岡農学校(昭和16年)卒 ⊕真岡市収入役を経て、昭和56年以来市長を5期務めた。平成13年5月引退。この間、市の在宅介護支援センターの業務委託で便宜を図った謝礼として現金を受け取ったとして、14年2月収賄の疑いで栃木県警に逮捕される。

菊池 汪夫 きくち・ひろお
村山市長 ⊕昭和19年7月30日 ⊗法政大学文学部卒 ⊕保育園長を務める。村山市議を経て、平成7年無所属で山形県議に当選し、2期務める。のち自民党入り。14年村山市長に当選。 ⊛読書,スポーツ

菊池 福治郎 きくち・ふくじろう
衆院議員(自民党) ⊕大正14年5月18日 ⊗平成16年2月5日 ⊕宮城県気仙沼市 ⊗早稲田大学政経学部政治学科(昭和25年)卒 ⊕保利茂代議士の秘書を経て、昭和51年衆院議員に新自由クラブから当選。のち自民党に移り、国土政務次官などを務めた。平成8年衆院選で当選したが、長男らの公職選挙法違反(買収)

きくち

が発覚。9年10月無所属となり、同月辞職。通算7回当選。旧宮沢派。

菊池 良三 きくち・りょうぞう
宮古市長 ⓑ明治40年6月23日 ⓓ昭和56年6月5日 ⓟ岩手県 ⓖ盛岡中中退 ⓔ昭和11年から宮古町議当選2期。33年宮古市長に当選、通算5期つとめる。

聴濤 弘 きくなみ・ひろし
参院議員（共産党）政治評論家 ⓑ昭和10年8月27日 ⓟ東京 ⓖ京都大学経済学部中退 ⓔ社会主義論 ⓔ日本共産党中央委員会政策委員、社会科学研究所事務局次長を歴任。平成4年参院選比例区から当選。党の政策・理論の第一人者として活躍。10年引退。共産党名誉幹部会委員。著書に「21世紀と社会主義」「資本主義か社会主義か」など、訳書に「国家と革命・国家について」「レーニンの想い出の日日——フォティエワ回想録」。

菊間 健夫 きくま・たけお
佐倉市長 ⓑ大正8年1月5日 ⓟ千葉県 ⓖ佐倉中（昭和11年）卒 ⓔ昭和42年佐倉市議、46年助役を経て、50年市長に当選、5期つとめる。平成7年辞任。

菊谷 勝利 きくや・かつとし
砂川市長 ⓑ昭和14年6月26日 ⓟ北海道増毛町 ⓖ留萌高（昭和33年）卒 ⓔ藍綬褒章（平成10年） ⓔ砂川市議、市会議長を経て、平成11年4月砂川市長に当選。2期目。

菊谷 秀吉 きくや・ひでよし
伊達市長 ⓑ昭和25年6月25日 ⓟ北海道伊達市 ⓖ国際商科大学（現・東京国際大学）（昭和48年）卒 ⓔ伊達市議、市会議長を経て、平成11年4月伊達市長に当選。2期目。

木崎 正隆 きさき・まさたか
守口市長 ⓑ明治35年9月12日 ⓓ昭和62年7月31日 ⓟ大阪府北河内郡三郷村（現・守口市） ⓖ四条畷中（現・四条畷高）（大正9年）卒 ⓔ勲二等瑞宝章（昭和58年） ⓔ大阪府勤務、三郷村議を経て昭和16年三郷町長となる。28年以来守口市長に連続9期当選。59年近畿市長会長となる。 ⓗ碁、麻雀

岸 宏一 きし・こういち
参院議員（自民党　山形） ⓑ昭和15年6月3日 ⓟ山形県最上郡金山町 ⓖ早稲田大学政経学部（昭和39年）卒 ⓔ"だんな""親方"と呼ばれる金山町の大山林地主、岸家の一門。山林経営、最上川酒造専務などを経て、昭和42年に26歳で町議、46年町長当選（保守系無所属）。7期。全国初の情報公開条例など独自の施策を展開する。平成10年自民党から参院議員に当選、2期目。旧加藤派を経て、小里グループに所属。 ⓗ登山、ゴルフ　http://www.kishikouichi.org/

岸 昌 きし・さかえ
大阪府知事 ⓑ大正11年1月22日 ⓟ大阪府豊中市 ⓖ東京帝国大学政治学科（昭和18年）卒 ⓔ勲一等瑞宝章（平成4年） ⓔ昭和42年自治大学校長、45年沖縄北方対策庁沖縄事務局長、46年大阪府副知事を経て、54年以来知事に3選。平成3年引退。
【著書】摂理（近代文芸社'99）／終末から考える〈PART1〉神の国とサタンの国（共栄書房'87）
【評伝】証言 地方自治（本間義人編著 ぎょうせい'94）／明日に向かって飛翔せよ！（角間隆著 ぎょうせい'88）／知事誕生（関西新聞社特別取材班編 産業新潮社'87）／日本の郵政戦略（佐藤文生著 ビジネス社'87）

岸 順三 きし・じゅんぞう
新宮市長 ⓑ昭和2年5月13日 ⓟ和歌山県東牟婁郡新宮町（現・新宮市） ⓖ新宮中（旧制）卒 ⓔ勲四等瑞宝章（平

成14年） ㊟新宮市で酒類販売業（順得屋）を経営。昭和62年まで新宮市議を3期務め、同年市長選に立候補したが落選、平成3年再度の挑戦で新宮市長に当選。2期務め、11年引退。
㊣旅行，柔道

岸 信夫　きし・のぶお
参院議員（自民党　山口）　㊌昭和34年4月1日　㊙山口県田布施町　㊥慶応義塾大学法学部（昭和56年）卒　㊟安倍晋太郎衆院議員の三男で、母方の実家である岸家の養子となる。大学卒業後、住友商事に勤務。平成15年退社。16年参院選山口選挙区に自民党から当選。㊚養父=岸信和（西部石油社長）、実父=安倍晋太郎（衆院議員）、兄=安倍晋三（衆院議員）、祖父=岸信介（首相）、安倍寛（衆院議員）

貴志 八郎　きし・はちろう
衆院議員（社会党）　㊌昭5.4.24　㊙和歌山県　㊥青陵高（昭和24年）卒　㊟昭和34年から和歌山市議に2選、42年から和歌山県議に6選。平成2年衆院議員に当選、5年落選。7年和歌山県知事選に立候補した。　㊣読書，演劇

岸田 恒夫　きしだ・つねお
吹田市長　㊌昭和5年5月12日　㊔平成12年7月20日　㊙大阪府　㊥茨木中（旧制）卒　㊟昭和25年吹田市役所に入り、46年広報公聴課長、48年市長公室長、54年秘書課長、57年助役を経て、平成3年より吹田市長に2選。11年引退。

岸田 文雄　きしだ・ふみお
衆院議員（自民党　広島1区）　㊌昭和32年7月29日　㊙広島県広島市　㊥早稲田大学法学部（昭和57年）卒　㊟昭和57年日本長期信用銀行に入行。62年父・岸田文武衆院議員の秘書を経て、平成5年衆院議員に当選。13年小泉内閣の文部科学副大臣に就任。4期目。宮沢派、加藤派を経て、堀内派。　㊚父=岸田文武（衆院議員）、祖父=岸田正記（衆院議員）
http://www.kishida.gr.jp/

岸田 文武　きしだ・ふみたけ
衆院議員（自民党）　㊌大正15年8月19日　㊔平成4年8月4日　㊙広島県広島市　㊥東京大学法学部政治学科（昭和23年）卒　㊟昭和24年通産省入省、49年貿易局長、51年中小企業庁長官を歴任して53年退官。54年衆院議員に当選。当選5回。宮沢派。　㊚父=岸田正記（衆院議員）、息子=岸田文雄（衆院議員）、弟=岸田俊輔（広島銀行会長）

岸中 士良　きしなか・しろう
立川市長　㊌大正13年6月9日　㊔平成6年5月12日　㊙石川県　㊥日本医科大学（昭和24年）卒　医学博士（昭和43年）　㊟昭和33年岸中外科医院を開業。50年以来立川市長に3選。62年引退。

木島 喜兵衛　きじま・きへえ
衆院議員（社会党）　㊌大正6年5月10日　㊔平成5年1月12日　㊙新潟県上越市　㊥高田師範（昭和12年）卒　㊟昭和26年から新潟県議を5期つとめたあと、44年以来衆院議員に6選。61年6月引退。日教組中執委員、日本武道館常任理事などを歴任。

木島 長右ヱ門　きじま・ちょうえもん
糸魚川市長　㊌昭和7年2月9日　㊙新潟県糸魚川市　㊥早稲田大学政経学部（昭和29年）卒　㊛藍綬褒章（平成3年）、勲三等瑞宝章（平成14年）　㊟昭和42年から糸魚川市議に4選。56年議長を経て、60年市長に当選。3期。平成9年引退。

木島 日出夫　きじま・ひでお
衆院議員（共産党）　弁護士　㊌昭和21年9月5日　㊙栃木県鹿沼市　㊥東京大学法学部中退　㊟昭和46年弁護士登録。自由法曹団長野県支部事務局長、長野県弁護士会副会長を経て、平成2年衆院議員に当選。5年落選。8年返り

咲き。15年落選。通算3期務めた。
http://www.kijimahideo.gr.jp/

岸本 健 きしもと・たけし
衆院議員（民主党 比例・近畿） ⑰昭和45年8月3日 ⑰和歌山県粉河町 ⑰拓殖大学商学部（平成5年）卒 ⑰小沢一郎衆院議員秘書などを経て、平成15年民主党から衆院議員に当選。
⑰父＝岸本光造（衆院議員）

岸本 建男 きしもと・たてお
名護市長 ⑰昭和18年11月22日 ⑰沖縄県名護市 ⑰早稲田大学政治経済学部政治学科（昭和42年）卒 ⑰昭和47年国建設計工務に入社。48年沖縄県名護市役所に入り、農林課長、都市計画課長、建設部長、企画部長などを経て、助役。都市公園21世紀の森の計画、実施、公設民営方式による名桜大学設立に参加。戦後沖縄資料集「ドキュメント沖縄闘争」編集に携わる。平成10年2月名護市長に当選。2期目。11年沖縄県の米軍普天間飛行場の返還問題で、県が移設候補地に名護市を選定。同年12月代替施設の受け入れを容認すると表明。共著に「これからの芸術文化政策―その課題と方途を探る」がある。
⑰ラグビー
【著書】これからの芸術文化政策（伊藤裕夫, 衛紀生ほか著, 芸術文化振興連絡会議「PAN」編, 名護市協力 芸団協出版部；丸善出版事業部〔発売〕'96）

岸本 光造 きしもと・みつぞう
衆院議員（自民党） ⑰政治学 ⑰昭和15年11月14日 ⑰平成14年1月23日 ⑰和歌山県 ⑰神奈川大学商経学部卒, 法政大学大学院政治学専攻（昭和40年）修了 ⑰昭和50年以来和歌山県議に5選。62年副議長、平成2年議長をつとめた。この間、京都短期大学助教授を経て、昭和61年教授。平成5年和歌山2区から衆院議員に当選。3期。旧渡辺派を経て、10年12月山崎派に参加。 ⑰日本平和学会, 日本都市学会 ⑰創作, 読書
⑰長男＝岸本健（衆院議員）
【著書】裸の県会議員（燃焼社；文進堂〔発売〕'90）

木津 三郎 きず・さぶろう
三郷市長 ⑰大正3年6月12日 ⑰埼玉県三郷市 ⑰東京専修学院卒 ⑰勲四等旭日小綬章（平成7年） ⑰昭和57年以来三郷市長を3期つとめた。

木曽 寿一 きそ・じゅいち
中間市長 ⑰大正12年10月31日 ⑰平成4年4月26日 ⑰福岡県中間市 ⑰大分高商（昭和18年）中退 ⑰木曽タクシー経営を経て、昭和57年以来中間市長に3選。

北 修二 きた・しゅうじ
参院議員（自民党） 北海道開発庁長官 ⑰大正14年2月28日 ⑰北海道空知郡奈井江町 ⑰空知農（昭和18年）卒 ⑰勲一等瑞宝章（平成7年） ⑰25歳で奈井江町議、42歳で奈井江農協組合長。若いころから農民運動のリーダーとして活躍。昭和52年の参院選でトップ当選し政界入り。56年北海道開発政務次官、59年参院農林水産委員長をつとめる。平成2年鳩山由紀夫の北海道知事選候補擁立に失敗し、党北海道連会長を辞任した。4年宮沢改造内閣の北海道・沖縄開発庁長官。当選3回。河本派。7年引退。
⑰父＝北勝太郎（衆院議員）, 兄＝北二郎（衆院議員）, 弟＝北良治（北海道奈井江町長）

喜多 洋三 きた・ひろみ
守口市長 ⑰昭和6年7月23日 ⑰大阪府 ⑰関西大学経法学部卒 ⑰守口市第二助役を経て、昭和62年9月守口市長に当選。5期目。

北岡 秀二　きたおか・しゅうじ
参院議員（自民党　徳島）　北岡プレコン社長　⽣昭和30年11月18日　出徳島県美馬町　学明治大学政経学部（昭和55年）卒　歴北岡組副組長などを歴任。徳島県美馬青年会議所副理事長を務める。昭和59年から北岡プレコン社長。62年徳島県議に当選、2期。平成7年参院議員に当選。2期目。旧橋本派。　家父=北岡春夫（徳島県議）
http://www.kitaoka.gr.jp/

北川 石松　きたがわ・いしまつ
衆院議員（自民党）　環境庁長官　⽣大正8年1月28日　出大阪府寝屋川市　学関西大学法学部（昭和28年）中退　賞勲一等瑞宝章（平成9年）　歴昭和26年寝屋川市議、30年大阪府議（5期）、45年府会議長を経て、51年から衆院議員に6選。58年外務政務次官を経て、平成2年第2次海部内閣の環境庁長官に就任。5年、8年落選。旧河本派。　家二男=北川知克（衆院議員）
【著書】巨大な愚行 長良川河口堰（北川石松、天野礼子編著（名古屋）風媒社'94）

北川 一成　きたがわ・いっせい
参院議員（自民党　大阪）　⽣昭和17年12月1日　出大阪府　学関西大学文学部（昭和40年）卒　歴信組支店長、東大阪市長秘書を経て、平成3年から大阪府議に4選。16年参院選に自民党から当選。　家父=北川謙次（東大阪市長）
http://www.whg-wep.com/issei/

北側 一雄　きたがわ・かずお
衆院議員（公明党　大阪16区）　国土交通相　⽣昭和28年3月2日　出大阪府大阪市　学創価大学法学部（昭和50年）卒　資弁護士，税理士　歴昭和53年司法試験に合格し、56年弁護士登録。平成2年公明党から衆院議員に当選。6年新進党、10年1月新党平和、同年11月新公明党結成に参加。16年第2次小泉改造内閣の国土交通相に就任。5期目。　家父=北側義一（衆院議員）　http://www.kitagawa-sakai.org/

北川 謙次　きたがわ・けんじ
東大阪市長　⽣大正5年9月16日　没平成1年12月23日　出大阪府　学八尾中（昭和9年）卒　賞藍綬褒章（昭和53年）　歴昭和30年布施市議3期、38年議長。42年から大阪府議4期を経て、57年東大阪市長に当選、2期つとめた。　家長男=北川一成（参院議員）

北川 穣一　きたがわ・じょういち
昭島市長　⽣昭和18年8月1日　出東京都　学慶応義塾大学経済学部（昭和42年）卒　歴昭和42年北川商店に入社。49年社長。54年より昭島市議、のち副議長を務めた。東京小売酒販組合理事。平成8年昭島市長に当選。3期目。　趣野球，ゴルフ，麻雀，油絵

北川 知克　きたがわ・ともかつ
衆院議員（自民党　比例・近畿）　⽣昭和26年11月8日　出大阪府寝屋川市　学関西大学法学部（昭和49年）卒　歴衆院議員秘書、環境庁長官秘書官を経て、平成12年衆院選に自民党から立候補。15年7月繰り上げ当選。2期目。　家父=北川石松（衆院議員）
http://www.k-tomokatsu.com/

北川 昌典　きたがわ・まさのり
日南市長　衆院議員（社会党）　⽣昭和6年11月20日　出宮崎県　学日南高（昭和25年）卒　歴日南市職組書記長、日南市議3期、日南地区労事務局長を経て、昭和54年以来宮崎県議に3選。平成2年衆院議員に当選、5年落選。8年から日南市長に2選。16年退任。

北川 正恭　きたがわ・まさやす
衆院議員　三重県知事　早稲田大学大学院公共経営研究科教授　新しい日本をつくる国民会議（21世紀臨調）代表　⽣自治行政　⽣昭和19年11月11日　出三重県鈴鹿市　学早稲田大学第一商

学部（昭和42年）卒　㊞マニフェスト
㊞昭和50年から三重県議2期を経て、58年衆院議員に当選。当選4回。自民党副幹事長もつとめた。平成7年辞職して、三重県知事に当選。12年には芦浜原子力発電所計画の白紙撤回を求める考えを表明するなど、改革派知事として注目を浴びる。2期務め、15年退任。同年早稲田大学大学院公共経営研究科教授。同年有識者らで作る"新しい日本をつくる国民会議"（21世紀臨調）の共同代表に就任。　㊞父＝北川正雄（三重県議）
【著書】生活者起点の「行政革命」（ぎょうせい '04）／自治体再生へ舵をとれ（福岡政行編著, 北川正恭, 清水聖義ほか著 学陽書房'02）／知事が日本を変える（浅野史郎, 北川正恭, 橋本大二郎著 文芸春秋'02）
【評伝】組織はこうして変わった（高塚猛著 致知出版社'02）／朝令暮改でいいじゃないか（岩見隆夫著 PHP研究所'00）／改革断行（ばばこういち著 ゼスト'99）

北川 れん子　きたがわ・れんこ
衆院議員（社民党）　㊞昭和29年3月6日　㊞大阪府大阪市　本名＝北川敦子　㊞京都女子大学短期大学部（昭和49年）卒　㊞尼崎市内で長年有機農産物を販売する八百屋・連を営む。平成3年尼崎市議選に社会党から立候補、5年無所属で当選、1期務める。平成12年政治活動を再開し、社民党から衆院選比例区に当選。1期。15年落選。　http://hccweb1.bai.ne.jp/renko/
【著書】人クローン技術は許されるか（御輿久美子, 福本英子ほか著 緑風出版'01）

北口 博　きたぐち・ひろし
衆院議員（自民党）　㊞昭5.11.20　㊞熊本県玉名郡天水町　㊞中央大学法学部（昭和29年）卒　㊞勲二等瑞宝章（平成13年）　㊞北口龍徳の秘書から熊本県議3期を務めたあと、昭和54年衆院議員に当選、4期。60年12月防衛政務次官に就任。宮沢派。平成2年落選。熊本県農協中央会会長なども務めた。

北口 寛人　きたぐち・ひろと
明石市長　㊞昭和40年8月28日　㊞兵庫県　㊞慶応義塾大学卒　㊞平成元年三菱重工業勤務を経て、11年民主党から兵庫県議に当選。14年離党。15年明石市長に当選。

北沢 清功　きたざわ・せいこう
衆院議員（社民党）　㊞昭和2年2月20日　㊞平成13年11月15日　㊞長野県南安曇郡穂高町　㊞松本工（昭和20年）卒　㊞勲二等瑞宝章（平成12年）　㊞昭和38年穂高町（長野県）町議、42年以来長野県議6期を経て、平成2年衆院議員に当選。3期務めた。8年橋本連立内閣の運輸政務次官を務めた。12年引退。

北沢 俊美　きたざわ・としみ
参院議員（民主党　長野）　㊞昭和13年3月6日　㊞長野県　㊞早稲田大学法学部（昭和37年）卒　㊞小坂善太郎秘書を経て、昭和50年長野県議に当選。61年参院選長野選挙区に自民党公認で立候補したが落選、翌年県議に復帰。通算5期。平成4年参院議員に当選、3期目。羽田派を経て、5年6月新生党結成に参加。6年12月新進党、8年12月太陽党結成に参加。10年民主党に合流。　㊞父＝北沢貞一（長野県議）

北爪 照夫　きたづめ・てるお
赤穂市長　㊞昭和7年1月10日　㊞兵庫県　㊞大阪市立大学法学部（昭和30年）卒　㊞旭日中綬章（平成16年）　㊞昭和30年兵庫県庁に入庁。59年総務部職員長、62年西播磨県民局長、平成元年民生部長を経て、2年赤穂市長に当選。3期務め、15年引退。　㊞読書

北田 輝雄　きただ・てるお
交野市長　㊞昭和10年1月6日　㊞大阪府　㊞関西大学経済学部卒　㊞昭和30年交野市役所に入り、47年理事を経て、49年助役。平成2年交野市長に当選。3期めで、14年引退。　㊞読書

北野 典爾　きたの・てんじ
荒尾市長　⑳昭和2年3月27日　⑭熊本県荒尾市　⑳陸軍航空士官学校（昭和20年）中退　⑳荒尾市第一農協組合長を経て、昭和62年荒尾市長に当選。4期務め、平成14年引退。

北橋 健治　きたはし・けんじ
衆院議員（民主党　福岡9区）　⑳昭和28年3月19日　⑭兵庫県西宮市　⑳東京大学法学部（昭和53年）卒　⑳在学中から民社党本部に入る。昭和52年民社党書記・政策審議会中小企業部長、福岡県二区連委員長を経て、61年宮田早苗の後継者として衆院議員に初当選。平成2年落選、5年返り咲き。6年新進党結成に参加。9年7月離党、12月民改連に入る。10年民主党に参加。通算5期目。
http://www.kitahashi.net/

北原 三平　きたはら・さんぺい
高遠町（長野県）町長　⑳大正14年8月18日　⑭長野県　⑳上伊那農卒　⑳勲三等瑞宝章（平成13年）　⑳長野県・高遠町助役を経て、昭和51年以来町長に5選。62年長野県町村会長に選出された。全国山村振興連盟理事、県固定資産評価審委員もつとめた。54年桜憲法を制定、61年さくらシンポジウムを、平成元年さくらサミットを、2年国際さくらシンポジウムを開催。かわら屋根と白壁の町並づくりにも取り組む。

北牧 一雄　きたまき・かずお
枚方市長　⑳大正6年7月25日　⑳平成10年9月11日　⑭大阪府　⑳大阪青年師範（昭和13年）卒　⑳勲三等瑞宝章（平成4年）　⑳中学校校長を経て、昭和50年から枚方市長に4選。平成3年引退。

北村 正二　きたむら・しょうじ
志賀町（滋賀県）町長　⑳昭和29年2月12日　⑭滋賀県　⑳京都産業大学法学部国際政治学科（昭和52年）卒　⑳喫茶店を開業。昭和57年志賀町議選に28歳で初当選、3期目の平成3〜4年議長を務めた。同年2月から志賀町長に3選。15年9月滋賀県が計画する産業廃棄物焼却施設を誘致する方針が住民の反発を招きリコール（解職請求）成立により失職。同年10月の出直し町長選でも落選。
⑳ギター演奏，読書

北村 誠吾　きたむら・せいご
衆院議員（自民党　長崎4区）　⑳昭和22年1月29日　⑭長崎県　⑳早稲田大学政経学部（昭和45年）卒　⑳代議士秘書を経て、昭和58年から佐世保市議を1期、62年から長崎県議を4期務める。平成12年衆院議員に当選。当選2回。堀内派。
http://www.k-seigo.com/

北村 哲男　きたむら・てつお
衆院議員（民主党）　弁護士　⑳昭和13年5月19日　⑭東京　⑳中央大学法学部（昭和37年）卒　⑳昭和41年弁護士登録、第二東京弁護士会に所属、49年北村哲男法律事務所を開業。国労顧問、全電通弁護団常任幹事などを経て、平成元年社会党から参院議員に当選。7年離党して民主の会を結成。8年民主党より衆院議員に当選。1期。12年落選。　⑳第二東京弁護士会

北村 直人　きたむら・なおと
衆院議員（自民党　北海道7区）　⑳昭和22年7月7日　⑭北海道　⑳酪農学園大学獣医学部（昭和46年）卒　⑳昭和46年農協職員、55年代議士秘書、獣医師を経て、60年に死去した父の跡を継ぎ、61年自民党から衆院議員に当選、6期目。竹下派、羽田派、平成5年新生党を経て、新進党結成に参加。9年自民党に復党。14年小泉改造内閣の農水副大臣に就任。15年の総選挙では北海道7区から当選。堀内派。
⑳ゴルフ，スキー，ドライブ，旅行，映画鑑賞　⑳父＝北村義和（衆院議員）
http://www.naoto.gr.jp/

北村 春江 きたむら・はるえ
芦屋市長 弁護士 [生]昭和3年7月11日 [出]京都府京都市 [学]立命館大学法学部卒 [賞]藍綬褒章(平成4年), 旭日中綬章(平成16年) [歴]大阪市の外郭団体に勤務し、仕事を続けながら司法試験に挑戦。4年後に合格し、昭和34年に弁護士に。54年からは11年間にわたって芦屋市の教育委員を務めた。のち同委員長、日弁連権利委副委員長、大阪家事調停協会長などを歴任。平成3年市民グループに推された市長選に立候補、現職を破って全国初の女性市長となる。兵庫県南部地震に見舞われた同市の復興に奔走した。3期務め、15年引退。 [団]大阪弁護士会 [趣]囲碁, 旅行

北村 正哉 きたむら・まさや
青森県知事 [生]大正5年5月3日 [没]平成16年1月26日 [出]青森県三沢市 [学]盛岡高等農林卒 [賞]勲一等瑞宝章(平成7年) [歴]旧会津藩士の血を引く。昭和30年から青森県議、42年から副知事をそれぞれ3期。54年から知事に4選。平成7年落選。むつ小川原開発、六ケ所村への核燃料サイクル施設誘致、盛岡以北への東北新幹線誘致に尽力した。 [家]長男=北村正任(毎日新聞常務・主筆)
【評伝】青森・六ケ所村(寺光忠男著 毎日新聞社'91)

北村 翼 きたむら・よく
橋本市長 [生]大正15年8月18日 [出]和歌山県橋本市柱本 [学]伊都中(旧制)卒 [歴]昭和42年橋本市助役、58年橋本市議、のち和歌山県議2期を経て、平成5年市長に当選。3期目。 [趣]森林愛護, 将棋

北本 正雄 きたもと・まさお
北(東京都)区長 [生]大正9年10月13日 [出]東京都北区 [学]中央大学法学部(昭和25年)卒 [賞]旭日中綬章(平成16年) [歴]北区総務部長、助役を経て、昭和58年北区長に当選。5期務め、平成15年引退。

北脇 保之 きたわき・やすゆき
浜松市長 衆院議員(民主党) [生]昭和27年1月12日 [出]静岡県 [学]東京大学法学部(昭和49年)卒 [賞]ブラジル南十字国家勲章(平成15年) [歴]昭和49年自治省に入省し、千葉県に勤務。54年米国・コーネル大学に留学。57年栃木県税務課長、59年同財政課長、61年自治省市町村税課長補佐、63年企画課長補佐、平成元年福岡市財政部長、3年同財政局長などを経て、自治省参事官。8年衆院選に新進党より出馬、当選。10年1月国民の声に参加。民政党を経て、同年4月民主党に合流。11年静岡県浜松市長選に当選。2期目。共著に「地方公務員の法律全集〈7〉/地方税法〈1〉」がある。

橘高 泰司 きったか・やすし
府中市(広島県)市長 [生]昭和9年9月15日 [出]広島県府中市 [学]明治大学商学部卒 [賞]藍綬褒章(平成5年) [歴]昭和45年以来広島県の府中市議を4期務めたのち、61年市長に当選、4期務めた。

木戸浦 隆一 きどうら・りゅういち
函館市長 北海道議(自民党) [生]昭和9年7月10日 [没]平成11年10月17日 [出]北海道函館市亀田 [学]明治大学法学部(昭和32年)卒 [歴]マツダ販売勤務ののち、昭和48年東一運送社長。54年函館市議、58年北海道議を経て、61年5月から函館市長に4選。平成11年引退。

喜納 昌吉 きな・しょうきち
参院議員(民主党 比例) 音楽家 [生]昭和23年6月10日 [出]沖縄県沖縄市 別名=スワミ・プレム・ウパニシャッド, グループ名=チャンプルーズ [学]沖縄国際大学中退 [賞]遠藤実歌謡音楽大賞(第1回)(平成7年), 世界平和音楽賞(第2回)(平成16年) [歴]昭和42年親類らとチャンプルーズを結成。47年沖縄民謡をベースとしたヒット曲「ハイサイおじさん」でデビューし、ロック、フォーク界に衝撃を与える。つづいてヒットした

「花」はタイ、中国でも大ヒットし、その国の歌として親しまれる。8年の沖縄米兵少女暴行事件以降、沖縄米軍基地反対運動に取り組む。9年駐留軍用地特別措置法の改正案に反対し、東京・参院議員会館において歌で抗議する。15年米国の対イラク攻撃に反対する平和コンサートをバグダッドで開催。16年参院選比例区に民主党から当選。著書に「未来へのノスタルジア」「泣きなさい笑いなさい」がある。

杵渕 衛　きねふち・まもる
栃尾市長　⊕昭和8年9月25日　⊕新潟県栃尾市　⊗栃尾高(昭和27年)卒　⊛藍綬褒章(平成3年)　⊛昭和38年以来栃尾市議に6選。48年副議長、58年議長を歴任。またこの間、川谷農協組合長を兼務。61年市長に当選、4期務める。平成14年落選。　⊛盆栽、読書

木下 厚　きのした・あつし
衆院議員(民主党)　ジャーナリスト　政治評論家　⊕昭和19年8月16日　⊕長野県　⊗早稲田大学法学部(昭和41年)中退　⊛日本現代政治;国際政治　⊛出版社勤務、月刊誌編集長を経て、小学館の専属ライターとなる。主に「週刊ポスト」での取材・執筆活動を行う。昭和61年フィリピン政変では亡命中のマルコス元大統領に単独会見し注目を集めた。62年に独立し、新聞、テレビ、週刊誌、月刊誌などで活躍。平成12年民主党から衆院選に立候補し、当選。2期目途中の16年4月衆院補選埼玉8区に鞍替え立候補するが落選。著書に「つくられた死刑囚」「是川銀蔵の戦い」他。　⊛ゴルフ、旅行　http://www.kinoshita.gr.jp/

【著書】菅直人総理待望論(あっぷる出版社'96)／もう一度必ずやってくる!! 大政変(フットワーク出版'95)／細川護熙vs小沢一郎(銀河出版'93)／21世紀を担う若き政治家たち(政界往来社'89)

木下 敬之助　きのした・けいのすけ
衆院議員(民社党)　大分市長　⊕昭和19年1月15日　⊕大分県大分市　⊗慶応義塾大学経済学部(昭和42年)卒　⊛TBSサービス社を経て、昭和52年家業の梅の家(駅弁製造・販売)社長に就任。54年父の跡をついで衆院選に出馬、以来当選4回。平成3年大分市長に当選、3期務める。15年の市長選には出馬しなかった。一方、24歳から空手を始め、松濤会道場に所属し、昭和48年には同会最高位の5段に昇格。　⊛ゴルフ、空手(5段)、柔道(3段)　⊛父=木下哲(衆院議員)

【評伝】青年よ故郷(ふるさと)に帰って市長になろう(全国青年市長会編 読売新聞社'94)／政界趣味の紳士録(田崎喜朗編著 政経通信社'89)

木下 正一　きのした・せいいち
加古川市長　⊕昭和4年1月5日　⊕兵庫県　⊗関西学院大学経済学部(昭和27年)卒　⊛旭日中綬章(平成15年)　⊛昭和27年川崎重工業に入社。32年より家業の木下運送に従事し常務、48年社長に就任。61年加古川市長に当選。4期務め、平成14年引退。　⊛スポーツ

木下 敏之　きのした・としゆき
佐賀市長　⊕昭和35年2月12日　⊕佐賀県　⊗東京大学法学部(昭和59年)卒　⊛昭和59年農林水産省に入る。農林水産技術会議事務局課長補佐を経て、栃木県農業経済課長。平成11年佐賀市長に当選。2期目。

木下 博　きのした・ひろし
入間市長　⊕昭和7年8月20日　⊕埼玉県入間市　⊗豊岡実業卒　⊛入間市企画部参事、助役を経て、平成4年入間市長。4期目。

きのし

木下 博信　きのした・ひろのぶ
草加市長　⊕昭和39年11月24日　⊕埼玉県草加市　⊕慶応義塾大学法学部（昭和62年）卒　⊕草加市議を経て、平成13年市長に当選。

木原 敬介　きはら・けいすけ
堺市長　⊕昭和14年11月5日　⊕大阪府　⊕大阪大学法学部卒　⊕大阪府企業局長、水道企業管理者などを歴任。平成13年堺市長選に当選。

木原 実　きはら・みのる
衆院議員（社会党）　⊕大正5年3月1日　⊕愛媛県今治市　⊕今治中（昭和6年）中退　⊕党機関紙編集長等を経て、昭和42年から衆院議員に5選。公害対策・環境保全特別委員長をつとめた。

紀平 悌子　きひら・ていこ
参院議員（無所属）　日本婦人有権者同盟会長　⊕婦人問題　⊕昭和3年2月2日　⊕福岡県福岡市地行西町　佐々　⊕聖心女子学院専門部歴史学科（昭和24年）中退　⊕大学在学中の昭和23年、新聞記者だった夫と結婚。3ケ月後、夫が結核で倒れたため、当時公職追放中だった市川房枝の門をたたく。25年追放を解かれて日本婦人有権者同盟会長に復帰した市川と一緒に、婦人運動の道へ。38年同事務局長、47年会長に就任。49年参院選東京地方区に、61年には熊本地方区から各々立候補して落選したが、平成元年熊本選挙区から当選。7年落選。10年4月勲三等の叙勲を辞退。　⊛祖父＝佐々友房（衆院議員）, 和田万吉（国文学者）, 父＝佐々弘雄（参院議員・法学者）, 弟＝佐々淳行（評論家・防衛施設庁長官）
【著書】父と娘の昭和悲史（スタジオK;河出書房新社〔発売〕）'04

貴舩 悦光　きふね・よしみつ
岩国市長　⊕昭和2年1月16日　⊕山口県岩国市今津町　⊕法政大学経済学部（昭和27年）卒　⊕勲四等瑞宝章（平成12年）　⊕昭和27年興亜石油を経て、36年旭興産に入社、40年社長。岩国商工会議所副会頭を務めた。平成3年より岩国市長に2選。11年引退。
⊕ゴルフ, 読書

木部 正雄　きべ・まさお
田無市長　⊕大正2年4月26日　⊕平成15年12月7日　⊕東京　⊕東京府立七中中退　⊕昭和44年田無市長に当選。4期務め、60年引退。59年男性職員にも"育児時間"を適用するとの条例改正案を全国の自治体で初めて市議会に提出, 話題を呼んだ。58年東京都市長会長、59年全国市長会関東支部長。
⊕読書

木部 佳昭　きべ・よしあき
衆院議員（自民党）　建設相　⊕大正15年6月7日　⊕平成13年9月2日　⊕静岡県伊東市　⊕中央大学専門部法科中退　⊕河野一郎秘書を経て、昭和38年以来衆院議員に10選。渡辺派、村上・亀井派を経て、江藤・亀井派。59年第2次中曽根内閣の建設相、平成2年第2次海部内閣の北海道・沖縄開発庁長官を務めた。5年野党に転じた党の総務会長に就任し, 与党復帰に尽力した。12年落選。中東諸国とのパイプがあることで知られ, 日本アラブ友好議員連盟会長なども務めた。　⊕読書, スポーツ, 銃剣道

宜保 成幸　ぎぼ・せいこう
浦添市長　⊕昭和6年9月6日　⊕沖縄県中頭郡嘉手納町　⊕中央大学中退　⊕米軍沖縄駐留軍人事部職位査定官、昭和49年浦添市学校給食センター所長、52年浦添市総務部長などを経て、59年助役。浦添市土地開発公社理事長、浦添市施設管理公社理事長を兼任。平

成5年浦添市長に当選。9年引退。
📖読書

木間 章 きま・あきら
衆院議員（社会党）　🎂昭5.7.27　🏠富山県高岡市　🎓高岡中（旧制）（昭和23年）卒　💼昭和23年高岡市役所に入る。42年高岡市議2期を経て、54年以来衆院議員に5選。社会党県本部書記長をつとめた。平成5年落選。

儀間 光男 ぎま・みつお
浦添市長　🎂昭和18年7月24日　🏠沖縄県島尻郡伊是名村　🎓東京農業大学卒　💼昭和48年浦添市議2期を経て、55年から沖縄県議に4選。平成4年議長に就任。平成9年浦添市長選に立候補するが落選、13年当選。

木俣 佳丈 きまた・よしたけ
参院議員（民主党　愛知）　🎂昭和40年2月19日　🏠愛知県　🎓一橋大学商学部（平成1年）卒　💼平成元年経団連職員、4年東三河地域研究センター研究員を経て、10年参院議員に民主党から当選、2期目。　http://www.kimata.ne.jp/
【著書】ミッションとビジョン〈その2〉希望に、力を（いのちのことば社 '03）

君 健男 きみ・たけお
新潟県知事　参院議員（自民党）　🎂明治44年12月22日　✝平成1年4月19日　🏠新潟市　🎓新潟医科大学（昭和11年）卒　医学博士（昭和33年）　💼新潟医大副手、新潟県栃尾病院内科医を経て昭和22年新潟県公衆保健課に入る。24年予防課長、30年公衆衛生課長、33年衛生部長を経て37年総務部長に。40年から副知事を務め、47年には参院補欠選挙で当選。自民党・田中派に所属し1年半務めた後49年から新潟県知事に4選。平成元年病気のため辞任。
【評伝】閉塞感を打ち破れ！（角間隆著 ぎょうせい'88）／さらば田中角栄（蜷川真夫著 朝日新聞社'87）／土着権力（四方洋著 講談社'86）

木宮 和彦 きみや・かずひこ
参院議員（自民党）　常葉学園学園長・名誉理事長　🎂昭和2年1月24日　🏠静岡県　🎓静岡高理科（旧制）（昭和23年）卒　🎖勲二等旭日重光章（平成10年）　💼昭和24年常葉学園高校教諭。34年常葉学園理事、44年理事長。平成14年名誉理事長となり、新設の学園長に就任。また昭和45年静岡県私学協会監事、46年亨栄学園監事、55年静岡県私学教育振興会理事、59年静岡総合研究機構理事を歴任。61年参院議員に当選。当選2回。平成10年落選。旧渡辺派。
📖造園、写真

木村 治 きむら・おさむ
日原町（島根県）町長　🎂大正15年3月3日　🏠島根県　🎓津和野中（昭和18年）卒　📋2級建築士　🎖勲四等瑞宝章（平成13年）　💼昭和19年日立製作所入社。27年日原町役場に入り、産業建設課長、経済課長、総務課長を経て、52年助役、56年町長に就任。町づくりに"星のふる里"を掲げ、高台に口径75センチの反射望遠鏡を持つ日原天文台を建設、60年8月オープン。日原リゾート開発社長、全国特定地区公園協会長も務めた。

木村 健一 きむら・けんいち
八代市長　熊本県議（自民党）　🎂昭和12年4月11日　✝平成14年1月30日　🏠熊本県　🎓立教大学経済学部卒　💼昭和50年より熊本県議3期を経て、61年八代市長に当選。平成2年落選。1期務めた。

木村 茂 きむら・しげる
千代田（東京都）区長　🎂大正14年10月23日　🏠東京　🎓早稲田大学政経学部（昭和25年）卒　🎖勲三等瑞宝章（平成13年）　💼昭和48年から東京都議（自民党）4期を経て、平成元年千代田区長となる。3期務め、13年引退。

木村 隆秀 きむら・たかひで
衆院議員(自民党 比例・東海) ㊐昭和30年8月10日 ㊞愛知県名古屋市 ㊫東京経済大学経済学部(昭和53年)卒 ㊧代議士秘書を経て、昭和58年より愛知県議に通算3期。平成8年衆院選愛知5区に立候補して当選。15年11月の総選挙では小選挙区で落選するが、12月比例区で繰上げ当選。旧橋本派。 ㊡映画 http://www.kimutaka.org/

木村 太郎 きむら・たろう
衆院議員(自民党 青森4区) ㊐昭和40年7月20日 ㊞青森県 ㊫東洋大学法学部(昭和63年)卒 ㊧衆院議員、青森県知事を務めた木村守男の長男。平成元年三塚博衆院議員秘書を経て、3年青森県議に当選し2期務める。8年新進党から衆院議員に当選。3期目。10年1月改革クラブに参加、11年12月自民党に入党。森派。 ㊎父=木村守男(青森県知事・衆院議員),祖父=木村文男(衆院議員) http://www1.biz.biglobe.ne.jp/~k-taro/

木村 仁 きむら・ひとし
参院議員(自民党 熊本) ㊐昭和9年6月24日 ㊞鹿児島県出水市 ㊫東京大学法学部(昭和33年)卒 ㊧昭和33年自治庁に入庁。行政課長、59年静岡県副知事を経て、61年8月年官房審議官、9月自治大学校長、62年9月自治省行政局長、平成元年6月消防庁長官を歴任。3年10月退官、11月全国町村会事務総長。6年熊本市長選に立候補。10年参院議員に当選。2期目。旧橋本派。 http://www.sysken.or.jp/kimura/

木村 勉 きむら・べん
衆院議員(自民党 東京15区) ㊐昭和14年8月15日 ㊞東京 ㊫慶応義塾大学商学部(昭和38年)卒 ㊮藍綬褒章(平成7年) ㊧昭和46年から江東区議2期を経て、52年から東京都議に6選。国政に転じ、平成11年衆院補選に当選。12年落選。15年返り咲き。通算2期目。山崎派。

木村 操 きむら・みさお
つくば市長 ㊐昭和2年8月1日 ㊞茨城県 ㊫谷田部農卒 ㊧昭和61年前町長の汚職に伴う出直し町長選で谷田部町長に当選。62年11月合併後、つくば市の市長代行をつとめる。のち助役を経て、平成3年12月つくば市長に当選。2期目の8年4月、市長選をめぐる公職選挙法違反(買収)などで逮捕された。同年10月市長を辞任。

木村 実 きむら・みのる
小坂町(秋田県)町長 ㊐昭和3年11月2日 ㊞秋田県鹿角郡小坂町 ㊫大館中(旧制)卒,予科練 ㊮勲四等旭日小綬章(平成14年) ㊧農民組合小坂支部書記長時代は農民運動の闘士として鉱害補償を求めて鉱山と対決した。秋田県小坂町議4期を経て、昭和45年町長。行政の責任者として鉱山の安定経営を望み、鉱山労働者の慰安施設だった芝居小屋・康楽館を復元し、町づくりの拠点とした。平成2年引退。

木村 睦男 きむら・むつお
参院議員(自民党) 参院議長 運輸相 ㊐大正2年7月29日 ㊀平成13年12月7日 ㊞岡山県新見市 ㊫東京帝国大学法学部(昭和13年)卒 ㊮勲一等旭日大綬章(昭和62年) ㊧鉄道省に入省。その後運輸省に移り、観光局長、自動車局長などを歴任し、昭和39年参院補選で当選し政界入り。当選5回。49年三木内閣では運輸相に。この間、ロッキード事件が発覚。後に田中角栄元首相の要請を受け、公判の証人に立ったことで議論を呼んだ。58年第15代参院議長に就任。平成元年引退。参院自民党のなかで旧田中派を最大派閥にした実力者として知られた。のち自主憲法制定国民会議会長、自主憲法期成議員同盟

会長をつとめ、8年憲法改正私案を発表するなど改憲論者としても知られた。
【著書】平成の逐条新憲法論（善本社 '96）／平成の逐条新憲法論（善本社 '96）

木村 守男 きむら・もりお
青森県知事 衆院議員(新進党) ㊐昭和13年1月24日 ㊊青森県南津軽郡藤崎町 ㊫日本大学法学部法律学科（昭和35年）卒 ㊖昭和42年から青森県議を3期つとめ、県農林委員長を経て、55年衆院議員に当選。新自ク青森県連代表を務めていたが、55年12月新自クを離党、56年6月に自民党へ入党。58年落選するが、61年トップ当選で復帰。4期務める。竹下派、羽田派、平成5年新生党を経て、6年新進党結成に参加。7年より青森県知事に3選。15年女性問題で辞任。この間、8年21あおもり創造的企業支援財団理事長。10年3月青森県六ケ所村のむつ小川原港への高レベル放射性廃棄物輸送船の入港を拒否するが、橋本龍太郎首相（当時）との会談後、廃棄物の搬入を認めた。 ㊪水泳，いけ花 ㊕父＝木村文男（衆院議員），長男＝木村太郎（衆院議員）

木村 義雄 きむら・よしお
衆院議員（自民党 香川2区） ㊐昭和23年4月17日 ㊊香川県 ㊫中央大学商学部（昭和47年）卒 ㊖昭和47年住友銀行、50年父・木村武千代衆院議員の秘書を経て、58年香川県議に当選。61年衆院議員に当選。6期目。山崎派。平成14年小泉改造内閣の厚生労働副大臣に就任。 ㊕父＝木村武千代（衆院議員）
http://www.netwave.or.jp/~daini-k/

木村 良樹 きむら・よしき
和歌山県知事 ㊐昭和27年1月11日 ㊊大阪府 ㊫京都大学法学部（昭和49年）卒 ㊖昭和49年自治省入省。54年北九州市開発課長、資金課長、56年国土庁特別調整課課長補佐、58年愛媛県市町村課長、60年自治省公務員第二課課長補佐、平成2年国土庁地方振興局半島振興室長、のち大都市圏整備局大阪事務所長、和歌山県総務部長、自治省行政局準公営企業室長、指導課長を経て、10年7月大阪府総務部長、のち副知事。12年和歌山県知事に当選。2期目。共著に「自治行政講座〈5〉地方公務員行政」など。

木村 芳城 きむら・よししろ
石岡市長 ㊐昭和17年1月29日 ㊊茨城県 ㊫東京農業大学短期大学部農業科卒 ㊖石岡市議を経て、平成3年石岡市長に当選。3期務める。湖北水道企業団の企業長も兼務。14年1月コンサルタント会社・業際都市開発研究所が公共工事で受注工作を繰り広げていた問題に関わっていたとして、競売入札妨害の疑いで東京地検特捜部に逮捕された。
【評伝】青年よ故郷（ふるさと）に帰って市長になろう（全国青年市長会編 読売新聞社'94）

木本 平八郎 きもと・へいはちろう
参院議員（サラリーマン新党） 作家 ㊐大正15年8月9日 ㊊大阪府枚方市 筆名＝八木大介 ㊫京都大学経済学部（昭和26年）卒 ㊓日経懸賞経済小説賞（第2回）（昭和55年）「青年重役」 ㊖昭和26年協和交易（三菱商事の前身）に入社。36年からコロンビア三菱商事副支配人をつとめ、帰国後、機械総括部に配属され58年に次長で退職。同年の参議員比例代表区にサラリーマン新党のNO.2として立候補し、当選。のち離党して実年クラブ代表。平成元年は神奈川選挙区に転じるが落選。著書に「青年重役」「新さらりーまん塾」「横出世のすすめ」、共著に「あっ!と驚く国際マナーの常識・非常識」。 ㊪ジョギング，スキー，水泳，ゴルフ
【著書】小説 野党連合（八木大介著 政界往来社'88）

きやん

喜屋武 真栄　きゃん・しんえい
参院議員(二院ク)　⊕明治45年7月25日　⊖平成9年7月16日　⊙沖縄県中頭郡北中城村字比嘉　⊗沖縄師範専攻科(昭和8年)卒　⊛勲二等旭日重光章(平成7年)　⊕沖縄教職員会長、祖国復帰協議会会長などをつとめ、沖縄革新勢力の中心的人物として昭和45年以来参院議員に当選。57年沖縄県知事選に立候補するが西銘に敗れる。58年参院に返り咲き、通算5選。平成7年引退。空手や棒術、サイなどの琉球古来の武術の指導普及にもあたった。著書に「政治を人間の問題として」「屋良朝苗伝」など。　⊛空手道(松林流8段)、古武道、琉球舞踊
【評伝】葬送譜(おくるうた)(佐高信著 岩波書店'00)／ザ・選挙(佐久田繁、川条昭見編著 月刊沖縄社'86)

久間 章生　きゅうま・ふみお
自民党総務会長　衆院議員(自民党長崎2区)　防衛庁長官　⊕昭和15年12月4日　⊙長崎県南高来郡加津佐町　⊗東京大学法学部(昭和39年)卒　⊕昭和45年農林省から長崎県農林部に移る。46年同県議に当選。54年長崎1区から総選挙に出馬するが落選。55年無所属で当選。平成3年九州大栄運輸興業取締役に就任するが、4年佐川急便事件が表面化した後辞任。8年第2次橋本内閣で防衛庁長官に就任。9年の改造内閣でも留任。16年自民党総務会長に就任。8期目。竹下派、旧小渕派を経て、旧橋本派。　http://www.f-kyuma.com/

経塚 幸夫　きょうづか・ゆきお
衆院議員(共産党)　⊕大正13年11月29日　⊖平成9年7月10日　⊙兵庫県津名郡一宮町(淡路島)　⊗州本商(昭和16年)卒　⊕東大阪市議、大阪府議3期を経て、昭和58年衆院議員に当選。2期つとめた。平成2年引退。

清河 七良　きよかわ・しちりょう
魚津市長　⊕大正4年2月10日　⊖平成16年8月26日　⊙富山県　⊗立命館大学専門部(昭和11年)卒　⊛勲三等瑞宝章(平成4年)、魚津市名誉市民　⊕松倉村長、魚津市収入役、昭和45年助役を経て、47年市長に当選、5期つとめる。平成4年引退。

旭堂 小南陵(3代目)　きょくどう・こなんりょう
参院議員(平和・市民)　講談師　⊕昭和24年9月4日　⊙大阪府堺市　本名=西野康雄　⊗近畿大学農学部卒、大阪府立大学大学院(昭和49年)修了　⊛上方お笑い大賞(審査員特別賞、第28回)(平成11年)、芸術祭賞(優秀賞、演芸部門)(平成13年)　⊕大学で落語講談研究会に入ったが、これに飽き足らず、18歳の時3代目旭堂南陵に入門。昭和53年南右から3代目小南陵を襲名。講談の傍ら社会党の選挙応援を続け、平成元年参院議員に当選。国会内では社会党に所属していたが、6年離党。7年落選。また明治期の演芸の速記本を集め、「明治期大阪の演芸速記本基礎研究」などの著書がある。

旭道山 和泰　きょくどうざん・かずやす
衆院議員(無所属)　タレント　元・力士(小結)　⊕昭和39年10月14日　⊙東京都　本名=波田和泰　シコ名=旭道山和康　⊗亀津中卒　⊕昭和55年夏場所初土俵を踏む。63年名古屋場所新十両、平成元年初場所で新入幕。大島部屋からは、大関旭富士に次いで2人目の関取。4年秋場所新小結。殊勲賞2回、敢闘賞2回。幕内通算成績は325勝380敗。8年新進党より衆院選に立候補、比例区近畿ブロックで当選。1期つとめた。10年1月新党平和に参加。同年11月の新公明党結成には参加しなかった。12年政界から引退し、タレントに転身。　http://www.sportsman.ne.jp/kyokudouzan/

【著書】待ったなし人生(ベースボール・マガジン社 '97)

清原 慶子 きよはら・けいこ
三鷹市長 [専]情報社会学 教育社会学 コミュニケーション論 [生]昭和26年9月10日 [出]東京都武蔵野市 [学]慶応義塾大学法学部政治学科(昭和49年)卒，慶応義塾大学大学院法学研究科政治学専攻(昭和51年)修士課程修了，慶応義塾大学大学院社会学研究科社会学専攻(昭和54年)博士課程修了 [興]情報社会;情報通信行政 [歴]昭和55年慶応義塾大学文学部非常勤講師、58年常磐大学人間科学部専任講師、62年日本ルーテル神学大学(現・ルーテル学院大学)助教授、平成4年教授を経て、11年東京工科大学メディア学部教授。この間、コロラド大学、ミシガン州立大学にて在外研修。15年三鷹市長に当選。共著に「通信と放送の融合:その理念と制度変容」「情報生活とメディア」「ネットワーク型社会の構築」「三鷹が創る自治体新時代」など。 [団]情報通信学会(理事)，日本社会情報学会，日本社会学会，日本マス・コミュニケーション学会，自治体学会，日本政治学会
http://www.city.mitaka.tokyo.jp
【著書】変動する政治と社会 解読の手法(根岸毅, 大石裕編永田えり子, 吉野耕作ほか著 慶応義塾大学出版会'99)／21世紀の地方自治戦略〈12〉ネットワーク型社会の構築(清原慶子, 大森弥編 ぎょうせい'93)

吉良 州司 きら・しゅうじ
衆院議員(民主党 大分1区) [生]昭和33年3月16日 [出]大分県玖珠町 [学]東京大学法学部政治学科(昭和55年)卒 [歴]昭和55年日商岩井に入社。59～60年ブラジルに留学。平成元年大分県庁に出向、地域振興、商工振興に従事、復社後は、3年電力プロジェクト部を経て、7～12年日商岩井米国会社(NIAC)に出向。12年帰国、医療システム部課長。14年政治家を志して退社。15年無所属で衆院選大分1区に立候補、初当選を果たす。16年民主党に参加。
http://www.kirashuji.com/

金城 秀吉 きんじょう・しゅうきち
石川市長 [生]昭和8年6月27日 [出]沖縄県 [学]石川高卒 [賞]旭日小綬章(平成16年) [歴]石川市議会議長を経て、平成10年石川市長に当選。14年落選。

金城 豊明 きんじょう・とよあき
豊見城市長 [生]昭和18年7月21日 [出]沖縄県 [学]沖縄大学二部中退 [歴]豊見城村助役、同村長を経て、平成14年市政に移行した豊見城市の初代市長に当選。

金城 義夫 きんじょう・よしお
南風原町(沖縄県)町長 [生]昭和11年4月20日 [出]沖縄県島尻郡南風原町 [学]南部農卒 [歴]昭和30年那覇市役所に入り、秘書課長、市民活動課長を経て、61年南風原町長に当選。2度と悲惨な戦争を繰り返さないための生きた教材を残そうと、第二次大戦中の沖縄戦跡の文化財指定に取り組む。

金原 久雄 きんばら・ひさお
蒲郡市長 金原倉庫社長 [生]昭和21年9月29日 [出]愛知県 [学]慶応義塾大学経済学部(昭和46年)卒 [歴]昭和46年知多善に入社。49年東陽倉庫に転じ、50年金原倉庫専務、61年社長に就任。一方、蒲郡市教育委員、蒲郡JC理事長などを歴任し、平成11年11月蒲郡市長に当選。2期目。

【く】

釘宮 磐 くぎみや・ばん
大分市長 衆院議員(民主党) [生]昭和22年10月6日 [出]大分県大分市 [学]明治学院大学社会学部福祉学科(昭

和46年)卒　[歴]博愛会常務理事、昭和62年から大分県議2期を経て、平成4年自民党から参院議員に当選。羽田派、5年6月新生党、6年12月新進党を経て、8年12月太陽党結成に参加。10年民主党に合流。同年落選。12年衆院議員に当選、1期。15年大分市長に当選。
http://www.kugimiyaban.org/
【評伝】関門とんねる物語(田村喜子著 毎日新聞社'92)

久々山 義人　くぐやま・よしと
本渡市長　[生]大正13年2月9日　[出]熊本県本渡市　[学]海軍経理学校(昭和19年)卒　[賞]藍綬褒章(昭和59年),勲三等瑞宝章(平成12年)　[歴]本渡市会議長を経て、昭和59年から市長に4選。

日下 纓子　くさか・えいこ
豊能町(大阪府)町長　[生]昭和14年　[歴]会社勤務、消費生活コンサルタントを経て、大阪府・豊能町議。高濃度ダイオキシン汚染物の処理計画が争点となった平成12年の町長選で"白紙撤回"を主張し豊能町長に当選。

日下部 禧代子　くさかべ・きよこ
参院議員(社民党)　福祉問題研究家
[生]昭和10年11月2日　[出]神奈川県　[学]ロンドン大学政治経済学部(昭和41年)卒
[歴]ロンドン大学政治経済学部で福祉行政学を専攻。日本女子大学、淑徳短期大学などの講師を経て、福祉・女性・家族問題の研究、評論に従事する。平成元年参院選比例区に社会党から立候補し当選。2期務め、13年引退。著書に「生きることのフィロソフィ—女性と福祉と教育と」「年輪とダイヤモンド—人生80年代を生きる」など多数。

日下部 尚　くさかべ・ひさし
高山市長　日下部民芸館代表　[生]昭和4年8月16日　[没]平成6年7月19日　[出]岐阜県高山市　[学]中央大学法学部(昭和28年)卒　[歴]昭和28年大同コンクリート工業に入社。名古屋支店長を経て、50年飛騨産業参与、51年取締役、52年専務、のち副社長、54年社長。平成3年高山市長に当選。国の重要文化財"日下部家住宅"で知られる日下部家の当主で、全国伝統的建造物群保存地区協議会副会長を務めた。　[趣]読書,ゴルフ,古美術

草川 昭三　くさかわ・しょうぞう
参院議員(公明党　比例)　公明党副代表
[生]昭和3年8月16日　[出]愛知県名古屋市
[学]名古屋第一工芸高(昭和20年)卒
[歴]昭和33年から名古屋造船労組委員長、会社合併後は、石播労組名古屋支部委員長を50年まで務めた。51年に愛知2区に公明党から衆院議員に立候補し、トップ当選を果たす。以来当選8回。平成6年新進党、10年1月新党平和結成に参加。同年11月新公明党結成に参加、副代表に就任。12年落選。13年比例区から参院議員に当選。在日朝鮮人の差別問題に関心を持ち、その是正に努力する。　[趣]スキー　http://www.kusakawa.gr.jp/
【著書】21世紀への展望(北東出版社 '78)

草野 威　くさの・たけし
衆院議員(公明党)　[生]昭3.8.19　[出]旧樺太　[学]東京外事専(昭和24年)中退
[歴]昭和46年横浜市議を経て、51年から衆院議員に6選。平成5年引退。

久慈 義昭　くじ・よしあき
久慈市長　[生]昭和20年3月31日　[出]岩手県久慈市侍浜町　[学]独協大学外国語学部ドイツ語学科(昭和45年)卒
[歴]昭和45年岩手放送に入社。54年父の後任として久慈市長に当選、6期務める。平成15年落選。元年リトアニアのクライペーダ市と姉妹都市になり、以来リトアニア支援を続ける。
[家]父=久慈義巳(久慈市長)
【評伝】青年よ故郷(ふるさと)に帰って市長になろう(全国青年市長会編 読売新聞社'94)

串田 武久　くしだ・たけひさ
龍ケ崎市長　⊕昭和13年6月21日　⊕茨城県　⊕日本大学卒　⊕龍ケ崎市議、副議長、議長を経て、平成10年1月龍ケ崎市長に当選。2期目。

串原 義直　くしはら・よしなお
衆院議員（社会党）　長野県日中交流協会会長　⊕大正15年9月7日　⊕長野県下伊那郡下条村　⊕下条実科中（昭和20年）卒　⊕飯田市議2期、長野県議4期を経て、昭和55年以来衆院議員に4選。平成5年落選。8年飯田市長選に立候補するが落選。著書に「燃えよアフリカ」「私の見た中国」「渓流閑話」「向こう三軒の国ぐに」「山、川、人間」がある。

久島 務　くしま・つとむ
向日市長　⊕昭和31年1月17日　⊕姫路工業大学工学部卒　⊕平成7年から向日市議に2選。15年市長に当選。
http://www.jade.dti.ne.jp/~kussan/

鯨岡 兵輔　くじらおか・ひょうすけ
衆院議員（自民党）　⊕大正4年9月15日　⊗平成15年4月1日　⊕福島県四倉町（現・いわき市）　⊕早稲田大学商学部（昭和13年）卒　⊕勲一等旭日大綬章（平成9年）　⊕陸軍航空大尉で終戦。戦後、父の経営する鯨岡製袋に入り、昭和22年足立区議、30年東京都議を経て、38年から衆院議員に当選12回。官房副長官、環境庁長官を歴任し、平成5年衆院副議長に就任。開かれた国会を提唱して社会党の闘士として知られた土井たか子衆院議長と国会改革に取り組み、委員会会議録の一般頒布や年次報告書にあたる「衆院の動き」の刊行などを実現させた。三木武夫を師と仰ぎ、のち河本派に属したが、4年派閥解消を訴えて無派閥となる。また政治倫理や軍縮、環境などの問題でしばしば自民党の方針に反して自説を貫く硬骨の政治家として知られ、ロッキード事件に際しては証人喚問に積極的で野党ばりの厳しい追及を行った他、3年と11年の東京都知事選でも党の推す候補者に異論を唱え、11年には一時離党するなど老いても一徹な政治姿勢を貫いた。12年政界を引退。著書に「政党論」がある。
【著書】84歳!（弘文堂'99）／三木「政治改革」試案とは何か（鯨岡兵輔、土井たか子ほか著 岩波書店'93）／政治家の憂い（岩波書店'92）／児孫のために美田を買わず（リヨン社;二見書房〔発売〕'90）

楠田 大蔵　くすだ・だいぞう
衆院議員（民主党　比例・九州）　⊕昭和50年4月20日　⊕福岡県筑紫野市　⊕東京大学法学部（平成12年）卒　⊕住友銀行勤務、古賀一成衆院議員秘書などを経て、平成15年衆院議員に当選。1期目。　⊗父＝楠田幹人（筑紫野市長）　http://www47.tok2.com/home/toshi0326/

楠田 幹人　くすだ・みきと
筑紫野市長　⊕昭和16年5月26日　⊕福岡県朝倉郡夜須町　⊕佐賀大学文理学部（昭和41年）卒　⊕昭和41年福岡銀行入行。50年筑紫野市議、58年福岡県議を経て、62年筑紫野市長に当選、2期つとめる。平成7年市長選には出馬せず、8年新進党より衆院選に立候補するが、落選。同年10月公職選挙法違反の疑いで逮捕される。　⊕読書　⊗二男＝楠田大蔵（衆院議員）
【著書】青年市長の挑戦（九州青年市長会編著 ぎょうせい'90）
【評伝】青年よ故郷（ふるさと）に帰って市長になろう（全国青年市長会編 読売新聞社'94）

楠見 昭二　くすみ・しょうじ
因島市長　⊕昭和2年9月4日　⊕広島県因島市　⊕大阪外国語大学卒　⊕昭和26年土生町役場職員に。36年以来因島市議5期を経て、58年因島市長に初当選。62年落選。

くすみ

久住 時男　くすみ・ときお
見附市長　⊕昭和24年11月20日　⊕新潟県見附市　⊕青山学院大学経営学部（昭和48年）卒　⊕昭和48年岩谷産業に入社、外国関連本部に配属され米国、カナダなどで勤務。平成元年香港支店営業課長、8年香港岩谷有限公司営業部長、10年在ベトナムハノイ駐在員事務所長。14年見附市長に当選。
http://www.tokio-citizen.tru.jp/

久世 公堯　くぜ・きみたか
参院議員（自民党）　金融再生委員会委員長　⊕地方自治　地域開発　⊕昭和3年8月15日　⊕福島県会津若松市　⊕東京大学法学部（昭和28年）卒　⊕自治省に入省。秋田県財政課長、経済企画庁東北開発室長などを経て、昭和53年自治省官房審議官、55年自治大学校長を歴任して、57年退官。58年参院選比例区に自民党から立候補するが23位で落選。61年7月には19位となり、当選を果たす。当選3回。平成12年7月第2次森連立内閣の金融再生委員会委員長に就任するが、三菱信託銀行などから利益提供、大京から多額の資金提供を受けていたことが明るみに出、就任からわずか27日で更迭される。宮沢派、加藤派を経て、堀内派。16年引退。著書に「地方自治制度」「新・地方自治の知恵」の他、随筆もある。　⊕日本公法学会

沓掛 哲男　くつかけ・てつお
参院議員（自民党 石川）　⊕昭和4年9月12日　⊕石川県金沢市　⊕東京大学工学部土木工学科（昭和28年）卒　⊕昭和28年建設省入省。56年東北地方建設局長、57年道路局長、59年建設技官を歴任して退官。61年7月参院議員に当選。62年6月からは金沢工業大学客員教授も務める。2期めめ、平成2年落選、12年参院補選に当選。13年第2次森改造内閣の環境副大臣に就任。通算4期目。森派。
http://www.incl.ne.jp/kutukake/

沓脱 タケ子　くつぬぎ・たけこ
参議議員（共産党）　西淀病院名誉院長　⊕大正11年7月7日　⊕大阪府　⊕大阪女子医専（昭和19年）卒　⊕診療所長を経て、昭和46年から大阪市議5期、48年から参院議員を2期務める。共産党大阪府副委員長を経て、61年の衆参同時選挙で参院議員に返り咲いた。平成4年引退。共産党中央委員会顧問。

工藤 晃　くどう・あきら
衆院議員（共産党）　日本共産党中央委名誉役員　⊕経済学　地質学　⊕大正15年2月10日　⊕東京　⊕東京大学理学部地質学科（昭和24年）卒　⊕帝国主義の構造的変化　⊕野呂栄太郎賞（第24回）（平成11年）「アメリカの軍事支配、多国籍企業の支配を最新の資料にもとづき解明」　⊕昭和51年以来衆院議員を4期。党経済政策委員会責任者、社会科学研究所副所長を務める。平成2年落選。著書に「転機に立つ日本経済」「日本経済と環境問題」「帝国主義の新しい展開」「現代帝国主義研究」他多数。
⊕日本地質学会、地学団体研究会
⊕音楽（クラシック）、スキー、水泳

工藤 巌　くどう・いわお
岩手県知事　衆院議員（自民党）　⊕大正10年12月18日　⊕平成10年8月25日　⊕岩手県盛岡市　⊕東京大学法学部（昭和23年）卒　⊕勲二等旭日重光章（平成6年）　⊕岩手県庁に入る。企画部長を経て、昭和44年盛岡市長に当選、3期。54年より自民党から衆院議員に当選5回、河本派。国土政務次官、文教委員長、党人事局長、党政調副会長などを歴任。平成3年岩手県知事選に当選。7年引退。

工藤 堅太郎　くどう・けんたろう
参院議員（民主党　比例）　衆院議員（民主党）　⊕昭和17年10月13日　⊕岩手県九戸郡種市町　⊕中央大学商学部（昭和40年）卒　⊕米国留学後、工藤材木店に入社、専務を務める。自民党岩手県連

組織委員長兼青年部長となり、昭和54年岩手県議に当選、4期つとめる。平成5年新生党から衆院議員に当選。6年新進党結成に参加。8年落選。12年自由党から当選。15年9月民主党に合流。同年11月落選。通算2期。16年参院選比例区に当選。　㊤読書，ゴルフ，旅行　㊦長男＝工藤大輔（岩手県議）

工藤 清一郎　くどう・せいいちろう
雄和町（秋田県）町長　㋳大正7年11月18日　㋲秋田県河辺郡大正寺村（現・雄和町）　㋛早稲田大学附属工手学校（昭和13年）中退　㋬藍綬褒章（昭和52年），勲三等瑞宝章（平成5年）　㋩雄和村長を経て、昭和31年から町長に9選。町にミネソタ州立大学機構の分校を誘致。この間、54年から3期秋田県町村会長、全国町村会副会長をつとめた。　㊤読書，盆栽

工藤 正　くどう・ただし
青森市長　㋳大正12年12月17日　㋲平成1年3月22日　㋲青森県青森市　㋛中央大学法学部（昭和23年）卒　㋩昭和23年青森県庁に入る。自治省出向を経て、41年県庁に戻り、税務課長、総務部次長、八戸市助役を歴任。59年青森市長に当選し、4期目在任中に死去した。

工藤 万砂美　くどう・まさみ
参院議員（自民党）　㋳大正14年2月22日　㋲平成8年8月27日　㋲北海道歌志内市　㋛早実高（昭和18年）卒、中央大学法学部中退　㋬勲二等瑞宝章（平成7年）　㋩昭和46年以来北海道議3期を経て、58年参院議員に当選。法務、北海道開発各政務次官を歴任。平成元年落選。3年北海道議に復帰、4期目を務めるが、7年落選。

国井 英吉　くにい・えいきち
士別市長　㋳大正6年3月30日　㋲平成11年3月16日　㋲北海道宗谷郡猿払村　㋛北海道青年学校教員養成所卒、自治大学校卒　㋬勲四等旭日小綬章（平成3年）　㋩北海道地方課長補佐、昭和39年士別市助役を経て、49年以来市長に4選。平成2年引退。トヨタ自動車試験場誘致などを手がけた。　㊤麻雀，囲碁，ゴルフ

国井 正幸　くにい・まさゆき
参院議員（自民党　栃木）　㋳昭和23年1月4日　㋲栃木県芳賀郡市貝町　㋛立命館大学文学部（昭和45年）卒　㋩栃木県経済連合施設開発課長、人事課長を経て、連合栃木顧問。平成7年民改連から参院議員に当選。2期目。9年離党し、自民党に入党。山崎派。

国兼 孝治　くにかね・こうじ
岩見沢市長　㋳大正6年11月20日　㋲北海道空知郡奈井江町　㋛自治講習所（昭和17年）卒　㋬勲三等瑞宝章（平成2年）　㋩昭和17年岩見沢町役場に入り、45年総務部長から市長に初当選。5期目。58年全国市長会副会長をつとめた。平成2年引退。

国弘 正雄　くにひろ・まさお
参院議員（平和・市民）　月刊「軍縮問題資料」編集人　エジンバラ大学特任客員教授（DVP）　評論家　㋯文化人類学　異文化間伝達　アメリカ論　㋳昭和5年8月18日　㋲東京　㋛ハワイ大学（昭和30年）卒、カリフォルニア大学大学院修了　㋬勲三等旭日中綬章（平成12年）　㋩外務省参与、NHK教育テレビ講師を経て、東京国際大学商学部教授をつとめた。この間、"同時通訳の神様"としてさまざまな外交交渉の重要舞台に登場。平成元年参院選比例区に社会党3位で当選したが、6年無所属となる。7年2月連帯に参加。のち平和・市民を結成。同年7月落選。著書に「異文化に橋を架

ける」「国弘正雄自選集」(全6巻)「私家版和英」「英会話・ぜったい・音読」、訳書に「狂ったサル」「脱アメリカの時代」「ライシャワーの日本史」などがある。
【著書】昭和史への一証言(松本重治著、国弘正雄聞き手 たちばな出版'01)／『平和・市民』宣言!(こーりん社'95)／三木「政治改革」試案とは何か(岩波書店'93)／国弘正雄がきく(総合法令'92)／新しい日米・日中を考える(岩波書店'88)／Turning point(グロビュー社'82)

国松 正一　くにまつ・しょういち
栗東市長　⑭昭和22年10月1日　⑰滋賀県栗東市辻　㊻京都産業大学経済学部(昭和45年)卒　㊿司法書士　㊾昭和45年東京信用金庫に入るが、2年後に退職し帰郷、司法書士の道を選ぶ。栗東青年会議所理事長などを経て、町づくり団体フォーラム21栗東会長。平成14年栗東市長に当選。　㊹登山、スキー

国松 善次　くにまつ・よしつぐ
滋賀県知事　⑭昭和13年4月1日　⑰滋賀県　㊻中央大学法学部(昭和41年)卒　㊾大阪府職員として大阪府環境管理計画や都市近郊農業の発展傾向、公害防止計画など長期構想づくりに携わる。昭和51年郷里の県庁に迎えられ、琵琶湖総合開発を担当。のち滋賀県企画部水政室総括補佐、レイカディア振興財団理事を経て、平成5年滋賀県健康福祉部長、8年総務部長。10年滋賀県知事に当選。2期目。
【著書】ただいま知事一年生((彦根)サンライズ出版'01)

久野 恒一　くの・こういち
参院議員(自民党)　医師　⑭昭和11年11月2日　⑮平成14年10月17日　⑰茨城県水戸市　㊻千葉大学大学院医学研究科(昭和43年)修士課程修了　㊾昭和49年茨城県西総合病院外科部長、56年恒貴会理事長を経て、協和中央病院長、全日本病院協会理事。平成2年民社推薦で茨城県議に当選、2期務めた。

10年自民党より参院議員茨城選挙区に当選。1期。厚生労働政務官を務めた。橋本派。　㊹囲碁

久野 孝保　くの・たかやす
大府市長　⑭昭和21年6月20日　㊻早稲田大学政経学部卒　㊾昭和46年大府市役所に入り、社会教育課長、企画部次長、市民部長を歴任。平成16年大府市長に当選。

久野 忠治　くの・ちゅうじ
衆院議員(自民党)　郵政相　⑭明治43年2月27日　⑮平成10年10月25日　⑰愛知県　㊻東海中(昭和4年)卒　㊿朝鮮民主主義人民共和国親善勲章第1級(平成1年)、勲一等旭日大綬章(平成3年)　㊾昭和24年以来愛知2区から衆院議員に14選。47年第2次田中内閣の郵政相に就任。同年日朝友好促進議員連盟を組織、長く会長を務め、北朝鮮との関係改善に努力。55年衆院公選法改正調査特別委員長。平成2年引退。
㊲日中友好協会(全国本部副会長)
㊸長男=久野統一郎(衆院議員)

久野 統一郎　くの・とういちろう
衆院議員(自民党)　⑭昭和12年4月2日　⑰愛知県知多市　㊻早稲田大学理工学部土木工学(昭和36年)卒　㊾日本道路公団調査役を経て、竹下登秘書となり、平成2年衆議院議員に当選。3期務めた。竹下派を経て、小渕派。12年引退。　㊸父=久野忠治(郵政相)
【評伝】政治家やめます。(小林照幸著 毎日新聞社'01)

久野 弘　くの・ひろし
東海市長　⑭大正14年12月3日　⑮平成14年10月7日　⑰愛知県　㊻名古屋大学工学部(昭和26年)中退　㊿勲四等瑞宝章(平成14年)　㊾昭和32年エルビーに入社し、46年社長。のち会長も務めた。60年以来東海市長に4期務め、平成13年引退。江戸時代の学者、細井平洲にち

なむ"平洲サミット"を開くなど、町おこしに取り組んだ。

久野 隆作　くの・りゅうさく
三浦市長　⊕昭和11年8月17日　⊕神奈川県三浦市　㊧慶応義塾大学法学部(昭和34年)卒　㊨昭和38年から三浦市議4期を経て、60年市長に当選。4期務める。平成13年引退。

久保 哲司　くぼ・てつじ
衆院議員(公明党)　⊕昭和21年11月27日　㊥平成15年6月10日　⊕大阪府　㊧大阪市立大学法学部(昭和45年)卒　㊨大阪府企業局空港推進課班長を経て、平成5年公明党から衆院議員に当選。3期。6年新進党結成に参加。10年1月自由党に参加。同年11月公明党再結成に参加。衆院国土交通委員長を務めた。

久保 敬　くぼ・ひろし
菱刈町(鹿児島県)町長　⊕大正14年1月28日　㊧鹿屋中(昭和18年)卒　㊨自治大臣表彰(昭和62年)　㊨兵役の後、昭和25年鹿屋市役所、28年読売新聞鹿児島支局員から34年菱刈町会議員となり、副議長を経て、50年町長。川内川上流河川改修期成同盟会長、鹿児島県土木協会長、県消防補償組合長などを歴任。先取りと躍動の町づくりを目指し、62年自治大臣表彰を受けた。

久保 亘　くぼ・わたる
参院議員(民主党)　蔵相　副総理　⊕昭和4年1月15日　㊥平成15年6月24日　⊕鹿児島県姶良郡姶良町　㊧広島文理科大学文学部(昭和27年)卒　㊨勲一等旭日大綬章(平成13年)　㊨高校教師、鹿児島県教組委員長を経て、昭和38年以来鹿児島県議に3選。49年社会党から参院議員に4選。平成2年党副委員長。5年8月非自民の細川連立政権樹立に尽力、同年9月党書記長。6年自民党、新党さきがけとの連立により村山内閣が誕生すると自衛隊合憲、日の丸・君が代容認など党の基本政策転換の牽引役を務めた。8年第一次橋本内閣の蔵相兼副総理に就任、住専処理に取り組んだ。同年社会党から社民党に党名変更したが、土井たか子党首との路線対立により離党。民主改革連合から10年民主党に参加。同党参院議員会長などを務め、13年引退。"野党の大蔵大臣"と呼ばれ、消費税廃止運動の際には"社党のミスター消費税"の異名をもった。
【著書】連立政権の真実(読売新聞社 '98)／いま、民主リベラル(久保亘、田原総一朗著 日本社会党機関紙局 '95)／くぼタンの消費税廃止奮戦記(日本社会党中央本部機関紙局 '90)

久保田 勇　くぼた・いさむ
宇治市長　⊕昭和23年5月12日　⊕京都府綴喜郡井手町　㊧田辺高(昭和42年)卒　㊨松下労組、宇治市議4期を経て、平成8年宇治市長に当選。3期目。

久保田 真苗　くぼた・まなえ
参院議員(社会党)　経済企画庁長官　⊕大正13年10月6日　⊕神奈川県横浜市　㊧慶応義塾大学法学部政治学科(昭和25年)卒　㊨昭和26年労働省に入省。婦人労働行政・年少労働行政に携わり、49年労働省婦人課長、50年総理府婦人問題担当初代室長を経て53年国連へ。婦人の地位向上部長として、57年までニューヨーク、ウィーンを舞台に活躍。58年参院選比例代表区(社会党)から当選。2期目。平成2〜3年党副委員長を務めを経て、5年細川内閣の経済企画庁長官に就任。7年引退。著書に「土曜日のめざまし時計」がある。　㊨読書,旅行,囲碁
【著書】北京につどう(久保田真苗、大脇雅子共著 日本社会党機関紙局 '94)
【評伝】続 わが道(藤田たき著 ドメス出版 '88)

熊谷 市雄　くまがい・いちお
衆院議員（自民党）　⊕昭和3年5月6日　⊕宮城県黒川郡大和町　⊕黒川農（昭和21年）卒　⊕旭日中綬章（平成15年）　⊕宮城県農政連会長、全国農政協副会長を経て、平成8年以来衆院議員に当選2回。三塚派を経て、森派。15年引退。

熊谷 喜一郎　くまがい・きいちろう
陸前高田市長　⊕明治37年4月23日　⊕平成7年4月9日　⊕岩手県陸前高田市　⊕広田村立高小（大正8年）卒　⊕勲四等瑞宝章（昭和49年）、勲三等瑞宝章（昭和62年）　⊕昭和22年広田村長（2期）、30年陸前高田市助役を経て、38年以来陸前高田市長に6選。62年2月引退。

熊谷 国彦　くまがい・くにひこ
大田市長　⊕昭和3年2月1日　⊕海兵卒　⊕昭和33年から大田市議2期を経て、平成元年大田市長に当選。4期目。

熊谷 太三郎　くまがい・たさぶろう
参院議員（自民党）　福井市長　元・熊谷組会長　実業家　⊕明治39年11月3日　⊕平成4年1月15日　⊕福井県福井市　⊕京都帝大経済学部（昭和5年）卒　⊕紺綬褒章（昭和13年）、藍綬褒章（昭和32年）、BCS賞（昭和33年）　⊕昭和8年福井市議会議長を経て、20年10月〜34年福井市長を務めた。20年の福井大空襲や23年の福井大地震で壊滅した福井市を、道路計画を立て、下水道整備を進め、下水道普及率全国一の都市に再生させた。37年参院議員に転じ、連続5選。この間、52年福田内閣で科学技術庁長官に就任。一方、家業の熊谷組に入り、副社長を経て、昭和15年社長、43〜52年会長を歴任。アララギ派の歌人としても知られ、歌集に「しづかな春」「雪明」などがある。　⊕短歌、随筆　⊕父＝熊谷三太郎（熊谷組創業者）、長男＝熊谷太一郎（熊谷組会長）

熊谷 弘　くまがい・ひろし
保守新党代表　衆院議員（保守新党）　内閣官房長官　⊕昭和15年6月26日　⊕静岡県水窪町　⊕一橋大学社会学部（昭和39年）卒　⊕昭和39年通商産業省に入省。官房秘書課、中小企業庁長官官房総務課などを経て、52年自民党から参院議員に当選。58年衆院に転じ、6選。竹下派、羽田派を経て、平成5年6月新生党結成に参加。同年8月細川内閣の通産相に就任。6年羽田内閣では官房長官となる。同年12月新進党、8年12月太陽党結成に参加。10年民政党を経て、民主党に合流。11年9月党幹事長代理、14年9月副代表。同年12月保守党議員らとともに保守新党を結成、代表に就任。15年の総選挙では無所属新人候補に敗れ落選。保守新党も解散時の半数以下の4議席しか獲得できず、党代表を辞任、党は解党し自民党に合流。その後、公設第1秘書の選挙違反が発覚。16年4月東京高裁は連座制適用を求めた行政訴訟で静岡7区からの立候補を禁じる判決を下した。　⊕バードウォッチング
http://www.kumagai.ne.jp/
【著書】新しい中道主義（PHP研究所'99）／明日への政治（経営ビジョン・センター'81）

熊川 次男　くまかわ・つぎお
衆院議員（自民党）　元・日弁連副会長　弁護士　⊕昭5.11.10　⊕群馬県吾妻郡嬬恋村　⊕中央大学卒、早稲田大学大学院（昭和34年）修士課程修了　⊕県議、群馬弁護士会長、日弁連副会長を経て、昭和54年衆院議員に当選。当選4回。中曽根派を経て、渡辺派。平成2年、8年落選。のち民主党に転じる。12年落選。　⊕娘＝吉川真由美（群馬県議）

熊川 好生　くまがわ・よしお
浦安市長　⊕昭和7年7月10日　⊕平成14年2月15日　⊕千葉県　⊕両国高（昭和26年）卒　⊕藍綬褒章（平成6年）

[歴]昭和44年から浦安町長に2選。56年市制施行で市長となり、平成10年まで4期つとめた。この間、埋め立て事業や東京ディズニーランドの誘致に尽力した。

熊倉 信夫 くまくら・のぶお
中条町(新潟県)町長 [生]大正14年6月11日 [出]新潟県北蒲原郡中条町 [学]海軍兵学校(昭和20年)卒 [歴]昭和24年中条高校の講師を務めたのち、新潟県中条町役場へ。27年教育委員会書記、31年教育長、38年助役。43年以来中条町長に9選。63年5月町内に南イリノイ大学新潟分校を開校させた。平成16年9月落選。 [趣]読書，園芸

熊坂 義裕 くまさか・よしひろ
宮古市長 医師 [専]糖尿病学 感染症学 化学療法学 [生]昭和27年1月10日 [出]福島県福島市 [学]弘前大学医学部医学科(昭和53年)卒 医学博士(弘前大学)(昭和60年) [興]糖尿病患者の易感染性; β - ラクタマーゼ誘導と薬剤耐性 [歴]弘前大学医学部第3内科助手を経て、昭和60年9月より岩手県立宮古病院第一内科科長をつとめた。のち熊坂内科医院院長。平成5年宮古市長選に立候補するが落選。9年当選。2期目。11年介護支援専門員試験に合格。 [団]日本内科学会，日本糖尿病学会，日本感染症学会，日本化学療法学会 [趣]読書，旅行

熊代 昭彦 くましろ・あきひこ
衆院議員(自民党 岡山2区) [専]年金問題 [生]昭和15年2月21日 [出]岡山県 [学]東京大学法学部(昭和38年)卒，ウィスコンシン大学大学院 政治学修士(ウィスコンシン大学) [歴]昭和38年厚生省に入省。42年ウィスコンシン大学大学院留学。厚生大臣秘書官、国連人口活動基金政策部政策課長、年金局資金課長、援護局庶務課長等を経て、60年総務庁長官官房地域改善対策室長、のち厚生省人事課長、平成元年6月官房審議官、2年6月総務審議官、3年7月援護局長を歴任。4年1月退官。5年衆院選に旧岡山1区から立候補し、当選。4期目。14年1月小泉内閣の内閣副大臣。旧小渕派を経て、橋本派。共著に「日本とアメリカの年金制度」。 http://www.sam.hi-ho.ne.jp/kumashiro/;http://www2u.biglobe.ne.jp/~AKICHAN/index.html
【著書】私が総理になったら(ぎょうせい '03)／福祉の心 政治の心〈PART2〉(中央法規出版 '96)／福祉の心 政治の心(中央法規出版 '92)／同和問題解決への展望(中央法規出版 '88)

隈元 新 くまもと・しん
大口市長 [生]昭和25年1月6日 [出]鹿児島県大口市 [学]立命館大学経営学部(昭和48年)卒 [歴]大口市議を経て、平成7年大口市長に当選。3期目。 [趣]俳句，ジョギング

熊本 哲之 くまもと・のりゆき
世田谷(東京都)区長 [生]昭和6年6月4日 [出]広島県呉市 [学]中央大学法学部政治学科卒 [歴]昭和52年から東京都議に6選。平成7年議長。15年世田谷区長に当選。

蔵内 修治 くらうち・しゅうじ
参院議員(自民党) [生]大正7年3月8日 [没]平成5年12月29日 [出]福岡県築城町 [学]東京帝大国史学科(昭和17年)卒 [歴]電源開発調査役などを経て、昭和33年以来衆院議員に6選。労働、外務政務次官、衆院商工委員長、衆院内閣常任委員長を歴任し、55年参院議員となる。61年引退。

倉田 栄喜 くらた・えいき
衆院議員(公明党) 弁護士 [生]昭和24年11月13日 [出]熊本県天草郡 [学]創価大学法学部(昭和55年)卒 [歴]東京の新麹町法律事務所で弁護士を務めた後、熊本へ。平成2年公明党から衆院議員に当選。6年新進党、10年1月新党平和、同年11月新公明党結成に参加。3期務めた。12年引退。 [団]東京弁護士会

倉田 薫 くらた・かおる

池田市長 [生]昭和23年5月19日 [出]大阪府 [学]関西大学法学部(昭和47年)卒 [歴]池田JC理事長、池田市議、同市会議長を経て、平成7年池田市長に当選。3期目。大阪府市長会副会長、日本下水道協会大阪府支部長も務める。 [趣]読書

【著書】首長の使命(ミッション)(情報センター出版局 '02)

倉田 弘 くらた・ひろし

つくば市長 [生]昭和5年9月21日 [出]茨城県つくば市 [学]土浦中学(現・土浦一高)(昭和23年)卒 [歴]茨城県桜村(現・つくば市)助役を経て、昭和58年同村長に初当選。63年筑波研究学園都市の4町村が合併して誕生したつくば市の初代市長に就任。平成3年落選。 [家]父=倉田辰之助(茨城県会議長)

倉田 寛之 くらた・ひろゆき

参院議員(無所属) 自治相 [生]昭和13年4月9日 [出]千葉県松戸市 [学]成城大学経済学部(昭和38年)卒 [歴]昭和42年千葉県議4期、51年県会議長を経て、58年参院議員に当選、4期目。平成3年三塚派を離脱し、加藤グループに加わる。8年橋本内閣の自治相に就任。11年7月まで参院予算委員長もつとめた。14年4月参院議長に就任。11年3月村上・亀井派入り、7月江藤・亀井派を経て、亀井派。のち無所属。 [趣]陸上競技，テニス，水泳，サッカー，将棋，囲碁 [家]父=倉田保(千葉県議)

倉田 雅年 くらた・まさとし

衆院議員(自民党 比例・東海) 弁護士 [生]昭和14年7月10日 [出]静岡県清水市 [学]東京大学法学部(昭和41年)卒 [歴]昭和40年弁護士開業。57年静岡県弁護士会副会長、平成2年から清水庵原地区調停協会副会長。8年衆院選に自民党から立候補。12年当選。2期目。旧橋本派。 [趣]囲碁(日本棋院5段) http://www.mars.sphere.ne.jp/kurata/

【著書】日本経済の羅針盤(南雲堂 '94)

倉田 安雄 くらた・やすお

豊後高田市長 [生]大正12年5月27日 [出]大分県速見郡山香町 [学]別府中(旧制)卒 [賞]勲四等旭日小綬章(平成13年) [歴]豊後高田市助役、大分県林業水産部長、県住宅供給公社理事長などを経て、昭和58年以来豊後高田市長に4選。平成10年引退。

倉知 克己 くらち・かつみ

江南市長 [生]大正8年3月20日 [没]平成7年9月21日 [出]愛知県江南市 [学]東京農業大学通信教育部卒 [賞]勲八等瑞宝章(昭和15年)，愛知県知事表彰(昭和59年)，勲四等旭日小綬章(平成3年) [歴]昭和30年から江南市議6期、市会議長などを務め、62年4月江南市長に無投票で当選。1期つとめた。

倉成 正 くらなり・ただし

衆院議員(自民党) [生]大正7年8月31日 [没]平成8年7月3日 [出]長崎県長崎市 [学]東京帝国大学法学部政治学科(昭和16年)卒 [賞]レオポルド2世大十字勲章(ベルキー)(平成4年)，フランス国家功労勲章(グランド・オフィシェ・ド・オルドル・ド・メリット)(平成4年)，勲一等旭日大綬章(平成5年) [歴]東洋高圧、長崎県農地農林部長などを経て、昭和33年衆院議員に当選。自民党政調副会長、49年第2次田中内閣の経企庁長官を歴任。61年第3次中曽根内閣の外相に就任。当選12回。渡辺派会長代行をつとめた。平成5年引退。 [家]父=倉成庄八郎(衆院議員)，息子=倉成正和(衆院議員)

【評伝】平成維新に挑む憂国の志士たち(村上薫著 紀尾井書房'90)／政界趣味の紳士録(田崎喜朗編著 政経通信社'89)

倉成 正和 くらなり・まさかず
衆院議員(自民党) ⊕昭和26年8月6日 ⊕長崎県 ⊕早稲田大学大学院理学研究科修了，マサチューセッツ工科大学大学院政治学(昭和58年)修士課程修了，ハーバード大学国際問題研究所 ⊕富士通にエンジニアとして入社するがシステムエンジニアに飽き足らず，マサチューセッツ工科大学大学院に留学。さらに昭和56年ハーバード大学国際問題研究所客員研究員となり，エズラ・ボーゲル教授のもとで「日米関係のプログラム」に取り組む。57年富士通に戻るが，61年春退社，父・倉成正代議士の秘書官となり，同年，父の外相着任後の外遊にも同行した。平成10年衆院長崎1区の補選で当選。旧渡辺派を経て，同年12月山崎派に参加。12年、15年落選。 ⊕父＝倉成正(衆院議員)，祖父＝倉成庄八郎(衆院議員)

栗川 仁 くりかわ・じん
黒磯市長 ⊕昭和19年1月9日 ⊕那須農卒 ⊕黒磯市議，市議会長を経て，平成15年市長に当選。

栗田 幸雄 くりた・ゆきお
福井県知事 ⊕昭和5年4月6日 ⊕福井県鯖江市 ⊕東京大学法学部(昭和28年)卒 ⊕旭日大綬章(平成16年) ⊕自治省に入省。滋賀県や茨城県に出向したあと，昭和40年自治省税務局市町村税課長補佐，46年宮崎県総務部長，49年自治省税務局市町村税課長，51年固定資産税課長，52年福井県副知事を歴任。62年4月自社公民4党の推薦をうけて福井県知事に当選。4期務め，平成15年引退。
【評伝】地方分権化の旗手たち(童門冬二著 実務教育出版'96)／地方よ、アクティブに甦れ!(角間隆著 ぎょうせい'90)

栗林 卓司 くりばやし・たくじ
参院議員(民社党) ⊕昭和6年3月8日 ⊕平成9年9月21日 ⊕宮城県仙台市 ⊕東北大学法学部(昭和29年)卒 ⊕昭和29年日産自動車入社。39年日産労組情宣部長，40年副組合長，41年自動車労連情宣局長，43年副会長を経て，46年参院議員に全国区(後に比例区)から当選。3期。平成元年引退。

栗林 次美 くりばやし・つぐみ
大曲市長 ⊕昭和23年2月25日 ⊕秋田県大曲市 ⊕上智大学経済学部卒 ⊕代議士秘書を経て，昭和62年秋田県議に当選。社会党を経て，無所属。通算3期。この間、2年、5年衆院選に立候補。平成15年大曲市長に当選。 ⊕囲碁，スポーツ ⊕父＝栗林三郎(衆院議員)

栗原 君子 くりはら・きみこ
参院議員(新社会党) ⊕昭和21年1月13日 ⊕広島県世羅郡世羅西町 ⊕安田女子高卒 ⊕熊野町議，社会党広島県組織部長，同県副委員長などを経て，県原水禁理事，護憲・ヒロシマの会委員。平成4年社会党から参院議員に当選。8年1月の社会民主党への移行には参加せず，同年3月新社会党の結成に参加。10年、13年落選。

栗原 敬三 くりはら・けいぞう
板橋区(東京都)区長 ⊕大正1年9月15日 ⊕東京 ⊕日本大学専門部(昭和10年)卒 ⊕勲三等瑞宝章(平成3年) ⊕昭和10年東京市臨時国勢調査部に入る。戦後、21年板橋区総務課に移り，教育長，助役を経て，54年板橋区長に当選。3期つとめ，平成3年引退。

栗原 孝 くりはら・たかし
大牟田市長 ⊕昭和13年10月15日 ⊕神奈川県 ⊕中央大学法学部法律学科(昭和36年)卒 ⊕大牟田市助役を経て，平成7年から大牟田市長に2選。15年落選。 ⊕庭いじり，囲碁，読書

くりは

栗原 博久　くりはら・ひろひさ
衆院議員（自民党）　⑭昭和22年3月23日　⑭新潟県新津市　⑭新潟大学農学部（昭和44年）卒　⑭昭和44年新潟県職員、48年旗野進一代議士秘書などを経て、平成5年より衆院議員に3選。15年小泉第2次改造内閣の農水副大臣に就任。15年民主党の新人候補に破れ落選。亀井派。
⑭歴史探訪，読書，園芸

栗原 裕康　くりはら・ひろやす
衆院議員（自民党）　⑭昭和23年12月14日　⑭静岡県　⑭慶應義塾大学経済学部（昭和47年）卒　⑭昭和47年三光汽船に入社。55年より父・栗原祐幸衆院議員の秘書を務める。その傍ら三島青年会議所の役員を務め、62年理事長に就任。平成3年静岡県議に当選。5年から衆院議員に2選。10年12月宮沢派を離脱し河野グループに参加。12年、15年落選。　⑭読書，散歩，旅行，料理　⑭父＝栗原祐幸（衆院議員）　http://www.izu.co.jp/~kurihara/

栗原 雅智　くりはら・まさとも
富士吉田市長　⑭昭和16年7月3日　⑭山梨県　⑭法政大学経営学部卒　⑭富士吉田市議を経て、平成3年山梨県議に当選。1期。7年富士吉田市長に当選。11年落選。

栗原 勝　くりはら・まさる
浜松市長　⑭大正13年10月3日　⑭三重県　⑭東京工業大学建築学科（昭和22年）卒　⑭勲二等瑞宝章（平成12年）　⑭昭和23年浜松市役所に入る。35年企画課長、42年企画調整部長、44年財政部長、50年収入役を経て、54年市長に当選。6期務め、平成11年引退。全国市長会会長、静岡県市長会会長なども歴任。

栗原 稔　くりはら・みのる
秩父市長　⑭昭16.9.26　⑭埼玉県秩父市　⑭日本大学工学部（昭和40年）卒　⑭昭和54年から埼玉県議に5選。平成6年議長に就任。10年参院選埼玉選挙区に立候補するが、落選。15年秩父市長に当選。

栗原 祐幸　くりはら・ゆうこう
衆院議員（自民党）　防衛庁長官　労相　⑭大正9年6月5日　⑭静岡県三島市　⑭東京帝国大学法学部（昭和19年）卒　⑭勲一等旭日大綬章（平成8年）　⑭静岡県農協役員などを経て、昭和37年から参院議員に2回当選。その間通産政務次官、大蔵常任委員長を歴任。47年以来衆院議員に7回当選。この間衆院外務常任委員長、大平内閣労働大臣、衆院予算常任委員長、第1次、第3次の中曽根内閣防衛庁長官を歴任。宮沢派。5年引退。　⑭長男＝栗原裕康（衆院議員）
【著書】手紙から読む人生（栗原祐幸；（静岡）静岡新聞社〔発売〕'98）／本音の政治（（三島）栗原祐幸；静岡新聞社〔発売〕'93）／大平元総理と私（広済堂出版 '90）

栗村 和夫　くりむら・かずお
参院議員（社会党）　⑭大正13年10月8日　⑭平成4年1月25日　⑭宮城県遠田郡小牛田町　⑭宇都宮農専林業科（昭和20年）卒　⑭河北新報社最優秀賞、毎日郷土堤言賞第1席（第5回）（昭和54年）　⑭社会党宮城県連文化部長、総務局長を経て、昭和41年以来小牛田町長に6選。全国革新町村会会長もつとめる。平成元年参院議員に初当選、1期。

栗本 慎一郎　くりもと・しんいちろう
衆院議員（自由連合）　⑭経済人類学　⑭昭和16年11月23日　⑭東京　⑭慶応義塾大学経済学部卒、慶応義塾大学大学院経済学研究科経済史専攻（昭和46年）博士課程修了　⑭生命と血液,トルコ系民族と日本　⑭天理大学専任講師、ノースウェスタン大学客員教授、奈良

県立短期大学助教授を経て、昭和57年明治大学教授。平成3年～4年12月ミネソタ州立大学秋田校教授。4年11月自ら栗本慎一郎自由大学（東京・武蔵野市）を設立、学長に就任。のち嘱託で東京農業大学教授、帝京大学客員教授などを務める。カール・ポランニーの紹介者として一躍注目された経済人類学の第一人者。一方、クイズやトーク番組に出演するなど、幅広く活躍。5年衆院議員に当選。選挙後、新生党に入党。6年新進党結成に参加せず、自由連合に参加し、7年11月自民党に入党。三塚派を経て、森派。11年4月の東京都知事選で無党派から出馬の舛添要一候補者の支援を表明し、自民党本部から批判を受ける。のち同候補との協力関係を解消。同年6月離党届を提出するが、全会一致の除名処分を受ける。同年12月自由連合入り。同年10月脳こうそくで倒れ、リハビリの末、政界に復帰。12年落選。2期務めた。著書に「幻想としての経済」「パンツをはいたサル」「経済人類学」「ブダペスト物語」「明大教授辞職始末」「間違いだらけの大学選び」「脳にマラカスの雨が降る」「血栓を溶かし脳梗塞を予防しよう」「脳梗塞、糖尿病を救うミミズの酵素」などがある。 ⊕日本文化人類学会，日本記号学会（理事） ⊕ゴルフ ⊕父＝栗本一夫（最高裁判所） http://www.homopants.com
【著書】現代政治の秘密と構造（東洋経済新報社'99）／自民党の研究（光文社'99）／「保守革命」宣言（栗本慎一郎、安倍晋三、衛藤晟一著 現代書林'96）／入り口を間違えた日本（栗本慎一郎、加藤典洋ほか著 光文社'95）／闘論 政治はこう動く（栗本慎一郎、舛添要一著 講談社'94）／ニッポンの終焉（講談社'93）／成り行き大国ニッポン（徳間書店'93）／大転換の予兆（東洋経済新報社'92）／かくして日は昇る（文芸春秋'91）
【評伝】パンツをはいたサル、国会へ行く（栗本慎一郎事務所編 光文社'93）

栗山 志朗　くりやま・しろう
備前市長 ⊕昭和12年1月23日 ⊕岡山県備前市 ⊕備前高（昭和30年）卒 ⊕備前市商工会議所専務理事を経て、平成7年備前市長に当選。3期目。 ⊕読書

栗山 正隆　くりやま・まさたか
亀岡市長 ⊕昭和20年6月23日 ⊕京都大学農学部卒 ⊕昭和43年京都府庁に入る。亀岡地方振興局農務係長、企画環境部環境企画課長などを経て、平成12年農林水産部長。15年亀岡市長に当選。

黒岩 宇洋　くろいわ・たかひろ
参院議員（無所属　新潟） ⊕昭和41年10月13日 ⊕東京都 ⊕東京大学法学部中退 ⊕大学在学中から旧建設省の外郭団体に勤める。介護福祉機器会社勤務を経て、母である黒岩秩子参院議員の公設秘書、黒岩地域福祉研究所代表取締役などを務める。平成13年千葉県知事に立候補したテレビディレクターの堂本暁子の選挙活動にボランティアとして携わり、堂本知事誕生に貢献。14年4月参院新潟補選では民主、社民などの推薦を受け、自民党公認候補らを大差で破り当選を果たす。 ⊕母＝黒岩秩子（参院議員）

黒岩 秩子　くろいわ・ちずこ
参院議員（無所属） ⊕教育 性差 政治学 ⊕昭和15年1月4日 ⊕愛知県名古屋市 北大路 ⊕東京大学理学部数学科（昭和38年）卒 ⊕障害者問題；登校拒否；女性問題；生きること一般 ⊕昭和35年学生運動で知り合った夫と結婚。大学卒業後の38年京華女子高校教諭、43年東京都立杉並高校教諭をつとめるが、自分の子を持って子供に興味を持ち、45年保母に転職。調布市保恵学園保育園保母となる。46年新潟に引っ越し、浦佐保育所保母となり、以後、18年間町立保育所保母。平成2年自宅にて登校拒否児・障害児・障害者を含む大地塾を経営。7年参院選比例区に新党さきがけ

から立候補。10年大地塾を閉鎖。13年3月参院議員に繰り上げ当選したが、すでに新党さきがけは解党していた。同年7月落選。7人の子どもの母親でもある。著書に「おお子育て」「へびも毛虫もお友だち」「育て合い家族」など。
[団]大和町共に育つ会，登校拒否を考える全国ネット，行動する女たちの会
[家]長男＝黒岩宇洋（参院議員）
【著書】7人の母、国会を行く（築地書館'02）

黒氏 博実　くろうじ・ひろみ
恵庭市長　[生]昭和21年6月8日　[出]北海道恵庭市　[学]中京大学商学部卒
[歴]恵庭市役所に約28年間勤め、総務課長、企画調整課長などを務める。平成9年恵庭市長に当選。2期目。
[趣]ゴルフ

黒木 健二　くろき・けんじ
日向市長　[生]昭和18年1月24日　[出]宮崎県　[学]法政大学法学部（昭和40年）卒
[歴]延岡市助役、宮崎県農政水産部長を経て、平成16年日向市長に当選。

黒木 博　くろき・ひろし
宮崎県知事　[生]明治40年2月10日　[没]平成13年12月24日　[出]宮崎県西都市
[学]宇都宮高農農政経済科（昭和2年）卒
[賞]マグサイサイ賞（昭和49年），アギラアステカ勲章（メキシコ）（昭和50年），勲一等瑞宝章（平成3年）　[歴]宮崎県庁に入り、民生労働部長、総務部長兼企業局長を経て、昭和30年副知事に就任。34年の知事選で当選を果たし、以来6期にわたって県政を担当。この間、沿道修景美化条例を日本で最初に制定、道路沿いに花木の植栽を進めた。しかし、県の土木工事にからむ汚職事件が明るみに出て、54年受託収賄の容疑で逮捕され、辞任。

黒坂 正則　くろさか・まさのり
富津市長　[生]大正13年8月25日　[出]千葉県　[学]東京大学第二工学部土木工学科卒　[賞]勲四等旭日小綬章（平成8年）
[歴]昭和23年千葉県庁に入り、土木部長、千葉県住宅供給公社理事長などを経て、58年富津市長に当選。3期務め、平成7年落選。

黒沢 丈夫　くろさわ・たけお
上野村（群馬県）村長　[生]大正2年12月23日　[出]群馬県多野郡上野村　[学]海兵卒
[賞]旭日重光章（平成16年）　[歴]昭和12年海軍少尉として海軍航空隊に入り、零戦のパイロットとして中国や南方の戦線を転戦。終戦時少佐。戦後故郷に戻り、椎茸づくりを村に導入。40年上野村村長に初当選し、連続10期目。群馬県町村会会長、全国町村会会長、関東町村会長、上野村の森林組合長や農協組合長なども務める。60年8月の日航機墜落事故の際、捜索や遺体収容などに尽力。61年"慰霊の園"を設立。また平成4年開始の山村留学・かじかの里学園に取り組む。
【著書】道を求めて（シグマユニオン;オーク出版サービス〔発売〕'96）
【評伝】それからの時（朝日新聞社会部著　朝日新聞社'92）

黒須 隆一　くろす・りゅういち
八王子市長　[生]昭和17年1月20日　[出]東京　[学]武蔵大学経済学部経営学科卒
[歴]八王子市議3期を経て、平成5年より東京都議を2期務めた。12年八王子市長に当選。2期目。

黒瀬 喜多　くろせ・きた
大潟村（秋田県）村長　[生]昭和19年11月21日　[出]中国・北京　[歴]昭和40年滋賀県庁に入り、生活改良普及員として農村を回る。50年八郎潟を干拓してできた秋田県の大潟村に第5次入植。平成12年村長選に立候補し当選、減反政策反対派から初の村長誕生となった。2期目。

黒田 昭 くろだ・あきら
西都市長 [生]昭和2年6月6日 [出]宮崎県 [学]宮崎大学農学部卒 [賞]勲四等瑞宝章（平成14年） [歴]西都市助役を経て、平成元年同市長に当選。3期務め、13年引退。

黒田 穣一 くろだ・じょういち
大牟田市長 [生]大正13年7月10日 [没]平成10年3月17日 [出]福岡県大牟田市 [学]日大法文学部法律学科（昭和22年）卒 [歴]昭和22年商工省入省。通産省公益事業課長、福岡通産局商工部長を歴任後、47年福岡県商工水産部長に転じる。54年大牟田市長に当選。2期目在任中の61年12月公共事業に絡む汚職事件に関わったとして収賄容疑で逮捕され辞任した。

黒見 哲夫 くろみ・てつお
境港市長 [生]昭和7年3月22日 [出]鳥取県 [学]境中（旧制）中退 [歴]境港市助役を経て、平成元年市長に当選。4期目。

黒柳 明 くろやなぎ・あきら
参院議員（新進党） [生]昭和6年6月19日 [出]東京都新宿区 [学]早稲田大学文学部英文科（昭和28年）卒 [歴]聖教新聞勤務を経て、昭和40年以来参院議員に5選。公明党副委員長。55年参院運輸委員長をつとめる。平成6年新進党結成に参加。7年の参院選は出馬せず、8年の衆院選に出馬したが落選。

桑江 朝幸 くわえ・ちょうこう
沖縄市長 [生]大正7年2月3日 [没]平成5年12月16日 [出]沖縄県沖縄市 [学]沖縄県立農林（昭和11年）卒 [賞]勲三等瑞宝章（平成3年） [歴]昭和53年から沖縄市長に3選。平成2年落選。

桑島 博 くわしま・ひろし
盛岡市長 [生]昭和7年8月14日 [出]岩手県盛岡市 [学]岩手大学農学部農業工学科（昭和30年）卒 [歴]昭和30年盛岡市役所に入り、47年土木課課長、49年財政課課長、54年財政部次長、同年部長を経て、62年助役。平成7年から盛岡市長に2選。15年落選。 [趣]散歩，盆栽

桑名 義治 くわな・よしはる
参院議員（公明党） [生]昭5.3.18 [出]福岡県北九州市 [学]明治大学法学部（昭和31年）卒 [歴]昭和42年福岡県議、44年衆院議員を経て、49年参院議員に当選。2期。61年落選。

桑野 照史 くわの・てるふみ
筑後市長 [生]昭和19年5月3日 [出]福岡県 [学]早稲田大学政経学部（昭和43年）卒 [歴]福岡県議を経て、平成13年筑後市長に当選。

桑原 敬一 くわはら・けいいち
福岡市長 労働事務次官 [専]労政・労働問題 [生]大正11年9月28日 [没]平成16年1月9日 [出]福岡県太宰府市 [学]東京大学法学部（昭和23年）卒 [賞]勲一等瑞宝章（平成12年） [歴]陸軍主計少尉として学徒出陣。昭和22年第1回監督官試験に合格し、23年労働省（現・厚生労働省）に入省。職業安定局失業対策部長、労働大臣官房長、労働基準局長などを経て、54年労政局長から事務次官に。56年退官。この間、熊本・福岡両県庁に出向し、48年には当時の亀井光福岡県知事に請われて、2年間同県副知事を務めた。58年労働省の外郭団体として“パソコン技士”をつくる中央職業能力開発協会理事長に就任。59年から福岡市の政務担当助役を経て、61年保守・中道の推薦で市長に当選。3期。平成10年落選し、山崎市政下で同市特別顧問に就任。11年市長時代に建設構想を提案した博多座の顧問となり、同年5月福岡市博物館館長に就任。市長在任中は九州市長

会会長、地方分権推進委員会委員、5～7年全国市長会会長を歴任した。
【評伝】福岡はなぜ元気か（毎日新聞福岡総局編（福岡）葦書房'00）

桑原 敏武 くわはら・としたけ
渋谷（東京都）区長 ⓖ昭和10年6月22日 ⓖ慶応義塾大学卒 ⓖ渋谷区西原図書館長、教育委員会社会教育部長、企画部長、渋谷区助役を歴任。平成15年区長に当選。

桑原 富雄 くわばら・とみお
西条市長 ⓖ大12.5.26 ⓖ愛媛県西条市 ⓖ西条農（昭和16年）卒 ⓖ勲四等瑞宝章（平成8年） ⓖ広島国税局、昭和17年華北交通を経て、22年西条市役所に入る。45年助役を経て、54年市長に4選。 ⓖ読書，囲碁

桑原 秀雄 くわばら・ひでお
三宅村（東京都）村長 ⓖ東京都世田谷区 ⓖ法政大学文学部卒 ⓖ昭和24年都立農芸高校三宅分校（現・三宅高校）国語教諭となり、通算30年近く同校で勤務。58年当初から米軍機の夜間発着訓練（NLP）空港建設の反対運動にかかわり、61年の補選で村議に初当選、63年再選。同年から反対する会の会長。平成3年の村長選で前村長で教え子に当たる寺沢晴男を破り初当選した。
【著書】島ものがたり（白楽 '92）

桑原 允彦 くわはら・まさひこ
鹿島市長 ⓖ昭和20年8月22日 ⓖ佐賀県鹿島市高津原 ⓖ久留米高専中退 ⓖ平成2年鹿島市長に当選。4期目。地域振興アドバイザーを務める。

桑原 豊 くわばら・ゆたか
衆院議員（民主党） ⓖ昭和20年10月14日 ⓖ石川県 ⓖ早稲田大学法学部（昭和44年）卒 ⓖ全労済石川県本部理事を経て、石川県職労委員長、自治労県委員長。平成3年から石川県議に2選。8年民主党より衆院選に当選、2期つとめた。15年落選。 http://www.kuwabarayutaka.net/

郡司 彰 ぐんじ・あきら
参院議員（民主党　茨城） ⓖ昭和24年12月11日 ⓖ茨城県 ⓖ明治学院大学中退 ⓖ平成元年茨城県農協労連書記長、4年県労センター専務理事を経て、10年民主党県副代表。同年参院議員に民主党から当選。2期目。

郡司 啓 ぐんじ・けい
門別町（北海道）町長 ⓖ昭和9年12月26日 ⓖ旧樺太 ⓖ静内高卒 ⓖ昭和30年門別町役場に入り、企画商工課長などを経て、平成6年門別町長に当選。同町の北海道門別軽種馬トレーニングセンターの競馬場化のため、8年日高、胆振、十勝の自治体や農業団体ともに、第3セクターのホッカイドウ競場振興株式会社を設立。3期目。

【け】

毛塚 吉太郎 けずか・きちたろう
佐野市長 ⓖ昭和3年7月12日 ⓖ平成13年8月30日 ⓖ栃木県佐野市 ⓖ佐野中（旧制）卒 ⓖ佐野市議3期を経て、昭和54年以来栃木県議に3選。平成3年佐野市長に当選、3期。5年"こどもの街"の宣言、12年無料の遊戯施設・佐野市こどもの国を開設するなど幼児育成に重点を置く施策を進めた。 ⓖ読書，写真

煙山 力 けむりやま・つとむ
文京（東京都）区長 ⓖ昭和13年11月28日 ⓖ秋田県 ⓖ東北大学中退 ⓖ専門学校理事。文京区議、議長を経て、平成11年文京区長に当選。2期目。

源田 実　げんだ・みのる
参院議員（自民党）　防衛庁航空幕僚長　⊕明治37年8月16日　⊖平成1年8月15日　⊕広島県山県郡加計町　⊖海兵（第52期）（大正13年）卒、海大（昭和12年）卒　⊖リー・ジョン・オブ・メリット勲章（アメリカ）（昭和37年）、勲二等瑞宝章（昭和49年）、勲二等旭日重光章（昭和56年）　⊖昭和16年海軍第1艦隊参謀として真珠湾攻撃の計画に参加、その後第343航空隊司令をつとめ、大佐で終戦。名パイロットで知られ、「源田サーカス」の異名をとった。戦後防衛庁に入り、34年航空幕僚長。37年以来全国区から参院議員に当選4回。この間、43年自民党政調会国防部会長、59年裁判官弾劾裁判所裁判長に就任。61年7月引退。
⊖少林寺拳法（4段）　⊖兄＝源田松三（加計町町長）
【著書】平和の探究（自由派青年の集い；善本社〔発売〕'90）

玄葉 光一郎　げんば・こういちろう
衆院議員（民主党　福島3区）　⊕昭和39年5月20日　⊕福島県　⊖上智大学法学部（昭和62年）卒　⊖昭和62年松下政経塾生を経て、酒造会社に勤務。平成3年福島県議に当選。5年無所属で衆院議員に当選。同年12月新党さきがけに入党。8年民主党に参加。4期目。
http://www.kgenba.com/

【こ】

小池 晃　こいけ・あきら
参院議員（共産党　比例）　⊕昭和35年6月9日　⊕東京　⊖東北大学医学部（昭和62年）卒　⊖代々木病院に医師として勤務、全日本民医連理事を務める。平成10年参院議員に共産党から当選。2期目。
http://www.a-koike.gr.jp/

【著書】どうする日本の年金（新日本出版社'04）／これからどうする！介護と医療（新日本出版社'01）

小池 清彦　こいけ・きよひこ
加茂市長　⊕昭和12年2月22日　⊕新潟県加茂市　⊖東京大学法学部（昭和35年）卒　⊖昭和35年防衛庁に入り、防衛大学校総務部長、防衛大学校学術・教育振興会理事長、防衛庁官房防衛審議官などを経て、62年技術研究本部副本部長、平成元年6月調達実施本部副本部長、2年7月防衛研究所長、同年11月教育訓練局長に就任。4年6月退官。7年加茂市長に当選。3期目。

小池 保　こいけ・たもつ
中津川市長　⊕明治42年9月16日　⊖平成5年1月4日　⊕岐阜県中津川市　⊖京都帝大農学部農林経済学科（昭和6年）中退　⊖勲三等瑞宝章（平成1年）　⊖昭和8年農林省入省。43年中津川市助役となり、51年から市長に3選。63年引退。

小池 春光　こいけ・はるみつ
萩市長　⊕大正13年4月11日　⊖平成5年8月24日　⊕山口県萩市　⊖明治大学政経学部中退　⊖昭和27年北部海区漁業調整委員、38〜58年萩市議に連続5選。市立病院、市庁舎、公共下水の各特別委員長、正副議長を歴任。62年萩市長に初当選、2期つとめた。

小池 政臣　こいけ・まさおみ
三島市長　妙法華寺貫首　僧侶　⊕昭15.9.13　⊕静岡県三島市　⊖慶応義塾大学法学部政治学科（昭和39年）卒　⊖紺綬褒章（昭和40年）　⊖昭和42年三島市議を経て、静岡県議に3選。平成7年の県議選には出馬せず、8年衆院選に立候補。10年三島市長に当選。2期目。
【著書】できることはすぐやる！（海象社'02）

小池 正勝 こいけ・まさかつ
参院議員(自民党 徳島) ㊐昭和27年1月17日 ㊚東京都 ㊫東京大学法学部(昭和50年)卒 ㊘建設省に入省。昭和57年計画局総務課長補佐。59年徳島市開発部長、60年都市建設部長兼務、のち助役を経て、平成5年から市長に3選。吉野川可動堰推進団体の会長を務めていたが、11年5月同計画の是非を問う住民投票の賛成派が議席の半数を超えたことに伴い、会長を辞任。12年1月に行われた住民投票で反対票が賛成票を圧倒的に上回ったのを受け、自身も中立の立場から反対派に転換した。16年参院選立候補のため退任し、徳島選挙区に自民党から当選。

小池 百合子 こいけ・ゆりこ
衆院議員(自民党 比例・近畿) 環境相 ㊕中東 ㊐昭和27年7月15日 ㊚兵庫県芦屋市 ㊫関西学院大学中退，カイロ大学社会学科(昭和51年)卒 ㊔中東問題;北朝鮮問題;政治・経済全般 ㊘石油関係の貿易商の家に生まれ、19歳でカイロ大学に留学。帰国後の昭和51年からフリーのアラビア語通訳として中東の要人の通訳を務めた。のち、リビアのカダフィ大佐やPLOアラファト議長との単独会見でテレビデビュー。日本アラブ協会事務局長としてボランティア活動にも参加。平成4年参院選に日本新党から当選。5年辞職して兵庫2区から衆院選に出馬し、当選。日本新党副代表も務めた。同年12月新進党結成に参加。7年党副幹事長。10年1月自由党、12年保守党に参加。14年12月党の分裂に伴い、自民党入り、森派。15年小泉第2次改造内閣の環境相に就任。同年11月の総選挙は比例近畿ブロックで当選。第2次小泉内閣、16年の第2次小泉改造内閣でも留任。4期目。中央アジア研究所を創設し、理事長を務める。著書に「振り袖、ピラミッドを登る」など。 ㊠日本アラブ協会(顧問)，中央アジア研究所理事長 ㊗テニス，ゴルフ
http://www.yuriko.or.jp/
【著書】永田町ブロードキャスター(朝日新聞社 '94)

小泉 顕雄 こいずみ・あきお
参院議員(自民党 比例) 教伝寺住職 僧侶 ㊐昭和26年7月27日 ㊚京都府園部町 僧名=顕雄 ㊫鳥取大学教育学部，仏教大学専攻科修了，広島大学大学院(昭和59年)修士課程修了 ㊘高校教師を経て、平成7年から園部町議に2選。13年参院選比例区に自民党から当選。旧橋本派。 ㊗料理，旅行，釣り
http://www5e.biglobe.ne.jp/~akio-k
【著書】教えろ伝えろ(自由民主党京都府参議院比例区第二十七支部;(京都)探求社〔発売〕 '02)

小泉 昭男 こいずみ・あきお
参院議員(自民党 神奈川) ㊐昭和20年10月6日 ㊫都立園芸(昭和40年)卒 ㊘昭和62年から川崎市議に5選。平成11年議長。全国市議会議長会会長も務めた。16年自民党から参院議員に当選。 ㊗スポーツ，読書，油絵 http://www.koizumi-akio.com/

小泉 純一郎 こいずみ・じゅんいちろう
首相 衆院議員(自民党 神奈川11区) ㊐昭和17年1月8日 ㊚神奈川県横須賀市 ㊫慶応義塾大学経済学部(昭和42年)卒 ㊘祖父、父と続く政治家一族の3代目。福田赳夫秘書を経て、昭和47年以来衆院議員に11選。63年竹下改造内閣の厚相となり、平成元年宇野内閣でも留任。4年宮沢改造内閣の郵政相を務める。7年9月自民党総裁選に立候補、橋本龍太郎に敗れる。8年第2次橋本内閣の厚相に就任。10年7月再び党総裁選に立候補するが、小渕恵三に敗れる。三塚派を経て、同年12月森派となり、同派会長として森喜朗首相を支えた。13年4月党総裁選に3たび立候補、予備選で圧勝して総裁となり、首相に就任、一時は

80％を越える高支持率を誇った。6月経済財政運営及び経済社会の構造改革に関する基本方針を打ち出す。7月米国、英国、フランスを訪問、ジェノバ・サミット（イタリア）に出席。同月参院選で改選過半数を上回る64議席を獲得。14年9月歴代首相として初めて北朝鮮を訪問し、金正日総書記と会談、国交正常化交渉の再開を柱とする日朝平壌宣言に署名した。同月改造内閣を発足。15年1月ロシアを公式訪問し、プーチン大統領と会談。同年3月米英のイラク攻撃（イラク戦争）を支持。同年6月エビアン・サミット（フランス）に出席。同年7月イラク"非戦闘地域"への自衛隊派遣を認めるイラク復興支援特別措置法を成立させる。同年9月党総裁選で再選され、第2次改造内閣を発足。同年党役員の経験のない安倍晋三を幹事長に抜擢し、構造改革の推進を訴え臨んだ11月の総選挙では、解散時勢力を下回り過半数も確保できなかったが、公明党、保守新党を加えた与党3党では絶対安定多数を超え、続投が決まった。同月保守新党が解党、所属議員は自民党に合流し、自民党は単独過半数を確保。同月第2次小泉内閣を発足。16年1月イラク復興支援特別措置法にもとづきイラクへ自衛隊を派遣。同年5月北朝鮮を再訪、金正日総書記と会談し、拉致被害者家族5人の帰国などで合意。同年6月年金改正法案が成立。またイラク主権移譲後、自衛隊の多国籍軍参加を決める。直後の7月の参院選で自民党は改選前議席に届かず民主党より少ない49議席に留まった。同年9月第2次小泉改造内閣を発足、持論の郵政三事業民営化実現に向け、新内閣を"郵政民営化実現内閣"と名付ける。13年には"米百俵""聖域なき改革"など6語が流行語大賞に選ばれた。
㊫祖父＝小泉又次郎（逓信相），父＝小泉純也（防衛庁長官），母＝小泉芳江（故人），姉＝小泉信子（小泉純一郎首相秘書），長男＝小泉孝太郎（俳優）

【著書】小泉純一郎の暴論・青論（集英社'97）／郵政省解体論（小泉純一郎，梶原一明著 光文社'94）

【評伝】検証・小泉政治改革（碧天舎'04）／小泉純一郎（文芸春秋'04）／小泉内閣への提言（岡部勝一著 東洋出版'04）／さらば小泉純一郎！（天木直人著 講談社'04）／小泉純一郎の思想（佐高信著 岩波書店'01）／小泉純一郎と田中真紀子（小林吉弥著 徳間書店'01）／負けるな『わが友』小泉純一郎（田中良太著 清水弘文堂書房'01）／小泉純一郎 恐れず、ひるまず、とらわれず（板垣英憲著 ベストセラーズ'01）

小泉 晨一　こいずみ・しんいち

衆院議員（自由連合）　リサイクル運動家　㊓昭和22年10月5日　㊞神奈川県秦野市　㊫早稲田大学文学部教育学科卒　㊫大学卒業と同時に秦野市に帰り、廃品回収業を始める。小泉晨一21世紀事務所長のほか、廃品回収仲間の企業連合・丹沢グループ代表、日本リサイクリング協会理事長などを務める。通産省の外郭団体、クリーン・ジャパン・センター政策委員も務めた。伊勢原市にリサイクルショップ1号店を開店以来、各地にリサイクル事業の拠点を置き、廃品回収などを行う。平成5年日本新党から衆院議員に当選。6年12月日本新党の解党後、新進党結成に参加せず、自由連合に参加。8年、12年落選。著書に「空かん回収革命」「秦野物語」などがある。

【著書】日本深耕（ダイヤモンド社'94）

小泉 親司　こいずみ・ちかし

参院議員（共産党）　政治評論家
㊓昭和23年4月1日　㊞栃木県　㊫千葉大学教育学部（昭和45年）卒　㊫昭和48年柴田睦夫衆院議員秘書を経て、平成元年「赤旗」記者となる。雑誌「前衛」「労働運動」などに軍拡、自衛隊問題等についての論評を発表。8年衆院選に比例区から出馬。10年参院選比例区に8位で当選、1期務めた。
http://koi.gr.jp/

【著書】核軍事同盟と自衛隊(新日本出版社'88)/防衛問題の「常識」を斬る(新日本出版社'87)

小泉 俊明 こいずみ・としあき
衆院議員(民主党 北関東・比例) [生]昭和32年4月26日 [出]東京都 [学]早稲田大学政治経済学部政治学科(昭和58年)卒 [歴]ミニコミ誌発行会社・ワールドタイムス専務。取手市議を経て、平成12年民主党から衆院選比例区に当選。2期目。 http://www.koizumi.gr.jp/

小泉 仲治 こいずみ・なかじ
深谷市長 [生]明治42年2月20日 [没]平成12年12月14日 [出]埼玉県 [学]早大附属高工土木工学科(昭和4年)卒 [賞]勲四等瑞宝章(平成3年) [歴]昭和33年深谷市技監、46年助役を経て、50年以来市長に4選。平成3年引退。

小泉 義弥 こいずみ・よしや
袖ケ浦市長 [生]昭和14年1月2日 [出]千葉県袖ケ浦市 [学]木更津第二高(昭和33年)卒 [歴]袖ケ浦市助役を経て、平成7年10月袖ケ浦市長に当選。3期目。 [趣]野球，読書，カラオケ

小泉 剛康 こいずみ・よしやす
福井県議(自民党 武生市) 武生市長 [生]昭和14年2月25日 [出]福井県 [学]法政大学法学部(昭和38年)卒 [資]行政書士 [歴]武生工業高校教諭を経て、昭和43年シーエル製図コピーセンターを設立、社長。54年新日本ツーリストを設立、社長。45年以来武生市議を3期、54年市会議長。平成元年から武生市長に2選。9、13年落選。15年福井県議に当選。 [趣]読書，ゴルフ

小泉 龍司 こいずみ・りゅうじ
衆院議員(自民党 埼玉11区) [生]昭和27年9月17日 [出]埼玉県秩父市 [学]東京大学法学部(昭和50年)卒 [歴]大蔵省証券局調査室長、日本たばこ経営企画部長などを経て、平成12年衆院議員に当選。2期目。旧橋本派。 http://www.ryuji.org/

小出 善三郎 こいで・ぜんざぶろう
市原市長 [生]昭和5年10月28日 [出]千葉県市原市 [学]成蹊大学政経学部卒 [歴]丸直社長、市原カーサービス代表。市原商工会議所会頭を経て、平成3年より市原市長に3選。15年落選。 [趣]油絵，ゴルフ

小出 弘 こいで・ひろし
小千谷市長 [生]昭和7年7月3日 [出]新潟県小千谷市 [学]小千谷高卒 [歴]小千谷市議会事務局長、市選挙管理委員会書記長、市総務課長を経て、平成元年7月市長に当選。2期務めた。

小岩井 清 こいわい・きよし
市川市議 衆院議員(社会党) [生]昭10.5.31 [出]千葉県 [学]東京都立化学工(昭和29年)卒，日本大学工学部中退 [歴]昭和46年市川市議を2期務め、54年以来、千葉県議に3選。平成2年衆院議員に当選、1期つとめる。5年落選。7年参院選、9年市川市長に立候補するが落選。のち市川市議に復帰。

上坂 昇 こうさか・のぼる
衆院議員(社会党) [生]大7.7.6 [出]福島県いわき市 [学]早稲田大学政経学部卒 [賞]勲二等旭日重光章(平成1年) [歴]昭和18年日本水素入社。労組委員長を経て、昭和30年平市議に当選、2期。以後38年から福島県議2期を経て、47年以来福島3区から衆院議員に6選。58年衆院石炭対策特別委員長。平成2年引退。

神崎 礼一 こうざき・れいいち
豊前市長 [生]昭和6年9月16日 [出]福岡県 [学]慶応義塾大学法学部(昭和28年)卒 [賞]藍綬褒章(平成5年) [歴]昭和35年豊前市議、39年副議長、46年助役を経て、50年以来市長に6選。平成9年引退。

合志 栄一　こうし・えいいち
山口市長　⑭昭和24年9月11日　㊙熊本県　㊣山口大学経済学部卒　㊟山口市議を経て、昭和62年山口県議に当選、3期務めた。平成10年参院選山口選挙区に立候補するが、落選。14年山口市長に当選。

神品 文彦　こうじな・ふみひこ
三重町（大分県）町長　⑭昭和10年11月12日　㊙大分県　㊣三重農卒　㊟平成元年三重町長に当選。8年全国初の広域行政の連合体として、大野郡の8町村で大野広域連合を発足、初代連合長に就任した。

神津 武士　こうず・たけし
佐久市長　⑭昭2.2.11　㊙長野県　㊣岩村田中（昭和19年）卒　㊟昭和44年から佐久市議2期を経て、52年以来市長に3選。平成4年参院選に、9年佐久市長選に立候補。

高祖 憲治　こうそ・けんじ
参院議員（自民党）　⑭昭和22年5月1日　㊙岡山県牛窓町　㊣京都大学法学部（昭和45年）卒　㊟昭和45年郵政省に入省。平成6年中国郵政監察局長、7年北陸郵政局長、8年大臣官房審議官（放送行政局担当）、10年近畿郵政局長など歴任して、11年退官。13年7月参院選比例区に自民党から当選するが、9月選挙違反事件の責任を取り辞職。　㊟テニス、絵画　http://www5.ocn.ne.jp/~k.kouso/

郷田 実　ごうだ・みのる
綾町（宮崎県）町長　⑭大正7年9月26日　⑳平成12年3月21日　㊙宮崎県東諸方郡綾町　㊣拓殖大学南方専科（昭和15年）卒　㊗国土庁長官賞（昭和61年）、勲四等旭日小綬章（平成8年）　㊟昭和21年復員し、綾町農業会（現・農協）、29年綾町助役を経て、41年綾町長に当選。町内にある照葉樹の国有林伐採計画に対し反対署名を集め、農相に直接訴えた。以来町の自然を守ることを使命とし、有機農業に関する条例を制定、"綾ブランド"農作物を売り出して話題となる。連続6期当選。62年全国生態系農業連絡協議会長。著書に「結いの心—綾の町づくりはなぜ成功したか」がある。
【著書】結いの心（ビジネス社'98）

河内山 哲朗　こうちやま・てつろう
柳井市長　⑭昭和33年6月22日　㊙山口県柳井市　㊣早稲田大学法学部（昭和56年）卒　㊟政治家を志し、早稲田大学では雄弁会に所属。卒業後松下政経塾に2期生として入塾、地域活性化や行財政改革を研究した。同塾職員、自民党山口県連青年部長を経て、平成5年柳井市長に当選、全国最年少市長となり話題となる。3期目。家業の王将酒造取締役を務める。　㊟囲碁
【評伝】青年よ故郷（ふるさと）に帰って市長になろう（全国青年市長会編　読売新聞社'94）

河野 修　こうの・おさむ
久万町（愛媛県）町長　⑭大正14年11月28日　⑳平成13年3月26日　㊙愛媛県上浮穴郡久万町　㊣明神青年学校（昭和19年）卒　㊟昭和34年久万町議に当選、議長を3期務める。46年同町助役。50年から町長を6期務め、引退。在任中、森林組合や町民との共同出資で、林業の担い手育成会社・いぶきを設立。後継者不足に悩む林業を再生しようと町内外の若者を受け入れ、定住を図ろうという姿勢が評価され、平成9年同社は朝日森林文化賞を受賞。また、久万高原天体観測館や町立美術館、図書館、学校などの公共施設を地元産の木材を使って建設し、地場産業を生かした町づくりの推進に努めた。久万広域森林組合長も務めた。　㊟スポーツ

こうの

河野 太郎　こうの・たろう
衆院議員（自民党　神奈川15区）　⊕昭和37年1月10日　⊕神奈川県平塚市　⊕慶応義塾大学中退，ジョージタウン大学比較政治学専攻（昭和60年）卒　⊕父は河野洋平衆院議員。昭和61年富士ゼロックス、平成5年日本端子勤務を経て、8年衆院議員に当選。3期目。10年12月宮沢派を離脱し河野グループに参加。⊕父＝河野洋平（衆院議員），祖父＝河野一郎（政治家）　http://www.taro.org/
【著書】河野太郎の国会攻略本（英治出版'03）

向野 敏昭　こうの・としあき
直方市長　⊕昭和14年11月11日　⊕九州大学法学部卒　⊕直方市助役などを経て、平成15年市長に当選。

河野 洋平　こうの・ようへい
衆院議長　衆院議員（自民党　神奈川17区）　外相　自民党総裁　日本陸上競技連盟会長　⊕昭和12年1月15日　⊕神奈川県平塚市　⊕早稲田大学政経学部（昭和34年）卒　⊕ルビー国旗勲章（ハンガリー）（平成2年）　⊕河野一郎元農相の二男。昭和34年丸紅飯田に入社。2年間の米国研修留学から帰国後、退社。亡父の跡を継いで、42年30歳の若さで衆院議員に初当選、以来連続13回当選。自民党時代、毛並みの良さとフレッシュな行動から"自民党のプリンス""将来の総裁候補"と目されたが、51年6月ロッキード事件後の自民党の金権体質、長老支配に反発して同志5人と自民党を離党。新自由クラブを結成して初代代表となるが、54年11月辞任。56年7月代表代行、59年再び党代表となる。60年12月科学技術庁長官に就任。61年衆参同時選挙後の8月新自由クラブを解散して自民党に戻り、宮沢派に属す。平成4年宮沢改造内閣の官房長官。5年7月分裂して総選挙に敗れ、野に下った自民党の総裁に就任。6年6月社会党、新党さきがけと連立を組んで与党に復帰、村山内閣の外相兼副総理となる。7年改造内閣でも留任したが、9月党総裁選には立候補しなかった。10年12月宮沢派が加藤派に引き継がれるのを機に宮沢派を離脱し河野グループを結成。11年10月小渕第2次改造内閣の外相に就任。12年4月森連立内閣、7月第2次森連立内閣、12月第2次森改造内閣でも留任。15年11月衆院議長。⊕ゴルフ　⊕父＝河野一郎（政治家），長男＝河野太郎（衆院議員）　http://www.yohei-kono.com/
【著書】決断（河野洋平，河野太郎著　朝日新聞社'04）／劇的外交（霞関会著，河野洋平編　成甲書房'01）
【評伝】慰安婦強制連行はなかった（大師堂経慰著　展転社'99）／日本の政治家　父と子の肖像（俵孝太郎著　中央公論社'97）／ズバリわかる　自・社連立政権政治家・官僚人脈地図（大宅研一郎著　双葉社'94）／天下を取る！（小林吉弥著　講談社'93）／後継者の条件（小林吉弥著　光文社'90）／天下を狙う男たち（豊田行二著　茜新社'90）／自民党の若き獅子たち（大下英治著　角川書店'88）

鴻池 祥肇　こうのいけ・よしただ
参院議員（自民党　兵庫）　防災担当相　⊕昭和15年11月28日　⊕兵庫県尼崎市　⊕早稲田大学教育学部（昭和40年）卒　⊕大阪の豪商・鴻池善右衛門の末裔。鴻池運輸から昭和43年尼崎港運に入り、46年30歳の若さで社長となる。55年青年会議所会頭に就任。61年衆院議員に当選、2期。沖縄開発政務次官などを務める。平成7年参院議員に当選。14年小泉改造内閣の防災担当相に就任。2期目。無派閥。⊕剣道　⊕父＝鴻池勝治（兵庫県議）　http://www.kounoike-web.com/

鴻江 勇　こうのえ・いさむ
荒尾市長　⊕大正8年1月29日　⊕鹿児島県　⊕平壌医専（昭和17年）卒　医学博士　⊕交通安全緑十字銀賞（昭和39年），藍綬褒章（昭和51年）　⊕荒尾市議6期を

経て、昭和48年から市長に4選。61年11月荒尾総合文化センター建設に絡み、収賄で逮捕され、市長を辞任した。
🎖剣道（6段教士）

合原 由作 ごうはら・ゆうさく
恵庭市長 ⊕昭和21年8月26日 ⊕福岡県田川市 ⊕陸自少年工科学校卒，湘南高卒 🎖中学卒業と同時に陸上自衛隊員となり、恵庭に初配属される。退職後同市議に当選、4期14年務める。平成5年恵庭市長に当選、1期つとめる。9年落選。

高村 正彦 こうむら・まさひこ
衆院議員（自民党　山口1区）　法相 ⊕昭和17年3月15日 ⊕愛媛県松山市 ⊕中央大学法学部（昭和40年）卒 🎖弁護士 🎖昭和55年父・高村坂彦代議士引退のあとをうけて衆院議員に当選。大蔵政務次官を経て、平成6年村山内閣の経済企画庁長官、10年小渕内閣の外相、11年小渕改造内閣でも留任。12年12月第2次森改造内閣の法相に就任。当選8回。13年旧河本派を継ぎ、高村派の領袖となる。15年党総裁選に立候補。🎖父＝高村坂彦（衆院議員） http://www.koumura.net/

河本 三郎 こうもと・さぶろう
衆院議員（自民党　兵庫12区） ⊕昭和25年9月7日 ⊕東京都 ⊕日本大学理工学部（昭和49年）卒 🎖昭和49年三光汽船、平成3年河本敏夫衆院議員秘書を経て、4年衆院議員に当選。8年衆院議員に当選。12年落選。15年返り咲き。2期目。高村派。🎖父＝河本敏夫（衆院議員）

河本 敏夫 こうもと・としお
衆院議員（自民党）　通産相 ⊕明治44年6月22日 ✝平成13年5月24日 ⊕兵庫県相生市 ⊕日本大学法文学部（昭和11年）卒 🎖勲一等旭日大綬章（平成8年）🎖大学在学中から親類の経営する三光海運の取締役となり、昭和12年社長。翌年三光汽船に社名変更。24年衆院選で国民民主党から旧兵庫4区に初当選。以来連続当選17回。のち改進党を経て、自民党入り。39年政府の海運集約化政策に反発、"海運業界の一匹狼"として勇名をはせ、その後の急成長の基をつくった。43年郵政相に就任。49年三木内閣の通産相となり、三光汽船社長を辞任したが、実質上のオーナーを続けた。以後三木武夫と政治行動を共にし、自民党政調会長、経企庁長官などを歴任。52年通産相に再任。53年11月の自民党総裁予備選に三木首相の後継者として立候補。55年三木派を継ぎ、河本派とし同派会長に就任。57年再び党総裁予備選に立候補したが、中曽根康弘に敗れた。59年中曽根内閣で民活導入・対外経済摩擦対策の特命相に任命されたが、60年三光汽船の倒産で引責辞任。平成元年の総裁選では一時出馬に意欲を見せたが、世代交代の波に逆らえず自派の海部俊樹が首相となった。独自の経済合理主義と勘の良さで財界筋の評価は高かった。平成8年引退、9年河本派会長も辞任した。
🎖三男＝河本三郎（衆院議員）
【評伝】私の心をつかんだ大物たち（竹村健一著 太陽企画出版'92）／実力者に問う!!（浜田幸一著 講談社'90）／永田町の狂宴（菊池久著 ぴいぷる社'90）／永田町の暗闘〈6〉（鈴木棟一著 毎日新聞社'89）／ニュースの読み方（米田奎二著 文芸春秋'88）／永田町の暗闘〈5〉（鈴木棟一著 毎日新聞社'88）／永田町の暗闘〈4〉（鈴木棟一著 毎日新聞社'87）／田中角栄の「人を動かす」極意（小林吉弥著 光文社'86）

神山 好市 こうやま・こういち
中野（東京都）区長 ⊕昭和4年1月25日 ⊕東京都小平市 ⊕中央大学経済学部卒 🎖勲三等瑞宝章（平成15年）🎖大学在学中に中野区役所に入る。助役を経て、昭和61年区長に当選。4期務め、平

こうや

成14年引退。学生時代にはボクシング選手として国体に出場したこともある。
【著書】中野区・福祉都市への挑戦（神山好市、中村武ほか著、一番ケ瀬康子、大森弥、田端光美編著 あけび書房'93）

幸山 政史 こうやま・せいし
熊本市長 ⓑ昭和40年6月10日 ⓟ熊本県 ⓒ九州大学経済学部卒 幸山繁信・元熊本県議会議長の二男として生まれる。日本債券信用銀行勤務などを経て、父の地盤を引き継ぎ自民党公認で平成7年より熊本県議に2選。14年県庁所在地では最年少の37歳で熊本市長に当選。

古賀 一成 こが・いっせい
衆院議員（民主党 福岡6区） ⓑ昭和22年7月30日 ⓟ福岡県柳川市 ⓒ東京大学法学部（昭和46年）卒 ⓗ昭和46年建設省入省。福岡県企画調整課長、建設省道路資金調整官、公園企画官を歴任して、63年退官。平成2年自民党から衆院議員に当選。三塚派を経て、3年加藤グループに加わる。5年総選挙後離党し、6年4月新生党、同年12月新進党、10年民主党に合流。12年の総選挙では同党比例区九州ブロックで当選するが、14年衆院補選福岡6区に出馬し落選。15年返り咲き。通算5期目。 Ⓕ父＝古賀杉夫（柳川市長）

古賀 潤一郎 こが・じゅんいちろう
衆院議員（無所属） ⓑ昭和33年3月22日 ⓟ福岡県福岡市 ⓒ柳川商（現・柳川高）卒 ⓗ高校卒業後プロテニス選手を目指して米国に留学するが、けがのためテニスを断念。米国で貿易会社を営む。平成3年帰国。その後、参院議員秘書、福岡市議秘書を経て、7年から福岡県議に2選。13年自由党から参院選に出馬するが落選。15年衆院選福岡2区に民主党から立候補し自民党副総裁・山崎拓を破って当選するが、16年学歴詐称の問題で党を除名処分となり、同年9月議員辞職。 http://www.jun-koga.net/

古賀 敬章 こが・たかあき
衆院議員（新進党） ⓑ昭和28年4月25日 ⓟ山口県下関市 本名＝古賀昌文 ⓒ東京大学法学部卒 ⓗ昭和54年全日空入社。57年日東建設入社、59年取締役。62年山口県議（自民党）に当選、2期。平成5年新生党から衆院議員に当選。6年新進党結成に参加。1期。8年落選。11年下関市長選に立候補。13年参院選比例区に自由党から、16年民主党から立候補。 Ⓗゴルフ、読書 Ⓕ父＝古賀裟裟光（日東建設社長）

古賀 典 こが・つかさ
大野城市長 ⓑ昭和3年10月28日 ⓟ福岡県大野城市筒井 ⓒ福岡農卒 ⓗ昭和22年大野村役場に勤務。同町社会、税務両課長、大野城市総務、都市開発両部長を経て、58年助役に就任。2期目で辞任して、シルバー人材センター理事長。平成元年より大野城市長を1期つとめた。 Ⓗゴルフ

古賀 誠 こが・まこと
衆院議員（自民党 福岡7区） 運輸相 自民党幹事長 日本遺族会会長 ⓑ昭和15年8月5日 ⓟ福岡県山門郡瀬高町 ⓒ日本大学商学部（昭和40年）卒 ⓗ参院議員・鬼丸勝之の秘書を経て、昭和55年衆院議員に当選。59年国会の議員進行係となる。平成8年第2次橋本内閣で運輸相。12年12月自民党幹事長。宮沢派を経て、加藤派。13年堀内派を結成、幹事長となる。8期目。14年戦没者の遺族でつくる日本遺族会会長に就任。 Ⓗ読書 http://www.kogamakoto.gr.jp/
【評伝】人間古賀誠 政界花と龍（大下英治著 ぴいぷる社'00）

古賀 正浩 こが・まさひろ
衆院議員(自民党) [生]昭和9年8月5日 [没]平成14年9月6日 [出]福岡県久留米市 [学]東京大学法学部(昭和34年)卒 [歴]昭和34年農林省に入り、福岡県農政部長、農水省農協課長、農政推進協参与を経て、昭和57年退官。61年衆院選で自民党から福岡3区に出馬し、当選。竹下派、羽田派、平成5年新生党を経て、6年新進党結成に参加したが、9年12月離党し、自民党に復党。橋本派。当選5回。

古賀 昌文 ⇒古賀敬章(こが・たかあき)を見よ

古賀 道雄 こが・みちお
大牟田市長 [学]早稲田大学卒 [歴]三井金属鉱業三池事務所長を経て、大牟田市議を3期務める。平成15年大牟田市長に当選。

古賀 雷四郎 こが・らいしろう
参院議員(自民党) 北海道開発庁長官 [生]大正4年12月23日 [出]佐賀県 [学]九州帝国大学工学部土木工学科(昭和15年)卒 [賞]勲一等瑞宝章(昭和63年) [歴]昭和15年海軍省に入省。戦後建設省に移り、40年河川局長、42年建設技監を経て、46年から参院議員に3選。54年参院内閣委員長、60年北海道・沖縄開発庁長官を歴任。平成元年引退。 [趣]囲碁(5段),ゴルフ

穀田 恵二 こくた・けいじ
衆院議員(共産党 比例・近畿) [生]昭和22年1月11日 [出]岩手県水沢市 [学]立命館大学文学部日本文学科(昭和44年)卒 [歴]大学進学後、学生運動に身を投じ、共産党に入党。卒業後、大学職員を経て、党の専従活動家となり、昭和62年京都市議に当選。平成5年衆院議員に当選。4期目。9年党国会対策委員長。
http://www.kokuta-keiji.jp/

国場 幸昌 こくば・こうしょう
衆院議員(自民党) 国場組会長 [生]大正1年9月27日 [没]平成1年2月20日 [出]沖縄県国頭郡国頭村 [学]海軍航海学校(昭和18年)卒 [賞]勲二等旭日重光章(昭和61年),沖縄県功労者(昭和63年) [歴]昭和40年琉球立法院議員となり、復帰後45年衆院議員に当選。福田派、6期。沖縄開発政務次官、決算委員長、環境委員長などをつとめ、61年6月引退。 [家]兄=国場幸太郎(国場組社長)
【評伝】ザ・選挙(佐久田繁,川条昭見編著 月刊沖縄社'86)

国分 保男 こくぶん・やすお
二戸市長 [生]大7.9.22 [出]岩手県 [学]東京農業大学(昭和16年)卒 [賞]勲三等瑞宝章(平成5年) [歴]農林省を経て、昭和35年から福岡町長に3期。47年市制施行で二戸市長。5期つとめる。平成4年落選。

小久保 忠男 こくぼ・ただお
古河市長 [生]昭和21年7月20日 [出]茨城県 [学]中央大学法学部卒 [資]行政書士 [歴]古河市議、市会議長を経て、平成11年古河市長に当選。2期目。

小久保 正雄 こくぼ・まさお
北淡町(兵庫県)町長 兵庫県議(自民党) [生]昭和9年4月8日 [出]兵庫県 [学]早稲田大学政経学部卒,ロンドン大学卒 [賞]藍綬褒章(平成3年),旭日中綬章(平成16年) [歴]BBC放送記者、日本航空ローマ支店勤務、英国柔道連盟講師、明治通信社外国課長を経て、昭和46年以来兵庫県議を6期。57年副議長。平成6年北淡町長に当選。就任後の7年1月阪神大震災に見舞われ、復興に努めた。 [趣]旅行,柔道
【著書】私にも言わせてよ((神戸)兵庫ジャーナル社 '04)

木暮 治一　こぐれ・じいち
渋川市長　[生]昭和6年10月26日　[出]群馬県　[学]勢多農林卒　[歴]渋川市議会議長を経て、平成13年市長に当選。

木暮 山人　こぐれ・やまと
参院議員(自由党)　[生]昭和3年3月7日　[没]平成10年5月26日　[出]新潟県　[学]日本歯科医専(昭和24年)卒，法政大学法学部(昭和26年)卒　医学博士;歯学博士　[歴]昭和38年沖歯科工業を設立。平成元年参院選比例区に自民党から当選。三塚派を経て、3年加藤グループに参加。6年離党し、新生党を経て、同年12月新進党結成に参加。10年1月自由党に参加。2期。

小坂 憲次　こさか・けんじ
衆院議員(自民党　長野1区)　[生]昭和21年3月12日　[出]長野県長野市　[学]慶応義塾大学法学部(昭和43年)卒　[歴]昭和43年日本航空勤務ののち、61年父の秘書を経て、平成2年自民党から衆院議員に当選。6年離党して新生党入りし、同年新進党、8年太陽党結成に参加。10年1月民政党結成には参加せず、同年6月自民党に復党。13年第2次森改造内閣で総務副大臣となり、同年5月小泉内閣でも再任。旧小渕派を経て、旧橋本派。5期目。　[家]父=小坂善太郎(外相)
http://www.kosaka.gr.jp/

小坂 善太郎　こさか・ぜんたろう
衆院議員(自民党)　外相　信越化学工業相談役　日本国際連合協会会長　[生]明治45年1月23日　[没]平成12年11月26日　[出]長野県長野市西町　[学]東京商科大学(現・一橋大学)(昭和10年)卒　[賞]勲一等旭日大綬章(昭和57年)，国連平和章(昭和57年)　[歴]信州の名門・小坂財閥に生まれ、祖父・善之助は「信濃毎日新聞」創業者で衆院議員、父・順造も衆院議員・貴院議員を務めた政治家一族の出身。大学卒業後、三菱銀行勤務、信越化学工業取締役を経て、昭和21年以来長野1区から衆院議員当選16回。衆院予算委員長、労相などを務めたのち、35年第1次池田内閣の外相となり、対米協調を基軸に経済大国をめざす池田外交の推進役を果たした。その後、47年経済企画庁長官、自民党政調会長、党外交調査会長などを歴任。58年落選したが、61年復帰し、中曽根派に入る。議員外交をライフワークに47年の日中国交正常化に際しては日中国交正常化協議会会長として田中角栄首相(当時)の訪中の地ならしをするなどハト派外交を推進した。平成2年二男・憲次に地盤を譲って引退。昭和45年より日本国際連合協会会長を務めた。平成7年国連50周年記念国内委員会委員長。　[趣]ゴルフ，空手　[家]祖父=小坂善之助(衆院議員)，父=小坂順造(電源開発総裁・衆院議員)，弟=小坂徳三郎(運輸相)，二男=小坂憲次(衆院議員)

【著書】議員外交四十年(日本経済新聞社 '94)／あれからこれから(牧羊社 '81)／小坂善太郎演説集(〔小坂善太郎〕 '81)

【評伝】藤原弘達のグリーン放談〈1〉臨機応変(藤原弘達編 藤原弘達著作刊行会;学習研究社〔発売〕'86)

小坂 隆　こさか・たかし
竹原市長　元・中国通運社長　[生]大正14年8月18日　[没]平成1年11月26日　[出]広島県竹原市　[学]忠海中学(旧制)中退　[賞]藍綬褒章(平成1年)　[歴]29歳で広島県の旧竹原町議に初当選。昭和33年から竹原市議を5期務め、議長通算6年。61年11月竹原市長に初当選。一方、36年中国通運を設立、社長。49年中通冷蔵、53年中通倉庫を設立、各社長を兼務し、実業界でも活躍した。
[家]長男=小坂政司(竹原市長)

小坂 徳三郎　こさか・とくさぶろう
衆院議員(自民党)　運輸相　元・信越化学工業社長　実業家　[生]大正5年1月20日　[没]平成8年2月23日　[出]長野県長野市　[学]東京帝国大学経済学部(昭和14

年）卒　勲一等旭日大綬章（昭和63年）
昭和14年朝日新聞入社。記者生活を10年送った後、信州の小坂財閥に戻る。24年信越化学工業に入り、26年副社長を経て、31年から16年間社長を務めた。一方、44年以来、東京3区から衆院議員に当選7回。この間、48年第2次田中改造内閣総務長官、53年大平内閣経企庁長官、56年鈴木内閣運輸大臣を歴任。59年に超党派の日米議員連盟の設立を取りまとめ、初代会長になった。平成2年政界を引退。5年信越化学工業会長に復帰するが、7年最高顧問に退く。著書に「産業人宣言」「人間第一主義」「日本人永久繁栄論」など。旧田中派二階堂系。　テニス、スキー、ゴルフ　祖父＝小坂善之助（衆院議員）、父＝小坂順造（電源開発総裁・衆院議員）、兄＝小坂善太郎（外相）
【評伝】藤原弘達のグリーン放談〈4〉勇往邁進（藤原弘達編　藤原弘達著刊行会;学習研究社〔発売〕〔'86〕／誰も書かなかった白邸（小林吉弥著　徳間書店'86）

小坂 政司　こさか・まさし
竹原市長　中国通運社長　昭和23年5月23日　広島県　下関市立大学卒
昭和46年広島銀行に入社。のち父の経営する中国通運に入り、62年社長。平成8年竹原商工会議所副会頭。13年竹原市長に当選。　父＝小坂隆（竹原市長）

輿石 東　こしいし・あずま
参院議員（民主党　山梨）　昭和12年5月14日　山梨県　都留短期大学教育学部（昭和33年）卒　山梨県教祖委員長を経て、平成2年社会党から衆院議員に当選。8年社民党を経て、民主党に参加。2期つとめた。同年落選。10年参院山梨選挙区から無所属で当選、のち民主党に所属。2期目。

腰越 孝夫　こしごえ・たかお
水上町（群馬県）町長　昭和19年1月9日　工学院大学工業化学科（昭和42年）卒　昭和50年より水上町議を4期、議長も務めた。平成2年町長に当選、4期目。利根沼田バスケットボール協会会長、水上町森林組合長なども務め、水上町のふるさとづくりに尽力する。

腰原 愛正　こしはら・よしまさ
大町市長　昭和22年1月26日　長野県大町市　慶応義塾大学商学部（昭和45年）卒　昭和45年清水建設勤務。59年大町青年会議所理事長を経て、大町市議に。平成2年大町市長に当選。4期目。

小島 慶三　こじま・けいぞう
参院議員（民主党）　近代化論　資源論　経済政策　大正6年3月11日　埼玉県羽生市　筆名＝中原刀禰　東京商科大学（現・一橋大学）（昭和15年）卒　未来社会論（これからの社会システム）　勲三等瑞宝章（平成11年）
昭和15年企画院に入る。のち商工省に移り、戦後、通産省官房調査課長、重工業局鉄鋼業務、製鉄各課長、経済企画庁調整課長を経て、34年通産省石炭局炭政課長、36年公益事業局経理参事官、37年日銀政策委員、通産産業審議官を歴任。38年取締役として日本精工入社、39年常務、45年専務となる。48年芙容石油開発創立とともに副社長となり、52年社長、56年日本立地センター理事長に就任。60～63年日本テクノマートの初代理事長も兼ねる。近代化研究所所長、一橋大学奨学財団理事長も務めた。平成4年参院選比例区に日本新党から立候補し、5年7月繰り上げ当選。6年の新進党結成には参加せず無所属となる。7年12月自由連合（現・自由の会）に参加、8年10月まで代表を務めた。のち民主党入り。10年政界を引退。また俳人だった祖父の影響を受けて学生時

代から俳句に親しみ、連句の会を持つ。10年近い歳月をかけて、祖父兄弟の伝記「北武戊辰―小島楓處、永井蟆呻斎伝」を刊行。著書は他に「日本のエネルギー問題」「江戸の産業ルネッサンス」「『農』に還る時代―いま日本が選択すべき道」、訳書にシューマッハー「混迷の時代を超えて」、ジンマーマン「世界の資源と産業」(以上共訳)、歌集に「らんる集」など多数。 ㊗日本経済政策学会，計画行政学会，日本思想史学会 ㊙読書，連句，旅行，小唄
【著書】水はいのち（めいけい出版'96）／農業が輝く（ダイヤモンド社'94）／動乱の世界にどう生き残るか（めいけい出版'92）／江戸から東京へ（めいけい出版'92）／「農」に還る時代（ダイヤモンド社'92）／新くにづくり対談（ぎょうせい'90）／文明としての農業（ダイヤモンド社'90）

五嶋 耕太郎　ごしま・こうたろう
輪島市長　五嶋屋代表取締役　㊤昭和13年2月6日　㊥石川県輪島市　㊦法政大学社会学部（昭和35年）卒　㊧藍綬褒章（平成15年）　㊨昭和35年家業の輪島漆器製造販売を継承。47年に漆器製造会社・五嶋屋を設立し、代表取締役に就任。また、輪島漆器商工業協同組合理事長、日本漆器協同組合連合会専務理事などを歴任。61年より輪島市長に3選。平成10年落選。　㊙ゴルフ，車

小島 静馬　こじま・しずま
参院議員（自民党）　㊤昭3.12.15　㊥静岡県田方郡伊豆長岡町　㊦早稲田大学法学部（昭和28年）卒　㊧勲三等旭日中綬章（平成11年）　㊨在学中雄弁会幹事長をつとめ、卒業後衆院議員山田弥一の秘書となる。38年以来静岡県議3期を経て、51年衆院議員に当選。54年落選し、58年参院に転じる。平成元年落選。

小嶋 善吉　こじま・ぜんきち
静岡市長　㊤昭和22年5月30日　㊥静岡県静岡市　㊦東京大学法学部（昭和46年）卒　㊨昭和54年から静岡県議4期を経て、平成5年衆院選に出馬。6年8月静岡市長に当選、3期務める。15年4月清水市との合併に伴う新静岡市長に当選。
【評伝】日本よ、なぜ動かない（桜井よしこ著　ダイヤモンド社'01）

小島 敏男　こじま・としお
衆院議員（自民党　比例・北関東）　文部科学副大臣　㊤昭和14年11月11日　㊥埼玉県熊谷市　㊦中央大学法学部（昭和38年）卒　㊧藍綬褒章（平成7年）　㊨昭和53年熊谷青年会議所理事を経て、58年埼玉県議に当選。平成8年議長を務めるが、県議を辞し、自民党より衆院選に立候補。11年1月中島洋次郎衆院議員の辞職により、衆院議員に繰り上げ当選。12年埼玉12区から立候補し、当選。15年比例区に転じる。16年第2次小泉改造内閣の文部科学副大臣に就任。3期目。亀井派。　㊙ゴルフ，テニス，読書，旅行　http://www.t-kojima.com/

小島 寅雄　こじま・とらお
鎌倉市長　全国良寛会名誉会長　㊤大正3年3月29日　㊟平成14年10月26日　㊥神奈川県鎌倉市　㊦神奈川県師範（昭和8年）卒　㊨神奈川県内の小学校勤務、鎌倉市教育長、図書館長、教育長を経て、昭和56年市長に当選。1期。60年10月落選。同年得度し、ライフワークとして良寛研究に従事。良寛の教えをたたえる全国良寛会会長を務めた。著書に「子どもと生きて」「二合庵雑記帳」「画文集・野仏巡礼」「野の地蔵」「色は匂へと」「良寛幻想」「野仏巡礼」「私の良寛さま」「八十八の遺言状」など。
㊙絵画

越森 幸夫 こしもり・ゆきお
奥尻町(北海道)町長 [生]昭和5年12月10日 [出]北海道奥尻郡奥尻町 [学]函館工中退 [歴]奥尻町議4期、町消防団本部長、町議会副議長などを経て、昭和50年奥尻町長に当選。59年には汚職事件で執行猶予つき有罪判決を受け、辞職。63年町長に。平成元年全国から募集した未来へのメッセージを保管し、西暦2001年と2009年に依頼先に送り届ける"平成元年度タイムカプセル・うにまる"プロジェクトを実施。5年7月北海道南西沖地震が発生、奥尻町は国内戦後最大級の津波被害を受けた。13年1月奥尻町発注の在宅介護支援センター建設設計委託業務の指名競走入札に絡み、特定業者に予定価格を漏らして落札させたとして、競売入札妨害の疑いで北海道警に逮捕された。通算7期。

小柄 義信 こずか・よしのぶ
余市町(北海道)町長 [生]大正15年11月18日 [出]北海道余市郡余市町 [学]北海商卒 [歴]昭和21年北海道・余市町役場に入り、財務課長補佐を経て、46年同町長に初当選。以来4期16年の町政を担当し、北海道町村会副会長、後志町村会会長などを務めた。62年8月の同町長選では落選したが、町内の病院の入院患者らの票を現金買収した容疑で、同月19日逮捕された。

小杉 隆 こすぎ・たかし
衆院議員(自民党 比例・東京) 文相 [専]環境問題 [生]昭和10年9月25日 [出]東京都目黒区 [学]東京大学教育学部(昭和34年)卒 [歴]TBS勤務を経て、昭和40年史上最年少の29歳で都議に当選。自民党に入り、都議自民党幹事長となる。52年新自由クラブに移り、54年東京3区より衆院選に出馬し落選。55年6月に当選、党国対委員長などを経て環境政務次官。61年自民党に復帰。平成8年第2次橋本内閣の文相。旧渡辺派を経て、10年12月山崎派に参加。12年落選。5年GLOBE(地球環境国際議員連盟)総裁。13年日本野鳥の会会長、帝京大学教授。15年東京5区より衆院選に出馬し落選するが、比例区で返り咲きを果たす。通算7期目。また昭和60年の宮古島トライアスロン完走の記録を持つ。 [団]地球環境とごみ問題を考える市民と議員の会 [趣]ジョギング, サイクリング http://www.threeweb.ad.jp/~takosugi/

【著書】失われた「心の教育」を求めて(ダイヤモンド社 '97)/ゴミ箱の中の地球(論創社 '89)/21世紀へ駆ける(21世紀都市研究会 '81)/東京は私たちのもの(創世記 '79)

【評伝】政界趣味の紳士録(田崎喜朗編著 政経通信社'89)

小斉平 敏文 こせひら・としふみ
参院議員(自民党 宮崎) [生]昭和24年9月30日 [出]宮崎県小林市 [学]甲南高(鹿児島県)(昭和43年)卒 [歴]昭和49年小山長規衆院議員秘書、54年小林市議3期を経て、平成3年から宮崎県議に3選。13年参院議員に当選。旧橋本派。
http://www.kosehira.com/

小平 忠 こだいら・ただし
民主党副委員長 衆院議員 [生]大正4年8月1日 [没]平成12年12月3日 [出]北海道空知郡栗沢町 [学]日本大学経済科(昭和16年)卒 [賞]永年勤続議員衆議員表彰(昭和52年), 勲一等旭日大綬章(昭和61年) [歴]北海道農協協会専務理事を経て、昭和24年旧北海道4区から衆院議員に当選、国協党、社会党(右派)を経て民社党に属す。通算11期。61年に落選。国会議員団長、社会党副委員長、党常任顧問を歴任。著書に「農業団体統合論」がある。 [家]息子=小平忠正(衆院議員)

小平 忠正　こだいら・ただまさ
衆院議員(民主党　北海道10区)　[生]昭和17年3月18日　[出]北海道岩見沢市　[学]慶応義塾大学法学部(昭和39年)卒　[歴]昭和44年トーメン勤務、47年牧場経営、民社党北海道総務局副委員長を経て、平成2年衆院議員に当選。6年新進党結成に参加したが、7年新党さきがけに移る。8年民主党に参加。5期目。　[家]父=小平正(民社党副委員長)

小竹 伸夫　こたけ・のぶお
美祢市長　[生]昭和11年3月3日　[出]山口県　[学]大津高卒　[歴]美祢市助役を経て、平成14年無投票で市長に当選。

小谷 輝二　こたに・てるじ
衆院議員(公明党)　[生]大正15年11月11日　[出]兵庫県　[学]陸軍技能者養成所卒　[賞]勲三等旭日中綬章(平成9年)　[歴]大阪府議4期、副議長を経て、昭和58年から衆院議員に3選。平成5年引退。

児玉 健次　こだま・けんじ
衆院議員(共産党)　[生]昭和8年5月25日　[出]広島県　[学]広島大学文学部卒，広島大学大学院修士課程中退　[歴]小学生の時に被爆。高校時代から反核運動に加わり、昭和46年北海道高教組書記長を経て、共産党北海道副委員長。57年共産党中央委員となり、61年衆院議員に当選。平成5年落選。8年比例区北海道ブロックで1位当選を果たす。通算4期つとめた。15年落選。　http://www.jcphkdbl.gr.jp/kodama.htm

児玉 更太郎　こだま・こうたろう
安芸高田市長　[生]昭和9年3月21日　[出]広島県　[歴]高宮町議を経て、昭和55年町長に当選。町議時代から住民の自治組織である“地域振興会”の拡充に取り組む。自治体の支援のもとで住民自らが地域社会の問題解決・活性化に取り組む“地域振興会”は、行政依存ではない地方自治のモデルケースとして注目を集めた。6期目途中の平成16年4月高田郡6町が合併して新たに発足した安芸高田市長に当選。

児玉 末男　こだま・まつお
衆院議員(社会党)　[生]大10.12.1　[出]鹿児島県曽於郡末吉町　[学]門司鉄道教習所(昭和17年)　[賞]勲二等旭日重光章(平成4年)　[歴]国鉄に入り、都城駅助役を経て、昭和33年衆院議員に当選。衆院災害対策特別委員長をつとめる。当選8回。61年落選。

小番 宜一　こつがい・よしかず
秋田県議(県民クラブ)　本荘市長
[生]昭和8年8月10日　[出]秋田県本荘市　[学]子吉中(昭和24年)卒　[歴]昭和46年以来本荘市議3期を経て、58年本荘市長2期。平成7年秋田県議に立候補。11年再び立候補し、当選。15年落選。同年11月自民党の村岡兼造代議士の衆院選出馬に関連し、公職選挙法違反(供応, 事前運動)で秋田県警に逮捕される。

小寺 弘之　こでら・ひろゆき
群馬県知事　[生]昭和15年10月3日　[出]東京　[学]東京大学法学部(昭和38年)卒　[賞]藤本賞(特別賞, 第15回)(平成8年)「眠る男」　[歴]昭和38年自治省に入省。43年群馬県医務課長に転じ、48年財政課長、53年総務部長、57年副知事を経て、平成3年知事に当選。4年福島、新潟両県知事に呼びかけ、尾瀬の自然保護について考える“尾瀬サミット”を開催。また、小栗康平監督の映画「眠る男」をプロデュース。4期目。
【評伝】地方分権化の旗手たち(童門冬二著 実務教育出版'96)

後藤 昭夫　ごとう・あきお
関市長　[生]昭和3年6月10日　[出]岐阜県関市　[学]岐阜農林専(昭和25年)卒　[資]技術士(水道部門)　[賞]日本水道協会功労賞, 日本下水道協会功労賞　[歴]昭和26年関市に入り、32年水道課長、42年

水道部長、55年総務部長、61年助役を経て、平成3年関市長に当選。4期目。
㊙前衛作家集団ネオ・VAVA、アルキニストの会（会長）　㊙絵画、散策、長唄

後藤　晨　ごとう・あきら
水沢市長　㊤昭和5年3月3日　㊦岩手県水沢市　㊧花巻中（昭和21年）卒　㊨昭和48年岩手県児童婦人課長補佐、52年地方課長補佐、53年金ケ崎町助役、56年岩手県成人福祉課長、58年人事課長、59年東京事務所長、61年県会事務局長、62年土地開発公社副理事長、平成2年住宅供給公社理事長を歴任し、4年から水沢市長に3選。16年引退。

五藤　一成　ごとう・いっせい
土佐市長　㊤昭和3年4月8日　㊦高知県土佐市　㊧高知師範（昭和23年）卒　㊨昭和62年土佐市助役を経て、平成7年2月市長に当選。同年10月退任。

後藤　国利　ごとう・くにとし
臼杵市長　㊤昭和15年1月6日　㊦大分県　㊧一橋大学社会学部（昭和39年）卒　㊨藍綬褒章（平成7年）　㊨臼杵製薬社長を経て、会長。大分県議を5期務めた。この間、平成2年議長。9年1月臼杵市長に当選。2期目。　㊙大分パソコン通信アマチュア研究協会（会長）　㊙テニス、ゴルフ、パソコン

後藤　健二　ごとう・けんじ
夕張市長　㊤昭和16年9月22日　㊦北海道夕張市　㊧夕張北高　㊨夕張市商工課長、振興部長、総務部長、助役などを経て、平成15年市長に当選。

後藤　茂之　ごとう・しげゆき
衆院議員（自民党　長野4区）　㊤昭和30年12月9日　㊦東京都　㊧東京大学法学部（昭和55年）卒、ブラウン大学大学院M.A.　㊨大蔵省に入省。平成5年主税局企画調整室長を経て、12年衆院議員に当選。民主党を経て、15年自民党に入党。2期目。　http://www.510.to/

後藤　茂　ごとう・しげる
衆院議員（民主党）　随筆家　㊤大正14年7月3日　㊦兵庫県相生市　㊧拓殖大学商学部（昭和22年）卒　㊨勲二等旭日重光章（平成10年）　㊨社会党本部に入り、「社会新報」編集長、総務部長などをつとめ、昭和46年埼玉県所沢市長選に立候補するが落選。51年総選挙で兵庫4区から当選する。61年落選。平成2年再選。通算6期。7年離党して、民主の会を結成。のち市民リーグを経て、8年民主党に参加。同年落選。文芸誌「播火」特別会員、日本郵趣協会顧問。グローエネ後藤研究所所長。著書に「わが心の有本芳水」「随筆 百日紅」などがある。
㊙切手収集
【著書】険しきことも承知して（エネルギーフォーラム '03）

湖東　二郎　ことう・じろう
袋井市長　㊤大8.3.25　㊦静岡県袋井市　㊧横浜専門学校貿易科（昭和16年）卒　㊨勲四等瑞宝章（平成1年）　㊨昭和21年久努西村役場に入る。23年袋井町役場に移り、40年収入役、44年助役を経て、51年から市長に3選。63年引退。

後藤　斎　ごとう・ひとし
衆院議員（民主党）　㊤昭和32年7月22日　㊦山梨県甲府市　㊧東北大学経済学部（昭和55年）卒　㊨農林水産省に入省。輸入課長補佐を経て、平成12年民主党から衆院選比例区に当選。1期つとめた。15年落選。　http://www.g510.net/

後藤　博子　ごとう・ひろこ
参院議員（自民党　大分）　㊤昭和23年5月21日　㊦大分県大分市　㊧別府大学短期大学初等教育科（昭和44年）卒　㊨昭和57～60年国際協力事業団の支援でブラジルのアマゾナス州マナウスに家族で移住。日伯文化協会の日本語学校で日系2、3世の指導教育にあたる。平成9年大分県中小企業家同友会常任理

事・女性部長に就任。10年アポロエンジニアリング専務に就任。13年参院議員に当選。無派閥を経て、江藤・亀井派、のち亀井派。 http://www.amigo21.com/

後藤 正夫 ごとう・まさお
参院議員（自民党） 大分大学名誉教授 [生]大正2年6月18日 [没]平成12年1月29日 [出]大分県大分市 [学]横浜高工電気化学科（昭和12年）卒 [賞]勲一等瑞宝章（平成2年） [歴]昭和34年行政管理庁統計基準局長、43年大分大学長を経て、51年以来大分県選挙区で参院議員に3選。平成元年〜3年海部内閣の法相に就任。3年参院PKO委員長となるが辞任。宮沢派。4年引退、東海大学客員教授を務めた。 [家]父＝後藤文夫（内相）

五島 正規 ごとう・まさのり
衆院議員（民主党 比例・四国） 医師 [生]昭和14年3月5日 [出]兵庫県神戸市須磨区 [学]岡山大学医学部（昭和41年）卒 [歴]昭和45年高知県立宿毛病院内科医長、同年幡西地域保険医療センター所長、53年高知上町クリニック所長、54年四国勤労病院理事長兼院長などを務めた。平成2年衆院議員に当選。5期目。社会党副書記長、社会政策局長を務め、8年社民党を経て、民主党に参加。 [趣]釣り，読書 http://www.baobab.or.jp/~goto/
【著書】高齢社会の福祉・医療（静山社 '96）

後藤 幹生 ごとう・みきお
大野城市長 [生]昭和14年3月29日 [出]福岡県 [学]福岡商卒 [歴]大野城市総務部長を経て、平成5年市長に当選。3期目。

後藤 宗昭 ごとう・むねあき
竹田市長 [生]昭3.2.6 [出]大分県竹田市 [学]海兵（昭和20年）卒，玉川大学文学部卒 [歴]28年間中学校教師を務める。昭和39年から大分県教組直入支部の書記長、副委員長、委員長を歴任。竹田市助役を経て、昭和55年以来市長に4選。平成8年引退。

五藤 康之 ごとう・やすゆき
三原市長 [生]昭和12年9月4日 [出]広島県 [学]関西学院大学商学部卒 [歴]三原市教育委員を経て、平成13年11月三原市長に当選。

後藤田 正純 ごとうだ・まさずみ
衆院議員（自民党 徳島3区） [生]昭和44年8月5日 [出]東京都 [学]慶応義塾大学商学部（平成5年）卒 [歴]大学時代から大叔父の後藤田正晴元副総理の選挙応援などを手伝う。平成5年三菱商事に入社。10年退社。12年衆院議員に当選。2期目。旧橋本派。 [趣]読書，囲碁，ギター，野球，ネットサーフィン
[家]祖父＝後藤田耕平（県会議員），妻＝水野真紀（女優） http://www.gotoda.com/

後藤田 正晴 ごとうだ・まさはる
衆院議員（自民党） 法相 副総理 [生]大正3年8月9日 [出]徳島県麻植郡東山村（現・美郷町） [学]東京帝国大学法学部（昭和14年）卒 [賞]勲一等旭日大綬章（平成9年），文化交流貢献賞（中国）（平成14年） [歴]昭和14年内務省に入省。自治省、防衛庁、警察庁の要職を経て44年警察庁長官に。連合赤軍の“あさま山荘事件”、沖縄返還交渉にからむ外務省機密漏えい事件などの難事件を扱った。いったん退官したが、当時の田中首相に請われ、内閣官房副長官に。51年衆院議員に当選、以来7期。自治大臣、内閣官房長官、行政管理庁長官を経て、59年7月に発足した総務庁の初代長官に就任。“カミソリ後藤田”の異名をとり、歯に衣着せずズバズバ物を言うことでも有名。60年12月第二次中曽根第二次改造内閣で官房長官となり、61年も留任。平成4年宮沢改造内閣の法相となり、5年副総理。無派閥。8年引退。日中友好会

館、日本ゴルフ協会会長などを歴任。
[家]兄＝後藤田英治朗（豊益海漕社長）
【著書】後藤田正晴の目（朝日新聞社 '00）／情と理〈上下〉（講談社 '98）／政と官（講談社 '94）／政治とは何か（講談社 '88）
【評伝】時事放談〈1〉イラク戦争・年金問題・景気回復（TBS『時事放談』制作スタッフ編 講談社'04）／わが上司 後藤田正晴（佐々淳行著 文芸春秋'02）／後藤田正晴（社会経済生産性本部・21世紀へのメッセージ刊行委員会編 生産性出版'99）／後藤田正晴における責任のとりかた（野坂昭如著 毎日新聞社'98）／法の男 後藤田正晴（テレビ朝日出版部, モジカンパニー編 テレビ朝日'98）／後藤田正晴（保阪正康著 文芸春秋'98）

小西 哲　こにし・あきら
衆院議員（自民党）　[生]昭和24年9月13日　[没]平成13年7月23日　[出]滋賀県近江八幡市　[学]東京大学法学部（昭和48年）卒
[歴]昭和48年警察庁入庁。広島県警交通指導課長、京都府警捜査二課長、熊本県警警務部長、警察庁運転免許課理事官、63年北海道警交通部長、同警備部長、平成2年警察庁官房留置管理官、5年3月宮崎県警本部長、6年7月九州管区警察局総務部長を経て、7年8月交通規制課長。8年滋賀2区から衆院選に立候補するが落選。12年再出馬し当選。旧小渕派を経て、橋本派。　[趣]読書，釣り
[家]弟＝小西理（衆院議員）

小西 栄造　こにし・えいぞう
結城市長　[生]昭和6年12月11日　[出]茨城県　[学]栃木高卒　[賞]藍綬褒章（平成5年）
[歴]昭和27年小西栄次郎商店に入社。34年常務を経て、43年社長。49年小西社長。のち結城信用金庫理事、結城商工会議所会頭を兼務。平成15年結城市長に当選。　[趣]絵画鑑賞，旅行

小西 理　こにし・おさむ
衆院議員（自民党　比例・近畿）　[生]昭和33年8月22日　[出]滋賀県近江八幡市
[学]東京大学法学部（昭和58年）卒
[歴]昭和58年三菱重工業、平成3年三井海上火災保険勤務を経て、12年兄である小西哲衆院議員第1秘書となる。13年10月兄の死去に伴う衆院議員滋賀2区補選に当選。2期目。旧橋本派。
[家]兄＝小西哲（衆院議員）　http://www.osamu-k.com/

小西 博行　こにし・ひろゆき
参院議員（民社党）　[生]昭和11.10.19　[出]香川県善通寺市　[学]高知大学農学部農芸化学科（昭和34年）卒　[歴]昭和34年淀川製鋼所に入社。44年近大講師を経て、55年以来参院議員に2選。平成4年には連合から出馬したが落選。

木浦 正幸　このうら・まさゆき
上越市長　[生]昭和27年11月25日　[出]新潟県上越市　[学]日本大学文理学部卒
[歴]高志保育園長を経て、平成3年から新潟県議に3選。13年上越市長に当選。この間、上越青年会議所理事長、日本青年会議所地区担当常任理事を務めた。

木庭 健太郎　こば・けんたろう
参院議員（公明党　比例）　[生]昭和27年6月25日　[出]福岡県三井郡大刀洗町
[学]創価大学法学部（昭和50年）卒
[歴]昭和50年西日本新聞社に入社。編集局長賞を2度も獲得するなど第一線で活躍。のち木庭総合情報研究所を設立し、所長。一方公明党福岡県青年局次長を務め、平成元年福岡選挙区から参院議員に当選。6年新進党結成に参加。10年公明に移り、同年11月新公明党結成に参加。13年比例区に転じる。3期目。
http://kobakentaro.jp/index2.html

木場 弥一郎　こば・やいちろう
福江市長　[生]昭和3年4月27日　[出]長崎県　[学]諫早農（昭和22年）卒　[歴]長崎県農成連副委員長、福江市農協組合長、理事を歴任。平成3年から福江市長に4選。16年8月同市は近隣5町と合併して新たに五島市が発足。

木幡 弘道　こはた・こうどう
衆院議員（民主党）　[生]昭和22年5月8日　[出]福島県相馬郡小高町　[学]慶応義塾大学法学部政治学科（昭和46年）卒　[歴]昭和54年から福島県議に3選。平成2年衆院選に立候補。5年日本新党に転じて当選。6年新進党結成に参加。9年の党解党後はどの政党にも属さず、院内会派の民友連に参加していたが、10年1月民政党の結成に参加。同年4月民主党に合流。2期務める。12年落選。

小早川 新　こばやかわ・あらた
久山町（福岡県）町長　[生]大正11年1月1日　[没]平成12年2月9日　[出]福岡県粕屋郡久山町　[学]九州帝国大学法文科（昭和18年）卒　[賞]勲三等瑞宝章（平成5年）　[歴]昭和32年久山町議2期、38年議長を経て、39年から町長に7選。平成4年10月引退。福岡県町村会長もつとめた。九州大学医学部と提携し、全町民が無料で定期検診など健康指導を受ける一方で、研究データを提供する地域医療を進め、生活習慣病の早期発見施策“ひさやま方式”を推進。これを世界保健機関（WHO）が紹介し、内外から注目された。また町全体の96％を市街化調整区域に指定し乱開発を防止。助役制を廃止するなど故土光敏夫・第二次臨調会長から“行革のモデル”とたたえられた。

小林 攻　こばやし・おさむ
成田市長　[生]昭和17年5月10日　[学]千葉工　[歴]成田市議を経て、平成15年市長に当選。

小林 一夫　こばやし・かずお
熊谷市長　[生]昭和4年1月24日　[出]埼玉県熊谷市　[学]明治大学法学部卒　[賞]藍綬褒章（平成6年）　[歴]熊谷市議3期、同議長を経て、昭和58年埼玉県議に当選。61年熊谷市長に当選。4期務め、平成14年引退。

小林 和男　こばやし・かずお
三笠市長　[生]昭和10年10月30日　[出]北海道三笠市　[学]北海道学芸大学旭川分校　[歴]三笠市議、市教育長などを経て、平成15年市長に当選。

小林 一三　こばやし・かずみ
新津市長　[生]昭和11年1月4日　[出]新潟県新津市　[学]新潟大学農学部卒　[歴]新潟県庁に入り、土木部砂防課長、上越土木事務所長、新潟土木事務所長、土木部都市整備局長などを歴任。平成3年新津市長に当選、3期務める。12年新潟県知事選、15年衆院選に立候補。
【評伝】偉大なる田舎の市長奮戦記（川野圭介著 葉文館出版'00）

小林 一也　こばやし・かずや
三浦市長　[生]昭和11年9月29日　[出]神奈川県三浦市　[学]横須賀高卒　[歴]三浦市議を経て、平成13年市長に当選。

小林 勝彦　こばやし・かつひこ
鷹栖町（北海道）町長　[生]大正12年3月5日　[出]北海道鷹栖村（現・鷹栖町）　[学]北斗青年学校（昭和16年）卒，新京高等語学院ロシア語専科（昭和20年）卒　[賞]北海道社会貢献賞（昭和57, 63年），北海道産業貢献賞（平成1年），勲四等旭日小綬章（平成7年）　[歴]シベリア抑留を経て、昭和22年鷹栖村役場に入る。35年教育長を経て、42年町長に当選。全町民の健康台帳を作成するなど、健康づくりを基本とする町政に力を注ぐ。平成7年7期つとめ引退。同年10月地方分権推進委員会専門委員となる。5年から2年間北海道町村会会長をつとめた。
【著書】オオカミの桃の里に生きる（ぎょうせい '94）

小林 兼年　こばやし・かねとし
山口市長　[生]昭和2年6月7日　[没]平成2年3月27日　[出]山口県山口市　[学]山口中（旧制）卒　[歴]昭和28年山口市役所に入り、納税課長、庶務課長、民生部長、総

務部長などを歴任し、56年から同市助役を5年間務める。62年山口市長に初当選。

小林 国司　こばやし・くにじ
参院議員(自民党)　[生]明治41年1月10日　[没]平成5年7月9日　[出]鳥取県　[学]東京帝大農学部農業土木科(昭和11年)卒　[賞]勲二等瑞宝章(昭和56年)，勲二等旭日重光章(平成2年)　[歴]農林省に入り、北陸農政局長を経て、昭和43年以来参院議員に3選。61年引退。

小林 憲司　こばやし・けんじ
衆院議員(民主党　愛知7区)　[生]昭和39年7月4日　[出]愛知県名古屋市　[学]ウエストバージニア州立大学(平成1年)卒　[歴]上田ハーロー、インターキャピタル社などで金融デリバティブ市場に携わる。平成12年民主党から衆院議員に当選。2期目。　http://www.koba-ken.jp/

小林 興起　こばやし・こうき
衆院議員(自民党　東京10区)　[生]昭和19年1月1日　[出]東京都練馬区小竹町　[学]東京大学法学部(昭和41年)卒，ペンシルベニア大学大学院(昭和48年)修了　[歴]昭和41年通産省入省。46年ペンシルベニア大学大学院に留学。57年退官。平成2年衆院議員に当選。5年落選したが、8年復帰。14年小泉改造内閣の財務副大臣に就任。通算4期目。亀井派。　[趣]読書，スポーツ　http://www.kobachan.jp/

【著書】日本の未来をあきらめない(出版文化社 '03)

小林 孝平　こばやし・こうへい
長岡市長　参院議員(社会党)　[生]明治41年7月15日　[没]平成3年4月13日　[出]新潟県長岡市　[学]東京帝大農学部(昭和8年)卒　[賞]勲二等瑞宝章(昭和52年)　[歴]農林省の革新官僚から社会党参院議員(昭和25年から2期)を経て、社共の共闘により41年長岡市長に初当選。以来5期18年という長期政権を維持し、テクノポリス指定、ニュータウン造りという大開発構想を具体化した。一方で田中角栄と親しく、緊密な関係を保持。田中角栄の政治力を活用しながら産業都市への開発の道を歩き続けたが、59年5月、任期半ばで辞職。

【評伝】さらば田中角栄(蛯川真夫著 朝日新聞社'87)

小林 淳三　こばやし・じゅんぞう
碧南市長　[生]昭和3年1月22日　[出]愛知県　[学]名古屋大学法学部(昭和28年)卒　[資]弁護士　[賞]電源立地促進功労者通産大臣表彰(平成3年)，勲五等双光旭日章(平成10年)　[歴]昭和31年弁護士を開業。59年碧南市長に当選。3期つとめ、平成8年引退。

小林 昭弐　こばやし・しょうに
安塚町(新潟県)町長　[生]昭和2年2月20日　[出]新潟県東頸城郡安塚町　[学]高田農学校(昭和18年)卒　[賞]日本イベント大賞・グランプリ(昭和61年度)　[歴]昭和38年安塚町議。町議会副議長を経て、51年から町長に4選。豪雪を商品化し、過疎化の村おこしに奮戦。

小林 進　こばやし・すすむ
衆院議員(社会党)　[生]明治43年9月9日　[没]平成9年8月6日　[出]新潟県寺泊町　[学]中央大学法学部(昭和10年)卒　[賞]勲一等旭日大綬章(昭和60年)　[歴]東京倉庫運輸常務、三信鉱業常務を経て、昭和24年以来衆議院議員に当選11回。全農組織部長、衆院逓信委員長、社会党外交政策委員長などを歴任。のち中央大学理事、日中友好会館理事、日中友好協会顧問をつとめた。

小林 武夫　こばやし・たけお
小山市長　栃木県議　[生]昭和6年6月22日　[出]栃木県小山市　[学]栃木農(昭和24年)卒　[歴]昭和38年から小山市議3期、50年から栃木県議2期を経て、59年小山

市長に当選。63年5月同市内の中学校建設に絡む贈収賄事件で収賄容疑で逮捕され辞任した。

小林 正　こばやし・ただし
参院議員(新進党)　[生]昭和8年4月24日　[出]東京　[学]横浜国立大学学芸学部(昭和32年)卒　[賞]勲三等旭日中綬章(平成15年)　[歴]川崎市教組書記次長、神奈川県教組委員長、神奈川県労連議長、社会党神奈川県総合政策特別委員長などを経て、平成元年参院議員に当選。5年党除籍、同年8月民主改革連合に加わる。6年7月新生党入りし、12月新進党結成に参加したが、7年離党。同年落選。

小林 多門　こばやし・たもん
衆院議員(自民党)　[生]昭和18年4月24日　[出]山梨県　[学]明治大学政経学部(昭和42年)卒　[歴]八王子市議3期を経て、昭和60年から東京都議に3選。平成8年衆院議員に当選。宮沢派を経て、加藤派。12年落選。

小林 千代美　こばやし・ちよみ
衆院議員(民主党　比例・北海道)　[生]昭和43年12月8日　[出]宮城県仙台市　[学]中央大学法学部政治学科(平成4年)卒　[歴]平成4年日糧製パンに入社、営業に従事。12年退職。同年衆院選北海道5区に民主党から立候補。15年当選。
http://www.minshutou-h5.com/

小林 恒人　こばやし・つねと
衆院議員(社会党)　[生]昭和13年1月22日　[出]北海道帯広市　[学]川西高林業科(昭和30年)卒　[歴]国鉄釧路鉄道局に入り、国労札幌地本副委員長を経て、昭和54年総選挙に出馬、翌55年当選。以来4期務め、平成5年引退。

小林 俊弘　こばやし・としひろ
小諸市長　[生]昭和6年4月11日　[出]長野県小諸市　[学]北佐久農高(昭和25年)卒　[歴]平成4年小諸市助役を経て、8年から小諸市長に2選。16年引退。　[趣]園芸

小林 富蔵　こばやし・とみぞう
朝日町(山形県)町長　[生]大正7年6月17日　[没]平成15年7月27日　[出]山形県　[学]山形工業卒　[賞]勲六等瑞宝章(昭和20年)，勲五等双光旭日章(平成5年)，朝日町名誉町民　[歴]昭和21年農地改革の専門書記として大谷村役場に就職。25年社会教育主事、28年教育長を経て、29年朝日町教育長、44年助役、51年町長に当選。4期務め、平成4年引退。農村青年の結婚問題に取り組み、昭和60年には全国で始めて町が仲人役となってフィリピン女性との国際結婚をあっせんして反響を呼んだ。平成元年には国際結婚への理解を深めるシンポジウム「HAPPINESS&SUCCESS・日比結婚」を開催した。　[趣]釣り，囲碁，読書，盆栽

小林 房吉　こばやし・ふさきち
中津川市長　[生]大正14年1月25日　[出]岐阜県　[学]苗木町農業青年学校(昭和18年)卒　[賞]勲四等旭日小綬章(平成14年)　[歴]昭和27年中津川市書記、32年財政第三係長、40年企画課長補佐、43年建設部都市計画課長、49年建設部次長、50年市議会事務局長、51年総務部長、55年助役などを経て、63年中津川市長に当選、3期つとめる。平成12年落選。
[趣]書道

小林 実　こばやし・まこと
上九一色村(山梨県)村長　[生]昭和14年8月　[出]山梨県　[学]山梨県立農林高(昭和23年)卒　[歴]昭和36年山梨県養蚕連の職員となる。46年上九一色村議に当選。平成9年上九一色村村長に当選。オウム真理教事件で有名になった同村に、富士ガリバー園(13年閉園)を誘致するなど、オウムのイメージの払拭を図る。

小林 政夫　こばやし・まさお
参院議員（緑風会）　日東製網会長　⊕大正3年2月16日　⊗平成12年9月15日　⊕広島県福山市　⊛東京商科大学（昭和13年）卒　⊛勲二等瑞宝章（平成1年）　⊛昭和23年日本製網社長、38年日東製網と改称。平成9年会長となる。この間、昭和25年参院議員に当選、1期。26年臨時金融制度懇談会委員に就任。41年～平成3年福山商工会議所会頭をつとめた。著書に「東南アジア紀行」「日に新たに」など。　⊛読書，ゴルフ　⊛長男＝小林嗣宜（日東製網社長）

小林 正夫　こばやし・まさお
参院議員（民主党　比例）　⊕昭和22年5月11日　⊕東京都　⊛世田谷工（昭和41年）卒　⊛昭和41年東京電力に入社。組合活動に携わり、平成5年東京電力労働組合本部組織対策局長、9年中央書記長、11年中央副執行委員長、14年関東電力関連産業労働組合総連合会長代理を経て、電力総連（全国電力関連産業労働組合総連合）副会長を務める。16年民主党から参院選比例区に当選。
http://www.kobayashimasao.jp/

小林 政子　こばやし・まさこ
衆院議員（共産党）　⊕大正13年2月29日　⊕新潟県　⊛日本大学卒　⊛昭和19年小学校教諭となる。23年都教組足立支部執行委員婦人部長、25年全日自労足立分会執行委員婦人部長を経て、26年より足立区議を4期、42年東京都議。44年以来衆院議員に5選。
⊛読書
【評伝】いつもみんなと（小林マサ子著　新日本出版社'88）

小林 守　こばやし・まもる
衆院議員（民主党）　⊕昭和19年10月26日　⊕栃木県鹿沼市　⊛東京教育大学文学部史学科（昭和43年）卒　⊛昭和44年鹿沼市役所に入り、同年市職労青年婦人部長、52年市職労副委員長、58年総務課人事課長。59年県議補選に当選し、2選。平成2年衆院選に出馬し12万票を獲得、栃木1区で32年ぶりの社会党トップ当選を果たした。以来4選。8年社民党を経て、民主党に参加。15年落選。
http://www.ne.jp/asahi/mamoru/2000/

小林 美恵子　こばやし・みえこ
参院議員（共産党　比例）　⊕昭和33年8月26日　⊕三重県美杉村　⊛大阪教育大学（昭和57年）卒　⊛養護学校講師を経て、昭和60年共産党常勤職員となる。平成12年共産党から衆院選大阪3区に、13年共産党比例区から参院選に出馬。15年6月繰り上げ当選。
http://web01.cpi.media.co.jp/mieko-kobayashi/

小林 元　こばやし・もと
参院議員（民主党　茨城）　⊕昭和7年9月14日　⊕茨城県水戸市　⊛京都大学法学部（昭和30年）卒　⊛茨城県庁に入り、昭和61年総務部長、63年教育長を歴任。平成7年新進党から参院議員に当選。2期目。10年1月国民の声に参加、4月民主党に合流。

小林 温　こばやし・ゆたか
参院議員（自民党　神奈川）　⊕昭和39年4月21日　⊕福島県耶麻郡猪苗代町　⊛早稲田大学政治経済学部政治学科（平成1年）卒　⊛大学在学中は雄弁会に所属し、米国のジョージタウン大学に短期留学。卒業後松下政経塾に10期生として入塾し、岡山県津山市、マレーシアでの工場研修や自治省の地域総合システムセンターなどで地方自治に関する研究を行う。平成3年渡米し、シャーマン＆スターリング法律事務所で日米通商関係を担当。4年ジョンズ・ホプキンス大学国際関係大学院の客員研究員となり、米国の東アジア政策について研究する傍ら、日本の雑誌に記事を執筆。6年父親の死去に伴い帰国し、家業

の書籍・事務機販売業を継ぐ。7年金融・年金関連のコンサルティング会社を設立し、確定拠出年金のコンサルタントとして全国で講演活動を行う。11年中小企業向けのインターネット関連事業会社シービズを設立、日本商工会議所のIT関連事業を展開。12年自民党神奈川県参院選挙区第1支部長となり、13年参院議員に当選。森派。 [趣]スキー
http://www.kobayashiyutaka.com/

小林 義光 こばやし・よしみつ
都留市長 [生]昭和23年1月16日 [出]山梨県 [学]日本大学理工学部(昭和45年)卒 [歴]昭和45年家業の丸大産業に入社し、50年社長。62年4月山梨県議に当選、3期。平成9年議長。同年都留市長に当選。2期目。

小原 朗 こはら・あきら
千種町(兵庫県)町長 [生]昭和4年1月17日 [出]兵庫県 [学]農林講習所卒 [賞]勲四等瑞宝章(平成11年) [歴]兵庫県農林総務課長を経て、昭和53年千種町長に当選。平成4年町おこしにとツチノコの生け捕りに賞金2億円を贈呈するというイベントを企画。全国的に話題になり、米国の「USAトゥデー」紙にも報じられた。

小日向 毅夫 こひなた・たけお
葛飾区(東京都)区長 [生]明治43年3月18日 [没]平成11年2月9日 [出]新潟県 [学]東洋大学倫理学科(昭和5年)卒 [賞]勲三等瑞宝章(平成5年) [歴]昭和43年葛飾区教育長、50年埼玉工大深谷高校長を経て、53年葛飾区長に就任。連続4期務めた。平成4年引退。

小桧山 哲夫 こひやま・てつお
三沢市長 [生]大正11年5月10日 [没]平成9年10月23日 [出]青森県三沢市 [学]野辺地中(旧制)卒 [歴]昭和23年大三沢町(現・三沢市)役場入り、38年総務課長、43年収入役を経て、45年退職。46年から青森県議に2期。53年三沢市長に当選。3選目の61年12月公共工事に絡む汚職事件で、収賄容疑で逮捕され、辞任。

小渕 正義 こぶち・まさよし
衆院議員(民社党) [生]大正13年12月2日 [出]長崎県長崎市 [学]三菱工業青年校卒 [賞]勲二等瑞宝章(平成7年) [歴]長崎県同盟会長を経て、昭和54年以来長崎1区から衆院議員に4選。平成2年引退。

駒谷 明 こまたに・あきら
衆院議員(公明党) [生]昭5.3.30 [出]兵庫県神戸市 [学]姫路中(旧制)(昭和23年)卒 [歴]昭和46年兵庫県議3期を経て、58年衆院議員に当選するが、61年1期で落選。平成元年参院選比例区に転じるが落選。 [趣]囲碁

小松 定男 こまつ・さだお
衆院議員(社会党) [生]昭和5年10月16日 [没]平成6年11月25日 [出]埼玉県浦和市 [学]北豊島工(昭和25年)卒 [歴]積水化学労組中央委員、埼玉県議4期、社会党埼玉県書記長、同県副委員長などを経て、同党土地住宅対策委員長に就任。日中友好埼玉県民会議理事長も務める。平成2年衆院議員に当選、1期つとめる。5年落選。

小松崎 軍次 こまつざき・ぐんじ
江東(東京都)区長 [生]明治36年2月25日 [没]平成7年4月30日 [出]茨城県 [学]中央大学専門部法科(昭和11年)卒 [賞]勲三等旭日中綬章(平成3年) [歴]茨城県で教職につき、江東区立深川3中校長を経て、昭和28年区教育長。43年より区長に6選。57年成人のための日本語教室を開設、国籍条項を取り払って職員採用に踏み切った。平成3年引退。

駒野 昇　こまの・のぼる

日高市長　⊕大正10年4月10日　⊕埼玉県日高市　⊕陸士卒　⊕日高町議会副議長を経て、昭和54年以来日高町長。平成3年市政施行に伴い日高市長。2期務め、11年引退。

小宮 徹　こみや・とおる

柳川市長　⊕昭和2年5月10日　⊕福岡県　⊕拓殖大学（昭和21年）中退　⊕藍綬褒章（平成1年）、勲三等瑞宝章（平成14年）　⊕昭和34年以来柳川市議に7選。50年副議長、52年議長を経て、60年市長に当選。4期務め、平成13年引退。

小宮山 重四郎　こみやま・じゅうしろう

衆院議員(自民党)　郵政相　⊕昭和2年9月15日　⊕平成6年11月21日　⊕山梨県　⊕早稲田大学政経学部（昭和26年）卒、日本大学法学部卒　⊕東洋大学理事、読売新聞記者を経て、昭和38年以来衆院議員に11選。通産政務次官などを歴任し、福田内閣の郵政相をつとめた。竹下派を経て、小渕派。
⊕父=小宮山常吉（参院議員）、長女=小宮山泰子（衆院議員）
【評伝】藤原弘達のグリーン放談〈5〉豪放磊落（藤原弘達編 藤原弘達著作刊行会；学習研究社〔発売〕〔'86〕

小宮山 泰子　こみやま・やすこ

衆院議員(民主党　埼玉7区)　⊕昭和40年4月25日　⊕埼玉県川越市　⊕慶応義塾大学商学部卒　⊕日本電信電話社員を経て、茶道講師。平成7年埼玉県議に当選、2期務める。12年無所属から衆院選、13年自由党から参院選に立候補。15年民主党から衆院議員に当選。
⊕父=小宮山重四郎（衆院議員）、祖父=小宮山常吉（参院議員）　http://www.yasko.net/

小宮山 洋子　こみやま・ようこ

衆院議員(民主党　東京6区)　参院議員　元・アナウンサー　元・解説委員　⊕労働　家族（女性・子ども）　環境　⊕昭和23年9月17日　⊕東京都　本名=根岸洋子　⊕成城大学文芸学部国文科卒　⊕昭和47年NHKに入局。59年～63年3月「ニュースワイド」の初の女性メーンキャスターを務めた。平成2～10年解説委員。10年参院選比例区に民主党名簿1位で当選、1期。15年衆院補選に出馬し、当選。2期目。　⊕祖父=青木一男（参院議員）
http://www.komiyama-yoko.gr.jp/
【著書】私の政治の歩き方（八月書館'02）／あなたの想いを行動に（青英舎'98）／女と男の21世紀（大月書店'96）／子どもにやさしい保育制度を（汐見稔幸、小宮山洋子著 大月書店'94）／女と男 豊かな生き方（青英舎'93）／ジャストインタイム（青英舎'89）

小室 直義　こむろ・なおよし

富士宮市長　⊕昭和23年5月13日　⊕静岡県富士宮市　⊕成城大学経済学部（昭和46年）卒　⊕昭和46年富士宮市役所に入る。19年間勤務ののち、平成3～11年市議を経て、15年市長に当選。

小森 泰次　こもり・たいじ

修善寺町(静岡県)町長　伊豆木器社長　桂川社長　⊕大正6年10月3日　⊕昭和63年10月26日　⊕静岡県　⊕紺綬褒章（昭和39年）、藍綬褒章（昭和55年）　⊕昭和45年以来修善寺町長に4選。59年、ダムに水没する岐阜県揖斐郡徳山村の古民家を修善寺自然公園に移築、復元。また、61年11月に引退するまでの16年間、給与ボーナス約1億円を受け取らず、町の一般財源に充てていた。

小森 龍邦　こもり・たつくに

新社会党中央本部副委員長　衆院議員（新社会党）　⊕部落解放運動　差別問題　宗教（仏教と人権）　⊕昭和7年7月30日　⊕広島県府中市　⊕府中

高(昭和26年)卒　㊗差別のもたらす人格形成と平等社会の実現　㊥府中市議3期を経て、衆院選に4度立候補したが落選。昭和62年~平成5年部落解放同盟中央本部書記長。平成2年衆院議員に当選。7年離党し、同年2月護憲のための連帯を設立。8年3月新社会党の結成に参加。同年落選、2期。13年参院選比例区から出馬するが落選。著書に「現代における部落問題の本質」「解放理論と親鸞の思想」などがある。
【著書】解放運動の再生(明石書店'01)/広島発平和・人権教育(明石書店'99)/差別のしくみと闘う人へ(明石書店'98)/蓮如論(明石書店'98)/差別と人権を考える(小森龍邦、西野留美子著　明石書店'95)/人間に光あれ、再び(BOC出版'94)/慟哭する人権擁護行政((大阪)解放出版社'88)/行動のための解放思想(明石書店'87)/人権が蝕まれるとき(解放出版社(大阪)'86)

小柳 勇　こやなぎ・いさむ
参院議員(社会党)　小柳勇政治経済研究所長　㊤明治45年1月4日　㊥熊本県横島町　㊦中央鉄道学園(昭和13年)卒　㊥勲一等旭日大綬章(平成3年)　㊥鉄道省に入り、昭和30年国労委員長に就任。33年以降参院議員に5選。46年災害対策特別委員長、57年社会党副委員長などをつとめ、61年7月引退。同年11月勲一等瑞宝章を辞退したが、平成3年4月勲一等旭日大綬章を受章。

小山 一平　こやま・いっぺい
参院議員(社会党)　参院副議長　㊤大3.11.3　㊥長野県埴科郡坂城町　㊦上田中(昭和7年)卒　㊥勲一等瑞宝章(平成4年)　㊥長野県議2期、上田市長3期を経て、昭和49年社会党から参院議員に当選、3期。党参院議員会長、産業・資源・エネルギー調査会長などを歴任。平成2年参院副議長に就任。4年引退。

小山 長規　こやま・おさのり
衆院議員(自民党)　建設相　㊤明治38年6月10日　㊦昭和63年1月31日　㊥宮崎県小林市　㊦東京帝国大学法学部(昭和4年)卒　㊥勲一等旭日大綬章(昭和51年)　㊥三菱銀行労組初代委員長を経て、昭和24年に政界入り。衆院議員当選12回。環境庁長官、建設相、裁判官弾劾裁判所長、衆院予算委員長などを歴任し、61年7月引退。宏池会(鈴木派・宮沢派)の最長老だった。
㊥ゴルフ

小山 治　こやま・おさむ
北御牧村(長野県)村長　㊤昭和7年6月5日　㊥長野県北佐久郡北御牧村　㊦上田松尾高卒　㊥北御牧村で薬用人参加工会社などを経営。商工会理事、農業委員を務め、村議1期を経て、昭和62年北御牧村長に当選、4期。全国初の完全個室型の特別養護老人ホームを中心とした総合福祉施設・ケアポートみまきの建設を進め、みまき福祉会理事長も務めた。平成14年引退。　㊥絵画鑑賞

小山 邦武　こやま・くにたけ
飯山市長　㊤昭和10年11月7日　㊥長野県小諸市　㊦北海道大学農学部畜産学科(昭和34年)卒、イリノイ大学(米国)大学院修士課程修了　㊥酪農学園大学助手、のちイリノイ大学大学院に留学し修士号取得。帰国後、講師となる。農畜産業振興実践のため昭和44年長野県飯山市藤沢地区に入植、同地の実験農場を引き継いで乳牛などの酪農経営を始める。飯山市農業委員会会長、飯山市自然保護審議会会長などを務め、平成2年6月農水省の肝いりで発足した21世紀村づくり塾(全国農村塾)の理事となり、同塾百人委員会のメンバーで農村側委員。同年9月酪農経営を共同経営者に譲り、飯山市長に当選。3期務め、14年引退。

小山 健一 こやま・けんいち
北見市長 [生]昭和11年7月4日 [出]北海道北見市 [学]北海道大学農学部(昭和34年)卒 [歴]北見市衛生部長、農務部長、平成3年都市住宅部長を経て、7年北見市長に当選。11年落選。

小山 誠三 こやま・せいぞう
飯能市長 [生]昭和5年4月30日 [出]埼玉県飯能市 [学]川越中(旧制)卒 [賞]旭日小綬章(平成16年) [歴]農業のあと昭和47年から石油会社を経営。飯能市連合青年団長、飯能市議3期を経て、平成元年同市長に当選。2期務めた。

小山 孝雄 こやま・たかお
参院議員(自民党) [生]昭和18年12月13日 [出]埼玉県 [学]山形大学文理学部(昭和41年)卒 [歴]昭和55年村上正邦参院議員秘書、平成4年労働大臣政務秘書官を経て、神道政治連盟顧問。7年参院議員に当選。10年三塚派を離脱、11年3月村上・亀井派に参加。この間、7～8年財団法人・ケーエスデー中小企業経営者福祉事業団(KSD)理事長より要請を受けてKSDに有利な国会質問をし、2000万円の供与を受けたとして、13年1月受託収賄容疑で東京地検特捜部に逮捕され、辞職した。 [趣]家庭菜園

小山 利雄 こやま・としお
桐生市長 [生]大6.11.5 [出]群馬県 [学]桐生高工付校卒 [賞]藍綬褒章, 勲三等旭日中綬章(昭和63年) [歴]昭和34年以来桐生市議を務め、44年関東市議会議長会会長。46年以来桐生市長に4選。62年落選。 [趣]将棋

小山 正敏 こやま・まさとし
志木市長 [生]大正4年3月21日 [没]平成16年5月9日 [出]埼玉県志木市 [学]高小卒 [歴]昭和36年足立町長に当選し、45年市制施行により初代志木市市長となる。4期務め、60年引退。

小山 道夫 こやま・みちお
蓮田市長 [生]昭4.8.21 [出]埼玉県蓮田市 [学]早稲田大学専門部商科(昭和25年)卒 [歴]蓮田市長を2期つとめ、平成2年落選。

小山 峰男 こやま・みねお
参院議員(民主党) [生]昭和9年12月29日 [出]長野県北佐久郡北御牧村 [学]東北大学法学部卒 [歴]長野県上級職採用一期生。昭和57年人事課長、60年4月総務参事、同年12月総務部長を経て、63年11月社会部長、のち副知事に就任。平成7年参院議員に当選。新進党を経て、8年12月太陽党結成に参加。10年1月民政党を経て、4月民主党に参加。13年落選。 [趣]山歩き

午来 昌 ごらい・さかえ
斜里町(北海道)町長 知床自然保護協会長 [生]昭和11年9月8日 [出]北海道斜里郡斜里町宇登呂 [学]宇登呂中卒 [歴]昭和48年“青い海と緑を守る会”発足以来会長を務める。知床横断道路計画に対し、現場調査と不備指摘を行う。42～58年斜里町議(4期)。47年から道自然保護協会理事となり、知床国立公園内の国有林伐採反対運動の先頭に立つ。62年斜里町長に当選。5期目。知床国立公園内の離農跡地を寄付金で買い上げ、植林などにより保全する“しれとこ100平方メートル運動”を始め、推進本部長を務める。

コロムビア・トップ
参院議員 漫才協団名誉会長 漫才師 [生]大正11年5月6日 [没]平成16年6月7日 [出]東京市浅草区(現・東京都台東区) 本名=下村泰 旧コンビ名=コロムビア・トップ・ライト [学]北辰電機青年学校(昭和15年)卒 [賞]芸術祭賞奨励賞(昭和38年), 日本文芸大賞(特別賞, 第9回)(平成1年)「オレは芸人議員だ」 [歴]昭和17年陸軍に入隊、加藤隼戦闘隊員として各地を転戦。復員後の21年、抑

留中に知り合った池田喜作（初代ライト）と漫才コンビを組み、"青空トップ・ライト"としてデビュー。25年初代ライトが亡くなると2代目ライト（本名・島屋二郎）とコンビを結成。27年コロムビアレコード専属となり、コンビ名を"コロムビア・トップ・ライト"に改称、社会・政治を風刺した時事漫才で人気を集める。49年参院選全国区に初当選し、政界入り。漫才コンビは解消し、議員活動の傍ら一人で芸能活動を続ける。50年から二院クラブに所属。55年落選、57年コンビを復活するが、58年野坂昭如の衆院選出馬により繰り上げ当選。平成元年3期目の当選を果たし、二院クラブ代表も務めた。7、10年落選し政界を引退。昭和57年からあゆみの箱代表理事を務めるなど一貫して障害者福祉問題や老人問題に取り組み、20にのぼる福祉厚生関連法案の立法化に関わった。また39年東京の漫才師で作る漫才研究会（現・漫才協団）会長に就任、東京漫才の大御所として活躍し、門下から"青空千夜・一夜""青空球児・好児""青空はるお・あきお"らを輩出。晩年は胃癌や食道癌、中咽頭癌との闘病生活の傍ら、司会や漫談、内海桂子との"熟年漫才"コンビなどで活動を続けた。
㊗漫才協団（名誉会長）

今 周一郎　こん・しゅういちろう
小国町（山形県）町長　㊤大正7年3月18日　㊥山形県西置賜郡小国町　㊦山形県立置賜農学校二部（昭和11年）卒　㊥小国町名誉市民、勲四等旭日小綬章（平成2年）　㊦第二次大戦に出征し、フィリピンなどを8年間転戦。稲作と畜産の農家の傍ら、昭和39年8月小国町長に当選。"小国方式"と呼ばれる地域振興策に取り組み、62年には経済同友会の第2回美しい都市づくり賞の1席（建設大臣賞）を受賞した。5期務め、63年8月退任。
㊗野鳥飼育、盆栽、牛の飼育

近 寅彦　こん・とらひこ
新発田市長　㊤昭和5年4月13日　㊥新潟県新発田市　㊦新潟大学医学部（昭和31年）卒 医学博士　㊥勲四等旭日小綬章（平成12年）　㊦新潟大学医学部助教授、厚生省公衆衛生局栄養課長、新潟県衛生部長を歴任後、昭和53年新発田市長に当選。5期。平成10年落選。

今田 保典　こんた・やすすけ
衆院議員（民主党）　㊤昭和17年9月9日　㊥山形県西村山郡河北町　㊦溝延中卒　㊦山形県友愛会副会長を経て、山形県交通労組委員長、交通労連執行委員。平成8年新進党から衆院議員に当選。10年1月新党友愛に参加、4月民主党に合流。当選2回。15年11月の総選挙には出馬しなかった。　㊗ゴルフ、菊作り、囲碁

近藤 昭一　こんどう・しょういち
衆院議員（民主党 愛知3区）　㊤昭和33年5月26日　㊥愛知県　㊦上智大学法学部（昭和59年）卒　㊦昭和59年中日新聞社に入社。平成5年退社し、8年衆院議員に当選。3期目。　㊗スキー、ヨット、水泳、カラオケ、ダンス　㊥父＝近藤昭夫（名古屋市議）、弟＝近藤高昭（名古屋市議）　http://www.kon-chan.org/

近藤 昇吉　こんどう・しょうきち
知多市長　㊤大正2年12月6日　㊥平成13年9月20日　㊥愛知県知多市　㊦高小卒　㊥愛知県知事表彰（平成1年）、勲四等旭日小綬章（平成2年）、知多市名誉市民　㊦昭和30年知多町（現・知多市）町議、38年議長を経て、48年以来市長に4選。平成元年引退した。

近藤 剛　こんどう・たけし
参院議員（自民党）　日本道路公団総裁　エコノミスト　㊦国際政治経済（特に日米関係）　㊤昭和16年10月30日　㊥東京　㊦早稲田大学政治経済学部（昭和39年）卒，パリ大学大学院法科修士課程　㊦昭和39年伊藤忠商事入社。47年ロンド

ン駐在、53年本社業務本部米州チーム長、58年ペトロリウム・ファイナンス社副社長(ワシントン駐在)、60年本社産業電子機器部次長を経て、62年伊藤忠アメリカ社シニア・バイス・プレジデント兼ワシントン事務所長となり、米国議会の情報収集・分析に携わる。平成4年政治経済研究所長、8年取締役、10年常務。のち取締役を退任。経団連特別顧問を務める。13年参院選比例区に自民党から当選。15年11月小泉純一郎首相からの要請を受け、任期途中で日本道路公団総裁に就任。米国の政財界に幅広い人脈をもつエコノミストとして知られ、著書に「米国の通商戦略」、訳書に「冷戦後の日米同盟」などがある。
http://www.t-kondo.com
【著書】日本完全復活計画(ビジネス社'01)／主張するアメリカ 逡巡する日本(三田出版社'98)

近藤 忠孝　こんどう・ちゅうこう
参院議員(共産党)　弁護士　㋳公害　㋐昭和7年4月2日　㋙東京都北区　㋕東京都立大学人文学部(昭和30年)卒　㋭昭和35年共産党に入党。37年弁護士を開業し、青年法律家協会議長、43年イタイイタイ病弁護団副団長、全国公害弁護団連絡会議初代幹事長をつとめたのち、49年参院議員に当選、3期。平成4年引退。著書に「営業と暮らしを守る税金相談」「公害と住民運動」など。
【著書】生活大変国 日本(新日本出版社'92)／歩かせるな「消費税」(白石書店'89)

近藤 長一　こんどう・ちょういち
新城市長　㋐大正5年7月23日　㋙愛知県新城市　㋕高小卒　㋳藍綬褒章(昭和57年)、勲三等瑞宝章(平成3年)　㋭昭和22年八名村議、30年新城町議、33年新城市議、44年市会副議長、46年議長を務め、50年以来新城市長に4選。平成3年引退。　㋤書鑑賞

権藤 恒夫　ごんどう・つねお
衆院議員(自由党)　㋐昭和5年3月23日　㋰平成13年5月29日　㋙福岡県粕屋郡　㋕九州電気工学専電気工学科(昭和32年)卒　㋭専売公社で働きながら夜学に通う。昭和30年創価学会入会、九州青年部長を経験。38年福岡市議、42年福岡県議2期を経て、51年公明党から衆院議員に当選。59年12月国会開会前に当選わずか3回で党国会対策委員長に抜擢され、平成2年党副委員長に就任。6年新進党結成に参加。のち党総務会長代理を務めた。新進党の分裂では自由党に参加。7期務め、12年6月引退した。
【評伝】フレッシュ・オープン・エキサイティング(第三文明社編集部編 第三文明社'87)

近藤 鉄雄　こんどう・てつお
衆院議員(自民党)　労相　新時代戦略研究所代表取締役　㋐昭和4年8月11日　㋙山形県南陽市　㋕一橋大学経済学部(昭和28年)卒　㋳西ドイツ功労勲章大功労十字星章付大綬章(昭和62年)、勲一等旭日大綬章(平成12年)　㋭昭和28年大蔵省に入省。29年フルブライト留学生として米国カリフォルニア大学大学院、ハーバード大学に留学。帰国後、税務署長、大蔵省課長補佐などを経て41年退官。43年現代政策研究所を設立し理事長に。47年の衆院補欠選挙で初当選し政界入り。以来9回連続当選。選挙区では"コンテツ"と名乗り精力的に歩く。行政管理政務次官、文部政務次官、農林水産政務次官、自民党政務調査会副会長などを歴任し、61年第3次中曽根内閣の経済企画庁長官、平成3年宮沢内閣の労相。旧河本派。8年落選。　㋤スポーツ、読書　㋐長男=近藤洋介(衆院議員)
【著書】リ・ホームの時代(近藤鉄雄、兵頭宜昭著 IN通信社'94)／崩壊!バブル大国

"ニッポン"（蔦信彦, 岩国哲人ほか著 東洋経済新報社'91）
【評伝】藤原弘達のグリーン放談〈9〉縦横無尽（藤原弘達編 藤原弘達著作刊行会;学習研究社〔発売〕'87）

近藤 浩　こんどう・ひろし
衆院議員（自民党）　⑰昭和36年1月31日　⑰愛知県　⑱ノースイースタン大学中退　⑲参院議員秘書を経て、平成11年から愛知県議に2選。15年5月副議長。同年11月衆院選愛知4区に立候補し比例区で復活当選するが、12月公職選挙法違反の容疑で逮捕され議員辞職。

近藤 広康　こんどう・ひろやす
筑後市長　⑰昭和2年4月20日　⑱平成1年10月28日　⑲福岡県筑後市　⑳宮崎農林専（昭和22年）卒　㉑昭和22年福岡県庁に入り、のち総務部農政部各課長補佐。筑後農林事務所長を経て、59年農政部次長、61年筑後市長に当選。㉒読書

近藤 福雄　こんどう・ふくお
豊明市長　⑰大正13年10月24日　⑱愛知県豊明市　⑲大同工高内燃機関学科卒　㉑昭和23年東亜合成化学工業に入社。46年以来愛知県議2期を経て、58年豊明市長に初当選。2期務め、平成3年引退。　㉒読書

近藤 正道　こんどう・まさみち
参院議員（無所属　新潟）　⑰昭和22年1月25日　⑱新潟県三島郡出雲崎町　⑲中央大学法学部（昭和44年）卒　㉑弁護士　㉒昭和52年新潟市で弁護士を開業。新潟県弁護士会人権擁護委員会副委員長を2期務める。62年新潟県議に当選、5期。社民党県連代表も兼務。平成16年参院議員に無所属で当選。
http://www.m-kondo.jp/

近藤 松次　こんどう・まつじ
大東市長　⑰大正13年6月3日　⑱福岡県　⑲福岡第二師範（昭和19年）卒　㉑小学校教頭、社会教育委員、三箇小学校校長、大東市小学校長会会長、民生児童委員、自治会長などを経て、平成4年大東市長に当選、2期つとめる。12年落選。

近藤 元次　こんどう・もとじ
衆院議員（自民党）　農水相　⑰昭和5年6月20日　⑱平成6年2月16日　⑲新潟県佐渡郡相川町　⑳日本大学理工学部土木工学科（昭和30年）卒　㉑昭和36年相川町議、40年副議長、42年新潟県議3期を経て、54年衆院議員に当選。平成2年第2次海部改造内閣の農水相を務めた。当選6回。宮沢派。　㉒息子＝近藤基彦（衆院議員）

近藤 基彦　こんどう・もとひこ
衆院議員（自民党　新潟2区）　⑰昭和29年2月15日　⑱新潟県新潟市　⑲日本大学理工学部（昭和51年）卒　㉑建設会社会長。父・近藤元次衆院議員の秘書を経て、平成12年衆院議員に当選。のち自民党入り。2期目。堀内派。　㉒父＝近藤元次（衆院議員）　http://www.konmoto.net/

近藤 康雄　こんどう・やすお
津市長　⑰昭和8年3月6日　⑱三重県津市　⑲三重短期大学卒　㉑昭和26年三重県職員となり、63年地域振興部長、平成2年企業庁長、4年三重県土地開発公社、三重県住宅供給公社各副理事長を経て、同年津市助役。6年津市長に当選。3期目。　㉒スポーツ, 音楽

近藤 豊　こんどう・ゆたか
衆院議員（無所属）　⑰昭和10年7月15日　⑱愛知県豊川市　⑲東京外国語大学（昭和33年）卒　㉑昭和33年外務省に入り、53年退官するまで、オランダ、韓国などの大使館に勤務。54年民社党から衆院

議員に当選、3期務める。59年無所属に転じ、のち田中派に入るが、61年落選。平成5年日本新党の支援で復帰。6年日本新党解党後、新進党に参加せず無所属。同年12月所得税法違反(脱税)と政治資金規正法違反(虚偽記載)の罪で名古屋地裁に在宅のまま起訴される。7年辞職。著書に「小説・日本国有鉄道」。
🎭演劇

近藤 洋介　こんどう・ようすけ
衆院議員(民主党　比例・東北)　⊕昭和40年5月19日　⊕米国・ワシントン　🎓慶応義塾大学法学部法律学科(昭和63年)卒　⊕労相を務めた近藤鉄雄衆院議員の長男。昭和63年日本経済新聞社に入社。産業部を経て、経済部記者を務める。平成11年退社。12年衆院選山形2区に無所属で立候補。15年民主党から出馬し、比例区で当選。　⊛父=近藤鉄雄(衆院議員),祖父=野原正勝(衆院議員)　http://www.kondo21.com/

今野 東　こんの・あずま
衆院議員(民主党　宮城1区)　⊕昭和22年12月17日　⊕宮城県塩釜市　🎓明治学院大学社会学部(昭和46年)卒　🏆日本文芸大賞(現代文学新人賞)(平成4年)「相沢村れんげ条例」　⊕東北放送を中心にアナウンサーとして活躍。昭和62年にはテイチクからレコードデビューも果たす。55年からフリーに。平成9年から東北弁による民話寄席を開催。"東北弁の話芸"を追究する。12年衆院議員に当選。16年12月、15年の総選挙をめぐる陣営幹部の選挙違反事件で最高裁は上告を棄却。2期目。
http://www.k-azuma.gr.jp/
【著書】相沢村れんげ条例((西宮)エスエル出版会;鹿砦社〔発売〕 '92)

紺野 貞郎　こんの・さだろう
白鷹町(山形県)町長　⊕昭和5年10月3日　⊕山形県西置賜郡白鷹町　🎓長井中卒　🏆勲四等旭日小綬章(平成13年)　⊕白鷹町収入役、同町議を経て、昭和55年から白鷹町長。人口減を食い止めるため平成3年第三子を出産した場合30万、第四子は40万円、第五子は55万円の養育金を贈るというすこやか鮎っ子養育金の支給を始めた。12年引退。
📖読書

今野 繁　こんの・しげる
相馬市長　⊕大正15年11月2日　⊕福島県相馬市　🎓北京中(昭和19年)卒　🏆勲三等瑞宝章(平成15年)　⊕昭和29年相馬市教育委員、39年東部自動車学校社長を経て、53年から相馬市長に6選。平成13年落選。

【さ】

西川 正純　さいかわ・まさずみ
柏崎市長　⊕昭和18年3月17日　⊕新潟県柏崎市　🎓慶応義塾大学経済学部(昭和42年)卒　⊕柏崎市議、市会議長を経て、平成4年市長に当選。3期目。

三枝 剛　さいぐさ・つよし
塩山市長　⊕昭7.10.20　⊕山梨県　🎓山梨県立農林学校(昭和25年)卒　⊕昭和27年三枝産業専務、42年社長、58年会長を歴任。同年から山梨県議に3選。平成5年塩山市長に当選。3期目。

細郷 道一　さいごう・みちかず
横浜市長　自治事務次官　⊕大正4年11月25日　⊗平成2年2月15日　⊕神奈川県横浜市　🎓東京帝大法学部政治学科(昭和16年)卒　⊕昭和16年内務省(現・自治省)入省。税務部府県課長、財政局財政課長、大阪府総務部長、税務局

長、財政局長を経て、44年事務次官に就任。その後、地方財務協会理事長、公営企業金融公庫総裁などを歴任、53年横浜市長に選出。以来3期当選。前市長飛鳥田一雄の打ち出した「都心部強化事業」を受け継いで発展させた「みなとみらい(MM)21計画」を推進した。
㊤散歩

斎藤 伊太郎　さいとう・いたろう
長井市長　⊕大正13年1月17日　㊥平成11年1月13日　㊧山形県長井市　㊨米沢商(旧制)卒　㊤長井商工会長などを経て、昭和49年長井市長に当選。4期つとめた。

斎藤 栄三郎　さいとう・えいざぶろう
参院議員(自民党)　科学技術庁長官　経済評論家　⊕大正2年6月19日　㊥平成12年7月9日　㊧東京都江戸川区　㊨早稲田大学商学部(昭和11年)卒　商学博士;法学博士;文学博士;政治学博士　㊨勲一等瑞宝章(平成2年)
㊤日本経済新聞、NHKニュース解説委員など経て、昭和49年以来参院に当選3回。自民党独禁法改正調査会長、物価対策特別委員長、労働政務次官などを歴任し、経済評論家としても知られ、東京放送の「時事放談」などで活躍。平成元年海部内閣の科学技術庁長官に就任。渡辺派。4年引退。著書に「宰相中曽根康弘の思想と行動」「世界経済の基礎知識」「中国四千年史」「自分を守る経済学」「ペレストロイカの理論と実際」「言葉の文化史」など。　㊤日本科学技術振興協会、独禁法研究協議会
㊤尺八、水泳
【著書】政治改革の原点(北風書房;星雲社〔発売〕'92)／私の経済履歴書(読売新聞社'91)／世相は踊る(細川隆元、斎藤栄三郎著 通産新報社出版局'81)／誰も言わない政治の内幕(日本経済通信社'80)

斉藤 英二　さいとう・えいじ
石狩市長　⊕昭和7年11月14日　㊥平成12年6月8日　㊧北海道岩内郡岩内町　㊨北海道大学法学部卒　㊤北海道庁に入庁。住宅都市部長、道住宅管理公社理事長を経て、恵庭市の第三セクター、恵庭リサーチ・ビジネス・パーク社長。平成7年石狩町長に当選。8年市制施行により、石狩市長となる。2期。11年病気療養のため退任。

斉藤 一雄　さいとう・かずお
衆院議員(社会党)　⊕大正14年1月30日　㊧東京・神田　㊨明治大学商学部(昭和27年)卒　㊤都労連政治部長、東京地評副議長などを経て、昭和48年以来東京都議に4選。61年社会党自治体議員団全国会議議長に就任。平成2年衆院議員に当選、1期つとめる。5年落選。6年社会党離党。著書に「東京の環境問題」など。
【著書】護憲に生きる(論創社 '95)

斎藤 喜美男　さいとう・きみお
栗山村(栃木県)村長　⊕昭和4年2月24日　㊧栃木県　㊨高小卒　㊤栗山村議、村会議長、栗山村森林組合長を経て、昭和54年栗山村長に当選。以来全村温泉化に取り組み、平成4年全村の30％まで温泉化が実現。14年2月辞職。　㊤ゴルフ, 書道

斉藤 清美　さいとう・きよみ
八女市長　⊕大正8年1月3日　㊨陸軍自動車学校卒　㊨勲三等瑞宝章(平成5年)　㊤八女市会議長を経て、昭和51年市長に当選、4期務めた。

斎藤 邦吉　さいとう・くにきち
衆院議員(自民党)　厚相　自民党幹事長　⊕明治42年6月26日　㊥平成4年6月18日　㊧福島県相馬市　㊨東京帝国大学法学部法律学科(昭和8年)卒　弁護士　㊨勲一等旭日大綬章(昭和62年)　㊤昭和8年内務省入省。神奈川県地方課、

内務省警保局図書課勤務の後、静岡県教育課長、厚生省勤労局企画課長、厚生・労働各大臣官房総務課長、労働省職機安定・労政各局長を経て、28年労働事務次官就任。33年政界入りし、福島3区から衆院議員に当選12回。この間、38年大蔵政務次官、39年内閣官房副長官、41年自民党総務、47年厚生大臣、51年党副幹事長、53年幹事長、55年厚生大臣、57年行政管理庁長官を歴任。労働・厚生畑の政策通として知られる。"自民党40日抗争"の際は幹事長として、手堅い党内運営で政局を乗り切った。宮沢派会長代行。

斎藤 五郎　さいとう・ごろう
北上市長　⊕明治39年9月25日　⊗昭和62年11月20日　⊕岩手県北上市　⊖二子高小(大正10年)卒　⊕勲五等双光旭日章(昭和51年)　⊕北上市助役を経て、昭和41年4月から5期市長をつとめた。　⊕読書, 旅行, スポーツ

斉藤 滋宣　さいとう・しげのぶ
参院議員(自民党)　⊕昭和28年3月2日　⊕北海道勇払郡厚真町　⊕中央大学経済学部(昭和53年)卒　⊕自民党秘書会事務局長、昭和52年野呂田芳成代議士秘書を経て、平成3年自民党より秋田県議に当選、2期務める。10年参院議員に当選。橋本派。16年落選。

斉藤 滋与史　さいとう・しげよし
静岡県知事　衆院議員(自民党)　建設相　⊕大正7年8月9日　⊕静岡県　⊕早稲田大学商学部(昭和16年)卒　⊕勲一等瑞宝章(昭和63年)　⊕昭和36年大昭和製紙副社長から39年吉原市長となり、41年合併で富士市長。44年以来衆院議員に当選6回。国土・労働各政務次官、鈴木内閣の建設相を歴任したほか、田中派若手の集まり"七日会"の会長をつとめた。57年大昭和製紙の危機に際し、社長に就任。政治家との二足のわらじを履くことになったが、再建終了の58年社長を辞任した。61年から静岡県知事に2選。平成5年病気のため辞任。　⊕囲碁, ゴルフ, 小唄　⊗父=斉藤知一郎(大昭和製紙創立者), 兄=斉藤了英(大昭和製紙名誉会長), 弟=斉藤喜久蔵(大昭和製紙社長), 斉藤孝(大昭和製紙社長)

斎藤 十朗　さいとう・じゅうろう
参院議員(自民党)　参院議長　厚相　⊕昭和15年2月5日　⊕三重県阿山郡伊賀町　⊕慶応義塾大学商学部(昭和37年)卒　⊕三井銀行勤務を経て父の秘書となり、昭和47年父の急逝に伴う参院補選で自民党から当選、以来6期。大蔵政務次官、商工委員長を経て、61年第3次中曽根内閣の厚相に就任。平成7年史上最年少の55歳で参院議長に就任。10年再び議長。12年参院選比例区への非拘束名簿式導入などを盛り込んだ公職選挙法改正案をめぐる議会の空転に伴い辞任。竹下派、小渕派を経て、橋本派。16年引退。　⊕囲碁(4段)　⊗父=斎藤昇(厚相)

斎藤 淳　さいとう・じゅん
衆院議員(民主党)　⊕昭和44年5月29日　⊕山形県飽海郡遊佐町　⊕上智大学外国語学部英語学科(平成5年)卒、上智大学大学院外国語学研究科国際関係論専攻(平成7年)博士後期課程, カリフォルニア大学ロサンゼルス校大学院政治学研究科, エール大学大学院政治学研究科　⊕平成14年4月エール大学大学院在学中に民主党衆院選挙候補者公募に応募。エール大学教育助手を経て、同年10月衆院補選に当選。15年落選。共著に「ODA大鋼の政治経済学」がある。　⊕米国政治学会
http://www.saitojun.com/

斎藤 純忠　さいとう・じゅんちゅう
戸田市長　妙顕寺住職　僧侶　⊕大正7年8月18日　⊕埼玉県戸田市　⊕立正大学文学部(昭和16年)卒　⊕勲四等旭日小綬章(平成10年)　⊕戸田市助役を経

さいと

て、昭和49年以来市長に6選。平成10年引退。

斎藤 譲一 さいとう・じょういち
歌志内市長 ⓑ大正4年8月26日 ⓓ昭和55年9月10日 ⓟ北海道 ⓒ昭和49年11月歌志内市長に当選、2期。

斎藤 昌三 さいとう・しょうぞう
成東町(千葉県)町長 ⓑ昭和3年1月2日 ⓔ一宮商 ⓒ昭和38年より成東町議を6期務め、60年同町長となり2期務めた。63年〜平成元年同町のゴルフ場開発をめぐり計1億円のわいろを受け取ったとして逮捕された。

斎藤 善蔵 さいとう・ぜんぞう
日光市長 ⓑ大14.3.28 ⓟ栃木県 ⓔ東京工業大学建築学科(昭和22年)卒 ⓒ日光市助役を経て、昭和56年から市長に2選。平成元年落選。

斎藤 第六 さいとう・だいろく
鶴岡市長 ⓑ大正5年12月1日 ⓓ平成12年2月1日 ⓟ山形県羽黒町 ⓔ小樽商(昭和9年)卒 ⓙ勲四等旭日小綬章(平成4年) ⓒ昭和24年鶴岡市役所に入り、消防長、産業部長、40年助役を経て、54年以来市長に当選。3期つとめた。平成3年引退。

斎藤 隆男 さいとう・たかお
日光市長 ⓑ昭和23年5月31日 ⓓ平成14年6月2日 ⓟ栃木県日光市 ⓔ日本大学法学部卒 ⓒ代議士秘書を経て、平成9年日光市長に当選、2期。12年野生の猿に餌を与えることを禁止する全国初のサル餌付け禁止条例を制定した。

斉藤 勁 さいとう・つよし
参院議員(民主党 神奈川) ⓑ昭和20年7月10日 ⓟ神奈川県横浜市 ⓔ神奈川大学第二法学部(昭和44年)卒 ⓒ横浜市労連中執委員を経て、昭和62年より横浜市議2期。平成7年社会党から参院議員に当選。2期目。8年12月民主党に移る。 ⓗカラオケ、野球
http://www.tsuyoshi.or.jp/

斎藤 悌市 さいとう・ていいち
四街道市長 ⓑ大5.5.9 ⓟ千葉県 ⓔ佐倉中(昭和9年)卒 ⓙ勲四等瑞宝章(平成5年) ⓒ四街道町長に当選し、昭和56年市制施行で市長となる。3期つとめ、平成4年引退。

斉藤 鉄夫 さいとう・てつお
衆院議員(公明党 比例・中国) ⓑ昭和27年2月5日 ⓟ島根県邑智郡羽須美村 ⓔ東京工業大学理学部(昭和49年)卒、東京工業大学大学院(昭和51年)修士課程修了 工学博士 ⓒ清水建設宇宙開発室課長を経て、平成5年公明党から衆院議員に当選。4期目。6年新進党結成に参加。10年1月新党平和、同年11月新公明党に参加。
http://www.t-saito.com/

斎藤 昭男 さいとう・てるお
今市市長 ⓑ昭和2年11月30日 ⓟ栃木県 ⓔ宇都宮農業学校(昭和23年)卒 ⓒ昭和38年今市市議、42年栃木県議2期を経て、49年から今市市長に3選。61年4月落選し、12月収賄で逮捕。

斎藤 伝吉 さいとう・でんきち
岩槻市長 ⓑ昭和7年12月4日 ⓟ埼玉県岩槻市 ⓔ春日部高卒 ⓒ岩槻市助役を経て、昭和60年市長に当選、4期。平成7年岩槻市発注の東武野田線岩槻駅東口の再開発ビル建設の空調設備納入をめぐり、機械設備業者から現金数百万円を受け取ったとして埼玉県警に収賄容疑で逮捕される。

斉藤 斗志二 さいとう・としつぐ
衆院議員(自民党 比例・東海) 防衛庁長官 ⓑ昭和19年12月27日 ⓟ静岡県富士市 ⓔ上智大学経済学部(昭和43年)卒、ワシントン大学ビジネススクール(昭和47年)卒 M.B.A.(ワシントン大学)(昭和47年) ⓒ大昭

和製紙創業者一族の3代目。日興リサーチセンター勤務の後、昭和48年大昭和製紙取締役に。常務、専務を経て、関係会社の斉和産業社長に就任。59年からは日本青年会議所会頭と臨教審委員も兼任した。61年衆院議員に当選。平成12年第2次森改造内閣の防衛庁長官に就任。6期目。旧橋本派。
[趣]ゴルフ　[家]父＝斉藤了英(大昭和製紙名誉会長)，祖父＝斉藤知一郎(大昭和製紙創始者)，兄＝斉藤公紀(大昭和製紙会長)，弟＝斉藤知三郎(大昭和製紙副社長)，斉藤四方司(茨城証券会長)
http://tositsugu.com/

斎藤 富雄　さいとう・とみお
新津市長　[生]昭和7年3月26日　[没]平成3年1月31日　[出]新潟県新津市　[学]新津高卒　[歴]昭和49年新津市助役を経て、56年以来市長に3選。

斎藤 博　さいとう・ひろし
所沢市長　[生]昭14.3.27　[出]埼玉県所沢市　[学]中央大学商学部卒　[歴]所沢市議を経て、昭和54年以来埼玉県議に3選。平成3年所沢市長に当選。4期目。

斎藤 文昭　さいとう・ふみあき
衆院議員(自民党)　[生]昭和18年6月8日　[没]平成11年12月10日　[出]福島県河沼郡会津坂下町　[学]慶応義塾大学法学部(昭和41年)卒　[歴]故伊東正義代議士秘書を経て、昭和54年以来福島県議に4選。平成5年旧福島2区から衆院議員に当選、1期務めた。無派閥を経て、6年旧宮沢派入り。8年落選。　[趣]釣り，読書

斎藤 文夫　さいとう・ふみお
参院議員(自民党)　[生]昭3.7.11　[出]神奈川県　[学]慶応義塾大学経済学部(昭和25年)卒　[賞]勲二等瑞宝章(平成11年)　[歴]昭和26年大日本製糖入社。33年藤山愛一郎外相の秘書となる。38年神奈川県議に当選。50年川崎市長選に立候補して敗れたのち再び県議に復帰、通算5期。56年県会議長に就任。61参院議員に当選、2期務めた。平成10年落選。中曽根派を経て、渡辺派。

斎藤 文夫　さいとう・ふみお
今市市長　[生]昭和19年2月22日　[学]青山学院大学経済学部卒　[歴]昭和42年今市市役所に入る。総務課長、生涯学習部長、市民福祉部長などを経て、平成12年今市市長に当選。2期目。

斉藤 節　さいとう・まこと
衆院議員(公明党)　元・創価大学比較文化研究所教授　[専]化学　[生]昭和5年11月3日　[没]平成16年12月19日　[出]北海道　[学]北海道学芸大学化学科(昭和28年)卒，北海道大学大学院理学研究科(昭和33年)修了　[賞]勲三等旭日中綬章(平成14年)　[歴]高校教諭、東北大学助教授、富山大学教授、創価大学教授を経て、昭和58年から衆院議員に3選。平成5年引退。

斎藤 衛　さいとう・まもる
沼津市長　[生]昭和12年9月10日　[出]静岡県　[学]東京大学法学部(昭和36年)　[歴]昭和36年建設省に入省。55年計画局調査統計課長、57年不動産業課長、59年国土庁土地局土地政策課長、60年国土庁会計課長、61年建設省政策課長、62年人事課長、63年河川局次長、平成2年国土庁大都市圏整備局長、3年建設省総務審議官を経て、住宅都市整備公団理事。8年11月沼津市長に当選。3期目。

斎藤 実　さいとう・みのる
衆院議員(公明党)　[生]大正12年9月25日　[出]青森県下北郡大湊町　[学]函館市立商工青年学校(昭和15年)修了　[賞]勲二等瑞宝章(平成5年)　[歴]昭和34年公明党の札幌市議、38年北海道議各1期を経て、42年衆院議員に初当選。1度の落選をはさんで6期つとめる。61年6月引退。

斉藤 洋三　さいとう・ようぞう
阿久根市長　[生]昭和11年11月7日　[学]中央大学経済学部卒　[歴]阿久根市社会福祉協議会長を経て、平成8年阿久根市長に当選。3期目。

斉藤 隆一　さいとう・りゅういち
中津江村(大分県)村長　[生]大正6年11月12日　[没]昭和63年4月24日　[出]大分県日田郡中津江村　[学]陸士(昭和12年)卒　[賞]勲四等瑞宝章　[歴]終戦まで中国、南方戦線を転戦。昭和21年帰郷して、家業の林業を引き継ぐ。村議、教育委員などを経て、46年から村長に5選。58年4月鯛生金山の廃坑を地底博物館に改装し、多くの観光客を集めた。

佐伯 有行　さえき・ゆうこう
国立市長　[生]昭和7年7月6日　[学]日本大学経済学部卒　[歴]全国共済農業協同組合連合会財務部長、国立市助役を経て、平成3年から国立市長に2選。11年引退。

三枝 勇雄　さえぐさ・いさお
山梨市長　山梨県議(自民党)　医師　[生]大10.7.16　[出]山梨県　[学]新潟医大専(昭和19年)卒　[歴]昭和32年山梨療養所長、50年山梨労働衛生センター所長を経て、58年山梨県議に当選。61年山梨市長に転じる。平成2年引退。

坂井 隆憲　さかい・たかのり
衆院議員(自民党)　[生]昭和22年11月25日　[出]佐賀県神埼郡　[学]早稲田大学政治経済学部政治学科(昭和46年)卒　[歴]昭和46年大蔵省入省。官房企画官を経て、平成2年衆院議員に当選、4期。三塚派を経て、森派。労働政務次官、逓信委員会理事、大蔵委員会理事などを歴任し、13年第2次森改造内閣の内閣副大臣に就任。監修に「図解 大蔵省金融企画局・金融監督庁」がある。15年3月多額の献金を政策秘書らとともに裏金として処理したとして、政治資金規正法違反(虚偽記載)の疑いで東京地検特捜部に逮捕され、同年引退。
【著書】さよなら、「固定」資産(あさ出版 '02)／図解 大蔵省金融企画局・金融監督庁(銀行研修社 '98)／日本版ビッグバン構想の視点(研修社 '97)

坂井 孟一郎　さかい・たけいちろう
香焼町(長崎県)町長　日中友好協会県連会長　[没]平成4年3月31日　[出]長崎県西彼杵郡香焼町　[学]日本大学予科中退　[歴]旧満州国安東県事務局長を経て、昭和22年香焼村長に初当選。以来、三菱重工長崎造船所の納める豊かな固定資産税で全国屈指の高福祉の町実現に尽力。58年4月全国初の革新首長10選を果たす。元共産党員だが、老人層の「坂井教信者」の支持も多かった。62年引退。

酒井 忠好　さかい・ただよし
羽島市長　[生]昭5.6.11　[出]岐阜県羽島市　[学]岐阜農林(昭和23年)卒　[賞]勲五等瑞宝章(平成15年)　[歴]羽島市役所に入り、昭和48年都市計画課長、51年岐阜インター建設対策室次長、53年市長公室長を経て、55年から市長に2選、63年落選。

酒井 哲夫　さかい・てつお
福井市長　[生]昭和9年2月14日　[出]福井県　[学]高志高(昭和27年)卒　[歴]福井県議6期を経て、平成6年福井市長に当選。福井市初の革新市長となる。3期目。

坂井 時忠　さかい・ときただ
兵庫県知事　[生]明治44年9月18日　[没]平成2年1月19日　[出]佐賀県佐賀市　[学]東京帝大法学部法律学科(昭和10年)卒　[賞]勲一等瑞宝章(昭和61年)　[歴]昭和10年内務省に入り、埼玉、兵庫各県警察隊長、兵庫県警本部長、警察庁長官官房長、警察庁警務局長、近畿管区警察局長を歴任。37年阪神高速道路公団理事、38年兵庫県副知事を経て、45年以来知事に4選。61年引退。

坂井 俊之　さかい・としゆき
唐津市長　⑮昭和36年8月5日　⑯佐賀県　⑰国士舘大学中退　⑱代議士秘書、国際交流財団職員を経て、平成11年佐賀県議に当選、1期。15年唐津市長に当選。

坂井 弘一　さかい・ひろいち
衆院議員（公明党）　⑮昭4.3.21　⑯和歌山県日高郡南部町　⑰摂南工専電気工学科（昭和23年）卒　⑱食品会社経営を経て、昭和42年和歌山県議、44年から衆院議員に8選。平成2年党副委員長。5年引退。

堺屋 太一　さかいや・たいち
経済企画庁長官　作家　経済評論家
⑮昭和10年7月13日　⑯大阪府大阪市
本名=池口小太郎　⑰東京大学経済学部（昭和35年）卒　⑱通産省入省。通商局、企業局、大臣官房などで大阪万博、沖縄海洋博、サンシャイン計画などを手がけるかたわら、ベストセラー小説「油断！」や「団塊の世代」「巨いなる企て」を執筆。「通商白書」を5回書き、昭和37年度版の"水平分業理論"は世界的に注目を浴びた。53年工業技術院研究開発官を最後に退官後は、執筆、テレビ、講演など幅広く活躍。著書にNHK大河ドラマになった「峠の群像」「豊臣秀長」「秀吉」や、「知価革命」「日本とは何か」「組織の盛衰」「日本を創った12人」「豊国論」、訳書に「破局に備える」「フィアスコ」「アメリカ知価革命」など。平成9年朝日新聞に「平成三十年」を連載。10年民間から小渕内閣の経済企画庁長官に登用される。11年1月、10月の改造でも留任。12年4月森連立内閣、7月第2次森連立内閣でも留任。12月内閣特別顧問。
⑲日本文芸家協会
【著書】堺屋レポート1997‐2001（朝日新聞社 '01）／「官僚」と「権力」（水野清編著、堺屋太一ほか著 小学館 '01）／未来への助走（PHP研究所 '99）／明日を診る（朝日新聞社 '99）／「大変」な時代（講談社 '98）／あるべき明日（PHP研究所 '98）／未来はいま決まる（フォレスト出版 '98）／明日を読む（朝日新聞社 '97）／「次」はこうなる（講談社 '97）

阪上 善秀　さかうえ・よしひで
衆院議員（自民党）　⑮昭和22年8月4日　⑯兵庫県宝塚市　⑰神戸学院大学法学部（昭和47年）卒　⑱昭和47年原健三郎衆院議員秘書、50年宝塚市議2期を経て、58年以来兵庫県議に4選。平成8年比例区近畿ブロックから衆院議員に当選。2期。10年9月三塚派を離脱し亀井グループに参加。のち亀井派。15年落選。　http://www.sakaue-yoshihide.com/
【著書】わが掃苔の心（ダイヤモンド・プランニング・サービス;ダイヤモンド社〔発売〕 '97）

阪奥 明　さかおく・あきら
奈良県議（社会党）　大和郡山市長　⑮昭和2年11月4日　⑯奈良県（籍）　⑰正強中（旧制）卒　⑱勲四等旭日小綬章（平成14年）　⑲昭和54年奈良県議に当選、通算2期を経て、平成元年大和郡山市長に当選。3期務め、13年引退。

坂上 富男　さかがみ・とみお
衆院議員（民主党）　弁護士　税理士
⑮昭和2年1月2日　⑯新潟県三条市　⑰日本大学法文学部政治経済学科（昭和24年）卒　⑱旭日中綬章（平成16年）　⑲昭和24年小学校教師を経て、27年弁護士登録。46年新潟県弁護士会副会長、55年会長。反原発新潟県弁護団長や、日弁連常務理事を務める。一方政治にも関わりを持ち、三条市議を経て、61年社会党から衆院議員に当選。平成2年落選。5年再選。8年社民党を経て、民主党に参加。通算3期。12年、15年落選。

榊原 伊三　さかきばら・いぞう
半田市長　⽣昭和15年12月18日　出愛知県　学愛知大学法経学部(昭和38年)卒　歴昭和38年半田市役所に入所。助役を経て、平成13年市長に当選。1期目。

阪口 伸六　さかぐち・しんろく
高石市長　⽣昭和31年12月26日　出大阪府高石市千代田　学同志社大学経済学部(昭和54年)卒　歴昭和62年から高石市議に4選。平成15年市長に当選。
http://www.ne.jp/asahi/sinroku-net/intro/in4e.htm

坂口 力　さかぐち・ちから
衆院議員(公明党　比例・東海)　厚生労働相　⽣昭和9年4月1日　出三重県松阪市　学三重県立大学大学院医学研究科(昭和40年)修了　医学博士　歴昭和40年三重県赤十字血液センターに入所。44年同センター所長。47年以来衆院議員に通算9選。公明党県本部長などを経て、平成5年細川内閣の労相。6年新進党、10年1月新党平和結成に参加。同年11月新公明党結成に参加、副代表に就任。12年12月第2次森改造内閣の労相、厚相に就任し、13年1月中央省庁再編で厚生労働相となる。同年4月の小泉内閣、14年9月の小泉改造内閣、15年9月の第2次改造内閣、同年11月の第2次小泉内閣でも厚生労働相を務めた。　http://www.chikara.serio.jp/index.html
【著書】タケノコ医者(光文社'01)／土地問題への提言とQ&A(伊藤茂ほか編　アイピーシー'87)
【評伝】フレッシュ・オープン・エキサイティング(第三文明社編集部編　第三文明社'87)

阪口 善雄　さかぐち・よしお
吹田市長　⽣昭和23年6月23日　出大阪府吹田市　学大阪市立大学文学部卒　歴吹田市職員の傍ら、吹田市PTA協議会長を務めたのち、中企連所長、社会党吹田市役員。昭和62年より大阪府議に3選。平成11年吹田市長に当選。2期目。

坂倉 藤吾　さかくら・とうご
参院議員(社会党)　⽣昭和5年1月1日　出三重県伊勢市　学名古屋通信講習所(昭和23年)卒　賞勲三等旭日中綬章(平成13年)　歴全逓三重地区本部委員長、三重県公労協議長、三重県労組協副議長を経て、昭和53年参院議員に当選。平成2年衆院選に出馬。
趣囲碁、将棋、釣り、卓球

坂田 道太　さかた・みちた
衆院議長　厚相　文相　防衛庁長官　法相　⽣大正5年7月18日　没平成16年1月13日　出熊本県八代郡植柳村(現・八代市植柳下町)　学東京帝国大学独文科(昭和17年)卒　賞勲一等旭日桐花大綬章(昭和61年)　歴祖父は貴院議員、父は衆院議員を務めた政治家一家に生まれる。厚生省職員、八千代市文書課長などを経て、昭和21年帝国議会最後の総選挙に当選。以来、熊本2区から衆院議員通産17回当選。34年第2次岸内閣の厚相として初入閣。43年から文相を2期、49年防衛庁長官、56年法相と歴任。55年安全保障特別委員会初代委員長に就任。60年衆院議長となり、61年衆院定数是正で8増7減の調整案を取りまとめて暫定的ながら定数是正を実現させた。教育、防衛問題に詳しい自民党内穏健派の重鎮として知られた。厚相在任中は国民年金制度を創設。文相在任中は44年1月大学紛争により東大入試の中止を決断した他、8月には大学による紛争解決を狙った大学運営臨時措置法を成立させ収拾に導いた。防衛庁長官在任中は防衛力整備の指針となった「防衛計画の大綱」を初めて策定した。平成2年引退、3～9年成城学園理事長。著書に「大学―混迷から再建へ」「小さくても大きな役割」などがある。　趣クラシック、油絵　家父=坂田道男(衆院議員)、祖父=坂田貞(貴院議員)

【評伝】文教の旗を掲げて(永地正直著(福岡)西日本新聞社'92)

酒谷 忠生 さかたに・ただお
大阪狭山市長 [生]昭和7年8月28日 [没]平成11年2月27日 [出]大阪府大阪狭山市 [学]河南高卒 [歴]大阪狭山市助役を経て、平成4年より大阪狭山市長に2選。

坂野 重信 さかの・しげのぶ
参院議員(自民党) 自治相 [生]大正6年7月23日 [没]平成14年4月17日 [出]鳥取県東伯郡北条町 [学]東京帝大工学部土木工学科(昭和16年)卒 工学博士 [賞]勲一等旭日大綬章(平成12年) [歴]昭和16年内務省に入省して、すぐに陸軍技術部に入隊。戦後は茨城県庁、大阪府庁を経て、30年建設省入省。41年関東地方建設局長、42年河川局長、45年技監、47年事務次官を歴任して退官。49年全国区から参院議員に当選、61年には鳥取選挙区に転じ通算5期。63年竹下改造内閣の自治相に就任し、平成元年宇野内閣でも留任。6年予算委員長。竹下派を経て、小渕派、のち橋本派。

坂本 剛二 さかもと・ごうじ
衆院議員(自民党 福島5区) [生]昭和19年11月2日 [出]福島県いわき市 [学]中央大学経済学部(昭和42年)卒 [賞]ライフル射撃協会名誉師範(平成5年) [歴]昭和47年いわき市議を経て、50年以来福島県議に3期。61年衆院選に福島3区から立候補したが落選。平成2年再び立候補し、自民党で当選。6年離党して新党みらいを結成。同年12月新進党の結成に参加。10年12月自民党に復党。15年小泉第2次改造内閣の経済産業副大臣に就任。5期目。森派。ライフル射撃の現役選手で大学時代には全国学生選手権で優勝した実績を持つ。 [家]父=坂本浅次郎(福島県議)
http://www.sakamotogoji.com/
【著書】国会移転!(サンドケー出版局'96)

坂本 貞雄 さかもと・さだお
三鷹市長 [生]大7.2.10 [出]山形県 [学]高小卒 [賞]藍綬褒章(昭和58年),勲三等瑞宝章(平成4年) [歴]昭和30年三鷹市議(4期)、38年副議長を経て、50年以来市長に4選。平成3年引退。

坂元 親男 さかもと・ちかお
参院議員(自民党) 北海道開発庁長官 [生]明治44年2月2日 [没]平成10年4月17日 [出]宮崎県北諸県郡高崎町 [学]京都高蚕(昭和7年)卒 [賞]勲一等瑞宝章(平成1年) [歴]宮崎県議5期を経て、昭和44年衆院議員に当選するが、47年落選。51年の参院補選で無所属で当選を果たし、自民党に入る。63年竹下改造内閣の北海道開発庁・沖縄開発庁長官に就任。当選3回。平成元年引退。

坂本 哲志 さかもと・てつし
衆院議員(自民党 熊本3区) [生]昭和25年11月6日 [出]熊本県大津町 [学]中央大学法学部卒 [歴]熊本日日新聞政治部記者を経て、平成3年より熊本県議に4選。自民党、新党さきがけ、太陽党を経て、再び自民党入り。15年無所属で衆院選に立候補し当選。院内会派・グループ改革から自民党入り。山崎派。

坂本 友雄 さかもと・ともお
久喜市長 [生]大正13年12月16日 [出]埼玉県久喜市 [学]粕壁中(旧制)卒 [歴]久喜市助役を経て、昭和56年以来市長に4選。平成9年引退。

坂本 三十次 さかもと・みそじ
衆院議員(自民党) 内閣官房長官 労相 [生]大正12年1月22日 [出]石川県鳳至郡穴水町 [学]東北帝国大学法学部(昭和22年)卒 [賞]勲一等旭日大綬章(平成8年) [歴]昭和23年石川県教育委員。30年自民党に入党し、42年衆議院石川2区より立候補、以来当選11回。この間、47年環境政務次官、49年政務調査会外交部会長、51年審議委員、52年党副幹事

長、53年文教常任委員長、同年党外交調査会副会長、54年党林政調査会副会長、57年党総務副会長、58年労働大臣を歴任し、平成2年第2次海部内閣の官房長官に就任。旧河本派。12年引退。
㊗剣道(7段), 読書, 書道 ㊫長男=坂本明(穴水町町長)

坂本 休 さかもと・やすむ
中津江村(大分県)村長 ㊓昭和5年10月18日 ㊫川辺国民学校卒 ㊏カメルーン・シュバリエ勲章(平成15年) ㊙昭和58年大分県中津江村議を経て、平成8年村長に当選。2期目。14年サッカーW杯日韓共催大会に出場するカメルーン代表チームのキャンプ地を射止めるが、代表チームの来日が遅れたことで話題となる。代表チームと村民の交流のために尽力、少ない滞在日数の中で一度は中止になった大分県高校選抜チームとの交流試合や歓迎会のしきり直しの壮行会などを実現させた。同年「カメルーンがやってきた中津江村長奮戦記」を刊行。
【著書】カメルーンがやってきた中津江村長奮戦記(宣伝会議 '02)

坂本 祐之輔 さかもと・ゆうのすけ
東松山市長 ㊓昭和30年1月30日 ㊥埼玉県東松山市 ㊫日本大学文理学部卒 ㊙東松山市議を経て、平成6年同市長に当選。3期目。

坂本 由紀子 さかもと・ゆきこ
参院議員(自民党 静岡) ㊓昭和24年1月20日 ㊥静岡県三島市 ㊫東京大学法学部(昭和47年)卒 ㊙昭和47年労働省入省。婦人局婦人政策課長、平成8年4月静岡県副知事、11年7月労働省官房審議官、13年1月厚生労働省労働基準局安全衛生部長、同年8月東京労働局長、14年8月職業能力開発局長。16年3月退官。同年参院議員に自民党から当選。堀内派。 http://www.sakamoto-y.com/

坂本 至正 さかもと・よしまさ
水沢市長 ㊓昭2.12.17 ㊥岩手県 ㊫水沢商(昭和20年)卒 ㊙建設省東北地方建設局主任監査官を経て、昭和59年水沢市長に当選。1期。63年落選。

相楽 新平 さがら・しんぺい
須賀川市長 ㊓昭和11年6月17日 ㊥福島県須賀川市 ㊫日本大学第二工学部中退 ㊙須賀川市収入役を経て、平成8年8月須賀川市長に当選。3期目。

佐川 一信 さがわ・かずのぶ
水戸市長 ㊓昭和15年8月1日 ㊡平成7年11月19日 ㊥茨城県水戸市 ㊫中央大学法学部卒, 早稲田大学大学院法学研究科(昭和43年)修了 ㊙中学時代に両親が離婚、母に仕送りをしながら大学で労働法を学ぶ。29歳で郷里の水戸に戻り、早稲田大学講師、茨城大学講師を経て、昭和44年自動車部品の製作所を設立。53年季刊誌「市民からの出発」を発刊、市政に提言を始める。水戸市民の会を作り、55年の市長選に立候補したが次点で落選。市民講座や青空バザーを頻雑に開いて市民の間に溶け込み、59年水戸市長に当選。水戸芸術館設立などにとりくむ。3期務め、平成5年茨城県知事選に立候補したが落選。投票日前日の日経新聞の記事をめぐって訴訟を起こす。死去後は遺族が訴訟を承継し、12年勝訴した。
㊗ドン・キホーテ
【著書】水戸発地方からの改革(日本評論社 '94)

崎野 正規 さきの・まさのり
大任町(福岡県)町長 ㊓昭和19年4月13日 ㊡昭和61年10月6日 ㊫苅田工卒 ㊙昭和46年4月から大任町議3期。議長を経て、58年4月の統一地方選挙で町長に当選。61年初め、大任町が街頭に設置したゴミ箱の蓋で親類の子供が指を怪我した件で賠償責任問題がこじれ、同年10月6日町長室で執務していたところ

を短銃で射たれ、病院へ運ばれたが間もなく死亡した。

先山 昭夫 さきやま・あきお
香芝市長 ㊐昭和14年8月16日 ㊫奈良県立短期大学卒 ㊩香芝市助役を経て、平成8年香芝市長に当選。3期目。

佐久間 清治 さくま・せいじ
富津市長 ㊩富津市議を経て、平成16年市長に当選。

佐久間 隆義 さくま・たかよし
市原市長 ㊐昭和21年6月19日 ㊞千葉県 ㊫日本大学経済学部卒 ㊩市原市議3期を経て、自民党支部政調会長。昭和62年から千葉県議に4選。平成6年自民党から新生党に移り、のち新進党に所属。11年市原市長選に出馬し落選。15年当選。

佐熊 博 さくま・ひろし
住田町(岩手県)町長 ㊐明治43年2月23日 ㊦昭和62年3月5日 ㊞岩手県気仙郡住田町 ㊫岩手師範本科卒 ㊩昭和56年8月5日から住田町長1期。複合経営で知られる住田町型農業の生みの親の一人。住田町農協組合長を長年務め、「生産と生活の調和を図る地域農業計画の実践」の功績で町農業総合指導協議会が昭和50年度河北文化賞を受賞した当時の同協議会副会長。著書に「住田の里で」(河北新報社刊)がある。

桜井 郁三 さくらい・いくぞう
衆院議員(自民党 比例・南関東) ㊐昭和19年4月10日 ㊞神奈川県藤沢市 ㊫日本大学法学部(昭和42年)卒 ㊩代議士秘書を経て、昭和58年藤沢市議4期。平成8年衆院議員に当選。12年落選。15年返り咲き。通算2期目。旧渡辺派を経て、河野グループ。 ㊗ゴルフ, 読書 http://www.cityfujisawa.ne.jp/~ikuzo/

桜井 勝郎 さくらい・かつろう
島田市長 ㊐昭和19年3月24日 ㊞静岡県 ㊫法政大学経済学部(昭和41年)卒 ㊩島田市議を経て、平成13年島田市長に当選。

桜井 規順 さくらい・きじゅん
参院議員(社会党) ㊐昭和10年6月29日 ㊞静岡県富士市 ㊫静岡高(昭和29年)卒 ㊩静岡大学法経短期大学に学ぶ。静岡地区労書記、社会党静岡県教宣局長、党県本部副委員長を経て、平成元年無所属で参院議員に初当選。同年12月社会党に復党。7年落選。

桜井 清美 さくらい・きよみ
深川市長 ㊐大正5年7月25日 ㊞北海道深川市 ㊫自治大学校卒 ㊮勲四等瑞宝章(平成2年) ㊩昭和16年深川町役場に入り、38年深川市の誕生で総務課長に就任。総務部長、助役を務めた後、54年10月市長に当選。2期つとめる。61年9月落選した。

桜井 新 さくらい・しん
参院議員(自民党 比例) 環境庁長官 ㊐昭和8年4月8日 ㊞新潟県北魚沼郡小出町 ㊫早稲田大学理工学部土木学科(昭和32年)卒 ㊩父の経営する伊米ケ崎建設に入社。昭和36年取締役、42年社長に就任。田中角栄の後援会・越山会の元青年部長で、46年より新潟県議を2期務めた後、55年から衆院議員に6選。平成6年村山内閣の環境庁長官に就任。同年8月第二次世界大戦に関しての侵略否定発言で更送。10年9月三塚派を離脱し亀井グループに参加。11年3月村上・亀井派を経て、同年7月江藤・亀井派。12年落選。13年参院選比例区に当選。15年10月亀井派。昭和37年に新和コンクリートを設立し、会長を務めるほか、兼任職は数多い。 ㊗ゴルフ, スポーツ全般 http://www2.gol.com/users/sakurai-shin/

さくら

桜井 忠 さくらい・ただし
　苫小牧市長　⊕昭和29年2月3日　⊕北海道室蘭市　⊗大東文化大学経済学部経済学科（昭和51年）卒　⊛昭和51年化学工業日報社、54年東洋実業勤務を経て、59年から鳩山由紀夫衆院議員秘書を務める。平成8年苫小牧市議に当選。15年市長に当選。http://www.do-oh.com/sakurai/
　【著書】輝く日本を目指して（展転社 '02）／甦れアジア、目覚めよ日本（展転社 '99）

桜井 哲雄 さくらい・てつお
　延岡市長　⊕昭和10年8月7日　⊕宮崎県　⊗九州大学経済学部（昭和34年）卒　⊛昭和60年宮崎県商工労働部次長、63年東京事務所長を経て、平成2年宮崎県総務部長。平成6年延岡市長に当選。3期目。

桜井 充 さくらい・みつる
　参院議員（民主党　宮城）　医師　⊛内科　⊕昭和31年5月12日　⊕宮城県仙台市宮城野区二十人町　⊗東京医科歯科大学医学部、東北大学大学院（平成5年）博士課程修了　医学博士　⊛昭和60年東北大学附属病院に勤務、平成8年国立岩手病院第2内科医長。この間、気管支喘息やアトピー性皮膚炎、花粉症などの治療を専門に担当。10年参院議員に民主党から当選、2期目。みちのく心身症研究会世話人などもつとめる。　⊛スキー、カラオケ、ゴルフ、競馬　http://www.uranus.dti.ne.jp/~sakurai/

桜内 義雄 さくらうち・よしお
　衆院議員（自民党）　衆院議長　外相　通産相　農相　建設相　国土庁長官　⊕明治45年5月8日　⊗平成15年7月5日　⊛東京・四谷尾張町　⊗慶応義塾大学経済学部（昭和10年）卒　⊛パドマ・ブーシャン（インド）（平成1年）、勲一等旭日桐花大綬章（平成5年）　⊛昭和10年鐘紡に入社。13年応召、14年除隊。蔵相の父・幸雄の私設秘書、民政党の桜井兵五郎の秘書となり、同時に日本電化を経営。22年東京1区で衆院議員に当選。いったん参院に回った後、27年父の選挙区島根全県区を継承した。通算18回当選。39年通産相、47年農相、52年建設相、同年国土庁長官、56年外相などを歴任。この間、55年の衆参同日選挙では大平正芳首相の急逝に遭うが、自民党幹事長として混乱する党内をまとめ、大勝に導いた。平成2～5年衆院議長を務め、在任中の4年社会党議員が牛歩戦術で激しく抵抗する中、国連平和維持活動（PKO）協力法の採決にこぎ着け、同法を成立させた。スポーツ議員連盟会長、日本国際貿易促進協会会長も務めた。11年3月史上5人目となる議員在職50年を迎え、特別表彰された。中曽根元首相と行動を共にし、のち渡辺派を経て、村上・亀井派へ。12年引退。
　⊛父＝桜内幸雄（蔵相）

桜木 左久雄 さくらぎ・さくお
　下郷町（福島県）町長　⊕昭和2年10月1日　⊗平成13年11月14日　⊛福島県南会津郡下郷町　⊗旅順高文科（旧制）卒　⊛教師、高校長を経て、昭和57年福島県下郷町長に当選するが、59年9月町発注の土木工事に絡む収賄罪に問われ、住民の間からリコール運動がおこる。しかし、リコール投票告示直前の61年10月に辞表を提出、自らの辞職に伴う出直し町長選に出馬して、11月再選される。3日後の12日に任期切れとなり、"3日町長"として話題に。任期満了後の同30日の選挙にも出馬、元町長を破って当選した。通算5期（当選は6回）務め、平成13年任期途中で辞職した。
　⊛盆栽、サツキ、野草収集

桜田 光雄　さくらだ・みつお
沼津市長　⊕昭和20年8月24日　⊕静岡県　⊗東京大学経済学部（昭和43年）卒　⊛昭和43年建設省に入省。官房人事課建設専門官、住宅都市整備公団副監理官、61年建設省住宅局住宅企画官を経て、平成元年建設経局建設振興課長。平成2年退職し、9月沼津市長に当選、2期務める。8年衆院選に無所属で、12年には自民党から立候補するが落選。16年沼津市長選に立候補。

桜田 義孝　さくらだ・よしたか
衆院議員（自民党　比例・南関東）　⊕昭和24年12月20日　⊕千葉県柏市　⊗明治大学商学部商学科（昭和49年）卒　⊛昭和51年桜田建設を創立、のち会長。62年柏市議2期を経て、平成7年千葉県議に当選。8年衆院議員に当選。3期目。旧橋本派。　⊛山登り、バスケット
http://www1.biz.biglobe.ne.jp/~sakurada/
【著書】新世紀 国民の外交（中央公論事業出版 '02）／元気だそう日本!（中央公論事業出版 '01）

桜庭 康喜　さくらば・やすき
名寄市長　⊕昭和17年3月17日　⊕北海道名寄市　⊗札幌短期大学経済学部（昭和37年）卒　⊛昭和38年名寄市役所入り。名寄市職労書記長を経て、46年社会党から名寄市議に当選。4期目の58年からは副議長も務めた。61年の同市長選で党を離れ、革新系無所属として出馬し当選を果たし、3期務めた。平成8年、12年と民主党から衆院選に立候補。
⊛座禅、読書
【評伝】青年よ故郷（ふるさと）に帰って市長になろう（全国青年市長会編 読売新聞社 '94）

佐護 彰　さご・あきら
日進市長　⊕昭和17年6月17日　⊕旧満州・瀋陽　⊗武蔵野美術短期大学卒　⊛二科展入選　⊕NTT勤務を経て、日進市議を通算4期務める。平成11年日進市長に当選。2期目。趣味の絵画で二科展に4度の入選歴がある。　⊛絵画

左近 正男　さこん・まさお
衆院議員（社民党）　⊕昭和11年11月26日　⊕大阪府大阪市浪速区　⊗市岡高（昭和30年）卒　⊛昭和32年大阪市交通局に入り、48年大阪市労組常任執行委員、53年大阪交通労組書記長を経て、58年衆院議員に当選。4期。平成8年落選。

笹 朝一　さざ・ともかず
中津村（和歌山県）村長　⊕昭和10年10月6日　⊕和歌山県　⊗日高高中津分校（昭和30年）卒　⊛昭和30年中津村役場に入る。55年総務課長、63年助役を経て、平成4年中津村長に。一方、母校・日高高中津分校が平成9年春、分校として初めて甲子園出場を果たしたのをきっかけに、同年全国の分校約80校の生徒や教職員ら600人を集めた全国初の分校サミットを開催。　⊛読書、スポーツ

笹岡 豊徳　ささおか・とよのり
須崎市長　⊕昭和18年2月26日　⊕高知県須崎市　⊗須崎高卒　⊛須崎市総務課長、助役を経て、平成16年市長に当選。　⊛ゴルフ

笹川 堯　ささがわ・たかし
衆院議員（自民党　群馬2区）　科学技術担当相　⊕昭和10年10月5日　⊕東京　⊗明治大学法学部（昭和30年）中退　⊛献血供給事業団名誉会長等を務め、昭和61年衆院議員に当選。6期目。平成5年12月自民党を離党し、6年1月改革の会を結成。同年12月新進党結成に参加。8年選挙後離党、9年3月自民党に復帰。12年第2次森改造内閣の科学技術担当相に就任。15年11月衆院予算委員長。旧橋本派。関東開発社長、富士振興社長などを兼務。　⊛ゴルフ、狩猟、モーターボート　⊛父＝笹川良一（日本船舶振興

会会長), 長男＝笹川泰弘(日本トーター社長), 三男＝笹川博義(笹川堯衆院議員秘書), 弟＝笹川陽平(日本財団理事長)
http://www.e-sasagawa.com/
【著書】日本のドンを乗り越えろ(桐原書店 '86)

佐々木 一朗 ささき・いちろう
一関市長 [生]昭和7年6月10日 [没]平成14年12月17日 [出]岩手県一関市 [学]一関一高卒 [歴]昭和27年一関市役所入り。民生、総務部長、市収入役、助役を経て、平成7年市長に当選。11年落選した。

佐々木 一郎 ささき・いちろう
津山町(宮城県)町長 [生]明治43年7月24日 [没]平成14年5月30日 [出]宮城県本吉郡津山町 [学]佐沼中(旧制)卒 [賞]津山町名誉町民(平成3年) [歴]昭和23年陸軍大尉で復員し、家業の呉服店経営。宮城県・津山町消防団長、家裁調停委員などを経て、49年以来津山町長を務め、4選。林業の町再生を柱にした町政を進め、"もくもくランド"の建設をはじめとする独創的な町おこし策として数々の関連事業に取り組み、町の名を全国に広めた。63年から全国山村振興連盟理事を務め、平成3年名誉町民に選ばれた。 [趣]読書

佐々木 栄造 ささき・えいぞう
五所川原市長 [生]大正9年12月19日 [出]青森県五所川原市 [学]五所川原農卒 [歴]昭和34年青森県議を経て、37年五所川原市長に当選、平成元年6月、12年ぶりに返り咲き、通算6期。9年6月落選。

佐々木 喜久治 ささき・きくじ
秋田県知事 [生]大正10年11月25日 [出]秋田県鹿角郡小坂町 [学]東北帝国大学法文学部(昭和19年)卒 [歴]昭和21年内務省入省。自治庁財政局理財課長、自治省税務局府県税課長、財政局財政課長を歴任。41年徳島県副知事となり、43年自治大臣官房参事官、46年自治省税務局長、48年消防庁長官、51年秋田県副知事を経て、54年知事に当選、5期。秋田県の公費乱用問題をめぐり、平成9年3月末で辞任。同年まで秋田経済法科大学理事長も務める。著書に「固定資産税」「事業税」など。
[趣]写真, コインコレクション
【評伝】地方よ、アクティブに甦れ!(角間隆著 ぎょうせい'90)

佐々木 憲二 ささき・けんじ
養父市長 [生]昭和22年1月25日 [没]平成16年12月17日 [出]兵庫県養父郡八鹿町 [学]関西学院大学理学部卒 [歴]鐘渕化学勤務を経て、昭和59年以来兵庫県議に6選。平成13年議長。16年5月近隣4町が合併して新たに発足した養父市の初代市長に当選。 [趣]ゴルフ

佐々木 謙次 ささき・けんじ
古川市長 [生]昭和14年1月2日 [出]宮城県古川市 [学]東北学院大学文経学部卒 [歴]古川商工会議所中小企業相談所次長を経て、昭和58年古川市議に当選、4期務める。平成7年議長。11年退任し、12年古川市長に当選。3期目。
[趣]落語鑑賞 [家]祖父＝佐々木稜治(古川市長)

佐々木 憲昭 ささき・けんしょう
衆院議員(共産党 比例・東海) 経済評論家 [生]昭和20年11月11日 [出]北海道共和町 本名＝佐々木憲昭 [学]大阪市立大学大学院経営学研究科(昭和49年)博士課程修了 [興]日本経済の最新動向 [歴]昭和48年日本共産党中央委員会経済政策委員、58年、61年、平成元年参議院選挙で比例代表候補。平成元年党中央宣伝局、文書宣伝部長。2年日本共産党第19回党大会で准中央委員、宣伝局次長。同年9月党中央経済政策委員長。5年東京7区より衆院選に出馬。8年には比例区東海ブロックで当選。3期目。著書に「暮しの

なかのエネルギー危機」「おしよせる大失業」「記録 米・イラン危機」「転換期の日本経済―経済危機と西側同盟」「どうみる世界と日本の経済」など。 [趣]テニス，スキー，音楽鑑賞
http://www.sasaki-kensho.jp/

佐々木 更三 ささき・こうぞう
衆院議員 日本社会党委員長 [生]明治33年5月25日 [没]昭和60年12月24日 [出]宮城県津山町 幼名=弥左衛門 [学]日本大学専門部政治科(昭和3年)卒 [歴]三陸沿岸の貧農の三男に生まれ、炭焼き人夫、製糸工場の臨時雇いなどを経て、24歳で上京。働きながら夜は日大専門部政治科に学び、社会民衆党に入党。以来労働運動、農民運動に身を投じた。戦前は地元・宮城県を根拠地に運動を展開、仙台市議を務めた。戦後日本社会党結成に参加。昭和22年宮城県から衆院議員に初当選し、以来連続11回当選。党内では鈴木茂三郎とともに左派路線を確立、33年の左右社会党の合同ではその推進役として活躍。40年委員長に就任し、約2年間務めた。ズーズー弁と飾り気のない人柄で庶民型委員長として人気を博した。また親中国派のリーダーでもあり、日中国交正常化に大きな足跡を残した。51年の落選を機に53年政界を引退。著書に「炭焼きから日中のかけ橋まで」「社会主義的・的政権」など。
【評伝】江田三郎(塩田潮著 文芸春秋'94)

佐々木 順一 ささき・じゅんいち
臼杵市長 [生]大正14年1月1日 [没]平成12年11月15日 [出]大分県臼杵市 [学]臼杵商(昭和18年)卒 [賞]勲五等瑞宝章(平成10年) [歴]昭和25年臼杵市役所に入り、31年消防長、53年助役を経て、58年から市長に2選。平成3年落選。

佐々木 誠造 ささき・せいぞう
青森市長 [生]昭和7年10月30日 [出]青森県青森市 [学]早稲田大学第一理工学部(昭和31年)卒 [歴]昭和31年青菱自動車入社。同年八戸営業所長、34年取締役営業部長、35年青森三菱自動車販売取締役販売部長、38年常務、44年社長に就任。平成元年から青森市長に4選。浅虫ヘルスセンター会長、青森三菱ふそう自動車販売会長、青森商工会議所副会頭などを歴任。 [趣]読書，ゴルフ

佐々木 忠利 ささき・ただとし
新得町(北海道)町長 [生]昭和7年3月15日 [出]北海道上川郡新得町 [学]自治大学校(昭和44年)卒 [歴]昭和22年北海道の新得町役場に入り、教育委員会次長を経て、48年新得町長に当選。5期目。62年同町の狩勝高原に地中海クラブ(本部・パリ)の国内第1号「バカンス村」が開村されることになり、町再生に取りくむ。平成4年第三セクター、西十勝フライト農業公社社長に就任。著書に「町長メモ」「続 町長メモ」「独り言」など。
http://www.netbeet.ne.jp/~sasaki/
【著書】ザ・メイヤー(新風舎'02)

佐々木 有 ささき・たもつ
呉市長 [生]昭和5年7月30日 [出]広島県呉市 [学]京都大学法学部(昭和28年)卒 [賞]勲四等旭日小綬章(平成12年) [歴]昭和28年大蔵省入省。官房参事官などを経て、50年呉市助役に転じ、52年市長に当選。4期つとめた。

佐々木 知子 ささき・ともこ
参院議員(自民党) 作家 [生]昭和30年3月2日 [出]広島県広島市 筆名=松木麗 [学]神戸大学法学部(昭和53年)卒 [賞]横溝正史賞(第12回)(平成4年)「恋文」 [歴]明石市役所に1年間務め、昭和55年司法試験に合格。58年検事に任官、東京、松山、横浜、津の各地検、平成3年名古屋法務局訴訟部付検事を経て、5年国連アジア極東犯罪防止研修所教官。一方30

歳頃から推理小説を書き始め、4年「恋文」で横溝正史賞を受賞。5年国連アジア極東犯罪防止研究所教官。10年自民党比例区から参院議員に当選。11年3月村上・亀井派、江藤・亀井派を経て、亀井派。1期務めた。 [趣]和服，ピアノ
http://www.tomokosasaki.jp/
【著書】日本の司法文化（文芸春秋 '00）

佐々木 肇 ささき・はじめ
赤平市長 [生]昭和16年5月7日 [出]北海道赤平市 [学]赤平高（昭和35年）卒 [歴]昭和50年以来赤平市長に3選。62年落選。平成3年北海道議選に出馬。5年より札幌市議を2期務めた。

佐々木 秀典 ささき・ひでのり
衆院議員（民主党 比例・北海道） 弁護士 [生]昭和9年8月2日 [出]北海道旭川市 [学]早稲田大学法学部（昭和32年）卒，早稲田大学大学院（昭和37年）修了 [歴]昭和36年司法試験合格、39年弁護士に。44～47年青年法律家協会議長として活躍。日本弁護士連合会常務理事などをつとめる。58年衆院選東京1区に社会党から立候補、61年には旭川市長に立候補したが、いずれも落選。63年北海道弁護士連合会副理事長に就任。平成2年衆院議員に当選。8年社民党を経て、民主党に参加。5期目。 [家]父＝佐々木秀世（運輸相）
【著書】翔 明日へ（自由国民社 '93）

佐々木 博生 ささき・ひろお
佐伯市長 佐伯生コンクリート社長 [生]大正13年5月22日 [出]大分県 [学]広島高師中退 [賞]文化経済親善友好賞（ブラジル政府），勲四等瑞宝章（平成8年） [歴]昭和21年佐々木組に入り、25年二豊建設に転じ、33年専務、38年株式に改組。41年佐伯生コンクリートを設立、社長に就任。46年以来大分県議3選、57年県議会議長。61年から佐伯市長に2選。平成6年引退。 [趣]釣り，スポーツ，読書

佐々木 満 ささき・まん
参院議員（自民党） 総務庁長官 [生]大正15年4月20日 [出]秋田県湯沢市 [学]東京大学法学部政治学科（昭和25年）卒 [賞]勲一等瑞宝章（平成12年） [歴]厚生省に入省後、昭和51年参院議員に当選。平成2年第2次海部改造内閣の総務庁長官に就任。参院宗教法人等特別委員長などを歴任した。当選4回、渡辺派。10年引退。秋田経済法科大学理事長なども務めた。

佐々木 陸海 ささき・むつみ
衆院議員（共産党） [生]昭和19年1月29日 [出]長野県飯田市 本名＝佐々木陸海 [学]信州大学文理学部（昭和43年）卒 [興]世界平和への展望;核兵器問題 [歴]昭和43年「赤旗」外信部記者などを経て、62年日本共産党幹部会委員、平成2年書記局次長。5年から衆院議員に2選。12年落選。著書に「中国共産党対外路線の検証―『文革』以後20年の混迷と矛盾」。 [趣]蝶の写真撮影

佐々木 洋平 ささき・ようへい
衆院議員（保守党） [生]昭和17年3月2日 [出]岩手県西磐井郡花泉町 [学]東京農業大学畜産学部（昭和41年）卒 [歴]昭和54年以来岩手県議に4選。自民党を経て、新生党に所属。岩手県バドミントン協会会長、岩手県猟友会副会長などを務める。平成8年新進党より衆院選に出馬し、当選。10年1月自由党に参加。12年保守党から衆院選に出馬するが落選。

佐々木 義武 ささき・よしたけ
衆院議員（自民党） 通産相 科学技術庁長官 [生]明治42年4月3日 [没]昭和61年12月13日 [出]秋田県河辺郡河辺町 [学]東京帝国大学経済学部（昭和8年）卒 [賞]勲一等旭日大綬章（昭和60年） [歴]満鉄調査部に入社、興亜院、企画院、大東亜省、内閣調査局各調査官を歴任。昭和22年経済安定本部に転じ、経済計画室長、経済審議庁計画部長を歴任。

31年科学技術庁原子力局長を経て、35年秋田1区より衆院議員に当選。当選9回。この間、40年厚生政務次官、43年自民党政調会科技特別委員長、46年党総務、47年党政調会審議委員、49年科学技術庁長官、53年党副幹事長、54年通産大臣を歴任。61年6月引退。
⊕読書

佐々木 義照　ささき・よしてる
上湧別町（北海道）町長　⊕昭和5年1月6日　⊕北海道紋別郡興部村（現・興部町）　⊕北海道立旭川第二工（現・旭川商）卒、自治大学校（昭和46年）卒　⊕旭日双光章（平成16年）　⊕昭和42年上湧別町役場に入り、税務課長、財務課長、産業課長、総務課長、同町教育委員会教育長を経て、56年より町長に3選。米国ケンタッキーまで視察に出かけ、地元産のトウモロコシでバーボンウイスキーの試作品を作るなど行動派の町長として知られた。62年から漫画による"まちおこし"構想に取り組み、平成2年日本漫画家協会の協力を得てオホーツク国際漫画大賞を創設した。平成5年勇退。
⊕読書

佐々木 龍　ささき・りゅう
新居浜市長　⊕昭和30年1月3日　⊕愛媛県　⊕中央大学法学部（昭和53年）卒　⊕新浜市議を経て、平成12年新居浜市長に当選。2期目。

笹木 龍三　ささき・りゅうぞう
衆院議員（無所属）　⊕昭和31年11月27日　⊕福井県　⊕早稲田大学大学院（昭和57年）修士課程修了　⊕松下政経塾出身。平成5年民社党から衆院議員に当選し、2期つとめる。6年新進党結成に参加。9年解党後、無所属の会を結成。12年、15年落選。
【著書】新しい日本（マーガレット・サッチャーほか著 PHP研究所'98）

佐々木 良作　ささき・りょうさく
衆院議員（民社党）　民社党委員長　⊕大正4年1月8日　⊕平成12年3月9日　⊕兵庫県養父郡八鹿町　筆名＝佐々木良素　⊕京都帝国大学法学部（昭和14年）卒　⊕昭和14年日本発送電に入社。電産労組の初代書記長、副闘争委員長となる。22年に参院選に無所属で出馬し、全国区第8位で当選。27年電産の分裂で参院選再出馬を断念。同年電源開発会社の総務部長に就任、29年退社。30年郷里の兵庫5区から衆院選に右派社会党代議士として当選。34年同党の分裂騒動で、民社党創設に参加。以来、同党の国対委員長、書記長、副委員長を歴任し、52年11月第4代委員長に就任、理論面での指導者として、野党連合や与野党連合の構想を具体化した。60年退任。衆院当選12回。平成2年引退。民社協会顧問。
【著書】「一票差」の人生（朝日新聞社'89）／小田原日記（日本経済新聞社'80）

笹口 孝明　ささぐち・たかあき
巻町（新潟県）町長　⊕昭和23年3月17日　⊕大阪府　⊕明治大学経済学部卒　⊕ノンフィクション朝日ジャーナル大賞「CZEŚĆ!（チェシチ）—うねるポーランド」　⊕明治時代から続く造り酒屋・笹祝酒造の4代目。新潟県の巻町が原発建設計画推進の姿勢を強めたことから、平成6年若手商店主らと政党色を排した住民グループ巻原発・住民投票を実行する会を結成、代表に。7年自主的な住民投票を実現し、町議会での住民投票条例成立の原動力となった。原発建設への是非を問う全国初の住民投票の早期実施を訴え、8年1月巻町長に当選。同年8月投票の結果原発反対票が多数となり、建設予定地の中心にある町有地を売却しないと明言した。12年1月再選。16年1月の町長選には立候補しなかった。著書に「大事なことは国民投票で決めよう」、監修に「阪神大震災の被災者にラジオ放

送は何ができたか」などがある。
🎯囲碁

笹野 貞子　ささの・ていこ
参院議員(民主党)　⑭昭和8年5月27日　⑰北海道函館市　⑱同志社大学法学部卒、同志社大学大学院法学研究科(昭和37年)修了　🏅旭日中綬章(平成15年)　🎖昭和55年より堺女子短期大学教授。「女性の幸福と憲法」「婦人の生涯と社会保障」など著書多数。平成元年3月まで京都府明るい選挙推進協議会会長をつとめた。同年7月参院議員に当選。のち民改連代表。10年4月民主党に参加。2期務める。13年無所属で立候補して落選。　🎯読書,音楽,旅行
【著書】笹野貞子の女半分、男も半分(情報センター出版局'89)／女性法学のすすめ(笹野貞子,後藤晨次ほか著(京都)法律文化社'89)

笹目 宗兵衛　ささめ・そうべえ
笠間市長　⑭昭和3年11月21日　🕯平成6年9月17日　⑰茨城県　⑱慶応義塾大学法学部政治学科(昭和28年)卒　🎖昭和42年笠間市教育委員長を経て、59年市長に当選、3期つとめる。平成6年引退。

笹山 幸俊　ささやま・かずとし
神戸市長　⑭大正13年6月15日　⑰兵庫県　⑱神戸工専土木科(昭和20年)卒　🏅日本建築学会文化賞(平成6年),勲一等瑞宝章(平成15年)　🎖昭和21年神戸市役所に入る。43年都市計画局次長、46年計画部長、48年都市計画局長を経て、56年助役に就任。平成元年神戸市長に当選、3期務め、13年引退。阪神大震災に見舞われた同市の復興に奔走し、9年神戸港の開港130周年記念式典で、神戸港の復興宣言をした。また、11年神戸空港建設を推進し、着工。
【評伝】新生・神戸市の挑戦(地方行政を活性化させる会著 オーエス出版'98)／神戸

市長14人の決断(神戸新聞社編 神戸新聞総合出版センター'94)

笹山 登生　ささやま・たつお
衆院議員(自由党)　⑭昭和16年2月8日　⑰秋田県横手市　⑱慶応義塾大学経済学部(昭和39年)卒　🎖農林中金、父の秘書を経て、昭和55年自民党から衆院議員に当選。平成2年落選。宮沢派を経て、5年新生党に転じ、衆院議員に復帰。6年新進党結成に参加。のち無所属となるが、10年12月自由党に入党。通算5期務める。12年落選。著書に「田園環境創造論」ほか。　👪父=笹山茂太郎(衆院議員)　http://www.sasayama.or.jp/
【著書】かまくらとぴあ(日本地域社会研究所'86)

佐瀬 裕　させ・ひろし
宇佐市長　⑭昭和7年3月30日　⑰大分県宇佐市　⑱四日市高(昭和25年)卒　🎖宇佐市助役を経て、平成8年市長に当選。12年引退。　🎯独楽収集,登山,鑑賞鯉

佐田 玄一郎　さた・げんいちろう
衆院議員(自民党　比例・北関東)　⑭昭和27年12月22日　⑰群馬県　⑱北海道大学工学部(昭和55年)卒　🎖昭和55年鉄建建設入社。57年佐田建設に転じ、60年取締役となる。のち首相秘書官を経て、平成2年衆院議員に当選。12年群馬1区より立候補し、当選。15年比例区に転じる。5期目。14年1月小泉内閣の総務副大臣。旧橋本派。　👪祖父=佐田一郎(参院議員)
http://www01.happytown.ne.jp/sata/

佐竹 敬久　さたけ・のりひさ
秋田市長　⑭昭和22年11月15日　⑰秋田県　⑱東北大学工学部(昭和46年)卒　🎖昭和47年秋田県に入る。秋田県総務部次長、工業振興課長などを経て、平成13年秋田市長に当選。

佐藤 昭夫 さとう・あきお
参院議員(共産党) [生]昭2.8.15 [出]愛知県名古屋市 [学]京都大学理学部(昭和25年)卒 [歴]京都市立日吉ケ丘高教諭から昭和33年京都教職員組合役員となり、52年から参院議員に2選。平成元年落選。

佐藤 昭郎 さとう・あきお
参院議員(自民党 比例) [生]昭和18年2月10日 [出]広島県 [学]東京大学農学部(昭和41年)卒 [歴]昭和41年農林省に入省。のち関東農政局次長、平成6年北陸農政局長を経て、構造改善局次長。10年参院選比例区に自民党から当選。2期目。旧橋本派。 http://www.satomizu.com/

佐藤 昭 さとう・あきら
塩釜市長 [生]昭和17年5月28日 [出]宮城県塩釜市 [学]日本大学理工学部 [歴]宮城県土木港湾課長、道路建設課長、港湾空港局長などを経て、平成15年塩釜市長に当選。

左藤 章 さとう・あきら
衆院議員(自民党 大阪2区) [生]昭和26年7月12日 [出]福井県 [学]福井大学工学部(昭和49年)卒 [歴]学校法人・社会福祉法人理事を務める。臼井日出男法相秘書官を経て、平成12年衆院議員に当選。2期目。堀内派。 [家]父=左藤恵(衆院議員), 祖父=左藤義詮(大阪府知事) http://www4.ocn.ne.jp/~akira310/

佐藤 一郎 さとう・いちろう
衆院議員(自民党) 経済企画庁長官 [生]大正2年5月1日 [没]平成5年2月26日 [出]東京 [学]東京帝大法学部(昭和12年)卒 [賞]勲一等瑞宝章(平成1年) [歴]大蔵省入省、昭和38年主計局長、40年事務次官を歴任して退官。42年補選で参院議員に当選。45年佐藤内閣の経企庁長官に就任。54衆院議員に転じ、神奈川4区から当選4回。安倍派。平成2年引退。 [家]長男=佐藤謙一郎(衆院議員)

佐藤 一誠 さとう・いっせい
男鹿市長 [生]昭和20年12月6日 [出]秋田県男鹿市 [学]早稲田大学教育学部卒 [歴]昭和62年から秋田県議に2選。平成5年男鹿市長に当選。3期目。

佐藤 栄一 さとう・えいいち
宇都宮市長 [学]明治大学卒 [歴]日本JC副会頭、宇都宮商工会議所青年部会長などを経て、平成16年宇都宮市長に当選。

佐藤 栄佐久 さとう・えいさく
福島県知事 参院議員(自民党) [生]昭和14年6月24日 [出]福島県郡山市 [学]東京大学法学部(昭和38年)卒 [歴]父の経営する三東スーツに入社。昭和53年参院選に立候補するが落選、58年当選を果たし、宮沢派に属す。大蔵政務次官、日本青年会議所副会頭などを歴任。63年9月福島県知事に転じた。5期目。
【評伝】地方分権化の旗手たち(童門冬二著 実務教育出版'96)

佐藤 和則 さとう・かずのり
唐桑町(宮城県)町長 歯科医 [生]昭和25年10月5日 [出]宮城県本吉郡唐桑町 [学]東京歯科大学(昭和52年)卒 [歴]東京の大学や診療所の勤務医を経て、昭和56年帰郷。実家の歯科医院を継ぐ。のち民間団体まちづくりカンパニーを結成し、代表。町おこしのため、歌や芝居を披露する"唐桑臨海劇場"を開催。平成13年唐桑町長に当選。

佐藤 観樹 さとう・かんじゅ
衆院議員(無所属) 自治相 [生]昭和17年1月29日 [出]愛知県海部郡蟹江町 [学]早稲田大学政経学部経済学科(昭和40年)卒 [歴]文芸春秋社に入社し「週刊文春」記者、出版局企画室次長などを歴任。昭和44年倒れた父の後を継いで代議士となる。社会党政審副会長、選挙制度特別委事務局長、選対委員長などを務め、平成3年より党政治改革・政治腐敗防止

さとう

プロジェクト事務局長。5年細川内閣の自治相兼国家公安委員長、6年村山内閣の予算委員長に就任。7年党副委員長。8年社会民主党への党名変更で初代幹事長となる。同年民主党に参加。同年落選、12年返り咲き。通算11回当選。16年3月公設第2秘書としての勤務実体がないのに国から秘書給与を詐取したとして、公設第1秘書だった妻とともに詐欺容疑で愛知県警に逮捕される。　㊗読書、テニス　㊙父＝佐藤観次郎（衆院議員）
【評伝】後継者の条件（小林吉弥著 光文社'90）

左藤 究　さとう・きわむ
海老名市長　�生大8.1.23　㊍神奈川県　㊎玉川学園中（昭和11年）中退　㊙昭和42年海老名町議に当選。46年市制施行で市議となり、47年市会議長を経て、50年以来市長に5選。平成7年引退。

佐藤 敬治　さとう・けいじ
衆院議員（社会党）　大館市長　�大9.3.10　㊍秋田県大館市　㊎東京帝国大学文学部社会学科（昭和19年）卒　㊙秋田県立大曲高教諭を経て、昭和26年大館市長に当選、4期つとめる。47年から衆院議員に当選6回。平成5年引退。

佐藤 謙一郎　さとう・けんいちろう
衆院議員（民主党　比例・南関東）　㊤昭和22年3月8日　㊍東京都　㊎東京大学経済学部（昭和46年）卒　㊙NHK記者2年、父の佐藤一郎参院議員秘書、昭和58年から神奈川県議2期を経て、62年11月参院補選で当選、1期務めた。平成2年衆院議員に転じる。5年6月自民党を離党し新党さきがけに参加したが、7年8月離党。同年11月てーぶる神奈川を結成。同年12月横浜市中区に居酒屋洗心洞を開店。自ら店に立ち、時には客同士の政治談義に加わる。8年民主党に参加。5期目。
㊗映画、演劇　㊙父＝佐藤一郎（経企庁長官）、祖父＝金光庸夫（厚相）
http://www.satokenichiro.com/
【評伝】21世紀のリーダーたち（大下英治著 ぴいぷる社'97）

佐藤 孝行　さとう・こうこう
衆院議員（自民党）　総務庁長官　㊤昭和3年2月1日　㊍北海道瀬棚郡桧山町　㊎明治大学政経学部（昭和27年）卒　㊙代議士秘書、北海あけぼの食品会長を経て昭和38年自民党から衆院議員に当選。運輸政務次官、自民党総務局長を歴任した。51年8月ロッキード事件に連座し、受託収賄罪で逮捕、離党。昭和61年有罪確定。平成元年復党。3年党総務会長。9年第2次橋本改造内閣の総務庁長官に就任したが、党内外の反対にあい、12日間で辞任。旧渡辺派を経て、11年8月江藤・亀井派。当選11回。12年落選。
【著書】われ、かく戦えり（東急エージェンシー出版部'89）／検察おそるべし（ネスコ；文芸春秋〔発売〕'87）

佐藤 公治　さとう・こうじ
衆院議員（民主党　比例・中国）　㊤昭和34年7月28日　㊍広島県向島町　㊎慶応義塾大学法学部（昭和58年）卒　㊙電通勤務、代議士秘書を経て、平成9年新進党広島県総支部連合会副幹事長、のち自由党県連会長。12年衆院選比例区に当選。15年9月民主党に合流。2期目。　㊙父＝佐藤守良（衆院議員）
http://www.urban.ne.jp/home/ksaatou/

佐藤 幸次郎　さとう・こうじろう
山形市長　㊤昭和8年8月16日　㊍山形県山形市　㊎早稲田大学文学部卒　㊙山形新聞社論説委員を経て、昭和54年山形市水道事業管理者となり、62年収入役、のち助役。平成6年山形市長に当選。2期務めた。　㊗テニス、旅行

佐藤 三吾　さとう・さんご
参院議員(社会党)　⑧昭和4年7月8日　⑩大分県大分郡挾間町　⑳庄内農芸(昭和23年)卒　㊥勲二等旭日重光章(平成11年)　⑳自治労副委員長を経て、昭和52年参院議員に当選。59年決算委員長。当選3回。平成7年引退。

佐藤 茂樹　さとう・しげき
衆院議員(公明党・比例・近畿)　⑧昭和34年6月8日　⑩大阪府　⑳京都大学法学部(昭和58年)卒　⑳日本IBM社員、創価学会関西文化会館職員を経て、平成5年公明党から衆院議員に当選。6年新進党結成に参加。10年1月自由党に参加。同年11月公明党再結成に参加。12年落選。15年繰り上げ当選。通算4期目。

佐藤 静雄　さとう・しずお
参院議員(自民党)　⑧昭和6年11月4日　⑩福島県相馬郡小高町　⑳東北大学法学部(昭和29年)卒　㊥勲三等旭日中綬章(平成14年)　⑳昭和29年福島県庁に入庁。52年農地林務部次長、54年県立医大事務局長、55年農政部長、58年企画調整部長、61年総務部長を経て、出納長。のち福島県住宅供給公社理事長をつとめ、平成4年参院議員に当選。10年落選。宮沢派。　㊨囲碁、読書
【評伝】平成政治家・斬り捨て御免(谷沢永一著 PHP研究所'94)

佐藤 静雄　さとう・しずお
衆院議員(自民党)　⑧昭和16年10月9日　⑩北海道虻田郡ニセコ町　⑳高崎経済大学経済学部(昭和39年)卒　⑳福田赳夫の秘書を8年務めた後政界入りし、北海道議を3期。自民党倶知安支部長、自民党北海道連相談役を経て、昭和61年衆院議員に当選、通算4期。この間、平成3年北海道知事選に出馬。6年離党し、自由党結成に参加。同年12月自由連合に参加。7年11月自民党に復帰。亀井派。13年小泉内閣の国土交通副大臣。15年落選。　㊨スキー、ウエイト・トレーニング、ギター
http://www.ne.jp/asahi/sato/shizuo/

佐藤 順　さとう・じゅん
村上市長　⑧昭和21年2月19日　⑩新潟県　⑳日本電子工学院卒　⑳村上市議を経て、平成14年市長に当選。

佐藤 春陽　さとう・しゅんよう
新宮市長　⑧昭和17年3月25日　⑩和歌山県　⑳中央大学法学部中退　⑳和歌山県職員を経て、平成11年新宮市長に当選、1期務める。15年落選。

佐藤 昌一郎　さとう・しょういちろう
村山市長　⑧昭和2年12月10日　⑩山形県村山市　⑳東北大学農業経営学科(昭和26年)卒　㊥勲五等双光旭日章(平成15年)　⑳NHK報道部、宮崎放送局長、山形放送局長、中央研究所教授を経て、昭和57年村山市長に当選。5期務め、平成14年引退。　㊨読書、音楽

佐藤 信二　さとう・しんじ
衆院議員(自民党　比例・中国)　通産相　⑧昭和7年2月8日　⑩佐賀県鳥栖市　⑳慶応義塾大学法学部(昭和32年)卒　㊥勲一等旭日大綬章(平成15年)　⑳父は首相を務めた佐藤栄作。昭和32年日本鋼管入社。49年参院議員に当選。54年衆院議員に転じ、7選。沖縄開発政務次官、通産政務次官、商工委員長を経て、63年竹下改造内閣で運輸相、平成8年第2次橋本内閣で通産相に就任。12年落選するが、15年比例区中国ブロックで返り咲き。旧橋本派。　㊨父=佐藤栄作(首相)、母=佐藤寛子(故人)、兄=佐藤龍太郎(アジア掘削社長)
http://www.sato-shinji.gr.jp/
【評伝】21世紀を担う若き政治家たち(木下厚著 政界往来社'89)

さとう

佐藤 祐弘　さとう・すけひろ
衆院議員(共産党)　⊕昭8.2.20　⊕大阪府大阪市大正区　⊕高津高(定時制)(昭和30年)卒　⊕カメラマン、赤旗記者を経て、昭和58年から衆院議員に3選。平成5年引退。

佐藤 逡　さとう・すすむ
栗山町(北海道)町長　⊕昭和4年11月30日　⊕平成10年2月20日　⊕北海道網走郡女満別町　⊕美幌農林(旧制)卒　⊕昭和40年北海道・栗山町役場に入る。社会教育係長、教育次長、総務課長を経て、53年助役、公民館活動の母体をつくり上げ、本州企業の誘致に奔走。平成2年無投票当選で町長、2期務めた。"福祉の町"を掲げ町立の介護福祉学校を開校。⊕花づくり、海釣り、俳句

佐藤 清吉　さとう・せいきち
角田市長　⊕昭和4年11月26日　⊕宮城県角田市　⊕盛岡農専(現・岩手大学農学部)卒　⊕角田市農協理事を経て、宮城県議に4選。平成3年落選。8年角田市長に当選。3期目。

佐藤 征治郎　さとう・せいじろう
岩槻市長　埼玉県議(社民党)　⊕昭和14年7月11日　⊕秋田県　⊕明治大学法学部卒　⊕岩槻市議を経て、平成3年から埼玉県議に2選。10年岩槻市長に当選。2期目。

佐藤 誠六　さとう・せいろく
寒河江市長　⊕昭和5年11月29日　⊕山形県寒河江市　⊕山形大学文理学部卒　⊕山形県土木部次長を経て、昭和59年寒河江市長に当選。5期目。　⊕絵画鑑賞、映画鑑賞、読書
【評伝】寒河江温泉物語(佐藤寿彦著　南窓社'89)

佐藤 善郎　さとう・ぜんろう
太宰府市長　⊕昭和5年8月8日　⊕福岡県太宰府市　⊕九州大学法学部(昭和29年)卒　⊕福岡市教育長などを経て、平成7年太宰府市長に当選。3期目。　⊕読書、山歩き、ゴルフ

佐藤 泰介　さとう・たいすけ
参院議員(民主党　愛知)　⊕昭和18年9月27日　⊕愛知県名古屋市千種区　⊕愛知教育大学教育学部(昭和42年)卒　⊕長良中学教頭、昭和58年愛知県教組委員長、社会党県副委員長を経て、平成2年衆院議員に当選。2期。8年社民党を経て、民主党に参加。同年落選。10年参院選愛知選挙区に当選、2期目。

佐藤 泰三　さとう・たいぞう
参院議員(自民党　埼玉)　佐藤産婦人科病院長　医師　⊕大正13年4月15日　⊕千葉県勝浦市　⊕岩手医専(昭和23年)卒　⊕昭和46年川口市議1期を経て、50年埼玉県議に当選、5期。61年県会副議長、平成2年議長に就任。4年参院議員に当選。15年小泉第2次改造内閣の国土交通副大臣に就任。3期目。竹下派、小渕派を経て、旧橋本派。　⊕ゴルフ、日本刀鑑賞

佐藤 敬夫　さとう・たかお
衆院議員(保守新党)　⊕昭和10年6月4日　⊕秋田県仙北郡協和町　⊕成蹊大学政経学部政治学科(昭和33年)卒　⊕昭和33年家業の佐藤製材に入社。37年株式に改組し三洋木材常務。専務を経て49年から三洋木材社長。一方47年秋田県教育委員、50年日本青年会議所会頭を務め、53年から新自由クラブ全国組織委員会副委員長、選挙対策委員会副委員長。61年衆参同時選挙では自民党から立候補して当選。平成6年離党し、新党みらいを結成し、幹事長代行。同年12月新進党結成に参加。7年辞職して、秋田県知事選に立候補。8年新進党より衆院に出馬し復帰。10年1月国

民の声に参加。民政党を経て、4月民主党に合流したが、14年12月離党して保守新党結成に参加。15年落選。通算5期。　⑱ゴルフ　http://www.cna.ne.jp/~s-takao/
【著書】佐藤敬夫流（現代書館 '99）／夢世界紀行（三修社 '93）

佐藤 孝志　さとう・たかし
高岡市長　⑭昭和14年3月7日　⑮富山県高岡市石瀬　⑯東京大学法学部（昭和38年）卒　⑰昭和38年大蔵省入省。55年理財局特別財産課長、57年国税庁調査査察部査察課長、61年直税部所得税課長、62年会計課長。63年退官。同年から高岡市長に4選。59年には国鉄再建監理委事務局参事官として、民営化への改革案作成にも参画した。平成16年引退。　⑱読書、ゴルフ

佐藤 隆　さとう・たかし
衆院議員（自民党）　農水相　⑭昭和2年12月11日　⑮平成3年4月17日　⑯新潟県中蒲原郡亀田町　⑰東京農業大学農業経済学科（昭和24年）卒　⑱国連平和賞（昭和60年）　⑲昭和24年農林中金入庫。41年より参院議員の父の秘書となる。42年集中豪雨で両親と2人の息子を亡くし、同年暮れの参院補選で初当選。2期を経て、51年衆院議員に転じる。当選6回。農林水産常任委員長を経て、55年自民党副幹事長（3期）、57年筆頭幹事長、59年全国組織委員長、62年竹下内閣の農水相。安倍派。自然災害の被害者への救済に尽力し、著書もある。　⑳父＝佐藤芳男（参院議員）
【著書】自然災害に対する個人救済制度（中央法規出版 '87）

佐藤 剛男　さとう・たつお
衆院議員（自民党　福島1区）　⑭昭和12年7月16日　⑮福島県福島市　⑯東京大学法学部（昭和36年）卒　⑰昭和36年通産省入省。43年から3年間、在ナイロビ大使館商務官を務め、56年からの3年間は在ジュネーブ国際機関日本政府代表部の参事官。のち中小企業小規模企業部長となり、62年12月退官。官僚時代は異色の国際派として知られ、「国際会議英語の聞き方話し方」などの著書がある。その後、天野光晴衆院議員の秘書となり、平成2年衆院選に立候補。5年衆院議員に当選。15年小泉第2次改造内閣の内閣副大臣に就任。4期目。旧渡辺派を経て、10年12月山崎派に参加。
http://www.satotatsuo.jp/

佐藤 勉　さとう・つとむ
衆院議員（自民党　栃木4区）　⑭昭和27年6月20日　⑮栃木県下都賀郡壬生町　⑯日本大学工学部土木工学科（昭和50年）卒　⑰昭和50年間組に入社。52年佐藤工業に転じ、常務、63年佐藤木材社長。また62年自民党から栃木県議に当選、3期。平成8年衆院議員に当選。3期目。小里グループ。　⑱ゴルフ、スキー　⑳父＝佐藤昌次（栃木県議）、祖父＝佐藤鶴七（栃木県議）
http://www.satoben.gr.jp/

佐藤 恒晴　さとう・つねはる
衆院議員（社会党）　⑭昭和10年11月6日　⑮福島県福島市　⑯福島高（昭和29年）卒　⑰福島県労働金庫職員となり、のち全国労働金庫労組委員長、福島県原水禁事務局長、福島市議、憲法擁護県民連合事務局長などを歴任して、社会党福島県副委員長。平成2年衆院議員に当選、1期務める。5年、8年、12年落選。

佐藤 輝彦　さとう・てるひこ
鴻巣市長　⑭大正15年3月23日　⑮平成15年9月14日　⑯埼玉県鴻巣市　⑰大宮工（旧制）卒　⑱勲三等瑞宝章（平成15年）、鴻巣市名誉市民　⑲昭和39年共栄土地建物を設立、社長。埼玉県議2期を経て、平成2年鴻巣市長に就任。3期務め、14年引退。　⑳ゴルフ

さとう

佐藤 徳雄 さとう・とくお
衆院議員(社会党) ⑧昭3.6.8 ⑲福島県郡山市熱海町 ⑳郡山商卒 ㉑勲三等旭日中綬章(平成10年) 小学校教諭、福島県教組委員長、県労協議長を経て、昭和58年から衆院議員に3選。平成5年引退。

佐藤 文生 さとう・ぶんせい
衆院議員(自民党) 郵政相 ⑧大正8年7月21日 ㉒平成12年4月25日 ⑲大分県別府市 本名=佐藤文生 ⑳明治大学専門部政経科(昭和14年)卒 ㉑勲一等瑞宝章(平成7年) 昭和26年大分県議を経て、42年以来衆院議員に8選。弾劾裁判所判事、運輸政務次官、党広報委員長などを務めた。48年日航ジャンボ機がハイジャックされたドバイ事件で政府代表として犯人側と折衝、乗客全員の救出に尽くす。61年第二次中曽根内閣の郵政相に就任。また久留米予備士官学校の教官時代に広島で被爆をした入校生をみて以来、原水爆反対の信念を持ち、永く核禁会議理事を務めた。平成2年、8年落選し、政界から引退。旧中曽根派。油絵は政経画人展に2度入賞、映画にも出演するなど多彩な経歴を持ち、米国政治学者ジェラルド・カーティス著「代議士の誕生」のモデルとしても知られた。 ㉖ハンググライダー,ヨット
【著書】日本の海洋戦略(サイマル出版会'88)／日本の郵政戦略(ビジネス社'87)
【評伝】藤原弘達のグリーン放談〈2〉自由闊達(藤原弘達編 藤原弘達著作刊行会;学習研究社〔発売〕'86)

佐藤 正人 さとう・まさと
軽井沢町(長野県)町長 ⑧大正10年9月11日 ㉒平成2年12月23日 ⑲長野県北佐久郡軽井沢町 ⑳明治大学商学部(昭和18年)卒 昭和47年から連続5期、長野県軽井沢町長を務め、62年から長野県町村会副会長。各界著名人の別荘が多いため、天皇皇后両陛下の出迎えや見送りをし、歓談するなど、皇室や政財界に顔が広い町長として活躍した。

佐藤 誠良 さとう・まさよし
甘木市長 ⑧昭和12年1月23日 ⑲福岡県甘木市 ⑳筑陽高(昭和29年)卒 甘木市議を経て、甘木市長。1期務め、平成12年落選。 ㉖ゴルフ,旅行

佐藤 益美 さとう・ますみ
大分市長 ⑧大正10年11月20日 ⑲大分県 ⑳大分師範(昭和16年)卒 ㉑藍綬褒章(昭和59年),勲三等旭日中綬章(平成4年) 昭和33年鶴崎市役所に入る。38年から大分県議を3期つとめ、50年市長に当選。4期務め、平成3年引退。

佐藤 幹彦 さとう・みきひこ
銚子市長 千葉県議 ⑧昭和7年1月29日 ⑲千葉県 ⑳法政大学経済学部卒 ㉑勲四等瑞宝章(平成15年) 昭和50年自民党から千葉県議となり3期。61年銚子市長に当選。2期務める。平成6年落選。

佐藤 道夫 さとう・みちお
参院議員(民主党 比例) 弁護士 ㉓刑法 刑事訴訟法 ⑧昭和7年10月24日 ⑲宮城県仙台市 ⑳東北大学法学部(昭和30年)卒 ㉔外交防衛問題;政治倫理;憲法問題;財政問題 昭和57年東京高検検事、58年最高検検事、59年盛岡地検検事正、61年12月公安調査庁次長、63年11月最高検公判部長、平成元年9月横浜地検検事正、3年4月最高検刑事部長を経て、同年12月札幌高検検事長に就任。7年退官し、二院クラブから参院選比例区で当選。13年6月民主党入り。2期目。金融問題及び経済活性化に関する特別委員長、予算委員、外交防衛委員。著書に「検事調書の余白」「法の涙」「この国の在り方を問う!」ほか。 ㉖読書,音楽鑑賞
http://www.satomichio.gr.jp/

【著書】政官腐敗と東京地検特捜部（小学館 '01）／「不祥事続出警察」に告ぐ（小学館 '00）／モラルハザードへの挑戦（近代文芸社 '99）／法の心（朝日新聞社 '97）／「腐敗の根源」を衝く（日新報道 '97）

左藤 恵 さとう・めぐむ
衆院議員（自民党） 国土庁長官 大谷学園理事長 [生]大正13年2月28日 [出]大阪府大阪市 [学]京都帝大法学部（昭和20年）卒 [賞]勲一等旭日大綬章（平成8年） [歴]通信院に入り、大阪通信局渉外室長などを経て、昭和31年在ジュネーブ総領事館領事、35年貯金局国際業務課長、電波管理局放送部長などを歴任、44年松山郵政局長を最後に退官。44年以来衆院議員を10期務めた。自民党政権下で自治次官、郵政次官などを経て、59年郵政相、平成2年法相に就任。5年6月新生党結成に参加し、6年羽田内閣の国土庁長官に就任。同年12月新進党結成に参加。9年死刑廃止議員連盟会長に就任。同年12月新進党解党後は国民の声結成に参加。10年1月野党6党の統一会派・民主友愛太陽国民連合代表。のち民政党を経て、無所属。同年12月自民党に復党。11年3月加藤派入り。12年引退。大谷学園理事長兼学園長、浄雲寺（大阪）11代目住職も兼任。 [趣]囲碁 [家]息子＝左藤章（衆院議員），父＝左藤義詮（大阪府知事），弟＝河野弘（河野薬品社長）

佐藤 守良 さとう・もりよし
衆院議員（新進党） 北海道開発庁長官 [生]大正11年3月28日 [没]平成8年3月7日 [出]広島県御調郡向島町 [学]中央大学法学部英法科（昭和22年）卒 [賞]勲一等旭日大綬章（平成7年） [歴]永野護運輸大臣、手島栄郵政大臣秘書官を経て、昭和44年から衆院議員に9回当選。この間、運輸政務次官、国土政務次官、通信常任委員長などを歴任。58年自民党副幹事長、59年農林水産大臣、平成2年第2次海部内閣の国土庁長官に就任。ニックネームは“スッポン”。竹下派、羽田派を経て、5年6月新生党結成に参加。6年羽田内閣の北海道・沖縄開発庁長官に就任。同年12月新進党結成に参加。 [趣]読書 [家]息子＝佐藤公治（衆院議員）

佐藤 佑一 さとう・ゆういち
佐伯市長 [生]昭和17年1月8日 [出]大分県南海部郡弥生町 [学]横浜国立大学経済学部（昭和40年）卒 [資]税理士 [歴]佐藤佑一会計事務所所長。昭和58年以来自民党の大分県議3期経て、平成5年日本新党から衆院選に出馬。6年佐伯市長に当選。10年、14年返り咲き。通算3期目。 [趣]ゴルフ，野球

佐藤 雄平 さとう・ゆうへい
参院議員（民主党 福島） [生]昭和22年12月13日 [出]福島県南会津郡下郷町 [学]神奈川大学経済学部卒 [歴]昭和45年渡部恒三衆院議員秘書、新生党秘書会長、平成7年衆院秘書協議会副会長などを歴任。10年参院議員に無所属で当選。のち民主党に所属。2期目。

佐藤 洋輔 さとう・ようすけ
鹿角市長 [生]昭和18年7月28日 [出]秋田県鹿角市 [学]花輪高（昭和37年）卒 [歴]鹿角市議、議長を経て、平成12年鹿角市長に当選。2期目。

佐藤 誼 さとう・よしみ
衆院議員（社会党） [生]昭和2年5月28日 [出]山形県鶴岡市 [学]東北大学教育学部（昭和29年）卒 [賞]勲三等旭日中綬章（平成10年） [歴]山形県高教組書記長を経て、昭和54年安宅常彦の後継者として衆院議員に当選、3期。61年落選。

佐藤 錬 さとう・れん
衆院議員（自民党 比例・九州） [生]昭和26年7月15日 [出]大分県 [学]明治大学法学部（昭和49年）卒 [歴]江崎真澄代議士秘書などを経て、平成3年自民党から大分県議に当選、3期務める。12年衆院

選に立候補、15年比例区九州ブロックで当選。森派。

佐内 正治 さない・まさじ
山口市長 [生]大正15年6月9日 [出]山口県山口市 [学]海兵（昭和20年）卒 [賞]勲四等旭日小綬章（平成15年） [歴]山口県企画部長、山口市議を経て、県産業技術開発機構副理事長。平成2年から山口市長に3選。 [趣]釣り，日曜大工，カラオケ，ダンス

讃岐 照夫 さぬき・てるお
東広島市長 [生]大9.10.29 [出]広島県 [学]西条農（昭和13年）卒 [賞]勲三等瑞宝章（平成11年） [歴]昭和14年広島県庁に入る。44年商工労働部長、47年民生部長、49年出納長を経て、53年以来東広島市長に5選。平成10年引退。

佐野 浩 さの・ひろし
大沢野町（富山県）町長 [生]大正12年4月26日 [没]昭和62年8月14日 [出]富山県 [学]福野農学校（旧制）（昭和16年）卒 [歴]昭和16年日本カーボン入社。戦後、同労組委員に推されて合理化反対闘争を陣頭指揮し、129日間の長期ストを闘った。45年富山県大沢野町長選に出馬するが落選、49年保守対立候補を破り初当選を果たす。3期を務め、61年に落選したが、この間、改井・富山市長、八尾・婦中町長とともに革新首長トリオとして活躍。福祉町政に手腕を発揮した。

佐野 力三 さの・りきぞう
別海町（北海道）町長 [生]昭和9年8月21日 [出]国後島泊村 [学]別海高（定時制）普通科（昭和29年）卒 [歴]中学を卒業して別海村役場に入る。働きながら高校定時制を卒業し、農林課長、経済部長などを経て、昭和61年別海町長に当選。同年、基幹産業である酪農を守るため、北海道内147町村長に呼びかけて北海道の酪農を守る町村長会議を結成、62年代表幹事。

佐橋 薫 さはし・かおる
小牧市長 [生]大正14年6月28日 [出]愛知県 [学]中京大学専科（昭和38年）中退 [歴]昭和38年より愛知県議5期、小牧市商工会議所会頭を経て、54年から小牧市長に4選。平成7年小牧市が発注する公共工事をめぐり、収賄容疑で逮捕される。

鮫島 宗明 さめじま・むねあき
衆院議員（民主党 比例・東京） [生]昭和18年12月9日 [出]静岡県田方郡伊豆長岡町 [学]東京大学卒，東京大学大学院（昭和50年）博士課程修了 [歴]昭和63年農林水産省農業生物資源研究所室長を経て、平成5年日本新党から衆院議員に当選。6年新進党結成に参加。8年落選。12年衆院選に民主党から比例区東京ブロックで返り咲き。通算3期目。 [家]祖父＝永井柳太郎（政治家） http://www.gotty.co.jp/samejima/
【著書】殿様と36人のサムライ（実業之日本社 '94）

沢 たまき さわ・たまき
参院議員（公明党） 歌手 女優 [生]昭和12年1月2日 [没]平成15年8月9日 [出]神奈川県川崎市 本名＝山本昌子 [学]山脇学園短期大学家政科（昭和32年）卒 [歴]学生時代ラジオののど自慢荒らしでならし、ニッポン放送「大学勝抜き歌合戦」で優勝したのを認められてビクターに入る。昭和31年ジャズ歌手としてデビュー、「カスバの女」「ベッドで煙草を吸わないで」などがヒット。34年から映画にも出演し女優としても活躍。44年テレビドラマ「プレイガール」のリーダー役で茶の間の人気を集めた。他に「独占!おとなの時間」の司会などもつとめ、“あね御”ぶりを発揮した。著書に「大学生諸君」「ハッピーJAZZトーク」「初秋恋歌」がある。平成8年新進党から衆院選に出馬。10年公明党から参院議員に当選、1期。同年11月新公明党結成に参加。参院厚

生労働部会長代理などを務めた。
⑲茶道，鼓

沢 長生　さわ・ちょうせい
南足柄市長　⑭昭和22年6月6日　⑮神奈川県　⑯東京大学法学部（昭和46年）卒　⑰富士写真フィルム広報部主席などを経て、平成15年南足柄市長に当選。

沢 徳次郎　さわ・とくじろう
岩美町（鳥取県）町長　⑭大正12年9月5日　⑮鳥取県　⑯鳥取農林専卒　⑰勲四等瑞宝章（平成8年）　⑱昭和22年鳥取県庁に入庁。52年退庁。56年岩美町長に就任。中国との交流に力を入れ、59年から3回町の青年らを中国に派遣。一方同町に日露戦争時の露軍将校遺体漂着記念碑があることなどから、ソ連との友好親善のため平成2年春ウラジオストクに桜並木を送る。8年退任。
【著書】ペテン師クラブ（リム出版新社 '98）

沢 光代　さわ・みつよ
逗子市長　⑭昭和16年2月11日　⑮東京・新宿　⑯聖心女子大学文学部英文学科（昭和38年）卒　⑰貿易商社営業部勤務を経て結婚、昭和40年から逗子市に住む。池子米軍住宅計画が公表されて2年後の59年、逗子市長リコール運動に参加、のち市民グループの運営委員長に就任。逗子市議を2期途中まで務める。平成4年池子米軍住宅建設反対派の緑派から逗子市長に当選、全国2人目の女性市長となる。6年住宅建設を受け入れて一旦辞職し、市長選に再出馬したが落選した。訳書に「ヒューマンアニマルボンド」がある。　⑲フラメンコ

沢 雄二　さわ・ゆうじ
参院議員（公明党　東京）　ジャーナリスト　⑭昭和23年4月22日　⑮大阪府　⑯慶応義塾大学法学部（昭和46年）卒　⑰昭和46年フジテレビに入り、政治部、社会部、外信部で記者として活躍。のちプロデューサーとして「FNNスーパータイム」や「報道2001」などの立ち上げに携わり、記者による現場リポートの重視や分かりやすさを追求した模型・パネルの多用によって人気番組に育て上げた。その後も一貫して報道部門に所属。平成5年報道センター編集長、7年ニューヨーク支局長、11年国際局次長を歴任。16年参院議員に公明党から当選。
http://www.yuji-sawa.net/

沢崎 義敬　さわさき・よしのり
魚津市長　⑭昭和22年4月14日　⑮富山県魚津市　⑯魚津高卒　⑰平成4年から魚津市議に3選。13年議長。16年魚津市長に当選。新川森林組合長、三ケ生産森林組合長を務める。　⑲スポーツ観戦

沢田 五十六　さわだ・いそろく
中村市長　⑭昭和18年2月22日　⑮高知県中村市　⑯東京大学理学部（昭和40年）卒　⑰昭和40年経済企画庁に入る。経済研究所主任研究官、タイ国経済社会開発庁顧問を経て、62年経済企画庁長官官房情報システム課長、のち調査局審議官、平成4年調整局審議官、5年6月経済研究所長、7年6月調査局長。8年退任、8月中村市長に当選。3期目。
⑲テニス，ゴルフ

沢田 一精　さわだ・いっせい
参院議員（自民党）　⑭大正10年10月6日　⑮熊本県下益城郡小川町　⑯京都帝大政治学科（昭和19年）卒　⑰勲一等旭日大綬章（平成7年）　⑱昭和35年熊本県副知事を経て、37年参院議員に当選。46年熊本県知事に転じて3期務め、58年再び自民党所属の参院議員に復帰した。平成元年離党、3年復党。通算4期つとめ、7年引退。9年自民党県連会長。三塚派。

沢田 寿朗　さわだ・としろう
滑川市長　⊕大正15年1月2日　⊕富山県滑川市　⊕魚津中学，陸士（昭和20年）卒　⊕勲四等旭日小綬章（平成14年）　⊕昭和21年富山県庁、23年富山地鉄に勤務。26年警察予備隊（のち自衛隊）に入隊。米国留学を経て、44年第9師団第3部長、45年第23連隊長、48年防衛庁陸上幕僚監部教育訓練部総括班長、50年北部方面監察官、52年富士学校機甲科部長を歴任。54年陸将補で退官。その後郷里へ戻り独自でOA機器販売会社を設立。61年から滑川市長に4選。平成14年落選。　⊕読書，スキー

沢田 秀男　さわだ・ひでお
横須賀市長　⊕昭和8年7月18日　⊕神奈川県座間市　⊕東京大学法学部卒　⊕昭和32年自治省に入省。広島市助役、自治省総務課長、国土庁審議官、同地方振興局長、63年横須賀市助役を経て、平成5年市長に当選。3期目。全国に先駆けて電子入札を導入するなど、電子自治体の構築に取り組む。
⊕読書
【著書】海が光る街から（（横浜）神奈川新聞社 '03）

沢田 広　さわだ・ひろし
衆院議員（社会党）　⊕大正7年11月15日　⊕平成14年2月10日　⊕埼玉県大宮市　⊕日本大学文理学部卒　⊕勲二等旭日重光章（平成5年）　⊕国鉄大宮工機部総務課に勤務し、終戦後、組合運動に参加。中央執行委員を経て、教育部長、企画・統制部長、組織・社会部長などを歴任。この間、民同派結成にも参画。昭和24年社会党に入党し、同年4月中央執行委員に選出される。大宮市議、市会副議長、埼玉県議4期を経て、51年衆院議員に旧埼玉5区から当選、6期。沖縄および北方問題に関する特別委員長などを務めた。平成5年の総選挙では公認されず、無所属で出馬したが落選。のち、しらかば幼稚園長、トーニチ社長を務めた。

沢藤 礼次郎　さわふじ・れいじろう
衆院議員（社民党）　⊕昭和3年12月14日　⊕平成16年8月23日　⊕岩手県北上市　⊕盛岡農林専（昭和23年）卒　⊕勲二等瑞宝章（平成12年）　⊕昭和26年黒沢尻高定時制教諭となり、36年岩手県高教祖書記長、43年委員長。50年岩手県議2期を経て、61年衆院議員に当選。3期。平成8年建設政務次官。同年落選。

沢辺 瀞壱　さわべ・せいいち
飯能市長　⊕昭和15年4月23日　⊕埼玉県飯能市　⊕中央大学法学部卒　⊕飯能自動車教習所社長。埼玉県職員、飯能市議を経て、平成3年埼玉県議に当選、3期務める。13年飯能市長に当選。

沢村 章　さわむら・あきら
美濃市長　⊕大正5年7月15日　⊕岐阜県　⊕武義中（昭和9年）卒　⊕勲四等瑞宝章　⊕昭和51年から美濃市長を3期つとめ、62年引退。

三治 重信　さんじ・しげのぶ
参院議員（民社党）　⊕大正6年2月1日　⊕平成6年5月13日　⊕愛知県西尾市　⊕京都帝大農学部農林経済学科（昭和15年）卒　⊕昭和15年内務省に入省。戦後労働省に移り、職業安定局長、労政局長、事務次官を歴任して退官。47年衆院選に立候補するが落選、49年の参院選で当選を果たす。以来3選。平成元年党副委員長に就任。4年引退。

山東 昭子　さんとう・あきこ
参院議員（自民党　比例）　日本健康・栄養食品協会会長　科学技術庁長官　⊕昭和17年5月11日　⊕東京都世田谷区新町　⊕文化学院（昭和36年）卒　⊕幼時から芸能界に憧れ、昭和32年ラジオ「赤胴鈴之助」の語り手に起用され人気が高まる。東映と契約を結び、「旗本退屈男・謎の蛇姫屋敷」などの時代劇や現

代劇に出演。またテレビのクイズ番組などでも活躍。49年参院選に自民党から全国区に立候補し、5位で当選。党国民運動本部長代理・婦人局次長、環境政務次官等を経て、平成2年第2次海部改造内閣の科学技術庁長官に就任。4年落選したが、7年繰り上げ当選。8年衆院選に立候補するが、落選。13年参院議員に返り咲き。通算5期目。旧河本派を経て、高村派。著書に「がんばれ、日本の男たち」「個性派の節約178の作戦」がある。 http://www.santo-akiko.com/

【評伝】藤原弘達のグリーン放談〈1〉臨機応変(藤原弘達編 藤原弘達著作刊行会;学習研究社〔発売〕'86)

【し】

志位 和夫　しい・かずお

衆院議員(共産党　比例・南関東)　日本共産党委員長　[生]昭和29年7月29日　[出]千葉県四街道市　[学]東京大学工学部物理工学科(昭和54年)卒　[歴]元小学校教員だった父親も共産党活動家。昭和48年大学1年のとき当時の田中内閣が掲げた小選挙区制への反対闘争がきっかけで入党。55年専従となり、東京都委員会などでの勤務を経て、63年中央書記局員、平成元年中央委員に。青年、学生の党への結集に実績をあげる。2年書記局長に就任。5年衆院議員に当選。4期目。党の柔軟路線を進める。10年の参院選では改選議席を倍以上に増やし史上最多の23議席を獲得。12年委員長に就任。15年の総選挙は解散時から半数以下の9議席に減らし、16年の参院選でも改選議席数を維持できず4議席となった。 [趣]ピアノ, 音楽鑑賞　http://www.shii.gr.jp/

【著書】希望ある流れと日本共産党(新日本出版社 '03)／歴史の激動ときりむすんで(新日本出版社 '02)／民主日本への提案(新日本出版社 '00)／"自共対決"(新日本出版社 '98)／21世紀をめざして(新日本出版社 '95)／歴史の促進者として(新日本出版社 '92)／科学的社会主義とは何か(新日本出版社 '92)

【評伝】永田町の通信簿(岸井成格ほか著 作品社'96)

椎名 一保　しいな・かずやす

参院議員(自民党　千葉)　[生]昭和27年1月15日　[出]千葉県銚子市　[学]日本大学法学部(昭和50年)卒　[歴]松岸保育園理事長、水野清衆院議員秘書などを経て、昭和62年より千葉県議に4選。平成14年参院補選に当選。2期目。江藤・亀井派を経て、亀井派。　[家]祖父=椎名隆(衆院議員)　http://www.k-shiina.com/

椎名 素夫　しいな・もとお

参院議員(無所属の会)　[生]昭和5年8月19日　[出]東京都文京区　[学]名古屋大学理学部物理学科(昭和28年)卒　[歴]電源開発に入った後、米国のアルゴンヌ国立研究所に学び、帰国後は精密機器会社・サムタクを設立し取締役。のち会長。もともとは物理学者。故椎名悦三郎自民党副総裁の二男で、父親のあとを継ぎ、昭和54年衆院議員に当選。当選4回。自民党国際局長、政調副会長など歴任。平成2年落選。4年参院議員に転じ、無所属となる。7年参議院フォーラムを結成。8年解散。9年自由の会に所属。のち無所属の会。10年11月院内会派・参議院の会を結成し、代表。2期務めた。16年引退。また、日英2000年委員会日本側座長などを歴任。　[家]父=椎名悦三郎(政治家)

【著書】戦後50年は日本を幸せにしたか(山崎正和, 高坂正堯ほか著 ティビーエス・ブリタニカ'95)

【評伝】平成の論点(諸井薫ほか著 ティビーエス・ブリタニカ'94)

しおか

塩川 忠巳　しおかわ・ただみ
小諸市長　⊕大正6年2月1日　⊕長野県　⊕北佐久農卒　⊕勲四等旭日小綬章(平成8年)　小諸市助役を経て、昭和51年以来市長に5選。平成8年引退。

塩川 鉄也　しおかわ・てつや
衆院議員(共産党　北関東・比例)　⊕昭和36年12月18日　⊕埼玉県日高市　⊕東京都立大学人文学部(昭和61年)卒　昭和61年日高市教育委員会職員を経て、平成12年共産党から衆院選比例区に当選。2期目。　http://web01.cpi-media.co.jp/shiokawa/

塩川 正十郎　しおかわ・まさじゅうろう
衆院議員(自民党)　財務相　文相　東洋大学総長　関西棋院理事長　⊕大正10年10月13日　⊕大阪府東大阪市　⊕慶応義塾大学経済学部(昭和19年)卒　⊕勲一等旭日大綬章(平成12年)　昭和32年布施市青年会議所理事長となり、布施市助役、東大阪3市合併協議会事務局長などを経て、42年以来衆院議員に当選11回。47年通産政務次官、51年内閣官房副長官、54年衆院商工常任委員長、55年鈴木内閣の運輸相、58年衆院安全保障特別委員長を歴任。61年9月更迭された藤尾文相のあとをうけて文相に就任。平成元年宇野内閣では官房長官、3年宮沢内閣の自治相、国家公安委員長。7年党総務会長、13年小泉内閣の財務相に就任。14年9月の小泉改造内閣でも留任。三塚派を経て、森派。15年引退。16年関西棋院理事長。この間、元年～12年東洋大学理事長、16年総長。2年には日本の政治家の慣例を破って胃がんの手術・入院を公表した。　登山、囲碁(3段)、サッカー　父=塩川正三(初代布施市長)

塩崎 潤　しおざき・じゅん
衆院議員(自民党)　総務庁長官　国民税制総合研究所理事長　翻訳家　⊕大正6年5月31日　⊕愛媛県松山市　⊕東京帝国大学法学部政治学科(昭和16年)卒　⊕勲一等旭日大綬章(平成5年)、愛媛県功労賞(平成9年)　⊕大蔵省入省、昭和40年国税庁次長、同年主税局長を経て42年退官。44年以来衆院議員に当選8回。57年経済企画庁長官、平成2年第2次海部内閣の総務庁長官。税制関係の著書、訳書に定評がある。また大蔵省以来、女優・藤村志保や代議士・鳩山邦夫など250組以上の仲人をつとめたことでも有名。宮沢派。5年引退。　読書、音楽、ゴルフ　息子=塩崎恭久(衆院議員)

【著書】「最良の租税」の研究(　)
【評伝】藤原弘達のグリーン放談〈5〉豪放磊落(藤原弘達編　藤原弘達著作刊行会;学習研究社〔発売〕'86)／私の心をつかんだ大物たち(竹村健一著　太陽企画出版'92)／大蔵省主税局(栗林良光著　講談社'87)

塩崎 恭久　しおざき・やすひさ
衆院議員(自民党　愛媛1区)　⊕昭和25年11月7日　⊕愛媛県　⊕東京大学教養学部教養学科(昭和50年)卒、ハーバード大学大学院(昭和57年)修士課程修了　昭和50年日本銀行に入行。ハーバード大学行政学大学院に留学。61年退官し、父・塩崎潤衆院議員の秘書官となる。平成5年衆院議員に愛媛1区から当選。参院議員に愛媛選挙区から当選。12年再び衆院議員に当選。通算3期目。無派閥。　父=塩崎潤(衆院議員)
http://www.y-shiozaki.or.jp/
【著書】日本復活(プレジデント社'03)

【著書】幸田真音緊急対論　日本国債(幸田真音、木村剛ほか著　角川書店'02)／関西国際新空港(旭屋出版'87)
【評伝】日本はまだまだ捨てたものじゃない(渡辺喜美著　徳間書店'01)

塩島 大　しおじま・だい
衆院議員(自民党)　[生]昭和9年4月9日　[没]昭和60年9月20日　[出]長野県松本市　[学]東京大学農学部(昭和34年)卒　[歴]昭和34年建設省に入省。公園、緑化関係一筋に歩み、57年都市局公園緑地課長で退職。58年暮れの総選挙に長野4区から自民党公認で立候補し、新人ながらトップ当選を果たした。田中派で、竹下登の創政会に発足当時から参加していた。党では出版局、地方組織局、商工局の各次長などを務めていた。

塩田 晋　しおた・すすむ
衆院議員(民主党)　[生]大15.2.27　[出]兵庫県加古川市　[学]京都大学経済学部(昭和25年)卒　[賞]勲二等瑞宝章(平成15年)　[歴]労働省に入省。公労委事務局次長を経て、昭和54年衆院議員に民社党から当選、3期。61年落選。平成8年新進党より返り咲き。10年1月自由党に参加。15年9月民主党に合流。通算5期務め、15年引退。

塩谷 一雄　しおたに・かずお
羽咋市長　塩谷医院院長　医師　[生]大正14年8月15日　[出]石川県　[学]金沢医科大学(昭和24年)卒　医学博士　[歴]国立山中病院、組合立宇出津病院勤務のあと、昭和36年塩谷医院(耳咽科)開業。63年羽咋市長に当選。2期。平成8年落選。
[趣]写真，登山

塩谷 龍生　しおたに・たつお
海山町(三重県)町長　[生]昭和15年4月5日　[出]三重県　[学]慶応義塾大学経済学部(昭和39年)卒　[歴]鹿島建設(現・鹿島)に入社。昭和46年塩谷組に移り、58年社長に就任。平成6年海山町長に当選、3期目。14年原子力発電所誘致を目指し、その是非を問う住民投票を行うが、過半数の反対票により誘致を断念した。

塩谷 敏幸　しおたに・としゆき
富山市長　[生]大正8年7月10日　[没]昭和60年12月15日　[出]富山市　[学]東大英文科(昭和17年)卒　[歴]昭和23年富山県庁入り。教育長、公害部長、総務部長、出納長を歴任。51年12月に富山市助役となり、58年4月市長に当選した。

潮谷 義子　しおたに・よしこ
熊本県知事　[専]乳児保育　児童福祉
[生]昭和14年4月5日　[出]佐賀県佐賀市
[学]日本社会事業大学社会福祉学部児童学科(昭和37年)卒　[歴]昭和37年佐賀県庁、39年大分県庁に勤務。46年ねむの木学園、47年社会福祉法人慈愛学園乳児ホームに勤務。のち園長。59年より熊本短期大学、平成元年YMCA学院老人ケア科非常勤講師、熊本こころの電話運営委員なども務めた。11年熊本県副知事に就任。12年知事に当選し、全国で2人目の女性知事となる。2期目。14年同県坂本村・県営荒瀬ダムを老朽化などにともない、22年の水利権失効後に解体・撤去すると表明。既存ダムの完全撤去は全国初。共著に「続・社会事業に生きた女性達」「にんじん、かけっこ、おかあさん」「心の誕生〈心を考える1 幼児期〉」がある。
【評伝】京極高宣のぴかぴか対談(京極高宣編著 全国社会福祉協議会'00)

塩塚 公一　しおつか・こういち
大牟田市長　[生]昭和25年6月9日　[出]福岡県大牟田市　[学]京都大学法学部(昭和49年)卒　[賞]TOYP優秀賞(平成1年)
[歴]昭和49年建設省に入省。道路局課長補佐を経て、60年4月大牟田市の再開発担当助役となり、中心市街地活性化計画などを推進。62年2月市長に当選、3期務めた。8年新進党より衆院選に立候補するが、落選。　[趣]ゴルフ，囲碁，読書
【著書】青年市長の挑戦(九州青年市長会編著 ぎょうせい'90)

しおて

塩出 啓典 しおで・けいすけ
参院議員(公明党) ⊕昭8.1.10 ⊕愛媛県周桑郡小松町 ⊕京都大学工学部冶金学科(昭和30年)卒 ⊕昭和30年八幡製鉄所勤務を経て、43年から参院議員に4選。平成2年衆院選に広島1区から出馬したが落選。
【評伝】フレッシュ・オープン・エキサイティング(第三文明社編集部編 第三文明社'87)

塩谷 一夫 しおのや・かずお
衆院議員(自民党) ⊕大正9年1月2日 ⊗平成1年12月28日 ⊕静岡県袋井市 ⊕早稲田大学政経科(昭和16年)卒、早稲田大学文学部東洋史(昭和18年)中退 ⊕静岡県教育委員企画調整部長を経て、昭和42年以来衆院議員7期。47年労働政務次官、52年自民党総務委員長、53年衆院外務委員長、54年衆院地方行政委員長などを歴任した後、57年自民党副幹事長。58年の選挙では落選したが61年の衆参同時選挙で返り咲きを果たした。62年、自民党が62年度予算の委員会採決を強行した直後から、売上税撤回を求める同党衆院議員の署名運動で代表世話人をつとめた。無派閥。著書に「日本の支配政党・自由民主党」。
⊕剣道(5段練士) ⊕息子=塩谷立(衆院議員)

塩谷 立 しおのや・りゅう
衆院議員(自民党 静岡8区) 文部科学副大臣 ⊕昭和25年2月18日 ⊕静岡県 ⊕慶応義塾大学法学部(昭和49年)卒 ⊕国際青少年研修協会事務局理事を経て、平成2年衆院議員に当選、2期務めた。8年落選するが、11年衆院補選に当選。12年落選、15年当選。16年第2次小泉改造内閣の文部科学副大臣に就任。通算4期目。森派。 ⊕父=塩谷一夫(衆院議員) http://www.ryu48.gr.jp/

塩見 精太郎 しおみ・せいたろう
福知山市長 ⊕大正3年5月10日 ⊗平成15年12月24日 ⊕東京 ⊕福知山中(昭和7年)卒 ⊕紺綬褒章(昭和40年)、藍綬褒章(昭和55年)、福知山市名誉市民(平成3年)、勲三等旭日中綬章(平成3年) ⊕福知山市助役を経て、昭和37年以来市長に7選。平成2年退任。この間、由良川水系の治水対策、長田野工業団地の開発、舞鶴自動車道の整備などに取り組み、同市発展の基礎を築いた。

塩味 達次郎 しおみ・たつじろう
朝霞市長 弁護士 ⊕昭和21年8月30日 ⊕埼玉県北足立郡朝霞町(現・朝霞市) ⊕中央大学法学部法律学科卒、中央大学大学院法学研究科修士課程修了 ⊕朝霞市で弁護士を開業。朝霞市議を1期務め、朝霞市商工会議所、朝霞市医師会、朝霞市歯科医師会の各顧問を務める。平成3年朝霞市長に当選。3期目。
⊕埼玉弁護士会

志賀 一夫 しが・かずお
衆院議員(社会党) ⊕大14.7.28 ⊕福島県田村郡滝根町 ⊕東京商科大学(現・一橋大学)中退 ⊕滝根町議を経て、昭和42年以来福島県議に5選。61年衆院選に福島2区から立候補したが落選。平成2年再出馬し当選、1期つとめる。5年落選。

志賀 節 しが・せつ
衆院議員(自民党) 環境庁長官 ⊕昭和8年2月3日 ⊕岩手県一関市 ⊕早稲田大学文学部卒 ⊕勲一等瑞宝章(平成15年) ⊕南カリフォルニア大学大学院の国際政治学部に学び、5年ほど三木武夫の秘書をつとめる。昭和47年衆院議員に当選。以来三木の若手側近として政治家修業。外務政務次官、農水政務次官などを歴任。平成元年海部内閣の官房副長官を経て、環境庁長官に就任。旧河本派。8期務める。8年、12年落選。 ⊕父=志賀健次郎(防衛庁長官)

【著書】世直しへの戦い(日新報道'00)
【評伝】21世紀を担う若き政治家たち(木下厚著 政界往来社'89)

志賀 直温　しが・なおはる
東金市長　㋓昭和23年10月14日　㋙弘前大学農学部卒　㋭東金市議を経て、平成10年市長に当選。2期目。

四方 八洲男　しかた・やすお
綾部市長　㋓昭和15年2月10日　㋙京都府　㋙京都大学経済学部(昭和38年)卒　㋭三菱重工に入社。名古屋航空機製作所に勤務していたとき、本社大阪営業所への栄転命令を拒否して、昭和46年7月解雇された。53年から綾部市議を2期つとめ、62年4月京都府議に当選、3期つとめる。平成10年綾部市長に当選。2期目。

四家 啓助　しけ・けいすけ
いわき市長　㋓昭和10年2月12日　㋙福島県いわき市　㋙小名浜水産高(現・いわき海星高)卒　㋓藍綬褒章(平成7年)　㋭家業の石油製品販売業に従事し、のち四家啓助商店を創業。昭和43年からいわき市議を5期務め、その後自民党から福島県議に4選。平成9年いわき市長に当選。2期目。　㋭スポーツ

重富 吉之助　しげとみ・きちのすけ
参院議員(自民党)　㋓昭和8年4月20日　㋙福岡県　㋙九州大学経済学部(昭和31年)卒　㋭昭和35年防衛施設庁入り。56年臨時行政改革推進審議会事務局総務課長、59年参事官を歴任し、土光会長の懐刀として活躍した。61年中部管区行政監察局長、62年審議官、63年行政情報システム参事官を経て、平成元年7月再び官房審議官。2年12月退官。3年福岡県知事選に出馬したが落選、同年9月参院補選で当選。竹下派。4年落選。7年福岡県知事選に立候補。のち三和システム特別顧問。　㋭囲碁、ゴルフ、麻雀

重冨 敏之　しげとみ・としゆき
茨木市長　㋓昭和2年3月23日　㋙大阪府　㋙関西大学法学部(昭和29年)卒　㋭昭和22年より小学校教諭、私立定時制高校講師を務める。41年茨木市に入り公民教育係長、42年秘書課長、44年社会教育課長、学務課長を経て、46年茨木市教育長に就任。51年以来市長に4選。平成4年引退。
【著書】想うこと考えること(ぎょうせい'91)

重野 安正　しげの・やすまさ
衆院議員(社民党)　㋓昭16.12.1　㋙大分県大野郡野津町　㋙大分県立農業講習所(昭和37年)卒　㋓藍綬褒章(平成10年)　㋭昭和37年大分県職員を経て、50年より大分県議に7選。社民党県代表を務める。平成12年衆院議員に当選。15年落選。　http://www.coara.or.jp/shigenoy/

繁信 順一　しげのぶ・じゅんいち
今治市長　㋓昭和21年4月15日　㋙愛媛県今治市　㋙京都大学工学部(昭和44年)卒　㋭今治市総務調整部長を経て、平成10年今治市長に当選。2期目。

志々田 浩太郎　ししだ・こうたろう
武蔵村山市長　㋓昭和41年5月26日　㋙東京都武蔵村山市　㋙北海道大学文学部西洋哲学専攻(平成3年)卒　㋭平成3年郵政省に入省。通信政策局地域通信振興課に2年間勤務したあと退職、日本新党に入党し政策委員として政策綱領作りなどを手がける。6年27歳で武蔵村山市長選に当選、全国最年少(当時)市長となり、2期務めた。14年落選。同年11月選挙公報の推薦文に虚偽の事項を記載し公表したとして、公選法違反容疑で警視庁に逮捕される。

獅山 向洋 ししやま・こうよう
彦根市長 弁護士 [生]昭和15年11月2日 [出]滋賀県 [学]京都大学法学部(昭和39年)卒 [歴]昭和38年司法試験合格、39年司法修習生。41年神戸地検検事、42年山口地検検事、44年獅山法律事務所開設、所長。54年彦根市議、滋賀弁護士会会長などを経て、平成元年4月彦根市長に当選。5年、9年落選。聖ペトロ学園理事長も務めた。 [趣]囲碁，読書

始関 伊平 しせき・いへい
衆院議員(自民党) 建設相 弁護士 [生]明治40年4月7日 [没]平成3年11月26日 [出]千葉県市原市 [学]東京帝大法学部(昭和5年)卒 [賞]勲一等瑞宝章(昭和53年) [歴]昭和5年商工省に入り、岸首相の下で働く。鉱山、鉄鋼各局長、資源庁長官を経て、28年に政界入り。千葉一区より衆院当選9回。この間、通産政務次官、労働政務次官、科学技術政務次官、中小企業基本問題調査会長、建設、内閣各委員長、56年建設相などを歴任した。エネルギー問題の権威。のち弁護士開業。 [団]千葉県弁護士会 [趣]囲碁，謡，ゴルフ，剣道(7段)

七条 明 しちじょう・あきら
衆院議員(自民党 比例・四国) 内閣副大臣 [生]昭和26年8月1日 [出]徳島県 [学]東京農業大学(昭和50年)卒 [歴]昭和56年から徳島県議に4選、平成5年衆院議員に当選。8年落選。12年3月比例区で衆院に繰り上げ当選。16年第2次小泉改造内閣の内閣副大臣に就任。通算4期目。高村派。 [趣]ゴルフ，音楽 [家]父=七条広文(徳島県議)，祖父=七条武夫(徳島県議) http://www.shichijo-akira.com/

実川 幸夫 じつかわ・ゆきお
衆院議員(自民党 千葉13区) [生]昭和18年10月14日 [出]千葉県成田市 [学]法政大学法学部(昭和42年)卒 [歴]参院議員秘書、農水相秘書官、運輸相秘書官を務めた。平成3年自民党から千葉県議に当選。5年新生党に転じ、衆院議員に当選。4期目。6年新進党結成に参加したが、9年自民党に移る。15年の衆院選では千葉13区から立候補して当選。同年第2次小泉内閣の法務副大臣に就任。宮沢派、加藤派を経て、堀内派。 http://www.nctv.co.jp/~yukio-j/

志苫 裕 しとま・ゆたか
参院議員(社民党) [生]昭和2年11月29日 [出]新潟県両津市 [学]佐渡農(昭和20年)卒 [賞]勲二等旭日重光章(平成10年) [歴]昭和38年新潟県議3期を経て、49年以来参院議員に3選。平成元年5月辞任して新潟県知事選に立候補するが落選。4年比例区で復帰。通算4期務めた。10年引退。 [趣]囲碁

志戸本 慶七郎 しともと・けいしちろう
小林市長 [生]大正10年7月12日 [出]宮崎県小林市 [学]中央大学法学部(昭和18年)卒 [賞]勲五等双光旭日章(平成9年) [歴]昭和46年以来宮崎県議を2期務め、54年小林市長に当選。62年再び市長に当選した。平成3年落選。 [趣]釣り，盆栽

品川 義雄 しながわ・よしお
鶴ケ島市長 [生]昭和4年12月25日 [出]埼玉県比企郡川島町 [学]東京農大専卒 [歴]鶴ケ島市助役を経て、平成5年鶴ケ島市長に当選。3期目。

品田 宏夫 しなだ・ひろお
刈羽村(新潟県)村長 [生]昭和32年3月22日 [出]新潟県刈羽村 [学]駒沢大学経済学部卒 [歴]新潟県刈羽村村議3期を経て、平成12年村長に当選、2期目。昭和60年に稼動、現在総出力世界一の東京電力柏崎刈羽原子力発電所プルーサーマル計画の受け入れを刈羽村は平成11年より表明してきたが、13年5月計画の是非を問う住民投票を実施。受け入れに反対する意見が過半数を占めた結果を受けて、同月柏崎市長、新潟県知事

らと協議、計画の延期を東京電力に申し入れ、延期が決定した。

篠崎 年子 しのざき・としこ
参院議員(社会党) [生]大7.6.12 [出]長崎県佐世保市 [学]長崎県女子師範(昭和12年)卒 [歴]佐世保市内の小・中学校教師を経て、佐世保市議を3期。58年長崎県議に当選し、1期務める。平成元年参院議員に当選。7年引退。

篠田 昭 しのだ・あきら
新潟市長 [生]昭和23年7月17日 [出]新潟県新潟市 [学]上智大学外国語学部卒 [歴]新潟日報論説委員を経て、平成14年新潟市長に当選。
【著書】新潟力(新潟日報事業社 '04)

篠永 善雄 しのなが・よしお
伊予三島市長 [生]昭和2年9月9日 [出]愛媛県伊予三島市 [学]明治学院大学経済学部(昭和22年)中退 [賞]藍綬褒章(平成4年),旭日中綬章(平成16年) [歴]昭和37年伊予三島市議、52年副議長、53年議長を経て、56年から市長に6選。平成16年4月同市は近隣市町村と合併して新たに四国中央市が発足。 [趣]読書

篠原 孝 しのはら・たかし
衆院議員(民主党 比例・北陸信越) [専]食料・農業 水産 海洋問題 [生]昭和23年7月17日 [出]長野県中野市 [学]京都大学法学部(昭和48年)卒,ワシントン大学海洋総合研究所海洋法コース(昭和53年)修士課程修了 農学博士(京都大学) [興]資源問題;環境問題;地域社会問題;貿易問題 [歴]昭和48年農林省に入省。51年米国ワシントン大学海洋総合研究所、52年カンザス州立大学農業経済学部に留学。その間のことを同省の広報誌「AFF」に連載していたが、58年まとめて留学記「霞ケ関いなかっぺ官僚アメリカは田舎の留学記」を出版。平成元年農林水産省経済局国際部対外政策調整室長、3年在OECD代表部参事官、6年水産庁企画課長、のち統計情報部管理課長、農林水産技術会議事務局研究総務官、11年8月農業総合研究所企画連絡室研究調整官、12年6月同所長、13年農林水産政策研究所長。15年衆院議員に当選。他の著書に「農的循環社会への道」「EUの農業支援力」「農的小日本主義の勧め」「第一次産業の復活」、共著に「食と農を問い直す」など。 [団]農業経済学会,漁業経済学会,地域農林業学会,エントロピー学会,棚田学会(理事) [趣]テニス,野球,映画
【著書】EUの農業交渉力(農山漁村文化協会 '00)/農的循環社会への道(創森社 '00)/第一次産業の復活(ダイヤモンド社 '95)/農的小日本主義の勧め(創森社 '95)

芝 博一 しば・ひろかず
参院議員(民主党 三重) 椿大神社権禰宜 神官 [生]昭和25年4月21日 [出]三重県 [学]皇学館大学文学部(昭和48年)卒 [歴]椿大神社の神職を務める。昭和52年鈴鹿青年会議所会員となり、60年同会議所理事長、63年三重ブロック協議会議長をつとめた。平成3年に三重県議選に立候補、7年から3選。16年参院選に民主党から当選。

芝 宏 しば・ひろし
幸手市長 [生]大正12年10月3日 [出]埼玉県 [学]浦和商卒 [賞]勲四等瑞宝章(平成5年) [歴]幸手町議5期を経て、昭和60年町長に当選。61年市制施行に伴い、幸手市長に就任、2期つとめる。平成5年引退。

柴生 進 しばお・すすむ
川西市長 [生]昭和15年8月18日 [出]兵庫県津名郡津名町 [学]大阪学芸大学(現・大阪教育大学)卒 [歴]中学教師を経て、昭和50年から川西市議を2期、兵庫県議(社会党)を2期つとめる。平成2年川西市長に当選。4期目。

しはさ

芝崎 亨　しばさき・とおる
東松山市長　㊞昭和6年7月4日　㊞平成11年10月20日　㊞埼玉県　㊞明治大学商学部(昭和28年)卒　㊞昭和34年以来東松山市議3期を経て、49年市長に当選、5期。日本歩け歩け協会顧問も務めた。

芝崎 敏夫　しばさき・としお
臼杵市長　㊞昭和2年5月16日　㊞平成8年12月5日　㊞大分県臼杵市　㊞臼杵商卒　㊞昭和20年から農業に従事。30年臼杵市農協に入り、畜産部長、総務部長などを経て、57年退職。45年以来臼杵市議4期、59年市会議長、平成3年臼杵市長に当選。2期つとめる。　㊞ゴルフ、音楽鑑賞

柴田 彰　しばた・あきら
函館市長　㊞昭和7年11月13日　㊞北海道函館市　㊞函館中部高卒　㊞高校卒業後、函館市役所に入る。高校時代から始めたハンドボールでは全日本代表にも選ばれている。昭和58年函館市長に当選。61年辞任。

柴田 章　しばた・あきら
北茨城市長　茨城窯業会長　㊞大正6年7月30日　㊞昭和61年10月29日　㊞茨城県　㊞日立中(昭和7年)卒　㊞昭和36年以来北茨城市議3期を経て、50年市長に当選。3期目在職中に死去。

柴田 勲　しばた・いさお
宇和島市長　㊞昭和3年3月8日　㊞愛媛県宇和島市　㊞宇和島商(昭和18年)卒　㊞勲五等双光旭日章(平成14年)　㊞昭和24年宇和島市役所に入る。43年出納室長、44年財政課長、52年総務部長、55年助役を経て、平成元年同市長に当選。3期務め、13年引退。

柴田 勝治　しばた・かつじ
早来町(北海道)町長　㊞昭和2年8月24日　㊞北海道勇払郡早来町　㊞早来小卒　㊞勲四等瑞宝章(平成15年)　㊞昭和22年安平村(現・早来町)役場に入り、総務課長、経済部長を歴任。54年町長に当選、5期。"あなたも森林オーナーに"のキャッチフレーズで都会の人たちにカラマツ林を買ってもらう"ふるさとの森"運動を展開した。

柴田 紘一　しばた・こういち
岡崎市長　㊞昭和15年11月10日　㊞愛知県岡崎市　㊞岩津中卒　㊞岡崎市議を経て、昭和62年愛知県議に当選。平成11年副議長。4期務める。12年岡崎市長に当選。2期目。

柴田 弘　しばた・ひろし
衆院議員(公明党)　㊞昭8.5.1　㊞愛知県尾西市　㊞名古屋大学経済学部(昭和31年)卒　㊞昭和46年以来名古屋市議2期を経て、54年愛知1区から衆院議員に当選。4期つとめた。平成2年引退。

柴田 睦夫　しばた・むつお
衆院議員(共産党)　弁護士　㊞昭3.7.28　㊞福岡県三井郡立石村　㊞東京大学法学部政治学科(昭和26年)卒　㊞昭和29年弁護士を開業。47年から衆院議員に5選。平成2年落選。

柴谷 光謹　しばたに・みつなり
八尾市長　㊞昭和14年1月10日　㊞大阪府　本名=仲村晃義　㊞明治大学農学部(昭和36年)卒　㊞大阪府議を経て、平成11年八尾市長に当選。2期目。　㊞スポーツ

柴野 たいぞう　しばの・たいぞう
衆院議員(新進党)　国際問題アナリスト　㊞昭和26年7月7日　㊞新潟県　㊞中央大学法学部(昭和51年)卒、カリフォルニア・コースト大学経営学博士課程修了　㊞新自由クラブ政策室長などを経て、2001年日本委員会常務理事、

ワールド・アクセス代表取締役。平成5年新生党から衆院議員に当選。6年新進党結成に参加。8年、12年落選。著書に「38度線戦慄の日」などがある。

柴山 昌彦　しばやま・まさひこ
衆院議員(自民党　埼玉8区)　[生]昭和40年12月5日　[出]愛知県名古屋市　[学]東京大学法学部(平成2年)卒　[資]弁護士　[歴]平成2～3年住友不動産に勤務。10年司法試験に合格。12年弁護士登録し、虎門中央法律事務所に入所。大手金融機関の不良債権処理や企業再生などに携わる。16年4月衆院補選埼玉8区に自民党から立候補して当選。森派。　[団]東京弁護士会　http://www.shibamasa.net/

渋沢 利久　しぶさわ・りきゅう
衆院議員(社会党)　[生]昭3.1.21　[出]静岡県御殿場市　[学]早稲田大学第二政経学部中退　[賞]勲二等瑞宝章(平成10年)　[歴]議員秘書、江戸川区議、東京都議を経て、昭和51年以来衆院議員に5選。平成3年党副委員長。5年落選。6年離党。

渋谷 修　しぶたに・おさむ
衆院議員(民主党)　[生]昭和25年7月1日　[出]青森県五所川原市　[学]東海大学工学部宇宙学科中退　[歴]東京都官公需適格組合受注確保協議会専務理事、全国地域小売商団体連絡協議会専務幹事も務め、中小企業運動に携わる。平成2年社会党から衆院議員に当選。5年離党、同年落選。6年新党さきがけに入党。8年は民主党から立候補し、落選。11年繰り上げ当選。12年落選。通算2期。15年板橋区長選、同年11月の衆院選では青森4区から立候補。著書に「中小企業の挑戦」。
【著書】議会の時代(三省堂 '94)

渋谷 義人　しぶたに・よしと
益田市長　[生]昭和3年6月2日　[没]平成13年10月7日　[出]島根県益田市　[学]益田農林(昭和21年)卒　[歴]益田市連合青年団長などを経て、昭和39年益田市議に当選。以来6期務め、57年から2年間議長、58年島根県市議会議長会会長を務めた。平成4年益田市長に当選。島根県農業会義会長、益田市農業委員会会長を務めた。8年落選。　[趣]枝打ち
【著書】みらい農業都市をめざして(ごま書房 '95)

渋谷 邦蔵　しぶや・くにぞう
清瀬市長　[生]明治45年2月16日　[没]平成14年2月14日　[出]東京　[学]所沢実業卒　[賞]勲三等瑞宝章(平成7年), 清瀬市名誉市民(平成7年)　[歴]昭和34年から清瀬町長2期を経て、45年の市制施行以来市長に7選。平成7年引退した。

渋谷 俊彦　しぶや・としひこ
出水市長　[生]昭和17年2月28日　[出]鹿児島県　[学]東洋大学経済学部(昭和42年)卒　[歴]出水市議、副議長などを経て、平成11年出水市長に当選。2期目。

渋谷 直蔵　しぶや・なおぞう
衆院議員(自民党　福島2区)　自治相　[生]大正5年8月20日　[没]昭和60年12月16日　[出]福島県　[学]東京帝大法律学科(昭和15年)卒　[歴]労働省初代官房長、労働基準局長を歴任。昭和35年に衆院初当選、以来当選9回。53年12月から54年11月まで自治相(国家公安委員長、北海道開発庁長官を兼務)。自民党河本派の幹部で、代表世話人代行などを務めた。60年10月、病気療養のため引退を表明。

島 聡　しま・さとし
衆院議員(民主党　比例・東海)　[生]昭和33年4月25日　[出]岐阜県海津郡海津町　別名＝嶋聡史　[学]名古屋大学経済学部(昭和56年)卒　[歴]昭和61年松下政経塾を修了し、以後同塾指導員、東京政経

塾代表、同塾ちにか研究所所長、同塾東京政経塾代表、CBC「ラジオヘッドライン」ニュースコメンテーターなどを務める。平成8年新進党から衆院議員に当選。10年1月新党友愛に参加、4月民主党に合流。3期目。12年メールマガジン「島さとしのコムネット」を創刊。
http://www.simasatosi.com/
【著書】選挙を変えなければ、日本はよくならない(日本図書刊行会;近代文芸社〔発売〕'97)/志あれば、日本は変えられる(PHP研究所 '96)

島 多慶志 しま・たけし
名寄市長 ㊐昭和12年12月14日 ㊞北海道名寄市 ㊫名寄北高卒 ㊯昭和32年名寄市役所に入り、33年正式採用。財政係、市立総合病院管理課長、総務部長などを務め、主に財政問題に取り組む。助役を経て、平成8年市長に当選。3期目。 ㊖ゴルフ, スキー

嶋崎 均 しまさき・ひとし
参院議員(自民党) 法相 ㊐大正12年3月28日 ㊚平成9年5月11日 ㊞石川県小松市 ㊫東京帝大法学部政治学科(昭和22年)卒 ㊯昭和22年大蔵省入省。官房審議官を経て退官し、46年補選で参院議員に当選。この間、59年に第2次中曽根改造内閣の法相を務めた。平成元年落選、4年再び落選。3年腎移植普及会理事となり、8年腎移植ネットワーク理事長に就任。同年繰り上げ当選。通算5期。 ㊂兄=嶋崎弘(雲井社長), 弟=嶋崎譲(衆院議員), 東方歩(東洋交通社長), 嶋崎忞(旭カーボン社長)

嶋崎 譲 しまさき・ゆずる
衆院議員(民主党) 九州大学教授 ㊕政治学 ㊐大正14年1月21日 ㊞石川県小松市 ㊫九州大学大学院政治学専攻(昭和28年)修了 ㊛勲二等旭日重光章(平成13年) ㊯昭和42年九州大学法学部教授となったが、44年退官。社会党の学者出身サラブレット候補として政界に転身し、47年以来衆院議員に当選8回。党県委員長、党政策審議会長、党副委員長をつとめた。のち市民リーグを経て、平成8年民主党に参加。同年引退。のち林政総合調査研究所顧問。著書に「政治学概説」「もう一つの時代」「林政政策の方法」などがある。 ㊂兄=嶋崎弘(雲井社長), 嶋崎均(参院議員), 弟=東方歩(東洋交通社長), 嶋崎忞(旭カーボン社長)

島津 尚純 しまず・なおすみ
衆院議員(民主党) ㊐昭和20年1月1日 ㊞福岡県 ㊫早稲田大学法学部卒 ㊯三菱製鋼社員、代議士秘書を経て、平成8年新進党から衆院議員に当選、1期。10年1月新党友愛に参加、4月民主党に合流。12年落選。

島田 二郎 しまだ・じろう
安来市長 ㊐昭和28年8月30日 ㊞島根県安来市 ㊫神奈川歯科大学卒 ㊯歯科医。平成9年安来市長に当選。2期目。

島田 琢郎 しまだ・たくろう
衆院議員(社会党) ㊐大15.8.28 ㊞北海道紋別郡上涌別町 ㊫美幌農林林業科(昭和19年)卒 ㊛勲二等瑞宝章(平成10年) ㊯北海道庁勤務、涌別町議を経て、昭和47年以来衆院議員に5選。61年落選し、翌62年9月政界から引退。

嶋田 智哉子 しまだ・ちやこ
参院議員(民主党 埼玉) 歯科医 ㊐昭和37年9月27日 ㊞福岡県 ㊫佐賀女子短期大学(昭和58年)卒, 明海大学歯学部(平成6年)卒 ㊯NHK福岡放送局でニュース番組のアシスタントを務めた後、歯科医師免許を取得。平成8年川越市で嶋田歯科医院を開業。16年参院議員に民主党から当選。 http://www.chako-chan.jp/

島田 久　しまだ・ひさし
衆院議員（民主党　比例・東京）　⽣昭和10年3月21日　⑰東京　⑳都立農林高（昭和28年）卒　㊕昭和28年社会党中央本部書記となり、35年衆院議員北条秀一の秘書に。38年羽村町議、43年社会党中央本部法規対策副本部長。47年多摩児童学院を設立、理事長に就任。58年東海大学菅生高校理事長。平成元年7月社会党から東京都議に当選、社会党都民会議都議団政調会長代理などを務める。5年6月落選し、9年無所属で返り咲く。12年民主党から立候補するが落選。15年衆院議員に比例区東京ブロックで当選。　㊗テニス

島田 博　しまだ・ひろし
鴻巣市長　埼玉県議　⑰平成10年2月28日　⑰埼玉県　⑳熊谷高（昭和26年）卒　㊕昭和38年鴻巣市議、40年議長、42年埼玉県議（5期）、52年副議長、57年議長を経て、61年7月鴻巣市長に当選、1期。平成2年落選。

島袋 宗康　しまぶくろ・そうこう
参院議員（無所属の会）　沖縄社会大衆党委員長　⑰大15.10.5　⑰沖縄県那覇市楚辺　⑳市岡二中（旧制）中退　㊕昭和27年那覇市議会書記、44年より那覇市議4期、59年より沖縄県議2期。一方、平成元年から沖縄県の地域政党・沖縄社会大衆党の委員長を務める。4年参院議員に当選、11年二院クラブを経て、無所属の会に所属。当選2回。16年の参院選には出馬しなかった。

島村 慎市郎　しまむら・しんいちろう
越谷市長　⑰昭和11年2月7日　⑰埼玉県越谷市　⑳早稲田大学理工学部土木工学科（昭和33年）卒　㊕東京都交通局、春日部市都市計画課長補佐、同区画整理課長、同土木課長を経て、昭和48年島忠取締役。52年以来越谷市長に5選。平成9年落選。

島村 宜伸　しまむら・よしのぶ
衆院議員（自民党　東京16区）　農水相　⑰昭和9年3月27日　⑰東京都江戸川区　⑳学習院大学政経学部政治学科（昭和31年）卒　㊕日本石油勤務、中曽根康弘秘書を経て、昭和51年以来衆院議員に7選。平成7年村山改造内閣の文相に就任、直後の侵略戦争に関する発言で物議をかもした。9年第2次橋本改造内閣で辞任した越智伊平の後を受けて、農水相に就任。12年落選。15年返り咲き。16年第2次小泉改造内閣の農水相に就任。通算8期目。亀井派。
㊕父＝島村一郎（衆院議員）

島本 虎三　しまもと・とらぞう
仁木町（北海道）町長　衆院議員（社会党）　⑰大正3年6月20日　⑭平成1年11月10日　⑰北海道小樽市高島　⑳札幌通信講習所卒　㊗勲二等旭日重光章（昭和59年）　㊕昭和9年から小樽郵便局電信課勤務。22年小樽市議に初当選し、小樽地区労働組合会議を結成、連続11期議長を務める。35年衆院議員に初当選、5期つとめる。54年仁木町長に就任。58年西武流通グループ代表・堤清二、半農半工の若者集団「アリス・ファーム」代表・藤門弘と「仁木町の地域開発に関する三者協定」に調印、新しいまちづくりを行った。62年引退。
【著書】島虎（しまとら）の町おこし奮戦記（第一書林 '88）

自見 庄三郎　じみ・しょうざぶろう
衆院議員（自民党　福岡10区）　郵政相　⑰昭和20年11月5日　⑰福岡県北九州市小倉北区　⑳九州大学医学部卒, 九州大学大学院医学研究科（昭和51年）博士課程修了　㊕医師、九州大学講師、中川一郎の秘書を経て、昭和58年衆院議員に当選。平成9年第2次橋本改造内閣の郵政相。旧渡辺派を経て、10年12月山崎派に参加。当選7回。　http://www.jimisun.com/

清水 勇 しみず・いさむ
衆院議員(社会党) [生]大正14年10月16日 [出]長野県長野市 [学]早大附高工機械工学科(昭和19年)卒 [賞]勲二等旭日重光章(平成7年) [歴]印刷工から長野県労評議長を経て、昭和51年以来衆院議員に6選。平成5年落選。

清水 一郎 しみず・いちろう
群馬県知事 [生]大正7年9月4日 [没]平成3年6月12日 [出]群馬県前橋市 [学]福島高商(昭和13年)卒 [賞]勲二等旭日重光章(平成1年) [歴]前橋商、前橋工教諭から昭和30年前橋市議、34年群馬県議に当選。45年副議長、49年議長を歴任し、51年以来県知事に4選。
[家]三男=清水澄(群馬ロイヤルホテル社長)

清水 嘉与子 しみず・かよこ
参院議員(自民党 比例) 環境庁長官
[生]昭和10年11月9日 [出]東京都板橋区
[学]東京大学医学部衛生看護科(昭和33年)卒 [歴]昭和40年関東逓信病院看護婦長、43年東京大学医学部保健学科文部教官、厚生省医務局看護課長などを経て、日本看護協会顧問。62年の参院選比例区に自民党から立候補するが次点に終り、平成元年には名簿1位で当選。11年10月小渕第2次改造内閣の環境庁長官に就任。12年4月森連立内閣でも留任。3期目。三塚派を経て、森派。
http://www.shimizukayoko.gr.jp/

清水 聖士 しみず・きよし
鎌ケ谷市長 [生]昭和35年11月26日
[出]広島県 [学]早稲田大学法学部(昭和59年)卒, ペンシルベニア大学大学院ウォートン校(平成4年)修了 M.B.A.
[歴]伊藤忠商事勤務を経て、平成6年外務省に入省。在米ニューオリンズ総領事館領事、在インド大使館1等書記官、経済協力局有償資金協力課課長補佐などを歴任。14年鎌ケ谷市長に当選。

清水 澄子 しみず・すみこ
社民党副党首 参院議員(社民党) [生]昭和3年3月1日 [出]福井県 [学]丸岡高女(昭和19年)卒 [歴]昭和19年高槻女子医専在学中、大空襲にあい家族全員で福井県に引き揚げる。26年福井県労働組合評議会に勤務。28年福井県働く婦人の会結成に携わった後、日本婦人会議発足に参加。福井県事務局長、日本婦人会議事務局長を経て、議長。この間、婦人運動、労働運動、保育所運動、消費者運動にとり組む。平成元年社会党から参院選比例区に当選、2期。13年落選。10年9月党副党首に就任。著書に「手さぐりの女性解放」、共著に「男女平等」「医療110番」など。
【著書】女性がつくる21世紀(清水澄子, 北沢洋子共著 (横浜)女性政策研究所;ユック舎〔発売〕'96)
【評伝】信濃のおんな〈下〉(もろさわようこ著 未来社'89)

清水 達雄 しみず・たつお
参院議員(自民党) [生]昭和9年5月21日
[出]山梨県 [学]東京大学農学部農業経済学科(昭和32年)卒 [賞]旭日重光章(平成16年) [歴]昭和32年建設省入省。57年政策課長、60年10月建設経済局長、61年6月国土庁官房長、63年6月事務次官を歴任して、平成元年8月退官。2年6月地域振興整備公団副総裁に就任。3年退任。4年参院選比例区に自民党から当選。10年落選。12年10月繰り上げ当選。橋本派。通算2期務めた。16年引退。
【著書】新世紀の住宅・土地はどうなる(大成出版社 '99)/バブル現象と土地・住宅政策(住宅新報社 '94)

清水 昇 しみず・のぼる
ひたちなか市長 [生]昭7.7.1 [出]茨城県
[学]那珂湊一高(昭和27年)卒 [賞]藍綬褒章(平成7年), 旭日中綬章(平成15年)
[歴]昭和27年日立製作所入社。勤務の傍ら46年勝田市議となり、57年市長に当選。3期務めた。平成6年勝田市と那珂

湊市の合併に伴う、ひたちなか市長選で当選、2期務めた。14年引退。

清水 久行　しみず・ひさゆき
長浜市長　⊕昭和4年6月9日　⊕滋賀県長浜市　⊕滋賀大学学芸学部（昭和28年）卒、滋賀大学教育学部教育専攻科（昭和44年）修了　⊕長浜市教育委員教育課長、同事務局教育次長を経て、平成2年教育長。この間長浜市立南中学校校長、同市立西中学校校長を歴任。7年10月市長に当選、1期つとめる。11年10月落選。　⊕ヒョウタン栽培

清水 聖義　しみず・まさよし
太田市長　⊕昭和16年12月7日　⊕群馬県太田市飯田町　⊕慶応義塾大学商学部（昭和39年）卒　⊕製薬会社勤務の後、昭和49年から学習塾を経営。54年太田市議1期をつとめ、58年群馬県議に当選、3期つとめる。平成5年日本新党から衆院選に立候補。7年太田市長に当選。3期目。　⊕囲碁、ソフトボール
【著書】市長のひとりごと（上毛新聞社 '02）／前例への挑戦（学陽書房 '99）

清水 行雄　しみず・ゆきお
東大阪市長　大阪府議（自民党）　⊕昭和8年8月21日　⊕大阪府　⊕大阪商大附属高卒　⊕藍綬褒章（平成3年）　⊕昭和42年東大阪市議に当選。4期目途中の57年大阪府議補欠選で当選し、以来3期。平成元年から東大阪市長に3選。10年4月知人女性に虚偽の住民登録をさせ、不正に健康保険証などを取得したとして電磁的公正証書原本不実記載、健康保険法違反などの容疑で大阪府警に逮捕された。
⊕スポーツ

志村 愛子　しむら・あいこ
参院議員（自民党）　声楽家　⊕ソプラノ　⊕大正6年4月13日　⊕東京　別名＝安西愛子　⊕東京音楽学校（現・東京芸術大学）本科声楽科（昭和15年）卒、東京音楽学校研究科（昭和17年）修了　⊕日本童謡賞特別賞（第1回）（昭和46年）、勲二等宝冠章（平成1年）　⊕大学院に籍を置きながら共立女子学園、明治大学女子部などで教鞭をとる。傍らコロムビア専属となり、昭和19年童謡「お山の杉の子」が大ヒット。24年NHKの"歌のおばさん"となり活躍。46年以来参院当選3回。北海道開発次官などを歴任。自民党政審副会長も務めた。平成元年参院選に際し離党、太陽の会を結成して立候補したが落選。その後は福祉や教育をテーマに講演行脚。共編著に「日本の唱歌」などがある。

志村 和雄　しむら・かずお
小樽市長　小樽開発埠頭社長　⊕大9.2.22　⊕北海道小樽市　⊕北海道帝大農学部水産学科（昭和18年）卒　⊕北海道社会貢献賞（昭和62年）、勲四等旭日小綬章（平成3年）　⊕昭和18年日本化成工業に入社。26年小樽市役所に転じ、42年から助役2期を経て、50年小樽市長に当選。3期つとめ、62年引退。

志村 哲良　しむら・てつろう
参院議員（自民党）　富士観光開発会長　⊕大正15年4月15日　⊗平成12年11月9日　⊕山梨県大月市　⊕北海道大学理学部（昭和26年）中退　⊕勲二等瑞宝章（平成10年）　⊕昭和26年山十産業入社、28年取締役。34年富士観光開発設立に際し常務、40年専務を経て、51年社長に就任。62年会長。この間、51年山梨県教育委員を務め、58年参院議員に当選。法務政務次官、61年科学技術政務次官をつとめた。平成元年落選、4年復帰。通算2期。竹下派を経て、小渕派。10年引退。　⊕囲碁、ゴルフ
⊛父＝志村寛（大月市長）

しむら

志村 豊志郎　しむら・としろう
練馬(東京都)区長　🅐青山学院大学卒　🅗練馬区議会事務局長、企画部長、総務部長、都市整備公社理事長、常勤監査委員、助役を歴任。平成15年区長に当選。

下稲葉 耕吉　しもいなば・こうきち
参院議員(自民党)　法相　警視総監　🅑大正15年4月29日　🅒鹿児島県鹿児島市山之口町　🅐東京大学(旧制)法学部(昭和23年)卒　🅡勲一等瑞宝章(平成10年)　🅗昭和22年内務省入り。39年徳島県警本部長、42年首相秘書官、46年警察庁長官官房会計課長、48年警視庁総務部長、49年警視庁長官官房長、50年大阪府警本部長、52年内閣官房内閣調査室長、54年警視庁警察大学校長、55年警務局長等を経て、57年警視庁警視総監に就任。59年退任。戦後の重大事件の多くに係わり、三無事件や'70年安保、大学紛争などを担当。61年から参院議員に2選。平成9年第2次橋本改造内閣の法相に就任。三塚派を経て、平成3年加藤グループに加わる。のち無派閥。10年参院議員を引退。　🅢ゴルフ

下地 幹郎　しもじ・みきお
衆院議員(自民党)　🅑昭和36年8月14日　🅒沖縄県平良市　🅐中央学院大学商学部経営学科(昭和59年)卒　🅗大米建設副社長を務める。平成8年衆院議員に当選。当選2回。15年落選。　🅢読書　http://www.mikio.gr.jp/

下地 米一　しもじ・よねいち
平良市長　🅑大正10年9月29日　🅒平良第二高小卒　🅡旭日双光章(平成16年)　🅗昭和61年平良市長に当選。2期つとめ、平成6年落選。

下条 進一郎　しもじょう・しんいちろう
参院議員(自民党)　厚相　🅑大正9年3月16日　🅒長野県下伊那郡下条村　🅐東京帝大法学部政治学科(昭和19年)卒　🅡勲一等瑞宝章(平成10年)　🅗大蔵省に入り、昭和44年官房審議官、45年国税庁次長、46年日本銀行政策委員を歴任。52年以来参院議員に3選。平成7年落選。宮沢派。10年参院選長野選挙区に無所属で立候補。この間、2年第2次海部改造内閣の厚相に就任。参院PKO特別委員会委員長を務めた。　🅕父=下条康麿(参院議員)、二男=下条みつ(衆院議員)
【著書】間接税で何が起こるか(シャウプ、カール・S., 世界銀行編、下条進一郎訳 日本経済新聞社'88)

下門 律善　しもじょう・のりよし
糸満市長　🅑大正12年9月15日　🅓平成4年2月15日　🅒沖縄県糸満市　🅐沖縄師範(昭和18年)卒　🅗昭和39年糸満中教頭、55年糸満小校長を経て、同年以来糸満市長に2選。63年落選。

下条 みつ　しもじょう・みつ
衆院議員(民主党　長野2区)　🅑昭和30年12月29日　🅒東京都　🅐信州大学経済学部(昭和55年)卒　🅗父は参院議員を務めた下条進一郎。富士銀行勤務、父の秘書官を経て、平成15年衆院選長野2区に民主党から出馬して当選。　🅕父=下条進一郎(参院議員)、祖父=下条康麿(参院議員)、石川一郎(経団連初代会長)　http://www.mitsu-net.com/

下城 雄索　しもじょう・ゆうさく
伊勢崎市長　🅑明治43年6月26日　🅓平成5年1月17日　🅒群馬県　🅐伊勢崎工(昭和4年)卒　🅗伊勢崎市市議会長を経て、昭和45年から市長に6選。54年および62年全国市長会副会長を務めた。

下田 敦子　しもだ・あつこ
参院議員（民主党　比例）　昭和15年8月5日　青森県弘前市　秋田短期大学家政科（昭和37年）卒　青森県婦人団体連絡会長を務めた。調理専門学校長、調理師会青森県支部長。平成3年青森県議に当選、3期務める。15年の県議選には出馬せず、16年弘前市長選に立候補。同年参院選比例区に民主党から当選。著書に「青森県の郷土料理」。自治体学会
【著書】青森県女性議員史（（弘前）路上社'03）

下田 京子　しもだ・きょうこ
参院議員（共産党）　昭15.6.29　福島県塙町　福島大学芸学部（昭和48年）卒　昭和46年石川町議を経て、52年参院議員に当選し、2期務めた。平成2年福島2区から衆院選に立候補。

下村 猛　しもむら・たけし
松阪市長　昭和15年2月28日　関西学院大学法学部卒　松阪市病院部長などを経て、平成15年市長に当選。

下村 輝雄　しもむら・てるお
豊中市長　大正11年5月13日　平成3年8月16日　大阪府豊中市　関西簿記（昭和19年）卒　昭和23年豊中市職員となり、総務部長、助役などを歴任。49年以来市長に5選し、平成2年引退。

下村 博文　しもむら・はくぶん
衆議院議員（自民党　東京11区）　昭和29年5月23日　群馬県　早稲田大学教育学部（昭和53年）卒　昭和52年博文進学ゼミ設立、社長。日本青年会議所教育副部会長も兼ねる。平成元年以来東京都議に2選。8年衆院議員に当選。3期目。三塚派を経て、森派。　ジョギング、読書　http://www.hakubun.or.jp/

【著書】学校を変える!「教育特区」（大村書店 '03）
【評伝】若き政治家下村博文（鈴木哲夫著　河出書房新社'01）

下村 泰　⇒コロムビア・トップ を見よ

主浜 了　しゅはま・りょう
参院議員（民主党　岩手）　昭和25年4月2日　岩手県滝沢村　北海道大学法学部（昭和48年）卒　昭和48年岩手県庁に入庁。平成9年千厩地方振興局総務部長、11年企画振興広聴広報課長、12年宮古市助役、14年環境生活部次長、15年農林水産部次長兼農林水産企画室長を歴任。16年参院選に民主党から当選。　サイクリング　http://www.shuhama.com/

庄司 中　しょうじ・あたる
参院議員（社会党）　大正15年7月10日　千葉県安房郡　東京物理学校（現・東京理科大学）中退　勲三等旭日中綬章（平成8年）　総評に勤務。組織部長、労対部長、国民生活部長、全国高退連事務局長を経て、平成元年参院議員に当選、1期つとめる。7年引退。

庄司 厚　しょうじ・あつし
館山市長　大正13年11月17日　千葉県安房郡九重村（現・館山市）　千葉師範（現・千葉大学教育部）（昭和19年）卒　千葉県内の小・中学校教諭を長く務め、昭和57年館山市立第二中学校長を最後に定年退職。平成2年館山市長に当選。2期。10年、14年落選。

正示 啓次郎　しょうじ・けいじろう
衆院議員（自民党）　経済企画庁長官　明治44年5月16日　平成6年4月17日　和歌山県　東京帝大経済学部（昭和8年）卒　勲一等瑞宝章（昭和60年）　昭和8年大蔵省に入り、国税庁総務部長、同庁次長、大蔵省主計局次長、管財・理財各局長を歴任。34年農林漁業金融公庫副総裁。35年以来衆院議員に

8選。この間、外務政務次官、衆院沖縄北方問題特別委員長、54〜55年第2次大平内閣の経企庁長官などを歴任。60年ユニバーサル証券参与を務めた。

正司 泰一郎　しょうじ・たいいちろう
宝塚市長　⑤昭和10年10月18日　㊙兵庫県　㊗甲南大学経済学部卒，オハイオ州立大学大学院　㊥宝塚青年会議所理事長、兵庫県議などを歴任して、平成3年宝塚市長に当選。3期務め、15年引退。

庄司 辰雄　しょうじ・たつお
沼津市長　⑤大正5年11月10日　㊙平成11年8月31日　㊤静岡県沼津市　㊗日大医学部(昭和14年)卒　医学博士(昭和31年)　㊥千葉医大精神病学教室を経て、昭和26年千本病院を開設。35年沼津医師会会長(3期)、43年静岡県医師会副会長を経て、53年沼津市長に当選。2期つとめ、61年引退した。

城島 正光　じょうじま・まさみつ
衆院議員(民主党　東京13区)　⑤昭和22年1月1日　㊤福岡県柳川市　㊗東京大学農学部(昭和45年)卒　㊥昭和45年味の素に入社。社会経済生産性本部、63年味の素労組委員長を経て、平成元年食品労協会長。8年新進党から衆院議員に当選。10年1月新党友愛に参加、4月民主党に合流。3期目。
http://homepage1.nifty.com/jojima/
【著書】労働組合読本(生産性労働情報センター '96)

白井 文　しらい・あや
尼崎市長　⑤昭和35年5月23日　㊙兵庫県尼崎市　本名=白井幸子　㊗大阪外国語大学フランス語学科中退　㊥高校3年の時に大学と全日空の両方に合格、一旦は大学に入学したが、昭和54年全日空に入社。以来、国内線・国際線合わせて11年間に渡り客室乗務員として勤務し、平成2年退社。接客マナーのコンサルタントを経て、5年尼崎市議に当選、2期務める。14年同市長選では、自民、民主、公明など5党が推す現職を破り当選、42歳の全国最年少女性市長となる。

白井 貫　しらい・かん
富津市長　⑤昭和4年12月1日　㊙千葉県　㊗日本歯科大学卒　㊥歯科医。平成8年富津市長に当選。2期。16年落選。

白井 富次郎　しらい・とみじろう
湖西市長　元・愛知製鋼会長　⑤明治45年4月18日　㊙平成5年5月1日　㊤静岡県　㊗浜松商(昭和5年)卒　㊙藍綬褒章(昭和54年)，勲三等瑞宝章(昭和59年)　㊥昭和7年豊田自動織機入社。販売課長、営業課長を経て、24年取締役。29年常務。38年愛知製鋼専務、44年社長、55年会長、60年相談役。62年湖西市長に当選、2期つとめた。平成4年引退。
㊙ゴルフ

白井 英男　しらい・ひでお
喜多方市長　⑤昭和17年10月23日　㊤福島県喜多方市　㊗東京大学経済学部(昭和41年)卒　㊥昭和41年水産庁に入庁。59年農水省経済局国際部国際経済課長、61年構造改善局農政部構造改善事業課長、63年林野庁管理部管理課長、平成元年農水省食品流通局総務課長、2年官房総務課長、3年官房審議官、4年8月東北農政局長を経て、5年7月水産庁漁政部長に就任。6年9月退官、のち地方競馬全国協会常務理事。10年4月喜多方市長に当選。2期目。

白石 勝洋　しらいし・かつひろ
久留米市長　⑤昭和17年5月8日　㊤福岡県久留米市　㊗早稲田大学法学部二部(昭和40年)卒　㊥昭和40年久留米市に入り、60年総務室長、62年市長公室長、同年企画財政部長。久留米市土地開発公社理事長、久留米市開発公社理事、久留米市鳥類センター理事、久留米市スポーツセンター公社理事を歴任。

平成7年久留米市長に当選、2期務める。15年落選。　⚫野球，ゴルフ，釣り

白石　敏夫　しらいし・としお
三郷市長　⚫明治43年4月2日　⚫平成7年11月5日　⚫埼玉県三郷市　⚫日本大学法学部卒

白石　春樹　しらいし・はるき
愛媛県知事　⚫明治45年1月2日　⚫平成9年3月30日　⚫愛媛県伊予郡松前町　⚫高松高商(現・香川大学)(昭和8年)卒　⚫勲一等瑞宝章(昭和63年)　⚫昭和22年愛媛県議に当選、以来6選。農業協組連理事、農業共済組連会長などを経て、46年以来愛媛県知事に4選。この間、56〜61年にかけて靖国神社などへの玉ぐし料を公費支出。57年県民から提訴された(愛媛玉ぐし料訴訟)。59年県立高校新設問題の報道にからんで「日刊新愛媛」(廃刊)に対し取材拒否を続け波紋を呼んだ。愛媛県スポーツ振興事業団理事長などを兼務。62年1月引退した。平成9年4月死後4日後に行なわれた愛媛玉ぐし料訴訟上告審で最高裁は「公費支出は憲法が禁止した宗教的活動に当たる」という初めての判断を示し、16万6千円の支払いを命じる判決を言い渡した。
⚫書画
【評伝】白石春樹の研究(星島一夫編著(京都)啓文社'93)／土着権力(四方洋著 講談社'86)

白石　光雄　しらいし・みつお
君津市長　⚫昭和4年1月27日　⚫千葉県　⚫君津農林卒　⚫勲五等双光旭日章(平成11年)　⚫君津市議を経て、昭和57年から君津市長に3選。平成6年落選。

白川　勝彦　しらかわ・かつひこ
新党自由と希望代表　衆院議員(自民党)　自治相　⚫昭和20年6月22日　⚫新潟県十日町市　⚫東京大学法学部政治学科(昭和44年)卒　⚫弁護士　⚫東京で弁護士を開業。昭和50年10月郷里に帰り、政治活動を始める。地盤は全くなかったが、草の根方式で支持者を獲得し、2度目の挑戦となった54年秋の衆院選に無所属で出馬し当選。のち自民党に入党。60年国土政務次官、62年郵政政務次官。また大規模リゾート建設促進議員連盟幹事長などを務めた。平成2年落選するが、5年再選。8年第2次橋本内閣の自治相に就任。宮沢派を経て、加藤派。12年落選。通算6期。13年新党・自由と希望代表として参院選比例区に出馬するが落選。15年の衆院選も落選。著書に「地方復権の政治思想」「新憲法代議士」など。
⚫テニス，水泳，映画鑑賞，ゴルフ
http://www.liberal-shirakawa.net/
【著書】自民党を倒せば日本は良くなる(アスキー'01)／自自公を批判する(花伝社;共栄書房〔発売〕'00)／戦うリベラル(共栄書房'89)
【評伝】臥薪嘗胆の日々(ばばこういち著 インターメディア出版'01)／未来を託す男たち(細川珠生著 ぶんか社'99)／平成政治家・斬り捨て御免(谷沢永一著 PHP研究所'94)／21世紀を担う若き政治家たち(木下厚著 政界往来社'89)

白川　晴司　しらかわ・せいじ
観音寺市長　⚫昭和20年11月20日　⚫香川県　⚫学習院大学法学部卒　⚫代議士秘書を経て、昭和62年4月香川県議に当選、2期つとめる。平成7年観音寺市長に当選。3期目。

白木　義一郎　しらき・ぎいちろう
参院議員(公明党)　元・プロ野球選手　⚫大正8年9月20日　⚫平成16年1月25日　⚫東京・京橋　⚫慶応義塾高等部(昭和16年)卒　⚫勲一等旭日大綬章

しらき

（平成1年）　㊦昭和12年春夏連続で甲子園に出場。20年プロ野球のセネターズ（のち東急フライヤーズ）に入団、21年30勝22敗で最多勝を、22年には防御率1.74で防御率1位を獲得。27年阪急に転じるが、同年退団。退団後創価学会に入り、31年参院議員に当選。以来通算5期。39年公明党結党に参画し、副委員長を務めるなど同党創成期の基盤を築いた。運輸、建設、外務、法務各委員、災害対策特別委員長、懲罰委員長等を歴任。61年引退。

白木沢 桂　しらきざわ・かつら
大船渡市長　㊦昭和6年3月27日　㊦岩手県気仙郡三陸町　㊦明治大学政経学部卒　㊦勲四等瑞宝章（平成13年）　㊦岩手県議を経て、昭和61年大船渡市長に当選。2期つとめ、平成6年落選。

白倉 政司　しらくら・まさし
北杜市長　㊦昭和22年9月12日　㊦山梨県北巨摩郡高根町東井出　㊦日本大学経済学部（昭和45年）卒　㊦金丸信衆院議員秘書を経て、昭和54年から山梨県議に7選。平成2年議長。16年7月高根町長となり、11月同町などの合併により誕生した北杜市の初代市長に当選。
㊦旅行、美術

白沢 三郎　しらさわ・さぶろう
衆院議員（新進党）　㊦昭和16年6月2日　㊦新潟県村上市　㊦早稲田大学政経学部（昭和43年）卒　㊦昭和58年から新潟県議2期を経て、平成2年衆院選に立候補。5年自民党から新生党に転じ、衆院議員に当選、1期。6年新進党結成に参加。8年落選。12年衆院選では自由党から立候補。　㊦釣り

白地 照彦　しらち・てるひこ
柳井市長　㊦大正5年4月8日　㊦平成7年3月16日　㊦山口県柳井市　㊦陸士中退　㊦藍綬褒章（昭和54年）、勲三等旭日中綬章（平成6年）　㊦昭和22年日積村議、23年から村長2期、34年山口県議、38年柳井市助役、42年県議に復帰して通算3期。48年から柳井市長に5選。平成5年引退。

白鳥 忠世　しらとり・ただよ
積丹町（北海道）町長　㊦昭和13年4月16日　㊦北海道岩内郡岩内町　㊦昭和35年積丹町役場に入る。主に総務・民生畑を歩み、平成7年総務課長に。8年町長職務代理者として豊浜トンネル崩落事故後の被災者救援や遺族のケアなどにあたった。同年同町長に当選。2期務めた。

白畠 貞美　しらはた・さだみ
西粟倉村（岡山県）村長　㊦大正8年4月14日　㊦平成11年10月　㊦岡山県英田郡西粟倉村　㊦倉敷青年学校卒　㊦勲四等瑞宝章（平成5年）　㊦大阪府巡査ののち、西粟倉村議、同議協会長3期を経て、昭和38年より同村長に7選。岡山県農業会議会長、同山村振興連盟会長、同大規模林業圏開発促進協会長、ふるさと情報センター評議員も兼務。"明るい健康村"村おこしに献身。
㊦読書

白浜 一良　しらはま・かずよし
参院議員（公明党　大阪）　㊦昭和22年7月6日　㊦奈良県大和郡山市　㊦京都大学文学部哲学科（昭和47年）卒　㊦昭和63年公明党大阪府本部副本部長を経て、平成元年参院議員に当選。6年新進党結成に参加。10年解党後は黎明クラブを結成、代表となるが、のち公明党入り。3期目。　http://www.k-shirahama.jp/

白浜 仁吉　しらはま・にきち
衆院議員（自民党）　郵政相　㊦明治41年8月1日　㊦昭和60年1月4日　㊦長崎県南松浦郡若松町　㊦東京慈恵会医科大学卒　㊦勲一等瑞宝章（昭和55年）　㊦軍医時代の昭和20年8月、長崎原爆で妻子3人を失ったあと実家の五島で漁業

に従事。県議2期を経て、27年以来衆院議員に当選12回。通産、防衛、建設各政務次官や衆院決算、予算各委員長などを歴任し、53年に大平内閣で郵政相。福田派長老の一人で、58年から自民党長崎県連会長。

白浜 信 しらはま・まこと
平戸市長 ⓖ昭和13年12月13日 ⓞ長崎県 ⓔ中央大学法学部卒 ⓡ長崎県県北振興局長を経て、平成8年平戸市長。3期目。

白保 台一 しらほ・たいいち
衆院議員（公明党　沖縄1区） ⓖ昭和17年8月3日 ⓞ沖縄県 ⓔ日本大学法学部（昭和40年）卒 ⓡ昭和40年議員秘書を経て、59年以来公明党から沖縄県議に3選。平成5年衆院議員に立候補。8年新進党より衆院議員に当選。10年1月新党平和、同年11月新公明党に参加。3期目。 http://www.shiraho.net/

白水 清幸 しろうず・きよゆき
春日市長 ⓖ昭和2年1月1日 ⓞ福岡県 ⓔ福岡農（昭和18年）卒 ⓤ勲三等瑞宝章（平成11年） ⓡ昭和46年以来春日市議に4選、54年副議長、58年議長に就任。62年より春日市長に3選。平成11年引退。

城地 豊司 しろち・とよじ
衆院議員（社会党）　元・電機労連副委員長 ⓖ昭和2年7月30日 ⓓ平成1年11月9日 ⓞ東京 ⓔ日立工専（昭和21年）卒 ⓡ日立製作所に勤務。昭和49年電機労連副委員長、51年中立労連副議長を経て、55年以来衆院議員に3選。茨城県の労連事務局長をつとめた。

新貝 正勝 しんかい・まさかつ
中津市長 ⓖ昭和19年2月4日 ⓞ東京都 ⓔ東京大学法学部（昭和41年）卒 ⓡ昭和45年防衛庁に入庁。情報本部副本部長、平成11年7月人事教育局長、防衛研究所長を経て、14年8月契約本部長。15年5月退任。同年11月中津市長に当選。

新開 義喜 しんがい・よしき
三橋町（福岡県）町長 ⓖ昭和11年11月23日 ⓞ福岡県山門郡三橋町 ⓔ日本大学法学部（昭和31年）中退 ⓡ福岡県三橋町で土木業を営んでいたが、32歳の時町議に初当選。以来町議は4期連続当選。町長選に1度落選した経験を持つ。昭和60年柳川市との合併問題がこじれて同町長が解職されたため、再度町長選に挑戦して当選、2期つとめる。平成4年収賄で逮捕される。15年町長選に立候補。 ⓢ囲碁（2段）

新宮 正志 しんぐう・まさし
室蘭市長 ⓖ昭和10年11月14日 ⓞ北海道旭川市 ⓔ専修大学商経学部（昭和33年）卒 ⓡ室蘭市財政部長、総務部長、収入役を経て、平成7年室蘭市長に当選。3期目。

新坂 一雄 しんさか・かずお
参院議員（連合） ⓖ昭和14年2月28日 ⓓ平成3年12月28日 ⓞ千葉県 ⓔ同志社大学経済学部（昭和38年）卒 ⓡNHKに入り、大阪放送局チーフ・ディレクター、国際プロジェクト事務局長を経て、平成元年参院議員に初当選。

神出 政巳 じんで・まさみ
海南市長 ⓖ昭和26年3月10日 ⓞ和歌山県 ⓔ明治大学大学院工学研究科（昭和50年）修士課程修了 ⓠ1級建築士 ⓡ建築事務所所長。海南市議を経て、平成7年より和歌山県議に2選。14年海南市長に当選。

進藤 一馬 しんとう・かずま
福岡市長　衆院議員（自民党） ⓖ明治37年1月1日 ⓓ平成4年11月28日 ⓞ福岡市西職人町（現・福岡市中央区舞鶴） ⓔ早稲田大学政経学部（大正15年）卒 ⓤ勲二等瑞宝章（昭和49年）、福岡市名誉市民（昭和62年）、勲一等瑞宝章（昭

62年） [歴]昭和4年東方会に入って中野正剛の秘書となり、右翼理論家として活動。三宅雪嶺主筆「我観」編集署名人となる。10年九州日報社取締役、19年玄洋社社長に就任。戦後A級戦犯。出所後、33年衆院議員に当選。4期つとめた。40年通産政務次官、42年法務政務次官となり、47年福岡市長に転じる。59年9月4選を果たしたが、高齢のため61年末に任期途中で引退。62年3月福岡市美術館長に就任。 [趣]柔道(6段)，尺八 [家]父＝進藤嘉平太(玄洋社社長)

新藤 享弘 しんどう・たかひろ
大宮市長 [生]昭和7年9月3日 [出]埼玉県大宮市 [学]中央大学商学部卒 [賞]勲四等旭日小綬章(平成15年) [歴]大宮市役所に入り、秘書課長、企画室理事、助役を歴任。平成2年大宮市長に当選、3期つとめる。13年5月大宮市は浦和市、与野市と合併し、さいたま市となる。同月さいたま市長選に立候補するが、落選。

新藤 義孝 しんどう・よしたか
衆院議員(自民党) [生]昭和33年1月20日 [出]埼玉県 [学]明治大学文学部(昭和55年)卒 [歴]川口市職員、川口市議を経て、平成8年から衆院議員に2選。15年落選。橋本派。 http://www.sainet.or.jp/~shindo/

陣内 孝雄 じんのうち・たかお
参院議員(自民党 佐賀) 法相 [生]昭和8年8月24日 [出]佐賀県神埼郡神埼町 [学]京都大学工学部土木学科(昭和31年)卒，京都大学大学院工学研究科(昭和33年)修士課程修了 [歴]昭和33年建設省入省。河川計画課長を務めるなど、河川行政一筋の“河川屋”。群馬県・八ツ場ダムの工事事務所長時代に山村住民相手の用地交渉に尽力。60年九州地方建設局長、62年河川局長を歴任し、63年1月退官。4月参院議員に当選。平成11年3月中村正三郎法相の後任として、小渕改造内閣の法相に就任。14年10月参院予算委員長。竹下派、小渕派を経て、旧橋本派。4期目。 [趣]囲碁，書道，ゴルフ
http://www4.ocn.ne.jp/~jinnouch/

榛葉 賀津也 しんば・かずや
参院議員(民主党 静岡) [生]昭和42年4月25日 [出]静岡県小笠郡菊川町 [学]オタバイン大学(米国)政治学部・国際問題研究学部(平成3年)卒 [歴]昭和61年掛川西高を卒業後、米国オハイオ州のオタバイン大学で国際問題を学ぶ。平成3年大学を卒業し、同年イスラエル国立エルサレム・ヘブライ大学大学院で国際政治学部の研究員となる。帰国後、6年から菊川町議を1期務める。13年参院議員に当選。 [趣]野球，キャンプ
http://www.k-shimba.com/

新枦 勝記 しんはし・かつき
阿久根市長 [生]大正15年11月12日 [学]阿久根農卒 [歴]阿久根市助役を経て、昭和63年市長に当選、2期つとめる。平成8年引退。

神風 英男 じんぷう・ひでお
衆院議員(民主党 埼玉4区) [生]昭和36年10月10日 [出]茨城県 [学]法政大学法学部(昭和61年)卒 [歴]松下政経塾7期生。平成6年茨城県議選に立候補。船田元衆院議員秘書、武正公一衆院議員秘書を経て、平成15年衆院選埼玉4区に民主党から立候補して当選。

神保 国男 じんぼ・くにお
戸田市長 弁護士 [生]昭和17年9月30日 [出]埼玉県戸田市 [学]法政大学法学部卒 [歴]昭和62年から埼玉県議に通算3選。自民党を経て、無所属。平成6年戸田市長選に立候補。10年市長に当選。2期目。埼玉県弁護士会副会長も務めた。

新村 勝雄　しんむら・かつお
衆院議員(社会党)　野田市長　⊕大正7年5月1日　⊗平成15年6月24日　⊕千葉県東葛飾郡福田村(現・野田市)　⊕東京高師(昭和19年)中退　⊕勲二等旭日重光章(平成5年)　⊕昭和22年福田村長、32年野田市議、37年野田市長4期を経て、51年以来衆院議員に6選。平成5年引退。衆院物価問題特別委員長を務めた。

新村 源雄　しんむら・げんゆう
衆院議員(社会党)　⊕大正8年10月21日　⊗平成7年3月22日　⊕富山県杉原村(現・婦負郡八尾町)　⊕杉原尋常高小卒　⊕上士幌町名誉町民、勲四等旭日小綬章(平成6年)　⊕昭和8年北海道上士幌村に移住、開拓に従事。戦後の混乱期の農民運動のリーダーとして上士幌町議を2期、十勝農協監事を務め、42年北海道議に当選、3期。54年衆院議員となる。当選2回。61年落選。平成3年社会党北海道本部副委員長を退任し、引退。

榛村 純一　しんむら・じゅんいち
掛川市長　⊕地方自治　地域経済　地域社会　⊕昭和9年7月12日　⊕静岡県掛川市　⊕早稲田大学文学部(昭和35年)卒　⊕生涯学習まちづくり;地域活性化　⊕紺綬褒章(昭和38年,40年)、藍綬褒章(平成10年)　⊕約400年続く旧家の15代目。実家は森林地主で、弁護士だった父も掛川市長を務めた。昭和35年家業の製材会社を経営、38年掛川市森林組合長、43年静岡県森林組合連合会事務理事、48年掛川市教育委員を歴任。52年より掛川市長。7期目。54年「生涯学習都市宣言」"これしっか文化""新田舎人"などの造語、新幹線駅の誘致、森の中の工業団地エコポリス建設など、市の活性化に努める。61年第3セクター・天竜浜名湖鉄道社長を兼任。平成元年米国オレゴン州に学習村を開設。静岡県森林組合連合会会長、森とむらの会理事長も務める。13年大日本報徳社社長。著作「地域学のすすめ」「山とむらの思想」は、地方の時代の一指針となる。マルクス主義者・向坂逸郎は親類。　⊕読書, 旅行

【著書】社会を変える教育、未来を創る教育(総合研究開発機構, 榛村純一共編 清文社'01)／分権と変革の都市経営(伊藤滋, 戸沼幸市, 榛村純一編 清文社'00)／ローカルな思想を創る(内山節, 大熊孝ほか著 農山漁村文化協会'98)／わがまちの活性化戦略(清文社'97)／まちづくりと生涯学習の交差点(大西珠枝, 榛村純一著 ぎょうせい'96)／流域の時代(大内力, 高橋裕, 榛村純一編著 ぎょうせい'95)／分権の旗手(ぎょうせい'95)／地域資源の発見と創造と活用と内発型活性化の実践(伊藤寛, 上山良子ほか著 地域科学研究会'94)／生涯学習都市10年(清文社'87)／地域学のすすめ(清文社'81)

新盛 辰雄　しんもり・たつお
衆院議員(社会党)　⊕大正15年11月15日　⊕鹿児島県　⊕鹿児島実土木科(昭和18年)卒　⊕勲二等瑞宝章(平成9年)　⊕昭和19年鹿児島鉄道に入社。23年社会党に入党し国鉄労働組合の鹿児島地方本部書記長、執行委員長を経て、鹿児島県総評議長を3期務める。51年衆院議員に当選、以来通算5選。平成5年落選。

新山 昌孝　しんやま・まさたか
南陽市長　⊕大正15年6月8日　⊗平成1年10月29日　⊕山形県　⊕米沢工機械科(昭和20年)卒　⊕昭和23年烏帽子山八幡宮第4代宮司となる。53年以来南陽市長に2選。61年7月落選。

【す】

吹田 安兵衛　すいた・やすべえ
小浜市長　元・福井県教育委員長　⊕大6.8.23　⊕福井県　⊕東京工業大学卒

[歴]福井県教育委員長を経て、昭和59年小浜市長に当選、1期。63年落選。

末岡 泰義 すえおか・やすよし
光市長 [生]昭和23年5月16日 [出]山口県光市 [学]光高卒 [歴]光市長秘書、光市ソフトパーク担当課長、代議士秘書などを経て、平成6年光市長に当選。4期目。

末木 達男 すえき・たつお
田無市長 [生]昭6.2.4 [出]山梨県 [学]峡北高卒 [賞]藍綬褒章(平成3年)，勲三等瑞宝章(平成13年) [歴]田無市議5期、助役を経て、昭和60年から市長に4選。平成13年1月保谷市と合併、西東京市となり2月の西東京市長選に立候補するが落選。

末広 真季子 すえひろ・まきこ
参院議員(自民党) タレント エッセイスト [生]昭和19年10月3日 [出]大阪府 本名＝末広真樹子 別名＝末広まきこ [学]同志社大学文学部英文科(昭和42年)卒 [歴]大学在学中にラジオ関西、朝日放送のDJオーディションに合格し、万国博のリポーターでスタート。テレビのリポーター、ラジオのDJなどで活躍。昭和48年から21年間東海ラジオ放送の「真季子とともに」のパーソナリティーを務める。54年には二科展で油絵が入選、また絵と陶器の個展を開く。天むす·すえひろの社長でもある。平成6年8月参院愛知選挙区の再選挙に出馬するが落選。7年の通常選挙で「既成政党には属さない」を公約として当選したが、9年自民党入りを決めた。宮沢派、加藤派を経て、11年8月江藤·亀井派。13年5月小泉純一郎の呼びかけに応え、派閥を離脱。同年7月比例区に転じたが落選。著書に「明日あなたを見つけたい―そしてビタミン・アイについて語りましょ」。 [団]日本ペンクラブ [趣]絵画

末松 信介 すえまつ・しんすけ
参院議員(自民党 兵庫) [生]昭和30年12月17日 [出]兵庫県 [学]関西学院大学法学部(昭和54年)卒 [歴]全日空勤務を経て、昭和58年以来兵庫県議に3選。平成5年衆院議員に立候補。7年県議に復帰。8年副議長。通算6期。16年参院議員に当選。 [趣]読書，ゴルフ，空手

末松 義規 すえまつ・よしのり
衆院議員(民主党 東京19区) [生]昭和31年12月5日 [出]福岡県 [学]一橋大学商学部(昭和55年)卒，プリンストン大学大学院中東研究学部(昭和61年)修士課程修了 [歴]昭和55年外務省に入省。在イラク大使館、61年通産省資源エネルギー庁、63年外務省国連局、平成2年中近東アフリカ局、5年経済協力局などを経て、6年退官。8年衆院議員に当選。3期目。 [趣]旅行，サイクリング，アラビア語，少林寺拳法 http://home3.highway.ne.jp/~suematu/
【著書】ボクが外交官を棄てた理由(ベストセラーズ '94)／図解・最新解説 政治のしくみ(樋口美智子，末松義規，田中清行共著 明日香出版社'94)

末吉 興一 すえよし・こういち
北九州市長 [生]昭和9年9月20日 [出]福岡県 [学]東京大学法学部(昭和33年)卒 [賞]中国国家友誼賞(平成13年)，日本建築学会文化賞(平成15年) [歴]昭和33年建設省に入省し、57年住宅局住宅総務課長、60年河川局次長、同年9月国土庁土地局長を歴任。62年北九州市長に当選。5期目。 [趣]将棋
【著書】北九州エコタウン ゼロエミッションへの挑戦(海象社 '02)／実践都市経営(PHP研究所 '00)

須賀 龍郎 すが・たつろう
鹿児島県知事 [生]大正13年9月29日 [出]鹿児島県指宿市 [学]天理語学専(昭和19年)卒 [歴]昭和23年鹿児島県に入り、36年東京事務所行政第一課長、43年次

長、49年所長、50年企画部長、55年総務部長、58年鹿児島県開発公社副理事長、59年出納長を経て、副知事。平成8年から鹿児島県知事に2選。16年引退。全国最高齢の知事だった。

菅 義偉 すが・よしひで
衆院議員(自民党 神奈川2区) [生]昭和23年12月6日 [出]秋田県 [学]法政大学法学部(昭和48年)卒 [歴]昭和50年衆院議員・小此木彦三郎秘書、59年通産相秘書官、62年横浜市議2期を経て、平成8年衆院議員に当選。3期目。無派閥を経て、堀内派。 http://www.sugayoshihide.gr.jp/

菅野 悦子 すがの・えつこ
衆院議員(共産党) [生]昭和17年12月8日 [出]大阪府 [学]港高(昭和36年)卒 [歴]住友生命本社に入社。平成元年参院選に出馬、2年引退した元共産党委員長・村上弘の地盤を継いで衆院議員に当選。5年落選。

菅野 久光 すがの・ひさみつ
参院議員(民主党) [生]昭和3年3月27日 [出]北海道上川郡新得町 [学]北海道第三師範(昭和23年)卒 [賞]勲一等瑞宝章(平成13年) [歴]昭和23年公立学校教師となる。54年道教組旭川支部長、55年道教祖中央執行委員長を務めた。一方、49年旭川市議2期を経て、58年社会党より参院議員に当選。平成8年社民党を経て、民主党入り。10年院内会派・民友連の参院会長もつとめる。同年参院副議長。3期務め、13年引退。 [趣]園芸

菅谷 真一 すがや・しんいち
港(東京都)区長 [生]昭和12年3月4日 [出]茨城県 [学]日本大学法学部卒 [歴]港区役所に入り、防災課長、職員課長、総務課長、企画部長を経て、平成4年港区長に当選。2期務め、12年引退。

菅原 一秀 すがわら・いっしゅう
衆院議員(自民党 東京9区) [生]昭和37年1月7日 [出]東京都練馬区 [学]早稲田大学政治経済学部(昭和62年)卒 [歴]日商岩井など会社勤務を10年間経験。練馬区議2期を経て、平成9年東京都議に当選。12年衆院選に立候補。15年衆院選では民主党現職を破り当選。

菅原 喜重郎 すがわら・きじゅうろう
衆院議員(自由党) [生]大正15年11月9日 [出]岩手県東磐井郡 [学]同志社大学神学部(昭和35年)卒 [歴]昭和38年以来東山町長を5期務め、その間岩手県町村会長。58年民社党から衆院議員に当選。61年に落選し、平成2年再選。4年2月離党、5年落選。6年新生党入り。8年新進党から出馬し、当選。10年1月自由党に参加。通算4期目の13年辞職。 [趣]囲碁

菅原 慶吉 すがわら・けいきち
男鹿市長 秋田県議(新生会) [生]大正6年9月19日 [没]平成5年3月25日 [出]秋田県男鹿市 [学]鹿山高小卒 [歴]昭和12年から兵役で中国東北部を転戦。ハルビンで捕虜になり、シベリアに抑留され、24年帰国。男鹿市商工市民課長、男鹿市議、50年から秋田県議3期を経て、61年男鹿市長に当選。2期つとめた。

菅原 功一 すがわら・こういち
旭川市長 [生]昭和19年6月24日 [出]北海道旭川市 [学]旭川商卒 [歴]国会議員秘書、旭川市議を経て、自民党道連青年局長。昭和62年4月北海道議に当選し、2期務める。平成6年旭川市長に当選。3期目。14年同市長選に絡む選挙違反事件を受け、旭川市議会は市長に対し辞職勧告決議を可決した。

菅原 康平　すがわら・こうへい
石巻市長　⊕昭和25年4月10日　⊕宮城県矢本町　⊕東北大学経済学部（昭和49年）卒　⊕昭和53年カンコー商事社長に就任。55年三石プロパン専務、59年サンフード社長を兼任。また、石巻青年会議所理事長、石巻地域活性化推進協議会会長などを経て、平成4年石巻市長に当選、3期務める。14年石巻ルネッサンス館建設をめぐる市政混乱の責任を取り辞職。⊕読書、囲碁、ゴルフ、茶道（裏千家）
【評伝】青年よ故郷（ふるさと）に帰って市長になろう（全国青年市長会編　読売新聞社'94）

菅原 雅　すがわら・まさし
気仙沼市長　男山本店社長　⊕昭和6年8月3日　⊕宮城県気仙沼市　⊕早稲田大学商学部（昭和30年）卒　⊕藍綬褒章（平成6年）、勲四等旭日小綬章（平成13年）　⊕昭和48年以来気仙沼市長に5選。平成5年引退。

杉浦 正健　すぎうら・せいけん
衆院議員（自民党　愛知12区）　内閣官房副長官　⊕昭和9年7月26日　⊕愛知県岡崎市　⊕東京大学経済学部（昭和32年）卒　⊕弁護士　⊕昭和32年川崎製鉄社員を経て、47年弁護士登録。57年第一東京弁護士会副会長を務めた。61年より衆院議員を2期。平成5年落選、8年返り咲き、通算5期目。13年小泉内閣の外務副大臣。16年5月小泉第2次改造内閣の内閣官房副長官に就任。森派。
http://www.seiken-s.jp/

杉浦 正行　すぎうら・まさゆき
安城市長　⊕昭和11年11月24日　⊕愛知県　⊕安城農林（昭和31年）卒　⊕桜井農協勤務を経て、昭和43年勤労食を設立、社長。この間42年安城市議に当選、2期。50年以来愛知県議を4期。平成3年安城市長に当選、3期務める。15年落選。⊕ゴルフ、写真

杉江 宗祐　すぎえ・むねゆう
秋田県議（みらい21　鹿角市・鹿角郡）　鹿角市長　⊕昭和14年10月28日　⊕秋田県鹿角市　⊕花輪高卒　⊕昭和36年秋田県花輪町（現・鹿角市）に入る。総務部財政課長、同総務課長、民生部保健課長を経て、63年鹿角市長に当選、3期つとめる。平成12年落選。15年秋田県議に当選。⊕読書、ゴルフ

杉田 晴良　すぎた・はるお
尾鷲市長　⊕昭和16年10月27日　⊕三重県　⊕関西学院大学社会学部（昭和39年）卒　⊕昭和39年紀北信金、42年ためすけや勤務。47年プランタン代表社員。この間、尾鷲青年会議所理事長、尾鷲信販副理事長を歴任。63年尾鷲市長に当選。3期つとめ、平成12年引退。

杉原 記美　すぎはら・きよし
小野田市長　⊕昭和6年8月8日　⊕山口県小野田市　⊕小野田高卒　⊕小野田市総務部長を経て、平成2年小野田市長に当選。4期目。

杉村 章生　すぎむら・あきお
土佐清水市長　⊕昭和12年1月3日　⊕高知県大月町　⊕清水高卒　⊕昭和57年土佐清水市議に当選。平成8年10月同市長に当選するが、不在者投票の一部が投票箱に入れられず、選挙無効となった。9年6月やり直し市長選で当選。13年落選。⊕読書

杉元 恒雄　すぎもと・つねお
参院議員（自民党）　⊕大正9年10月15日　⊕平成9年2月16日　⊕神奈川県横浜市　⊕明治大学商学部卒　⊕税理士　⊕勲三等旭日中綬章（平成3年）　⊕昭和16年杉元会計事務所を設立。30年以来神奈川県議に7選。52年県会議長を経て、58年参院議員に当選。平成元年引退。

杉本 通雄　すぎもと・みちお
玉野市長　⊕大正6年5月4日　㊣平成16年1月26日　⊕長崎県川棚町　㊧徳島高工機械工学科(昭和14年)卒　㊨勲四等瑞宝章(平成5年)，玉野市名誉市民(平成7年)　㊤昭和19年三井造船に入社。46年玉野造船所機械事業部長、47年三井造船取締役、48年玉野造船所長を経て、52年以来玉野市長に4選。平成5年引退。宇野港再開発、児島湖流域下水道事業などに取り組んだ。

杉山 光映　すぎやま・こうえい
燕市長　⊕昭和6年11月30日　⊕新潟県　㊧加茂農林卒　㊤燕市助役を経て、平成6年燕市長に当選。8年7月任期途中で辞職。15年、16年燕市長選に立候補。

杉山 憲夫　すぎやま・のりお
衆院議員(自民党)　沼津学園理事長　⊕昭和5年3月3日　⊕静岡県駿東郡清水町　㊧裾野高(昭和22年)卒　㊨旭日重光章(平成16年)　㊤昭和36年第1ブロック沼津工場長、のち山田組専務を経て、38年清水町議。42年静岡県議に当選、4期。53年副議長、55年議長をつとめる。61年自民党から衆院議員に当選。竹下派、羽田派、平成5年新生党を経て、6年新進党結成に参加。8年自民党に復党。宮沢派、加藤派を経て、無派閥。当選5回。15年11月の総選挙には出馬しなかった。　㊙ゴルフ、読書　http://www.sugiyamanorio.com/
【評伝】笑顔の泥んこ人生(大下英治著 しょういん'03)

杉山 粛　すぎやま・まさし
むつ市長　⊕昭和11年8月25日　⊕青森県むつ市　㊧中央大学法学部(昭和34年)卒　㊨藍綬褒章(平成8年)　㊤青森銀行勤務ののち、昭和42年以来むつ市議に2選。48年青森県議となり4期務めた。60年むつ市長に当選。5期目。

杉山 令肇　すぎやま・れいじょう
参院議員(自民党)　順勝寺住職　聖徳学園名誉理事長　⊕大正11年10月7日　⊕岐阜県岐阜市　㊧龍谷大学文学部(昭和21年)卒　㊨勲三等旭日中綬章(平成9年)　㊤昭和46年以来岐阜県議3期を経て、56年補選で参院議員(自民党)に当選。当選2回。平成元年落選。4～5年浄土真宗本願寺派(西本願寺)総務。

菅川 健二　すげかわ・けんじ
参院議員(民主党)　⊕昭和13年11月13日　⊕広島県東広島市　㊧東京大学法学部(昭和37年)卒　㊤昭和37年自治省に入省。61年広島県総務部長、のち県立美術館長、県教育長を経て、平成5年広島県知事選に出馬。7年新進党から参院議員に当選。10年1月改革クラブに参加、11年12月民主党に入党。13年落選。

助川 弘之　すけがわ・ひろゆき
土浦市長　助川医院院長　筑波メディカルセンター理事長　医師　⊕昭和3年3月22日　⊕東京　㊧東京慈恵会医科大学(昭和25年)卒　医学博士　㊤昭和36年助川医院を継いで院長となる。47年土浦市教育委員、51年土浦市医師会長、54年土浦市教育委員長、茨城県公安委員長などを歴任し、62年土浦市長に当選。4期目。　㊙読書

菅谷 昭　すげのや・あきら
松本市長　医師　㊨外科学　⊕昭和18年11月22日　⊕長野県更埴市　㊧信州大学医学部卒　医学博士　㊨甲状腺癌の診断と治療;自己免疫性甲状腺疾患;腫瘍免疫;高度加齢社会適応型医療体系の構築　㊤更埴市で100年以上続く開業医の家に生まれる。昭和45年から信州大学医学部に勤務。一方、平成3年松本市の市民団体・日本チェルノブイリ連帯基金に参加。チェルノブイリ原発事故の被災地ベラルーシを訪れ、子供たちの検診に携わるなど活動を続ける。7年同大医学部第二外科助教授を退官

し、8年小児甲状腺がん治療のため首都ミンスクにある国立甲状腺がんセンターに赴任。以来、病院での手術に加え、薬品のプレゼントや現地医師への最新医療技術の支援を続ける。11年6月原発汚染が最もひどいとされる地区に居住し、ゴメリ州立腫瘍センターに勤務。13年帰国。同年12月田中康夫知事からの要請を受けて長野県衛生部長に就任。15年県立須坂病院に週1回の甲状腺専門外来を開設。16年松本市長に当選。著書に「チェルノブイリ診療記」などがある。妻は小児科医。⊕International Society of Surgery, American Thyroid Association, International Association of Endocrine Surgeons

須佐 昭三 すさ・しょうぞう
入広瀬村(新潟県)村長　⊕昭和3年2月1日　⊕新潟県北魚沼郡入広瀬村　⊕新潟県立上組農学校(昭和19年)卒　⊕新潟県農業会、入広瀬村食糧調整委員会を経て、昭和26年入広瀬村役場に入る。産業、建設各課長を経て、37年助役、50年以来6期村長を務める。アイデアマン村長として地域おこしに奮闘。著書に「豪雪の村を拓く」などがある。⊕読書
【著書】誇れる故郷創造のあゆみ(文芸社'04)／誇れるふるさとの創造に向けて(ぎょうせい'94)

鈴木 淳雄 すずき・あつお
東海市長　⊕昭和20年11月7日　⊕愛知県　⊕明治大学政経学部(昭和43年)卒　⊕東海市役所に入所。社会教育課長、農業局事務局長、企画部長を経て、平成13年東海市長に当選。

鈴木 一郎 すずき・いちろう
中津市長　⊕昭和9年6月23日　⊕大分県　⊕東京大学法学部(昭和33年)卒　⊕昭和33年農水省に入省。60年東北農政局長を経て、62年から中津市長に4選。平成15年落選。

鈴木 乙一郎 すずき・おといちろう
栃木市長　⊕大正13年3月20日　⊕栃木県小山市　⊕豊田北高小卒　⊕藍綬褒章(昭和55年)、ブラジル政府公認勲章(昭和57年)、旭日中綬章(平成16年)　⊕昭和21年豊田商店を設立、36年栃木工業社長。30年栃木市議1期を経て、38年以来自民党から栃木県議に6選。48年副議長、52年議長。62年栃木市長に当選、4期務め、平成15年引退。　⊕ゴルフ、読書

鈴木 和夫 すずき・かずお
多賀城市長　⊕大正15年3月30日　⊕宮城県多賀城市　⊕仙台工専卒　⊕昭和38年多賀城町議、46年以来多賀城市議、議長も務めた。平成6年市長に当選。3期目。　⊕野球、写真

鈴木 一弘 すずき・かずひろ
参院議員(公明党)　⊕大正13年11月1日　⊕平成15年7月7日　⊕東京　⊕横浜高等工専(昭和19年)卒　⊕日新工業に入社。のち川崎市議、神奈川県議を経て、昭和37年公明党から参院議員に当選。4期務め、61年引退。公明党参院議員団団長、同党副委員長、参院法務委員長などを歴任。

鈴木 和美 すずき・かずみ
参院議員(社民党)　国土庁長官　⊕昭和4年8月28日　⊕平成15年6月29日　⊕福島県郡山市　⊕郡山商(昭和21年)卒　⊕勲一等瑞宝章(平成11年)　⊕昭和21年専売公社に入る。49年全専売委員長、総評副議長を経て、55年社会党(のち社民党)から参院議員に3選。平成8年第一次橋本内閣の国土庁長官に就任。10年引退。

鈴木 克昌 すずき・かつまさ
衆院議員(民主党 愛知14区) ㊤昭和18年11月14日 ㊥愛知県蒲郡市 ㊫日本大学経済学部(昭和42年)卒 ㊭愛知県議だった父の後を継いで昭和57年県補議選に当選。自民党所属で4期つとめ、平成6年蒲郡市長に当選。2期つとめた。12年衆院選に無所属で立候補するが、落選。15年民主党より立候補し、現職を破って当選。 ㊮スポーツ ㊯父=鈴木仲吉(愛知県議)
http://www.ykunet.com/katumasa/

鈴木 寛 すずき・かん
参院議員(民主党 東京) 早稲田大学客員助教授 NPO法人新世創建理事長 NPO法人スポーツ・コミュニティ・アンド・インテリジェンス機構副理事長 情報社会学者 ㊪政策立案 情報社会 情報教育 教育政策 ベンチャー育成 NPO メディア 知的財産 コミュニティ論 ㊤昭和39年2月5日 ㊥兵庫県明石市 本名=鈴木寛 筆名=鈴木康策 ㊫東京大学法学部公法学科(昭和61年)卒 ㊰人材育成;社会変革;ソーシャル・プロデュース;メディア・プロデュース;大学経営 ㊭昭和61年通商産業省入省。山口県課長、通産省機械情報産業局電子政策課総括課長補佐、中央大学総合政策学部講師などを経て、平成11年慶応義塾大学SFC環境情報学部助教授。灘中学校・高校の情報科教師も務める。著書に「中央省庁の政策形成過程」「インターネットの素朴な質問」「コミュニティ・スクール構想」「中学改造」、共著に「ボランタリー経済の誕生」など、13年参院議員に当選。 ㊐計画行政学会,政策分析ネットワーク, インターネット法学会 ㊮歌, ピアノ, サッカー, 演劇
http://www.suzukan.net/

鈴木 寛林 すずき・かんりん
原町市長 ㊤昭和10年1月1日 ㊥福島県原町市 ㊫相馬農卒 ㊭原町市議を経て、平成10年市長に当選、1期。14年落選。

鈴木 喜久子 すずき・きくこ
衆院議員(社会党) 弁護士 ㊤昭和10年8月2日 ㊥東京 ㊫中央大学法学部(昭和45年)卒 ㊭父を早く亡くして苦労する。結婚後29歳で中央大学に入り、昭和55年8度目の挑戦で司法試験に合格。女性合格者中最年長だった。57年弁護士事務所開設。平成2年衆院議員に当選、1期つとめる。5年落選。7年参院選に立候補。8年には民主党から衆院選に立候補。
【著書】まだまだ、もっと(黎明出版 '93)

鈴木 清見 すずき・きよみ
富士市長 ㊤昭和2年12月9日 ㊥静岡県 ㊫東京高師(昭和24年)卒 ㊭昭和24年富士高校、35年静岡県教育委員会総務課管理主事、のち人事係長、42年吉原工業高校校長、48年東部教育事務所長、51年御殿場高校校長、54年三島北高校校長、57年沼津東高校校長、59年静岡高校校長を歴任。平成元年富士市長に当選、3期務めた。13年落選。
㊮ゴルフ, 囲碁

鈴木 邦彦 すずき・くにひこ
多摩市長 ㊤昭和32年8月13日 ㊥東京都 ㊫法政大学法学部卒 ㊭伊藤公介代議士(自民)の地元秘書を経て、昭和58年全国最年少の25歳で多摩市議に当選。3期務めた。平成11年市長に当選。14年2月収賄の疑いで警視庁に逮捕される。

鈴木 堅太郎 すずき・けんたろう
石岡市長 ㊤大正2年4月1日 ㊦昭和62年12月15日 ㊥茨城県 ㊫陸士(昭和16年)卒 ㊭昭和51年石岡市助役を経て、58年市長に当選。62年12月引退直前に死去。

鈴木 幸治 すずき・こうじ
泉市長 [生]大正5年6月19日 [没]平成10年3月6日 [出]宮城県泉市 [学]宮城県立農学校卒 [賞]勲三等瑞宝章(昭和63年) [歴]昭和42年泉町長に当選、46年市制施行で市長となり、4期務めた。63年仙台市に合併され、同市顧問となった。

鈴木 公平 すずき・こうへい
豊田市長 [生]昭和14年3月20日 [出]愛知県豊田市 [学]愛知大学短期大学部卒 [歴]昭和29年豊田市役所に入る。助役を経て、平成12年豊田市長に当選。2期目。

鈴木 貞敏 すずき・さだとし
参院議員(自民党) [生]大正14年8月12日 [出]山形県寒河江市 [学]東京大学法学部政治学科(昭和23年)卒 [賞]勲二等旭日重光章(平成10年) [歴]昭和23年警察庁に入り、大阪府警警備部長、警察庁警備局警備・公安各課長、警視庁刑事部長、警察庁刑事・警備・警務各局長、次長を歴任、59年9月第11代警察庁長官に就任。"仏のテイビンさん"と親しまれ、自分で造語した"流汗多流血少"が信条。旧内務省から警察が独立した第一期採用。60年8月退官し、61年7月参院議員に当選、2期つとめる。竹下派を経て、小渕派。平成10年引退。 [趣]謡曲

鈴木 重格 すずき・しげのり
串間市長 [生]昭和13年9月9日 [出]宮崎県 [学]福島高卒 [歴]農業に従事。昭和42年串間市議、市会副議長を経て、無所属で宮崎県議に当選。のち自民党入り。当選4回。平成14年串間市長に当選。

鈴木 重令 すずき・しげよし
三沢市長 [生]昭和15年6月15日 [出]青森県三沢市 [学]日本大学法学部卒，日本大学大学院法学研究科公法学専攻修了 [歴]東北女子大学助教授、三沢市議1期を経て、昭和54年自民党から青森県議に当選、2期つとめる。62年2月三沢市長に当選。5期目。

鈴木 俊一 すずき・しゅんいち
東京都知事 東京国際交流財団会長 [生]明治43年11月6日 [出]東京都昭島市 [学]東京帝国大学法学部政治学科(昭和8年)卒 [賞]レジオン・ド・ヌール勲章コマンドール章(昭和61年)，勲一等旭日大綬章(昭和62年)，南十字星ブラジル国家勲章グランデ・オフィシアル章(平成1年)，国連平和賞(平成1年)，米国ロサンゼルス郡名誉市民(平成5年)，東京都名誉都民(平成9年)，レジオン・ド・ヌール・グラン・ド・フィシエ勲章 [歴]内務省に入り、昭和25年地方自治庁次長、自治省事務次官、岸内閣官房副長官を経て、東都政の副知事2期を歴任。その後、日本万国博覧会協会事務総長、首都高速道路公団理事長等を経て、54年東京都知事に当選。4期務め、平成7年退任。のち東京国際交流財団会長、日本倶楽部会長などを務める。この間、全国知事会長、自治医科大学会長、横綱審議会委員も兼務。都知事在任中に新都庁舎計画、臨海副都心計画などを推進。自治庁時代7人の大臣に次官としてつかえた日本官僚史上稀有の記録をもつ。 [趣]ゴルフ，書道，囲碁(5段)，音楽，絵画
【著書】官を生きる(都市出版 '99)／地球時代の首都経営(ぎょうせい '94)／東京・21世紀への飛翔(ぎょうせい '90)
【評伝】石原慎太郎と都知事の椅子(神一行著 角川書店'00)／「談合悪」のからくり(山本峯章著 ベストブック'93)／東京都知事(日比野登編 日本経済評論社'91)／激動の時代に(畑田重夫著 生活ジャーナル'90)／革新都政史論(有働正治著 新日本出版社'89)／日本の青春(鈴木玲子編 EICネットワーク;平凡社〔発売〕'88)／つくられた土地狂乱(鈴木郁雄著 新日本出版社'88)

鈴木 俊一 すずき・しゅんいち
衆院議員(自民党 岩手2区) 環境相 [生]昭和28年4月13日 [出]東京都 [学]早稲田大学教育学部(昭和52年)卒 [歴]父は鈴木善幸元首相。全国漁業協同組合連合会漁政部漁政課勤務を経て、父の秘

書となる。父の引退に伴い、平成2年衆院議員に当選。14年小泉改造内閣の環境相に就任。5期目。宮沢派、加藤派を経て、堀内派。 [家]父=鈴木善幸(首相)

鈴木 淳司 すずき・じゅんじ
衆院議員(自民党 比例・東海) 日中青少年交流協会理事 [生]昭和33年4月7日 [出]愛知県陶原町(現・瀬戸市) [学]早稲田大学法学部(昭和57年)卒 [歴]松下政経塾第3期生。昭和62年日中青少年交流協会第5回派遣代表団長として訪中。平成3年から瀬戸市議を2期務める。12年衆院選愛知7区に自民党から立候補。15年比例区東海ブロック3位で当選。森派。共著に「ともに歩む21世紀」「師と志」がある。 http://suzukaze.net/

鈴木 真 すずき・しん
柏市長 [生]大正9年2月4日 [没]平成5年10月1日 [出]千葉県柏市 [学]東葛飾中(昭和11年)卒 [歴]復員後、昭和28年千葉県富勢村助役、29年合併で柏市役所へ。総務部長を経て、53年消防長を最後に退職。同年以来、市長に4選。アメリカのトーランス市、中国の承徳市と姉妹縁組をしていることもあり、全国の自治体でも珍しい"柏市国際交流振興基金"を設立した。 [趣]洋ラン,ゴルフ

鈴木 進 すずき・すすむ
綾瀬市長 [生]大11.4.15 [出]神奈川県 [学]綾瀬青年学校(昭和17年)卒 [賞]勲四等旭日小綬章(平成5年) [歴]昭和38年綾瀬町議、48年町会議長を経て、51年町長に当選。53年市制施行で市長となる。通算4期。平成4年落選。

鈴木 省吾 すずき・せいご
参院議員(自民党) 法相 [生]明治44年8月7日 [没]平成11年10月4日 [出]福島県岩瀬郡鏡石町 [学]東京帝大農学部(昭和8年)卒 [賞]勲一等旭日大綬章(平成7年) [歴]昭和27年福島県議となり、県会議長を経て、43年参院議員に当選。農林水産委員長などをつとめ、60年法相に就任。当選5回、三塚派。平成10年引退。 [趣]ゴルフ

鈴木 清吾 すずき・せいご
芦屋町(福岡県)町長 [生]昭和21年5月9日 [学]中央大学文学部卒 [歴]芦屋町議1期を経て、平成3年自然保護の立場から同町のリゾート計画の見直しを訴え、町長に当選。4期目。

鈴木 政二 すずき・せいじ
参院議員(自民党 愛知) [生]昭和23年6月6日 [出]愛知県知立市 [学]日本大学法学部政治経済学科卒 [歴]昭和49年知立市議、50年村田敬次郎代議士秘書を経て、54年から愛知県議に4選。平成7年参院議員に当選。2期目。三塚派を経て、森派。 http://www.I-shift.co.jp/seiji/

鈴木 全一 すずき・ぜんいち
佐原市長 [生]昭和19年9月23日 [出]千葉県佐原市 [学]早稲田大学理工学部(昭和43年)卒 [歴]昭和54年以来佐原市長に当選。62年落選、平成3年返り咲き。通算5期務め、15年引退。

鈴木 善幸 すずき・ぜんこう
首相 衆院議員 [生]明治44年1月11日 [没]平成16年7月19日 [出]岩手県下閉伊郡山田町 [学]農林省水産講習所(現・東京水産大学)(昭和10年)卒 [歴]岩手県に網元の長男として生まれ、昭和8年に三陸海岸を襲った大津波を目の当たりにして、政治家を志す。漁業組合運動に身を投じ、戦後は全漁連職員組合を組織して委員長となる。22年社会党から衆院議員に当選。社会革新党から24年民主自由党(現・自民党)に移り、池田勇人率いる池田派(宏池会)に所属。35年第1次池田内閣で郵政相として初入閣。以後、第3次池田改造内閣の官房長官、第1次佐藤改造内閣の厚生相、福田内閣の農相などを歴任。官僚出身者が多い宏

池会では党人派として他派閥とのパイプ役を務め、池田の後を嗣いで派閥の領袖となった大平正芳を支えた。43年自民党総務会長に就任してから通算10期にわたって務め、党内調整に手腕を発揮し、人柄の良さから"ホトケの善幸さん"と呼ばれた。55年大平首相の急逝により第70代首相に就任。"和の政治"をスローガンとし、56年には"増税なき財政再建""昭和59年度における赤字国債脱却"を目指して財界人の土光敏夫を会長とする第2次臨時行政調査会を発足させ、大平内閣からの行革・財政再建路線を推進。歳出削減に取り組んだ他、国鉄など3公社の分割・民営化の答申を受け、その筋道をつけた。同年訪米した際には日米共同声明を巡って「日米同盟には軍事的な意味は含まない」と発言して外務省と対立、伊東正義外相の辞任にまで発展した。また公職選挙法を改正して参院選の全国区を比例区に改めた。57年再選が確実視されていながら、総裁選不出馬を表明。衆院議員当選は16回を重ね、平成2年政界を引退した。
㊗長男＝鈴木俊一（衆院議員）
【評伝】戦後日本の宰相たち（渡辺昭夫著 中央公論新社'01）／日本の首相マルバツサンカクシカク（鹿嶋海馬著 ケイワイプランニング'94）／政治家の風景（俵孝太郎著 学習研究社'94）／青年鈴木善幸と漁協運動（影山昇著 成山堂書店'92）／誰も書かなかった首脳外交の内幕（高瀬保著 東洋経済新報社'91）／宰相夫人の昭和史（上坂冬子著 文芸春秋'91）／歴代総理、側近の告白（鈴木健二著 毎日新聞社'91）／天皇と昭和の宰相〔下巻〕（昭和史懇談会編（浦和）振学出版;星雲社〔発売〕'89）／総理鈴木善幸その素顔（岩手日報社編 熊谷印刷出版部'80）／総理鈴木善幸その素顔（岩手日報社編'80）

鈴木 泰治　すずき・たいじ
八潮市長　㊤大8.7.14　㊥埼玉県　㊦粕壁中（昭和12年）卒　㊙藍綬褒章（昭和52年）、勲四等瑞宝章（平成2年）　㊥昭和22年八条村収入役。31年合併で八潮村収入役となり、39年町制、47年市制施行後も連続7期つとめる。47年助役を経て、48年市長に当選、4期つとめる。平成元年引退。

鈴木 佑　すずき・たすく
南足柄市長　㊤昭和5年8月26日　㊥神奈川県南足柄市　㊦海軍電測学校中退　㊙旭日小綬章（平成15年）　㊥南足柄市電設協力会長、南足柄市議1期を経て、平成3年南足柄市長に当選。3期務め、15年引退。　㊨読書，ゴルフ

鈴木 告也　すずき・つげなり
可児市長　㊤大12.4.25　㊥岐阜県　㊦可児実業（昭和14年）卒　㊥昭和17年姫路村役場書記、28年収入役、37年可児町税務課長、47年助役。54年岐阜県議を経て、57年から可児市長に3選。平成6年引退。

鈴木 恒夫　すずき・つねお
衆院議員（自民党　比例・南関東）　㊤昭和16年2月10日　㊥神奈川県横浜市港北区師岡町　㊦早稲田大学政経学部（昭和38年）卒　㊥昭和38年毎日新聞社入社。政治部、沖縄特派員、経済部ロンドン・サミット特派員などを経て、52年毎日新聞社を退社、新自由クラブ河野洋平代議士秘書となる。61年新自由クラブから衆院議員に当選するが、直後に解散、自民党に移る。平成5年落選、8年返り咲き。通算5期目。10年12月宮沢派を離脱し河野グループに参加。著書に「国権・金権・官権—私蔵永田町メモ」「連立内閣310日」ほか。　㊨古典音楽，サッカー　http://www.tsunesan.org/
【著書】永田町解体新書（PHP研究所'89）

鈴木 恒年　すずき・つねとし
足立（東京都）区長　㊤昭和8年2月11日　㊥東京都足立区千住橋戸町　㊦中央大学商学部卒　㊥16歳で父親を亡くし、進学を断念。働きながら学業を修めた。昭和24年足立区役所に入所、出張

所に勤務。のち区議会事務局長、総務部長を経て、平成元年より助役。区社会教育部長、区教務部長なども兼務。8年辞任。11年6月共産党系の区長失職に伴う区長選に自民、公明、民主、自由各党の推薦を受け出馬。中央政界を巻き込んだ前区長との激しい選挙戦の末、当選を果たす。2期目。
囲碁, 落語, カラオケ

鈴木 強 すずき・つよし
衆院議員(社会党) 大正3年2月12日 平成7年9月5日 山梨県西八代郡下部町 通信官吏練習所無線通信科(昭和12年)卒 勲一等瑞宝章(昭和61年) 通信省に入省、昭和25年全電通初代書記長に就任、のち委員長となる。31年参院議員に当選し、3期つとめたあと、51年衆院議員に転じ、3選。61年6月引退。

鈴木 貞蔵 すずき・ていぞう
水沢市長 元・水沢信用金庫理事長 昭和3年8月15日 平成8年5月16日 岩手県水沢市 早稲田大学文学部(昭和37年)卒 昭和47年天瓢酒造社長、同年水沢酒造社長、60年水沢信用金庫理事長を経て、昭和63年水沢市長に初当選。平成4年引退。

鈴木 藤一郎 すずき・とういちろう
伊東市長 昭和11年12月25日 静岡県伊東市 東京水産大学卒 伊東市議を経て、昭和61年から静岡県議に3選。平成6年伊東市長に当選。3期目。

鈴木 藤太 すずき・とうた
高萩市長 昭和5年8月30日 平成15年11月16日 茨城県 日立中学(旧制)(昭和23年)卒 勲四等瑞宝章(平成15年) 昭和45年高萩市長に当選。平成2年まで通算4期務めた。

鈴木 俊夫 すずき・としお
湯沢市長 昭和25年8月11日 秋田県湯沢市 岩手大学農学部農学別科畜産専攻科(昭和46年)卒 大学在学中、共産党に入党。赤旗分局長、昭和58年湯沢市議2期を経て、平成3年より秋田県議2期。11年落選。13年参院選に立候補。14年湯沢市長に当選。 スポーツ, 読書, カラオケ

鈴木 望 すずき・のぞむ
磐田市長 昭和24年4月20日 静岡県磐田市 一橋大学社会学部卒 磐田市厚生課長を経て、平成10年磐田市長に当選。2期目。

鈴木 昇 すずき・のぼる
気仙沼市長 昭和19年3月21日 宮城県気仙沼市 全国漁協学校(昭和38年)卒 昭和38年階上漁協に入る。42年自民党に入り、44年から気仙沼市議2期、58年から宮城県議を3期つとめる。平成5年新生党に転じて衆院選に立候補。9年気仙沼市長に当選。2期目。

鈴木 久 すずき・ひさし
衆院議員(社会党) 昭和15年8月23日 福島県いわき市 磐城高(昭和34年)卒 高校卒業後、電電公社(現・NTT)に入社。いわき市議、福島県議を経て、平成2年衆院議員に当選。1期つとめるが、5年、8年落選。9年、13年いわき市長選に出馬するが落選。
スキー, 野球, 読書

鈴木 尚 すずき・ひさし
富士市長 昭和21年11月21日 静岡県 日本大学法学部(昭和44年)卒 昭和44年富士木材工業入社。のち鈴木紙器代表取締役。58年から富士市議1期を経て、62年静岡県議に当選、4期務める。平成13年富士市長に当選。
読書

すすき

鈴木 正孝　すずき・まさたか
参院議員（自民党）　⑧昭和15年6月22日　⑳静岡県　⑳中央大学法学部（昭和39年）卒　⑳昭和41年防衛庁に入庁。62年官房広報課長、63年教育訓練局教育課長、平成元年防衛大学校総務部長、3年防衛庁防衛審議官、5年8月調達実施本部副本部長を経て、6年7月防衛医科大学校副校長となるが、8月静岡市長選に立候補。7年新進党から参院議員に当選。9年離党、のち自民党入り。宮沢派、加藤派を経て、堀内派。13年、16年落選。

鈴木 雅広　すずき・まさひろ
天童市長　⑧昭和3年9月14日　⑳平成14年10月25日　⑳山形県天童市　⑳盛岡農専卒　⑳岩手県農業試験場技師、天童市農委事務局長、農林課長、総務課長、助役を経て、昭和62年市長に当選。3期務めた。平成9年落選。
⑳囲碁、将棋

鈴木 宗男　すずき・むねお
衆院議員（無所属）　北海道沖縄開発庁長官　⑧昭和23年1月31日　⑳北海道足寄郡足寄町　⑳拓殖大学政経学部政治学科（昭和45年）卒　⑳足寄町開基80周年特別功労賞（昭和63年）、モンゴル北極星勲章（平成9年）、ペルー太陽勲章グラン・オフィシャル位（平成11年）　⑳大学在学中から中川一郎代議士秘書を務め、中川死去後の昭和58年12月自民党から衆院議員に当選。平成8年の衆院選では比例区北海道ブロックで1位当選を果たす。当選6回。防衛、外務両政務次官、9年第2次橋本改造内閣の北海道・沖縄開発庁長官、10年内閣官房副長官を歴任。無派閥、旧小渕派を経て、橋本派。この間、10年6月閣僚として初めて北方領土（国後島、択捉島）を訪問。野中広務元党幹事長の側近として外務省に強い影響力を持ったといわれる。14年3月北方四島支援事業への関与疑惑など一連の外務省問題をめぐって自民党を離党。同年6月収賄など4つの容疑で逮捕された。この間、15年11月の総選挙では自ら胃がんであることを公表して出馬を断念したが、16年参院選に立候補。
【著書】反乱（ぶんか社 '04）
【評伝】宗男の言い分（歳川隆雄、二木啓孝著 飛鳥新社'02）／鈴木宗男研究（加藤昭著 新潮社'02）／恫喝（鈴木宗男研究会編 雷韻出版'02）／代議士秘書の内幕（伊勢暁史著 エール出版社'88）

鈴木 康友　すずき・やすとも
衆院議員（民主党　比例・東海）　⑧昭和32年8月23日　⑳静岡県浜松市　⑳慶応義塾大学法学部（昭和55年）卒　⑳昭和60年松下政経塾を卒業。民間企業の新規事業企画を手掛ける企画会社社長を経て、平成12年民主党から衆院議員に当選。2期目。　⑳野球、ゴルフ、読書
http://www.yasutomo-net.com/

鈴木 陽悦　すずき・ようえつ
参院議員（無所属　秋田）　元・ニュースキャスター　⑧昭和24年1月10日　⑳秋田県秋田市　⑳中央大学経済学部卒　⑳昭和46年秋田テレビにアナウンサーとして入社。以後、芸能・情報番組の司会などを経て、ニュース「スーパータイムあきた」のキャスターをつとめる。報道制作局副部長などを歴任し、平成16年退社。同年参院選に無所属で当選。著書に「クロマンター―日本ピラミッドの謎を追う」がある。　⑳日本環太平洋学会　http://www.suzuki-youetsu.tv/

鈴木 義男　すずき・よしお
春日井市長　⑧大正2年11月14日　⑳平成13年6月28日　⑳愛知県春日井市　⑳勝川青年学校卒　⑳勲四等旭日小綬章（平成3年）、春日井市名誉市民　⑳昭和24年春日井市厚生部民生課長、39年助役を経て、50年以来市長に4選。59年愛知県市長会会長を務め、平成3年引退した。

鈴木 淑夫 すずき・よしお
衆院議員(民主党) 元・野村総合研究所理事長 元・日本銀行理事 エコノミスト [専]金融論(とくに金融政策論) 日本経済論 経済政策論 [生]昭和6年10月12日 [出]東京市神田区錦町(現・東京都千代田区) [学]東京大学経済学部経済学科(昭和30年)卒 経済学博士(東京大学)(昭和51年) [興]日本経済の改革;金融制度改革 [賞]旭日中綬章(平成16年) [歴]昭和30年日本銀行入行。ロンドン駐在、内国調査課長、松本支店長、金融研究所副所長を歴任し、59年3月金融研究所長、63年5月理事に就任。平成元年野村総合研究所副理事長、3年12月理事長となる。8年衆院選に新進党の比例区東海ブロックより出馬し、当選。10年1月自由党に参加。12年衆院選では比例区東京ブロックから当選。15年9月民主党に合流するが、11月の衆院選で落選。2期。衆院懲罰常任委員長を務めた。著書に「現代日本金融論」「金融政策の効果」「日本経済と金融」「日本金融経済論」などがある。 [団]日本経済学会,金融学会,世界モンペルラン協会(元・副会長) [趣]読書,ゴルフ,ドライブ
http://www.suzuki.org/
【著書】改革と景気は両立する(大修館書店 '03)/「デノミ」の政治経済学(東洋経済新報社 '99)/政策不況(野田毅,鈴木淑夫編著 東洋経済新報社'98)/日本の金融政策(岩波書店 '93)

鈴木 良一 すずき・りょういち
下館市長 [生]昭和6年8月12日 [出]茨城県 [学]結城農卒 [歴]下館市環境部長、民生部長を経て、平成4年下館市長に当選。8年落選。

鈴木 礼治 すずき・れいじ
愛知県知事 [生]昭和3年12月4日 [出]三重県桑名市 [学]名古屋大学経済学部(昭和27年)卒 [賞]勲一等瑞宝章(平成12年) [歴]昭和27年愛知県職員となり、32年総理府事務官に転出。39年愛知県庁に戻り企画課長などを務める。その後、教育長、総務部長を歴任し、54年4月副知事に就任。58年知事に当選。リニア中央新幹線、中部新国際空港、第二東名・名神などの大型プロジェクトに取り組む。平成10年7月発足した愛知県高速道路交通システム(ITS)推進協議会会長。4期つとめ、11年2月引退。 [趣]ゴルフ,カラオケ,囲碁
【評伝】未踏の大地を切り拓け!(角間隆著 ぎょうせい'88)

鈴切 康雄 すずきり・やすお
衆院議員(公明党) [生]大正15年6月28日 [出]愛知県名古屋市 [学]神戸高等商船専科機械科(昭和20年)中退 [賞]勲二等旭日重光章(平成8年) [歴]鈴切材木店経営を経て、昭和38年大田区議に当選。同年創価学会理事に。40年以来、東京2区から衆院議員に8選。53年公明党衆院議員団長。平成2年引退。

須田 勝勇 すだ・かつとし
木更津市長 [生]昭和3年9月30日 [出]千葉県 [学]望陀農(昭和38年)卒 [歴]昭和50年以来自民党から千葉県議に4選。平成7年木更津市長に当選。2期目任期途中の14年2月退任。

須田 健治 すだ・けんじ
新座市長 [生]昭和21年5月17日 [出]埼玉県新座市 [学]立教大学経済学部(昭和44年)卒 [歴]昭和59年新座市議に当選し、副議長を経て、平成4年同市長に当選。4期目。

須田 善二郎 すだ・ぜんじろう
女川町(宮城県)町長 [生]昭和11年6月21日 [没]平成11年8月4日 [出]宮城県牡鹿郡女川町 [学]石巻高卒 [資]行政書士 [歴]宮城県女川町役場職員、町議3期を経て、昭和58年町長に連続5選。女川原子力発電所の建設を推進、電源三法に基づく交付金を利用した町の活性化に努めた。

首藤 信彦　すとう・のぶひこ
衆院議員(民主党　神奈川7区)　東海大学教授　⬡国際経営　国際経済　国際政治　危機管理　⬡昭和20年4月5日　⬡旧満州・大連　⬡慶応義塾大学経済学部(昭和44年)卒、慶応義塾大学大学院経済学研究科(昭和54年)博士課程修了　⬡国際経済の危機;企業経営の危機管理　⬡伊藤忠商事勤務後、貿易研修センター助教授、AGSIM経営大学院(米国・アリゾナ州)客員教授を経て、東海大学助教授、昭和63年教授に就任。INSEAD(フランス)客員教授、米国ジョンズホプキンズ大学SAIS、メリーランド大学CISSM客員研究員を歴任。平成6年国際紛争予防研究機構(IPIC)を設立、事務局長を務める。7年ルワンダ国民再融和支援委員会を結成、委員長。8年民主党より衆院選に立候補。12年再出馬し、比例区で当選。15年の衆院選は神奈川7区に立候補し当選。2期目。著書に「海外安全の知識と実際」「ディフェンシブ・マネジメント」「巨大リスク時代の危機管理」「海外安全対策」「世界のテロリズムと日本の安全」など。⬡日本経済政策学会,国際経済学会,組織学会　http://www2.gol.com/users/sutoband/

須藤 浩　すどう・ひろし
衆院議員(民主党　比例・南関東)　⬡昭和32年7月6日　⬡千葉県四街道市　⬡立教大学法学部(昭和56年)卒　⬡四街道市役所職員、四街道市議を経て、平成5年日本新党から衆院議員に当選。6年新進党結成に参加。8年落選。のち民主党に参加。12年落選。15年返り咲き。通算2期目。　http://www56.biglobe.ne.jp/~ssn/

須藤 美也子　すとう・みやこ
参院議員(共産党)　⬡昭和10年1月28日　⬡山形県　⬡鶴岡南高卒　⬡山形県議を経て、平成7年参院比例区に当選。1期務め、13年の参院選には出馬しなかった。14年衆院補選に立候補するが落選。

須藤 良太郎　すどう・りょうたろう
参院議員(自民党)　⬡昭和8年1月1日　⬡群馬県　⬡東京大学農学部(昭和30年)卒　⬡昭和30年農林省入省。54年整備課長、55年設計課長、57年建設部長、59年構造改善局次長を歴任。62年6月退官。平成元年参院選比例区に自民党から当選。2期務めた。竹下派、旧小渕派を経て、橋本派。13年引退。

須永 徹　すなが・とおる
衆院議員(社会党)　⬡昭和25年2月14日　⬡平成3年11月23日　⬡群馬県太田市　⬡群馬大学工業短期大学部(昭和46年)卒　⬡富士重工に勤務、のち代議士秘書を経て、社会党群馬県副委員長に就任。自治労県本部特別執行委員、太田中小企業労務協会理事も務める。平成2年衆院議員に当選。　⬡祖父=須永好(衆院議員)

砂川 敏文　すながわ・としふみ
帯広市長　⬡昭和23年1月21日　⬡香川県　⬡帯広畜産大学畜産学部草地学科(昭和45年)卒　⬡昭和45年農林水産省に入省。平成2年北海道開発庁北海道開発局開発計画課長、3年同計画官、4年考査主幹、官房調整官を経て、10年4月帯広市長に当選。2期目。

砂田 圭佑　すなだ・けいすけ
衆院議員(自民党　兵庫1区)　⬡昭和8年11月21日　⬡兵庫県神戸市　⬡中央大学経済学部(昭和32年)卒　⬡商事会社を経営。平成8年衆院議員に当選。3期目。高村派。　⬡読書,カメラ　http://www.k-sunada.org

砂田 重民 すなだ・しげたみ
衆院議員（自民党） 北海道・沖縄開発庁長官 文相 ⓖ大正6年3月4日 ⓧ平成2年9月24日 ⓟ兵庫県神戸市 ⓔ立教大学経済学部（昭和15年）卒 ⓛ昭和30～35年河野一郎の秘書をつとめ、38年以来衆院議員に当選8回。自治政務次官、総務庁次官、党副幹事長、福田内閣の文相、党選挙制度調査会長などを歴任し、平成2年第2次海部内閣の北海道・沖縄開発庁長官となるが、病気で辞任。渡辺派。大学時代はアイスホッケーの選手として活躍した。
ⓗ音楽、カメラ ⓕ父=砂田重政（防衛庁長官）
【評伝】藤原弘達のグリーン放談〈3〉熱慮断行（藤原弘達編 藤原弘達著作刊行会;学習研究社〔発売〕'86）

住 栄作 すみ・えいさく
衆院議員（自民党） 法相 ⓖ大正9年5月20日 ⓧ昭和61年12月20日 ⓟ富山県魚津市大光寺 ⓔ東京帝大法学部（昭和18年）卒 ⓛ昭和18年内務省に入り、41年中労委事務局長、44年労働省職業安定局長を歴任して退官。47年衆院議員に当選。58年第2次中曽根内閣の法相に就任。当選6回。宮沢派。
ⓕ息子=住博司（衆院議員）

住 博司 すみ・ひろし
衆院議員（自民党） ⓖ昭和29年8月19日 ⓧ平成10年7月11日 ⓟ富山県 ⓔ早稲田大学政経学部（昭和52年）卒 ⓛNHK記者を経て、平成2年から衆院議員に3選。旧宮沢派。 ⓕ父=住栄作（法相）

住田 隆 すみだ・たかし
稲沢市長 ⓖ大正10年3月21日 ⓔ陸士（昭和15年）卒 ⓢ勲三等瑞宝章（平成4年） ⓛ昭和21年大同毛織に入社。34年稲沢市議4期、37年副議長を経て、50年稲沢市長に当選。4期つとめた。平成3年落選。

澄田 信義 すみた・のぶよし
島根県知事 ⓖ昭和10年2月20日 ⓟ島根県出雲市今市町 ⓔ東京大学法学部（昭和32年）卒 ⓛ昭和32年国鉄に入る。門司鉄道管理局営業部長、大阪鉄道管理局総務部長、首都圏本部次長、新幹線総局次長などを経て、省庁の交流人事で55年和歌山県警本部長。57年国鉄に復帰し監察局長、59年旅客局長、60年職員局長、61年常務理事を歴任。62年国鉄分割・民営を前に辞職して、同年4月島根県知事に当選。5期目。
【著書】汽笛に想う（ぎょうせい '01）
【評伝】地方よ、アクティブに甦れ！（角間隆著 ぎょうせい'90）

【せ】

清藤 三津郎 せいとう・みつろう
黒石市長 ⓖ大正4年7月23日 ⓧ平成13年11月25日 ⓟ青森県黒石市 ⓔ東京歯科医専（昭和16年）卒 ⓢ勲三等瑞宝章（平成11年） ⓛ青森県・黒石町議1期、昭和29年以来黒石市議4期を経て、61年黒石市長に当選、3期務めた。平成10年引退。日本歯科医師会常務理事を務めた。

清和 武夫 せいわ・たけお
櫛引町（山形県）町長 黒川能保存会会長 ⓖ大正5年3月13日 ⓟ山形県田川郡櫛引町黒川 ⓔ目黒高等無線通信学校中退 ⓢ勲五等双光旭日章（平成3年） ⓛ昭和33年櫛引町総務課長、44年助役を経て、58年から櫛引町長に2選。3歳の時から能を始めたが、戦傷のため能役者をあきらめ、櫛引町黒川地区に伝わる国の重要無形民俗文化財黒川能の保存に情熱をそそぐ。資料館と練習場を兼ねる「伝習館」の建設、地元の小、中学校のクラブ活動に黒川能を取り入

れるなど、保存に尽力。黒川能は63年サントリー地域文化賞を受賞した。　⑱読書,盆栽

関 淳一　せき・じゅんいち
大阪市長　㋴昭和10年8月13日　㋰大阪府　㋕大阪市立大学医学部（昭和36年）卒　㋒医師　㋜昭和42年大阪市役所に老人病専門の臨床医として入る。首席医務官、平成4年環境保健局長を経て、7年助役。15年市長に当選。　⑱酒（ビール），ハイキング　㊁祖父＝関一（大阪市長）

関 晴正　せき・はれまさ
衆院議員（社会党）　㋴大12.11.26　㋰青森県五所川原市　㋕青森師範（昭和20年）卒　㋜小学校教師となり、日教組中央委員。昭和26年青森市議選に初当選して政界入り。青森県議を経て、54年衆院議員に当選。61年落選し、翌62年青森県知事選、平成元年5月青森市長選に出馬。2年衆院議員に復帰、通算4期つとめる。5年引退。

関 広一　せき・ひろかず
小千谷市長　㋴昭和10年8月9日　㋰新潟県小千谷市　㋕六日町高卒　㋒小千谷市職員労働組合書記長を経て、昭和47年新潟県労働金庫監事。のち小千谷市会議長を務める。平成10年11月小千谷市長に当選。2期目。

関 真　せき・まこと
日高市長　㋴昭和4年12月6日　㋕川越中（旧制）卒　㋜日高市議、市会議長を経て、平成11年日高市長に当選。2期目。

関 義清　せき・よしきよ
明日香村（奈良県）村長　㋴昭和15年12月23日　㋰奈良県　㋕畝傍高（昭和34年）卒　㋜昭和59年関建設を設立、社長。平成2年明日香不動産社長。4年明日香村長に当選。3期目。村独自にキトラ古墳の発掘、保存に取り組み、8年考古学者や地元住民らとキトラ古墳保存対策検討委員会を旗揚げした。15年周辺市町村との合併は行わないことを決定。　⑱ゴルフ,水泳

関 嘉彦　せき・よしひこ
参院議員（民社党）　東京都立大学名誉教授　㋒社会思想史　㋴大正1年11月19日　㋰福岡県福岡市養巴町　㋕東京帝国大学経済学部（昭和11年）卒　法学博士　㋒社会主義思想史　㋫勲三等旭日中綬章（平成1年）　㋛河合栄治郎門下で、英労働党や社会主義研究の第一人者。戦後、東京都立大学教授や早稲田大学客員教授を務め、同時に民社党結成以来の同党の理論的主柱であった。昭和58年参院比例代表区で民社党候補者名簿の第1位に登場、当選し1期務めた。主な著書に「イギリス労働党史」「社会思想史十講」など。
㋘日本政治学会
【著書】戦後日本の国際政治論（一芸社 '00）／私と民主社会主義（日本図書刊行会；近代文芸社〔発売〕'98）

関川 貞登　せきがわ・さだと
本城村（長野県）村長　㋴明治44年6月24日　㋵昭和62年4月30日　㋰長野県東筑摩郡本城村　㋕松本中学（旧制）（昭和3年）中退　㋫黄綬褒章（昭和46年）　㋜昭和36年に長野県の本城村村会議長、同年12月、村長に初当選。51年8月、議会などで「関係していた土木会社に村の工事を多額に発注していた」と追及を受けたことから、任期途中で辞任。55年9月、村長に返り咲き、通算6期。東筑摩郡土木振興会長、松本交通安全協会副会長などを務めた。

関口 恵造　せきぐち・けいぞう
参院議員（自民党）　歯科医　㋴大正15年3月13日　㋵平成6年1月17日　㋰埼玉県秩父郡皆野町　㋕東京歯科専（昭和22年）卒　歯学博士（昭和45年）　㋜昭和55年参院議員に当選、2期。58年法務政務次官、平成元年沖縄開発政務次官をつ

とめる。宮沢派。4年引退。埼玉県歯科医師会会長、日本歯科医師会常務理事もつとめた。

関口 昌一 せきぐち・まさかず
参院議員(自民党 埼玉) [生]昭和28年6月4日 [出]埼玉県皆野町 [学]城西歯科大学(現・明海大学歯学部)(昭和54年)卒 [歴]歯科医の傍ら、歯科医師政治連盟評議員を務めた。平成7年から埼玉県議に3選。15年10月の補選で参院議員に当選。2期目。 [家]父=関口恵造(参院議員)

関根 昭二 せきね・しょうじ
嵐山町(埼玉県)町長 [生]昭和2年1月10日 [没]平成16年11月20日 [出]埼玉県比企郡嵐山町 [学]国学院大学卒 [歴]嵐山町教育委員長、嵐山町議5期、議長を経て、昭和59年から嵐山町長に5選。場外舟券売り場の誘致問題で反対の立場をとり、平成9年稲川会系暴力団組員により、自宅に襲撃を受けた。16年引退。

関根 則之 せきね・のりゆき
参院議員(自民党) [生]昭5.1.13 [出]埼玉県比企郡吉見町 [学]東京大学法学部(昭和28年)卒 [賞]勲二等旭日重光章(平成12年) [歴]昭和28年自治庁に入る。43年三重県企業庁長、45年総務部長、46年教育長、48年自治省官房参事官、51年財政課長、53年官房審議官、54年静岡県副知事、56年自治省税務局長、59年消防庁長官を歴任して、62年9月退官。63年6月自民党推薦で埼玉県知事選挙に立候補したが落選。平成3年6月参院埼玉補選で当選、2期務めた。10年落選。三塚派。 [趣]ゴルフ,水泳
【著書】時代の裂け目に(日本ブックマネジメント '90)

関根 龍之丞 せきね・りゅうのじょう
岩槻市長 [生]大正2年9月8日 [出]埼玉県 [学]岩槻実卒 [歴]昭和42年岩槻市助役を経て、48年から市長に3選。60年引退。

関谷 晃 せきや・あきら
設楽町(愛知県)町長 [生]大正8年5月4日 [出]愛知県 [学]東京帝大工学部応用化学科(昭和16年)卒 [歴]昭和21年家業の関谷醸造をつぐ。38年から設楽町議4期、46年町会議長を経て、54年町長に当選。3期目。設楽ダム建設問題では建設の見返りに過疎対策を国、県に求める「条件交渉路線」を推進。平成3年11月引退。

関谷 勝嗣 せきや・かつつぐ
参院議員(自民党 愛媛) 建設相 郵政相 [生]昭和13年3月6日 [出]愛媛県松山市 [学]中央大学法学部政治学科(昭和35年)卒 [歴]昭和39年日航に入社。その後父の秘書を経て、51年衆院議員に当選。運輸政務次官、郵政政務次官、運輸委員長などを経て、平成2年第2次海部改造内閣の郵政相、10年小渕内閣の建設相に就任。11年小渕改造内閣でも留任、また国土庁長官を兼任。当選8回。旧渡辺派を経て、同年12月山崎派に参加。12年参院補選に当選。2期目。 [家]父=関谷勝利(衆院議員)
http://www.k-sekiya.gr.jp/

関山 信之 せきやま・のぶゆき
衆院議員(社民党) [生]昭和9年2月5日 [出]東京 [学]三条高(昭和28年)卒 [歴]衆院議員稲村順三秘書を経て、昭和50年新潟県議に当選、2期つとめる。58年衆院議員に当選、4期。平成8年社民党内の新党推進派による創志会代表。同年無所属、12年民主党から衆院選に出馬。13年参院選に出馬。

瀬古 由起子 せこ・ゆきこ
衆院議員(共産党) [生]昭和22年8月24日 [出]大阪府大阪市 [学]京都府立大学家政学部(昭和45年)卒 [歴]病院ケースワーカーの傍ら、昭和49年から瀬戸市議4期。平成8年衆院議員に当選。2期務める。15年落選。 [趣]絵画,テニス
http://www.seko-yukiko.gr.jp/

せこ

背古 芳男　せこ・よしお
太地町（和歌山県）町長　⊕大正13年4月2日　⊖平成2年11月14日　⊕カナダ・バンクーバー　⊕和歌山市立商（昭和17年）卒　⊕カナダ・バンクーバーで出稼ぎ漁民の子として生まれる。5歳の時帰国。太地町職員、収入役を経て、昭和49年〜平成2年町長を4期務めた。この間、昭和57年捕鯨を守る全国自治体協議会会長。

世耕 弘成　せこう・ひろしげ
参院議員（自民党　和歌山）　⊕昭和37年11月9日　⊕大阪府大阪市天王寺区　⊕早稲田大学政治経済学部（昭和61年）卒　⊕昭和61年日本電信電話に入社。平成2〜4年ボストン大学大学院に留学。広報部報道担当課長、関西支社経営管理担当課長を歴任。10年退社、同年伯父の世耕政隆参院議員の死去に伴う和歌山選挙区の補欠選挙で参院議員に当選。2期目。森派。　⊕父＝世耕弘昭（近畿大学理事長）、祖父＝世耕弘一（衆院議員）
http://www.newseko.gr.jp/

世耕 政隆　せこう・まさたか
参院議員（自民党）　自治相　近畿大学総長　⊕大正12年1月6日　⊖平成10年9月25日　⊕東京　⊕日本大学医学部皮膚科（昭和24年）卒　医学博士　⊕勲一等旭日大綬章（平成10年）　⊕日本大学医学部教授（皮膚科学）を経て、昭和42年衆院議員に当選。46年には参院和歌山地方区に転じて当選。政調副会長、参院文教、物価対策特別、大蔵各委員長を歴任し、56年12月鈴木改造内閣の自治相に就任。平成2年4月〜3年3月弾劾裁判所裁判長。当選5回。無派閥。一方、昭和40年より近畿大学総長・理事長も務めた。また、詩人でもあり、共著に詩画集「七」がある。　⊕日本文芸家協会　⊕植木、ゴルフ　⊕父＝世耕弘一（経企庁長官）、弟＝世耕弘昭（近畿大学理事長）、甥＝世耕弘成（参院議員）

瀬崎 博義　せざき・ひろよし
衆院議員（共産党）　⊕昭和2年3月28日　⊖平成12年12月2日　⊕大阪府大阪市　⊕東京大学工学部電気工学科　⊕石部町議、瀬崎林業取締役を経て、昭和47年衆院議員に当選。5期。61年落選。三田木材工業企業組合理事長も務めた。

瀬田 道弘　せた・みちひろ
香芝市長　⊕大正15年5月13日　⊕奈良県香芝市　⊕神戸工専（昭和23年）卒　⊕昭和23年ミノルタカメラに入社。財務部次長、ミノルタ保険代行会社取締役、63年香芝市西真美自治会会長などを経て、平成4年香芝市長に当選。8年落選。　⊕ゴルフ、絵画鑑賞、囲碁

瀬戸 亀男　せと・かめお
篠山市長　⊕昭和11年2月6日　⊕篠山農（昭和30年）卒　⊕篠山町長を経て、平成11年市制施行に伴う篠山市長選に当選。2期目。
【著書】今、なぜ合併か（公人の友社 '01）

瀬戸 孝則　せと・たかのり
福島市長　⊕昭和22年6月3日　⊕福島県福島市　⊕早稲田大学法学部卒　⊕福島市中央公民館運営審議委員、福島JC副理事長などを歴任。昭和62年福島県議に当選、4期務める。平成13年福島市長に当選。　⊕父＝瀬戸孝一（福島県議）

勢戸 利春　せと・としはる
大村市長　⊕昭和6年4月13日　⊕長崎県　⊕大村高卒　⊕勲四等旭日小綬章（平成13年）　⊕大村市議、議長を経て、昭和62年から長崎県議に2選。平成6年大村市長に当選。

瀬長 亀次郎　せなが・かめじろう
日本共産党名誉幹部会委員　衆院議員　⊕明治40年6月10日　⊖平成13年10月5日　⊕沖縄県島尻郡豊見城村　⊕七高理科（旧制）中退　⊕ジョリオ・キュリー平和賞（フランス）（昭和44年）

⑱戦前は京浜地区で労働運動に参加、治安維持法違反で3年の刑を受けた。のち沖縄朝日新聞の記者、毎日新聞那覇支局員。戦後21年「うるま新報」（現・琉球新報社）社長となる。22年沖縄人民党を結成し、書記長となり、以後政治運動に専念、沖縄の革新勢力のリーダーとして活躍した。27年初の立法院議員選挙で最高得票を獲得し琉球政府立法院議員に当選、就任式典では居並ぶ米軍高官を前に宣誓を拒否した。29年米軍による同党弾圧で2年間投獄された。31年武力による米軍用地の強制収用に抵抗する"島ぐるみ闘争"の中で圧倒的な人気で那覇市長に当選したが、わずか10ケ月で米軍から追放された。45年初の国政参加選挙から衆院議員に当選。48年沖縄人民党は日本共産党に合流、党幹部会副委員長となる。連続7期務め、平成2年引退。地元では沖縄革新の顔として"カメさん"の愛称で親しまれた。

【著書】瀬長亀次郎回想録（新日本出版社'91）

【評伝】沖縄の青春（佐次田勉著（京都）かもがわ出版'98）／ザ・選挙（佐久田繁、川条昭見編　月刊沖縄社'86）

瀬沼 永真　せぬま・えいしん
小平市長　延命寺住職　僧侶　⑭大正6年3月10日　⑮平成15年2月9日　⑯東京　⑰大正大学専門部仏教学科（昭和12年）卒　⑱昭和15年小平村役場に入る。21年小平町経済課長、25年総務課長、28年教育長、30年助役を歴任。37年市制施行後も助役となり、58年から市長に3選。平成5年3月任期途中に健康上の理由から引退した。

瀬谷 英行　せや・ひでゆき
参院議員（社民党）　⑭大正8年2月28日　⑯東京都文京区　⑰中央大学法学部（昭和16年）卒　⑳勲一等旭日大綬章（平成10年）　⑱国鉄に入り、国労の結成に参加。埼玉公労協議長などを経て、昭和37年以来参院議員に6選。交通安全対策特別委員長、決算常任委員長などを歴任。61年参院副議長をつとめた。平成10年引退。著書に「ガダルカナルの詩集より」など。

芹沢 昭三　せりざわ・しょうぞう
伊東市長　⑭昭和3年5月22日　⑮平成7年5月27日　⑯静岡県伊東市　⑰巣鴨経専（昭和24年）卒　⑱中学校教師を経て、昭和38年以来伊東市議に4選。57年伊東市長に当選。3期つとめる。平成6年落選。

芹沢 勤　せりざわ・つとむ
小諸市長　⑰慶応義塾大学卒　⑱長野県交通安全対策室長、教育委員会総務課長を歴任。のち小諸市助役を経て、平成16年市長に当選。

仙谷 由人　せんごく・よしと
衆院議員（民主党　徳島1区）　仙谷石田法律事務所主宰　弁護士　⑭昭和21年1月15日　⑯徳島県徳島市佐古八番町　⑰東京大学法学部（昭和44年）中退　⑱在学中に司法試験に合格し、昭和46年弁護士登録。58年仙谷・石田法律事務所を開設。平成2年衆院議員に当選、社会党新人による"ニューウェーブの会"代表幹事となる。5年落選。8年民主党より衆院議員に復帰。11年1月党筆頭副幹事長、企画委員長、衆議院予算委員会筆頭理事、衆議院憲法調査会会長、民主党政調会長代理。16年5月岡田克也幹事長の下、政調会長に就任。通算4期目。
⑱料理、ゴルフ　http://www.nmt.ne.jp/~sengoku/

【著書】焦眉（ごま書房'99）／想像の政治　政治の創造（現代の理論社'92）

千保 一夫　せんぽ・かずお
大田原市長　⚫昭和18年3月9日　⚫栃木県大田原市　⚫中央大学法学部(昭和41年)卒　⚫昭和43年司法書士を開業。50年から大田原市議4期、市会議長も務める。平成2年大田原市長に当選。4期目。10年には市内の全世帯に買い物袋を配り、ゴミの減量を訴える。11年オウム真理教元代表・松本智津夫被告の二男と二女の転入届を不受理とする決定を下し話題となった。
【評伝】青年よ故郷(ふるさと)に帰って市長になろう(全国青年市長会編　読売新聞社'94)

【そ】

相馬 大作　そうま・だいさく
酒田市長　土門拳記念館理事長　⚫昭和4年2月15日　⚫山形県酒田市　⚫早稲田大学商学部(昭和29年)卒　⚫藍綬褒章(平成4年)　⚫在学中から代議士秘書をつとめ、昭和46年以来酒田市長に5選。平成3年引退。

添田 高明　そえだ・たかあき
茅ケ崎市長　⚫昭和10年5月12日　⚫平成15年8月27日　⚫神奈川県茅ケ崎市　⚫早稲田大学政経学部(昭和33年)卒　⚫藍綬褒章(平成7年)　⚫河野洋平秘書を経て、茅ケ崎青果地方卸売市場社長。昭和50年から神奈川県議に6選。議長も務めた。平成11年茅ケ崎市長に当選、1期。15年引退。　⚫ピアノ、野球

添田 増太郎　そえた・ますたろう
参院議員(自民党)　全国養蚕農協連会長　⚫昭和3年11月1日　⚫福島県岩瀬郡鏡石町　⚫岩瀬農(昭和21年)卒　⚫鏡石町議を経て昭和43年から福島県議、58年5月から県会議長を務めた。60年2月村田秀三参院議員の死去に伴う参院福島選挙区補欠選挙で参院議員に当選。平成元年落選。

曽根 薫　そね・かおる
江田島市長　⚫昭和7年1月4日　⚫広島県江田島市　⚫広陵高卒　⚫昭和51年広島県の江田島町役場に入る。企画課長、総務課長などを経て、助役。平成15年町長に当選、1期。16年合併により誕生した江田島市の初代市長に当選。

曽根田 郁夫　そねだ・いくお
参院議員(自民党)　⚫大正14年2月1日　⚫平成7年5月6日　⚫北海道　⚫東京帝国大学法学部政治学科(昭和22年)卒　⚫勲二等旭日重光章(平成7年)　⚫昭和23年厚生省に入省。49年年金局長、51年社会局長、52年社会保険庁長官、53年事務次官を歴任して退官。58年参院議員に当選、1期つとめた。平成元年落選。
【著書】日本の企業年金 昭和57年版(東洋経済新報社 '82)

園田 清充　そのだ・きよみつ
参院議員(自民党)　国土庁長官　⚫大正8年10月6日　⚫昭和60年9月7日　⚫熊本県豊野村　⚫法政大学法学部(昭和14年)中退　⚫昭和22年27歳で熊本県議に初当選して以来連続5回当選。この間、豊野農協組合長、自民党熊本県連幹事長、県会議長を務めた。40年参院議員熊本地方区補欠選挙で初当選。当選4回。国会では農政通でならし"ベトコン議員"としても活躍。農林政務次官、参院農林水産委員長を歴任。54年第2次大平内閣で国土庁長官に就任。

園田 修光　そのだ・しゅうこう
衆院議員(自民党)　⚫昭和32年3月13日　⚫鹿児島県　⚫日本大学法学部卒　⚫昭和62年鹿児島県議に当選、2期つとめる。平成7年の県議選には出馬せず、8年自民党より衆院議員に当選。1期務める。15年落選。橋本派。

園田 博之　そのだ・ひろゆき
衆院議員(自民党　熊本4区)　[生]昭和17年2月19日　[出]熊本県本渡市(本籍)　[学]日本大学経済学部(昭和39年)卒　[歴]元外相・園田直の二男。昭和39年日魯漁業入社。販売課長を経て58年から園田直東京事務所長を務めた。海洋開発技術協理事を経て、61年衆院議員に当選。6期目。平成5年6月自民党を離党し新党さきがけに参加。6～8年1月村山内閣の官房副長官。同年8月党代表幹事(幹事長)。10年9月離党、無所属を経て、自民党に復党。小里グループ。　[趣]読書,ゴルフ　[家]父=園田直(外相),母=園田天光光(衆院議員)
【評伝】日本の総選挙1986年(杣正夫編 九州大学出版会'87)

園田 康博　そのだ・やすひろ
衆院議員(民主党　比例・東海)　[生]昭和42年6月9日　[出]岐阜県　[学]日本大学法学部政治経済学科(平成4年)卒,日本大学大学院法学研究科(平成6年)修士課程修了,慶応義塾大学大学院法学研究科(平成9年)研究生修了　[歴]二松学舎大学講師、慶応義塾大学講師などを経て、平成12年衆院選に出馬。15年衆院議員に当選。　http://homepage3.nifty.com/yy-sonoda/

染谷 誠　そめや・まこと
衆院議員(自民党)　[生]大正7年3月3日　[没]平成4年1月22日　[出]千葉県　[学]拓殖大学商学部(昭和16年)卒　[賞]藍綬褒章(昭和46年),勲二等瑞宝章(昭和63年)　[歴]昭和30年千葉県議に当選(6期)、40年県議会議長を経て、47年以来千葉4区から衆院議員当選5回。52年から1年間自治政務次官を務め、54年防衛政務次官。また党地行部会長・国民運動副本部長などを歴任。竹下派。平成2年引退。　[趣]囲碁(3段)

【た】

大護 俊英　だいご・しゅんえい
北本市長　[生]大正2年2月1日　[没]平成5年1月29日　[出]埼玉県　[学]智山専卒　[歴]北本市教育長、助役を経て、昭和54年以来北本市長に2選。62年引退。

大長 芳雄　だいちょう・よしお
清洲町(愛知県)町長　[出]静岡県　[学]静岡大学工学部卒　[歴]銀行に4年間勤務後、大学を卒業し、変電機メーカーに勤務。樹脂成型などの開発を担当する一方、組合活動を続ける。平成4年退職。この間、昭和48年清洲町長選に出馬し、落選。平成9年清洲町長に当選、1期。愛知県で初の共産党の町長となった。

大門 実紀史　だいもん・みきし
参院議員(共産党　比例)　[生]昭和31年1月10日　[出]京都府　[学]神戸大学中退　[歴]平成3年全建総連中央委員、8年東京土建一般労組書記長などを経て、日本共産党政策委員長。12年12月参院比例区に繰り上げ当選。2期目。
http://www.daimon-mikishi.jp/

平 恒夫　たいら・つねお
長井市長　[生]昭和13年5月22日　[学]長井高卒　[歴]長井市職員となり、同市職労執行委員長、西置賜地区公務員共闘会議議長、社会党支部執行委員長、長井市議、全労済山形県本部理事などを歴任、平成2年長井市長に当選。2期。10年落選。　[趣]スポーツ観戦,野球

田浦 直　たうら・ただし
参院議員(自民党　長崎)　田浦皮膚科医院院長　医師　[生]昭和12年4月5日　[出]長崎県佐世保市　[学]長崎大学医学部(昭和37年)卒　[歴]原爆病院で診療に携わり、昭和58年田浦皮膚科医院を開業。

50年以来自民党所属で長崎県議を通算5期務める。平成元年副議長。5年新生党から衆院議員に立候補。7年新進党から参院議員に当選。8年9月離党し、11月自民党に入党。宮沢派、加藤派を経て、堀内派。2期目。　⊕父=田浦直蔵（参院議員）

田岡　克介　たおか・かつすけ
石狩市長　⊕昭和20年10月11日　⊕北海道石狩市　⊕国学院大学文学部（昭和43年）卒　⊕昭和43年石狩町役場（現・石狩市）に入る。石狩湾新港管理組合に出向などを経て、助役。平成11年石狩市長に当選。2期目。　⊕釣り、古文書解読

多賀　栄太郎　たが・えいたろう
品川区（東京都）区長　⊕明治43年10月27日　⊕平成13年12月21日　⊕東京都品川区　⊕東京府立八中（昭和4年）卒　⊕勲三等瑞宝章（昭和62年）　⊕昭和6年荏原町役場に入り、39年品川区助役を経て、47年以来品川区長に4選。62年引退した。

高井　和伸　たかい・かずのぶ
参院議員（連合）　高井和伸法律事務所所長　弁護士　⊕昭和15年12月13日　⊕岐阜県　⊕愛知大学法経学部（昭和42年）卒　⊕郵政省を経て、昭和49年司法試験合格。52年高知地裁裁判補、55年浦和地家裁判事補を歴任。56年弁護士登録、高井和伸法律事務所開設。61年東京弁護士会厚生委員会副委員長。平成元年連合から参院議員に当選。5年衆院選に日本新党から立候補。8年衆院選には新進党から立候補。著書に「道路と境界をめぐる紛争解決法」など。　⊕東京弁護士会　⊕岩波文庫収集、初飛行記念郵便収集

高井　美穂　たかい・みほ
衆院議員（民主党　比例・四国）　⊕昭和46年11月30日　⊕徳島県三好郡三野町　⊕早稲田大学第一文学部（平成6年）卒　⊕平成6年ダイエーに入社、社長室秘書部に配属される。11年業務室勤務を最後に退社、民主党徳島県第2区総支部長に就任。13年県総支部連合会副代表。15年衆院選に立候補、比例区で当選。　http://www.takaimiho.com/

高市　早苗　たかいち・さなえ
衆院議員（自民党）　近畿大学教授　⊕通商政策　産業政策　教育政策　税制　⊕昭和36年3月7日　⊕奈良県奈良市　⊕神戸大学経営学部（昭和59年）卒　⊕資産デフレ対策;中国等による知的財産侵害対策;中小企業金融　⊕大学卒業後、松下政経塾に学ぶ。昭和62年米国・民主党下院議員パット・シュローダー事務所のスタッフに。平成元年帰国。講演・執筆活動を通して政治改革を訴える。2年日本経済短期大学専任教員。4年ハイビジョン会社、関西ハイビジョン・コンソーシアムの会長に就任。同年参院選に立候補。5年無所属で衆院議員に当選。通商産業政務次官、衆議院文部科学委員長、衆議院憲法調査会小委員長、自由民主党遊説局長、総務会副会長等を歴任。14年小泉改造内閣の経済産業副大臣に就任。森派。15年落選。3期。16年近畿大学教授。著書に「アズ・ア・タックスペイヤー」「アメリカの代議士たち」「アメリカ大統領の権力のすべて」など。16年衆院議員の山本拓と結婚。　⊕スキューバダイビング，剣道，茶道，楽器演奏　⊕夫=山本拓（衆院議員）
http://rep.sanae.gr.jp/
【著書】高市早苗のぶっとび永田町日記（サンドケー出版局'95）／政治・経済のしくみ（高市早苗, 鬼定佳世著　明日香出版社'94）

高尾 弘明 たかお・ひろあき
赤平市長 [生]昭和20年2月9日 [学]赤平高 [歴]赤平市財政課長、市民部長などを経て、平成15年市長に当選。

高木 啓臣 たかき・けいしん
菊池市長 [生]昭7.6.26 [出]熊本県 [学]熊本鎮西簿記専門学校卒 [歴]菊池市総務部長、土地開発公社副理事長を経て、昭和59年〜平成元年市長を務めた。

高木 健太郎 たかぎ・けんたろう
参院議員(公明党) 名古屋大学名誉教授 名古屋市立大学名誉教授 [専]生理学 [生]明治43年3月17日 [没]平成2年9月24日 [出]福岡県福岡市 [学]九州帝国大学医学部(昭和9年)卒 医学博士 [賞]朝日科学奨励金(昭和34年)，中日文化賞(昭和42年)，紫綬褒章(昭和49年)，全米医学教育学会賞(昭和54年) [歴]昭和9年九州帝国大学助手、14年新潟医科大学助教授、26年教授、30年名古屋大学教授、44年同大医学部長事務取扱。この間、40年高所医学研究のため南米アンデス、アカンコグア遠征隊長。47年日本学術会議会員、同年8月名古屋市立大学学長、52年公立大学協会会長を歴任。55年6月参院議員に当選し、2期。58年参院科学技術特別委員長をつとめた。また、鍼灸医学研究のため再三中国を訪れ、全日本鍼灸医学会会長も務めるなど、西洋医学と東洋医学の交流に力を尽した。主著に「生体の調節機能」「呼吸運動」「からだの中の電気のはなし」、随筆集「ふれあい」など。
【評伝】高木健太郎の生涯(太田恵子著 健友館'94)／『覚えていてくれよ』(古賀順子著 健友館'93)

高木 孝一 たかぎ・こういち
敦賀市長 [生]大正8年1月2日 [出]福井県敦賀市 [学]松原尋常高小卒 [賞]電源立地促進功労者内閣総理大臣表彰(平成3年)，勲三等旭日中綬章(平成7年) [歴]昭和26年以来敦賀市議2期、34年以来福井県議4期、県会議長を経て、54年以来敦賀市長に4選。平成7年落選。 [趣]ゴルフ，囲碁

高木 毅 たかぎ・つよし
衆院議員(自民党 福井3区) [生]昭和31年1月16日 [出]福井県敦賀市 [学]青山学院大学法学部(昭和53年)卒 [歴]昭和55年高木商事代表取締役。平成12年自民党から衆院議員に当選。2期目。森派。
http://www.takagitsuyoshi.com/

高木 直矢 たかぎ・なおや
笠岡市長 [生]昭和16年3月27日 [出]岡山県 [学]笠岡高卒 [歴]笠岡市企画部長、助役を経て、平成12年笠岡市長に当選。2期目。

高木 博 たかぎ・ひろし
須賀川市長 [生]大正15年4月22日 [没]平成8年6月29日 [出]福島県郡山市 [学]陸士(昭和20年)中退 [歴]昭和52年福島県農政課長、53年土木部次長、55年福島医大事務局長を経て、56年須賀川市助役に転じ、59年市長に当選。4期務めた。

高木 正明 たかぎ・まさあき
参院議員(自民党) 元・北海道開発庁長官 [生]昭和4年5月13日 [出]北海道札幌市 [学]中央大学法学部(昭和30年)卒 [賞]勲一等瑞宝章(平成11年) [歴]知事選などに関係したことから政治の道を志し、佐藤元首相が首相に就任する直前までの4年間秘書を務めた。昭和46年から北海道議2期を経て、55年から参院議員に3選。58年北海道開発政務次官、平成7年村山改造内閣の北海道・沖縄開発庁長官に就任。竹下派を経て、小渕派。10年引退。

たかき

高木 政夫 たかぎ・まさお
前橋市長　⑭昭和25年4月1日　⑮群馬県　⑯日本大学農獣医学部（昭和47年）卒　⑰昭和47年高木建設入社、48年足尾支店長、のち会長。52年前橋市議2期を経て、58年群馬県議に当選。平成15年議長。6期目途中の16年2月前橋市長に当選。　⑱スポーツ

高木 美智代 たかぎ・みちよ
衆院議員（公明党　比例・東京）　⑭昭和27年9月13日　⑮福岡県北九州市　⑯創価大学文学部（昭和50年）卒　⑰公明党女性局次長などを経て、平成15年衆院選比例区東京ブロック名簿2位で当選。

高木 陽介 たかぎ・ようすけ
衆院議員（公明党　比例・東京）　⑭昭和34年12月16日　⑮東京都八王子市　⑯創価大学法学部（昭和59年）卒　⑰昭和60年毎日新聞社会部記者を経て、平成5年公明党から衆院議員に当選。6年新進党結成に参加。8年落選。12年公明党から比例区東京ブロックで返り咲き。通算3期目。　http://www.takagi-net.net/

高木 義明 たかぎ・よしあき
衆院議員（民主党　長崎1区）　⑭昭和20年12月22日　⑮山口県　⑯下関工（昭和39年）卒　⑰昭和39年三菱重工に入り、のち労組役員となる。51年以来長崎市議3期。62年長崎県議に当選。平成2年民社党から衆院議員に当選。6年新進党、10年1月新党友愛結成に参加。同年4月民主党に合流。5期目。
http://www3.ocn.ne.jp/~takaki/

高桑 栄松 たかくわ・えいまつ
参院議員（新進党）　北海道大学名誉教授　⑯衛生学　⑭大正8年2月8日　⑮新潟県　⑯北海道帝国大学医学部（昭和16年）卒、北海道大学大学院（昭和23年）修士課程修了、ピッツバーグ大学（昭和30年）卒　医学博士　⑰勲一等瑞宝章（平成7年）　⑱昭和26年北海道大学助教授、32年教授。39年二酸化硫黄による大気汚染を警告して天然ガスの導入を説き、また疲労度判定の新方式を開発するなど一貫して環境医学に取り組む。45年から6年間医学部長を務め、学園紛争の時代に「論理で学生を納得させた」を自負。55年国立公害研究所副所長、56年北海道大学名誉教授。日本学術会議会員。58年公明党から参院選に当選、2期つとめた。平成6年新進党結成に参加。著書に「家庭医学百科」「総合衛生公衆衛生学」など。　⑱水泳, 旅行, 写真　⑲母＝高桑直子（北海道マリッジ・カウンセリング・センター所長）

高崎 哲哉 たかさき・てつや
玉名市長　⑭昭和20年8月24日　⑮熊本県玉名市　⑯玉名高（昭和39年）卒　⑰宅地建物取引主任者　⑱昭和53年エンパイヤソーイング社長。玉名市議を経て、平成11年市長に当選。2期目。　⑱読書, ゴルフ

高崎 裕子 たかさき・ゆうこ
参院議員（共産党）　弁護士　⑭昭和23年11月6日　⑮新潟県　⑯北海道大学法学部（昭和46年）卒　⑰昭和51年司法試験合格、54年弁護士登録、北海道合同弁護士事務所に勤務。共産党生活福祉対策委員長、札幌弁護士会女権委員会副委員長を務める。平成元年参議議員に当選。7年落選。　⑱読書　⑲夫＝高崎暢（弁護士）
【著書】ゆう子 春みぃーつけた（ルック '95）

高沢 寅男 たかざわ・とらお
衆院議員　元・社会党副委員長　⑭大正15年10月27日　⑮平成11年8月5日　⑯新潟県上越市　⑰東京大学経済学部（昭和29年）卒　⑱社会党本部に入り、教宣局長、中執副委員長などを経て昭和47年以来衆院議員に7回当選。学生時代は、全学連の闘士、東京都学連の委員長で、共産党の不破委員長らと同志だった。平成3年党副委員長。理論家、論

客として定評があった。5年落選。7年練馬区長選に立候補するが落選。支持者の間では"寅さん"の愛称で親しまれた。著書に「日本の政党」「安保体制と70年闘争」など。　🏛社会主義協会
【著書】社会主義と人間(ありえす書房'79)

高嶋 芳男　たかしま・よしお
瑞浪市長　🎂昭和14年12月5日　🏠岐阜県瑞浪市　🎓早稲田大学経済学部(昭和38年)卒　💼高島鉱業社に入社。取締役を経て、昭和56年社長に就任。平成7年瑞浪市長に当選。3期目。
⚽ゴルフ, 野球

高嶋 良充　たかしま・よしみつ
参院議員(民主党　比例)　🎂昭和16年3月10日　🏠大阪府　🎓城東工卒　💼昭和34年枚方市役所職員、平成5年厚生省生活環境審委員を経て、9年自治労書記長、連合中執委員。10年参院議員に民主党から当選。2期目。　http://www.takashima4432.net/

高須賀 功　たかすか・いさお
東温市長　🎂昭和17年9月29日　🏠愛媛大学(昭和40年)卒　💼昭和40年愛媛県庁に入庁。平成4年商工労働部企業振興課長、8年西条地方局産業経済部長、9年経済労働部次長、12年西条地方局長、13年経済労働部長などを経て、15年愛媛県商工会議所連合会・松山商工会議所専務理事。平成16年9月合併により誕生した東温市の初代市長に当選。　⚽家庭菜園, スポーツ観戦

高杉 廸忠　たかすぎ・みちただ
参院議員(社会党)　🎂大正14年8月16日　†平成12年5月27日　🏠静岡県駿東郡小川町　🎓専修大学法科(昭和25年)卒, 日本社会事業大学研究科(昭和26年)卒　🏅勲二等瑞宝章(平成7年)　💼参院議員・藤原道子の秘書を25年間務めたあと、昭和52年茨城地方区から参院議員に当選。2期。平成元年引退。

高薄 登　たかすすき・のぼる
大成町(北海道)町長　🎂大正7年8月18日　†昭和62年11月20日　🏠北海道上川郡清水町　💼昭和16年北海道庁に入る。道農務部園芸課長などを経て、45年桧山支庁長、48年労働部次長から無投票で大成町長に当選。3期12年間務め、60年健康を害し退職。町長に就任以来、国、道費を大幅に導入、農林漁業経営近代化施設の整備に最も力を入れ、全国的に注目を浴びたアワビ種苗供給センターを建設、大規模増殖開発に実績を残した。

高瀬 一太郎　たかせ・いちたろう
加須市長　🎂昭和4年8月9日　🏠埼玉県加須市　🎓東京農業大学専門部卒　💼埼玉県農業振興公社理事長、加須市助役を経て、平成6年加須市長に当選。3期目。

高瀬 信二　たかせ・しんじ
西脇市長　🎂大正5年3月7日　†平成13年10月10日　🏠兵庫県尼崎市　🎓早稲田大学政経学部政治学科(昭和15年)卒　🏅藍綬褒章(昭和56年), 勲三等瑞宝章(昭和62年), 西脇市名誉市民　💼繊維商社長、西脇市議、昭和39年助役を経て、41年から市長5期。54年には全国市長会ローカル線関係都市協議会長をつとめた。

高田 勇　たかだ・いさむ
長崎県知事　🎂大正15年7月8日　🏠東京　🎓東京大学法学部(昭和24年)卒　🏅勲一等瑞宝章(平成11年)　💼昭和24年自治省に入省。35年消防庁予防課長、45年長崎県総務部長を経て、49年副知事を務め、57年から知事に4選。平成10年引退。のち長崎空港ビルディング社長。　⚽ゴルフ

高田 清一　たかた・きよかず

山梨市長　山梨県議(社会党)　[生]昭和5年2月6日　[出]山梨県　[学]早稲田大学法学部(昭和26年)卒　[賞]旭日中綬章(平成15年)　[歴]山梨県議5期を経て、平成2年山梨市長に当選。3期務め、14年引退。[趣]囲碁，旅行

高田 景次　たかだ・けいじ

秋田市長　[生]大正5年1月23日　[没]平成15年3月16日　[出]秋田県仙北郡中仙町　[学]東京帝大法学部法律学科(昭和15年)卒　[賞]西ドイツ功労勲章大功労十字章(昭和56年)，秋田県自治功労表彰(平成1年)，勲三等旭日中綬章(平成3年)　[歴]昭和20年秋田魁新報入社。政治経済部長、編集局長、34年取締役を経て、監査役。また48年秋田市長に当選、以来5期17年間務めた。平成2年健康を理由に辞任。全国市長会副会長も務めた。

高田 三郎　たかだ・さぶろう

草津市長　[生]大正14年4月16日　[出]滋賀県　[学]海軍通信学校高等科(昭和19年)卒　[賞]紺綬褒章(昭和40年)，勲四等旭日小綬章(平成8年)　[歴]昭和23年草津電機を設立。47年草津市教育委員長、同年草津商工会議所会頭、52年滋賀県公安委員長を経て、60年草津市長に当選、3期務める。平成7年参院選に立候補。[家]弟＝北村辰雄(草津電機社長)

高田 忠尚　たかだ・ただなお

富良野市長　[生]昭和18年8月15日　[出]北海道富良野市上御料　[学]上川支庁農業学園(昭和38年)修了　[歴]青年時代、北海道青年団体協議会会長を務めた。34歳のとき富良野農協理事となり、平成2年第一理事に就任。6年富良野市長に当選。3期目。

高田 信昭　たかだ・のぶあき

守山市長　[生]大10.3.21　[出]滋賀県守山市　[学]膳所中(昭和14年)卒　[賞]勲四等旭日小綬章(平成7年)　[歴]昭和47年守山市教育長を経て、50年以来守山市長に5選。平成7年引退。

高辻 正己　たかつじ・まさみ

法相　元・最高裁判事　元・内閣法制局長官　弁護士　[専]公法学　[生]明治43年1月19日　[没]平成9年5月20日　[出]静岡県沼津市　[学]東京帝国大学法学部(昭和10年)卒　[賞]勲一等旭日大綬章(昭和55年)　[歴]昭和10年内務省に入省。地方自治庁部長、内閣法制局部長、のち次長を経て、39年長官、48年最高裁判事を歴任。55年退官し、弁護士開業。同年国家公安委員、59年地方制度調査会委員、62年麻薬・覚せい剤乱用防止センター理事長を経て、63年12月竹下改造内閣の法相に就任。法務・検察当局の最高責任者としてリクルート事件の捜査にかかわった。著書に「憲法講説」「立法における常識」など。

【評伝】「戦後五十年の生き証人」が語る(田原総一朗著 中央公論社'96)

高鳥 修　たかとり・おさむ

衆院議員(自民党)　元・経済企画庁長官　[生]昭和4年6月3日　[出]新潟県西頸城郡能生町　[学]東京大学法学部(昭和28年)卒　[賞]勲一等旭日大綬章(平成11年)　[歴]能生町長、新潟県議を経て、昭和44年以来衆院議員11期。大蔵政務次官、法務常任委員長、地方行政委員長を歴任し、62年竹下内閣の総務庁長官、平成4年宮沢内閣の予算委員長に就任。5年6月経済企画庁長官となる。のち衆院行政改革委員長。12年の衆院選では新潟6区から比例区に転じ1位当選。竹下派、旧小渕派を経て、橋本派。15年引退。　[趣]スキー，ゴルフ，読書

高鍋 徹男　たかなべ・てつお
飯塚市長　[生]大正3年5月4日　[没]平成14年12月1日　[出]福岡県飯塚市　[学]福岡中(昭和7年)卒　[賞]福岡県知事表彰(昭和42年),勲四等瑞宝章(昭和61年)　[歴]昭和10年飯塚市役所に入り、38年収入役、42年助役を歴任。49年飯塚市長に当選し、3期つとめた。

高野 宏一郎　たかの・こういちろう
佐渡市長　[生]昭和14年4月27日　[出]新潟県　[学]慶応義塾大学商学部経営学科(昭和37年)卒　[歴]マルゴ味噌勤務を経て、新潟県真野町長を2期務める。平成16年4月佐渡島内の全市町村が合併して新たに発足した佐渡市の初代市長に当選。

高野 博師　たかの・ひろし
参院議員(公明党　埼玉)　環境副大臣　[生]昭和22年3月1日　[出]茨城県大子町　[学]東京外国語大学外国語学部中国科(昭和47年)卒　[歴]昭和47年外務省入省。ニューヨーク総領事館、アルゼンチン、メキシコ各日本大使館勤務、在コロンビア大使館参事官を経て、平成7年新進党から参院議員に当選。2期目。10年公明に移り、同年11月新公明党結成に参加。16年第2次小泉改造内閣の環境副大臣に就任。　http://www.takano-hiroshi.com/
【著書】アンデス遙かなり(総合行政出版 '95)

高野 之夫　たかの・ゆきお
豊島区(東京都)区長　[生]昭和12年12月25日　[出]東京　[学]立教大学経済学部(昭和35年)卒　[歴]昭和58年豊島区議に当選し、62年に再選。文教委員長などを務める。平成元年7月から東京都議に3選。11年豊島区長に当選。2期目。　[趣]絵画

鷹羽 操　たかば・みさお
大府市長　[生]大6.7.14　[出]愛知県　[学]造兵廠技術員養成所卒　[賞]勲四等旭日小綬章(平成4年)　[歴]昭和33年大府町助役、45年大府市助役を経て、55年から市長に3選。平成4年引退。

高橋 アキラ　たかはし・あきら
豊橋市長　元・愛知県会議長　[生]大正12年8月23日　[出]愛知県豊橋市菰口町　本名=高橋燎　[学]早稲田大学法学部(昭和22年)卒　[歴]昭和38年豊橋市議2期、45年愛知県議4期を経て、58年豊橋市長に当選。4期目途中の平成8年贈収賄事件で辞任。16年回顧録「脱線市長の政ごと」を出版。
【著書】脱線市長の政ごと(アールズ出版 '04)

高橋 篤史　たかはし・あつし
日南町(鳥取県)町長　[生]大正11年7月28日　[没]平成16年10月12日　[出]鳥取県　[学]日野農林(昭和16年)卒,豊橋陸軍予備士官学校(昭和19年)卒　[賞]勲五等双光旭日章(平成4年)　[歴]鳥取県庁職員、兵役を経て農業に従事。昭和27年石見村農協監事、34年日南町農業委員、40年同教育委員、42年から同町議に2選。49年町長に当選、以来平成2年まで4期務めた。町内の山林を買い取り、1000ヘクタールの"町民の森づくり"を達成するなどの町おこし政策を推進。またルバング島から帰国した小野田寛郎とは陸軍中野学校の同期生で、48年には厚生省調査団幹部としてルバング島に派遣されたこともあり、小野田を講師に"自然塾"を年1回開催した。　[趣]読書

高橋 一郎　たかはし・いちろう
衆院議員(自民党)　[生]大正15年3月6日　[出]東京　[学]東京工専中退　[賞]藍綬褒章(昭和56年),勲二等瑞宝章(平成8年),勲一等瑞宝章(平成15年)　[歴]昭和34年以来中野区議2期、40年以来東京都議を5期務めた。この間、54年都議会議長、

55年全国都道府県議長会長などを歴任。61年7月以来衆院議員に当選5回。竹下派、羽田派、平成5年新生党を経て、6年新進党結成に参加。8年自民党に復党。13年第2次森改造内閣の国土交通副大臣に就任。宮沢派、加藤派を経て、堀内派。15年引退。 [趣]小唄，ゴルフ，短歌

高橋 栄一郎 たかはし・えいいちろう
新庄市長 元·プロ野球選手 [生]昭和11年6月4日 [出]山形県新庄市 [学]慶応義塾大学法学部卒 [歴]新庄市長を通算5期務めた高橋喜一郎の長男。新庄北高、慶大でエースとして活躍。社会人野球のニッポンビールを経て、昭和36年巨人に入団。38年南海に移籍、戦績は11勝6敗で、オールスターにも出場。引退後新庄に戻り、ホテル経営を継ぐ。通算成績は実働7年、143試合登板、14勝17敗、178奪三振、防御率3.99。平成元年新庄市長に当選。4期目。 [趣]ゴルフ，野球 [家]父＝高橋喜一郎（新庄市長）

高橋 英吾 たかはし・えいご
八幡浜市長 [生]昭和15年9月4日 [出]愛媛県八幡浜市 [学]日本大学法学部（昭和38年）卒 [歴]昭和38年日本航空に入社。50年以来愛媛県議を4期務め、平成2年、5年、8年衆院選に立候補。11年八幡浜市長に当選。2期目。愛媛県軟式野球連盟会長、八幡浜体育協会会長なども務める。 [趣]将棋，囲碁，読書 [家]父＝高橋英吉（衆院議員）

高橋 一夫 たかはし・かずお
三条市長 [生]昭和12年6月18日 [出]新潟県 [学]明治大学工学部卒 [歴]金物卸会社会長。平成11年4月三条市長に当選。2期目。

高橋 和雄 たかはし・かずお
山形県知事 [生]昭和5年7月28日 [出]山形県山形市 [学]東北大学法文学部卒 [歴]昭和28年山形県庁入り。商工労働部次長、東京事務所長、農林水産部長、教育長などを経て、61年から副知事に就任。平成2年退任。5年知事に当選。8年側近政治を避けるためと、秘書課を廃止し、話題となる。3期目。

高橋 喜一郎 たかはし・きいちろう
新庄市長 [生]明治42年10月31日 [没]平成13年9月16日 [出]山形県新庄市 [学]新庄中（昭和2年）卒 [賞]勲三等瑞宝章（平成2年），新庄市名誉市民（平成11年） [歴]新庄市会議長を経て、昭和40年市長に当選。3期12年務めた後、落選。56年返り咲き、通算5期20年務めた。山形県初の広域市町村圏事務組合を設立、市内の消雪道路整備などに尽力。平成元年引退した。 [家]長男＝高橋栄一郎（新庄市長）

高橋 紀世子 たかはし・きせこ
参院議員（無所属） [生]昭和16年6月22日 [出]東京 [学]立教大学文学部卒 [歴]父は元首相の三木武夫。全国発明婦人協会理事、米国の大学理事などを経て、平成10年参院議員に無所属で当選、1期務めた。 [家]父＝三木武夫（首相），母＝三木睦子（全国発明婦人協会会長），夫＝高橋亘（首相首席秘書官） http://www.kiseko.gr.jp/

高橋 喜之助 たかはし・きのすけ
新座市長 埼玉県議（自民党） [生]大正9年6月21日 [没]平成4年6月16日 [出]埼玉県 [学]青年学校卒 [歴]埼玉県議2期を経て、昭和62年11月新座市長に当選、2期つとめた。

高橋 久二 たかはし・きゅうじ
品川区（東京都）区長 [生]昭和3年9月1日 [出]東京都新宿区 [学]法政大学専門部卒 [歴]14歳から働きながら学ぶ生活。いくつかの仕事を経て、東京都の品川区役所に入る。昭和56年助役を経て、62年区長に当選。5期目。 [趣]ゴルフ

高橋 清 たかはし・きよし
川崎市長 ⑰大正14年2月18日 ⑭宮城県 ⑱宮城師範本科（昭和19年）卒 ⑳勲二等瑞宝章（平成14年） ㉑川崎市立小などで教職20年余をつとめた後川崎市役所に入り、昭和49年職員局長、58年助役。平成元年から市長に3選。2年全国初の市民オンブズマン制度を導入、8年5月公務員採用の国籍条項を撤廃し、話題となる。13年落選。
【著書】川崎の挑戦（日本評論社 '99）

高橋 清孝 たかはし・きよたか
参院議員（自民党） ⑰大正9年10月8日 ⑭岩手県花巻市 ⑱花巻農（昭和11年）卒 ⑳勲二等瑞宝章（平成4年） ㉑昭和34年から岩手県議に7回連続当選。49年からは同議長を務める。55年、57年と全国都道府県議長会会長選に立候補したが失敗。59年同会長に就任。61年参院議員に当選。平成4年引退。 ㉒野球

高橋 国雄 たかはし・くにお
市川市長 ⑰大9.9.22 ⑭千葉県市川市 ⑱法政大学専門部政経科卒 ⑳勲三等旭日中綬章（平成10年） ㉑市川市役所に入り、財政部長、総務部長、助役を経て、市長に当選。5期。平成9年引退。

高橋 圭三 たかはし・けいぞう
参院議員 司会者 アナウンサー ⑰大正7年9月9日 ⓢ平成14年4月11日 ⑭岩手県花巻市 ⑱高千穂高商（昭和16年）卒 ⑳勲三等旭日中綬章（昭和63年）、日本レコード大賞（特別功労賞、第44回）（平成14年） ㉑昭和17年NHKのアナウンサーとなり、ラジオ「話の泉」、テレビ「私の秘密」「のど自慢」などを担当。28年からテレビ中継が始まった「紅白歌合戦」では9年連続白組の司会者を務めた。軽妙な語り口と"圭三スマイル"で、ニュースやスポーツ中継が中心だったNHKアナウンサーのイメージを変え、テレビ草創期のスター的存在に。一方、圭三塾を設立し、アナウンサーの人材育成にも尽力。59年芸能人のボランティア活動の集まり・虹の会理事長に就任。この間、52年参院議員を1期務めた。著書に「私の放送史」がある。

高橋 幸翁 たかはし・さちお
米沢市長 ⑰昭和9年2月26日 ⑭山形県米沢市 ⑱米沢興譲館高卒 ⑳旭日中綬章（平成16年） ㉑米沢市議3期を経て、昭和50年山形県議となり、58年から米沢市長に5選。平成15年引退。
㉒囲碁，ゴルフ，テニス

高橋 三郎 たかはし・さぶろう
美濃加茂市長 ⑰大13.2.14 ⑭岐阜県 ⑱東京陸軍航空校卒 ㉑昭和29年美濃加茂市役所に入る。39年税務課長、44年総務課長、48年総務部長、51年収入役を経て、52年市長に当選。2期つとめ、60年8月引退。

高橋 茂 たかはし・しげる
寝屋川市長 ⑰昭和3年6月17日 ⑭京都府 ⑱京都工科学校機械科卒 ⑳勲四等瑞宝章（平成12年） ㉑寝屋川市社会福祉部長、総務部長、水道事業管理者、助役を経て、平成7年寝屋川市長に当選。1期務め、11年引退。
㉒読書，クレー射撃

高橋 甚一 たかはし・じんいち
燕市長 ⑰昭和10年12月12日 ⑭新潟県燕市 ⑱法政大学社会学部（昭和33年）卒 ㉑大学卒業後、家業のメッキ業に従事。昭和43年高秋化学を設立、社長に就任。のち、燕市教育委員長を経て、平成8年9月燕市長に当選。4期目。
㉒ゴルフ

高橋 堯 たかはし・たかし
郡山市長 ⑰大正5年10月23日 ⑭福島県原町市 ⑱日大高等工業卒 ⑳勲四等旭日小綬章（平成2年） ㉑昭和52年4月～60年4月郡山市長を2期務めた。

高橋 辰夫　たかはし・たつお
衆院議員(自民党)　[生]昭和3年11月23日　[没]平成13年10月11日　[出]北海道伊達市　[学]中央大学経済学部(昭和28年)卒　[賞]勲二等旭日重光章(平成11年)　[歴]篠田弘作衆院議員秘書を経て、昭和38年以来北海道議に4選。54年衆院議員に当選。厚生政務次官、北海道開発政務次官を歴任。当選5回、旧三塚派。平成8年落選、同年引退した。
【著書】日本・北海道を思う((札幌)須田製版 '99)

高橋 千秋　たかはし・ちあき
参院議員(無所属　三重)　[生]昭和31年8月2日　[出]三重県安濃町荒木　[学]明治大学農学部(昭和55年)卒　[歴]昭和55年三重県経済連職員、平成2年井上哲夫代議士秘書、5年広告会社勤務を経て、12年参院補選に当選。2期目。
http://www.chiaki.gr.jp/

高橋 千鶴子　たかはし・ちずこ
衆院議員(共産党　比例・東北)　[生]昭和34年9月16日　[出]秋田県能代市　[学]弘前大学人文学部(昭和57年)卒　[歴]昭和57年〜平成元年東奥女子高校の英語教師を務める。その後、日本共産党青森県委員会に勤務。平成3年の参院補選以来、衆参6回の国政選挙に立候補。11年青森県議に当選、1期務める。15年衆院選比例区東北ブロック1位で当選。
http://www.chiduko.gr.jp/

高橋 司　たかはし・つかさ
大曲市長　[生]昭和4年1月26日　[出]秋田県大曲市丸の内町　[学]東京大学文学部卒　[歴]秋田県立南高校教師、県教育庁文化課長、大曲市教育委員会教育長、大曲市助役を経て、大曲市長に4選。平成15年引退。

高橋 はるみ　たかはし・はるみ
北海道知事　[生]昭和29年1月6日　[出]富山県　[学]一橋大学経済学部(昭和51年)卒　[歴]昭和51年通産省に入省。平成2年中小企業庁官房調査課長、3年工業技術院次世代産業技術企画官、のち通商産業省関東通商産業局商工部長、中小企業庁指導部指導課長を経て、12年5月経営支援部経営支援課長、13年1月経済産業省北海道経済産業局長、14年12月経済産業研修所長。15年北海道知事に当選。　[家]夫=高橋毅(財務官僚)

高橋 彦芳　たかはし・ひこよし
栄村(長野県)村長　[生]昭和3年7月14日　[出]長野県下水内郡栄村　[学]中央大学法学部卒　[歴]昭和25年栄村社会教育職員となり、30年栄村公民館主事、52〜61年企画課長。63年栄村村長に当選、5期目。企画課長時代には村の自然と文化に誇りを持つ"ふるさと運動"を提唱した。国の補助金を使わず水田や道路の整備事業に取り組む。　[趣]渓流釣り，山菜採り
【著書】田舎村長人生記(本の泉社 '03)/自立をめざす村(高橋彦芳, 岡田知弘著 自治体研究社'02)

高橋 文利　たかはし・ふみとし
下諏訪町(長野県)町長　朝日新聞論説副主幹　経済評論家　[専]情報メディア政策論　[生]昭和12年11月3日　[没]平成16年11月3日　[出]長野県下諏訪町　[学]東京大学文学部(昭和36年)卒　[歴]昭和36年朝日新聞社入社。経済部記者として大蔵省、通産省、経済企画庁などを担当。62年東京本社論説委員、平成2年論説副主幹、3年大阪本社論説副主幹、5年東京本社調査研究室主任研究員を歴任。6年退社し、米国ワシントン大学客員研究員を経て、立命館大学政策科学部教授。14年下諏訪ダムの建設中止を公約に掲げ、下諏訪町長に当選した。著書に「新ビジネスエリートの理論武装」「企業行

動が変わる」「経済報道―検証・金解禁からビッグバンまで」などがある。[趣]映画鑑賞，ウォーキング

高橋 幹夫 たかはし・みきお
帯広市長 [生]昭和16年1月14日 [出]北海道帯広市 [学]早稲田大学文学部 [歴]帯広市役所に入り、市職労委員長、市都市環境部次長を歴任。昭和61年市長選に出馬するが落選。その後幕別自動車学校常務を経て、平成2年帯広市長に当選、2期つとめる。10年引退。 [趣]登山，草野球

高橋 操 たかはし・みさお
四街道市長 歯科医 [生]昭和30年7月5日 [出]千葉県 [学]日本歯科大学卒 [歴]平成12年四街道市長に当選、2期目。

高橋 光夫 たかはし・みつお
水沢市長 [生]昭和20年8月24日 [出]岩手県紫波町 [学]盛岡商(昭和39年)卒 [歴]昭和39年東北電力水沢営業所に入社。民社党胆江総支部長、同県連合会書記長などを歴任。54年から水沢市議を連続7期務め、議長も2期務めた。平成16年水沢市長に当選。

高橋 実 たかはし・みのる
妹背牛町(北海道)町長 [生]大正11年12月15日 [出]香川県 [学]満州国立新京法政大学卒 [歴]戦後、北海道の妹背牛町に入り、青年団活動に活躍。町議を経て昭和44年町長に当選、60年まで4期務めた。在職中から"柔道町長"として知られ、56年に7段昇格。平成元年講道館柔道の形の審査で合格し、26年間かけて全7種目の制覇を果たした。また全道庁労組文芸誌「赤煉瓦」の初代編集長もつとめた。 [趣]柔道，読書，将棋

高橋 基樹 たかはし・もとき
伊勢崎市長 [生]大正8年5月11日 [出]群馬県佐波郡豊受村(現・伊勢崎市) [学]豊受村青年学校本科(昭和12年)卒 [賞]勲四等瑞宝章(平成13年) [歴]昭和23年伊勢崎市役所に入り、総務課長、市長公室長を経て、47年助役。平成5年市長に当選。2期務め、13年引退。[趣]園芸，ゴルフ

高橋 盛吉 たかはし・もりよし
北上市長 [生]大正12年9月20日 [出]岩手県和賀郡和賀町(現・北上市) [学]紅陵大学(現・拓殖大学)商学部(昭和22年)卒 [賞]勲四等旭日小綬章(平成12年) [歴]昭和38年岩手県に入り、50年総務部長、54年企業局長。61年北上市長に当選。以来和賀町、江釣子村の合併をはさんで、通算4期務めた。平成11年引退。

高橋 恭男 たかはし・やすお
大町市長 長野県議 [生]大10.3.18 [出]長野県 [学]政治大学校卒 [賞]藍綬褒章(昭和53年)，勲三等瑞宝章(平成3年) [歴]大町市議、長野県議(5期)を経て、昭和53年大町市長に当選、3期つとめる。平成2年落選。

高橋 嘉信 たかはし・よしのぶ
衆院議員(民主党) [生]昭和28年9月5日 [出]岩手県 [学]東海大学教養学部卒 [歴]代議士秘書を経て、平成12年自由党から衆院議員に当選。15年9月民主党に合流。同年10月引退。

高橋 令則 たかはし・よしのり
参院議員(自由党) [生]昭和9年9月29日 [出]岩手県松尾村 [学]早稲田大学法学部(昭和32年)卒 [歴]昭和32年岩手日報に入社、37年岩手県庁に入る。61年総務部長、63年出納長となり、平成6年副知事に就任。7年新進党から参院議員に当選。10年1月自由党に参加。1期務め、13年引退。

高畑 進　たかはた・すすむ
湯沢市長　⊕大正15年6月12日　⊕秋田県湯沢市　⊕仙台陸軍幼年学校（昭和20年）卒　⊕昭和50年秋田県地方課長、52年農政部次長、53年農政部長を経て、57年以来湯沢市長を3期つとめた。

高原 須美子　たかはら・すみこ
元・経済企画庁長官　経済評論家
⊕経済学（とくにマクロ経済と家計の接点）　⊕昭和8年6月16日　⊕平成13年8月19日　⊕東京　⊕一橋大学商学部（昭和31年）卒　⊕放送文化賞（第52回）（平成13年）　⊕昭和31年毎日新聞社入社。経済雑誌「エコノミスト」記者を経て、38年フリージャーナリストとなる。家計や消費経済生活など、広く国民経済に関わる分野を得意とし、「男性経済論への挑戦」「女は三度老いを生きる」「エイジレスライフ」などの著書がある。55年政府税制調査会委員となり、ほかに国民生活安定審議会委員を務めた。平成元年民間の女性として初めて入閣、海部内閣の経済企画庁長官に就任。2年"フォーラム・エネルギーを考える"代表、住友生命総合研究所顧問、金融制度調査委員、女性初の行革審委員。3年日本証券業協会有識者懇談会委員、4年国民生活審議会委員、5年女性初の日本体育協会会長。7年8月～10年3月駐フィンランド大使を務め、日本大使館のないエストニアの特命全権大使も兼任。のち財政制度審議会委員を経て、10年プロ野球のセ・リーグ会長に就任したが、12年病気療養のため任期途中で退任した。　⊕日本エストニア友好協会（名誉会員）
⊛夫＝高原富保（著述業）
【著書】いきなり大臣（講談社 '90）

高日 音彦　たかひ・おとひこ
福知山市長　⊕昭和14年7月27日　⊕京都府福知山市　⊕東京農業大学農学部（昭和37年）卒　⊕昭和37年京都府庁に技術職として入る。主に農林水産畑を歩き、農林水産部耕地課長、府立福知山高等技術専門校長などを歴任。平成6年福知山市助役に転じ、16年市長に当選。　http://www.takahi.net/

高秀 秀信　たかひで・ひでのぶ
横浜市長　元・建設事務次官　⊕昭和4年8月18日　⊗平成14年8月29日　⊕北海道夕張市　⊕北海道大学工学部土木学科（昭和27年）卒　工学博士　⊕フランス芸術文化勲章オフィシエ章（平成8年）、経済界大賞特別賞（第24回、平10年度）（平成11年）、日本建築学会賞（業績部門）（平成11年）、レジオン・ド・ヌール勲章（平成14年）　⊕昭和27年建設省入省。関東地建利根川調査事務所を振り出しに、中部地方建設局長、国土庁水資源局長などを歴任したのち58年建設技監。59年事務次官に就任。衆院逓信委員長を務めた水野建設相とのコンビでニューメディア・シフトに力を注いだ。60年退官、61年5月水資源開発公団総裁に就任。平成2年から横浜市長に3選。13年全国市長会会長。14年落選。この間、都市基盤整備を優先した政策で"みなとみらい"を中心に国内有数の観光地とした。5年よりフランス映画祭横浜を開催し、リヨンとの姉妹都市交流などを通じて日仏両国の親善に貢献したことからフランス芸術文化勲章オフィシエ章、レジオン・ド・ヌール勲章を受章。またサッカーW杯日韓共催大会の決勝戦誘致に成功。W杯日本組織委員会（JAWOC）特別顧問を務めた。
⊕読書，囲碁
【著書】横浜自立宣言（（横浜）有隣堂 '01）／市民の暮らしと都市経営（（横浜）有隣堂 '01）／元気都市ヨコハマを創る（（横浜）有隣堂 '00）／大震災 市長は何ができるのか（朝日新聞社 '95）

高平 公友　たかひら・きみとも
参院議員（自民党）　⽣大正3年7月18日　⺋平成12年2月10日　⽣富山県中新川郡立山町　学滑川商卒　賞勲二等瑞宝章（平成2年）　歴富山県議5期、県会議長を経て、昭和52年参院議員に当選。当選2回。内閣委員長、科技政務次官を歴任。平成元年引退。

高部 通正　たかべ・みちまさ
都留市長　⽣大正2年3月18日　⽣山梨県　学山梨県立工商卒　歴昭和36年高部繊維産業を設立。52年都留市長に当選して、2期つとめる。60年引退。

高見 裕一　たかみ・ゆういち
衆院議員（新党さきがけ）　日本環境財団創設理事　地球環境問題　⽣昭和31年2月13日　⽣兵庫県神戸市　学追手門学院大学中退　政環境問題；貧困克服；フェアトレード；知的財産　歴学生時代のあき缶回収がきっかけで、昭和50年神戸にリサイクル・データ・バンクを開設。52年関西リサイクル運動市民の会を発足。59年には日本リサイクル運動市民の会代表となる。機関紙「リサイクルニュース」を発行。5年日本新党から衆院議員に当選。6年離党して民主の風を結成、6月新党さきがけに合流。8年落選。13年参院選に民主党から出馬。　趣散歩
【著書】出る杭になる（築地書館 '98）／防災と自立の思想（高見裕一，鐘ケ江管一著 集英社 '95）／阪神・淡路大震災官災・民災 この国の責任（ほんの木 '95）／官邸応答せよ（朝日新聞社 '95）／琵琶湖から、神戸から（武村正義, 高見裕一著 ほんの木 '93）

高村 朝次　たかむら・あさじ
山中湖村（山梨県）村長　⽣昭和7年10月8日　⽣山梨県山中湖村　学御殿場高附属中（昭和23年）卒　歴昭和23年家業の材木業を引継ぐ。28年高村建材開業、38年高村建設設立、社長。54年から山梨県議を1期。平成4年から山中湖村村長に3選。8年三島由紀夫の約400点の遺品を譲渡され、三島由紀夫文学館の建設を決定した。16年引退。　趣ゴルフ, 園芸

高森 文夫　たかもり・ふみお
東郷町（宮崎県）町長　詩人　⽣明治43年1月20日　⺋平成10年6月2日　⽣宮崎県東臼杵郡　学東京帝国大学仏文科卒　賞中原中也賞（第2回）（昭和16年）「浚渫船」　歴昭和3年上京。成城高校のとき日夏耿之介門下に入り、詩作を始める。6年中原中也と知り合い、大学1年の時には3ケ月程寝起きを共にし影響を受ける。10年頃より「四季」に投稿、17年同人となる。その間、16年に処女詩集「浚渫船（しゅんせつせん）」で第2回中原中也賞を受賞。戦後は43年に復刊された「四季」に参加、詩集「昨日の空」を刊行。一方、英語教師を振り出しに、宮崎県延岡市と東郷町の教育長を務めるなど、教育畑を歩む。60年東郷町長選挙に当選、1期務めた。

多賀谷 真稔　たがや・しんねん
衆院副議長（社会党）　⽣大正9年1月5日　⺋平成7年4月9日　⽣広島県呉市　本名＝多賀谷真稔　学早稲田大学法学部（昭和18年）卒　賞勲一等旭日大綬章（平成2年），穂波町名誉町民（平成3年）　歴昭和22年より福岡県議2選。27年以来福岡2区より衆院に当選12回。52年社会党書記長、政審会長などを経て、61年から衆院副議長をつとめた。平成2年引退、社会主義理論センター所長をつとめる。

高山 彰　たかやま・あきら
角田市長　医師　⽣大正14年3月31日　⽣宮城県角田市　学北海道大学医学部（昭和24年）卒　医学博士　賞勲五等双光旭日章（平成9年）　歴仙台赤十字病院勤務を経て、昭和31年角田市に高山医院を開業。57年同市医師会長、59年市教育委員長などを歴任。63年角田市長に当選、2期つとめた。平成8年引退。　祖父＝高山善右衛門（宮城県議）

たかや

高山 智司　たかやま・さとし
衆院議員（民主党　埼玉15区）　⑤昭和45年4月20日　⑥東京都文京区　⑦明治大学法学部（平成6年）卒　⑧平成11年渡辺秀央参院議員秘書、13年森ゆうこ参院議員秘書。15年衆院選埼玉15区に民主党から立候補して当選。
http://www.s-takayama.com/

田苅子 進　たかりこ・すすむ
士別市長　⑤昭和13年4月5日　⑥北海道士別市　⑦北海道自治講習所修了　⑧士別市教育長を経て、平成10年市長に当選。2期目。

田川 誠一　たがわ・せいいち
衆院議員　元・進歩党代表　⑤大正7年6月4日　⑥神奈川県横須賀市　⑦慶応義塾大学法学部政治学科（昭和16年）卒　⑧勲一等旭日大綬章（平成3年）　⑨横須賀で米穀商を営む名望家の長男。朝日新聞社記者、同社労組委員長の経験を持つ。昭和35年衆院神奈川2区から出馬、当選連続11回。科学技術・厚生政務次官、衆院社会労働委員長など歴任後、55年新自由クラブ代表となる。58年12月自治相に就任。61年8月の新自由クラブ解散後も自民党に復党せず、62年市民運動家とともに反自民を鮮明にする進歩党を結成した。また34年以来、訪中19回、日中正常化に尽力。平成5年引退し、進歩党を解散。著書に菊池寛賞候補となり英訳も行われた「日中交渉秘録―田川日記14年の証言」、「日中交流と自民党領袖たち」など。
【著書】やればできる瘦せ我慢の道（行研'95）／自民党よ驕（おご）るなかれ（講談社'87）
【評伝】永田町解体新書（鈴木恒夫著 PHP研究所'89）／藤原弘達のグリーン放談〈2〉自由闊達（藤原弘達編　藤原弘達著作刊行会;学習研究社〔発売〕'86）

田川 亮三　たがわ・りょうぞう
三重県知事　⑤大正8年3月8日　⑥平成7年9月18日　⑦神奈川県　⑧京都帝大農学部農林経済学科（昭和17年）卒　⑨昭和17年農林省入省。25年三重県に転じ、30年秘書課長、36年出納長、42年副知事。46年三重テレビ副社長を経て、47年以来知事に6選。平成7年引退。

滝 正　たき・ただし
美唄市長　獣医　⑤大正12年1月21日　⑥平成15年7月26日　⑦北海道美唄市　⑧空知農業学校獣医専攻科（昭和17年）卒　⑨勲三等瑞宝章（平成9年），美唄市名誉市民（平成11年）　⑩昭和17年静岡農業学校教員となる。戦後、美唄で獣医を開業し、24～42年美唄農業共済組合で獣医。42年から美唄市議に3選。副議長、50年議長を歴任。55年市長に当選、4期務めた。平成8年引退。

滝 実　たき・まこと
衆院議員（自民党　比例・近畿）　法務副大臣　⑤昭和13年9月15日　⑥東京　⑦東京大学法学部（昭和37年）卒　⑧昭和37年自治省に入り、48年三重県財政課長、53年奈良県総務部長、56年副知事、60年自治省文書広報課長、61年会計課長、62年9月総務課長、平成元年2月官房審議官、同年6月公務員部長、3年10月官房総務審議官、5年1月税務局長を経て、7年1月消防庁長官に就任。7年6月退官。8年衆院議員に当選。16年第2次小泉改造内閣の法務副大臣に就任。3期目。旧橋本派。http://taki-makoto.jp/
【著書】一人ひとりを大切にする国家（日本法制学会 '02）／阪神大震災の熱く長い一日（日本法制学会 '95）

滝井 義高　たきい・よしたか
衆院議員（社会党）　田川市長　⑤大正4年2月25日　⑥福岡県　⑦東京慈恵会医科大学卒　⑧開業医から、昭和22年田川市議、26年福岡県議となり、28年か

ら衆院議員に5選。在任中は主に社会政策・労働政策の委員を担当。国会対策副委員長、選挙対策委員長なども歴任した。54年田川市長に当選。6期務め、平成15年引退。

滝口 国一郎　たきぐち・くにいちろう
富良野市長　⽣大7.11.16　本北海道富良野市　学永川農卒　章勲四等瑞宝章（平成7年）　滝川市教育長を経て、昭和54年から市長に4選。平成6年落選。

滝口 季彦　たきぐち・すえひこ
庄原市長　⽣昭和16年11月13日　本広島県　学中央大学第二法学部卒　庄原市議を経て、平成14年市長に当選。

滝口 凡夫　たきぐち・つねお
宗像市長　元・西日本新聞取締役　⽣昭和3年2月19日　本福岡県宗像市稲元　学九州大学経済学部（昭和26年）卒　歴昭和26年西日本新聞社入社。編集局次長、51年東京支社次長、54年論説委員会委員長、58年編集局長（役員待遇）、60年取締役、62年6月監査役。63年宗像市長に当選。3期務め、平成12年引退。
【著書】記者市長の闘い（（福岡）西日本新聞社 '02）

滝沢 幸助　たきざわ・こうすけ
衆院議員（民社党）　⽣大14.5.24　本福島県大沼郡金山町　学横田高小卒　歴小学校教員、金山町教育委員長、福島県議4期、民社党福島県連委員長を経て、昭和58年から衆院議員に2選。平成2年、5年落選。

滝沢 昌三　たきざわ・しょうぞう
白根市長　⽣昭2.3.27　本新潟県白根市　学新潟県農業技術員養成所卒　章新潟日報文化賞（昭和42年）　歴白根市収入役を経て、昭和60年市長に当選、2期つとめる。平成5年1月落選。

滝沢 信一　たきざわ・しんいち
十日町市長　滝沢印刷会長　⽣昭和12年5月16日　本新潟県十日町市　学早稲田大学卒　歴十日町市議、十日町商工会議所副会頭などを経て、平成13年十日町市長に当選。滝沢印刷会長も務める。

滝沢 義夫　たきざわ・よしお
倉敷市長　⽣大正6年9月23日　没平成15年6月4日　本岡山県金光町　学神戸高工（昭和13年）卒　章勲三等旭日中綬章（平成5年）、倉敷市文化章　歴玉島市議を経て、昭和34年から市長に2期。42年合併で倉敷市助役となり、54年以来市長に3選。全国市長会副会長も務めた。

田口 健二　たぐち・けんじ
衆院議員（民主党）　⽣昭和5年9月20日　本長崎県　学大村高卒　章勲二等瑞宝章（平成12年）　歴大村市役所、自治労長崎県委員長、長崎県労評議長を経て、昭和61年社会党から衆院議員に当選、3期つとめる。平成8年社民党を経て、民主党に参加するが、落選。のち中央選挙管理委員会委員。

田口 信夫　たぐち・のぶお
宇土市長　⽣昭和10年9月2日　学中央大学経済学部卒　歴宇土市助役を経て、平成10年市長に当選。2期目。

武井 啓平　たけい・けいへ
室戸市長　⽣昭和16年2月3日　本高知県室戸市　学室戸高（昭和34年）　歴NTT社員、室戸市議を経て、平成3年から高知県議に2選。10年室戸市長に当選。2期目。

武井 雅昭　たけい・まさあき
港区（東京都）区長　⽣昭和28年1月1日　本東京都　学早稲田大学政治経済学部（昭和52年）卒　歴東京都港区役所に27年間勤務。議会事務局次長、区民生活部長を歴任。平成16年港区長に当選。

たけい

竹入 義勝　たけいり・よしかつ
衆院議員　元・公明党委員長　⊕大正15年1月10日　⊕長野県上伊那郡辰野町　⊕政治大学校(昭和38年)卒　⊕勲一等旭日大綬章(平成8年)　⊕陸軍航空士官学校在学中に敗戦。昭和24年国鉄に入り、のち肺結核を病み、28年創価学会に入信。池田大作の門下生として頭角をあらわす。34年国鉄をやめ、東京・文京区議、38年東京都議、創価学会副理事長。39年公明党結成とともに副書記長となり、42年衆院議員に当選し、党委員長に就任。矢野書記長と"竹入・矢野体制"を確立、党勢を拡大した。45年"政教分離"以降政治活動に専念。反共を基調とする中道政治をかかげる。61年12月、満20年を契機に辞任。東京10区から当選8回。平成2年議員引退、公明党最高顧問。

竹内 功　たけうち・いさお
鳥取市長　⊕昭和26年12月18日　⊕鳥取県　⊕東京大学法学部(昭和49年)卒　⊕昭和49年建設省に入省。島根県総務課長、鳥取県企画部長、建設省住宅局民間住宅課長、国土交通省中国地方整備局副局長などを経て、平成13年8月退官。14年現職市長を破り鳥取市長に当選。

竹内 勝彦　たけうち・かつひこ
衆院議員(公明党)　⊕昭和13年2月19日　⊕長野県埴科郡戸倉町　⊕東京電機大学工学部(昭和36年)卒　⊕兼松江商勤務、聖教新聞記者を経て、公明党京都府本部書記長となり、昭和51年から衆院議員に6選。琵琶湖対策委員長などを歴任。平成5年引退。
【著書】情報通信戦略(竹井出版 '90)

竹内 潔　たけうち・きよし
参院議員(自民党)　⊕大正9年10月4日　⊕平成59年8月21日　⊕東京都　⊕九州帝大法文学部(昭和22年)卒　⊕三木元首相の秘書を約20年間務め、三木内閣当時は首相政務秘書官になった。その間、軍恩連副会長を務めたことなどから、軍恩票をバックに昭和52年の参院選に全国区から出馬、初当選。58年参院選は比例代表選挙で当選、2期目だった。参院法務理事、参院自民党副幹事長、党全国組織委副委員長などを歴任。

竹内 謙　たけうち・けん
鎌倉市長　日本インターネット新聞社代表取締役　元・朝日新聞編集委員　ジャーナリスト　市民政治評論家　⊕地方政治　環境政策　メディア論　⊕昭和15年12月6日　⊕東京都文京区　⊕早稲田大学理工学部卒、早稲田大学大学院理工学研究科都市計画専攻修士課程修了　⊕地域主権論;市民政治論;市民メディア論;地球温暖化防止　⊕昭和42年朝日新聞社に入社。政治部記者、「朝日ジャーナル」副編集長、調査研究室主任研究員を経て、63年編集委員。都市問題、地球環境問題を担当し、国際会議や世界各国の現地取材をかさねる。平成4年地球環境賢人会議国内勉強会委員。地球温暖化防止活動推進センター共同議長、環境自治体会議顧問、市民立法機構運営委員、情報公開クリアクリアリングハウス理事などの他、江戸川大学客員教授、早稲田大学客員教授、駒沢大学非常勤講師、フェリス女学院大学非常勤講師も務める。環境・文化財保護を求める市民の支援を受けて、5年から鎌倉市長に2選。　⊕トレッキング, 読書, 音楽鑑賞　http://www.janjan.jp/
【著書】地球人のまちづくり(海象社 '01)／環境自治体共和国(PHP研究所 '93)

竹内 猛　たけうち・たけし
衆院議員(社民党)　⊕大正11年9月25日　⊕平成16年11月2日　⊕長野県茅野市湖東白井出　⊕日本大学法文学部(昭和21年)卒　⊕勲二等旭日重光章(平成8年)　⊕日本農民組合中央本部を経て、昭和24年社会党に入り、41年から組織局長

を3期つとめる。47年以来衆院議員に8選。平成8年引退。

【著書】地域農業論(協同組合通信社;成隆出版〔発売〕'89)

竹内 正 たけうち・ただし
白根市長 歯科医 [生]昭和24年9月4日 [出]新潟県白根市 [学]日本大学歯学部卒 [歴]昭和51年歯科医院を開業。傍ら新潟県歯科医師会理事、日本青年会議所新潟ブロック協議会副会長、白根青年会議所理事長などを歴任。平成5年全国で初めて日本新党単独推薦で白根市長に当選。2期つとめ、13年落選。実家は地元有数の料亭を営む。学生時代はラグビー部でスクラムハーフとして活躍。

竹内 千尋 たけうち・ちひろ
志摩市長 [生]昭和34年6月21日 [学]早稲田大学社会科学部卒 [歴]平成14年阿児町長に当選、1期。16年10月合併により誕生した志摩市の初代市長に当選。

竹内 俊夫 たけうち・としお
青梅市長 [生]昭和19年5月2日 [出]東京都 [学]東京大学工学部(昭和43年)卒 [歴]昭和43年建設省に入省。大臣官房技術調査官、東北地方建設局仙台工事事務所長、関東地方建設局道路企画官などを経て、平成5年岡山県土木部長、7年日本道路公団計画部長、のち東京第二建設局長。11年11月青梅市長に当選。2期目。分担執筆に「一日一題〈7〉」がある。

竹内 虎治 たけうち・とらじ
柳田村(石川県)村長 [生]大正5年3月20日 [出]石川県鳳至郡柳田村 [学]香川県立農事講習所(昭和9年)卒 [歴]村立公民学校卒業後、香川県農事講習所で農業を学ぶ。昭和13〜20年郷里の石川県柳田村農業技術員。戦後は和牛飼育の先頭に立ち、温室栽培も手がけた。42年から同村収入役2期、50年助役を経て、54年村長に当選、2期。過疎対策に自然を生かそうと村産業開発公社を設立し、58年には伐採寸前のブナの原生林を買い戻した。 [趣]盆栽,読書

竹内 弘 たけうち・ひろし
半田市長 [生]大正13年3月2日 [出]愛知県 [学]東京鉄道教習所(昭和16年)卒 [賞]藍綬褒章,勲三等瑞宝章(平成11年) [歴]昭和30年以来半田市議3期。39年国労名古屋地方本部委員長、48年国労中部本部委員長。50年以来半田市長に3選。62年落選、平成3年返り咲き、5期務める。11年引退。 [趣]スポーツ,読書

竹内 藤男 たけうち・ふじお
茨城県知事 参院議員 [生]大正6年11月30日 [没]平成16年9月7日 [出]旧朝鮮・京城 [学]東京帝大法学部(昭和16年)卒 [歴]建設省で首席監察官、都市局長、首都圏整備委事務局長を務めたあと、昭和46年参院議員に当選。50年茨城県知事に転じ、以来5選。筑波研究学園都市の整備やサッカーの住友金属(現・鹿島アントラーズ)プロ化に際してサッカー専用スタジアムを作るなど、社会基盤整備・街づくりに手腕を発揮した。平成5年総合建設会社(ゼネコン)ハザマからダムや庁舎移転などの公共工事発注をめぐり収賄の疑いで逮捕される。15年病気のため公判停止となり、16年死去した。

【評伝】知事成金(大宮知信著 明日香出版社'94)/「談合悪」のからくり(山本峯章著 ベストブック'93)/ゼネコン疑獄(伊藤博敏著 政界出版社'93)

竹内 通教 たけうち・みちのり
伊万里市長 [生]大8.5.21 [出]佐賀県 [学]東京帝大法学部政治学科(昭和21年)卒 [賞]勲三等瑞宝章(平成7年) [歴]昭和22年熊本県庁に入る。31年秘書課長を経て、37年伊万里市助役に転じ、45年以来市長に6選。平成6年落選。

竹内 譲 たけうち・ゆずる
京都市議(公明党　上京区)　衆院議員
[生]昭和33年6月25日　[出]京都府　[学]京都大学法学部(昭和58年)卒　[歴]三和銀行勤務を経て、平成5年公明党から衆院議員に当選。6年新進党結成に参加。8年落選。11年京都市議に当選。2期目。

竹内 洋二 たけうち・ようじ
総社市長　[生]昭和25年3月7日　[出]岡山県総社市　[学]カリフォルニア・コースト大学卒　[歴]総社市議を経て、平成10年市長に当選。2期目。

竹内 吉宣 たけうち・よしのぶ
海老名市長　[生]昭和12年3月19日　[没]平成15年8月1日　[出]神奈川県海老名市　[学]厚木高(昭和30年)卒　[歴]海老名市議会事務局長、市民福祉部長、海老名市助役を経て、平成7年海老名市長に初当選したが、同年11月買収容疑で逮捕され、辞任。　[趣]ゴルフ，釣り，読書

竹内 黎一 たけうち・れいいち
衆院議員(自民党)　元・科学技術庁長官
[生]大正15年8月18日　[出]青森県黒石市
[学]東京大学経済学部(昭和23年)卒　[賞]勲一等旭日大綬章(平成12年)　[歴]毎日新聞政治部記者を経て、昭和38年知事に転じた父の後継者として衆院議員に当選。外務政務次官、経済企画庁政務次官、原子力委員長などを歴任。59年第2次中曽根改造内閣の科学技術庁長官に就任。平成2年落選するが、5年返り咲く。8年再び落選。竹下派を経て、小渕派。当選10回。　[家]父＝竹内俊吉(青森知事・衆院議員)

武川 勉 たけかわ・つとむ
富士吉田市長　[生]昭和22年8月18日　[出]山梨県　[学]専修大学商学部(昭和45年)卒　[歴]富士吉田市議、代議士秘書を経て、平成3年山梨県議に当選、2期務める。11年富士吉田市長に当選、1期。15年落選。

竹下 悦男 たけした・えつお
上田市長　[生]昭和10年4月8日　[出]長野県上田市　[学]東京農工大学農学部卒
[歴]昭和34年長野県庁入庁。農政部畜産課長を経て、58年商工部振興課長、60年商工参事兼振興課長、61年商工部長、63年総務部長、のち公営企業管理者を経て、平成6年上田市長に当選、1期。10年落選。

竹下 虎之助 たけした・とらのすけ
広島県知事　[生]大正13年8月6日　[出]島根県大田市　[学]京都帝国大学法学部(昭和22年)卒　[賞]勲二等旭日重光章(平成8年)　[歴]島根県庁、香川県庁から広島県庁に転じ、昭和35年地方課長、のち財政部長、企画室次長を経て、38年商工部長、42年総務部長を歴任。47年副知事となり、56年知事に当選。3期務め、平成5年引退。8年修道学園理事長。
[趣]読書，スポーツ，園芸
【評伝】燃やせ、心に火をつけろ!(角間隆著 ぎょうせい'87)

竹下 登 たけした・のぼる
衆院議員(自民党)　首相　[生]大正13年2月26日　[没]平成12年6月19日　[出]島根県飯石郡掛合村(現・掛合町)　[学]早稲田大学商学部(昭和22年)卒　[賞]レジオン・ド・ヌール・グラン・ド・フィシエ勲章
[歴]造り酒屋の長男として生まれ、学徒動員で陸軍飛行隊に入隊、少尉で終戦を迎える。のち学校教員、自民党島根県連青年団長、島根県議を経て、昭和33年衆院議員に当選。連続当選14回。この間、36年自民党青年局長、38年通産政務次官、39年内閣官房副長官、46年第3次佐藤内閣官房長官、49年第2次田中内閣官房長官、51年三木内閣建設相、53年衆院予算委員長、54年第2次大平内閣蔵相、56年党幹事長代理を歴任。57年11月の第1次中曽根内閣発足から、60年12月の第2次中曽根第2回改造内閣に至るまで、蔵相を4期連続務めた。60年

先進5ケ国蔵相会議で“プラザ合意”に加わる。政界復帰が危ぶまれている田中元首相の間隙を縫って、同年に創政会を旗上げ、62年7月には二階堂進、小沢辰雄らと袂をわかち、113人を率いて竹下派を結成、11月第1次竹下内閣を発足。首相在任中は税制改革に取り組み、平成元年消費税を導入したほか、全国の市町村に一律1億円を交付する“ふるさと創生”事業を実施し話題を呼んだ。また昭和天皇の逝去で元号を“平成”に改めた。しかし、昭和63年の“リクルート事件”をきっかけに政治不信が広がり、平成元年6月に退陣した。3年党最高顧問。退陣後は自らを“平成の語り部”と称し、最大派閥・竹下派のオーナー、小渕派の創設者として以後の内閣への影響力を保持した。 [趣]麻雀, ゴルフ [家]弟＝竹下亘(衆院議員), 孫＝影木栄貴(漫画家), DAIGO☆STARDUST(歌手)

【著書】竹下登 平成経済ゼミナール(日経BP出版センター '95)／証言 保守政権(読売新聞社 '91)

【評伝】竹下政権・五七六日(後藤謙次著 行研'00)／われ万死に値す(岩瀬達哉著 新潮社'99)／政治家の心理分析(吉田雅信著 近代文芸社'97)／竹下疑惑の系譜(菊池久著 ポケットブック社;ごま書房〔発売〕'93)／竹下派支配(朝日新聞政治部著 朝日新聞社'92)／ドキュメント 竹下政権の崩壊(三宅久之編 全国朝日放送'89)／ザ・竹下政権(マスコミ研究会編 国会通信社'88)／竹下総理「全データ」(時事通信社政治部著 時事通信社'87)

竹下 亘 たけした・わたる

衆院議員(自民党 島根2区) [生]昭和21年11月3日 [出]島根県 [学]慶応義塾大学(昭和44年)卒 [歴]昭和44年NHK記者を経て、60年兄・竹下登元首相の秘書を務める。平成12年5月兄の政界引退表明を受け衆院選に出馬、当選を果たす。2期目。旧橋本派。 [家]兄＝竹下登(首相)

武田 一夫 たけだ・かずお

衆院議員(公明党) [生]昭9.7.23 [出]宮城県玉造郡一栗村 [学]東北大学教育学部(昭和33年)卒 [歴]公明新聞記者を経て、昭和47年衆院選に出馬、51年当選。5期つとめた。平成2年引退。

武田 邦太郎 たけだ・くにたろう

参院議員(無所属) [専]食糧・農業問題 [生]大正1年12月20日 [出]広島県福山市 [学]東京帝国大学文学部西洋史学科(昭和10年)卒 [賞]勲三等旭日中綬章(平成10年) [歴]昭和10年鐘紡農林部に入社、中国で大農牧場の建設、経営に参加。戦後は山形県鳥海山麓の開拓地に入植し開拓農協長を経験する。36年新農政研究所に入り農相顧問、田中内閣日本列島改造問題懇談会委員などを歴任。61年武田新農政研究所を設立、所長。平成4年参院選比例区に日本新党から当選。6年新進党結成には参加せず無所属となる。参議院国会等の移転に関する特別委員会委員長を務めた。10年政界を引退。

【著書】コメは安くできる 農家は豊かになれる(時事通信社 '88)／日本農業・前途洋々論(武田邦太郎, 竹中一雄編 日本経済新聞社'87)／危機の農政(教育社 '79)

竹田 四郎 たけだ・しろう

参院議員(社会党) [生]大7.1.20 [出]静岡県小笠郡 [学]東京帝大経済学部(昭和16年)卒 [歴]日本鋼管に入社、鶴見造船労組委員長、神奈川県議2期を経て、昭和43年から参院議員に3選。51年参院建設委員長、57年決算委員長を歴任して、61年7月引退。

武田 節子 たけだ・せつこ

参院議員(公明) [生]大正13年8月31日 [出]宮城県 [学]宮城三高女卒 [歴]食料品販売業を経て、東京働く婦人の会委員長。平成4年参院議員に当選。10年引退。

たけた

武田　誠　たけだ・まこと
宮城県議(社会党)　蔵王町(宮城県)町長　⑮大正15年11月20日　⑯宮城県刈田郡蔵王町　⑰高小卒　⑱蔵王町議3期を経て、昭和54年以来宮城県議に2選。平成4年蔵王町長に当選。8年8月同町発注の公共工事の競売入札を妨害した疑いで逮捕される。

竹田　又男　たけだ・またお
小松市長　⑮大15.10.21　⑯石川県小松市　⑰陸士(昭和20年)中退　⑱昭和21年小松市役所に入る。42年助役を経て、55年市長に当選、3期つとめる。平成4年落選。

武田　良太　たけだ・りょうた
衆院議員(自民党　福岡11区)　⑮昭和43年4月1日　⑯福岡県田川郡赤池町　⑰早稲田大学文学部(平成4年)卒　⑱亀井静香衆院議員秘書などを経て、平成8年、12年自民党公認で衆院選に立候補。15年無所属で衆院議員に当選。1期目。自民党入りし、亀井派。　⑲伯父＝田中六助(衆院議員)
【著書】10年の滑走路(ジュピター出版'04)

竹中　修一　たけなか・しゅういち
衆院議員(自民党)　青森ガス社長　⑮大正7年4月20日　⑯平成9年7月31日　⑰青森県青森市　⑱東北帝大法文学部(昭和16年)卒　紺綬褒章(昭和36年)、勲二等旭日重光章(平成2年)　⑲陸軍中尉、日本郵船勤務を経て、昭和47年から衆院議員を5期めた。52年防衛政務次官、54年建設政務次官を歴任。竹下派。平成2年落選。　⑳読書,スポーツ,書道,映画観賞

竹中　平蔵　たけなか・へいぞう
参院議員(自民党　比例)　経済財政政策担当相　郵政民営化担当相　慶応義塾大学客員教授　⑮経済学　⑯昭和26年3月3日　⑰和歌山県　⑱一橋大学経済学部(昭和48年)卒　経済学博士　⑲サントリー学芸賞(第6回)(昭和59年)「研究開発と設備投資の経済学」、エコノミスト賞(第28回)(昭和63年)「対外不均衡のマクロ分析」　⑳昭和48年日本開発銀行入行。52年同設備投資研究所に移る。56年ハーバード大学客員研究員、ペンシルベニア大学客員研究員、57年大蔵省財政金融研究所主任研究員。62年大阪大学経済学部助教授、平成元年ハーバード大学客員准教授、同年国際経済研究所客員フェロー、2年慶応義塾大学総合政策学部助教授を経て、8年教授。10年小渕首相の諮問機関・経済戦略会議メンバー、12年森首相の諮問機関・IT戦略会議メンバーとなる。同年アサヒビール社外取締役を兼務。13年4月小泉内閣の発足で経済財政担当相に起用された。14年9月の小泉改造内閣でも留任し、金融担当相を兼務。同年10月経済財政諮問会議で不良債権処理の加速、構造改革の加速、セーフティーネットの拡充を柱とした総合デフレ対策をまとめた。15年第2次改造内閣、第2次小泉内閣でも留任。16年参院選比例区に自民党から出馬し、同党1位の得票数で当選。同年9月の第2次小泉改造内閣では経済財政政策担当相のほか、新設の郵政民営化担当相を兼務。著書に「研究開発と設備投資の経済学」「日本賢国論」「入門 現代アメリカ経済」「日米摩擦の経済学」「早い者が勝つ経済」「ソフトパワー経済」「経世済民―『経済戦略会議』の一八〇日」、共著に「ITパワー」「経済ってそういうことだったのか会議」などがある。　http://web.sfc.keio.ac.jp/~heizo/

【著書】立ち上がれ!日本(竹中平蔵,桜井よしこ著　PHP研究所'01)
【評伝】竹中プランのすべて(木村剛著　アスキー・コミュニケーションズ'03)／現場に出た経済学者たち(藤巻秀樹著(八王子)中央大学出版部'02)

竹浪 春夫 たけなみ・はるお
板柳町(青森県)町長 ㊐大正8年4月13日 ㊙平成12年7月9日 ㊞青森県北津軽郡板柳町 ㊫東京農業大学卒 ㊯勲四等瑞宝章(平成1年),板柳町名誉町民(平成12年) ㊖昭和42年以来青森県・板柳町長を通算7期務め、平成11年引退。この間、昭和60～62年青森県町村会会長を務めた。県のりんご産業の振興発展に貢献、県りんご共防連会長、県りんご協会専務理事を歴任。土壌改良やマメコバチ増殖など、りんご栽培の技術向上に先導的な役割を果たした。

武信 弘隆 たけのぶ・ひろたか
山田市長 ㊐昭和16年4月12日 ㊙平成13年7月2日 ㊞福岡県 ㊫明治大学文学部(昭和40年)卒 ㊖昭和40年丸栄産業に入社。42年武信建設機械を創業。山田市議を経て、平成5年山田市長に当選、2期。

武部 勤 たけべ・つとむ
自民党幹事長 衆院議員(自民党 北海道12区) 農水相 ㊐昭和16年5月1日 ㊞北海道斜里郡斜里町 ㊫早稲田大学法学部(昭和39年)卒 ㊖昭和46年北海道議に当選して以来連続4期務める。代議士秘書、網走管内スポーツ少年団協議会長を経て、61年衆院議員に当選、6期目。平成13年4月小泉内閣の農水相に就任。16年自民党幹事長に就任。山崎派。 http://www.takebe.ne.jp/
【著書】夢楽(むら)づくり維新(大成出版社 '01)

武部 文 たけべ・ぶん
衆院議員(社会党) ㊐大正9年10月7日 ㊙平成13年4月24日 ㊞鳥取県米子市 ㊫米子商蚕商業科(現・米子南商)(昭和13年)卒 ㊯勲二等旭日重光章(平成4年) ㊖昭和20年米子郵便局に入る。30年以来鳥取県総評議長を10期つとめたあと、42年衆院議員に当選。61年落選、平成2年再選、通算7期つとめた。5年引退。

武正 公一 たけまさ・こういち
衆院議員(民主党 埼玉1区) 未来デザイン研究所社長 ㊐昭和36年3月23日 ㊞静岡県 ㊫慶応義塾大学法学部(昭和59年)卒 ㊖昭和59年松下政経塾を経て、コンサルタント会社社長。埼玉総研客員研究員、日本新党総本部幹事などを経て、平成7年から埼玉県議に2選。12年民主党から衆院議員に当選。2期目。

武見 敬三 たけみ・けいぞう
参院議員(自民党 比例) 東海大学教授 ㊕国際関係論 ㊐昭和26年11月5日 ㊞東京都 ㊫慶応義塾大学法学部(昭和48年)卒,慶応義塾大学大学院法学研究科政治学専攻(昭和55年)博士課程修了 ㊖日本医師会会長を務めた武見太郎の二男。幼稚舎から大学まで生粋の慶応ボーイ。昭和51年台湾国立師範大学、53年ハーバード大学へ留学。55年東海大学助手となり、62年助教授、平成7年教授。昭和59年4月にはテレビ朝日「CNNデイウォッチ」のキャスターに就任。62年10月からは1年間「モーニングショー」のメインキャスターをつとめた。平成7年参院選では自民党の名簿1位で比例区から当選。2期目。小渕派を経て、旧橋本派。医療・福祉問題のほか、外交・安全保障問題について積極的に発言。13年から安全保障問題を考える超党派の議員グループ"新世紀の安全保障体制を確立する若手議員の会"代表世話人を務める。
㊓日本国際政治学会,アジア政経学会,国際公共経済学会,日本プライマリーケア学会,日本健康教育学会
㊗父=武見太郎(日本医師会会長)
http://www.takemi.net/

竹村 健一 たけむら・けんいち
駒ヶ根市長 ㊀大正9年10月14日 ㊁平成5年5月7日 ㊂長野県 ㊫東京府立二中(昭和13年)卒 ㊮勲四等瑞宝章(平成3年) ㊯昭和13年赤穂役場に勤務。45年駒ケ根市収入役となり、51年以来駒ケ根市長に3選。63年引退。

武村 正義 たけむら・まさよし
衆院議員(無所属) 元・さきがけ代表 蔵相 滋賀県知事 ㊀昭和9年8月26日 ㊂滋賀県八日市市 ㊫東京大学教育学部卒, 東京大学経済学部(昭和37年)卒 ㊮旭日大綬章(平成16年) ㊯昭和37年自治省入省。愛知、埼玉両県総務部へ出向。46年八日市市長を経て、49年滋賀県知事に当選。53年、57年と連続無投票再選。徹底した県民との対話を提唱し、住民運動を先取りした県政で知られる。全国初の合成洗剤追放条例(琵琶湖条例)、風景条例など一連の環境保全条例の制定は全国の注目を集めた。59年8月には世界初の湖沼環境会議を大津市で開催、琵琶湖の再生に力を注ぐ。61年衆院議員に当選以来、4期つとめる。平成5年6月の解散を機に同志10人で自民党を離党し、新党さきがけを結成。同年7月の衆院選では13人を当選させ、日本新党と院内統一会派を組む。8月細川内閣の官房長官に就任。6年4月の羽田内閣成立の際、院内会派・改新に参加せず連立から離脱。6月自民党、社会党と連立を組んで村山内閣を成立させ、蔵相に就任。7年の改造内閣でも留任。同年9月フランス核実験再開にあたり、タヒチで行われた抗議集会に参加した。8年8月代表を辞任。10年5月代表に復帰。同年10月党名をさきがけと改め、奥村展三参院議員と二人で党を存続させる。12年無所属で立候補し落選。のち日中友好砂漠緑化協会会長。 ㊰水泳, 自転車, サウナぶろ
【著書】さきがけの志(武村正義, 田中秀征著 東洋経済新報社'95)/小さくともキラリと光る国・日本(光文社 '94)/琵琶湖から、神戸から(武村正義, 高見裕一著 ほんの木'93)/「草の根政治」 私の方法-敵こそ味方なり(講談社 '86)/水と人間(第一法規出版 '80)
【評伝】大蔵省権力闘争の末路(歳川隆雄著 小学館'99)/永田町の通信簿(岸井成格ほか著 作品社'96)/小沢一郎の日本VS.武村正義の日本(小板橋二郎著 こう書房'94)/武村正義のマキァベリズム(板垣英憲著 ディーエイチシー'94)/新版 琵琶湖を沸かせた男(遊佐雄彦著 フットワーク出版 '93)

竹村 泰子 たけむら・やすこ
参院議員(民主党) 衆院議員 平和運動家 ㊀昭和8年12月5日 ㊂兵庫県神戸市 ㊫聖和大学教育学部中退 ㊯中学3年で洗礼を受け、クリスチャンとなる。昭和31年よりフリーのアナウンサーとして活躍。42年から日本YWCAに所属し、旭川、釧路で盲人の朗読奉仕のボランティア養成に携わるほか、平和と人権運動に取り組む。57年に「原爆の図」展の実行委を務め、翌年地道な平和運動の集積として衆院選に出馬、トップ当選を果たす。平和問題に奔走するかたわら、議員会館自室で月1回「国会祈祷会」を主催した。61年落選。平成元年参院比例区に当選。8年社民党を経て、民主党入り。2期。13年落選。 ㊰絵画, 音楽鑑賞

竹村 幸雄 たけむら・ゆきお
衆院議員(社会党) ㊀昭和5年4月23日 ㊁平成10年11月19日 ㊂京都府京都市 ㊫堀川高(昭和24年)卒 ㊯京都市議を経て、昭和47年衆院議員に当選。平成2年再び当選。通算2期。5年落選。京都新報社社長、京都原水禁議長などをつとめた。 ㊰読書

竹本 直一 たけもと・なおかず
衆院議員(自民党 大阪15区) ㊀昭和15年11月23日 ㊂大阪府河南町 ㊫京都大学法学部(昭和39年)卒, カリ

フォルニア大学バークレー校行政大学院，コロンビア大学大学院　㊹昭和39年建設省入省。国土庁広報室長、建設省近畿地方建設局総務部長、阪神高速道路公団業務部長、国土庁防災局企画課長、首都高速道路公団総務部長、建設省河川総務課長、住宅・都市整備公団監理官を経て、平成3年国土庁官房審議官。建設省時代にカリフォルニア大、コロンビア大に留学し、海外コンサルティング、建設輸出に関する著書もある。4年1月退官。8年衆院議員に当選。3期目。堀内派。　㊹ゴルフ，水泳，絵画鑑賞
http://www.takemotonaokazu.com/

武元 文平　たけもと・ぶんぺい
七尾市長　㊹昭和14年11月25日　㊹石川県　㊹法政大学経済学部卒　㊹北陸電力勤務、七尾市議を経て、平成13年七尾市長に当選。2期目。

竹本 孫一　たけもと・まごいち
衆院議員（民社党）　㊹明治39年12月21日　㊹平成14年5月30日　㊹山口県　㊹東京帝国大学法学部政治学科（昭和6年）卒　㊹勲二等瑞宝章（昭和52年）　㊹企画院調査官、大政翼賛会制度部副部長、満州総務庁参事官など歴任。戦後は、昭和22年内閣総理大臣秘書官、海上保安大事務局長兼教授を経て、38年以来旧静岡3区選出で衆院議員に7選。52年沖縄北方問題特別委員長、民社党国会議員団長、日本経済研究協会理事長などをつとめた。著書に「新しい政治」「日本経済の在り方」など。　㊹謡，映画
【著書】私のなかの昭和史（荒地出版社 '82）／八十年代への挑戦（富士社会教育センター '78）

竹山 裕　たけやま・ゆたか
参院議員（自民党　静岡）　元・科学技術庁長官　㊹昭和8年12月5日　㊹東京都渋谷区　㊹慶応義塾大学法学部（昭和32年）卒　㊹日本水産秘書室長を経て、昭和58年参院議員に当選、4期目。平成10年小渕内閣の科学技術庁長官。11年7月参院予算委員長。竹下派、小渕派を経て、旧橋本派。　㊹ヨット，邦楽　㊹父＝竹山祐太郎（衆院議員）

武山 百合子　たけやま・ゆりこ
衆院議員（民主党　比例・北関東）　㊹昭和22年9月5日　㊹埼玉県庄和町　㊹中央大学文学部（昭和45年）卒　㊹中央大学職員を経て、昭和48年渡米。52年から15年間ニューヨーク補習授業校で教鞭をとる。平成5年日本新党から衆院議員に当選。6年新進党結成に参加。10年1月自由党に参加。15年9月民主党に合流。4期目。　http://www.yuriko-online.com/
【著書】救える生命たち（オークラ出版 '02）／よみがえったいのち（はる書房 '95）

田篭 勝彦　たごもり・かつひこ
小郡市長　㊹昭和14年11月6日　㊹朝倉高（昭和33年）卒　㊹三井食販組合理事長を経て、平成5年小郡市長に当選。3期目。

田阪 匡玄　たさか・まさはる
新宮市長　㊹昭和4年1月7日　㊹平成13年6月30日　㊹和歌山県新宮市　㊹名古屋工業専門学校（現・名古屋工業大学）土木科（昭和23年）卒　㊹勲五等双光旭日章（平成12年）　㊹昭和23年新宮市職員に。土木課長、建設部長を経て、56年助役、58年市長に当選、2期務めた。市田川の排水施設の整備や広域圏公設卸売市場の開設などに尽力する一方、"緑の市長"を自認し、60年9月に上京して中曽根康弘首相（当時）に森林省の創設を求める要望書を提出するなど森林保護行政に力を入れた。また朝日アマ囲碁十傑の常連でもあり、45年の第10回大会で優勝したほか、関西棋院新宮支部長を務めた。　㊹囲碁

田沢 吉郎　たざわ・きちろう

衆院議員(自民党)　農水相　防衛庁長官　元・弘前学院大学学長　[生]大正7年1月1日　[没]平成13年12月12日　[出]青森県南津軽郡田舎館村　[学]早稲田大学政経学部政治学科(昭和18年)卒　[賞]勲一等旭日大綬章(平成9年)　[歴]青森県議を経て、昭和35年以来、衆院議員に12回連続当選。41年郵政政務次官、46年衆院議院運営委員長、51年福田内閣国土庁長官、56年鈴木内閣農林水産相、63年竹下内閣の防衛庁長官を歴任。平成8年の衆院選で落選し、引退した。旧宮沢派の中で数少ない党人派で、宏池会の七奉行と称され、旧宮沢派会長代行を務めた。政界引退後は弘前学院大学理事長を経て、8年学長。青森テレビ会長も務めた。大学時代から俳句が趣味で俳号は“いなほ”。　[趣]俳句，スポーツ

田沢 智治　たざわ・ともはる

参院議員(自民党)　法相　[生]昭和7年11月23日　[出]神奈川県横浜市　[学]日本大学法学部(昭和31年)卒　[賞]旭日重光章(平成15年)　[歴]昭和49年佼成学園理事を経て、55年参院議員に当選。平成7年村山改造内閣の法相に就任。同年10月宗教法人からの2億円借り入れを取り沙汰され、法相を辞任。3期務める。10年落選。三塚派。

田島 一成　たじま・いっせい

衆院議員(民主党　滋賀2区)　[生]昭和37年6月15日　[出]滋賀県　[学]中央大学商学部会計学科(昭和62年)卒，同志社大学大学院総合政策科学研究科(平成12年)修士課程修了　[歴]竹中工務店、田島物産勤務、平成3年彦根市議を経て、11年滋賀県議に当選。13年衆院滋賀2区補選に立候補。15年民主党より衆院選に当選。　http://www.tajimaissei.com/

田嶋 要　たじま・かなめ

衆院議員(民主党　千葉1区)　[生]昭和36年9月22日　[出]愛知県名古屋市　[学]東京大学法学部(昭和60年)卒，ペンシルベニア大学ウォートン経営大学院(平成3年)修了　M.B.A.(ペンシルベニア大学)　[歴]昭和60年NTTに入社。法人営業、国際投資プロジェクト、国際IPネットワーク事業などに携わる。平成3年世界銀行グループの国際金融公社(IFC)に出向、投資官として東南アジア、中近東、東欧のプロジェクトファイナンスを担当。7年NTTが出資するフィリピンの電話会社にアドバイザーとして出向。12年NTTコミュニケーションズグローバルサービス事業部IP事業開発担当部長。15年退職。同年11月衆院選千葉1区に民主党から立候補、現職の臼井日出男自民党議員を破り当選。　http://www.k-tajima.net/

但馬 久美　たじま・くみ

参院議員(公明党)　元・女優　[生]昭和19年1月12日　[出]熊本県熊本市　本名=林久美子　[学]山手学園高卒　[歴]宝塚に入り、昭和39年初舞台。ダンスが得意で鳳蘭と組んで数々の舞台をこなす。星組副組長を経て、58年8月花組の組長に昇格。代表作に「ベルサイユのばら」アンドレ、「風と共に去りぬ」アシュレ、「誰がために鐘は鳴る」アグスティンなど。63年退団し、ニューヨークで充電。平成3年歌や講演で活動再開。7年の参院選比例区に新進党から当選。10年公明に移り、同年11月新公明党結成に参加。1期務め、13年引退。

田嶋 陽子　たじま・ようこ

参院議員(無所属)　[専]英文学　女性学　[生]昭和16年4月6日　[出]岡山県　[学]津田塾大学学芸学部英文科(昭和39年)卒，津田塾大学大学院英文学専攻(昭和44年)博士課程中退　[歴]ケンブリッジ大学、ロンドン大学の訪問研究員を経て、昭

和46年東京女子大学講師、47年法政大学講師、49年助教授、51年教授に就任。妻、子供などの役割から放たれて、友だちという対等な関係で暮らす新しいコミュニティー"友だち村"を提唱する。フェミニズム（女性学）の第一人者で、「たけしのTVタックル」などテレビでも活躍。平成6年ニッセンのCM「見てるだけ〜」が話題となる。7年NHKドラマ新銀河「魚河岸のプリンセス」、8年伊丹十三監督の映画「スーパーの女」に出演。13年参院選比例区に社民党から立候補し当選。14年離党し、無所属となる。15年神奈川県知事選に立候補するが落選。著書に「フィルムの中の女」、共著に「女を装う」「現代イギリス女性作家を読む」など。　http://www.ne.jp/asahi/tajima/yoko/

【著書】もう男だけに政治はまかせられない（オークラ出版 '03）

田尻 靖幹　たじり・やすもと
熊本市長　⑭大正15年3月27日　⑮熊本県熊本市　⑯早稲田大学専門部（昭和25年）卒　⑰勲四等旭日小綬章（平成11年）　⑱昭和29年熊本市役所に入る。46年熊本市経済局観光部長、47年総務局総務部長、50年経済局長、54年総務局長、55年助役。61年11月熊本市長に当選、2期つとめた。　⑲弟＝田尻英幹（西部ガス会長）

田代 清英　たしろ・きよひで
枕崎市長　⑭大正11年1月12日　⑮平成3年9月24日　⑯鹿児島県　⑰慶応義塾大学工学部卒　⑱枕崎商工会議所副会頭を経て、昭和53年から市長に3選。平成2年引退。

田代 捨己　たしろ・すてき
宇土市長　⑭大正4年8月26日　⑮平成15年4月4日　⑯熊本県宇土市　⑰熊本農（昭和9年）卒　⑱昭和9年台湾製糖に入社。28年走潟村長を経て、49年宇土市収入役となり、57年市長に当選。2期8年務めた。平成2年落選。

田代 富士男　たしろ・ふじお
参院議員（公明党）　⑭昭和6年2月22日　⑮佐賀県神埼郡神埼町　⑯三養基中（昭和53年）卒　⑰創価学会関西本部事務総局長を経て、昭和40年参院議員に当選し、4期。法務委員長、運輸委員長などを歴任したが、63年1月全国砂利石材転用船組合連合会の汚職にからみ辞任。

田代 由紀男　たしろ・ゆきお
参院議員（自民党）　⑭大正5年4月15日　⑮平成9年8月22日　⑯熊本県天草郡河浦町　⑰東亜同文書院卒　⑱勲二等瑞宝章（平成4年）　⑲満鉄に入社。戦後一町田村長を経て、昭和26年から熊本県議7期。42年県会議長。52年参院補選に当選し、以来3期。旧三塚派。農水政務次官、自民党政策審議会副会長などを歴任。平成4年引退。

多田 重美　ただ・しげみ
八潮市長　⑭昭和24年4月22日　⑮岩手県　⑯日本大学法学部卒　⑰平成元年八潮市議に当選、3期。12年市会議長を経て、13年八潮市長に当選。　⑱空手

多田 省吾　ただ・しょうご
参院議員（公明党）　⑭昭和6年2月18日　⑮山形県山形市　⑯東北大学工学部化学工学科（昭和28年）卒　⑰聖教新聞社に入り、昭和40年から参院議員に4選。61年7月参院議員団長となる。参院法務委員長も務めた。平成元年引退。　⑱囲碁（初段）

多田 利喜　ただ・としき
富田林市長　⑭昭和26年2月4日　⑮大阪府富田林市常磐町　⑯近畿大学商学部（昭和48年）卒　⑰昭和58年から富田林市議に4選。平成9年議長。15年市長に当選。　http://www.tadatosiki.com/

多田 正見 たた・まさみ
江戸川区(東京都)区長 [生]昭和10年10月27日 [出]愛知県 [学]早稲田大学政経学部卒 [歴]江戸川区区民課長、区政情報室長、教育長を経て、平成11年江戸川区長に当選。2期目。

立木 大夫 たちき・ともお
高梁市長 [生]昭和9年2月21日 [出]岡山県高梁市 [学]立正大学文学部卒 [歴]高梁市助役を経て、平成8年から市長に2選。16年引退。

立木 洋 たちき・ひろし
参院議員(共産党) [専]国際問題 [生]昭和6年3月11日 [出]旧朝鮮・新義州 [学]東北人民大学(中国)(昭和33年)卒 [歴]昭和33年に日本に引き揚げ、高知で電器器具のセールスマンをする中で共産党に入党、39年から党本部勤務。49年以来、参院議員を5期務め、平成12年12月引退。中国語が堪能。
【著書】非核の世界か核の独占か(新日本出版社 '94)/世界政治の岐路と平和の選択(新日本出版社 '90)

橘 慶一郎 たちばな・けいいちろう
高岡市長 [生]昭和36年1月23日 [出]富山県高岡市 [学]東京大学法学部(昭和59年)卒，ケンブリッジ大学大学院(平成1年)修了 [歴]祖父・直治、父・康太郎がともに衆院議員という政治家の家に生まれる。昭和59年北海道開発庁に入り、企画課に勤務。平成5年退官、伏木海陸運送副社長を経て、7年社長、のち会長。15年高岡商工会議所副会頭。路面電車の第3セクター・万葉線社長なども務める。16年高岡市長に当選。
[家]父=橘康太郎(伏木海陸運送会長・衆院議員)，祖父=橘直治(衆院議員)

橘 康太郎 たちばな・こうたろう
衆院議員(自民党 比例・北陸信越) 元・伏木海陸運送会長 [生]昭和9年5月30日 [出]富山県高岡市 [学]早稲田大学政経学部(昭和33年)卒，早稲田大学大学院商学研究科(昭和41年)修了 [歴]昭和34年伏木海陸運入社。42年企画室長から取締役となり、50年代表専務。55年社長に就任。平成7年会長となる。この間昭和52年には富山県議を1期務め、平成5年衆院議員に当選。4期目。三塚派を経て、森派。 [趣]野球 [家]長男=橘慶一郎(高岡市長)，父=橘直治(衆院議員)

立花 留治 たちばな・とめじ
日立市長 [生]大正5年2月27日 [没]平成7年6月25日 [出]茨城県 [学]水戸農(昭和9年)卒 [賞]勲三等瑞宝章(平成3年) [歴]昭和15年日立市役所に入り、30年産業部長、39年総務部長、42年水道部長を経て、50年以来日立市長に4選。平成3年引退。 [趣]読書，絵画鑑賞

立谷 秀清 たちや・ひできよ
相馬市長 医師 [生]昭和26年6月9日 [出]福島県相馬市 [学]福島県立医科大学卒 [歴]立谷病院院長、理事長を務める。平成7年福島県議に当選。11年落選。13年相馬市長に当選。

立岡 脩二 たつおか・しゅうじ
瀬戸内市長 [生]昭和15年3月20日 [学]岡山大学法文学部卒 [歴]平成12年から邑久町長に2選。16年合併により誕生した瀬戸内市の初代市長に当選。

達増 拓也 たっそ・たくや
衆院議員(民主党 岩手1区) [生]昭和39年6月10日 [出]岩手県盛岡市 [学]東京大学法学部(昭和63年)卒，ジョンズ・ホプキンズ大学高等国際問題研究大学院(平成3年)修士課程修了 国際関係論修士(ジョンズ・ホプキンズ大学)(平成3年) [歴]昭和63年外務省に入省。在シンガポール大使館二等書記官、平成7年外務

省官房総務課総括担当課長補佐などを経て、8年新進党から衆院議員に当選。10年1月自由党に参加。15年9月民主党に合流。3期目。　テニス，パソコン，カラオケ　http://www.sphere.ad.jp/tasso/
【著書】外務省の掟（長谷川慶太郎, 岡崎久彦ほか著　ビジネス社'01）

伊達 忠一　だて・ちゅういち
参院議員（自民党　北海道）　昭和14年1月20日　北海道上士幌町　北海道衛生検査学院（昭和35年）卒　旭川赤十字病院、昭和38年札幌医科大学中央検査部勤務を経て、40年札幌臨床検査センターを設立し社長。58年北海道議に当選。62年落選、平成3年返り咲き。11年議長。通算4期務める。13年参院議員に当選。森派。　http://www5.ocn.ne.jp/~t.date/

舘林 茂樹　たてばやし・しげき
立川町（山形県）町長　昭和2年1月2日　山形県　海兵（昭和20年）卒　勲五等双光旭日章（平成15年）　庄内経済農協連合会米穀部長を経て、昭和60年立川町長に当選。平成13年退任。風力発電に取り組み、8年風力発電推進市町村全国協議会会長に就任。　水墨画，カラオケ

舘盛 静光　たてもり・せいこう
相模原市長　大正3年4月21日　平成14年12月17日　神奈川県相模原市　神奈川師範中退　勲二等瑞宝章（平成9年）　昭和13年相模原市役所に入る。46年助役を経て、52年市長に当選、5期務めた。平成9年引退。人口急増期にあった市内の小・中学校の建設、公共下水道の整備など手掛けた。　旅行
長男＝舘盛勝弘（神奈川県議）

田中 功　たなか・いさお
久居市長　大正14年5月13日　三重県久居市　津中卒　勲四等瑞宝章（平成8年）　昭和21年三重県庁に入る。54年中勢北部県民局長を経て、56年久居市教育長に転じ、59年市長に当選、3期務めた。

田中 覚　たなか・かく
新座市長　大正7年2月15日　平成12年2月26日　埼玉県　高小（昭和7年）卒　昭和45年新座市助役を経て、58年市長に当選。62年引退。

田中 角栄　たなか・かくえい
首相　大正7年5月4日　平成5年12月16日　新潟県刈羽郡西山町　中央工学校土木工学科（昭和11年）卒　高等小学校卒後上京、建築士から出発し、19歳で独立して設計事務所をもち、田中土建をつくり、終戦までにそれを数倍の規模に成長させた。昭和22年の総選挙で衆院議員に初当選し、以来16期連続当選。佐藤派に属し、法務政務次官を経て、39歳で郵政相として初入閣。その後、党政務調査会長、蔵相、幹事長、通産相を歴任。途中"炭鉱国管疑獄"で逮捕（無罪）されたこともあるが、保守本流の参謀役としての地歩を固める。47年佐藤退陣を受けて田中派を結成、7月の総裁選で福田赳夫を破り、首相に就任。小学校出の首相として絶大な人気を得、日中国交正常化、日本列島改造に着手。しかし49年「文芸春秋」で、その金脈、不当な利潤を追され、12月9日総辞職に追い込まれた。51年8月にはロッキード事件、5億円収賄容疑で逮捕起訴される。首相退陣後も最大派閥田中派を率い、キングメーカーとして自民党に君臨していたが、60年2月脳梗塞で倒れ入院。以来一度も登院しないまま、平成2年引退。10年生家のある新潟県西山町に田中角栄記念館が開館。
長女＝田中真紀子（衆院議員）

【評伝】田中角栄と国土建設(米田雅子著 中央公論新社'03)／裏支配(田中良紹著 広済堂出版'03)／田中角栄と毛沢東(青木直人著 講談社'02)／真説 田中角栄(馬弓良彦著 学習研究社'02)／田中角栄(水木楊著 文芸春秋'01)／田中角栄の真実(木村喜助著 弘文堂'00)／田中角栄VS竹下登〈1～4〉(鈴木棟一著 講談社'00)／田中角栄と「戦後」の精神(早野透著 朝日新聞社'95)／私の田中角栄日記(佐藤昭子著 新潮社'94)／宰相田中角栄の真実(新潟日報報道部著 講談社'94)

田中 和夫　たなか・かずお

堺市長　(生)昭和2年1月2日　(没)平成1年8月21日　(出)山口県柳井市　(学)東京大学法学部(昭和24年)卒　(歴)地方公務員災害補償基金事務局長、自治大学校副校長、堺市助役、全国過疎地域振興連盟事務局長を歴任。昭和59年堺市長に当選、2期つとめた。

田中 和徳　たなか・かずのり

衆院議員(自民党　神奈川10区)　(生)昭和24年1月21日　(出)山口県　(学)法政大学法学部(昭和47年)卒　(歴)昭和46年参院議員斎藤文夫秘書、のち県議秘書を務め、昭和58年以来川崎市議を3期。平成3年神奈川県議に当選、1期。8年衆院議員に比例区で当選。12年衆院選では神奈川10区で当選、3期目。旧渡辺派を経て、10年12月山崎派に参加。　(団)川崎市日華親善協会(会長),川崎市日韓親善協会(副会長)　(趣)旅行,読書,映画鑑賞　http://www.kamome.or.jp/k-tanaka/

田中 克彦　たなか・かつひこ

衆院議員(社会党)　(生)昭3.7.18　(出)山梨県中巨摩郡玉幡村(現・竜王町)　(学)山梨農林学校(昭和21年)卒　(歴)竜王町議、山梨県議4期、県会副議長を経て、昭和58年衆院議員に当選したが、61年1期で落選。

田中 喜三　たなか・きぞう

上福岡市長　(生)昭6.1.7　(出)埼玉県富士見市　(学)高小卒　(賞)藍綬褒章(平成4年)　(歴)上福岡市会議長を経て、市長に5選。平成9年落選。

田中 啓一　たなか・けいいち

蕨市長　(生)大正15年4月2日　(出)埼玉県蕨市　(学)川越工(昭和18年)卒　(歴)昭和34年蕨市議(4期)、39年副議長、45年議長を経て、50年市長に当選。8期目。

田中 慶秋　たなか・けいしゅう

衆院議員(民主党　神奈川5区)　(生)昭13.3.6　(出)神奈川県　(学)東海大学工学部(昭和36年)卒　(歴)昭和36年小糸製作所(現・小糸工業)に入社、労組委員長を経て、46年神奈川県議に当選。3期つとめ、58年民社党の衆院議員となる。62年～平成元年党県連会長代行。平成2年、5年落選。8年新進党から衆院議員に返り咲く。10年1月新党友愛に参加、4月民主党に合流。通算5期目。　(趣)柔道(5段)　http://www.keisyuu.com/

田中 暄二　たなか・けんじ

久喜市長　(生)昭和20年6月18日　(出)埼玉県久喜市　(学)早稲田大学商学部卒　(歴)書店、薬局を経営。久喜青年会議所理事長、久喜市議を経て、平成3年埼玉県議に当選、2期。9年久喜市長に当選。2期目。

田中 甲　たなか・こう

衆院議員(民主党)　(生)昭和32年1月8日　(出)千葉県市川市　(学)立教大学社会学部(昭和55年)卒　(歴)昭和62年市川市議に当選。平成2年自民党から千葉県議補選に当選、2期つとめる。平成5年新党さきがけから衆院議員に当選。7年9月フランスの核実験に対するムルロア環礁沖の抗議に参加、フランスに一時身柄を拘束された。8年民主党に参加したが、のち離党。3期務めた。15年落選。　(家)祖父＝田中幸之助(千葉県議)　http://www.koh-tanaka.com/

【著書】尊命の時代(きんのくわがた社'00)／2045発目の核(田中甲, 宇佐美登著 PHP研究所'96)

【評伝】臥薪嘗胆の日々(ばばこういち著 インターメディア出版'01)

田中 耕介　たなか・こうすけ

飯塚市長　[生]大正7年12月19日　[出]福岡県飯塚市　[学]西南学院高等部商科(昭和16年)卒　[賞]勲四等瑞宝章(平成10年)　[歴]昭和50年麻生コンクリート工業社長、52年教育委員長を経て、61年飯塚市長に当選、3期つとめる。平成10年引退。のち末永文化振興財団理事。　[趣]読書, ゴルフ

田中 茂　たなか・しげる

和光市長　朝霞厚生病院理事長　医師　[生]大正14年12月26日　[出]福岡県　[学]清水高等商船学校(現・東京商船大学)卒, 慶応義塾大学医学専門部(昭和25年)卒　医学博士(慶応義塾大学)(昭和35年)　[歴]昭和26年埼玉県和光市で開業。37年から59年まで朝霞地区医師会会長を11期22年務める。埼玉県医師会役員、日本医師会代議員、日本・ラテンアメリカ医学協会役員などを歴任。平成元年から和光市長に3選。13年引退。その後、朝霞厚生病院理事長、特別養護老人ホームみよし園理事長。著書に「武見太郎を怒らせた男」「EM-Xが生命(いのち)を救う」など。　[団]ボリビア国脳外科内科学会(名誉会員)

【著書】狭き門より入れ(未来出版'89)

田中 秀征　たなか・しゅうせい

衆院議員(新党さきがけ)　元・経済企画庁長官　福山大学人間文化学部教授　[専]政治学　[生]昭和15年9月30日　[出]長野県　[学]東京大学文学部(昭和40年)卒, 北海道大学法学部(平成2年)卒　[興]日本戦後政治史　[歴]自民党代議士だった宇都宮徳馬の推薦で、自民党代議士石田博英の政務担当秘書となる。昭和47年より4度、長野1区から衆院選に臨んだが、落選。52年新自由クラブに入党したが54年離党。58年自民党非公認で衆院選に当選した。平成5年6月自民党を離党し新党さきがけに参加。同年8月～6年1月細川内閣の首相特別補佐を務めた。8年橋本内閣の経済企画庁長官に就任。党副代表。通算3期。平成8年落選。10年離党。9年2月松下電工非常勤社外監査役、のち福山大学教授。13年小泉首相の経済・産業分野の私的懇談会座長を務める。

【著書】お願いしますよ、小泉さん!（田中秀征, 吉永みち子著 アミューズブックス'02)／田中秀征のことば(近代文芸社'01)／舵を切れ(朝日新聞社'00)／行革論集 民権と官権(ダイヤモンド社'97)／この日本はどうなる(田中秀征, 錦織淳著 近代文芸社'97)／時代を視る(ダイヤモンド社'95)／田中秀征の論跡(近代文芸社'95)／異議あり!!日本の「常任理事国入り」(田中秀征, 高野孟, 河辺一郎著 第三書館'94)／さきがけと政権交代(東洋経済新報社'94)

田中 修三　たなか・しゅうぞう

三橋町(福岡県)町長　[生]大正6年3月30日　[没]昭和61年10月4日　[出]福岡県山門郡三橋町　[学]関西大学専門部中退　[歴]福岡県三橋町役場職員を経て昭和30年、三橋町商工会事務局長に就任。35年設立された同町信用組合(現福岡県南信用組合)専務。36年から連続4期町議を務め、4期目は議長。議長時代に県議選に出馬したが落選。54年の町長選で初当選を果たす。58年10月の町長選で柳川市と大和町と同町との1市2町合併推進を公約に掲げ再選。59年10月からは同町と柳川市との1市1町合併の構想を積極的に進めたが、町民の反対にあい、60年2月17日のリコール投票で失職した。

田中 昭一　たなか・しょういち

衆院議員(民主党)　[生]昭和8年9月17日　[出]台湾・新竹　[学]京都電気通信学園専門部(昭和32年)卒　[賞]旭日中綬章(平成15年)　[歴]熊本県総評議長、連合熊本会長を経て、平成2年社会党から衆院議員に

当選。2期つとめる。8年社民党を経て、民主党に参加するが、落選。

田中 昭一 たなか・しょういち
衆院議員(自民党) ㊤昭和12年1月1日 ㊦千葉県 ㊥法田中(昭和27年)卒 ㊧藍綬褒章(平成5年) ㊨昭和46年船橋市議1期を経て、50年から千葉県議に6選。平成7年議長。8年衆院議員に当選、1期務めた。三塚派を経て、森派。12年引退。

田中 昭二 たなか・しょうじ
衆院議員(公明党) ㊤昭和2年1月6日 ㊦福岡県 ㊥福岡商卒、大蔵省税務講習所熊本支所(昭和19年)卒 ㊨大蔵省、国税庁勤務を経て、昭和42年から衆院議員に6選。公明党農水局次長、中央委員、税制部会長、大宰府遺跡保護特別委員長、衆院運輸委員会理事、同逓信委員会理事等を歴任。

田中 誠一 たなか・せいいち
松山市長 ㊤大正15年4月11日 ㊥平成15年4月8日 ㊦愛媛県松山市 ㊥松山商(昭和18年)卒 ㊨昭和21年松山市役所に入り、50年総務部次長、51年企画管理部長、54年助役を経て、平成3年から松山市長に2選。11年落選。㊧園芸、美術品、骨董品、読書、スポーツ観戦

田中 大輔 たなか・だいすけ
中野区(東京都)区長 ㊤昭和26年11月13日 ㊦北海道小樽市 ㊥中央大学文学部卒、中央大学大学院経済学研究科博士課程 ㊨昭和52年中野区役所に入る。交通対策課長、健康課長、介護保険準備課長、行政改革課長などを務め、平成13年退職。14年中野区長選に無所属で出馬し、当選。同年住民基本台帳ネットワークシステム(住基ネット)からの離脱を発表。自治体政策研究会代表も務める。

田中 龍夫 たなか・たつお
衆院議員(自民党) 通産相 山口県知事 ㊤明治43年9月20日 ㊥平成10年3月30日 ㊦山口県萩市 ㊥東京帝大法学部政治学科(昭和12年)卒 ㊧勲一等旭日大綬章(平成2年) ㊨昭和初期の首相、田中義一陸軍大将の長男。38歳で貴族院議員から郷里山口県の初代知事を2期務めたあと、昭和28年の総選挙から山口1区で連続当選13回。福田赳夫内閣の通産相、鈴木善幸内閣の文相を務めた。平成2年引退。㊂父=田中義一(陸軍大将)

田中 太郎 たなか・たろう
須坂市長 田中本家博物館理事長 ㊤大正8年6月4日 ㊥平成13年10月9日 ㊦長野県須坂市 ㊥早稲田大学商学部(昭和10年)卒 ㊧勲三等瑞宝章(平成4年) ㊨実家は江戸時代中期から続いた豪商。昭和22年須坂町(長野県)町議、39年長野県議5期を経て、59年須坂市長に当選。2期つとめた。平成4年引退後は、自宅の土蔵に家具や陶磁器など代々の所蔵品を集めた財団法人・田中本家博物館を開館、理事長をつとめた。

田中 恒利 たなか・つねとし
衆院議員(社民党) ㊤大正14年4月1日 ㊦愛媛県東宇和郡明浜町 ㊥日本大学専門部社会学科(昭和28年)卒 ㊧勲二等旭日重光章(平成8年) ㊨宇和高教諭、愛媛労農会議副会長を経て、昭和44年から衆院議員に6選。平成8年引退。

田中 虎一 たなか・とらいち
筑後市長 ㊤大正1年7月31日 ㊦福岡県 ㊥横須賀海軍砲術学校(昭和12年)卒 ㊧勲三等瑞宝章(昭和61年) ㊨昭和57~61年筑後市長を1期務めた。

田中 直紀　たなか・なおき

参院議員（自民党　新潟）　衆院議員　越後交通代表取締役　㋑昭和15年6月19日　㋒石川県　㋓慶応義塾大学法学部（昭和40年）卒　㋔政治家・鈴木直人の三男。昭和40年日本鋼管に入社。44年田中角栄元首相の婿養子に。58年サラリーマン生活から転身、福島3区から総選挙に立候補、初当選した。61年再選。外務政務次官、党国対副委員長などを歴任。平成2年落選。5年7月返り咲き。8年再び落選。10年無所属で新潟選挙区から参院議員に当選。当選後、自民党入り。13年第2次森改造内閣で農水副大臣となり、同年5月小泉内閣でも再任。旧田中派二階堂系、宮沢派、加藤派を経て、堀内派。2期目。　㋕妻＝田中真紀子（衆院議員），父＝鈴木直人（参院議員），兄＝鈴木直道（通産審議官・三井物産専務）

田中 夏木　たなか・なつき

四条畷市長　㋑昭和9年8月21日　㋒大阪府　㋓大阪経済大学経済学部（昭和34年）卒　㋔北田鉄工所勤務の後、昭和36年独立。44年田中製作所を設立、代表取締役、のち会長。平成14年四条畷市長に当選。

田中 信英　たなか・のぶひで

大和高田市長　奈良県議（自民党）　日進運送社長　㋑大正5年12月18日　㋒平成7年2月5日　㋓奈良県　㋓大阪鉄道学校中退　㋕勲四等瑞宝章（平成1年）　㋔昭和12年奈良県警に入る。29年日進運送社長、44年大成運輸社長となり、46年以来奈良県議を4期つとめる。62年4月引退。同年9月大和高田市長選に無所属で立候補したが落選、平成3年に当選した。

田中 範隆　たなか・のりたか

筑紫野市長　㋑大正13年3月21日　㋒福岡県　㋓長崎高商（昭和20年）卒　㋔昭和24年田中油糧工業専務、55年社長。筑紫野市商工会議所会長も務める。筑紫野市議を経て、平成7年筑紫野市長に当選、2期務める。15年落選。　㋖ゴルフ

田中 英夫　たなか・ひでお

衆院議員（自民党　京都4区）　㋑昭和19年3月19日　㋒広島県　㋓京都大学経済学部経営学科（昭和41年）卒　㋔亀岡市助役、平成3年より京都府議2期を経て、11年亀岡市長に当選、2期務める。15年引退した野中広務衆院議員の後継者として衆院選に出馬し、当選。堀内派。
http://tanaka-hideo.com/

田中 秀典　たなか・ひでふみ

飯田市長　㋑昭和15年11月5日　㋒長野県飯田市　㋓青山学院大学経済学部中退　㋔飯田市議、飯田青年会議所理事長を経て、昭和63年から飯田市長に4選。平成16年引退。

田中 真紀子　たなか・まきこ

衆院議員（無所属　新潟5区）　外相　新潟放送取締役　㋑昭和19年1月14日　㋒東京都千代田区飯田町　㋓早稲田大学第一商学部（昭和43年）卒　㋔田中角栄元首相の長女。日本女子大附属中、同附属高に進学。高校2年の時、角栄の反対を押し切って米国の私立高校に留学。昭和38年卒業して帰国し、39年早大第一商学部に入学。在学中の42年劇団雲の研究生となり、43年初舞台。44年故鈴木直人代議士の三男で日本鋼管勤務の直紀と結婚、同年雲を退団。47年田中内閣発足後は、角栄の海外歴訪に同行、名ホステスぶりを発揮して脚光を浴びる。58年の総選挙に夫・直紀が福島3区から初出馬、選挙運動を陰から支え、2位当選。60年3月角栄が脳こうそくで倒れ入院するが、周囲の反対を押し切って帰宅を敢行、再び時の人とな

る。61年7月の衆参同日選挙では、父と夫の選挙運動を精力的にこなし、上位当選をはたす。平成4年関連企業の越後交通副社長に就任。5年衆院選に無所属で立候補してトップ当選をはたし、同年8月自民党に入党。6年村山内閣の科学技術庁長官を務める。13年の自民党総裁選では小泉純一郎を支援し、小泉内閣の外相に就任。外務省の改革を揚げ、高支持率の小泉内閣の看板大臣として人気の一翼を担うが、14年1月アフガニスタン復興支援国際会議へのNGO（非政府組織）排除問題をめぐる国会の混乱を受け、対立していた野上義二外務事務次官とともに更迭される。同年4月公設秘書の給与流用疑惑が明るみとなり、6月党紀委員会より2年間の党員資格停止処分を受ける。同年8月議員を辞職。15年10月自民党を離党、衆院選新潟5区に無所属で立候補し、当選。当選4回。衆院会派"民主党・無所属クラブ"に所属。父親譲りの毒舌は有名で、10年自民党総裁選に出馬した小渕、梶山、小泉の3議員を"凡人・軍人・変人"と評し、同年12月日本新語・流行語大賞を受賞したこともある。　㊞父＝田中角栄（首相）、夫＝田中直紀（参院議員）

【評伝】「田中真紀子」研究（立花隆著 文芸春秋'02）／田中真紀子の正体（上杉隆著 草思社'02）／田中真紀子はなぜ闘うのか（渡辺正次郎著 日本文芸社'01）／じゃじゃ馬真紀子が行く（桐山秀樹著 徳間書店'01）／田中真紀子総理で日本はこうなる（渡辺正次郎著 日本文芸社'00）／拝啓、田中真紀子総理殿（遠藤隆著 ぱる出版'00）／時の過ぎゆくままに（PHP研究所'94）／史上最強の父娘（板垣英憲著 ベストセラーズ'94）／田中真紀子総理大臣待望論（渡部昇一著 PHP研究所'94）

田中 雅夫　たなか・まさお
あきる野市長　㊞昭和7年4月29日　㊞東京都西多摩郡五日市町（現・あきる野市）　㊞早稲田大学商学部（昭和30年）卒　㊞木材会社社長を務める。五日市町議、昭和62年五日市町長を経て、平成7年あきる野市長に当選。3期目。
㊞野球，釣り　㊞父＝田中銀蔵（戸倉村長）

田中 正巳　たなか・まさみ
衆院議員（自民党）　㊞大正6年6月12日　㊞北海道函館市　㊞東京帝大法学部（昭和16年）卒　㊞勲一等旭日大綬章（昭和62年）　㊞昭和30年衆院議員に当選。8期つとめ、49年三木内閣の厚相に就任。55年参院議員に転じ、2期つとめた。61年対比経済援助調査特別委員長。三塚派。4年引退。

田中 増次　たなか・ますじ
江津市長　㊞昭和19年8月17日　㊞島根県江津市　㊞邇摩高卒　㊞島根県土木建築事務所所長を務める。平成10年江津市長に当選。2期目。

田中 美智子　たなか・みちこ
衆院議員　㊞家政学（家族・婦人問題）　㊞大正11年10月5日　㊞広島県　㊞日本女子大学家政学部社会福祉科（昭和18年）卒　㊞女学校教師、師範学校教師、日本福祉大助教授、名古屋家裁調停委員長を経て、昭和47年以来愛知1区から共産党推薦で衆院議員に5選。平成2年引退。

【著書】つれづれに（学習の友社'91）／女は度胸（学習の友社'89）

田中 康夫　たなか・やすお
長野県知事　小説家　㊞昭和31年4月12日　㊞東京都武蔵野市　㊞一橋大学法学部（昭和56年）卒　㊞文芸賞（昭55年度）「なんとなく、クリスタル」
㊞小学2年から高校卒業までを長野県上田市と松本市で過ごす。大学在学中、「なんとなく、クリスタル」で昭和55年度文芸賞を受賞。作中にファッションアイテムや店舗などの若者風俗を注記とともに織り込んだ斬新なスタイルが話題となり、"クリスタル・ブーム"を巻

き起こし、映画化もされる。その後は、執筆の傍ら、テレビタレントとして司会などでも活躍。月刊誌「噂の真相」に「東京ペログリ日記」を連載。一方、平成3年湾岸戦争への日本加担に反対する声明に参加。7年阪神大震災後には、神戸でボランティア活動に従事、神戸空港建設反対の市民運動に積極的に取り組むなど行動派としても知られる。12年10月保守王国と言われる長野県知事選に立候補、引退する吉村午良知事の後継者として出馬した池田典隆元副知事を11万票以上の大差で破り当選。県政の改革を掲げ、県民と同じ目線で接し、しなやかな施策を速やかに実行に移すとして、県職員の意識改革に取り組む。13年2月ダム建設に依存しない利水・治水事業を唱えた"脱ダム宣言"を行い、県議会や市町村長らとの摩擦を生む。14年6月下諏訪ダム、本体工事を発注済みだった浅川ダムをともに建設中止することを表明、県議会との対立を深め、7月不信任決議案が可決され失職する。同年9月県議の大半と市町村長らが推す長谷川敬子弁護士を大差で敗り、再選を果たす。同時に下諏訪、浅川両ダムを建設中止とすることを発表。他の著書に「神戸震災日記」などがある。[団]日本文芸家協会 http://www.yasu-kichi.com

【著書】憂国呆談リターンズ(浅田彰, 田中康夫著 ダイヤモンド社'02)／ナガノ革命638日(扶桑社 '02)／新・憂国呆談(浅田彰, 田中康夫著 小学館'01)

【評伝】田中康夫長野県知事の虚像(長尚著 コム・ブレイン'03)／脱・田中康夫宣言(樺嶋秀吉著 (名古屋)風媒社'03)／「田中康夫」研究(渋井哲也著 ワニブックス'02)／田中康夫 戦いの手の内(木佐芳男著 情報センター出版局'02)／長野県知事田中康夫がゆく(産経新聞長野支局著 産経新聞ニュースサービス;扶桑社〔発売〕'01)／田中康夫はなぜ知事になれたのか(宮川俊彦著 ベストセラーズ'01)

田中 泰雄 たなか・やすお

豊川市長 [生]大正15年10月21日 [出]愛知県 [学]豊橋二中(旧制)卒 [賞]勲三等瑞宝章(平成12年) [歴]豊川市議会議長などを経て、昭和62年から同市長に3選。

田中 富 たなか・ゆたか

葉山町(神奈川県)町長 [生]大正12年3月30日 [没]平成15年3月2日 [出]神奈川県三浦郡葉山町 [学]早稲田大学政治経済学部卒 [賞]勲四等旭日小綬章(平成10年) [歴]大蔵事務官を経て、ヤギシタ電機取締役経理部長。昭和42年2月神奈川県葉山町長に初当選。7期務め、平成5年2月引退。この間、昭和48年から1期2年間、神奈川県町村会長を務めた。別荘の町・葉山の環境保全に心血を注いだ。[趣]読書

田中 亮太 たなか・りょうた

亀山市長 [生]昭和9年7月16日 [出]三重県 [学]慶応義塾大学経済学部(昭和32年)卒 [歴]三重県議を5期務め、平成3年引退。この間議長を務めた。6年亀山市長に当選。3期目。 [趣]ゴルフ, 釣り

田中 六助 たなか・ろくすけ

衆院議員(自民党) 元・自民党幹事長 [生]大正12年1月23日 [没]昭和60年1月31日 [出]福岡県田川郡赤池町 [学]早稲田大学政経学部(昭和24年)卒業 [歴]戦時中は海軍飛行予備学生。昭和24年に日本経済新聞社に入社。ロンドン支局長、政治部次長を務めたあと、池田元首相の勧めで政界に入る。福岡4区から38年以来連続8回当選。大平内閣の官房長官、鈴木内閣の通産相のあと党副幹事長2期、58年10月から幹事長を務めた。この間、鈴木内閣誕生の際は党内各派をとりまとめ、57年の中曽根内閣発足にも鈴木、田中、中曽根三派体制づくりで貢献したほか、後に新自由クラブとの連立を成功させている。また"地獄耳の六さん"といわれるほど情報収集力と行動力には定評があったが、同じ

たなは

鈴木派の宮沢喜一とはしばしば対立し"一・六戦争"と評された。
【著書】大平正芳の人と政治 再び(朝日ソノラマ'81)
【評伝】代議士秘書は見た!(松尾正夫著 文芸社'02)／政治家と回想録(保阪正康著 原書房'02)／小説政争 自民党の気になる面々(大下英治著 角川書店'87)

棚橋 泰文　たなはし・やすふみ
衆院議員(自民党 岐阜2区) 科学技術政策担当相　⊕昭和38年2月11日　⊕岐阜県　⊕東京大学法学部(昭和62年)卒　⊕弁護士　⊕通産省に入省。平成4年電子政策課長補佐、企画官を経て、5年弁護士。8年衆院議員に当選。16年第2次小泉改造内閣の科学技術政策担当相に就任。3期目。旧橋本派。　⊕サッカー、読書、ジョギング　⊕祖父=松野幸泰(衆院議員)、祖母=松野友(穂積町長)
http://www.tanahashi-yasufumi.com/

田名部 匡省　たなぶ・まさみ
参院議員(民主党 青森) 衆院議員(新進党) 農水相　⊕昭和9年12月7日　⊕青森県八戸市　⊕立教大学経済学部(昭和32年)卒　⊕立大、岩倉組ではアイスホッケー名DFとして活躍。スコーバレー、インスブルック五輪に出場。引退後西武の監督、札幌五輪の監督を務めた。青森県議2期を経て、昭和54年自民党から当選して以来衆院議員に6選。平成3年10月三塚派を離脱し、加藤グループに加わる。同年宮沢内閣の農水相に就任。5年選挙後、離党し6年4月新生党に入党。同年12月新進党結成に参加。8年落選。10年無所属で参院選青森選挙区に当選。同年11月院内会派・参議院の会を経て、無所属の会代表を務めた。15年離党して民主党に入党。2期目。　⊕二女=田名部匡代(衆院議員)

田名部 匡代　たなぶ・まさよ
衆院議員(民主党)　⊕昭和44年7月10日　⊕青森県八戸市　⊕玉川学園女子短期大学(平成2年)卒、東郷学園(平成3年)卒　⊕父・田名部匡省参院議員の秘書を経て、平成12年衆院選比例区に民主党から出馬。15年7月繰り上げ当選。同年11月の総選挙で落選。　⊕父=田名部匡省(参院議員)　http://www.masayo.gr.jp/

田辺 栄吉　たなべ・えいきち
青梅市長　⊕大正13年7月20日　⊕東京　⊕慶応義塾大学経済学部(昭和24年)卒　⊕昭和25年釜屋取締役、33年代表取締役に就任。青梅市会議長を経て、62年11月青梅市長に当選。3期つとめ、平成11年退任。　⊕読書

田辺 国男　たなべ・くにお
衆院議員(自民党) 総務庁長官　⊕大正2年9月24日　⊕山梨県塩山市　⊕早稲田大学政経学部(昭和13年)卒　⊕勲一等旭日大綬章(平成9年)　⊕衆院議員に3度当選した後、昭和42年から山梨県知事を2期務め、美化・緑化運動や美術館建設を進めた。その後再び衆院議員に復帰。沖縄開発庁長官、総理府総務長官を歴任。山梨全県区より当選8回。実家は塩山市の造り酒屋で祖父は代議士、父はカミソリ将軍といわれた田辺七六。ボクシングファンでもあり、田辺ジムを経営している。平成5年落選。8年比例区で返り咲き。通算9期務めた。三塚派を経て、森派。12年引退。著書に「緑陰閑話」がある。
⊕スポーツ、読書　⊕父=田辺七六(政治家・実業家)、長男=田辺篤(山梨県議)
【評伝】藤原弘達のグリーン放談〈2〉自由闊達(藤原弘達編 藤原弘達著作刊行会'86)

田辺 昇三　たなべ・しょうそう
三次市長　⽣大正8年12月9日　広島県　三次中卒　昭和30年三次市議4期、42年市会議長を経て、57年三次市長に当選。61年落選。

田辺 哲夫　たなべ・てつお
参院議員（自民党）　弁護士　昭和4年3月9日　平成7年8月8日　山梨県　中央大学法学部（昭和29年）卒　昭和38年新宿区議を経て、48年以来都議に4選。58年議長に就任。61年参院議員に当選。2期つとめた。竹下派を経て、小渕派。

田辺 朋之　たなべ・ともゆき
京都市長　医師　大正13年9月12日　平成14年12月26日　広島県　京都府立医専（昭和23年）卒　勲三等旭日中綬章（平成8年）　京都府立医科大学整形外科助手を経て、昭和32年田辺医院を開業。41年京都府医師会理事、55年副会長、59年会長を歴任。平成元年京都市長に当選。6年の平安建都1200年記念事業で京都国際市民マラソンや世界歴史都市会議などを開催。また規制緩和を進め、京都ホテルやJR京都駅ビルの高層化工事を認めて古都の景観論争が起こるきっかけをつくった。2期つとめ、8年任期途中で退任。京都府公安委員も務めた。　日本医師会，京都地域医療学際研究所，京都がん協会　ジョギング，読書

田辺 広雄　たなべ・ひろお
衆院議員（自民党）　大正14年1月15日　平成11年4月3日　愛知県名古屋市守山区　関西学院専門部政経科卒　勲三等瑞宝章（平成10年）　昭和30年守山市（現・名古屋市守山区）市議に当選。38年名古屋市、守山市の合併後、58年まで名古屋市議を連続5期務め、2度議長を務めた。平成2年衆院議員に当選。旧三塚派。5年、8年落選。名古屋港管理組合議会議長、愛知県商工会連合会理事なども務めた。

田辺 誠　たなべ・まこと
民主党顧問　衆院議員（社民党）　元・日本社会党委員長　大正11年2月25日　群馬県前橋市　逓信官吏練習所本科（昭和16年）卒　勲一等旭日大綬章（平成8年）　昭和16年逓信省に勤務。全逓群馬地本委員長、群馬県議を経て、35年以来衆院議員に当選11回。社会党旧佐々木派に一時籍を置き、その後右派の旧江田派へ。52年暮れから57年2月まで党国対委員長。党副委員長を経て、58年書記長、平成2年再び副委員長、3年委員長。5年辞任。8年引退。　スポーツ，剣道
【著書】愛と知と力の政治（日本評論社'88）
【評伝】日本をダメにした九人の政治家（浜田幸一著 講談社'93）

田並 胤明　たなみ・たねあき
衆院議員（民主党）　昭和7年10月31日　埼玉県熊谷市　熊谷高（昭和26年）卒　旭日中綬章（平成16年）　埼玉県労評副議長を経て、昭和50年以来埼玉県議に3選。58年衆議員に当選。平成5年落選。8年社民党より立候補するが落選、のち民主党に転じる。12年比例区北関東ブロックで当選。当選4回。15年引退。

谷 一夫　たに・かずお
一宮市長　昭和16年10月4日　愛知県一宮市　名古屋大学医学部卒　一宮市医師会会長を経て、平成11年1月一宮市長に当選。2期目。

谷 清　たに・きよし
国立市長　大正15年3月22日　東京　中央大学法学部（昭和26年）卒　消防庁防災部長、救急部長を経て、昭和54年から国立市長に3選。平成3年引退。

たに

谷 公一　たに・こういち
衆院議員（自民党　兵庫5区）　⚫︎昭和27年1月28日　⚫︎兵庫県　⚫︎明治大学政経学部政治学科（昭和50年）卒　⚫︎昭和50年兵庫県庁に入る。平成14年防災局長などを経て、15年衆院議員に当選。1期目。亀井派。　⚫︎父＝谷洋一（衆院議員）
http://www.tanikouichi.jp/

谷 伍平　たに・ごへい
北九州市長　北九州市立美術館館長　元・国鉄常務理事　⚫︎大正5年10月1日　⚫︎福岡県直方市　⚫︎東京帝大法学部（昭和14年）卒　⚫︎昭和14年鉄道省に入り、門司鉄道局業務部長、運輸省大臣官房文書課長などを経て、39年国鉄常務理事、40年東海道新幹線支社長をつとめ、42年以来北九州市長に当選5回。44年から国に先駆けた公害防止対策を次々にうちだして"灰色の街"を"緑の街"に変え、平成2年UNEPのグローバル500受賞式に同市特使として出席した。62年引退し、北九州市立美術館館長となる。
【評伝】焦らず休まず（生野秀樹著（福岡）西日本新聞社'01）

谷 博之　たに・ひろゆき
参院議員（民主党　栃木）　⚫︎昭和18年7月6日　⚫︎徳島県徳島市　⚫︎宇都宮大学農学部（昭和41年）卒　⚫︎栃木県難連事務局長、宇都宮市借地借家人組合長などを歴任。昭和47年稲葉誠一代議士秘書を経て、54年以来宇都宮市議を2期、62年以来栃木県議（社民党,民主党）を4期務める。平成13年参院議員に当選。　http://www.tani-hiroyuki.com/

谷 又三郎　たに・またさぶろう
珠洲市長　石川県議　⚫︎明治43年11月13日　⚫︎石川県　⚫︎金沢二中卒　⚫︎昭和34年から石川県議を5期務め、52年副議長、55年議長。56年珠洲市長に当選。60年引退。

谷 光次　たに・みつじ
鳴門市長　弁護士　⚫︎明治40年2月2日　⚫︎平成14年11月30日　⚫︎徳島県　⚫︎京都帝大法学部（昭和6年）卒　⚫︎勲三等瑞宝章（昭和59年）　⚫︎昭和8年弁護士を開業。のち徳島弁護士会長、22年徳島県出納長を経て、34〜62年鳴門市長を7期務めた。

谷 安司　たに・やすし
洲本市長　動員学徒記念若人の広場復興委員会代表　税理士　⚫︎昭和8年1月20日　⚫︎兵庫県　⚫︎京都大学経済学部（昭和32年）卒　⚫︎旭日小綬章（平成16年）　⚫︎東京国際空港公団企画部長、福岡国税局総務部長などを経て、昭和59年洲本市長に当選、2期つとめる。平成4年、8年、12年落選。15年学徒出陣による戦没学生の実態調査を目的にNPO法人動員学徒記念若人の広場復興委員会を設立、戦没学生の名簿収集を始める。

谷 洋一　たに・よういち
衆院議員（自民党）　農水相　⚫︎大正15年12月1日　⚫︎兵庫県美方郡村岡町　⚫︎神戸第一商（昭和20年）卒　⚫︎勲一等旭日大綬章（平成14年）　⚫︎村岡町長2期、兵庫県公有林野協会長、県農業共済連盟理事、県過疎地域振興対策協会長を歴任後、昭和46年から兵庫県議に2選。51年以来、衆院議員に当選9回。56年自治政務次官、自民党報道局長、党国対副委員長、59年建設政務次官などののち、平成2年第2次海部改造内閣の北海道・沖縄開発庁長官に就任。12年第2次森連立内閣の農水相に就任。渡辺派を経て、村上・亀井派、のち江藤・亀井派、15年引退。　⚫︎登山,魚捕り　⚫︎長男＝谷公一（衆院議員）

谷 嘉亀　たに・よしき
須崎市長　⚫︎大13.10.17　⚫︎高知県須崎市　⚫︎高知短期大学（昭和33年）卒　⚫︎高知県西南開発局長を経て、昭和55

年須崎市長に当選。63年3選したが、同年12月辞任。

谷合 正明 たにあい・まさあき
参院議員（公明党 比例） [生]昭和48年4月27日 [出]埼玉県 [学]京都大学農学部卒，京都大学大学院（平成11年）修士課程修了 [歴]大学院在学中にスウェーデンのウプサラ大学に留学。ODA開発コンサルタントとして平成12年から国際医療NGO(非政府組織)AMDA(アムダ)に勤務、13年10月アフガン難民支援のため主任調整員としてパキスタンに滞在、支援にあたる。16年参院選比例区に公明党から当選。 [家]祖父＝山口正二（神奈川県議）

谷垣 禎一 たにがき・さだかず
衆院議員（自民党 京都5区） 財務相 弁護士 [生]昭和20年3月7日 [出]東京都 [学]東京大学法学部（昭和47年）卒 [歴]昭和58年父の死に伴う補選で衆院議員に当選。衆院議事進行係、郵政政務次官などを歴任。平成9年第2次橋本改造内閣の科学技術庁長官で初入閣。12年2月小渕第2次改造内閣の金融再生委員会委員長に就任。同年4月森連立内閣でも留任。14年9月小泉改造内閣の国家公安委員会委員長に就任。同年11月新設の産業再生担当相を、15年7月食品安全担当相を兼務。15年9月小泉第2次改造内閣の財務相に就任。同年11月の第2次小泉内閣、16年の第2次小泉改造内閣でも留任。当選8回。宮沢派、加藤派を経て、小里グループ。 [趣]登山，サイクリング [家]父＝谷垣専一（文相）
http://www.tanigaki.net/

谷川 和穂 たにかわ・かずお
衆院議員（自民党） 法相 [生]昭和5年7月21日 [出]東京都港区 [学]慶応義塾大学法学部（昭和28年）卒，ハーバード大学大学院自治行政学専攻（昭和29年）修了，慶応義塾大学大学院政治学研究科（昭和31年）修士課程修了 [賞]勲一等旭日大綬章（平成12年） [歴]ミネソタ州アドロフス大学助教授を経て、昭和33年以来衆院議員に当選9回。自民党国際部長、党情報局長、党婦人対策委員長、党副幹事長などを歴任。57年中曽根内閣の防衛庁長官に就任。58年12月の衆院選挙で現職の閣僚ながら落選。61年7月復帰、通算12期。平成元年宇野内閣の法相に就任。旧河本派を経て、高村派。15年11月の総選挙には出馬しなかった。 [趣]読書，油絵，クラリネット演奏 [家]父＝谷川昇（衆院議員）
【著書】ぼくの建設戦略（原書房 '79）／闘争・暴力そして脅威（原書房 '78）

谷川 寛三 たにがわ・かんぞう
参院議員（自民党） 元・科学技術庁長官 衆院議員 [生]大正9年6月24日 [出]高知県中村市 [学]東京帝大法学部政治学科（昭和18年）卒 [賞]勲一等瑞宝章（平成5年） [歴]大蔵省に入省。主計局主計官、関東信越国税局長、銀行局検査部長を歴任。昭和43年理財局次長、44年東京国税局長を経て、45年関税局長に就任。51年衆院議員に当選、55年からは参院議員に2選。58年参院農林水産常任委員長を務めた。平成3年宮沢内閣の科学技術庁長官に就任。三塚派。4年引退。著書に「東南アジアの租税制度」「日本の税金」「清如蘭—土佐と日本と世界」、訳書に「コンラードの租税心理学」など。
[趣]園芸，書画鑑賞，剣道

谷川 秀善 たにがわ・しゅうぜん
参院議員（自民党 大阪） 外務副大臣 [生]昭和9年2月3日 [出]兵庫県川辺郡立花村（現・尼崎市） [学]大阪大学法学部（昭和32年）卒 [歴]昭和32年大阪府庁に入り、生活環境部長、62年生活文化部長、平成2年企画調整部長などを経て、4年副知事に就任。6年退任。7年参院議員に当選。16年第2次小泉改造

内閣の外務副大臣に就任。森派。
http://www.syuzen.jp/

谷川 弥一　たにがわ・やいち
衆議院議員（自由党　長崎3区）　㊍昭和16年8月12日　㊍長崎県福江市　㊎長崎東高（昭和36年）卒　㊎昭和36年父の経営する谷川商事に入社。49年独立して谷川建設を設立、社長に就任。のち会長。62年より長崎県議に5選。平成15年議長。同年引退した虎島和夫自由党代議士の後継者として衆院選に出馬し、当選。森派。　㊎ゴルフ，囲碁，読書

谷口 義一　たにぐち・ぎいち
国分市長　㊍昭和6年3月30日　㊍鹿児島県　㊎国分小（昭和20年）卒　㊎旭日中綬章（平成15年）　㊎国分市議、副議長、議長を経て、昭和53年より国分市長に6選。平成14年引退。

谷口 幸治　たにぐち・こうじ
尾張旭市長　歯科医　㊍昭和19年12月1日　㊍愛知県　㊎愛知学院大学歯学部卒　㊎尾張旭市教育委員長、同市歯科医師会長などを経て、平成13年尾張旭市長に当選。

谷口 昭二　たにぐち・しょうじ
綾部市長　㊍昭2.4.9　㊍京都府　㊎大阪工大専門学院土木工学科（昭和28年）卒　㊎昭和28年綾部市役所に入り、39年市長公室長、43年助役を歴任。その後、45年谷口設計事務所長、46年北伸開発取締役などを経て、57年以来綾部市長に4選。平成10年引退。

谷口 隆義　たにぐち・たかよし
衆院議員（公明党　大阪5区）　㊍昭和24年4月18日　㊍大阪府　㊎大阪府立大学経済学部（昭和49年）卒　㊎公認会計士，税理士　㊎昭和50年昭和監査法人勤務を経て、60年谷口公認会計士事務所を開業。平成5年公明党から衆院議員に当選。6年新進党結成に参加。10年1月自由党に参加。同年11月公明党再結成に参加。14年1月小泉内閣の財務副大臣。同年10月小泉改造内閣でも留任。4期目。　㊎ゴルフ，読書
http://www.taniguchi.gr.jp/
【著書】戦略的金融システムの構築（金融財政事情研究会；きんざい〔発売〕'01）

谷口 久　たにぐち・ひさし
久留米市長　㊍大正5年8月10日　㊍福岡県　㊎九州帝大法文学部（昭和16年）卒　㊎勲四等旭日小綬章（平成7年）　㊎昭和21年福岡県庁に入る。企画室長、民生部長などを経て、46年から久留米助役を4期つとめる。62年から市長に2選。平成7年落選。　㊎謡曲，俳句

谷口 芳紀　たにぐち・よしき
相生市長　㊍昭和24年3月30日　㊍兵庫県　㊎慶応義塾大学法学部卒　㊎代議士秘書を経て、平成12年相生市長に当選。2期目。

谷口 義久　たにぐち・よしひさ
亀岡市長　㊍昭和2年3月11日　㊍京都府　㊎大津鉄道青年錬成所本科（昭和19年）卒　㊎勲四等旭日小綬章（平成11年）　㊎昭和24年大井村収入役、46年亀岡市助役を経て、54年以来市長に5選。平成11年引退。

谷田 武彦　たにだ・たけひこ
衆院議員（自民党）　㊍昭和18年12月16日　㊍愛知県名古屋市　㊎早稲田大学大学院政治学研究科（昭和45年）修士課程修了　㊎江崎真澄代議士秘書を経て、昭和50年名古屋市議に当選、6期務める。平成12年衆院議員に当選。1期務める。15年落選。橋本派。

谷畑 英吾　たにはた・えいご
湖南市長　㊍昭和41年9月11日　㊍神奈川県小田原市　㊎金沢大学法学部卒、京都大学大学院修士課程修了　㊎平成元年滋賀県庁に入る。15年甲西町長に当選、1期。16年10月合併により誕生した湖南市の初代市長に当選。

谷畑 孝 たにはた・たかし
衆院議員(自民党　大阪14区)　[生]昭和22年1月10日　[出]大阪府池田市　[学]関西大学法学部(昭和44年)卒　[歴]池田市職員、上田卓三衆院議員秘書を経て、平成元年参院議員に当選。7年参院選には出馬せず、8年自民党から衆院選に出馬し、比例区で当選。12年の衆院選では大阪14区から当選。15年小泉第2次改造内閣の厚生労働副大臣に就任。3期目。森派。
【著書】ヒューマニズムに燃えて(にんげん社 '95)

谷林 正昭 たにばやし・まさあき
参院議員(民主党)　[生]昭和21年10月28日　[出]富山県　[学]魚津工卒　[歴]昭和59年全日通労組富山県支部副委員長、平成5年運輸労連富山県連合会委員長などを経て、10年8月参院議員に繰り上げ当選。16年落選。1期。　http://www.tanibayashi.com/

谷藤 裕明 たにふじ・ひろあき
盛岡市長　[生]昭和25年4月29日　[出]岩手県盛岡市　[学]早稲田大学教育学部卒　[歴]平成3年から岩手県議に3選。13年議長に就任。15年盛岡市長に当選。

谷村 啓介 たにむら・けいすけ
衆院議員(社会党)　[生]昭7.1.15　[出]岡山県高梁市　[学]同志社大学経済学部(昭和29年)卒　[歴]都新聞記者、岡山市議を経て、昭和42年から県議に6選。平成2年衆院議員に当選、1期。5年落選。　[趣]テニス，読書

谷本 巌 たにもと・いわお
井原市長　[生]昭和11年1月17日　[出]岡山県後月郡井原町(現・井原市)　[学]興譲館高卒　[歴]井原市役所に入り、助役を経て、平成2年9月井原市長に当選。4期目。

谷本 荘司 たにもと・しょうじ
鳥羽市長　[生]明治43年9月5日　[没]平成1年4月26日　[出]三重県　[学]宇治山田商(大正14年)卒　[歴]昭和17年加茂村議、30年鳥羽市議3期を経て、41年から市長に5選。60年4月引退。

谷本 巍 たにもと・たかし
参院議員(社民党)　[生]昭和3年9月10日　[出]福島県郡山市　[学]早稲田大学中退，日本大学法学部(昭和29年)卒　[歴]昭和26年日本農民組合に入り、33年全日本農民組合連合会(全日農)結成以来、米価、酪農民闘争、葉タバコ農民の組織化などを指導。全日農青年部書記長、中央常任委員などを経て、44年書記長。平成元年から参院比例区に2選。13年落選。

谷本 龍哉 たにもと・たつや
衆院議員(自民党　和歌山1区)　[生]昭和41年10月26日　[出]和歌山県和歌山市　[学]東京大学法学部(平成4年)卒　[歴]二階俊博代議士秘書を経て、平成11年4月和歌山県議に当選。12年衆院選に無所属で和歌山1区から当選。2期目。のち自民党入りし、森派。　http://www.t-tanimoto.net/

谷本 正憲 たにもと・まさのり
石川県知事　[生]昭和20年4月16日　[出]兵庫県　[学]京都大学法学部(昭和43年)卒　[歴]昭和43年自治省入省。国土庁防災企画課補佐、宮崎市助役、自治省企画室調査官を経て、61年茨城県環境局長、のち自治省交付税課長、公営企業第一課長。平成3年石川県副知事となり、6年連立与党の推薦で石川県知事に当選。3期目。

種田 誠 たねだ・まこと
参院議員(社会党)　[生]昭和20年8月7日　[出]茨城県水戸市　[学]中央大学法学部(昭和43年)卒　[歴]昭和50年弁護士登録。社会党茨城県本部副委員長、茨城平和擁

護県民会議副会長などを経て、平成元年参院議員に当選。7年落選。

田野瀬 良太郎　たのせ・りょうたろう
衆院議員(自民党　奈良4区)　財務副大臣　西大和学園理事長　[生]昭和18年10月31日　[出]奈良県五条市　[学]名古屋工業大学工学部(昭和45年)卒　[歴]昭和48年から五条市議2期、58年から奈良県議2期を務め、平成2年衆院選に出馬。5年当選。16年第2次小泉改造内閣の財務副大臣に就任。4期目。山崎派。
[趣]ゴルフ，水泳，柔道　http://www.tanose.com/

田畑 金光　たばた・かねみつ
いわき市長　参院議員　衆院議員(民社党)　[生]大3.1.22　[出]鹿児島県　[学]東京帝大法学部卒　[賞]勲二等旭日重光章(昭和59年)　[歴]昭和22年から福島県議2期を経て、28年から参院議員2期、42年から衆院議員2期、49年からいわき市長3期を歴任。61年落選した。

田畑 健介　たばた・けんすけ
練馬区(東京都)区長　[生]大正10年3月16日　[没]平成1年7月31日　[出]鹿児島県名瀬市(奄美大島)　[学]東京帝大法学部政治学科(昭和19年)卒　[歴]昭和25年東京都庁に入庁。44年主税局査察室長、46年練馬区総務部長を経て、48年以来練馬区長に4選。62年引退。
[趣]囲碁(4段)

田畑 誠一　たばた・せいいち
串木野市長　[生]昭和14年11月27日　[出]鹿児島県　[学]海技大学校卒　[歴]串木野市議・市会副議長を経て、平成3年鹿児島県議に当選、3期務める。15年串木野市長に当選。

田端 正広　たばた・まさひろ
衆院議員(公明党　大阪3区)　[生]昭和15年1月4日　[出]和歌山県和歌山市　[学]同志社大学経済学部(昭和38年)卒　[歴]昭和48年公明新聞政治部長、61年公明党宣伝局長、平成元年中央執行委員などをを経て、5年衆院議員に当選。6年新進党、10年1月新党平和、同年11月新公明党結成に参加。15年小泉第2次改造内閣の総務副大臣に就任。4期目。
http://m-tabata.com/

田原 正人　たはら・まさと
南郷村(宮崎県)村長　[生]大正14年7月14日　[出]宮崎県　[学]高鍋農獣医科(昭和17年)卒　[資]獣医免許　[賞]勲五等双光旭日章(平成14年)，南郷村名誉村民(平成14年)　[歴]南郷村助役を経て、昭和61年村長に当選。4期務めた。村おこし事業に力を入れ、伝説をもとにした"百済の里づくり"を進めた。平成8年"西の正倉院"が完成。

田原迫 要　たはらさこ・かなめ
指宿市長　[生]昭和19年8月27日　[出]鹿児島県　[学]九州大学経済学部(昭和42年)卒　[歴]平成6年指宿市長に当選。3期目。

旅田 卓宗　たびた・たくそう
和歌山市議　元・和歌山市長　[生]昭和20年4月4日　[出]和歌山県　[学]和歌山工卒
[歴]和歌山市議、和歌山県議(3期)を経て、昭和61年6月和歌山市長に当選、3期。平成7年和歌山県知事選、8年衆院選に立候補。11年和歌山市長に返り咲き。当選4回。14年公立和歌山創造大学設立計画について議会と対立、市民に信を問うとして辞職し、再出馬するが落選。この間、15年1月収賄容疑で和歌山県警に逮捕・起訴される。同年4月拘留中の身で同市議選に立候補し、トップ当選。同年7月背任容疑で再逮捕される。

田渕 勲二 たぶち・くんじ
参院議員(社会党) 元・総評副議長 ⓗ昭和5年1月19日 ⓓ平成9年10月9日 ⓟ京都府 ⓖ福知山工専(昭和24年)卒 ⓚ昭和25年日通大阪梅田支店入社。27年全日通梅田分会執行委員、30年大阪支部執行委員、34年本部中央執行委員、38年組織部長、45年書記長、52年副委員長、56年委員長、57年全民労協副議長を歴任。61年参院議員に当選。4年引退。 ⓢ読書、旧跡めぐり

田渕 哲也 たぶち・てつや
参院議員(民社党) ⓗ大正14年11月11日 ⓟ兵庫県神戸市 ⓖ大阪大学工学部(昭和21年)中退 ⓗ勲二等旭日重光章(平成8年) ⓚ昭和26年大阪日産自動車入社。33年大阪日産自動車労組組合長。38年自動車労連販労組合長、40年自動車労連副会長を歴任。43年から参院議員に4選。平成4年引退。 ⓢ囲碁

玉井 喜八 たまい・きはち
渡嘉敷村(沖縄県)村長 ⓗ大正10年 ⓟ沖縄県渡嘉敷村 ⓖ沖縄県立水産学校卒 ⓚ昭和17年徴兵され、18年台湾で入隊。21年復員して郷里の沖縄県渡嘉敷村の職員となり、28年村長に当選。8期務め、60年引退。

玉城 栄一 たまき・えいいち
衆院議員(公明党) ⓗ昭和9年2月9日 ⓟ沖縄県平良市 ⓖ宮古高卒、速記者養成所(昭和30年)卒 ⓗ旭日重光章(平成16年) ⓚ昭和44年那覇市議を経て、51年以来衆院議員に6選。平成5年引退。

玉置 和郎 たまき・かずお
衆院議員(自民党) 総務庁長官 宗教政治研究会会長 ⓗ大正12年1月1日 ⓓ昭和62年1月25日 ⓟ和歌山県御坊市 ⓖ北京中央鉄路学院本科(昭和16年)修了、拓殖大学大学院(昭和41年)修了 ⓚ終戦後、製塩、ゴム工場などさまざまな商売に手を出し、やがて上京、自民党本部職員となる。早川労相秘書を経て、「成長の家」の支援で昭和40年以来、参院当選3回。党総務、参院行革委員長、農林政務次官、沖縄開発政務次官等歴任。40年代後半から青嵐会きっての"暴れん坊"として売り出す。52年には宗教政治研究会を設立、「参院のドン」「政界のフィクサー」「寝業師」の異名をとった。58年衆院にクラ替えし、2期。61年第3次中曽根内閣の総務庁長官に就任、在任中に死亡した。 ⓢ剣道 ⓕ兄=玉置修吾郎(御坊市長)
【評伝】玉置和郎・その生と死(竹内陽一著 行研出版局'89)／命燃ゆる政治家 玉置和郎(塩田道夫著 グラフ社'88)

玉置 一弥 たまき・かずや
衆院議員(民主党 比例・近畿) ⓗ昭和19年7月8日 ⓟ京都府相楽郡加茂町 ⓖ同志社大学法学部(昭和41年)卒 ⓚ昭和42年日産自動車に入社するが、53年衆院議員の父・玉置一徳が急死し、54年の補選で民社党から衆院議員に当選。5期つとめたのち、平成2年、5年落選。8年新進党より返り咲き。通算8期目。10年1月新党友愛に参加、4月民主党に合流。 ⓕ父=玉置一徳(衆院議員)
http://www.meix-net.or.jp/~tamaki/

玉置 修吾郎 たまき・しゅうごろう
御坊市長 ⓗ大正4年11月21日 ⓓ平成14年9月27日 ⓟ和歌山県 ⓖ大同学院(昭和16年)卒 ⓗ勲四等旭日小綬章(平成4年) ⓚ昭和42年御坊市助役を経て、47年市長に当選、5期。平成4年引退した。関電の御坊火力発電所を誘致し、赤字財政を立て直したほか、御坊駅前の整備拡張、教育施設の整備、同和行政の推進などに尽力した。 ⓕ弟=玉置和郎(衆院議員)

玉置 三夫 たまき・みつお
有田市長 ㊐昭和9年2月6日 ㊒滋賀県 ㊫滋賀大学経済学部卒 ㊱昭和31年三和銀行に入行。58年外国事務部長、60年南海信用金庫に出向、顧問。同年5月専務理事を経て、61年理事長。平成5年11月合併により、きのくに信用金庫副理事長。9年有田市長に当選。12年任期途中で辞任。16年返り咲き。通算2期目。

玉沢 徳一郎 たまざわ・とくいちろう
衆院議員(自民党 比例・東北) 農水相 ㊐昭和12年12月16日 ㊒岩手県下閉伊郡田老町 ㊫早稲田大学大学院国際政治学科(昭和40年)修了 ㊱反共政治団体MRAを経て、海部俊樹秘書となり、昭和44年衆院選に出馬。51年当選を果たし、以来8選。平成6年村山内閣の防衛庁長官、11年10月小渕第2次改造内閣の農水相に就任。12年4月森連立内閣でも留任したが、6月の総選挙で落選。13年参院選に立候補。15年衆院選で返り咲き。三塚派を経て、森派。
【著書】水と緑の世紀 農の革命(玉沢徳一郎, 岩倉具三著 高輪出版社;星雲社〔発売〕'01)
【評伝】天下を狙う男たち(豊田行二著 茜新社'90)

玉田 盛二 たまだ・もりつぐ
近江八幡市長 ㊐昭和17年11月11日 ㊫八幡高卒 ㊱近江八幡市土木課長、市教委課長兼公民館長を経て、平成3年自民党から滋賀県議に当選。6年近江八幡市長に当選、2期。10年滋賀県警に収賄容疑で逮捕される。同年11月辞職。

民秋 徳夫 たみあき・のりお
向日市長 ㊐大正9年1月1日 ㊣平成14年4月12日 ㊒京都府向日市 ㊫同志社大学法学部(昭和18年)卒 ㊮勲四等旭日小綬章(平成7年) ㊱昭和18年京都市役所に入り、39年監査事務局課長、42年向日町(現・向日市)助役を経て、50年市長に当選、5期。60年近畿市長会長、63年京都府市長会長を歴任。平成7年引退した。

田村 耕太郎 たむら・こうたろう
参院議員(自民党 鳥取) ㊐昭和38年7月23日 ㊒鳥取県 ㊫早稲田大学(昭和62年)卒, 慶応義塾大学大学院(平成1年)修了, エール大学大学院国際経済学専攻(平成8年)修了 ㊱「日本海新聞」を発行する新日本海新聞社社主・吉岡利固の娘婿となる。山一証券に7年間勤め、米国への派遣留学終了後の平成8年新日本海新聞社に記者として入社。特報部長代理、のち部長を経て、11年編集局長。13年大阪日日新聞社長。一方、9年「田村耕太郎論説集」を無料で2万部配布。10年7月参院選、11年鳥取県知事選、12年衆院選に出馬するが落選。14年参院補選に当選。自民党に入り、旧橋本派。2期目。 http://www.apionet.or.jp/~koutaro/

田村 公平 たむら・こうへい
参院議員(自民党 高知) ㊐昭和22年3月19日 ㊒高知県香美郡土佐山田町 ㊫早稲田大学政経学部(昭和44年)卒 ㊱昭和44年NHKディレクター、46年父・田村良平代議士秘書を経て、平成7年無所属で参院議員に当選。同年12月自由連合に参加。8年解散。9年自由の会に所属、同年10月自民党に入党。2期目。旧橋本派。 ㊦登山, 料理 ㊍父=田村良平(衆院議員), 祖父=田村実(衆院議員) http://www004.upp.so-net.ne.jp/TAMURAKOHEI/

田村 憲久 たむら・のりひさ
衆院議員(自民党 三重4区) ㊐昭和39年12月15日 ㊒三重県 ㊫千葉大学法経学部(昭和63年)卒 ㊱平成6年伯父で衆院議長を務めた田村元衆院議員秘書などを経て、8年衆院議員に当選。3期目。旧橋本派。 ㊍祖父=田村

稔(衆院議員) http://www.mct.ne.jp/~norihisa/

田村 元　たむら・はじめ
衆院議員(自民党)　元・衆院議長　通産相　⊕大正13年5月9日　⊕三重県松阪市　⊕慶応義塾大学法学部(昭和25年)卒　⊕西ドイツ功労勲章大功労十字星章付大綬章(昭和63年)、イタリア共和国有功勲章大十字章(平成1年)、勲一等旭日桐花大綬章(平成6年)　⊕宮前中教諭、衆院議員前田穣秘書、中外炉工業勤務を経て、昭和30年以来衆院議員に14選。この間、35年建設政務次官、37年労働政務次官、43年衆院大蔵委員長、46年自民党広報委員長、47年田中内閣労働大臣、51年福田内閣運輸大臣、党国対委員長等を歴任。61年第3次中曽根内閣で通産大臣となり、竹下内閣でも留任。平成元年6月衆院議長に就任。大野派、村上派、水田派を経て、昭和50年から田中派、62年竹下派、のち無派閥。平成8年引退。
⊕父=田村稔(衆院議員)
【著書】政治家の正体(講談社'94)
【評伝】誰も書かなかった目白邸(小林吉弥著 徳間書店'86)

田村 彦孝　たむら・ひこたか
山本町(秋田県)町長　⊕大正6年4月14日　⊕秋田県山本郡山本町　⊕金足農業高卒　⊕佐藤栄作自民党総裁表彰(自民党第26回大会)　⊕昭和31年秋田県の山本村議。34年山本町消防団長、農業共済組合長を経て50年以来山本町長に当選3回。しかし前助役の不正借入事件の責任をとり、61年10月13日町長を辞職した。　⊕柔道、将棋、釣り

田村 秀昭　たむら・ひであき
参院議員(民主党　比例)　⊕昭和7年9月21日　⊕東京　⊕防衛大学校(昭和32年)卒、京都大学大学院工学研究科(昭和39年)博士課程修了　工学博士(京都大学)(昭和39年)　⊕航空自衛隊において技術行政、補給調達、航空交通管制、幹部の教育など各種の要職を歴任。昭和63年航空自衛隊幹部学校長(空将)で退官。平成元年参院選比例区に自民党から当選。竹下派、羽田派、5年6月新生党を経て、6年12月新進党結成に参加。10年1月自由党に参加。15年9月民主党に合流。3期目。 http://www.tamura-hideaki.com/
【著書】歴史を忘れた大人と国をなくした若者たち(楽書舘;中経出版〔発売〕'02)／米国のパワーポリティクス(日新報道'88)

田村 広一　たむら・ひろかず
高砂市長　⊕昭和25年7月13日　⊕早稲田大学社会学部卒　⊕高砂市議を経て、平成10年高砂市長に当選。2期目。

田村 弘　たむら・ひろし
滝川市長　⊕昭和21年8月4日　⊕滝川高卒　⊕滝川市役所に入り、企画課長、商工農政部長、助役などを歴任。平成15年市長に当選。

田村 匡雄　たむら・まさお
福生市長　⊕大10.3.8　⊕東京　⊕昭和第一商卒　⊕勲四等瑞宝章(平成3年)　⊕昭和55年福生市長に当選。2期つとめた。

田村 良平　たむら・りょうへい
衆院議員(自民党)　⊕大正6年10月13日　⊕平成7年12月16日　⊕高知県香美郡土佐山田町　⊕早稲田大学政経学部(昭和15年)卒　⊕勲二等旭日重光章(昭和63年)　⊕昭和22年高知県議に当選。5期つとめたあと、38年高知全県区から衆院議員に当選7回。45年建設政務次官、57年衆院地方行政常任委員長を務める。旧田中派二階堂系。平成2年引退。　⊕乗馬　⊕長男=田村公平(参院議員)

玉生 孝久　たもう・たかひさ
衆院議員（自民党）　⊕大正13年3月1日　㊙平成10年7月26日　⊕富山県婦負郡八尾町　⊕都立化学工業専門学校応用化学科（昭和20）卒　⊕勲二等瑞宝章（平成6年）　⊕八尾町議を経て昭和30年以来富山県議を6期務める。43年富山県議会議長を経て46年自民党富山県連幹事長。51年から衆院議員を3期務め56年文部政務次官、57年国土政務次官を歴任。58年には落選したが61年の衆参同時選挙で返り咲いた。富山1区から通算4期。平成2年引退。旧中曽根派。　⊕書道，絵画，古美術，盆栽，スポーツ

田本 憲吾　たもと・けんご
帯広市長　⊕昭和4年6月8日　⊕旧樺太　⊕日本大学理工学部土木学科（昭和28年）卒　⊕東京の建設会社勤務を経て家業の食堂を継いだ。帯広市都市計画委員長などを務めた実績を買われ、昭和49年市長に当選。4期つとめた。平成2年落選。

樽井 良和　たるい・よしかず
衆院議員（民主党　比例・近畿）　⊕昭和42年8月8日　⊕岡山県　⊕同志社大学経済学部中退　⊕平成10年菅直人衆院議員秘書などを経て、15年衆院議員に当選。　http://www.yattarui.jp/

樽床 伸二　たるとこ・しんじ
衆院議員（民主党　大阪12区）　⊕昭和34年8月6日　⊕島根県　⊕大阪大学経済学部（昭和57年）卒　⊕松下政経塾出身。代議士秘書を経て、平成5年日本新党から衆院議員に当選。6年新進党結成に参加したが、9年6月離党。10年民政党を経て、民主党に合流。4期目。http://www.tarutoko.jp/
【著書】わが師、松下幸之助（PHP研究所'03）

樽本 庄一　たるもと・しょういち
加古川市長　⊕昭和15年12月1日　⊕兵庫県加古川市尾上町　⊕関西大学商学部卒　⊕昭和38年加古川市役所に入り、市民部長、総務部長、企画部長、平成10年助役を経て、14年市長に当選。

田原 隆　たわら・たかし
衆院議員（自民党）　法相　⊕大正14年9月8日　⊕大分県西国東郡大田村　⊕九州大学工学部土木工学科（昭和24年）卒　工学博士　⊕勲一等瑞宝章（平成8年）　⊕昭和24年建設省入省。48年防災課長、50年九州地方建設局を経て退官。54年以来衆院議員に6選。平成3年宮沢内閣の法相に就任。8年落選。竹下派を経て、旧小渕派。　⊕囲碁，書道

段本 幸男　だんもと・ゆきお
参院議員（自民党　比例）　⊕昭和19年12月12日　⊕京都府京都市　⊕京都大学農学部（昭和43年）卒　⊕昭和43年農林水産省に入省。昭和59～63年島根県耕地課に出向。平成9年中国四国農政局長。10年7月退官。のち日本農業土木総合研究所専務理事。13年参院選比例区に自民党から当選。旧橋本派。　⊕散策　http://www.danmoto.gr.jp/

【ち】

近岡 理一郎　ちかおか・りいちろう
衆院議員（自民党）　元・科学技術庁長官　⊕大正15年9月7日　⊕山形県最上郡真室川町　⊕陸士（昭和20年）卒　⊕父は県議。真室川町議を経て、昭和34年以来山形県議に6選。54年県会議長を経て、55年以来衆院議員に7選。平成8年第2次橋本内閣で科学技術庁長官に就任。竹下派、旧小渕派を経て、橋本派。15年引退。

【評伝】山形の政治（朝日新聞山形支局著　未来社'86）

近添 美豊　ちかぞえ・よしとよ
土佐市長　⑮大正3年5月2日　⑯平成13年4月21日　⑰高知県土佐市　⑱戸波青年学校卒　⑲勲四等瑞宝章（平成4年）　⑳昭和33年高岡町議に当選、34年市制施行で土佐市議となり、通算4期。58年以来市長に2選。平成3年引退。戸波農協組合長もつとめた。

近田 宣秋　ちかだ・のぶあき
大洲市長　⑮大7.10.16　⑰愛媛県大洲市　⑱愛媛師範（昭和13年）卒　⑲勲四等瑞宝章（平成4年）　⑳昭和48年八幡浜教育事務所長を経て、52年から市長に3選。平成元年引退。

近見 敏之　ちかみ・としゆき
久留米市長　⑮明治45年1月28日　⑯平成15年2月15日　⑰福岡県久留米市　⑱九州帝国大学法学部（昭和10年）卒　⑲勲三等瑞宝章（昭和62年）　⑳昭和10年福岡日日新聞社（現・西日本新聞社）に入社、経済記者となる。16年中国に渡り、大使館に勤務。戦後通産省に入省。その後、31年生産性九州地方本部専務理事を経て、38年久留米市助役となり、46年市長に当選、4期務めた。62年引退。久留米定住圏構想や久留米・鳥栖テクノポリス開発構想を推進した。著書に「市長日記」「地域主義の提唱」など。

知久馬 二三子　ちくま・ふみこ
三朝町（島根県）町議　衆院議員（社民党）　⑮昭和12年2月1日　⑰鳥取県　⑱三朝中卒　⑳昭和27年鳥取県三朝町に合併前の三徳村役場に入り、町健康対策課長や町立みささ図書館長を歴任。平成9年三朝町議に当選。11年中国比例区の秋葉忠利代議士の辞職を受け、衆院議員に繰り上げ当選。12年落選。13年三朝町議に当選。国会議員経験者が町村議になるのは極めて異例。

千坂 侃雄　ちさか・ただお
古川市長　⑮昭和2年2月10日　⑰宮城県古川市　⑱古川中（現・古川高）卒　⑳国民学校教員を経て、昭和21年古川町役場入り。市制施行後、財政、秘書、商工、都市計画各課長を務め、この間古川青年会議所理事長、古川市体協理事などを歴任。51年収入役となるが、62年辞任。63年古川市長に当選し、1期つとめる。平成4年落選。
㉑山登り

千田 謙蔵　ちだ・けんぞう
横手市長　⑮昭和6年10月22日　⑰秋田県横手市　⑱東京大学経済学部商業学科（昭和28年）卒　⑲藍綬褒章（平成4年）、勲三等瑞宝章（平成14年）　⑳大学の自治権が問題となった東大ポポロ事件当時の学生自治会委員長。昭和27年逮捕され、一審、二審は無罪となったものの、38年最高裁で差し戻しとなり、58年3月懲役6月執行猶予2年の有罪が確定した。この間、帰郷して、茶販売業を経て、34年から横手市議を3期つとめ、46年には市長に当選した。5期務め、平成3年引退。この間、全国昭和市長会長、東北市長会副会長などをつとめた。市長退任後、自治大学校講師、欧州視察などをしていたが、5年再び市議として立候補し、当選。
【著書】小さくともキラリと（ぎょうせい'91）

千田 真一　ちだ・しんいち
宮古市長　岩手県議　⑮大5.10.25　⑰岩手県宮古市　⑱立正大学高師卒　⑳鈴木善幸元首相を最初の選挙からかつぎ、昭和22年から26年までは秘書を務めた。岩手県議を経て56年から宮古市長を2期。平成元年落選。また全国初の第3セクター鉄道「三陸鉄道」副社長。

知念 恒男 ちねん・つねお
具志川市長 [生]昭和15年9月11日 [出]沖縄県 [学]沖縄国際大学短期大学部卒 [歴]具志川市議・議長を経て、平成10年具志川市長に当選。2期目。

千葉 国男 ちば・くにお
参院議員(公明党) 衆院議員(新進党) [生]昭和16年9月12日 [出]宮城県仙台市 [学]中央大学法学部(昭和40年)卒 [歴]創価学会東北業務局長を経て、公明党中央委員。平成5年衆院議員に当選。6年新進党結成に参加。8年落選。10年参院選比例区に立候補。15年8月繰り上げ当選、1期務めた。

千葉 景子 ちば・けいこ
参院議員(民主党 神奈川) [生]昭和23年5月11日 [出]神奈川県 [学]中央大学法学部(昭和46年)卒 [資]弁護士 [歴]昭和57年弁護士となり、厚木爆音訴訟、富士見産婦人科事件、宇都宮精神病院事件などの弁護団員。社会党神奈川県生活相談室長を経て、61年参院議員に当選。社会党副書記長、社民党副党首を務めた。8年12月離党、のち民主党入り。4期目。 http://www.keiko-chiba.com/
【著書】夫婦別姓(福島瑞穂, 千葉景子著 日本社会党機関紙局'93)

千葉 光行 ちば・みつゆき
市川市長 [生]昭和17年7月20日 [学]東京歯科大学卒 [歴]歯科医。市川市議を経て、平成3年自民党から千葉県議に当選、2期。9年市川市長に当選。2期目。千葉県内初のたばこポイ捨て禁止や大型マンションの建設禁止条例など積極的な施策を行う。16年職員採用の年齢・学歴制限を撤廃して話題となる。

茶谷 一男 ちゃたに・かずお
氷見市長 [生]大9.8.24 [出]富山県 [学]東京帝大農学部農業土木科(昭和20年)卒 [賞]勲三等瑞宝章(平成4年) [歴]農林省に入り、昭和46年九州農政局次長、47年北陸農政局長を経て、49年から氷見市長に3選。平成2年落選。

茶谷 輝和 ちゃたに・てるかず
泉大津市長 [生]昭和15年12月20日 [出]大阪府 [学]関西大学経済学部卒 [歴]泉大津青年会議所理事長などを経て、毛織物会社社長。平成4年から泉大津市長に3選。16年落選。

中条 弘矩 ちゅうじょう・ひろのり
東かがわ市長 [生]昭和22年8月4日 [出]香川県大川郡大内町 [学]関西学院大学経済学部(昭和45年)卒 [歴]昭和62年から大内町長に4選。平成15年東かがわ市誕生に伴い、初代市長に当選。

中馬 弘毅 ちゅうま・こうき
衆院議員(自民党 大阪1区) [生]昭和11年10月8日 [出]大阪府大阪市天王寺区 [学]東京大学経済学部(昭和36年)卒 [歴]昭和36年住友重機械工業に入社。この間、41年経済企画庁に出向。51年衆院議員に当選。3選。衆院運輸委員、新自由クラブ政策委員長を経て、59年環境政務次官、党幹事長代行に就任。61年落選。平成2年無所属で出馬し当選し、のち自民党入り。10年12月宮沢派を離脱し河野グループに参加。14年小泉改造内閣の国土交通副大臣に就任。通算8期目。河野グループ。
[家]父=中馬馨(大阪市長) http://www.h5.dion.ne.jp/chuma-k/

【つ】

塚田 明久 つかだ・あきひさ
平谷村(長野県)村長 [生]昭和26年6月20日 [出]長野県平谷村 [学]阿智高中退 [歴]陸上自衛隊員などを経て、平谷村開発公社総務課長、平谷村収入役を2期務める。平成13年平谷村長に当選。14年

塚田 新市　つかだ・しんいち
串木野市長　⽣大正3年12月10日　没平成16年10月3日　出鹿児島県串木野市下名　学関西大学法文学部法科（昭和16年）卒　賞串木野市名誉市民（平成7年），鹿児島県民表彰（平成8年）　歴鹿児島県民生労働部長を経て、昭和46年以来串木野市長に6選。平成7年引退。串木野新港建設や西薩中核工業団地造成、国家石油地下備蓄基地建設などに尽くした。

全国で初めて市町村合併の是非を問う住民投票に中学生が参加する条例案を提出し話題となる。

塚田 佐　つかだ・たすく
長野市長　長野県議　⽣昭和11年3月3日　出長野県長野市　学早稲田大学商学部（昭和33年）卒　賞藍綬褒章（平成7年）　歴昭和42年長野市議（2期）、50年長野県議（3期）を経て、60年10月長野市長に当選、4期務めた。北陸新幹線関係都市連絡協議会会長の他、61年より長野冬季五輪招致委員会会長となり招致運動に尽力。　趣野球，スキー，テニス

塚田 延充　つかだ・のぶみつ
衆議院議員（新進党）　⽣昭和12年12月28日　出東京　学東京大学経済学部（昭和36年）卒　歴帝人、茨城県生産性本部長を経て、昭和58年民社党から衆院議員に当選。党県連委員長をつとめる。平成2年落選するが、5年復帰。6年新進党結成に参加。8年落選。当選3回。

塚原 俊平　つかはら・しゅんぺい
衆院議員（自民党）　通産相　労相　⽣昭和22年3月12日　没平成9年12月19日　出茨城県水戸市　学成蹊大学政経学部政治学科（昭和44年）卒　歴電通勤務を経て、昭和51年父の死で総選挙に出馬して当選。大蔵・労働各政務次官、通信委員長、党青年局長・国対副委員長を歴任、平成2年第2次海部内閣の労相、8年橋本内閣の通産相に就任。当選8回。旧三塚派。　家父＝塚原俊郎（労相）
【評伝】日本の政治家 父と子の肖像（俵孝太郎著 中央公論社'97）

塚部 芳和　つかべ・よしかず
伊万里市長　⽣昭和24年12月29日　出佐賀県　学佐賀大学卒　歴伊万里市建設部副部長などを経て、平成14年伊万里市長に当選。

塚本 勝人　つかもと・かつと
甘木市長　⽣昭和10年9月17日　出福岡県　学明治大学商学部（昭和33年）卒　歴昭和33年塚本食糧に入社。47年塚本食糧工業を創業し、社長に就任。平成12年甘木市長に当選。2期目。　趣ゴルフ，柔道，釣り　家父＝塚本倉人（甘木市長）

塚本 倉人　つかもと・くらと
甘木市長　⽣明治45年2月10日　没平成13年5月11日　出福岡県甘木市　学甘木実業専修校夜間部（昭和5年）卒　賞勲三等瑞宝章（平成1年），甘木市名誉市民（平成1年）　歴甘木市会議長を経て、昭和39年から甘木市長に5選。63年引退。　家息子＝塚本勝人（甘木市長）

塚本 三郎　つかもと・さぶろう
衆院議員　元・民社党委員長　政治評論家　⽣昭和2年4月20日　出愛知県名古屋市中川区　学中央大学法学部（昭和27年）卒　賞勲一等旭日大綬章（平成9年）　歴春日一幸衆院議員秘書を経て、昭和33年以来愛知2区より衆院議員に10回当選。この間、民社党県連委員長、副書記長を歴任し、49年から書記長。60年委員長に就任したが、"リクルート事件"に関連して平成元年2月辞任。5年、8年落選。
【著書】新武士道（塚本三郎, 吉田忠雄著 人間の科学新社'04）／日本には日本の生き方がある（嶋中書店;中央公論新社〔発売〕

'99）／善知識の橋（読売新聞社'98）／民社党はどこへ（読売新聞社'94）
【評伝】永田町の暗闘〈7〉（鈴木棟一著 毎日新聞社'90）／藤原弘達のグリーン放談〈1〉臨機応変（藤原弘達編 藤原弘達著刊行会;学習研究社〔発売〕'86）

塚本 昭次 つかもと・しょうじ
藤岡市長 ⑰昭和11年10月13日 ⑰群馬県 ⑰藤岡高（昭和30年）卒 ⑰昭和30年藤岡市役所に勤務。37年塚本建設に転じ、常務、専務、副社長を歴任。平成6年より藤岡市長に2選。14年落選。⑰ゴルフ

塚本 昭二 つかもと・しょうじ
知立市長 ⑰昭和2年2月17日 ⑰高小卒 ⑰勲四等瑞宝章（平成9年） ⑰知立市議会議長を経て、昭和63年11月市長に当選、2期つとめる。

塚本 俊雄 つかもと・としお
目黒区（東京都）区長 ⑰明治45年3月29日 ⑰平成2年9月1日 ⑰静岡見磐田市 ⑰日本大学専門部法科中退 ⑰昭和7年渋谷区役所に入る。30年目黒区役所に移り、40年総務部長、45年助役を経て、50年以来区長に4選。⑰剣道（7段範士），書道

塚本 光男 つかもと・みつお
取手市長 ⑰昭和27年6月25日 ⑰千葉商科大学 ⑰取手市課長補佐などを経て、平成15年市長に当選。

塚本 保夫 つかもと・やすお
土岐市長 ⑰昭和10年12月8日 ⑰岐阜県土岐市 ⑰名古屋大学工学部応用化学科（昭和33年）卒 ⑰昭和37年愛知工業大学講師、42年駄知陶器工業協会理事を経て、42年以来土岐市議4期。58年土岐市長に当選、6期目。⑰読書，野球

津川 祥吾 つがわ・しょうご
衆院議員（民主党 比例） 交通政策研究所代表 ⑰昭和47年1月25日 ⑰北海道札幌市 ⑰北海道大学経済学部（平成9年）卒 ⑰日本国土開発勤務を経て、交通政策研究所代表。平成12年民主党から衆院選比例区に当選。15年落選するが、16年3月繰上げ当選。通算2期目。
http://www5d.biglobe.ne.jp/~noon/

津川 武一 つがわ・たけいち
衆院議員（共産党） 健生病院名誉院長 評論家 医師 ⑰明治43年8月2日 ⑰昭和63年9月4日 ⑰青森県南津軽郡浪岡町 ⑰東京帝国大学医学部（昭和14年）卒業 ⑰サンデー毎日大衆文芸賞入賞（昭和29年）「過剰兵」，青森県文芸協会賞（第2回）（昭和55年） ⑰東大医学部副手を経て、昭和20年弘前市に津川診療所を開設。27年健生病院院長。38年青森県議2期を経て、44年以来衆院議員に5選。61年落選。小説家、文学研究者でもあり、著書に、小説集「農婦」「骨肉の姦」、評論「葛西善蔵」「癲癇の歌人定家」などがある。
【評伝】アルバム 津川武一の軌跡（阿部誠也著（弘前）北方新社'02）

月江 冨治郎 つきえ・とみじろう
黒磯市長 ⑰大11.11.5 ⑰東京 ⑰中央大学法学部（昭和19年）卒 ⑰電源立地促進功労者通産大臣表彰（平成3年），勲四等瑞宝章（平成5年） ⑰昭和38年黒磯町助役に就任し、45年市制施行で黒磯市助役となる。50年以来市長に4選。平成3年引退。

月原 茂皓 つきはら・しげあき
参院議員（自民党） 衆院議員（新進党） ⑰昭和10年3月2日 ⑰香川県観音寺市 ⑰東北大学法学部（昭和35年）卒 ⑰7歳で両親と満州に渡り、10歳で敗戦。帰国後、観音寺一高から東北大学法学部へ進む。昭和35年防衛庁に入庁。長官秘書官や広報課長など歴任。大臣秘書官

を経て、58年自民党から衆院議員に当選、2期。平成2年落選。5年新生党に転じ、再選。6年新進党結成に参加。通算3期務める。8年落選。10年参院選比例区に自由党から当選、のち保守党。14年1月小泉内閣の国土交通副大臣。同年12月党の分裂に伴い、自民党に復党。16年落選。山崎派。 http://homepage3.nifty.com/tsukihara/

【著書】21世紀に日本は生き残れるか(金融財政事情研究会 '98)

辻 一彦 つじ・かずひこ
衆院議員(民主党) [生]大正13年12月10日 [出]福井県小浜市 [学]千葉農専(昭和16年)卒 [歴]教師、福井県連青年団長、農業講習所講師を経て、昭和46年参院議員に社会党から当選。52年落選後、58年無所属で衆院選に出馬し当選。平成8年社民党を経て、民主党に参加。通算5期務めた。12年落選。党福井県本部副委員長、参院災害対策委員長などを歴任。

辻 一幸 つじ・かずゆき
早川町(山梨県)町長 [生]昭和15年10月2日 [出]山梨県南巨摩郡早川町 [学]青山学院大学経済学部(昭和39年)卒 [歴]山梨県早川町で運送業を営み、昭和55年町長に当選。6期目。南アルプスふるさと活性化財団を作るなど、"南アルプス邑(むら)"をキーワードにCI戦略を展開。

辻 嘉右ヱ門 つじ・かよえもん
鯖江市長 [生]昭15.4.29 [出]福井県鯖江市 [学]明治大学法学部(昭和38年)卒 [歴]鯖江土建専務、鯖江生コン社長を経て、昭和50年より鯖江市議を2期務め、58年より福井県議。平成10年から鯖江市長に2選。16年8月福井市など5市町村の合併協議を混乱させた責任を問われ、リコール(解職請求)成立により失職。 [趣]旅行

辻 重五郎 つじ・じゅうごろう
丹波市長 [歴]兵庫県氷上郡教育長などを経て、平成16年合併により誕生した丹波市の初代市長に当選。

辻 第一 つじ・だいいち
衆院議員(共産党) 医師 [生]大15.2.6 [出]京都府京都市 [学]京都大学医専卒 [歴]昭和24年伏見保健所勤務、38年片桐民主病院長を経て、54年衆院議員に当選。党県医療対策委員長を務める。平成5年落選。8年比例区近畿ブロックで再選。通算6期務めた。12年引退。

辻 英雄 つじ・ひでお
衆院議員(自民党) [生]大8.7.8 [出]神奈川県 [学]東京帝大法学部(昭和18年)卒 [賞]勲二等瑞宝章(平成1年) [歴]昭和18年高文行政科合格、内務省に入省。戦後は労働省のポストを歴任し、42年福岡県副知事に就任。46年退官。51年以来衆院議員に4選。外務、経企庁各政務次官を歴任。河本派。61年6月引退。西日本短期大学理事長もつとめた。 [趣]将棋，歌舞伎

辻 正男 つじ・まさお
川西市長 [生]大正12年2月20日 [学]関西大学専門部卒 [歴]住友金属工業勤務のあと、川西市職員に。福祉事務所長、市立川西病院事務長、総務部長、助役を経て、平成2年川西市長に初当選するが、選挙買収が明るみに出て辞任、17日の短命政権となった。

【評伝】市政崩壊(毎日新聞川西事件取財班著 祥文社'91)

辻 恵 つじ・めぐむ
衆院議員(民主党 比例・近畿) [生]昭和23年6月12日 [出]京都府京都市 [学]東京大学法学部(昭和48年)卒 [資]弁護士，弁理士 [歴]昭和56年司法修習修了、弁護士登録。63年辻総合組合法律事務所を開設。平成15年衆院議員に当選。1期目。 [団]東京弁護士会
http://www.tsuji-osaka-genki.jp

辻 泰弘 つじ・やすひろ
参院議員(民主党 兵庫) [生]昭和30年12月27日 [出]兵庫県神戸市 [学]東京大学教養学部(昭和53年)卒 [歴]国会議員秘書、シンクタンク研究部長、連合経済産業局部長、鷲尾悦也連合会長秘書などを経て、13年参院議員に当選。[趣]山歩き, 水泳 http://yasuhiro-tsuji.jp/

辻 与太夫 つじ・よだゆう
小浜市長 [生]昭和4年8月5日 [出]福井県 [学]中央大学文学部(昭和30年)中退 [資]税理士 [賞]旭日小綬章(平成16年) [歴]小浜市会議長などを経て、昭和63年小浜市長に当選。3期務め、平成12年引退。

辻田 実 つじた・みのる
館山市長 [生]昭和8年9月27日 [学]法政大学経済学部卒 [歴]館山市議、市会議長を経て、平成10年館山市長に当選。2期目。

津島 恭一 つしま・きょういち
衆院議員(自民党 比例・東北) [生]昭和29年2月4日 [出]青森県金木町 [学]武蔵大学経済学部(昭和52年)卒 [歴]田沢吉郎衆院議員秘書、自民党地区支部長などを経て、平成15年5月衆院議員に繰り上げ当選。2期目。旧橋本派。 [家]祖父=津島英治(金木町長)
http://www.t-kyoichi.com/

対馬 孝且 つしま・たかかつ
参院議員(社会党) [生]大正14年3月10日 [出]北海道苫前郡初山別村 [学]小樽中(旧制)中退 [賞]勲二等旭日重光章(平成7年) [歴]三井美唄炭鉱労組書記長、炭労北海道事務局長を経て、昭和49年以来参院議員に3選。参院社会労働委員長を経て、61年参院国対委員長に就任。平成4年引退。

津島 雄二 つしま・ゆうじ
衆院議員(自民党 青森1区) 厚相 [生]昭和5年1月24日 [出]東京都豊多摩郡和田堀町 [学]東京大学法学部(昭和28年)卒 [歴]在学中に司法試験に合格、昭和28年大蔵省に入省、30年フルブライトで米国シラキュース大学に留学。38年駐仏大使館1等書記官などを含め6年間の欧米生活。大蔵省参事官、専売公社を経て49年退官し、51年青森1区から立候補。この時、夫人の津島姓に変える。夫人は太宰治の長女。以後10回当選。この間、平成2年第2次海部内閣の厚相に就任。6年6月村山内閣発足後、離党。海部元首相グループと新党みらいの統一会派“高志会”に所属するが、同年12月の新進党結成には不参加。7年3月自民党に復帰。12年7月第2次森連立内閣で厚相に就任。14年1月衆院予算委員長。15年11月自民党税制調査会長。旧小渕派を経て、旧橋本派。
http://www.tsushimaweb.jp/
【評伝】大蔵省主税局(栗林良光著 講談社 '87)

辻元 清美 つじもと・きよみ
衆院議員(無所属) [生]昭和35年4月28日 [出]奈良県吉野郡 [学]早稲田大学教育学部(昭和62年)卒 [興]南北問題;ODA [賞]エイボン女性年度賞(教育賞)(平成5年) [歴]名大附属高卒業後デパートの売り子などを経て、昭和56年早稲田大学教育学部に入学。58年仲間と一緒に大型客船をチャーターしてアジア諸国をめぐる平和運動“ピースボート”を始める。以来毎年、日本中から一般公募した老若男女数100人で、1万トン級の外航客船をチャーターして、戦争跡のアジア各地を訪問。ほかにも「新人類サミット」開催、「ザ・漱石」「ザ・予備校」の企画・出版など多彩な活動をつづける。平成8年社民党より衆院選に立候補、比例区近畿ブロック1位で当選。10年党副幹事長。12年の衆院選では大阪

10区より当選。同年〜14年党政審会長。2期目途中の14年3月、政策秘書の給与流用問題をめぐり辞職。15年7月秘書給与詐取容疑で警視庁に逮捕され、16年2月懲役2年、執行猶予5年の判決が確定。同年6月社民党を離党して参院選大阪選挙区に立候補するが落選。 [趣]F1観戦
http://www.kiyomi.gr.jp/
【著書】総理、総理、総理!!（第三書館 '01）／辻元清美の「今からでも、変えられる」（第三書館 '00）／辻元清美の永田町航海記（第三書館 '98）／転職して、国会議員になった（第三書館 '97）／清美するで!!（第三書館 '87）

続 訓弘 つずき・くにひろ
参院議員（公明党） 総務庁長官
[生]昭和5年9月14日 [出]熊本県 [学]中央大学法学部（昭和28年）卒，中央大学経済学部卒 [賞]旭日大綬章（平成15年）
[歴]東京都港区役所に勤務。のち東京都財務局主幹、財務局長などを経て、昭和58年副知事。平成3年退任。4年参院選比例区に公明党2位で当選。6年新進党結成に参加。10年公明に移り、同年11月新公明党結成に参加。11年10月公明党、自由党が連立政権に参加して発足した小渕第2次改造内閣の総務庁長官に就任。12年4月森連立内閣、7月第2次森連立内閣でも留任。2期務めた。16年引退。 [趣]居合道

都築 譲 つずき・ゆずる
衆院議員（民主党） [生]昭和25年9月23日 [出]愛知県一色町 [学]東京大学法学部（昭和50年）卒，ワシントン大学大学院修了 [歴]昭和50年労働省入省。ワシントン大学留学、広報室長、海外協力課長、OECD日本代表部一等書記官、労働時間課長などを経て、平成6年参院愛知再選挙に無所属（旧連立与党の推薦）で当選、国会内では新緑風会に所属。同年12月新進党結成に参加。10年1月自由党に参加。同年7月参院選では無所属で立候補するが落選。12年衆院に転じ、自由党から当選。15年9月民主党に合流。同年11月の総選挙では小選挙区で落選するが、比例区で当選。16年11月、15年の総選挙をめぐる選挙違反事件で最高裁が元秘書らの上告を棄却して連座制が適用される見通しとなり、議員を辞職した。2期。

都築 竜治 つずき・りゅうじ
豊明市長 [生]昭和14年11月4日 [出]愛知県豊明市 [学]安城農林（昭和34年）卒
[歴]豊明市総務部長、平成2年収入役を経て、7年豊明市長に当選。3期目。 [趣]スポーツ，書道，読書

津田 一朗 つだ・いちろう
羽曳野市長 [生]大正15年7月10日
[没]平成13年4月17日 [出]大阪府八尾市
[学]高小卒 [歴]昭和24年日本共産党に入党。レッドパージののち、30年高鷲町議に当選。のち合併で羽曳野市議となり、48年共産党推薦で羽曳野市長に当選し、4期務めた。平成元年落選。

津田 弥太郎 つだ・やたろう
参院議員（民主党 比例） [生]昭和27年5月5日 [出]岐阜県 [学]神奈川大学法学部（昭和51年）卒 [歴]昭和51年機械・金属分野の産業別労組である全金同盟（現・JAM）に入局。雇用問題対策、青年活動などに携わり、平成15年副会長に就任。16年参院選比例区に民主党から当選。
http://www.yataro.jp/

土田 正剛 つちだ・せいごう
東根市長 [生]昭和18年10月25日 [出]山形県東根市 [学]慶応義塾大学法学部卒
[歴]昭和54年から山形県議に4選。平成5年県知事選に立候補。10年東根市長に当選。2期目。山形空港サービスセンター社長も務める。 [趣]将棋

つちた

土田 浩　つちだ・ひろし
六ケ所村（青森県）村長　⊕昭和6年12月10日　⊙旧満州　⊛北海道野幌酪農大学卒　⊗勲五等双光旭日章（平成14年）
⊛戦後旧満州から山形県酒田市へ引き揚げ、青森県上北郡六ケ所村に入植。酪農を手がけ、県酪農協連合会長、庄内酪農協組合長を務める。昭和50年から村会議員を連続4期。平成元年核燃料サイクル施設工事凍結を公約に村長選に出馬し、当選。2期務めた。　⊛剣道，読書
【評伝】青森・六ケ所村（寺光忠男著 毎日新聞社'91）／六ケ所「核燃」村長選（明石昇二郎著（弘前）野草社；新泉社〔発売〕'90）

土田 龍司　つちだ・りゅうし
衆院議員（民主党）　⊕昭和27年5月2日　⊙熊本県砥用町　⊛法政大学法学部政治学科（昭和53年）卒　⊛横浜市議秘書を経て、平成5年新生党から衆院議員に当選。6年新進党結成に参加。8年落選。12年衆院選では自由党から返り咲き。15年9月民主党に合流したが、11月落選。通算2期務めた。
http://www2.tky.3web.ne.jp/~ryusi/

土野 守　つちの・まもる
高山市長　⊕昭和11年10月4日　⊙岐阜県高山市　⊛中央大学法学部（昭和34年）卒　⊛昭和30年自治省入省。35～38年北海道庁、47～49年沖縄開発庁、52～54年新潟県庁。のち自治省官房企画官兼内閣審議官、官房参事官、高山市土地開発公社理事長を経て、平成6年高山市長に当選。3期目。　⊛読書，旅行，美術品鑑賞，ゴルフ

土屋 侯保　つちや・きみやす
大和市長　⊕昭和21年3月3日　⊙神奈川県大和市　⊛青山学院大学法学部法学科（昭和43年）卒　⊛紳士服販売会社社長。大和市議2期を経て、平成7年大和市長に当選。地元にある米国海軍厚木基地との交流中断や助役の廃止など、独自の施策を進める。15年職員採用試験で非喫煙者を優遇する方針を表明。3期目。　⊛読書，スキー，水泳，音楽，旅行
【著書】歴史に学ぶ『新首都論』（かなしん出版 '02）

土屋 陽　つちや・きよし
武儀町（岐阜県）町長　⊕大正12年3月30日　⊙岐阜県武儀郡武儀町　⊛名古屋工業学校（昭和13年）卒　⊛昭和38年武儀町議に当選。6期24年間を務めたのち、63年武儀町長に当選、1期。町内に平成（へなり）と呼ばれる地名があることから、新元号発布とともに脚光を浴び、町おこしに力を注いだ。

土屋 品子　つちや・しなこ
衆院議員（自民党 埼玉13区）　品子クッキング＆モダンフラワースタジオ主宰　料理研究家　フラワーデザイナー　⊛フラワーアレンジメント　⊕昭和27年2月9日　⊙東京都　⊛聖心女子大学文学部卒，香川栄養学校栄養士科卒，香川栄養学校製菓専門科卒　⊛フランス、米国、台湾にて料理及びフラワーアレンジメントを研究。日本の生花にヨーロッパの技法を取り入れモダン・フラワーアレンジメントを創設。平成8年無所属で衆院議員に当選。同年11月新会派"21世紀"に参加、無所属の会を経て、13年自民党入り。3期目。無派閥。　⊛父＝土屋義彦（埼玉県知事）　http://www.owls.co.jp/

土屋 武則　つちや・たけのり
中野市長　⊕昭和2年1月2日　⊛平成15年4月19日　⊙長野県中野市　⊛中野農商学校農業科（昭和18年）卒　⊗勲五等双光旭日章（平成9年）　⊛中野市助役を経て、昭和59年市長に当選。3期務め、平成8年引退。

土屋 哲男　つちや・てつお

東御市長　⊕昭和23年2月24日　⊕長野県東部町　⊕亜細亜大学商学部卒　⊕長野県東部町議を10年間務めた後、平成13年東部町長に当選。16年4月同町が北御牧村と合併して新たに発足した東御市の初代市長に当選。http://www.xwd.gr.jp/~tetsuo/

土屋 正忠　つちや・まさただ

武蔵野市長　⊕昭和17年1月13日　⊕東京　⊕早稲田大学法学部(昭和41年)卒　⊕昭和41年武蔵野市役所に入り、保険、年金畑で9年。50年同市議に当選し、2期。58年市長に当選、6期目。市職員の"4000万円退職金"切り下げで知られる。役所へは歩いて通勤する。著書に「武蔵野 草の根からの行革」「介護保険をどうする」など。
⊕山登り、音楽鑑賞

【著書】ムーバスの思想 武蔵野市の実践(東洋経済新報社'04)／介護保険をどうする(日本経済新聞社'99)／学童保育ここに始まる(土屋正忠,武蔵野市児童女性部児童課編 花伝社;共栄書房〔発売〕'98)／武蔵野から都市の未来を考える(東洋経済新報社'96)／地域資源の発見と創造と活用と内発型活性化の実践(伊藤寛ほか著 地域科学研究会'94)

【評伝】青年市長ニッポンの新世紀(全国青年市長会編 河出書房新社'00)／地方分権化の旗手たち(童門冬二著 実務教育出版'96)／青年よ故郷(ふるさと)に帰って市長になろう(全国青年市長会編 読売新聞社'94)／長らえしとき(早瀬圭一著 文芸春秋'88)

土屋 佳照　つちや・よしてる

鹿児島県知事　自治事務次官　⊕大正15年2月12日　⊕平成16年11月2日　⊕鹿児島県肝属郡串良町　⊕東京大学法学部(昭和24年)卒　⊕自治省入省。昭和48年選挙部長、51年国土庁地方振興局長、53年自治省税務局長、54年財政局長を経て、57年7月自治事務次官。自治官僚には珍しく行財政両面を経験。59年6月退官、自治総合センター理事長。平成元年鹿児島県知事に当選したが、2期目途中の8年に脳こうそくで倒れ辞任した。この間、5年屋久島環境文化財団会長。⊕囲碁

土屋 義彦　つちや・よしひこ

埼玉県知事　参院議員(自民党)　⊕大正15年5月31日　⊕静岡県下田市　⊕中央大学商学部(昭和25年)卒　⊕勲一等旭日桐花大綬章(平成11年)　⊕昭和34年以来埼玉県議2期を経て、40年参院議員に当選。48年参院大蔵委員長、54年第2次大平内閣の環境庁長官を歴任し、63年参院議長に就任。当選5回。旧三塚派。平成4年埼玉県知事選に出馬、当選。8年全国知事会長に就任。3期目途中の15年7月、自身の資金管理団体を統括していた長女が政治資金規正法違反(虚偽記載)の疑いで逮捕されたことを受け、知事を辞任した。日本体育協会理事、のち副会長なども務める。⊕将棋　⊕娘＝土屋品子(衆院議員)

【著書】運は天にあり(日本経済新聞社'98)／小が大を呑む(講談社'97)

筒井 信隆　つつい・のぶたか

衆院議員(民主党　新潟6区)　弁護士　⊕昭和19年11月10日　⊕新潟県中頸城郡頸城村　⊕早稲田大学法学部(昭和42年)卒　⊕昭和43年司法研修所入所。45年筒井法律事務所開業。平成2年衆院議員に当選。社会党1年生議員のニューウェーブの会事務局長を務めた。5年、8年落選。12年民主党から出馬し返り咲き。通算3期目。著書に「家族の法律相談」「バイオマス文明高層」など。⊕読書、将棋

【著書】カオスの中の対立軸(悠々社'94)／政権への挑戦(作成委員会,筒井信隆著 日本社会党機関紙局'93)

常田 享詳　つねだ・たかよし
参院議員（自民党　鳥取）　農水副大臣
⊕昭和18年11月5日　⊛鳥取県鳥取市
㊥東京薬科大学薬学部（昭和41年）卒
㊟薬剤師　⊛昭和41年日本レダリーに入社。50年常田薬局代表取締役。53年より鳥取市議を1期、58年自民党から鳥取県議に当選、3期。この間、平成3年県議会副議長。7年参院選に無所属で立候補し、当選。のち新進党に入るが、9年3月離党、10月自民党に入る。16年第2次小泉改造内閣の農林水産副大臣に就任。2期目。小渕派を経て、旧橋本派。http://village.infoweb.ne.jp/~tsuneda/

常松 克安　つねまつ・かつやす
参院議員（新進党）　⊕昭和8年8月15日
⊛三重県　㊥松阪北高（昭和26年）卒
㊟松阪市議2期、公明党三重県書記長、同三重県本部長、党中央委員などを経て、平成元年参院議員に当選。6年新進党結成に参加。7年引退。

恒松 制治　つねまつ・せいじ
島根県知事　埼玉総合研究機構理事長
㊟財政学　農業経済学　地域政策　⊕大正12年1月21日　⊛島根県大田市　㊥京都帝国大学経済学部（昭和22年）卒
㊟勲二等旭日重光章（平成6年）　⊛昭和22年農林省に入省。23年農業総合研究所研究員を経て、33年学習院大学助教授に転じ、36年教授に就任。50年以来島根県知事に3選。62年引退し、63年4月独協大学教授となる。平成4～5年学長。のち埼玉総合研究機構理事長。国土審議会政策部会長もつとめる。著書に「地方財政論」「農林経営論」など。
㊔父＝恒松於菟二（衆院議員）
【著書】新 地方自治の論点106（時事通信社 '02）／地方自治の論点101（時事通信社 '98）／市民が政治を変える（富野暉一郎、恒松制治ほか著 ほんの木 '94）／討論 地方分権（恒松制治、富野暉一郎、宮本憲一著（大阪）東方出版 '94）／連邦制のすゝめ（学陽書房 '93）／自治を求めて（ぎょうせい '91）／地方自治のこころ（恒松制治、橋本徹対談 学陽書房 '90）／地方創造への挑戦（勝部領樹、恒松制治ほか著、奥の細道300年フェスティバル実行委員会編 ぎょうせい '90）／いま、ふるさと創生は（ぎょうせい '89）／変わるか!地方自治（学陽書房 '87）

常松 裕志　つねまつ・ひろし
衆院議員（社会党）　⊕昭和15年6月19日
⊛旧満州・ハルビン　㊥東京大学経済学部（昭和38年）卒　㊟三菱鉱業勤務を経て、昭和51年三多摩医療生協を設立し、理事長に就任。平成2年衆院議員に当選。5年、8年落選。12年社民党から比例区東京ブロックで立候補するが落選。

角岡 与　つのおか・あとお
刈谷市長　⊕昭和5年8月6日　⊛愛知県刈谷市　㊥刈谷中（昭和20年）中退　㊟藍綬褒章,勲三等瑞宝章（平成12年）　⊛昭和38年から刈谷市議5期、48年市会議長を経て、58年市長に当選。3期つとめた。

角田 義一　つのだ・ぎいち
参議院副議長　参院議員（民主党　群馬）
弁護士　⊕昭和12年6月9日　⊛群馬県勢多郡赤城村　㊥京都大学法学部（昭和37年）卒　㊟昭和40年弁護士登録。安中公害裁判などに活躍。群馬県議3期、社会党群馬県本部委員長などを経て、平成元年参院議員に当選、3期目。9年6月社民党を離党し、民主党群馬代表に就任。16年7月参院副議長。
㊕読書　http://www5b.biglobe.ne.jp/~gtsunoda/

坪井 一宇　つぼい・かずたか
参院議員（自民党）　⊕昭和14年7月15日
⊛大阪府大阪市　㊥関西大学法学部（昭和37年）卒　㊟昭和50年から大阪府議に4期。60年府会議長をつとめ、62年12月補選で参院議員に当選。通算2期。平成12年衆院選に立候補するが落選。三塚派を経て、森派。

坪田 誠　つぼた・まこと
　熊野市長　❖大正2年1月11日　❖平成7年9月10日　❖三重県熊野市　❖三重師範専攻科(昭和11年)卒　❖勲三等瑞宝章(平成3年)　❖三重県東京事務所次長、企画調査課長などを経て、昭和33年以来熊野市長に8選。平成2年引退。

津村 啓介　つむら・けいすけ
　衆院議員(民主党　比例・中国)　❖昭和46年10月27日　❖岡山県津山市　❖東京大学法学部(平成6年)卒　M.B.A.(オックスフォード大学)(平成13年)　❖平成6年日本銀行勤務を経て、15年衆院議員に当選。　http://tsumura.org

津村 重光　つむら・しげみつ
　宮崎市長　❖昭和22年11月16日　❖宮崎県宮崎市　❖京都大学法学部(昭和46年)卒　❖旭化成に入社。全旭連労組委員、民社党県連副書記長を経て、宮崎県議に当選。4期目の平成2年辞任。同年7月宮崎市長選に立候補するが落選。6年2月当選。3期目。宮崎県市長会副会長を務める。
【著書】「津村重光の本」(鉱脈社 '02)

鶴岡 啓一　つるおか・けいいち
　千葉市長　❖昭和15年5月18日　❖千葉県千葉市中央区　❖東京大学法学部(昭和38年)卒　❖昭和38年自治省へ入省。54年山梨県総務部長、56年自治省大臣官房参事官、57年税務局固定資産税課長、60年財政局調整室長、61年行政局公務員部給与課長、公務員第1課長、税務局企画課長、平成元年国土庁官房審議官。のち東京湾横断道路常務を経て、6年千葉市助役。12年退任。13年千葉市長に当選。
【著書】楽天知命(ぎょうせい '01)

鶴岡 洋　つるおか・ひろし
　参院議員(公明党)　❖昭和7年9月2日　❖千葉県印旛郡酒々井町　❖早稲田大学商学部(昭和32年)卒　❖西武鉄道、国土計画に勤務後、昭和44年衆院議員に当選。55年参院議員に転じる。公明幹事長を務める。平成10年11月公明は新党平和と合流し公明党を結成、副代表に就任。のち常任顧問。4期務めた。16年引退。

敦賀 一夫　つるが・かずお
　稚内市長　❖大正11年1月21日　❖北海道稚内市　❖札幌逓信講習所卒　❖稚内郵便局に入り、地区労働組合事務局長、稚内市議を経て、平成3年から稚内市長に2選。11年引退。

鶴田 芳広　つるた・よしひろ
　指宿市長　❖大正14年8月18日　❖鹿児島県　❖陸士(昭和20年)卒　❖旭日小綬章(平成16年)　❖指宿市議を経て、昭和61年指宿市長に当選。平成2年、6年落選。　❖将棋

弦念 丸呈　つるねん・まるてい
　参院議員(民主党　比例)　❖昭和15年4月30日　❖フィンランド・北カレリア地方ヤーコンバーラ村　フィンランド名＝トゥリネン, マルティ〈Turnen, Martti〉　❖ヤルベンパー市社会福祉カレッジ(フィンランド)(昭和39年)卒　❖教会の青少年指導員を経て、昭和42年宣教師の資格を取り来日。45年日本福音ルーテル教会経営の児童施設でケースワーカーとして働く。49年宣教師をやめ、50年日本人と再婚。同年より長野県安曇村に住み、井原西鶴のフィンランド語訳「好色一代女」「好色五人女」や「源氏物語」を刊行。54年日本に帰化。56年湯河原町に転居、英語塾経営の傍らボランティアの電話カウンセリングを行う。平成4年3月湯河原町議に当選、日本で初めての西洋人議員として話題となる。5年9月"ツルネ

ン政策会"を設立、7年参院選に立候補。同年11月てーぶる神奈川に参加。10年再び無所属で参院選に立候補。のち民主党入りし、12年衆院選、13年参院選に立候補。14年2月参院議員に繰り上げ当選、日本初の欧米系国会議員の誕生となった。 http://homepage2.nifty.com/yugatsuru/

【著書】そうだ、国会議員になろう(中経出版 '03)/大丈夫! (いしずえ '01)/「寝かせきり老人」をつくる国日本・つくらない国北欧(ツルネンマルテイ, 関寛之, 吉田貢著 あすなろ書房'99)/日本人ツルネンマルテイ(マルテイ, ツルネン, 加藤隆共著 ミオシン出版'99)/青い目の国会議員いまだ誕生せず((多摩)ベネッセコーポレーション '95)/日本人になりたい(祥伝社 '93)

【評伝】清く、貧しく、潔く(ツルネン幸子著 光文社'02)

鶴保 庸介 つるほ・ようすけ

参院議員(自民党 和歌山) [生]昭和42年2月5日 [出]大阪府大阪市 [学]東京大学法学部(平成3年)卒 [歴]平成6年日本経済研究会主任研究員を経て、8年小沢一郎代議士の秘書に。10年参院議員に自由党から当選、参院和歌山選挙区における自民党の17連勝にストップをかけた。12年4月自由党を離党し、保守党入り。14年12月保守新党に参加。15年11月自民党に合流。2期目。この間、13年自民党の野田聖子衆院議員と婚姻届を出さずに事実婚をした。 [家]パートナー=野田聖子(衆院議員) http://www.tsuruho.com/

鶴丸 明人 つるまる・あきと

国分市長 [生]昭和21年1月21日 [出]鹿児島県 [学]熊本大学法学部卒 [歴]鹿児島県大阪事務所長などを経て、平成14年国分市長に当選。

【て】

出川 長芳 でがわ・たけよし

新島村(東京都)村長 [生]昭和14年4月17日 [出]東京都新島村 [学]東京都農業講習所(昭和36年)卒 [歴]昭和36年東京都職員に。農業改良普及に努めた。59年新島村助役を経て、平成8年14代目村長に当選、2期。16年落選。一方、助役時代に村おこしと離島ソングを作詞。同年演歌「新島の海」(歌・鳥羽一郎)として自費でCDを発表。また、在任中の12月に発生した三宅島噴火に際しては、13年島から避難した住民の応援歌として「憧れの伊豆諸島」を作詞した。 [趣]園芸

出口 晴三 でぐち・はるみ

葛飾区(東京都)区長 [生]昭和24年3月25日 [出]東京都葛飾区 [学]立教大学(昭和47年)卒 [歴]鯨岡兵輔代議士秘書を経て、昭和50年最年少で葛飾区議に当選。60年東京都議(自民党)に転じる。平成4年葛飾区長に当選。5年10月公職選挙法違反(買収)の容疑で逮捕され、11月2度目の不信任案可決によって失職。

出口 広光 でぐち・ひろみつ

参院議員(自民党) [生]大正14年11月17日 [没]平成12年10月30日 [出]秋田県秋田市 [学]東北大学法文学部経済学科(昭和24年)卒 [賞]勲二等瑞宝章(平成11年) [歴]自治省に入り、昭和46年秋田県に出向。47年総務部長、52年出納長、54年副知事を歴任。58年参院議員に当選。平成元年落選。のち秋田県信用保証協会会長、県交通安全協会会長などを務めた。

手塚 仁雄 てずか・よしお
衆院議員(民主党 東京5区) [生]昭和41年9月14日 [出]東京都目黒区 [学]早稲田大学文学部(平成2年)卒 [歴]南京大学に留学。帰国後、政策集団・自由社会フォーラムのスタッフとなる。平成5年東京都議に日本新党から当選。8年衆院選に民主党から立候補し、12年に当選。2期目。 [趣]野球観戦,中華料理 [家]父=いソノてルヲ(ジャズ評論家)
http://www.t440.com/

寺内 弘子 てらうち・ひろこ
参院議員(自民党) [生]昭和11年4月9日 [出]山形市 [学]雪ケ谷高卒 [歴]参院議員秘書、生長の家政治連合婦人青少年問題対策部長を務める。昭和61年6月衆院選出馬のため辞職した自民党の藤井裕久の補充として参院議員に繰り上げ当選。平成元年落選。5年埼玉5区から無所属で衆院選に立候補。

寺上 正人 てらがみ・まさと
庄原市長 [生]昭和3年1月10日 [没]平成12年5月8日 [出]広島県庄原市 [学]山口県立医専(現・山口大学医学部)(昭和25年)卒 [賞]勲四等瑞宝章(平成10年) [歴]厚生省四国地方医務局長、昭和56年広島県環境保健部長を経て、57年から庄原市長に3選。平成6年引退。

寺崎 昭久 てらさき・あきひさ
参院議員(民主党) [生]昭和11年5月25日 [出]北海道 [学]茨城大学文理学部(昭和36年)卒 [歴]日産労連副会長、自動車総連副会長を歴任。平成元年参院選比例区に民社党2位で当選。6年新進党、10年1月新党友愛結成に参加。同年4月民主党に合流。2期務め、13年引退。

寺沢 晴男 てらさわ・はるお
三宅村(東京都)村長 [生]昭和12年9月10日 [出]東京都三宅村(三宅島) [学]国学院大学文学部卒 [歴]中学校教諭、社会教育主事を経て、昭和48年故郷三宅島で喫茶店「サンライズ」を開店。55年三宅村村議に。三宅島官民空港に反対する会理事を務め、米軍機の夜間連続発着訓練(NLP)基地問題に対する危機感から立候補し、59年村長に当選。島民間の亀裂を憂いながらも、議会とともに基地建設反対運動を展開する。2期目の平成2年12月NLP問題、養護老人ホーム建設問題のこじれから辞任。
【著書】逗子・三宅からのメッセージ(富野暉一郎, 寺沢晴男, 佐藤昌一郎著 あけび書房'89)/怒りの島びと証言録(あけび書房'88)

寺沢 芳男 てらさわ・よしお
参院議員(民主党) 元・経済企画庁長官 東京スター銀行取締役 [生]昭和6年10月3日 [出]栃木県佐野市 [学]早稲田大学政治経済学部(昭和29年)卒,ペンシルベニア大学大学院ウォートン・スクール(昭和32年)修了 [賞]ニューヨーク市名誉市民(昭和48年),経済界大賞特別賞(第14回・昭63年度),勲二等瑞宝章(平成13年) [歴]昭和29年野村証券に入社。43年ニューヨーク支店長、44年アメリカ法人のノムラ・セキュリティーズ・インターナショナル(NSI)設立と同時に副社長、46年社長、57年会長を歴任。60年野村証券副社長に就任。62年1月帰国。44年ボストン証券取引所正会員、56年ニューヨーク証券取引所正会員となるが、両会員とも日本人としては第1号。平成4年参院選比例区に日本新党から当選。6年羽田内閣の経済企画庁長官となる。同年12月新進党結成に参加。10年民主党に合流するが、同年7月参院選で落選。著書に「ウォール・ストリート日記」「ウォールストリートの風」「ワシントンの窓から」がある。
【著書】英語オンチが国を亡ぼす(新潮社'00)/Thank youといえる日本人(読売新聞社'96)/人生の転機はいつも刺激的(講談社'95)/伊達の薄着(読売新聞社'93)/ネバー・ギブアップ!(PHP研究所'93)

てらし

寺嶋 伊弉雄 てらしま・いさお
根室市長 ⓑ大正9年7月4日 ⓓ平成10年12月28日 ⓟ北海道根室市 ⓔ北海道自治講習所卒 ⓗ勲四等旭日小綬章（平成3年） 昭和11年和田村役場に入り、根室市総務部長、44年助役を経て、49年市長に当選、3期つとめた。62年4月北海道議選に立候補したが落選。6月根室交通社長に就任。北方領土復帰期成同盟会長、北方領土問題対策協会評議員を務め、"北方領土の日"の制定などに尽力した。

寺田 和雄 てらだ・かずお
町田市長 ⓑ昭和6年6月27日 ⓟ東京 ⓔ法政大学第二経済学部卒 町田市秘書課長、教育長、助役などを経て、平成2年町田市長に当選。4期目。
【著書】わが山旅、まちだ文学散歩（（町田）町田ジャーナル社 '96）

寺田 熊雄 てらだ・くまお
参院議員（社会党） 岡山市長 弁護士 ⓑ大正1年9月12日 ⓓ平成8年2月24日 ⓟ千葉県千葉市 ⓔ東京帝大法学部法律学科（昭和11年）卒 東京地裁部長判事などをつとめ、昭和21年退官して弁護士を開業。34年岡山市長、49年参院議員に当選。2期つとめ、61年7月引退。著書に「政治活動の記録」。

寺田 典城 てらた・すけしろ
秋田県知事 ⓑ昭和15年6月19日 ⓟ秋田県大曲市 ⓔ早稲田大学法学部（昭和38年）卒 昭和38年秋田振興建設、39年綜合開発工業取締役、42年社長。51年テラセキ社長。平成3年横手市長に当選、2期。9年秋田県知事に当選。2期目。 ⓗスポーツ、ゴルフ、登山、スキー ⓕ二男＝寺田学（衆院議員）、父＝寺田栄四郎（秋田県議）

寺田 為三 てらだ・ためぞう
高石市長 ⓑ昭和11年11月29日 ⓟ大阪府 ⓔ大阪市立大学法学部（昭和34年）卒 高石市助役を経て、平成3年高石市長に当選、3期務める。15年落選。

寺田 学 てらた・まなぶ
衆院議員（民主党 秋田1区） ⓑ昭和51年9月20日 ⓟ秋田県横手市 ⓔ中央大学経済学部産業経済学科（昭和13年）卒 父は秋田県知事の寺田典城。平成13年三菱商事に入社。業務部に配属され、アジアにおける海外拠点戦略の立案などに携わる。15年衆院選秋田1区に民主党から立候補して当選。 ⓕ父＝寺田典城（秋田県知事）、祖父＝寺田栄四郎（秋田県議） http://www.manabu.jp/

寺田 稔 てらだ・みのる
衆院議員（自民党 広島5区） ⓑ昭和33年1月24日 ⓟ広島県 ⓔ東京大学法学部（昭和55年）卒、ハーバード大学大学院 ⓚ昭和55年大蔵省（現・財務省）に入省。57～59年ハーバード大学大学院に留学。平成10年徳島県総務部長、14年財務省主計官、15年7月内閣府参事官を歴任。16年4月衆院補選広島5区に自民党から立候補し当選。堀内派。 ⓕ祖父＝池田勇人（首相）、寺田豊（広島県議）、伯父＝池田行彦（衆院議員） http://www.teradaminoru1.com/

寺西 清 てらにし・きよし
湯浅町（和歌山県）町長 ⓑ昭和6年5月6日 ⓓ平成15年6月14日 ⓟ和歌山県湯浅町 ⓔ箕島商業学校（昭和24年）卒 昭和24年農林省和歌山作物調査報告事務所近畿農政局湯浅事務所勤務。40年湯浅水利組合長、41年湯浅広川地区労議長を経て、45年地元の地区労議長から、暴力追放を訴えて湯浅町長に当選。平成6年まで6期24年務めた。この間、昭和57年中世武士団湯浅党の城跡に"湯浅城"を再建、59年からは全国に散った湯浅党の子孫の調査をはじめる

などユニークな発想で知られた。㊙
読書，スポーツ

寺前 巌 てらまえ・いわお
衆院議員（共産党）㊌大正15年2月20日 ㊙北海道夕張市 ㊙京都青年師範（昭和22年）卒 ㊙中学校教師、共産党京都府副委員長を経て、昭和34年京都府議となり2期務める。44年衆院議員に当選。共産党国対副委員長、同京都府委員、同中央委員を歴任。62年6月党国対委員長に就任。平成8年の総選挙では小選挙区となった京都3区から当選。9期めた。12年引退。

寺前 武雄 てらまえ・たけお
北見市長 ㊌大正2年6月12日 ㊥平成10年10月25日 ㊙北海道北見市 ㊙野付牛中中退 ㊙藍綬褒章（昭和52年），勲三等旭日中綬章（昭和62年），北見市名誉市民（平成6年） ㊙昭和26〜50年北見市議を6期務め、50年以来市長に3選。62年引退。在任中は北海学園北見大学の開学や、道立北見体育センター、北網圏北見文化センターの建設など文化、スポーツ、教育各施設の充実に努めた。

照屋 寛徳 てるや・かんとく
社民党副党首 衆院議員（社民党 沖縄2区） 参院議員（無所属） 弁護士 ㊌昭和20年7月24日 ㊙サイパン島 ㊙琉球大学法文学部法政学科卒 ㊙昭和38年那覇地裁コザ支部書記官、45年最高裁司法修習生、47年弁護士登録。九州弁護士連合会理事、沖縄人権協会理事などを務める。昭和63年沖縄県議に当選、2期。平成7年参院議員に当選、1期。13年落選。15年社民党沖縄2区から衆院議員に当選。社民党が大幅に議席を減らすなか、唯一の小選挙区での当選者となった。同年12月社民党副党首。
㊙読書，ゴルフ
【著書】ウチナーンチュときどき日本人（（具志川）ゆい出版 '03）／沖縄から有事法＝戦争法を考える（（具志川）ゆい出版 '02）

田 英夫 でん・ひでお
参院議員（社民党 比例） 元・社民連代表 ジャーナリスト ㊌国際問題 韓国・フィリピン問題 ㊌大正12年6月9日 ㊙東京・世田谷 ㊙東京帝国大学経済学部（昭和22年）卒 ㊙反核；軍縮 ㊙勲一等旭日大綬章（平成13年） ㊙昭和18年10月学習院から東大経済学部へ進むが、学徒動員で応召。復員後東大に復学。22年共同通信社に入社、第一次南極観測隊に参加し、労組委員長、社会・文化部長を歴任。37年TBSへ移り、ニュースキャスターとして「ニュースコープ」を担当。42年芸術祭参加番組「ハノイ・田英夫の証言」、43年米空母エンタープライズの佐世保入港などを放映して話題となるが、社内外の圧力でキャスターを解任された。45年TBSを退社して社会党に入党。46年6月の参院選全国区でトップ当選。52年9月離党し、53年3月社会民主連合を結成して、その代表となる。60年から常任顧問。平成元年東京選挙区に転じる。のち参議院フォーラム所属を経て、8年社民党に復帰。13年落選。15年4月繰り上げ当選。通算6期目。著書に「わが体験的政治論」など。 ㊙日本エッセイスト・クラブ ㊙祖父=田健治郎（枢密顧問官），父=田誠（日本ホテル社長）
【著書】特攻隊だった僕がいま若者に伝えたいこと（リヨン社；二見書房〔発売〕'02）／三木「政治改革」試案とは何か（鯨岡兵輔ほか著 岩波書店 '93）／読本 草の根核軍縮（新時代社 '87）／チャレンジ（毎日新聞社 '79）
【評伝】こちら現場（田英夫，岩附茂著 神保印刷出版社 '89）／藤原弘達のグリーン放談〈6〉天真爛漫（藤原弘達編 藤原弘達著作刊行会；学習研究社〔発売〕'87）／藤原弘達のグリーン放談〈1〉臨機応変（藤原弘達編 藤原弘達著作刊行会 '86）／日本社会党に警告する！（葉山敏夫著 日本政治経済調査機構 '86）

【と】

土井 喜美夫 どい・きみお
石巻市長 [生]昭和18年9月28日 [学]中央大学経済学部 [歴]代議士秘書を経て、平成15年石巻市長に当選。

土井 たか子 どい・たかこ
衆院議員(社民党 比例・近畿) 元・社民党党首 元・衆院議長 [生]昭和3年11月30日 [出]兵庫県神戸市 本名=土井多賀子 [学]京都女子大学英文科中退,同志社大学法学部卒,同志社大学大学院法学研究科(昭和31年)修士課程修了 [歴]同志社大学で憲法の教鞭をとる。昭和44年衆院議員に兵庫2区から当選し、以来連続11回当選。衆院物価問題特別委員長、日本社会党外務部会長、党公害追放運動事務局長などを歴任し、58年社会党副委員長に就任。"おたかさん"の愛称をもち、開かれた社会党の顔となる。ベテラン官僚が緊張する論客でもある。61年9月初の女性委員長に就任し、3期つとめた。平成元年には反消費税を旗頭に空前のブームをまき起こして、参院選で自民党を大幅に上回る公認46人、推薦7人という大勝利をもたらし、同年8月の国会では参議院で首班指名された。2年の衆院選では公認136、推薦3議席を獲得。しかし、翌3年の統一地方戦で惨敗し、責任をとって委員長を辞任。5年非自民連立内閣の誕生により、憲政史上初の女性衆院議長(第68代)となる。6年社会党は自民、さきがけの連立内閣に参加。8年1月社会党は党名を社会民主党に変更。同年9月社民党党首に復帰し、党の建て直しを図ったが、10月の総選挙では公認15議席で惨敗した。10年1月党首に再選。同年6月社民党は与党を離脱。7月の参院選でも改選議席12を5議席に減らした。15年11月の衆院選では解散時から半数以下の6議席に減らし、自身も小選挙区で自民党候補に敗れ比例区で復活当選した。同月大敗の責任をとり党首を辞任。12期目。護憲派。
[趣]パチンコ
【著書】せいいっぱい(朝日新聞社 '93)/三木「政治改革」試案とは何か(鯨岡兵輔ほか著 岩波書店'93)/ODA改革(土井たか子, 村井吉敬, 吉村慶一著・訳 社会思想社'90)/こんなに損していた日本人(土井たか子, 伊藤茂, 上田哲著 青春出版社'89)
【評伝】国会に窓はない(岡崎ひろみ著 教育資料出版会'98)/小説 土井たか子(大下英治著 社会思想社'95)/土井社会党(大内秀明, 田中慎一郎ほか著 明石書店'89)/土井たか子 憲法講義(土井たか子を支える会編 リヨン社;二見書房〔発売〕'88)

土居 山義 どい・たかよし
三原市長 [生]大13.5.17 [出]広島県 [学]住友鋼管青年学校卒 [賞]勲五等双光旭日章(平成13年) [歴]昭和21年三原車輌に入社し、25年労組書記長に就任。その後、41年三菱重工労連書記長、47年委員長を歴任し、54年以来三原市長に2選。62年落選。

土肥 隆一 どい・りゅういち
衆院議員(民主党 兵庫3区) 牧師 [生]昭和14年2月11日 [出]旧朝鮮・ソウル [学]東京神学大学大学院(昭和42年)修士課程修了 [歴]昭和42年から東京、東大阪、神戸の諸教会に牧師として従事。のち、日本キリスト教団和田山地の塩伝道所牧師。この間、48~50年衆院議員河上民雄の地元秘書、58年在宅福祉民間ボランティアグループ・神戸ライフ・ケアー協会を設立、初代事務局長、のち理事。平成2年社会党から衆院議員に当選。7年離党して、民主の会を結成。のち民改連に入る。10年民改連幹事長。同年4月民主党に参加。5期目。共著に「新しい社会福祉と理念」など。
http://www.d-wa.co.jp/doi/

【著書】新しい社会福祉と理念（阿部志郎，土肥隆一，河幹夫共著 中央法規出版'01）

戸井田 三郎 といだ・さぶろう
衆院議員（自民党） 厚相 [生]大正7年6月12日 [没]平成8年10月13日 [出]東京 [学]中央大学法学部（昭和16年）卒 [歴]昭和30年衆院議員清瀬一郎秘書、大臣秘書官を経て、49年以来衆院議員に当選7回。52年厚生、57年郵政各政務次官、59年衆院社会労働委員長を歴任。平成元年海部内閣の厚相に就任。竹下派を経て、小渕派。 [趣]水泳，ボウリング，ゴルフ [家]二男＝戸井田徹（衆院議員）

戸井田 徹 といだ・とおる
衆院議員（自民党） [生]昭和26年11月25日 [出]東京都 [学]独協大学法学部（昭和50年）卒 [歴]昭和51年代議士秘書を経て、平成8年衆院議員に当選。12年、15年落選。旧小渕派。 [趣]水泳，少林寺拳法 [家]父＝戸井田三郎（厚相）

堂故 茂 どうこ・しげる
氷見市長 [生]昭和27年8月7日 [出]富山県 [学]慶応義塾大学経済学部（昭和54年）卒 [歴]代議士秘書、能登半島会議実行委員長、青年会議所理事長などを経て、平成3年以来富山県議に2選。10年氷見市長に当選。2期目。 [家]父＝堂故茂一（氷見市議）

塔下 真次 とうした・しんじ
三田市長 [生]大正14年9月3日 [出]兵庫県三田市 [学]京都大学工学部土木工学科（昭和23年）卒 [賞]勲三等瑞宝章（平成12年） [歴]昭和23年運輸省に入省。44年兵庫県土木部港湾課長、49年土地局長、50年北摂整備局長を経て、54年から三田市長に5期つとめた。平成11年引退。全国治水規制同盟会連合会監事も務める。

桃原 正賢 とうばる・せいけん
宜野湾市長 元・琉球政府立法院議員 [生]大正11年12月1日 [没]平成16年6月22日 [出]沖縄県宜野湾市 [学]台湾新竹師範（昭和18年）卒 [歴]台湾公立国民学校、普天間小学校教諭などを務め、昭和28年から宜野湾村議会議長2期、35年琉球政府立法院議員1期、39年沖縄県教育委員などを経て、60年宜野湾市長に当選。3期務める。在日米軍の普天間飛行場の全面返還に尽力。平成9年引退。

東峰 元次 とうみね・もとじ
千歳市長 [生]明治41年4月1日 [没]（没年不詳） [出]茨城県 [学]大泊中（大正14年）卒 [賞]稚内市名誉市民（平成1年），勲四等旭日小綬章（平成1年） [歴]昭和19年樺太・大泊町助役、20年町長、24年稚内市助役、38年千歳市助役を経て、50年市長に当選。3期。59年には全国市長会副会長をつとめた。62年落選。

当銘 由親 とうめ・ゆうしん
具志川市長 [生]昭6.9.1 [出]沖縄県 [学]熊本商科短期大学卒 [賞]藍綬褒章，勲三等瑞宝章（平成13年） [歴]具志川市会議長を経て、昭和49年以来市長に5選。平成6年引退。

堂本 暁子 どうもと・あきこ
千葉県知事 [専]保育制度 TVジャーナリズム チベット [生]昭和7年7月31日 [出]米国・カリフォルニア州オークランド [学]東京女子大学社会科学科（昭和30年）卒 [興]女性の人権と性の問題（優生保護法堕胎罪）;かめない子供たちの問題 [歴]昭和14年米国から帰国。30年東京放送報道局入社。外信部、カメラ、記者クラブ詰、ニュース部を経て、報道局編集部副部長、「報道特集」担当。日本女性マナスル登山隊取材や保育行政の貧困を訴えるベビーホテル・キャンペーンを手掛ける。平成元年参院選比例区に社会党から立候補し当選。3年パソコンネットの電子掲示板で「堂本暁子の国会

緊急レポート」を始める。7年離党。同年7月の参院選では新党さきがけから立候補し2選。8年井出正一新党さきがけ代表が辞任したため、議員団の座長となる。10年6月退任。同年9月離党。この間、環境保護や女性問題に力を入れた活動を行い、生物多様性条約、環境基本法などの制定に関わる。9年には国連環境計画(UNEP)の“地球環境のために活動・貢献した世界の女性25人”に選ばれた。13年3月千葉県知事に当選。
[団]日本山岳会

【著書】堂本暁子のDV施策最前線(新水社'03)/移入・外来・侵入種(川道美枝子, 岩槻邦男, 堂本暁子著 築地書館'01)/無党派革命(築地書館'01)/温暖化に追われる生き物たち(堂本暁子, 岩槻邦男編著, 西田治文, プリマック, リチャード・B.ほか著 築地書館'97)/立ち上がる地球市民(河出書房新社'95)

【評伝】地方が変わる、日本を変える(読売新聞社編 ぎょうせい'02)/「改革」の条件(佐和隆光編 岩波書店'01)/女たちの反乱(国栖治雄著 生産性出版'01)/美しき旗手たちの語録(吉田直哉編著 日本放送出版協会'86)

東門 美津子　とうもん・みつこ
衆院議員(社民党　比例・九州)　[生]昭和17年11月16日　[出]沖縄県中頭郡勝連町　[学]琉球大学卒，オハイオ州立大学大学院修士課程　[歴]昭和40年米国国民政府渉外局、41年ウィクリー沖縄タイムス記者、45年クバサキハイスクール教諭、平成2年ベイビュー英会話学院学院長、平成3年沖縄県国際交流財団専務理事。県女性問題懇話会座長として、県の女性政策を推進してきた。6〜10年沖縄県副知事。12年衆院沖縄3区に当選。15年選挙区では自民党候補に敗れるが、比例区で復活。2期目。12〜15年社民党副党首を務めた。

東家 嘉幸　とうや・よしゆき
衆院議員(自民党)　国土庁長官　[生]昭和2年10月1日　[出]熊本県下益城郡城南町　[学]熊本県農技員養成所(昭和25年)卒　[賞]勲一等瑞宝章(平成10年)　[歴]昭和32年東南産業社長、56年会長。54年以来衆院議員に7選。61年建設政務次官。平成3年宮沢内閣の国土庁長官。10年12月宮沢派を離脱し河野グループに参加。11年体調不良のため辞職。共著に「はだか人生50年」がある。

遠山 敦子　とおやま・あつこ
元・文部科学相　[生]昭和13年12月10日　[出]三重県　[学]東京大学法学部(昭和37年)卒　[歴]昭和37年文部省に入省。情報図書館課長、国際学術課長などを経て、57年中学校教育課長、59年中学校課長、60年高等教育局企画課長、63年文化庁文化部長、平成元年次長、3年文部省教育助成局長、4年7月高等教育局長を経て、6年7月女性初の文化庁長官に就任。8年6月駐トルコ大使となる。11年10月退官し、文化庁顧問、12年4月国立西洋美術館理事長。13年4月小泉内閣の文部科学相に登用される。14年9月の小泉改造内閣でも留任。

【著書】こう変わる学校 こう変わる大学(講談社'04)/トルコ 世紀のはざまで(日本放送出版協会'01)

遠山 清彦　とおやま・きよひこ
参院議員(公明党　比例)　[生]昭和44年6月5日　[出]千葉県千葉市　[学]創価大学法学部(平成5年)卒，ブラッドフォード大学(英国)大学院平和学専攻(平成10年)博士課程修了　平和学博士(ブラッドフォード大学)(平成10年)　[歴]平成3年グラスゴー大学(英国)に留学。11年宮崎国際大学講師などを経て、13年参院選比例区に公明党から当選。　[団]国際平和学会，日本平和学会，日本政治学会，日本国際政治学会，国際開発学会
http://www.toyamakiyohiko.com/

渡海 紀三朗 とかい・きさぶろう
衆院議員(自民党 兵庫10区) [生]昭和23年2月11日 [出]兵庫県高砂市 [学]早稲田大学理工学部(昭和45年)卒 [歴]日建設計会社、議員秘書を経て、昭和61年7月衆参同日選に兵庫3区から衆院議員に当選。平成5年6月自民党を離党し新党さきがけに参加。8年落選。11年8月自民党に復党。12年返り咲き。14年小泉改造内閣の文部科学副大臣に就任。通算5期目。山崎派。 [家]父=渡海元三郎(衆院議員) http://www.tokaikisabro.org/

富樫 練三 とがし・れんぞう
参院議員(共産党) [生]昭和18年1月15日 [出]秋田県 [学]日本社会事業大学社会福祉学部(昭和41年)卒 [歴]浦和市職組役員を経て、浦和市議に。平成10年参院議員に共産党から当選、1期務めた。
http://www.togashi-renzo.gr.jp/

時枝 正昭 ときえだ・まさあき
宇佐市長 [生]昭和9年10月30日 [出]大分県 [学]九州大学医学部卒 [歴]昭和45年内科医院を開業。平成12年宇佐市長に当選。2期目。著書に「患者のいす」がある。一方、昭和62年から月刊の家族新聞「タイム」の発行を続け、平成15年通算200号を達成。

時崎 雄司 ときざき・ゆうじ
衆院議員(社会党) [生]昭和15年1月6日 [出]青森県 [学]専修大学法学部(昭和37年)卒 [歴]茨城県庁生協常務理事、県労働金庫理事、県職員組合委員長、社会党茨城県組織局長を歴任。平成2年衆院議員に当選、1期つとめる。5年落選。8年民主党から衆院選に立候補するが落選。

徳田 敏夫 とくだ・としお
宮津市長 [生]大正14年9月18日 [出]京都府宮津市 [学]摂南工専土木工学科(昭和22年)卒 [歴]昭和22年京都府庁に入る。55年宮津市助役に転じ、59年市長に当選。6期目。

徳田 虎雄 とくだ・とらお
衆院議員(自由連合 鹿児島2区)
自由連合代表 徳洲会理事長 [生]昭和13年2月17日 [出]鹿児島県大島郡徳之島 [学]大阪大学医学部(昭和40年)卒
[歴]在学中"博士号ボイコット運動"の先頭に立った。卒業後、大阪大学附属病院、八尾市民病院などに勤務の後、昭和48年大阪府松原市に徳田病院を開設する。以来、年中無休・24時間診察の医療サービスを掲げ、全国に150以上の病院や診療所を擁する徳洲会グループを築きあげる。58年奄美郡島区(平成5年鹿児島1区に合区)から衆院選に立候補したが次点となり、61年の総選挙でも敗れた。平成2年当選し、2期。6年自由連合に参加。8年10月代表に就任するが、落選。10年参院選比例区に自由連合名簿1位で立候補するが落選。9年3月日本体操協会会長。12年衆院選に鹿児島2区から当選。通算4期目。徳洲会とは徳之島出身者の懇親会の名前。 [家]弟=徳田友助(徳州会副理事長・埼玉医療生活共同組合理事長)
http://www.jiyuren.or.jp/tokuda/
【著書】大医は国を癒す((神戸)エピック'02)/賢明な患者の通院・入院事典(広美出版事業部'99)/贈り物をもらわない医者(光文社'98)/わが医療革命(サンケイ出版'82)/生命だけは平等だ(光文社'79)
【評伝】徳洲会・徳田虎雄の野望と虚像(「医療者と市民の会」取材班著 ぱる出版'01)

外口 玉子 とぐち・たまこ
衆院議員 (福)かがやき会理事長 [専]精神保健看護 地域看護 [生]昭和12年12月16日 [学]東京大学医学部衛生看護(現・保健)学科(昭和35年)卒,ボストン大学

大学院看護学部（昭和46年）修士課程修了 [資]保健婦免許，看護婦免許，養護教諭（1級），衛生検査技師，労働衛生管理者 [興]地域ケアのシステム化と精神障害者の自立のための援助方法 [歴]東京大学医学部保健学科助手を経て、昭和43年国立武蔵療養所看護婦長、44年米国ボストン大学留学（W.H.O.フェローシップ）、48年東京都精神医学総合研究所医療看護研究室主任研究員、60年より同研究所副参事研究員。平成元年退職。2年社会党から衆院議員に当選、1期つとめる。 [団]日本公衆衛生学会，日本看護学会，日本精神衛生学会

渡具知 裕徳 とぐち・ゆうとく
名護市長 [生]昭4.7.16 [出]沖縄県 [学]高小卒 [歴]昭和45年以来名護市長に4選。61年9月落選。

徳永 正利 とくなが・まさとし
参院議長（自民党） [生]大正2年8月25日 [没]平成2年9月23日 [出]山口県豊浦郡菊川町 [学]海軍通信学校卒 [賞]勲一等旭日桐花大綬章（平成1年） [歴]海軍中尉で終戦。戦後日本遺族会に入り事務局長となる。昭和34年参院全国区に当選、自民党参院議員会長、運輸相などを歴任して、55年参院議長に就任。57年比例代表制を導入。当選5回。平成元年引退。 [趣]柔道，囲碁（5段）

徳元 清秀 とくもと・せいしゅう
具志頭村（沖縄県）村長 [生]昭和6年10月10日 [没]昭和62年11月4日 [出]沖縄県島尻郡具志頭村 [歴]昭和39～48年沖縄県具志頭村農協専務を経て、56年まで同農協長。同年7月村長に当選、2期。農業基盤整備事業に力を入れた他、若者の雇用拡大や村活性化を目指してリゾート開発も進めた。

都倉 昭二 とくら・しょうじ
都留市長 [生]昭8.3.31 [出]山梨県都留市 [学]谷村高（昭和26年）卒 [歴]昭和42年から都留市議に4選。49年副議長、54年議長を経て、60年市長に当選、3期つとめる。平成9年引退。

登坂 健児 とさか・けんじ
燕市長 加茂暁星学園理事長
[生]昭和2年5月14日 [出]新潟県燕市
[学]加茂朝中（昭和21年）卒 [賞]勲四等瑞宝章（平成11年） [歴]昭和36年トサカプレス創業、54年株式に改組社長に。50年以来燕市議3期、61年議長を経て、平成2年燕市長に当選。6年落選。14年加茂暁星学園理事長に就任。
[趣]スポーツ，読書

登坂 秀 とさか・しげる
渋川市長 [生]大正12年7月15日 [出]群馬県 [学]東京高農（昭和18年）卒 [賞]勲四等旭日小綬章（平成13年） [歴]渋川市収入役を経て、昭和56年以来市長に5選。平成13年引退。
【著書】美のまち人を潤す（白日社 '02）

戸沢 久夫 とざわ・ひさお
太田市長 群馬県議 [生]昭和8年1月1日 [出]群馬県 [学]太田高卒 [歴]昭和33年社会党衆院議員東海林稔秘書、46年群馬県議1期を経て、50年から太田市長に5選。平成7年落選。

戸沢 政方 とざわ・まさかた
衆院議員（自民党） [生]大正8年5月4日 [出]神奈川県小田原市浜町 [学]東京帝国大学法学部（昭和19年）卒 [賞]勲二等旭日重光章（平成4年） [歴]昭和19年内務省に入省。20年厚生省に転じ、42年官房長、45年保険局長、47年社会保険庁長官、48年事務次官を歴任して49年退官。51年以来衆院議員に4選。宮沢派。63年3月衆院法務委員長に就任し、“リクルート問題”を手がけた。平成2年落選。著書に「生活保護法の法解釈と運用」などがある。

戸敷 繁樹 とじき・しげき
佐土原町(宮崎県)町長 [生]昭和3年7月20日 [没]平成3年1月5日 [出]宮崎県宮崎郡佐土原町 [学]法政大学法学科(昭和26年)卒 [歴]平成2年の佐土原町長選で3選されたが、同町が進めている石崎浜地区のリゾート開発をめぐる業者選定問題で町政の混乱を招き、3選後54日目の同6月、引責辞職した。

戸嶋 英二 としま・えいじ
大村市長 [生]昭和6年11月4日 [没]平成2年7月15日 [出]長崎県大村市 [学]早稲田大学政経学部政治学科(昭和30年)卒 [歴]大村市議を経て、昭和54年から市長に2選。62年引退。

戸田 菊雄 とだ・きくお
衆院議員(社会党) 参院議員 [生]大正13年3月6日 [出]福島県いわき市 [学]仙台鉄道教習所普通部(昭和19年)卒 [賞]勲一等瑞宝章(平成6年) [歴]国労仙台地本委員長、宮城県労評議長を経て、昭和40年参院議員に当選。2期つとめたあと、55年衆院議員に転じる。当選4回。平成5年落選。

戸田 喜生 とだ・きせい
須崎市長 [生]昭和10年1月11日 [出]高知県梼原町 [学]梼原高卒 [歴]昭和36年須崎市役所に入る。総務課長、63年助役を経て、平成元年市長に当選、2期つとめた。

戸田 邦司 とだ・くにじ
参院議員(自由党) [生]昭和9年11月18日 [出]福島県 [学]横浜国立大学工学部(昭和34年)卒 [歴]昭和34年運輸省入省。東北運輸局長を経て、63年6月首席船舶検査官、平成2年6月海上技術安全局長に就任。6年2月退官、3月造船業基盤整備事業協会理事長に就任。7年参院選比例区に新進党から当選。10年1月自由党に参加。13年落選。

戸田 善規 とだ・よしのり
加美町(兵庫県)町長 [生]昭和27年12月27日 [出]兵庫県多可郡加美町 [歴]東京の大学を卒業後、国会議員秘書などを経て、兵庫県・加美町に帰郷。町会議員を務め、平成12年2度目の挑戦で町長に当選、2期目。“町の将来ビジョンにお笑いのセンスを”と町政の第3次総合計画の策定を吉本興業に委託し話題となる。 [趣]落語

戸谷 松司 とたに・まつじ
姫路市長 姫路市立美術館長 [生]大正10年6月30日 [没]平成11年6月26日 [出]兵庫県加古川市 [学]京都帝大工学部卒 [賞]勲三等旭日中綬章(平成7年) [歴]島根県太田土木事務所長、徳島県、広島県各河川課長を経て、昭和41年兵庫県庁に入り、企画部長、土木部長、51年副知事を歴任。58年姫路市長に当選。3期つとめ、平成7年引退。姫路独協大学の誘致、国宝・姫路城の世界文化遺産登録などに尽力。のち姫路市立美術館長。
【評伝】豪の人、情の人(小室豊允著 筒井書房'01)

戸塚 進也 とつか・しんや
衆院議員(自民党) 参院議員 [生]昭和15年1月2日 [出]静岡県静岡市両替町 [学]日本大学法学部(昭和38年)卒 [歴]両親が離別したため、母と2人で上京。母が孤児院の栄養士として住み込みで働いていたため、小学校から高校まで玉川学園の寮で暮らした。高校を卒業すると、通産省の初級職となり、日大の夜間に通った。その後、父親の元で働くため静岡県に帰郷。地元の若手経済人のリーダーとなり、昭和42年掛川市議、静岡県中小企業団体中央会理事、公害防止協会監事等歴任。46年静岡県議、49年以来参院議員に2選。党参院国対副委員長をつとめた。54年第2次大平内閣通産政務次官。58年衆院に転じる。当選3回。竹下派を経て、小渕派。平成5年、8年、12年落選。

【著書】政治家はいま何をやらねばならないか(日新報道 '92)

戸次 義一 とつぐ・ぎいち
西山町(新潟県)町長 東本願寺教導 僧侶 ㊓大正12年10月6日 ㊞平成7年7月7日 ㊐東京都文京区 ㊫大谷大学専門部卒 ㊯父親は警察官だったが、住職だった祖父の後継ぎがなく、新潟県西山町の超願寺に養子縁組。大谷大在学中に学徒出陣、特殊潜航艇に志願したが終戦。21年超願寺住職となり、政治・社会問題に積極的に取り組み、同和問題や靖国神社問題にも携わってきた。平成元年住職を長男に譲り、東本願寺教導となる。平成2年8月江尻勇町長辞任に伴う町長選で、社会・共産両党の推薦を受けて西山町長に当選。田中元首相の出身地で後援会・越山会員が有権者の8割を占めた同町で、非越山会系町長は初めて。 ㊮俳句

土橋 忠昭 どばし・ただあき
松原市長 ㊓昭和2年5月18日 ㊐大阪府 ㊫堺工卒 ㊯昭和22年松原町(現・松原市)に入り、総務部長、企画財政部長を経て、49年以来松原市長を7期務め、平成13年引退。

戸張 胤茂 とばり・たねしげ
吉川市長 ㊓昭和22年3月17日 ㊐埼玉県吉川市 ㊫杉戸農卒 ㊯吉川市会議長を経て、平成11年吉川市長に当選。2期目。

泊 宝徳 とまり・ほうとく
加世田市長 ㊓明治41年7月18日 ㊞昭和61年2月10日 ㊐鹿児島県 ㊫鹿児島県立川辺中(大正15年)卒 ㊜藍綬褒章(昭和44年),アンネリ勲章(ブラジル)(昭和53年) ㊯昭和8年加世田町書記、22年助役、29年加世田市収入役を経て、37年以来加世田市長6選。この間、加世田市観光協会会長、鹿児島県卸売市場審議会委員などを務めた。

都丸 哲也 とまる・てつや
保谷市長 ㊓大10.4.18 ㊐東京 ㊫学習院大学文学部(昭和32年)卒 ㊯「社会新報」編集長を経て、昭和52年以来保谷市長を4期務めた。

富岡 清 とみおか・きよし
熊谷市長 ㊓昭和28年3月13日 ㊐埼玉県熊谷市 ㊫早稲田大学法学部卒 ㊯熊谷市農協職員、熊谷市議を経て、平成3年より埼玉県議に3選。14年熊谷市長に当選。

富岡 由紀夫 とみおか・ゆきお
参院議員(民主党 群馬) ㊓昭和39年4月3日 ㊐埼玉県 ㊫早稲田大学政治経済学部経済学科(昭和62年)卒 ㊯昭和62年富士銀行に入行、平成15年みずほフィナンシャルグループを退職。同年衆院選に民主党から立候補。角田義一参院議員秘書を経て、16年参院議員に当選。 ㊮サッカー,スキー http://www.tomioka-yukio.net/

冨沢 篤紘 とみざわ・あつひろ
衆院議員(民主党) ㊓昭和14年12月5日 ㊐神奈川県大和市 ㊫慶応義塾大学法学部(昭和38年)卒 ㊯銀行勤めのあと、貸ビル会社社長。昭和54年から大和市議を1期務め、62年自民党より神奈川県議に当選、2期。平成8年新進党より衆院議員に当選。1期。10年1月改革クラブ、のち民主党に参加。12年落選。 ㊮ゴルフ,謡曲,尺八,囲碁 http://www.dti.ne.jp/~sin-/

富塚 三夫 とみずか・みつお
衆院議員(社会党) 元・総評副議長 富塚政経事務所代表 労働運動家 ㊓昭和4年2月27日 ㊐福島県伊達郡国見町 ㊫明治大学政経学部(昭和29年)卒 ㊯昭和18年国鉄東北線の駅員となり、27年東京に転勤。鉄道教習所、明大時代から自治会や学部の委員長を務めた。32年国労支部役員に選出されたのを皮切

りに国労本部企画部長、書記長などを務め、国鉄マル生反対闘争、スト権ストなどを指揮。51年総評事務局長に就任。58年総評副議長に就くと同時に、神奈川5区から衆院選に挑み初当選を果たし、社会党の国鉄再建対策委の事務局長を務める。61年落選したが、平成2年復帰。5年再び落選。8年民主党より立候補するが落選。著書に「ワレサの挑戦」「政権をめざして」など。　⓫音楽（シャンソン）

【著書】80年代の構想（毎日新聞社'80）／富さん奮闘記（労働教育センター'79）

【評伝】藤原弘達のグリーン放談〈5〉豪放磊落（藤原弘達編　藤原弘達著作刊行会;学習研究社〔発売〕'86）／男の渡る橋（内藤国夫著　主婦と生活社'97）／藤原弘達のグリーン放談〈3〉熱慮断行（藤原弘達編　藤原弘達著作刊行会;学習研究社〔発売〕'86）／労働界見聞録（久谷与四郎編著　東洋経済新報社'81）

富塚 陽一　とみずか・よういち
鶴岡市長　⓫昭和6年4月16日　⓫山形県鶴岡市　⓫東北大学経済学部（昭和29年）卒　⓫昭和29年山形県入庁。商工労働部経営指導課長、企画調整部次長を経て、59年企画調整部計画官、61年企画調整部長、62年生活福祉部長、63年総務部長。平成3年鶴岡市長に当選。4期目。　⓫読書

富田 茂之　とみた・しげゆき
衆院議員（公明党　比例・南関東）　⓫昭和28年10月1日　⓫千葉県銚子市　⓫一橋大学法学部（昭和56年）卒　⓫弁護士　⓫昭和58年司法試験に合格、62年富田法律事務所所長。平成5年公明党から衆院議員に当選。6年新進党、10年1月新党平和、同年11月新公明党結成に参加。12年落選、15年返り咲き。通算3期目。
http://www.shigeyuki-tomita.com/

富永 英輔　とみなが・えいすけ
名張市長　⓫昭和10年11月19日　⓫三重県名張市　⓫三重大学学芸学部（昭和36年）卒　⓫中学校教師、昭和54年名張新聞社代表を経て、58年三重県議に当選。62年落選。平成2年より名張市長に3選。14年落選。　⓫スポーツ

富永 健哉　とみなが・けんや
浅川町（福島県）町長　元・トミー精工会長　⓫大正15年3月27日　⓫福島県石川郡浅川町　⓫芝浦工業大学卒　⓫東京の精密機器会社を経て、昭和33年富永製作所（現・トミー精工）を設立。実験用遠心分離機の分野で国内トップクラス企業に育てあげた。61年郷里である浅川町長に当選、5期。平成15年選挙公約であった町長の給与半減を実施し、話題を集める。

富永 茂穂　とみなが・しげほ
串木野市長　⓫大正14年11月10日　⓫鹿児島県　⓫鹿児島工専（昭和23年）卒　⓫串木野市助役を経て、平成7年市長に当選、2期務める。15年落選。

富野 暉一郎　とみの・きいちろう
逗子市長　龍谷大学法学部教授　⓫地域環境政策　⓫昭和19年2月2日　⓫神奈川県逗子市　⓫京都大学理学部宇宙物理学科卒，東京大学大学院天文学専攻博士課程中退　⓫父の死で大学院を中退、天文学者の夢をあきらめ、公害防止機器開発会社・ヘリオスの社長に。昭和57年に持ち上がった池子弾薬庫跡地への米軍住宅建設計画に対する反対運動を行い、市長のリコール運動を指揮。推されて市長選に出馬、59年11月逗子市長に当選。61年には逆に前市長派のリコールを受けるが、これを破る。62年8月池子に関する県知事からの要請を拒否して辞職したが、再び当選。3期つとめ平成4年引退。6年島根大学法文学部教授を経て、11年4月龍谷大学教授。著書に

「市民自治がまちを変える」など。 [趣]バードウォッチング

【著書】現代のまちづくりと地域社会の変革(白石克孝, 富野暉一郎, 広原盛明著(京都)学芸出版社'02)／地方政府・地方主権のすすめ(三一書房 '94)／市民が政治を変える(富野暉一郎, 恒松制治ほか著 ほんの木'94)／討論 地方分権(恒松制治ほか著 東方出版'94)／グリーン・デモクラシー(白水社 '91)

【評伝】逗子・三宅からのメッセージ(富野暉一郎, 寺沢晴男, 佐藤昌一郎著 あけび書房'89)

冨山 省三 とみやま・しょうぞう
下館市長 [生]昭和13年9月24日 [出]茨城県 [学]下妻一高(昭和32年)卒 [歴]茨城県議を3期務めた後、平成8年下館市長に当選。3期目。富山コンクリート工業社長も務める。

友金 信雄 ともがね・のぶお
宝塚市長 [生]大11.4.19 [出]兵庫県 [学]横浜専門学校(昭和18年)卒 [賞]勲三等旭日中綬章(平成4年) [歴]昭和30年宝塚市議、42年兵庫県議を経て、46年以来宝塚市長に5選。平成3年落選。

戸本 隆雄 ともと・たかお
焼津市長 [生]昭和7年10月20日 [出]静岡県焼津市 [学]東京教育大学体育学部卒 [歴]静岡県体育協会専務理事を経て、平成12年焼津市長に当選。2期目。

友納 昭智 とものう・あきとも
甘木市長 [生]昭和6年8月29日 [没]平成3年9月18日 [出]福岡県朝倉郡朝倉町 [学]西南学院大学商学部(昭和31年)卒 [歴]昭和25年福岡県庁入庁。36年自治省に入省。47年浦和市開発部長、48年甘木市助役4期を経て、63年5月甘木市長に初当選。平成元年市民に癌を告知、3年辞任。

友納 武人 とものう・たけと
衆院議員(自民党) 千葉県知事 [生]大正3年9月12日 [没]平成11年11月15日 [出]広島県広島市 [学]東京帝大法学部政治学科(昭和12年)卒 [賞]勲二等旭日重光章(昭和59年) [歴]厚生省保険課長を経て、昭和26年千葉県副知事、38年県知事となり3選。東京湾を埋め立て京葉工業地帯の基礎を築き"開発大明神"の異名をとる一方、住民の反発を招き、川鉄公害訴訟が起きた。46年成田闘争のヤマ場となった土地収用に伴う強制代執行を指揮した。51年千葉4区から衆院議員に4選。安倍派。平成2年引退。 [趣]囲碁, 将棋 [家]弟=友納春樹(国際航業会長)

友部 達夫 ともべ・たつお
参院議員(無所属) [生]昭和3年12月5日 [出]フィリピン・マニラ [学]海兵, 東京都立大学人文学部(昭和29年)卒 [資]社会保険労務士 [歴]61年政治団体・年金会を設立し、その後、互助組織・オレンジ共済組合を始める。この間、衆院選に2回立候補するが落選。平成元年年金党代表として参院選比例区に立候補したが落選。4年再び落選。7年参院選では新進党から名簿13位で立候補し、当選。8年9月オレンジ共済組合の事業収支が政治収支報告書になかったことがマスコミの報道で発覚し、離党。9年詐欺容疑で逮捕される。13年最高裁は上告を棄却し実刑が確定、失職。 [趣]ジャズ

友光 恒 ともみつ・つね
上尾市長 [生]明治44年9月24日 [没]平成6年11月25日 [出]埼玉県上尾市 [学]日本大学専門部法科卒 [歴]上尾市議を経て、昭和43年助役となり、47年市長に当選、4期。63年2月落選。

外山 半三　とやま・はんぞう
愛知県議(自民党　豊明市)　豊明市長　[生]昭和6年10月8日　[出]愛知県　[学]愛知中卒　[歴]豊明市会議長を経て、平成3年豊明市長に当選。7年落選。11年愛知県議に当選。2期目。

豊沢 有兄　とよさわ・ゆうけい
能代市長　[生]昭和18年10月15日　[出]秋田県　[学]一橋大学商学部(昭和42年)卒,一橋大学法学部(昭和45年)中退　[歴]平成7年、11年能代市長選に出馬。15年当選。　[家]父＝豊沢勇治(能代市長)
http://www.shirakami.or.jp/~toyosawa/

豊田 伊久雄　とよた・いくお
大竹市長　[生]昭和2年8月15日　[出]広島県大竹市　[学]京都大学農学部(昭和28年)卒　[賞]勲五等双光旭日章(平成15年)　[歴]昭和28年豊田酒造に入社、54年社長に。平成2年大竹市長に当選。3期務め、14年引退。　[趣]ゴルフ

豊田 舜次　とよだ・しゅんじ
袋井市長　[生]昭和2年2月11日　[没]平成12年11月30日　[出]静岡県袋井市　[学]福知山工専(昭和22年)卒　[歴]昭和31年豊田肥料を設立し、32年専務、52年社長に就任。63年袋井市長に当選。4期。平成12年市長選期間中に、くも膜下出血で倒れ入院中に4選を果たしたが、その後治療中の入院先で死去。
[趣]ゴルフ

豊田 潤多郎　とよだ・じゅんたろう
衆院議員(新進党)　[生]昭和24年8月22日　[出]京都府　[学]東京大学法学部(昭和47年)卒　[歴]大阪国税局部長、大蔵省官房企画官などを経て、平成5年新生党から衆院議員に当選。6年新進党結成に参加。8年落選。12年の衆院選には自由党から立候補するが落選。

豊田 俊郎　とよだ・としろう
八千代市長　[生]昭和27年8月21日　[出]千葉県　[学]中央工学校卒　[歴]測量会社社長。平成11年4月千葉県議に当選、1期。15年八千代市長に当選。

豊田 稔　とよだ・みのる
北茨城市長　[生]昭和19年6月5日　[学]日本大学中退　[歴]昭和54年高萩自動車学校社長、56年茨城県北自動車学校社長を兼任。平成2年から北茨城市長に2選。7年収賄容疑で逮捕される。
[趣]ゴルフ

虎島 和夫　とらしま・かずお
衆院議員(自民党)　防衛庁長官　[生]昭和3年1月6日　[出]長崎県福江市　[学]五島中(旧制)(昭和20年)卒　[賞]旭日大綬章(平成15年)　[歴]昭和21年九州電力入社。29年福江市議(3期)、市会議長を経て、42年長崎県議に当選。5期つとめ、54年県会副議長、58年議長を歴任。61年以来衆院議員に当選5回。平成12年第2次森連立内閣の防衛庁長官に就任。三塚派を経て、森派。15年引退。

鳥居 一雄　とりい・かずお
衆院議員(新進党)　[生]昭和12年7月15日　[出]東京都大田区　[学]電気通信大学通信別科(昭和34年)卒　[歴]公明新聞編集局次長を経て、昭和44年衆院議員当選、以来8期。この間党県副本部長、党労働局次長を歴任。59年衆院科学技術委員長を務めた。平成6年新進党結成に参加。8年引退。　[趣]将棋, レコード鑑賞

鳥越 忠行　とりこし・ただゆき
苫小枚市長　[生]昭和14年11月4日　[出]北海道苫小牧市　[学]苫小牧東高(昭和33年)卒　[歴]苫小牧市職員、昭和50年苫小牧市議を経て、62年苫小枚市長に当選、4期務める。平成15年落選。

【な】

内藤 功　ないとう・いさお
参院議員(共産党)　弁護士　㊓昭和6年3月2日　㊑東京　㊫明治大学法科(昭和27年)卒　㊧明治大学講師を経て、昭和49年参院議員に全国区から当選、2期。平成元年落選。
【著書】国会からの証言(白石書店 '80)

内藤 健　ないとう・けん
参院議員(自民党)　㊓昭和7年5月11日　㊦平成16年4月10日　㊑徳島県　㊫穴吹高卒　㊥勲三等旭日中綬章(平成14年)　㊧昭和26年徳島県庁に入る。50年から徳島県議2期を経て、55年参院議員に当選。科学技術政務次官をつとめ、61年引退。1期。

内藤 節治　ないとう・せつじ
加西市長　㊓大正15年11月1日　㊑兵庫県加西市　㊫関西大学法科(昭和27年)卒　㊥旭日小綬章(平成16年)　㊧昭和37年泉町長を経て、42年以来加西市長に3選。62年引退。

内藤 登　ないとう・のぼる
韮崎市長　元・山梨県会議長　㊓大正12年3月10日　㊑山梨県韮崎市　通称=内藤彦四郎　㊫亜細亜大学経済学部(昭和18年)卒　㊥紺綬褒章(昭和36年)，藍綬褒章(昭和53年)，勲三等旭日中綬章(平成6年)　㊧韮崎市議(3期)、昭和36年市会議長、42年山梨県議(3期)、50年県会議長を経て、53年以来韮崎市長に4選。平成6年引退。

内藤 正光　ないとう・まさみつ
参院議員(民主党　比例)　㊓昭和39年1月29日　㊑愛知県　㊫東京大学大学院修了　㊧情報労連産業政策副委員長を経て、平成10年参院議員に民主党から当選。2期目。　http://www.mnaito.com/

内藤 正行　ないとう・まさゆき
本巣市長　㊓昭和11年3月10日　㊫新潟大学　㊧岐阜県農政部長、岐阜県農業公社理事長を経て、平成8年糸貫町長に当選。2期。本巣郡4町村(本巣町・真正町・糸貫町・根尾村)の合併協議会長を務め、16年新たに発足した本巣市の初代市長に当選。

名尾 良孝　なお・りょうこう
参院議員(自民党)　㊓大正6年3月18日　㊦平成3年5月6日　㊑青森県　㊫中央大学法学部(昭和16年)卒　㊮弁護士　㊥藍綬褒章(昭和54年)　㊧昭和34年から埼玉県議を6期務め、42年議長。55年参院議員に当選。2期。宮沢派。　㊐父=名尾良辰(秋田県知事)

直嶋 正行　なおしま・まさゆき
参院議員(民主党　比例)　㊓昭和20年10月23日　㊑大阪府　㊫神戸大学経営学部(昭和46年)卒　㊧昭和57年全トヨタ労連組織局長を経て、平成3年自動車総連副会長。4年民社党から参院議員に当選。6年新進党、10年1月新党友愛結成に参加。同年4月民主党に合流。3期目。　http://www.naoshima.com/

直良 光洋　なおら・みつひろ
出雲市長　㊓大正9年11月11日　㊑島根県出雲市　㊫山口大学経済学部卒　㊥藍綬褒章(昭和56年)，勲三等瑞宝章(平成8年)　㊧昭和16年朝鮮銀行に入行。37年出雲市収入役となり、42年助役を経て、48年市長に当選。4期つとめ、平成元年引退。7年島根県公安委員長。

中井 一郎 なかい・いちろう
小田原市長 全国市長会会長 [生]明治40年4月6日 [没]平成10年9月18日 [出]神奈川県 [学]小田原中(大正12年)卒 [賞]藍綬褒章(昭和41年) [歴]35歳でふるさと片浦村の村議をふり出しに、村議2期、神奈川県議6期。この間同議長、地方制度調査会委員。昭和44年から小田原市長に4期。58年8月全国市長会会長。60年2月引退。

永井 英慈 ながい・えいじ
衆院議員(民主党) [生]昭和12年6月2日 [出]群馬県赤城村 [学]慶応義塾大学法学部(昭和36年)卒 [賞]ボルティモア市名誉市民, ニューブリテン市名誉市民 [歴]昭和50年から神奈川県議を3期務める。62年4月自民党推薦で川崎市長選に立候補したが落選。平成5年日本新党に転じ、衆院議員に当選。6年新進党、10年1月国民の声結成に参加。民政党を経て、4月民主党に合流。12年総選挙では比例区で当選。当選3回。15年引退。著書に「新しい大都市制度論」「市民主義のまちづくり」。
【著書】私の電車主義宣言(プレジデント社 '98)/分権主義の国づくり(丸ノ内出版 '97)

中居 英太郎 なかい・えいたろう
宮古市長 衆院議員(社会党) [生]大正6年9月27日 [出]岩手県 [学]早稲田大学法学部(昭和13年)中退 [賞]勲三等瑞宝章(平成4年) [歴]家業を継承。木材統制組合、木材林産組合、岩手県製材業組合などの役員を経て、昭和23年社会党宮古支部長。22年以来、岩手県議2回当選。28年以来衆院議員当選2回。45年宮古市長に当選し、1期つとめる。平成元年7月宮古市長に15年ぶりで返り咲いた。5年落選。 [趣]囲碁

中井 真一郎 なかい・しんいちろう
所沢市長 弁護士 [生]昭和21年1月12日 [出]埼玉県所沢市 [学]東京大学法学部(昭和43年)卒 [歴]昭和45年弁護士登録。霞ケ関綜合法律事務所に所属。62年所沢市長に当選。女性助役の登用、暴力団追放に向けた訴訟費用援助などが話題になる。平成3年引退。4年知事選に出馬。 [家]妻=中井美紀(弁護士)

仲井 真二 なかい・しんじ
泉大津市長 [生]大正9年9月25日 [没]昭和63年8月3日 [学]上条青年学校研究科(昭和15年)卒 [歴]昭和21年泉大津市役所に勤務。市議会事務局長を経て、42年収入役、48年助役に就任。51年から市内の不法広告物撤去運動を始めた。55年市長に当選、2期つとめた。

永井 高夫 ながい・たかお
伊勢原市長 [生]昭和3年1月4日 [没]平成6年2月8日 [出]神奈川県 [学]早稲田大学教育学部(昭和26年)卒 [歴]昭和26年伊勢原町役場に入る。52年総務部長、55年伊勢原市助役を経て、59年市長に当選、2期つとめる。平成4年落選。

永井 孝信 ながい・たかのぶ
衆院議員(社民党) 労相 [生]昭和5年3月11日 [出]兵庫県加古川市 [学]鉄道教習所(昭和24年)卒 [賞]勲一等瑞宝章(平成12年) [歴]国鉄に入社。昭和43年国労中央執行委員、51年総評政治局長などを経て、55年以来衆院議員に5選。平成7年党国対委員長。8年橋本内閣の労相に就任。同年引退。

永井 哲男 ながい・てつお
衆院議員(民主党) 弁護士 [生]昭和25年4月8日 [出]北海道北見市 [学]東北大学法学部(昭和52年)卒 [歴]昭和55年弁護士開業。平成2年社会党から衆院選に出馬。5年衆院議員に当選。8年社民党を経て、民主党に参加。同年落選。12年の衆院選でも落選。 [家]父=永井勝次郎(社会党副委員長)

中井 洽　なかい・ひろし
衆院議員(民主党　比例・東海)　法相　[生]昭和17年6月10日　[出]中国・吉林省　[学]慶応義塾大学経済学部(昭和44年)卒　[歴]在学中から父の秘書をつとめ、昭和47年衆院選に無所属で立候補。のち民社党に入り、51年当選。国対委員長などをつとめる。61年落選、平成2年再選。当選9回。党副書記長も務めた。6年5月永野茂門参院議員の後任として、羽田内閣の法相に就任。同年12月新進党の結成に参加。10年1月自由党に参加。15年9月民主党に合流。　[趣]読書，スポーツ　[家]父＝中井徳次郎(衆院議員)　http://www.ne.jp/asahi/nakai/hiroshi/

中井 武兵衛　なかい・ぶへえ
箕面市長　[生]大正13年7月13日　[没]平成13年1月3日　[出]大阪府箕面市　[学]甲陽高商卒　[賞]勲三等瑞宝章(平成7年)　[歴]昭和25年箕面町役場に入る。35年箕面市福祉事務所長、40年総務部長、同年民生部長、41年再び総務部長を経て、45年助役。48年箕面市長に当選し連続5期20年間つとめた。　[趣]読書，囲碁

永井 順裕　ながい・まさひろ
須坂市長　[生]昭和8年11月11日　[出]長野県須坂市　[学]須坂農(旧制)卒　[歴]衣料品販売会社のナガイ商事役員を経て、平成4年から須坂市長に3選。16年引退。

中内 力　なかうち・つとむ
高知県知事　[生]明治45年7月20日　[没]平成13年11月22日　[出]高知県高岡郡越知町　[学]城東中(昭和7年)卒　[賞]勲二等旭日重光章(平成4年)　[歴]昭和10年高知県庁に入り、30年民生部長、31年厚生労働部長、40年副知事、47年高知放送副社長を経て、50年以来知事に4選。平成3年5月～12月全国知事会副会長。3年引退。のちFM高知社長をつとめた。
【著書】県庁わが人生((高知)高知新聞社 '95)

中浦 敏夫　なかうら・としお
紀和町(三重県)町長　[生]大正15年1月1日　[出]三重県南牟婁郡紀和町　[学]木本中卒　[賞]勲五等双光旭日章(平成12年)　[歴]三重県・紀和町役場に入り、住民、税務、総務各課長、助役を経て、昭和62年以来町長に2選。平成6年同町丸山地区にある千枚田と呼ばれる約7ヘクタール2200枚の棚田の保存のため町条例を制定。それに先駆け町ふるさと公社を設立、町有林を伐採しない「きらずの条例」や「ふるさとの日制定条例」なども作る。

永江 一仁　ながえ・かずひと
衆院議員(民社党)　[生]昭11.3.14　[出]兵庫県神戸市　[学]関西学院大学経済学部(昭和40年)卒　[歴]昭和42年兵庫県議2期を経て、54年以来衆院議員に2選。61年落選。民社党兵庫県連委員長もつとめる。平成4年参院選に立候補したが落選。7年の参院選には民改連から、12年衆院選では民主党から立候補するが落選。　[家]父＝永江一夫(農相・民社党副委員長)

中尾 栄一　なかお・えいいち
衆院議員(自民党)　建設相　[生]昭和5年1月27日　[出]山梨県甲府市　[学]青山学院大学英米文学科(昭和28年)卒，早稲田大学大学院修了　[歴]昭和26年芦田均首相秘書、アジア協会専務理事、日経連地連委委員長兼幹事などを経て、42年以来衆院議員に10選。外務委員長など歴任し、62年経済企画庁長官、平成2年通産相、8年建設相に就任。12年落選。渡辺派、村上・亀井派を経て、江藤・亀井派。12年7月受託収賄の疑いで東京地検特捜部に逮捕される。　[趣]詩吟，水泳，読書　[家]二男＝水野賢一(衆院議員)
【著書】世界とともに世界のために(ぴいぷる社 '92)／21世紀日本をデザインする(ぴいぷる社 '88)

長尾 淳三　ながお・じゅんぞう
東大阪市長　[生]昭和27年3月15日　[学]静岡大学卒　[歴]環境経済常任委員、東大阪市議会議員を経て、平成10年東大阪市長に当選。全国で二人目の共産党員市長となる。14年落選。

中尾 則幸　なかお・のりゆき
参院議員(新党さきがけ)　[生]昭和21年12月9日　[出]北海道勇払郡早来町　[学]早稲田大学文学部(昭和44年)卒　[歴]昭和44年札幌テレビ放送に入社。報道部記者、ニュースデスクを経て、制作部副部長(チーフディレクター)となり、「日高晤郎のスーパーサンデー」などをプロデュース。平成2、3年有志で平和映像展を主催。4年社会党から参院議員に当選したが、7年除名。8年新党さきがけに入党。のち民主党宣伝局長を務める。10年参院選比例区に立候補するが落選。同年離党。11年4月札幌市長選に立候補するが、落選。15年再び札幌市長選に立候補。

中尾 義孝　なかお・よしたか
竹原市長　中尾醸造社長　[生]昭和11年11月25日　[出]広島県竹原市　[学]明治大学法学部(昭和34年)卒　[歴]昭和36年中尾醸造専務、38年社長に。62年竹原商工会議所会頭。平成2年竹原市長に当選、3期務めた。　[趣]スポーツ

中尾 嘉伸　なかお・よしのぶ
津山市長　[生]昭和9年12月27日　[出]岡山県英田郡美作町　[学]中央大学法学部法律学科(昭和34年)卒　[歴]製紙会社社長、津山JC理事長、津山商工会議所副会頭などを経て、平成7年津山市長に当選。3期目。

長尾 立子　ながお・りつこ
参院議員(自民党)　法相　全国社会福祉協議会会長　日本社会事業大学理事長　[生]昭和8年5月1日　[出]東京都新宿区　[学]東京大学文学部(昭和33年)卒　[賞]旭日大綬章(平成16年)　[歴]昭和33年厚生省入省。上級職試験の女性合格第一号。援護局援護課長、児童家庭局母子福祉課長、年金局年金課長、同企画課長、社会保険局庶務課長などを歴任。59年8月社会保険庁年金保険部長、61年6月総務審議官を経て、62年9月厚生省初の女性局長として児童家庭局長に就任。平成元年6月社会局長。2年の福祉法改正の実質上責任者。3年3月退官、4年の参院選比例区に自民党から立候補するが、落選。のち全国社会福祉協議会副会長、会長。8年橋本内閣の法相に就任。9年参院議員に繰り上げ当選。10年引退。日本社会事業大学理事長も務める。　[趣]絵画
[家]夫＝長尾明敏(航空エンジニア)
【著書】三つの絵(ぎょうせい '91)

永岡 茂之　ながおか・しげゆき
名張市長　[生]明治43年10月16日　[没]平成4年9月28日　[出]三重県名張市　[学]名賀農(昭和4年)卒　[賞]勲三等瑞宝章(平成3年)　[歴]国津村議2期、名張市議5期を経て、45年助役となり、49年以来市長に4選。平成2年引退。

長岡 秀人　ながおか・ひでと
平田市長　[生]昭和26年2月5日　[学]岡山大学法文学部　[歴]平田市助役を経て、平成15年市長に当選。

永岡 光治　ながおか・みつじ
宇佐市長　参院議員(社会党)　[生]大正2年6月13日　[没]平成6年5月1日　[出]大分県宇佐市　[学]中央大学予科(昭和9年)卒，官練第一部行政科(昭和11年)卒
[賞]勲二等旭日重光章(昭和58年)　[歴]昭和11年逓信省入省。全逓委員長を経て、28年から参院議員に3選。党国対副委員長、参院内閣委員長、日本ILO理事等を歴任。50年からは宇佐市長を3期つとめ、60年10月引退。著書に「ヨーロッパの労働事情」「会議のあり方」など。
[趣]ゴルフ，囲碁，スポーツ観戦

永岡 洋治　ながおか・ようじ
衆院議員(自民党　茨城7区）[生]昭和25年12月　[出]茨城県古河市　[学]東京大学法学部卒，ハーバード大学大学院修了　[歴]昭和50年農林水産省に入省。60年鹿児島県農政課長、平成2年官房企画室上席企画官、3年官房総務課調査官、5年経済局ガット室長、6年畜産局課長。8、12年衆院選に出馬。15年4月衆院茨城7区補選に当選。2期目。亀井派。共著に「新政策そこが知りたい」「異議あり!日本」など。 http://www.pp.iij4u.or.jp/~n-yoji/

中沖 豊　なかおき・ゆたか
富山県知事　[生]昭和2年9月16日　[出]富山県富山市　[学]東京大学法学部(昭和25年)卒　[賞]日本文化デザイン賞(平成3年)「行政における文化、デザイン振興事業を促進」，日本建築学会文化賞(平成7年)　[歴]昭和25年自治省に入省。40年石川県経済部長、42年消防庁防災救急課長、45年富山県総務部長、48年教育長、50年消防大学校校長を歴任して退官。51年危険物保安技術協会理事、53年日本船舶振興会理事などを経て、55年以来富山県知事に6選。平成16年引退。
【著書】あいの風 夢のせて(ぎょうせい '99)
【評伝】地方分権化の旗手たち(童門冬二著 実務教育出版'96)／燃やせ、心に火をつけろ!(角間隆著 ぎょうせい'87)

中貝 宗治　なかがい・むねはる
豊岡市長　[生]昭和29年11月4日　[出]兵庫県　[学]京都大学法学部(昭和53年)卒　[歴]昭和53年兵庫県庁に入庁。総務部教育課、企画部企画参事付主査を経て、平成3年兵庫県議に当選。3期務める。13年豊岡市長に当選。

中川 鮮　なかがわ・あきら
中津川市長　[専]環境保全　[生]昭和12年2月24日　[出]岐阜県中津川市　[学]信州大学農学部林学科卒　[興]流域の災害;斜面崩壊　[歴]大阪工業大学講師、京都大学防災研究所助手を経て、平成12年中津川市長に当選。16年落選。　[団]地すべり学会，日本応用地質学会，物理探査学会

中川 治　なかがわ・おさむ
衆院議員(民主党　比例・近畿）[生]昭和26年2月10日　[出]大阪府寝屋川市　[学]大阪市立大学法学部中退　[歴]上田卓三、和田貞夫衆院議員秘書を13年間務めた後、平成3年社会党から大阪府議に3選。15年衆院選に民主党から立候補し、当選。

中川 音治　なかがわ・おとじ
東川町(北海道)町長　[生]大正13年2月5日　[没]平成11年6月16日　[出]北海道上川郡東川町　[学]日本通信大学卒　[賞]北海道社会貢献賞(昭和59年)　[歴]昭和13年東川町役場に入り、財政課、総務課、産業課長を経て42年、町長に当選。6期つとめた。60年に“写真の町”宣言をして、カメラの被写体として町を丸ごと売りだそうという企画をうちだした。

中川 和雄　なかがわ・かずお
大阪府知事　[生]大正15年11月1日　[出]京都府京都市　[学]東京大学法学部政治学科(昭和25年)卒　[賞]勲二等瑞宝章(平成11年)　[歴]昭和25年厚生省入省。32年大阪府庁に転じ、46年生活環境部長、50年企業局長、51年水道企業管理者、55年出納長を経て、58年副知事に就任。平成3年大阪府知事に当選。7年引退。
【評伝】対談 知事として(中川和雄，橋本大二郎著 毎日新聞社'93)

なかか

中川 喜久夫　なかがわ・きくお
上市町(富山県)町長　㋴大正10年3月1日　㋵平成16年8月19日　㋶富山県中新川郡上市町　㋷ハルビン学院特修科(昭和18年)卒　㋸昭和37年平井光太郎上市町長に請われて相ノ木農協組合長から同町産業課長に転じ、企画財政課長、総務課長を歴任。48年から約20年間収入役を務め、平成5年町長に当選。富山県内の町村で初めて訪問看護ステーションを開設するなど、住民福祉に力を注いだ。9年再選出馬を表明したが、町長選の前に病気で倒れ、1期で引退した。

中川 啓一　なかがわ・けいいち
洲本市長　㋴昭和18年11月10日　㋶兵庫県　㋷洲本高(昭和37年)卒　㋸昭和37年東京タカラ部品勤務。41年淡路部品創業、49年社長。交通安全協会理事、淡路青年会議所理事長を務める。平成4年から洲本市長に3選。16年退任。
㋹ゴルフ、旅行

中川 健吉　なかがわ・けんきち
浦和市長　㋴大正8年3月30日　㋵平成16年2月1日　㋶埼玉県浦和市　㋷公民学校卒　㋺勲三等旭日中綬章(平成3年)、さいたま市名誉市民　㋸昭和14年浦和市役所に入り、28歳で税務課長。総務、財政部長を経て、43年教育長に。50年浦和市長に当選し、以後4選。地方自治一筋に市政運営に携わり、58年市民の長い間の悲願であった浦和駅西口市街地改造事業を完成させた。63年〜平成元年全国市長会副会長。平成3年落選。

中川 重哉　なかがわ・しげや
桑名市長　㋴大正7年1月5日　㋵平成7年11月21日　㋶三重県　㋷名古屋高工卒　㋸昭和21年久米村役場に入り、38年桑名市民生部厚生課長、39年秘書課長、50年総務部長などを経て、62年2月桑名市長に当選。3期目。
㋹園芸、読書

中川 俊一　なかがわ・しゅんいち
古川市長　㋴昭和2年7月17日　㋶宮城県古川市　㋷盛岡高農(昭和23年)卒　㋺勲三等瑞宝章(平成13年)　㋸昭和42年以来古川市議、市会議長を経て、平成4年古川市長に当選。2期務める。12年落選。

中川 昭一　なかがわ・しょういち
衆院議員(自民党　北海道11区)　経済産業相　農水相　㋴昭和28年7月19日　㋶東京都　㋷東京大学法学部(昭和53年)卒　㋸中川一郎元農水相の長男。昭和53年日本興業銀行に入行するが、58年父の死により、衆院議員に立候補して当選。7期目。平成10年小渕内閣の農水相に就任。同年9月三塚派を離脱し亀井グループに参加。11年1月小渕改造内閣でも農水相留任。同年3月村上・亀井派、7月江藤・亀井派を経て、亀井派。15年9月小泉第2次改造内閣で経済産業相に就任。同年11月の第2次小泉内閣、16年の第2次小泉改造内閣でも留任。北朝鮮に拉致された日本人を早期に救出するために行動する議員連盟会長を務める。
㋹音楽、絵画、サッカー、テニス　㋺父＝中川一郎(衆院議員)
【著書】アメリカの正義 日本の正義(中川昭一、三根生久大著 双葉社'96) / 21世紀への座標軸(史輝出版'90)
【評伝】大乱政界のキーマン(大下英治著 ぴいぷる社'99) / 政治対談 この政治家に日本を託す(増田卓二編 日新報道'92)

中川 徳男　なかがわ・とくお
砂川市長　㋴昭和2年10月30日　㋶北海道砂川市　㋷自治大学校卒　㋺勲四等旭日小綬章(平成12年)　㋸昭和18年砂川市役所に入り、総務部長、建設部長を経て、58年から市長に4選。平成11年引退。

なかか

中川 智子 なかがわ・ともこ
衆院議員(社民党) ⑰昭和22年9月28日 ⑱和歌山県那智勝浦町 ⑲鶴見大学女子短期大学部国文科(昭和43年)卒 ⑳父はインドネシアの貿易商の養子になり、戦後も貿易の仕事に携わる。平成6年父とインドネシアを訪れ、残留日本兵で事業家として成功を収めた石井正治が手がけている乾燥糸こんにゃくと出会い帰国後インドネシアの村おこしの支援として乾燥糸こんにゃくの日本での普及販売に取り組む。7年メンズリブの味沢道明と"糸こん食べて心も体もきれいになろう"と題した料理教室を開催。一方、同年阪神大震災後、1.17その後の会を発足し、5月7日まで電化製品を被災者に送る活動に取り組んだ。8年社民党より衆院議員に当選。2期。15年落選。10年自伝「びっくり」を出版。
http://www.nakagawa-tomoko.jp/
【著書】びっくり(現代書館 '98)

中川 直木 なかがわ・なおき
行田市長 ⑰大正2年9月20日 ⑱平成12年1月16日 ⑲埼玉県行田市 ⑳熊谷中(昭和6年)卒 ㉑藍綬褒章(昭和46年)、勲三等旭日中綬章(平成3年) ㉒行田市助役を経て、昭和34年以来行田市長に8選。50年埼玉県市長会長、58年全国市長会副会長。平成3年引退。
㉓囲碁、スポーツ

中川 秀直 なかがわ・ひでなお
衆院議員(自民党 広島4区) 沖縄開発庁長官 元・内閣官房長官 ⑰昭和19年2月2日 ⑱東京都新宿区 ⑲慶応義塾大学法学部(昭和41年)卒 ⑳昭和41年日本経済新聞社入社。政治部記者、議員秘書を経て、51年新自由クラブから衆院議員に当選。8期目。のち自民党に移る。平成6年10月新設の首相補佐に就任。8年橋本内閣の科学技術庁長官、12年第2次森連立内閣の内閣官房長官、沖縄開発庁長官に就任。同年10月右翼団体幹部との交際疑惑や女性問題をめぐる混乱の責任を取り、内閣官房長官を辞任。安倍派、三塚派を経て、森派。
http://www.nakagawahidenao.jp/

中川 洋 なかがわ・ひろし
大竹市長 ⑰昭和24年8月4日 ⑱広島県 ⑲中央大学商学部卒 ⑳大竹市議を経て、平成14年市長に当選。

中川 平太夫 なかがわ・へいだゆう
福井県知事 福井県農協五連名誉会長 ⑰大正4年3月18日 ⑱昭和62年6月14日 ⑲福井県遠敷郡上中町 ⑳福井師範(昭和10年)卒 ㉑黄綬褒章(昭和49年)、勲一等瑞宝章(昭和61年) ㉒昭和22年野木村議、23年村長、26年福井県議、40年福井県農協四連会長を経て、42年以来福井県知事に5選。米価審議会委員、全国知事会副会長などをつとめ、62年引退。

中川 雅治 なかがわ・まさはる
参院議員(自民党 東京) ⑰昭和22年2月22日 ⑱東京都目黒区 ⑲東京大学法学部(昭和44年)卒 ⑳昭和44年大蔵省に入省。49年徳山税務署長、59年官房企画官、60年国税庁東京国税局調査第一部長、61年大阪国税局直税部長、62年東京国税局直税部長、平成元年主計局給与課長、3年理財局国債課長、4年資金第一課長、5年総務課長、6年7月福岡国税局長、7年5月調査査察部長、8年7月理財局次長、10年7月理財局長、13年1月環境省総合環境政策局長、14年1月事務次官を歴任。15年6月退官。16年参院議員に自民党から当選。
【著書】環境立国への道(大成出版社 '03)

中川 正春 なかがわ・まさはる
衆院議員(民主党 三重2区) ⑰昭25.6.10 ⑱三重県松阪市 ⑲ジョージタウン大学(米国)国際政治学部国際関係学科(昭和48年)卒 ⑳昭和50年国際交流基金に勤務後、58年自民党から三重県議に当

選、3期務める。平成5年日本新党に移る。7年の県議選には出馬せず、8年新進党から衆院議員に当選。10年1月国民の声に参加、民政党を経て、4月民主党に合流。3期目。 [趣]バレーボール，釣り
http://www.masaharu.gr.jp

中川 泰宏 なかがわ・やすひろ
八木町（京都府）町長 京都府農協中央会会長 京都府共済農協連合会会長 京都府経済農協連合会会長 [生]昭和26年9月19日 [出]京都府船井郡八木町 [学]園部高卒 [歴]不動産業、金融業を経て、酪農経営を手がける。この間、昭和62年八木町議を経て、平成4年より町長に3選。14年京都府知事選に立候補。京都府農業協同組合四連会会長も兼務。また、8年北朝鮮に米の食糧援助を行い、以来たびたび訪朝。
【著書】弱みを強みに生きてきた（PHP研究所 '02）／北朝鮮からのメッセージ（家の光協会 '98）

仲川 幸男 なかがわ・ゆきお
参院議員（自民党） 愛媛県川柳文化連盟会長 [生]大5.9.15 [出]愛媛県伊予市 [学]伊予農（昭和8年）卒 [賞]勲二等瑞宝章（平成5年） [歴]昭和26年松山市議2期、34年愛媛県議6期を経て、55年から参院議員に2選。党副幹事長、農水政務次官、文教委員長など歴任。竹下派。川柳の愛好家としても知られ、平成元年にはリクルート事件や消費税導入などで揺れる政界を題材にした川柳集「続・国会の換気扇」を出版。4年引退。
[趣]川柳
【著書】激動の昭和を綴る（（松山）愛媛新聞社 '04）／忘れられた生命（（大阪）葉文館出版 '00）
【評伝】政界趣味の紳士録（田崎喜朗編著 政経通信社'89）

仲川 幸成 なかがわ・ゆきなり
狭山市長 [生]昭和16年12月24日 [出]埼玉県狭山市北入曽 [学]豊岡実卒 [歴]狭山市議を4期務めたのち、平成15年狭山市長に当選。

中川 義雄 なかがわ・よしお
参院議員（自民党 北海道） [生]昭13.3.14 [出]北海道広尾郡広尾町 [学]神奈川大学工学部機械工学科中退 [歴]昭和35年北海道広尾町役場、37年北海道庁勤務を経て、54年以来北海道議に5選。平成7年議長。10年参院議員に当選。同年9月三塚派を離脱し亀井グループに参加。11年3月村上・亀井派。のち江藤・亀井派を経て、亀井派。2期目。 [趣]ゴルフ，音楽，囲碁 [家]兄＝中川一郎（衆院議員）
http://www.nakagawa-yoshio.com/

中河 芳美 なかがわ・よしみ
藤橋村（岐阜県）村長 [生]昭和4年1月28日 [没]平成3年8月25日 [出]岐阜県揖斐郡藤橋村 [歴]藤橋村徳山ダム対策室長を経て、昭和53年村長に初当選、4期務めた。徳山ダム建設事業のため、62年旧・徳山村が藤橋村に編入合併した際は、合併の推進に積極的に協力した。

中川 嘉美 なかがわ・よしみ
参院議員（新進党） [生]昭和8年9月17日 [出]兵庫県芦屋市 [学]慶応義塾大学法学部（昭和31年）卒 [歴]住友商事勤務を経て、昭和44年以来東京8区で公明党から衆院議員に4選。61年に落選、平成元年参院選比例区にまわり当選。6年新進党結成に参加。7年引退。

中川 利三郎 なかがわ・りさぶろう
衆院議員（共産党） [生]大正9年2月28日 [没]平成9年4月22日 [出]秋田県秋田市 [学]立正大学高師科（昭和17年）卒 [歴]秋田市立高教諭、秋田市議2期、秋田県議3期を経て、昭和47年以来衆院議員に3選。61年落選。平成3年秋田県知事選に出馬した。 [趣]柔道（7段）

中桐 伸五　なかぎり・しんご
衆院議員（民主党）　医師　⑰公衆衛生学　労働医学　㋑昭和18年6月4日　㋑岡山県児島郡灘崎町迫川　㋓岡山大学医学部（昭和43年）卒　㋸労働安全衛生;医療政策;医療制度;社会保障;労働者教育;成人教育　㋩昭和52年岡山大学医学部助手を経て、59年自治労の常勤顧問医師。自治体労働安全衛生研究会事務局長。平成8年衆院議員に当選。12年落選。15年8月繰り上げ当選。通算2期。15年11月の総選挙には出馬しなかった。編著に「職場の安全衛生ハンドブック」などがある。㋞日本産業衛生学会（評議員），日本衛生学会，自治体労働安全衛生研究会
【著書】1票で首相が代わる！（主婦の友社'98）／すべての外国人に医療保障を（中桐伸五，高山俊雄編著 海風書房;現代書館〔発売〕'92）／環境をまもる情報をつかむ（第一書林'90）

中越 準一　なかごし・じゅんいち
檮原町（高知県）町長　㋑昭和5年2月13日　㋑高知県高岡郡檮原町　㋓海南中（旧制）（昭和21年）卒　㋕勲四等旭日小綬章（平成12年）　㋩昭和24年統計調査事務所、のち農林省食糧事務所を経て、33年檮原村教育委員会に入る。41年檮原町助役となり、52年町長に当選。平成7年全国棚田サミットを開催。　㋛庭木，散歩

長崎 良夫　ながさき・よしお
虻田町（北海道）町長　㋑昭和4年10月15日　㋑北海道虻田町　㋓伊達中（旧制）卒　㋕北海道社会貢献賞（平2年度）　㋩虻田町総務課長などを経て、昭和63年町長に当選。平成12年有珠山噴火の際には、対策の陣頭指揮に当たる。　㋛庭いじり，ゴルフ

中里 喜一　なかざと・きいち
江戸川区（東京都）区長　㋑明治45年7月16日　㋙平成13年1月21日　㋑東京都江戸川区　㋓東京府立一商卒　㋕江戸川区名誉区民（平成11年），勲三等瑞宝章（平成11年）　㋩昭和5年江戸川区役所の前身・東京府松江町役場に入り、教育課長、総務課長などを経て、35年助役、39年区長に就任。9期（公選6期）35年間務め、平成11年引退。東京23区区長会副会長などを歴任。この間、昭和46年羽田空港の航空機騒音問題で国を訴え、成田新幹線計画への反対運動や、産業廃棄物不法投棄を排除するため区内の都道を封鎖するなど"闘う区長"として知られた。また23区の職員採用試験で江戸川区を第1希望にした人だけを採用するなど独自性を発揮。区内の中小河川を親水公園に改修したり、一般主婦にゼロ歳児保育を委託する"子育てママ制度"を導入、子どもの医療費や高齢者向け住宅改造を全額補助するなど高い水準の福祉を実現、全国初の区営ホテルを開設するなど、"江戸川方式"と呼ばれる数々のユニークな行政策を生み出し、積極行政を展開した。
【評伝】地方行政の達人（小久保晴行著 イースト・プレス'02）／痛快ワンマン町づくり（早瀬圭一著 筑摩書房'93）

中里 長門　なかざと・ながと
陸前高田市長　㋑昭和21年8月30日　㋑岩手県陸前高田市　㋓奥州大学卒　㋩陸前高田市議を経て、平成15年市長に当選。

中里 信男　なかさと・のぶお
八戸市長　㋑昭2.7.10　㋑岩手県九戸村　㋓秋田鉱専機械科（昭和23年）中退　㋕勲三等瑞宝章（平成14年）　㋩昭和42年八戸市議、46年自民党から青森県議に当選、4期務める。平成元年八戸市長に当選、3期務めた。

中沢 健次　なかざわ・けんじ

衆院議員（民主党）　⑮昭和9年9月15日　⑯北海道　⑰夕張北高卒　⑱旭日中綬章（平成16年）　夕張市職労の書記長を振り出しに20代から労働界に入る。自治労道本部書記長を経て副委員長となり、塚田庄平を擁立した昭和46年の知事選などで力量を発揮。58年知事選で横路陣営の選対事務長次長を務める。61年の同日選挙では社会党から衆院議員に当選。平成5年落選。8年返り咲き。当選4回。15年引退。

中沢 重一　なかざわ・しげかず

東大和市長　⑮大正10年11月8日　⑯平成9年4月23日　⑰府中農蚕卒　⑱東大和市教育長、助役を経て、平成3年東大和市長に当選。7年引退。

長沢 広明　ながさわ・ひろあき

衆院議員（公明党　比例・北関東）　⑮昭和33年8月19日　⑯東京都豊島区　⑰東洋大学社会学部（昭和58年）卒　⑱公明新聞政治部副部長を経て、平成15年衆院議員に当選。

中路 雅弘　なかじ・まさひろ

衆院議員（共産党）　⑮大正15年7月14日　⑯平成14年1月14日　⑰京都府　⑱京都大学法学部中退　⑲昭和22年共産党に入党。青年共産同盟中央委員を経て、28年より共産党神奈川県委員会副委員長。47年より衆院議員に当選。平成2年、5年落選するが、8年返り咲き。通算5期務めた。12年引退した。　史蹟めぐり

中島 章夫　なかじま・あきお

参院議員（民主党）　衆院議員（民主党）　国際教育交流馬場財団理事長　⑮昭和11年1月27日　⑯大阪府枚方市　⑰大阪外国語大学中国語科（昭和33年）卒、東京大学文学部倫理学科（昭和36年）卒　⑱昭和36年文部省入省。53年初等中等教育局小学校教育課長、55年高等学校教育課長、59年官房政策課長、60年学術国際局国際企画課長を経て、61年官房審議官。63年退官。のち、公文教育研究会常務をつとめた。平成4年参院選比例区に日本新党から立候補。5年衆院議員に当選。6年離党し、院内会派グループ青雲を結成。同年6月新党さきがけに合流。8年民主党に参加するが落選。10年参院選比例区に立候補。15年繰り上げ当選。16年落選。　日本国際理解教育学会、アメリカ教育学会、日本教育行政学会、日本比較教育学会　ゴルフ、釣り、旅行

【著書】中等教育ルネッサンス（中島章夫, 浅田匡編著　学事出版'03）／地域でできるこれからの国際交流〈3〉食べもので国際交流（こどもくらぶ編・著、中島章夫監修　岩崎書店'02）／教育大国 "日本丸" は何処へ（エヌ・アンド・エス企画;エスジーインターナショナル〔発売〕'95）

長島 昭久　ながしま・あきひさ

衆院議員（民主党　東京21区）　⑱安全保障　日米関係　アメリカのアジア政策　⑮昭和37年2月17日　⑯神奈川県　⑰慶応義塾大学大学院法学研究科（平成2年）博士課程修了、ジョンズ・ホプキンズ大学高等国際問題研究大学院　国際関係論修士（ジョンズ・ホプキンズ大学）　アメリカの同盟再編政策;アジア戦略　読売論壇新人賞（最優秀賞、第3回）（平成8年）　⑱平成2年衆議院議員公設秘書、ヴァンダービルト大学日米研究センター客員研究員を経て、9年ジョンズ・ホプキンズ大学大学院修了。のち米国外交問題評議会上席研究員。12年衆院補選に立候補。15年衆院選で当選。　ゴルフ、水泳、読書（歴史物）
http://www.nagashima21.net

【著書】日米同盟の新しい設計図（日本評論社 '02）

長島 一由　ながしま・かずよし

逗子市長　⑮昭和42年1月18日　⑯神奈川県　⑰早稲田大学教育学部（平成2年）卒, 青山学院大学大学院国際政経研究

科(平成5年)修士課程修了，東京大学大学院法学研究科政治学専攻(平成10年)修了　[歴]平成2年フジテレビに入社。4年報道局報道センター政経部記者、6年ニュースJAPANディレクターを経て、8年大学院入学のため休職。大学院在学中から政治を志し、同年、10年衆院選に神奈川4区から立候補するが落選。同年12月フジテレビを退職。9年鎌倉市議選ではトップ当選を果たす。10年逗子市長に当選。現職では全国最年少市長となる。15年8月米軍池子住宅地区への住宅増築計画は6年に成立した国・県・逗子市の3者間合意に違反するとして、民意を問うため2期目途中で辞職。同年9月出直し選挙に当選。3期目。バルセロナ五輪ウインドサーフィンの強化選手で、昭和63年、平成4年、8年の全日本チャンピオン。元年、8年は世界選手権3位に入賞した。　http://www2.airnet.ne.jp/penpen/

【著書】普通の人が夢をかなえる50のヒント(ポプラ社 '02)／報道ディレクター(ビー・エヌ・エヌ '97)

【評伝】若き挑戦者たち(古田秘馬著 イーハトーヴ'99)

中島 源太郎　なかじま・げんたろう

衆院議員(自民党)　文相　[生]昭和4年2月11日　[没]平成4年2月7日　[出]群馬県新田郡尾島町　[学]慶応義塾大学経済学部(昭和26年)卒　[歴]昭和29年富士重工業監査役を経て、44年群馬2区から衆院議員に当選、以来連続7期。通産、経企各政務次官、自民党調査局長、衆院外務委員長、衆院内閣委員長を歴任し、62年竹下内閣の文相をつとめた。三塚派。また、「黒の試走車」など旧大映で映画プロデューサーとしても活躍した。

[趣]絵画　[家]父＝中島知久平(中島飛行機創始者)，二男＝中島洋次郎(衆院議員)

中島 茂嗣　なかじま・しげつぐ

甘木市長　[生]昭和9年11月11日　[出]福岡県甘木市　[学]学習院大学政経学部(昭和33年)卒　[歴]昭和50年から福岡県議に4選。平成3年甘木市長に当選、2期つとめる。8年5月収賄容疑で逮捕。　[趣]旅行，ゴルフ，ボウリング

中島 隆利　なかしま・たかとし

八代市長　[生]昭18.6.22　[出]熊本県下益城郡小川町　[学]八代東高(昭和41年)卒　[歴]昭和34年九州電力に入社。50年より八代市議に2期。58年熊本県議に当選、通算4期。平成14年八代市長に当選。社会党を経て、無所属。

永島 卓　ながしま・たく

碧南市長　詩人　[生]昭和9年7月20日　[出]愛知県碧南市　[歴]碧南市建設部長、総務部長を経て、平成8年同市長に当選。3期目。一方、結核で療養中詩作を始め、詩誌「碧南詩人」「友碧南文化」を編集。市役所勤務の傍ら「現代詩手帖」「あんかるわ」「菊屋」誌上に発表。また自宅に画廊喫茶アトリエを開き、地元作家と交流する。詩集に「碧南偏執的複合的私言」「わが驟雨」「なによりも水が欲しいと叫べば」「永島卓詩集」「湯島通れば」など。

中嶋 武嗣　なかじま・たけし

甲賀市長　[生]昭和23年1月2日　[出]滋賀県水口町(現・甲賀市)　[学]滋賀県立短期大学卒　[歴]昭和43年水口町農協(現・JA甲賀郡)に入り、企画開発部長などを務める。滋賀県茶業会議所幹事長を経て、平成11年滋賀県議に当選、2期。16年合併により誕生した甲賀市の初代市長に当選。

中島 武敏　なかじま・たけとし

衆院議員(共産党)　[生]昭3.9.20　[出]北海道雨竜郡沼田村　[学]北海道大学予科卒，東京大学文学部中退　[歴]昭和25年在学中に東大学生自治会中央委議長と

なって処分を受け中退。47年以来衆院議員に5選。57年共産党東京都委員長。平成2年落選。5年返り咲き。12年落選。通算7期。 ㊙スキー，釣り，美術鑑賞，演劇鑑賞

中島 一 なかじま・はじむ
彦根市長　愛知工業大学名誉教授
㊥建築学　㊤大正14年11月22日　㊦滋賀県　㊧名古屋工専建築科（旧制）（昭和22年）卒　㊨昭和22年戦災復興院滋賀建築出張所技官、23年滋賀県土木部設計係長、38年名古屋工業大学助教授を経て、43年愛知工業大学教授に就任。平成5年彦根市長に当選。3期目。著書に「建築序説」「建築計画都市計画」など。
㊙スチール写真
【著書】時の彩り 續 佐和山日記（サンライズ印刷出版部 '00）／續 城と湖のまち彦根（サンライズ印刷出版部 '96）

中島 啓雄 なかしま・ひろお
参院議員（自民党　比例）　㊤昭和12年12月25日　㊦旧満洲・大連　㊧東京大学経済学部（昭和36年）卒　㊨昭和36年国鉄に入社。62年JR貨物取締役、63年常務を経て、平成4年日本運輸倉庫副社長。6年1月参院運輸委員会事務局長、のち同調査室長。7年5月退官、同年参院選比例区に立候補。8年駅レンタカーシステム社長。11年8月繰り上げ当選したが、13年落選。同年10月繰り上げ当選。通算2期目。森派。
http://www1.odn.ne.jp/hnakashima/

中島 博範 なかじま・ひろのり
安中市長　㊤昭和20年11月23日　㊦日本大学経済学部中退　㊨安中市議を経て、平成3年群馬県議に当選。7年落選したが、11月安中市長に当選。3期目。

中島 正子 なかしま・まさこ
湯来町（広島県）町長　㊤昭和13年7月25日　㊧鈴峯女子高卒　㊨PTAや地区の役員を数多く経験。のち広島県・湯来町議を3期務める。平成11年町長に当選。中四国初の女性町長となった。15年の町長選では、不燃ごみ処理場の誘致を巡り、長女が対立候補として出馬し注目を浴びる。2期目。 ㊙マツタケ採り

中島 勝敬 なかじま・まさよし
館林市長　㊤昭和13年2月4日　㊧小泉農卒　㊨藍綬褒章（平成6年）　㊨館林市議5期を経て、昭和62年群馬県議に当選、3期。平成9年館林市長に当選。2期目。

中島 眞人 なかじま・まひと
参院議員（自民党　山梨）　㊤昭和10年1月1日　㊦山梨県甲府市　㊧拓殖大学商学部（昭和36年）卒　㊨昭和36年高校教師となり、のち中央漁協組合長、山梨県教育会館理事長を務め、54年より山梨県議に3選。平成7年参院議員に当選。15年小泉第2次改造内閣の内閣副大臣に就任。2期目。旧橋本派。 http://www.nakajima-mahito.com/

中島 衛 なかじま・まもる
衆院議員（新進党）　元・科学技術庁長官　㊤昭和10年12月23日　㊦長野県飯田市　㊧中央大学経済学部（昭和35年）卒　㊨信南交通に入社。飯田青年会議所を経て、昭和51年自民党から衆院議員に当選。平成4年宮沢改造内閣の科学技術庁長官に就任。6期。竹下派、羽田派、5年新生党を経て、6年新進党結成に参加。8年落選。 ㊙父＝中島巌（衆院議員）

中島 洋次郎 なかじま・ようじろう
衆院議員（無所属）　㊤昭和34年7月16日　㊨平成13年1月6日　㊦群馬県　㊧慶応義塾大学商学部（昭和57年）卒　㊨NHKに入局。ニュースキャスター（報道局ニュースセンター国際問題担当）

を経て、平成4年自民党より文相だった父・源太郎の死去に伴う衆院補選に当選、3期。10年10月、8年の政府交付金の一部を私的に流用、虚偽報告をしていたとして、政党助成法違反と政治資金規正法違反の疑いで東京地検特捜部に逮捕される。同月自民党を離党。11月起訴。また同月、8年10月の総選挙の投票前に地元の太田市市議らに現金2千万円を渡したとして、公職選挙法違反の買収資金交付と買収の疑いで再逮捕される。12月防衛庁政務次官在職中の8年10月に富士重工業から現金500万円のわいろを受け取った受託収賄容疑で逮捕される。同月防衛庁が発注した救難飛行艇の試作に絡む受託収賄罪と、秘書の給与などの名目で国から1000万円あまりを騙し取ったとする詐欺罪で、東京地検特捜部に起訴される。11年1月東京地裁での初公判で公職選挙法違反の起訴事実を認めると共に、辞職。同月第2回公判で残る3事件についても起訴事実を認めた。7月東京地裁は懲役2年6月、追徴金1000万円の実刑判決を言い渡した。12年9月東京高裁は一審を破棄し、改めて懲役2年、追徴金1000万円の実刑判決を言い渡したが、これを不服として10月最高裁に上告していた。12月には10年までの3年間で1900万円余の申告漏れを東京国税局から指摘されていたことが判明。二審の公判中から精神的な不安定さを示し、13年1月遺書を残して自殺した。
[家]父＝中島源太郎（衆院議員・文相），祖父＝中島知久平（中島飛行機創始者）

長洲 一二　ながす・かずじ
神奈川県知事　経済学者　[生]大正8年7月28日　[没]平成11年5月4日　[出]東京都千代田区　[学]東京商科大学（現・一橋大学）（昭和19年）卒　[賞]スウェーデン北極星勲章，マレーシア・ペナン州勲一等州功労賞（平成3年），勲一等瑞宝章（平成8年）　[歴]三菱重工業に入社。戦後昭和22年横浜経済専門学校助教授、38年横浜国立大学教授を歴任。50年革新統一候補として神奈川県知事当選、54年全党支持で再選。57年全国の都道府県に先駆けて、公文書公開条例を制定した他、民際外交、ともしび運動、男女共同社会など独自の県政を展開した。5期務め、平成7年退任。同年から地方分権推進委員、県の第三セクター・湘南国際村協会社長、かながわ学術研究交流財団理事長などを務めた。著書に「南進する日本資本主義」「構造改革論の形成」など。
[趣]仏典研究，読書

【著書】第四灯灯無尽（ぎょうせい '91）／テクノコンプレックスかながわ（ぎょうせい '91）／ともに生きる（武者小路公秀，長洲一二編 日本評論社'89）／地方の時代と地域経済（ぎょうせい '82）／地方の時代と自治体革新（日本評論社 '80）

【評伝】政治家 その善と悪のキーワード（加藤尚文著 日経通信社'86）／日本の100人（日本経済新聞社編 日本経済新聞社'86）

永末 英一　ながすえ・えいいち
衆院議員（民社党）　元・民社党委員長
[生]大正7年1月2日　[没]平成6年7月10日
[出]福岡県田川郡金田町　[学]東京帝国大学法学部政治学科（昭和16年）卒　[賞]勲一等旭日大綬章（平成3年）　[歴]ハーバード大学に留学。満鉄から海軍に応召。昭和21年永末世論研究所を設立。22年以来京都市議に2選。この間25年に同志社大学文学部講師。30年京都府議1期のあと、34年参院議員に初当選。38年以来衆院議員に10選。52年民社党副書記長兼国際局長、53年国会対策委員長、60年副委員長を経て、平成元年委員長に就任。5年引退。

【評伝】平成維新に挑む憂国の志士たち（村上薫著 紀尾井書房'90）

長勢 甚遠　ながせ・じんえん

衆院議員（自民党　富山1区）　⑤昭和18年10月3日　⑥富山県　⑦東京大学法学部（昭和41年）卒　⑧昭和41年労働省入省。秋田県産業労働部商工課長、労働大臣秘書官などを経て、59年職業安定局高齢者対策部職業対策課長、61年労働法規課長を歴任。平成2年衆院議員に当選。5期目。13年第2次森改造内閣の法務副大臣に就任。渡辺派、三塚派を経て、森派。　http://www.n-jinen.com/
【著書】新しい食品衛生法のあらまし（労務行政 '03）

永瀬 洋治　ながせ・ようじ

川口市長　⑤昭6.9.10　⑥埼玉県川口市　⑦立教大学文学部英文科（昭和29年）卒　⑧藍綬褒章（平成4年）、勲三等旭日中綬章（平成14年）　⑨川口市役所に入り、川口市議、昭和46年埼玉県議（3期）を経て、56年市長に当選、4期つとめる。平成9年引退。

中曽根 弘文　なかそね・ひろふみ

参院議員（自民党　群馬）　文相　元・科学技術庁長官　⑤昭和20年11月28日　⑥群馬県　⑦慶応義塾大学商学部（昭和43年）卒　⑧昭和58年旭化成を退職、父・中曽根康弘首相私設秘書となる。61年参院議員に当選。当選4回。平成11年10月小渕第2次改造内閣の文相、科学技術庁長官に就任。12年4月森連立内閣でも留任。16年7月参院予算委員長。渡辺派、村上・亀井派、江藤・亀井派を経て、亀井派。慶応高、大学在学中、陸上ホッケー部のセンターハーフ選手として活躍したスポーツマン。
⑩父＝中曽根康弘（首相）

仲宗根 正和　なかそね・まさかず

沖縄市長　⑤昭和11年12月1日　⑥沖縄県沖縄市胡屋　⑦沖縄国際大学卒　⑧沖縄市役所に入る。昭和48年財政課長、50年企画部参事、54年総務部長、57年福祉部長。平成元年企画部長、2年建設部長を経て、東部海浜開発局局長。10年沖縄市長に当選。2期目。

中曽根 康弘　なかそね・やすひろ

衆院議員（自民党）　首相　元・自民党総裁　世界平和研究所会長　⑤大正7年5月27日　⑥群馬県高崎市末広町　⑦東京帝国大学法学部政治学科（昭和16年）卒　⑧レジオン・ド・ヌール・グラン・フィシエ勲章、韓国修交勲章光化章（昭和58年）、大勲位菊花大綬章（平成9年）、ドイツ功績勲章大十字章（平成10年）　⑨内務事務官、警視庁監察官を経て昭和22年以来衆議院議員に20選。民主党から改進党に属し、北村徳太郎派の青年将校として吉田批判を行う。保守合同後は河野派に属す。41年同派が分裂した際、22人を率いて中曽根派を結成。34年科学技術庁長官、42年運輸相、45年防衛庁長官、47年通産相、党幹事長などの重要ポストを歴任。55年第1次鈴木内閣発足の時、行政管理庁長官を引き受け、行政改革に取り組む。57年11月の総裁予備選に圧勝して首相に就任。"戦後政治の総決算"を掲げ、外交を軸とした強いリーダーシップを背景に世論の支持を獲得、61年の衆参同日選挙では衆院304議席という空前の大勝利を獲得。任期延長を含む5年間総理をつとめ、竹下登を後継者に指名して、62年11月退任した。平成元年政権当時に起きた"リクルート事件"が発覚、竹下後継に中曽根派の宇野宗佑外相を擁立するために、5月自民党を離党、派閥も離脱。2年6月渡辺派に復帰。同年11月事実上の特使としてイラクを訪問、人質問題等の解決を話し合う。3年復党、党最高顧問となる。8年の衆院選からは比例区北関東ブロック1位で立候補。9年2月、史上4人目の議員在職50年を迎えた。同年4月史上3人目の大勲位菊花大綬章を受章。11年3月村上・亀井派入り、同年7月江藤・亀井派となる。15年10月亀井派。同月自民党が導入した73歳定年制の適用を

受け引退。在職期間は56年の長きにわたる。昭和63年より世界平和研究所会長。平成16年同研究所より中曽根康弘賞が創設された。著書に「日本のフロンティア」「修正資本主義と社会連体主義」「日本の主張」など。 ⓘ読書，水泳，俳句 ⓘ兄=中曽根吉太郎（全国木材組合連合会副会長），長男=中曽根弘文（参院議員） http://www.yatchan.com/
【著書】自省録（新潮社 '04）／論争 教育とは何か（中曾根康弘，西部邁ほか著 文芸春秋'02）／憲法大論争 改憲vs.護憲（中曽根康弘，宮沢喜一著 朝日新聞社'00）／日本人に言っておきたいこと（PHP研究所 '98）／対論 改憲・護憲（中曽根康弘，宮沢喜一著 朝日新聞社'97）／リーダーの条件（扶桑社 '97）／政治と哲学（中曽根康弘，梅原猛著 PHP研究所'96）
【評伝】平成の妖怪 大勲位・中曽根康弘（本沢二郎著 健友館'03）／中曽根内閣史〈5〉資料編（続）（世界平和研究所編 世界平和研究所'97）

永田 英太郎 ながた・えいたろう
栃木市長 ⓘ明治44年11月4日 ⓘ平成14年 ⓘ栃木県 ⓘ立大文学部（昭和10年）卒 ⓘ日本酸素勤務を経て、昭和38年永田製作所を設立し、社長に就任。54年栃木市長に当選。2期つとめ、62年引退。栃木市教育委員長も務めた。

永田 亀昭 ながた・かめあき
上山市長 ⓘ大正11年9月17日 ⓘ平成10年12月29日 ⓘ山形県上山市 ⓘ日本歯科医専卒 ⓘ昭和50年以来山形県議に2選、57年副議長を経て、58年から上山市長に4選。 ⓘ書道、盆栽観賞

中田 敬次 なかた・けいじ
加古川市長 ⓘ大正14年6月1日 ⓘ兵庫 ⓘ加古川中卒 ⓘ昭和49～61年加古川市長を3期務めた。

中田 三次郎 なかた・さんじろう
門真市長 ⓘ大正11年10月1日 ⓘ平成8年8月7日 ⓘ大阪府門真市 ⓘ三郷高小（昭和11年）卒 ⓘ勲三等瑞宝章（平成5年） ⓘ門真町議、門真市議を経て、昭和48年から市長に3選。60年6月引退。

中田 仁公 なかた・じんこう
交野市長 ⓘ昭和22年5月28日 ⓘ大阪府 ⓘ大阪府立高専卒 ⓘ交野市議、議長、市立教育文化会館長を経て、平成14年市長に当選。

中田 武雄 なかだ・たけお
いわき市長 福島県議（自民党） ⓘ大7.4.26 ⓘ福島県いわき市 ⓘ江名町立実業公民学校（昭和9年）卒 ⓘ藍綬褒章（昭和51年），勲三等瑞宝章（平成3年） ⓘ昭和29年江名町教育委員、32年磐城市議、42年福島県議（5期）、56年県会議長を経て、61年9月いわき市長に当選。平成2年引退。

中田 武志 なかだ・たけし
倉敷市長 ⓘ昭和7年9月14日 ⓘ岡山県 ⓘ専修大学商経学部卒 ⓘ倉敷市助役を経て、平成8年から市長に2選。16年落選。

永田 太三 ながた・たぞう
知立市長 ⓘ昭和19年3月11日 ⓘ愛知県 ⓘ愛知大学法学部（昭和42年）卒 ⓘ昭和45年トヨタ車体労組職場委員長。57年知立市議となり、のち議長。平成8年知立市長に当選、2期。16年引退。

中田 勤 なかた・つとむ
仙南村（秋田県）村長 ⓘ昭和7年7月24日 ⓘ平成4年7月16日 ⓘ秋田県仙北郡仙南村 ⓘ大曲農高（昭和27年）卒 ⓘ戦死した兄に代わって農業を継ぐ。仙北部連合青年会長を経て、昭和36年以来仙南村議に3選、40年32歳で村会議長。青年会活動から農民運動の闘士になり、48年神奈川県内の建設現場で起きた全国初の出稼ぎ者ストライキを指導した。

出稼組合長などを経て、53年助役、61年村長に当選。出稼ぎと若者離れの進む村で、若者中心の村おこしを期待して、平成2年公営酒場フォーラムハウスを開設。2期目在任中に亡くなった。
[趣]読書

中田 鉄治　なかた・てつじ
夕張市長　[生]大正15年4月1日　[没]平成15年9月10日　[出]秋田県秋田市　[学]夕張青年学校(昭和20年)卒　[歴]乳児の頃、両親とともに夕張市へ移り、北炭(北海道炭砿汽船)の請負の子として育つ。昭和15年拓銀夕張支店の銀行書記として入行。北炭夕張鉱業所を経て、20年市役所に入る。38年社会教育課長、42年企画室長、46年助役を経て、54年市長に当選。6期務め、平成15年引退。石炭産業の衰退により斜陽化する同市の地域振興に尽力、夕張メロンを全国ブランドとして育て上げた他、2年よりゆうばり国際ファンタスティック映画祭を開催するなどアイデア市長として知られた。
[趣]映画

永田 寿康　ながた・ひさやす
衆院議員(民主党　千葉2区)　[生]昭和44年9月2日　[出]愛知県名古屋市　[学]東京大学工学部物理学工学科(平成5年)卒
[歴]平成5年大蔵省に入省。9年運輸省出向、11年古川元久代議士秘書を経て、12年民主党から衆院議員に当選。2期目。　http://www.nagata-h.net/

中田 宏　なかだ・ひろし
横浜市長　衆院議員(無所属の会)　[生]昭和39年9月20日　[出]神奈川県横浜市
[学]青山学院大学経済学部(平成1年)卒
[歴]平成4年松下政経塾を卒業。参院議員秘書を経て、5年日本新党から衆院議員に当選、3期務める。6年新進党結成に参加。9年解党後、無所属の会を結成。14年横浜市長に立候補、政党の推薦を受けず、自民、公明、社民、保守党推薦で4選を目指した高秀秀信市長らを破り当選を果たす。同年国民の個人情報を専用回線で結び全国の自治体が共有するという住民基本台帳ネットワークシステム(住基ネット)の稼動に際し、個人情報保護法が整備されていないことと安全性に疑問があることを理由に、市民の選択制を条件に参加すると発表。
【著書】なせば成る(講談社 '03)／国会の掟(プレジデント社 '95)／新党の挑戦(ぱる出版 '94)

永田 正義　ながた・まさよし
人吉市長　[生]明治44年3月13日　[没]平成7年8月26日　[出]熊本県人吉市　[学]早稲田大学専門部政治経済科(昭和8年)卒
[賞]ベトナム金星子功労賞，勲三等瑞宝章(昭和63年)，人吉市名誉市民(平成4年)　[歴]朝日新聞記者、中野正剛秘書、ベトナム協会専務理事などを経て、昭和42年以来人吉市長に5選。62年落選。
【著書】筆つれづれ(中央法規出版 '86)

永田 良雄　ながた・よしお
参院議員(自民党)　[生]昭和6年5月5日
[没]平成10年8月22日　[出]富山県新湊市
[学]東京大学法学部(昭和29年)卒
[歴]昭和29年建設省入省。56年総括監察官、57年計画局長をつとめたのち国土庁に転じ、58年土地局長、59年官房長、60年7月事務次官を歴任。61年6月退官、参院議員に当選。当選3回。竹下派を経て、小渕派。

中台 良男　なかだい・よしお
千葉県議(自民党)　元・四街道市長
[生]昭和18年9月1日　[学]市川工卒　[歴]四街道市議、同市会議長を経て、千葉県議を2期。平成8年四街道市長に当選。12年、16年落選。

中武 重美　なかたけ・しげみ
西都市長　[生]昭和4年12月31日　[出]宮崎県西都市　[学]日本大学法学部卒　[歴]昭和29年建設省入省。41年西都市助役になった後、45年より市長を5期。平成元

年引退し、参院選に立候補したが落選。4年日本新党に入党。　釣り、ゴルフ

中谷 岸造　なかたに・きしぞう
室戸市長　昭和8年1月5日　平成12年5月14日　高知県　高知大学文理学部英文科(昭和34年)卒　昭和59年室戸市長に当選。3期目途中の平成6年10月、室戸市消防庁舎建設に絡んで収賄容疑で逮捕され辞職した。

中谷 元　なかたに・げん
衆院議員(自民党　高知2区)　防衛庁長官　昭和32年10月14日　高知県高知市　防衛大学校土木工学科(昭和55年)卒　昭和55年防衛庁に入庁。陸上自衛官、代議士秘書を経て、平成2年衆院議員に当選。平成13年小泉内閣の防衛庁長官に就任。5期目。小里グループ。著書に「翔(私の想)」「翔2(私の夢)」がある。　父=中谷健(大旺建設会長)、祖父=中谷貞頼(衆院議員)
http://www.natanigen.com/

中塚 一宏　なかつか・かずひろ
衆院議員(民主党　神奈川12区)　昭和40年4月4日　京都府京都市　京都大学工学部(平成2年)卒　平成3年代議士秘書、新進党京都府幹事、のち自由党職員を経て、12年衆院議員(比例、近畿ブロック)に当選。15年9月に民主党に合流。同年の衆院選は神奈川12区に立候補し当選。2期目。
http://www.nakatsuka-net.com/

中司 宏　なかつか・ひろし
枚方市長　昭和31年3月11日　大阪府　早稲田大学文学部(昭和54年)卒　昭和54年サンケイ新聞に入社。58年政治部記者を経て、62年4月大阪府議に当選。2期務める。平成5年衆院選に出馬。7年枚方市長に当選、3期目。

中津川 博郷　なかつがわ・ひろさと
衆院議員(民主党　比例・東京)　昭和24年4月12日　神奈川県川崎市　早稲田大学第一文学部(昭和50年)卒　昭和50年中津義塾理事長、企画印刷会社社長、平成3年江戸川区議を経て、12年衆院議員に当選。2期目。　プロレス観戦、カラオケ、将棋　http://www.giin.tv/nakatsugawa/

長妻 昭　ながつま・あきら
衆院議員(民主党　東京7区)　昭和35年6月14日　東京都練馬区　慶応義塾大学法学部法律学科(昭和59年)卒　昭和59年NECに入社。汎用コンピュータの営業に従事。平成元年日経BP社に転じ、「日経ビジネス」記者を務める。のち著述業に専念。一方、行政・企業の危機情報を収集・発信するウオッチャーズ・ネットワークを主宰。新党さきがけに入党、のち民主党に移る。12年衆院議員に当選。2期目。　キャンプ、自転車旅行、カラオケ　http://www.amy.hi-ho.ne.jp/nagatsuma/

長友 貞蔵　ながとも・ていぞう
宮崎市長　昭和5年5月28日　平成6年5月3日　宮崎県宮崎市　宮崎大学農学部(昭和28年)卒　農林省金融課長補佐を経て、昭和46年宮崎市経済部長、総務部長、助役をつとめて退職。54年宮崎県議となり、57年宮崎市長に当選。3期目の平成6年病気辞任した。　読書、登山

長友 貴樹　ながとも・よしき
調布市長　昭和27年11月23日　新潟県　慶応義塾大学法学部(昭和51年)卒　昭和51年日本貿易振興会(ジェトロ)に入会。54～56年パリ大学、マルセイユ商工会議所国際貿易センターに留学。60～63年ジェトロ・ブラッセル事務所に駐在。63年～平成3年日本貿易振興会海外調査部欧州課長代理、3～5年世界平和研究所主任研究員(欧州問

題担当)を経て、ジェトロ貿易開発促進事業課課長代理。14年調布市長に当選。著書に「ゼミナール・1992年EC市場統合」(共著)。

中西 功　なかにし・いさお
鎌倉市長　⑮昭和12年8月20日　⑰神奈川県鎌倉市　㉕上智大学法学部卒　㉘生粋の鎌倉っ子。山一証券勤務を経て、昭和39年父の経営する中西自動車に入社、41年社長に就任。51年湘南三菱自動車販売社長となる。のち、鎌倉市の行革を推進する市民の会副代表となり、60年10月行革を旗印に、共産を除く保・革・中道五党相乗りの現職を破って、鎌倉市長に当選。平成5年まで2期つとめた。湘南高時代は野球部のレギュラーで春の甲子園にも出場し、のち湘南高や上智大学の野球部監督をつとめた。
【評伝】「退職金日本一」との闘い(サンケイ新聞行革取材班, サンケイ新聞横浜総局著 サンケイ出版'87)

中西 一郎　なかにし・いちろう
参院議員(自民党)　⑮大正4年3月29日　㉖平成4年11月18日　⑰兵庫県神戸市　㉕東京帝大法学部(昭和16年)卒　㉔勲一等瑞宝章(昭和63年)　㉘昭和16年農林省に入省したが、海軍主計士官として従軍し主計大尉で終戦。21年農林省に復職。27年農林経済局経済課長、36年食糧庁業務第二部長、38年官房長、40年経済企画庁国民生活局長。47年補選で参院議員に当選し、以来4期。53年通産政務次官、55年自民党副幹事長などを歴任。58年第2次中曽根内閣では総理府総務長官、沖縄開発庁長官に就任。62年4月有機農業研究議員連盟を設立、代表世話人を務める。平成4年引退。三塚派。
【著書】地球(いのち)が危ない(新人物往来社'89)

中西 一善　なかにし・かずよし
衆院議員(自民党　東京4区)　⑮昭和39年4月19日　⑰東京都大田区大森　㉕早稲田大学政治経済学部政治学科(平成1年)卒　㉘平成9年から東京都議に2選。15年衆院議員に当選。

中西 啓介　なかにし・けいすけ
衆院議員(保守党)　防衛庁長官　⑮昭和16年2月6日　㉖平成14年1月27日　⑰和歌山県和歌山市　㉕早稲田大学政経学部経済学科(昭和40年)卒　㉘衆院議長秘書、通産大臣秘書、和歌山県肢障者連顧問を経て、昭和51年旧和歌山1区から衆院議員に当選、以来6選。自民党副幹事長、大蔵省政務次官などを歴任。小沢一郎の側近として知られ、竹下派、羽田派を経て、平成5年6月小沢らと自民党を離党し新生党結成に参加。8月細川内閣の防衛庁長官に就任するが、12月憲法発言で辞任。6年新進党結成に参加。7年議員を辞職。同年6月旧東京協和、安全の両信用組合の乱脈経営問題に絡み、衆院予算委員会で証人喚問を受けた。8年返り咲き。10年1月自由党に参加。12年保守党から立候補し落選、引退。通算7期務めた。㉗読書, 音楽鑑賞
【著書】硝子のディフェンス(光文社'94)／日本がなければ世界はこまるか(ぴいぷる社'87)
【評伝】政界再編の鍵を握る男たち(大下英治著 政界出版社'94)／21世紀を担う若き政治家たち(木下厚著 政界往来社'89)

中西 績介　なかにし・せきすけ
衆院議員(社民党)　総務庁長官　⑮大正15年2月6日　⑰福岡県田川郡香春町　㉕三重農専農学科(昭和20年)卒　㉘福岡県立築上農高、田川農林高の教諭を経て、昭和40年福岡県高教組書記長に就任。51年以来衆院議員に連続9選。平成8年橋本内閣の総務庁長官に就任。15年議員活動を引退。社民党副党首を務めた。

中西 珠子 なかにし・たまこ
参院議員（公明党） ⓑ大正8年3月19日 ⓟ京都府京都市 ⓔ津田英学塾（昭和15年）卒 ⓡ国連ハビタット賞（平成3年），勲二等瑞宝章（平成7年） ⓚILO東京支局次長、津田塾理事などを経て、昭和58年公明党から参院議員に当選。61年国連ハビタット推進議員連盟事務局長となる。2期つとめ、平成7年引退。'99女性と政治キャンペーン代表を務める。

中西 雄一 なかにし・ゆういち
釧路町（北海道）町長 ⓑ昭和3年7月8日 ⓟ北海道釧路市 ⓔ釧路中（現・釧湖陵高）卒 ⓚ釧路市役所に入所。市教委学校教育課長、市鉱工業課長などを経て昭和51年釧路村（現・釧路町）教育長に。長ぐつアイスホッケーを"町技"に育てたほか、63年公民館講座のコーラス教室から釧路湿原細岡大観望での第九コンサートを実現させるなど13余年町の教育充実のため尽力。平成2年釧路町長に当選、1期務めた。 ⓗ読書

中西 陽一 なかにし・よういち
石川県知事 ⓑ大正6年9月23日 ⓓ平成6年2月2日 ⓟ京都府京都市 ⓔ京都帝大法学部（昭和17年）卒 ⓚ昭和17年内務省に入ったが、すぐに兵役。戦後、大分県教学課長、京都府労政課長、29年自治庁市町村税課長、30年石川県総務部長を経て、36年副知事。38年知事に初当選。平成3年全国最多選の8期目に入り、4年7月知事在職最長記録（29年5ヶ月）を更新。6年2月在職中に死去、30年11ヶ月務めた。

長沼 憲彦 ながぬま・のりひこ
留萌市長 ⓑ昭和9年12月8日 ⓟ福島県河沼郡河東町 ⓔ会津高卒，北海道立農業技術講習所卒 ⓚ昭和31年北海道庁に入り、留萌支庁経済部長、同支庁長を経て、平成6年留萌市長に当選。3期目。 ⓗ山登り

中根 鎮夫 なかね・しずお
岡崎市長 ⓑ大正14年4月5日 ⓟ愛知県岡崎市 ⓔ愛知第二師範（昭和20年）中退 ⓡ藍綬褒章（昭和57年），勲三等旭日中綬章（平成13年） ⓚ昭和26年愛知県岩津町議1期、34年以来合併後の岡崎市議4期を経て、55年愛知県議2期目の時、汚職市長の退陣で初出馬し当選。建設業者の指名入札を改め一般競争入札を導入。以来5選するが、平成12年落選。 ⓗ読書，絵画

中根 康浩 なかね・やすひろ
衆院議員（民主党 比例・東海）
ⓑ昭和37年8月17日 ⓟ愛知県 ⓔ早稲田大学商学部（昭和60年）卒 ⓚ昭和63年岡崎市議などを経て、平成15年衆院議員に当選。 ⓕ父＝中根薫（愛知県議） http://www.sun-inet.or.jp/~nakayasu/

中野 明 なかの・あきら
参院議員（公明党） 衆院議員（公明党）
ⓑ大正15年1月22日 ⓓ平成8年3月8日 ⓟ大阪府大阪市 ⓔ市立扇町商（昭和18年）卒 ⓚ三菱重工水島航空機、倉敷レーヨンを経て、昭和34年倉敷市議となる。のち高知に移って公明党高知県連会長となり、42年衆院議員に当選し、2期。47年落選し、52年参院に転じる。当選2回。平成元年引退。

長野 勝明 ながの・かつあき
尾鷲市長 ⓑ大12.7.23 ⓟ三重県 ⓔ陸士（昭和20年）卒 ⓚ昭和41年尾鷲市議、45年議長を経て、47年以来市長に4選。63年引退。

中野 勝之 なかの・かつゆき
豊川市長 ⓑ昭和15年11月14日 ⓟ愛知学芸大学（現・愛知教育大学）学芸学部卒 ⓚ新聞記者、愛知県教育委員会東三河教育事務所教育主事、中学校長などを経て、平成11年豊川市長に当選。2期目。

中野 寛成　なかの・かんせい

衆院議員（民主党　大阪8区）　元・民社党書記長　⽣昭和15年11月26日　⽣長崎県長崎市　⽣関西大学法学部（昭和38年）卒　⽣在学中から民社党に入党。党大阪府連職員を経て、25歳で大阪府豊中市議になる。昭和51年衆院選以来連続10回当選。党国対委員長、政審会長などをつとめ、平成6年6月党書記長。同年12月民社党を解党して新進党結成に参加、政審会長となる。10年党解散後は新党友愛を結成、4月民主党に参加。11年1月党政調会長、14年9月党幹事長。15年11月衆院副議長。
http://www.nakanokansei.com/

中野 清　なかの・きよし

衆院議員（自民党　比例・北関東）　⽣昭和11年11月1日　⽣埼玉県　⽣明治大学政経学部（昭和33年）卒　⽣川越市議を経て、昭和58年から自民党より埼玉県議に3選。平成5年川越市長選に立候補。8年新進党から衆院議員に当選。3期目。10年1月改革クラブに参加。11年12月自民党入り。亀井派。 http://www.k-nakano.com/
【著書】中小企業を救え！（東洋経済新報社 '03）

永野 茂門　ながの・しげと

参院議員（自由党）　法相　⽣防衛論　安全保障問題　⽣大正11年6月28日　⽣大分県佐伯市　⽣陸士（第55期）（昭和16年）卒、大阪大学（昭和34年）卒　⽣勲二等旭日重光章（平成10年）　⽣昭和20年陸軍大尉で復員。26年警察予備隊入隊。32年防衛庁陸幕通信課に転じ、53年陸上幕僚長に就任。退官後、富士通常任顧問、日本戦略研究センター常務理事、国策研究会顧問などを歴任。61年7月自民党から参院議員に当選。平成2年科学技術政務次官。内外政策研究センター会長も務める。当選2回。竹下派、羽田派を経て、5年6月新生党結成に参加。6年4月羽田内閣の法相に就任するが「南京大虐殺でっち上げ」発言で問題となり、5月辞任。同年12月新進党結成に参加。10年1月自由党に参加。同年引退。⽣ゴルフ

中野 譲　なかの・じょう

衆院議員（民主党　比例・北関東）　⽣昭和42年1月7日　⽣東京都中野区　⽣明治学院大学経済学部経済学科（平成2年）卒, ドレクセル大学（米国）大学院経営学部国際経営学科（平成4年）修了M.B.A.（ドレクセル大学）　⽣NGO・国際開発援助財団カンボジア事務所代表として、東南アジア各地で開発援助に従事。平成11年末松義規衆院議員秘書を経て、15年衆院議員に当選。
http://www.joe-joe.net/

中野 四郎　なかの・しろう

衆院議員（自民党）　国土庁長官　⽣明治40年1月25日　⽣昭和60年10月21日　⽣愛知県　⽣豊山中中退　⽣勲一等旭日大綬章　⽣東京市議などを経て、昭和21年戦後初の総選挙で政界入り、愛知4区から当選13回。落選中の31〜33年は碧南市長を務めた。大平内閣で国土庁長官を務めたほか、衆院予算委員長、自民党国対委員長、党総務会長などを歴任。衆院公職選挙法改正調査特別委員長として定数是正問題に取り組んだ。

長野 士郎　ながの・しろう

岡山県知事　⽣大正6年10月2日　⽣岡山県総社市　⽣東京帝国大学政治学科（昭和16年）卒　⽣地方分権の充実　⽣勲一等旭日大綬章（平成11年）　⽣福岡県総務部長、自治大臣官房総務課など歴任し、昭和37年官房参事官、38年選挙局長、41年行政局長、44年財政局長を経て、46年自治事務次官に就任。47年に全野党共闘候補として岡山県知事選に出馬、自民党の現職知事を破って当選。当初は革新系と

いわれたが、2期目からは全党の支持を得て、6期つとめた。アイデアマンで岡山方式といわれるニューディール型の政策を次々と打ち出した。平成7年全国知事会会長。8年引退。16年回顧録「わたしの20世紀」を刊行。
⑯読書, 散歩
【著書】逐条 地方自治法(学陽書房 '95)／逐条地方自治法(学陽書房 '93)／私の海外ノート(ぎょうせい '79)
【評伝】証言 地方自治(本間義人編著 ぎょうせい '94)

長野 祐也　ながの・すけなり
衆院議員(自民党)　⑯昭和14年6月27日　⑯鹿児島県鹿児島市　⑯中央大学法学部政治学科(昭和38年)卒　⑯田中茂穂参院議員秘書、鹿児島県議を経て、昭和55年衆参同日選挙で鹿児島1区から衆院議員に当選。3期。渡辺派。57年ベルサイユサミットに自民党機関紙「自由新報」の特派員として渡仏。62年厚生政務次官。平成2年落選。7年新進党から参院選に立候補するが落選。著書に「福祉は贅沢ではない」「照る日曇る日3000日」などがある。
【著書】谺(こだま)する政治をめざして(東洋堂企画出版社 '90)／いま、厚生省の時代(東洋堂企画出版社 '88)

中野 孝則　なかの・たかのり
松原市長　⑯昭和16年12月7日　⑯大阪府　⑯大阪農芸高(昭和35年)卒　⑯昭和35年松原市役所に入所。助役を経て、平成13年市長に当選。1期目。

中野 鉄造　なかの・てつぞう
参院議員(公明党)　⑯昭和2年1月15日　⑯佐賀県佐賀市　⑯東京農業大学専門部(昭和23年)卒　⑯勲二等瑞宝章(平成9年)　⑯佐賀市議を経て、昭和55年から参院議員に2選。62年運輸委員長に就任。平成4年引退、公明党中央統制委員をつとめる。

中野 直輝　なかの・なおてる
小牧市長　中野法律事務所所長　弁護士　⑯昭和20年3月26日　⑯愛知県　⑯同志社大学法学部(昭和42年)卒　⑯昭和52年弁護士となる。小牧市女性行動計画委員、小牧市公平委員などを歴任。平成7年小牧市長に当選。3期目。

仲野 博子　なかの・ひろこ
衆院議員(民主党　比例・北海道)　⑯昭和34年3月3日　⑯青森県　⑯弘前学院大学英米文学科(昭和56年)卒　⑯中学校講師ののち、英語塾を開設。平成元年から根室市議を3期務める。12年衆院選北海道13区に民主党から立候補。15年当選。http://www7.plala.or.jp/nakano/

永野 裕貞　ながの・ひろさだ
上田市長　⑯大正11年5月21日　⑯長野県三水村　⑯上田繊維専門学校(現・信州大学繊維学部)(昭和19年)卒　⑯勲四等旭日小綬章(平成6年)　⑯長野県生活環境部長から、昭和53年上田市助役に転じ、57年から市長に3選。平成6年引退、長野大学理事長も務めた。⑯読書

中野 正志　なかの・まさし
衆院議員(自民党　比例・東北)　⑯昭和23年2月29日　⑯宮城県塩釜市　⑯東北学院大学法学部(昭和45年)卒　⑯三塚博代議士秘書、58年から宮城県議2期を経て、平成元年参院選に立候補したが落選。3年宮城県議に3選。8年衆院議員に当選。12年落選するが、15年返り咲き。2期目。無派閥。

中野渡 春雄　なかのわたり・はるお
十和田市長　⑯大正12年10月14日　⑯青森県十和田市　⑯法政大学文学部卒　⑯十和田市教育長を経て、平成10年十和田市長に当選。2期目。

長浜 博行 ながはま・ひろゆき
衆院議員(民主党 比例・南関東) [生]昭和33年10月20日 [出]東京都墨田区 [学]早稲田大学政治経済学部(昭和56年)卒 [歴]松下政経塾2期生。バンダイ、伊藤忠商事勤務を経て、ハーマン・エンタープライズ代表取締役、浦安青年会議所理事。平成5年日本新党から衆院議員に当選。6年新進党結成に参加。8年落選。12年民主党から返り咲き。通算3期目。著書に「2010年霞ケ関物語—日本の政治はこう変わる」(共編)がある。 http://www.nagahamahiroyuki.com/

中浜 元三郎 なかはま・もとさぶろう
登別市長 [生]大正12年2月4日 [出]北海道登別市 [学]東京鉄道教習所卒 [歴]国鉄勤務、登別町観光課長を経て、登別市開発部長、総務部長、助役に。54年以来登別市長に3選。63年7月市役所の汚職で助役が逮捕され辞任。 [趣]スポーツ,読書

中林 佳子 なかばやし・よしこ
衆院議員(共産党) [生]昭和20年12月2日 [出]広島県神石郡豊松村 [学]島根大学教育学部(昭和43年)卒 [歴]小学校教師を経て、昭和54年より衆院議員に2期。61年、平成8年落選。9年11月繰り上げ当選。通算4期つとめる。15年落選。 http://homepage2.nifty.com/na-yoshiko/

中原 淳 なかはら・じゅん
山鹿市長 [生]昭和2年11月10日 [出]熊本県 [学]東京大学工学部(昭和27年)卒 [歴]昭和36年鹿本製紙取締役、38年常務を経て、45年山鹿市助役となり、53年以来市長に5選。平成10年引退。

中原 爽 なかはら・そう
参院議員(自民党 比例) 元・日本歯科医師会会長 元・日本歯科大学理事長 [専]歯科学 口腔外科 歯科医師法 [生]昭和11年1月26日 [出]東京都千代田区 [学]日本歯科大学(昭和35年)卒,日本歯科大学大学院(昭和39年)修了,日本大学医学部(昭和46年)卒 歯学博士(日本歯科大学)(昭和39年);医学博士(金沢大学)(昭和49年) [歴]平成3年日本歯科医師会会長に就任。7年参院議員に当選。2期目。旧橋本派。 [趣]アマチュア無線,オーディオ [家]父=中原実(日本歯科大名誉学長),弟=中原泉(日本歯科大学学長) http://nakahara-soh.com/
【著書】“爽”のデンタル・ワーク(クインテッセンス出版 '00)

中原 刀禰 ⇒小島慶三(こじま・けいぞう)を見よ

中原 正純 なかはら・まさずみ
駒ケ根市長 [生]昭和15年9月11日 [出]長野県駒ケ根市 [学]赤穂高卒 [賞]藍綬褒章(平成10年) [歴]駒ケ根市会議長を経て、昭和63年市長に当選。5期目。

中平 一男 なかひら・かずお
窪川町(高知県)町長 [生]昭和11年11月21日 [出]高知県窪川町米奥 [学]法政大学法学部卒 [歴]東京の建築会社勤務、政治団体役員を経て、高知・窪川町小中学校PTA連絡協議会会長、高知県小中学校PTA連合会副会長などを歴任。昭和63年窪川町長に当選、2期。平成8年退任。地ビール解禁を求めて全国の同志と地ビールを実現させる会を結成し、会長に就任。地ビール実現に向けた日本マイクロブルワリー協会発起人を務め、四万十川の清流を使った地ビール造りを進めた。 [趣]スポーツ,水泳,古美術鑑賞

永松 博文 ながまつ・ひろふみ
豊後高田市長 [生]昭和14年7月3日 [学]金沢大学法文学部卒 [歴]大分県東京事務所長、商工労働観光部長を歴任。平成10年12月豊後高田市長に当選。2期目。

仲道 俊哉　なかみち・としや
参院議員(自民党)　[生]昭和4年11月25日　[出]大分県大分市　[学]大分大学学芸学部(昭和29年)卒　[賞]旭日中綬章(平成16年)　[歴]昭和53年大分大学教育学部附属中学校教頭を経て、58年から大分県議に4選。平成5年副議長をつとめた。10年参院議員に当選。16年民主党新人候補に敗れ落選。この間、10年9月三塚派を離脱し亀井グループに参加。11年3月村上・亀井派、のち江藤・亀井派を経て、亀井派。　[趣]ゴルフ，柔道，居合
http://www.d-b.ne.jp/nakamiti/

長峯 誠　ながみね・まこと
都城市長　[生]昭和44年8月2日　[出]宮崎県都城市　[学]早稲田大学卒　[資]宅地建物取引主任者　[歴]参院議員を務めた長峯基の長男。父の秘書を経て、平成7年から宮崎県議に3選。16年6選目を目指した九州最高齢(78歳)の現職を破り、35歳という全国最年少で都城市長に当選。　[家]父＝長峯基(参院議員)

長峯 基　ながみね・もとい
参院議員(自民党)　[生]昭和16年2月11日　[出]宮崎県都城市　[学]福岡大学薬学部(昭和40年)卒　[資]薬剤師　[歴]昭和54年以来宮崎県議に4選。平成2年副議長をつとめた。7年参院議員に当選。13年は公認が得られず無所属から出馬して落選。
[家]長男＝長峯誠(都城市長)

中村 哲　なかむら・あきら
参院議員(社会党)　法政大学名誉教授　評論家　[専]憲法　政治学　民族学　[生]明治45年2月4日　[没]平成15年8月10日　[出]東京　[学]東京帝国大学法学部政治学科(昭和9年)卒　法学博士(昭和35年)
[歴]昭和21年法政大学教授となり43〜58年総長。学園紛争の際、自ら会見に臨むなど大学の自治を守るため尽力。平和憲法擁護にも熱心で、58年参院比例区に社会党から当選、1期務めた。また「現代用語の基礎知識」創刊以来、執筆者として長く執筆に携わった。著書は「知識階級の政治的立場」「柳田国男の思想」「わが学芸の先人たち」など多数。
[団]日本政治学会，公法学会　[趣]洋画

【著書】宇宙神話と君主権力の起源(法政大学出版局 '01)／歴史はどう教えられているか(日本放送出版協会 '95)

中村 敦夫　なかむら・あつお
参院議員(無所属)　みどりの会議代表委員　俳優　作家　脚本家　情報番組キャスター　[専]映画　演劇　環境　政治　行政　[生]昭和15年2月18日　[出]東京都豊島区要町　本名＝中村敦雄　[学]東京外国語大学マレー・オランダ語科(昭和35年)中退，俳優座養成所(第12期生)(昭和38年)卒　[歴]昭和37年俳優座に入団。39年東西演劇技術交換留学生としてハワイ大学で9ケ月学び、その後米国を放浪旅行する。劇団では役者としてよりも翻訳、評論などの活動で認められていた。46年退団。47年連続テレビドラマ「木枯し紋次郎」でニヒルな渡世人・紋次郎を好演し、一躍脚光を浴びる。59〜63年3月のTBS「中村敦夫の地球発22時」では国際的感覚あふれるキャスターぶりで注目を集めた。平成7年新党さきがけ公認で参院選東京選挙区に立候補したが落選。8年政治と市民の橋渡しを目指すメッセージ演劇を掲げたアマチュア劇団・東京クラブを結成、「RATS-霞ケ関のドブねずみ」で旗揚げ公演をする。10年再び新党さきがけの推薦で参院選東京選挙区に立候補し、当選。同年10月一人で新党、国民会議を旗揚げする。12年武村正義代表の衆院選落選により、さきがけ(現・みどりの会議)代表に就任。16年参院選比例区に立候補するが落選。みどりの会議は議席を確保することができなかった。同年政界を引退。
[趣]競輪

【著書】さらば、欲望の国(近代文芸社 '04)／国会物語(晩声社 '00)／政治家になろう！(日本短波放送 '99)

中村 巌　なかむら・いわお
衆院議員（公明党）　⑮昭和9年7月30日　⑰平成9年12月15日　⑱東京都大田区　⑲早稲田大学法学部（昭和33年）卒　⑳東京地裁調停委員などを経て、昭和58年から衆院議員に3選。平成5年引退。

中村 鋭一　なかむら・えいいち
衆院議員（保守党）　タレント　⑮昭和5年1月22日　⑱滋賀県栗太郡金勝村　⑲同志社大学商学部（昭和28年）卒　⑳勲二等瑞宝章（平成12年）　⑳大学卒業後、朝日放送アナウンサーとなって人気を得る。昭和52年参院選に立候補したが落選。55年の参院選で当選したが、61年西川きよしとの競合で落選した。平成元年再び参院選に立候補し、当選。連合副代表を経て、6年代表。同年11月代表を辞任、12月離党し、新進党結成に参加。8年衆院議員に当選。10年1月自由党、12年保守党に参加。同年落選し、タレント活動を開始する。

仲村 和平　なかむら・かずひら
八千代市長　⑮昭和11年12月1日　⑰平成14年9月1日　⑱千葉県八千代市　⑲佐倉一高卒　⑳藍綬褒章（平成5年）　⑳千葉県・八千代町議2期、八千代市議1期を経て、昭和46年以来市長に6選。平成7年落選。8年衆院選に立候補するが落選。

中村 勝人　なかむら・かつと
宇部市長　⑮昭和2年6月27日　⑱山口県宇部市　⑲宇部工専卒　⑳勲五等瑞宝章（平成11年）　⑳小野田市の炭鉱に1年間勤めた後、昭和25年東岐村役場に入る。29年宇部市に合併後、企画調整部次長、市民部長を経て、60年10月常勤監査委員。62年から宇部市長に2選。平成5年リコール請求に対して辞職。

中村 克巳　なかむら・かつみ
常滑市長　⑮昭和5年3月2日　⑰平成12年2月5日　⑱愛知県　⑲愛知県立商卒　⑳昭和22年愛知県の常滑町役場に入る。29年常滑市に合併。45年市民課長、49年市民病院事務局長、53年総務部長、54年助役。62年市長に当選、2期。平成3年業務上横領と受託収賄で逮捕され、辞任。　⑳観劇，読書

中村 亨三　なかむら・きょうぞう
十和田市長　⑮大6.6.22　⑱茨城県猿島郡境町　⑲海兵(67期)(昭和14年)卒　⑳勲四等旭日小綬章（平成5年）　⑳十和田市収入役、助役、青森県教育委員を経て、昭和43年から十和田市長に6選。平成4年落選。　㊟父＝中村喜四郎（1代目）（参院議員），母＝中村登美（参院議員）

中村 功一　なかむら・こういち
八日市市長　⑮昭和7年3月10日　⑱滋賀県八日市市　⑲神愛高（現・八日市高）卒　⑳滋賀県企画部水政室長、県議会事務局長、農林部長、県政策監などを経て、八日市市助役。平成6年八日市市長に当選。3期目。　⑳ゴルフ

中村 茂　なかむら・しげる
衆院議員（社会党）　⑮大正9年11月9日　⑱長野県上田市　⑲名古屋通信講習所卒　⑳勲二等旭日重光章（平成3年）　⑳昭和13年上田郵便局に入り、全逓労組上田支部長、長野地区本部執行委員書記長を経て、32年社会党入党。全逓信越地本委員長を経て、47年以来長野2区から衆院議員に当選6回。平成2年引退。

中村 重光　なかむら・じゅうこう
衆院議員（社会党）　⑮明治43年9月24日　⑰平成10年9月5日　⑱長崎県平戸市　⑲高小卒　⑳勲一等瑞宝章（昭和62年）　⑳長崎市議、長崎県議を経て、昭和35年以来衆院議員に9選。科学技術特別委員長などをつとめ、61年6月一時引退。62年4月長崎市長選に立候補したが落選。

中村 淳治 なかむら・じゅんじ
黒石市長 [生]昭5.4.23 [出]青森県 [学]明治薬専(昭和26年)卒 [歴]黒石市議2期を経て、昭和49年黒石市長に当選、3期。61年、平成14年落選。10年青森県補議選に立候補。

中村 正三郎 なかむら・しょうざぶろう
衆院議員(自民党 比例・南関東) 法相 環境庁長官 [生]昭和9年7月18日 [出]東京 [学]慶応義塾大学法学部(昭和32年)卒 [歴]昭和32年富士製鉄入社。35年父の衆院議員中村庸一郎秘書、桜金属工業、日東交通各社長を経て、54年以来衆院議員に9選。大蔵委員長などを歴任。平成3年宮沢内閣の環境庁長官、10年小渕内閣の法相、11年小渕改造内閣でも留任。同年3月米国人俳優、アーノルド・シュワルツェネッガーの入国関係書類私蔵疑惑などで国会が混乱したとして辞任。三塚派を経て、森派。政界でも有数の資産家。 [趣]ヨット，スキューバダイビング，スキー，スノーボード [家]父＝中村庸一郎(衆院議員)

仲村 正治 なかむら・せいじ
衆院議員(自民党 比例・九州) [生]昭和6年9月6日 [出]沖縄県那覇市字栄原 [学]那覇高(昭和24年)卒 [歴]昭和30年沖縄砂糖産業常務、44年那覇市議2期、51年沖縄県議2期を経て、58年自民党から衆院議員に当選。61年落選、平成2年再選。竹下派、羽田派、5年新生党を経て、6年新進党結成に参加。9年離党し、自民党に復帰。旧小渕派を経て、旧橋本派。13年第2次森改造内閣で内閣副大臣となり、同年5月小泉内閣でも再任。15年は比例区九州ブロックに名簿3位で当選。当選6回。 [趣]園芸，ゴルフ
http://nakamura-seiji.com/

中村 佑 なかむら・たすく
伊予市長 [生]昭和11年1月25日 [出]愛媛県 [学]愛媛大学農学部卒 [歴]伊予市議を経て、平成10年市長に当選。

中村 直 なかむら・ただし
岩手県知事 衆院議員(自民党) [生]大正1年11月27日 [没]平成8年8月3日 [出]岩手県紫波郡紫波町 [学]盛岡農学校(昭和5年)卒 [賞]勲二等旭日重光章(平成4年) [歴]昭和13年岩手県庁に入る。25年医療局次長、30年総務部次長、35年医療局長、38年総務部長、42年副知事を歴任。49年退任後、岩手銀行専務を経て、51年衆院議員に当選。54年岩手県知事に転じ、3期つとめた。平成3年引退。

中村 太郎 なかむら・たろう
参院議員(自民党) 労相 [生]大正7年1月2日 [出]山梨県東山梨郡勝沼町 [学]早稲田大学法学部(昭和16年)卒 [賞]勲一等瑞宝章(平成4年) [歴]家業の運送業から、昭和34年以来山梨県議4期を経て、49年から参院議員に3選。62年竹下内閣の労相に就任。平成元年参院税制等特別委員長、3年予算委員長。4年引退。竹下派。

中村 太郎 なかむら・たろう
別府市長 [生]昭和15年5月16日 [出]大分県 [学]早稲田大学政経学部(昭和38年)卒，早稲田大学大学院政治学研究科(昭和40年)修士課程修了，クレアモント大学大学院(米国)修了 [歴]昭和32年大分県初のAFS留学生として渡米、33年セントラルスクウェアー高を卒業。43年読売新聞東京本社編集部記者、50年より大分県議を2期務め、58年中村呉服店社長に就任。62年4月別府市長に当選、2期。平成7年、11年落選。12年衆院選に立候補。 [趣]読書，登山
【著書】青年市長の挑戦(九州青年市長会編著 ぎょうせい'90)
【評伝】青年よ故郷(ふるさと)に帰って市長になろう(全国青年市長会編 読売新聞社'94)

中村 哲治　なかむら・てつじ
衆院議員(民主党　奈良2区)　[生]昭和46年7月24日　[出]奈良県生駒市　[学]京都大学法学部(平成11年)卒　[歴]海野徹参院議員秘書を経て、平成12年民主党から衆院選比例区に当選。15年は奈良2区で当選。2期目。メールマガジン「国会からの手紙」を発行。　[趣]水泳，読書，インターネット　http://tetsu-chan.com

中村 晃生　なかむら・てるお
大川市長　[生]昭22.3.23　[出]福岡県　[学]東京大学法学部卒　[歴]昭和47年田中六助代議士秘書になる。その後読売新聞の記者に転身するが、53年代議士秘書に復帰。田中代議士が官房長官、通産大臣と内閣の要職に座るとともにその秘書を務める。59年大川市長選に初当選し、2期。平成元年辞任し、2年及び5年衆院選に立候補。
【著書】悪政に憤怒を燃やせ(政界往来社 '89)

中村 照人　なかむら・てるひと
山梨市長　[生]昭和24年10月1日　[出]山梨県　[学]山梨大学工学部卒　[歴]代議士秘書、日本青年会議所山梨ブロック協教育委員長を経て、昭和62年4月より山梨県議に4選。平成14年山梨市長に当選。

中村 時雄　なかむら・ときお
衆院議員(民社党)　松山市長　[生]大正4年6月12日　[没]平成13年3月20日　[出]愛媛県松山市　[学]北京大学農学院(昭和18年)卒　[賞]勲二等旭日重光章(平成3年)　[歴]松山商業を中退し、ブラジルへ単身で移民。間もなく帰国、中国で現地応召される。農林省食糧対策本部嘱託、農相秘書官を経て、昭和28年から衆院議員(社会、民社)に5回当選。50年から松山市長を4期務め、行政改革を実施、市財政を立て直した。60年～平成3年全国市長会長を務めた。　[趣]読書，映画　[家]長男=中村時広(松山市長)

中村 時広　なかむら・ときひろ
松山市長　衆院議員(新進党)　[生]昭和35年1月25日　[出]愛媛県松山市　[学]慶応義塾大学法学部卒　[歴]三菱商事に勤務し、昭和62年自民党から愛媛県議に当選。平成2年衆院選に立候補。5年日本新党に転じ、衆院議員に当選。6年新進党結成に参加。8年落選。11年無所属で松山市長に当選。2期目。　[趣]バドミントン，野球，読書　[家]父=中村時雄(衆院議員)

中村 寿文　なかむら・としふみ
八戸市長　[生]昭和14年8月4日　[出]青森県十和田市　[学]慶応義塾大学法学部(昭和38年)卒　[歴]昭和58年から青森県議に5選。旧新進党県連政調会長を務めた。平成10年副議長。13年八戸市長に当選。[趣]読書，山歩き

中村 教彰　なかむら・のりあき
白井市長　[生]昭和22年6月29日　[出]千葉県印旛郡白井町(現・白井市)　[学]国学院大学法学部卒　[歴]白井町議を2期務めた後、平成8年から同町長に2選。前町長時代の環境都市宣言を受け、10年全国の自治体で初めて環境ISO・14001を取得した。13年4月市政施行により初代白井市長となる。2期目。一方、仕事の傍ら、順天堂大学の島内憲夫健康社会学研究室の研究生として学究生活を送る。

中村 博彦　なかむら・ひろひこ
参院議員(自民党　比例)　[生]昭和18年1月29日　[出]徳島県麻植郡川島町　[学]徳島大学学芸学部(昭和40年)卒　[歴]城北高校教諭などを経て、丸豊保険サービス、ティビィケイ各社長を務める。昭和62年徳島県議に当選。平成2年衆院選に立候補。また、社会福祉法人・健祥会を設立、特別養護老人ホーム、介護福祉士養成専門学校を運営。11年全国老人福祉施設協議会会長、12年小渕首相の諮問機関・社会保障構造のあり方につ

いて考える有識者会議メンバーとなる。16年参院選比例区に自民党から当選。

中村 正男 なかむら・まさお
衆院議員(民主党) [生]昭和6年8月17日 [出]大阪府大阪市生野区 [学]西野田工(昭和28年)卒 [賞]勲二等瑞宝章(平成13年) [歴]昭和27年松下電器入社。40年労組本部中執、47年副委員長、49年電機労連副委員長、51年組織局長、55年政策企画局長を経て、58年社会党から衆院議員に当選。平成8年社民党を経て、民主党に参加。4期。同年引退。 [趣]スポーツ，野球

中村 正雄 なかむら・まさお
衆院議員(民社党) [生]大正3年2月13日 [没]平成14年4月4日 [出]岡山県総社市 [学]関西大学専門部法科(昭和11年)卒 [賞]勲一等旭日大綬章(昭和62年) [歴]国鉄に入り、戦後国鉄労組を結成。昭和22年旧社会党から大阪2区で参院議員に当選、4期。35年民社党結成に参加。党副書記長、副委員長、常任顧問など歴任。51年衆院議員に転じ、5期つとめ、平成2年引退した。

中村 稔 なかむら・みのる
福知山市長 [生]昭和3年10月17日 [没]平成16年11月23日 [出]京都府 [学]福知山工専(現・京都短期大学)(昭和23年)卒 [歴]昭和23年福知山市役所に入り、福知山市秘書室長などを経て、52年から4期13年同市助役を務める。平成2年福知山市長に当選。4期目途中の16年5月健康上の理由により辞任、11月死去した。 [趣]音楽

中村 靖 なかむら・やすし
衆院議員(自民党) [生]昭和7年2月27日 [出]東京都豊島区 [学]早稲田大学法学部(昭和31年)卒 [賞]勲二等旭日重光章(平成14年) [歴]父の秘書を経て、昭和51年衆院議員に当選。当選5回。旧渡辺派。文教委員長などを歴任。平成2年、5年、8年落選。著書に「近代道路技術」など。 [家]父＝中村梅吉(衆院議長)

中村 芳二郎 なかむら・よしじろう
松江市長 [生]大正10年12月22日 [没]平成12年9月20日 [出]島根県松江市 [学]神戸高商(昭和16年)卒 [賞]勲三等瑞宝章(平成4年)，松江市名誉市民 [歴]昭和22年島根県庁に入り、41年観光課長、44年教育次長、48年企画調整室長、50年教育長を歴任。52年以来松江市長に3選し、平成元年引退。

中村 力 なかむら・りき
衆院議員(自民党) [生]昭和37年1月19日 [出]岩手県盛岡市 [学]東京大学法学部(昭和61年)卒 [歴]郵政省官房文書課審議室主査を経て、平成5年自民党から衆院議員に当選。8年、12年無所属で立候補するが落選。10年参院選岩手選挙区に立候補。15年衆院選に自民党から立候補するが落選。 [家]父＝中村功(銀河高原社長・東日本ハウス会長)

中村 隆象 なかむら・りゅうぞう
古賀市長 [生]昭和23年7月9日 [出]福岡県 [学]東京大学経済学部卒 [歴]新日本製鉄に入社。古賀支店次長などを経て、平成10年古賀市長に当選。2期目。

中本 幸一 なかもと・こういち
生駒市長 [生]昭和11年11月2日 [出]奈良県 [学]近畿大学短期大学部商経科(昭和33年)卒 [賞]藍綬褒章(平成5年) [歴]昭和42年から生駒市議5期、62年から奈良県議2期を経て、平成6年生駒市長に当選。3期目。幸誠会長も務める。 [趣]ゴルフ

中本 重夫 なかもと・しげお
有田市長 [生]大正8年2月19日 [没]平成11年6月7日 [出]和歌山県 [学]海軍砲術学校卒 [賞]勲三等瑞宝章(平成7年) [歴]有田市議を経て、昭和42年から和歌山県議を2期つとめ、48年以来有田市長に6選。平成9年引退。

中本 太衛 なかもと・たえい
衆院議員（自民党）　㊉昭和40年7月26日　㊋広島県　㊌上智大学文学部哲学科（平成1年）卒　㊍平成元年～6年松下政経塾を経て、12年衆院選比例区に当選。1期務めた。15年落選。橋本派。
http://www.dab.hi-ho.ne.jp/taei/index.htm

仲本 景美 なかもと・まさよし
具志川市長　㊉昭和6年10月10日　㊋沖縄県　㊌前原高卒　㊍勲五等双光旭日章（平成14年）　㊎具志川市議、議長などを経て、平成6年具志川市長に当選、1期つとめる。10年落選。

中屋 一博 なかや・かずひろ
滑川市長　㊉昭和22年4月3日　㊋富山県滑川市　㊌滑川高卒　㊍滑川市議、議長などを経て、平成14年滑川市長に当選。　㊎弓道、読書

長屋 実 ながや・みのる
板取村（岐阜県）村長　㊉昭和2年9月23日　㊋岐阜県　㊌高小卒　㊍昭和30年から岐阜県板取村議を務め、46年村長に当選。5期。キャンプ地・板取スイス村として知られる同村に"自然と冒険スポーツ村"を開くなど、アイデア村長として知られた。　㊎読書，錦鯉鑑賞

中谷 良作 なかや・りょうさく
天竜市長　㊉昭和7年6月2日　㊋静岡県天竜市　㊌光明中卒　㊍昭和27年旧光明村役場に入り、旧二俣町役場を経て、天竜市職員。福祉事務所長、秘書課長、総務部長、平成元年助役、4年天竜市長に当選。4期目。

長安 豊 ながやす・たかし
衆院議員（民主党　大阪19区）　㊉昭和43年9月5日　㊋大阪府泉佐野市　㊌東京大学工学部（平成3年）卒　㊍三井物産社員を経て、平成15年保守新党の松浪健四郎代議士を破り、衆院議員に当選。1期目。　http://www.nagayasu.ne.jp/

中山 太郎 なかやま・たろう
衆院議員（自民党　大阪18区）　外相　㊉大正13年8月27日　㊋大阪府　㊌大阪高等医専（現・大阪医科大学）（昭和27年）卒　医学博士（昭和35年）　㊍スウェーデン北極星勲章コマンデール大十字V章（平成6年），勲一等旭日大綬章（平成9年）　㊎元小児科医。おしどり議員といわれた福蔵、マサ夫妻の長男。昭和30年より大阪府議に4選、43年より参院に3選。46年労働政務次官、54年参院議運委員長、55年鈴木内閣総理府総務長官、沖縄開発庁長官、58年自民党参院幹事長。合理的精神のアイデアマンといわれ、総務長官時代には日本学術会議の改革に着手、59年には超党派の集まり"参議院を考える会"の座長として、参院改革の提言をまとめた。61年辞職して、衆院議員に転じる。平成元年海部内閣の外相に就任。また科学通でも知られ、脳死・生命倫理・臓器移植問題調査会長を務める。9年臓器移植法の成立にかかわる。10年三塚派を離脱。12年1月憲法調査会会長。6期目。著書に「一億総背番号」「おまささん」など。　㊎ゴルフ，絵画，園芸　㊏父＝中山福蔵（参院議員），母＝中山マサ（衆院議員・厚生大臣），弟＝中山正暉（衆院議員）
http://www.taro-nakayama.com/
【著書】世界は「憲法前文」をどう作っているか（ティビーエス・ブリタニカ '01）／日本があぶない（ティビーエス・ブリタニカ '95）／二つの敗戦国家（読売新聞社 '95）／国際医療協力（サイマル出版会 '93）／脳死と臓器移植（サイマル出版会 '89）／これからの日本―四つの課題（中山太郎，梅棹忠夫編　サイマル出版会 '81）／脱石油時代の科学戦略（サイマル出版会 '80）

なかや

中山 千夏 なかやま・ちなつ
参院議員(無党派市民連合) 作家 タレント ⓑ昭和23年7月13日 ⓞ熊本県山鹿市 本名=前田千夏 ⓔ麹町女子学園高等部卒 ⓟ日本文芸大賞(特別賞、第1回)(昭和56年)、月間最優秀外国フィクション賞(イギリス)(平成2年) ⓗ女優、歌手、テレビタレント、司会者として活躍。小説でも注目され、「子役の時間」「羽音」などで第81回から連続3回直木賞候補に。52年市民の政治参加を旗印として発足した革新自由連合に参加、代表となる(58年解散)。55年参院選に出馬し全国区第5位で当選。58年の参院比例区では無党派市民連合を結成し戦ったが当選者ゼロの完敗に終わる。61年参院東京地方区に出馬して落選。月刊誌「地球通信」編集長。他の著書に「国会積木くずし」「ドント式がやってきた」「偏見自在」「ヒットラーでも死刑にしないの?」や訳書「古事記伝」など。 ⓐ死刑をなくす女の会(代表)
【著書】国会という所(岩波書店 '86)

中山 利生 なかやま・としお
衆院議員(自民党) 防衛庁長官 ⓑ大正14年3月16日 ⓓ平成16年9月30日 ⓞ茨城県 ⓔ日本大学法文学部卒 ⓟ勲一等旭日大綬章(平成10年) ⓗ茨城県青年会議所副議長を経て、昭和44年から衆院議員9期。50年法務政務次官、51年自治政務次官、56年衆院地方行政常任委員長、のち公選法特別委員長を歴任。平成4年宮沢改造内閣の防衛庁長官に就任。12年比例区北関東ブロックから当選。竹下派、旧小渕派を経て、橋本派。15年引退。 ⓣ囲碁, ゴルフ

中山 成彬 なかやま・なりあき
衆院議員(自民党 宮崎1区) 文部科学相 ⓑ昭和18年6月7日 ⓞ宮崎県小林市 本名=中山成章 ⓔ東京大学法学部(昭和41年)卒 ⓗ大蔵省に入り、税務署長、世界銀行職員、大蔵省官房企画官、東海財務局長を経て、昭和61年衆院議員に当選。通算5期目。平成13年第2次森改造内閣の経済産業副大臣に就任。16年第2次小泉改造内閣の文部科学相に就任。三塚派を経て、森派。
ⓕ妻=中山恭子(内閣官房参与)
http://www.nakayamanariaki.com/

中山 弘子 なかやま・ひろこ
新宿区(東京都)区長 ⓑ昭和20年2月6日 ⓞ群馬県 ⓔ日本女子大学文学部卒 ⓗ昭和42年東京都庁に入る。労働、福祉、衛生、消費生活など幅広い畑を歩き、清掃局作業部長、人事委事務局長、監査事務局長などを歴任。平成14年新宿区長に当選、東京23区初の女性区長となる。

中山 正暉 なかやま・まさあき
衆院議員(自民党) 建設相 国土庁長官 ⓑ昭和7年6月14日 ⓞ大阪府大阪市西区西長堀 号=中山衆星 ⓔ中央大学法学部(昭和30年)卒 ⓟ勲一等旭日大綬章(平成14年) ⓗ大学卒業と同時に衆院議員をしていた母・マサの秘書に。昭和38年から大阪市議を2期つとめ、44年以来衆院議員当選11回。49年労働政務次官、51年厚生政務次官、自民党国対副委員長、56年衆院外務常任委員長、58年衆院公選法改正調査特別委員長、62年竹下内閣の郵政相を歴任。平成7年11月辞任した江藤隆美総務庁長官の後任となる。11年10月小渕第2次改造内閣の建設相、国土庁長官に就任。12年4月森連立内閣でも留任。渡辺派を経て、村上・亀井派、同年7月江藤・亀井派。15年引退。 ⓣ写真, 8ミリ映画, 俳句, 居合道(3段) ⓕ父=中山福蔵(参議院議員)、母=中山マサ(衆院議員・厚生大臣)、兄=中山太郎(衆院議員)、長男=中山泰秀(衆院議員)
【評伝】藤原弘達のグリーン放談〈3〉熱慮断行(藤原弘達編 藤原弘達著作刊行会'86)

中山 泰　なかやま・やすし

京丹後市長　⊕昭和35年1月16日　⊕京都府京丹後市峰山町　⊕京都大学経済学部（昭和60年）卒　⊕昭和60年総務庁に入庁。平成3年から行政管理局で個人情報保護法の施行、第3次行革審証券問題審議の運営に携わり、のち行政手続法の立案、施行に参画。13年1月経済産業省製造産業局企画官、のち内閣府総合規制改革会議事務室次長。16年3月退官。同年5月旧丹後6町の合併により新たに発足した京丹後市の初代市長に当選。共著に「知っておきたい行政手続法―公正で透明な行政手続の確立のために」がある。
【著書】知っておきたい行政手続法（仲正、中山泰共著　大蔵省印刷局'97）／知っておきたい行政手続法（仲正、中山泰共著　大蔵省印刷局'96）／知っておきたい行政手続法（仲正、中山泰共著　大蔵省印刷局'95）

中山 泰秀　なかやま・やすひで

衆院議員（自民党　比例・近畿）　⊕昭和45年10月14日　⊕大阪府大阪市北区　⊕成城大学法学部法律学科（平成5年）卒　⊕電通勤務、父である中山正暉衆院議員秘書を経て、平成8年25歳で衆院選に出馬。15年衆院議員に当選。1期目。　⊕父＝中山正暉（衆院議員）、祖父＝中山福蔵（参院議員）、祖母＝中山マサ（衆院議員）　http://www.iloveosaka.jp/

中山 与志夫　なかやま・よしお

朝日村（新潟県）村長　⊕明治44年12月9日　⊕平成13年1月10日　⊕新潟県　⊕国学院附属高等師範卒　⊕吉川英治文化賞（平6年度）　⊕中学校教師、新潟県議を経て、昭和33年から同県朝日村村長を通算10期務めた。県内6町村に呼びかけて"ニイガタ首長国連邦"をつくり、ふるさと指向の都会人に特産品の発送や観光イベントの企画をし、地域振興を図った。また約150年の伝統を持つ郷土芸能・大須戸能の保存・継承に貢献し、平成6年度吉川英治文化賞を受賞した。全国最高齢の自治体首長だった。

中山 義活　なかやま・よしかつ

衆院議員（民主党　東京2区）　⊕昭和20年2月13日　⊕東京都台東区　⊕東京教育大学（現・筑波大学）体育学部（昭和42年）卒　⊕昭和54年以来台東区議3期を経て、平成5年無所属で東京都議に当選、2期務めた。11年4月衆院補選に当選、3期目。自民党、新進党を経て、民社党に所属。　http://www3.ocn.ne.jp/~yosikatu/

永吉 大洋　ながよし・だいよう

中川町（北海道）町長　⊕昭和20年10月10日　⊕北海道中川町　⊕早稲田大学卒　⊕新聞記者、建設会社社長を経て、平成11年中川町長に当選、1期。町の自然を3泊4日で専門家に学ぶ"森の学校"や、町のシンボルである天塩川の解氷日時をぴたりと当てた人に100万円を送るクイズを実施するなど、過疎の町の発信に努める。

永礼 達造　ながれ・たつぞう

津山市長　岡山県議　⊕大正9年5月1日　⊕平成8年4月5日　⊕岡山県津山市　⊕中道高小（昭和10年）卒　⊕昭和26年津山市議2期、34年岡山県議5期を経て、58年津山市長。3期。平成7年引退。

名倉 隆　なぐら・たかし

鳩ケ谷市長　⊕昭和20年8月16日　⊕埼玉県鳩ケ谷市　⊕川口工卒　⊕鳩ケ谷市議を4期務め、平成2年9月鳩ケ谷市長に当選。4期目。

那須 正男　なす・まさお

東根市長　⊕明41.4.7　⊕山形県　⊕尾花沢町立実業（昭和2年）卒　⊕勲三等瑞宝章（平成3年）　⊕昭和22年東根町議、33年東根市議、44年副議長、46年議長を経て、57年東根市長に当選。61年無投票で再選された。平成2年引退。

那谷屋 正義　なたにや・まさよし
参院議員(民主党　比例)　[生]昭和32年8月3日　[出]神奈川県　[学]横浜国立大学教育学部(昭和57年)卒　[歴]昭和57年以来横浜市内の小学校で教師を務める。平成12年横浜市教組書記長を経て、15年日教組教育政策委員会委員長。16年参院選比例区に民主党から当選。
http://www.nataniya.com/

夏目 忠雄　なつめ・ただお
参院議員(自民党)　[生]明治41年9月8日　[没]平成9年9月30日　[出]長野県長野市　[学]東京帝大法学部(昭和7年)卒　[歴]昭和9年副参事官として満州吉林省に赴任、14年満州国経済部参事官として帰国。戦後、日本水道社長を経て、30年長野県議(2期)、37年長野市長(3期)を歴任。49年参院議員に長野地方区(当時)から当選。無派閥で通し、56年参院本会議でただ1人予算案に反対票を投じた。2期つとめ、61年引退。

七尾 晶一朗　ななお・しょういちろう
氷見市長　[生]昭和11年8月18日　[没]平成10年10月　[出]富山県　[学]明治大学商学部(昭和34年)卒　[賞]藍綬褒章(平成8年)　[歴]氷見市議1期、富山県議3期を経て、平成2年氷見市長に当選、2期つとめた。10年引退した。

何川 一幸　なにかわ・かずゆき
上天草市長　[生]昭和22年1月13日　[学]九州学院高卒　[歴]大矢野町長に3選。平成16年4月同町が近隣3町と合併して新たに発足した上天草市の初代市長に当選。熊本県栽培漁業協会理事を務める。

並木 心　なみき・しん
羽村市長　[生]昭和19年8月7日　[出]東京都　[学]日本社会事業大学卒　[歴]羽村市議、議長を経て、平成13年羽村市長に当選。

並木 正芳　なみき・まさよし
衆院議員(改革クラブ)　[生]昭和24年5月19日　[出]埼玉県所沢市　[学]埼玉大学教養学部(昭和48年)卒　[歴]所沢市議、市会議長を経て、平成3年自民党から埼玉県議に当選、2期。8年新進党から衆院議員に当選。10年1月改革クラブに参加。12年、15年落選。

並里 安博　なみさと・やすひろ
本部町(沖縄県)町長　[生]昭和4年5月19日　[没]昭和63年5月10日　[出]沖縄県国頭郡本部町　[学]北部農林卒　[賞]沖縄県観光功労賞(昭和62年)　[歴]昭和37年産業課長として本部町役場入り。45～61年4期16年町長を務め、この間北部市町村長会会長、県町村会会長などを歴任。本部八重岳桜祭りの並木植栽、沖縄国際海洋博覧会の誘致などを手掛けた。

楢崎 欣弥　ならざき・きんや
衆院議員(民主党　比例・九州)　[生]昭和18年8月19日　[出]福岡県福岡市　[学]日本大学法学部政治経済学科(昭和41年)卒　[歴]昭和41年農用地開発公団(現・農用地整備公団)に入社。53年父・弥之助元衆院議員の事務所に転じ秘書を務める。平成8年衆院議員に立候補したが落選。12年再出馬し当選。2期目。　[趣]釣り，ゴルフ，読書，ボート　[家]父＝楢崎弥之助(衆院議員)　http://www.kinya.net/

楢崎 泰昌　ならさき・やすまさ
参院議員(自民党)　[生]昭和3年9月9日　[出]東京　[学]東京大学法学部(昭和28年)卒　[歴]池田首相秘書官、防衛庁会計課長を経て、昭和52年名古屋国税局長。53年総理大臣官房参事、55年大蔵省理財局次長、56年北海道開発庁総務監理官を歴任後、60年事務次官に就任。62年1月退官。10月から63年3月まで北海道東北開発公庫副総裁をつとめた。平成元年参院選比例区に自民党から立候補

したが落選し、4年に当選。10年落選。宮沢派。　囲碁, ゴルフ

楢崎 弥之助　ならざき・やのすけ
衆院議員（自由連合）　大正9年4月11日　福岡県福岡市博多区中呉服町　九州帝国大学法文学部法科（昭和20年）卒　勲一等旭日大綬章（平成5年）　福岡市博多区にある老舗の呉服商の二男として生まれ、旧制の修猷館中、福岡高、九州大学で学んだ生粋の博多育ち。"部落解放の父"の松本治一郎に師事し、昭和20年日本社会党結党に参加。35年衆院議員に初当選。52年同党左派との路線問題で社会党を離党し、田英夫らと社会民主連合を結党、53年書記長に就任。58年12月の衆院選で落選後、同年9月の福岡市長選にも敗れたが、61年の総選挙で衆院議員に再選。平成6年社民連の解党で無所属となり、同年12月自由連合に参加。11期務め、8年引退。安保・防衛問題や汚職事件追及などで"国会の爆弾男"として知られ、51年の"リクルート事件"では会社側のもみ消し工作を告発した。
息子＝楢崎欣弥（衆院議員）
【著書】政界の悪を斬る！（日本文芸社 '97）／楢崎弥之助の爆弾質問覚書き（学陽書房 '79）

成相 善十　なりあい・ぜんじゅう
参院議員（自民党）　大正4年12月4日　平成10年11月10日　島根県出雲市　慶応義塾大学法学部政治学科（昭和16年）卒　藍綬褒章（昭和51年），勲二等瑞宝章（平成2年）　島根県議6期、県会議長を経て、昭和52年参院議員に当選。60年参院農水委員長に就任。当選2回。平成元年落選。　囲碁, 柔道, 剣道

成田 広男　なりた・ひろお
名瀬市長　大正14年11月20日　平成7年6月19日　満州自動車技術員養成所卒　名瀬市役所に入り、水道課長、市民部長、建設部長などを経て、助役。平成2年名瀬市長に当選。2期つとめた。

成田 守　なりた・まもる
五所川原市長　青森県議（自民党）　昭和9年8月21日　青森県五所川原市　五所川原農（昭和28年）卒　青森県議に4選を経て、平成9年6月五所川原市長に当選。2期目。

成松 佐喜男　なりまつ・さきお
幌延町（北海道）町長　北海道宗谷郡猿払村　稚内中学校（旧制）卒　幌延町助役を13年間つとめ、原発の出す低レベル放射性廃棄物の貯蔵施設誘致を名乗り出た故佐野町長の遺志を継いで、昭和57年町長に当選。61年同じ推進派の候補に破れ落選した。

成井 英夫　なるい・ひでお
白河市長　昭和27年9月23日　福島県白河市　福島県立医科大学卒　総合磐城共立病院外科医長、新白河中央病院副院長を歴任。平成3年より福島県議に3選。14年白河市長に当選。

成子 芳昭　なるこ・よしあき
阪南市長　昭和2年10月6日　大阪府　岸和田商（昭和19年）卒　昭和24年成子繊維取締役、26年代表取締役、36年錦成産業と改称。40年明治紡績取締役、44年代表取締役、同年錦成産業を明治紡績に合併。53年以来阪南町長4選。平成3年市制施行に伴い阪南市長。4年再選。3期務め、12年引退。　ゴルフ

成瀬 三郎　なるせ・さぶろう
岩倉市長　昭8.2.17　愛知県　岩倉中（昭和23年）卒　岩倉市総務部長、助役を経て、昭和60年市長に当選。平成元年引退。

成瀬 守重　なるせ・もりしげ
参院議員(自民党)　㊓昭和8年2月6日　㊍愛知県岡崎市　㊫早稲田大学政治経済学部(昭和32年)卒　㊚勲二等瑞宝章(平成15年)　㊘世界救世教教育政治委員会委員長、常任理事、昭和47年責任役員。また55年MOA常務理事、産業経済研究協会理事なども務める。平成元年参院選比例区に自民党から当選。2期務めた。三塚派を経て、森派。13年引退。

鳴海 広道　なるみ・ひろみち
黒石市長　㊓昭16.3.10　㊍青森県黒石市　㊫日本大学法学部(昭和42年)中退　㊘昭和42年黒石市議を経て、50年以来自民党から青森県議に5選。平成3年議長。この間、5年東北電力取締役に就任。7年参院選に立候補。10年黒石市長に当選。2期目。　㊗映画，ゴルフ，読書

南波 憲厚　なんば・のりあつ
燕市長　㊓大3.10.28　㊍新潟県　㊫早稲田大学政経学部(昭和15年)卒　㊘燕町議、第一金属専務、燕洋食器工協組専務理事などを経て、昭和45年以来燕市長に5選。平成2年引退。

【 に 】

二井 関成　にい・せきなり
山口県知事　㊓昭和18年3月20日　㊍山口県美祢市　㊫東京大学法学部卒　㊘昭和41年自治省入省。鹿児島、長崎県などを経て、54年山口県総務部財政課長、同部次長。自治省に戻り、消防庁消防大学校教務部長兼教授、日本消防協会事務局長。59年山口県企画部長、民生部長、63年総務部長を経て、平成6年出納長。8年山口県知事に当選。3期目。

二階 俊博　にかい・としひろ
衆院議員(自民党　和歌山3区)　運輸相　㊓昭和14年2月17日　㊍和歌山県御坊市　㊫中央大学法学部(昭和36年)卒　㊘昭和36年大臣秘書官を経て、50年和歌山県議となり、2期務めたあと、58年衆院議員に当選。6期目。竹下派、羽田派、平成5年新生党、6年新進党を経て、10年1月自由党に参加。11年10月自由党、公明党が連立政権に参加して発足した小渕第2次改造内閣の運輸相、北海道開発庁長官に就任。12年4月の森内閣発足の際、保守党に参加して留任した。14年12月保守新党に参加、幹事長を務めた。15年11月総選挙での敗北を受けて保守新党は解党し自民党に合流。16年9月自民党総務局長。　㊗読書　㊡父＝二階俊太郎(和歌山県議)　http://www.nikai.jp/
【著書】日本の危機管理を問う(プレジデント社 '95)／己を尽して 日本経済新聞社('86)
【評伝】21世紀のリーダーたち(大下英治著 ぴいぷる社'97)

二階堂 進　にかいどう・すすむ
衆院議員(自民党)　自民党最高顧問　㊓明治42年10月16日　㊟平成12年2月3日　㊍鹿児島県肝属郡高山村(現・高山町)　㊫南カリフォルニア大学政経科(昭和13年)卒，南カリフォルニア大学大学院国際関係科(昭和16年)修了　㊚勲一等旭日大綬章(平成2年)，国連平和賞(平成3年)　㊘中学卒業後渡米。昭和16年帰国し、翌17年翼賛非推薦で総選挙に立候補するが落選。外務省嘱託、海軍司令官ののち戦後、21年衆院議員に当選。労働次官、北海道開発庁長官を経て、佐藤内閣で科学技術庁長官、田中内閣で官房長官、党幹事長を歴任。55年党総務会長、56年鈴木内閣、引き続き第一次中曽根内閣で幹事長、59年4月党副総裁に。外交通で知米派の代表。61年5月南カリフォルニア大学よ

り名誉博士号を贈られた。当選16回。長く木曜クラブ(田中派)会長をつとめ、竹下派独立後も旧田中派を率いていたが、のち無派閥。平成8年引退。
㊙囲碁，盆栽

【評伝】蘭は幽山にあり(馬場周一郎著 (福岡)西日本新聞社'98)／自民党「孫子」(伊藤昌哉著 プレジデント社'89)／政治を読む(高畠通敏著 潮出版社'89)

二坂 信邦　にさか・のぶくに
湯沢市長　㊓昭和22年4月10日　㊔秋田県湯沢市　㊫駒沢大学文学部歴史学科(昭和45年)卒　㊧昭和46年雲岩寺住職。54年湯沢市議、59年湯沢市助役を経て、平成6年より湯沢市長に2選。14年落選。
㊙スキー，読書，旅行

西 博義　にし・ひろよし
衆院議員(公明党　比例・近畿)
厚生労働副大臣　㊓昭和23年10月3日
㊔和歌山県広川町　㊫徳島大学工学部化学工学科卒，徳島大学大学院工学研究科化学工学専攻修士課程修了，広島大学大学院修了　㊧和歌山工業高等専門学校工業化学科助教授を経て、平成5年公明党から衆院議員に当選。6年新進党結成に参加。10年1月自由党に参加。同年11月公明党再結成に参加。16年第2次小泉改造内閣の厚生労働副大臣に就任。4期目。　http://www7.ocn.ne.jp/~nishi-24/

西尾 九一　にしお・くいち
山岡町(岐阜県)町長　㊓大正11年9月1日　㊔岐阜県恵那市　㊫長島尋常高小(昭和12年)卒，鉄道省教習所機関士科(昭和15年)卒　㊮税理士，行政書士，危険物取扱主任　㊧昭和22年岐阜県鶴岡村役場に入り、収入役、助役を歴任。51年税理士開業、行政書士を開業。山岡町議を経て、61年町長に当選。62年町おこしの一助にと、特産の寒天を使った町営断食健康学校を開校、人気を集めた。

西尾 武喜　にしお・たけよし
名古屋市長　名古屋都市センター理事長　㊓大正14年1月10日　㊔岐阜県中津川市　㊫京都大学工学部(昭和24年)卒
㊎日本インテリアデザイナー協会特別賞(平元年度)，日本建築学会文化賞(平成2年)　㊧父親は元中津川市長。名古屋市役所に入り、水道局長など水道畑で32年。昭和56年助役を経て、60年から市長に3選。のち名古屋都市センター理事長を務める。名古屋市長時代の平成元年、同市の市制100周年記念事業として世界デザイン博覧会を開催。8年12月同博覧会の施設や備品を主催者のデザイン博協会から購入したのは、同博覧会の赤字隠しのためで違法な公金支出だとして、名古屋地裁に賠償金の支払いを命じられる。11年12月の二審でも敗訴。16年最高裁は二審判決を破棄し、名古屋高裁に差し戻した。

西尾 恒造　にしお・つねぞう
室戸市長　㊓昭和11年5月15日　㊔高知県室戸市　㊫室戸高卒　㊧高知県保健環境部副部長、同病院局長などを経て、平成6年室戸市長に当選。10年落選。
㊙花造り

西尾 迢富　にしお・はるとみ
鳥取市長　㊓昭和3年2月6日　㊔鳥取県鳥取市　㊫鳥取農林専卒　㊎勲四等旭日小綬章(平成15年)　㊧鳥取県民生部長、農林水産部長、県土地開発公社監事を経て、昭和62年鳥取市助役。平成2年より鳥取市長に3選。14年落選。

西尾 理弘　にしお・まさひろ
出雲市長　㊓昭和16年10月19日　㊔島根県出雲市　㊫東京外国語大学英米語学科(昭和39年)卒，ウィスコンシン大学大学院修了，シカゴ大学大学院修了
㊧文部省学術情報課長、文化庁総務課長、名古屋大学事務局長、平成6年文部省主任視学官を経て、7年出雲市長に当

選。3期目。 [趣]テニス，水泳，ゴルフ，音楽鑑賞，読書

【著書】21世紀の人づくり街づくり 教育行政改革への挑戦（山陰中央新報社 '02）

西尾 正也 にしお・まさや

大阪市長 [生]大正15年11月26日 [没]平成10年3月26日 [出]大阪府大阪市 [学]京都大学法学部（昭和25年）卒 [歴]昭和25年大阪市役所に入る。47年民生局長、48年市長室長、52年交通局長、58年助役を歴任。62年11月共産党を除く5党の推薦で市長に当選した。2期つとめ、平成7年引退。8年大阪21世紀協会理事長に就任。

西尾 優 にしお・まさる

鳥取市長 [生]大11.1.24 [出]鳥取県 [学]九州大学農学部卒 [賞]勲四等旭日小綬章（平成4年） [歴]鳥取西高、鳥取東高教諭を経て、昭和38年鳥取県教育委員会に入り、50年教育長に就任。58年鳥取市長に当選し、2期。平成2年引退。

西尾 道徳 にしお・みちのり

恵那市長 [生]大正6年2月25日 [没]昭和63年5月6日 [出]岐阜県 [学]恵那中（昭和9年）卒 [歴]昭和53年以来恵那市長に3選。

西尾 邑次 にしお・ゆうじ

鳥取県知事 [生]大正10年2月19日 [出]鳥取県鳥取市 [学]東京高等農林農学科（昭和17年）卒 [賞]勲二等旭日重光章（平成12年） [歴]昭和37年鳥取県人事課長、43年県議会事務局長、46年土木部次長、48年企画部長、53年副知事。58年より知事に4選。平成11年引退。

西岡 武夫 にしおか・たけお

参院議員（民主党 比例） 文相 [生]昭和11年2月12日 [出]長崎県長崎市 [学]早稲田大学教育学部（昭和33年）卒 [歴]両親が元国会議員の典型的二世議員。大学時代は雄弁部で活躍。長崎新聞取締役を経て、昭和38年27歳で国会議員に当選、以後当選11回。51年自民党を離党し、河野洋平らと共に新自由クラブを結成、幹事長に就任。54年党内の路線対立から新自由クラブを離党し、55年12月自民党に復党。同党の若手議員らと勉強会・新進会を結成。58年総選挙では落選したが、61年復帰。63年竹下改造内閣で文相となり、平成元年宇野内閣でも留任。日の丸・君が代の義務化を推進した。平成2年党総務会長。派閥は離党前が三木派、復党後は宮沢派、のち無派閥。5年12月再び離党し、6年1月改革の会を結成。同年12月新進党結成に参加。8年8月党幹事長に就任。10年1月自由党に参加し、長崎県知事選に立候補。12年衆院選に立候補。13年比例区から参院議員に当選し，国政に復帰した。15年9月民主党に合流。 [家]父＝西岡竹次郎（長崎県知事），母＝西岡ハル（衆院議員），弟＝西岡公夫（長崎県議）

http://www.nishioka-takeo.com/

【著書】新自由クラブの展開（西岡武夫, 田中秀征著 経営ビジョン・センター'79）

【評伝】官邸の揺らぐ日（大下英治著 広済堂出版'91）／後継者の条件（小林吉弥著 光文社'90）／自民党よ驕（おご）るなかれ（田川誠一著 講談社'87）

西岡 瑠璃子 にしおか・るりこ

参院議員（無所属） 高知県革新懇代表世話人 婦人運動家 [生]昭和9年7月22日 [出]高知県土佐市 [学]土佐高（昭和28年）卒 [賞]旭日中綬章（平成16年） [歴]高校1年で高岡町（現・土佐市）町長だった父を亡くし、大学進学を断念。卒業後、NHK高知放送に地方局女子正職員の第1号として就職、以降36年間勤務する。組合運動、女性の権利拡大運動に取り組み、日放労史上初の女性書記長に就任。社会党高知県本部副委員長、日本婦人会議高知県議長、高知県日中友好協会常任理事などを経て、平成元年参院議員に当選。6年離党。7年、10年落選。以後、“平和憲法を守る運動”に専

念。著書に「北京に咲く紅い花」などがある。　詩作，短歌詠草
【著書】無党派の挑戦（西岡るり子，栗原透著　教育史料出版会'98）

西川 一誠　にしかわ・かずみ
福井県知事　昭和20年1月2日　福井県　京都大学法学部（昭和43年）卒　昭和43年広島県庁に入る。61年香川県総務部長、63年自治省町村税課長、平成元年準公営企業室長、4年税務局企画課長を経て、6年7月国土庁官房審議官、7年10月福井県副知事。15年知事に当選。

西川 京子　にしかわ・きょうこ
衆院議員（自民党　比例・九州）　昭和20年10月2日　東京都青梅市　早稲田大学教育学部卒　昭和58年自民党に入党。平成8年同党熊本県女性部長を経て、12年衆院議員に当選。2期目。亀井派。　http://www.nishikawa-kyoko.jp/
【著書】ボランティア主婦の挑戦（あさ出版 '03）

西川 きよし　にしかわ・きよし
参院議員（無所属）　タレント　昭和21年7月2日　高知県高知市　本名＝西川潔　旧コンビ名＝やすしきよし　三稜中（昭和37年）卒　上方漫才大賞（新人賞）（昭和42年）、上方漫才大賞（昭和45年・52年・55年・56年）芸術祭賞優秀賞（昭和55年）　17歳の時に石井均に弟子入り。昭和45年上方漫才大賞、55年には芸術祭優秀賞を受賞。速いテンポの縦横無尽な笑いは、東西ナンバーワンの実力といわれた。テレビ出演だけで毎週15本を超えるという人気者だったが、61年に参院議員に当選し、やすしとのコンビは事実上解消。当選3回。二院クラブを経て、無所属。主に福祉問題を中心に取り組み、有料道路の障害者割引制度の拡充、シルバー110番全国統一番号の創設などに従事。また、老人ホームや刑務所への慰問活動でも知られる。平成14年1月参院国会等移転特別委員長に就任。16年政界を引退。
　妻＝西川ヘレン，長男＝西川忠志（俳優），二男＝西川弘志（俳優），長女＝西川かの子（タレント）

西川 公也　にしかわ・こうや
衆院議員（自民党　比例・北関東）　内閣副大臣　昭和17年12月26日　栃木県塩谷郡氏家町　東京農工大学大学院（昭和42年）修了　昭和42年栃木県庁に入庁。53年西川運送副社長。54年以来栃木県議に5選。この間、平成元年参院選に立候補するが落選。5年県会議長をつとめた。8年衆院議員に当選。16年第2次小泉改造内閣の内閣副大臣に就任。3期目。亀井派。
　ゴルフ，読書，空手　http://www5.ocn.ne.jp/~kouya/
【著書】地方振興のサプリメント（千代田永田書房 '97）

西川 太一郎　にしかわ・たいちろう
荒川区（東京都）区長　衆院議員（保守新党）　昭和17年5月27日　東京　早稲田大学商学部（昭和41年）卒　衆院議員・石田博英の秘書を経て、昭和52年自民党から東京都議に当選、4期務める。平成5年新生党から衆院議員に当選。6年新進党結成に参加。10年1月自由党、12年保守党に参加。14年10月小泉改造内閣の経済産業副大臣に就任。同年12月保守新党に参加。15年落選。3期。16年荒川区長に当選。編著に「経営管理の思想家たち」「全力で走った十年」「日本進化論」など。　http://www.nishikawataiichirou.jp/
【著書】日本進化論（住宅新報社 '92）

西川 忠博　にしかわ・ただひろ
寝屋川市長　大正14年12月3日　大阪府　農業技術員養成所卒　勲四等旭日小綬章（平成8年）　中学教師、寝屋川市議、寝屋川市助役を経て、昭

和58年市長に当選。3期つとめ、平成7年引退。

西川 知雄 にしかわ・ともお
衆院議員(改革クラブ) ㊎昭和23年12月17日 ㊐滋賀県近江八幡市 ㊊東京大学法学部(昭和47年)卒 ㊋弁護士 ㊙ハーバード大学法律大学院に留学した国際派の弁護士。平成8年新進党から衆院議員に当選。10年1月改革クラブに参加。12年落選。 ㊙第二東京弁護士会 ㊙妻=松あきら(参院議員)

西川 政善 にしかわ・まさよし
小松島市長 ㊎昭和17年5月22日 ㊐徳島県小松島市 ㊊中央大学法学部(昭和41年)卒 ㊙昭和50年から徳島県議4期。平成元年小松島市長に当選。4期目。 ㊙読書
【評伝】青年よ故郷(ふるさと)に帰って市長になろう(全国青年市長会編 読売新聞社'94)

西川 玲子 ⇒松あきら(まつ・あきら)を見よ

西北 勝重 にしきた・かつしげ
串間市長 ㊎大正1年8月21日 ㊐平成4年2月26日 ㊐宮崎県串間市 ㊊大阪外語卒 ㊙宮崎県教育次長から助役を2期、県議を1期務め、昭和49年12月市長に初当選。1度落選の後、57年5月に返り咲き。同年起こった市職員採用試験をめぐる贈収賄事件で、合格者33人全員の採用取り消しを決定した。61年5月再び落選。

西口 勇 にしぐち・いさむ
和歌山県知事 ㊎大正15年12月1日 ㊐和歌山県 ㊊田辺商(旧制)(昭和18年)卒 ㊙勲二等瑞宝章(平成13年) ㊙昭和24年上芳養村助役を経て、28年和歌山県庁に入る。42年秘書課長、45年青少年局次長、48年衛生部次長、49年土木部次長、50年青少年局長、51年知事公室長、55年出納長を経て、59年副知事に就任。平成6年退任、7年知事に当選、2期務める。12年7月健康上の理由で任期途中に退任。著書に「くまの九十九王子をゆく」がある。

錦織 淳 にしこおり・あつし
衆院議員(新党さきがけ) 弁護士 ㊎昭和20年7月30日 ㊐島根県平田市 ㊊東京大学法学部(昭和45年)卒 ㊙昭和47年弁護士登録。62年錦織・深山法律事務所を開設。法律扶助協会常務理事、日弁連常務理事などを歴任。平成5年新党さきがけから衆院議員に当選。6年新設の首相補佐に就任。8年落選。12年民主党から立候補するが、落選。13年参院選に比例区から出馬。15年民主党より衆院選に出馬。 ㊙第二東京弁護士会
http://www.nishikoori.com/
【著書】日本経済再生論(明石書店 '03)/改めるべきは誰か(中坊公平, 錦織淳著 東洋経済新報社'01)/裁かれるのは誰か(中坊公平, 錦織淳著 東洋経済新報社'98)/この日本はどうなる(田中秀征, 錦織淳著 近代文芸社'97)/神々の終焉(南雲堂 '93)

西沢 省三 にしざわ・しょうぞう
鯖江市長 ㊎昭和6年11月6日 ㊐福井県鯖江市 ㊊金沢美術工芸大学中退 ㊙中留織物、前田絹織を経て、昭和38年越前製氷社長に就任。50年以来福井県議を2期務め、61年鯖江市長に当選、3期つとめた。平成10年、14年落選。 ㊙北京市人民対外友好協会(名誉理事) ㊙絵画, 読書, 卓球

西沢 泰 にしざわ・ゆたか
白馬村(長野県)村長 ㊎昭和10年10月10日 ㊐長野県 ㊊大町南高卒 ㊙白馬村議(3期)、同議長を経て、平成3年白馬村長に当選。6年7月長野五輪組織委員会の汚職事件で逮捕・起訴された。

西地 茂樹　にしじ・しげき
熊野市長　[生]大正15年12月18日　[出]三重県　[学]海兵(昭和20年)卒　[賞]勲四等旭日小綬章(平成11年)　[歴]昭和21年三重県に入庁。県立病院課長、企画人事課長、人事委員会事務局長を経て、58年助役。平成2年熊野市長に当選、2期つとめる。10年引退。

西島 英利　にしじま・ひでとし
参院議員(自民党　比例)　医師　[専]精神神経学　[生]昭和23年4月7日　[出]宮崎県　[学]日本医科大学(昭和52年)卒　[歴]昭和59年小倉蒲生病院理事長に就任。60年久留米大学非常勤講師、平成10年日本医師会常任理事。厚生労働省社会保障審議会障害者部会委員、中央社会保険医療協議会委員等を歴任。16年参院選比例区に自民党から立候補し当選。
【著書】心の病い(日本医師会監修, 羽生田俊, 西島英利, 高田勗編 労働調査会'04)／自殺予防マニュアル(日本医師会編, 西島英利監修 明石書店'04)

西田 栄三　にしだ・えいぞう
奈良市長　入江泰吉記念写真美術財団理事長　[生]昭和2年2月22日　[没]平成12年1月20日　[出]奈良県奈良市　[学]奈良商(昭和18年)卒　[賞]勲四等旭日小綬章(平成10年)　[歴]昭和21年奈良市役所に入り、50年総務部長、53年助役を経て、59年市長に当選、2期務めた。平成9年から入江泰吉記念写真美術財団理事長。

西田 洽司　にしだ・こうじ
沼田市長　[生]昭和7年2月23日　[出]群馬県　[学]沼田高卒　[歴]昭和36年西田建材店代表取締役、49年株式改組代表取締役、59年西田代表取締役。61年から沼田市長に4選。　[趣]登山，音楽鑑賞

西田 猛　にしだ・たけし
衆院議員(自民党　比例・近畿)　[生]昭和30年8月5日　[出]大阪府　[学]東京大学法学部(昭和53年)卒　[資]米国弁護士(平成6年)　[歴]大宮市部長、国連ナミビアPKO日本隊長を経て、平成8年新進党から衆院議員に当選。10年1月自由党、12年保守党に参加。同年落選。15年自民党から衆院議員に復活。通算2期目。

西田 八郎　にしだ・はちろう
衆院議員(民社党)　[生]大11.2.14　[出]滋賀県守山市　[学]守山高小卒　[賞]勲二等瑞宝章(平成4年)　[歴]ゼンセン同盟滋賀支部長、組織教宣局長を経て、昭和44年以来衆院議員に5選。61年6月引退。

西田 実仁　にしだ・まこと
参院議員(公明党　埼玉)　[生]昭和37年8月27日　[出]東京都田無市(現・西東京市)　[学]慶応義塾大学経済学部(昭和61年)卒　[歴]昭和61年東洋経済新報社に入社。週刊東洋経済臨時増刊「近代経済学シリーズ」、月刊「ベンチャークラブ」編集記者を経て、「週刊東洋経済」編集部アジア担当。のち副編集長を務めた。平成16年公明党から参院議員に当選。著書に「人民元・日本侵食」がある。
http://www.nishida-makoto.jp/
【著書】日本元気宣言(潮出版社 '04)

西田 誠　にしだ・まこと
宇土市長　[生]大正12年2月19日　[出]熊本県宇土郡不知火町　[学]熊本高工(現・熊本大学工学部)(昭和17年)卒　[賞]九州山口地域経済貢献者顕彰財団経営者賞(昭和50年)，勲五等瑞宝章(平成11年)　[歴]東京製鋼勤務を経て、昭和21年西田鉄鋼所を創業。33年株式に改組し、社長に就任。平成2年宇土市長に当選、2期つとめる。10年引退。

西田 正則 にしだ・まさのり
龍野市長 [生]昭和8年2月21日 [学]神戸大学教育学部卒 [歴]龍野市助役を経て、平成10年市長に当選。2期目。

西田 司 にしだ・まもる
衆院議員(自民党) 自治相 [生]昭3.5.13 [出]愛媛県喜多郡長浜町 [学]松山農(昭和21年)卒 [賞]勲一等旭日大綬章(平成14年) [歴]父は県議、祖父は村長。昭和34年長浜町議、37年町会議長、38年町長(3期)を経て、51年以来衆院議員に当選8回。地方行政委員長などを経て、平成2年第2次海部改造内閣の国土庁長官、10年小渕内閣の自治相、国家公安委員長。12年第2次森連立内閣で再び自治相、国家公安委員長に就任。竹下派、旧小渕派を経て、橋本派。15年引退。

西田 吉宏 にしだ・よしひろ
参院議員(自民党 京都) [生]昭和9年7月29日 [出]京都府京都市 [学]洛陽高中退 [歴]昭和46年より京都府議に5選し、62年議長に就任。平成元年辞任し、参院議員に当選。3期目。三塚派を経て、森派。 [家]長男=西田昌司(京都府議)
http://www5b.biglobe.ne.jp/~nishiday/

西辻 豊 にしつじ・ゆたか
八尾市長 [生]昭和5年12月28日 [出]大阪府八尾市 [学]都島工専(昭和26年)卒 [歴]八尾市教育委員会管理部長、市総務部長、平成6年助役を経て、7年八尾市長に当選。1期務め、11年引退。 [趣]史跡散策，カメラ，パソコン

西寺 雅也 にしでら・まさや
多治見市長 [生]昭和19年3月3日 [出]岐阜県多治見市 [学]名古屋大学理学部(昭和43年)卒 [歴]市民運動団体代表、多治見市議を経て、平成7年多治見市長に当選。3期目。 [趣]カメラ，写真
【著書】多治見市の総合計画に基づく政策実行(公人の友社 '04)

西中 清 にしなか・きよし
衆院議員(公明党) [生]昭和7年6月3日 [出]大阪府池田市 [学]京都工芸繊維大学工芸学部(昭和31年)卒 [歴]聖教新聞記者、公明党京都府本部事務長を経て、昭和44年から衆院議員に7選。衆院交通安全委員長などを歴任。平成5年引退。

西成 辰雄 にしなり・たつお
十文字町(秋田県)町長 医師 [専]地方自治 民族学 [生]昭和3年8月3日 [出]秋田県平鹿郡平鹿町 [学]東北大学医学部卒 医学博士 [興]地域と民族;平和問題;食料問題(飢餓, 飽食と現代);公営事業(ダム開発, 特に北東北, アイヌ);反戦思想の歴史的系譜 [賞]秋田県農村医学会賞(第2回)「農村地域の保健医療実態調査報告と実践への寄与」 [歴]横手市の厚生連平鹿総合病院内科に勤務の後、十文字町に診療所を開設。十文字町長を4期務め、平成12年9月退任。著書に「風雪とカルテ」「朝まだき」「白馬の星から」「地域農業と支援方策」などがある。 [団]日本地名研究所，東北アイヌ語地名研究会(顧問)，秋田県農村問題研究会 [趣]園芸，音楽
【著書】自治断想((十文字町)イズミヤ出版 '00)／白鳥の里から((秋田)無明舎出版 '96)

西野 陽 にしの・あきら
衆院議員(自民党 大阪13区) [生]昭和15年1月15日 [出]大阪府東大阪市 [学]関西大学法学部(昭和38年)卒 [歴]昭和38年前田建設に入社。50年以来大阪府議に5選。62年議長をつとめた。平成5年衆院選に出馬。8年新進党から当選。10年1月自由党、12年保守党に参加。同年自民党に移り、衆院選では比例区より当選。15年の衆院選は大阪13区に立候補し当選。3期目。堀内派。 [趣]旅行，スポーツ [家]父=西野米太郎(大阪府議)
http://www.nishino-akira.com/

西野 稔 にしの・みのる
福江市長 ⓖ大正10年10月16日 ⓞ長崎県 ⓔ五島中卒 ⓚ昭和23年長崎県庁に入る。秘書課長、監理課長を経て、50年福江市長に当選、4期つとめた。

西野 康雄 ⇒旭堂小南陵(3代目)(きょくどう・こなんりょう)を見よ

西野 善雄 にしの・よしお
大田区(東京都)区長 ⓖ昭和8年2月1日 ⓞ東京都大田区 ⓔ日本大学法学部卒 ⓚ大田区議会事務局長、企画部長、助役を歴任。昭和62年大田区長に当選。5期目。
【著書】200X東京が変わる自治が変わる(学陽書房 '00)

西平 賀雄 にしひら・がゆう
糸満市長 ⓖ昭和22年8月16日 ⓞ沖縄県糸満市糸満 ⓔ沖縄大学二部法学部卒 ⓚ昭和47年糸満市役所に入る。平成6年教育委員会教育部長、8年総務部長、のち参事監を経て、16年糸満市長に当選。 ⓡ絵画

西部 晃彦 にしぶ・てるひこ
美濃市長 ⓖ昭和5年2月23日 ⓞ岐阜県美濃市 ⓔ武義中(昭和22年)卒 ⓚ美濃市役所に入り、秘書課長、収入役などを歴任。のち助役を経て、昭和62年市長に当選。2期つとめ、平成7年落選。

西村 明宏 にしむら・あきひろ
衆院議員(自民党 宮城3区) ⓖ昭和35年7月16日 ⓞ福岡県 ⓔ早稲田大学政治経済学部卒、早稲田大学大学院政治経済学研究科(昭和63年)修了 ⓚ三塚博衆院議員秘書などを務めたのち、平成15年引退した三塚の後継者として衆院選宮城3区に立候補し当選。日韓親善協会中央会常任理事を務める。

西村 昭 にしむら・あきら
大東市長 ⓖ昭和10年11月20日 ⓣ平成4年5月6日 ⓞ大阪府 ⓔ南郷中卒 ⓟ藍綬褒章(平成3年) ⓚ大東市議、副議長を経て、昭和51年から市長に4選。平成4年落選。

西村 尚治 にしむら・しょうじ
参院議員(自民党) 元・沖縄開発庁長官 ⓖ明治44年2月1日 ⓣ平成9年10月15日 ⓞ鳥取県東伯郡大栄町 ⓔ東京帝大法学部政治学科(昭和11年)卒 ⓟ勲一等瑞宝章(平成1年) ⓚ逓信省に入省。戦後郵政省に移り、昭和35年簡易保険局長、36年郵務局長、37年事務次官、39年退官。40年参院議員に当選し、4期連続当選。51年三木内閣の沖縄開発庁長官に就任。平成元年落選。

西村 章三 にしむら・しょうぞう
衆院議員(自由党) ⓖ昭和8年12月18日 ⓞ大阪府大阪市 ⓔ立命館大学法学部(昭和33年)卒 ⓟ旭日重光章(平成16年) ⓚ西村栄一の秘書を15年務めたあと、大阪府議1期を経て、昭和51年民社党から衆院議員に当選。平成2年落選。8年新進党の比例四国ブロックより返り咲き。10年1月自由党に参加。通算6期務めた。12年引退。

西村 伸一郎 にしむら・しんいちろう
土佐清水市長 ⓖ昭和19年1月24日 ⓞ高知県土佐清水市 ⓔ明治大学政経学部卒 ⓚ社会党高知県本部県民生活部長、土佐清水市議を歴任。昭和54年から高知県議に当選2回。平成3、7年落選。10年参院選高知選挙区に無所属で、12年衆院選高知3区に社民党から立候補した。13年土佐清水市長に当選。 ⓡ野菜づくり、釣り

にしむ

西村 真悟 にしむら・しんご
衆院議員(民主党 大阪17区) ⊕昭和23年7月7日 ⊕大阪府堺市 ⊕京都大学法学部(昭和51年)卒 ⊕弁護士
⊕神戸市職員を経て、弁護士を開業。西村真悟法律事務所所長、連合大阪法律顧問。平成5年民社党から衆議院議員に当選。6年新進党結成に参加。9年5月石原慎太郎らと共に、日本、中国、台湾が領有権を主張する尖閣諸島に上陸、物議をかもす。10年1月自由党に参加。11年10月防衛次官となるが、週刊誌に"核武装発言"したことが問題となり、就任からわずか16日で退任。12年の衆院選では比例区近畿ブロック1位で当選。15年9月民主党に合流。4期目。
⊕父＝西村栄一(民社党委員長)
http://www.n-shingo.com/
【著書】闘いはまだ続いている(展転社'03)／国益会議(日下公人、田久保忠衛ほか著 PHP研究所'03)／誰が国を滅ぼすのか(徳間書店'01)／海洋アジアの日出づる国(展転社'00)／誰か祖国を思わざる(クレスト社'97)／亡国か再生か(展転社'95)

西村 節朗 にしむら・せつろう
能代市長 秋田県議 ⊕明治41年3月16日 ⊕平成9年8月23日 ⊕秋田県能代市 ⊕東北帝大工学部機械工学科(昭和6年)卒 ⊕昭和6年中島飛行機入社、技術部長などを経て、22年西村醸造店に移る。38年秋田県議に当選し、通算4期務めた。44年議長に就任。50年能代市長に当選、3期務め、62年引退。

西村 武典 にしむら・たけのり
牛深市長 ⊕昭和3年11月10日 ⊕熊本県 ⊕熊本商(昭和21年)卒 ⊕生家は酒屋で家業を継ぐ。35歳で牛深市議に当選、3期務める。昭和48年市長に当選。8期目。

西村 智奈美 にしむら・ちなみ
衆院議員(民主党 新潟1区) ⊕政治学 平和学 ⊕昭和42年1月13日 ⊕新潟県西蒲原郡吉田町 ⊕新潟大学法学部(平成2年)卒、新潟大学大学院法学研究科(平成15年)修士課程修了
⊕平成6年環日本海学会の創設に準備段階から携わり、8年まで事務局員を務める。その後、8〜11年新潟産業大学非常勤講師などを務める。10年民主党に入党。11年新潟県議に当選、1期。15年国政に転じ、衆院議員に当選。
⊕環日本海学会、日本平和学会
http://www1.ocn.ne.jp/~chinami/

西村 徹 にしむら・とおる
小松市長 ⊕昭和14年11月20日 ⊕小松高卒 ⊕石川県農林水産部長を経て、平成9年小松市長に当選。2期目。

西村 正男 にしむら・まさお
八幡市長 ⊕昭和3年12月20日 ⊕平成5年11月16日 ⊕京都府 ⊕神武第14青年学校卒 ⊕昭和52年八幡市総務部長、53年助役を経て、55年以来市長に4選。

西村 正俊 にしむら・まさとし
佐賀市長 ⊕大正10年2月11日 ⊕佐賀県 ⊕佐賀中(昭和14年)卒 ⊕勲四等旭日小綬章(平成11年) ⊕昭和15年南満州鉄道入社。21年佐賀県国民健康保組合連合会主事。23年佐賀県庁勤務、43年経済部参事、44年国民健康保険課長を経て、45年伊万里市助役、55年佐賀市助役。62年佐賀市長に当選。3期務めた。 ⊕読書、カメラ

西村 康稔 にしむら・やすとし
衆院議員(自民党 兵庫9区) ⊕昭和37年10月15日 ⊕兵庫県 ⊕東京大学法学部(昭和60年)卒、メリーランド大学大学院(平成4年)修士課程修了
⊕昭和60年通商産業省に入省。立地公害局(現・環境立地局)総務課総括係長、地球環境対策室課長補佐などを経て、

平成3年メリーランド大学大学院に留学、公共政策を学ぶ。4年帰国し、資源エネルギー庁省エネルギー石油代替エネルギー対策課長補佐、産業政策局サービス産業課長補佐、7年石川県商工課長に出向、金沢工業大学人材開発センター講師、9年通商産業省環境立地局立地政策課長補佐を経て、調査官。また、総理府阪神淡路復興対策本部事務局上席局員も務める。のち退官。12年衆院選兵庫9区に立候補。15年再度立候補し、当選。会派・グループ改革を経て、16年1月自民党森派に入会。
㊙映画鑑賞、旅行、読書、俳句
http://www.yasutoshi.jp/
【著書】リスクを取る人・取らない人（PHP研究所'02）／生き残る企業・都市（同文書院'99）

西室 覚　にしむろ・さとる
大月市長　㊗昭和7年9月21日　㊐山梨県大月市　㊣谷村工商（昭和26年）卒　㊥昭和41年三共コンクリート工業を設立、社長に就任。46年より大月市議、56年議長を務める。平成7年大月市長に当選、3期目。　㊙ゴルフ

西銘 恒三郎　にしめ・こうさぶろう
衆院議員（自民党　沖縄4区）　㊗昭和29年8月7日　㊐沖縄県那覇市　㊣上智大学経済学部（昭和54年）卒　㊥昭和54年沖縄振興開発金融公庫に入庫。59年父・西銘順治沖縄県知事（当時）の秘書を経て、63年自民党から沖縄県議に3選。15年衆院議員に当選。
㊞父＝西銘順治（衆院議員・沖縄県知事）、兄＝西銘順志郎（参院議員）

西銘 順治　にしめ・じゅんじ
衆院議員（自民党　沖縄県知事）　㊗大正10年11月5日　㊔平成13年11月10日　㊐沖縄県島尻郡知念村久高　㊣東京帝国大学法学部政治学科（昭和23年）卒　㊥勲二等旭日重光章（平成8年）　㊥外務省に入ったが半年で退官。のち沖縄に帰郷し、沖縄ヘラルド新聞の創設に参加した。沖縄社会大衆党に入党、昭和29年琉球立法院議員に当選、その後、琉球政府に入り、33年経済局長、36年計画局長。37年から那覇市長2期、43年沖縄自由民主党総裁となり、同年琉球政府行政主席公選選挙に出馬したが、復帰運動の指導者・屋良朝苗に敗れた。45年戦後初の沖縄国政参加選挙で衆院議員に当選、3期を歴任。53年沖縄県知事選で革新候補者を破り、戦後初の保守系知事に当選し、3期つとめた。平成5年衆院議員に復帰。通算4期。旧渡辺派。7年脳そく栓のため任期途中で倒れ、8年引退した。著書に「沖縄と私」など。
㊙ゴルフ　㊞長男＝西銘順志郎（参院議員）、三男＝西銘恒三郎（衆院議員）
【評伝】ザ・選挙（佐久田繁、川条昭見編著　月刊沖縄社'86）

西銘 順志郎　にしめ・じゅんしろう
参院議員（自民党　沖縄）　㊗昭和25年1月2日　㊐沖縄県島尻郡与那原町　㊣立正大学経済学部経済学科（昭和48年）卒　㊥昭和48年琉球海運に入社。54年父の西銘順治沖縄県知事秘書、58年自民党沖縄県連青年部長を経て、平成2年衆院議員に立候補。5年父の衆院議員政策秘書、9年党沖縄県支部連合会総務会長、11年副会長。13年参院議員に当選。森派。　㊙読書、映画鑑賞　㊞父＝西銘順治（衆院議員・沖縄県知事）、弟＝西銘恒三郎（衆院議員）

西山 公夫　にしやま・きみお
井原市長　㊗昭和3年7月29日　㊔平成2年8月6日　㊐岡山県後月郡青野町（現・井原市）　㊣興譲館商（昭和22年）卒　㊥昭和26年岡山県の青野村役場に入る。38年合併に伴い井原市勤務となり、52年助役。60年無投票で市長に当選。2期目の途中、交通事故により急逝した。

にしや

西山 敬次郎　にしやま・けいじろう
衆院議員（自民党）　⊕大正11年10月31日　⊗昭和63年1月15日　⊕兵庫県氷上郡市島町　⊗東京大学法学部政治学科（昭和24年）卒　⊗通産省入省。昭和49年大阪通産局長、51年中小企業庁次長、52年貿易局長を歴任して退官。58年衆院議員に当選したが、61年1期で落選。

西山 孝　にしやま・たかし
豊田市長　⊕大正13年3月21日　⊗平成14年7月25日　⊕愛知県豊田市　⊗名古屋工土木科（昭和17年）卒　⊗勲四等旭日小綬章（平成6年）、豊田市栄誉市民　⊗昭和36年豊田市土木課長、40年建設部長、46年土木部長、50年助役を経て、51年以来市長に3選。愛知県市長会長、東海市長会副会長などを歴任。63年引退した。

西山 登紀子　にしやま・ときこ
参院議員（共産党）　⊕昭和18年10月31日　⊕和歌山県　⊗京都大学文学部心理学科（昭和41年）卒　⊗京都市職労婦人部書記長などを経て、昭和49年共産党専従。京都府副委員長、同中央委員。平成4年参院議員に当選、2期。16年落選。　⊗夫＝西山勝夫（滋賀医科大学教授）　http://www.nishiyama-tokiko.jp/

新田 政丸　にった・まさまる
湯来町（広島県）町長　⊕大正15年1月15日　⊕広島県　⊗慶応義塾大学経済学部（昭和33年）卒　⊗勲四等瑞宝章（平成12年）　⊗昭和47年砂谷農協専務理事、50年合併し、五日市農協砂谷支所長。54年湯来町長に当選、4期。町営で湯来ロッジを経営、公営国民宿舎の集まりである国民宿舎協会副会長を7年間務め、平成4年5代目会長。　⊗読書、囲碁、スポーツ

新田谷 修司　にったや・しゅうじ
泉佐野市長　⊕昭和25年12月5日　⊕大阪府　⊗関西学院大学商学部（昭和49年）卒　⊗昭和49年タオル製造販売の新田谷商事に入社、60年社長に就任。平成2年泉佐野市議を経て、12年現職の7選を阻み泉佐野市長に当選。2期目。　⊗ゴルフ、将棋、麻雀

二宮 忠夫　にのみや・ただお
秦野市長　⊕昭和11年2月9日　⊕神奈川県秦野市　⊗中央大学法学部（二部）（昭和35年）卒　⊗秦野市助役を経て、平成6年秦野市長に当選。3期目。　⊗ゴルフ、旅行

二宮 文造　にのみや・ぶんぞう
参院議員（公明党）　元・公明党副委員長　⊕大9.1.1　⊕香川県　⊗東北帝国大学法文学部（昭和19年）中退　⊗昭和19年朝日新聞社入社、政治経済部記者を経て、34年高松市議に転じ、37年参院議員に当選、4期。参院法務委員長などをつとめ、61年7月引退。

二之湯 智　にのゆ・さとし
参院議員（自民党　京都）　⊕昭和19年9月13日　⊕京都府京都市　⊗慶応義塾大学法学部政治学科（昭和43年）卒　⊗大学卒業後、国立京都国際会館の職員となる。その後、米国留学を経て、前尾繁三郎衆院議員の秘書、野中広務衆院議員の後援会連合会事務局長や京都青年会議所理事を務めた。昭和62年京都市議に当選、5期。平成11年議長。16年参院選に自民党から当選。ライフワークとして京都市の国際化に取り組み、TOEFL（英語学力試験）の京都地区の実施責任者も務める。　⊗読書（自伝・伝記小説）

仁比 聡平 にひ・そうへい
参院議員（共産党　比例）　㊊昭和38年10月16日　㊐福岡県北九州市戸畑　㊊京都大学法学部（平成4年）卒　㊊弁護士　㊊平成6年弁護士登録。市民オンブズマン北九州事務局長などを務めた。12年衆院選に共産党から立候補。16年参院選比例区で当選。
http://jcp-nihi.web.infoseek.co.jp/

入村 明 にゅうむら・あきら
新井市長　㊊昭和22年7月7日　㊐新潟県　㊊駒沢大学経済学部（昭和45年）卒　㊊新井市議を経て、平成14年市長に当選。

仁礼 国市 にれ・くにいち
川内市長　㊊大9.8.20　㊐鹿児島県川内市　㊊陸士（60期）（昭和20年）中退　㊊昭和23年川内市役所に入る。48年企画課参事、50年助役を経て、59年市長に当選、3期つとめる。平成8年引退。

丹羽 厚詞 にわ・こうじ
尾西市長　㊊昭和36年11月25日　㊊東京工業大学工学部　㊊尾西市議、副議長などを経て、平成15年市長に当選。

丹羽 孝 にわ・たかし
岩倉市長　㊊昭和2年2月22日　㊐平成16年3月18日　㊐愛知県　㊊名古屋工専卒　㊊名南工高教諭などを経て、昭和52年から岩倉市長に2選。60年落選。

丹羽 兵助 にわ・ひょうすけ
衆院議員（自民党）　労相　㊊明治44年5月15日　㊐平成2年11月2日　㊐愛知県東春井郡守山町（現・名古屋市守山区）　㊊関西学院大学神学部（昭和6年）中退　㊊勲一等旭日大綬章（昭和63年）　㊊父親が急死したため、大学を中退して家業の建築請負業を継ぐ。その後運送業「東春運輸」を設立、社長。昭和15年愛知県守山町議、26年愛知県議などを歴任後、30年以来衆院に12選。郵政、農林政務次官等を経て、49年第2次田中第2回改造内閣国土庁長官、57年中曽根内閣総務長官、63年竹下改造内閣労相に就任。河本派。平成2年10月陸上自衛隊守山駐屯地の記念式典に出席の折暴漢に襲われ、12日後に死去。　㊊旅行，読書　㊊弟＝丹羽久章（政治家）

丹羽 雄哉 にわ・ゆうや
衆院議員（自民党　茨城6区）　厚相　㊊昭和19年4月20日　㊐茨城県新治郡玉里村　㊊慶応義塾大学法学部（昭和42年）卒　㊊昭和42年読売新聞政治記者、大平正芳秘書を経て、54年父のあとを継ぎ、衆院議員に当選。9期目。平成4年宮沢改造内閣の厚相。11年10月小渕第2次改造内閣の厚相に就任。12年4月森連立内閣でも留任。堀内派。　㊊父＝丹羽喬四郎（運輸相）　http://niwayuya.com/
【著書】生きるために（日経メディカル開発;日経BP出版センター〔発売〕'98）／美しく老いるために（コープ出版'94）

庭瀬 健太郎 にわせ・けんたろう
常滑市長　㊊昭和7年5月6日　㊐愛知県　㊊常滑高（昭和27年）卒　㊊昭和34年以来、常滑市議を5期務め、53年12月共産党を離党。54年4月常滑市長に当選。2期。62年落選。平成11年愛知県議選に立候補。　㊊読書，日曜大工

【ぬ】

額賀 福志郎 ぬかが・ふくしろう
衆院議員（自民党　茨城2区）　元・経済財政担当相　㊊昭19.1.11　㊐茨城県　㊊早稲田大学政経学部卒　㊊サンケイ新聞記者を経て、昭和53年以来茨城県議に2選。58年橋本登美三郎の後継者として衆院議員に当選、7期目。平成9年第2次橋本改造内閣の官房副長官、10年小渕内閣の防衛庁長官に就任。同年11月辞任。12年第2次森改造内閣の経済企画

庁長官に就任。13年1月中央省庁再編で経済財政担当相、IT担当相、行政改革担当相となるが、同月自らの秘書が財団法人・ケーエスデー中小企業経営者福祉事業財団(KSD)から1500万円の資金提供を受けていた問題の責任を取り辞任。15〜16年自民党政調会長。旧橋本派。商工族だが労働界にも知己が多い。
http://www.nukaga-fukushiro.jp/

【著書】地方都市再生の戦略(額賀福志郎, 小沢一郎, 尾島俊雄編著 早稲田大学出版部'01)/大都市再生の戦略(額賀福志郎, 小沢一郎, 尾島俊雄編 早稲田大学出版部'00)

【評伝】政界再編の研究(大岳秀夫編 有斐閣'97)/実力政治家を輩出する「早大雄弁会」の研究(大下英治著 PHP研究所'88)

抜山 映子 ぬきやま・えいこ

参院議員(民社党) 弁護士 [生]昭和9年2月26日 [出]兵庫県神戸市垂水区 [学]神戸大学法学部卒, 神戸大学大学院修士課程修了 [賞]旭日中綬章(平成16年) [歴]昭和36年東京で弁護士を開業。55年参院選に立候補して次点となり、58年当選。61年民社党としては初の女性県連委員長となり、平成元年副委員長に就任するが、同年落選。4年参院選比例区に立候補するが落選。 [家]父=石塚喜秀(川崎重工業参事)

沼賀 健次 ぬまが・けんじ

高崎市長 元・上武大学副学長 [生]明治41年3月30日 [没]昭和63年5月5日 [出]群馬県 [学]東京帝大経済学部(昭和9年)卒 [歴]高崎商校長、新町高校長、上武大副学長を経て、昭和46年以来高崎市長に4選。62年引退。

沼川 洋一 ぬまかわ・よういち

衆院議員(公明党) [生]昭6.11.11 [出]熊本県熊本市 [学]明治薬科大学(昭和30年)卒 [資]薬剤師 [歴]昭和30年沼川薬局経営、36年大和製薬営業部長、38年熊本市議、42年熊本県議4期を経て、58年熊本1区から衆院議員に当選、2期。平成2年引退。著書に「21世紀の医療」がある。 [家]長女=沼川洋子(熊本県民テレビアナウンサー)

沼田 武 ぬまた・たけし

千葉県知事 [生]大正11年12月21日 [出]千葉県千葉市 [学]東京大学文学部社会学科(昭和23年)卒 [賞]勲一等瑞宝章(平成14年) [歴]昭和23年千葉県庁入り。商工、労働、農林、総務部長などを歴任。50年から副知事を2期務め、56年知事に当選。平成13年引退、5期25年務めた。他に千葉県観光公社、千葉中小企業振興公社各会長、千葉都市モノレール社長、千葉テレビ放送相談役などを務める。 [家]兄=沼田真(日本自然保護協会会長)

【評伝】幕張メッセを創った男たち(千石次郎著 現代日本社'90)

【ね】

根本 甚市 ねもと・じんいち

那珂湊市長 茨城県議(自民党) [生]大正14年3月19日 [没]平成16年7月19日 [出]茨城県 [学]茨城県水産講習所卒 [歴]茨城県議2期を経て、平成3年那珂湊市長に当選。6年那珂湊市と勝田市が合併しひたちなか市となった際は、市長職務執行者を務めた。

根本 崇 ねもと・たかし

野田市長 [生]昭和20年9月22日 [出]埼玉県 [学]東京大学法学部(昭和45年)卒 [歴]建設省に入省。島田市助役、平成元年建設省大臣官房政策企画官兼民間活力企画室長、2年関東地方建設局用地部長。3年野田市助役を経て、4年同市長に当選。4期目。

根本 匠　ねもと・たくみ
衆院議員(自民党　福島2区)　[生]昭和26年3月7日　[出]福島県郡山市　[学]東京大学経済学部(昭和49年)卒　[歴]昭和49年建設省に入省。三重県土木部監理課長、建設省政策企画官を経て、代議士秘書。平成5年衆院議員に当選。14年小泉改造内閣の内閣副大臣に就任。4期目。堀内派。　[家]祖父=根本善蔵(福島県議)
http://www.t-nemoto.com/

根本 尚美　ねもと・ひさよし
二本松市長　[生]昭和16年9月26日　[出]福島県二本松市　[学]法政大学法学部中退　[歴]二本松市議会議長を経て、平成8年から市長に2選。平成15年収賄容疑で逮捕される。

根本 康明　ねもと・やすあき
茅ケ崎市長　[生]昭和9年5月3日　[出]神奈川県茅ケ崎市　[学]湘南高(昭和28年)卒　[賞]旭日小綬章(平成16年)　[歴]昭和58年茅ケ崎市長に当選。4期務めた。平成11年引退。　[趣]読書

根本 良一　ねもと・りょういち
矢祭町(福島県)町長　[生]昭和12年11月30日　[出]福島県東白川郡矢祭町　[学]学法石川高卒　[歴]高校生の時に父を失い、家具店を継ぐ。昭和58年より福島県矢祭町長に6選。隣県の茨城県北部を地盤としていた政治家の梶山静六と知り合い、矢祭町を地盤としていた伊東正義代議士を紹介され、薫陶を受ける。平成14年個人情報保護法案が成立しなければプライバシー保護に不安があるとして、住民基本台帳ネットワーク(住基ネット)への接続を拒否し、話題となる。
【著書】「内省不疚」の心でまちをつくる(根本良一, 保母武彦編著 自治体研究社'03)

【の】

南野 知恵子　のおの・ちえこ
参院議員(自民党　比例)　法相　[専]看護学　[生]昭和10年11月14日　[出]旧満州　[学]大阪大学附属助産婦学校(昭和33年)卒　[資]助産師　[興]性教育—思春期;周産期ケア—母性特に産褥期における適応;妊産婦教育　[歴]昭和53年大阪大学医療技術短期大学助教授、57年山口大学医療技術短期大学教授、63年日本赤十字看護大学教授などを経て、日本看護協会理事。平成4年参院議員に当選。13年小泉内閣の厚生労働副大臣に就任。15年性同一性障害者の戸籍の性別変更を認める法律の議員立法成立に尽力。16年第2次小泉改造内閣の法相に就任。3期目。三塚派を経て、森派。　[団]日本看護科学学会, 日本母性衛生学会, 日本思春期学会　http://www.c-nohno.com/

野上 義一　のがみ・ぎいち
三浦市長　[生]昭和2年1月5日　[出]茨城県　俳号=野上飛雲　[学]海軍工作校卒　[賞]旭日双光章(平成15年)　[歴]昭和30年三浦市議会事務所局長、39年建設部長、42年水道部長、46年助役を経て、52年から市長に2選。60年引退。一方、24年「城ケ島の雨」の詩碑建立に携わって以来、三崎時代の北原白秋の研究を続ける。著書に「北原白秋—その三崎時代」「北原白秋—その小田原時代」「海と魚の季寄せ」、句集「町と島」がある。
[団]白秋会, 横浜ペンクラブ

野上 浩太郎　のがみ・こうたろう
参院議員(自民党　富山)　[生]昭和42年5月20日　[出]富山県富山市堀川町　[学]慶応義塾大学商学部(平成4年)卒　[歴]平成4年三井不動産に入社。新富自動車部長を経て、11年富山県議に当

選。13年参院議員に当選。森派。㊙バスケットボール ㊋父＝野上徹（衆院議員），祖父＝野上資良（富山県議）。
http://www.kotaro.net/

野上 徹　のがみ・とおる
衆院議員（自民党）　㊌昭和13年9月11日　㊐東京都渋谷区　㊙東京大学文学部仏文科（昭和36年）卒　㊔朝日新聞記者，富山県議2期を経て，昭和55年衆院議員に当選，2期。福田派を経て，加藤グループ。61年落選。平成8年無所属で衆院選に出馬するが，落選。新富観光サービス社長，新富自動車会長を務める。
㊙囲碁，将棋，読書，スポーツ　㊋長男＝野上浩太郎（参院議員）

野上 義浄　のがみ・よしきよ
小石原村（福岡県）村長　㊌大正12年1月1日　㊐福岡県朝倉郡小石原村　㊙龍谷大卒　㊔復員後，昭和22年の新制中学発足以来，53年まで小石原小中学校教師を務める。浄満寺の住職も経験。56年村長に当選以来2年間，自からの手書の広報「村長室」を発行するなど，アイディア村長として知られ，60年には無投票で再選されたが，62年3月病気のため辞職した。

野木 実　のぎ・みのる
和光市長　㊌昭和16年9月20日　㊐東京　㊙早稲田大学法学部卒　㊔和光市議，市会議長を経て，平成7年埼玉県議に当選，2期務める。13年和光市長に当選。

野草 平十郎　のぐさ・へいじゅうろう
尼崎市長　㊌大正2年6月19日　㊋平成11年5月6日　㊐兵庫県　㊙尼崎中（昭和6年）卒　㊙勲三等旭日中綬章（平成4年）　㊔昭和7年兵庫県武庫郡大庄村（現・尼崎市）役場に土木課書記として入る。17年尼崎市に合併し，37年収入役，41年助役を経て，53年尼崎市長に中道・革新の推薦を得て当選，3期つとめた。平成2年引退。

野口 岡治　のぐち・おかじ
富津市長　千葉県議（自民党）　㊌大正13年9月21日　㊋平成8年8月20日　㊐千葉県　㊙明治大学商学部卒　㊙藍綬褒章（昭和61年），勲四等旭日小綬章（平成6年）　㊔天羽町長を経て，昭和46年以来千葉県議に5選。59年には県会議長をつとめた。平成3年落選。7年富津市長に当選。

野口 幸一　のぐち・こういち
衆院議員（社会党）　㊌昭和4年8月13日　㊋平成5年10月29日　㊐滋賀県彦根市　㊙東京通信講習所（昭和25年）卒　㊔滋賀地評議長を経て，昭和51年以来滋賀全県区から衆院議員に5選。平成2年引退。

野口 忠直　のぐち・ただなお
府中市（東京都）市長　㊌昭和10年2月19日　㊙学習院大学政治経済学部（昭和33年）卒　㊔野口酒造店社長。昭和55年府中市収入役，63年東京市町村総合事務組合収入役，府中市観光協会副会長を務める。平成12年府中市長に当選。2期目。

野口 洋一　のぐち・よういち
東金市長　㊌大正15年8月11日　㊋平成15年1月27日　㊐千葉県東金市　㊙勲四等瑞宝章（平成9年）　㊔平成6年まで3期東金市長を務めた。

野坂 昭如　のさか・あきゆき
参院議員　小説家　㊌昭和5年10月10日　㊐神奈川県鎌倉市　㊙早稲田大学文学部仏文科（昭和32年）中退　㊙日本レコード大賞作詞賞（昭和38年）「オモチャのチャチャチャ」，直木賞（第58回，昭42年度）（昭和43年）「火垂るの墓」「アメリカひじき」，吉川英治文学賞（第31回）（平成9年）「同心円」　㊔大学在学中，様々なアルバイトをし，コント作家，CMソング作詞家などをする。昭和43年戦争・占領体験を描いた「火垂るの

墓」「アメリカひじき」で42年度下半期の直木賞を受賞。49年参院選に立候補、58年に当選するが、田中金権政治にけじめをつけるため議員を辞職、同年12月の衆院選に新潟3区より立候補した。平成元年アニメ化された「火垂るの墓」の印税などをもとに現代日本文学の仏語訳事業への協力基金を設け、運営組織“東西南北縦横斜の会”を設立、世話人になる。13年参院選比例区に自由連合から立候補。 [団]日本ペンクラブ，日本文芸家協会 [家]父=野坂相如(新潟県副知事)，長女=愛耀子(宝塚歌劇団団員)，兄=野坂恒如(ジャズ評論家)

【著書】かくて日本人は飢死する(PHP研究所 '00)／後藤田正晴における責任のとりかた(毎日新聞社 '98)／少年Hと少年A(妹尾河童，野坂昭如著 PHP研究所'98)／この国のなくしもの(PHP研究所 '97)／ニホンを挑発する(文芸春秋 '96)／国家非武装されど我、愛するもののために戦わん(光文社 '81)

【評伝】往相還相〈下巻〉(奥野健男著 阿部出版'90)

野坂 浩賢　のさか・こうけん

衆院議員(社民党) 建設相 元・内閣官房長官 [生]大正13年9月17日 [没]平成16年4月18日 [出]鳥取県 [学]法政大学専門部(昭和20年)卒 [賞]勲一等旭日大綬章(平成8年) [歴]昭和20年法政大学専門部卒業後、日通米子支店に勤務。労働運動に入り、鳥取県総評議長、同事務局長、西部地評議長を歴任。昭和30年から鳥取県議4期。44年から社会党鳥取県本部委員長を2期務めた後、47年衆院議員に当選。平成5年同党国対委員長となり、自民党、新党さきがけとの連立による村山内閣誕生に尽力、6年同内閣建設相に就任。7年の改造内閣では官房長官に転じ、一貫して内閣を支えた。この間、建設相として長良川河口堰の本格運用を決断、党内からも批判を受けた。のち社民党副党首を務めた。8年引退。通算7期。 [趣]乗馬，将棋

【著書】政権(すずさわ書店 '96)

野坂 康夫　のざか・やすお

米子市長 [生]昭和20年6月22日 [出]鳥取県米子市 [学]東京大学経済学部中退 [歴]昭和44年外務省に入省。国内広報課長、国連局経済課長、バンクーバー総領事などを経て、平成10年9月退官。11年米子市長選に出馬。15年米子市長に当選。 http://www.nozaka.jp/

野崎 重弥　のざき・しげや

東久留米市長 [生]昭和30年1月21日 [出]東京都東久留米市 [学]日本大学法学部卒 [歴]東久留米職員、東久留米市議を経て、平成14年市長に当選。

野沢 太三　のざわ・だいぞう

参院議員(自民党) 法相 [生]昭和8年5月6日 [出]長野県辰野町 [学]東京大学工学部土木工学科(昭和31年)卒 工学博士 [賞]旭日大綬章(平成16年) [歴]昭和31年国鉄入社。54年施設局管理課長、56年長野鉄道管理局長、57年本社施設局長を経て、60年退職、野沢総合研究所を開設、所長に就任。自民党国民運動本部推進部長を経て、61年以来参院議員に3選。平成元年北海道開発庁政務次官。15年小泉第2次改造内閣、同年11月第2次小泉内閣の法相を務めた。田中派二階堂系、安倍派、三塚派を経て、森派。16年議員活動を引退。 [趣]読書，音楽，登山，スキー(検定1級)，ゴルフ [家]父=野沢勝一(辰野町議)

野沢 久人　のざわ・ひさと

福生市長 [生]昭和13年12月23日 [出]長野県 [学]東京教育大学教育学部卒 [歴]福生市役所に入る。社会教育主事、公民館兼市民会館館長、企画財政部長、助役などを経て、平成12年福生市長に当選。2期目。

のしま

野島 征夫　のじま・いくお
白鳥町(岐阜県)町長　⽣昭和20年8月8日　出岐阜県　学郡上北高卒　職白鳥町役場に入り、企画係長、議会事務局長を経て、平成4年町長に当選。3期途中の16年3月同町は近隣6町村と合併して新たに郡上市が発足。さくら道を造るため桜の植樹を続けた故・佐藤良二をモデルにした映画「さくら」の完成を機に、6年名古屋、金沢・兼六園250キロを走るさくら道国際ネイチャーラン大会を開催、7年大会長を務める。

野末 陳平　のずえ・ちんぺい
参院議員(無所属)　元・大正大学教授　⽣昭和7年1月2日　出山口県宇部市　学早稲田大学文学部東洋哲学科(昭和29年)卒　著定年と老年経済計画　賞勲二等旭日重光章(平成14年)　職民放テレビの脚本家として売り出す。のちタレントとしてもデビュー、黒メガネでエロと毒舌を売り物に昭和40年代前半を風靡した。46年参院選に初出馬、次々点で繰り上げ当選。24年議員を務めて引退。平成14年友人で落語家の立川談志に弟子入り。主著「姓名判断」「頭のいい税金の本」はベストセラー。
【著書】誰もハッキリ答えられない社会のカラクリの本(講談社'02)／お金最新情報源(青春出版社'98)／これなら元気が出る自信がつく(青春出版社'98)／老人栄えて国亡ぶ(講談社'97)／国会議員、人とお金のお作法(講談社'96)／公務員破産(CBS・ソニー出版'80)
【評伝】わが青春の早稲田(大下英治著 祥伝社'91)／小説 早稲田青春無頼帖(大下英治著 読売新聞社'87)

能勢 和子　のせ・かずこ
衆院議員(自民党　比例・中国)　⽣昭和14年8月30日　出高知県　学高知赤十字高等看護院(昭和36年)卒　職昭和56年緑風会長尾病院教育婦長、平成3年広島県看護協会常任理事、5年更生会草津病院看護部長などを経て、8年衆院議員に当選、1期。10年9月三塚派を離脱し亀井グループに参加。11年3月村上・亀井派、同年7月江藤・亀井派。12年落選。15年返り咲き。通算2期目。

能勢 邦之　のせ・くにゆき
岩見沢市長　⽣昭和9年12月22日　出北海道岩見沢市　学北海道大学法学部卒、北海道大学大学院(昭和34年)修士課程修了　職昭和34年に自治庁(現・自治省)に入省。茨城、宮城、静岡、広島の各県庁と本省を交互に歩き、54年財務局財務調査官、同年財政局交付税課長、57年広島県総務部長、59年官房企画室長、61年官房審議官を歴任して、62年7月退官。自治体国際化協会専務理事を経て、平成2年より岩見沢市長に3選。14年落選。趣読書、テニス　家兄=能勢之彦(ベイラー医科大学教授)、弟=能勢弘之(北海道大学教授)

野副 豊　のぞえ・ゆたか
唐津市長　⽣昭和3年6月14日　出佐賀県唐津市　学唐津中卒、海兵中退　職昭和20年唐津市役所に入る。38年財政課長、54年総務部長、55年助役を経て、58年市長に当選。3期つとめ、平成7年引退。

野田 卿　のだ・あきら
諫早市長　⽣昭和2年8月12日　出長崎県諫早市　学高松経専(昭和22年)卒　賞勲四等旭日小綬章(平成10年)　職昭和22年長崎県庁に入る。49年人事課長、51年東京事務所長、54年経済部長を経て、59年諫早市長に当選。3期つとめる。平成8年落選。

野田 国義　のだ・くによし
八女市長　⽣昭和33年6月3日　出福岡県八女郡広川町　学日本大学法学部(昭和57年)卒　職祖父、父ともに福岡県の広川町議を務める。平成4年まで福岡3区の古賀誠代議士(自民党)の八女地区担当秘書を務めた。5年八女市長に当

選。3期目。9年胃癌であることを公表、手術を受けた。
【評伝】青年よ故郷(ふるさと)に帰って市長になろう(全国青年市長会編 読売新聞社'94)

野田 聖子　のだ・せいこ
衆院議員(自民党　岐阜1区)　郵政相　㊤昭和35年9月3日　㊦福岡県　㊥上智大学外国語学部(昭和58年)卒　㊨建設相を務めた野田卯一衆院議員の孫。小学校の頃から政治家になるように教育を受け、米国の高校から上智大学、帝国ホテル勤務を経て、昭和62年岐阜県議に26歳で当選(全国最年少)。平成2年衆選選に岐阜1区から出馬。5年衆院議員に当選。6年6月超党派の議員による骨髄バンク世話人勉強会発足にあたり、会長となる。10年小渕内閣の郵政相に就任、戦後史上最年少の37歳での入閣となった。11年1月小渕改造内閣でも留任。4期目。高村派を経て、無派閥。13年参院議員で保守党の鶴保庸介と結婚。著書に「改革という美名のもとで」など。　㊙詩吟、サッカー、英会話　㊚パートナー=鶴保庸介(参院議員)、祖父=野田卯一(衆院議員)　http://www.noda-seiko.gr.jp/
【著書】私は、産みたい(新潮社'04)／国民のみなさまにお伝えしたいこと(PHP研究所'96)／アイアム聖イング((名古屋)海越出版社'87)

野田 毅　のだ・たけし
衆院議員(自民党　比例・九州)　自治相　建設相　元・保守党党首　㊤昭和16年10月3日　㊦東京都杉並区　㊥東京大学法学部(昭和39年)卒　㊨大蔵省に入り、保土ケ谷税務署長などを経て、昭和47年自民党から衆院議員に当選。55年通産政務次官を経て、平成元年宇野内閣の建設相、3年宮沢内閣の経済企画庁長官に就任。5年9月渡辺派を離脱。6年6月村山内閣発足後、離党。海部元首相グループと新党みらいの統一会派"高志会"に所属し、同年12月新進党結成に参加。10年1月自由党に参加、幹事長を務める。11年1月自由党が連立政権に参加して発足した小渕改造内閣の自治相に就任。12年4月自由党が連立離脱するにあたり新党・保守党を結成、幹事長に就任し、自民、公明両党とともに森連立政権を発足。13年9月保守党党首に就任。14年12月党の分裂に伴い、自民党に復党。15年の総選挙は比例区九州ブロックで1位当選。当選11回。山崎派。
http://www.nodatakeshi.com/
【著書】消費税が日本を救う(PHP研究所'04)／政策不況(野田毅, 鈴木淑夫編著 東洋経済新報社'98)
【評伝】藤原弘達のグリーン放談〈4〉勇往邁進(藤原弘達編　藤原弘達著作刊行会;学習研究社〔発売〕)('86)／超円高時代7人の提言(武藤嘉文, 野田毅ほか著 サンドケー出版局'95)／21世紀を担う若き政治家たち(木下厚著　政界往来社'89)／大蔵省主税局(栗林良光著　講談社'87)

野田 武義　のだ・たけよし
釜石市長　岩手県議(無所属)　野田学園理事長　㊤昭和2年6月7日　㊦岩手県釜石市　㊥釜石商(昭和20年)卒　㊨藍綬褒章(昭和57年)、勲三等瑞宝章(平成11年)　㊨農業共済組合長、釜石市議4期を経て、昭和46年以来岩手県議に4選。62年4月から釜石市長に3選。平成11年引退。　㊙盆栽、8ミリ

野田 哲　のだ・てつ
参院議員(社会党)　㊤大正15年1月10日　㊦岡山県笠岡市　㊥笠岡商(昭和17年)卒　㊨勲二等旭日重光章(平成8年)　㊨福山市役所職員、自治労本部副委員長、公務員共闘事務局長などを経て、昭和49年参院全国区で初当選。以来3期。ロッキード事件や鉄建公団事件では"参議院の爆弾男"として活躍。社会党内では靖国神社問題の権威の一人。平成4年引退。　㊙釣り

のた

野田 実　のだ・みのる
衆院議員(自民党)　帝京大学経済学部教授　⊕経済学　⊕昭和12年3月3日　⊕和歌山県日高郡日高町　⊕京都大学農業経済学科(昭和36年)卒　⊕昭和36年大蔵省入省。銀行局企画官、官房参事官を歴任して、60年9月退官。61年総選挙で落選、平成2年当選。三塚派。8年10月の衆院選で秘書が公職選挙法違反(買収)で有罪となり、連座制が適用されて当選無効となり失職。帝京大学教授を務める。

野田 佳彦　のだ・よしひこ
衆院議員(民主党　千葉4区)　⊕昭和32年5月20日　⊕千葉県船橋市　⊕早稲田大学政経学部政治学科(昭和55年)卒　⊕昭和60年松下政経塾を卒業。私設教育相談所長、青年政治機構副幹事長を務める。62年千葉県議に当選、2期つとめる。のち日本新党創立に参加し、平成5年衆院議員に当選。6年新進党結成に参加。8年落選。12年民主党から返り咲き。14年党代表選に立候補するが、鳩山由紀夫に敗れる。通算3期目。
http://www.nodayoshi.gr.jp/

能登 和夫　のと・かずお
三笠市長　⊕昭和6年3月24日　⊕平成6年8月28日　⊕北海道三笠市　⊕空知農(現・岩見沢農)(昭和23年)卒、三笠高定時制卒　⊕昭和23年三笠町役場に入ったが、6年後、働きながら地元三笠高定時制に入り勉強しなおす。教育長を経て、58年市長に当選、2期務めた。平成3年引退。　⊕野球、カラオケ

野中 英二　のなか・えいじ
衆院議員(自民党)　国土庁長官　⊕大正9年1月16日　⊕埼玉県　⊕慶応義塾大学法学部(昭和25年)卒　⊕勲一等瑞宝章(平成3年)　⊕埼玉県議を経て、昭和44年から衆院議員6期。50年国土政務次官、52年通産政務次官、55年衆院商工常任委員長を経て、平成元年宇野内閣の国土庁長官に就任。竹下派。平成2年、5年落選。　⊕叔父=野中徹也(衆院議員)

野中 一二三　のなか・かずみ
園部町(京都府)町長　京都府町村会会長　⊕昭和6年5月8日　⊕京都府　⊕園部小高等科(昭和21年)卒　⊕昭和46年から園部町議2期を経て、54年から町長。7期目。全国町村会副会長、京都府町村会会長なども務める。

野中 広務　のなか・ひろむ
衆院議員(自民党)　元・自民党幹事長　⊕大正14年10月20日　⊕京都府園部町　⊕園部中(昭和18年)卒　⊕勲一等旭日大綬章(平成14年)　⊕国鉄に勤務したのち、25歳の時郷里に戻り、園部町議3期、町長2期を経て、京都府議3期。林田悠紀夫知事実現の政治力を買われて、昭和53年副知事になった。57年水平社大会で部落の出身であると公言。58年衆院京都2区補選で当選。平成6年村山内閣の自治相、10年小渕内閣の官房長官、11年小渕改造内閣でも留任、また沖縄開発庁長官を兼任。12年4月〜12月自民党幹事長を務めるなど、自民党小渕派・橋本派の実力者として活躍した。当選7回。15年10月自民党総裁選での候補者擁立をめぐり橋本派が分裂した事態を受けて政界を引退。竹下派、旧小渕派を経て、橋本派。
【著書】イラク派兵を問う(天木直人、池田香代子ほか著　岩波書店'04)／老兵は死なず(文芸春秋'03)／私は闘う(文芸春秋'96)
【評伝】野中広務　差別と権力(魚住昭著　講談社'04)／野中広務(海野謙二編著(京都)思文閣出版'02)

野原 啓蔵　のはら・けいぞう
利賀村(富山県)村長　⊕大正6年1月26日　⊕富山県利賀村　⊕利賀高小卒　⊕勲四等瑞宝章(昭和63年)　⊕昭和17年利賀村役場職員となり、22年収入役、

27年助役。退職後、特定郵便局長を経て、50年以来村長に3選。演劇活動で過疎化に歯止めをかけようと鈴木忠志の早稲田小劇場(現・SCOT)を招き、2期目には国際演劇祭“ 利賀フェスティバル”を始め、毎年世界各国の演劇人を招く。60年ギリシャのデルフォイと姉妹都市提携。

野平 匡邦 のひら・まさくに

銚子市長 俳人 [生]昭和22年7月25日 [出]千葉県下総町 筆名＝野平大魚 [学]東京大学法学部(昭和48年)卒 [歴]昭和48年自治省に入省。平成元年仙台市財政局長、4年公営企業金融公庫経理部資金課長、6年経理部次長。同年建設省建設経済局建設振興課長。8年自治省財政局指導課長を経て、9年3月岡山県副知事、11年4月自治省会計課長、12年消防庁審議官。13年4月退官。14年銚子市長に当選。 [家]父＝野平椎霞(俳人)

【著書】地方財政の再建現場から(ぎょうせい '01)

信田 邦雄 のぶた・くにお

参院議員(民主党) [生]昭和12年3月10日 [出]北海道北見市 [学]仁頃高 [賞]北海道社会貢献賞(平成5年)，北見市統計功労賞 [歴]北見市で農業を営む。昭和37年から農民運動に従事。平成6年から北海道農民連盟本部の書記長を務め、欧州型の直接所得補償の実施を国に訴え続ける。9年委員長に就任。10年民主党より参院選比例区に立候補するが落選。14年9月参院議員に繰り上げ当選。16年落選。

野辺 修光 のべ・おさみつ

宮崎県議(自民党 串間市) 串間市長 [生]昭和17年8月17日 [出]宮崎県 [学]宮崎大学農学部卒 [歴]串間市農業委員などを経て、昭和54年から市議連続2期。この間、副議長、議長を務めた。62年宮崎県議に当選。平成2年串間市長に当選。4年収賄で逮捕され辞職。12年11月当選するが、元地区後援会会長が公職選挙法違反(買収)で逮捕され、14年6月現職の自治体首長では初の連座制により失職した。同年7月宮崎県議選補選に当選。通算3期目。

野別 隆俊 のべつ・たかとし

参院議員(社会党) [生]昭2.3.30 [出]宮崎県日向市 [学]京都長岡園芸専卒 [賞]勲三等旭日中綬章(平成9年) [歴]宮崎県経済農協連、宮崎市農林水産課を経て、昭和41年宮崎市議補選に当選、連続5期つとめる。宮崎市職労委員長など歴任の後、宮崎県議3期を経て、平成元年参院議員に当選。7年落選。

野間 赳 のま・たけし

参院議員(自民党) [生]昭9.4.3 [出]愛媛県 [学]明治大学政経学部(昭和32年)卒 [歴]愛媛県議6期、平成2年議長ののち、4年以来参院議員に2選。13年小泉内閣の農水副大臣。渡辺派、村上・亀井派、江藤・亀井派を経て、亀井派。16年引退。 [趣]読書，ゴルフ

野間 友一 のま・ともいち

衆院議員(共産党) 弁護士 [生]昭7.10.5 [出]兵庫県多紀郡篠山町 [学]早稲田大学法学部卒 [歴]昭和47年以来衆院議員に5選。共産党県副委員長をつとめる。平成2年落選。

許山 秀哉 のみやま・ひでや

古賀町(福岡県)町長 [生]大正12年9月7日 [没]平成2年11月15日 [出]福岡県粕屋郡古賀町 [学]西南学院高等部(昭和19年)卒 [歴]昭和38年古賀町議、42年福岡県議1期。この間、43年から6年半、古賀町商工会会長。50年から古賀町長を連続4期務め、千鳥パークタウンの大規模住宅団地誘致や工業、食品加工団地の企業誘致などに手腕を振るった。

野村 五男 のむら・いつお
参院議員(自民党) [生]昭和16年12月2日 [出]茨城県 [学]早稲田大学政経学部卒 [歴]代議士秘書を経て、茨城県議に3選。平成元年参院補選で自民党から当選、2期務めた。10年落選。12年衆院選に自由党から立候補するが、落選。

野村 興児 のむら・こうじ
萩市長 [生]昭和19年7月29日 [出]山口県萩市 [学]京都大学経済学部(昭和42年)卒,ハーバード・ロースクール(昭和51年)修了 [歴]昭和42年大蔵省に入省。58年大阪国税局査察部長、60年人事院事務総局給与局給与第二課長、62年主税局税制第三課長、平成元年第二課長、2年国税庁総務課長、3年6月福岡国税局長を経て、4年6月調査査察部長に就任。5年10月萩市長に当選。3期目。

野村 宣一 のむら・せんいち
茨木市長 [生]昭和16年12月3日 [出]大阪府 [学]関西大学法学部 [歴]茨木市助役を経て、平成16年市長に当選。

野村 哲郎 のむら・てつろう
参院議員(自民党 鹿児島) [生]昭和18年11月20日 [出]鹿児島県隼人町 [学]ラサール高(昭和37年)卒 [歴]中馬辰猪衆院議員の秘書を経て、昭和44年鹿児島県農協中央会に入る。平成4年合併推進部長、8年参事、11年常務理事を歴任。16年参院選に自民党から当選。 [趣]落語,ゴルフ http://www.nomura-best.jp/

野村 仲三郎 のむら・なかさぶろう
鈴鹿市長 [生]大14.1.21 [出]三重県 [学]福岡県立医歯専(昭和22年)卒 医学博士 [賞]勲四等瑞宝章(平成7年) [歴]三重県歯科衛生士学校教頭、三重県立医大非常勤講師から鈴鹿市収入役となり、昭和50年以来市長に3選。62年落選。

野村 靖 のむら・やすし
阿南市長 [生]昭和6年10月1日 [出]徳島県阿南市 [学]新野高(昭和25年)卒 [歴]昭和27年福井村役場、30年合併により橘町役場、33年合併により阿南市役所に。55年建設部副部長、56年同部長、57年総務部長、59年企業局長を経て、助役。62年から阿南市長に4選。平成15年引退。 [趣]読書

野本 重雄 のもと・しげお
桶川市長 [生]大6.11.20 [出]埼玉県桶川市 [学]大宮工(昭和10年)卒 [歴]昭和46年から桶川市議4期、市会議長を経て、60年から市長に2選。平成5年引退。

乗富 光義 のりどみ・みつよし
柳川市長 [生]昭和2年10月23日 [出]福岡県 [学]東京大学法学部(昭和26年)卒 [歴]昭和26年大蔵省入省。45年主計局司計課長、49年青森県副知事、51年大蔵省官房審議官を歴任して、53年退官。54年から柳川市長を2期つとめた。60年引退。

野呂 昭彦 のろ・あきひこ
三重県知事 衆院議員(新進党) [生]昭和21年8月28日 [出]三重県飯南郡飯高町 [学]慶応義塾大学工学部(昭和44年)卒,慶応義塾大学大学院工学研究科(昭和47年)修了 [歴]日立金属、父の秘書を経て、昭和58年自民党から衆院議員に当選。当選4回。若手国会議員の政策集団“自由社会フォーラム”のメンバーとしてリゾート開発問題に取り組む。河本派に所属するが、平成6年6月村山内閣発足後、離党。海部元首相グループと新党みらいの統一会派“高志会”に加わる。同年12月新進党結成に参加。8年落選。12年松阪市長に当選、1期務める。15年三重県知事に当選。 [趣]油絵 [家]父=野呂恭一(厚相)
【著書】リゾートは、いま、日本を変える(広済堂出版 '88)

野呂田 芳成　のろた・ほうせい
衆院議員(自民党　秋田2区)　防衛庁長官　農水相　[生]昭和4年10月25日　[出]秋田県能代市浅内　[学]中央大学法学部(昭和28年)卒　[賞]勲一等旭日大綬章(平成14年)　[歴]昭和28年建設省に入り、都市計画課長、文書課長などを歴任して、52年参院議員に当選。58年衆院選に転じ当選、7期目。平成7年村山改造内閣の農水相をつとめる。10年11月額賀福志郎長官の後任として、小渕内閣の防衛庁長官に就任。11年1月小渕改造内閣でも留任。竹下派、旧小渕派を経て、旧橋本派。著書に「日本の進路を考える」。

【 は 】

博田 東平　はかた・とうへい
尾道市長　弁護士　[生]昭和10年8月28日　[出]広島県尾道市　[学]中央大学法学部(昭和34年)卒　[歴]昭和34年司法試験合格、37年検事を経て、40年弁護士登録。53年尾道市教育委員。54年以来尾道市長に4選、平成7年落選。　[趣]ラグビー，野球，映画

計屋 圭宏　はかりや・けいこう
衆院議員(民主党　比例・南関東)　[生]昭和20年1月15日　[出]鹿児島県　[学]神奈川大学経済学部卒，神奈川大学大学院経営学研究科国際経営専攻　[歴]昭和62年民社党から神奈川県議に当選、2期つとめる。平成5年新生党、8年無所属、12年民主党から衆院選に立候補。15年衆院議員に当選。　[家]妻＝計屋珠江(神奈川県議)　http://www.hakariya.org/

萩生田 光一　はぎうだ・こういち
衆院議員(自民党　東京24区)　[生]昭和38年8月31日　[出]東京都八王子市　[学]明治大学商学部卒　[歴]黒須隆一議員秘書を経て、平成3年八王子市議に当選、3期。13年東京都議に当選。15年衆院議員に当選。　[趣]ゴルフ，野球，ラクビー，映画，食べ歩き　http://www.ko-1.jp/

萩野 浩基　はぎの・こうき
衆院議員(自民党　比例・東北)　東北福祉大学学長　[専]政治学　[生]昭和15年7月20日　[出]島根県鹿足郡津和野町　[学]駒沢大学仏教学科卒，早稲田大学大学院政治学研究科修了，駒沢大学大学院修了　[歴]玉川大学、共立女子大学各講師、ロンドン大学客員教授等を経て、東北福祉大学教授。同大大学院長、米国セント・オラフ大学客員教授を歴任。平成4年参院宮城補選に連合から当選。7年落選。8年新進党から衆院議員に当選。のち自民党入り。3期目。橋本派。この間、6年東北福祉大学学長に就任。編著に「現代社会の福祉政治論」「現代社会福祉要論」、監訳書に「社会民主主義の動向」、M.D.ハンコック、G.ショバーリ「ポスト福祉国家の政治」。　[団]日本政治学会，日本行政学会

【著書】現代社会福祉要論(高文堂出版社 '91)／感性のとき(ぎょうせい '88)／感性のとき(ぎょうせい '88)

萩野 礼治郎　はぎの・れいじろう
大安町(三重県)町長　[生]昭和3年5月3日　[出]三重県　[学]富田中(旧制)(昭和21年)卒　[賞]勲五等双光旭日章(平成13年)　[歴]三重県梅戸井町(現・大安町)町長の二男として生まれる。旧制中学を卒業後、家業の繭問屋を継ぐ。昭和34年大安町議に当選、37年議長。46年町長に当選し、親子2代で町長に就任。2期目以後は3回とも無投票当選し、4期務めた。アイデア町長としてユニークな町づくりを推進。図書館駅の三岐鉄道大安駅の誕生や、61年5月の全国野鳥保護のつどいの開催などに尽力して同町を一躍有名にした。　[趣]読書，美術鑑賞　[家]父＝萩野為一(三重県梅戸井町長)

萩山 教厳　はぎやま・きょうごん
衆院議員（自民党　比例・北陸信越）　[生]昭和7年3月20日　[出]富山県　[学]立命館大学法学部（昭和32年）卒　[賞]勲二等旭日重光章（平成15年）　[歴]昭和32年正力松太郎秘書を経て、46年より富山県議に2選。平成2年衆院議員に当選。5期目。亀井派。13年小泉内閣の防衛庁副長官に就任。

萩原 定次郎　はぎわら・さだじろう
富士見市長　[生]大正10年8月30日　[出]埼玉県富士見市　[学]川越工業試験場木工卒　[賞]勲四等瑞宝章（平成14年）　[歴]富士見市議2期を経て、昭和63年富士見市長に当選。3期務め、平成12年引退。

萩原 誠司　はぎわら・せいじ
岡山市長　[生]昭和31年4月28日　[出]岡山県英田郡西粟倉村　[学]東京大学教養学部（昭和55年）卒　[歴]通商産業省情報政策企画室長、政策企画官を経て、平成11年1月岡山市長に当選。2期目。　[趣]水泳，音楽鑑賞

萩原 弥惣治　はぎわら・やそうじ
前橋市長　[生]昭和8年9月22日　[出]群馬県前橋市　[学]勢多農林（昭和27年）卒　[賞]藍綬褒章（平成3年）　[歴]群馬県青年団連会長、前橋市議3期ののち、昭和54年から群馬県議に5選。平成7年議長。8年から前橋市長に2選。16年落選。　[趣]柔道，サッカー

白 真勲　はく・しんくん
参院議員（民主党　比例）　ジャーナリスト　[生]昭和33年12月8日　[出]東京都新宿区　[学]日本大学大学院（昭和60年）修了　[歴]昭和60年朝鮮日報日本支社に入社。平成3年副社長を経て、6年支社長。宣伝と販売を担当し、同新聞の日本語ウェブサービスの他、NTTのiモードで初めてとなる海外メディア公式コンテンツを手がけた。TBS「サンデー・ジャポン」のコメンテーターを務める他、ラジオ番組にも出演。父は韓国人、母は日本人で日本生まれの日本育ち。15年日本国籍を取得。16年参院議員に民主党から当選。

箱根 宏　はこね・ひろし
土浦市長　[生]大正8年7月5日　[没]昭和62年10月6日　[出]茨城県　[学]東京大学経済学部（昭和19年）卒　[歴]昭和46年土浦市長に当選したが、48年10月国民宿舎建設に絡む収賄事件を起こして逮捕。56年12月市長に返り咲き、通算3期つとめた。　[趣]囲碁

硲 孝司　はざま・たかし
郡上市長　[生]昭和16年11月14日　[出]岐阜県郡上郡高鷲村　[学]畜産講習所（昭和37年）卒　[歴]高鷲村で農林業に従事。昭和46年から村議4期を経て、62年村長に当選。平成5年分水嶺市町村の水源地域の環境、水質保全を目的に発足した全国分水嶺市町村協議会に参加。6年同村で第7回全国分水嶺（界）サミットを開催、実行委員長を務めた。5期目途中の16年4月同村が近隣6町村と合併して新たに発足した郡上市長に当選。　[趣]旅行

橋上 義孝　はしがみ・よしたか
河内長野市長　[生]昭和5年3月30日　[出]大阪府　[学]近畿大学法学部卒　[歴]河内長野市議会議長を経て、平成8年7月市長に当選。3期目。

橋中 義憲　はしなか・よしのり
羽咋市長　[歴]羽咋市議を経て、平成16年市長に当選。

橋本 昭男　はしもと・あきお
城陽市長　[生]昭和19年7月22日　[出]京都府城陽市　[学]洛陽工卒　[歴]昭和40年城陽市職員となる。都市整備部長、市長公室長、理事を歴任。平成13年城陽市長に当選。　[趣]野菜づくり

橋本 敦　はしもと・あつし
参院議員(共産党)　弁護士　⑰昭和3年8月23日　⑱大阪府大阪市　㉑京都大学法学部(昭和26年)卒　㉒昭和32年弁護士を開業。49年以来参院議員に4選。平成13年引退。

橋本 清仁　はしもと・きよひと
衆院議員(民主党　比例・東北)　⑰昭和46年5月8日　⑱宮城県　㉑早稲田大学法学部(平成8年)卒　㉒福祉環境コーディネーター　㉓衆院議員秘書を経て、介護老人保健施設の専務理事を務める。農業生産法人BBCフォレスト取締役、NPO法人Feed The Chilldren Japan理事を兼任。平成15年民主党から衆院議員に当選。　http://www.kiyohito.com/

橋本 孝一郎　はしもと・こういちろう
参院議員(民社党)　元・全国電力労働組合連合会会長　⑰大正15年2月20日　㉔平成14年11月19日　⑱三重県　㉑松阪商(昭和17年)卒　㉖勲三等旭日中綬章(平成8年)　㉒昭和18年中部配電入社。28年中部電力労組副委員長、33年全労会議渉外部長、42年中部電力労組委員長、50年電労連会長、53年電力労連会長、同盟副会長を歴任。55年化学エネルギー労協議長。61年参院議員に民社党の名簿1位として当選、1期。平成4年引退した。　㉚ラグビー観戦、観劇

橋本 聖子　はしもと・せいこ
参院議員(自民党　比例)　スピードスケート選手　自転車選手(ロード)　⑰昭和39年10月5日　⑱北海道勇払郡早来町本名=石崎聖子　㉑駒大苫小牧高(昭和58年)卒　㉖スポーツ功労者(文部省)(昭和63年、平成2年)、日本スポーツ賞(第44回)(平成2年)、文部大臣表彰(平成4年)　㉒59年サラエボ五輪出場。55年〜平成3年全日本選手権10連覇、また全日本スプリント3連勝。同年W杯(レークプラシッド)500優勝。カルガリー五輪の1500でも5位入賞。平成元年及び2年世界選手権500優勝。2年世界選手権で銀メダル、W杯(松本)1000優勝。4年アルベールビル五輪1500で日本女子冬季初の銅メダル、1000は5位、世界選手権総合銅メダル。同年のW杯(軽井沢)1000優勝。5年全日本選手権総合優勝。6年リレハンメル五輪1000は21位、1500は9位、3000は日本新記録で6位、5000は8位。一方、自転車にも挑戦し、昭和63年ソウル五輪の代表となる。平成4年のバルセロナ五輪では3000個人追い抜き代表。3分51秒674の日本新記録を出すが11位。6年4月富士急を退社後は、フリーになると共に自転車のプロ選手に転向。同年7月W杯第4戦の3000個人追い抜きで日本最高記録をマークし、4位に。同年10月広島アジア大会では3000個人追い抜きで銅メダル。8年アトランタ五輪に出場。夏、冬あわせて7度の五輪出場は世界最多タイ。この間、7年参院議員に自民党から当選。2期目。三塚派を経て、森派。10年12月警視庁SPと結婚。12年4月女児を出産、現職国会議員の出産は2人目となる。　㉚乗馬　http://www.seiko-hashimoto.com/

橋本 大二郎　はしもと・だいじろう
高知県知事　⑰昭和22年1月12日　⑱東京都　㉑慶応義塾大学経済学部(昭和45年)卒，慶応義塾大学法学部(昭和47年)卒　㉒父は元厚相の橋本龍伍、兄は元首相の橋本龍太郎。昭和47年NHK入局。福岡放送局、大阪放送局勤務を経て、56年報道局社会部。63年4月から「NHKニュースTODAY」のキャスターとなる。平成3年8月退局し、12月高知県知事に当選。4期途中の16年10月、3年の知事選の選挙資金問題を巡り県議会で知事辞職勧告決議案が可決されたのを受け、知事を辞職。11月出直しの知事選で当選、5期目。㉝父=橋本龍伍(衆院議員)，母=橋本正

(日本ユニセフ専務理事), 兄=橋本龍太郎(首相)

【著書】いつもハッピー(講談社 '02)／知事(平凡社 '01)／未来日本の構図(くまざさ社;博美館出版〔発売〕'99)／土佐発 情報維新(徳間書店 '95)／「政治家」無用論(講談社 '95)／破天荒、大二郎がゆく(講談社 '93)

【評伝】対談 知事として(中川和雄, 橋本大二郎著 毎日新聞社'93)

橋本 卓 はしもと・たかし
箕面市長 ㊓昭和13年8月16日 ㊕大阪府 ㊖神戸大学教育学部卒 ㊗箕面市助役を経て、平成5年市長に当選。2期つとめる。12年引退。

橋本 文彦 はしもと・ふみひこ
衆院議員(公明党) 弁護士 ㊓昭13.12.20 ㊕東京都目黒区 ㊖中央大学法学部(昭和38年)卒 ㊗昭和58年以来神奈川3区から衆院議員に2選。平成2年引退。

橋本 昌 はしもと・まさる
茨城県知事 ㊓昭和20年11月19日 ㊕茨城県那珂郡東海村 ㊖東京大学法学部(昭和44年)卒 ㊗昭和44年自治省に入省。60年山梨県総務部長、62年自治省財務調査官、63年国土庁防災局防災調整課長、平成2年消防庁危険物規制課長、3年同消防課長、4年自治省財務局公営企業第一課長を経て、5年茨城県知事に当選。3期目。 ㊙ゴルフ, 麻雀

橋本 龍太郎 はしもと・りゅうたろう
衆院議員(自民党 岡山4区) 首相 ㊓昭和12年7月29日 ㊕東京 ㊖慶応義塾大学法学部政治学科(昭和35年)卒 ㊘ベストドレッサー賞(平成2年), ネパール・ゴルカ・ダクシン・バフ勲章(平成11年) ㊗父は吉田内閣、岸内閣で厚生相などを務めた橋本龍伍。また弟・大二郎は高知県知事を務めるなど政治家一家として知られる。呉羽紡績社員、厚生相秘書を経て、昭和38年父の後を継ぎ25歳で衆院最年少議員として当選。当選14回。大平内閣の厚相などを歴任し、61年第3次中曽根内閣の運輸相、平成元年自民党幹事長に就任。同年8月海部内閣では蔵相を務める。"一龍戦争"と評されるなど小沢一郎のライバルとして将来を嘱望されるが、3年秘書が富士銀行の不正融資に関わり、同年10月蔵相を辞任。5年の総裁選では推されながら辞退し、党政調会長となる。6年社会党、新党さきがけとの村山連立政権内閣の通産相に就任。同年9月の党総裁選で総裁となり、副総理に就任。8年1月村山内閣退陣の後をうけ首相となり、社会党、新党さきがけとの連立を継承。同年10月の総選挙では単独過半数に迫る大勝利となり、11月首相に再選されると連立を解消して3年振りに自民党単独の第2次橋本内閣を発足。その後、自民党への入党者が相次ぎ、衆院での単独過半数を獲得するが、経済政策の失敗によって未曽有の不況を招き、10年7月の参院選では改選議席を大幅に下回る惨敗で退陣。12年7月旧小渕派を引き継ぎ、橋本派(平成研究会)とする。同年12月第2次森改造内閣の沖縄開発庁長官に就任し、13年1月中央省庁再編で行政改革担当相、沖縄北方対策担当相となる。同年4月再び党総裁選に立候補。16年7月橋本派が日本歯科医師連盟から献金を受けながら政治資金収支報告書に記載しなかった問題の責任をとって橋本派会長を辞任、派閥も離脱した。 ㊐日本山岳協会(名誉会長) ㊙剣道(錬士5段), 登山, 読書 ㊛父=橋本龍伍(衆院議員), 母=橋本正(日本ユニセフ協会専務理事), 弟=橋本大二郎(高知県知事), 妻=橋本久美子, 祖父=若宮貞夫(衆院議員) http://www2.odn.ne.jp/~cap47570/hasimoto/

【著書】燃える剣(橋本龍太郎述;日本出版放送企画 星雲社〔発売〕'96)／VISION

OF JAPAN（ベストセラーズ '94）／政権奪回論（講談社 '94）

【評伝】この政治空白の時代（内田健三著 木鐸社'01）／橋本龍太郎とわたし（川田善朗編 成甲書房'01）／龍ちゃん流 橋本龍太郎（田村重信編著 ベストセラーズ'98）／橋本龍太郎孤独な戦い（奥村茂編著 並木書房'98）／橋龍が愛した女（金沢京子著 鹿砦社'96）／橋本龍太郎・全人像（仮野忠男，長田達治著 行研出版局'96）

蓮実 進　はすみ・すすむ

衆院議員（自民党　比例・北関東）　国土交通副大臣　[生]昭和8年2月12日　[出]栃木県那須郡那須町　[学]明治大学経済学部（昭和30年）卒　[歴]昭和30年から船田中元衆院議長の秘書として25年間仕え、その死後に独立。58年2月参院栃木地方区の補選、6月の参院選、61年及び平成2年衆院選に栃木1区から出馬したが落選。5年衆院議員に当選。16年第2次小泉改造内閣の国土交通副大臣に就任。4期目。森派。プロ野球界を騒がせた“江川騒動”の“空白の1日”仕掛け人として有名。　http://www.hasumi-susumu.com/

馳 浩　はせ・ひろし

衆院議員（自民党　比例・北陸信越）　プロレスラー　[生]昭和36年5月5日　[出]富山県　[学]専修大学文学部卒　[歴]昭和59年ロス五輪グレコ・ローマンの90キロ級に出場、2回戦まで進む。学生時代から小野小町を愛し、大学卒業後、母校の星稜高校国語教師となってからも度々文学散歩の旅に加わっていた。60年8月教師をやめ、長州力（専大先輩）主催のジャパンプロレスに入門。62年12月小林邦昭からIWGPジュニア・ヘビー級王座を奪取。7年参院議員に当選。12年衆院選石川1区で当選。15年選挙区で敗れるが、比例区で復活当選。2期目。三塚派を経て、森派。新日本プロレスアドバイザリー・スタッフを務めていたが、8年11月全日本プロレス入団。著書に「闘いのゴングが聞こえているか」など。　[団]日本文学風土学会　[家]妻＝高見恭子（タレント）　http://www.hasenet.org/

【著書】馳浩のやさしい教育論（長崎出版 '03）／元気の出る日本語（扶桑社 '02）／国会赤裸々白書（エンターブレイン '02）／感じたら走りだせ（北国新聞社 '96）

長谷 百合子　はせ・ゆりこ

衆院議員（社会党）　映画評論家　[生]昭和22年4月25日　[出]愛知県名古屋市　[学]お茶の水女子大学教育学部史学科（昭和46年）卒，お茶の水女子大学大学院現代政治思想史専攻（昭和48年）修了　[歴]大学では全共闘運動に参加。出版社のアルバイトを経て、昭和47年新宿・ゴールデン街のスナック「ひしょう」経営。映画〈緋牡丹〉シリーズの藤純子に似ていたため“お竜さん”と親しまれる。映画評論もこなす。平成2年社会党から衆院議員に当選。5年落選、6年離党。

長谷川 明　はせがわ・あきら

桜井市長　[生]昭和2年11月3日　[出]奈良県　[学]三重農林専卒　[歴]昭和24年奈良県経済連を経て、36年桜井市に転じ、44年市長公室秘書・人事課人事係長、47年議会事務局長、54年市長公室長、57年収入役を経て、平成3年市長。4期目。　[趣]読書，将棋

長谷川 清　はせがわ・きよし

参院議員（民主党）　[生]昭和7年6月26日　[出]旧朝鮮・釜山　[学]大分工（昭和27年）卒　[賞]勲二等瑞宝章（平成14年）　[歴]昭和27年東京電力に入社。49年東京同盟書記長、62年電電労組委員長、63年電力労連副会長などを経て、電力総連副会長。平成4年民社党から参院議員に当選。6年新進党、10年1月新党友愛結成に参加。同年4月民主党に合流。2期務めた。16年引退。

長谷川 健一 はせがわ・けんいち
八街市長 ㊐昭和10年12月6日 ㊍千葉県 ㊫佐倉一高(昭和29年)卒 ㊖八街市議会議長を経て、平成6年市長に当選。3期目。

長谷川 治一 はせがわ・じいち
鴨川市長 ㊐大11.3.9 ㊍千葉県 ㊫安房農卒 ㊚勲五等双光旭日章(平成5年) ㊖昭和54年以来鴨川市長に3選。平成2年引退。

長谷川 四郎 はせがわ・しろう
衆院議員(自民党) 建設相 ㊐明治38年1月7日 ㊑昭和61年8月7日 ㊍群馬県桐生市 ㊫高小卒 ㊚勲一等旭日大綬章(昭和53年), 群馬県名誉県民 ㊖桐生商工会議所副会頭、群馬県議を経て、昭和24年以来群馬2区から衆院議員に連続14選。43年佐藤内閣の農相、47年衆院副議長、51年福田内閣の建設相を歴任、61年6月引退。椎名悦三郎派幹部として、ロッキード事件後の三木内閣誕生に動いた。また中川一郎の自殺後同派会長を代行した。のち福田派。

長谷川 信 はせがわ・しん
参院議員(自民党) 法相 ㊐大正7年12月4日 ㊑平成2年10月28日 ㊍新潟県 ㊫早稲田高等学院(昭和11年)中退 ㊖昭和30年長岡市議、38年新潟県議4期を経て、51年以来参院議員に3選。平成2年2月第2次海部内閣の法相に就任するが、9月脳卒中で倒れて辞任。竹下派。 ㊛古美術収集 ㊕息子=長谷川道郎(参院議員)

長谷川 峻 はせがわ・たかし
衆院議員(自民党 宮城2区) 労相 運輸相 法相 ㊐明治45年4月1日 ㊑平成4年10月9日 ㊍宮城県栗原郡若柳町 ㊫早稲田大学専門部政経科(昭和7年)卒 ㊚モンゴル北極星勲章(平成4年) ㊖昭和8年九州日報社に入り、10年編集局長。20年緒方国務相秘書となり、28年から衆院議員に13選。48年第2次田中改造内閣の労相、49年三木内閣の労相、57年中曽根内閣の運輸相を経て、63年竹下改造内閣の法相に就任したが、僅か4日で辞任。衆院議運委員長、党国民運動本部長などを歴任。平成3年の安倍派の跡目争いの際には、三塚博を会長に指名する"裁定"を行った。
【評伝】リクルートゲートの核心(朝日ジャーナル編 すずさわ書店'89)

長谷川 孝之 はせがわ・たかゆき
焼津市長 ㊐大正15年1月27日 ㊍静岡県焼津市 ㊫彦根高商(昭和20年)卒 ㊚藍綬褒章 ㊖焼津市議3期を経て、昭和46年以来静岡県議に5選。この間、55年副議長、60年議長を務めた。平成3年焼津市長に当選、3期務める。12年公職選挙法違反(特定寄付の禁止)の疑いで静岡県警と焼津署に逮捕される。 ㊛読書, スポーツ

長谷川 長二郎 はせがわ・ちょうじろう
三条市長 ㊐昭和4年12月20日 ㊍新潟県三条市 ㊫三条商工卒 ㊖三条商工会議所副会頭、三条市議、同市会議長を経て、平成7年三条市長に当選。11年落選。 ㊛読書

長谷川 憲正 はせがわ・のりまさ
参院議員(自民党 比例) ㊐昭和18年1月1日 ㊍埼玉県 ㊫東京大学法学部(昭和42年)卒 ㊖昭和42年郵政省に入省。58年電気通信局国際課長、59年通信政策局国際企業課長、62年電気通信局電波部基幹通信課長、63年郵務局総務課長、平成元年通信政策局総務課長、2年官房国際課長、3年四国郵局長、4年6月官房審議官、5年7月郵務局次長、6年7月東海郵政局長、7年6月国際部長、9年7月郵務局長、10年6月郵政審議官を経て、12年駐フィンランド大使。15年11月退官。16年参院選比例区に自民党から立候補し当選。 ㊛空手

長谷川 正栄　はせがわ・まさよし
浜北市長　⊕昭和20年9月9日　⊕静岡県浜北市　⊕東京大学経済学部（昭和43年）卒　⊕昭和43年大蔵省に入り、尾張瀬戸税務署長、理財局国有財産審査課長、近畿財務局総務部長、銀行局検査部審査課長などを経て、平成2年環境庁企画調整局企画調整課長、4年名古屋税関長を経て、5年6月官房参事官に就任。7年9月退官。8年浜北市長に当選。3期目。

長谷川 道郎　はせがわ・みちお
参院議員（自民党）　⊕昭和21年4月13日　⊕新潟県新潟市　⊕法政大学法学部（昭和44年）卒　⊕長谷川酒造社長、長岡青年会議所理事長、平成2年法務大臣秘書などを経て、平成7年新進党から参院議員に当選。9年離党。同年12月自民党に入党。10年9月三塚派を離脱し亀井グループに参加。11年3月村上・亀井派となる。13年落選。15年衆院選比例区北陸信越ブロックに立候補。　⊕読書、映画、スキー　⊕父＝長谷川信（法相）

長谷川 稔　はせがわ・みのる
倉吉市長　⊕昭和22年2月24日　⊕鳥取県　⊕倉吉東高卒　⊕倉吉市議を経て、平成7年より鳥取県議に2選。14年倉吉市長に当選。

長谷川 義明　はせがわ・よしあき
新潟市長　⊕昭和9年11月2日　⊕新潟県新潟市　⊕京都大学工学部（昭和33年）卒　⊕建設省に入り、昭和57年建設省市街地建築課長、58年福岡県建築部長、60年新潟市助役を経て、平成2年新潟市長に当選、3期務める。14年引退。　⊕日本建築学会

長谷川 錄太郎　はせがわ・ろくたろう
成田市長　⊕大正3年11月24日　⊕平成13年11月25日　⊕千葉県成田市　⊕成田中（昭和7年）卒　⊕勲三等瑞宝章（平成7年）　⊕昭和30年成田商工会長、42年成田市監査委員を経て、成田闘争の第二次強制代執行を目前に控えた46年建設推進派として成田市長に当選。6期務め、平成7年引退した。

長谷部 秀見　はせべ・ひでみ
美深町（北海道）町長　⊕大正2年6月23日　⊕平成12年6月12日　⊕北海道中川郡美深町　⊕美深尋常高小高等科（昭和2年）卒　⊕北海道知事賞（昭和58年・62年）、勲四等瑞宝章（昭和63年）、美深町名誉町民（平成10年）　⊕16歳で農家を継ぐ。美深町農協組合長を経て、昭和42年美深町長に当選。5期務めた。町内に日本一の赤字路線である国鉄美幸線があり、53年には東京・銀座や大阪・御堂筋で3000枚の切符をさばいたり、美幸線で見合いをさせて25組のカップルを誕生させるなど努力するが、60年9月廃止となった。62年4月引退。のち、長谷部よろず相談所を主宰。
【著書】日本一赤字ローカル線物語（草思社 '82）

畑 英次郎　はた・えいじろう
衆院議員（民主党）　通産相　⊕昭和3年9月10日　⊕大分県日田市　⊕武蔵工専（昭和21年）中退　⊕勲一等瑞宝章（平成12年）　⊕日田市役所勤務、衆院議員広瀬正雄秘書を経て、昭和43年以来日田市長に3選。54年自民党から衆院議員に当選。郵政政務次官、厚生政務次官、衆院逓信委員長など歴任。当選7回。竹下派、羽田派を経て、平成5年6月新生党結成に参加。同年8月細川内閣の農水相に就任、6年4月羽田内閣では通産相をつとめる。同年12月新進党、8年12月太陽党結成に参加し、幹事長に就任。10年民政党を経て、民主党に合流。12年引退。　⊕ゴルフ、スポーツ観戦、読書

畑 恵　はた・けい

参院議員(自民党)　作新学院副院長　ギャルリー・デュ・タン代表　⊕昭和37年2月15日　⊕東京都目黒区　本名=船田恵　⊕早稲田大学第一文学部仏文科(昭和59年)卒　⊕昭和59年NHKに入局。「NHKガイド」などを経て、61年10月から土・日曜の「7時のニュース」を担当。平成元年フリーとなり、テレビ朝日と専属契約。10月から1年間鳥越俊太郎と「ザ・スクープ」のキャスターを務める。7年参院選比例区に新進党から当選。8年離党して自民党に移る。旧渡辺派を経て、10年12月山崎派に参加。13年には現職の参院議員としての初の大学院博士課程(お茶の水大学大学院人間環境科学専攻)に入学。同年参院選では東京選挙区に無所属で立候補するが落選。著書に「夢見るリアリスト」。11年衆院議員の船田元と結婚。12年から作新学院副院長も務める。　⊕映画・絵画鑑賞　⊛夫=船田元(衆院議員)　http://www.k-hata.or.jp/

羽田 孜　はた・つとむ

衆院議員(民主党・長野3区)　首相　民主党最高顧問　⊕昭和10年8月24日　⊕東京　⊕成城大学経済学部(昭和33年)卒　⊕小田急バス勤務を経て、昭和44年以来衆院議員に当選12回。郵政・農政政務次官、衆院農林水産委員長、党総務局長などを経て、60年農水相に就任。63年再任。平成3年蔵相。4年12月竹下派が分裂、羽田派を結成。5年6月衆院解散を機に自民党を離党、新生党を結成して党首となり、7月の総選挙では55議席を獲得して躍進した。8月細川内閣では外相兼副総理となり、6年4月首相に就任。日本新党、民社党などと院内会派・改新を結成するが、社会党の連立離脱で少数内閣となり、わずか2ヶ月後の6月総辞職した。同年12月新進党結成に参加し、副党首に就任。7年12月党首選に立候補したが、小沢一郎に敗れる。8年1月"羽田派"を旗揚げ。同年12月新進党を離党し、太陽党を旗揚げ。10年1月民政党結成に参加、代表となる。同年4月民主、民政、新党友愛、民主改革連合からなる新党・民主党の幹事長に就任。のち最高顧問。16年5月国民年金の保険料を一部未納していた責任をとり辞任。同年9月最高顧問に復帰。　⊕食べ歩き　⊛妻=羽田綏子(桜ケ丘保育園理事)、長男=羽田雄一郎(参院議員)、父=羽田武嗣郎(衆院議員)　http://www.t-hata.net/

【著書】志(朝日新聞社'96)／小説 田中学校(光文社'96)／これで、始める(同文書院'96)

【評伝】政治家の心理分析(吉田雅信著 近代文芸社'97)／大政変(内田健三、早野透、曽根泰教編著 東洋経済新報社'94)／羽田孜・全人像(島野恵次郎著 行研'94)／柔にして剛(大下英治著 講談社'93)

畑 和　はた・やわら

埼玉県知事　衆院議員(社会党)　弁護士　⊕明治43年9月29日　⊕平成8年1月26日　⊕埼玉県北埼玉郡礼羽村(現・加須市)　⊕東京帝国大学法学部(昭和10年)卒　⊕ベスト・メン賞(平成3年)、勲一等旭日大綬章(平成3年)　⊕学生時代は左翼運動に参加。大学卒業後、東京市役所に勤務するが、のち弁護士開業。戦後、昭和24年社会党県連書記長となり、26年から埼玉県議3期。35年から衆院議員4期を務めたのち、47年社会党をバックに埼玉県知事に初当選。54年秋に社会党を円満離党し、革新系無所属を名乗るが、55年の3選では各党のほか県の有力団体までがこぞって推薦や支援を打ち出す。63年5選を果たす。平成4年引退。6年弁護士活動を再開。のち埼玉県産業文化センター理事長。　⊛兄=畑利雄(埼玉県信用金庫会長)

【著書】生涯感動(ぎょうせい'91)／熱き想いを(ぎょうせい'90)

【評伝】回想 畑県政二十年(毎日新聞浦和支局編(浦和)さきたま出版会'96)／先端

知事・畑和の新・現実主義を生きる(上之郷利昭著 講談社'88)/藤原弘達のグリーン放談〈2〉自由闊達(藤原弘達編 藤原弘達著作刊行会;学習研究社〔発売〕'86)

秦 豊 はた・ゆたか

参院議員(民社党) 元・アナウンサー [専]安全保障 防衛 外交 [生]大正14年2月6日 [没]平成15年7月29日 [出]愛媛県西条市 [学]関西大学専門部経済学科(昭和20年)中退 [賞]勲二等瑞宝章(平成7年) [歴]NHKアナウンサー、RKB毎日解説委員、テレビ朝日ニュースキャスターなどを歴任。テレビ番組のゲストと議論し、自分が納得するまで止めようとしない熱意と信念の持ち主で、昭和49年参院選全国区で社会党から初当選。当選2回。同党初のタレント議員と言われた。52年離党し、53年田英夫らと社民連を結成。のち再び離党して民社党に移った。61年の参院選では東京選挙区に転じたが落選した。

[趣]柔道,刀剣,旅行

畠山 健治郎 はたけやま・けんじろう

衆院議員(社民党) [生]昭和8年11月17日 [出]秋田県北秋田郡森吉町 鈴木 [学]農業講習所農業科(昭和29年)卒 [資]農業改良普及員 [賞]旭日中綬章(平成16年) [歴]昭和29年秋田県庁に入る。37年大館地方労事務局長、40年県北生活協同組合理事、51年県職労中央執行委員長を経て、54年大館市長に当選。3期務める。平成5年衆院議員に当選。2期務める。12年落選。

畠山 義郎 はたけやま・よしろう

合川町(秋田県)町長 詩人 [生]大正13年8月12日 [出]秋田県北秋田郡合川町 [学]鷹巣農中退 [賞]藍綬褒章,秋田県芸術選奨「赫い日輪」,勲三等瑞宝章(平成7年) [歴]昭和25年下大野村議、26年下大野村長を務め、30年町村合併に伴う合川町長に当選。以後、連続10期。平成7年引退。また秋田県町村会長、全国防災協会長などを歴任。一方、少年時代から詩作をし、詩集に「日没蹄が燃える」「赫い日輪」があり、詩誌「密造者」を主宰。ほかに子どもとの対話集「まさひでもあぐら」、エッセイ集「地平のこころ」「町長日記」などの著書がある。

[団]秋田県詩人協会,日本現代詩人会

【著書】村の綴り方((秋田)無明舎出版 '01)/松に聞け(日本経済評論社 '98)

【評伝】東北農山村の戦後改革(簾内敬司著 岩波書店'91)

秦野 章 はたの・あきら

参院議員(自民党) 法相 元・警視総監 政治評論家 [生]明治44年10月10日 [没]平成14年11月6日 [出]神奈川県藤沢市 [学]日本大学専門部政治科(昭和12年)卒 [賞]台湾大綬景星勲章(昭和61年),勲一等瑞宝章(昭和62年) [歴]昭和4年生家が倒産し、旧制中学中退。鎌倉で酒屋の小僧、横浜で貿易商のボーイ、生糸検査所などを経て、高文に合格。日大専門部を卒業し、香川県商工課長、茨城県警警務課長、大阪府警刑事部長、警視庁刑事部長を経て、42年私立大学出身者で初めての警視総監に就任。学園紛争や'70年安保をめぐる警備で陣頭指揮をとった。46年都知事選に出馬、美濃部知事に大差で敗れたが、49年参院神奈川地方区に初当選し、2期務めた。57年11月第2次中曽根内閣で法相に就任。無派閥ながら田中角栄元首相に近く、"ロッキード裁判"に関しての指揮権発動問題やマスコミ非難、田中擁護発言などで物議を醸した。61年7月引退。晩年は持ち前の歯に衣ぬ着せぬ発言で、政治評論家として活躍した。

[趣]麻雀,歌舞伎・絵画鑑賞

【著書】なんで日本はこうなった(秦野章,加瀬英明著 広済堂出版'97)/角を矯めて牛を殺すことなかれ(光文社 '94)/秦野章の日本警察改革論(エール出版社 '92)/逆

境に克つ(講談社 '88)／あなたの子孫が生きのびるために(ステーツマン社 '80)

【評伝】「武将」が店にやってきた(宮本照夫著 文星出版'03)／デーブ・スペクターのTOKYO裁判(デーブ・スペクター著 ネスコ'89)／警察官僚の時代(田原総一朗著 講談社'86)

畑野 君枝 はたの・きみえ

参院議員(共産党) [生]昭和32年1月19日 [出]神奈川県 [学]横浜国立大学教育学部(昭和54年)卒 [歴]昭和54年中学校教師となり、共産党准中央委員、共産党中央委員を経て、平成10年参院議員に共産党から当選。1期。16年落選。
http://www.hatano-kimie.com/

波多野 重雄 はたの・しげお

八王子市長 [生]大正15年2月11日 [出]山梨県 [学]明治大学商学部(昭和25年)卒 [歴]昭和50年から5期連続して、東京税理士会長。汚職事件、違法繰り上げベア問題、市職組との労使覚書問題などで前市長が辞任したあと、59年八王子市長に当選。4期務め、平成12年落選。

【著書】霜杼(そうじょ)(ぎょうせい '95)

羽田野 忠文 はたの・ちゅうぶん

衆院議員(自民党) 弁護士 [生]大正6年1月1日 [没]平成16年3月17日 [出]大分県 本名=羽田野忠文 [学]法政大学専門部法科(昭和15年)卒 法学博士 [賞]英国勲二等セントマイケルエンドセントジョージ勲章，勲二等瑞宝章(平成9年) [歴]弁護士開業。大分県弁護士会長、日弁連理事、大分県議を経て、昭和44年以来衆院議員に4選。外務・法務各政務次官、衆院法務常任委員長をつとめた。

幡谷 豪男 はたや・ひでお

堺市長 [生]昭和4年8月23日 [出]千葉県八生村(現・成田市) [学]東京都立大学人文学部卒 [歴]堺市助役から、平成元年堺市長に当選。3期務めた。

蜂須賀 照明 はちすか・てるあき

大月市長 蜂須賀外科医院院長 医師 [生]大正15年3月7日 [出]山梨県 [学]東京慈恵会医科大学(昭和26年)卒 医学博士 [歴]昭和27年東京医科歯科大学第一外科入局。37年蜂須賀外科医院開業。63年大月市長に初当選。平成4年引退。 [団]北都留医師会(会長) [趣]ゴルフ，囲碁

鉢呂 吉雄 はちろ・よしお

衆院議員(民主党 北海道4区) [生]昭和23年1月25日 [出]北海道樺戸郡新十津川町 [学]北海道大学農学部(昭和46年)卒 [歴]今金町農協営農部長、昭和63年同参事などを経て、平成2年社会党から衆院議員に当選。8年社民党を経て、民主党に参加。15年北海道知事選に立候補するが落選。同年衆院議員に返り咲き。16年9月岡田克也党代表の下、国対委員長に就任。通算5期目。

八田 広子 はった・ひろこ

参院議員(共産党) [生]昭和21年4月9日 [出]愛知県 [学]瑞陵高卒 [歴]岡崎市議3期を経て、昭和62年愛知県議に当選、1期。平成3年、7年落選。10年参院議員に当選、1期。16年落選。
http://www.hatta-hiroko.jp/

服部 毅一 はっとり・きいち

焼津市長 [生]大正6年11月20日 [没]平成11年10月25日 [出]静岡県焼津市 [学]焼津水産高漁撈科(昭和10年)卒 [賞]藍綬褒章(昭和49年)，勲三等旭日中綬章(平成5年) [歴]昭和26年から焼津市議3期、38年から静岡県議4期、50年県会議長を経て、同年焼津市長に当選、4期つとめた。平成3年落選。

服部 信吾 はっとり・しんご

参院議員(公明党) [生]昭和17年7月21日 [没]昭和62年4月25日 [出]神奈川県横浜市 [学]慶応義塾大学文学部卒 [歴]三井生命勤務、参院議員秘書を経て、昭和50年

から横浜市議2期。58年参院議員に当選した。

服部 信明　はっとり・のぶあき
茅ヶ崎市長　⽣昭和36年6月5日　⾝神奈川県茅ヶ崎市　⽂東海大学理学部中退　◇学習塾経営の傍ら、茅ヶ崎市音楽協会長を務める。茅ヶ崎市議を経て、平成7年神奈川県議に当選、2期。15年茅ヶ崎市長選に当選。

服部 三男雄　はっとり・みなお
参院議員（自民党）弁護士　⽣昭和19年11月10日　⾝奈良県　⽂東京大学法学部（昭和43年）卒　◇地検検事を経て、弁護士となる。平成4年参院議員に当選、2期。16年民主党の新人候補に敗れ落選。橋本派。　所奈良弁護士会　家父＝服部安司（参院議員）

服部 安司　はっとり・やすし
参院議員（自民党）郵政相　⽣大正4年7月21日　⾝奈良県北葛城郡上牧村　⽂中央商科短大商学科卒　◇昭和15年県司法保護委員となり、33年以来衆院議員に7選。その間、内閣官房副長官、郵政政務次官、第2次福田内閣で郵相を歴任。60年2月補選で参院議員に当選、2期。宮沢派。平成4年引退。　趣乗馬、ゴルフ　家三男＝服部三男雄（参院議員）

服部 幸道　はっとり・ゆきみち
稲沢市長　⽣昭和10年8月3日　⾝愛知県　⽂犬山中卒　◇稲沢市助役を経て、平成6年市長に当選。3期目。

初村 謙一郎　はつむら・けんいちろう
衆院議員（新進党）　⽣昭和29年2月19日　⾝長崎県長崎市　⽂明治大学政経学部（昭和51年）卒、南カリフォルニア大学大学院（昭和54年）修士課程修了　◇昭和59年自民党より長崎県議となり、2期つとめる。平成2年衆院選に立候補。5日日本新党に転じ、衆院議員に当選。6年新進党結成に参加。8年落選。　家父＝初村滝一郎（参院議員）

初村 滝一郎　はつむら・たきいちろう
参院議員（自民党）労相　⽣大正2年11月5日　⾝長崎県南松浦郡奈良尾町（五島）　⽂五島中（昭和7年）卒　賞勲一等旭日大綬章（平成4年）　◇長崎県議、県会議長を経て、昭和45年から参院議員に4選。農水政務次官、参院政審会長、労相などを歴任。河本派。4年引退。　家息子＝初村謙一郎（衆院議員）

鳩貝 充　はとがい・みつる
下妻市長　⽣昭和15年7月15日　⽣昭和63年2月27日　⾝茨城県下妻市　⽂明治大学法学部（昭和39年）卒　◇中村喜四郎参院議員秘書を経て、昭和46年から茨城県議2期、56年から下妻市長を2期。

鳩山 威一郎　はとやま・いいちろう
参院議員（自民党）外相　⽣大正7年11月11日　没平成5年12月19日　⾝東京都文京区　⽂東京帝国大学法学部法律学科（昭和16年）卒、海軍経理学校（短現6期）（昭和16年）卒　賞勲一等瑞宝章（平成1年）　◇首相を務めた鳩山一郎の長男。昭和16年東京帝国大学法学部法律学科を首席で卒業。同年大蔵省に入るが間もなく海軍主計中尉に任官して同経理学校に学び、20年主計大尉として終戦を迎える。21年大蔵省に復帰、34年官房文書課長、36年関東信越国税局長、38年国税庁直税部長、39年主計局次長、41年経済企画庁長官官房長、42年大蔵省理財局長、43年主計局長などを歴任し、46年大蔵事務次官に就任。次官在任中に起きたドル・ショックの際は、円防衛策を水田蔵相の下で指揮。47年退官。49年参院議員に当選、以来当選3回。51年福田内閣の外相を務めた。中曽根派、無派閥を経て、渡辺派。平成4年引退。　趣ゴルフ、囲碁　家祖父＝鳩山和夫（政治家）、祖母＝鳩山春子（共立女子大創立者）、父＝鳩山一郎（首相）、母＝鳩山薫（共立女子学園理事長）、長男＝

はとや

鳩山由紀夫(衆院議員),二男＝鳩山邦夫(衆院議員),姉＝古沢百合子(家庭生活研究会会長)
【評伝】華麗なる鳩山一族の野望(大下英治著 プラネット出版'00)／藤原弘達のグリーン放談〈3〉熱慮断行(藤原弘達編 藤原弘達著作刊行会;学習研究社〔発売〕'86)

鳩山 邦夫 はとやま・くにお
衆院議員(自民党 比例・東京) 労相 文相 ㊍昭和23年9月13日 ㊍東京都文京区音羽 ㊍東京大学法学部政治学科(昭和46年)卒 ㊍田中元首相の事務所で修業したあと初挑戦の昭和51年総選挙で自民党からトップ当選を果たした。曽祖父は第6代衆院議長、祖父は29年末から2年間にわたって首相、父は福田内閣の外相と続いた4代目。54年秋は落選したが、55年返り咲く。平成3年宮沢内閣の文相に就任。竹下派を経て、小渕派。5年6月衆院の解散を機に離党。6年4月羽田内閣の労相に就任。同年12月新進党結成に参加したが、8年9月離党し、兄・由紀夫らとともに民主党を結成。副代表を務めた。11年4月衆院議員を辞職、民主党からも離党して東京都知事選に立候補するが、落選。12年5月自民党に復帰。同年6月の総選挙では比例区東京ブロック2位で当選。15年は民主党党首・菅直人と同じ東京18区から立候補するが落選、比例区で復活した。当選9回。 ㊍釣り、チョウ採集 ㊍祖父＝鳩山一郎(首相)、祖母＝鳩山薫(共立女子学園理事長)、父＝鳩山威一郎(政治家)、妻＝鳩山エミリ、兄＝鳩山由紀夫(衆院議員)、長男＝鳩山太郎(東京都議)、長女＝高見華子(タレント)
【著書】環境党宣言(河出書房新社'03)／グループホーム入門(鳩山邦夫,山井和則著 リヨン社;二見書房〔発売〕'99)
【評伝】鳩山一族(伊藤博敏著 ぴいぷる社'96)／後継者の条件(小林吉弥著 光文社'90)／父が息子に残せる言葉(石山順也著 日本文芸社'90)／21世紀を担う若き政治家たち(木下厚著 政界往来社'89)

鳩山 由紀夫 はとやま・ゆきお
衆院議員(民主党 北海道9区) 元・民主党代表 ㊍昭和22年2月11日 ㊍東京都文京区 ㊍東京大学工学部(昭和44年)卒、スタンフォード大学博士課程修了 工学博士(スタンフォード大学)(昭和51年) ㊍政界の名門鳩山家に生まれたが、東京工業大学助手から専修大学助教授になり、学者としての道を歩む。昭和58年北海道4区の三枝三郎の総選挙落選、引退に伴い後継の依頼を受け、61年7月の同時選挙で当選。平成2年北海道知事選の候補に推されたが辞退。5年6月自民党を離党し新党さきがけに参加、8月細川内閣の内閣官房副長官に就任。8年8月離党。9月民主党を旗揚げし菅直人とともに代表となり、総選挙では52議席を獲得した。9年9月新執行部体制発足に伴い、2人代表制を廃止し、幹事長。11年1月幹事長代理。同年9月党代表選に出馬し、現職の菅直人、横路孝弘を破り代表に就任。12年6月の総選挙では95議席から127議席に躍進。同年9月の党代表選では無投票で再選。13年7月参院選では改選数より4議席多い26議席を獲得。14年9月の党代表選では決選投票で菅直人を僅差で破り、3選を果たすが、12月党運営の混乱の責任をとり、代表を辞任。当選6回。 ㊍祖父＝鳩山一郎(首相)、祖母＝鳩山薫(共立女子学園理事長)、父＝鳩山威一郎(政治家・外相)、弟＝鳩山邦夫(衆院議員)、妻＝鳩山幸 http://www.hatoyama.gr.jp/
【著書】「成長の限界」に学ぶ(小学館'00)／いま、子どもたちが殺される(濤川栄太,鳩山由紀夫著 日本文芸社'99)／民益論(鳩山由紀夫,菅直人著 PHP研究所'97)
【評伝】鳩山由紀夫(蛭田有一著 求龍堂'02)／激動のなかを生きる男たち(竹村健一著 バンガード社'98)／永田町の通信簿(岸井成格ほか著 作品社'96)／鳩山由紀夫で日本はどう変わる(板垣英憲著 経済界'96)／鳩山新党の野望(本沢二郎著 エール出版社'96)

花川 与惣太　はなかわ・よそうた
北区(東京都)区長　[生]昭和10年4月21日　[出]岩手県　[学]明治大学大学院政経研究科修了　[賞]藍綬褒章(平成9年)　[歴]昭和46年から北区議3期を経て、60年から東京都議に5選。平成15年北区長に当選。

葉梨 信行　はなし・のぶゆき
衆院議員(自民党)　自治相　[生]昭和3年12月16日　[出]東京都渋谷区　[学]北海道大学大学院理学系研究科(昭和29年)修士課程修了　[賞]勲一等旭日大綬章(平成12年)　[歴]福田一の秘書を経て、昭和42年衆院議員に当選。61年第3次中曽根内閣の自治相に就任。国家公安委員長、文教・社労各委員長、党副幹事長などを歴任。12年衆院選に茨城3区から立候補し、当選。以来当選12回。宮沢派、加藤派を経て、堀内派。15年引退。　[家]父=葉梨新五郎(衆院議員)

葉梨 康弘　はなし・やすひろ
衆院議員(自民党　茨城3区)　[生]昭和34年10月12日　[出]茨城県　[学]東京大学法学部(昭和57年)卒　[歴]昭和57年警視庁入庁。在インドネシア大使館1等書記官、警視庁少年課理事官などを歴任。平成11年退官後は、岳父である葉梨信行衆院議員の秘書を務める。15年衆院選茨城3区に葉梨信行の後継者として立候補し当選。堀内派。
http://www.hanashiyasuhiro.com

塙坂 治郎五郎　はねさか・じろごろう
橋本市長　元・和歌山県議　[生]大正13年10月11日　[没]平成5年4月21日　[出]和歌山県橋本市　[学]大阪専門学校法科(昭和21年)卒　[賞]藍綬褒章(昭和55年)　[歴]昭和30年以来和歌山県議6期、51年県会議長を経て、58年橋本市長に当選。3期つとめた。

馬場 潤一郎　ばば・じゅんいちろう
栃尾市長　[生]昭和15年8月3日　[出]新潟県栃尾市　[学]長岡工(昭和34年)卒　[賞]藍綬褒章(平成8年)　[歴]昭和50年以来新潟県議に7選。平成元年副議長。14年栃尾市長に当選。　[趣]スポーツ

馬場 淳次　ばば・じゅんじ
筑後市長　[生]昭和7年1月1日　[出]福岡県筑後市　[学]八女高(昭和24年)卒　[賞]旭日小綬章(平成15年)　[歴]昭和42年馬場材木店経営、62年株式改組し代表。筑後市議を経て、平成元年から筑後市長に3選。　[趣]詩吟, ゴルフ, 旅行

馬場 順三　ばば・じゅんぞう
西宮市長　[生]大正14年7月5日　[出]兵庫県西宮市　[学]陸軍航空士官学校(昭和19年)卒　[賞]兵庫県自治功労賞(昭和59年), 勲三等瑞宝章(平成15年)　[歴]昭和26年西宮市役所に勤務。45年建設局長、50年企画局長などを経て、56年助役。平成4年西宮市長に当選。2期つとめ、12年引退。　[趣]ゴルフ, 登山, 囲碁

馬場 富　ばば・とみ
参院議員(公明党)　[生]大正14年1月15日　[出]愛知県江南市　[学]海軍飛行学校予科(昭和18年)卒　[歴]昭和38年犬山市議、50年愛知県議を経て、52年から参院議員に2選。平成元年引退。

馬場 昇　ばば・のぼる
衆院議員　元・社会党書記長　[生]大正14年11月26日　[出]熊本県芦北郡芦北町　[学]熊本工専(昭和22年)卒　[賞]勲二等旭日重光章(平成8年)　[歴]熊本県評議長、水俣病対策熊本県民会議の議長として、水俣病被害者たちの闘いを支え、昭和47年12月衆院議員に初当選。当選7回。日教組副委員長、衆院災害特別委員長などを歴任。57年2月党書記長に就任したが、党内の派閥争いで、12月辞任。国会を舞台に水俣病の闘いを始め、“水

保病問題の馬場"と呼ばれる。平成5年落選。

【著書】ミナマタ病三十年・国会からの証言(エイデル計究所 '86)

馬場 弘融 ばば・ひろみち

日野市長 [生]昭和19年12月17日 [学]慶応義塾大学法学部卒 [歴]酒販会社社長の傍ら、日野市議を2期務める。平成9年日野市長に当選。2期目。

馬場 勝 ばば・まさる

鹿島市長 [生]大正3年9月23日 [没]平成2年8月5日 [出]佐賀県鹿島町 [学]台中師範(昭和8年)卒 [歴]佐賀相互銀行を経て、鹿島市役所に入る。昭和36年財政課長、45年収入役、49年助役を経て、57年市長に当選、2期。平成2年引退。著書に「広報かしま」などに掲載したエッセーを集めた「一期一会」がある。

馬場 好弘 ばば・よしひろ

寝屋川市長 [生]昭和17年6月9日 [出]大阪府 [歴]寝屋川市議、市会議長を経て、平成11年寝屋川市長に当選。2期目。

浜垣 実 はまがき・みのる

恵庭市長 [生]大正15年12月14日 [出]北海道厚田郡厚田村 [学]自治大学校(昭和30年)卒 [歴]昭和18年厚田村役場に入る。30年当時の恵庭村役場に移り、財政課長、庶務課長を務め、46年助役に。52年市長に当選。4期務め、平成5年落選。

浜川 才治郎 はまかわ・さいじろう

釜石市長 岩手県議 [生]大4.3.29 [出]岩手県 [学]釜石夜間中(昭和6年)卒 [歴]昭和24年釜石市議、46年岩手県議を経て、50年から釜石市長に3選。62年落選。また釜石商工会議所会頭もつとめた。

浜口 光彦 はまぐち・みつひこ

鳥羽市長 元・日本アイ・ビー・エム副社長 [生]大正14年11月10日 [没]平成4年12月11日 [出]三重県 [学]明治大学専門部政経科(昭和21年)卒 [歴]昭和26年日本アイ・ビー・エムに入社、40年営業担当取締役、48年専務取締役、50年副社長。60年鳥羽市長に転身。平成元年引退。

浜田 健一 はまだ・けんいち

衆院議員(社民党) [生]昭和25年7月21日 [出]鹿児島県 [学]鹿児島大学教育学部(昭和49年)卒 [歴]19年間の教員生活の後、組合専従となる。鹿児島県教組支部長などを経て、平成5年衆院議員に当選。2期務める。12年、15年落選。

浜田 幸一 はまだ・こういち

衆院議員(自民党) 政治評論家 [生]昭和3年9月5日 [出]千葉県富津町青堀(現・富津市大堀) [学]木更津中(旧制)(昭和21年)卒,日本大学農獣医学部拓殖科中退 [歴]昭和34年富津町町議、37年千葉県議を経て、47年自民党より立候補し、衆院議員に当選。院内では、特異な経歴と人脈に加えて、あくの強い発言と党内抗争での派手な立ち回り等により、"暴れん坊ハマコー"の異名をつけられる。55年4月ラスベガスとばくツアー疑惑を浴びて、議員を辞職。しかし、58年12月の総選挙で再び立候補し当選。通算7回当選。62年竹下内閣の予算委員長に就任したが、宮本顕治殺人者発言事件で審議が空転し、63年2月辞任。平成3年社会党国対委員長への裏金発言で再び物議を醸す。5年引退。近年は「笑っていいとも!」「たけしのTVタックル」などバラエティ番組にも多く登場する。著書に「弾丸なき抗争」など。 [趣]ゴルフ,テニス,囲碁,野球 [家]弟=浜田正雄(京葉銀行頭取),息子=浜田靖一(衆院議員)

【著書】お願いだから、わかって下さい。国会というところ…(ポプラ社 '02)/日本を

救う9人の政治家とバカ1人(双葉社 '01)／予言集(読売新聞社 '96)／みっともない「生き方」はするな!(三笠書房 '96)／新版 日本をダメにした九人の政治家(講談社 '95)／たまには誉めてやる これからの18人(広済堂出版 '95)／ハマコーの世の中間違っとる(読売新聞社 '94)／実力者に問う!!(講談社 '90)／不肖ハマコーがゆく(NESCO '89)

浜田 純　はまだ・じゅん
南国市長　⊕昭和14年4月16日　⊕高知県南国市　⊕土佐高(昭和33年)卒　⊕南国市助役を経て、平成7年南国市長に当選。3期目。

浜田 卓二郎　はまだ・たくじろう
参院議員(無所属)　衆院議員(自民党)　⊕昭和16年10月5日　⊕鹿児島県姶良郡　⊕東京大学法学部(昭和40年)卒　⊕昭和40年大蔵省に入省。52年主計局主査で退官。55年自民党から衆院議員に当選、宮沢派に所属。当選4回。平成5年落選、6年新生党に入党。8年新進党から衆院選に立候補するが落選。10年無所属で参院議員に当選。国会内の会派は公明所属。15年埼玉県知事選に立候補。16年参院選比例区に自民党から立候補。著書に「サバイバル日本の選択」など。⊕妻=浜田麻記子(コスモ・ジェフィー社長)　http://www.hamataku.com/
【著書】ネバー・ギブ・アップ(アートデイズ '04)／ハマタク、東大生と激論す!(浜田卓二郎、出雲充ほか著 プレジデント社 '01)／日本は甦る(プレジデント社 '97)／後継者(りくえつ '79)
【評伝】天下を取る!(小林吉弥著 講談社 '93)

浜田 博　はまだ・ひろし
別府市長　⊕昭和14年2月5日　⊕大分県別府市　⊕大分大学芸術学部卒　⊕別府市議2期を経て、昭和62年大分県議に当選、4期。平成15年別府市長に当選。この間地区労委員長などを務めた。

浜田 昌良　はまだ・まさよし
参院議員(公明党　比例)　⊕昭和32年2月28日　⊕大阪府大阪市　⊕京都大学工学部(昭和54年)卒　⊕昭和55年通商産業省(現・経済産業省)に入省。バリアフリー住宅の実現やバイオ技術の産業化などに携わる。平成15年6月生物化学産業課長を最後に退官。16年参院選比例区に公明党から当選。

浜田 靖一　はまだ・やすかず
衆院議員(自民党 千葉12区)　⊕昭和30年10月21日　⊕千葉県富津市　⊕専修大学経営学部(昭和55年)卒　⊕ヒルスデル・カレッジに留学。昭和55年から渡辺美智雄大蔵大臣の秘書となり、のち父・浜田幸一の秘書を務めた。平成5年衆院選に当選。12年の衆院選では比例区に転じ、自民党南関東ブロック1位で当選。15年の衆院選は千葉12区に立候補し当選。15年小泉第2次改造内閣の防衛庁副長官に就任。4期目。無派閥。　⊕父=浜田幸一(衆院議員)
http://www.joinus.jp/office-hamada/

浜西 鉄雄　はまにし・てつお
衆院議員(社会党)　元・全逓地本委員長　⊕大正15年3月2日　⊕昭和62年11月21日　⊕山口県下関市　⊕多々良航空製作所青年学校卒　⊕山口県公労協副議長を経て、昭和58年以来衆院議員に2選。

浜野 正　はまの・しょう
下館市長　⊕昭3.2.29　⊕茨城県下妻市　⊕日本大学経済学科(昭和25年)卒　⊕藍綬褒章(平成4年), 勲四等旭日小綬章(平成10年)　⊕昭和43年から下館市議2期を経て、51年以来市長に4選。平成4年落選。

浜野 剛　はまの・たけし
衆院議員(自民党)　[生]大正15年1月25日　[没]平成16年8月24日　[出]東京都北区　[学]中央大学経済学部(昭和25年)卒　[歴]昭和26年帝都高速度交通営団に入る。36年王子運送監査役、39年取締役、42年専務を経て、50年社長に就任。のち会長。一方、54年から衆院議員に6選。宮沢派。平成8年引退。外務政務次官、衆院外務委員長などを務めた。　[家]父＝浜野清吾(衆院議員)

浜本 万三　はまもと・まんぞう
参院議員(社会党)　労相　[生]大正9年9月9日　[出]広島県尾道市　[学]向東高小卒　[賞]勲一等瑞宝章(平成8年)　[歴]広島電気に勤務。電産県委員長、広島県労議長(15年間)を経て、昭和49年参院議員に当選。参院建設委員長を経て、平成6年村山内閣の労相をつとめた。7年引退。

浜森 辰雄　はまもり・たつお
稚内市長　稚内北星学園理事長　[生]大正5年2月9日　[出]北海道稚内市　[学]早稲田大学政経学部(昭和16年)卒　[賞]ソ連対外友好文化交流団体連合会の友好促進記章(昭和58年)，勲三等旭日中綬章(平成4年)　[歴]北海道議を経て、昭和34年稚内市長に初当選。以来8期目を務め"稚内の天皇"と呼ばれる。58年7月訪ソし、両国のパイプ役として活躍、12月ソ連対外友好・文化交流団体連合会から友好促進記章を贈られる。また同年9月の大韓航空機撃墜事件後は、遺族対策や報道陣対応に多忙を極めた。平成3年落選。稚内北星学園理事長も務める。

浜四津 敏子　はまよつ・としこ
参院議員(公明党　比例)　公明党代表代行　元・公明代表　環境庁長官　弁護士　[生]昭和20年1月6日　[出]東京都　[学]慶応義塾大学法学部(昭和42年)卒　[歴]昭和47年弁護士に。民事事件、相続・遺産事件、国際離婚・相続などの渉外身分事件などを手がける。公明党の顧問弁護士を長くつとめ、平成4年参院議員に東京選挙区から当選。16年比例区に転じる。3期目。この間、6年羽田内閣の環境庁長官に就任。10年1月公明代表。同年11月新党平和と合流し、公明党を結成、代表代行に就任。　[家]夫＝浜四津尚文(弁護士)
http://www.hamayotsu.com/
【著書】21世紀 日本のシステム(浜四津敏子, 高見沢たか子, 石堂秀夫著 蝸牛社'99)／いつも、ひまわり(鳳書院 '91)

早川 一夫　はやかわ・かずお
足利市長　[生]昭和10年10月20日　[没]平成13年3月19日　[出]栃木県足利市　[学]宇都宮大学農学部(昭和33年)卒　[歴]足利市役所に入り、昭和49年道路建設課長、56年区画整理課長。58年から栃木県議を2期つとめ、平成3年から足利市長に3選。　[趣]ゴルフ，麻雀

早川 吉三　はやかわ・きちぞう
佐野市長　[生]大正14年12月2日　[没]平成10年9月17日　[出]栃木県　[学]早稲田大学専門部法科(昭和25年)卒　[歴]栃木新聞佐野支局長、下野新聞佐野支局長を経て、昭和34年以来佐野市議3期、46年栃木県議1期、50年以来佐野市長に3選。平成3年落選。　[趣]読書，剣道，盆栽，ゴルフ

早川 忠孝　はやかわ・ただたか
衆院議員(自民党　比例・北関東)　[生]昭和20年9月4日　[出]長崎県　[学]東京大学法学部(昭和44年)卒　[資]弁護士　[歴]昭和44年自治省に入省。富山県庁地方課、商工振興課、行政局勤務を経て、48年退官。50年弁護士登録。関東弁護士会連合会人権擁護委員会委員長、日本弁護士連合会司法制度調査会委員などを務めた。また、政治活動も行う。平成12年自民党から衆院選に立候補。13年は無所属で参院選に立候補。15年自民党から衆院議員に当選。森派。著書に「新しい日本への意識改革」など、分担

執筆に「銀行取引手続大辞典」などがある。 http://www.big.or.jp/~tawns/
【著書】時代に合った新しい憲法を創る(かんき出版 '99)

早川 広中 はやかわ・ひろなか
会津若松市長 元・中央大学経済学部教授 [専]日本貿易論 [生]昭和10年9月10日 [出]福島県会津若松市 [学]早稲田大学大学院商学研究科修士課程修了 [歴]中央大教授、内閣事務官、白虎隊記念館理事などを経て、昭和62年6月会津若松市長に当選、1期つとめた。平成3年落選。

早川 勝 はやかわ・まさる
豊橋市長 衆院議員(民主党) [専]財政学 [生]昭和15年12月21日 [出]愛知県名古屋市 [学]愛知大学法経学部卒, 立教大学大学院経済研究科財政学専攻(昭和46年)博士課程修了 [興]日本財政の改革問題 [歴]社会党愛知県本部副委員長を経て、昭和61年衆院議員に当選。平成6年10月新設の首相補佐に就任。8年社民党を経て、民主党に参加。3期。同年11月豊橋市長に当選。3期目。
[団]日本財政学会

早川 芳忠 はやかわ・よしただ
倉吉市長 [生]昭和13年1月27日 [出]鳥取県 [学]早稲田大学政経学部卒 [歴]熊谷組勤務を経て、平成2年より倉吉市長に3選。14年落選。

林 久美子 ⇒但馬久美(たじま・くみ)を見よ

林 久美子 はやし・くみこ
参院議員(民主党 滋賀) [生]昭和47年9月7日 [出]滋賀県 [学]早稲田大学第一文学部哲学科(平成7年)卒 [歴]平成7年びわ湖放送に入社、報道部でキャスターを務める。15年湖東コミュニティネットワークアナウンサー。16年民主党から参院議員に当選。 [趣]ピアノ, 読書
http://www.93co.jp/

林 健太郎 はやし・けんたろう
参院議員(自民党) 東京大学名誉教授 歴史学者 [専]ドイツ史 [生]大正2年1月2日 [没]平成16年8月10日 [出]神奈川県横須賀市 [学]東京帝国大学文学部西洋史学科(昭和10年)卒 [賞]ドイツ功労勲章大功労十字章(昭和47年), イタリア・コメンダトーレ勲章(昭和55年), 日本文芸大賞(特別賞, 第8回)(昭和63年), 菊池寛賞(第36回)(昭和63年), 勲一等瑞宝章(平成2年) [歴]在学中唯物史観による西洋史研究を志し、戦中は反ファシズム論を展開。昭和16年一高教授となるが、19年海軍に召集され、一等水兵として敗戦を迎える。22年東京大学助教授を経て、29年教授。戦後はイデオロギー的な唯物史観から離れて次第に保守的立場へ転向し、33年竹山道雄、高坂正顕らと日本文化フォーラムを結成。保守派の代表的論客としてマルクス主義や進歩思想批判を行った。東大紛争の最中の43年文学部長に就任するが、就任当日から全共闘の学生たちとの"団交"に入り、9日間173時間に及ぶ軟禁状態の中で最後まで学生たちの要求を拒否し続けた。48年総長に就任、紛争により途絶えていた入学式を復活させるなど、紛争収拾と学内正常化に尽くす。52年名誉教授。同年日本育英会会長、55年国際交流基金理事長を歴任。58年参院選比例代表区に自民党候補者名簿2位で当選、平成元年任期を満了した。
[団]日本文化会議, 史学会 [家]弟=林雄二郎(東京情報大学長)
【著書】昭和史と私(文芸春秋 '02)/歴史からの警告(中央公論新社 '99)/戦後五十年の反省(原書房 '96)/日本の境位を探る(四谷ラウンド '95)/外圧に揺らぐ日本史(光文社 '87)

林 逌 はやし・さすが
宿毛市長 [生]昭和3年2月2日 [没]平成11年11月18日 [出]高知県 [学]日本大学法文学部政経学科(昭和25年)卒 [歴]昭和

25年大洋漁業に入社。50年人事部副本部長を経て、53年以来宿毛市長に7選。全国地域づくり推進協議会副会長も務めた。 [家]父=林譲治(衆院議員), 兄=林迶(参院議員)

林 十一郎 はやし・じゅういちろう
五泉市長 [生]大正13年12月2日 [没]平成10年1月29日 [出]新潟県五泉市 [学]高小卒 [賞]藍綬褒章(昭和58年) [歴]昭和34年五泉市議(2期)、44年新潟県議(4期)、57年副議長を経て、同年以来五泉市長に4選。

林 省之介 はやし・しょうのすけ
衆院議員(自民党) [生]昭和18年9月8日 [出]福井県大野市 [学]関西大学文学部卒, 関西大学大学院修了 [歴]昭和47年関西大学第一高等学校中学校教諭、54年関西大学文学部国語学助教授を経て、61年教授。平成11年退職。ラジオ講座講師も務めた。12年自民党から衆院議員に当選。1期。亀井派。15年落選。 http://www.shonosuke.com/

林 新一郎 はやし・しんいちろう
岡谷市長 [生]昭和23年5月12日 [出]長野県岡谷市 [学]東京農業大学農学部卒 [歴]豊島屋社長、岡谷商工会議所副会頭を務める。平成7年岡谷市長に当選。3期目。

林 大幹 はやし・たいかん
衆院議員(自民党) 環境庁長官 [生]大正11年2月23日 [没]平成16年7月11日 [出]千葉県香取郡東庄町 [学]金雞学院(昭和7年)卒 [賞]勲二等旭日重光章(平成4年), 勲一等瑞宝章(平成11年) [歴]自民党本部に入り、昭和47年以来衆院議員に6選。環境委員長を務め、平成4年宮沢改造内閣の環境庁長官に就任。渡辺派。5年引退。 [家]長男=林幹雄(衆院議員)

【著書】四十にして志を立つ(竹井出版 '88)
【評伝】人生の師父 安岡正篤(神渡良平著 同信社'91)

林 恒孝 はやし・つねたか
大田市長 元・島根県公安委員長 [生]大正2年1月19日 [没]平成4年8月20日 [出]島根県 [学]仁万農卒 [賞]大田市名誉市民, 勲三等瑞宝章 [歴]五十猛村議、大田市会議長を経て、昭和44年より市長に4選、60年3月引退。61年9月~平成元年7月島根県公安委員、公安委員長を務めた。

林 照男 はやし・てるお
幕別町(北海道)町長 [生]昭和8年3月27日 [出]北海道幕別町 [学]自治大学校卒 [歴]幕別町総務課長を経て、幕別町長に当選。4期。芝生の上でプレーするパークゴルフを考案。昭和58年初のコースを開設以来老若男女楽しめるスポーツとして普及し、町内大会なども開催。パークゴルフ発祥の地として知られ、国際パークゴルフ協会の本部を置き、ルールなどを教える指導員を養成。平成5年10周年記念事業の一つとして国際大会を開催した。

林 紀子 はやし・としこ
参院議員(共産党) [生]昭和15年2月27日 [出]群馬県 [学]群馬大学学芸学部(昭和37年)卒 [歴]昭和37年ラジオ日本アナウンサー、52年新日本婦人の会広島県本部事務局長、共産党中央委員などを経て、平成元年参院議員に当選。7年落選。10年参院選では比例区7位で復活。通算2期務めた。 http://www.hayashi-t.gr.jp/

林 秀宣 はやし・ひでのぶ
萩市長 [生]昭和8年7月22日 [出]山口県萩市 [学]早稲田大学大学院政治学研究科(昭和34年)修士課程修了 [賞]旭日双光章(平成16年) [歴]昭和34年中国新聞社入社。45年山口支社編集局次長、48

年下関支局長、54年萩信用金庫監事、56年理事を経て、58年萩市長に当選。62年落選。

林 百郎 はやし・ひゃくろう
衆院議員（共産党）弁護士 ⓖ明治45年6月20日 ⓢ平成4年6月1日 ⓟ長野県岡谷市 ⓔ中央大学法学部（昭和16年）卒 ⓚ昭和16年に弁護士を開業、自由法曹団に所属し、三鷹事件等で活躍し、22年以来衆院議員に当選9回。衆院懲罰常任委員長、共産党国対委員長などを歴任し、党衆院議員団長もつとめた。61年6月引退。 ⓗ読書

林 寛子 ⇒扇千景（おうぎ・ちかげ）を見よ

林 政志 はやし・まさし
芦別市長 ⓖ昭和15年2月1日 ⓟ北海道芦別市 ⓔ早稲田大学商学部（昭和39年）卒 ⓚ星の降る里芦別社長、芦別青年会議所理事長を務める。芦別市議を経て、平成7年芦別市長に当選。3期目。

林 幹人 はやし・みきんど
珠洲市長 石川県議（自民党） ⓖ昭和4年6月14日 ⓟ石川県珠洲市 ⓔ樺太豊原中卒 ⓛ勲四等旭日小綬章（平成12年） ⓚ林組社長、珠洲青年会議所理事長を経て、昭和50年から石川県議に3選。この間、珠洲市観光協会長、市体育協会長を務めた。60年珠洲市長に無投票当選。2期つとめる。平成2年原発候補地を10年前に先買いしていた事実が明るみに出て問題となる。7年12月には名古屋高裁金沢支部で3選目の時の市長選は無効（やり直し）という判決が出された。8年5月最高裁もやり直しを支持し、選挙無効が確定。7月の再選挙には出馬しなかった。
ⓗ読書、囲碁、ゴルフ

林 実 はやし・みのる
豊中市長 ⓖ大正11年7月29日 ⓢ平成10年6月8日 ⓟ大阪府 ⓔ青年学校卒 ⓚ豊中市助役を経て、平成2年豊中市長に当選、2期つとめる。10年引退。

林 幹雄 はやし・もとお
衆院議員（自民党 千葉10区） ⓖ昭和22年1月3日 ⓟ千葉県東庄町 ⓔ日本大学芸術学部（昭和38年）卒 ⓚ昭和58年から千葉県議3期を経て、平成5年衆院議員に当選。15年小泉第2次改造内閣の国土交通副大臣に就任。4期目。旧渡辺派を経て、10年12月山崎派に参加。 ⓕ父＝林大幹（衆院議員）
http://www1.ocn.ne.jp/~motoo/

林 泰章 はやし・やすあきら
岡谷市長 ⓖ昭14.8.21 ⓟ長野県岡谷市 ⓔ日本大学経済学部（昭和37年）卒 ⓚメッキ関係の工場を経営。岡谷青年会議所副理事長だった昭和50年岡谷市長に当選、5期つとめる。平成7年落選。

林 保夫 はやし・やすお
衆院議員（民社党） ⓖ昭和3年4月2日 ⓟ岡山県総社市 ⓔ海兵（昭和20年）中退 ⓛ勲三等旭日中綬章（平成10年） ⓚ昭和22年時事通信社に入り、神戸支局長、経済解説編集長を歴任。47年日本経済教育センター事務局長となり、専務理事を経て、50年民社党岡山県連常任顧問執行委員長。民社党機関紙局副局長、国際局副局長を務め、54年から衆院議員3期。平成2年落選。 ⓗ書道

林 迪 はやし・ゆう
参院議員（自民党）労相 ⓖ大正13年5月19日 ⓢ平成6年2月11日 ⓟ高知県宿毛市 ⓔ明治大学政経学部（昭和27年）卒 ⓚ東邦レーヨンに勤務したのち、昭和46年の参院選に無所属で出馬して落選、49年参院補選で当選を果たし、3期つとめる。60年第2次中曽根内閣労相に就任。平成元年落選、2年衆

はやし

院選に出馬したが、再び落選。5年3月コムラインビジネスデータ会長。 ⓘ写真，ゴルフ ⓘ祖父＝林有造（逓相），父＝林譲治（衆院議長），弟＝林迺（宿毛市長）

林 芳男 はやし・よしお
滝川市長 ⓘ昭和7年6月15日 ⓘ北海道砂川市 ⓘ北海道大学農学部（昭和30年）卒 ⓘ林業技術賞（昭和50年），旭日小綬章（平成15年） ⓘ昭和59年北海道林務部次長、60年日高支庁長、62年林務部長、北海道木材協会副会長を経て、平成3年滝川市長に当選。3期務め、15年引退。 ⓘ登山，スキー，音楽

林 芳正 はやし・よしまさ
参院議員（自民党 山口） ⓘ昭和36年1月19日 ⓘ東京都杉並区 ⓘ東京大学法学部（昭和54年）卒、ハーバード大学ケネディ行政大学院（平成6年）修了 ⓘ昭和59年三井物産に入社。平成3年ハーバード大学大学院に留学。父・林義郎衆院議員秘書を経て、7年参院議員に当選。2期目。宮沢派、加藤派を経て、堀内派。 ⓘ父＝林義郎（衆院議員），祖父＝林佳介（衆院議員） http://www.yoshimasa.com/
【著書】林芳正のやさしい金融・財政論（長崎出版'03）／希望のシナリオ（宮崎哲弥、林芳正著，日本テレビNNN24，青山和弘編 PHP研究所'03）

林 義郎 はやし・よしろう
衆院議員（自民党） 蔵相 ⓘ昭和2年6月16日 ⓘ山口県下関市 ⓘ東京大学法学部（昭和25年）卒 ⓘ勲一等旭日大綬章（平成12年） ⓘ通産省に入り、産業機械課長から昭和44年衆院議員に当選。以来、当選11回。経企、大蔵の政務次官などを経て、57年中曽根内閣の厚相に就任。党内で有数の政策通といわれ、国際経済問題に詳しい。平成元年自民党総裁選に立候補したが敗れた。4年宮沢改造内閣の蔵相。代々政治家の家柄

の生まれ。旧田中派二階堂系、宮沢派、加藤派を経て、堀内派。15年引退。 ⓘ読書，ゴルフ ⓘ父＝林佳介（衆院議員），長男＝林芳正（参院議員），祖父＝林平四郎（衆院議員），弟＝林孝介（サンデン交通社長）
【評伝】藤原弘達のグリーン放談〈5〉豪放磊落（藤原弘達編 藤原弘達著作刊行会；学習研究社〔発売〕'86）／後継者の条件（小林吉弥著 光文社'90）／平成維新に挑む憂国の志士たち（村上薫著 紀尾井書房'90）

林田 彪 はやしだ・たけし
衆院議員（自民党 熊本2区） 内閣副大臣 ⓘ昭和19年4月4日 ⓘ東京農工大学（昭和42年）卒 ⓘ昭和42年建設省に入省。平成7年建設大学校副校長を経て、8年衆院選に出馬するが、落選。11年繰り上げ当選。12年は比例区、15年は熊本2区で当選。16年第2次小泉改造内閣の内閣副大臣に就任。3期目。旧橋本派。 http://www.hayashidatakeshi.net/

林田 悠紀夫 はやしだ・ゆきお
参院議員（自民党） 法相 元・京都府知事 ⓘ大正4年11月26日 ⓘ京都府舞鶴市 ⓘ東京帝大法学部政治学科（昭和14年）卒 ⓘ勲一等旭日大綬章（平成5年），ビンタン・ジャサ・プラタマ勲章（インドネシア）（平成7年） ⓘ綾部市郊外の旧東八田村長だった祖父が経済恐慌で疲弊した村の立て直しに打ち込むのを見て、大卒後、昭和14年農林省に入省。39年園芸局長を経て、41年から参院議員に5選。53年京都府知事に転じ、61年4月まで2期8年にわたって務め、大阪、奈良との府県境地帯の関西学術研究都市づくりや高校の小学区制の実現などに尽くした。同年7月再び参院議員に転じ、62年竹下内閣の法相に就任。宮沢派。平成10年引退。

早生 隆彦　はやなり・たかひこ
延岡市長　㋐大正11年1月11日　㋐宮崎県　㋐九州帝大工学部（昭和18年）卒　㋐昭和24年宮崎県庁に入り、34年日本道路公団に転じる。46年金沢建設局長、49年福岡建設局長を経て、53年延岡市長に当選。4期つとめ、平成6年引退。

早野 仙平　はやの・せんぺい
田野畑村（岩手県）村長　㋐昭和4年5月4日　㋐岩手県下閉伊郡田野畑村　号＝岳洋　㋐花巻中（旧制）中退　㋐岩手日報文化賞（第43回）（平成2年）　㋐昭和30年田野畑村議を経て、40年以来村長に8選。教育立村、国際人として村民の育成を目標に早稲田大学、日本体育大学や米国アーラム大学との交流などに努めた。全国町村会副会長も務めた。平成9年引退。この間、昭和44年北部陸中海岸観光開発公社社長。　㋐書道、ゴルフ　【評伝】地域社会の変貌（ベイリー、ジャクソン・H.著、長田攻一訳 早稲田大学出版部'96）

葉山 峻　はやま・しゅん
衆院議員（民主党）　藤沢市長　㋐昭和8年5月1日　㋐神奈川県藤沢市　㋐早稲田大学文学部中退　㋐藤沢市の地主の家に生まれる。革新系市議だった父親の死後、あとを継いだ母親が昭和32年に死去すると、早大生だったが、34年市議選に立候補して当選。3期務めたのち、47年以来市長に6選。市民オペラの上演、文化施設の増設など平和・文化都市づくりに努める。61年日本非核宣言自治体協議会会長、平成2年全国革新市長会長。8年以来民主党より衆院議員に当選2回。15年引退。若い頃からの文学好きで、酔うとツルゲーネフの作品の一節を暗唱することも。著書に「洗濯板のサーファー」「語りかけることば」「市民文化への挑戦」など。　㋐読書、オペラ鑑賞

【著書】市民文化への挑戦（日本経済評論社'91）／都市文化論（日本評論社'82）

速見 魁　はやみ・いさお
衆院議員（社会党）　㋐昭和3年8月10日　㋐平成3年3月8日　㋐長崎県　㋐佐世保市立中卒　㋐全国港湾労組佐世保地区委員長、佐世保地区労議長を経て、昭和42年以来長崎県議に6期。61年党県委員長に就任。平成2年衆院議員に当選。

速水 雄一　はやみ・ゆういち
雲南市長　㋐昭和21年9月10日　㋐島根県大原郡加茂町　㋐慶応義塾大学商学部（昭和44年）卒　㋐地元地銀に勤務時代、オンラインシステムの開発を手がけ、地銀労組の協議会議長も務めた。支店長を経て、平成3年島根県の加茂町長に転身。遊学の里をキャッチフレーズに、先祖から受け継いだ山林を提供するなどして、運動公園や文化ホールなどを建設。8年2000年前の銅鐸34個の出土で一躍全国的に話題になったことから、町の活性化のためにと史跡公園構想を打ち出したほか、発掘係や警備係を一般から公募し、町民参加型の発掘調査を指揮。16年合併により誕生した雲南市の初代市長に当選。祖父が町長、母が町議を務めた。

原 健三郎　はら・けんざぶろう
衆院議員（自民党）　㋐明治40年2月6日　㋐平成16年11月6日　㋐兵庫県津名郡浅野村斗ノ内（現・北淡町）　㋐早稲田大学政経学部（昭和6年）卒、コロンビア大学大学院、オレゴン大学大学院修士課程修了　㋐勲一等旭日桐花大綬章（平成8年）　㋐早稲田大学卒業後、米国のコロンビア大学、オレゴン大学に留学。帰国後、講談社に入社し、「現代」編集長などを務める。昭和21年第1回の総選挙で日本進歩党から初当選。以来、20回連続当選。43年第2次佐藤内閣の労相として初入閣。46年再任。55年鈴木内閣で国土庁長官。61年衆院議長に就任。62

年中曽根内閣が売上税を導入しようとした際には野党の牛歩戦術に対抗して、議長として異例といえる"投票時間の制限"を宣言した(同法案は議長裁定により廃案)。平成元年消費税により混乱した国会で自民党が予算案を単独強行可決すると野党から議長不信任案を提出され、辞任した。平成8年"憲政の神様"と呼ばれた尾崎行雄、三木武夫元首相に続き3人目となる衆院議員在職50年を記念する永年在職特別表彰を受けた。自民党最長老の一人で、生涯現役を口癖とし、党内で定年制導入の動きが出る度に反対を表明してきたが、平成12年93歳で引退。中曽根派、渡辺派を経て、村上・亀井派。小林旭主演の日活アクション映画で、「ギターを持った渡り鳥」に代表される〈渡り鳥〉シリーズの原作・脚本を手がけるなど、異色の政治家としても知られた。昭和47年失言により労相を辞任した他、建設に尽力した明石海峡大橋が開通し、郷里の淡路島に3メートルの銅像が建立されると「感激じゃ、感激じゃ」と喜びの声をあげ話題となるなど、失言・放言も多かったが、"ハラケン"の愛称で名物政治家として親しまれた。 [趣]洋酒集め, 鯉, 盆栽

【評伝】ハラケン「生涯現役」(神戸新聞東京支社編 (神戸)神戸新聞総合出版センター'01)/三枝のホンマでっか〈Part3〉(桂三枝著 読売新聞社'92)

原 忠実 はら・ただみ

鳥栖市長 [生]大正2年12月30日 [没]平成2年2月13日 [出]佐賀県鳥栖市 [学]明治大学専門部政治経済学科(昭和11年)卒 [賞]勲三等瑞宝章(昭和62年) [歴]昭和25年鳥栖町収入役、40年鳥栖市助役を経て、45年以来市長に4選。62年引退。

原 忠三 はら・ちゅうぞう

甲府市長 山梨県議 [生]大正6年3月24日 [没]平成16年12月15日 [出]山梨県 [学]甲府商卒 [歴]昭和21年東京電力に入社。30年山梨県労連事務局長、31年同議長、32年東電労組本部書記長。34年から山梨県議に3選。58年甲府市長に当選。2期。平成3年引退。 [趣]読書, 囲碁

原 昇 はら・のぼる

岸和田市長 [生]大11.5.8 [出]大阪府 [学]関西大学経済学部(昭和31年)卒 [歴]岸和田市役所に入り、昭和37年青少年課長、40年職員課長、45年総務部長を経て、48年以来市長に8選。大阪府市長会顧問。

原 久夫 はら・ひさお

伊那市長 [生]大正9年3月12日 [出]長野県 [学]伊那中(旧制)卒 [賞]勲四等瑞宝章(平成6年) [歴]中学卒業後、兵役に。朝鮮半島、南方を回り、フィリピンでの収容所生活も体験。復員後、当時の西箕輪村役場に就職。昭和29年合併後、伊那市職員となり、農林課長、総務課長を歴任。45年収入役に登用され、三沢市長のもとで16年間、収入役、助役として2期ずつ務める。61年から市長を2期務めた。 [趣]キノコ採り, ハチ追い

原 秀樹 はら・ひでき

徳島市長 [生]昭和30年6月9日 [出]徳島県徳島市 [学]中央大学法学部卒 [歴]代議士秘書などを経て、私立幼稚園副園長、幼児教育会社社長。平成元年9月徳島県議補選に当選。4期務める。13年の徳島市長選で落選するが、16年当選。

原 章夫 ⇒安倍基雄(あべ・もとお)を見よ

原 文兵衛 はら・ぶんべえ
参院議長(自民党) 元・警視総監 [生]大正2年4月29日 [没]平成11年9月7日 [出]東京市神田区富松町(現・東京都千代田区東神田) [学]東京帝大法学部(昭和11年)卒 [賞]勲一等旭日桐花大綬章(平成8年) [歴]昭和11年内務省入省。神奈川県警本部長、警察庁保安局長、警視庁警務部長を経て、36年警視総監に就任。その後、40〜45年公害防止事業団理事長を務め、46年以来参院議員に東京選挙区から4選。この間、56年に鈴木改造内閣で環境庁長官、60年参院選挙制度特別委員長を務めた。平成4年参院議長に就任。同年日本ナショナル・トラスト協会会長。7年政界を引退。旧三塚派。同年8月元従軍慰安婦のための補償を行う任意団体・女性のためのアジア平和国民基金理事長。著書に「元警視総監の体験的昭和史」がある。 [趣]柔道(6段)

原 陽子 はら・ようこ
衆院議員(社民党) [生]昭和50年2月10日 [出]静岡県裾野市 [学]桜美林大学国際学部卒,桜美林大学大学院国際学研究部(平成12年)修士課程修了 [歴]社民党神奈川県国際連帯部長を経て、平成12年衆院選比例区に最年少で当選、1期務めた。15年落選。16年5月静岡県補選に立候補。 http://www.harayoko.com/

原 芳弘 はら・よしひろ
穂別町(北海道)町長 [生]昭和9年3月31日 [出]北海道河西郡更別村 [学]自治大学校(昭和41年)修了 [歴]北海道の更別村役場に勤務していたが、昭和34年当時の助役に請われて穂別村役場へ移る。39年穂別町役場に入り、町民課長、総務課長、企画課長を経て、56年助役。61年町長に当選、3期務めた。 [趣]囲碁

原 良宗 はら・よしむね
平田市長 島根県議 [生]大正4年3月9日 [没]平成16年9月22日 [出]島根県平田市 [学]大社中(昭和5年)卒 [賞]藍綬褒章(昭和53年),勲三等瑞宝章(平成1年) [歴]昭和30年平田市議1期、34年島根県議2期を経て、42年から平田市長に5選。62年落選。

原口 和久 はらぐち・かずひさ
鴻巣市長 [生]昭和28年2月7日 [出]埼玉県鴻巣市 [学]立教大学経済学部卒 [歴]鴻巣市議を経て、平成14年市長に当選。

原口 一博 はらぐち・かずひろ
衆院議員(民主党 佐賀1区) [生]昭和34年7月2日 [出]佐賀県 [学]東京大学文学部(昭和58年)卒 [歴]未来工学研究所研究員を経て、松下政経塾に入る。昭和62年佐賀県議に当選、2期。平成5年衆院選に立候補。8年新進党より衆院議員に当選。10年1月国民の声に参加、民政党を経て、4月民主党に合流。15年の衆院選は佐賀1区に立候補し当選。3期目。
http://haraguti.com/

原口 行光 はらぐち・ゆきみつ
八街市長 [生]大正13年8月25日 [学]高松学館卒 [歴]千葉県印旛郡八幡町助役を経て、昭和57年以来八街町長に3選。平成4年4月に市制施行、八街市長に就任。6年落選。

原田 栄一 はらだ・えいいち
留萌市長 [生]明治44年6月20日 [没]昭和63年3月9日 [出]北海道留萌市 [学]留萌中卒 [賞]勲三等瑞宝章(昭和61年),留萌市名誉市民 [歴]留萌中の第1回生。昭和37年留萌市長に当選し、57年同市長史上最高の得票で6選を果たした。
[家]父=原田太八(留萌市長)

はらた

原田 改三　はらだ・かいぞう
北条市長　愛媛県議　⊕大正3年3月31日　⊗平成13年6月3日　⊕愛媛県北条市　⊛広島文理科大学（昭和19年）卒　⊛藍綬褒章　⊛昭和21年浅見村助役、22年村長、のち愛媛県議を経て、37年以来北条市長に当選。48年ゴルフ場建設に絡む贈収賄事件で逮捕され辞任したが、59年の市長選で返り咲き。平成4年落選。通算5期務めた。

原田 薫　はらだ・かおる
龍野市長　⊕大正4年7月14日　⊗平成13年6月24日　⊕兵庫県龍野市　⊛龍野中（昭和8年）卒　⊛昭和44年龍野市助役を経て、53年以来市長に2選。61年引退した。

原田 敬美　はらだ・けいみ
港区（東京都）区長　SEC計画事務所代表　建築家　⊕昭和24年3月20日　⊕東京都　⊛早稲田大学理工学部（昭和47年）卒、早稲田大学大学院理工学研究科建築設計学専攻（昭和49年）修了　⊛フルブライト留学生として米国ライス大学大学院に学ぶ。昭和46年カール・クリスチャンソン建築設計事務所、50年ライス大学コミュニティデザイン研究所、52年菊竹清訓建築設計事務所勤務を経て、55年SEC計画事務所を設立、代表。平成12年港区長に当選。著書に「川を利用した都市再開発」など。
【著書】改正建築基準法早わかり（原田敬美，鈴木繁康共著　オーム社'98）

原田 憲　はらだ・けん
衆院議員（自民党）　運輸相　郵政相　⊕大正8年2月12日　⊗平成9年1月29日　⊕大阪府池田市　⊛明治大学専門部政治科（昭和17年）中退　⊛勲一等旭日大綬章（平成3年）　⊛昭和22年衆院議員に当選。43年第2次佐藤改造内閣の運輸相、48年第2次田中改造内閣の郵政相を歴任。61年対フィリピン経済援助に関する調査特別委の委員長に就任、"マルコス疑惑"の解明に取り組んだ。63年竹下改造内閣の経済企画庁長官に就任したが、1ケ月で辞任。竹下派を経て、小渕派。当選14回。平成8年落選。
【評伝】リクルートゲートの核心（朝日ジャーナル編　すずさわ書店'89）／藤原弘達のグリーン放談〈5〉豪放磊落（藤原弘達編　藤原弘達著作刊行会'86）

原田 孝三　はらだ・こうぞう
防府市長　山口県議　⊕大正8年5月4日　⊗平成14年3月3日　⊕山口県防府市　⊛ハルビン学院卒　⊛防府市議2期、山口県議5期、社会党山口県本部委員長を経て、昭和55年から防府市長に2選。63年引退した。

原田 昇左右　はらだ・しょうぞう
衆院議員（自民党）　建設相　⊕大正12年7月15日　⊕静岡県焼津市　⊛東京帝大工学部機械学科（昭和21年）卒　⊛勲一等旭日大綬章（平成14年）　⊛農林省に入省。のち運輸省に転じ、昭和49年退官。51年衆院議員に当選。56年通産政務次官となる。平成元年海部内閣の建設相に就任。衆院税制特別委員長も務めた。当選9回。宮沢派を経て、旧加藤派。15年引退。
【著書】日本を地震から守る（山海堂'95）

原田 慎太郎　はらだ・しんたろう
宗像市長　⊕昭和16年2月19日　⊕福岡教育大学卒　⊛河東小学校校長、宗像市教育長を経て、平成12年宗像市長に当選、1期。15年宗像郡玄海町との合併に伴う新・宗像市長選に当選。⊛スポーツ，釣り，読書

原田 誠一　はらだ・せいいち
交野市長　⊕大正2年11月20日　⊕大阪府　⊛四条畷中卒　⊛勲四等旭日小綬章（平成2年）　⊛昭和41年交野町長となり、46年市制施行で市長に就任。5期つとめ、平成2年引退。

原田 立 はらだ・たつる
参院議員(公明党) [生]大正15年7月6日 [没]平成12年5月4日 [出]東京都目黒区 [学]小卒 [歴]聖教新聞社出版局次長を経て、昭和38年福岡県議となり、40年参院議員に当選。48年参院法務委員長をつとめる。当選4回。平成元年引退。

原田 英之 はらだ・ひでゆき
袋井市長 [生]昭和18年1月12日 [出]静岡県袋井市 [歴]昭和42年静岡県庁に入庁。健康福祉部長などを経て、平成13年袋井市長に当選。2期目。

原田 文也 はらた・ぶんや
茅野市長 [生]大正5年4月18日 [没]平成12年12月12日 [出]長野県 [学]早稲田大学卒 [賞]勲三等瑞宝章(平成7年) [歴]昭和7年伊勢丹、15年日立航空機を経て、20年長野県玉川村役場に。27年収入役、30年茅野町収入役、34年茅野市収入役、38年助役。46年以来茅野市長に6選。平成7年引退。 [趣]散歩,スポーツ

原田 義昭 はらだ・よしあき
衆院議員(自民党 福岡5区) [生]昭和19年10月1日 [出]福岡県 [学]東京大学法学部(昭和43年)卒 [歴]昭和43新日本製鉄(八幡製作所)に入社。45年通産省入省。49〜51年タフツ大学フレッチャー法律外交大学院に留学。中小企業庁参事官を経て、平成2年衆院議員に当選。5年落選したが、8年復活。15年小泉第2次改造内閣の文部科学副大臣に就任。16年5月公表していたタフツ大学大学院修了という学歴の誤りが明らかとなり、副大臣を引責辞任。通算4期目。旧渡辺派を経て、10年12月山崎派に参加。
http://www.y-harada.com/

原田 令嗣 はらだ・よしつぐ
衆院議員(自民党 静岡2区) [生]昭和27年2月2日 [出]静岡県焼津市 [学]慶応義塾大学法学部政治学科(昭和49年)卒 [歴]昭和49年NHKに入局。プロデューサーとして「ニュース21」「NHK特集」「21世紀への証言」などを手がける。平成13年報道局衛星放送部長などを経て、15年衆院議員に当選。小里グループ。 [家]父=原田昇左右(衆院議員)
http://www.yoshi-harada.jp/

針生 雄吉 はりう・ゆうきち
参院議員(公明党) [生]昭和12年2月25日 [出]宮城県仙台市 [学]東北大学大学院医学研究科(昭和43年)修了 医学博士 [歴]水戸病院、仙台鉄道病院医師を経て、公明党宮城県本部嘱託に。昭和61年参院選で公明党比例代表名簿8位、次席となるが、平成2年繰り上げ当選。4年引退。

針谷 善吉 はりがや・ぜんきち
古河市長 弁護士 [生]昭和11年2月7日 [没]平成7年1月29日 [出]栃木県 [学]中央大学法学部卒 [歴]古河市教育委員、水戸弁護士会会長を経て、平成3年古河市長に当選。

春田 重昭 はるた・しげあき
衆院議員(公明党) [生]昭和15年8月25日 [出]熊本県熊本市 [学]熊本工(昭和35年)卒 [歴]昭和35年神戸電機入社。42年守口市議、50年大阪府議を経て、51年から衆院議員に6選。平成5年引退。

春田 整秀 はるた・よしひで
前原市長 [生]昭和13年10月5日 [出]福岡県前原市 [学]糸島高(昭和32年)卒 [歴]保育所長を務める。前原市議を経て、平成7年から前原市長に2選。15年落選。 [趣]ゴルフ

春名 真章 はるな・なおあき
衆院議員（共産党） [生]昭和34年4月16日 [出]岡山県 [学]高知大学教育学部（昭和57年）卒 [歴]全学連中執委員、民青副委員長を経て、共産党高知県常任委員。平成8年衆院議員に比例区四国ブロックから当選、2期務める。15年落選。 [趣]ドライブ，スポーツ観戦
http://www.haruna-naoaki.jp/

半沢 良一 はんざわ・りょういち
館山市長 [生]大正9年10月4日 [没]平成2年12月9日 [出]千葉県 [学]東京帝大法学部卒 [歴]千葉県教育委員、館山商工会議所会頭などを経て、昭和49年以来館山市長に4選。平成2年引退前日に死去。

番正 辰雄 ばんじょう・たつお
坂出市長 [生]大正5年9月15日 [没]平成1年4月16日 [出]香川県 [学]名古屋高工土木科（昭和14年）卒 [歴]昭和23年坂出市役所に入り、42年助役を経て、48年以来市長に4選。

半田 善三 はんだ・ぜんぞう
衆院議員（民主党） ソフトネット代表取締役 [生]昭和25年7月27日 [出]岡山県岡山市 [学]早稲田大学教育学部（昭和52年）卒 [歴]昭和52年細川護熙参院議員秘書を経て、平成8年参院選に比例区東海ブロックから新進党所属で出馬するが、落選。のち民主党選対部長。12年4月衆院比例区で繰り上げ当選。同年6月落選。16年参院選比例区に出馬するが落選。のちソフトネット代表取締役、セキュリティ戦略研究所代表、日本・ベトナム文化交流協会理事。
http://www.honda-zenzo.com/

坂東 徹 ばんどう・とおる
旭川市長 [生]大正14年2月13日 [出]北海道旭川市 [学]東京獣医畜産専卒 [賞]スウェーデン北極星勲章（平成8年），勲三等旭日中綬章（平成8年），旭川市名誉市民（平成10年） [歴]3年間旭川市役所に勤務。その後、保育所長・老人ホーム園長など福祉の仕事を続け、昭和34年から連続4期市議、この間副議長を務めた。53年より市長を4期務めた。 [趣]スポーツ，植木いじり [家]父＝坂東幸太郎（衆院議員）

伴野 豊 ばんの・ゆたか
衆院議員（民主党 愛知8区） [生]昭和36年1月1日 [出]愛知県東海市（本籍） [学]名古屋工業大学（昭和58年）卒，名古屋工業大学大学院（昭和60年）修了 [歴]昭和60年国鉄（のちのJR東海）に入社、リニア中央新幹線、東海道新幹線などに従事。平成6年退社し、代議士秘書となる。7年新進党愛知県総支部連合会事務局次長を経て、8年衆院選に立候補。10年秘書を退職し、民主党に入党。12年衆院選比例区に当選。15年愛知8区より当選。2期目。 http://www.ban-chan.com/

半嶺 当泰 はんみね・とうたい
石垣市長 [生]昭和4年9月5日 [出]沖縄県 [学]八重山中（旧制）卒，自治大学校卒 [賞]勲四等旭日小綬章（平成14年） [歴]農業に従事。昭和45年以来石垣市議に4選。この間、市会議長を務める。平成2年石垣市長当選。1期つとめた。

半明 英夫 はんみょう・ひでお
廿日市市長 [生]昭和2年10月15日 [没]平成3年9月17日 [出]広島県廿日市町 [学]立命館大学法学部（昭和21年）卒 [賞]藍綬褒章（平成3年） [歴]昭和29年原村議、のち廿日市町議5期、副議長を務め、49年以来廿日市町長3選。63年11月廿日市町の市制への変更に伴い、初代市長に就任。 [趣]読書，音楽鑑賞

【 ひ 】

日浦 晴三郎 ひうら・せいざぶろう
長岡市長 [生]大正8年1月24日 [出]新潟県長岡市 [学]盛岡高等農林学校卒 [賞]勲三等瑞宝章(平成12年) [歴]長岡市助役を経て、昭和59年市長に当選。4期つとめ、平成11年10月退任。長岡造形大学理事長をつとめた。

日沖 靖 ひおき・やすし
いなべ市長 [生]昭和34年3月23日 [出]三重県員弁郡大安町 [学]京都大学農学部農芸化学科(昭和58年)卒 [歴]高校時代は柔道部に所属。京都大学に進み、2年からアメリカンフットボールを始める、4年の時主将を務めた。1年留年後甲子園ボウル(学生選手権)で優勝、ライスボウル(全日本選手権)の最優秀守備選手にも選ばれた。のち大手商社に就職、アメリカンフットボールの指導者を目指し、5年目に退社。米国に留学し、京都大学のコーチに。その後父の病気で三重県・大安町に戻り、家業の農機具販売店を引き継ぐ。場外舟券売り場設置反対運動のリーダーも務めた。平成7年から大安町長に3選。15年12月同町は員弁町、北勢町、藤原町と合併していなべ市となり、同月初代市長に当選。

比嘉 盛光 ひが・せいこう
宜野湾市長 [生]昭和13年7月1日 [出]沖縄県宜野湾市字宜野湾 [学]沖縄国際大学法学部卒 [歴]昭和49年宜野湾市経済民生部長、56年教育次長、62年市民経済部長、のち企画部長を経て、平成9年宜野湾市長に当選、2期。15年3月市長選をめぐる違法献金事件で、公職選挙法違反(特定寄付の禁止)と政治資金規正法違反(虚偽記載など)の疑いで沖縄県警に逮捕される。
[趣]釣り

比嘉 鉄也 ひが・てつや
名護市長 名護総合学園理事長
[生]昭和2年7月31日 [出]沖縄県 [学]海軍通信学校卒 [賞]旭日中綬章(平成15年)
[歴]昭和39年以来名護町議に2期。45年より名護市議を4期務め、61年市長に当選、3期。平成9年12月米軍普天間飛行場の返還に伴う海上航空基地(ヘリポート)受け入れ問題に際し、市民投票では建設反対の結果となるが、同月受け入れを表明し、辞任。13年名護総合学園理事長。

比嘉 昇 ひが・のぼる
浦添市長 沖縄県議 [生]昭和10年11月13日 [没]平成4年12月24日 [出]沖縄県
[学]琉球大学文理学部(昭和35年)卒 [歴]昭和45年比嘉法律事務所を設立。47年から沖縄県議2期を経て、55年以来浦添市長に4選。

檜垣 徳太郎 ひがき・とくたろう
参院議員(自民党) [生]大正5年10月31日 [出]愛媛県松山市 [学]東京帝大法学部(昭和16年)卒 [賞]勲一等瑞宝章(昭和62年),西ドイツ功労勲章大功労十字章(平成1年),愛媛県功労賞(平成5年)
[歴]農家の次男に生まれる。高等小卒後5年間は農業を手伝い、独学して検定試験に合格、松山高校に。大学卒業後、農林省に勤務。昭和35年予算課長、37年農地局管理部長、38年畜産局長、41年官房長、43年食糧庁長官、44年農林事務次官を経て、46年参院議員に当選。以来3選。議運委員長、自民党総合農政調査会長などを務めて、57年中曽根内閣の郵政相に就任した。平成元年落選。平成3年伊予テレビ会長、7年社長に就任。
[趣]柔道,スポーツ観戦,読書,散歩
[家]弟=大西盛美(鈴木シャッター工業会長)
【著書】農業・農村に未来はあるか(桧垣徳太郎,寺山義雄著 地球社'98)

日笠 勝之 ひかさ・かつゆき
参院議員(公明党) 衆院議員(新進党) 郵政相 [生]昭和20年7月4日 [出]岡山県津山市 [学]慶応義塾大学商学部(昭和43年)卒 [歴]昭和58年以来公明党から衆院議員に当選、4期務める。この間、党教育局長等を経て、平成6年羽田内閣の郵政相に就任。同年12月新進党結成に参加。8年落選。10年参院選で比例区から当選、1期。同年11月新公明党結成に参加。16年引退。

東 順治 ひがし・じゅんじ
衆院議員(公明党 比例・九州) [生]昭和21年10月6日 [出]福岡県北九州市若松 [学]北九州大学外国語学部米英学科(昭和44年)卒 [歴]聖教新聞鹿児島支局長から、昭和61年創価学会北九州文化会館主事、のち公明党北九州活性化委員長となり、党福岡第2総支部長を兼任。平成2年衆院議員に当選、2期つとめる。6年新進党結成に参加。8年落選したが、10年3月民政党の愛野興一郎の死去の際、旧新進党時代の名簿順によって繰上げ当選、新党平和に所属。のち公明党所属。通算5期目。
http://www.j-higashi.com/

東 力 ひがし・ちから
衆院議員(自民党) [生]昭和16年11月21日 [出]和歌山県新宮市 [学]東京大学教養学部(昭和40年)卒,ジョージ・ワシントン大学大学院博士課程修了 行政・経営学博士 [歴]昭和40年大蔵省入省。ワシントン在住7年の国際金融畑育ち。米国滞在後半は米国シンクタンクのブルッキングス研究所に籍を置き、国際経済および通商問題を研究。56年8月帰国後、証券局、大臣官房企画官を経て、57年8月退官。同年国際問題研究開発センター(RECIA)を設立。58年の総選挙で和歌山2区より当選、3期。平成5年、8年、12年落選。国際教育振興財団理事長、自民党証券金融局長も務める。著書に「日米外交の活路を拓く」「貿易摩擦のメカニズム」「アメリカのM&A」など多数。 [趣]柔道
【評伝】21世紀を担う若き政治家たち(木下厚著 政界往来社'89)

東川 孝 ひがしかわ・たかし
千歳市長 [生]昭和9年5月8日 [出]北海道千歳市 [学]千歳高(昭和29年)卒 [歴]千歳市経済部長、開発調整部長、収入役、北海道千歳政策研究会理事長を経て、平成3年千歳市長に当選。3期務め、15年引退。

東田 耕一 ひがしだ・こういち
芦別市長 [生]昭和12年7月28日 [没]平成11年9月23日 [出]北海道芦別市野花南町 [学]立命館大学法学部(昭和37年)卒 [歴]昭和37年東田工業取締役、40年専務。38年以来芦別市議4期、副議長を経て、54年以来芦別市長に4選。平成7年引退。 [趣]旅行,短歌

東中 光雄 ひがしなか・みつお
衆院議員(共産党) 弁護士 [生]大正13年7月23日 [出]奈良県奈良市 [学]同志社大学法学部政治学科(昭和24年)卒 [歴]昭和26年弁護士となり、29年東中法律事務所を開く。関西自由弁護士団幹事、関西トラック協会顧問を務める。44年以来衆院議員に10選。52年共産党中央委員となり、党国対副委員長などを歴任。平成12年落選。
【著書】国会論戦 日本国憲法((大阪)清風堂書店出版部 '94)

日向野 一郎 ひがの・いちろう
足尾町(栃木県)町長 [生]大正1年12月13日 [没]昭和60年6月20日 [出]群馬県勢多郡東村 [歴]昭和2年から栃木県足尾町に住む。東京で板前修業をして、料理屋を経営。町議6期を経て、46年栃木県議に当選、1期。58年足尾町長となり、銅山閉山以来、過疎化の進む同町の再建策として、インドシナ難民300人を受け

入れる難民定住施設の建設計画を打ち出した。

日向野 義幸　ひがの・よしゆき
栃木市長　�昭和33年6月18日　�栃木県　�日本大学短期大学部卒　�栃木市議を経て、平成11年栃木県議に当選、1期。15年栃木市長に当選。

樋口 暁子　ひぐち・あきこ
蓮田市長　�昭和19年9月7日　�埼玉県蓮田市　�浦和第一女子高卒　�民生委員を経て、"女性市長を誕生させる会・ひまわり"が母体となって平成10年蓮田市長に当選。兵庫県芦屋市、神奈川県逗子市に続き全国で3人目の女性市長となる。2期目。P&Iトレーディング社長も務める。

樋口 修　ひぐち・おさむ
高梁市長　�大12.1.5　�岡山県高梁市　�高梁青年学校卒　�勲四等瑞宝章（平成9年）　�昭和37年高梁市建設課長、40年企画財政課長、43年産業課長、46年総務課長、47年助役を経て、59年市長に当選、3期つとめる。平成8年引退。

樋口 俊一　ひぐち・しゅんいち
参院議員（民主党）　ヒグチ産業社長　薬ヒグチ社長　�昭和26年10月5日　�大阪府都島区　�北里大学薬学部（昭和49年）卒　薬学博士（大阪大学）（平成6年）　�薬剤師　�大学卒業後、ミシガン州ノースウッド・インスティテュート大学で2年間マネジメントを勉強してからヒグチ産業に入社。2年間の現場生活のあとスーパーバイザー、店長を経て、昭和48年取締役、50年常務、のちヒグチ薬品副社長を経て、社長に就任。平成元年ヒグチ産業社長。5年日本新党から東京都議に当選。のち新進党に移り、8年の衆院選に立候補するが落選。10年には民主党より参院選比例区に立候補。16年1月繰上げ当選。同年7月落選。妻は東京都議の樋口裕子。　�日本青年会議所会議（議長）　�ラケットボール，邦楽　�父＝樋口俊夫（ヒグチ産業会長），妻＝樋口裕子（東京都議）　http://www.e-higuchi.jp/

樋口 直嗣　ひぐち・なおつぐ
春日村（岐阜県）村長　�昭和11年3月8日　�岐阜県　�揖斐高（昭和29年）卒　�昭和31年春日村役場に入る。42年教育委員会教育長、55年収入役を経て、58年村長に当選。6期目。また同年から春日村森林組合長を務め、平成元年村おこしの特産品として組合から「春日局湯」と名づけた薬用入浴剤を売り出した。　�スポーツ

肥後 正典　ひご・まさのり
指宿市長　元・鹿児島県議　医師　�大正4年12月27日　�鹿児島県　�日本医科大学（昭和18年）卒　�勲四等旭日小綬章（平成7年）　�鹿児島県議を経て、昭和57年指宿市長に当選。61年落選したが、平成2年再選。6年落選。

久島 正　ひさじま・ただし
北見市長　�昭和7年11月26日　�北海道常路郡訓子府町　�日本大学工学部（昭和30年）卒　�昭和31年北見市役所に入り、商工部長、建設部長、企画部長、総務部長を経て、58年助役に就任。62年北見市長に当選。2期。平成7年落選。　�将棋，スポーツ観戦

久村 哲　ひさむら・あきら
京田辺市長　�昭和9年2月17日　�立命館大学法学部卒　�京都府田辺町商工会議所副会長などを経て、平成11年京田辺市長に当選。2期目。

菱田 房男　ひしだ・ふさお
豊富町（北海道）町長　�大正13年6月20日　�北海道天塩郡豊富町　�豊富青年学校　�明治末に栃木県から入植し、サロベツ平野開拓の草分けとなった農家の3代目。豊富町役場に務め、昭和49

年建設課長時代、サイクリングロード建設を主導。62年同町長に当選、2期。ゴルフ場の建設を進めたほか、平成3年第1回豊富町(サロベツ)自転車まつりを開催した。

菱田 嘉明　ひしだ・よしあき
衆院議員(自民党)　⊕昭和18年7月11日　⊕京都府　⊕京都大学農学部(昭和43年)卒　⊕昭和43年丸紅入社。52年山城青年会議所理事長、57年日本青年会議所京都ブロック協議会副会長を経て、58年以来京都府議に3選。平成5年八幡市長に当選。2期つとめる。12年衆院議員に当選。1期。橋本派。15年落選。
⊛ゴルフ，野球観戦　⊛父=菱田稔(京都府議)　http://www5a.biglobe.ne.jp/~hishida/

肥田 美代子　ひだ・みよこ
衆院議員(民主党　大阪10区)　参院議員(社会党)　児童文学作家　⊕昭和16年3月1日　⊕大阪府大阪市　⊕大阪薬科大学(昭和40年)卒　⊛薬剤師　「亜空間」「どんかく」各同人。主な著書に「先生はおちこぼれ」「ミスター父ちゃん大ぼうけん」「白いおかあさん」「月火水木金土」シリーズ、「学校ふしぎものがたり」シリーズなど。平成元年社会党から参院選比例区に当選、7年落選。8年民主党から衆院比例区に当選。15年の衆院選は大阪10区で当選。3期目。
⊛日本児童文芸家協会　http://www1.ocn.ne.jp/~miyoko/index.html
【著書】子ども国会(ポプラ社'98)／子ども国会(ポプラ社'98)／わたしの国会フレッシュ日記(ポプラ社'91)

樋高 剛　ひだか・たけし
衆院議員(民主党　神奈川18区)　⊕昭和40年11月24日　⊕神奈川県横浜市　⊕早稲田大学社会学部(平成2年)卒　⊕平成2～3年東京海上火災保険勤務を経て、小沢一郎代議士秘書となる。10年参院選に立候補。12年自由党から衆院選比例区に当選。15年9月民主党に合流、11月の衆院選では新設の神奈川18区から当選した。2期目。　http://www.the-hidaka.net/

日野 市朗　ひの・いちろう
衆院議員(民主党)　郵政相　弁護士　⊕昭和9年2月17日　⊛平成15年7月6日　⊕宮城県桃生郡河北町　⊕中央大学法学部(昭和31年)、中央大学大学院修了　⊕昭和39年弁護士開業。仙台弁護士会副会長を経て、51年社会党から衆院議員に当選、以来8期務めた。同党政審会長を務め、平成8年には第一次橋本内閣の郵政相に就任。同年民主党に参加。のち同党代議士会会長。社会党右派の論客で、党内最大のグループだった政権構想研究会代表も務めた。　⊛父=日野吉夫(衆院議員)
【評伝】日々是選挙(日野睦子著　草思社'03)

日野 茂　ひの・しげる
桐生市長　⊕昭和13年12月18日　⊕東京・新宿　⊕専修大学商経学部(昭和36年)卒　⊕昭和36年三ツ葉電機に入り、60年取締役、63年常務を歴任。この間桐生商工会議所青年部会長、桐生労基協会理事を歴任し、平成3年から桐生市長に2選。平成11年落選。
⊛父=日野貞夫(ミツバ会長)，兄=日野昇(ミツバ社長)

日野 光幸　ひの・みつゆき
西都市長　⊕昭和10年10月28日　⊕宮崎県　⊕宮崎高等経理校卒　⊛藍綬褒章(平成6年)　⊕西都市議を経て、昭和58年社会党から宮崎県議に当選。4期つとめ、平成11年引退したが、13年西都市長に当選。

桧田 仁　ひのきだ・じん
衆院議員(自民党)　桧田病院院長　医師　⊛整形外科学　⊕昭和17年2月2日　⊕広島県佐伯町　桧田仁　⊕京都府立医科大学(昭和42年)卒　⊕昭和50年

桧田病院を開業。平成3年広島県議に当選。2期。8年衆院議員に当選、1期。12年落選。旧小渕派を経て、橋本派。
http://ww5.enjoy.ne.jp/~hinokida/

日出 英輔　ひので・えいすけ
参院議員(自民党)　⑭昭和16年7月19日　⑮宮城県気仙沼市　⑯東北大学法学部(昭和39年)卒　⑯昭和39年農林省入省。農地局農地課をはじめ林野庁企画課、水産庁企画課など農水省内の企画畑を歩き、渡辺美智雄農水相のもとで大臣秘書官。その後、畜産局流通飼料課長、構造改善局管理課長を経て、59年農蚕園芸局企画課長、60年食糧庁管理部企画課長、63年農水省文書課長、平成2年4月企画室長、3年5月農政部長、4年7月総務審議官、6年2月農蚕園芸局長。8年1月退官。同年〜9年農林漁業金融公庫理事。10年参院選比例区に自民党から当選。16年落選。渡辺派、村上・亀井派、江藤・亀井派を経て、亀井派。
http://www.e-hinode.com/

日比 寛道　ひび・かんどう
豊島区(東京都)区長　⑭明治44年11月3日　⑮平成9年3月26日　⑯愛知県　⑰第二早稲田高等学院(昭和9年)卒　⑱勲三等瑞宝章(昭和62年)、豊島区名誉区民(昭和63年)　⑲昭和9年豊島区役所に入所。34年豊島区助役を経て、50年以来区長に4選。62年引退。
⑳釣り、麻雀

日森 文尋　ひもり・ふみひろ
衆院議員(社民党)　⑭昭和23年12月3日　⑮埼玉県与野市　⑯中央大学経済学部(昭和46年)卒　⑰昭和46年与野市役所に入り、58年与野市議4期、平成7年副議長を経て、12年社民党から衆院選比例区に当選。15年落選、1期。16年参院選埼玉選挙区に立候補。党埼玉県連合会代表。
http://www.f-himori.com/

平井 城一　ひらい・じょういち
香川県知事　⑭大正11年12月15日　⑮平成11年7月29日　⑯香川県高松市　⑰東京帝大法学部(昭和21年)中退　⑱香川県出納長、副知事を歴任後、昭和61年8月知事に当選。3期つとめ、平成10年引退。在任中の昭和63年、瀬戸大橋が開通。高松空港や四国横断自動車道の建設にも尽力した。
【評伝】地方人よ、先手を打て!(角間隆著　ぎょうせい'89)

平井 卓志　ひらい・たくし
参院議員(自由党)　労相　四国新聞社主・会長　西日本放送社長　⑭昭和6年11月22日　⑮香川県高松市　⑯学習院大学政経学部(昭和30年)卒　⑰勲一等旭日大綬章(平成14年)　⑱昭和33年四国新聞社に入社。41年常務、45年専務を経て、48年社長、52年社主。のち会長。53年西日本放送社長を兼任。49年自民党から参院議員に当選。61年第3次中曽根内閣の労相に就任。平成7年新進党に転じる。10年1月自由党に参加。当選5回。同年引退。　⑲長男=平井卓也(衆院議員)、父=平井太郎(参院議員)

平井 卓也　ひらい・たくや
衆院議員(自民党　香川1区)　⑭昭和33年1月25日　⑮香川県　⑯上智大学外国語学部英語学科(昭和55年)卒　⑰昭和55年電通に入社。61年西日本放送に転じ、のち社長。平成8年衆院選に立候補、12年当選。2期目。堀内派。　⑱読書, スポーツ　⑲父=平井卓志(四国新聞社主・参院議員)、祖父=平井太郎(参院議員)
http://www.hirataku.com/

平井 龍　ひらい・とおる
山口県知事　⑭大正15年1月3日　⑮山口県柳井市　⑯東京帝大法学部(昭和23年)卒　⑰勲一等瑞宝章(平成11年)　⑱昭和23年総理府に入る。38年自治省財政局調査課長、39年税務局市町村税課長を経て、40年山口県総務部長に転

じ、49年副知事に就任。51年以来、知事に5選。平成8年引退。

平井 儀男 ひらい・のりお
御嵩町(岐阜県)町長 [生]大正15年8月29日 [没]平成10年1月29日 [出]岐阜県可児郡御嵩町 [学]岐阜農林卒 [歴]御嵩町町議、岐阜県議などを経て、平成7年4月まで御嵩町町長を4期務めた。9年2月同町の産業廃棄物処理施設建設問題で建設容認派の前助役、元町議らと町民団体・明るいみたけをきずく会を結成、会長を務めた。

平井 義男 ひらい・よしお
逗子市長 [生]昭和11年3月4日 [出]神奈川県逗子市 [学]立教大学経済学部卒 [歴]昭和53年逗子市議に当選、のち議長を務める。平成6年逗子市長に当選。1期務め、10年落選。

平石 磨作太郎 ひらいし・まさたろう
衆院議員(公明党) [生]大正10年10月9日 [没]平成4年12月23日 [出]高知県長岡郡大豊町 [学]関西大学専門部法律学科(昭和18年)卒 [賞]勲二等瑞宝章(平成3年) [歴]高知市役所を経て、公明党高知県本部に入る。昭和51年高知全県区から衆院議員に当選。5期つとめた。平成2年引退。

平泉 渉 ひらいずみ・わたる
衆院議員(自民党) 元・科学技術庁長官 元・経済企画庁長官 鹿島平和研究所会長 [生]昭和4年11月26日 [出]福井県勝山市 [学]東京大学法学部政治学科(昭和27年)卒 [賞]勲一等旭日大綬章(平成12年) [歴]昭和27年外務省に入り、国連代表部2等書記官、在イラン大使官書記官等を歴任し、40年鹿島建設専務、45年副社長。なお40年以来参院に2期の後、46年科学技術庁長官をつとめ、51年以来衆院に当選6回。党国際局長、国際問題研副会長を歴任した後、60年末の第2次中曽根第2回改造内閣で経企庁長官に就任。旧宮沢派。平成8年落選。12年、15年衆院選に立候補。訳書にJ.W.フルブライト「アメリカ外交批判」など。
[家]妻=平泉三枝子(鹿島平和研究所常務理事),父=平泉澄(東大教授),兄=平泉洸(金沢工大名誉教授)
【著書】銀色の独立国(日本経済新聞社 '97)

平尾 勘市 ひらお・かんいち
善通寺市長 [生]明38.6.18 [出]香川県 [学]早稲田大学理工学部電気工学科(昭和5年)卒 [賞]勲三等瑞宝章(平成3年) [歴]昭和26年善通寺町議1期を経て、41年以来市長に6選。平成2年引退。

平尾 源太夫 ひらお・げんだゆう
豊岡市長 [生]大11.11.2 [出]兵庫県 [学]早稲田大学政経学部(昭和21年)卒 [歴]昭和52年豊岡市農協組合長を経て、56年以来豊岡市長に2選。平成元年落選。

平尾 哲男 ひらお・てつお
上田市長 [生]昭和8年7月24日 [出]長野県上田市 [学]信州大学工学部卒 [歴]上田市助役を経て、平成10年市長に当選。14年落選。

平岡 敬 ひらおか・たかし
広島市長 元・中国放送社長 [生]昭和2年12月21日 [出]大阪府大阪市 [学]早稲田大学文学部独文科(昭和27年)卒 [興]スローフード運動;食の安全;地域おこし [賞]勲三等旭日中綬章(平成11年),大韓民国修交勲章崇礼章(平成11年) [歴]昭和27年中国新聞社入社。49年取締役、52年常務を経て、57年中国放送専務に転じ、61年6月社長に就任。広島商工会議所副会頭も務める。平成2年辞任し、3年広島市長に当選、2期。全国市長会副会長、広島原爆障害対策協議会長、広島市国際交流協会長等を兼務。11年市長を引退。のち中国・地域づくり交流会会長。著書に「無援の海峡」など。 [趣]ヨット,園芸

【著書】希望のヒロシマ（岩波書店 '96）
【評伝】画文集 平和への祈り（平山郁夫著 毎日新聞社'98）

平岡 秀夫 ひらおか・ひでお
衆院議員（民主党 山口2区） 弁護士 ㊐昭和29年1月14日 ㊞山口県岩国市 ㊫東京大学法学部（昭和51年）卒 ㊧昭和51年大蔵省に入省。東京国税局部長、東海財務局部長、内閣法制局参事官などを経て、平成10年国税庁法人税課長。同年10月退官し、弁護士登録。12年民主党から衆院議員に当選。2期目。
㊮スポーツ，囲碁，料理 http://www.urban.ne.jp/home/hideoh29/

平賀 高成 ひらが・たかしげ
衆院議員（共産党） ㊐昭和29年5月7日 ㊞静岡県 ㊫静岡大学工業短期大学（昭和51年）卒 ㊧静岡大学教職員組合中央執行委員を経て、平成8年衆院議員に当選。1期務めた。12年、15年落選。
http://www.tokai-blc.jp/hiraga/

平川 崇賢 ひらかわ・そうけん
石川市長 ㊐昭和20年8月13日 ㊞沖縄県 ㊫沖縄工卒 ㊧石川市議を経て、平成14年市長に当選。

平川 崇 ひらかわ・たかし
石川市長 ㊐昭和2年9月30日 ㊞沖縄県石川市字東恩納 ㊫サイパン実業商科中退 ㊯藍綬褒章，勲三等瑞宝章（平成11年） ㊧昭和21年石川市役所に入る。27年財政課長、29年総務課長、35年助役を経て、41年以来市長に7選するが、平成10年落選。 ㊮囲碁，ゴルフ

平沢 勝栄 ひらさわ・かつえい
衆院議員（自民党 東京17区） ㊐昭和20年9月4日 ㊞岐阜県 ㊫東京大学法学部（昭和43年）卒，デューク大学大学院政治学修士（デューク大学） ㊧昭和43年警察庁入庁。46〜48年米国デューク大学大学院留学。55〜58年在英日本大使館勤務。警視庁防犯総務課長、内閣官房長官秘書官、警察庁少年課長、保安課長、平成3年3月警視庁防犯部長、4年8月岡山県警本部長、6年4月官房審議官を経て、同年7月防衛庁防衛審議官。7年12月退官。8年衆院議員に当選。3期目。山崎派。14年北朝鮮に拉致された日本人を早期に救出するために行動する議員連盟（拉致議連）事務局長に就任。15年12月北京で、16年4月大連で拉致被害者家族の帰国問題をめぐって北朝鮮高官との非公式会談を行ったが、拉致問題の解決は日朝政府間交渉に一元化すべきという方針に反する行動であると批判され、事務局長を辞任。
http://www.hirasawa.net/
【著書】憲法、危篤!（平沢勝栄, 小林節著 ベストセラーズ'02）／日本よ国家たれ（講談社 '02）／明快!「国会議員」白書（講談社 '00）／警察官僚が見た「日本の警察」（講談社 '99）／この日本をどうする（サイマル出版会 '96）
【評伝】平沢勝栄・全人像（仮野忠男著 行研'03）

平沢 敬義 ひらさわ・たかよし
深浦町（青森県）町長 ㊐昭和22年3月22日 ㊚平成16年12月8日 ㊞青森県西津軽郡深浦町 ㊫鰺ヶ沢高卒 ㊧高校3年の時に父の経営する木材会社が倒産し、大学進学を諦め会社再建に奔走する。深浦町議を2期目務めたのち、平成3年から町長に4選。11年風力発電所の建設、12年“健康長寿の町”宣言などに取り組む。13年全国で初めて屋外たばこ自販機撤去条例“自動販売機の適正な設置及び管理に関する条例”を施行し、反響を呼んだ。

平島 仁三郎 ひらしま・にさぶろう
泉南市長 ㊐大正10年6月5日 ㊚平成6年4月2日 ㊞大阪府泉南市 ㊫岸和田中（昭和14年）卒，満州国立中央師道学院（昭和16年）卒 ㊧岸和田市総務部長、大阪府水産林務課長、府立羽曳野病院事務局長、知事室参事、泉南府民セン

ター所長理事、府立病院事務局長などを経て、昭和52年泉州近代化研究センター設立、常務理事、のち大阪高速鉄道監査。61年8月泉南市長に当選、2期務めた。

平瀬 浩　ひらせ・ひろし
朽木村(滋賀県)村長　[生]昭和6年12月2日　[出]滋賀県朽木村　[学]朽木東小卒　[歴]小学校卒業後、家業の農林業に従事。昭和21年から滋賀県の土木事務所に勤務。29年村役場に移り、土木課を振り出しに産業課長、総務課長を経て、56年収入役。58年村長に当選。2期務め、平成3年引退。

平田 吉郎　ひらた・きちろう
高山市長　[生]大正9年2月1日　[出]岐阜県高山市　[学]高山実業青年校研究科(昭和14年)卒　[資]防火管理者　[賞]日本都市計画学会企画設計賞(昭和59年)，松本市名誉市民(昭和63年)，日本赤十字社金色有功章(昭和63年)，勲四等旭日小綬章(平成3年)　[歴]昭和14年土岐村役場に入り、15年書記、18年高山市書記、45年助役。50年以来高山市長に4選。平成3年引退。　[趣]釣り，囲碁，野球

平田 健二　ひらた・けんじ
参院議員(民主党　岐阜)　[生]昭和19年1月4日　[出]大分県大分市　[学]旭化成工科学院卒　[歴]民社党茨城県書記長を経て、連合岐阜副会長、ゼンセン同盟岐阜県支部長。平成7年新進党から参院議員に当選。10年1月新党友愛に参加、4月民主党に合流。2期目。　http://www.netlaputa.ne.jp/~ken2net/

平田 耕一　ひらた・こういち
衆院議員(自民党　比例・東海)　[生]昭和23年11月9日　[出]三重県四日市市　[学]慶応義塾大学経済学部(昭和47年)卒　[歴]昭和62年日本青年会議所副会頭を経て、63年チヨダウーテ社長。のち顧問。東海日中貿易センター理事も務めた。平成7年参院議員に当選。1期。12年衆院選小選挙区に立候補するが、落選。15年比例区で当選。旧橋本派。　[家]弟＝平田晴久(チヨダウーテ社長)　http://www.k-hirata.jp/

平田 辰一郎　ひらた・しんいちろう
衆院議員(自民党)　[生]昭和15年8月4日　[出]鹿児島県　[学]東京大学工学部(昭和40年)卒　[歴]資源エネルギー庁技術課長、新産業技術研究所長等を経て、平成2年衆院議員に当選。旧三塚派。5年落選。8年新進党より立候補するが、落選。

平田 隆義　ひらた・たかよし
名瀬市長　[生]昭和12年6月1日　[出]鹿児島県　[学]中央大学法学部(昭和36年)卒　[歴]奄美大島青年会議所理事長、名瀬市議などを経て、平成6年名瀬市長に当選。3期目。

平田 久市　ひらた・ひさいち
八幡浜市長　愛媛県議　[生]大正13年1月29日　[没]平成5年3月18日　[出]愛媛県八幡浜市　[学]八幡浜商(昭和16年)卒　[歴]昭和38年八幡浜市議、42年愛媛県議2期を経て、50年から市長に4選。平成3年落選。

平田 米男　ひらた・よねお
衆院議員(公明党)　弁護士　[生]昭和23年9月18日　[出]岐阜県　[学]名古屋大学法学部中退　[歴]昭和50年弁護士登録。名古屋市弁護士会常議員を経て、平成2年公明党から衆院議員に当選。6年新進党、10年1月新党平和、同年11月新公明党結成に参加。12年落選。3期務めた。　[団]名古屋弁護士会

平塚 明　ひらつか・あきら
結城市長　[生]昭和15年10月5日　[学]結城一高卒　[歴]結城市議を経て、平成9年結城市長。2期。15年収賄容疑で茨城県警に逮捕され辞職。

平塚 真治郎　ひらつか・しんじろう
石巻市長　⚫大正8年1月2日　⚫平成9年11月1日　⚫宮城県石巻市　⚫明治大学政経学部(昭和20年)卒　⚫勲四等瑞宝章(平成8年)　⚫宮城県庁入りし、宮城県総務部参事、石巻税務所長、昭和48年石巻市助役を経て、59年から市長に2選。平成4年引退。

平沼 赳夫　ひらぬま・たけお
衆院議員(自民党　岡山3区)　元・経済産業相　⚫昭和14年8月3日　⚫岡山県　⚫慶応義塾大学法学部法律学科(昭和37年)卒　⚫昭和37年日東紡勤務を経て、中川一郎の秘書となり、55年衆院議員に当選。当選8回。自民党証券金融局長、62年大蔵政務次官などを務め、平成7年村山改造内閣の運輸相に就任。10年9月三塚派を離脱し亀井グループに参加。11年3月村上・亀井派、のち江藤・亀井派となる。12年7月第2次森連立内閣の通産相に就任。同年12月第2次森改造内閣でも留任。13年1月中央省庁再編で経済産業相となり、同年4月の小泉内閣、14年9月の小泉改造内閣でも留任。　⚫読書　⚫養父＝平沼騏一郎(首相)　http://www.hiranuma.org/　【評伝】21世紀を担う若き政治家たち(木下厚著 政界往来社'89)

平野 喜八郎　ひらの・きはちろう
各務原市長　⚫大9.8.21　⚫岐阜県　⚫関西大学経商学部経済学科(昭和18年)卒　⚫勲三等瑞宝章(平成10年)　⚫昭和21年中村林産入社。46年専務を経て、48年以来各務原市長に6選。平成9年引退。

平野 清　ひらの・きよし
参院議員(自民党)　元・サラリーマン新党代表　⚫昭和4年7月31日　⚫平成14年5月18日　⚫東京　⚫神奈川大学法経学部卒　⚫勲三等旭日中綬章(平成11年)　⚫昭和31年読売新聞社入社。整理部次長を経て、61年サラリーマン新党から参院議員比例区に当選。平成元年サラリーマン新党代表に就任。2年自民党に移り、3年環境政務次官。4年落選、1期務めた。

平野 貞夫　ひらの・さだお
参院議員(民主党)　⚫昭和10年12月1日　⚫高知県土佐清水市　⚫法政大学法学部(昭和29年)卒、法政大学大学院社会科学研究科政治学専攻(昭和35年)修士課程修了　⚫昭和35年衆議院事務局入り。40年出向して園田直副議長秘書、48年前尾繁三郎議長の秘書などを務め、衆院事務局委員部第九課長、同総務課長、副部長兼総務課長事務取扱を経て、平成元年9月委員部長。4年2月退官。同年の参院議員では高知選挙区で自民党から当選。羽田派を経て、5年6月新生党、6年12月新進党結成に参加。10年1月自由党に参加。同年参院選比例区に名簿3位で当選。15年9月民主党に合流。2期務めた。16年引退。
【著書】昭和天皇の「極秘指令」(講談社'04)／日本を呪縛した八人の政治家(講談社'03)／危機の日本 議会政治 東洋思想の知恵で日本政治の再生を(有朋書院'02)／日本人と憲法と自由党(平野貞夫、樋高剛著 プレジデント社'00)／自由党の挑戦(プレジデント社'98)／小沢一郎との二十年(プレジデント社'96)

平野 祐康　ひらの・すけやす
三宅村(東京都)村長　⚫昭和23年2月24日　⚫東京都三宅村　⚫大東文化大学卒　⚫昭和46年三宅村役場に入り、財政課長などを務める。平成12年の三宅島噴火による全島避難を受けて、13年復興準備室長に就任。復興準備の責任者として、村民の一時帰島や国との折衝などに携わった。16年1月復興調整担当課長を最後に退職。同年2月三宅村長に当選。　⚫釣り，野球

ひらの

平野 武光 ひらの・たけみつ
外海町(長崎県)町長 ⓑ明治41年4月27日 ⓓ平成15年2月14日 ⓟ長崎県 ⓔ高小卒 ⓖモービル児童文化賞(昭和59年) ⓗ町工場に勤めながら独学。長崎県警に入り、警備畑を歩いた。昭和38年外海町長に当選し、62年まで6期。3歳の時ド・ロ神父との出会いがきっかけで、記念館の建設やフランス語講座、夏季海外文化講座の開催、子供博物館などの文化行政をすすめた。

平野 達男 ひらの・たつお
参院議員(民主党 岩手) ⓑ昭和29年5月2日 ⓟ岩手県北上市 ⓔ東京大学農学部(昭和52年)卒 ⓗ農林水産省技術調査官、東京大学農学部非常勤講師を経て、平成13年参院議員に当選。15年9月民主党に合流。

平野 元 ひらの・はじめ
山県市長 ⓑ昭和5年10月3日 ⓟ長良高卒 ⓗ美富町長を経て、平成15年初代山県市長となる。

平野 博文 ひらの・ひろふみ
衆院議員(民主党 大阪11区) ⓑ昭和24年3月19日 ⓟ和歌山県かつらぎ町 ⓔ中央大学理工学部(昭和46年)卒 ⓗ昭和46年松下電器産業に入社。58年中村正男代議士秘書、63年松下電器労組中央執行委員を経て、地域とくらしネットワーク代表。平成8年無所属で衆院議員に当選。10年2月民主党入り。3期目。http://www.hhirano.jp/
【著書】日本再生への緊急提言!平成ニューディール(PHP研究所 '02)

平林 鴻三 ひらばやし・こうぞう
衆院議員(自民党) 郵政相 ⓑ昭和5年11月21日 ⓟ兵庫県武庫郡 ⓔ東京大学法学部(昭和29年)卒 ⓖ旭日大綬章(平成16年) ⓗ昭和29年自治庁(現・自治省)に入り、46年鳥取県総務部長を経て、49年鳥取県知事に当選。3期務めたのち、58年衆院議員に転じ、5期務めた。平成12年第2次森連立内閣の郵政相に就任。15年落選。竹下派、旧小渕派を経て、橋本派。 ⓘ兄=平林宏次(エフエム石川社長)

平原 四郎 ひらばる・しろう
筑紫野市長 ⓑ昭和25年2月11日 ⓟ福岡大学経済学部卒 ⓗ筑紫野市議、筑紫野商工センター顧問などを経て、平成15年市長に当選。

平松 守彦 ひらまつ・もりひこ
大分県知事 大分県文化振興財団名誉理事長 大分県国際交流センター顧問 ⓑ大正13年3月12日 ⓟ大分県大分市 ⓔ東京大学法学部(昭和24年)卒 ⓕ先端技術の地場企業への移転(テクノロジー・トランスファー);東京一極集中の是正と地方分離 ⓖ年間最優秀プロデューサー賞(第1回)(昭和58年)、日本文化デザイン賞(第4回)(昭和58年)、日本新語流行語大賞(特別功労賞)(昭和63年)、南十字星ブラジル国家勲章大士官章(平成1年)、マグサイサイ賞(公務員部門賞)(平成7年)、オラニエ・ナッサウ勲章リダー章(オランダ)(平成13年)、インファンテ・ドン・エンリッケ勲章コメンダドール章(ポルトガル)(平成13年)、中国友誼奨(平成14年)、旭日大綬章(平成16年)、チュニジア名誉総領事 ⓗ昭和24年商工省に入省。通産省産業公害課長、石油計画課長、電子政策課長などを経て、49年国土庁に出向、長官官房審議官に。50年大分県副知事となり、54年知事に当選。6期務めたのち、平成15年引退。2年九州地方知事会会長。役人時代の工業立地、電子政策などの仕事の経験を生かし、テクノポリス構想のモデルを作った。また"一村一品運動"などユニークな施策を進め、昭和58年年間最優秀プロデューサー賞を受賞。平成7年にはマグサイサイ賞公務員部門賞を受賞。5年にはパソコン通信

を使って地方からの情報発信の拠点とするハイパーネットワーク社会研究所を設立。「一村一品のすすめ」「テクノポリスへの挑戦」「私の連合国家論」などの著書がある。 [趣]読書，早朝散歩 [家]弟＝平松義郎（名古屋大学教授）

【著書】平松守彦の地域自立戦略（毎日新聞社 '04）／地方からの変革（角川書店 '02）／「熱論」合州国家・日本（平松守彦，大前研一，江口克彦著 PHP研究所'98）／地方から日本を変える（PHP研究所 '97）／「日本合州国」への道（東洋経済新報社 '95）／往復書簡 東京ぬきでやろう（平松守彦，横路孝弘著 岩波書店'94）／わたしの地域おこし（日本放送出版協会 '93）／一身にして二生（新潮社 '93）／地方からの発想（岩波書店 '90）

【評伝】グローカル知事平松守彦その発想と実践（蒲原由和著 （福岡）西日本新聞社 '04）

平山 征夫 ひらやま・いくお

新潟県知事 [生]昭和19年7月21日 [出]新潟県柏崎市 [学]横浜国立大学経済学部（昭和42年）卒 [歴]昭和42年日本銀行に入行。総務局広報課長、営業局、文書局、62年電算情報局総務課長を経て、平成元年新潟支店長、4年仙台支店長。同年新潟県知事に当選。3期目。16年引退。北越急行社長もつとめる。 [趣]エレクトーン

昼間 仲右衛門 ひるま・なかうえもん

鳩ケ谷市長 [生]大正4年1月21日 [没]平成9年1月18日 [出]埼玉県 [学]浦和中（昭和7年）卒 [賞]勲三等瑞宝章（平成2年） [歴]鳩ケ谷町長を経て、昭和42年から鳩ケ谷市長に6選。平成2年引退。

【評伝】続・鳩ヶ谷市長日記（晝間仲右衛門著 ぎょうせい'86）

広井 庄一 ひろい・しょういち

小千谷市長 [生]昭和6年12月19日 [学]高小卒 [歴]小千谷市会副議長、小千谷市議会総務文教委員長などを経て、平成9年7月～10年10月小千谷市長を務めた。

広木 康二 ひろき・やすじ

富岡市長 [生]昭和4年5月27日 [出]群馬県 [学]富岡中（昭和21年）卒 [歴]富岡市会議長を経て、昭和58年市長に当選、3期務めた。平成7年引退。

広瀬 勝貞 ひろせ・かつさだ

大分県知事 [専]情報処理 エネルギー問題 [生]昭和17年6月25日 [出]大分県日田市 [学]東京大学法学部（昭和41年）卒 [歴]昭和41年通産省に入省。石炭局、貿易局、官房秘書課、在スペイン大使館などを経て、資源エネルギー庁、のち機械情報産業局情報処理振興課長。白書「エネルギー'81」をまとめた後、機械情報産業局情報処理振興課長に。57年IBMスパイ産業事件の直後に、ソフトウェア保護新法のアイディアを出し、法案作成に着手した。59年石油流通課長、60年通産省官房参事官、61年産業政策局企業行動課長、平成2年6月官房総務課長、3年6月中小企業庁計画部長、同年11月宮沢総理秘書官、6年7月機械情報産業局次長、同年12月貿易局長、8年8月官房長、9年7月機械情報産業局長、11年9月事務次官を経て、13年1月初代経済産業事務次官。14年8月退官。15年大分県知事に当選。 [家]父＝広瀬正雄（衆院議員），兄＝広瀬貞雄（富士紡績会長），広瀬道貞（テレビ朝日社長）

広瀬 秀吉 ひろせ・ひできち

衆院議員（社会党） [生]大正7年2月2日 [出]栃木県真岡市 [学]中央大学法学部（昭和16年）卒 [賞]勲一等瑞宝章（平成1年），朝鮮民主主義人民共和国親善勲章第一級（平成1年） [歴]社会党栃木県本部書記長、中央委員などを経て、昭和35年以来栃木1区から衆院議員に9選。平成2年引退。 [趣]読書，将棋

ひろせ

広瀬 博司　ひろせ・ひろし
小野市長　⊕大正13年2月13日　⊕兵庫県　⊕宇都宮高等農林卒　小野市助役を経て、昭和63年から市長に3選。平成10年収賄容疑で逮捕され、辞任。

弘友 和夫　ひろとも・かずお
参院議員(公明党　比例)　衆院議員(新進党)　⊕昭和19年8月17日　⊕福岡県北九州市　⊕中央大学経済学部(昭和42年)卒　⊕昭和45年から7年間、衆・参院議員秘書を務める。51年から北九州市議に4選。平成5年公明党から衆院議員に当選。6年新進党結成に参加。8年落選。10年無所属で参院議員に福岡選挙区から当選。のち公明党に所属。16年比例区に転じる。2期目。この間、14年小泉改造内閣の環境副大臣を務めた。
http://www.hirotomo.net/

広中 和歌子　ひろなか・わかこ
参院議員(民主党　千葉)　環境庁長官　評論家　⊕昭和9年5月11日　⊕東京大本　⊕お茶の水女子大学文教育学部英文科(昭和32年)卒、ブランダイス大学(米国)大学院人類学科(昭和38年)修士課程修了　⊕昭和33年米国に留学し、現地で数学者・広中平祐と結婚。2児の母となりながら、コロンビア大学、ハーバード大学で学ぶ。海外生活20余年。訳書に「ジャパン・アズ・ナンバーワン」(共訳)、著書に「ふたつの文化の間で」「広中家の個性主義教育」など。有吉佐和子「華岡青洲の妻」の英訳もある。京都市教育委員、文部省教育課程審議会委員を経て、61年7月参院比例代表区選で公明党の名簿1位として当選。平成5年細川内閣の環境庁長官に就任。6年新進党、10年1月国民の声結成に参加。同年4月民主党に合流。同年6月の参院選には千葉選挙区から無所属で当選。当選後は院内会派・民主党・新緑風会に所属していたが、11月民主党に入党。のち党副代表。4期目。　⊕国際女性学会　⊕音楽，旅行，絵画　⊕夫=広中平祐(山口大学学長)，父=木本尚一(安田生命保険相互常務)　http://www.st.rim.or.jp/~hironaka/
【著書】政治って意外とおもしろい(東急エージェンシー出版事業部 '89)／アメリカは日本に何を望んでいるか(PHP研究所 '88)／広中和歌子の教育対談(三修社 '86)／内助の功をあきらめて(講談社 '81)

広野 ただし　ひろの・ただし
参院議員(民主党　比例)　⊕昭和18年1月1日　⊕富山県富山市　本名=広野允士　⊕東京大学工学部(昭和40年)卒　⊕昭和40年通産省入省。57年工業技術院総務部研究開発官、59年通産省機械情報産業局電気機器課長、61年同局総務課企画官、のち、官房企画調査官を経て、63年退官。平成2年衆院選に立候補。5年新生党に転じ、衆院議員に当選、1期。6年新進党結成に参加。8年落選。12年衆院選では自由党から立候補。13年参院選比例区に自由党から立候補し、当選。15年9月民主党に合流。著書に「目指そうヒューマン先進国」「21世紀へのエネルギーハイテク時代は心の時代」「地域活性化の新戦略」。
⊕ゴルフ，スポーツ観戦，読書，スキー，登山　http://www.kitokitonet.ne.jp/~daishi/tadashi1.htm
【著書】日本復活Vプラン(高木書房 '03)

【 ふ 】

深井 誠　ふかい・まこと
吉川市長　⊕昭和22年2月7日　⊕平成11年1月19日　⊕埼玉県北葛飾郡吉川町(現・吉川市)　⊕杉戸農卒　⊕農協理事長、青年会議所副理事長、吉川町議2期を経て、昭和62年より町長に3選。平成3年より町内3ケ所にサービ

スセンターを設け、土、日、祝日も証明書発行などの業務を行う。8年4月市政施行に伴い吉川市長となった。
🏀スポーツ

深川 忠義 ふかがわ・ただよし
那珂湊市長　日本通信放送社長　⊕昭和14年6月12日　⊕茨城県　⊕那珂湊水産高(昭和31年)中退　⊕昭和38年郡祐一参院議員の秘書に。42年から那珂湊市議2期を経て、58年市長に当選、2期つとめる。平成3年落選。6年ひたちなかケーブルテレビ社長に就任。11年茨城ケーブルテレビに商号変更、12年日本通信放送に商号変更。14年茨城県議選に立候補するが落選。

深田 肇 ふかだ・はじめ
衆議院議員(社民党)　参院議員(社会党)　⊕昭和7年3月7日　⊕岡山県　⊕中央大学法学部中退　⊕昭和38年杉並区議、社青同委員長などをつとめたのち、社会党本部に入る。青少年局長、国民運動局長を経て、平成元年参院議員に当選。7年落選。8年社民党から衆院議員に当選。1期務めた。12年引退。

深谷 隆司 ふかや・たかし
衆議院議員(自民党)　通産相　郵政相　自治相　東洋大学客員教授　⊕昭和10年9月29日　⊕東京都台東区浅草　⊕早稲田大学法学部(昭和35年)卒　⊕日本文芸大賞(第13回)(平成5年)「大臣日記」　⊕昭和38年台東区議、44年東京都議を経て、47年以来衆院議員に当選8回。党内で長い間、福祉や労働問題にかかわり、党青年局長・青年対策委員長・財政部会長、55年労働政務次官などを経て、平成2年第2次海部内閣の郵政相、7年村山改造内閣の自治相。10年党総務会長。旧渡辺派を経て、同年12月山崎派結成に参加。浅草生まれのチャキチャキの江戸っ子代議士として活躍。11年10月小渕第2次改造内閣の通産相に就任。12年4月森連立内閣でも留任したが、6月の総選挙で落選。15年の総選挙も落選。東洋大学客員教授を務める。著書に「世界の今日と明日」など。　🏀空手,拳法,マラソン,油絵　http://www.t-fukaya.co.jp/

【著書】大臣日記(角川書店 '91)
【評伝】深谷隆司・全人像(山口順雄著 行研'97)／藤原弘達のグリーン放談〈9〉縦横無尽(藤原弘達編 藤原弘達著作刊行会;学習研究社〔発売〕'87)

吹田 愰 ふきだ・あきら
衆院議員(新進党)　自治相　⊕昭和2年2月1日　⊕山口県熊毛郡田布施町　⊕柳井商(昭和20年)卒　⊕勲一等瑞宝章(平成12年)　⊕田布施町長、山口県議5期、県会議長を経て、昭和54年自民党から衆院議員に当選。62年衆院環境常任委員長、平成元年同内閣常任委員長、2年第2次海部改造内閣の自治相となる。3年10月三塚派を離脱し、加藤グループに加わる。5年総選挙後離党、6年4月新生党に入党し、同年12月新進党結成に参加。6期つとめる。8年山口県知事選、12年自民党から衆院比例区に出馬するが、落選。

福井 照 ふくい・てる
衆院議員(自民党　高知1区)　⊕昭和28年12月14日　⊕大阪府　⊕東京大学工学部土木工学科(昭和51年)卒　⊕昭和51年建設省に入省。60年マレーシアに派遣、平成3年静岡県掛川市助役を経て、11年建設省都市局都市計画課都市交通調査室長。11年自民党高知県支部長、のち副会長を務める。12年衆院議員に当選。2期目。堀内派。　http://fukuiteru.com/contents/index.html

福岡 宗也 ふくおか・そうや
衆院議員(民主党)　弁護士　⊕昭和7年10月17日　⊕平成12年4月11日　⊕愛知県名古屋市　⊕明治大学法学部(昭和30年)卒　⊕昭和31年司法試験に合格、34

年弁護士登録。全トヨタ労連顧問弁護士、名古屋弁護士会副会長、日弁連常務理事、日弁連代議員を歴任。愛知核禁止会議長なども務める。平成8年衆院選には新進党の比例区東海ブロックより出馬し、当選。1期。10年1月新党友愛に参加、4月民主党に合流。 ㊌油絵

福岡 日出麿　ふくおか・ひでまろ
参院議員（自民党）　㊌明治42年11月21日　㊌平成2年10月5日　㊌佐賀県佐賀郡　㊌東亜同文書院（昭和5年）中退　㊌藍綬褒章（昭和45年）、勲二等瑞宝章（昭和60年）　㊌第一酒造社長、佐賀中央銀行監査を経て、昭和30年佐賀県議（5期）、49年参院議員（2期）を歴任。61年7月引退。㊌読書、将棋、剣道（3段）

福岡 康夫　ふくおか・やすお
衆院議員（公明党）　広島県議（公明党）　㊌昭和6年11月28日　㊌平成16年8月9日　㊌山口県下関市　㊌愛媛大学文理学部中退　㊌公取委広島事務所総務課長を経て、昭和58年衆院議員に当選。広島1区に初めて公明党の議席をもたらしたが、61年の総選挙で落選した。平成元年参院選比例区に転じるが落選。その後、3～15年広島県議を3期務めた。

福岡 義登　ふくおか・よしと
三次市長　衆院議員（社会党）　㊌大正12年5月18日　㊌平成13年3月25日　㊌広島県三次市　㊌十日市高小卒、国鉄技能者養成所（昭和15年）卒　㊌勲二等瑞宝章（平成11年）　㊌旧国鉄に入り、昭和22年国労広島支部執行委員長、36年広島県労会議事務局長を経て、42年衆院議員に広島3区で当選。58年まで4期13年間、代議士として建設、運輸各常任委員会理事や国土総合開発審議会、中国地方開発審議会委員などを歴任。61年11月から三次市長に4選。㊌野球、柔道、ゴルフ、囲碁

福士 文知　ふくし・ぶんち
弘前市長　元・弘前市医師会長　医師　㊌大正2年8月16日　㊌平成15年5月1日　㊌青森県豊田村新里（現・弘前市）　㊌岩手医専（昭和41年）卒　医学博士　㊌勲四等旭日小綬章（平成4年）　㊌東北帝大助手を務め、昭和26年弘前市に福士内科医院を開業。50年弘前医師会長を経て、51年から市長に4選。平成4年引退。弘前観光協会会長や青森県クレー射撃連盟会長なども務めた。

福嶋 健助　ふくしま・けんすけ
深谷市長　㊌昭和7年9月22日　㊌埼玉県深谷市　㊌法政大学経済学部卒　㊌旭日小綬章（平成16年）　埼玉県深谷市役所に入り、助役。平成3年深谷市長選に当選。2期。11年落選。

福島 譲二　ふくしま・じょうじ
熊本県知事　衆院議員（自民党）　労相　㊌昭和2年3月31日　㊌平成12年2月25日　㊌東京・本郷　㊌東京帝大法学部政治学科（昭和23年）卒　㊌大蔵省審議官、首相秘書官などを経て、昭和51年熊本2区から衆院議員に当選、6期。環境政務次官、総務副長官などを歴任。平成元年海部内閣の労相に就任。竹下派。3年熊本県知事に当選。3期。議員時代から水俣病問題に取り組み、知事として未認定患者らの損害賠償訴訟の和解に尽力した。

福島 善三郎　ふくしま・ぜんざぶろう
唐津市長　㊌昭和8年8月2日　㊌佐賀県　㊌九州大学法学部（昭和36年）卒　㊌佐賀県商工労働部部長、出納長を経て、平成6年副知事。7年唐津市長に当選。2期務め、15年引退。

福島 務　ふくしま・つとむ
大府市長　㊌昭和9年11月4日　㊌愛知県　㊌大府高（昭和34年）卒　㊌大府市東部知多衛生組合副管理者、総務部長、民生部長、助役を経て、平成4年から大府市長に3選。16年引退。

福島 信行　ふくしま・のぶゆき
白馬村(長野県)村長　⽣昭和18年2月11日　⽣長野県北安曇郡白馬村　学大町高卒　職昭和55年まで18年間白馬村役場に勤めたのち、家業の書店経営を経て、平成元年から2期同村議を務めた。6年村長に当選。3期目。　趣ツーリング，スキー，山菜採り

福嶋 浩彦　ふくしま・ひろひこ
我孫子市長　⽣昭和31年9月26日　⽣鳥取県　学筑波大学中退　職社会新報記者、党市機関紙部長を経て、昭和58年から我孫子市議を3期務める。平成7年我孫子市長に当選、3期目。14年全国青年市長会会長を務めた。

福島 瑞穂　ふくしま・みずほ
社民党党首　参院議員(社民党　比例)　弁護士　女性問題評論家　⽣昭和30年12月24日　⽣宮崎県延岡市　学東京大学法学部(昭和55年)卒　職昭和63年弁護士登録。日本キリスト教婦人矯風会・女性の家HELP顧問弁護士としてジャパゆきさん問題などに取り組む。63年ガサ(家宅捜索)の実態を知ろう会を結成、同年4月に開いたシンポジウムでは寸劇「ある朝、突然…ドドドンドン」のシナリオも書くなど、権力に対して"明るい反撃を"を試みる。夫婦別姓選択制の法制化運動にも参加し、自らも入籍しない結婚を続ける。平成10年参院選比例区に社民党名簿1位で当選。13年10月党幹事長に就任。15年11月衆院選敗北の責任をとって辞任した土井たか子の後任として社民党党首に就任。16年の参院選では自らの2期目当選を決めるとともに、党首として社民党の改選2議席を確保。著書に「結婚と家族」「破防法とオウム真理教」「裁判の女性学」、共著に「セクシュアル・ハラスメント」「若い女性の法律ガイド」など。　団第二東京弁護士会，行動する女たちの会，アジアの女たちの会，夫婦別氏の法制化を実現する会　家夫＝海渡雄一(弁護士)　http://www.mizuhoto.org/
【著書】福島みずほの日本再生(ロゼッタストーン '04)／女性が政治家になって何が変わるか(明石書店 '04)／神は「憲法」に宿りたまう(佐高信，福島みずほ著 七つ森書館'04)／福島瑞穂のいま会いたい いま話をしたい(明石書店 '03)／あれも家族これも家族(岩波書店 '01)／使いこなそう!ドメスティック・バイオレンス防止法(明石書店 '01)／トクする結婚。ソンする結婚。(大和書房 '01)／福島瑞穂の新世紀対談(明石書店 '01)／「憲法大好き」宣言(佐高信，福島瑞穂著 社会思想社'00)

福島 豊　ふくしま・ゆたか
衆院議員(公明党　大阪6区)　⽣昭和33年1月4日　⽣大阪府　学京都大学卒、京都大学大学院中退　職医師　京都大学医学部附属病院を経て、平成5年公明党から衆院議員に当選。6年新進党、10年1月新党平和、同年11月新公明党結成に参加。4期目。　http://homepage3.nifty.com/fukushima-yutaka/

福田 昭夫　ふくだ・あきお
栃木県知事　⽣昭和23年4月17日　⽣栃木県今市市　学東北大学教育学部卒　職今市市教育委員会学校教育課長、市財政課長を経て、平成3年今市市長に当選、2期務める。11年市議会で否決されたものの、全国に先駆けて常設の住民投票条例案を市議会に提案する。12年自民党他5党推薦の現職知事をわずか875票差で破り、栃木県知事に当選。16年落選、1期。著書に「地方分権時代における我が自治体経営論」がある。
【著書】いま、分度推譲のとき((宇都宮)栃木リビング新聞社;不昧堂出版〔発売〕'03)
【評伝】地方分権化の旗手たち(童門冬二著 実務教育出版'96)／青年よ故郷(ふるさと)に帰って市長になろう(全国青年市長会編 読売新聞社'94)

福田 清 ふくた・きよし
江南市長 [生]明治41年12月21日 [没]昭和63年10月17日 [出]愛知県江南市 [学]青年学校卒 [賞]藍綬褒章(昭和48年)，勲四等瑞宝章(昭和63年) [歴]昭和21年布袋食糧を設立し会長、43年名古屋埠頭サイロ会長、45年ホテー産業会長、46年セントラル製粉会長に。50年以来江南市長に3選。62年引退。
[趣]古典哲学，観劇

福田 赳夫 ふくだ・たけお
首相 衆院議員(自民党) [生]明治38年1月14日 [没]平成7年7月5日 [出]群馬県群馬郡金古町足門(現・群馬町) [学]東京帝国大学法学部法律学科(昭和4年)卒 [賞]日本棋院大倉賞(第18回)(昭和62年)，群馬県名誉県民(平成2年)，GA-UCSD科学功績賞(平成3年)，茶道文化賞(第30回)(平成7年) [歴]昭和4年大蔵省に入省し、官僚としてのエリート・コースを進む。22年には主計局長となるが、昭電疑獄事件に連座し、25年1月やむなく官界から身をひく。27年群馬県から衆院議員に立ち、以来連続14回当選。保守合同後の自民党で、幹事長、政調会長をつとめ、34年農相、40年蔵相、46年外相を歴任。この間、37年に岸派を継承して福田派を結成した。47年佐藤首相辞任後の総裁選で田中角栄に敗れ、以後10年に及ぶ“角福戦争”を続けた。51年大平正芳とともに“三木おろし”に走り、三木退陣後、72歳で首相となり、福田内閣を組閣。その後53年11月の総裁予備選で大平正芳に敗れ、首相を退くが、54年には大平退陣をせまる“四十日抗争”を繰り広げた。61年7月福田派を安倍晋太郎に譲ったのち、平成2年2月議席を長男に継承させて引退した。
[家]弟＝福田宏一(参院議員)，長男＝福田康夫(衆院議員)，二男＝横手征夫(横手館社長)
【著書】回顧九十年(岩波書店 '95)／素顔に迫る(学習研究社 '82)
【評伝】歴史劇画 大宰相〈第7巻〉福田赳夫の復讐(さいとうたかを著，戸川猪佐武原作 講談社'99)／総理のリーダー術(井芹浩文著 全日法規'98)／「戦後五十年の生き証人」が語る(田原総一朗著 中央公論社'96)／日本の首相マルバツサンカクシカク(鹿嶋海馬著 ケイワイプランニング'94)／戦後日中・米中関係(緒方貞子著 東京大学出版会'92)

福田 武 ふくだ・たけし
鹿沼市長 [生]大正10年6月5日 [出]栃木県鹿沼市 [学]慶応義塾大学経済学部(昭和18年)卒 [賞]勲五等双光旭日章(平成13年) [歴]昭和35年鹿沼相互信金に入り、48年理事長、平成2年会長に就任。ほかに鹿沼商工会議所会頭、栃木県信用金庫協会会長、全国信用金庫協会理事などを歴任して、平成4年鹿沼市長に当選。2期務め、12年落選。
[趣]読書，ゴルフ

福田 武隼 ふくだ・たけとし
真岡市長 [生]昭和17年3月11日 [出]栃木県 [学]千葉大学医学部卒 [歴]病院院長を務める。13年真岡市長に当選。

福田 儀 ふくだ・ただし
今市市長 栃木県議(自民党) [生]昭2.9.5 [出]栃木県 [学]栃木青年師範卒 [歴]小中学校教師、栃木県教育委員会主事兼指導主事、栗山村教育長などを経て、昭和50年より栃木県議を3期。61年今市市長に初当選した。

福田 富一 ふくだ・とみかず
栃木県知事 [生]昭和28年5月21日 [出]栃木県今市市 [学]日本大学理工学部(昭和54年)卒 [資]行政書士，建築士 [歴]昭和47年栃木県土木部職員勤務を経て、56年福田富一設計事務所、福田富一行政書士事務所を開業、所長。58年宇都宮市議2期を経て、平成3年自民党から栃木県議に当選、2期務める。新生党を経

て、新進党に所属。のち無所属。11年から宇都宮市長に2選。16年栃木県知事に当選。 [趣]旅行，ハイキング，登山，バスケットボール

福田 一 ふくだ・はじめ
衆院議長 自民党最高顧問 [生]明治35年4月1日 [没]平成9年9月2日 [出]福井県大野市 [学]東京帝大法学部仏法科（昭和2年）卒 [賞]勲一等旭日大綬章（昭和48年），勲一等旭日桐花大綬章（昭和59年） [歴]同盟通信社政治部長、シンガポール、サイゴン支局長、南方総局次長を経て、昭和24年以来衆院福井全県区から14選。大野派、船田派を経て、無派閥。その間池田内閣の通産相、田中内閣、三木内閣で自治相、福田内閣で法相を歴任。55〜58年衆院議長、59年自民党最高顧問となる。平成2年引退。 [趣]囲碁（7段）

福田 宏一 ふくだ・ひろいち
参院議員（自民党） [生]大正3年1月23日 [没]平成11年3月18日 [出]群馬県群馬郡群馬町 [学]渋川中（昭和7年）卒 [賞]勲二等瑞宝章（平成4年） [歴]昭和32年太陽誘導入社。のち福田赳夫の秘書を経て、55年参院議員に当選、2期。参院農林水産委員長をつとめた。三塚派。平成4年引退。 [家]兄＝福田赳夫（首相）

福田 政則 ふくだ・まさのり
長門市長 [生]大正14年9月13日 [没]平成4年4月4日 [出]山口県 [学]日本大学法文学部政治学科（昭和19年）卒 [歴]長門商工会議所副会頭を経て、昭和57年から市長に3選。

福田 正彦 ふくだ・まさひこ
新見市長 [生]大正12年1月2日 [没]平成13年4月29日 [出]岡山県新見市 [学]高粱中（昭和15年）卒 [賞]藍綬褒章（昭和59年） [歴]新見市会議長を経て、昭和57年新見市長に当選。3期つとめ、平成6年落選。

福田 康夫 ふくだ・やすお
衆院議員（自民党 群馬4区） 元・内閣官房長官 [生]昭和11年7月16日 [出]東京都世田谷区 [学]早稲田大学政経学部（昭和34年）卒 [歴]福田赳夫元首相の長男。丸善石油（現・コスモ石油）に入り、ロサンゼルス勤務も経験。福田内閣発足とともに、父の秘書をつとめた。平成2年衆院議員に当選。5期目。12年10月中川秀直・内閣官房長官の辞任を受け、内閣官房長官に就任。同年12月第2次森改造内閣、13年4月の小泉内閣、14年9月の小泉改造内閣、15年9月の第2次改造内閣でも留任。16年4月官房長官の通算在任期間が歴代最長となる。特に小泉内閣では発足以来、政権運営の支柱として活躍した。同年5月国会での年金改革関連法案の審議中に自らの国民年金保険料一部未払いが判明、その責任を取り辞任。三塚派を経て、森派。同年10月森派代表幹事。 [団]金融財政事情研究会（理事） [家]父＝福田赳夫（首相），弟＝横手征夫（横手館社長） http://www.y-fukuda.or.jp/
【著書】野菜の国際比較（筑波書房 '96）

福田 幸弘 ふくだ・ゆきひろ
参院議員（自民党） 映画評論家 ノンフィクション作家 [専]戦記 映画評 税制 [生]大正13年12月3日 [没]昭和63年12月23日 [出]熊本県 [学]海軍経理学校（第34期）（昭和19年）卒，東京大学法学部（昭和27年）卒 [歴]戦時中は軍艦羽黒に乗艦し、マリアナ沖海戦、フィリピン沖海戦に参加。22年復員。26年公職追放解除、27年大蔵省入省。54年一般消費税の導入の実現に主税局審議官として奔走。56年主税局長、57年国税庁長官。58年退官、日本損害保険協会副会長を経て、61年参院議員に当選。「連合艦隊—サイパン・レイテ海戦記」「戦中派の懐想」「霞が関映画時評」「税制改革の視点」など著書多数。 [団]日本文芸家協会

【著書】続・税制改革への歩み（税務経理協会 '88）／税制改革への歩み（税務経理協会 '87）

福谷 剛蔵　ふくたに・ごうぞう
羽曳野市長　㊛昭和17年2月9日　㊥天王寺商卒　㊞羽曳野市議、市会議長などを歴任し、平成元年羽曳野市長に当選。4期目途中の16年6月、政府のBSE（狂牛病）対策事業を悪用したハンナン株式会社の牛肉偽装事件に絡んで公文書の改竄を指示した責任をとり辞任。
【評伝】青年よ故郷（ふるさと）に帰って市長になろう（全国青年市長会編　読売新聞社'94）

福留 泰蔵　ふくとめ・たいぞう
衆院議員（公明党）　㊛昭和28年4月25日　㊞鹿児島県　㊥東京大学工学部（昭和54年）卒　㊞日本金属勤務、本田技術研究所研究員、創価学会埼玉県副青年部長を経て、公明党埼玉県青年局次長。のち県副書記長。平成2年衆院選に埼玉1区から立候補。5年衆院議員に当選。6年新進党、10年1月新党平和、同年11月新公明党結成に参加。2期務めた。12年引退。

福永 邦男　ふくなが・くにお
大川市長　㊛昭和8年10月26日　㊞福岡県大川市　㊥大川高（昭和31年）卒　㊞大川市助役を経て、平成5年大川市長に当選、2期。13年落選。

福永 健司　ふくなが・けんじ
衆院議員（自民党）運輸相　㊛明治43年8月5日　㊨昭和63年5月31日　㊞滋賀県甲賀郡甲賀町　㊥東京帝大法学部（昭和8年）卒　㊞グランドウヒチアーレ・メリット勲章（イタリア）、勲一等旭日桐花大綬章（昭和61年）　㊞昭和8年片倉製糸紡に入り、取締役を経て、22年埼玉県副知事となる。24年以来、衆院議員に埼玉5区より連続15選。吉田学校の優等生で、この間、内閣官房長官（4度）、労相、自民党総務会長、厚相、運輸相などを歴任。47年にはテルアビブ事件特派大使をつとめた。58年衆院議長。60年辞任し、自民党最高顧問となる。また58年から日体協会長をつとめた。宮沢派。
㊞二男＝福永信彦（衆院議員）

福永 浩介　ふくなが・こうすけ
人吉市長　くま川鉄道社長　㊛昭和14年8月30日　㊞熊本県球磨郡錦町　㊥慶応義塾大学商学部卒　㊞自民人吉市副支部長、代議士秘書、ソフトウェア会社顧問などを務め、昭和62年人吉市長に当選。5期目。
【著書】青年市長の挑戦（九州青年市長会編著　ぎょうせい'90）

福永 信彦　ふくなが・のぶひこ
衆院議員（自民党）　㊛昭和19年2月22日　㊞埼玉県大宮市　㊥中央大学法学部（昭和41年）卒　㊞昭和42～62年父の秘書をつとめる。平成2年から衆院議員に3選。12年落選。宮沢派を経て、加藤派。
㊞父＝福永健司（衆院議長）

福原 勉　ふくはら・つとむ
大樹町（北海道）町長　㊛昭和2年11月17日　㊞北海道広尾郡大樹町　㊥札幌市立工（旧制）（昭和21年）卒　㊞勲五等瑞宝章（平成13年）　㊞昭和24年大樹町役場に入り、総務課長、議会事務局長などを経て、61年町立国保病院事業管理者で退職。62年町長選に当選、平成3年無投票で再選される。日本版無人スペースシャトル・ホープの実験場誘致に尽力。　㊞ゴルフ、植木

福原 友宏　ふくはら・ともひろ
江津市長　㊛大12.11.2　㊞島根県　㊥東京農業大学専門部（昭和18年）卒　㊞勲四等旭日小綬章（平成5年）　㊞島根県東京事務所長、企業局長を経て、昭和57年以来江津市長に2選。平成2年落選。

福間 知之　ふくま・ともゆき
参院議員（社会党）　⑰昭和2年9月20日　⑱平成12年1月7日　⑲大阪府大阪市　⑳市岡中（昭和18年）卒　㉑勲二等旭日重光章（平成9年）　㉒昭和21年松下電器入社。28年松下電器労組書記長、37年電機労連副執行委員長、39年金属労協議長を歴任後、49年参院議員に旧全国区、比例代表で当選、3期。逓信委員長などを務め、平成4年引退。
【著書】原子力は悪魔の手先か（テレメディア '89）／新情報化社会論（福間知之、新情報社会研究グループ著 PHP研究所'86）

福村 三男　ふくむら・みつお
菊池市長　⑰昭和15年12月10日　⑲熊本県　⑳熊本短期大学（昭和36年）卒　㉒昭和36年肥後農販に入社。取締役を経て、42年熊本設備を設立、社長に就任。この間、熊本県議に3選。平成9年菊池市長選に立候補するが落選、13年当選。　㉓ゴルフ、スポーツ観戦

福本 潤一　ふくもと・じゅんいち
参院議員（公明党　比例）　農学　⑰昭和24年3月23日　⑲広島県広島市　⑳東京大学農学部農業工学科卒、東京大学大学院農学研究科農業水利専攻（昭和49年）博士課程修了　㉒愛媛大学農学部助手、助教授を経て、平成7年新進党から参院比例区に当選。2期目。10年公明に移り、同年11月新公明党結成に参加。

福山 哲郎　ふくやま・てつろう
参院議員（民主党　京都）　⑰昭和37年1月19日　⑲東京都　⑳京都大学大学院法学研究科（平成7年）修士課程修了　㉒平成2年松下政経塾入塾。8年衆院選に立候補し、落選。民主党京都副代表を経て、新しい政治の力・京都代表幹事。平成10年参院議員に無所属で当選。11年8月民主党に入党。2期目。
http://www.fukuyama.gr.jp/

福家 俊一　ふけ・としいち
衆院議員（自民党）　⑰明治45年3月3日　⑱昭和62年4月17日　⑲香川県高松市　⑳大阪府立生野中卒、早大専門部（昭和6年）中退　㉑勲四等瑞宝章、勲二等瑞宝章（昭和61年）　㉒少年時代は東京憲兵隊本部の給仕として働く。昭和12年、25歳で上海の国策新聞「大陸新報」の社長となる。17年東京1区から全国最年少で衆院初当選。戦後追放されたが33年に復帰し、香川1区から当選、国会対策副委員長に。次の池田内閣では運輸政務次官をつとめた。福田派の参謀を永年つとめてきたが、59年10月脱会、無派閥となる。政界の寝業師、政界の怪物の異名があるが選挙には弱く、通算6勝9敗。61年落選。
【著書】ニューリーダーがアレだから自民党が面白い（ロングセラーズ '86）

浮池 正基　ふけ・まさもと
水俣市長　元・熊本県医師会副会長　⑰大正1年8月11日　⑱平成2年1月17日　⑲熊本県水俣市　⑳九州医専（昭和12年）卒　医学博士（昭和24年）　㉑勲三等瑞宝章（昭和61年）　㉒昭和45年以来水俣市長を4期つとめた。

藤 寛　ふじ・ひろし
西有田町（佐賀県）町長　⑰昭和7年4月1日　⑲佐賀県西松浦郡西有田町　⑳九州大学法学部卒　㉑勲五等瑞宝章（平成15年）　㉒昭和28年時事通信社に入社。ニューヨーク支局長、海外事業室長などを経て、昭和54年西有田町収入役、58年助役に。62年町長に就任。3期務める。平成2年稲作文化で国際交流を計ろうと田植唄アジアフェスティバルを開催。12年佐賀県公安委員を経て、13年委員長。

ふじい

藤井 章 ふじい・あきら
知立市長 ⊕大11.11.20 ⊕愛知県
⊕高小(昭和12年)卒 ⊕愛知県知事表彰(平成1年),勲五等双光旭日章(平成5年) ⊕昭和46年知立市助役を経て、51年以来市長に3選。63年引退。

藤井 勝志 ふじい・かつし
衆院議員(自民党) ⊕大正4年4月13日 ⊕平成8年1月25日 ⊕岡山県後月郡芳井町 ⊕東京帝国大学法学部政治学科(昭和16年)卒 ⊕勲一等旭日大綬章(昭和61年) ⊕岡山県議を3期務めた後、昭和35年以来衆院議員に当選9回。この間、40年大蔵政務次官、42年通産政務次官、47年外務委員長、49年自民党政調副会長を歴任。52年福田改造内閣で労働大臣を務めたほか、党総務会長も歴任した。河本派。61年6月引退。
⊕剣道(6段)、少林寺拳法(5段)、ゴルフ

藤井 精一 ふじい・せいいち
前橋市長 ⊕大正3年4月28日 ⊕昭和63年1月11日 ⊕群馬県前橋市 ⊕小千谷中(旧制)(昭和7年)卒 ⊕昭和7年前橋市役所に入所。46年助役を経て、53年市長に当選、3期。市庁舎の新築、JR両毛線の高架化を実現した。

藤井 孝男 ふじい・たかお
衆院議員(自民党 岐阜4区) 運輸相 ⊕昭和18年3月14日 ⊕東京都 ⊕成城大学経済学部(昭和40年)卒 ⊕昭和40年アラビア石油勤務を経て、52年父・藤井丙午の秘書をつとめ、56年父の死に伴う補選で参院議員に当選、3期。平成5年辞職して衆院議員に当選。9年第2次橋本改造内閣の運輸相。14年10月衆院予算委員長。15年総裁選に立候補。4期目。旧橋本派。 ⊕父=藤井丙午(参院議員)、兄=藤井国男(三晃金属常務)
http://www.fujiitakao.info/

藤井 恒男 ふじい・つねお
参院議員(民社党) ⊕昭和3年7月12日 ⊕平成3年9月28日 ⊕旧満州・大連 ⊕大連中卒 ⊕昭和21年東レ入社と同時に労組結成に参加。同労組委員長、ゼンセン同盟政治委員長から、46年参院選で全国区(のちに比例区)から当選、3期務めた。54年党選対委員長。平成元年引退。
【著書】日々ともにありて(藤井恒男 '82)

藤井 俊男 ふじい・としお
参院議員(民主党) ⊕昭17.9.28 ⊕埼玉県越谷市 ⊕蔵前工(昭和38年)卒 ⊕昭和38年東武鉄道に入社。54年越谷市議、60年から社民党所属で埼玉県議を4期務めたのち、平成10年民主党より参院議員に当選。1期務めた。
http://www.fujiitoshio.com/

藤井 黎 ふじい・はじむ
仙台市長 ⊕昭和5年8月24日 ⊕岩手県釜石市 ⊕東北大学大学院修了 ⊕仙台市教育長、仙台市教育委員長、仙台市市民文化事業団理事長などを経て、平成5年仙台市長に当選。3期目。

藤井 裕久 ふじい・ひろひさ
民主党代表代行 衆院議員(民主党 神奈川14区) 蔵相 ⊕昭和7年6月24日 ⊕東京 ⊕東京大学法学部(昭和30年)卒 ⊕昭和30年大蔵省入省。51年主計局主計官で退官し、52年参院議員に当選、2期。61年6月辞任して衆院選に神奈川3区から立候補したが落選。平成2年再出馬し、当選。5期目。自民党竹下派、羽田派を経て、5年6月新生党結成に参加。同年8月細川内閣の蔵相に就任。羽田内閣でも留任。6年12月新進党結成に参加。10年1月自由党に参加。11年1月幹事長、15年9月民主党に合流。16年5月岡田克也党代表の下、幹事長に就任。同年9月代表代行。 ⊕ゴルフ、園芸、読書 http://dpj-kanagawa14.jp/

藤井 正彦　ふじい・まさひこ
新南陽市長　⑭昭和19年7月2日　⑮山口県　⑯桜ケ丘高卒　⑰南陽町議を経て、昭和44年新南陽市議、のち議長を務めた。平成7年新南陽市長に当選。1期務め、11年落選。15年新南陽市、徳山市、熊毛町、鹿野町の合併に伴う周南市長選に立候補するが落選。

藤井 基之　ふじい・もとゆき
参院議員（自民党　比例）　⑭昭和22年3月16日　⑮岡山県岡山市　⑯東京大学薬学部薬学科（昭和44年）卒　薬学博士（東京大学）（平成6年）　⑰薬剤師　⑱昭和44年厚生省に入省。平成4年薬務局新医薬品課長、6年審査課長、7年麻薬課長などを歴任して、9年退官。11年薬剤師連盟副会長などを経て、13年参院選比例区に自民党から当選。堀内派。著書に「創薬論」など。　http://www.mfujii.gr.jp/

藤江 弘一　ふじえ・こういち
参院議員（自民党）　⑭昭和5年1月25日　⑮平成5年6月7日　⑯旧朝鮮・京城　⑰東京大学法学部（昭和29年）卒　⑱昭和29年自治庁入庁。56年総理府日本学術会議事務局長、59年総務庁恩給局長、60年5月官房長、61年総務次官を歴任し、63年5月退官。平成元年参院選比例区に自民党から立候補したが落選、4年当選。　⑲妻＝藤江効子（桐朋学園大音楽学部教授）

藤枝 和博　ふじえだ・かずひろ
荒川区（東京都）区長　⑭昭和2年6月16日　⑮北海道斜里郡斜里町　⑯早稲田大学法学部卒　⑰勲四等旭日小綬章（平成14年）　⑱東京都庁に入り、都立工業短期大学庶務課長、都副参事、都教育庁高等学校教育課長を歴任。その後、荒川区に入り、区企画部長、昭和54年助役を経て、平成元年から区長に当選、3期。13年4月辞職。

藤尾 正行　ふじお・まさゆき
衆院議員（自民党）　元・自民党政調会長　⑭大正6年1月1日　⑮東京都杉並区　⑯上智大学専門部新聞科（昭和15年）卒　⑰勲一等旭日大綬章（平成10年）　⑱昭和15年読売新聞社入社。同社特派員、農林放送事業団常務理事を経て、35年衆院選に立候補。38年以来衆院議員に11選。この間43年通産政務次官、衆院内閣常任委員長、55年鈴木内閣労働大臣などを務めた。建設政務次官当時の47年、渡良瀬川公害対策の陳情団への"足尾鉱毒"発言が問題になる。58年12月の総選挙後、党政調会長に就任し59年、60年も留任。61年文相となったが、就任直後からその言動が物議を醸し、9月「文芸春秋」での発言で中国・韓国等の強い抗議をうけ、罷免された。旧三塚派。平成8年引退。　⑲スポーツ，盆栽，読書，囲碁（2段）

【評伝】貧困なる精神〈F集〉「YES」と言える日本（本多勝一著　朝日新聞社'90）／国際化日本の壁（卓南生著　東洋経済新報社'90）／中曽根政権・1806〈下〉（牧太郎著　行研'88）

藤岡 和美　ふじおか・かずみ
久居市長　⑭昭和21年6月20日　⑮三重県久居市　⑯日本大学法学部（昭和44年）卒　⑰平成4年三重県教育委員会教職員課長補佐。8年無投票で久居市長に当選。2期務めた。13年参院選に立候補。　⑱スポーツ

藤岡 重弘　ふじおか・しげひろ
加西市長　⑭昭和11年2月12日　⑮平成13年9月21日　⑯兵庫県加西市　⑰北条高（昭和29年）卒　⑱昭和29年三洋電機、61年北条地区管理センター所長を経て、62年以来加西市長に4選。平成13年病気治療のため退任。この間、三洋工業取締役、全国市長会副会長などを務めた。

ふしき

伏木 和雄 ふしき・かずお
衆院議員(公明党) 昭3.8.9
㊞東京都江東区 ㊞東京都立化工(昭和19年)中退 ㊞昭和38年神奈川県議を経て、42年以来衆院議員に9選。党国対委員長、衆院建設常任委員長、党副委員長等を歴任。鶴見川改修工事、横浜ベイブリッジ建設にも寄与した。平成5年引退。

藤木 洋子 ふじき・ようこ
衆院議員(共産党) 昭8.5.18 ㊞兵庫県芦屋市 ㊞関西学院大学文学部(昭和31年)卒 ㊞昭和31年関西芸術座の女優を経て、58年衆院議員に当選。61年落選。平成8年比例区近畿ブロックで返り咲き。通算3期務め、15年引退。 ㊞古式泳法(水府流師範)

藤沢 志光 ふじさわ・しこう
荒川区(東京都)区長 ㊞昭和20年1月5日 ㊞東京都荒川区西尾久 ㊞慶応義塾大学法学部政治学科卒 ㊞荒川区議2期、東京都議3期を経て、平成元年落選するが、5年返り咲き、通算5期。13年荒川区長に当選。区施設のIT化を推進するなど手腕を発揮し、同区出身の水泳・北島康介選手の区民応援団名誉団長も務めた。16年収賄容疑で警視庁に逮捕される。 ㊞囲碁、ウォーキング、柔道
【著書】荒川区 全国一への挑戦(双葉社 '04)

藤沢 順一 ふじさわ・まさかず
つくば市長 ㊞昭和15年8月24日
㊞茨城県 ㊞東京農業大学農学部(昭和38年)卒 ㊞日本青年会議所飼料畜産部会長を経て、昭和53年茨城県議に当選、5期つとめる。平成7年つくば市長選に立候補。8年つくば市長に当選、2期。16年落選。 ㊞父=藤沢勘兵衛(茨城県桜村村長)
【著書】挑戦し続ける地方政治(政治文化研究センター;田畑書店〔発売〕'01)／模索し続ける地方政治(政治文化研究センター;田畑書店〔発売〕'00)／発信し続ける地方政治(政治文化研究センター;窓社〔発売〕'99)／生まれ変わる地方政治(政治文化研究センター;窓社〔発売〕'98)

藤嶋 清多 ふじしま・きよた
前橋市長 ㊞大正12年9月21日 ㊞群馬県前橋市 ㊞前橋中(昭和16年)卒 ㊞昭和21年前橋市役所入所。建設部長、都市計画部長、水道事業管理者などを歴任し、57年収入役、61年助役。63年前橋市長に当選、2期つとめる。平成8年引退。

藤島 正之 ふじしま・まさゆき
衆院議員(民主党) 昭和18年3月31日 ㊞新潟県柏崎市 ㊞中央大学法学部(昭和41年)卒 ㊞昭和42年防衛庁入庁。平成5年総理府国際平和協力本部事務局次長、7年防衛庁参事官、9年経理局長を経て、10年6月官房長。同年9月防衛庁調達実施本部を舞台にした背任容疑事件に絡み更迭される。12年衆院選挙比例区九州ブロックで当選。15年9月民主党に合流。11月無所属で衆院選新潟2区に立候補し落選。 ㊞ゴルフ ㊞弟=藤島安之(駐パナマ大使) http://www.m-fujishima.co.jp/

藤代 孝七 ふじしろ・こうしち
船橋市長 ㊞昭和17年12月15日 ㊞千葉県船橋市 ㊞東京農業大学農学部卒 ㊞藤代農園社長、古和釜幼稚園理事、千葉県洋ラン生産者組合理事などを務める。昭和62年自民党から千葉県議に当選、3期つとめる。平成9年船橋市長に当選。2期目。 ㊞父=藤代七郎(船橋市長)

藤末 健三 ふじすえ・けんぞう
参院議員(民主党 比例) ㊞経営論 政策論 ㊞昭和39年2月18日 ㊞熊本県熊本市 ㊞東京工業大学卒 Ph.D.(東京工業大学)(平成11年) ㊞昭和61年通産省に入省。平成11年東京大学講師に転じ、12年助教授。16年参院選比例

区に民主党から当選。共編著に「大学からの新規ビジネス創出と地域経済再生」などがある。 http://www.fujisue.net/

【著書】技術経営入門(日経BP社;日経BP出版センター〔発売〕'04)

藤田 一枝 ふじた・かずえ
衆院議員(民主党 福岡3区) [生]昭和24年7月20日 [出]福岡県福岡市 [学]明治大学法学部中退 [歴]福岡市学校結食公社労組委員長、自治労福岡県役員などを務める。昭和62年社会党(現・社民党)から福岡県議に当選、3期務めた。平成10年参院選福岡選挙区に無所属で立候補。12年衆院選に民主党所属で立候補、15年現職の太田誠一自民党議員を破り当選。この間、昭和62年第18富士山丸事件の栗浦好雄機関長の妻・栗浦多美子さんを支える会を結成、代表として平成2年釈放の日まで活動。 [趣]読書

藤田 清司 ふじた・きよし
仁木町(北海道)町長 [生]昭和11年4月16日 [出]旧樺太 [学]余市高卒 [資]ソフトボール公認審判員 [歴]11歳の時旧樺太から仁木町銀山地区に引き揚げる。昭和30年町役場に入り、55年企画課長、61年助役を経て、平成3年町長に就任。3期目の任期途中で、がんの妻の看病のため退任。

藤田 栄 ふじた・さかえ
参院議員(自民党) 伊豆新聞会長 [生]昭5.4.10 [出]静岡県富士市依田原 [学]早稲田大学商学部卒 [賞]ベトナム・フエ市名誉市民賞(平成16年) [歴]静岡新聞論説委員を経て、昭和58年補選で参院議員に当選。61年落選。日本とベトナムとの友好関係に尽力し、平成16年同国フエ市から名誉市民賞が贈られた。

藤田 スミ ふじた・すみ
衆院議員(共産党) 元・共産党中央委員 [生]昭和8年4月3日 [出]大阪府堺市 [学]三国ケ丘高(昭和27年)卒 [歴]昭和48年以来大阪府議3期を経て、54年衆院議員に当選。7期務めた。平成12年引退。"日本の母親を代表する政治家"として母親運動に尽力。

【著書】どうなるどうする日本の食卓(合同出版 '94)

藤田 高敏 ふじた・たかとし
衆院議員(社会党) [生]大12.8.30 [出]愛媛県西条市 [学]専検(昭和17年) [賞]勲二等旭日重光章(平成14年) [歴]昭和13年住友重機械工業に入社。住友機械労組副委員長、26年から愛媛県議4期を経て、38年以来衆院議員に8選。平成5年、8年落選。 [趣]読書, スポーツ

藤田 忠夫 ふじた・ただお
宇部市長 [生]昭和14年12月27日 [出]山口県宇部市 [学]東京大学工学部(昭和38年)卒 [歴]昭和38年建設省に入省。近畿地方建設局長を経て、平成5年6月退官、宇部市長に当選。3期目。

藤田 正明 ふじた・まさあき
参院議長(自民党) [生]大正11年1月3日 [没]平成8年5月27日 [出]広島県広島市南区翠町 [学]早稲田大学商学部(昭和19年)卒 [賞]勲一等旭日大綬章(平成4年) [歴]昭和19年藤田組(現・フジタ)に入社。35年常務、37年副社長を経て、40年参院議員に初当選。大蔵政務次官、参院大蔵委員長、51年総理府総務長官兼沖縄開発庁長官、55年自民党参院幹事長を歴任、61年7月参院議長となる。63年9月病気のため辞任。当選4回。平成元年引退。トウショウボーイの馬主としても有名だった。 [家]父=藤田定市(フジタ創業者), 兄=藤田一暁(フジタ社長・会長), 長男=藤田雄山(広島県知事), 二男=藤田公康(極東工業社長)

藤田 政寿 ふじた・まさとし
黒磯市長 [生]昭和8年1月2日 [出]福島県白河市 [学]東北大学工学部(昭和32年)卒 [賞]旭日小綬章(平成15年) [歴]昭和32年福島県白河土木事務所に入り、同年栃木県大田原土木出張所に配属。58年宮城県土木部道路建設課長、60年同技術参事兼道路建設課長、62年栃木県土木部長などを経て、平成3年黒磯市長に当選。3期務めた。15年引退。

藤田 満寿恵 ふじた・ますえ
棚倉町(福島県)町長 [生]大正11年9月22日 [没]平成15年2月21日 [出]福島県西白河郡東村 [学]安積産婆看護学校(昭和14年)卒 [賞]棚倉町名誉町民，勲四等瑞宝章(平成9年) [歴]昭和15年従軍看護婦として旧満州へ渡る。17年小野田村役場に入り、村国保組合保健婦となる。その後、夫の経営する藤田建設工業に勤め、47年夫の死去に伴い社長に就任。のち会長。一方、52年福島県棚倉町長に当選、全国2人目、東北初の女性町長として活躍。"株式会社自治体論"を唱え、平成2年には第3セクター方式でルネサンス棚倉リゾートスポーツプラザをオープンした。5期務め、8年退任。

【著書】第三セクターを活用したリゾート開発((福島)北土社 '93)

【評伝】おんな町長奮闘記(中野佐地子著 第一法規出版'89)

藤田 満州雄 ふじた・ますお
中間市長 [生]昭和8年2月1日 [没]平成13年6月4日 [出]福岡県中間市 [学]田川工(昭和26年)卒 [歴]昭和26年中間市職員となり、建設課長、総務部長、助役などを経て、平成4年中間市長に当選、3期。

藤田 光久 ふじた・みつひさ
長門市長 [生]昭和7年11月21日 [出]山口県 [学]福岡商科大学(昭和30年)卒 [歴]昭和45年藤光蒲鉾工業3代目社長に就任。50年長門商工会議所副会頭を務める。平成4年長門市長に当選。2期務め、12年落選。 [趣]ゴルフ，囲碁

藤田 恵 ふじた・めぐみ
木頭村(徳島県)村長 [生]昭和14年8月22日 [出]徳島県那賀郡木頭村 [学]中央大学法学部(通信制)卒 [賞]田尻賞(第11回)(平成14年) [歴]電電公社(現・日本電信電話)時代労働運動にかかわり、全電通県支部役員などを務めた。平成5年故郷の木頭村長に当選以来細川内ダム計画の反対運動の先頭に立つ。村長1期目に全国初のダム阻止条例を制定したほか、建設省が要請する審議委員会の委員就任も拒否。12年建設省は正式にダム計画の中止を発表、初めて国の巨大ダム計画が中止となった。14年退任。この間、9年室蘭工業大学非常勤講師に就任、河川と環境をテーマとする講義を行う。また、同年東京新聞「本音のコラム」を連載。16年参院選比例区にみどりの会議から立候補。 http://www.fujitamegumi.com/

【著書】脱ダムから緑の国へ(緑風出版 '04)／ゆずの里 村長奮戦記(悠飛社 '99)

藤田 守也 ふじた・もりや
深川市長 [生]大正13年8月2日 [出]北海道深川市 [学]興亜工学院建築科卒，自治大学校二部(昭和36年)卒 [資]1級建築士 [賞]北海道社会貢献賞(平成6年)，勲五等双光旭日章(平成10年) [歴]昭和19年兵役で旧満州へ。2年間のソ連抑留の後、昭和22年深川町役場に奉職。38年深川市市制施行に伴い技術長、建設課長、経済部長、建設部長を経て、53年助役。61年9月深川市長に当選、2期をつとめる。平成6年引退。
[趣]読書，写真

藤田 雄山 ふじた・ゆうざん
広島県知事 参院議員(自民党) [生]昭和24年4月19日 [出]広島県広島市 [学]慶応義塾大学商学部(昭和47年)卒 [歴]昭和47年三井物産に入社。57年退社し、父

・藤田正明参院議員の秘書をつとめる。平成元年参院議員に当選。5年11月広島県知事に当選。7年外遊中インターネットを活用して公務を行うという試みに挑戦。3期目。　[家]父＝藤田正明(参院議長), 弟＝藤田公康(極東工業社長)

藤田 幸久　ふじた・ゆきひさ
衆院議員(民主党　比例・東京)
[生]昭和25年4月19日　[出]茨城県　[学]慶応義塾大学文学部哲学科(昭和50年)卒
[歴]大学在学中から国会議員秘書を務める。昭和50〜52年MRA国際親善使節・アジアの歌声に加わり、アジアの青年50人と共に欧州、北米、大洋州を歴訪。56〜57年MRAロンドン駐在。国際MRA日本協会理事、コー円卓会議(日米欧経済人円卓会議)コーディネーター、難民を助ける会幹事を務める。平成8年衆院議員に当選。12年落選。対人地雷全面禁止国会議員アピール事務局長に就任。15年返り咲きを果たす。通算2期目。訳書にビクター・シュパラー「ソ連の反体制派たち」、バーゼル・エントウィッセル「日本の進路を決めた10年」。　[団]国際MRA日本協会(理事)
http://www.fujita-yukihisa.com/
【著書】政治家になりたくなかった政治家(ジャパンタイムズ '03)

藤田 義明　ふじた・よしあき
相生市長　[生]昭和7年7月31日　[出]兵庫県相生市　[学]上郡高(昭和26年)卒
[歴]相生市総務部長、民生経済部長、助役を経て、平成4年同市長に当選。2期務め、12年引退。　[趣]盆栽，陶芸品収集

藤波 彰　ふじなみ・あきら
八潮市長　[生]昭和13年4月20日　[出]埼玉県八潮市　[学]明治大学商学部卒　[歴]サラリーマン生活を経て、昭和47年藤波商事を設立。56年八潮市議を経て、平成元年から八潮市長に3選。全国生涯学習まちづくり協会副理事長、やしお生涯学習まちづくり財団理事長。
【著書】わたしの生涯楽習(教育新聞社・ビジネス教育出版社〔発売〕 '00)

藤波 孝生　ふじなみ・たかお
衆院議員(無所属)　労相　元・官房長官　俳人　[生]昭和7年12月3日　[出]三重県伊勢市　号＝藤波孝堂　[学]早稲田大学商学部(昭和30年)卒　[歴]郷里に帰って家業のまんじゅう屋を継ぐが、青年団活動を始め、昭和38年三重県議に当選。42年衆院議員に当選以来、連続9期。54年大平内閣の労相として初入閣。中曽根康弘の片腕として活躍し、中曽根内閣発足時には官房副長官、ついで官房長官を務めた。派閥の後継者とみられていたが、平成元年5月リクルート事件の際、受託収賄罪で起訴されて離党。5年落選したが8年復活。渡辺派を経て、村上・亀井派。通算11選し、15年引退。"孝堂"の号を持つ俳人政治家としても知られ、国文学研究資料館、俳句文学館の建設に貢献。句集「神路山」がある。ほかに「教育の周辺」「議事堂の朝」などの著書がある。　[団]俳人協会
[趣]野球
【評伝】政治と鎮魂(橋本茂著 心泉社'01)／21世紀の首相候補生(時事通信社政治部著 時事通信社'89)／自民党の若き獅子たち(大下英治著 角川書店'88)／実力政治家を輩出する「早大雄弁会」の研究(大下英治著 PHP研究所'88)／永田町の"都の西北"小説早稲田大学〈前編〉(大下英治著 角川書店'88)／政治の流れはこう変わる(森田実著 サンケイ出版'87)

藤野 公孝　ふじの・きみたか
参院議員(自民党　比例)　[生]昭和23年5月29日　[出]広島県廿日市町　[学]東京大学経済学部(昭和46年)卒　[歴]昭和46年運輸省に入省。平成8年国土庁官房審議官、11年運輸省観光部長、12年総務審議官を歴任し、12年9月退任。13年参院選比例区に自民党から立候補。15年11月繰り上げ当選。堀内派。
[家]妻＝藤野真紀子(料理研究家)
http://www.fujino-k.com/

藤原 忠彦 ふじはら・ただひこ
川上村(長野県)村長 [生]昭和13年11月22日 [出]長野県南佐久郡川上村 [学]臼田高卒 [歴]昭和38年川上村役場に入り、57年企画課長を経て、63年村長に当選。5期目。レタス産地としてニューメディアの導入を企画、昭和63年CATV網を完成し、自主放送チャンネルKCBレタスネットワークを通じてその日のレタス市況を流すほか、レタスのための天気予報システム構築のため観測を続ける。

藤平 輝夫 ふじひら・てるお
勝浦市長 [生]昭和10年10月3日 [出]千葉県 [学]法政大学法学部(昭和33年)卒 [歴]勝浦市議を経て、平成11年市長に当選。2期目。

藤巻 義麿 ふじまき・よしまろ
甲斐市長 [生]昭和11年1月28日 [学]甲府一高卒 [歴]竜王町長3期を経て、平成16年同町、敷島町、双葉町との合併により誕生した甲斐市の初代市長に当選。

伏見 康治 ふしみ・こうじ
参院議員(公明党) 大阪大学名誉教授 名古屋大学名誉教授 [専]理論物理学 [生]明治42年6月29日 [出]愛知県名古屋市 [学]東京帝国大学理学部物理学科(昭和8年)卒 理学博士(昭和15年) [資]ロシア科学アカデミー外国人会員 [興]巨大科学のとり扱い方;地球未来学 [賞]紫綬褒章(昭和48年),勲二等旭日重光章(平成1年) [歴]昭和15～36年大阪大学教授、36～48年名大プラズマ研究所長、53年日本学術会議会長。58年比例代表制による参院選に公明党より立候補して当選、1期務めた。趣味は折り紙、夫人ともども名人の域に達し、「折り紙幾何学」を共著で出版。文筆家としても知られ「伏見康治著作集」(全8巻)がある。 [団]日本物理学会,日本原子力学会,リンクス・リセウム技術同友会,日露交流協会(名誉会長) [趣]折り紙,文様,エッシャーの絵

藤村 修 ふじむら・おさむ
衆院議員(民主党 大阪7区) [生]昭和24年11月3日 [出]大阪府 [学]広島大学工学部(昭和48年)卒 [歴]交通遺児育英会に入り、昭和54年日本ブラジル青少年交流協会事務局次長、平成5年あしなが育英会事務局顧問。同年日本新党から衆院議員に当選。6年新進党、10年1月国民の声結成に参加。民政党を経て、4月民主党に合流。4期目。 http://www.o-fujimura.com/

藤本 孝雄 ふじもと・たかお
衆院議員(自民党) 厚相 農水相 [生]昭和6年1月17日 [出]香川県高松市 [学]東京大学法学部(昭和29年)卒 [賞]勲一等旭日大綬章(平成13年) [歴]父の秘書を経て、昭和38年衆院議員に当選。51年外務委員長、60年沖縄開発庁長官、62年竹下内閣の厚相、平成8年第2次橋本内閣の農水相。当選10回。12年、15年落選。旧河本派。 [家]父=藤本捨助(衆院議員) http://www.fujimoto-takao.jp/
【著書】藤本孝雄の大臣報告(プラネット出版 '89)

藤本 博吉 ふじもと・ひろきち
新南陽市長 [生]昭和9年11月13日 [出]山口県新南陽市 [学]日本大学経済学部中退 [歴]昭和34年山口県南陽町役場、45年から新南陽市役所勤務。公害公通課長、企画課長、市民経済部長などを経て、57年総務部長。62年新南陽市長に当選、2期つとめる。平成7年落選。

藤本 祐司 ふじもと・ゆうじ
参院議員(民主党 静岡) [生]昭和32年2月16日 [出]静岡県浜松市 [学]早稲田大学法学部(昭和55年)卒,ミシガン州立大学(米国)大学院コミュニケーション学科(平成1年)修士課程修了

[歴]昭和55年から御殿場市の富士牧場公園に勤務。平成元年三和総合研究所に入社、6年研究開発第一部主任研究員。13年UFJ総合研究所国土・地域政策部部長兼主任研究員。16年退職。同年参院選に民主党から当選。
http://www.fujimoto-yuji.org/

藤森 英二 ふじもり・えいじ
郡山市長 [生]昭和7年7月25日 [出]長野県 [学]明治大学商学部(昭和30年)卒 [歴]昭和30年郡山市役所に入る。総務部長、保健衛生部長などを経て、平成5年郡山市長に当選。3期目。

藤山 尚光 ふじやま・たかみつ
前原市長 [生]大正15年12月13日 [没]平成7年7月16日 [出]福岡県前原市 [学]高小卒，海軍対潜学校卒 [歴]代議士秘書、前原町議6期、副議長を経て、平成2年前原町長に当選。4年市制施行で初代市長となり、2期つとめた。

藤原 哲太郎 ふじわら・てつたろう
衆院議員(民社党) [生]昭2.11.10 [出]静岡県伊東市 [学]中央大学経済学部(昭和30年)卒 [歴]昭和42年東京都議5期を経て、58年衆院議員に当選、1期。61年に落選。

藤原 ひろ子 ふじわら・ひろこ
衆院議員(共産党) [生]大正15年6月19日 [出]台湾 [学]京都第二高女(昭和19年)卒 [歴]小学校教諭、京都市議を経て、昭和51年衆院議員に当選、4期。平成2年落選。[家]夫=藤原富造(京都市教組委員長)

藤原 弘 ふじわら・ひろし
根室市長 [生]昭和11年11月16日 [出]埼玉県 [学]北海道大学水産学部卒 [歴]北海道庁に入庁。水産部技監、水産部長などを歴任。日ソ漁業交渉にもかかわり、平成元年から2年間、根室支庁長を務めた。10年根室市長に当選。2期目。
[趣]ゴルフ，絵画鑑賞，旅行，読書，野球観戦

藤原 房雄 ふじわら・ふさお
参院議員(公明党) [生]昭和4年9月6日 [出]北海道小樽市 [学]室蘭工業大学電気工学科卒 [歴]通産省に入省。のち聖教新聞社北海道支局長を経て、昭和43年参院議員に当選、3期。参院科学技術振興対策特別委員長などをつとめ、61年衆院議員に転じ、2期。平成5年引退。

藤原 正司 ふじわら・まさし
参院議員(民主党 比例) [生]昭和21年4月1日 [出]兵庫県神崎町 [学]姫路工(昭和39年)卒 [歴]昭和39年関西電力に入社。労働組合運動に携わり、49年関西電力労働組合本部執行委員、60年書記長、平成5年副執行委員長、9年執行委員長、同年全国電力関連産業労働組合総連合副会長などを経て、13年参院選比例区に民主党から当選。 [趣]料理
http://www.fujiwaramasashi.gr.jp/

布施 章 ふせ・あきら
八日市場市長 [生]明治42年12月13日 [没]平成14年3月2日 [出]千葉県 [学]千葉師範卒 [歴]昭和41年八日市場市長に当選、5期務めた。61年落選した。

伏屋 修治 ふせや・しゅうじ
衆院議員(公明党) [生]昭5.1.25 [出]香川県高松市 [学]岐阜師範(昭和26年)卒 [歴]小学校教諭を経て、昭和51年以来衆院議員に5選。平成5年引退。

二田 孝治 ふただ・こうじ
衆院議員(自民党 比例・東北) [生]昭和13年5月4日 [出]秋田県南秋田郡天王町 [学]中央大学法学部法律学科(昭和38年)卒 [歴]昭和40年ニッコン入社。44年佐々木義武衆院議員の秘書となり、50年秋田県議に当選、3期。60年県会副議長に就任。61年衆院議員に当選。15年の総選挙では比例区東北ブロック2位で当選。6期目。宮沢派、加藤派を経て、堀内派。 [家]父=二田是儀(2代目)(衆院議員) http://www.futada.gr.jp/

二木 秀夫 ふたつぎ・ひでお
参院議員(自民党) 宇部学園理事長 [生]昭和5年7月1日 [出]山口県宇部市 [学]山口大学工学部(昭和28年)卒 [賞]勲二等瑞宝章(平成12年) [歴]昭和52年以来宇部市長に3選。62年7月参院議員補欠選挙で当選し、2期つとめる。三塚派を経て、平成3年加藤グループに加わる。10年引退。他に宇部学園理事長なども務める。 [家]父=二木謙吾(参院議員),兄=二木和夫(山口県議)

二見 伸明 ふたみ・のぶあき
衆院議員(自由党) 運輸相 [生]昭和10年2月10日 [出]東京 [学]早稲田大学大学院(昭和35年)修士課程修了 [歴]公明新聞に入社、政治部長、編集局長を経て、昭和44年公明党から衆院議員に当選。党副書記長を経て、政審会長。平成6年羽田内閣の運輸相に就任。同年12月新進党結成に参加。新進党の分裂では自由党に参加した。8期。12年、15年落選。
【評伝】フレッシュ・オープン・エキサイティング(第三文明社編集部編 第三文明社'87)

渕上 貞雄 ふちがみ・さだお
参院議員(社民党 比例) 社民党副党首 [生]昭和12年3月19日 [出]福岡県浮羽郡 [学]浮羽高(昭和31年)卒 [歴]昭和31年西日本鉄道入社。西鉄労組支部書記長を経て私鉄総連九州地連委員長、連合九州ブロック連絡会代表世話人。平成元年2月参院福岡選挙区補選で当選。4年の参院選で比例区に転じる。10年党幹事長を経て、副党首に就任。4期目。

筆坂 秀世 ふでさか・ひでよ
参院議員(共産党) [専]科学的社会主義の理論 [生]昭和23年2月28日 [出]兵庫県川辺郡猪名川町 筆名=ふで坂秀世 [学]伊丹高(昭和41年)卒 [興]高度情報社会問題;教育問題 [歴]昭和41年三和銀行を経て、日本共産党国会議員秘書などを歴任。平成2年、5年衆院選に立候補。7年参院議員に当選、2期。9年から党政策委員長をつとめる。15年自らのセクハラ問題の責任をとり、議員を辞職。
【著書】航空機疑獄の全容(日本共産党中央委員会出版局 '82)

船坂 勝美 ふなさか・かつみ
飛騨市長 [生]昭和16年7月22日 [学]岐阜県農業講習所卒 [歴]昭和38年岐阜県庁に入る。大阪事務所長、平成12年飛騨地域振興局長(知事代理)などを歴任し、退職後の14年神岡町長に当選。16年3月近隣2町2村が合併して新たに発足した飛騨市の初代市長に当選。

船田 章 ふなだ・あきら
小山市長 医師 [生]大正11年1月11日 [出]栃木県小山市卒島 [学]東北帝国大学専門部(昭和19年)卒 医学博士 [賞]勲四等瑞宝章(平成13年) [歴]船田内科外科医院院長を務めた。昭和63年小山市長に当選。3期務め、平成12年引退。

船田 元 ふなだ・はじめ
衆院議員(自民党 栃木1区) 元・経済企画庁長官 船田教育会理事長 [生]昭和28年11月22日 [出]栃木県宇都宮市 [学]慶応義塾大学経済学部(昭和51年)卒,慶応義塾大学大学院社会学研究科専攻(昭和58年)修士課程修了 [歴]昭和53年作新学院総務部長となるが、54年祖父・船田中の急逝により、衆院選に栃木1区に自民党から出馬、25歳の全国最年少で当選。以来7期連続当選。初当選以来無派閥を続けていたが、59年夏田中派に入会。竹下派を経て、羽田派。自民党青年局長、総務政務次官、文部政務次官などを経て、平成4年宮沢改造内閣の経済企画庁長官に就任、39歳の戦後最年少大臣となる。5年6月大臣を辞任して、新生党結成に参加。6年12月新進党結成に参加したが、8年9月離党。10月無所属で当選。11月新会派"21世紀"を結成、9年1月自民党に復党した。10年12月山崎派に参加。12年民主党の女性新人候補に敗れ落選。13年

船田教育会理事長。15年栃木1区から衆院議員に復帰。通算8期目。11年参院議員の畑恵と再婚。　㊙ゴルフ, 読書　㊙妻=畑恵（参院議員）, 祖父=船田中（衆院議長）, 父=船田譲（衆院議員・栃木県知事）, 母=船田昌子（船田教育会理事長）　http://www.funada.org/
【著書】日本をよくする本（講談社 '95）
【評伝】日本の政治家 父と子の肖像（俵孝太郎著 中央公論社 '97）／21世紀のリーダーたち（大下英治著 ぴいぷる社 '97）／永田町の通信簿（岸井成格ほか著 作品社 '96）

舟橋 功一　ふなばし・こういち
川越市長　弁護士　㊙昭和7年4月15日　㊙栃木県栃木市　㊙中央大学法学部（昭和30年）卒　㊙昭和36年弁護士登録。埼玉弁護士会長を務めた。また38年からは埼玉県議を3期務めた。平成5年川越市長に当選。3期目。　㊙旅

冬柴 鉄三　ふゆしば・てつぞう
衆院議員（公明党　兵庫8区）　公明党幹事長　㊙昭和11年6月29日　㊙旧満州・奉天　㊙関西大学法学部（昭和35年）卒　㊙弁護士　㊙昭和39年大阪に法律事務所を開業, 弁護士として中小企業の顧問として多くの民事事件を手がける。公明党兵庫県中小企業局長, 公明党兵庫県教育改革会議長を経て, 61年衆院議員に当選。以来, 当選6回。平成6年新進党, 10年1月新党平和結成に参加。10年11月新党平和は参議員と地方議員で構成する公明と合流, 公明党となり幹事長に就任。　http://www.fuyushiba.net/

古市 健三　ふるいち・けんぞう
倉敷市長　㊙昭和23年2月8日　㊙岡山県岡山市　㊙早稲田大学教育学部（昭和45年）卒, ミシガン州立大学大学院修了　㊙昭和54年岡山県議に当選。平成11年県会議長に就任。6期務める。12年倉敷市長選に立候補, 16年当選。　㊙剣道

古川 伊勢松　ふるかわ・いせまつ
六ケ所村（青森県）村長　㊙大正5年　㊙平成2年3月2日　㊙青森県上北郡六ケ所村泊　㊙泊尋常高小高等科卒　㊙漁業のかたわら, 昭和26年から村議を6期。48年むつ小川原開発を問う村長選で反対派の現職を破って当選, 以来4期16年務める。59年秋以来, 村を2分して論議を重ねて来た核燃料サイクル施設の受入れ可否について村議を集約し, "安全性第一を前提に, 村全体の振興に大きく寄与する"との条件付で受入を表明。平成元年の選挙で反対派候補に敗れた。

古川 研二　ふるかわ・けんじ
草津市長　㊙昭和7年1月25日　㊙滋賀県　㊙三重大学農学部農学科（昭和29年）卒　㊙旭日小綬章（平成15年）　㊙滋賀県に入庁。農政課長, 彦根県事務所長, 生活環境部長。のち草津市助役。草津市コミュニティ事業団理事長, 湖南衛生プラント組合副管理者, 草津市土地開発公社副理事長, 湖南消防組合副管理者などを歴任。平成7年草津市長に当選, 2期務める。15年落選。

古川 太三郎　ふるかわ・たさぶろう
参院議員（連合）　弁護士　㊙昭和8年7月23日　㊙京都府京都市　㊙中央大学法学部（昭和24年）卒　㊙旭日中綬章（平成15年）　㊙東京都庁勤務のあと司法試験に合格, 弁護士を開業。福井弁護士会副会長などを経て, 平成元年参院議員に当選。7年落選。8年民主党より衆院選に立候補。　㊙第二東京弁護士会

古川 雅司　ふるかわ・まさし
衆院議員（公明党）　公明党中央委員　㊙昭10.12.12　㊙東京　㊙山形大学工学部電気工学科（昭和36年）卒　㊙広島市議を経て, 昭和44年以来衆院議員に5選。平成2年落選。

ふるか

古川 元久 ふるかわ・もとひさ
衆院議員(民主党 愛知2区) ⓖ昭和40年12月6日 ⓟ愛知県名古屋市 ⓔ東京大学法学部(昭和63年)卒 ⓚ在学中の昭和61年司法試験に合格。63年大蔵省に入省、主税局に勤務。のち証券・金融検査監視体制検討準備室係長、平成4年官房調査企画課企画係長、5年米国コロンビア大学大学院(国際関係論専攻)に留学。6年退官し、ふるげん未来塾を主宰、新しい日本のありかたに向けた政策を提言。8年衆院議員に当選。3期目。アジア太平洋経済研究会代表も務める。
http://www.furukawa.cc/
【著書】民益論(鳩山由紀夫、菅直人著 PHP研究所'97)/豊かさの罠(PHP研究所'95)

古川 康 ふるかわ・やすし
佐賀県知事 ⓖ昭和33年7月15日 ⓟ佐賀県唐津市 ⓔ東京大学法学部政治学科(昭和57年)卒 ⓚ昭和57年自治省に入省。沖縄県、消防庁、長野県企画課長、自治大臣官房情報管理官室、総理府国際協力本部事務局、岡山県財政課長、自治大臣秘書官環境対策企画官、長野県商工労働部長、同総務部長などを歴任。平成15年佐賀県知事に当選、44歳で現役最年少知事となる。 http://www.power-full.com/index.htm

古川 禎久 ふるかわ・よしひさ
衆院議員(自民党 宮崎3区) ⓖ昭和40年8月3日 ⓟ宮崎県串間市 ⓔ東京大学法学部(平成1年)卒 ⓚ建設省事務官、衆院議員秘書などを経て、平成8年、12年と衆院選に立候補。15年無所属で衆院議員に当選し、自民党に入党。旧橋本派。

古川 与六 ふるかわ・よろく
美祢市長 ⓖ明治42年10月1日 ⓓ昭和62年8月15日 ⓟ山口県美祢市 ⓔ青年学校(大正15年)卒 ⓗ藍綬褒章(昭和49年)、勲三等瑞宝章(昭和61年) ⓚ昭和22年於福村議、26年村長、29年美祢市収入役、33年助役を経て、41年から美祢市長に5選。

古堅 実吉 ふるげん・さねよし
衆院議員(共産党) 弁護士 ⓖ昭和4年7月5日 ⓟ沖縄県国頭郡国頭村 ⓔ関西大学法学部(昭和31年)卒 ⓚ昭和32年沖縄裁判所労組初代委員長、33年民連総務部長、35年以来立法院議員に4選。36～48年沖縄人民党書記長。47年から沖縄県議を4期、47～51年副議長を務めた。平成2年衆院議員に当選。3期務めた。12年引退。 ⓡ囲碁, スポーツ

古沢 俊一 ふるさわ・としかず
鹿沼市長 ⓖ大正3年12月1日 ⓓ昭和63年3月27日 ⓟ栃木県 ⓔ鹿沼農商卒 ⓚ昭和17年西大芦村議、30年鹿沼市議、34年栃木県議を経て、37年鹿沼市長に当選、7期。

古庄 健介 ふるしょう・けんすけ
武雄市長 ⓖ昭和13年4月5日 ⓟ佐賀県 ⓔ東京大学文学部中退 ⓚ武雄市教育委員、JC理事長を経て、昭和58年以来武雄市議1期。62年佐賀県議に当選、3期務める。平成10年武雄市長に当選。2期目。 ⓡ合唱

古性 直 ふるしょう・ただし
足立区(東京都)区長 ⓖ大正10年12月17日 ⓓ平成12年8月21日 ⓟ東京都足立区 ⓔ青山師範本科二部(昭和16年)卒 ⓗ勲三等瑞宝章(平成9年) ⓚ昭和42年足立区議3期、区会議長、53年助役を経て、55年より足立区長に4選。平成8年引退。

古橋 茂人 ふるはし・しげひと

稲武町(愛知県)町長 [生]大正13年9月18日 [出]長野県松本市 [学]名古屋陸軍幼年学校(昭和17年)卒，陸軍士官学校(昭和20年)卒 [賞]朝日森林文化賞森づくり奨励賞(第7回)(平成1年)，勲四等旭日小綬章(平成7年) [歴]昭和30年稲武町議、42年町会議長、43年森林組合長理事。50年以来稲武町長に4選。56年北設楽郡町村会副会長。愛知県の内外に約1千百ヘクタールの山林を持ち、収益で(財)古橋会を組織し、常務理事を務める。林業者に段階的な伐採を呼びかけ、枝打ちに町から補助金を出すなど、荒廃した山林の復興と林業の振興に取り組んでいる。

[趣]刀剣鑑賞

古本 伸一郎 ふるもと・しんいちろう

衆院議員(民主党 愛知11区) [生]昭和40年3月11日 [出]大阪府高石市 [学]立命館大学法学部(昭和62年)卒 [歴]トヨタ労組組織局長などを経て、平成15年衆院議員に当選。1期目。 http://www.s-furumoto.com/

降矢 敬義 ふるや・けいぎ

参院議員(自民党) [生]大正9年10月25日 [出]山形県山形市 [学]東京帝国大学法学部法律学科(昭和17年)卒 [歴]自治省入省。昭和43年自治大学校長、44年税務局長、45年消防庁長官、47年事務次官を歴任。52年から参院議員に2選。55年文教委員長、59年商工委員長、62年選挙制度特別委員長を歴任。平成元年落選。5年山形県知事選に立候補した。

[趣]ゴルフ

【評伝】証言 地方自治(本間義人編著 ぎょうせい'94)／山形の政治(朝日新聞山形支局著 未来社'86)

古屋 圭司 ふるや・けいじ

衆院議員(自民党 岐阜5区) [生]昭和27年11月1日 [出]東京都 [学]成蹊大学経済学部(昭和51年)卒 [歴]昭和51年大正海上火災保険入社。58年父の秘書となり、平成2年衆院議員に当選。13年小泉内閣の経済産業副大臣に就任。5期目。亀井派。 http://www.furuya-keiji.jp/

古屋 俊一郎 ふるや・しゅんいちろう

山梨市長 [生]明治42年5月24日 [出]山梨県山梨市 [学]山梨師範学校(昭和4年)卒 [賞]藍綬褒賞(昭和46年)，勲三等旭日中綬章(昭和63年) [歴]東雲小、松里中校長を経て、昭和26年山梨県議に当選。29年山梨市発足で市長となり、以来8期つとめた。

古屋 亨 ふるや・とおる

衆院議員(自民党) 自治相 [生]明治42年1月6日 [没]平成3年6月20日 [出]岐阜県恵那市 [学]東京帝大法学部政治学科(昭和9年)卒 [資]弁護士 [賞]勲一等旭日大綬章(昭和62年) [歴]内務省に入省、群馬県警、岩手県特高などを経て、戦後昭和30年総理大臣官房調査室長、37年総理府総務副長官を歴任。42年政界に転じ、岐阜2区から衆院議員に当選、以来8期。48年自治政務次官を経て、59年11月第2次中曽根改造内閣で自治相に就任。54年中川派に入るが、その死後福田派、のち安倍派。平成2年引退。

[趣]時刻表収集 [家]父=古屋慶隆(衆院議員)

古屋 範子 ふるや・のりこ

衆院議員(公明党 比例・南関東) [生]昭和31年5月14日 [出]埼玉県浦和市(現・さいたま市) [学]早稲田大学第一文学部(昭和54年)卒 [歴]公明党女性局次長を経て、平成15年衆院選比例区南関東ブロック名簿3位で当選。 http://www.furuya-noriko.com/

不破 哲三　ふわ・てつぞう
日本共産党議長・社会科学研究所所長 衆院議員（共産党）　㊓昭和5年1月26日 ㊥東京都中野区　本名＝上田建二郎 ㊫東京大学理学部物理学科（昭和28年）卒　㊞一高在学中に日本共産党入党、鉄鋼労連書記局書記となり、昭和39年共産党本部に勤務。41年中央委員を経て、45年書記局長。44年の総選挙で東京6区から衆院議員に当選。以来、当選11回。57年党委員長に。62年4月心疾患のため入院し、11月副議長となる。平成元年6月委員長に復帰。8年の総選挙から比例区東京ブロックの1位で当選。党自体も小選挙区で2人の当選者を出すなど、躍進をみせた。平成9年宮本顕治議長の正式引退に伴い、不破体制を確立。10年7月の参院選では改選議席を倍以上に増やし史上最多の23議席となった。同月訪中し、中国共産党の江沢民総書記と会談。32年ぶりの日中共産党の首脳会談で、両党の関係正常化を確認した。12年党議長に就任。15年議員活動を引退。16年党社会科学研究所所長に就任。著書は「スターリンと大国主義」「科学的社会主義における民主主義の探究」「新・日本共産党宣言」（共著）「一滴の力水」（共著）「レーニンと『資本論』」（全7冊）「歴史教科書と日本の戦争」「マルクスと『資本論』」など多数。　㊎父＝上田庄三郎（教育評論家），兄＝上田耕一郎（参院議員）
【著書】世界の流れのなかで憲法問題を考える（日本共産党中央委員会出版局 '04）／古典研究 議会の多数を得ての革命（新日本出版社 '04）／古典研究 マルクス未来社会論（新日本出版社 '04）／チュニジアの七日間（新日本出版社 '04）／ふたたび「科学の目」を語る（新日本出版社 '03）／二つの世紀と日本共産党（新日本出版社 '02）／二十一世紀はどんな時代になるか（新日本出版社 '02）／二十一世紀と「科学の目」（新日本出版社 '01）／参院選と21世紀の流れ（不破哲三, 志位和夫著 日本共産党中央委員会出版局'01）／ここに『歴史教科書』問題の核心がある（新日本出版社 '01）

分家 静男　ぶんけ・しずお
新湊市長　㊓昭和21年9月20日　㊥富山県新湊市　㊫明治大学政経学部卒　㊞射水上水道企業団、分家工業、セフティー商販役員、昭和57年新湊市議を経て、平成11年新湊市長に当選。2期目。　㊟音楽，スポーツ，旅行

【 へ 】

部谷 孝之　へや・たかゆき
衆院議員（民社党）　㊓大正11年7月10日 ㊀平成16年10月20日　㊥山口県徳山市 ㊫広島高工工作機械科（昭和18年）卒 ㊜勲三等瑞宝章（平成9年）　㊞受田新吉衆院議員秘書を経て、昭和42年から山口県議に3選。54年衆院議員に当選、2期。民社党山口県委員長も務めた。 ㊟短歌，8ミリ，映画

【 ほ 】

保谷 高範　ほうや・こうはん
西東京市長　㊓昭和12年5月11日　㊥東京　㊫法政大学経済学部卒　㊞製薬会社、自動車会社に勤務の後、保谷中町四郵便局長、特定郵便局長、業務推進連絡会保谷部会長を歴任。平成5年保谷市長に当選。2期務める。13年1月田無市と合併し西東京市に名称変更。同年2月初代西東京市長に当選。

蓬莱 務　ほうらい・つとむ
小野市長　㊓昭和21年5月20日　㊥兵庫県　㊫関西大学経済学部（昭和44年）卒

[歴]金属加工会社勤務を経て、平成11年小野市長に当選。2期目。

穂坂 邦夫 ほさか・くにお

志木市長 [生]昭16.8.14 [出]埼玉県志木市 [学]埼玉大学経済短期大学卒

[歴]志木市議4期を経て、埼玉県議通算5期、のち議長を務める。平成5年衆院選に立候補。13年志木市長に当選。公立小学校に25人学級を導入した他、自然再生条例、市政運営基本条例などを施行し注目を浴びる。

【著書】どの子も一番になれる(幻冬舎 '04)

保坂 三蔵 ほさか・さんぞう

参院議員(自民党 東京) 経済産業副大臣 [生]昭和14年5月15日 [出]東京都台東区 [学]立教大学法学部(昭和37年)卒

[賞]藍綬褒章(平成7年) [歴]昭和46年台東区議を経て、48年から東京都議に6選。平成7年参院議員に当選。2期目。16年第2次小泉改造内閣の経済産業副大臣に就任。渡辺派、村上・亀井派、江藤・亀井派を経て、亀井派。

穂坂 周一郎 ほさか・しゅういちろう

桂川町(福岡県)町長 [生]昭和6年11月15日 [没]平成2年2月20日 [出]福岡県嘉穂郡桂川町 [学]福岡学芸大学(現・福岡教育大学)福岡分校卒 [歴]昭和32年に桂川町役場に入り、社会教育課公民館主事、民生課長、総務課長などを経て、58年に同町収入役に就任。59年11月から桂川町長。63年に無投票で再選。国指定特別史跡・王塚古墳を生かした地域づくりに取り組んだ。

保坂 武 ほさか・たけし

衆院議員(自民党 山梨3区) [生]昭和20年2月1日 [出]山梨県中巨摩郡竜王町

[学]山梨農林高卒 [歴]山梨県青年団協会長、県青少年協会理事、竜王町議を経て、平成3年自民党から山梨県議に当選、3期。15年無所属で衆院補選に当選。2期目。旧橋本。 http://www.takeshi-kaze.jp/

保坂 展人 ほさか・のぶと

衆院議員(社民党) ジャーナリスト

[専]学校問題 児童文化 若者 人権問題

[生]昭和30年11月26日 [出]東京都新宿区

[学]新宿高定時制(昭和48年)中退 [興]子どもたちの遊びの変容と若者たちの精神文化;死刑制度;プライバシー保護法

[賞]サンケイ児童出版文化賞(第35回)(昭和63年)「やだもん!」 [歴]東京に移って麹町小から麹町中に進学。3年の時に学内で"中学全共闘"を名のるなどの活動を書いた内申書のため、高校受験で不合格となる。翌昭和47年千代田区と東京都を相手取り200万円の損害賠償を求めた、いわゆる"内申書裁判"を起こした。54年の東京地裁では全面勝訴したが、57年高裁で原告が逆転敗訴の判決となり、63年上告棄却で確定。この間、若者の場として青生舎を主宰。「学校解放新聞」の発行を続け、平成2年より子どもたちのテレホンコミュニケーションメディア「トーキング・キッズ」を主宰。8年社民党より衆院選に立候補し、比例・東京ブロックで1位当選。15年落選。2期。著書に「先生、涙をください」「学校が消える日」「子どもが消える日」など。 http://www.hosaka.gr.jp/

【著書】年金のウソ(ポット出版 '04)/次世代政治家活用法(リヨン社;二見書房〔発売〕'03)/こうすれば学校を救える(保坂展人, 斎藤次郎, 吉永みち子著(名古屋)風媒社'00)/学校を救え!(ジャパンタイムズ '99)

星 長治 ほし・ちょうじ

参院議員(自民党) [生]大正9年2月10日 [没]平成6年1月14日 [出]宮城県亘理郡亘理町 [学]仙台高等実務学校(昭和10年)卒 [歴]亘理町議、宮城県議5期、県会議長を経て、昭和58年参院議員に当選。平成元年落選。4年参院補選に出馬。

ほしか

星川 剛 ほしかわ・つよし
尾花沢市長　獣医　㋓大正15年12月16日　㋐山形県尾花沢市　㋒慶応義塾大学獣医学科卒　㋙勲四等瑞宝章(平成14年)　㋭昭和46年尾花沢市議1期、48年山形県議2期を務め、61年7月尾花沢市長に当選、3期。平成10年落選。　㋪謡曲、俳句　㋡父=星川清(山形県議)

星川 保松 ほしかわ・やすまつ
参院議員(社会党)　㋓昭和5年8月20日　㋐山形県尾花沢市　㋒早稲田大学法学部(昭和31年)卒　㋙勲三等旭日中綬章(平成12年)　㋭尾花沢町役場に入り、昭和38年尾花沢市議、46年山形県議2期を経て、53年尾花沢市長に当選。2期にわたり革新市政を敷くが、61年7月落選。平成元年参院議員に当選。3年連合参議院(現・連合)代表に就任。7年社会党から参院選に立候補するが落選。

星子 敏雄 ほしこ・としお
熊本市長　㋓明治38年11月9日　㋜平成7年7月13日　㋐熊本県鹿本郡鹿本町　㋒東京帝大法学部政治学科(昭和3年)卒　㋙勲二等瑞宝章(昭和62年)　㋭戦前は関東庁、満州国国務院、奉天省などに勤務。戦後、ソ連に11年間拘留される。帰国後、昭和38年熊本市助役となり、45年市長に当選、以来4期。九州市長会副会長もつとめた。61年12月引退。

星野 勝司 ほしの・かつじ
座間市長　㋓昭和17年7月15日　㋐神奈川県座間市　㋒明治大学商学部卒　㋭座間市議3期を経て、昭和59年市長に当選。6期目。　㋪スポーツ

星野 繁 ほしの・しげる
清瀬市長　㋓昭和9年12月19日　㋐東京都清瀬市　㋒国学院大学文学部(昭和32年)卒　㋭清瀬市財政課長、昭和47年企画部長を経て、平成7年清瀬市長に当選。3期目。　㋪ゴルフ、山歩き

星野 誠一 ほしの・せいいち
高島町(長崎県)町長　㋓大正10年5月24日　㋜昭和63年2月29日　㋐大分県別府市　㋭昭和24年三菱鉱業高島鉱業所に入社。34年から高島町議を7期務め、50年議長。この間、43年からは高島炭鉱労働組合長として活躍。60年高島町長に初当選。61年三菱石炭鉱業高島礦業所の閉山決定に対して通産省や三菱本社に陳情書を提出、町の復興に奔走した。　㋪カラオケ

星野 朋市 ほしの・ともいち
参院議員(自由党)　㋓昭和7年3月2日　㋐東京　㋒早稲田大学政経学部(昭和29年)卒　㋙勲二等瑞宝章(平成14年)　㋭税金党党首(当時)・野末陳平と大学時代からの親友で"税金に詳しい現職サラリーマン"の条件にも適っていたため、口説かれて昭和61年7月のダブル選挙で参議院・比例代表選に出ることに。社長のはからいで役員のまま立候補、名簿順位は2位だったがあと一歩のところで落選。平成2年3月繰り上げ当選し、10月の党解散で自民党渡辺派に移る。6年離党し、新生党を経て、同年12月新進党結成に参加。10年1月自由党に参加。2期務め、13年引退。　㋪釣り、園芸

星野 信夫 ほしの・のぶお
国分寺市長　㋓昭和19年2月28日　㋐東京都　㋒慶応義塾大学経済学部(昭和42年)卒　㋭昭和42年国分寺市内に学習塾・薬師塾を開設。国分寺青年会議所の創設に参加、数々の町づくり運動に取り組む。平成13年国分寺市長に就任。　㋡父=星野亮勝(国分寺名誉住職)
【著書】東京国分寺発 まちづくり体験記(国分寺)国分寺の名にふさわしい文化都市を築く会;(立川)けやき出版〔発売〕'96)

ほそか

星野 已喜雄　ほしの・みきお
沼田市長　㋓昭和25年7月14日　㋑群馬県利根郡利根村　㋔国士舘大学政経学部政治学科(昭和49年)卒、国士舘大学大学院修了　㋕塾経営の傍ら、昭和54年から沼田市議2期を経て、62年4月から群馬県議に4選。平成14年沼田市長に当選。

星野 行男　ほしの・ゆきお
衆院議員(自民党)　弁護士　㋓昭和7年2月22日　㋑新潟県小千谷市　㋔中央大学法学部(昭和35年)卒　㋖勲三等旭日中綬章(平成14年)　㋕昭和35年司法試験に合格、弁護士となり、41年東京で星野行男法律事務所を開設。50年郷里に帰り、小千谷市長に当選、4期つとめる。平成元年市長を辞任し、翌2年自民党から衆院議員に当選。竹下派、羽田派、5年新生党を経て、6年新進党結成に参加。2期つとめるが、8年落選。10年参院選新潟選挙区に無所属で立候補。14年衆院補選に当選。同年12月自民党に復党。亀井派。15年小泉第2次改造内閣の法務副大臣に就任。同年の衆院選で田中真紀子に敗れ落選。通算3期。　㋗相撲観戦、盆栽、読書　http://www9.ocn.ne.jp/~hosino-y/
【著書】雪国からの提言(恒文社 '89)

星野 芳昭　ほしの・よしあき
魚沼市長　㋓昭和12年5月27日　㋔長岡農卒　㋕堀之内町長3期を経て、平成16年合併により誕生した魚沼市の初代市長に当選。

穂積 良行　ほずみ・よしゆき
衆院議員(自民党)　㋓昭和10年2月15日　㋑福島県(本籍)　㋔東京大学法学部(昭和33年)卒　㋕昭和34年農水省入り。48年官房参事官、58年国土庁長官官房総務課長、59年林野庁職員部長、同年管理部長、のち九州農政局長を経て61年衆院議員に当選、4期務める。旧河本派。平成12年落選。

細江 茂光　ほそえ・しげみつ
岐阜市長　㋓昭和23年4月18日　㋑岐阜県岐阜市　㋔京都大学法学部(昭和46年)卒　㋕京都大学卒業後、三井物産に入社。建材や住宅などを担当し、ロサンゼルス支店副支店長、サービス事業開発部長を務める。平成14年岐阜市長に当選。保守王国と言われる岐阜で自民党を破り、民間出身ながら市幹部を経ずに初めて直接市長に当選した。

細川 久米夫　ほそかわ・くめお
松任市長　㋓昭和2年10月5日　㋑石川県　㋔松任農(昭和20年)卒　㋕昭和49年松任市農協組合長に就任。55年以来松任市長に5選。平成10年収賄容疑で逮捕される。

細川 護熙　ほそかわ・もりひろ
首相　衆院議員(民政党)　熊本県知事　㋓昭和13年1月14日　㋑東京都　㋔上智大学法学部(昭和38年)卒　㋘陶芸　㋖経済界大賞(特別賞, 第12回)(昭和61年)　㋕旧熊本藩主細川家の第18代当主。朝日新聞社社会部記者を経て、昭和46年から連続2期参院議員に当選、52年自民党副幹事長、参院エネルギー対策特別委員長などを歴任。58年熊本県知事に転身。米国に飛び、テレビ出演するなど、火の国・熊本の売り込みに努め、県民に対しては"日本一づくり"運動を提唱。"知事は2期まで"という持論通り、平成3年引退。翌4年5月には日本新党を旗揚げして参院議員に復帰(通算3期)。5年7月の衆院選では、自ら参院議員を辞職して熊本1区から当選するなど、一挙に35議席を獲得した。8月非自民連立政権の首相に就任。武村正義率いる新党さきがけと院内会派を結成、選挙制度改革を含む政治改革、政界再編を目指す。6年1月政治改革法案を成立させるが、佐川急便からの1億円借り入れ問題などをめぐり、予算委員会が1ヶ月以上に渡り空転。4月同問題や資金運用にからむ

不祥事の責任を取って辞任。さきがけとの院内会派は解消し、新生党、民社党などと院内会派・改新を結成。同年12月日本新党を解党して新進党結成に参加。8年1月"羽田派"に参加。9年6月新進党を離党、同年フロムファイブを結成、代表となる。10年1月国民の声、太陽党と合流した新党・民政党を結成、政権委座長に就任。同年5月60歳を機に2期目の途中で議員を辞職し、政界を引退。同年ジャパンタイムズ特別顧問。11年10月よりTBSラジオ「細川護煕のこの人に会いたい」でパーソナリティーを務める。また、引退後は自宅に窯を設けるなど陶芸に傾倒。15年にはパリで個展を開催した。 [趣]テニス，陶芸 [家]妻＝細川佳代子，父＝細川護貞（美術収集家・永青文庫理事長），祖父＝細川護立（美術収集家・東洋文庫理事長），近衛文麿（首相），弟＝近衛忠煇（日本赤十字社副社長）

【著書】不東庵日常（小学館 '04）／THE TIME TO ACT IS NOW（NTTメディアスコープ '93）／日本新党 責任ある変革（東洋経済新報社 '93）／権不十年（日本放送出版協会 '92）／明日はござなくそうろう（ダイヤモンド社 '91）

【評伝】細川政権二百五十日の真実!（小沢鋭仁著（豊島区）東京出版'94）／大政変（内田健三，早野透，曽根泰教編著 東洋経済新報社'94）／日本新党の末路（山村明義著 サンドケー出版局'94）／連立政権（森田実著 日本評論社'93）

細川 律夫 ほそかわ・りつお

衆院議員（民主党 埼玉3区） 弁護士 [生]昭和18年8月8日 [出]高知県 [学]明治大学法学部（昭和41年）卒 [歴]昭和41年弁護士登録。埼玉県経営法律センター会長、社会党埼玉県常任顧問をつとめる。平成2年衆院議員に当選。8年社民党を経て、民主党に参加。5期目。

http://www.minshu.org/hosokawa/

【著書】新市民時代の選択（現代書林 '96）

細田 吉蔵 ほそだ・きちぞう

衆院議員（自民党） [生]明治45年5月2日 [出]島根県松江市 [学]東京帝国大学法学部（昭和11年）卒 [資]弁護士 [賞]勲一等旭日大綬章（昭和61年） [歴]旧鉄道省に入省。昭和27年運輸省に移り、国鉄輸送局次長、鉄道監督局国鉄部長、観光局長などを経て、33年大臣官房長に就任。35年衆院選に出馬以来、島根全県区から当選10回。この間、47年衆院運輸委員長、第二次田中改造内閣防衛庁長官、55年第二次大平内閣防衛庁長官、56年衆院安全保障特別委員長、57年自民党総務会長、58年第二次中曽根内閣運輸大臣を歴任。日本鉄道車両工業会長、日本地下鉄協会会長もつとめ、超党派の国会図書議員連盟を提唱するなどの文化活動でも知られる。安倍派。著書に「貨物輸送」など。平成2年議員活動を引退。 [団]第二東京弁護士会 [趣]読書，麻雀，囲碁（3段），ゴルフ [家]長男＝細田博之（衆院議員）

【著書】国有鉄道を語る（陸運経済新聞社 '81）／日本の防衛について（旭屋出版 '81）

細田 喜八郎 ほそだ・きはちろう

志木市長 [生]昭和9年3月22日 [出]埼玉県志木市 [学]宗岡中（旧制）卒 [賞]藍綬褒章（平成3年），旭日中綬章（平成16年） [歴]志木市議2期務めたのち、昭和50年以来埼玉県議に3選。60年志木市長に当選。4期務め、平成13年引退。

細田 博之 ほそだ・ひろゆき

衆院議員（自民党 島根1区） 内閣官房長官 [生]昭和19年4月5日 [出]島根県 [学]東京大学法学部（昭和42年）卒 [歴]昭和42年通産省に入省。58年石油公団ワシントン事務所長、61年通産省物価対策課長、エネルギー研究所理事長を歴任。平成2年衆院議員に当選。14年小泉改造内閣の科学技術政策担当相・沖縄及び北方対策担当相。15年小泉第2次改造内閣の内閣官房副長官に就任。

16年5月福田康夫内閣官房長官が国民年金保険料未納問題により辞任した事態を受けて、長官に昇格。同年9月の第2次小泉改造内閣でも留任。5期目。三塚派を経て、森派。 ㊙父＝細田吉蔵（衆院議員） http://homepage1.nifty.com/h-hosoda/

細野 豪志　ほits・ごうし
衆院議員（民主党　静岡5区）　⽣昭和46年8月21日　⽣京都府　⽣京都大学法学部卒　⽣平成7年三和総合研究所研究員、11年島聡衆院議員秘書を経て、12年民主党から衆院選静岡7区に立候補し当選。15年静岡5区から当選。2期目。
http://www.goshi.org/
【著書】パラシューター（五月書房 '03）

細淵 一男　ほそぶち・かずお
東村山市長　⽣昭和10年8月16日　⽣東京都東村山市　⽣小金井高（昭和29年）卒　⽣東村山市商工会長などを経て、平成7年東村山市長に当選。3期目。

細谷 昭雄　ほそや・あきお
参院議員（社会党）　全国出稼組合連合会会長　⽣昭和2年1月10日　⽣秋田県仙北郡神岡町　⽣秋田大学芸学部（昭和25年）卒　⽣昭和46年秋田県議2期を経て、54年以来衆院議員に2選。61年落選。平成元年参院議員に当選、7年落選。元年全国出稼組合連合会会長に就任。
㊙自然散策，読書

細谷 治通　ほそや・はるみち
衆院議員（民主党）　⽣昭和14年6月19日　⽣福岡県大牟田市　⽣東京大学法学部（昭和37年）卒　⽣昭和37年国鉄本社に入り、北海道総局総務部長、本社自動車局総務課長を経て、61年退職。のち父細谷治嘉代議士私設秘書、社会党福岡県本部副委員長をつとめる。平成2年衆院議員に当選、2期。社民党を経て、8年、12年民主党に参加するが、落選。
㊙父＝細谷治嘉（衆院議員）

細谷 治嘉　ほそや・はるよし
衆院議員（社会党）　⽣大正1年9月21日　⽣平成9年1月19日　⽣千葉県長生郡白子町　⽣横浜高工応用化学科（昭和8年）卒　⽣勲一等瑞宝章（平成2年）　⽣昭和8～30年三井化学三池染料工業所に勤務。22年福岡県議2期を経て、30年以来大牟田市長に2選。38年福岡3区から衆院議員となる。52年衆院石炭対策特別委員長。当選9回。平成2年引退。　㊙園芸
㊙息子＝細谷治通（衆院議員）

保立 旻　ほたて・あきら
小金井市長　⽣大正5年8月10日　⽣平成12年5月30日　⽣京都府　⽣法政大経済学部卒　⽣小金井市議会議長、都市議会議長会会長などを経て、昭和57年市長に初当選。61年5月に再選されたが、老人入院見舞金条例で議会が紛糾、62年4月引退。

堀 健治　ほり・けんじ
高岡市長　⽣明治40年2月13日　⽣平成1年5月19日　⽣富山県高岡市　⽣高岡高商（昭和3年）卒　⽣紺綬褒章（昭和36年），藍綬褒章（昭和40年），勲二等瑞宝章（昭和61年）　⽣高岡市議3期、官選高岡市長（10カ月）を経て、昭和27年から市長9期。46年から富山県市長会長もつとめた。63年引退。
㊙柔道（7段）

保利 耕輔　ほり・こうすけ
衆院議員（自民党　佐賀3区）　自治相　文相　⽣昭和9年9月23日　⽣東京・麹町　⽣慶応義塾大学法学部政治学部（昭和33年）卒　⽣昭和30年日本精工に入り、49年フランス日本精工社長に就任。54年衆院議員に当選。当選9回。平成2年第2次海部内閣の文相に就任。11年10月小渕第2次改造内閣の自治相、国家公安委員長に就任。12年4月森連立内閣でも留任。竹下派、旧小渕派を経て、旧橋本派。　㊙写真　㊙父＝保利茂（衆院議長）

堀 助男 ほり・すけお
行橋市長 [生]大正5年2月17日 [没]平成4年7月25日 [出]福岡県行橋市 [学]豊津中(昭和4年)中退 [賞]勲四等瑞宝章(平成3年) [歴]昭和44年行橋市商工会議所会頭を経て、51年以来市長に4選。平成2年辞任。

堀 泰一郎 ほり・たいいちろう
小林市長 [生]昭和10年4月24日 [出]宮崎県小林市 [学]亜細亜大学商学部(昭和37年)卒 [歴]高校教師、小林市議、同市会議長を経て、平成7年小林市長に当選。3期目。 [趣]ゴルフ，園芸

堀 達也 ほり・たつや
北海道知事 札幌大学理事長 [生]昭和10年11月22日 [出]北海道紋別郡遠軽町 [学]北海道大学農学部林学科(昭和33年)卒 [歴]昭和33年北海道庁に入り、55年林務部道有林管理室業務課長補佐、58年林産課長、59年道有林管理室経営管理課長、60年総務部知事室秘書課長、62年生活環境部次長、63年土木部次長、平成元年知事室長、3年北海道公営企業管理者、5年副知事を歴任。7年知事に当選、2期務め、15年引退。12年北海道体育協会会長を兼務。16年札幌大学理事長。 [趣]スキー，ゴルフ

堀 利和 ほり・としかず
参院議員(民主党) 民主障害者ネットワーク代表 [生]昭和25年4月4日 [出]東京都 [学]明治学院大学文学部(昭和51年)卒 [歴]幼稚園の時、農薬散布後の畑で遊んだ後に高熱を出して失明。昭和62年6月視覚障害者の生産協同組合はり・マッサージユニオンを設立、総評全国一般東京ユニオンの協力で東京・渋谷の東京ユニオン組合事務所の一角に、渋谷治療センターを開設した。平成元年社会党から参院選比例区に当選。7年落選。10年民主党から当選。13年参院環境委員長に就任。通算2期務めた。
[趣]クラシック
【著書】生きざま政治のネットワーク(現代書館 '95)

堀 昌雄 ほり・まさお
衆院議員(社会党) [生]大正5年12月7日 [没]平成9年8月29日 [出]京都府京都市 [学]大阪大学医学部(昭和16年)卒 [歴]大阪大学副手を経て、尼崎市に診療所を開設。昭和33年以来社会党から衆院議員に11選。党政審会長、58年党副委員長を歴任。平成5年引退。
【著書】堀昌雄・国会25年の軌跡(文芸社 '02)

堀 元 ほり・もとし
江南市長 [生]昭和20年4月28日 [学]尾北高卒 [歴]平成15年江南市長に当選。

堀 泰夫 ほり・やすお
山口市長 [生]大正7年7月15日 [出]山口県山口市 [学]青年学校教員養成所(昭和13年)卒 [歴]昭和42年山口市助役を経て、50年から市長に3選。62年4月任期途中で病気のため辞任。

堀内 俊夫 ほりうち・としお
参院議員(自民党) 環境庁長官 [生]大7.2.16 [出]奈良県天理市 [学]奈良師範専攻科(昭和13年)卒 [賞]藍綬褒章(昭和50年) [歴]昭和26年以来奈良県議3期、41年以来天理市長3期を経て、51年から参院議員に3選。57年参院文教委員長、62年竹下内閣の環境庁長官を歴任。平成元年引退。

堀内 日出男 ほりうち・ひでお
歌志内市長 [生]昭和10年2月19日 [出]北海道歌志内市 [学]砂川北高卒 [歴]歌志内市議を経て、昭和63年歌志内市長に初当選、1期つとめる。平成4年落選。

堀内 光雄 ほりうち・みつお

衆院議員(自民党 山梨2区) 通産相 [生]昭和5年1月1日 [出]山梨県 [学]慶応義塾大学経済学部(昭和27年)卒 [賞]勲一等旭日大綬章(平成15年) [歴]昭和28年富士山麓電鉄(現・富士急行)入社、37年社長。55年取締役、59年再び社長、のち会長に。平成9年退任。テレビ山梨会長も務める。また昭和51年衆院議員に当選。運輸、経済問題に強い代議士として活躍し、著書に「人間の価値計算」などがある。55年行政管理庁政務次官、59年総務庁政務次官を経て、平成元年宇野内閣の労相に就任。2年落選し、5年返り咲き。9年第2次橋本改造内閣の通産相に。13～16年党総務会長。通算9期目。宮沢派を経て、加藤派。13年堀内派を結成、会長となる。 [趣]ゴルフ，囲碁 [家]父=堀内一雄(衆院議員・富士急行社長)，長男=堀内光一郎(富士急行社長)，祖父=堀内良平(衆院議員)

http://www.mfi.or.jp/horiuchi/

【評伝】藤原弘達のグリーン放談大胆不敵(藤原弘達編 藤原弘達著作刊行会;学習研究社〔発売〕'87)

堀江 侃 ほりえ・すなお

伊勢原市長 [生]昭和11年12月18日 [出]神奈川県伊勢原市 [学]学習院大学政経学部(昭和35年)卒 [歴]昭和35年行管庁(現・総務庁)入庁。51年北海道行監第二部長を経て、61年近畿管区行政監察局総務部長、62年北海道管区行政監察局長、平成元年近畿管区行政監察局長、2年関東管区行政監察局長を歴任。4年退官し、伊勢原市長に3選。16年落選。

[趣]仏像鑑賞，囲碁，読書，ゴルフ

堀江 文夫 ほりえ・ふみお

沼田市長 [生]大13.4.2 [出]群馬県 [学]桐生工専機械科(昭和20年)卒 [賞]勲三等瑞宝章(平成6年) [歴]沼田市議を経て、昭和45年以来市長に4選。

堀江 正夫 ほりえ・まさお

参院議員(自民党) 英霊にこたえる会会長 [生]大正4年6月16日 [出]新潟県西頸城郡能生町 [学]陸大(昭和18年)卒 [賞]勲四等瑞宝章(昭和19年)，勲二等旭日重光章(平成1年) [歴]陸上自衛隊に入り、昭和44年第三師団長、46年陸幕副長、47年西部方面総監を歴任。48年三菱重工業顧問を経て、52年から参院議員に2選。平成元年引退。英霊にこたえる会会長を務める。

堀川 和洋 ほりかわ・かずひろ

姫路市長 [生]昭和17年7月8日 [没]平成16年8月4日 [出]兵庫県姫路市 [学]京都大学法学部(昭和40年)卒 [歴]昭和40年警察庁に入庁。新潟県警警備部長、警察庁警備局理事官、神奈川県警刑事部長などを歴任して、58年8月自衛隊陸幕調査二課別室長に。のち防衛庁防衛局調査第一課長、61年徳島県警本部長、63年7月警察庁装備課長、海部総理秘書官、平成3年11月警察庁官房審議官、4年5月福岡県警本部長を経て、5年8月警察庁中国管区警察局長。6年8月退官。7年姫路市長に当選、2期務める。15年落選。

【著書】21世紀のふるさと姫路を語る(明日の姫路をつくる会)

堀家 重俊 ほりけ・しげとし

丸亀市長 [生]大正5年3月30日 [没]平成10年1月11日 [出]香川県 [学]丸亀中(昭和9年)卒 [賞]藍綬褒章(昭和49年)，勲三等瑞宝章(平成3年) [歴]昭和26年から香川県議3期を経て、38年から丸亀市長に7選。平成3年引退。

堀込 征雄 ほりごめ・いくお

衆院議員(民主党 比例・北陸信越) [生]昭和17年2月5日 [出]長野県南佐久郡 [学]中央大学法学部(昭和35年)卒 [歴]長野県農団労委員長、県評副議長を経て、平成2年社会党から衆院議員に当選。7年離党して、民主の会を結成。の

ち新進党を経て、8年太陽党結成に参加。10年民政党を経て、民主党に合流。5期目。 [家]父=堀込義雄(上田市長)
http://www.ihorigome.com/

堀之内 久男 ほりのうち・ひさお
衆院議員(自民党) 郵政相 [生]大正13年11月10日 [出]宮崎県都城市 [学]海兵(昭和19年)卒 [賞]勲一等旭日大綬章(平成13年) [歴]中郷村長、宮崎県会議長、昭和44年都城市長2期を経て、51年以来衆院議員に通算8選。平成元年宇野内閣の農水相、8年第2次橋本内閣の郵政相に就任。旧渡辺派を経て、村上・亀井派、のち江藤・亀井派。15年引退。 [趣]剣道

堀端 宏 ほりばた・たかし
藤井寺市長 [生]大正12年7月16日 [出]大阪府大阪狭山市 [学]関西大学法学部卒 [賞]勲三等瑞宝章(平成12年) [歴]大阪府労連書記長、大阪府議3期を経て、昭和54年から藤井寺市長に5選。平成11年引退。
【著書】読んで下されたく候((大阪)関西書院 '97)

堀部 四郎 ほりべ・しろう
関市長 [生]大正12年10月9日 [没]平成4年6月3日 [出]岐阜県関市 [学]加茂農林学校(昭和16年)卒 [歴]昭和26年関市役所に入り、40年経済部長、42年総務部長、51年助役を経て、57年以来市長に3選。平成3年病気辞任。

本行 節夫 ほんぎょう・せつお
総社市長 [生]大正14年3月18日 [出]岡山県総社市 [学]高松農(昭和16年)卒 [賞]勲四等旭日小綬章(平成10年),三木記念賞(平成14年) [歴]岡山県職員、総社市助役を経て、昭和53年以来市長に5選。平成8〜10年岡山県市長会会長。同年引退。岡山自動車道建設や県立大学誘致に尽力。古代山城・鬼ノ城の発掘調査など文化教育行政を推進した。

本多 晃 ほんだ・あきら
柏市長 [生]昭和22年2月23日 [出]兵庫県 [学]東京大学工学部(昭和46年)卒 [歴]柏市助役を経て、平成5年柏市長に当選。3期目。

本多 貫一 ほんだ・かんいち
西尾市長 [生]大6.10.3 [出]愛知県 [学]西尾中(昭和9年)卒 [賞]勲四等旭日小綬章(平成2年) [歴]昭和44年以来西尾市長に5選。 [趣]古美術

本田 欣二郎 ほんだ・きんじろう
十日町市長 [生]昭和6年6月18日 [出]新潟県十日町市 [学]十日町高卒 [歴]十日町市総務部長、助役を経て、平成5年から十日町市長に2選。13年落選。

本田 忠彦 ほんだ・ただひこ
西尾市長 [生]昭和12年1月15日 [出]愛知県 [学]西尾実業(昭和30年)卒 [歴]昭和46年西尾市茶業組合長、59年愛知県商工業協同組合副理事長を歴任。この間、西尾市議に当選、3期務め、平成元年9月西尾市長に当選。4期目。

本田 敏秋 ほんだ・としあき
遠野市長 [生]昭和22年8月10日 [出]岩手県遠野市 [学]神奈川大学法学部卒 [歴]岩手県久慈振興局長などを経て、平成14年遠野市長に当選。
【著書】遠野スタイル(ぎょうせい '04)

本多 利夫 ほんだ・としお
鴨川市長 [生]昭和14年10月9日 [学]中央大学法学部卒 [歴]千葉県鴨川市議4期、議長を経て、平成2年鴨川市長に当選。4期目。

本田 富雄 ほんだ・とみお
阿賀野市長 [生]大正10年11月2日 [出]新潟県安田町 [学]旅順工科大学技術員養成所卒 [歴]新潟県安田町助役を経て、町長に10選。平成16年4月同町が近隣町村と合併して新たに発足した阿賀野市の初代市長に当選。

本田 豊輔　ほんだ・とよすけ
新南陽市長　[生]大9.3.14　[出]山口県　[学]早稲田工手中退　[賞]勲四等旭日小綬章(平成2年)　[歴]昭和24年福川町議、28年南陽町議、45年新南陽市会議長を経て、50年以来市長に3選。62年引退。

本多 直彦　ほんだ・なおひこ
天竜市長　[生]大正11年9月29日　[没]平成14年5月29日　[出]兵庫県神戸市　[学]灘中(昭和15年)卒　[賞]勲五等双光旭日章(平成5年)　[歴]昭和31年二俣木材市場常務、44年天竜市教育委員、48年収入役を経て、55年以来市長に3選。平成4年引退した。

本多 平直　ほんだ・ひらなお
衆院議員(民主党　比例・北関東)　[生]昭和39年12月2日　[出]北海道札幌市　[学]北海道大学法学部(昭和63年)卒　[歴]松下政経塾で学んだ後、新党さきがけ政策スタッフとなる。平成6年から枝野幸男衆院議員の政策担当秘書を務め、15年衆院選比例北関東ブロックに民主党から立候補。16年4月繰り上げ当選。
http://hiranao.com/

本多 正幸　ほんだ・まさゆき
知立市長　[歴]知立市議を経て、平成16年知立市長に当選。

本多 良雄　ほんだ・よしお
国分寺市長　[生]大正12年8月17日　[出]東京　[学]日本獣医畜産専(昭和18年)卒　[歴]国分寺市農協常務理事を経て、昭和56年以来市長に4選。平成9年落選。

本田 良一　ほんだ・りょういち
参院議員(民主党)　[生]昭和15年4月24日　[出]熊本県玉名郡南関町　[学]北九州大学外国語学部中国語科(昭和39年)卒　[歴]昭和39年日本電信電話公社長崎無線局庶務課に入り、47年九州電気通信局施設部管理課に勤務。54年以来熊本市議を2期務め、62年熊本県議に当選。3期。平成10年参院議員に当選。16年落選。社民党を経て、民主党に所属。　[趣]釣り　http://wb1.sysken.or.jp/r-honda/

本間 俊太郎　ほんま・しゅんたろう
宮城県知事　俳人　[生]昭和15年2月26日　[出]宮城県加美郡中新田町　号＝俘夷蘭　[学]中央大学法学部(昭和37年)卒　[賞]地域デザイン賞　[歴]読売新聞記者となるが、昭和49年故郷の宮城県中新田町町長が急死し、34歳の若さで町長におされ、当選。56年バッハ・ホールを開館、地域おこしの旗手として全国的に注目される。4期つとめ、平成元年3月社会党などの推薦で宮城県知事に当選、2期。5年収賄などで逮捕され、辞任。13年10月衆院宮城4区補選に立候補するが落選。15年の衆院選でも落選。一方、俳誌「左岸」同人で、同年俳号・俘夷蘭名で「句集 超獄」を出版。著書に「日本人 魂のデザイナー」、共著に「文化行政と町づくり」など。　[家]父＝本間俊一(衆院議員)

本間 泰次　ほんま・たいじ
増毛町(北海道)町長　[生]大正12年7月5日　[没]平成14年2月27日　[出]北海道増毛郡増毛町　[学]小樽高商(現・小樽商科大学)中退　[賞]北海道社会貢献賞(平成2年)，自治大臣表彰(平成7年)
[歴]高商中退後、明治、大正期からの豪商・本間家の3代目として家業に就き、北海道・増毛町商工会会長など歴任。昭和38年から増毛町町議を2期、39～46年議長。50年町長に当選、連続6期務めた。平成10年病気のため退職。北海道北部の厳しい自然を逆手にとり、太陽熱、風力、波力など自然エネルギーの実験プラントや科学館を建設、“エネルギー町長”“アイデア町長”として知られた。

本間 源基 ほんま・もとき
ひたちなか市長 [生]昭和29年11月12日 [出]茨城県 [学]東京大学経済学部(昭和52年)卒 [歴]茨城県副参事を経て、平成14年ひたちなか市長に当選。

【ま】

前川 清成 まえかわ・きよしげ
参院議員(民主党 奈良) 弁護士 [生]昭和37年12月22日 [出]奈良県橿原市 [学]関西大学法学部(昭和60年)卒 [歴]昭和62年司法試験に合格、平成2年弁護士登録。16年参院選に民主党から当選。共著に「カードトラブルハンドブック」「裁判ウォッチング」「Q&Aカード破産解決法」「消費者被害救済の上手な対処法」「書式･個人破産･手形小切手訴訟の実務」などがある。 [団]大阪弁護士会
http://www.maekawa-kiyoshige.net/

前川 盛太郎 まえかわ・せいたろう
岩城町(秋田県)町長 [生]昭和3年12月20日 [出]秋田県由利郡岩城町 [学]西目農(昭和21年)卒 [賞]勲四等旭日小綬章(平成14年) [歴]昭和39年岩城町議を経て、46年以来岩城町長。県町村会長、県市町村交通災害共済組合長、由利郡町村会長、東北地すべり対策協会長。63年天守閣・天鷲城を完成、「史跡保存伝承の里」づくりに成功。 [趣]旅行，読書

前川 堯 まえかわ・たかし
天理市長 奈良県議(自民党) [生]昭和7年5月13日 [没]平成5年12月10日 [出]奈良県 [学]桜井高卒 [歴]奈良県議5期を経て、昭和63年天理市長に当選。平成4年市有地の転売疑惑の責任を取り辞任。 [趣]囲碁，ゴルフ

前川 忠夫 まえかわ・ただお
香川県知事 元・香川大学学長 [専]農業土木 [生]明治42年2月1日 [没]昭和63年6月25日 [出]香川県三豊郡高瀬町 [学]東京帝大農学部(昭和10年)卒 農学博士 [歴]昭和10年農林省に入省し、山形県の技官として農業用水の工事に携わる。その後、結核の療養を経て、15年東大講師となり、20年岩手大教授、30年香川大教授を歴任。39年第4代香川大学長に就任。溜池研究の権威。一方、49年革新･中道の統一候補として香川県知事選に出馬、自民党公認で7選をめざす金子正則知事を破り当選した。3期をつとめ、61年引退した。

前川 忠夫 まえかわ・ただお
参院議員(民主党) [生]昭和13年11月17日 [出]富山県 [学]神奈川工(定時制)(昭和40年)卒 [歴]昭和35年日本精工藤沢支部青年部長。40年同書記長、47年同支部長、51年同書記長、55年同委員長。55年新産別中央執行委員、同年軸受労連委員長。57年全機金委員長、62年連合副会長、平成5年金属機械労組委員長。7年社会党から参院議員に当選。1期。9年1月民主党に転じる。13年落選。

前川 正 まえかわ・ただし
御所市長 [生]昭和11年8月1日 [学]御所高卒 [歴]御所市総務部長を経て、市長に当選。3期目。

前川 旦 まえかわ・たん
衆院議員(社会党) [生]昭和5年3月10日 [没]昭和61年5月11日 [出]香川県高松市 [学]中央大学法学部(昭和28年)卒 [歴]森崎隆参院議員秘書を経て、昭和31年左派社会党に入党。40年参院議員に当選、2期つとめたのち、54年成田知巳の後継者として衆院に転じ、3期連続当選。

前川 具治　まえがわ・ともはる
生駒市長　⑭大4.12.8　⑰奈良県　⑲磯城農（昭和8年）卒　勲四等旭日小綬章（平成6年）　昭和34年生駒町議、43年生駒市助役を経て、49年以来市長に5選。平成6年引退。

前島 英三郎　⇒八代英太（やしろ・えいた）を見よ

前島 秀行　まえじま・ひでゆき
衆院議員（社民党）　⑭昭和16年6月27日　⑮平成12年2月10日　⑰静岡県富士宮市　⑲早稲田大学政経学部（昭和40年）卒　市民相談中央センター副委員長を経て、社会党総務部長となる。石橋委員長の秘書役として活躍し、引退した勝間田清一元衆院議員の後継者として、昭和61年静岡2区から衆院議員に当選。4期。社会党副書記長、党静岡県本部委員長などを歴任。平成8年から社民党県連代表、10年から社民党院内総務会長。

前田 勲男　まえだ・いさお
参院議員（自民党）　法相　⑭昭和18年2月4日　⑰和歌山県伊都郡高野口町　⑲慶応義塾大学法学部政治学科（昭和40年）卒　父前田佳都男の秘書を経て、昭和53年以来参院議員に4選。平成6年村山内閣の法相をつとめた。10年落選。竹下派を経て、小渕派。　㊙父＝前田佳都男（参院副議長）

前田 武志　まえだ・たけし
参院議員（民主党　比例）　⑭昭和12年10月22日　⑰奈良県　⑲京都大学工学部卒、京都大学大学院工学研究科（昭和39年）修了　昭和39年建設省に入省。49年在シドニー領事、55年建設省河川局建設専門官を経て、代議士秘書に。のち政経文化研究所代表となり、61年自民党から衆院議員に当選、4期務める。竹下派、羽田派、平成5年新生党を経て、6年新進党、8年太陽党結成に参加。10年民政党を経て、民主党に合流。12年落選。13年参院選に立候補。15年奈良知事選に立候補。16年参院議員に当選。　㊙祖父＝前田勇（貴院議員）

前田 正　まえだ・ただし
衆院議員（改革クラブ）　⑭昭和21年12月7日　⑰大阪府大阪市　⑲関西大学工学部（昭和44年）卒　自民党大阪府組織推進部長を経て、平成2年衆院議員に当選。5年落選、8年新進党から返り咲き。10年1月改革クラブに参加。通算2期務める。12年落選。

前田 千夏　⇒中山千夏（なかやま・ちなつ）を見よ

前田 雅尚　まえだ・まさなお
小平市長　⑭昭和8年4月15日　⑰東京　⑲慶応義塾大学経済学部（昭和32年）卒　小平市役所に入り、財務課長、総務部、昭和58年助役を経て、平成5年同市長に当選。3期目。　㊙乗馬、バドミントン、囲碁、居合道、音楽鑑賞

前田 雄吉　まえだ・ゆうきち
衆院議員（民主党　愛知6区）　⑭昭和35年1月8日　⑰愛知県西春日井郡清洲町　⑲慶応義塾大学法学部政治学科（昭和59年）卒　昭和59年松下政経塾を経て、学習塾経営のかたわら平成2年親類の江崎真澄代議士秘書となる。同年無所属で衆院選に出馬し落選。6年日本新党地区支部長、11年民主党愛知県副代表を経て、12年衆院議員に当選。2期目。
http://www.yukichi.org/

前野 輝行　まえの・てるゆき
大浦町（鹿児島県）町長　⑭昭和15年2月7日　⑰鹿児島県大浦町　⑲鹿児島県大浦町経済課長、助役などを経て、平成8年町長に当選、3期目。14年2月同町にマッコウクジラ14頭が打ち上げられ、その処理をめぐり注目を浴びた。

まえは

前畑 幸子　まえはた・さちこ
参院議員(無所属)　㊊昭和12年8月16日　㊋愛知県名古屋市　㊌南山大学文学部卒，中京大学大学院(昭和54年)修了　㊍税理士　昭和54年税理士事務所を開設。社会党愛知県生活相談センター所長、社会党県本部副委員長を経て、平成元年参院議員に当選。7年離党して無所属となり、同年落選。10年民主党より参院選比例区に立候補するが落選。

前畑 淳治　まえはた・じゅんじ
荒尾市長　㊊昭20.8.16　㊋熊本県荒尾市　㊌日本大学理工学部土木工学科(昭和43年)卒　㊍昭和58年熊本県議に当選。通算5期務める。平成10年副議長。14年荒尾市長に当選。

前原 誠司　まえはら・せいじ
衆院議員(民主党　京都2区)　㊊昭和37年4月30日　㊋京都府　㊌京都大学法学部(昭和62年)卒　㊍松下政経塾8期生。平成3年京都府議に当選。5年日本新党から衆院議員に当選。6年離党して民主の風を結成。6月新党さきがけに合流。8年民主党に参加。4期目。　㊎京都日中科学技術交流協会　㊍野球、ドライブ、旅行　http://www.maehara21.com/

前原 弾邵　まえはら・だんしょう
深田村(熊本県)村長　僧侶　㊊大正9年2月17日　㊋熊本県球磨郡深田村　㊌東京大学農学部(昭和22年)卒　㊍熊本県深田村にある浄土真宗の寺・善正寺の二男として生まれる。昭和22年善正寺住職となる。35年まこと保育園長、43年中球磨幼稚園長。54年～平成11年深田村村長を5期務めた。14年同地で300年以上に渡り信仰を禁じられてきた浄土真宗を隠れて信仰してきた先人たちの姿を記した「真宗開教史」を73年ぶりに復刻した。

牧 俊郎　まき・としろう
菊池市長　㊊昭和16年3月16日　㊌早稲田大学商学部卒　㊍医療法人理事を務める。平成5年菊池市長に当選。2期務め、13年落選。

牧 義夫　まき・よしお
衆院議員(民主党　愛知4区)　㊊昭和33年1月14日　㊋愛知県名古屋市　㊌上智大学文学部哲学科中退　㊍昭和56年防衛庁広報新聞記者、62年鳩山邦夫代議士秘書、平成9年民主党本部職員を経て、12年衆議院議員に当選。2期目。
http://www4.ocn.ne.jp/~maki-y/

牧田 実夫　まきた・じつお
倉吉市長　鳥取県議　㊊大8.11.18　㊋鳥取県倉吉市　㊌倉吉農(昭和12年)卒　㊎勲三等瑞宝章(平成2年)　㊍倉吉市議、昭和46年から鳥取県議3期を経て、57年倉吉市長に当選。平成2年引退。

蒔田 浩　まきた・ひろし
岐阜市長　㊊大正9年10月21日　㊋平成6年11月23日　㊌岐阜市　㊍岐阜商(昭和13年)卒　㊎勲三等旭日中綬章(平成5年)　㊍昭和13年岐阜市役所に入り、37年交通部長、39年市長室長、42年企業局長、50年助役を経て、52年以来市長に4選。平成5年引退。

牧野 聖修　まきの・せいしゅう
衆院議員(民主党　静岡1区)　㊊昭和20年5月4日　㊋静岡県静岡市　㊌中央大学法学部(昭和44年)卒　㊍昭和46年静岡市議2期を経て、53年以来静岡県議に3選。61年、平成2年衆院選に静岡1区から無所属で立候補したが落選。のち日本新党に転じ、5年当選。6年12月日本新党の解党後、新進党に参加せず無所属。のち市民リーグを経て、8年民主党に参加。同年落選。12年返り咲き。通算3期目。　http://www.seishu.org/

牧野 隆守　まきの・たかもり
衆院議員（自民党）　労相　⊕大正15年1月14日　⊕福井県　⊕東京大学法学部政治学科（昭和24年）卒　⊕旭日大綬章（平成15年）　⊕昭和24年通商産業省に入省、38年在ドイツ大使館一等書記官、49年大阪通産局長となり、のち退官。54年衆院議員に当選。平成元年宇野内閣の官房副長官に就任。3年ペルーのテロで犠牲になった日本人3人の遺児育英基金を設立。5年落選。8年返り咲き。11年10月小渕第2次改造内閣の労相に就任。12年4月森連立内閣でも留任。通算6期。渡辺派、村上・亀井派を経て、同年7月江藤・亀井派。15年11月の総選挙には出馬しなかった。

牧野 百男　まきの・ひゃくお
鯖江市長　⊕昭和16年11月18日　⊕福井県鯖江市石田上町　⊕鯖江高卒　⊕福井県総務部長、小浜市副市長などを経て、平成15年福井県議に当選、1期。16年鯖江市長に当選。　http://www.hyakuo.com/

牧野 光朗　まきの・みつお
飯田市長　⊕昭和36年8月16日　⊕長野県飯田市　⊕早稲田大学政治経済学部（昭和60年）卒　⊕昭和60年日本開発銀行（現・日本政策投資銀行）に入行。平成7年富山事務所調査役、8年企画部調査役、11年フランクフルト駐在員を経て、14年大分事務所長。16年3月退職。10月飯田市長に当選。　⊕祖父＝福島国雄（長野県議）

牧本 幹男　まきもと・みきお
福山市長　⊕昭16.7.3　⊕広島県福山市　⊕同志社大学商学部卒　⊕昭和39年牧本楽器に入社。49年専務を経て、58年福山市長に当選、2期つとめる。平成3年引退。　⊕父＝牧本利夫（大阪大学名誉教授）

正木 良明　まさき・よしあき
衆院議員（公明党）　⊕大正14年3月16日　⊕平成9年6月9日　⊕大阪府堺市　筆名＝吉秋雅規　⊕堺市工業学校（昭和20年）卒　⊕勲二等旭日重光章（平成7年）　⊕堺市役所勤務の後、昭和34年堺市議に当選。38年大阪府議となり、同年創価学会理事に。39年公明党大阪府連第5支部長、41年副幹事長。42年以来大阪5区から衆院に当選8回。党中央執行委員、政審会長を務める。平成2年引退。かたわら53年吉秋雅規のペンネームで作詞家として「呂宗助左の歌」でデビュー。ほかに「恋みれん」「ハネムーン」などがある。　⊕読書，短歌，作詩

正橋 正一　まさはし・しょういち
富山市長　⊕大正15年8月9日　⊕富山県射水郡大門町二口　⊕高岡商（昭和18年）卒　⊕勲三等旭日中綬章（平成14年）　⊕約1年間立川の飛行機会社へ勤務の後、昭和20年11月富山県庁勤務。26～47年自治省へ転出し、府県税課に配属、44年税務局府県税課長補佐。47年10月富山県庁へ戻り、総務部地方課長、知事公室秘書課長、県東京事務所長、総務部長、公営企業管理者を経て、58年5月助役。61年1月より富山市長に4選。著書に「入門地方税」「入門事業税」。　⊕囲碁

正本 秀雄　まさもと・ひでお
武蔵町（大分県）町長　僧侶　⊕大正6年2月11日　⊕大分県東国東郡武蔵町　⊕仏教専門学校（昭和12年）卒、仏教大学社会福祉学科（昭和43年）卒　⊕紺綬褒章（昭和41年）、藍綬褒章（昭和51年），勲三等瑞宝章（平成12年）　⊕昭和12年から善長寺住職を務め、23年武蔵町社会教育委員、25年同町保育園長、26年同町助役、28年同町教育長を経て、33年町長に当選。以来連続当選を重ね、平成2年9選。連続9期の無投票当選は町村

長の全国タイ記録。41年大分県社会教育委員、52年大分県町村会会長、53年から全国町村会常任理事、60年副会長も務める。　🔴書道, 盆栽, 庭いじり, 詩吟

正森 成二　まさもり・せいじ

衆院議員（共産党）　弁護士　🔴昭和2年1月19日　🔴兵庫県神戸市　🔴東京大学法学部（昭和31年）卒　🔴昭和33年弁護士登録。47年から衆院議員に9選。共産党国対副委員長などを歴任。平成8年の総選挙では比例区中国ブロックで1位当選を果たす。9年健康上の理由で辞職。著書に「働く者の労働法」など。

増子 輝彦　ましこ・てるひこ

衆院議員（民主党　比例・東北）　🔴昭和22年10月8日　🔴福島県　🔴早稲田大学商学部（昭和45年）卒　🔴福島県議を経て、平成2年自民党から衆院議員に当選、2期。6年離党し、新党みらいに参加。同年12月新進党の結成に参加。8年落選。12年民主党から立候補し当選。15年返り咲き。通算3期目。

真島 一男　まじま・かずお

参院議員（自民党）　🔴昭和7年10月28日　🔴平成13年11月22日　🔴新潟県長岡市　🔴中央大学法学部（昭和31年）卒、一橋大学大学院法学研究科（昭和34年）修了　🔴昭和35年建設省入省。61年9月官房審議官、63年10月都市局長、平成2年7月総務審議官を歴任。同年12月補選で参院議員に当選。10年落選。12年衆院選に比例区北陸信越ブロックから立候補。13年参院議員に返り咲き。通算3期目。竹下派、旧小渕派を経て、橋本派。著書に「心に響く今日の名言」、訳書にベンジャミン・フランクリン「プーア・リチャードの暦」などがある。

増岡 錦也　ますおか・きんや

瀬戸市長　🔴昭和10年9月20日　🔴愛知県瀬戸市　🔴早稲田大学商学部卒　🔴窯業会社社長。平成11年瀬戸市長に当選。2期目。

増岡 康治　ますおか・こうじ

参院議員（自民党）　🔴大正13年8月18日　🔴平成8年12月2日　🔴広島県広島市　🔴東京帝大工学部土木工学科（昭和21年）卒　🔴勲二等瑞宝章（平成7年）　🔴昭和21年内務省入省。23年建設省発足と同時に同省に入省。47年北陸地方建設局長、49年河川局長を歴任して、51年退官。52年参院議員に当選。大蔵政務次官、参院地方行政常任委員長などを歴任。当選2回。平成元年落選。3年首都圏建設資源高度センター社長に就任。6年3月参院議員に繰り上げ当選するが、7年落選。

増岡 正三　ますおか・しょうぞう

伊達市長　🔴大正3年6月7日　🔴平成12年8月31日　🔴北海道伊達市　🔴横浜市立大学商学部（昭和11年）卒　🔴勲四等瑞宝章（平成2年），伊達市名誉市民（平成12年）　🔴昭和20年増岡商店を開業。昭和42年より4期16年間伊達町（現・伊達市）町議（のち市議）を務め、50年5月〜57年12月市会議長。58年伊達市長に当選、1期務めた。62年落選。　🔴読書

増岡 博之　ますおか・ひろゆき

衆院議員（自民党）　厚相　🔴大正12年2月3日　🔴広島県呉市　🔴早稲田大学政経学部（昭和23年）卒　🔴勲一等瑞宝章（平成6年）　🔴昭和23年増岡組に入り、取締役東京営業所長、27年専務。故池田勇人首相の地盤を継いで、42年衆院議員に初当選。以来、通算8期。運輸政務次官、自民党交通部会長、衆院運輸委員長、大蔵委員長の他、議運委の理事、国対副委員長を歴任し、59年厚生大臣に就任。宮沢派。平成5年落選。

[趣]ゴルフ，読書　[家]弟＝増岡重昴（増岡組会長），増岡正剛（増岡組社長）

【評伝】藤原弘達のグリーン放談〈8〉虚心坦懐（藤原弘達編 藤原弘達著作刊行会;学習研究社〔発売〕'87）

真杉 瑞夫　ますぎ・みつお

日光市長　[生]昭和21年5月15日　[出]栃木県　[学]鹿沼高卒　[歴]昭和41年日光市役所に入る。管理課長補佐、財政課長、収入役を経て、平成14年日光市長に当選。

舛添 要一　ますぞえ・よういち

参院議員（自民党 比例） 舛添政治経済研究所所長　国際政治学者　[専]政治学 国際政治学　[生]昭和23年11月29日　[出]福岡県北九州市　[学]東京大学法学部政治学科（昭和46年）卒　[興]世界システム論;日本の政治　[歴]昭和46年東京大学法学部助手。48年パリ大学現代国際関係史研究所、51年ジュネーブ高等国際政治研究所で研究の後、仏政治科学院、旧西独ルール大学等で講義。30歳の時帰国、54年～平成元年東京大学教養学部助教授。のち舛添政治経済研究所所長。政治・経済を中心に内外の多様な問題を独自の情報と視点で分析、解説している。11年4月無党派候補として東京都知事選に立候補するが、落選。13年7月参院選比例区に自民党から立候補し最多得票で当選。無派閥。10年痴呆の母親を介護した経験から「母に襁褓をあてるとき―介護 闘の日々」を出版、ほか著書多数。訳書に「王の明暗―フセインとゴルビー」「ロス・ペロー―合衆国大統領に挑んだ男」など。仏、英、独など6ケ国語に堪能。　[団]日本政治学会，日仏政治学会　[趣]乗馬，スキー，柔道，クロスカントリー，ゴルフ　http://www.masuzoe.gr.jp

【著書】今どこにある危機（（名古屋）スクリーンプレイ '04）／内閣総理大臣（角川書店 '02）／日本脳内開国（リヨン社;二見書房〔発売〕 '02）／日本経済復活へのファイナルアンサー（舛添要一，森永卓郎著 広済堂出版'02）／チェンジ!（ダイヤモンド社 '02）／構造改革で得する人、損する人（幻冬舎 '02）／「新しい戦争」と日本の貢献（小学館 '02）／舛添のどうなる日本?どうする日本!（東京書籍 '01）

増田 桂一　ますだ・けいいち

峰山町（京都府）町長　[生]昭和9年6月6日　[没]平成16年11月19日　[出]京都府　[学]京都大学工学部中退　[歴]昭和30年増田織物に入社。専務を経て、49年社長に就任。50年峰山町議に当選、1期務め、54年以来町長に7選。この間、峰山青年会議所理事長、峰山商工会理事、丹後広域消防組合管理者を歴任。峰山町と近隣5町の合併協議ではまとめ役に徹し、平成16年京丹後市が発足したのに伴い、市長職務代理者を務めた。　[趣]スポーツ，読書

増田 健　ますだ・けん

八日市場市長　[生]昭和7年9月6日　[出]千葉県　[学]大東文化学院専中退　[歴]明治鋼材を経て、昭和33年八日市場宇部生コンクリート社長。八日市場市議会議長を経て、市長に3選。平成10年落選。

増田 盛　ますだ・さかり

参院議員（自民党）　[生]大正2年4月11日　[没]平成3年9月23日　[出]岩手県胆沢郡前沢町　[学]京都帝大法学部（昭和12年）卒　[賞]勲二等旭日重光章（昭和61年）　[歴]農林省に入省、振興局長などをつとめて退官。昭和43年以来参院議員に4選。61年無所属で出馬し落選。農水・行管・北海道開発各政務次官をつとめた。

升田 重蔵　ますだ・じゅうぞう

寿都町（北海道）町長　[生]昭和9年11月6日　[没]平成13年10月5日　[出]北海道島牧郡島牧村　[学]小樽水産高卒，日本大学通信教育文学部修了　[歴]漁師の家に生まれる。故郷の北海道島牧村で助教諭を務めたのち、通信教育で教員免許を取得、40年間教師を務めた。この間、原歌

中に勤務時代、生徒とクマ肉の缶詰を作って売り出したほか、寿都中では水産クラブで漁協青年部とともに寿都湾でホタテ養殖に取り組み、同地方のホタテ漁業の基礎を築いた。平成6年寿都町教育長を経て、8年寿都町長に当選。2期。一方、握りずしの特技を生かし、主婦らを集めた家庭学級の講師としても活躍した。 [趣]スポーツ

増田 昌三 ますだ・しょうぞう
高松市長 [生]昭和17年8月12日 [出]香川県高松市 [学]早稲田大学法学部(昭和40年)卒 [歴]昭和40年高松市役所に入る。市長公室人事課長、市立図書館長、平成4年教育委員会文化部長、同年助役を経て、7年市長に当選。3期目。 [趣]俳句，読書，詩吟

増田 敏男 ますだ・としお
衆院議員(自民党 埼玉12区) [生]昭和4年4月20日 [出]埼玉県熊谷市 [学]熊谷高(昭和25年)中退 [歴]昭和34年熊谷市議、42年埼玉県議4期、県会議長を経て、57年熊谷市長に当選。61年5月再選されるが、僅か1ケ月で辞任して衆院選に埼玉3区から立候補、落選した。平成2年再出馬し、当選。5期目。自民党竹下派、羽田派、5年新生党を経て、6年新進党結成に参加。9年離党し、自民党に復帰。13年第2次森改造内閣の厚生労働副大臣、14年小泉改造内閣の法務副大臣に就任。堀内派。 http://www.freewebs.com/masuda/top.htm/
【著書】三日で解決せよ(時事通信社 '01)

増田 寛也 ますだ・ひろや
岩手県知事 [生]昭和26年12月20日 [出]東京都 [学]東京大学法学部(昭和52年)卒 [歴]昭和52年建設省に入省。61年茨城県企画部鉄道交通課長、平成3年建設省都市局都市計画課計画調整専門官、6年建設経済局建設業課紛争調整官等を歴任。7年岩手県知事に当選。3期目。
【評伝】変革するは我にあり(月尾嘉男著 日本実業出版社'01)

増田 実 ますだ・みのる
幸手市長 [生]昭和20年5月7日 [出]埼玉県幸手市 [学]立教大学法学部(昭和43年)卒 [資]司法書士 [歴]会社勤務を経て、昭和50年司法書士事務所を開業。54年幸手町議に当選、62年幸手市議に当選。のち同市会副議長を務め、平成5年から幸手市長に3選。15年落選。
【評伝】青年よ故郷(ふるさと)に帰って市長になろう(全国青年市長会編 読売新聞社'94)

桝田 与一 ますだ・よいち
大洲市長 [生]昭和3年9月16日 [出]愛媛県大洲市 雅号＝桝田洋志 [学]京都大学経済学部(昭和29年)卒 [歴]家業の桝田製絲に入社。昭和34年社長に就任。42年愛媛県製糸協会会長、58年県養蚕県協組合連合会理事などを歴任。平成元年大洲市長に当選。4期目。
[趣]川柳

益田 洋介 ますだ・ようすけ
参院議員(公明党) [生]昭和21年4月27日 [出]東京都 [学]早稲田大学理工学部卒，ロンドン大学法学部卒 [賞]潮賞(第12回・ノンフィクション部門)(平成5年)「オペラ座の快人たち」
[歴]熊谷組に入社。エンジニアを経て、昭和55年英国へ渡り法律を学ぶ。英国の司法試験に合格し、法廷弁護士として開業、会社設立を経て、平成4年帰国。熊谷組副理事に就任するが、5年秋退任。7年参院選比例区に新進党から当選。10年公明に移り、同年11月新公明党結成に参加。1期務め、13年引退。
【著書】手毬唄(潮出版社 '95)／オペラ座の快人たち(潮出版社 '93)

増野 英作　ますの・えいさく
伊予市長　[生]昭和8年4月23日　[出]愛媛県伊予市　[学]松山南高中退　[歴]昭和31年伊予市連合青年団団長、45年愛媛県農協青壮年連盟委員長、58年市体育連合会長などを歴任。のち伊予市市議会議長を経て、平成7年1月伊予市長に当選。11年1月落選。　[趣]読書，釣り，盆栽，カラオケ，スポーツ，ドライブ

増原 義剛　ますはら・よしたけ
衆院議員（自民党　広島3区）　[生]昭和20年6月1日　[出]広島県広島市東区　[学]東京大学法学部（昭和44年）卒　[歴]昭和44年大蔵省に入省。58年官房企画官、60年在英国大使館一等書記官、61年参事官、63年国税庁長官官房企画課長、平成2年大蔵省主税局調査課長、4年環境庁企画調整課長を経て、6年大蔵省東海財務局長に就任。7年6月退官。8年新進党より衆院議員に立候補し、12年無所属で当選、のち自民党に所属。2期目。亀井派。環境･経済研究所、ミッション･ジャパンを設立し代表も務める。　[趣]登山，囲碁　http://www.masuhara.com/

桝本 頼兼　ますもと・よりかね
京都市長　世界歴史都市連盟会長　[生]昭和16年1月29日　[出]旧満州　[学]中央大学法学部（昭和38年）卒　[歴]昭和38年京都市役所に入所。総務部総務課長、総務部長などを経て、63年教育次長、平成4年教育長に就任。8年市長に当選。3期目。8年9月世界歴史都市連盟会長に選出される。　[趣]スキー，ゴルフ，読書

桝屋 敬悟　ますや・けいご
衆院議員（公明党　比例・中国）　[生]昭和26年4月3日　[出]山口県　[学]創価大学法学部（昭和50年）卒　[歴]昭和50年山口県庁に入る。平成4年民生部高齢福祉課長補佐を経て、5年公明党から衆院議員に当選。4期目。6年新進党、10年1月新党平和、同年11月新公明党結成に参加。13年第2次森改造内閣で厚生労働副大臣となり、同年5月小泉内閣でも再任。　http://www.ymg.urban.ne.jp/home/km26435/

増山 道保　ますやま・みちほ
宇都宮市長　[生]大正13年11月21日　[没]平成11年9月14日　[出]栃木県宇都宮市　[学]巣鴨経専卒　[歴]昭和38年宇都宮市議1期、42年以来栃木県議3期を経て、54年以来宇都宮市長に5選。平成7～9年全国市長会会長。11年引退。　[趣]釣り　[家]弟＝増山瑞比古（フジスタッフ社長）

又市 征治　またいち・せいじ
参院議員（社民党　比例）　[生]昭和19年7月18日　[出]富山県富山市　[学]富山高卒　[歴]昭和40年富山県庁に入庁。49年自治労富山県書記長となり、以来書記長10期、副委員長11期を務め、平成7年委員長。この間昭和58年に県庁を退職してからは富山県平和センター代表幹事、連合富山総研理事長、連合富山会長代理などを歴任。平成13年参院選比例区に社民党から当選。15年社民党幹事長、選挙対策委員会を兼任。　[趣]読書，釣り　http://www.s-mataichi.com/

町井 正登　まちい・まさと
舞鶴市長　[生]大正12年5月8日　[出]京都府　[学]金沢高工卒　[賞]勲四等瑞宝章（平成7年）　[歴]舞鶴市助役を経て、昭和54年から市長に4選。平成7年引退。

町田 佐一　まちだ・さいち
狭山市長　[生]明治41年7月21日　[没]昭和61年4月1日　[出]埼玉県　[学]東京農業大学農芸化学科（昭和3年）卒　[賞]勲五等瑞宝章（昭和60年）　[歴]入間村長を経て、昭和29年9月狭山市助役。41年8月以来市長を5期。　[趣]食品栄養の研究

町田 潤一 まちだ・じゅんいち
狭山市長 [生]昭和14年11月15日 [没]平成15年6月19日 [出]東京 [学]中央大学法学部卒，ジョージ・ワシントン大学大学院修了 [歴]狭山市立西中学校助教諭を経て、トッパンムーア秘書室長、コンチネンタルインターナショナル生命保険上席副社長などを歴任。昭和62年から埼玉県議2期を経て、平成6年狭山市長に当選。3期目途中で死去した。

町田 健彦 まちだ・たけひこ
荒川区（東京都）区長 [生]昭和17年10月24日 [出]東京 [学]立教大学経済学部（昭和39年）卒 [歴]28歳で荒川区議に当選、30歳で東京都議となる。昭和54年荒川区長に当選、3期。平成元年辞任し、翌2年の衆院選に出馬。5年再出馬。自民党三塚派。

町田 英夫 まちだ・ひでお
幸手市長 [生]昭和17年3月29日 [学]杉戸農卒 [歴]久喜市水道部長を経て、平成15年幸手市長に当選。

町田 幸久 まちだ・ゆきひさ
足利市長 [生]大正2年10月10日 [出]群馬県山田郡休泊村（現・太田市沖之郷） [学]太田中（昭和7年）卒 [賞]勲四等旭日小綬章（平成3年） [歴]昭和9年足利市役所に入り、37年総務部長、42年助役。54年以来足利市長に3選。両毛地域東武鉄道沿線開発推進協議会会長をつとめた。平成3年引退。 [趣]野球観戦

町村 信孝 まちむら・のぶたか
衆院議員（自民党 北海道5区） 外相 元・文部科学相 [生]昭和19年10月17日 [出]静岡県沼津市 [学]東京大学経済学部（昭和44年）卒 [歴]東大3年の時、米国ウェストリアン大学に1年間留学。昭和44年通産省に入省。石油企画官を経て退官。参院議員だった父・金五の反対を押し切って58年衆院議選に出馬し当選、7期目。平成9年第2次橋本改造内閣の文相。12年第2次森改造内閣の文相、科学技術庁長官に就任し、13年1月中央省庁再編で文部科学相となる。16年第2次小泉改造内閣の外相に就任。森派。高校時代はラグビーのフォワードで活躍。 [家]父＝町村金五（参院議員） http://www.machimura.gr.jp/
【評伝】21世紀を担う若き政治家たち（木下厚著 政界往来社'89）

松 あきら まつ・あきら
参院議員（公明党 神奈川） 元・女優 [生]昭和22年12月3日 [出]神奈川県川崎市 本名＝西川玲子 松本 [学]横浜双葉高中退 [賞]芸術祭賞大賞（昭和57年）「夜明けの序曲」 [歴]宝塚に入り、昭和41年初舞台。53年秋、安奈淳の退団と共に花組の男役トップスターに。57年退団公演の「夜明けの序曲」で芸術祭大賞を受賞。平成7年新進党から参院議員に当選。2期目。10年公明に移り、同年11月新公明党結成に参加。 [家]夫＝西川知雄（衆院議員） http://www.m-akira.com/
【著書】輝きのとき（鳳書院 '94）

松井 旭 まつい・あさひ
千葉市長 [生]昭和2年11月24日 [出]北海道 [学]中央大学専門部経済学科（昭和26年）卒 [賞]勲二等瑞宝章（平成14年） [歴]昭和39年下関市財政部長、41年自治省財政局市町村税務課主任、42年千葉県衛生部主管、44年財政部長、49年千葉市第二助役を経て、52年以来市長に6選。平成4年政令指定都市に昇格。13年引退。

松井 孝治 まつい・こうじ
参院議員（民主党 京都） [生]昭和35年4月24日 [出]京都府京都市 [学]東京大学教養学部教養学科（昭和58年）卒，ノースウェスタン大学経営大学院修士課程（平成2年）修了 [歴]昭和58年通商産業省（のち経済産業省）に入省し、基礎産業局、産業政策局、通商政策局に勤務する。63年〜平成2年米国に留学。同年よ

り通商政策局南アジア東欧課長補佐、東南アジア大洋州課長補佐としてアジア太平洋経済協力、4年より機械情報産業局電子機器課長として日米半導体交渉などを担当。6年内閣官房内閣副参事官として首相官邸に出向し、首相演説の原稿執筆、HP立ち上げなどを行う。8年官房総務課長補佐として通産省内政策調整を担当後、行政改革会議へ出向し、中央省庁再編の原案を作成。10年通産研究所総括主任研究官兼研究体制整備室長。12年政策研究大学院大学客員教授。13年参院議員に当選。
http://www.matsui21.com/

松浦 昭　まつうら・あきら
衆院議員(新生党)　[生]昭和4年10月5日　[没]平成8年3月18日　[出]北海道勇払郡早来町　[学]東京大学法学部(昭和27年)卒　[歴]昭和27年農林省入省。水産庁海洋漁業部長、農水省水産局長、水産庁長官などを経て、58年7月食糧庁長官。この間駐英日本大使館参事官などを務める。また水産庁時代、日ソ漁業交渉を何度も手がけた。59年地方競馬全国協会会長に就任するが、61年4月辞任。62年4月自民党推薦で北海道知事選に立候補したが、落選。平成2年衆院議員に当選。竹下派、羽田派を経て、5年6月新生党結成に参加したが、7月の総選挙の際、病気のため引退。　[趣]ゴルフ，読書　[家]父＝松浦栄(衆院議員)

松浦 功　まつうら・いさお
参院議員(自民党)　法相　[生]大正12年4月24日　[没]平成14年12月28日　[出]静岡県　[学]東京帝大法学部(昭和21年)卒　[賞]勲一等瑞宝章(平成10年)　[歴]山形県を経て、自治庁に入る。昭和42年北九州市助役、47年官房長、48年財政局長、51年消防庁長官、同年自治事務次官を歴任して、52年退官。55年から参院議員に3選。平成8年第2次橋本内閣の法相に就任。竹下派を経て、小渕派。10年引退した。

松浦 孝治　まつうら・こうじ
参院議員(自民党)　[生]昭和13年5月6日　[出]徳島県那賀郡那賀川町　[学]和歌山大学経済学部卒　[歴]商工中金勤務を経て、昭和46年以来徳島県議に4選。61年参院議員に当選、2期務めた。平成10年落選。竹下派を経て、小渕派。

松浦 稔明　まつうら・としあき
坂出市長　[生]昭和13年12月8日　[出]鳥取県　[学]京都大学工学部(昭和37年)卒　[資]1級土木施工管理技士　[歴]昭和37年東亜港湾工業入社。39年松浦工業に転じ常務。40年松浦伊平家に養子縁組。44年専務、46年社長に就任。平成元年6月坂出市長に当選。4期目。　[趣]テニス，スキー

松浦 利尚　まつうら・としひさ
衆院議員(社会党)　[生]大正14年10月6日　[出]宮崎県宮崎市　[学]奉天一中卒　[賞]勲二等瑞宝章(平成7年)　[歴]宮崎県労評事務局長を経て、昭和44年衆院議員に当選。論客として知られる。61年落選、平成2年再選、通算5期つとめた。5年一旦引退。8年再び立候補するが、落選。

松浦 正敬　まつうら・まさたか
松江市長　[生]昭和23年3月18日　[出]島根県　[学]東京大学法学部(昭和46年)卒　[歴]昭和46年自治省に入省。57年福岡県総務部人事課長、59年国土庁大都市圏整備総務課長補佐、60年宮崎市助役、63年自治省広報室長、平成元年企画室調査官兼内閣審議官、2年京都府総務部長、5年自治省行政局振興課長、7年国土庁地方振興局総務課長を経て、のち自治省官房審議官。12年松江市長に当選。2期目。

松浦 正人　まつうら・まさと
防府市長　[生]昭和17年9月10日　[出]山口県防府市　[学]早稲田大学政経学部卒　[歴]昭和42年製茶販売業に従事。49年松うらを設立、社長。55年防府市議を経

て、62年山口県議に当選、3期つとめる。平成10年防府市長に当選。2期目。　⊕ゴルフ，テニス，野球

松浦 幸雄　まつうら・ゆきお
高崎市長　松浦食糧工業社長　⊕昭和5年1月27日　⊕群馬県高崎市　⊕早稲田大学専門部(旧制)卒　⊕日本パン技術指導所でパン製造業を修得。昭和28年松浦食糧工業に入社、46年社長に就任。62年4月高崎市長に当選。5期目。　⊕ゴルフ，卓球　⊕父＝松浦福三郎(日本ベーカー協会長)

松尾 官平　まつお・かんぺい
参院議員(無所属)　⊕昭和2年1月25日　⊕青森県三戸郡三戸町　⊕盛岡高農(昭和22年)卒，中央大学経済学部(昭和24年)中退　⊕勲一等瑞宝章(平成10年)　⊕昭和34年三戸町商工会長、38年青森県議(5期)を経て、55年補選で自民党から参院議員に当選。平成元年落選したが、3年補選で当選。通算4期。竹下派、羽田派を経て、5年6月新生党結成に参加。6年参院の統一会派"新緑風会"代表となり、同年12月新進党結成に参加。7年副議長に就任。10年引退。

松尾 徹人　まつお・てつと
高知市長　⊕昭和22年1月19日　⊕山口県　⊕東京大学法学部(昭和44年)卒　⊕自治省へ入り、税務局理事官を経て、昭和60年高知県保健環境部長。61年県内の病院からエイズ感染女性の妊娠の報告を受けて以来、62年3月の出産までの現場指揮をとる。同年総務部長、平成元年運輸省航空局環境整備課長、3年自治省選挙部管理課長、5年選挙課長を歴任後、6年から高知市長に3選。15年、16年高知県知事選に立候補。

松尾 康正　まつお・やすまさ
南有馬町(長崎県)町長　⊕大正13年2月11日　⊕長崎県南高来郡三会村(現・島原市)　⊕三会村尋常高小卒　⊕勲四等旭日小綬章(平成7年)　⊕南有馬町議・町会議長を経て、昭和46年10月以来南有馬町長に連続5選。町には島原の乱の原城址があり、平成2年町おこしのため、ふるさと創生基金から1500万円を使って、天草四郎の歴史漫画「動乱原城史・まんがで見る島原の乱」2万部を刊行した。　⊕園芸，読書

松岡 賛　まつおか・すすむ
山田市長　⊕昭和15年11月13日　⊕福岡学芸大学卒　⊕福岡県筑豊教育事務所長を経て、平成13年山田市長に当選。

松岡 徹　まつおか・とおる
参院議員(民主党　比例)　部落解放同盟中央本部書記長　⊕昭和26年11月26日　⊕大阪府大阪市西成区　⊕初芝高(昭和45年)卒　⊕昭和47年～平成元年大阪市役所に勤務。在職中から部落解放運動に携わり、6年部落同盟西成支部長、14年中央本部書記長。一方、3年から大阪市議に3選。16年民主党から参院選に立候補し当選。

松岡 利勝　まつおか・としかつ
衆院議員(自民党　比例・九州)　⊕昭和20年2月25日　⊕熊本県阿蘇郡　⊕鳥取大学農学部(昭和44年)卒　⊕昭和44年農林省に入省。林野庁広報官、国土庁地方振興課長補佐を経て、平成2年衆院議員に当選。15年の衆院選は選挙区で落選したが、比例区で復活。当選4回。亀井派13年第2次森改造内閣の農水副大臣に就任。
http://www.matsuokatoshikatsu.org/

松岡 正文　まつおか・まさふみ
山田市長　⊕昭和3年2月12日　⊕嘉穂中(旧制)卒　山田市会議長、消防組合副議長などを経て、昭和60年市長に初当選。63年全国で初めて配偶者条項を含む政治倫理条例を制定した。平成元年再選。5年落選。

松岡 満寿男　まつおか・ますお
参院議員(民主党)　衆院議員(新進党)　⊕昭和9年10月4日　⊕旧満州・新京　早稲田大学政経学部(昭和32年)卒　昭和46年以来光市長3期を経て、58年参院議員に当選。平成元年落選。5年日本新党から衆院議員に当選。6年新進党結成に参加。8年落選。10年無所属で参院議員に当選。15年民主党に入党。通算2期務めた。16年引退。
【著書】時艱直視(JPG;グスコー出版〔発売〕)'04)

松形 祐堯　まつかた・すけたか
宮崎県知事　⊕大正7年2月26日　⊕宮崎県　九州帝大農学部(昭和16年)卒　韓国修交勲章崇礼章(平成6年)、旭日大綬章(平成16年)　昭和44年熊本営林局長、49年林野庁長官、53年林業信用基金理事長を経て、54年以来宮崎県知事に6選。県の基幹産業である農林水産業の振興に腐心したほか、宮崎自動車道の全線開通を実現するなど道路網の整備にも力を注いだ。平成11年宮崎市の大型リゾート施設シーガイアの経営危機の際には公金支出を決定したが、同社は13年に経営破綻、再建はならなかった。15年引退、このとき全国最高齢・最多選の知事であった。
弟=松形良正(えびの市長)

松形 良正　まつかた・よしまさ
えびの市長　⊕大正12年1月19日　⊕宮崎県　岐阜高農(昭和17年)卒　旭日小綬章(平成15年)　薬品会社部長を経て、昭和61年えびの市長に当選、4期務めた。　兄=松形祐堯(宮崎県知事)

松木 謙公　まつき・けんこう
衆院議員(民主党　比例・北海道)　⊕昭和34年2月22日　⊕北海道札幌市北区　青山学院大学経営学部(昭和57年)卒　大学入学と同時に衆院議員秘書となる。平成8年北海道通信社副社長。11年苗穂保育園理事。15年衆院議員に当選。
http://kenko-matsuki.jp/

松木 康祐　まつき・こうゆう
新湊市長　⊕大正15年1月24日　⊕富山県新湊市　金沢工専電気工学科(現・金沢大学)(昭和20年)卒　勲五等瑞宝章(平成12年)　昭和21年富士通信に入社。22年高木製作所(現・タカギセイコー)に転じ、34年法人化と共に取締役製造部長、41年取締役工場長、43年常務、54年専務、61年タカギセイコー副社長、62年11月社長に就任。平成3年新湊市長に当選。2期つとめた。11年引退。　ゴルフ、読書、盆栽

松木 幹夫　まつき・みきお
あわら市長　⊕昭和22年5月17日　平成12年金津町長に当選、1期。16年4月同町が芦原町と合併して新たに発足したあわら市の初代市長に当選。

松木 麗　⇒佐々木知子(ささき・ともこ)を見よ

松崎 公昭　まつざき・きみあき
衆院議員(民主党　千葉8区)　柏食品社長　⊕昭和18年9月8日　⊕千葉県柏市　早稲田大学商学部(昭和42年)卒　昭和45年柏食品設立に際し取締役、56年社長に就任。この間48年以来柏市議を3期務め、62年自民党から千葉県議に当選、3期。新生党を経て、新進党に所属。平成8年衆院議員に当選。3期目。10年1月国民の声に参加、民政党を経て、4月民主党に合流。　父=松崎良太郎(千葉県議)　http://www.kimiaki.gr.jp/

松崎 龍夫 まつざき・たつお
北茨城市長 ⓖ大正15年2月16日 ⓓ平成6年12月19日 ⓑ山形県 ⓢ海兵(昭和20年)卒 ⓚ北茨城市助役を経て、昭和61年12月市長に当選、1期。平成2年落選。6年12月ゴルフ場開発に関わる収賄容疑で東京地検特捜部に逮捕され、拘置所内で自殺した。

松崎 哲久 まつざき・てつひさ
衆院議員(民主党 比例・北関東) 現代政治分析センター代表 政治分析者 作家 評論家 ⓢ比較政治学 現代政治分析 ⓖ昭和25年4月14日 ⓑ東京都 筆名=湯川裕光 ⓢ東京大学法学部卒、ハーバード大学大学院修了 Master of Arts ⓚハーバード大日本研究所研究員、自民党総合政策研究所主任研究員、自民党幹事長付、同党総裁付を経て、昭和62年12月社会工学研究所政治分析センター主幹。平成元年12月より現代政治分析センター代表。4年参院選比例区に日本新党から名簿5位で立候補したが、5年党除名。中央選挙管理委員会を相手に名簿7位の円より子(山崎順子)議員の繰り上げ当選を無効とする訴訟をおこしたが、7年5月最高裁により円より子議員の当選を有効とする判決が確定した。8年、12年民主党から衆院選に立候補、15年比例区で当選。日米政治の比較研究、特に自民党の政治システム分析および選挙分析をテーマとした著書の他、湯川裕光の筆名で歴史小説やミュージカル台本も執筆する。
http://www.mzt.iplus.to/
【著書】時代にとって、そしてわれわれにとって日本新党とは何であったのか(フリープレスサービス;星雲社〔発売〕'95)／日本型デモクラシーの逆説(冬樹社'91)／「アメリカ政治」を読む(かんき出版'88)／自民党政権(佐藤誠三郎、松崎哲久著 中央公論社'86)

松崎 俊久 まつざき・としひさ
参院議員(民主党) 元・琉球大学医学部教授 ⓢ老年医学 ⓖ昭和5年2月23日 ⓓ平成16年5月24日 ⓑ福島県会津若松市 ⓢ日本医科大学(昭和33年)卒 ⓚ東京大学第四内科入局。昭和40年東京都庁衛生管理課に出向。47年東京都老人総合研究所創設から携わり、疫学部長を務めた。科学技術庁資源調査所老化プロジェクト「老化抑制と中高齢者の食生活研究会」委員長もつとめた。平成元年琉球大学教授。7年参院選比例区に新進党から立候補し、10年6月繰り上げ当選。すでに新進党は解党していたため、民主党に所属。1期務め、13年引退。著書に「寿命」「ぼけ・寝たきりが食事で防げた」、編著に「老化のなぞを解く」ほか。
ⓐ日本老年医学会、日本公衆衛生学会、基礎老化学会

松崎 秀樹 まつざき・ひでき
浦安市長 ⓖ昭和25年1月24日 ⓑ東京都 ⓢ明治大学商学部(昭和48年)卒 ⓚ建設会社勤務、浦安青年会議所理事長を経て、代議士秘書。学習塾経営にも携わる。平成3年自民党から千葉県議に当選、2期つとめる。9年浦安市長選に立候補するが落選。10年再び立候補し、当選を果たす。2期目。 ⓕ父=松崎実(東京証券取引所常任監事)

松沢 成文 まつざわ・しげふみ
神奈川県知事 衆院議員(民主党) ⓖ昭和33年4月2日 ⓑ神奈川県川崎市 ⓢ慶応義塾大学法学部政治学科(昭和57年)卒 ⓚ大学卒業後、米国グリーンリバー大学に留学、昭和57年松下政経塾に入塾。ベバリー・ハイロン米国下院議員のスタッフを務めたのち、62年から神奈川県議に2選。平成5年自民党から新生党に転じ衆院議員に当選、3期。6年新進党、10年1月国民の声結成に参加。民政党を経て、4月民主党に合流。

11年1月民主党党首選に立候補するが、菅直人代表に敗れる。15年2月離党し、神奈川県知事選に当選。著書に「この目で見たアメリカ連邦議員選挙」など。
http://www.matsuzawa.com/
【著書】マンガ 挑戦者（ごま書房 '99）／拝啓 小沢一郎党首殿（ごま書房 '97）／僕は代議士一年生（講談社 '94）

松沢 太郎　まつざわ・たろう
飯田市長　⽣大1.12.26　出長野県　学京都帝大工学部機械工学科（昭和13年）卒　職飯田市教育長、総務部長を経て、昭和47年以来市長に4選。63年引退。

松沢 俊昭　まつざわ・としあき
衆院議員（社会党）　全日本農民組合連合会（全日農）会長　農民運動家　⽣昭和2年10月30日　没昭和60年11月10日　出新潟県五泉市　学村松中（昭和20年）卒　職日本農民組合に入り、農地改革闘争に参加。新潟県議2期を経て、昭和44年新潟2区から衆院議員に4選。全日農幹部として米価闘争をはじめ戦後の農民運動を指導、59年全日農会長となる。また国交回復前からたびたび中国を訪れ、田中首相訪中の地ならし役を果した。

松下 新平　まつした・しんぺい
参院議員（無所属　宮崎）　⽣昭和41年8月18日　出宮崎県　学法政大学第二法学部（平成14年）卒　職宮崎県職員、参院議員秘書を経て、平成11年から宮崎県議に2選。自民党に所属。16年辞職し、参院議員に無所属で立候補、現職の自民党議員を破り当選。参院会派"民主党・新緑風会"に所属。

松下 忠洋　まつした・ただひろ
衆院議員（自民党　比例・九州）　⽣昭和14年2月9日　出鹿児島県川内市　学京都大学農学部林学科（昭和37年）卒　職昭和37年建設省に入省。48年インドネシア公共事業省砂防専門家、55年建設省中部地方建設局多治見工事事務所長、57年同省河川局砂防部砂防課建設専門官、61年大分県土木建築部砂防課長、63年建設省河川局砂防部砂防課長を経て、平成3年6月砂防部長に就任。4年6月退官。5年衆院議員に当選。13年小泉内閣の内閣副大臣に就任。4期目。旧小渕派を経て、旧橋本派。分担執筆に「火山と砂防」がある。
http://www.minc.ne.jp/t-matsushita/
【著書】自然災害と危機管理（山海堂 '01）

松下 勉　まつした・つとむ
伊丹市長　⽣昭和9年9月2日　出兵庫県相生市　学神戸大学工学部卒　職尼崎市都市計画部長、土木局長などを経て、平成5年伊丹市長に当選。3期目。

松島 みどり　まつしま・みどり
衆院議員（自民党　東京14区）　⽣昭和31年7月15日　出大阪府豊中市　学東京大学経済学部（昭和55年）卒　職昭和55年朝日新聞社に入社。宮崎支局経済部を経て、60年東京本社経済部、平成4年政治部記者に。6年自民党東京都連の新人公募に合格し、7年退社。同年政治家らの生態をまとめた本「朝日記者みどりの政界志願」を出版。8年衆院選に自民党から出馬。12年衆院選に比例区東京ブロック1位で当選。15年の衆院選では東京14区で当選。2期目。森派。
http://matushima-midori.jp/
【著書】朝日新聞記者みどりの政界志願（飛鳥新社 '95）

松田 岩夫　まつだ・いわお
参院議員（自民党　岐阜）　衆院議員（新進党）　⽣昭和12年5月19日　出岐阜県岐阜市　学東京大学法学部（昭和35年）卒　職昭和35年通産省に入り、54年広報課長、55年名古屋通産局総務部長を経て、56年退官。61年衆院議員に当選、3期。平成10年参院選岐阜選挙区に当選、2期目。自民党竹下派、羽田派、5年新生党を経て、6年新進党結成に参加。

のち無所属を経て、自民党旧橋本派。13年第2次森改造内閣で経済産業副大臣となり、同年5月小泉内閣でも再任。
http://www.imatsuda.com/
【著書】21世紀へ向けてわれら何を選択すべきか(実業之日本社 '80)

松田 九郎 まつだ・くろう
衆院議員(自民党) ㊓大正11年8月1日 ㊒長崎県北松浦郡佐々町 ㊕法政大学専門部法科(昭和18年)卒 ㊫勲三等旭日中綬章(平成6年) ㊧昭和30年以来長崎県議に7選。50年議長を経て、58年衆院議員に当選。当選2回。旧河本派。平成2年落選。7年参院選、8年衆院選に立候補。10年公職選挙法違反(買収)の容疑で逮捕される。
㊎長男=松田正民(長崎県議)

松田 利治 まつだ・としはる
大和高田市長 ㊓昭和5年8月30日 ㊒奈良県 ㊕御所工卒 ㊧昭和23年近畿電気工事入社。同年松田電気工業社長。奈良電業協会会長も務める。平成7年大和高田市長に当選、2期。15年引退。
㊮ゴルフ

松田 正彦 まつだ・まさひこ
筑紫野市長 ㊓大正9年11月29日 ㊜昭和61年12月24日 ㊒福岡県筑紫野市 ㊕三重高農農業土木科(昭和16年)卒 ㊧昭和23年農林省を経て、25年福岡県庁に入り、46年農政部技術次長、53年農政部長を経て、54年筑紫野市長に当選。2期目在任中に死去。

松田 良吉 まつだ・りょうきち
杉並区(東京都)区長 ㊓大正2年11月5日 ㊜平成12年3月3日 ㊒東京 ㊕中央大学法学部(昭和14年)卒 ㊫勲三等瑞宝章(平成7年) ㊧杉並区総務課長、収入役、助役を経て、昭和58年区長に当選。3期つとめ、平成7年引退。

松平 勇雄 まつだいら・いさお
福島県知事 参院議員(自民党) 元・行政管理庁長官 ㊓明治40年6月14日 ㊒福島県大沼郡会津高田町 ㊕早稲田大学商学部(昭和8年)卒 ㊫勲一等旭日大綬章(昭和58年) ㊧三菱商事に入社。のち日東鉄専務となり、昭和20年社長。25年東洋鋼管社長を経て、26年参院議員に当選。4期つとめ、通信・運輸各委員長を経て、41年佐藤内閣の行政管理庁長官に就任。51年福島県知事に初当選。3期つとめ、63年引退。 ㊮ゴルフ，カメラ，書道 ㊎祖父=松平容保(会津藩主)，兄=松平慶雄(東京都浜離宮恩賜庭園管理所長)
【評伝】土着権力(四方洋著 講談社'86)

松谷 蒼一郎 まつたに・そういちろう
参院議員(自民党) ㊝建築 都市計画 ㊓昭和3年1月6日 ㊒長崎県長崎市 ㊕東京大学工学部建築学科(昭和28年)卒 ㊙住宅生産論 ㊫日本建築学会賞(昭和55年) ㊧昭和29年建設省入省。大阪府、総理府へ出向したほかは住宅局一筋。その間、フランスへ都市計画を勉強に。55年参事官、57年住宅局長を歴任。59年退官。その後、住宅部品開発センター参与を経て、61年2月全国市街地再開発協会理事長に就任するが、同年11月辞任。平成元年参院選に無所属で出馬したが落選、4年自民党公認で当選。2期務める。16年民主党新人候補に敗れ落選。竹下派を経て、小渕派。のち橋本派。 ㊐日本建築学会 ㊮読書，映画鑑賞，ゴルフ http://www.mind.ne.jp/eos/matsutani/

松永 精一郎 まつなが・せいいちろう
芦屋市長 ㊓大正2年11月17日 ㊜平成14年5月6日 ㊒神奈川県横浜市 ㊕京都帝国大学医学部(昭和16年)卒
医学博士(昭和29年) ㊧昭和20年厚生省医療局嘱託を経て、22年産婦人科松永医院長となる。50〜62年芦屋市長を3期務めた。

松永 光 まつなが・ひかる
衆院議員(自民党) 蔵相 [生]昭3.11.23 [出]長崎県南高来郡 [学]早稲田大学法学部(昭和26年)卒 [賞]勲一等旭日大綬章(平成11年) [歴]福岡地検検事を経て、昭和30年弁護士となる。44年以来衆院議員に連続10選。59年第2次中曽根内閣の文相、平成元年海部内閣の通産相、9年衆院予算委員長。10年1月辞任した三塚博蔵相の後を受け、蔵相に就任。12年、15年落選。亀井派。 [趣]少林寺拳法 [家]父=松永東(衆院議長)
【評伝】藤原弘達のグリーン放談 大胆不敵(藤原弘達編 藤原弘達著作刊行会'87)

松浪 健四郎 まつなみ・けんしろう
衆院議員(保守新党) 元・専修大学経営学部教授 プロレス評論家 元・レスリング選手 [専]体育 スポーツ史 スポーツ人類学 [生]昭和21年10月14日 [出]大阪府泉佐野市 [学]日本体育大学卒，日本大学大学院文学研究科(昭和50年)博士課程修了 [興]格闘技の源流;宗教とスポーツ文化 [歴]東海大学講師、昭和50年アフガニスタン・カブール大学客員教員、専修大学助教授を経て、63年教授。学生時代はレスリング選手として活躍し、全日本学生、全米、全日本社会人等の選手権で優勝。アジア大会、世界選手権大会等の日本代表選手兼コーチ、体協オリンピックコーチを歴任。アフガニスタン、タイ、フィリピン、中国、パキスタンでレスリングを指導。またプロレス評論家としても活躍。平成8年新進党より衆院議員に当選、2期。10年1月自由党、12年保守党、14年12月保守新党に参加。15年落選。著書に「誰も書かなかったアフガニスタン」「おもしろスポーツ史」「身体観の研究」「長州力・野獄宣言」「格闘技バイブル」「古代宗教とスポーツ文化」「シルクロードを駈ける」「シルクロードの十字路」などがある。 [団]日本ペンクラブ，日本体育学会，日本教育学会，日本体力医学会，日本アフガニスタン協会(理事長)，日本レスリング協会(理事)，日本スポーツ史学会(理事) [趣]古美術収集 [家]兄=松浪啓一(大阪府議)
【著書】松浪健四郎アフガンを行く(五月書房 '01)／アフガン褐色の日々(中央公論新社 '01)

松浪 健太 まつなみ・けんた
衆院議員(自民党) [生]昭和46年8月17日 [出]大阪府泉佐野市 [学]早稲田大学商学部(平成9年)卒 [歴]大学時代、1年間休学してオーストラリアで日本文化についてのボランティア講師を行う。平成9年産経新聞社に入社。横浜総局、11年青森支局、12年整理部を経て、14年社会部記者。同年10月自民党から衆院補選に当選、1期つとめる。15年落選。
http://www.kentakenta.com/

松野 輝洋 まつの・てるひろ
藤枝市長 [生]昭和17年1月27日 [出]静岡県藤枝市 [学]日本大学芸術学部卒 [歴]平成12年藤枝市長に当選。2期目。

松野 友 まつの・とも
穂積町(岐阜県)町長 [生]明治45年7月7日 [没]平成9年7月21日 [出]岐阜県大垣市 [学]岐阜女子師範卒 [歴]3年間小学校の教諭を務めたのち、昭和22年4月公職追放中だった夫・松野幸泰に代わり、穂積村(現・穂積町)村長に当選。以来連続11期。穂積町農協組合長も務めた。41年には全国に先駆けて、モーテル建設規制条令を制定した。平成2年同町開発公社の脱税で町長を引責辞任したが、この間43年余りにわたって町政に携わり、女性町長としては最多選だった。 [趣]読書 [家]夫=松野幸泰(国土庁長官)，長男=松野幸信(瑞穂市長)，二男=松野幸昭(岐阜県議)，孫=棚橋泰文(衆院議員)
【評伝】土着権力(四方洋著 講談社'86)

まつの

松野 信夫　まつの・のぶお
衆院議員（民主党　比例・九州）　⊕昭和26年6月2日　⊕東京都　⊕東京大学法学部（昭和50年）卒　⊕弁護士　⊕熊本県弁護士会副会長などを経て、平成15年衆院議員に当選。　⊕熊本県弁護士会
http://www3.ocn.ne.jp/~nmatso/

松野 博一　まつの・ひろかず
衆院議員（自民党　比例・南関東）　⊕昭和37年9月13日　⊕千葉県市原市　⊕早稲田大学法学部（昭和61年）卒　⊕昭和61年ライオン勤務を経て、63年松下政経塾に入る。平成8年自民党から衆院選に立候補し、12年当選。2期目。森派。
http://www.hiro-matsuno.net/

松野 幸信　まつの・ゆきのぶ
瑞穂市長　⊕昭和8年7月17日　⊕慶応義塾大学卒　⊕昭和工業社長を経て、平成6年以来穂積町長に3選。15年5月穂積町は巣南町と合併して瑞穂市となり、6月初代市長に当選。1期目。
⊕父＝松野幸泰（衆院議員）、母＝松野友（穂積町町長）、弟＝松野幸昭（岐阜県議）

松野 幸泰　まつの・ゆきやす
衆院議員（自民党）　国土庁長官　元・北海道開発庁長官　⊕明治41年10月13日　⊕岐阜県本巣郡穂積町　⊕名古屋育英商（大正15年）卒　⊕勲一等旭日大綬章（平成1年）　⊕昭和11～21年岐阜県穂積村議を経て、26年岐阜県議に当選。33年から県知事を2期つとめたあと、42年以来衆院議員に8選。建設政務次官、自民党代議士会副会長、衆院地行委員長、国土庁長官、北海道開発庁長官を歴任。平成2年引退。旧田中派二階堂系を経て、宮沢派。　⊕観劇、園芸　⊕妻＝松野友（穂積町町長）、長男＝松野幸信（瑞穂市長）、二男＝松野幸昭（岐阜県議）、孫＝棚橋泰文（衆院議員）

松野 頼久　まつの・よりひさ
衆院議員（民主党　熊本1区）　⊕昭和35年9月19日　⊕東京都　⊕慶応義塾大学法学部政治学科卒　⊕平成5年日本新党職員、6年新進党職員、7年細川護煕衆院議員秘書を経て、民主党熊本県副代表。平成12年衆院議員に当選。2期目。
⊕父＝松野頼三（衆院議員）、祖父＝松野鶴平（政治家）　http://www.matsuno-yorihisa.com/

松野 頼三　まつの・らいぞう
衆院議員（自民党）　政治評論家　⊕大正6年2月12日　⊕熊本県鹿本郡菊鹿町　⊕慶応義塾大学法学部政治学科（昭和15年）卒　⊕政治家・松野鶴平の三男に生まれる。戦後吉田首相の秘書官をつとめ、昭和22年衆院議員に当選。厚生政務次官などを経て、33年総理府総務長官、労相、40年防衛庁長官、翌年農相を歴任。54年ロッキード事件で日商岩井から5億円受領していたことがわかり、道義的責任を問われて辞任。自民党内では政調会長、総務会長を務めた。55年衆院選に無所属で立ち、当選。58年自民党に復党した。通算15期。無派閥。平成2年落選し、引退。著書に「保守本流の思想と行動」などがある。　⊕読書
⊕父＝松野鶴平（鉄道相）、長男＝松野頼久（衆院議員）、兄＝松野良助（日本テルペン科学社長）

【著書】細川・小沢政権陰陽のバランスが崩れるとき（日本テレビ放送網 '94）

松林 正俊　まつばやし・まさとし
長門市長　⊕昭和26年3月13日　⊕山口県　⊕早稲田大学法学部（昭和50年）卒　⊕衆院議員秘書、長門市議を経て、平成12年長門市長に当選。童謡詩人・金子みすゞの故郷として、みすゞの書籍を販売する"みすゞ館"を開館する他、JR仙崎駅前を"みすゞ通り"として整備するなど町おこしに取り組む。

松原 定治　まつばら・さだじ

尾張旭市長　⊕明治44年7月10日　⊗平成7年6月18日　⊕愛知県　早稲田大学政経学部（昭和11年）卒　昭和14年愛知県庁に入る。44年旭町長に当選し、45年市制施行で尾張旭市長となる。4期つとめ、60年引退。

松原 脩雄　まつばら・しゅうお

衆院議員（社会党）　弁護士　⊕昭和20年4月23日　⊕香川県　東京大学法学部（昭和46年）卒　参院秘書、奈良県弁護士会総務委員長などを経て、平成2年衆院議員に当選。社会党県副委員長・運動部長、橿原労災職業病センター代表を兼任。5年落選。

松原 仁　まつばら・じん

衆院議員（民主党　東京3区）　⊕昭和31年7月31日　⊕東京都　早稲田大学商学部（昭和56年）卒　松下政経塾出身。大田区総合開発協議会室長、新自由クラブ都政対策委員などを経て、平成元年新生党から東京都議に当選、2期。8年新進党から衆院選に、10年無所属で衆院補選に立候補。12年民主党から衆院選に立候補し、当選。15年の総選挙では石原慎太郎東京都知事の三男・宏高を破って再選を果たす。　http://www.jin-m.com/

松原 武久　まつばら・たけひさ

名古屋市長　⊕昭和12年1月26日　⊕愛知県尾張旭市　愛知学芸大学芸術学部（昭和35年）卒　中学校教師、校長を経て、名古屋市教育委員会学校教育部長、教育次長、教育長を務める。9年4月名古屋市長に当選。2期目。環境問題への熱心な取り組みで知られ、藤前干潟の埋め立て断念を経て、11年ごみ非常事態宣言を発表。市民への協力を呼びかけて大幅なごみ減量に成功した。15年全国13の政令指定都市市長による指定都市市長会の初代会長に就任。

【著書】一周おくれのトップランナー（（名古屋）KTC中央出版 '01）

松前 仰　まつまえ・あおぐ

衆院議員（無所属）　東海大学短期大学部学長　⊕海洋工学　⊕昭和10年8月11日　⊕東京都武蔵野市　早稲田大学理工学部（昭和32年）卒　工学博士（昭和48年）　スポーツ；政治の幅広い知識の修得　昭和32年NHKに入る。主任研究員を経て、57年東海大学教授となる。58年社会党から衆院議員に4選。平成7年離党し、8年引退。　スポーツ　父＝松前重義（東海大総長）、兄＝松前達郎（参院議員）、松前紀男（東海大学長）

【著書】技術摩擦（東海大学出版会 '88）／海洋立国をめざして（松前仰、竹内宏編　東海大学出版会 '86）

松前 達郎　まつまえ・たつろう

参院議員（無所属）　国際武道大学理事長　元・東海大学総長・理事長　⊕電磁気材料学　⊕昭和2年2月19日　⊕長崎県　東北大学工学部金属工学科（昭和25年）卒　工学博士（昭和37年）　ロシア科学アカデミー外国会員（平成1年）　科学技術と現代文明に関する研究　ハンガリー星光章（昭和62年）、ウィーン州大栄誉金章（昭和62年）、タイ白象勲章（昭和63年）、デンマーク・ダンネブロー勲章勲一等ナイト章（平成4年）、タイ・ディレクナポン勲一等最高勲章（平成8年）、ブルガリア勲一等マダルスキー・コニク最高勲章（平成9年）、勲一等瑞宝章（平成12年）　昭和25年東北大学文部教官、33年電気通信省主任研究員、36年東海大学助教授を経て、38年教授に就任。平成3～15年理事長、総長。学長も務めた。15年から国際武道大学理事長を務める。一方、昭和52年社会党から参院議員に当選。社民党を経て、無所属となり、4期つとめた。平成13年引退。著書に「ヨーロッパにおける科学技術」「平和戦略の道」「私の二十世紀」などがある。

[趣]読書，旅行，スポーツ，パソコン，アマチュア無線　[家]父＝松前重義（東海大総長），弟＝松前紀男（東海大学学長），松前仰（衆院議員）

【著書】防衛の限界（東海大学出版会 '87）

松見 正宣　まつみ・まさのぶ

東大阪市長　[生]昭和17年11月28日　[出]熊本県　[学]関西大学法学部卒　[歴]NHK大阪放送局広報部長、大阪経済法科大学客員教授などを経て、平成14年東大阪市長に当選。

松宮 勲　まつみや・いさお

衆院議員（自民党　福井1区）　[生]昭和19年5月28日　[出]福井県　[学]東京大学経済学部（昭和43年）卒　[歴]昭和43年通産省に入省。56年四国通産局総務課長、58年通商政策局総務課通商情報広報室長、60年公正取引委員会事務局国際課長、61年生活産業局住宅産業課長、62年名古屋通商産業局総務部長、平成4年四国通商産業局長を経て、5年6月官房審議官に就任。6年7月退官。8年無所属で衆院選に立候補。12年自民党から衆院選に立候補し当選。2期目。亀井派。　[趣]絵画鑑賞，水泳

http://member.nifty.ne.jp/ISAOM/

松宮 資男　まつみや・としお

長浜市長　[生]昭和2年1月16日　[没]平成13年11月8日　[出]滋賀県長浜市石田町　[学]彦根高商（昭和24年）卒　[歴]昭和25年長浜市役所に入る。出納室長、財務課長、市長公室長、総務部長、収入役を経て、昭和57年助役、58年から市長に2選。歴史的建造物を生かした町づくり“博物館都市構想”の実現に力を注ぎ、平成3年引退した。　[家]長男＝松宮孝明（立命館大学教授）

松村 祥史　まつむら・よしふみ

参院議員（自民党　比例）　[生]昭和39年4月22日　[学]専修大学経営学部（昭和62年）卒　[歴]昭和62年丸昭商事に入社、平成11年社長。その傍ら、11年熊本県商工会青年部連合会会長、13年全国商工会青年部連合会会長などを務める。16年参院選比例区に自民党から当選。

http://www.yoshifumi.net/

松村 良幸　まつむら・よしゆき

対馬市長　[生]昭和17年3月26日　[出]長崎県美津島町（現・対馬市）　[学]福岡大学商学部卒　[歴]三菱自動車販売勤務ののち、対馬空港所長。昭和50年長崎県・美津島町議に当選、2期。57年町長に当選、6期。日韓のアーティストが交流する“対馬ちんぐ音楽祭”などを通して日韓交流に努めた。平成16年3月対馬島内の全6町が合併して新たに発足した対馬市の初代市長に当選。この間、11年から全国離島振興協議会会長を務めた。

【評伝】宝島の発想（山田真著 プレジデント社'97）

松村 龍二　まつむら・りゅうじ

参院議員（自民党　福井）　[生]昭和13年2月25日　[出]中国・青島　[学]東京大学法学部（昭和36年）卒　[歴]昭和36年警察庁に入る。ほとんど警備畑で過し、特に外国人関係などを取り扱う外事部門が専門。外務省に出向、48～51年在バンコク大使館の1等書記官時代に日本赤軍ハイジャック事件が起き、各国関係者との交流の必要性を痛感する。北海道警警備部長、57年防衛庁防衛局調査第一課長、59年警察大学校教官教養部長、60年同校警務教養部長、61年岐阜県警本部長を経て、平成元年4月国際捜査研修所初の専任所長に就任、七ケ国の中堅警察幹部への研修等に取り組む。2年埼玉県警本部長、3年4月九州管区警察局長を歴任。7年参院議員に当選。2期目。三塚派を経て、森派。　[趣]囲碁，散歩

http://www.ryuji-m.net/

松本 英一　まつもと・えいいち
参院議員（社会党）　松本組社長　⊕大正10年1月5日　㊣平成6年7月19日　⊕福岡市　㊣明治大学政経学部（昭和18年）卒　㊣松本治一郎参院副議長の秘書を経て、昭和43年参院議員に当選。5期務めた。部落解放同盟中央本部顧問、日中友好協会本部顧問を歴任。
㊣養父＝松本治一郎（参院副議長），長男＝松本龍（衆院議員）

松本 和夫　まつもと・かずお
北方町（佐賀県）町長　⊕昭和6年8月19日　㊣神奈川県横浜市　㊣法大政治学科（昭和31年）卒　㊣衆院議員秘書を経て、昭和41年佐賀県農協理事、49年以来北方町長に3選。61年9月無投票で4選。　㊣野球，ゴルフ

松本 和那　まつもと・かずな
衆院議員（自民党）　マツモトキヨシ会長　⊕昭和14年3月14日　㊣千葉県　㊣明治大学商学部（昭和36年）卒　㊣昭和36年薬局のマツモトキヨシに入社し、38年専務。50年株式改組し、社長に就任。平成11年東証第一部に上場。昭和50年以来、千葉県議に6選。平成8年以来衆院議員に2選。橋本派を経て、無派閥。15年議員を引退。　ゴルフ
㊣父＝松本清（マツモトキヨシ創業者・松戸市長），弟＝松本南海雄（マツモトキヨシ社長），息子＝松本和巳（コンプかずみ社長）
【著書】マツモトキヨシの世直しソリューション！（中経出版 '00）

松本 憲治　まつもと・けんじ
安芸市長　⊕昭和23年1月27日　㊣高知県　㊣東京経済大学経営学部（昭和45年）卒　㊣安芸市環境課長を経て、平成13年安芸市長に当選。

松本 十郎　まつもと・じゅうろう
衆院議員（自民党）　防衛庁長官　⊕大正7年5月22日　㊣兵庫県　茶名＝宗重　㊣東京帝大政治学科（昭和17年）卒　㊣勲一等瑞宝章（平成12年）　㊣大蔵省に入り昭和40年神戸税関長、41年銀行局検査部長、42年印刷局長を歴任。44年から衆院議員を6期務める。この間、49年総理府総務副長官、54年外務政務次官を経て自民党建設部会長、自民党兵庫県連会長を歴任。平成元年海部内閣の防衛庁長官に就任。3年三塚派を離脱し、加藤グループに加わる。5年落選。
㊣ゴルフ，音楽
【評伝】異形の人（井黒弥太郎著（札幌）北海道新聞社'88）

松本 純　まつもと・じゅん
衆院議員（自民党　神奈川1区）　⊕昭和25年4月11日　㊣神奈川県横浜市中区　㊣東京薬科大学（昭和49年）卒　㊣昭和49年エスエス製薬に勤務。横浜市中区薬剤師会会長を経て、平成2年横浜市議に当選、3期務める。8年衆院議員に当選。10年12月宮沢派を離脱し河野グループに参加。12年落選。15年返り咲き。通算2期目。　http://www.jun.or.jp/

松本 善明　まつもと・ぜんめい
衆院議員（共産党）　いわさきちひろ記念事業団副理事長　弁護士　⊕大正15年5月17日　㊣大阪府大阪市　㊣東京大学法学部政治学科（昭和24年）卒　㊣海軍兵学校在学中に終戦。昭和23年大学在学中に日本共産党に入党。29年に弁護士となり、自由法曹団に所属。メーデー事件、松川事件などを担当。42年共産党より衆院議員に当選。党外交政策委員長、党国対委員長、書記局員、党幹部会委員、衆院議員団長などを歴任。平成2年落選。5年返り咲き。8年比例区東北ブロックに移る。通算11期務め、15年引退。一方、昭和25年童画家いわさきちひろと結婚。49年死別するが、63年

「思い出のちひろ」を著した他、自宅跡地にちひろ美術館を建設、いわさきちひろ記念事業団副理事長をつとめる。 [趣]旅行，絵画 [家]前妻=いわさきちひろ（童画家）

松本 大輔 まつもと・だいすけ
衆院議員（民主党 広島2区） [生]昭和46年8月5日 [出]広島県広島市 [学]東京大学法学部（平成7年）卒 [歴]平成7年東京三菱銀行勤務を経て、12年松下政経塾22期生として入塾。15年衆院議員に当選。 http://ww.dakara-daisuke.com/

松本 泰造 まつもと・たいぞう
有田市長 [生]昭和11年2月1日 [出]和歌山県 [学]箕島高（昭和34年）卒 [歴]有田市議、同市会議長を経て、平成7年和歌山県議に当選、2期つとめる。12年有田市長に当選。16年落選。

松本 崇 まつもと・たかし
大村市長 [生]昭和16年9月19日 [出]長崎県大村市 [学]慶応義塾大学文学部社会学科（昭和41年）卒 [歴]昭和49年博報堂をやめ欧米を回る。50年長崎県議に立候補するが落選。54年県議に当選、2期。62年から大村市長に当選。平成2年ポルトガル国際交流大村使節団を率いて天正遣欧使節団の足跡を辿った。6年引退するが、14年市長に当選。通算3期目。

【著書】青年市長の挑戦（塩塚公一，松本崇ほか著，九州青年市長会編著 ぎょうせい'90）

【評伝】青年よ故郷（ふるさと）に帰って市長になろう（全国青年市長会編 読売新聞社'94）

松本 剛明 まつもと・たけあき
衆院議員（民主党 兵庫11区） [生]昭和34年4月25日 [出]東京都 [学]東京大学法学部（昭和57年）卒 [歴]昭和57年日本興業銀行勤務、平成元年父の松本十郎自民党代議士秘書を経て、12年民主党から衆院議員に当選。2期目。 [家]父=松本十郎（衆院議員） http://www.member.or.jp/takeaki/

松本 虎之助 まつもと・とらのすけ
玉名市長 浦島海苔会長 [生]昭和5年5月17日 [没]平成12年1月11日 [出]熊本県玉名市伊倉町 [学]熊本商（昭和23年）中退 [歴]昭和23年松本商店（現・浦島海苔）に入社。33年福岡支店長、39年取締役、41年浦島海苔常務、45年副社長、50年社長、のち会長。熊本城北学園理事長。58年玉名市長に当選し、4期務めた。 [趣]囲碁，将棋，読書，ゴルフ

松本 一 まつもと・はじめ
岡山市長 [生]大正4年1月2日 [没]平成10年1月16日 [出]岡山県岡山市 [学]岡山二中（昭和8年）卒 [賞]勲六等瑞宝章（昭和19年），紺綬褒章（昭和52年），勲三等旭日中綬章（平成4年） [歴]昭和22年幡多村助役、26年村長、30年岡山市議（6期）、42年市会議長を経て、58年市長に当選、2期。59年全国市長会副会長に就任。平成3年チボリ公園誘致計画に絡み辞職、出直し選挙に出馬するが落選。この間、50年から就実学園理事長をつとめた。

松本 正雄 まつもと・まさお
小矢部市長 [生]大正6年6月1日 [没]昭和61年10月20日 [出]富山県 [学]東大工学部（昭和16年）卒 [歴]昭和17年内務省に入省。戦後建設省に転じ、44年北陸地方建設局長で退官。47年以来小矢部市長に4選。東大の安田講堂やウェストミンスター寺院などの名建築に似せた公共施設を37棟建築、「メルヘン市長」として知られた。

松本 允秀 まつもと・まさひで
葛尾村（福島県）村長 [生]昭和12年11月17日 [出]福島県双葉郡葛尾村 [学]双葉高卒 [歴]農協職員、葛尾村議、同村農業委員、助役を経て、昭和62年から同村長に5選。平成8年村おこし一環としてそば栽培を奨励し、村主催でそば打

ち道場を開催。また同村は13年まで36年間交通死亡事故ゼロを続けたことでも知られる。

松本 惟子 まつもと・ゆいこ
衆院議員(民主党) ⊕昭和11年10月1日 ⊕福岡県行橋市 本名=村上惟子 ⊕京都高(昭和30年)卒 ⊕昭和30年安川電機に入社。同社労組の中央執行委員を経て、54年から電機労連青年・婦人対策専門部長。62年11月発足した連合の副事務局長に就任し、役員中の紅一点として婦人部門を担当。63年より女性局長を兼務。平成8年民主党より衆院選に立候補し、比例区九州ブロックで1位当選を果たし、1期務める。12年落選。

松本 徹 まつもと・よう
米子市長 ⊕大正11年11月17日 ⊕鳥取県境港市 ⊕京都大学工学部(昭和24年)卒 ⊕勲四等旭日小綬章(平成13年) ⊕昭和24年松本油店を継ぎ、のち松本システムズ・グループ各社代表、米子卸売団地副理事長、同愛会博愛病院理事長などを歴任。58年米子市長に当選。2期つとめた。平成3年落選。9年鳥取県公安委員長。 ⊕マラソン，読書，茶道

松本 龍 まつもと・りゅう
衆院議員(民主党 福岡1区) ⊕昭和26年5月17日 ⊕福岡県福岡市 ⊕中央大学法学部政治学科(昭和52年)卒 ⊕昭和52年松本組勤務。55年から父・松本英一参議院議員秘書をつとめる。平成2年社会党から衆院議員に当選。8年社民党を経て、民主党に参加。5期目。 ⊕父=松本英一(参院議員)，祖父=松本治一郎(参院初代副議長) http://www.open-ryu.net/

松山 邦夫 まつやま・くにお
犬山市長 ⊕昭和3年4月3日 ⊕北海道紋別市 ⊕中央大学法学部(昭和28年)卒 ⊕勲四等瑞宝章(平成10年) ⊕今仙電機社長の三女と結婚。昭和33年同社に入社し、総務部長、39年社長、54年会長に就任。42年東洋航空電子を設立し、社長、のち会長。54年以来犬山市長に4選。平成7年落選。 ⊕読書，ゴルフ，書道

松山 政司 まつやま・まさじ
参院議員(自民党 福岡) ⊕昭和34年1月20日 ⊕福岡県築上郡椎田町 ⊕福岡国土建設専門学校(昭和54年)卒、明治大学商学部 ⊕昭和54年松山建設に入社、60年副社長、平成8年社長。傍ら、福岡青年会議所で活躍。行動派として知られ、7年日本青年会議所(JC)の国境なき奉仕団の特別委員長としてアフリカ・ルワンダで難民救援センター建設を支援したほか、貧困に苦しむバングラデシュの子供たちに医療品や文具を届ける活動などに取り組む。10年副会頭、11年会頭。13年参院議員に当選。無派閥を経て、堀内派。 ⊕父=松山譲(福岡県議) http://www.matsuyama-masaji.org/

円 より子 まどか・よりこ
参院議員(民主党 比例) ニコニコ離婚講座主宰 現代家族問題研究所代表 作家 評論家 ⊕家族研究 結婚・離婚問題 少子化と高齢化 経済・雇用 都市と住宅 教育 ⊕昭和22年2月10日 ⊕神奈川県横須賀市 本名=山崎順子中島 ⊕津田塾大学英文科(昭和44年)卒 ⊕女性の就労;政治と女性;経済と家族;児童買春・虐待等子どもの問題;子どものための離婚プログラムの作成;離婚制度の改善(家族法の改正);家族の危機における男性のアイデンティティ喪失とその回復援助システム ⊕昭和54年3月からニコニコ離婚講座を始める。56年

より離婚女性のネットワーク「ハンド・イン・ハンドの会」を主宰、毎月機関紙を発行。58年より現代家族問題研究所代表。59年より無料の電話相談「離婚110番」とボランティアの相談員養成講座開始。平成2年離婚した親を持つ子どものための研修会を開く。平成4年参院選比例区に日本新党から立候補し、5年7月繰り上げ当選。6年12月新進党結成に参加。9年12月離党。10年4月民主党に合流し、のち副代表。3期目。この間、6年「子どもの政治110番」を開設。また著述、講演、TV、相談活動と多方面に活躍。主な著書に「妻たちの静かな反乱」「離婚を考えたら読む本」「主婦症候群」「ターニング・ポイント」、訳書に「子供が書いた離婚の本」などがある。 ㊙スキー、テニス、囲碁
http://www.madoka-yoriko.jp/
【著書】一人でも変えられる(日本評論社 '04)

真鍋 賢二　まなべ・けんじ
参院議員(自民党　香川)　環境庁長官　㊤昭和10年7月14日　㊦香川県三豊郡仁尾町　㊥岐阜大学農学部(昭和33年)卒　㊨19年間大平正芳の秘書をつとめ、昭和52年参院議員に当選。59年参院文教委員長をつとめる。平成10年小渕内閣の環境庁長官、11年小渕改造内閣でも留任。13年参院予算委員長。通算4期。宮沢派、加藤派を経て、堀内派。　http://www.h3.dion.ne.jp/~k_manabe/
【著書】優優飛翔(中央法規出版 '00)

真鍋 武紀　まなべ・たけき
香川県知事　㊤昭和15年4月3日　㊦香川県　㊥東京大学法学部(昭和38年)卒　㊨昭和38年農林省に入省。58年農水省経済局金融課長、61年林野庁林政部林政課長、平成元年官房企画室長、平成2年漁政部長、3年8月環境庁水質保全局長、4年7月農水省経済局長を経て、6年4月審議官に就任。8年7月退官。同年8月国際協力事業団副総裁。10年8月香川県知事に当選。2期目。

真鍋 勝　まなべ・まさる
善通寺市長　㊤大正11年1月6日　㊦香川県　㊨昭和37年農業基本対策審査議会長となり、38年以来善通寺市議に当選(6期)。社会教育委員、46年副議長、農協理事を務める。平成2年市長に当選。6年引退。　㊙読書

真鍋 光広　まなべ・みつひろ
衆院議員(自民党)　㊤昭和14年11月16日　㊦香川県　㊥東京大学法学部(昭和37年)卒　㊨大蔵省地方資金課長、同税制3課長を経て、平成2年自民党から衆院議員に当選。5年落選。8年新党さきがけから、12年、15年民主党から立候補するが落選。

馬橋 隆二　まばし・りゅうじ
大宮市長　弁護士　㊤大正7年8月31日　㊨平成12年5月16日　㊦埼玉県　㊥明治大学法学部(昭和17年)卒　㊨勲三等瑞宝章(平成3年)、大宮市名誉市民　㊨埼玉弁護士会会長などを歴任。昭和54年以来大宮市長を3期務めた。

馬淵 澄夫　まぶち・すみお
衆院議員(民主党　奈良1区)　㊤昭和35年8月23日　㊦奈良県　㊥横浜国立大学工学部(昭和59年)卒　㊨ゼネラル取締役を経て、平成12年衆院選に出馬。15年自民党の高市早苗代議士を破り、衆院議員に当選。　http://www.mabuti.net/

豆田 正明　まめだ・まさあき
赤穂市長　㊤昭和19年6月20日　㊥関西学院大学法学部　㊨赤穂市助役を経て、平成15年市長に当選。

眉山 俊光 まゆやま・としみつ
流山市長 [生]大正11年12月19日 [出]千葉県流山市 [学]駒沢大学専門部仏教科(昭和17年)卒 [歴]流山市立南部中学校長、市教育長を経て、平成3年流山市長に当選。3期務め、15年引退。

丸谷 金保 まるたに・かねやす
参院議員(社会党) 元・池田町(北海道)町長 [生]大正8年6月25日 [出]北海道中川郡川合村(現・池田町) [学]明治大学専門部法科(昭和17年)卒 [賞]勲二等瑞宝章(平成1年),池田町名誉町民(平成3年) [歴]昭和20年復員し自宅で養鶏業などを営む。のち「北海民友新聞」を創刊。22年道議選に出馬。26年社会党に入党し、士幌村農民同盟の事務局長に。32年池田町長に当選。北海道で唯一の社会党町長として5期20年務め、「十勝ワイン」を開発。52年参院議員に転じた。2期12年間務め、平成元年引退。
【著書】ワイン町長の一村一品パフォーマンス(北斗出版 '87)

丸谷 佳織 まるや・かおり
衆院議員(公明党 比例・北海道) [生]昭和40年6月6日 [出]北海道札幌市 [学]藤女子大学文学部(昭和63年)卒 [歴]平成2年ポーランドのポズナニ大学日本語講師を経て、3年からパーソナリティーなどを務める。8年新進党から衆院議員に当選。3期目。10年1月新党平和、同年11月公明党に参加。 [家]夫=五十嵐浩晃(ミュージシャン) http://maruya-kaori.com/

丸山 尚政 まるやま・なおまさ
十日町市長 [生]大正11年4月6日 [没]平成15年5月14日 [出]新潟県 [学]長岡商卒 [賞]勲四等旭日小綬章(平成6年) [歴]十日町市会議長を経て、昭和60年市長に当選。2期務め、平成5年引退。"雪国リゾート"を目指し、14年のサッカー日韓共催W杯でクロアチア代表のキャンプ地にも選ばれた当間高原リゾートの開発に力を注いだ。

【 み 】

三池 信 みいけ・まこと
参院議員(自民党) 郵政相 [生]明治34年1月21日 [没]昭和63年2月20日 [出]佐賀県神崎郡三田川町 [学]九州帝国大学大工学部電気学科(大正15年)卒 [歴]昭和24年衆院議員に当選、12期つとめる。48年田中内閣の郵政相に就任。61年辞任して、参院から衆院に転じた大坪健一郎と入れ替わりに参院に移った。建設政務次官、衆院運輸、大蔵、内閣各委員長、自民党副幹事長、党財務委員会などを歴任した。安倍派。 [趣]碁,ゴルフ

三浦 一水 みうら・いっすい
参院議員(自民党 熊本) [生]昭和29年4月26日 [出]熊本県山鹿市 [学]早稲田大学商学部(昭和54年)卒 [歴]昭和56年天津南開大学留学。57年ソニー勤務、61年愛隣農園代表などを経て、平成3年熊本県議に当選、1期つとめる。7年参院議員に当選。渡辺派、村上・亀井派、江藤・亀井派を経て、亀井派。2期目。 [家]父=三浦八水(参院議員) http://www.miuraissui.com/

三浦 公明 みうら・こうめい
君津市長 [生]昭和7年3月8日 [出]長崎県 [学]中央大学法学部(昭和30年)卒 [歴]君津市助役を経て、平成10年市長に当選。2期目。

三浦 大助 みうら・だいすけ
佐久市長 [生]昭和3年3月27日 [出]長野県佐久市 [学]東京慈恵会医科大学(昭和27年)卒 医学博士 [歴]昭和29年厚生省入省。50年保険局医療課長、53年統計

情報部長、54年環境庁大気保全局長、56年厚生省公衆衛生局長、58年公害等調整委員会委員を歴任。平成元年4月佐久市長に当選。4期目。

三浦 隆　みうら・たかし
衆院議員（民社党）　桐蔭学園横浜大学名誉教授　🎓憲法　政治学　🎂昭5.7.26　📍神奈川県横浜市神奈川区　🏫横浜市立大学（昭和32年）卒、早稲田大学大学院（昭和35年）修士課程修了　🎖昭和50年関東学院大学教授を経て、54年以来衆院議員に3選。61年に落選。のち桐蔭学園横浜大学教授。共著に「憲法講義」など。　👨父＝三浦寅之助（政治家）

三浦 太郎　みうら・たろう
橿原市長　🎂昭和3年10月28日　✝平成15年1月22日　📍奈良県橿原市　🏫摂南工専（昭和24年）卒　🎖勲四等旭日小綬章（平成11年）　💼奈良県庁に入り、昭和42年高田土木事務所工務課長、47年郡山土木事務所長、49年高田土木事務所長を歴任。50年以来市長に5選。奈良県市長会長、近畿市長会長、全国市長会理事など務め、平成4年引退した。

三浦 八水　みうら・はっすい
参院議員（自民党）　熊本県果実農協連会長　🎂昭和5年1月23日　✝平成8年10月22日　📍熊本県山鹿市　🏫済々黌高（昭和20年）卒　💼昭和38年から熊本県議3期、50年熊本県農協中央会長を経て、55年参院補選で当選、1期務めた。　📖読書、スポーツ　👨長男＝三浦一水（参院議員）

三浦 久　みうら・ひさし
衆院議員（共産党）　弁護士　🎂昭6.1.1　📍秋田県北秋田郡阿仁合町　🏫明治大学法学部（昭和29年）卒　💼弁護士となり、三井三池争議の弁護を担当。そのまま北九州市に住み、弁護士事務所を開設。昭和46年北九州市長選に立候補したが敗れた。翌47年から衆院議員に5選。平成5年落選。カネミ油症弁護団副団長をつとめた。

三枝 安茂　みえだ・やすしげ
春日部市長　🎂昭和3年10月24日　📍埼玉県春日部市　🏫明治大学商学部（昭和24年）卒　🎖藍綬褒章（平成5年）　💼昭和30年春日部市役所に入り、春日部市議、53年助役。60年市長に当選。5期目。

三重野 栄子　みえの・しげこ
参院議員（社民党）　アジアの子どもと女性教育基金の会会長　🎂大正15年5月10日　📍福岡県大牟田市　🏫福岡第一師範（現・福岡教育大学）卒、九州帝国大学経済学部（昭和26年）卒　🎖勲二等瑞宝章（平成13年）　💼福岡第一師範（現・福岡教育大学）卒業後、2年間の教師生活を経て、九州帝国大学経済学部に進学。同級生150人のうち唯一の女性。昭和26年福岡市内の百貨店・岩田屋に就職。全岩田屋労組書記長などを務め、37年社会党入り。53年労組委員長だった夫と死別。58年筑紫野市議に初当選し、63年からは党県副委員長を務める。平成2年6月参院福岡補選で当選、福岡県選出としては32年ぶりの女性国会議員となった。13年落選。2期。一方、議員在職中に教育事情調査のため訪れたネパールで教育支援活動に従事。民間団体・アジアの子どもと女性教育基金の会を設立し、校舎建設や奨学金制度による女性教師育成などの活動を行う。　🏊水泳、謡い
http://homepage3.nifty.com/mieno/
【著書】この笑顔 輝く瞳（(福岡)西日本新聞社 '03）

三ケ月 章　みかづき・あきら
法相　東京大学名誉教授　🎓民事手続法　🎂大正10年6月20日　📍島根県浜田市　🏫東京帝国大学法律学科（昭和19年9月）卒　法学博士（昭和37年）　🎖日本学士院会員（平成3年）　🎖紫綬褒章（昭和59年）、勲一等瑞宝章（平成7年）　💼

昭和25年東京大学法学部助教授、34年教授、51年法学部長、57年定年退官、名誉教授。この間、30〜32年西ドイツ、45〜46年アメリカに留学。また、法制審議会委員・民事訴訟法部会部長、民事訴訟法学会理事長、日独法学会理事長、日本法律家協会副理事長などを歴任。57年弁護士登録。平成5年細川内閣の法相をつとめた。著書に昭和37年〜平成元年に刊行された「民事訴訟法研究」(全10巻)、「法学入門」「会社更正法研究」などがある。 ㊐民事訴訟法学会，日本私法学会，第一東京弁護士会

三日月 大造 みかずき・たいぞう
衆院議員(民主党 滋賀3区) ㊐昭和46年5月24日 ㊐滋賀県 ㊫一橋大学経済学部(平成6年)卒 ㊞平成6年JR西日本に入社。11年JR連合青年女性委員会議長などを経て、15年衆院議員に当選。松下政経塾23期生。 http://www.genki1.com/

見上 和由 みかみ・かずよし
綾瀬市長 ㊐昭和5年4月30日 ㊐神奈川県綾瀬市 ㊫藤嶺藤沢高定時制(昭和27年)卒 ㊞昭和25年綾瀬町役場に入り、36年国民年金課長。50年総務参事、市制施行準備室長などを経て、51年収入役、58年助役。平成4年から綾瀬市長に3選。16年落選。著書に「響」がある。 ㊙読書

三上 慶蔵 みかみ・けいぞう
西目屋村(青森県)村長 ㊐昭和6年5月23日 ㊐青森県中津軽郡西目屋村 ㊫五所川原農卒 ㊞農林高卒業後、青森県職員を5年間務めたのち、西目屋村役場に勤務。助役、収入役を経て、平成3年から村長に2選。11年落選。豊かな自然を中心に夢のある村を目指し、昭和63年のふるさと創生一億円の活用として落差式噴水としては日本一のきらきら噴水を作った。

三上 隆雄 みかみ・たかお
青森県議(社民・農県民連合 弘前市) 参院議員(社会党) ㊐昭和8年11月2日 ㊐青森県中津軽郡相馬村 ㊫弘前高中退 ㊝旭日中綬章(平成15年) ㊞実家の農業に従事。昭和46年から相馬村議5期、村会議長、青森県りんご協会理事、農政連青森県幹事長などを経て、平成元年社会党の推薦を受けて参院議員に当選。7年落選。10年社民党より参院選比例区に立候補するが落選。11年青森県議に当選。2期目。昭和45年〜平成元年農政連青森県本部幹事長をつとめた。

三上 元 みかみ・はじめ
湖西市長 経営コンサルタント ㊐昭和20年1月5日 ㊐静岡県 ㊫慶応義塾大学商学部(昭和43年)卒 ㊞昭和43年西友ストアーに入社。店長、販売統括課長、営業企画課長を経て、58年日本マーケティングセンター(現・船井総合研究所)に入社。平成6年取締役となり、「週刊フナイFAX」編集長を務める。10年英語村社長に就任。16年湖西市長に当選。著書に「船井幸雄と天才たち」など。
【著書】サービスで勝つ! (PHP研究所 '97)

三上 文一 みかみ・ぶんいち
習志野市長 ㊐大正3年6月11日 ㊐千葉県 ㊫千葉師範専卒 ㊝勲四等瑞宝章(平成6年) ㊞習志野二中校長、習志野市教育次長、習志野四中校長を経て、昭和58年市長に当選。2期務め、平成3年引退。

三木 兼吉 みき・かねきち
羽生市長 ㊐大正8年3月1日 ㊐埼玉県羽生市 ㊫海軍経理学校卒 ㊞羽生市助役を経て、昭和57年羽生市長に当選。3期つとめた。

三木 邦之 みき・くにゆき
真鶴町(神奈川県)町長 [生]昭和16年1月13日 [出]神奈川県足柄下郡真鶴町 [学]小田原高卒 [歴]日本道路公団、安田火災海上保険勤務を経て、神奈川県真鶴町職員に。昭和56年から町議を3期つとめ、この間に副議長を1期。平成2年リゾートマンション進出阻止を掲げて町長初当選。9月の町議会で早速マンション建設阻止のため給水規制を条例化した上水道事業給水規制条例を可決させ、即日施行した。4期目。 [趣]軟式野球

三木 申三 みき・しんぞう
徳島県知事 [生]昭和3年10月4日 [出]徳島県麻植郡山川町 [学]徳島大学医学部(昭和29年)卒 [賞]勲二等瑞宝章(平成10年) [歴]昭和34年三木病院を開業。42年以来徳島県議3期を経て、56年知事に就任。3期つとめた。平成8年衆院選に立候補。 [趣]囲碁,釣り

三木 武夫 みき・たけお
衆院議員(自民党) 首相 [生]明治40年3月17日 [没]昭和63年11月14日 [出]徳島県板野郡土成町 筆名=庸山 [学]サウスウェスタン大学(昭和10年)卒,明治大学法律学科(昭和12年)卒 [賞]憲政功労表彰(昭和62年) [歴]昭和12年大学卒業と同時に衆院議員に当選。戦争中も翼賛会非推薦で当選を果たし、以来連続19期、51年間議員をつとめる。戦後21年協同民主党の結成に参加、翌22年には国協党を創立して22年書記長となり、片山内閣の逓相として入閣。その後、小政党を遍歴、自民党合流後も小派閥三木派を率い、"バルカン政治家"と呼ばれた。31年幹事長、40年通産相、41年外相等を歴任。49年12月金脈問題で退陣した田中角栄のあとを受けて首相に就任、田中逮捕を敢行。党内での強い反対(三木おろし)にあい、51年辞任。55年派閥を河本敏夫に譲る。61年6月脳内出血で倒れて療養生活を送り、63年11月在職のまま死去。「信なくば立たず」をモットーに、一貫して政界浄化に取り組んだ。平成2年衆院名誉議員の称号が贈られた。 [趣]読書 [家]妻=三木睦子(全国発明婦人協会会長),娘=高橋紀世子(参院議員)
【評伝】総理のリーダー術(井芹浩文著 全日法規'98)/日本の首相マルバツサンカクシカク(鹿嶋海馬著 ケイ.ワイプランニング'94)/三木「政治改革」試案とは何か(鯨岡兵輔,土井たか子ほか著 岩波書店'93)/三木と歩いた半世紀(三木睦子著 東京新聞出版局'93)

三木 忠雄 みき・ただお
参院議員(公明党) [生]昭10.5.14 [出]徳島県徳島市 [学]中央大学商学部(昭和37年)卒 [歴]昭和34年創価学会事務局に入り、43年以来参院議員に4選。平成4年引退。

三木 勅男 みき・ときお
武生市長 [生]昭和17年4月25日 [出]福井県 [学]東京大学法学専攻,旭川医科大学卒 [歴]東京大学で法学を学んだのち、環境シンクタンク研究員となる。34歳の時医大に入り直し、精神科医に。福井厚生病院ストレスケアセンター所長を経て、平成9年5月武生市長に当選。2期目。14年市民のための行政監視官"男女平等オンブッド"を設立。

三木 俊治 みき・としじ
徳島市長 阿波製紙会長 [生]昭和7年1月29日 [出]徳島県板野郡松茂町 [学]慶応義塾大学経済学部(昭和29年)卒 [賞]勲四等旭日小綬章(平成14年) [歴]第一銀行勤務を経て、昭和43年阿波製紙社長となり、60年から徳島市長に2選。平成8年衆院選に立候補。 [家]父=三木与吉郎(参院議員),息子=三木康弘(阿波製紙社長),兄=三木与吉郎(三木産業社長)

三木 正夫　みき・まさお
須坂市長　⚫︎昭和24年4月30日　⚫︎長野県須坂市　⚫︎中央大学法学部　⚫︎長野県庁に入庁。総務部参事、下伊那地方事務所長などを歴任。平成16年須坂市長に当選。

三倉 重夫　みくら・しげお
日置川町（和歌山県）町長　⚫︎大正8年3月6日　⚫︎和歌山県西牟婁郡日置町　⚫︎田辺商卒　⚫︎学校卒業後、地元の木材会社に就職。復員後は農業に転じ、昭和54〜60年和歌山県日置川町農協組合長を務めた。63年原発誘致の是非を争点とした日置川町長選で、反原発派として運動を展開して当選した。　⚫︎詩吟

三沢 淳　みさわ・じゅん
衆院議員（保守党）　元・プロ野球選手　⚫︎昭和27年10月1日　⚫︎島根県　⚫︎江津工（昭和46年）卒　⚫︎新日鉄広畑を経て、昭和47年ドラフト3位で中日に入団。5度にわたって2ケタ勝利をあげるなど、主力投手として活躍。60年日ハムに移籍したが成績は振わず、61年限りで引退。通算15年、505試合登板、107勝106敗6S、防御率3.81。引退後はプロ野球解説者として活躍。平成8年新進党から衆院議員（愛知6区）に当選。10年1月自由党、12年保守党に参加したが、同年落選。13年参院選比例区、15年衆院選に立候補。　⚫︎釣り

三沢 光広　みさわ・みつひろ
塩尻市長　長野県議　⚫︎昭和2年1月30日　⚫︎長野県塩尻市　⚫︎東筑摩農（昭和18年）卒　⚫︎旭日小綬章（平成16年）　⚫︎昭和58年から長野県議2期を経て、平成2年より塩尻市長に3選。14年引退。　⚫︎読書

水岡 俊一　みずおか・しゅんいち
参院議員（民主党　兵庫）　⚫︎昭和31年6月13日　⚫︎兵庫県竹野町　⚫︎奈良教育大学教育学部（昭和55年）卒　⚫︎昭和55年三木市で教職に就き、志染中、星陽中に勤務。この間、インド・ニューデリーの日本人学校でも教鞭を執る。その傍ら、兵教組（兵庫県教職員組合）で組合活動に携わり、平成14年度本部書記次長などを歴任。16年参院議員に民主党から当選。　http://www.mizuoka.net/

水落 敏栄　みずおち・としえい
参院議員（自民党　比例）　⚫︎昭和18年2月24日　⚫︎新潟県　⚫︎新潟商（昭和37年）卒　⚫︎会社勤務を経て、昭和46年日本遺族会職員となる。平成11年事務局長を経て、14年専務理事。16年参院選比例区に自民党から当選。堀内派。

水木 英夫　みずき・ひでお
光市長　⚫︎大正9年2月28日　⚫︎平成16年11月19日　⚫︎山口県光市　⚫︎大邱商（昭和13年）卒　⚫︎勲四等瑞宝章（平成7年）　⚫︎光市役所に入り、昭和48年助役を経て、57年以来市長に3選。

水越 勇雄　みずこし・いさお
木更津市長　⚫︎昭和14年8月14日　⚫︎埼玉県　⚫︎木更津高卒　⚫︎木更津市総務部長、収入役、助役を経て、平成14年市長に当選。

水迫 順一　みずさこ・じゅんいち
垂水市長　⚫︎昭和15年5月7日　⚫︎神奈川大学　⚫︎垂水市観光協会長を経て、平成15年市長に当選。

水島 広子　みずしま・ひろこ
衆院議員（民主党　比例・北関東）　慶応義塾大学医学部客員講師　医師　⚫︎精神医学　漢方医学　⚫︎昭和43年3月21日　⚫︎東京都　⚫︎慶応義塾大学医学部卒、慶応義塾大学大学院医学研究科博士課程修了　医学博士　⚫︎精神保健指定医　⚫︎対人関係療法;子ども政策　⚫︎

大学卒業後、1年間世界各地を回り、その後、慶応義塾大学病院にて研修、同大学院博士課程を修了、平成元年慶応義塾大学医学部精神神経科助手となる。民主党候補者公募に応募し、12年栃木1区から衆院議員に立候補、船田元を破って当選した。15年の衆院選では船田に敗れ、比例区で当選。2期目。著書に「親子不全〈キレない〉子どもの育て方」など。 ㊗日本精神神経学会, 日本東洋医学会, Academy for Eating Disorders ㊧旅行, 山歩き ㊨父=水島裕(参院議員)、祖父=水島三一郎(東大名誉教授)、パートナー=長谷川聡(映像ディレクター) http://www.mizu.nu/
【著書】国会議員を精神分析する(朝日新聞社 '03)

水島 裕　みずしま・ゆたか
参院議員(自民党)　聖マリアンナ医科大学名誉教授　㊨内科学　㊉昭和8年9月22日　㊍東京　㊋東京慈恵会医科大学医学部(昭和33年)卒、東京大学大学院生物学系研究科内科学専攻(昭和38年)博士課程修了　医学博士;薬学博士　㊗膠原病　㊨日本リウマチ学会賞(昭和41年度)「Simple Screening Test for Anti Rheumatic Drugs」、旭日中綬章(平成16年)　㊨昭和34年東京大学物療内科助手、53年聖マリアンナ医科大学助教授、58年第一内科教授。63年開発した技術特許の管理のためエルティティー研究所を開設。平成2年同医大に難病治療研究センターが設立されると、初代センター長に就任。7年参院議員に当選、1期。13年落選。橋本派。著書に「今日の治療薬」など多数。㊗日本内科学会, 日本リウマチ学会, 炎症学会　㊧テニス, 音楽, 囲碁, 将棋　㊨娘=水島広子(衆院議員)、父=水島三一郎(東京大学名誉教授)、兄=水島恵一(文教大学学長)、水島昭二(東京薬科大学教授)　http://www.ymizushima.org/

【著書】親父の言い分 娘の言い分(水島裕, 水島広子著 河出書房新社'01)

水田 稔　みずた・みのる
衆院議員(社会党)　㊉大14.1.25　㊍岡山県岡山市　㊋長崎航空機乗員養成所(昭和19年)卒　㊨昭和21年住友化学岡山工場に入る。31年児島市議、38年岡山県議を経て、51年衆院議員に当選。5期務め、平成5年落選。

水谷 元　みずたに・げん
桑名市長　㊉昭和31年3月19日　㊋成蹊大学法学部卒　㊨昭和63年から三重県議3期を経て、平成8年桑名市長に当選。4期目。

水谷 晧一　みずたに・こういち
鳥羽市長　鳥羽観光会館ビル会長　㊉大正9年6月3日　㊍三重県桑名市　㊋農林省水産講習所漁撈科(昭和16年)卒　㊨勲四等旭日小綬章(平成10年)　㊨昭和16年日本水産入社。その後平田漁綱、三井船舶漁業部を経て、23年鳥羽石原珍海堂支配人、26年鳥羽観光協会副会長、38年以来、三重県議、その間51年同副議長をつとめた。平成元年4月鳥羽市長に当選、2期つとめた。9年引退。㊧囲碁, 読書

水谷 尚　みずたに・しょう
津島市長　㊉昭和8年7月10日　㊍愛知県津島市　㊋横浜市立大学商学部(昭和32年)卒　㊨藍綬褒章(平成7年)　㊨津島市議、議長を経て、平成3年愛知県議に当選。2期つとめる。11年落選。12年津島市長に当選、1期。15年引退。

水谷 力　みずたに・つとむ
参院議員(自民党)　㊉大正15年1月19日　㊤平成6年8月6日　㊍三重県桑名市　㊋早稲田大学政経学部(昭和26年)卒　㊨藍綬褒章(昭和57年)　㊨桑名市議、三重県議7期、県会議長を経て、昭和58年参院議員に当選。平成元年落選。

水谷 弘　みずたに・ひろし
衆院議員（公明党）　公明党中央委員　⊕昭和17年10月11日　⊕新潟県高田市（現・上越市）　⊕宇都宮大学農学部（昭和40年）卒　昭和40年栃木県庁土木部に入る。48年退職し、土木設計事務所を開く。49年公明党から参院地方区に、51年衆院栃木1区に出馬。58年衆院議員に当選、2期。この間党の県本部長、農林水産局長、国会対策副委員長などを歴任。平成2年衆院選に立候補。

水谷 光男　みずたに・みつお
伊勢市長　⊕大正12年12月30日　⊕三重県桑名郡多度町　⊕国学院大学国史学科（昭和21年）卒　日本建築学会賞（平成8年）　昭和21年三重県庁に入る。45年東京事務所長、49年農林水産部長、51年生活環境部次長、52年福祉部次長、53年北勢県民局長を経て、55年伊勢市助役に転じ、59年市長に当選。5期目。

水谷 喜治　みずたに・よしはる
桑名市長　三重県市長会長　⊕大正5年3月20日　⊕昭和61年12月18日　⊕三重県桑名市　⊕四日市商（昭和7年）中退　昭和14年桑名市役所に入り、33年建設部長、34年総務部長、39年助役を歴任、50年5月桑名市長に当選。3期目在任中に死去。

水野 清　みずの・きよし
衆院議員（自民党）　総務庁長官　建設相　⊕大正14年2月2日　⊕千葉県　⊕東北大学経済学部（昭和26年）卒　勲一等旭日大綬章（平成10年）　昭和26年NHKに入局、経済畑を担当。大臣秘書を経て、42年衆院議員に当選。以来、48年外務政務次官、55年自民党人事局長、56年衆院通信委員長、58年第2次中曽根内閣の建設相、59年党副幹事長、平成元年党総務会長、同年8月海部内閣の総務庁長官を歴任。宮沢派。9期務め、8年引退。のち橋本首相の行政改革担当補佐官、行革推進七百人委員会代表世話人。　園芸、切手収集　父＝水野葉舟（詩人）、養子＝水野賢一（衆院議員）

【著書】ドイツポストVS.日本郵政公社（中経出版 '02）／官僚の本分（小学館 '01）／「郵政民営化」小泉原案（水野清、松原聡ほか著 小学館'01）

【評伝】証言 改革を支えるメカニズム（増島俊之, 小林秀徳共編著 ぎょうせい'04）

水野 賢一　みずの・けんいち
衆院議員（自民党　千葉9区）　⊕昭和41年7月21日　⊕東京都　⊕早稲田大学政治経済学部卒　平成3年ゴア米国上院議員事務所にインターン勤務。6年水野清代議士の養子となり、7年養父の秘書などを経て、11年3月衆院議員に自民党比例区で繰り上げ当選。亀井派。12年千葉9区から当選。3期目。　父＝中尾栄一（建設相）　http://www.catv296.ne.jp/~mizunokenichi/

水野 好路　みずの・こうじ
十和田市長　⊕昭和5年4月17日　⊕平成10年6月9日　⊕青森県十和田市　⊕岩手大学農学部卒　十和田市助役を経て、平成4年十和田市長、2期務めた。

水野 誠一　みずの・せいいち
参院議員（無所属）　元・西武百貨店社長　⊕ソーシャルマーケティング　⊕昭和21年7月8日　⊕東京都　⊕慶応義塾大学経済学部（昭和45年）卒　ベスト・ドレッサー賞（政治部門、第29回）（平成12年）　昭和45年西武百貨店入社。59年渋谷店長、61年5月取締役、63年2月常務、平成元年専務。昭和61年ファッション館SEED（シード）、平成2年3月社長に就任したが、5年副社長に降格、6年8月退任。7年参院選に新党さきがけの名簿1位で当選。10年9月離党。13年静岡県知事選に出馬するが落選した。クラシックカー愛好家のヴェテ

ランカークラブ東京会長も務める。[団]日本バイオベンチャー推進協会（理事），日本ケアフィットサービス協会（理事長），Think the Earthプロジェクト（理事長），日本リトアニア友交協会（会長），レイモンド・ローウィ・ファウンデーション（日本委員会委員長），日本文化デザインフォーラム（幹事） [趣]クラシックカー，絵画，俳句 [家]父＝水野成夫（サンケイ新聞社長），妻＝木内みどり（女優）

水野 忠晴 みずの・ただはる
田辺市長 [生]大正13年3月20日 [没]平成9年4月26日 [出]和歌山県 [学]田辺商卒 [賞]勲三等瑞宝章（平成6年） [歴]昭和49年田辺市長に当選、3期務めた。61年落選。

水平 豊彦 みずひら・とよひこ
衆院議員（自民党） 元・内閣官房副長官 [生]昭和7年1月3日 [没]昭和61年6月18日 [出]愛知県名古屋市天白区 [学]名古屋工業大学建築科（昭和33年）卒業 [歴]日本住宅公団技師から自民党・早稲田柳右衛門代議士の秘書に転身。昭和34年から愛知県議に5選。その間49年に当時全国最年少の県会議長（42歳）となる。51年衆院議員に初当選。56年郵政政務次官、58年中曽根内閣の官房副長官を務めた。当選4回。中曽根派。著書に「草の根民主主義」など。
【著書】全力投球（六法出版社 '87）／この国この街（山崎書房 '82）／日本の中のなごや（中部財界社 '79）

三角 保之 みすみ・やすゆき
熊本市長 [生]昭和15年10月23日 [出]熊本県熊本市 [学]芝浦工業大学電気工学科（昭和38年）卒 [歴]昭和38年有明製鉄、41年熊本県庁勤務を経て、54年熊本県議（自民党）に当選、4期つとめる。平成6年熊本市長に当選、2期務める。14年落選。 [趣]スポーツ，写真，旅行

水村 仁平 みずむら・じんぺい
入間市長 [生]大正3年12月27日 [没]平成5年2月19日 [出]埼玉県入間市 [学]豊岡高小卒 [歴]昭和26年豊岡町議、武蔵町会議長を経て、41年入間市議となり、51年以来市長に4選。平成4年引退。

溝上 巌 みぞうえ・いわお
出水市長 [生]大15.1.1 [出]鹿児島県 [学]出水中卒 [歴]昭和27年鹿児島県庁に入り、49年東京事務所次長。52年金丸三郎参院議員秘書、54年出水市助役を経て、58年から市長に2選。平成3年落選。

溝口 進 みぞぐち・すすむ
南砺市長 [生]昭和5年9月26日 [出]富山県東砺波郡福野町 [学]福野高（昭和25年） [歴]昭和25年富山県庁に入る。49年観光物産、50年中小企業、52年地方の各課長、53年富山県知事公室参事秘書課長、54年富山県商工労働部次長を歴任。57年から福野町長に6選。平成16年南砺市誕生に伴い、初代市長に当選。 [趣]囲碁，読書，スポーツ観戦

溝手 顕正 みぞて・けんせい
参院議員（自民党 広島） [生]昭和17年9月13日 [出]広島県三原市 [学]東京大学法学部政治学科（昭和41年）卒 [歴]昭和41年新日鉄入社。46年幸陽船渠に転じ、54年社長、61年退任。同年アルファトレーディング社長に就任。62年三原市長に当選、2期務める。平成5年12月参院広島補選に当選。3期目。宮沢派、加藤派を経て、堀内派。 [趣]読書，ゴルフ
http://www.mizote.gr.jp/
【評伝】青年よ故郷（ふるさと）に帰って市長になろう（全国青年市長会編 読売新聞社'94）

美田 長彦 みた・おさひこ
三郷市長 [生]昭和8年11月2日 [出]東京 [学]学習院大学政経学部政治学科（昭和33年）卒 [歴]埼玉県庁勤務を経て、昭和50年以来埼玉県議に5選。平成6年三郷市

長に当選。3期目。　📷写真，旅行，スポーツ

三井 辨雄　みつい・わきお
衆院議員（民主党　北海道2区）　⊕昭和17年11月24日　⊕北海道札幌市　⊕昭和薬科大学薬学部（昭和41年）卒　⊕昭和50年三井薬品代表取締役、57年医療法人交雄会理事長。平成12年民主党から衆院比例区に当選。15年の衆院選では北海道2区で当選。2期目。
http://www.mitsui.or.jp/

三石 久江　みついし・ひさえ
参院議員（連帯）　⊕昭和2年9月21日　⊕旧樺太　⊕大泊高女卒　⊕勲三等宝冠章（平成9年）　⊕敗戦により引き揚げ、昭和23年に三重農林専門学校助手兼校長秘書に。その後、女性解放運動に身を投じる。社会党三重県副委員長を経て、平成元年参院議員に当選。6年離党。7年2月連帯に参加、同年7月引退。

三樹 博　みつぎ・ひろし
日向市長　⊕昭和8年7月15日　⊗平成8年2月10日　⊕宮崎県日向市　⊕日本大学法学部卒　⊕昭和32年会計検査院に入る。58年延岡市助役に転じ、平成元年6月日向市長に当選。2期つとめた。

三塚 博　みつずか・ひろし
衆院議員（自民党）　蔵相　⊕昭和2年8月1日　⊗平成16年4月25日　⊕宮城県遠田郡小牛田町　⊕日本大学獣医学部卒，早稲田大学法学部（昭和26年）卒　⊕獣医師　⊕全日本文具協会ベスト・オフィス・ユーザー賞（平成3年），旭日大綬章（平成16年）　⊕本間俊一衆議員秘書、宮城県土地改良協会事務局長などを経て、昭和38年より宮城県議を2期。47年衆院議員に当選、以来10期連続当選。運輸政務次官、文部政務次官、自民党調査局長、党政調会長代理など歴任。自民党国鉄再建小委員会（三塚委員会）委員長として国鉄改革に手腕を発揮、60年第2次中曽根第2回改造内閣の運輸相として初入閣し、国鉄の分割民営化に尽力。63年竹下改造内閣の通産相、平成元年宇野内閣の外相、同年8月海部総裁の下で党政調会長。塩川正十郎、森喜朗、加藤六月と並んで安倍派の"四天王"と呼ばれ、3年派閥を継ぎ、三塚派の領袖となる。同年党総裁選に出馬するが敗れ、宮沢総裁の下で再び政調会長。7年党幹事長。8年第2次橋本内閣の蔵相となり、9年改造内閣でも留任。10年1月大蔵官僚の接待汚職事件により辞任。同年12月森喜朗に派閥を継承、会派会長を辞任し名誉会長となる。15年の衆院選を機に高齢と健康問題を理由に政界を引退した。
📷釣り，剣道，合気道，空手
【著書】さらば国有鉄道（ネスコ;文芸春秋〔発売〕'86）
【評伝】三塚博総理大臣待望論（小川空城編　幸福の科学出版'95）／三塚博　黒い履歴書（菊池久著　ポケットブック社;ごま書房〔発売〕'93）／議員秘書、捨身の告白（佐藤久美子著　講談社'93）／三塚博・全人像（関口茂著　行研'92）／自民党 世紀末の大乱（森田実著　東洋経済新報社'92）／宮沢喜一の選択と経世会支配の構図（大塚英樹著　天山出版'92）

光武 顕　みつたけ・あきら
佐世保市長　衆院議員（自民党）　⊕昭和6年3月27日　⊕旧満州　⊕東京大学大学院（昭和35年）修士課程修了　⊕九州文化学園短期大学助教授を経て、昭和46年長崎県議を4期務める。60年県会副議長に就任。61年衆院選長崎2区に無所属で立候補したが落選。平成2年自民党から出馬し当選、1期務める。5年落選。旧渡辺派。7年佐世保市長に当選。3期目。

三ツ林 隆志　みつばやし・たかし
衆院議員（自民党　埼玉14区）　医師　⊕昭和28年7月5日　⊕埼玉県幸手市　⊕埼玉医科大学大学院（昭和57年）修了

三ツ林 弥太郎　みつばやし・やたろう
衆院議員（自民党）　元・科学技術庁長官　⚫大正7年11月22日　⚫平成15年8月18日　⚫埼玉県北葛飾郡幸手町　⚫埼玉県青年師範（昭和13年）卒、奉天予備士官学校卒　⚫勲一等旭日大綬章（平成10年）　⚫青年学校教諭兼小学校訓導、埼玉県農業会勤務ののち、県指導農協連経営課長参事。昭和26年から県議を4期務め、39年県会議長。42年衆院議員に当選。党副幹事長、59年衆院運輸委員長を経て、61年第3次中曽根内閣の科学技術庁長官に就任。当選10回。三塚派を経て、森派。平成12年引退。⚫読書、釣り　⚫二男＝三ツ林隆志（衆院議員）、父＝三ツ林幸三（衆院議員）

※昭和63年幸手総合病院に勤務。平成5年埼玉医科大学講師、代議士秘書などを経て、12年自民党から衆院議員に当選。2期目。森派。　⚫父＝三ツ林弥太郎（衆院議員）、祖父＝三ツ林幸三（衆院議員）　http://www.asahi-net.or.jp/~ss9t-mtby/

三ツ矢 憲生　みつや・のりお
衆院議員（自民党　三重5区）　⚫昭和25年12月13日　⚫三重県伊勢市　⚫東京大学教養学部（昭和50年）卒　⚫昭和50年運輸省（現・国土交通省）に入省。平成10年中部国際空港企画部長、14年7月人事課長を経て、15年7月航空局監理部長。同年11月衆院議員に当選。
http://www3.ocn.ne.jp/~mitsuya/

皆川 圭一郎　みながわ・けいいちろう
鎌ケ谷市長　⚫昭和27年8月21日　⚫千葉県鎌ケ谷市　⚫日本大学理工学部（昭和51年）卒　⚫家業の不動産業に専念し、政治には全くの素人だったが、昭和58年鎌ケ谷市長選に当選、全国最年少の市長となった。当選5回。平成14年収賄の疑いで千葉地検に逮捕される。

皆川 良二　みなかわ・りょうじ
加茂市長　⚫大正2年12月12日　⚫新潟県加茂市　⚫京大工学部（昭和13年）卒業　⚫織物工場の二男に生まれる。敗戦後一時期加茂農林学校（現・加茂農林高校）の物理の教諭を務めた。昭和39年加茂市の監査委員を経て、50年4月から加茂市長に3選。62年引退。　⚫読書

南 佳策　みなみ・けいさく
天理市長　⚫昭和12年4月29日　⚫奈良県　⚫奈良短期大学卒　⚫昭和35年奈良県庁に入庁。総務部広報課長、土木部監理課長、監査委員会事務局長、奈良新公会堂館長などを経て、平成13年天理市長に当選。

峰崎 直樹　みねざき・なおき
参院議員（民主党　北海道）　⚫昭和19年10月14日　⚫広島県　⚫一橋大学大学院（昭和44年）修士課程修了　⚫昭和44年鉄鋼労連書記、自治労北海道調査室長、社会党北海道書記次長などを経て、同政策委員長。平成4年参院議員に当選。8年社民党を経て、民主党に参加。3期目。　http://www.minezaki.net/
【著書】ニューポリティクス（平原社'96）

峯山 昭範　みねやま・あきのり
参院議員（公明党）　近畿大学教養部教授　⚫昭和10年11月29日　⚫鹿児島県　⚫近畿大学法学部卒　⚫創価学会関西本部事務総局長を経て、昭和43年参院議員に全国区から当選。61年大阪選挙区に転じる。通算4期。平成4年引退。のち近畿大学教授に就任。著書に「庶民と政治」「憲法と核兵器」など。

三野 優美　みの・よしみ
衆院議員（社民党）　⚫昭和6年1月20日　⚫香川県　⚫大川農獣医畜産科（昭和23年）卒　⚫成田知巳の秘書を経て、昭和45年以来香川県議に5選。61年から衆院議員に3選。平成8年引退。

御法川 信英　みのりかわ・のぶひで

衆院議員(自民党　秋田3区)　⑰昭和39年5月25日　秋田県大曲市　慶応義塾大学法学部政治学科(昭和62年)卒、コロンビア大学大学院(平成11年)修士課程修了　博士号(コロンビア大学)(平成11年)　昭和62年秋田銀行に入行。平成2年から父親である御法川英文衆院議員の私設秘書を務める。11年～15年公設第一秘書。15年衆院選秋田3区に無所属で立候補、現職の村岡兼造自民党議員を破り当選。院内会派・グループ改革を経て、16年自民党に入党。共著に「コロンビア大学院で考えた世界と日本」がある。　父=御法川英文(衆院議員)　http://minorikawa.jp/

御法川 英文　みのりかわ・ひでふみ

衆院議員(自民党)　昭和11年4月3日　平成15年4月24日　秋田県仙北郡田沢湖町　明治大学経済学科(昭和40年)卒　昭和50年以来秋田県議に3選。61年衆院選秋田2区に未公認のまま無所属で立候補。平成2年再び立候補し、当選。4期。国土政務次官、衆院総務委員長などを歴任した。三塚派を経て、森派。　長男=御法川信英(衆院議員)

箕輪 幸代　みのわ・さちよ

衆院議員(共産党)　弁護士　昭17.4.5　愛知県名古屋市　中央大学法学部(昭和40年)卒　弁護士を志していた司法修習生時代に共産党に入党。大学時代に知り合った箕輪弘隆と結婚し、オシドリ弁護士として、岐阜市に事務所を開設する。昭和49年参院選の地方区候補に出馬、55年には総選挙にも挑戦し、岐阜県初の共産党衆院議員誕生を果たす。共産党中央委員、婦人問題対策委員会事務局長をつとめるが、61年落選した。　夫=箕輪弘隆(弁護士)

箕輪 登　みのわ・のぼる

衆院議員(自民党)　郵政相　箕輪登内外問題研究所所長　医師　大正13年3月5日　北海道小樽市　北海道帝大医専(昭和20年)卒　勲一等瑞宝章(平成6年)　小樽市に箕輪外科医院、朝里病院朝里温泉整備外科医院を開業、各病院長に。昭和42年以来北海道1区から衆院議員に8回当選。防衛政務次官、衆院運輸常任委員長、郵政相(鈴木改造内閣)などを歴任。59年自民党北海道連会長。竹下派。平成2年引退。3年脳こうそくで入院、リハビリの末、言語障害や右半身不随を克服。12年自らの経験を生かし、介護を予知し克服する会を設立。防衛力増強や自主憲法制定を主張する。タカ派として知られたが、16年国民の平和的生存権を侵害するとして自衛隊のイラク派遣の差し止めと慰謝料1万円を求める訴えを札幌地裁に起こした。　長唄、柔道　http://www.hg-law.jp/iraq/

【著書】憲法9条と専守防衛(箕輪登、内田雅敏著　梨の木舎'04)

三原 朝雄　みはら・あさお

衆院議員(自民党)　元・総務長官　防衛庁長官　文相　明治42年8月20日　平成13年3月7日　福岡県遠賀郡遠賀町　明治大学法学部(昭和7年)卒　勲一等旭日大綬章(昭和61年)　大学在学中に"愛国学生連盟"を創設、初代委員長になる。満州国総務庁に勤務し、復員後、農民運動に取り組み、税金闘争のリーダーともなって福岡県議に出馬。県議を5期つとめ、昭和38年以来衆院議員に自民党から当選8回。49年田中内閣で文相、51年福田内閣で防衛庁長官、53年大平内閣で総務長官を歴任。60年定数是正のための衆院公選法改正特別委員長に就任した。無派閥。タカ派のボスとしても知られ、自民党国防族の代表格として長く党安全保障調査会長を務めた。61年6月引退した。

㊫囲碁，読書，スポーツ　㊑長男＝三原征彦（北九州市議），二男＝三原朝彦（衆院議員）

【評伝】したたかなり「国家秘密法」案（石川真澄（朝日新聞編集委員）中央公論'86）

三原 朝彦　みはら・あさひこ

衆院議員（自民党　比例・九州）　㊐昭和22年5月23日　㊊福岡県遠賀郡遠賀町　㊫一橋大学法学部（昭和47年）卒，ダグハマーショルド大学（米国），カールトン大学（カナダ）大学院国際関係論学科修了　㊞防衛庁長官などを務めた三原朝雄の二男。米国、カナダに留学し、マスター・オブ・アーツの肩書を持つ。父親の秘書を経て福祉法人の理事となり、中間青年会議所監事を務めた後、昭和61年より衆院議員に3選。平成5年自民党を離党し新党さきがけに参加。8年落選。12年は自民党から立候補。15年は比例区で当選。通算4期目。旧橋本派。　㊑父＝三原朝雄（衆院議員）
http://www.mihara.gr.jp/

【評伝】平成維新に挑む憂国の志士たち（村上薫著 紀尾井書房'90）

三保 恵一　みほ・けいいち

二本松市長　㊐昭和24年7月18日　㊊福島県二本松市　㊫安達高（昭和44年）卒　㊞昭和58年から福島県議を5期務めた。平成13年無所属で参院選に立候補。15年二本松市長に当選。　㊫野球，読書

三升 正直　みます・まさなお

塩釜市長　㊐大正12年12月11日　㊊宮城県塩釜市　㊫図南中（旧制）卒　㊌旭日小綬章（平成16年）　㊞昭和16年塩釜町役場に入り、市制施行後市役所に勤務。議会事務局長、46年収入役、53年助役を歴任し、58年退職。平成3年塩釜市長に当選、3期務め、15年引退。

三村 申吾　みむら・しんご

青森県知事　衆院議員（無所属の会）　㊐昭和31年4月16日　㊊青森県上北郡百石町　㊫東京大学文学部国文学科（昭和56年）卒　㊞新潮社に6年間勤務後、地元に戻り、家業の三村興業社に勤務の傍ら政治の見習いを始める。平成4年2月百石町長に当選。8年新進党より衆院選に立候補。12年無所属の会より衆院議員に当選、1期務めた。15年青森県知事選に当選。　㊑父＝三村輝文（青森県議），祖父＝三村泰右（青森県会議長）　http://gogo-shingo.momoishi.aomori.jp/

宮岡 寿雄　みやおか・としお

松江市長　㊐昭和5年1月1日　㊙平成12年5月6日　㊊島根県隠岐島知夫村　㊫神戸経済大学第二経営学部（現・神戸大学）（昭和28年）卒　㊞昭和25年神戸市役所に入り、46年市民相談部長、49年水道局総務部長、51年経済局長、54年神戸ポートアイランド博覧会事務局長などを経て、56年助役に就任。56年神戸ポートピアの成功に引き続き、60年ユニバーシアード神戸大会では国庫補助ゼロにもかかわらず、企業の協力を得て4500万円の黒字を計上した。平成元年9月退任し、10月神戸市長選に出馬したが落選。5年松江市長に当選。2期。9年6月から1年間全国市長会副会長を務めた。堀川遊覧船など観光の目玉を生み出してアイデア市長と評価される。一方、賛否の分れる国営中海干拓事業・本庄工区では干拓推進を主張した。　㊫相撲観賞，ゴルフ

宮城 健一　みやぎ・けんいち

浦添市長　㊐昭和8年6月3日　㊊沖縄県浦添市　㊫首里高卒，コザ教員訓練校卒　㊌旭日小綬章（平成15年）　㊞昭和25～48年中学校教師、49年沖縄教組法政部長を経て、59年社会党から沖縄県議に当選、通算3期つとめる。平成9年

浦添市長に当選。13年落選。　🔖音楽，スポーツ

宮城島 弘正　みやぎしま・ひろまさ
清水市長　🎂昭和16年9月20日　🏠静岡県　🎓静岡工（昭和35年）卒　🔖小糸製作所勤務を経て、昭和50年以来静岡県議に3選。60年7月清水市長に当選、5期。平成15年4月静岡市との合併に伴い退任、5月から静岡市副市長を務めた。

宮腰 健　みやこし・たけし
長浜市長　🎂昭和13年7月13日　🏠滋賀県　🎓東京大学経済学部（昭和36年）卒　🔖昭和36年川崎重工業に入社。市場開発室海外開発部長、KHI USA社長、平成9年川崎重工業常勤監査役を経て、12年子会社の川崎食品産業社長。15年8月退職し、同年10月長浜市長に当選。

宮腰 光寛　みやこし・みつひろ
衆院議員（自民党　富山2区）　🎂昭和25年12月21日　🏠富山県黒部市　🎓京都大学法学部中退　🔖昭和49年安藤大理石商店、51年宮腰工業所入社。58年より富山県議4期。平成10年衆院補選に当選。3期目。宮沢派、加藤派を経て、堀内派。　🔖歌唱，読書　http://www.miyakoshi.jp/

宮腰 洋逸　みやこし・よういつ
能代市長　🎂昭和10年2月9日　🏠平成15年5月5日　🏠秋田県能代市浜通町　🎓慶応義塾大学経済学部（昭和33年）卒　🔖昭和33年伊藤忠商事に入社、42年伊藤忠建材販売に転じ、51年能代市教育委員、58年能代市議に当選、59年竹内木材取締役兼任。62年能代市長に当選、4期務め、平成15年引退。公共施設の木造化などの"木のまちづくり事業"や、能代港の整備促進など市の基盤整備に努めた。　🔖読書，謡，茶道

宮坂 博敏　みやさか・ひろとし
千曲市長　🎂昭和3年2月14日　🏠長野県更埴市　🎓山梨工業専門学校卒　🔖更埴市助役を経て、平成元年から更埴市長に4選。15年同市が戸倉町、上山田町と合併して千曲市となることに伴い、千曲市長に当選。

宮崎 勇　みやざき・いさむ
元・経済企画庁長官　大和総研名誉顧問　経済評論家　🏢国際経済　経済政策　🎂大正12年10月28日　🏠佐賀県佐賀市　🎓東京帝国大学経済学部経済学科（昭和22年）卒　🏆石橋湛山賞（昭和59年）「陽はまた昇る─経済力の活用と国際的な貢献」、勲一等瑞宝章（平成10年）　🔖昭和22年経済安定本部入り。54年事務次官に。56年6月退官し、経企庁顧問。57年請われて設立したばかりの大和証券経済研究所理事長に就任。平成元年合併で大和総研と改称。8年特別顧問となる。同年行政改革委員会委員長代理に就任。この間、7年村山改造内閣の経済企画庁長官をつとめた。経企庁時代から官庁エコノミストとして積極的に軍縮論を含む日本経済論を展開。昭和50年「人間の顔をした経済政策」で第10回吉野作造賞を受賞。　🔖野球

【著書】日本経済再生の視点（小峰隆夫，原田泰，宮崎勇編　岩波書店'01）／日本経済図説（宮崎勇，本庄真著　岩波書店'01）／アジア&日本 経済復活のシナリオ（ドーンブッシュ，ルディ，宮崎勇，渡辺利夫著　読売新聞社'98）／日本の経済計画（林雄二郎編，宮崎勇，矢野誠也，田中誠一郎，新藤稔執筆　日本経済評論社'97）／日本経済図説（岩波書店'96）／大予測 2010年の世界と日本（宮崎勇，香西泰ほか著　東洋経済新報社'92）／THE JAPANESE ECONOMY（サイマル出版会'90）／日本経済（サイマル出版会'90）／90年代日本経済の課題は何か（PHP研究所'90）

宮崎 角治　みやざき・かくじ
衆院議員(公明党)　[生]昭和3年12月14日　[出]長崎県南高来郡千々石町　[学]長崎師範卒　[歴]長崎市議2期、昭和54年長崎県議2期を経て、58年衆院議員に当選するが、61年1期で落選。平成元年参院選でも落選。3年県議に復帰し、通算4期つとめた。11年引退。公明党長崎県本部長も務めた。　[趣]登山，スポーツ

宮崎 進策　みやざき・しんさく
滑川市長　[生]大正10年1月10日　[没]昭和61年1月8日　[出]富山県滑川市　[学]県立滑川商業学校(昭和13年)卒　[歴]神戸の三菱倉庫に入社、戦後の昭和24年、滑川町役場に就職。29年財政係長、その後、財政、総務、保健各課長を経て、41年収入役、次いで助役を務め、53年4月市長に初当選、2期。

宮崎 辰雄　みやざき・たつお
神戸市長　[生]明治44年9月3日　[没]平成12年2月22日　[出]兵庫県神戸市　[学]立命館大学法経学部(昭和16年)卒　法学博士(名城大学)(昭和54年)　[賞]日本都市計画学会石川賞(昭和56年)，レジオン・ド・ヌール勲章，地域文化デザイン賞(平成1年)，勲一等瑞宝章(平成2年)　[歴]昭和12年神戸市役所に入る。整地部長、復興部長を経て、28年助役となり、以後4期16年間務め、44年市長に当選。5期20年間務めた。"株式会社神戸市"と評され、新神戸トンネル、神戸ポートピア、新交通システム導入、マルク債発行など次々と成功させ、"アイデア市長"として知られた。63年神戸大学経営学部非常勤講師として、都市経営論を講義。平成元年引退。のち自ら設立した財団法人神戸都市問題研究所理事長。著書に「市民都市論」など。

【著書】神戸を創る(河出書房新社 '93)／都市の経営(日本経済新聞社 '79)

【評伝】神戸市長14人の決断(神戸新聞社編 (神戸)神戸新聞総合出版センター'94)／宮崎神戸市政の研究〈第4巻〉都市政治論(高寄昇三著 神戸都市問題研究所'93)／宮崎神戸市政の研究〈第3巻〉自治体経営論(高寄昇三著 神戸都市問題研究所'93)／宮崎神戸市政の研究〈第2巻〉公共デベロッパー論(高寄昇三著 神戸都市問題研究所'93)／宮崎神戸市政の研究〈第1～4巻〉(高寄昇三著 (神戸)神戸都市問題研究所;勁草書房〔発売〕'92)／企業は変わる人が変わる(江坂彰著 文芸春秋'92)／都市を創った男(山口東著 講談社'90)

宮崎 暢俊　みやざき・のぶとし
小国町(熊本県)町長　[生]昭和16年5月27日　[出]熊本県阿蘇郡小国町　[学]九州大学法学部(昭和38年)卒　[賞]日本建築学会文化賞(平成7年)「熊本県小国町における木造建築文化振興による町づくりへの功績」　[歴]林業家の生まれ。昭和46年小国町議となり、54年町会議長。58年町長に当選。6期目。小国杉を生かした木造建築を中心にした"悠木の里づくり"を唱える。　[趣]スキューバダイビング

【著書】とっぱすの風(タグ・グローバル;七賢出版〔発売〕'94)

宮崎 秀樹　みやざき・ひでき
参院議員(自民党)　[生]昭和6年7月9日　[出]愛知県稲沢市　[学]東京医科大学大学院修了　[歴]日本医師会研究委員を経て、昭和40年愛知県稲沢市に宮崎外科を開設。愛知県医師会理事を7期務めた後、61年参院議員に当選。平成4年落選したが、5年繰り上げ当選、10年落選、13年再び繰り上げ当選。旧渡辺派、江藤・亀井派を経て、亀井派。通算3期務めた。16年引退。

宮崎 雅好　みやざき・まさよし
坂戸市長　[生]昭和2年1月10日　[出]埼玉県坂戸市　[学]海兵卒　[賞]勲三等瑞宝章(平成14年)　[歴]坂戸市収入役を経て、平成8年坂戸市長に5選。12年落選。

宮崎 道公　みやざき・みちひろ
えびの市長　⑯昭和11年6月18日　⑰宮崎県　㊿名城大学薬学部（昭和34年）卒　⑱昭和38年薬局を開店。50年えびの市議となり、市会議長を経て、平成14年市長に当選。

宮崎 道正　みやざき・みちまさ
利賀村（富山県）村長　⑯昭和10年4月20日　⑰富山県東砺波郡利賀村　㊿利賀中（昭和27年）卒　⑱利賀村森林組合に勤め、昭和37年参事。50年から利賀村議を3期、62年4月村長に。平成元年特産のそばで"そばの郷"を開村、ソバの原産地ネパールのツクチェ村と友好村の提携を結んだ。他にも演劇の利賀フェスティバルを契機にギリシャのフォルキス県デルフィ市と、またチューリップの原産地・トルコのヤロバ市と友好関係を結ぶなど、中身のある国際交流につとめた。平成11年退任。　⑲囲碁，きのこ作り，スポーツ

宮崎 茂一　みやざき・もいち
衆院議員（自民党）　元・科学技術庁長官　⑯大正6年2月15日　⑱平成16年2月16日　⑰鹿児島県鹿児島市　㊿東京帝大工学部土木工学科（昭和14年）卒　⑲勲一等瑞宝章（平成4年）　⑱内務省に入省、昭和44年運輸省港湾局長などを経て、47年以来衆院議員に8選。63年竹下改造内閣の科学技術庁長官に就任。旧宮沢派。平成8年引退。

宮里 松正　みやざと・まつしょう
衆院議員（自民党）　元・沖縄県副知事　⑯昭和2年11月3日　⑱平成15年10月26日　⑰沖縄県国頭郡本部町　㊿日本大学法学部（昭和32年）卒　⑲弁護士　⑳勲二等瑞宝章（平成9年）　⑱昭和46年琉球政府副主席となり、山中貞則総理府総務長官と「復帰特別措置法」制定に尽力し、沖縄の本土復帰に貢献。昭和46年琉球政府副主席となり、47年本土復帰に伴い初代沖縄県副知事となる。のち弁護士となり、59年から沖縄弁護士会長。沖縄弁護士会常議委員を経て、61年から衆院議員に3選。平成2年沖縄開発政務次官。安倍派、三塚派、加藤グループ、無派閥を経て、6年再び三塚派入り。8年引退。
⑲ゴルフ

宮沢 喜一　みやざわ・きいち
衆院議員（自民党）　首相　元・自民党総裁　⑯大正8年10月8日　⑰広島県福山市金山町　㊿東京帝国大学法学部政治学科（昭和16年）卒　⑱昭和17年大蔵省入り。大平正芳とともに池田首相の秘書官を務め、28年33歳の若さで参院議員に当選。42年衆院に転じ、"ニューライトの旗手"と呼ばれた。池田、佐藤、福田、鈴木の歴代内閣で経企、通産、外務、官房長官の各大臣を歴任。政策通として定評があり、とくに通訳なしで外国の要人とわたり合える語学力は有名。59年10月初の党三役である総務会長、61年には蔵相となり、鈴木派を継承して宮沢派領袖となった。62年11月竹下内閣の蔵相兼副総理に就任したが、63年12月リクルートコスモス非公開株売買問題で責任をとって辞任。平成3年11月首相に就任。しかし佐川疑惑・金丸事件のさなか、公約の政治改革が実現できず、5年6月内閣不信任決議案が可決され衆院を解散。新生党、新党さきがけなど約50名の脱党者を出し、7月の衆院選では史上最低の223議席にとどまり退陣した。以後も、橋本内閣に金融システム安定化案、ブリッジバンク構想などを提言。10年7月には小渕内閣の蔵相に就任。元首相が蔵相となるのは高橋是清以来。同年12月派閥を加藤紘一に譲り、加藤派の名誉会長に就任。11年1月、10月の改造でも蔵相に留任。12年4月森連立内閣、7月第2次森連立内閣、12月第2次森改造内閣でも留任し、13年1月中央省庁再編で財務相となる。同月堀内派最高顧問。12年6月の総選挙では

比例区中国ブロック1位で当選。当選12回。15年10月自民党が導入した73歳定年制の適用を受け引退。　⑱能鑑賞
㊂父＝宮沢裕（衆院議員），弟＝宮沢弘（参院議員），宮沢泰（外交官），祖父＝小川平吉（政治家）
【著書】対論 改憲・護憲（中曽根康弘，宮沢喜一著 朝日新聞社'97）／21世紀への委任状（小学館 '95）／新・護憲宣言（朝日新聞社 '95）／今後の日米を読む（宮沢喜一，本間長世，シェアラー，デレク著，アジア調査会編 プラネット出版'91）／戦後政治の証言（読売新聞社 '91）
【評伝】宮沢喜一・全人像（清宮龍著 行研'92）／宮沢喜一の選択と経世会支配の構図（大塚英樹著 天山出版'92）／総理大臣宮沢喜一（本沢二郎著 ぴいぷる社'91）

宮沢 弘　みやざわ・ひろし
参院議員（自民党）　法相　⑭大正10年9月22日　⑮東京　⑯東京帝国大学法学部政治学科（昭和18年）卒　⑰内務省に入り、昭和34年千葉県副知事、48年自治事務次官を経て、48年から広島県知事。2期8年をつとめ、56年11月の参院広島補選で当選以来3選。平成7年10月〜8年1月辞任した田沢智治法相の後を受け、村山改造内閣の法相を務める。旧宮沢派。10年引退。同年7月三菱総合研究所顧問に就任。　㊂長男＝宮沢洋一（衆院議員），父＝宮沢裕（政治家），兄＝宮沢喜一（首相），弟＝宮沢泰（外交官），祖父＝小川平吉（政治家）
【著書】さらば「何でも東京」病（講談社'81）
【評伝】藤原弘達のグリーン放談〈4〉勇往邁進（藤原弘達編 藤原弘達著作刊行会；学習研究社〔発売〕['86]）／証言 地方自治（本間義人編著 ぎょうせい'94）

宮沢 洋一　みやざわ・よういち
衆院議員（自民党　広島7区）　⑭昭和25年4月21日　⑮広島県　⑯東京大学法学部（昭和49年）卒　⑰昭和49年大蔵省に入り、大阪の岸和田税務署長、官房企画官などを経て、平成2年日本証券経済研究所ニューヨーク事務所、4年5月官房付兼内閣審議官、同年6月伯父・宮沢喜一首相の政務秘書官となる。5年9月大蔵省を退官。12年衆院議員に当選。2期目。加藤派を経て、堀内派。
㊂父＝宮沢弘（参院議員），祖父＝宮沢裕（衆院議員）　http://www.miyazawa-yoichi.com/

宮路 和明　みやじ・かずあき
衆院議員（自民党　鹿児島3区）　⑭昭和15年11月29日　⑮鹿児島県　⑯東京大学法学部（昭和40年）卒　⑰昭和40年農林省入省。参事官を経て、平成2年衆院議員に当選。14年1月〜7月小泉内閣の厚生労働副大臣。5期目。三塚派を経て、森派。

宮下 一郎　みやした・いちろう
衆院議員（自民党　長野5区）　⑭昭和33年8月1日　⑮長野県　⑯東京大学経済学部（昭和58年）卒　⑰昭和58年住友銀行に入行。平成3年から父・宮下創平衆院議員の秘書官を務める。15年父の後継者として衆院選長野5区に自民党から立候補し当選。　㊂父＝宮下創平（衆院議員）　http://www.m-ichiro.jp/

宮下 創平　みやした・そうへい
衆院議員（自民党）　厚相　環境庁長官　⑭昭和2年11月10日　⑮長野県上伊那郡長谷村　⑯東京大学法学部（昭和28年）卒　⑱勲一等旭日大綬章（平成14年）
⑰昭和28年大蔵省に入り、主計官、主計局総務課長、審議官を経て、54年退官。同年秋、長野3区より無所属で出馬し当選。平成3年宮沢内閣の防衛庁長官に就任。6年8月侵略否定発言で辞職した桜井長官の後を受けて、村山内閣の環境庁長官を務めた。10年7月小渕内閣の厚相に就任。11年1月小渕改造内閣でも留任。当選8回。官僚出身の政策通として知られた。三塚派を経て、森派。15年引退。　㊂長男＝宮下一郎（衆院議員）

【評伝】藤原弘達のグリーン放談〈8〉虚心坦懐(藤原弘達編 藤原弘達著作刊行会;学習研究社〔発売〕'87)

宮下 裕 みやした・ゆたか
善通寺市長 [生]昭和12年1月1日 [出]香川県 [学]防衛大学校電気科(昭和34年) [歴]昭和34年航空自衛隊入隊。平成元年3月航空開発実験集団司令官、2年7月西部航空方面隊司令官、3年3月統合幕僚学校校長、同年7月総合幕僚会議事務局長、4年6月航空自衛隊航空総隊司令官を歴任。5年7月退官。6年4月善通寺市長に当選。3期目。

宮島 大典 みやじま・だいすけ
衆院議員(自民党) [生]昭和38年6月6日 [出]長崎県 [学]一橋大学社会学部(平成1年)卒 [歴]参院議員秘書、専修学校副理事長、政治団体代表を経て、平成3年長崎県議に当選、1期。7年参院選、8年衆院選長崎1区に立候補。10年2月衆院選長崎4区の補選で当選。1期務める。12年、15年落選。堀内派。 [家]父=宮島滉(参院議員)

宮島 剛 みやじま・たけし
佐賀市長 日本血液製剤協会理事長 元・厚生省官房長 [生]大正14年9月19日 [出]佐賀市 [学]東京帝大法学部政治学科(昭和24年)卒 [歴]昭和24年厚生省に入省。49年薬務局長、50年官房長を歴任して、51年退官。天下りもせず東京の叔父の会社に勤める。3年後の54年、佐賀市長に当選。以来、毎年問題となっていた佐賀市の水害を2年で排水施設を完成させて解決するなどの実績をあげるが、61年末過労で倒れ、辞任した。62年船員保険会会長を経て、現在、日本血液製剤協会理事長。 [趣]麻雀,囲碁,ゴルフ

宮島 滉 みやじま・ひろし
参院議員(自民党) 元・させぼ農協組合長 [生]昭和2年2月22日 [出]長崎県佐世保市 [学]日本大学法学部(昭和28年)卒 [賞]勲三等旭日中綬章(平成9年) [歴]昭和39年佐世保市農協に入り、46年農協組合長、55年長崎県信用農協連合会長。56年全国新聞情報連理事、農林中央金庫管理委員、57年テレビ長崎取締役を歴任。58年参院議員に当選。平成元年落選。7年長崎県農協中央会会長。させぼ農協組合長なども務めた。 [趣]読書,ゴルフ [家]息子=宮島大典(参院議員)

宮島 雅展 みやじま・まさのぶ
甲府市長 [生]昭和20年7月30日 [出]山梨県 [学]山梨大学中退 [歴]甲府市議、市会副議長を経て、平成3年山梨県議に当選、3期務める。15年甲府市長に当選。

宮田 早苗 みやた・さなえ
衆院議員(民社党) [生]大正8年6月12日 [出]山口県 [学]明倫高小(昭和7年)卒 [賞]勲二等瑞宝章(平成1年) [歴]八幡製鉄一筋で生きて来た"八幡マン"。八幡・富士両製鉄の合併では、反対派が強かった組合の中で合併推進の旗を振った。昭和47年衆院議員に当選。4期。57年沖縄北方問題特別委員長に就任。61年6月引退。 [家]弟=宮田義二(鉄鋼労連最高顧問)

宮田 輝 みやた・てる
参院議員(自民党) 元・NHKアナウンサー [生]大正10年12月25日 [没]平成2年7月15日 [出]東京都足立区 本名=宮田輝 [学]明治大学専門部商科卒 [賞]菊池寛賞特別賞(昭和42年) [歴]昭和17年NHKに2番の成績で入局、アナウンサーとなる。この時、1番の成績で入局したのが同じくアナウンサーとして一時代を築いた高橋圭三だった。戦後の21年にスタートした「のど自慢素人音楽会」の司会となり、朴訥とした中に

鋭さを秘めた話術で人気を博した。その後も「三つの歌」「紅白歌合戦」などの番組で司会を務め、同局の看板アナウンサーとしての地位を確立。49年2月理事待遇で同局を退職、同年夏の参院選に自民党公認で出馬し、259万票の全国区最高点で当選。以来連続3選。比例代表制が導入された61年参院選では比例名簿22位に置かれて最後の当選者となり、この待遇に抗議して直後に行われた首班指名本会議を欠席した。農水政務次官などを務めた。宮沢派。

宮田 良雄 みやた・よしお
尼崎市長 ㊙昭和2年5月7日 ㊙兵庫県 ㊙関西大学法学部（昭和28年）卒 ㊙旭日中綬章（平成15年） ㊙昭和33年尼崎市役所に勤務。55年同市総務局長、60年収入役、のち市教育長を歴任。平成6年尼崎市長に当選、2期務める。14年落選。 ㊙読書

宮地 正介 みやち・しょうすけ
衆院議員（公明党） ㊙昭和15年6月26日 ㊙東京・浅草 ㊙早稲田大学政経学部政治学科（昭和39年）卒 ㊙参院議員秘書を経て、昭和51年公明党から衆院議員に当選。7期務めた。平成6年新進党、10年1月新党平和、同年11月新公明党結成に参加。12年引退。

宮原 栄吉 みやはら・えいきち
青木村（長野県）村長 ㊙明治45年1月23日 ㊙平成11年10月26日 ㊙長野県青木村 ㊙早稲田大学政経学部（昭和9年）卒 ㊙藍綬褒章（昭和53年）、勲四等旭日小綬章（平成5年）、青木村名誉村民 ㊙田沢温泉に江戸時代から続く旅館に生まれる。大卒後、郷里に帰り、昭和21年青木村議を経て、22年の新憲法による第1回村長選で当選。当時としては全国の首長で最多の12期連続当選を果たした。平成5年引退。長野県町村会長、全国簡易水道協議会会長、日本草地協会副会長を務めた。

宮間 満寿雄 みやま・ますお
松戸市長 ㊙大正13年4月8日 ㊙平成6年5月15日 ㊙千葉県松戸市 ㊙東葛飾中（昭和17年）卒 ㊙昭和38年松戸市総務部長、46年助役を経て、48年から市長に6選。

宮本 一三 みやもと・いちぞう
衆院議員（自民党） 神野学園理事長 経済評論家 ㊙税法 ㊙昭和6年9月7日 ㊙兵庫県淡路島 ㊙一橋大学経済学部（昭和30年）卒，ハーバード大学大学院（昭和47年）博士課程修了 経済学博士（ハーバード大学）（昭和47年） ㊙勲三等旭日中綬章（平成13年） ㊙大蔵省入省。国際通の論客として知られる。ワシントンにはIMFや在米大使館で4年間、ジャカルタにも1年間駐在した。本省では国際金融局調査課長などを経験。昭和47年にはハーバード大学の経済学博士号を取得。国内でも奈良・桜井税務署長、関税局、国税庁などを経て、名古屋国税局長を務めた。平成5年新生党から衆院議員に当選。3期。6年新進党結成に参加。のち自民党に入党。15年小泉第2次改造内閣の文部科学副大臣に就任。堀内派。16年参院選に無所属で立候補するが、落選。著書に「経営者の税務読本」「法人税法入門」「米国の世界経済戦略」など。 http://miyamoto.ne.jp/

宮本 顕治 みやもと・けんじ
日本共産党中央委員会名誉役員 参院議員 評論家 ㊙明治41年10月17日 ㊙山口県熊毛郡光井村（現・光市光井） ㊙東京帝国大学経済学科（昭和6年）卒 ㊙松山高では社会科学研究会をつくり、東大ではマルクス主義の学習会を組織。昭和4年「改造」の懸賞文芸評論に芥川龍之介論「『敗北』の文学」で第一席となり、以降片山伸や広津和郎を論じて、プロレタリア文学運動の理論的な担い手となる。卒業後の6年日本共産党に入党し、翌7年党員文学者の中条百合子と

結婚。まもなく地下にもぐり、8年2月第一評論集「レーニン主義文学闘争への道」を刊行、5月党中央委員となる。11月スパイ査問事件で検挙され、治安維持法違反などで終身刑となるが、非転向を貫く。戦後、20年10月網走刑務所から釈放され、中央委員・政治局員となるが、25年6月のレッド・パージにより公職追放。この間、共産党は分裂状態が続くが、30年六全協を経て、33年日本共産党中央委員会書記長、45年幹部会委員長に就任、戦後入党した不破哲三らを要職につけて宮本体制を確立した。52年から参院議員を2期務めた。57年委員長を引退し、中央委員会議長。平成元年議員を引退、党務に専念する。9年9月中央委員会議長を正式に引退、名誉議長。12年11月名誉役員。主な著書に「日本革命の展望」「宮本顕治現代論」(全3巻)「宮本顕治80年代論」(全9冊)「宮本百合子の世界」のほか、「宮本顕治文芸評論選集」(全4巻, 新日本出版社)がある。 [家]妻=宮本百合子(プロレタリア作家)

【著書】日本共産党の立場〈1~5〉(新日本出版社 '97)/革新的未来をめざして(新日本出版社 '97)/露草あをし(宮本顕治, 小林栄三ほか著 (郡山)宮本百合子文学散策編纂委員会;(会津若松)歴史春秋社'96)/日本共産党の党員像(新日本出版社 '95)/党建設の基本方向〈上下〉(新日本出版社 '95)/網走の覚書(新日本出版社 '90)/国会の十二年から(新日本出版社 '89)

【評伝】宮本共産党を裁く(水島毅著 全貌社 '96)/宮本顕治論(武藤功著 田畑書店'90)

宮本 岳志　みやもと・たけし

参院議員(共産党) [生]昭和34年12月25日 [出]和歌山県和歌山市 [学]和歌山大学教育学部中退 [歴]岸和田高校入学直後から民主青年同盟に参加。昭和63年日本共産党に入党。大学中退後、党職員となり、平成10年参院議員に当選、1期。16年落選。 http://www.miyamoto-net.net/

宮本 弘　みやもと・ひろし

中川町(北海道)町長 [生]大正14年6月20日 [没]平成4年11月20日 [出]奈良県吉野郡十津川村 [学]下川高(昭和26年)卒 [賞]北海道社会貢献賞(昭和61年), 全国町村会長表彰(昭和63年) [歴]生後間もなく一家で北海道へ。昭和26年から中川町役場勤務。35年教育長、42年助役を経て、54年～平成3年町長をつとめた。昭和61年中国残留日本人孤児の「身元引受人制度」に自治体として初めて名乗りをあげた。

宮本 増雄　みやもと・ますお

日向市長 [生]昭和5年3月10日 [出]宮崎県日向市 [学]高小(昭和19年)卒 [歴]昭和38年日向市議に当選、自民党日向支部幹事長もつとめたが、総選挙で支持する新自由ク離党の大原代議士を自民党県連が公認しなかったことで離党し、落選。56年市長に当選し、2期。平成元年、8年落選。

宮元 義雄　みやもと・よしお

日南市長 [生]大正11年1月20日 [出]宮崎県 [学]飫肥農卒 [賞]勲三等瑞宝章(平成9年) [歴]宮崎県総務・財政課長、自治省大臣官房調査官、宮崎県総務部長、宮崎県企業管理者、全国知事会事務局次長、地方職員共済組合理事などを経て、平成4年日南市長に当選。8年落選。

【著書】官官接待と監査(学陽書房 '97)/地方自治体の監査委員(学陽書房 '93)/地方職員の倫理(学陽書房 '86)

明神 健夫　みょうじん・たけお

東津野村(高知県)村長 [生]昭和24年2月22日 [出]高知県高岡郡東津野村 [学]檮原高卒 [歴]兵庫県警の警察官を5年間務めた後、高知県東津野村に帰郷。昭和47年役場に入り農業係長を経て、平成2年村長に当選。同年共通の資源である清流を核に、観光、産業振興など広域的地域づくりに取り組もうと四万十川の源流域の4町村とともに自治体連合・

四万十源流合衆国を結成。4年3代目大統領に。4期目。17年2月同村は葉山村と合併、津野町となる。 [趣]ジョギング，水泳

三好 章 みよし・あきら
福山市長 [生]昭和4年11月4日 [没]平成16年8月14日 [出]広島県福山市 [学]宜山高小卒 [歴]昭和47年三栄石油を設立、代表取締役。45年駅家町(現・福山市)町議に。福山市会副議長、議長を経て、平成3年福山市長に当選。4期。

三好 幹二 みよし・かんじ
西予市長 [学]法政大学卒 [歴]愛媛県宇和町総務課長、助役を歴任。平成16年5月同町と近隣4町が合併して新たに発足した西予市の初代市長に当選。

三輪 優 みわ・まさる
津島市長 [歴]愛知県農業水産部長、同県中小企業振興公社理事長などを経て、平成14年津島市助役。15年市長に当選。同年7月市長選の選挙違反事件で自派から5人の逮捕者を出したため辞職したが、8月の出直し選挙で再選。2期目。

【む】

向井 通彦 むかい・みちひこ
泉南市長 [生]昭和16年6月23日 [出]奈良県 [学]近畿大学法学部(昭和59年)卒 [歴]平成6年泉南市長に当選。3期目。

向山 一人 むかいやま・かずと
参院議員(自民党) KOA会長 [生]大正3年2月10日 [没]平成7年12月21日 [出]長野県伊那市 [学]早大付属高等工学校(昭和11年)卒 [賞]紺綬褒章(昭和37年)，勲二等旭日重光章(平成4年) [歴]昭和15年興亜工業社(現・KOA)を創立。22年興亜電工社長となり30年伊那市議、34年には長野県議に当選。38年建設省専門委員、39年興亜ソリッド社長、42年日経連常任理事を歴任。44年から衆院議員2期。52年KOA会長、60年長野県経営者協会長を経て、61年の衆参同日選挙で参院議員に転じて初当選。渡辺派。平成4年引退。 [趣]囲碁，ゴルフ，柔道(四段)

向江 昇 むかえ・のぼる
泉佐野市長 [生]昭和9年1月23日 [出]台湾 [学]加治木工中退 [賞]藍綬褒章(平成3年)，旭日中綬章(平成16年) [歴]昭和31年以来泉佐野市議3期、47年市会議長を経て、51年市長に当選。6期務め、平成12年落選。15年大阪府議に立候補するが落選。この間、第3セクター泉佐野コスモポリス社長も務めていたが、9年経営破綻。

向山 吉苗 むこうやま・よしたね
塩山市長 山梨県議 [生]大正14年6月19日 [出]山梨県塩山市 [学]明治大学中退 [賞]旭日双光章(平成16年) [歴]塩山市議、山梨県議を経て、昭和60年塩山市長に当選、1期。平成元年落選。

牟田 勝輔 むた・かつすけ
武雄市長 [生]大12.1.3 [出]佐賀県 [学]伊万里商卒 [賞]勲三等瑞宝章(平成5年)

牟田 秀敏 むた・ひでとし
鳥栖市長 [生]昭和16年2月2日 [出]佐賀県鳥栖市 [学]三養基高卒 [歴]昭和49年福岡日出麿参院議員第1秘書。58年以来佐賀県議に4選。平成11年鳥栖市長に当選。2期目。 [趣]釣り，読書

武藤 彬 むとう・あきら
常陸太田市長 [生]大10.12.25 [出]茨城県 [学]日本大学農獣医学部卒 [歴]昭和49年以来常陸太田市長に4選。平成2年引退。

武藤 嘉文 むとう・かぶん
衆院議員（自民党 岐阜3区） 外相 総務庁長官 [生]大正15年11月18日 [出]岐阜県各務原市 [学]京都大学法学部（昭和26年）卒 [賞]エクアドル共和国大十字勲章（昭和63年），勲一等旭日大綬章（平成12年） [歴]昭和26年武藤醸造に入り29年副社長、34年武藤本店社長。42年以来衆院議員に13選し、47年自治政務次官、52年自民党政調副会長、53年党副幹事長。54年第2次大平内閣の農水相を経て、平成2年第2次海部内閣の通産相。岐阜青年会議所理事長、日本青年会議所副会頭をつとめ、昭和39年には日本青年海外派遣団南欧中近東班団長として渡航。平成5年4月病気のため辞任した渡辺美智雄衆院議員に代わって第2次宮沢内閣の外相に就任。7年党総務会長。8年第2次橋本内閣の総務庁長官。亀井派を経て、16年3月無派閥。 [趣]囲碁，剣道 [家]父＝武藤嘉一（衆院議員），祖父＝武藤嘉門（衆院議員） http://homepage2.nifty.com/610-kabun/

【著書】この国の衰退を救う（ダイヤモンド社 '99）／平成の開国（プレジデント社 '91）／新日本主義への警告（武藤嘉文, 霍見芳浩編 講談社'88）

【評伝】藤原弘達のグリーン放談〈5〉豪放磊落（藤原弘達編 藤原弘達著作刊行会;学習研究社〔発売〕〔'86）

武藤 山治 むとう・さんじ
衆院議員（社会党） [生]大正14年7月8日 [没]平成13年5月29日 [出]栃木県足利市 [学]早稲田大学政経学部（昭和26年）卒，早稲田大学大学院（昭和27年）中退 [賞]勲一等旭日大綬章（平成7年） [歴]税務署、消防隊などで働きながら学業を続ける傍ら、昭和21年金子益太郎代議士秘書になる。27年大学院を中退し館林女子高教諭、30年から栃木県議を2期つとめ、35年衆院議員に当選、通算10期。財政金融政策委員長、52年党政審会長、58年右派の政権構想研究会代表、61年副委員長、63年党代議士会長を歴任。同年株式売買に絡む明電工事件で株売却益の授受疑惑が持たれ、平成4年衆院商工委員長を辞任。5年落選し、政界を引退した。 [趣]絵画，将棋，盆栽

【評伝】武藤山治・全人像（筑道行寛著 行研'89）／永田町の“都の西北”小説早稲田大学〈前編〉（大下英治著 角川書店'88）

武藤 博 むとう・ひろし
上福岡市長 [生]昭和12年4月20日 [出]埼玉県浦和市 [学]浦和市立高卒 [歴]上福岡市議を経て、平成8年上福岡市長に当選。2期目。

武藤 保之助 むとう・やすのすけ
所沢市長 [生]大正2年9月7日 [没]平成15年2月25日 [出]埼玉県所沢市 [学]松井青年学校（昭和8年）卒 [歴]昭和58年所沢市長に当選。62年落選。

宗広 亮三 むねひろ・りょうぞう
八幡町（岐阜県）町長 [生]大正10年12月1日 [出]岐阜県郡上郡八幡町 [学]八幡中卒 [賞]勲五等双光旭日章（平成11年） [歴]終戦後、岐阜県庁の課長職や県事務所長を経て定年退職。故郷に戻り3年後、同県八幡町長に当選。昭和60年春、同町にある連歌師・飯尾宗祇ゆかりの湧水「宗祇水」が「名水百選」に選ばれ、第1回水環境保全都市町村シンポジウムを企画。

村井 健造 むらい・けんぞう
大蔵村（山形県）村長 [生]大正12年2月24日 [出]山形県最上郡大蔵村 [学]酒田商業（旧制）卒 [歴]山形県大蔵村・肘折温泉に旅館の長男として生まれる。大蔵村議5期を経て、昭和54年から村長に5選。嫁不足の解決策としてフィリピン女性との国際結婚を提案、実施した。平成11年退任。

村井 仁　むらい・じん
衆院議員(自民党　比例・北陸信越)　元・国家公安委員会委員長　[生]昭和12年3月28日　[出]長野県木曽郡木曽福島町　[学]東京大学経済学部(昭和34年)卒　[歴]昭和34年通産省入省。オーストラリア大使官参事官、中小企業庁長官官房総務課長を経て、通産省官房審議官、60年から工業技術院総務部長を務めていたが、61年1月退官。団体役員を経て、同年7月衆院議員に当選、6期目。自民党竹下派、羽田派、平成5年6月新生党を経て、6年新進党結成に参加。9年離党し自民党に復党。旧小渕派、森派を経て、旧橋本派。13年第2次森改造内閣の内閣副大臣、同年4月小泉内閣の防災担当相、国家公安委員会委員長に就任。14年6月食品安全委員会担当相を兼務。15年の衆院選は選挙区で敗れるが、比例区で復活当選。通産省時代は“村井バー”と呼ばれた酒豪。 http://www2.cnet.ne.jp/muraizin/

村井 大輔　むらい・だいすけ
北野町(福岡県)町長　[生]大正12年10月24日　[学]国士館専中退　[賞]勲四等旭日小綬章(平成9年)　[歴]昭和37年筑後川砂利採取に勤務、41年大光建設を設立、社長に。42年より福岡県北野町議を5期務め、50年議長。60年以来町長に3選。平成4年福岡県町村会海外研修で訪れたシンガポールの街並みの美しさを見習おうとごみのポイ捨てに3万円の罰則規定を盛った環境条例を制定。

村井 宗明　むらい・むねあき
衆院議員(民主党　比例・北陸信越)　[生]昭和48年5月30日　[出]富山県　[学]同志社大学法学部(平成9年)卒　[歴]大学在学中、阪神大震災や島根県隠岐島沖ナホトカ号重油流出事故の支援ボランティアとして活躍。平成9年民主党大阪を経て、13年同党本部職員。この間、NPO法人・シックハウスを考える会事務局長、環境NPOの情報を収集・発信する関西環境情報ステーションPico代表を務めるなど、市民運動に積極的に携わる。15年衆院議員に当選。 http://www.murai.tv/

村岡 兼造　むらおか・かねぞう
衆院議員(自民党)　元・内閣官房長官　[生]昭和6年8月27日　[出]秋田県本荘市　[学]慶応義塾大学経済学部(昭和29年)卒　[賞]勲一等旭日大綬章(平成13年)　[歴]本荘市商工連理事、秋田県議2期を経て、昭和47年衆院議員に当選。平成元年宇野内閣の郵政相、2年第2次海部改造内閣の運輸相を経て、9年第2次橋本改造内閣の官房長官。10年自民党幹事長代理、12年総務会長。15年総選挙で落選し引退の意向を表明。当選9回。竹下派、小渕派を経て、橋本派。16年旧橋本派政治団体の献金隠し事件で主導的な役割を果たしたとして、政治資金規正法違反(不記載)の罪で在宅起訴される。[趣]読書，囲碁，ゴルフ

村上 和弘　むらかみ・かずひろ
因島市長　[生]昭和21年5月20日　[出]広島県因島市　[学]明治大学卒　[歴]因島市議を経て、平成11年因島市長に当選。2期目。

村上 茂利　むらかみ・しげとし
衆院議員(自民党)　元・労働事務次官　[生]大正7年11月9日　[没]平成1年11月20日　[出]北海道天塩郡遠別町　号=北海　[学]中央大学法学部(昭和16年)卒　法学博士　[歴]労働省に入省、昭和37年職業訓練局長、38年労働基準局長、43年職業安定局長、44年事務次官を歴任して退官。51年以来北海道2区から衆院議員に3選。安倍派。61年に落選。また書家としても知られた。

村上 誠一郎　むらかみ・せいいちろう
衆院議員（自民党　愛媛2区）　内閣府特命担当相　⑰昭和27年5月11日　⑭愛媛県越智郡宮窪町　⑮東京大学法学部政治学科（昭和52年）卒　父と曽祖父が元代議士。伯父も参院議員を務めた政治家一家の出身。昭和52年から河本敏夫の秘書を務め、61年衆院議員に当選。6期目。平成13年第2次森改造内閣で財務副大臣となり、同年小泉内閣でも再任。16年第2次小泉改造内閣の内閣府特命担当相（規制改革・産業再生機構）、行政改革担当構造改革特区・地域再生担当に就任。高村派。　㊙父＝村上信二郎（衆院議員）

村上 達也　むらかみ・たつや
東海村（茨城県）村長　⑰昭和18年2月16日　⑭茨城県　⑮一橋大学社会学部（昭和41年）卒　⑯昭和41年常陽銀行に入行、平成9年3月退行。同年6月茨城県の東海村村長に当選。2期目。11年9月同村内の核燃料を扱う事業所JCOで起きた国内初の臨界事故の際、対策本部長として陣頭指揮を執った。
【評伝】みえない恐怖をこえて（箕川恒男著（那珂町）那珂書房'02）

村上 利夫　むらかみ・としお
小浜市長　⑰昭和7年3月12日　⑭福井県　⑮鯉渕学園卒　⑯昭和46年福井県立農業短期大学教授、福井県農林水産部参事、農産園芸課長、農林水産部長などを経て、62年福井県議補選に当選。3期つとめる。平成12年小浜市長に当選。2期目。　㊙詩吟、弓道

村上 弘　むらかみ・ひろむ
衆院議員（共産党）　⑰大正10年9月24日　⑭広島県因島市　⑮逓信官吏練習所行政科（昭和17年）卒　⑯9歳で大阪へ養子に出る。大阪中央電信局に勤務し、戦後共産党に入党。全逓地協会会長、大阪官公労協会会長を経て、昭和47年以来大阪3区から衆院議員に4選。この間国対委員長、党衆院議員団長、党副委員長を歴任。62年4月、不破委員長が心疾患で入院のため委員長代行となり、11月委員長に就任したが、平成元年6月病気で辞任。平成2年引退。
【著書】日本と世界の進歩をめざして（新日本出版社'89）
【評伝】宮本共産党は崩壊する（水島毅著世界日報社'89）

村上 正邦　むらかみ・まさくに
参院議員（自民党）　労相　⑰昭和7年8月21日　⑭福岡県田川郡添田町　⑮拓殖大学政経学部政治学科（昭和31年）卒　⑯玉置和郎参院議員秘書などを経て、昭和55年以来参院議員に4選。59年防衛政務次官、参院大蔵委員長を歴任。平成4年宮沢改造内閣の労相に就任。7年参院自民党幹事長。10年12月旧渡辺派会長。11年3月村上・亀井派を結成、会長となる。同年7月会長を辞任。12年1月憲法調査会会長。江藤・亀井派所属。著書に「政治にスジを通す」「混の東欧を探る」など。この間、ケーエスデー中小企業経営者福祉事業団（KSD）に有利な国会質問を行った見返りに資金提供を受けていたことが明るみとなり、13年2月辞職。同年3月受託収賄の疑いで東京地検特捜部に逮捕される。
【著書】汗にむくいる（労務行政研究所'94）

村上 惟子　⇒松本惟子（まつもと・ゆいこ）を見よ

村越 祐民　むらこし・ひろたみ
衆院議員（民主党　千葉5区）　⑰昭和49年2月13日　⑭千葉県市川市　⑮青山学院大学国際政治経済学部卒、早稲田大学大学院法学研究科憲法学専攻修士課程　⑯外資系コンピュータハードウェアメーカーに勤務した後、平成15年4月民主党から出馬して千葉県議に当選。同年11月衆院選千葉5区で当選。早稲田大学大学院で憲法学を学ぶ一方、日本都市政策研究所の主任研究員を務める。

[団]日本マンション学会　http://www.hirotami.jp/

村沢 牧　むらさわ・まき

参院議員（社民党）　[生]大正13年8月1日　[没]平成11年9月8日　[出]長野県下伊那郡南信濃村　[学]中央大学法学部（昭和29年）卒　[歴]昭和38年以来長野県議3期を経て、52年参院議員に当選。4期目の任期中に死去。

村田 敬次郎　むらた・けいじろう

衆院議員（自民党）　通産相　自治相　[生]大正13年2月12日　[没]平成15年4月2日　[出]愛知県豊橋市　[学]京都大学法学部（昭和24年）卒　[賞]勲一等旭日大綬章（平成7年）　[歴]鳥取県、自治庁、愛知県に勤めた後、昭和44年衆院議員に当選、以来10期連続当選を果たす。この間、建設政務次官、総理府総務副長官、党人事局長、衆院建設常任委員長を歴任して、59年中曽根内閣の通産相に就任。平成元年党政調会長、3年弾劾裁判所裁判長、4年宮沢改造内閣の自治相。三塚派を経て、森派。首都機能移転問題に取り組み、5年より新首都推進懇談会会長を務めた。12年引退。著書に「メガロポリスへの挑戦」。　[趣]囲碁，音楽，写真

村田 柴太　むらた・さいた

大迫町（岩手県）町長　岩手県議（自由党）　エーデルワイン社長　[生]大正15年2月21日　[没]平成14年9月30日　[出]岩手県稗貫郡大迫町　[学]早稲田大学政経学部（昭和25年）卒　[賞]藍綬褒章，河北文化賞（第34回，昭59年度），勲三等瑞宝章（平成12年）　[歴]大迫町議、大迫町商工会長、大迫町農業協同組合長を経て、昭和35年大迫町長に当選。この間46年から2期、岩手県町村会長をつとめた。町長に就任以来ワイン文化の里づくりに力を尽ぎ、ブドウ・ワインづくりを先頭に立って指揮、49年にはエーデルワインを設立、社長を兼任。また51年に国重要無形民俗文化財の指定第1号となった早池峰神楽の保存、早池峰山の国定公園指定にも尽力した。平成3年岩手県議に当選、2期つとめた。11年政界を退いたが、補助金不正受給の不祥事による12年4月の出直し町長選に担がれ、無投票で当選。通算9期。著書に「町長日誌」がある。　[趣]登山，絵画，民芸鑑賞

村田 誠醇　むらた・せいじゅん

参院議員（社会党）　[生]昭和22年2月6日　[出]東京都　[学]日本大学法学部（昭和44年）卒　[資]社会保険労務士　[歴]社会党中央本部勤務を経て、東京商工労務センター代表などを歴任。全国中小企業連合常務理事、副会長を務めた。平成元年参院比例区に当選。7年落選。8年衆院選に民主党から立候補。のち社会保険労務士として活動。

村田 秀三　むらた・ひでぞう

参院議員（社会党）　[生]大正10年5月4日　[没]昭和60年1月5日　[出]福島県白河市　[学]仙台逓信講習所卒　[歴]昭和31年全逓福島地本委員長（9期）。昭和40年参院地方区（福島県）に初当選、当選4回。社会労働委員長、災害対策特別委員長、参議院社会党国対副委員長（2回）。

村田 吉隆　むらた・よしたか

衆院議員（自民党　岡山5区）　国家公安委員会委員長　防災・有事法制担当相　[生]昭和19年7月30日　[出]静岡県　[学]京都大学法学部（昭和43年）卒　[歴]昭和43年大蔵省入省。61年東京国税局直税部長、62年大蔵省国際金融局調査部長、のち大阪国税局調査部長を歴任して退官。平成2年衆院議員に当選。13年小泉内閣の内閣副大臣。16年第2次小泉改造内閣の国家公安委員会委員長、防災・有事法制担当相に就任。5期目。宮沢派、加藤派を経て、堀内派。

http://murata-yoshitaka.jp/

村西 俊雄　むらにし・としお
米原町(滋賀県)町長　[生]昭和16年2月26日　[出]滋賀県秦荘町　[学]彦根東高(昭和34年)卒　[歴]昭和37年滋賀県庁に入る。平成6年土木部次長、8年県人事委員会事務局長、11年滋賀県立大学事務局長を経て、12年4月米原町助役となり、10月町長に当選。2期目。人事委員会事務局長時代に職員採用の国籍条項撤廃に携わったのがきっかけで、永住外国人の参画の必要性を考えるようになる。14年3月全国で初めて、永住外国人に投票資格を認めた市町村合併を問う住民投票を実現した。　[趣]油絵

村山 喜一　むらやま・きいち
衆院議員(社会党)　[生]大正10年7月21日　[没]平成8年8月16日　[出]鹿児島県始良郡蒲生町　[学]台南師範(昭和16年)卒　[歴]小学教員、鹿児島県評事務局長、鹿児島県議を経て、昭和35年から衆院議員に10期。国対委員長時代は参院全国区の比例代表制導入にタッチ。飛鳥田執行部時代は副委員長を務めた。平成2年衆院副議長。5年引退。

村山 達雄　むらやま・たつお
衆院議員(自民党)　蔵相　[生]大正4年2月8日　[出]新潟県長岡市　[学]東京帝大法学部(昭和12年)卒　[賞]勲一等旭日大綬章(平成5年)　[歴]昭和12年大蔵省に入り、35年主税局長。38年退任し、同年以来衆院に当選12回。43年運輸政務次官、46年法務政務次官、52年福田改造内閣大蔵大臣、55年鈴木内閣厚生大臣、63年竹下内閣大蔵大臣。平成元年宇野内閣でも留任。宮沢派を経て、加藤派。12年引退。　[趣]囲碁，ゴルフ
【評伝】大蔵省主税局(栗林良光著 講談社'87)

村山 富市　むらやま・とみいち
首相　元・社会民主党委員長　衆院議員(社民党)　[生]大正13年3月3日　[出]大分県大分市　[学]明治大学専門部(昭和19年)卒　[賞]大分県功労者表彰(平成15年)　[歴]昭和30年より大分市議2期、38年より大分県議3期を経て、47年以来衆院議員に8選。社会党社労部会長、後天性免疫不全症候群対策特別委員長、党国会対策委員長等を歴任。平成5年9月第13代日本社会党委員長となり、6年4月非自民連立政権から離脱。6月自民党、新党さきがけと連立を組んで首相に選出される。7年7月の参院選では、史上最低の16議席にとどまった。8月内閣を改造。8年1月退陣。同月社会党委員長に再選し、党名を社会民主党と変更。同年9月党の立て直しを計るため、土井たか子元衆院議長に復党を要請、自らは特別代表となる。のち特別顧問。11年超党派国会議員の団長として北朝鮮を訪問。12年政界を引退。15年高橋巌監督の映画「八月のかりゆし」に出演。エッセイ集「そうじゃのう」がある。　[家]二女=中原由利(村山首相秘書)
【著書】そうじゃのう…(第三書館 '98)／村山富市が語る「天命」の五六一日(ベストセラーズ '96)
【評伝】村山政権とデモクラシーの危機(岡野加穂留監修・編著, 藤本一美編著 東信堂'00)／渡辺カ三政治日記(渡辺嘉蔵著 日本評論社'98)／官かくあるべし(石原信雄著 小学館'98)／永田町の通信簿(岸井成格ほか著 作品社'96)／聴け!日本無罪の叫び(中根真太郎著 日本出版放送企画;星雲社〔発売〕'95)／聴け!日本無罪の叫び(中根真太郎著 日本出版放送企画'95)／対談集 小宮悦子のおしゃべりな時間〈2〉(小宮悦子著 毎日新聞社'95)／ズバリわかる自・社連立政権政治家・官僚人脈地図(大宮研一郎著 双葉社'94)

牟礼 勝弥　むれ・かつや
八幡市長　[生]昭和13年7月19日　[出]京都府京都市伏見区　[学]大阪電気通信高(昭和32年)卒　[歴]高校卒業後、京阪電鉄に

入社。労働組合の副委員長も務めた。昭和54年八幡市議6期を経て、平成12年八幡市長に当選。2期目。社会党、のち無所属。

室井 邦彦 むろい・くにひこ
衆院議員（民主党 比例・近畿） [生]昭和22年4月10日 [出]兵庫県 [学]追手門学院大学文学部中退 [歴]尼崎市議を経て、平成3年兵庫県議に当選、2期。8年、12年衆院選に、13年参院選に立候補。15年衆院選に民主党から立候補し、当選。

室橋 昭 むろはし・あきら
江東区（東京都）区長 [生]昭和4年8月1日 [出]東京都江東区 [学]早稲田大学政経学部（昭和28年）卒 [歴]江東区議2期、東京都議4期を経て、平成3年江東区長に当選。4期目。

【 め 】

目片 信 めかた・まこと
大津市長 衆院議員（自民党） [生]昭和16年11月1日 [出]滋賀県 [学]比叡山高（昭和35年）卒 [資]2級建築士 [歴]昭和35年家業の目片工務店に入り、のち株式に改組、40年専務を経て、61年社長。平成3年滋賀県議に当選。2期。8年比例区近畿ブロックより衆院議員に当選、1期務める。12年落選。旧小渕派。16年大津市長に当選。 [趣]ゴルフ [家]父＝目片四郎（目片工務店会長）

目黒 栄樹 めぐろ・えいき
長井市長 [生]昭和21年5月18日 [出]山形県長井市 [学]山形大学文理学部卒 [歴]農業に従事。衆院議員秘書などを務める。平成10年長井市長に当選。2期目。

目黒 吉之助 めぐろ・きちのすけ
衆院議員（社会党） [生]昭和9年3月29日 [出]福島県 [学]法政大学大学院政治学研究科（昭和36年）修了 [歴]日農新潟県連書記長、長岡労農会議議長などを経て、昭和54年から新潟県議に4選。平成2年衆院議員に当選。5年落選。7年参院選に立候補。12年衆院選に社民党から立候補。

目黒 今朝次郎 めぐろ・けさじろう
参院議員（社会党） [生]大正11年6月7日 [出]宮城県 [学]仙台鉄道教習所（昭和25年）卒 [賞]勲二等瑞宝章（平成4年） [歴]昭和39年動労副委員長、40年書記長、44年委員長を経て、49年以来参院議員に2選。参院運輸委員会理事、物価対策委員長などを歴任。61年7月引退。 [趣]ハイキング

飯塚 静雄 めしずか・しずお
安来市長 [生]大4.2.12 [出]島根県 [学]安来農（昭和5年）卒 [賞]勲三等瑞宝章（平成2年） [歴]島根県人事委員会事務局長、島根県民会館長を経て、昭和44年以来安来市長に5選。平成元年引退。

【 も 】

最上 進 もがみ・すすむ
参院議員（自民党） [生]昭16.7.23 [出]群馬県 佐藤 [学]慶応義塾大学法学部政治学科（昭和40年）卒 [歴]昭和42年以来群馬県議2期を経て、49年参院議員に当選。当選2回。平成元年落選。5年衆院選、7年知事選、8年衆院選、12年衆院選に立候補するが落選。 [家]実父＝佐藤勇（月島倉庫副社長），養父＝最上政三（衆院議員），養母＝最上英子（政治家），弟＝佐藤国雄（群馬県議）

母袋 創一　もたい・そういち
上田市長　⑭昭和27年7月6日　⑮長野県上田市　⑯慶応義塾大学法学部卒　⑰平成3年自民党より長野県議に当選、3期務める。14年上田市長に当選。

望月 幸明　もちづき・こうめい
山梨県知事　⑭大正13年5月25日　⑮山梨県八幡村（現・山梨市）　⑯東京帝大学法学部政治学科（昭和22年）卒　⑰昭和23年山梨県庁に入り、41年教育長、43年総務部長、47年企画調整局長、53年副知事を経て、54年以来山梨県知事に3選。平成3年引退、4年参院選に連合から立候補。

【評伝】閉塞感を打ち破れ！（角間隆著 ぎょうせい'88）

望月 義夫　もちづき・よしお
衆院議員（自民党　静岡4区）　⑭昭和22年5月2日　⑮静岡県清水市　⑯中央大学法学部（昭和45年）卒　⑰全国市議会議長表彰（昭和60年）　⑱代議士秘書、昭和50年清水市議4期を経て、平成3年自民党から静岡県議に当選、2期。8年無所属で衆院議員に当選。同年11月新会派"21世紀"に参加。9年7月自民党に復党。3期目。堀内派。
⑲読書，旅行，ゴルフ，釣り

望田 宇三郎　もちだ・うさぶろう
八日市市長　⑭大正12年4月22日　⑮平成15年6月23日　⑯滋賀県八日市市　⑰中野青年学校卒　⑱勲四等瑞宝章（平成7年）　⑲八日市市役所に入り、昭和44年教育長、50年収入役、54年助役を経て、57年以来市長に3選。平成5～6年滋賀県市長会会長も務めた。

持永 和見　もちなが・かずみ
衆院議員（自民党）　⑭昭和2年7月1日　⑮東京　⑯東京大学法学部政治学科（昭和28年）卒　⑰昭和28年厚生省に入省、55年援護局長、56年薬務局長、58年社会局長、59年社会保険庁長官を歴任して、60年退官。61年以来衆院議員に当選5回。宮沢派、加藤派を経て、堀内派。15年引退。　⑱運動，旅行　⑲父＝持永義夫（北海道開発庁長官）

茂木 敏充　もてぎ・としみつ
衆院議員（自民党　栃木5区）　元・沖縄及び北方政策担当相　元・科学技術政策担当相　元・個人情報保護担当相　⑭昭和30年10月7日　⑮栃木県足利市　⑯東京大学経済学部（昭和53年）卒，ハーバード大学ケネディ・スクール政治学・政策科学専攻修士課程修了　⑰昭和53年丸紅、58年読売新聞政治部を経て、マッキンゼー社へ。上席コンサルタントとしてコーポレート・ビジョン策定、組織変革を中心に国内外企業のコンサルティングを行う傍ら、政策関係の論文を執筆。マッキンゼー選挙プロジェクトのリーダーも務めた。平成3年アンドリュースインターナショナルマネジメント社代表取締役に就任。4年大前研一らの平成維新の会結成に参画、事務総長となる。5年日本新党から衆院議員に当選。6年日本新党の解党後、新進党に参加せず無所属。7年3月自民党に入党。14年小泉改造内閣の外務副大臣。15年9月小泉第2次改造内閣、同年11月の第2次小泉内閣の沖縄及び北方政策担当相、科学技術政策担当相。4期目。旧橋本派。
⑱旅行，読書　http://www.motegi.gr.jp/

【著書】日本外交の構想力（徳間書店'03）／日本経済再生への最終回答（茂木敏充, 官僚グループX著 徳間書店'02）／「政策新人類」が日本を変える（ごま書房'99）／次に来る経済危機（日本実業出版社'90）／都会の不満 地方の不安（中央公論社'88）

茂木 稔　もてぎ・みのる
本庄市長　⑭昭和7年10月16日　⑮埼玉県本庄市　⑯児玉農卒　⑰本庄市議5期、市会議長を経て、平成元年から市長に4選。

もとお

本岡 昭次　もとおか・しょうじ
参院議員(民主党)　⊕昭和6年3月18日　⊕兵庫県神戸市　⊕兵庫師範予科卒　⊕旭日大綬章(平成15年)　⊕兵庫県教組委員長、兵庫県総評議長などを経て、昭和55年社会党から参院議員に当選。平成7年離党、参議院フォーラムを経て、民改連に入る。10年4月民主党に参加。13年参院副議長。4期務めた。16年引退。
【著書】世界がみつめる日本の人権(本岡昭次、中大路為弘編著　新泉社)'91)

本島 等　もとしま・ひとし
長崎市長　⊕大正11年2月20日　⊕長崎県南松浦郡新魚目町(五島)　⊕京都大学工学部土木工学科(昭和24年)卒　⊕藍綬褒章(昭和58年)、世界平和賞(米国)(平成1年)、ドイツ功労勲章一等功労十字章(平成14年)　⊕生後間もなく洗礼を受ける。印刷工、給仕、書生などを転々とした後、旧制佐賀高へ入学。のち召集されて陸軍教育隊の教官を務めた。戦後、長崎市のカトリック系私立高校教師、長崎2区選出の白浜仁吉代議士の秘書などを経て、昭和34年に長崎県議に当選。県議5期の後、54年4月の統一地方選挙で長崎市長に当選。4期つとめ、平成7年落選。この間、被爆地の市長として核廃絶を国連軍縮特別総会などで訴える。昭和63年12月「天皇に戦争責任がある」と市議会で発言、以来全国的に波紋が広がり、"天皇戦争責任"問題は新たな論争をひきおこした。その後実弾入り脅迫状など右翼によるテロや抗議行動が続いていたが、平成2年1月長崎市庁舎前で右翼団体・正気塾メンバーに短銃で撃たれ重傷を負う。昭和37年自民党に入党、県連幹事長も務めたが、のち無所属。天皇戦争責任発言をめぐり「増補版・長崎市長への七三〇〇通の手紙」が出版されている。
⊕読書、囲碁

【著書】私たちは戦争が好きだった(本島等、森村誠一、柴野徹夫著　朝日新聞社'00)/いま、平和とは(本島等、福田歓一ほか著　白桃書房'96)/ノン ニュークリアエイジ(森村誠一、本島等著　こうち書房;桐書房〔発売〕'95)/ゆるす思想(こころ)ゆるさぬ思想(こころ)(本島等、山口仙二著　こうち書房;桐書房〔発売〕'92)/長崎市長のことば(岩波書店)'89)
【評伝】表現の自由と部落問題(成沢栄寿著(京都)部落問題研究所'93)/天皇制と小さな民主主義(デモクラシー)(言論の自由を求める長崎市民の会編　明石書店'90)/右翼テロ!(社会評論社編集部編　社会評論社'90)/赤報隊の秘密(鈴木邦男著　エスエル出版会;鹿砦社〔発売〕'90)/長崎市長への7300通の手紙(径書房編　径書房'89)

元信 堯　もとのぶ・たかし
衆院議員(社会党)　⊕昭和19年7月30日　⊕平成11年7月15日　⊕兵庫県　⊕東京水産大学(昭和42年)卒　⊕昭和43年静岡県水産試験場技師。50年浜松市議を経て、58年衆院議員に当選。61年落選したが、平成2年復帰、通算2期務めた。5年再び落選。のちいちご研究所所長に就任。

本橋 保正　もとはし・やすまさ
杉並区(東京都)区長　⊕大正10年3月7日　⊕東京都杉並区　⊕明治大学専門部(昭和17年)卒　⊕勲四等瑞宝章(平成15年)　⊕杉並区総務部長、収入役、昭和58年助役を経て、平成7年杉並区長に当選。11年落選。　⊕庭木の手入れ

本村 和喜　もとむら・かずき
参院議員(自民党)　⊕昭和10年11月12日　⊕平成3年8月17日　⊕福岡県北九州市　⊕立命館大学卒　⊕福岡県議2期、議員秘書を経て、昭和61年参院議員に初当選。三塚派。没後、平成4年鉄骨加工会社・共和から6億の献金を受けていた事実が発覚。

本山 政雄　もとやま・まさお
名古屋市長　名古屋大学名誉教授
[生]明治43年10月10日　[出]東京　[学]東京帝大文学部教育行政学科（昭和10年）卒，東京帝大大学院人文科学研究科教育学専攻（昭和13年）修了　[賞]勲二等瑞宝章（昭和61年）　[歴]昭和13年千葉県立青年学校教員養成所教諭、のち国民生活学院教授を経て、20〜28年三重師範（のち三重大学）教授、28〜48年名古屋大学教授、この間、教育学部長を歴任。48年名古屋市長選挙に革新側の支持で立候補、現職・杉戸清を破って初当選、以来3期12年にわたって務め、60年引退。同年〜平成2年名古屋国際センター理事長。教授時代には"愛知私学助成をすすめる会"の会長として住民運動を推進した運動を推進。知事時代には高齢者や障害者などの福祉に力を入れ、65歳以上が無料で市バス、地下鉄に乗れる敬老パスを導入した。著書に「日本の教育裁判」「教育裁判と教育行政の理論」などがある。
[趣]読書
【著書】心かよう緑の町を（（名古屋）風媒社 '99）
【評伝】野武士のごとく（成瀬昇著 （名古屋）エフエー出版'88）

本吉 達也　もとよし・たつや
羽咋市長　[生]昭和27年4月29日　[出]石川県羽咋市　[学]一橋大学法学部卒　[歴]石川テレビ放送報道部副部長を経て、平成8年から羽咋市長に2選。16年落選。
[家]父＝本吉二六（羽咋市長）
【著書】自治体経営革命（大滝精一監修, 熊坂伸子, 本吉達也, 熊坂義裕著 メタモル出版'03）

本吉 二六　もとよし・にろく
羽咋市長　[生]大正4年8月23日　[没]平成15年8月19日　[出]石川県羽咋市　[学]京都帝大法学部（昭和17年）卒　[賞]勲四等瑞宝章（平成1年）　[歴]羽咋町教育委員、羽咋市監査委員を経て、昭和40年助役となり、47年から市長に4選。63年引退。
[家]長男＝本吉達也（羽咋市長）

本禄 哲英　もとろく・てつえい
北広島市長　[生]昭和5年10月1日　[出]北海道天塩郡天塩町　[学]中央大学法学部（昭和31年）卒　[歴]昭和31年北海道宗谷支庁に入庁。のち、北海道庁総務部職員厚生課長、地方課長、地方振興室長、民生部次長、札幌医科大学事務局長を経て、58年北海道庁総務部知事室長。平成5年広島町長に当選。8年市制が施行され、北広島市長。3期目。
[趣]ゴルフ，読書

粟山 明　もみやま・あきら
衆院議員（自民党）　東日本政経研究会理事長　[生]大正10年1月23日　[出]福島県郡山市（本籍）　[学]京都帝国大学農学部（昭和19年）卒　[賞]勲三等旭日中綬章（平成3年）　[歴]昭和20年陸軍技術中尉で復員。34年木下産商シンガポール支店長、45年新日鉄シンガポール事務所長。49年日本在外企業協会専務理事、新日鉄参与を経て、54年から衆院議員2期。自民党福島県連会長、東日本政経研究会理事長を歴任したのち、61年衆院に返り咲く。宮沢派。平成2年落選。　[趣]読書，スポーツ　[家]養父＝粟山博（衆院議員），姉＝粟山秀（衆院議員）

百崎 素弘　ももさき・もとひろ
多久市長　[生]大正15年10月15日　[出]佐賀県　[学]修猷館中（旧制）卒　[賞]勲五等双光旭日章（平成11年）　[歴]佐賀県農業経済課長、多久市助役を経て、平成元年多久市長に無投票で当選。2期。9年引退。

百瀬 康　ももせ・やすし
楢川村（長野県）村長　[生]昭和11年2月4日　[出]長野県木曽郡楢川村　[学]松本深志高卒　[歴]昭和35年楢川村役場に勤務。56年同村長に初当選。3期目。第2次楢川村総合計画基本構想に健康づくりス

もり

ポーツ村と題して、国際卓球会館あるいは合宿練習施設の誘致を目指す。 ⑱読書

森 英介　もり・えいすけ
衆院議員（自民党　千葉11区）　⑭昭和23年8月31日　⑰千葉県勝浦市　⑯東北大学工学部（昭和49年）卒　工学博士（名古屋大学）（昭和59年）　⑲昭和49年川崎重工に入社し、技術研究所に入る。平成2年衆院議員に当選。15年小泉第2次改造内閣の厚生労働副大臣に就任。5期目。10年12月宮沢派を離脱し河野グループに参加。 ㊂父＝森美秀（衆院議員），祖父＝森矗昶（森コンツェルン創業者）　http://www.kdkaso.co.jp/mori/
【評伝】政治対談　この政治家に日本を託す（増田卓二編　日新報道'92）

森 清　もり・きよし
衆院議員（自民党）　⑭大正14年5月6日　⑰愛媛県新居浜市　⑯東京大学法学部政治学科（昭和23年）卒　㊆勲二等旭日重光章（平成7年）　⑲自治省に入り、昭和47年消防大学校長を経て退官。51年愛媛2区から衆院議員に当選。福田派若手として改憲に活発に動き、自民党憲法調査会正副会長会議で主査に選ばれた。党選挙制度調査会副会長、衆院公職選挙法特別委員長などを歴任。当選4回。安倍派。平成2年引退。著書に「選挙制度の改革」など。

森 貞述　もり・さだのり
高浜市長　⑭昭和17年10月8日　⑰愛知県高浜市　⑯慶応義塾大学商学部（昭和40年）卒　⑲醸造業の3代目。高浜市議を経て、平成元年高浜市長に当選。4期目。14年住民投票の参加資格を"18歳以上"に広げ話題となる。　㊂父＝森弥太郎（愛知県議）

森 真　もり・しん
各務原市長　⑭昭和15.2.24　⑰岐阜県　⑯早稲田大学法学部（昭和40年）卒　⑲昭和54年から岐阜県議5期を経て、平成9年各務原市長に当選。2期目。　⑱絵画，音楽
【著書】「DRAMA CITY ドラマシティー21世紀都市戦略2」（岐阜新聞社 '04）

森 鉎太郎　もり・せきたろう
一宮市長　⑭明治42年7月8日　⑮平成1年9月21日　⑰愛知県　⑯明治大学商学部（昭和9年）卒　⑲昭和38年一宮市助役、44年名鉄丸栄常務を経て、46年以来市長に5選。

森 卓朗　もり・たくろう
薩摩川内市長　⑭昭和10年5月18日　⑰鹿児島県川内市　⑯鹿児島商科短期大学（昭和32年）卒　⑲昭和63年川内市収入役を経て、平成8年川内市長に3選。16年合併により誕生した薩摩川内市の初代市長に当選。　⑱釣り

森 民夫　もり・たみお
長岡市長　⑭昭和24年4月9日　⑰新潟県　⑯東京大学工学部（昭和47年）卒　⑲設計事務所に、2年間勤務したのち、昭和50年建設省に入省。住宅局地域住宅計画官などを歴任し、平成10年1月退官。11年11月長岡市長に当選。2期目。

森 直兄　もり・なおえ
稲城市長　⑭大正10年12月16日　⑮昭和62年4月16日　⑰東京都稲城市　⑯豊島師範（昭和16年）卒　⑲昭和45年稲城五小校長を経て、46年稲城町長に当選。のち市制施行で市長となり、4期つとめる。

森 暢子　もり・のぶこ
参院議員（社会党）　⑭昭和7年4月23日　⑰岡山県岡山市　⑯岡山大学教育学部（昭和36年）卒　㊆勲三等宝冠章（平成14年）　⑲中学教師、岡山県教組副委員長、社会党岡山県本部副委員長を経て、平

成元年参院議員に当選。7年落選。社民党岡山県副代表。10年参院選比例区に立候補するが落選。

森 秀夫 もり・ひでお
尾西市長 [生]昭和5年1月11日 [出]愛知県尾西市 [学]享栄商(旧制)卒 [賞]勲五等双光旭日章(平成12年) [歴]昭和21年勝川町興農食品に入社。22年朝日村役場に勤務。33年町村合併により尾西市市議会事務局庶務係長、37年企画課長、47年総務課長、56年助役。62年より市長に3選。平成11年引退。
[趣]古美術鑑賞

森 博幸 もり・ひろゆき
鹿児島市長 [生]昭和24年10月30日 [出]鹿児島県 [学]横浜市立大学商学部(昭和49年)卒 [歴]昭和49年鹿児島市役所に入る。秘書課長、財政部長、総務部長、総務部長などを経て、平成16年市長に当選。

森 藤雄 もり・ふじお
古賀市長 [生]昭和4年3月11日 [学]農業技術員養成所卒 [歴]古賀町建設課長、助役を経て、平成2年古賀町長に当選。9年市制が公布され、初代市長となる。10年落選。

森 雅志 もり・まさし
富山市長 [生]昭和27年8月13日 [出]富山県 [学]中央大学法学部卒 [資]司法書士 [歴]富山県司法書士会長を経て、平成7年より富山県議に2選。14年富山市長に当選。

森 祐一郎 もり・ゆういちろう
小林市長 [生]大正12年2月2日 [出]宮崎県小林市 [学]宮崎高農専科卒 [歴]昭和26年宮崎相互銀行入行。のち衆院議員秘書などを経て、58年小林市長に当選。通算2期つとめ、平成7年落選。

森 ゆうこ もり・ゆうこ
参院議員(民主党 新潟) [生]昭和31年4月20日 [出]新潟県新津市 本名=森裕子 [学]新潟大学人文学部英文科卒 [歴]大学在学中よりディスカウントチェーン・マックスの創業に携わる。のち英語塾を経営するかたわら、新潟県横越町の公民館を拠点に女性運動、街づくり運動など数々のボランティアグループを組織。横越町国際交流協会事務局長として海外視察も経験。平成11年横越町議に当選、同町議会初の女性議員となる。13年国政に転じ、自由党から参院議員に当選。15年9月民主党に合流。
http://www.mori-yuko.com/

森 美秀 もり・よしひで
衆院議員(自民党) 環境庁長官 [生]大正8年8月8日 [没]昭和63年5月15日 [出]千葉県勝浦市 [学]玉川学園専門部(昭和15年)卒 [歴]東亜道路副社長から兄・森清の後を継いで政界入りし、昭和44年以来千葉3区から当選7回。大蔵・経企政務次官、党国対副委員長を歴任後、60年環境庁長官に就任。河本派。
[家]父=森矗昶(森コンツェルン創業者), 兄=森暁(衆院議員), 森清(衆院議員), 弟=森禄郎(昭和化成品専務), 姉=三木睦子(全国発明婦人協会会長), 長男=森英介(衆院議員)

森 喜朗 もり・よしろう
衆院議員(自民党 石川2区) 首相 [生]昭和12年7月14日 [出]石川県能美郡根上町 [学]早稲田大学商学部(昭和35年)卒 [賞]チュニジア勲一等共和国勲章(平成8年) [歴]父は"9期連続無競争当選"で知られる石川県根上町長・森茂喜。学生時代はラグビー選手。サンケイ新聞記者を経て、昭和44年衆院議員に当選。以来12選。文教部会長、福田内閣の官房副長官、第2次中曽根内閣の文相を経て、平成3年党政調会長、4年宮沢改造内閣の通産相、5年党幹事長、7年村山

改造内閣の建設相に就任。のち党総務会長。10年再び党幹事長。同年12月三塚派を継ぎ、森派の領袖となる。12年4月小渕首相が脳こうそくで入院したのを受け、党総裁に選出され、首相に就任。公明、保守両党と連立し、森内閣を発足。失言があいついだことなどから、同年6月の総選挙では270議席から233議席に後退した。同年7月第2次森連立内閣を発足。同月九州・沖縄サミットを主催。同年12月第2次森改造内閣を発足。13年1月中央省庁を再編。同年4月退陣した。著書に「文相初体験」など。 ㊞ラグビー，ゴルフ ㊞父=森茂喜(石川県根上町長)、妻=森智恵子 http://www.mori-yoshiro.com/
【著書】あなたに教えられ走り続けます(〈金沢〉北国新聞社 '99)
【評伝】通信崩壊(藤井耕一郎著 草思社'02)／国会赤裸々白書(馳浩著 エンターブレイン'02)／この政治空白の時代(内田健三著 木鐸社'01)／森喜朗「身を捨ててセイビング」(大塚英樹著 光文社'95)／自民党・森喜朗幹事長が打つ景気政策(板垣英憲著 ジャパン・ミックス'95)／天下を取る! (小林吉弥著 講談社'93)／政治対談 この政治家に日本を託す(増田卓二編 日新報道'92)

森井 忠良　もりい・ちゅうりょう
衆院議員(民主党)　厚相　㊞昭和4年7月25日　㊞広島県呉市　㊞早稲田大学法学部(昭和28年)卒　㊞勲二等旭日重光章(平成11年)　㊞電公社に入り、全電通呉分会委員長、広島県議3期を経て、昭和47年社会党から衆院議員に当選。61年落選、平成2年再選。通算7期。6年党国対委員長、7年村山改造内閣の厚相に就任。8年社民党を経て、民主党に参加。同年落選。
【著書】明日を創る(NTT出版 '96)

森岡 正宏　もりおか・まさひろ
衆院議員(自民党 比例・近畿)　㊞昭和18年1月29日　㊞奈良県　㊞同志社大学経済学部(昭和41年)卒　㊞昭和48年奥野誠亮代議士秘書を経て、平成12年自民党から衆院議員に当選。2期目。旧橋本派。　http://www.m-morioka.com/

森岡 行直　もりおか・ゆきなお
弥栄町(京都府)町長　㊞大正12年10月1日　㊞京都府　㊞峰山工業学校(現・峰山高)(昭和16年)卒　㊞昭和37年より5年間、弥栄町消防団長。38年より弥栄町議を1期務め、42年町長に当選、以来7選。56年全国山村振興連盟副会長、59年丹後土地改良区理事長を兼任。63年全国120町村が加盟してできた"ないないサミット"(正式名称・国道も鉄道もない市町村全国連絡会議)の会長も務めた。
㊞スポーツ観戦，旅行

森川 薫　もりかわ・かおる
摂津市長　㊞昭和17年3月5日　㊞大阪府　㊞日本大学理工学部(昭和39年)卒　㊞昭和39年森川鑿泉工業所入社。45年取締役、58年社長。63年より摂津市長に4選。平成16年引退。　㊞ゴルフ

森川 繁喜　もりかわ・しげき
竹原市長　㊞明治45年2月26日　㊞平成11年2月15日　㊞広島県竹原市　㊞明治大学専門部(昭和7年)卒　㊞昭和27年賀茂桜酒造社長、32年竹原商工会議所会頭を経て、49年以来竹原市長に3選。61年引退。

森川 正昭　もりかわ・まさあき
恵那市長　㊞昭和3年12月25日　㊞岐阜県恵那市　㊞海兵(昭和20年)中退　㊞岐阜県庁に入り、昭和60年出納長を経て、63年から恵那市長に5選。平成16年引退。

森川 保治　もりかわ・やすはる
大和高田市長　森川商店会長　大和高田商工会議所会頭　㊞大正13年3月29日　㊞奈良県　㊞天理語学専門校(昭和22年)卒　㊞勲四等瑞宝章(平成9年)　㊞昭和54年以来大和高田市長に3選。平

成3年退任。5年大和高田商工会議所会頭に就任。

森下 公造 もりした・こうぞう
千代田町(広島県)町長 [生]昭和4年5月19日 [出]広島県山県郡 [学]広島青年師範中退 [歴]昭和32年中国プロパンガス壬生営業所長、35年営業課長。37年広島瓦斯壬生営業所長を経て、38年広島瓦斯販売を設立、社長に就任。46年より千代田町議を3期務め、平成2年千代田町長に当選。第三セクターの町農林建公社を設立。また、運動公園や新庁舎建設など積極的な事業展開に乗り出す。9年設計会社との癒着が取りざたされるなど、公共事業をめぐる疑惑と2人の現職課長の自殺をきっかけに解職請求(リコール)運動が起こり、同年10月辞任。

森下 泰 もりした・たい
参院議員(自民党) 森下仁丹社長 [生]大正10年12月21日 [没]昭和62年11月14日 [出]大阪府 [学]京都帝大経済学部(昭和18年)卒，東京大学法学部(昭和24年)卒 [賞]紺綬褒章(昭和24年) [歴]昭和18年京都帝大を繰り上げ卒業。同時に家業の森下仁丹社長と仁丹温計社長に就任するが、海軍経理学校へ進む。55年本格的に社長業を嗣ぎ、徹底した市場調査により業績を伸ばした。49年参院選全国区に当選し、52年大阪選挙区に転じて通算3期。環境政務次官、資源エネルギー委員長などを歴任。旧田中派中立系。59年政治活動に専念するために会長に退いたが、電子体温計、消臭剤などの新路線がうまくいかず、61年社長に復帰した。 [趣]剣道，読書，ゴルフ，茶道 [家]祖父=森下博(森下仁丹創業者)，妻=森下美恵子(森下仁丹会長)
【評伝】藤原弘達のグリーン放談〈1〉臨機応変(藤原弘達編 藤原弘達著作刊行会;学習研究社〔発売〕'86)

森下 博之 もりした・ひろゆき
参院議員(自民党) [生]昭和17年3月7日 [出]高知県高岡郡日高村 [学]法政大学法学部(昭和39年)卒 [歴]昭和39年日本肥糧、48年電元社製作所に勤務。50年徳永正利参院議長(当時)秘書を経て、58年から高知県議に4選。平成10年参院議員に当選。2期務める。16年落選。宮沢派、加藤派を経て、橋本派。

森下 元晴 もりした・もとはる
衆院議員(自民党) 厚相 [生]大正11年4月12日 [出]徳島県海部郡海部町 [学]東京高等農林(現・東京農工大学)(昭和17年)卒 [賞]勲一等旭日大綬章(平成4年) [歴]徳島県の山林地主の五人兄弟の長男。敗戦は内蒙古の張家口で気象隊少尉で迎え、4万人の邦人を北京まで送り届けた。昭和38年から徳島全県区で衆院議員当選8回。農林、通産各政務次官、衆院社労委員長、厚相、党国会対策委員長を歴任。63年中曽根派事務総長に就任。平成元年リクルート事件の後、政界引退を表明、2年引退。 [趣]登山，剣道(2段) [家]父=森下長一(森下林業会長)

森島 宏光 もりしま・ひろみつ
浜北市長 静岡県議(自民党) [生]昭和17年12月13日 [出]静岡県浜松市 [学]浜松商科短期大学二部(昭和41年)卒 [歴]昭和36年日立製作所に入社。39年浜松モップに転じ、43年代表取締役。のち宏栄産業代表取締役に就任。この間、静岡県議2期を経て、平成2年浜北市長に当選。2期目の8年2月贈賄容疑で逮捕され、辞職。 [趣]旅行，ゴルフ

守住 有信 もりずみ・ゆうしん
参院議員(自民党) [生]大正13年8月11日 [没]平成11年11月14日 [出]熊本県熊本市 [学]京都帝大文学部(昭和22年)卒，東京大学経済学部(昭和26年)卒 [賞]勲二等旭日重光章(平成10年) [歴]郵政省に入省、昭和52年人事局長、54年経理局長、55年電気通信政策局

長を経て、57年事務次官に就任。人事局長時代の53年末闘争では、組合員60数人を解雇する。59年退官後、郵便貯金振興会理事長を経て、60年10月の参院補選で自民党から当選、3期つとめた。宮沢派。平成10年引退。
[趣]釣り，ドライブ

森田 喜美男　もりた・きみお
日野市長　[生]明治44年11月28日　[没]平成14年7月30日　[出]鳥取県　[学]東京帝大農学部卒　[歴]旧満州で農業指導員、終戦後は日野市で養鶏場を経営。日野市議2期を経て、昭和48年以来日野市長に6選。平成8年非課税扱いの高速道路に固定資産税をかける方針を打ち出し注目を集めたが、翌9年引退した。

森田 景一　もりた・けいいち
衆院議員(公明党)　[生]昭和3年4月28日　[没]平成13年1月3日　[出]栃木県塩谷郡塩谷町　[学]立教工業理専卒　[賞]勲三等旭日中綬章(平成10年)　[歴]習志野市議1期、千葉県議3期を経て、昭和54年衆院議員に当選。3期。平成2年落選。公明党千葉県本部長もつとめた。

森田 健作　もりた・けんさく
衆院議員(自民党)　俳優　[生]昭和24年12月16日　[出]東京都大田区　本名=鈴木栄治　[学]明治学院大学法学部中退　[歴]父親は元警視庁勤務という厳しい家庭環境のもとで育つ。浪人中に松竹のオーディションに合格し、昭和43年映画「夕月」の黛ジュンの相手役でデビュー。46年「おれは男だ!」で爆発的な人気を博した。61年青少年に作法を教える森田塾を開く。4年参院議員に連合から当選後、民社党に移る。6年2月離党し、6月自民党に入党。10年3月衆院議員補選に当選し、旧渡辺派入り。同年12月山崎派に参加。12年無所属で当選。13年自民党に復党。2期務めた後、15年議員を引退。
http://mori-ken.jp/
【著書】批判するだけでは変わらない(ベストセラーズ '93)

森田 康生　もりた・こうせい
土佐市長　元・全国手すき和紙連合会会長　[生]昭和10年1月23日　[学]高岡中(昭和25年)卒　[歴]代々続く和紙すき職人の家に生まれ、中学卒業後2年間他の職人のもとで修業。昭和34年独立。40年代初期から、中国画仙紙の再生に取り組む。約2年かけ溜すきを応用した喜芳箋と名付けた和紙を開発、仮名の書家・竹田悦堂らの高い評価を受けた。のち伝統工芸士に認定され、60年度の現代の名工にも選ばれた。一方平成元年から全国手すき和紙連合会の会長を務め、5年結成30周年記念に、61産地の350標本をまとめた本「平成の紙譜」を出版。7年土佐市長に当選。3期目。

森田 重郎　もりた・じゅうろう
参院議員(自民党)　[生]大正11年4月14日　[没]平成2年9月18日　[出]埼玉県秩父市　[学]中央大学経済学部(昭和21年)卒　[歴]昭和29年西武化学工業、39年近江鉄道社長など歴任し、52年新自由クラブから参院議員に当選。のち自民党に移り、2期務めた。平成元年引退。
[趣]美術鑑賞
【著書】参議院(ぎょうせい '80)

森田 隆朝　もりた・たかとも
米子市長　森田医院院長　医師　[専]産科婦人科学　[生]大正14年9月28日　[出]鳥取県　[学]米子医科大学(現・鳥取大学医学部)(昭和29年)卒　医学博士(鳥取大学)(昭和34年)　[賞]旭日小綬章(平成15年)　[歴]鳥取大学医学部産婦人科教室に入局、昭和35年森田医院を開業。鳥取県教育委員長を務めた。平成3年米子市長に当選。3期務め、15年引退。　[趣]スポーツ，ゴルフ，観劇，囲碁，ドライブ

森田 次夫　もりた・つぐお
参院議員(自民党)　⑤昭和12年4月11日　⑥東京　⑦四商高(昭和31年)卒　⑧昭和32年日本遺族会職員となり、事務局長を経て、平成6年専務理事。10年参院議員に自民党から当選、1期。宮沢派、加藤派を経て、堀内派。16年引退。

森田 稔夫　もりた・のりお
五所川原市長　⑤昭和12年6月30日　⑥平成3年7月8日　⑦青森県五所川原市　⑧東京大学教育養学部卒　⑨日本鋼管勤務、農場経営を経て、昭和58年以来五所川原市長に2選。平成元年リコールで解任。

守田 肇　もりた・はじめ
湖西市長　⑤大正7年5月8日　⑥昭和62年7月19日　⑦静岡県湖西市　⑧浜松師範(昭和14年)卒　⑨昭和40年静岡大附属浜松小学校副校長、49年湖西市立鷲津小学校校長、55年湖西市教育委員長を経て、58年湖西市長に当選。

森田 一　もりた・はじめ
衆院議員(自民党　比例・四国)　運輸相　⑤昭和9年5月14日　⑥香川県坂出市　⑦東京大学法学部(昭和32年)卒　⑧大蔵省に入省し、昭和36年大平正芳衆院議員の長女と結婚。39年大平の外相就任に伴い外相秘書官、44年大蔵省主計局主査に戻るが、大平の入閣のつど秘書官を務めた。52年大蔵省に戻り銀行局保険第二課長、理財局資金第二課長を歴任。55年大平の急死に伴い後継として立候補し当選。8期目。平成12年7月第2次森連立内閣の運輸相、北海道開発庁長官に就任。小里グループ。
http://www.morita-hajime.jp/
【評伝】政治の流れはこう変わる(森田実著 サンケイ出版)'87)／藤原弘達のグリーン放談〈6〉天真爛漫(藤原弘達編 藤原弘達著作刊行会;学習研究社〔発売〕'87)

守友 友範　もりとも・とものり
七尾市長　⑤大正8年9月16日　⑥昭和60年10月5日　⑦石川県七尾市　⑧徳田高小(大正10年)卒　⑨昭和26年以来七尾市議2期。34年以来石川県議4期をつとめ、50年以来七尾市長に3選。

森永 大　もりなが・ひろし
歌志内市長　⑤大正14年12月27日　⑥平成7年3月18日　⑦福井県大野市　⑧札幌文科専門学院経済本科中退　⑨昭和26年歌志内町役場に入り、税務、水道課長、民生部長を歴任。46年12月助役となり、55年から市長に2選。63年落選。　⑩囲碁，観劇，絵

森中 守義　もりなか・もりよし
衆院議員(社会党)　参院議員　⑤大正8年10月24日　⑥平成9年10月1日　⑦熊本県玉名郡菊水町　⑧熊本通信講習所(昭和13年)卒　⑨勲一等瑞宝章(平成1年)　⑩全逓中央執行委員、熊本県総評議長などを歴任後、昭和31年7月参院議員に当選。37年には落選したが、40年と46年には連続当選。運輸委員、国会対策委員長などをつとめる。54年衆院に転じ、以来連続3選。61年6月引退。

森本 晃司　もりもと・こうじ
参院議員(公明党)　衆院議員(新進党)　建設相　⑤昭和17年2月24日　⑥大阪府大阪市　⑦関西大学法学部(昭和43年)卒　⑧関西生産性本部勤務を経て、昭和58年公明党から衆院議員に当選。4期つとめる。この間、平成6年羽田内閣の建設相に就任。同年12月新進党結成に参加。8年落選。10年参院選比例区に公明3位で当選。同年11月新公明党結成に参加、1期。16年引退。

森元 恒雄　もりもと・つねお
参院議員(自民党　比例)　⑤昭和22年6月17日　⑥大阪府和泉市　⑦東京大学法学部(昭和45年)卒　⑧昭和45年自治省に入省。奈良県総務部財政課長、長

崎県経済部長、兵庫県総務部長、自治省官房企画室長を経て、平成8年岐阜県副知事、11年8月自治省総務審議官。12年5月退官。13年参院選比例区に自民党から当選。旧橋本派。 ❂ゴルフ
http://t-morimoto.com/

森本 稔 もりもと・みのる
四条畷市長 ⓖ昭和3年11月8日 ⓗ大阪府 ⓘ飯盛青年学校卒 ⓙ昭和38年から四条畷市議2期を経て、47年市長に当選、8期務める。平成14年競売入札妨害容疑で大阪府警に逮捕される。

森山 一正 もりやま・かずまさ
摂津市長 神官 ⓖ昭和19年1月27日 ⓗ大阪府 ⓘ関西大学経済学部(昭和42年)卒 ⓙ昭和44年より摂津市議5期を経て、63年から大阪府議に5選。平成15年議長。16年摂津市長に当選。

森山 欽司 もりやま・きんじ
衆院議員(自民党) 運輸相 ⓖ大正6年1月10日 ⓕ昭和62年5月2日 ⓗ栃木県今市市 ⓘ東京帝大法学部(昭和16年)卒 ⓚ勲一等旭日大綬章(昭和62年) ⓙ外務省に入り、外交官補、物価調査会事務局長などを経て、昭和24年以来栃木1区より衆院議員に13選。35年郵政政務次官、自民党政調副会長、48年第2次田中内閣の科学技術庁長官、53年大平内閣の運輸相を歴任した。三木派を経て、河本派に属し、同派代表世話人もつとめた。 ❂ゴルフ、切手収集、写真 ⓛ妻=森山真弓(衆院議員)、弟=森山雅司(千代田社長)

森山 裕 もりやま・ひろし
衆院議員(自民党 鹿児島5区) ⓖ昭和20年4月8日 ⓗ鹿児島県 ⓘ鶴丸高卒 ⓙ鹿屋市の中学卒業と同時に集団就職で鹿児島に。車のセールスをしながら夜間高校に通い、24歳で自動車販売会社を設立。昭和50年鹿児島市議当選。7期。57年より議長5期。平成10年参院議員に当選。16年4月衆院補選鹿児島5区に鞍替え立候補して当選。宮沢派、加藤派を経て、旧橋本派。 http://www2.ias.biglobe.ne.jp/moriyama/

森山 真弓 もりやま・まゆみ
衆院議員(自民党 栃木2区) 法相 文相 ⓖ昭和2年11月7日 ⓗ東京 古川 ⓘ東京大学法学部(昭和25年)卒 ⓚ米国写真製造販売業者協会(PMDA)マン・オブ・ザ・イヤー(平成3年) ⓙ昭和25年労働省に入省。42年婦人少年局婦人課長、45年労政局労政課長、48年官房国際労働課長などを経て、49年婦人少年局長となる。55年参院選に自民党から当選、3期。平成元年海部内閣の環境庁長官を経て、官房長官に就任。大相撲の総理大臣杯授与の際には"女性を土俵にあげないのはおかしい"とものいいをつけた。4年宮沢改造内閣の文相。8年参院議員を辞職し、衆議院議員に転じる。3期目。13年4月小泉内閣では法相に就任。14年9月の小泉改造内閣でも留任。高村派。夫の故・欽司とおしどり議員で知られた。著書に「各国法制にみる職場の男女平等」「福祉国家の明暗」「女と国会とコーヒーカップ」など。 ❂ゴルフ、書道、華道、茶道、囲碁 ⓛ夫=森山欽司(衆院議員) http://www.mayumi.gr.jp/
【著書】この日この時(河出書房新社'94)／非常識からの出発(小学館'90)／うさぎのじょぎんぐ(サンケイ出版'80)／各国の職場における男女平等法(教育社'79)
【評伝】女たちの東京大学(大下英治著 PHP研究所'93)／新しい女性これからの時代(磯村尚徳ほか著 誠書房'89)／続 わが道(藤田たき著 ドメス出版'88)／藤原弘達のグリーン放談〈3〉熱慮断行(藤原弘達編 藤原弘達著作刊行会;学習研究社〔発売〕'86)

森山 幸雄 もりやま・ゆきお
大野城市長 ⓖ大正6年8月23日 ⓗ福岡県 ⓘ熊本高工(昭和14年)卒

[賞]勲三等瑞宝章(平成2年) [歴]昭和14年日立製作所に入社。23年森山セメント工業を創立し、30年大野城町議。40年町長に当選し、47年市制施行以来市長に4選。平成元年引退。

諸里 正典 もろさと・まさのり
十日町市長 [生]昭12.1.18 [出]新潟県 [学]明治大学法学部(昭和35年)卒 [歴]十日町市長に2選し、昭和60年12月引退。平成2年衆院選に出馬。7年新潟県議選に出馬し、落選。

門馬 直孝 もんま・なおたか
原町市長 [生]昭和9年8月31日 [出]福島県原町市 [学]学習院大学英米文学科中退 [歴]繊維業界紙記者、家業の呉服屋ののち、昭和48年原町青年会議所理事長、50年原町市議を経て、57年以来市長に4選。平成10年落選。 [趣]彫刻鑑賞，パイプ集め

【や】

八重樫 協二 やえがし・きょうじ
岩泉町(岩手県)町長 [生]大正10年5月4日 [出]岩手県下閉伊郡岩泉町 [学]東京農業大学専門部(昭和18年)卒 [賞]藍綬褒章(昭和52年)，勲三等瑞宝章(平成12年) [歴]生家は岩手県岩泉町の造り酒屋。昭和22年岩泉町議、55年以降岩泉町長に3選。同村の名水として抜群の透明度を誇る地底湖・龍泉洞の保水力が落ちてきたことからふるさとの森づくりに町ぐるみで取り組み、森林保護に努力。全国の名水を持つ自治体で結成するおいしい水の会副会長を務め、平成2年同会の第3回水サミットを地方で開催、また龍泉洞キャンプ場で森と水のシンポジウムを主催し、水の大切さを訴えた。 [趣]スポーツ観戦(ボクシング)，読書

矢追 秀彦 やおい・ひでひこ
衆院議員 元・公明党副委員長 [生]昭和8年12月8日 [出]兵庫県川西市 [学]大阪大学歯学部(昭和33年)卒 歯学博士 [歴]大阪大学助手を経て、昭和40年以来参院議員に3選。58年衆院議員に転じ3期。公明党宣伝局長、副書記長を経て、平成元年副委員長となる。5年引退。

【評伝】フレッシュ・オープン・エキサイティング(第三文明社編集部編 第三文明社'87)

八百板 正 やおいた・ただし
衆院議員 参院議員(社会党) 全日農名誉会長 農民運動家 [生]明治38年4月12日 [没]平成16年4月23日 [出]福島県伊達郡飯野村(現・飯野町) [学]福島中(大正13年)中退 [賞]勲一等旭日大綬章(平成2年) [歴]大正14年日本フェビアン協会に参加し、日本労農党、日本大衆党に入党。昭和4年福島県に戻って農民運動の指導に尽力。8年全農中央委員、社会大衆党全国委員。13年大日本農民組合福島県連理事長。21年再建された日農福島県連会長となり、32年日農書記長、37年全日農会長。一方、社会党結成に参画し、22年以来衆院議員当選11回。社会党代議士会長、衆院逓信委員長などを務めた。55年参院議員に転じ当選2回。平成4年引退。昭和60年から日中農林水産交流協会長も務め、50回以上訪中した。 [趣]読書，剣道，美術鑑賞

矢上 雅義 やがみ・まさよし
相良村(熊本県)村長 衆院議員(自民党) [生]昭和35年8月8日 [出]熊本県 [学]上智大学経済学部(昭和58年)卒 [歴]平成5年日本新党から衆院議員に当選。6年新進党結成に参加。のち自由党を経て、自民党に入党。10年9月三塚派を離脱し亀井グループに参加、のち旧小渕派。2期務める。12年落選。13年熊本県相良村村長に当選。

八木 栄一 やぎ・えいいち
垂水市長 [生]大正8年10月18日 [学]早稲田大学法学部卒 [賞]勲三等瑞宝章(平成5年) [歴]鹿児島県議、県会副議長などを経て、昭和62年1月垂水市長に初当選。平成3年落選。

八木 金二郎 やぎ・きんじろう
旭市長 [生]大正2年4月19日 [没]平成11年3月22日 [出]千葉県旭市 [学]千葉師範専攻科(昭和13年)卒 [賞]勲四等瑞宝章(平成3年) [歴]旭二中校長を経て、昭和53年から市長に3選。

八木 金平 やぎ・きんぺい
静岡県議(社会党) 藤枝市長 [生]大正10年4月8日 [出]静岡県藤枝市 [学]名古屋鉄道教習所(昭和16年)卒 [賞]日本国有鉄道総裁表彰，藍綬褒章(昭和58年)，勲三等瑞宝章(平成13年) [歴]昭和12年鉄道省に入省。藤枝市議4期を経て、50年以来静岡県議に4選。平成4年藤枝市長に当選。2期務め、12年引退。
[趣]写真，旅行，読書

八木 壮一郎 やぎ・そういちろう
池田町(香川県)町長 [生]昭和18年11月17日 [出]香川県小豆郡池田町 [学]日本大学文理学部社会学科(昭和41年)卒 [賞]中小企業庁長官表彰(昭和56年)，建設大臣表彰(平成3年)，全国町村会長表彰(平成5年) [歴]昭和41年家業の八木増雄商店に勤めたのち、42年から小豆島貨物運輸取締役、48年池田モータース取締役を歴任。香川県商工会青年部連合会長も務めた。51年池田町議となり、59年町長に当選。6期目。立候補時の"給与を返上してでも老人の生きがい対策に力を入れます"との公約通り賞与を返上、4年分約1000万円を同町の高齢者対策費に当てることにし、話題を呼んだ。また、全国にある1市6町の池田町を自ら回り、姉妹関係を結んで地域の活性化を目指す"池田町サミット"を実現させた。平成11年香川県町村会会長。 [団]水曜会，自治体学会，過疎を逆手にとる会

八木 大介 ⇒木本平八郎(きもと・へいはちろう) を見よ

八木 昇 やぎ・のぼる
衆院議員(社会党) [生]大10.12.14 [出]佐賀県佐賀郡富士町 [学]早稲田大学専門部政経科(昭和17年)卒 [賞]勲一等瑞宝章(平成4年) [歴]佐賀県労働金庫理事長を経て、昭和30年以来衆院議員に9選。50年衆院科学技術特別委員長、57年党国際局長などをつとめ、61年6月引退。

八木 正俊 やぎ・まさとし
山陽町(山口県)町長 [生]昭和2年8月7日 [出]山口県厚狭郡厚狭町(現・山陽町) [学]東京大学工学部中退 [賞]勲五等双光旭日章(平成12年) [歴]病気で大学中退、療養後、昭和27年山陽町役場に入る。建設部長、収入役などを経て、59年町長に初当選、3期つとめた。JR山陽本線厚狭駅に新幹線の新駅誘致に尽力。 [趣]謡曲，囲碁

八木 米次 やぎ・よねじ
西宮市長 [生]大正2年5月17日 [没]平成4年12月5日 [出]兵庫県 [学]昭和高商卒 [賞]藍綬褒章(昭和53年) [歴]昭和26年から西宮市議8期を経て、55年以来市長に3選。平成4年引退。

柳下 潔 やぎした・きよし
和光市長 [生]大4.11.29 [出]埼玉県 [学]日本大学専門部商科中退 [賞]勲三等瑞宝章(平成1年) [歴]昭和40年大和町長に当選。45年市制施行で和光市長となり、通算6選。平成元年落選。

薬師寺 克一　やくしじ・かついち
目黒区（東京都）区長　⊕昭和8年2月15日　㊣平成16年3月7日　⊕大分県　㊣中央大学法学部卒　㊞昭和30年目黒区税務課徴収係、のち総務部長、区議会事務局長、職員課長を経て、助役。平成10年目黒区長に当選。2期目の16年3月、自宅で縊死した。

八坂 恭介　やさか・きょうすけ
杵築市長　⊕昭和20年5月20日　⊕大分県杵築市　㊣日本大学法学部（昭和43年）卒　㊞昭和43年東亜美容学校事務局長、49年協栄システム大分県事務所勤務。58年杵築市議に当選、5期。平成14年無所属で市長選に出馬し当選。
http://www.eightman.net/

矢崎 和広　やざき・かずひろ
茅野市長　⊕昭和22年1月25日　⊕長野県茅野市　㊣早稲田大学政治経済学部卒　㊞諏訪貨物自動車社長を経て、取締役。茅野市JC理事長などを務める。平成7年茅野市長に当選。3期目。

矢沢 恒雄　やざわ・つねお
加須市長　⊕明治44年11月29日　㊣平成6年5月17日　⊕埼玉県加須市　㊣日本大学文学部中退　㊞埼玉県教育民生部厚生課住宅係長、秘書課長、民生部長、農林部長、総務部長を経て、昭和59年加須市長に当選。3期務めた。

矢島 恒夫　やじま・つねお
衆院議員（共産党）　⊕昭和6年11月15日　⊕埼玉県狭山市　㊣埼玉大学文理学部卒　㊞埼玉県立川越女子高で22年間数学教師を務める。川越地方労組協議会長、共産党埼玉県政策委員長を経て、昭和61年衆院議員に当選。平成2年落選するが5年復帰。当選4回。15年引退。

八代 英太　やしろ・えいた
衆院議員（自民党　比例・東京）　郵政相　元・テレビ司会者　⊕社会福祉（障害者問題）　⊕昭和12年6月2日　⊕山梨県東八代郡八代町　本名＝前島英三郎　㊣石和高（昭和31年）卒　㊦ビクトリー賞（国際賞・全米賞、第7回）（平成5年）　㊞昭和31年山梨放送に入り、38年芸能界にデビュー。テレビの司会などで活躍していたが、48年に公演先で舞台のセリ穴に落ちて半身不随に。52年参院に当選、車椅子の議員として活躍。58年比例代表制の採用に伴い、福祉党を旗上げし、再選されたが、翌59年自民党に入党、3期つとめる。平成7年落選。8年衆院選東京12区で当選。15年の衆院選は比例区東京ブロックに名簿1位で当選。3期目。11年10月小渕第2次改造内閣の郵政相に就任。12年4月森連立内閣でも留任。旧渡辺派を経て、旧小渕派。のち旧橋本派。　DPI（障害者インターナショナル）　㊣兄＝前島茂松（山梨県議）
http://www.e-yashiro.net/

【著書】八代英太の車いす郵政大臣奮戦記（日本テレソフト;サイビズ〔発売〕'01）／負けてたまるか車椅子（日本図書センター'01）／ADA（障害をもつアメリカ人法）の衝撃（八代英太, 冨安芳和編　学苑社'91）／車椅子からみた日本（三一書房'79）

【評伝】お父さんの車椅子（前島由希著　講談社'00）

安井 謙　やすい・けん
参院議員（自民党）　⊕明治44年3月22日　㊣昭和61年3月10日　⊕岡山県岡山市　㊣京都帝大経済学部（昭和10年）卒　㊦勲一等旭日桐花大綬章（昭和56年）　㊞昭和10年満鉄に入社。参事に昇任したが、敗戦により帰国。初代東京都知事となった実兄・誠一郎の下で知事秘書役を務め、25年参院東京地方区に自由党から当選し、以来、連続6期当選。35年池田内閣の自治相、40年佐藤内閣の総務長官を経て、52～55年参院議長を

務めた。辞任後は自民党最高顧問。参院自民党幹事長や参院ILO特別委員長、日仏友好議連、日本フィンランド交友議連、日韓議連の各会長も務めた。60年参院選の公認を辞退し、事実上政界を引退した。「ほどほど哲学」の著書がある。
⊕ゴルフ，囲碁，柔道，水泳，空手
⊛兄＝安井誠一郎（東京都知事）
【評伝】藤原弘達のグリーン放談〈2〉自由闊達（藤原弘達編 藤原弘達著作刊行会；学習研究社〔発売〕'86）

安井 吉典　やすい・よしのり
衆院副議長　⊕大正4年10月30日　⊕北海道上川郡東神楽町　⊕東北帝国大学法学部（昭和15年）卒　⊛勲一等旭日大綬章（平成2年）　⊕昭和15年三菱尾去沢鉱業所に勤務。22年東神楽村3期を経て、33年北海道2区から衆院議員に11選。52年には社会党副委員長も務め、平成元年6月衆院副議長に就任。2年引退。　⊕カメラ，書道
【著書】冬の日愛すべし（日本評論社'92）／真「地方の時代」の条件（現代企画室'80）

保岡 興治　やすおか・おきはる
衆院議員（自民党 鹿児島1区）　法相　⊕昭和14年5月11日　⊕東京　⊕中央大学法学部（昭和39年）卒　⊛弁護士
弁護士から、昭和47年奄美群島区（平成5年鹿児島1区に合区）選出の衆院議員となり、大蔵・国土政務次官などを歴任。田中弁護団の一員でもあった。自民党田中派、二階堂グループを経て、竹下派。平成6年6月村山内閣発足後、離党。海部元首相グループと新党みらいの統一派"高志会"に所属し、同年12月新進党結成に参加。7年8月自民党に復帰。10年12月山崎派に参加。12年7月第2次森連立内閣の法相に就任。10期目。　⊛父＝保岡武久（衆院議員）　http://www.yasuoka.org
【著書】Q&A新連座制ハンドブック（腐敗防止システム研究会編著，保岡興治監修 出版研'96）／政治改革と腐敗防止システム（東都書房；講談社〔発売〕'91）

安田 貞栄　やすだ・さだえ
境港市長　⊕大正6年12月15日　⊕平成1年11月20日　⊕鳥取県　⊕鳥取師範（昭和13年）卒　⊕昭和30年以来鳥取県議6期を経て、53年境港市長に当選、3期。平成元年11月病気のため辞任。

安田 修三　やすだ・しゅうぞう
衆院議員（社会党）　⊕昭和2年5月21日　⊕平成6年2月2日　⊕富山県富山市下木町（現・本町）　⊕中央大学法学部卒　⊕昭和23年富山重工労組書記長、26年富山県労協オルグ、36年富山県労協組織部長、41年全国一般富山地本委員長、42年全国一般中執、47年同副委員長を経て、54年以来衆院議員に4選。党富山県本部委員長などを歴任。平成5年落選。　⊕釣り，囲碁，将棋，8ミリカメラ，謡曲

安田 隆明　やすた・たかあき
参院議員（自民党）　元・科学技術庁長官　⊕大正5年9月17日　⊕石川県　⊕石川県立青年学校教員養成所（昭和12年）卒　⊛勲一等瑞宝章（昭和61年）　⊕少年時代に、父の会社が倒産し、苦労を重ねた。小学校教員を経て、石川県庁入りし、昭和42年副知事に。43年石川地方区から参院議員に当選、以来3選。47年通産政務次官。57年科学技術庁長官に就任。61年7月引退。

安田 範　やすだ・はん
衆院議員（社会党）　⊕昭2.2.22　⊕栃木県宇都宮市　⊕早稲田大学専門部法律科（昭和23年）卒　⊕昭和23年栃木県庁に入り、地方労働委員会勤務。26年退職。29年鈴木茂三郎・社会党委員長の演説に感激して社会党入党。34年宇都宮市議選に立候補。35〜36年広瀬秀吉代議士の地元秘書。38年から宇都宮市議3期を経て、50年から栃木県議4期。

平成2年衆院議員に当選、1期つとめる。5年落選。㊙旅行

安田 養次郎　やすだ・ようじろう
　三鷹市長　㊤昭和5年10月16日　㊥宮城県　㊦東北大学教育学部卒　㊨三鷹市建設部長、総務部長、企画部長、収入役、助役を経て、平成3年三鷹市長に当選。3期務め、15年引退。

安武 洋子　やすたけ・ひろこ
　参院議員（共産党）　㊤昭3.7.26　㊥兵庫県神戸市　㊦兵庫県立第二高女（昭和20年）卒　㊨昭和34年明石原水協副理事長、42年兵庫県総評婦人部長を経て、49年以来参院議員に2選。61年落選。

安恒 良一　やすつね・りょういち
　参院議員（無所属）　㊤大正13年3月15日　㊥福岡県太宰府　㊦鞍手中（昭和18年）卒　㊨昭和21年西鉄入社。私鉄総連書記長、総評副議長などを経て、昭和52年社会党から参院議員に当選。当選3回。党選対委員長をつとめた。平成4年佐川急便グループとの不明朗な関係が問題となり、党を除名される。7年引退。
　㊙麻雀
　【著書】みんなの健康宣言（第一書林'89）
　【評伝】佐川のカネ食った悪徳政治家（菊池久著 山手書房新社'92）／佐川急便の犯罪（山本峯章著 ぱる出版'92）

安永 英雄　やすなが・ひでお
　参院議員（社会党）　㊤大正9年2月21日　㊗平成15年6月8日　㊥福岡県鞍手郡若宮町　㊦福岡師範卒　㊨勲二等旭日重光章（平成7年）　㊨福岡県教組委員長、福岡県労評議長を経て、昭和43年全国区から参院議員に当選。通算4期務めた。平成7年引退。参院建設委員長、社会党参院議員会長などを歴任した。

矢田 立郎　やだ・たつお
　神戸市長　㊤昭和15年2月7日　㊥兵庫県神戸市　㊦関西大学法学部（昭和46年）卒　㊨昭和34年神戸市役所に入所、傍ら関西大学で学ぶ。住宅局参事、企画調整局企画部長、空港整備本部長、保険福祉局長などを歴任。平成12年3月退職し、神戸市社会福祉協議会専務理事。13年3月神戸市助役。同年10月神戸市長に当選。

矢田 松太郎　やた・まつたろう
　加賀市長　片山津観光事業社長　北陸観光開発社長　石川県議（自民党）　㊤昭和3年12月16日　㊥石川県　㊦東京大学経済学部（昭和28年）卒　㊨紺綬褒章（昭和38年・46年）、石川県知事表彰（昭和47年）、全国都道府県議長会功労賞（昭和56年）、藍綬褒章（平成4年）、勲三等瑞宝章（平成11年）　㊨昭和30年家業の片山津観光事業に入り専務、45年社長に就任。60年北陸観光開発社長。また46年から石川県議を4期務め、59年議長。62年無投票で加賀市長に当選。3期務めた。平成11年引退。

矢田 美英　やだ・よしひで
　中央区（東京都）区長　㊤昭和15年6月2日　㊥東京都中央区新富町　㊦慶応義塾大学法学部法律学科（昭和39年）卒　㊨大学卒業後、米国ミズリー州立大学ジャーナリズム学科に留学。帰国後、昭和42年8月共同通信社に入社し、海外勤務のあと政治部記者として活躍。62年中央区長に当選。5期目。

八谷 泰央　やたがい・よしひさ
　庄原市長　㊤昭和6年12月1日　㊥広島県庄原市　㊦比婆西高（昭和25年）卒　㊨昭和46年庄原市助役を経て、54年から広島県議に4選。平成6年庄原市長に当選、2期務める。14年落選。

矢田部 理 やたべ・おさむ
参院議員(新社会党) [生]昭和7年2月15日 [出]茨城県久慈郡大子町 [学]中央大学法学部(昭和29年)卒 [資]弁護士 [歴]昭和31年司法試験合格、34年弁護士登録。昭和41年矢田部法律事務所を開設。49年地方区から参院議員に当選、以来4期務める。通信委員長、環境特別委員長を歴任。平成8年1月の社会民主党への移行には参加せず、同年3月新社会党を結成、委員長となる。10年、13年参院選では比例区から立候補するが落選。
【著書】リクルート疑獄の構造(日本社会党中央本部機関紙局 '89)

谷津 義男 やつ・よしお
衆院議員(自民党 群馬3区) 農水相 [生]昭和9年7月23日 [出]群馬県館林市 [学]法政大学法学部(昭和33年)卒 [歴]衆院議員秘書を経て、昭和50年以来群馬県議に3選。61年衆院議員に当選。平成12年第2次森改造内閣の農水相に就任。亀井派。通算6期目。 [趣]スポーツ,読書 http://www.yatsuyoshio.net/

八並 康一 やつなみ・こういち
行橋市長 [生]昭和14年11月30日 [出]大分県 [学]熊本大学法文学部卒 [歴]行橋市助役を経て、平成14年市長に当選。

八並 操五郎 やつなみ・そうごろう
中津市長 元・大分県商工労働部長 [生]大1.12.29 [出]大分県 [学]東北大法文学部(昭和12年)卒 [賞]勲四等旭日小綬章(昭和58年) [歴]大分県商工労働部長、東京事務所長を経て、昭和42年以来中津市長に5選。62年引退。

矢内 一雄 やない・いちお
伊勢崎市長 [生]昭和6年1月14日 [出]群馬県 [学]佐波農(旧制)卒 [歴]伊勢崎市議を経て、平成3年群馬県議に当選、2期務める。平成9年伊勢崎市長選に立候補、13年同市長に当選。

柳川 覚治 やながわ・かくじ
参院議員(自民党) [生]大正15年4月24日 [没]平成16年6月26日 [出]神奈川県 [学]早稲田大学政経学部(昭和25年)卒 [賞]勲二等瑞宝章(平成14年) [歴]昭和25年文部省に入り、官房総務課長を経て、49年初等中等教育局審議官、51年文化庁次長、52年文部省体育局長。58年比例代表制で自民党より参院議員に当選。2期務める。平成7年落選。13年1月小山孝夫参院議員の辞職に伴い繰上げ当選。同年7月の参院選には出馬せず、引退。通算3期。
【評伝】藤原弘達のグリーン放談〈6〉天真爛漫(藤原弘達編 藤原弘達著作刊行会'87)

柳川 喜郎 やながわ・よしろう
御嵩町(岐阜県)町長 [生]昭和8年1月2日 [出]東京 [学]名古屋大学法学部卒 [歴]NHKに入り、社会部記者、ジャカルタ、ニューデリー特派員などを経て、解説委員。防災、気象を担当し、長年東海地震を追い続けた。平成6年退職。7年岐阜県御嵩町長選に当選。"贈答廃止"を表明し、話題に。8年産業廃棄物処分場計画を、住民合意や環境問題の観点から一時凍結。同年10月二人組の男に襲撃され瀕死の重傷を負った。9年6月処分場建設の賛否を問う住民投票を実施、8割が反対という結果を受け、廃棄予定地にある町有地を売却しないことを表明した。3期目。著書に「桜島噴火記」「南極—最後の大陸を行く」などがある。

柳沢 伯夫 やなぎさわ・はくお
衆院議員(自民党 静岡3区) 元・金融担当相 [生]昭和10年8月18日 [出]静岡県袋井市(本籍) [学]東京大学法学部(昭和36年)卒 [歴]大蔵省に入り米国領事官、官房参事官、内閣官房長官秘書官を歴任。昭和55年から衆院議員1期。自民党静岡県顧問を経て、61年衆院に返り咲く。平成10年小渕内閣の国土庁長官と

なるが、同年10月金融再生関連法の施行に伴い金融担当相に就任。同年12月金融システムの立て直しを担当する総理府の独立行政委員会・金融再生委員会の発足に伴い、委員長となる。11年1月小渕改造内閣でも留任。12年12月第2次森改造内閣の金融再生委員会委員長に就任し、13年1月中央省庁再編で金融担当相となる。同年4月の小泉内閣でも留任。通算7期目。堀内派。⓰オペラ鑑賞 ⓺妻＝柳沢紀子（版画家）
【評伝】粉飾答弁〈上〉（木村剛著 アスキー'02）

柳沢 錬造　やなぎさわ・れんぞう
参院議員（民社党）⓫大正8年1月21日 ⓬長野県埴科郡 ⓭石川島重工業青年校（昭和12年）卒 ⓮勲八等瑞宝章（昭和21年），勲二等瑞宝章（平成1年）⓯石川島重工業に入社。戦後、石川島播磨労組委員長、造船重機労連委員長を経て、昭和52年から参院議員に2選。平成元年引退。同盟副会長、国際MRA日本協会副会長なども務めた。

柳田 弘　やなぎだ・ひろし
本荘市長 ⓫昭和6年4月18日 ⓬秋田県由利郡大内町 ⓭岩手大学農学部農業工学科（昭和29年）卒 ⓯昭和29年秋田県庁に入庁。雄勝平野土地改良事務所長、農政部農政課長補佐、農業水利課、農地整備課各参事を経て、56年仙北農林事務所長、58年農政部農地整備課長、のち由利地方部長、平成元年生活環境部長。3年本荘市長に当選。4期目。⓰スポーツ観戦

柳田 稔　やなぎだ・みのる
参院議員（民主党 広島）⓫昭和29年11月6日 ⓬鹿児島県鹿児島市 ⓭東京大学工学部（昭和58年）卒 ⓯昭和58年神戸製鋼所勤務、62年広島労働総同盟執行委員、小西博行参院議員秘書を経て、平成2年民社党から衆院議員に当選。6年新進党結成に参加。2期務める。8年落選。10年参院選広島選挙区に無所属で当選。のち民主党に所属。2期目。

柳原 正之　やなぎはら・まさゆき
長野市長 ⓫明治40年1月2日 ⓱平成1年10月28日 ⓬長野県 ⓭更級農（大正13年）卒 ⓮勲三等旭日中綬章（平成1年）⓯長野市助役を経て、昭和48年から市長に3選。

柳本 卓治　やなぎもと・たくじ
衆院議員（自民党 比例・近畿）⓫昭和19年11月11日 ⓬大阪府大阪市 ⓭早稲田大学卒、早稲田大学大学院（昭和45年）修士課程修了 ⓯昭和50年から大阪市議に3選。平成2年衆院議員に当選。5年落選。8年比例区近畿ブロックで返り咲き。通算4期目。亀井派。⓰旅行，将棋

簗瀬 進　やなせ・すすむ
参院議員（民主党 栃木）衆院議員 ⓫昭和25年4月23日 ⓬栃木県宇都宮市 ⓭東北大学法学部（昭和49年）卒 ⓱弁護士 ⓯司法試験の浪人生活を経て、昭和53年栃木県庁統計課に入る、同年司法試験に合格し、56年宇都宮市に法律事務所を開設。59年栃木県議の父が死去し、補選で当選、2期。平成2年森山欽司の地盤を継いで衆院議員に当選、2期。5年6月自民党を離党し新党さきがけに参加。8年民主党に参加したが、落選。10年参院議員に当選。2期目。⓺父＝簗瀬勇（栃木県議）
【著書】ハンドル・ネームは北京原人（近代文芸社'96）／簗瀬進の辻説法（近代文芸社'95）

矢野 克視　やの・かつみ
出水市長 ⓫昭和4年11月23日 ⓬鹿児島県 ⓭出水中（旧制）卒 ⓯昭和27年大川内村役場に入り、29年市制施行により出水市役所職員。47年秘書課長、51年財政課長、54年企画課長を経て、58

やの

年助役。平成3年出水市長に当選。2期つとめ、11年落選。 🔹読書

矢野 茂文　やの・しげふみ
鳴門市長　徳島県議（自民党）　🔹昭和5年11月27日　🔹徳島県鳴門市　🔹鳴門高卒　🔹藍綬褒章、勲四等旭日小綬章（平成13年）　🔹鳴門市議を経て、昭和46年以来徳島県議に4期。62年4月鳴門市長に当選。2期つとめ、平成7年落選。🔹旅行、読書

矢野 繁　やの・しげる
垂水市長　🔹昭和13年3月21日　🔹鹿児島県　🔹垂水高（昭和31年）卒　🔹建設会社役員を経て、平成11年垂水市長に当選、1期。15年落選。

矢野 絢也　やの・じゅんや
衆院議員　元・公明党委員長　政治評論家　🔹昭和7年4月27日　🔹大阪府布施市（現・東大阪市）　🔹京都大学経済学部（昭和31年）卒　🔹文芸春秋読者賞（第55回）（平成5年）「極秘メモ全公開」　🔹在学中に創価学会に入会。大林組勤務を経て、昭和38年公明党から大阪府議に当選。40年からは創価学会副理事長、党中央幹部会員などを歴任。42年以来衆院議員に9選。初当選後ただちに書記長就任。45年の創価学会、公明党の言論出版妨害問題では政教分離による打開策に尽力した。これを機に江田三郎、佐々木良作とともに社公民路線を軸とした野党再編の推進役をつとめ、61年12月～平成元年5月委員長をつとめた。平成5年政界を引退、以後政治評論家として新聞・雑誌・テレビに活躍。連載に日刊ゲンダイ「矢野絢也の永田町一刀両断」。🔹音楽、囲碁

【著書】二重権力・闇の流れ（文芸春秋'94）／乱か変か 毎日新聞社（'94）

【評伝】創価学会・公明党 池田王国の落日（中川義雄著 人間の科学社'91）／永田町の暗闘〈6〉（鈴木棟一著 毎日新聞社'89）／創価学会を撃つ!!（四宮正貴著 展転社'88）／フレッシュ・オープン・エキサイティング（第三文明社編集部編 第三文明社'87）／創価学会の政治局 公明党の研究（富田信男著 日新報道'87）

矢野 哲朗　やの・てつろう
参院議員（自民党　栃木）　🔹昭和21年11月6日　🔹栃木県　🔹慶応義塾大学法学部政治学科（昭和45年）卒　🔹大学卒業後10年間、父親の創立した会社で経営者としての帝王学を学ぶ。昭和58年より栃木県議に3選。平成4年参院議員に当選。14年小泉改造内閣の外務副大臣に就任。3期目。渡辺派、村上・亀井派、江藤・亀井派を経て、亀井派。🔹バスケットボール、絵画鑑賞、スキー、ゴルフ　🔹父＝矢野登（参議院議員）
http://www1.ocn.ne.jp/~tetsuro/

矢野 俊比古　やの・としひこ
参院議員（自民党）　東京中小企業投資育成取締役　🔹大正13年1月1日　🔹東京都千代田区神田　🔹東京大学法学部政治学科（昭和23年）卒　🔹勲一等瑞宝章（平成11年）　🔹昭和23年商工省入省。49年基礎産業局長、53年産業政策局長などを経て、55年事務次官に。56年6月退官し、参院選に備えて2年間、全国行脚した。58年6月参院比例代表選に立候補し、当選。平成元年落選。2～8年東京中小企業投資育成社長。3年日本コンベンションセンター社長をつとめた。著書に「新しい景気浮揚への方途」など。

【著書】"日本株式会社"の反省（日本工業新聞社'82）

矢野 学　やの・まなぶ
安塚町（新潟県）町長　🔹昭和15年6月6日　🔹新潟県東頸城郡安塚町　🔹安塚高（昭和34年）卒　🔹昭和36年安塚町役場に入り、52年総務課長を経て、平成元年町長に当選。4期目。豪雪・過疎のハンディをプラス思考で克服。雪を1つ

の資源として町おこしに役立てているユニークな町長として全国的に知られる。全国キーパースンの会代表、新潟仕掛人会議運営代表。 [趣]絵画，詩吟
【著書】弱点を武器にした鄙人の発想(かんき出版 '93)

矢野 裕 やの・ゆたか
狛江市長 [生]昭和21年11月1日 [出]東京都 [学]早稲田大学法学部(昭和45年)卒 [歴]法律雑誌編集部のデスクを経て、28歳で狛江市議に当選。平成8年狛江市長に当選。全国で唯一の共産党員市長となる。3期目。

矢埜 与一 やの・よいち
伊丹市長 [生]大正12年3月13日 [没]平成9年7月18日 [出]兵庫県 [学]都島二工(昭和18年)卒 [賞]勲三等瑞宝章(平成6年) [歴]伊丹市助役を経て、昭和52年以来市長に4選。平成5年落選。

矢野川 俊喜 やのがわ・としき
土佐清水市長 [生]大正13年9月5日 [出]高知県 [学]三崎尋常高小(昭和14年)卒 [賞]勲四等瑞宝章(平成7年) [歴]三崎町助役を経て、昭和37年土佐清水市助役、43年土佐清水市農協組合長を歴任。45年土佐清水市長に当選。

矢原 秀男 やはら・ひでお
参院議員(新進党) [生]昭和5年2月2日 [出]広島県 [学]近畿大学法学部(昭和29年)卒 [歴]尼崎市議、兵庫県議2期を経て、昭和49年公明党から参院議員に3選。58年参院運輸委員長をつとめる。平成6年新進党結成に参加。7年引退。

藪仲 義彦 やぶなか・よしひこ
衆院議員(公明党) [生]昭11.3.4 [出]東京都大田区 [学]中央大学経済学部(昭和39年)中退 [歴]公明党機関紙局政治部記者を経て、昭和51年から衆院議員に6選。平成5年引退。

山内 功 やまうち・おさむ
衆院議員(民主党 比例・中国) 弁護士 [生]昭和29年10月16日 [出]鳥取県米子市 [学]中央大学法学部卒 [歴]昭和55年熊本地裁判事などを経て、58年弁護士事務所を開設。民主党鳥取県総支部連合会幹事、日弁連公害対策委員も務める。平成12年衆院選比例区に当選。2期目。 http://www.sanin.com/yamauchi/

山内 克巳 やまうち・かつみ
磐田市長 [生]明治44年10月22日 [学]浜松師範専攻科(昭和9年)卒 [賞]勲三等瑞宝章(昭和61年) [歴]旧磐田郡長野村長を2期務め、磐田市になってから総務課長、助役を務める。昭和41年市長選に出馬。57年5期連続無投票で当選。

山内 恵子 やまうち・けいこ
衆院議員(社民党) [生]昭和15年2月20日 [出]北海道札幌市 [学]北海道学芸大学(現・北海道教育大学)札幌分校(昭和37年)卒 [歴]産休代替教員などを経て、本格的に教鞭を取るようになり、旭川の近文小、千代田小などで長年教える。その後、日教組女性部長などを経て、平成12年衆院選比例区に社民党北海道ブロックで1位当選、1期務めた。15年落選。16年参院選に立候補。 http://www.dtj.jp/yk/

山内 隆文 やまうち・たかふみ
久慈市長 [生]昭26.4.18 [出]岩手県久慈市 [学]日本大学法学部卒，日本大学大学院(昭和57年)中退 [歴]鈴木善幸元首相の秘書を経て、昭和58年より岩手県議に5選。平成11年県会議長。15年久慈市長に当選。 [趣]マンドリン

山内 武士 やまうち・たけし
大野市長 福井県議 [生]昭和2年10月8日 [出]福井県大野市 [学]鳥取農専 [賞]勲五等双光旭日章(平成14年) [歴]昭和54年福井県議を経て、61年大野市長選に当選。2期つとめ、平成6年落選。

やまう

山内 俊夫　やまうち・としお
参院議員（自民党　香川）　⊕昭和21年12月17日　⊕香川県　⊕早稲田大学教育学部（昭和44年）卒　⊕香川県社会教育委員などを経て、平成3年より香川県議に2選。10年参院選香川選挙区に当選。同年12月山崎派に参加。2期目。
http://www.t-yama.net/

山内 日出夫　やまうち・ひでお
会津若松市長　⊕昭和27年1月1日　⊕福島県会津若松市　⊕日本大学芸術学部（昭和49年）卒　⊕民間会社に勤務の後、昭和49年から伊東正義代議士秘書を務め、58年から会津若松市議2期。平成3年市長に当選、2期務めた。9年6月戊辰戦争から数えて128年目にして初めて、山口県萩市を公式訪問、話題となる。10年7月会津若松市と地元経済界が出資した第三セクター会社、会津リエゾンオフィス初代社長に就任。12年、15年衆院選に立候補。
⊕読書、登山、水泳

山内 弘　やまうち・ひろし
衆院議員（社会党）　⊕昭4.2.22　⊕青森県中津軽郡相馬村　⊕弘前中（昭和20年）卒　⊕青森県議4期を経て、昭和61年衆院選に青森2区から立候補するが落選。平成2年再び立候補し、当選した。5年落選。

山岡 賢次　やまおか・けんじ
衆院議員（民主党　比例・北関東）　⊕昭和18年4月25日　⊕東京　本名＝山岡賢二　⊕慶応義塾大学法学部（昭和41年）卒　⊕安田生命勤務を経て、昭和58年参院議員に当選、2期。自民党安倍派、三塚派を経て、平成3年加藤グループに加わる。5年辞職して衆院議員に転じる。同年11月離党後、6年4月新生党入りし、同年12月新進党結成に参加。8年落選。12年の総選挙では自由党から当選し、返り咲き。15年9月民主党に合流。通算3期目。
http://www.yamaokakenji.gr.jp/

山岡 謙蔵　やまおか・けんぞう
衆院議員（自民党）　⊕大正15年9月5日　⊕平成2年9月14日　⊕高知県高知市　⊕高知県立農（昭和18年）卒　⊕藍綬褒章（昭和56年）　⊕昭和34年高知市議に当選、3期務め、41年副議長、44年議長。46年からは高知県議に3選、57年議長。58年衆院議員に当選。1期。中曽根派。61年、平成2年落選。

山神 輝　やまがみ・あきら
開成町（神奈川県）町長　⊕昭和8年11月28日　⊕平成2年1月9日　⊕神奈川県　⊕小田原高卒　⊕開成町議を経て、昭和62年2月から町長。小田急開成駅周辺土地区画整理事業などに力を注いだ。

山岸 正裕　やまぎし・まさひろ
勝山市長　えちぜん鉄道社長　⊕昭和20年4月29日　⊕福井県　⊕明治大学法学部卒　⊕山岸機業専務、福井経済同友会幹事を務める。平成7年福井県議に無所属で当選。のち自民党入り。2期務め、12年勝山市長に当選、2期目。14年京福電鉄京福線の廃止をうけ設立された第3セクター・えちぜん鉄道社長を兼務。

山際 大志郎　やまぎわ・だいしろう
衆院議員（自民党　比例・南関東）　⊕昭和43年9月12日　⊕神奈川県鎌倉市　⊕山口大学農学部獣医学科（平成7年）卒，東京大学大学院（平成11年）博士課程修了　獣医学博士　⊕獣医師　⊕大学在学中、南極での鯨類国際調査に日本代表として従事。東京大学動物医療センターに獣医師として勤務した後、平成12年神奈川県川崎市に王禅寺ペットクリニックを開院。14年横浜市にペット医療センターを開設。同年衆院補選に自民党から立候補、15年当選。
http://www.yamagiwa-daishiro.jp/

山口 巖雄 やまぐち・いわお
厚木市長 [生]昭和17年9月28日 [出]神奈川県厚木市 [学]立教大学経済学部(昭和40年)卒 [歴]厚木青年会議所理事長、厚木市商店連合会理事などを経て、昭和62年神奈川県議に当選。2期務めたのち、平成7年厚木市長に当選。3期目。[趣]スポーツ，読書

山口 光一 やまぐち・こういち
参院議員(自民党) [生]昭和4年11月18日 [出]埼玉県深谷市 [学]早稲田大学政経学部(昭和28年)卒 [歴]昭和28年自民党に入り党本部勤務。政調会調査役を経て、55年事務局次長、58年事務局長となる。61年参院議員選挙で比例区名簿25位に登載され、平成2年繰上当選となる。4年落選。当選1回。 [趣]ラグビー，囲碁

山口 公久 やまぐち・こうきゅう
矢板市長 [生]昭和3年1月11日 [出]栃木県 [学]矢板農(昭和20年)卒 [歴]昭和33年矢板市議、42年栃木県議(4期)、53年副議長、54年議長を歴任して、57年矢板市長に無投票で当選。63年2月辞任。平成8年返り咲き、通算4期務めた。16年引退。

山口 幸太郎 やまぐち・こうたろう
千歳市長 [生]昭和17年4月10日 [出]北海道苫小牧市 [学]明治大学政経学部(昭和40年)卒 [歴]昭和41年ティファニー観光創立、50年三美を設立し代表取締役。また市議、57年日本青年会議所北海道地区協議会会長を経て、平成3年北海道議に当選、3期。15年千歳市長選に当選。

山口 シヅエ やまぐち・しずえ
衆院議員(自民党) [生]大正6年10月31日 [出]東京都中央区日本橋小伝馬町 本名＝山口静江 [学]東京府立第七高女(昭和10年)卒 [賞]永年勤続議員表彰(昭和25年)，国連平和賞(昭和55年)，勲一等瑞宝章(昭和62年) [歴]戦後の婦人参政権で立候補、第1号として当選。社会党から自民党に鞍替えし、当時節操がないなどといわれたが、昭和21年以来衆院に13回当選。経企政務次官、全国婦人連盟会長などを歴任。この間22年台東ビルを設立し、社長。著書に「骨のある子に育てよう」がある。 [趣]カメラ，読書，水泳，ダンス

山口 俊一 やまぐち・しゅんいち
衆院議員(自民党 徳島2区) [生]昭和25年2月28日 [出]徳島県三好郡池田町 [学]青山学院大学文学部フランス文学科(昭和49年)卒 [歴]徳島県議だった父亡き跡を継ぎ、昭和50年から徳島県議に4選。平成2年衆院議員に当選。15年小泉第2次改造内閣の総務副大臣に就任。5期目。無派閥。 [家]父＝山口一雄(徳島県議) http://www.yamashun.jp/

山口 治郎 やまぐち・じろう
行田市長 [生]大正8年6月13日 [出]埼玉県行田市 [学]青年学校卒 [賞]旭日小綬章(平成15年) [歴]行田市消防長、助役を経て、平成3年行田市長に当選。3期務め、15年引退。

山口 泰明 やまぐち・たいめい
衆院議員(自民党 埼玉10区) [生]昭和23年11月10日 [出]埼玉県 [学]日本大学法学部(昭和48年)卒 [歴]参院議員秘書、坂戸青年会議所理事などを経て、平成8年衆院議員に当選。3期目。旧橋本派。 [家]父＝山口泰正(川島町長)，祖父＝山口原次郎(埼玉県議)
http://www.taimei.gr.jp/

山口 壮 やまぐち・つよし
衆院議員(無所属) [生]昭和29年10月3日 [出]兵庫県相生市 [学]東京大学法学部(昭和53年)卒，ジョンズ・ホプキンズ大学大学院修了 [歴]平成7年外務省国際科学協力室長を経て、12年衆院議員に当選。1期。15年落選。
[家]祖父＝中村庸一郎(衆院議員)
http://www.mission21.gr.jp/

山口 鶴男 やまぐち・つるお
社民党群馬県連代表 衆院議員（社民党） 元・社会党書記長 ㊐大正14年10月4日 ㊓群馬県吾妻郡草津町 ㊫桐生工専化学工業科（昭和20年）卒 ㊛勲一等旭日大綬章（平成8年） ㊞前橋商工教諭を経て、群馬県教組書記長。群馬県議2期の後、昭和35年以来衆院議員に11選。47年から議院運営委員会の理事として、衆院議長の補佐に当たる。通称"議運のツルさん"。57年にその10年の功労に対し、異例の表彰を受けた。61年9月～平成3年7月書記長を務める。平成5年細川内閣の予算委員長、6年村山内閣の総務庁長官を務めた。8年引退。12年衆院選に立候補するが、落選。 ㊖読書，登山
【評伝】まかせてみては!?土井連合政権に。（細川隆一郎著 スコラ'89）

山口 哲夫 やまぐち・てつお
参院議員（新社会党） ㊐昭和3年8月9日 ㊓旧樺太・真岡 ㊫釧路湖陵高（定時制）（昭和25年）卒 ㊞昭和22年釧路市役所に入る。民生部社会課長などを務め、40年釧路市長に当選、3期。この間に社会党北海道本部副委員長も務めた。自治労中央本部特別執行委員を経て、61年参院議員に当選。2期務める。平成8年1月の社会民主党への移行には参加せず、同年3月新社会党の結成に参加、のち書記長。10年落選。

山口 敏夫 やまぐち・としお
衆院議員（無所属） 労相 ㊐昭和15年8月29日 ㊓埼玉県東松山市 ㊫明治大学法学部（昭和38年）卒 ㊞労働省に入り、石田博英労相の秘書官を務める。昭和40年くらしと政治研究所を設立。42年に26歳という全国最年少で自民党から衆院議員に当選、以来10選。三木派に所属し、河野洋平らとともにヤングパワーとして鳴らした。47年厚生政務次官。51年のロッキード事件発生後、河野らと新自由クラブを結成、55年幹事長。58年自民党との連立政権誕生を実現させた。59年労相に就任。61年自民党復党後は渡辺派に属していたが、平成5年離党。6年新進党結成に参加、7年再び離党。同年6月旧東京協和、旧安全信用組合の二信組問題に絡み、背任の共犯容疑で逮捕された。8年の衆院選には立候補しなかった。 ㊖ゴルフ，読書 ㊗父＝山口六郎次（衆院議員），二男＝山口裕（俳優）
【著書】新しい世紀に日本共産党を語る（新日本出版社 '03）／山口敏夫 政治家としての遺書（ジャパン・ミックス '95）／この日本をどうするか（藤原弘達, 山口敏夫著 日新報道'90）／日本外交の革命（講談社 '88）／自由主義の革命（ネスコ;文芸春秋〔発売〕'87）
【評伝】藤原弘達のグリーン放談〈4〉勇往邁進（藤原弘達編 藤原弘達著作刊行会;学習研究社〔発売〕〔'86）／天下を取る!（小林吉弥著 講談社'93）／後継者の条件（小林吉弥著 光文社'90）／21世紀の首相候補生（時事通信社政治部著 時事通信社'89）／自民党の若き獅子たち（大下英治著 角川書店'88）／藤原弘達のグリーン放談〈1〉臨機応変（藤原弘達編 藤原弘達著作刊行会;学習研究社〔発売〕'86）

山口 富男 やまぐち・とみお
衆院議員（共産党 比例・東京） ㊐昭和29年1月29日 ㊓静岡県三島市 ㊫同志社大学文学部（昭和52年）卒 ㊞共産党社会科学研事務局長を経て、文化・教育局長。平成12年衆院議員に当選。2期目。 http://t-yamaguchi.gr.jp/

山口 那津男 やまぐち・なつお
参院議員（公明党 東京） ㊐昭和27年7月12日 ㊓茨城県日立市 ㊫東京大学法学部（昭和53年）卒 ㊮弁護士 ㊞昭和57年弁護士登録。平成2年公明党から衆院議員に当選。6年新進党結成に参加、2期つとめる。8年落選。のち、新党平和を経て、公明党に移る。12年衆院選に立候補。13年参院議員に当選。 ㊕東

京弁護士会　🏛美術鑑賞　http://www.n-yamaguchi.gr.jp/

山口　洋平　やまぐち・ようへい
松浦市長　🎂昭和12年1月1日　🏠長崎県松浦市志佐　🎓長崎大学経済学部卒　💼長崎県庁に入庁、企画部企画課長、経済部参事監兼企業誘致センター所長を経て、平成元年東京事務所長、のち労働部長。3年松浦市長に当選。2期。11年引退。

山口　淑子　やまぐち・よしこ
参院議員（自民党）　アジア女性基金副理事長　元・女優　元・歌手　🎂大正9年2月12日　🏠旧満州・撫順　本名＝大鷹淑子　山口　芸名＝李香蘭　🎓北京翊教女学院（昭和12年）卒　🏆テレビ大賞優秀個人賞（昭和48年度）、勲二等宝冠章（平成5年）　💼昭和13年満映入社、中国人女優・李香蘭として売り出す。戦争中「支那の夜」「蘇州の夜」が大ヒット、慰問歌手として活躍。戦後は山口淑子の名で「わが生涯の輝ける日」「暁の脱走」「醜聞（スキャンダル）」など多くの映画に出演。49年自民党から参議院に当選、以来、当選3回。環境政務次官、沖縄北方委員長、自民党婦人局長を歴任。日本パレスチナ友好議員連盟事務局長も務める。宮沢派。4年引退。以後は人権問題や中国などとの文化交流に尽力する。著書に「誰も書かなかったアラブ」がある。　👫夫＝大鷹弘（駐ミャンマー大使）
【著書】21世紀のアジアと日本（西原春夫著, 平山郁夫, 松本健一, 山口淑子対談 成文堂'02）／次代に伝えたいこと（（天理）天理教道友社'97）
【評伝】ドキュメント 時代を拓いた女性たち（読売新聞解説部編 中央公論新社'02）／李香蘭 私の半生（山口淑子, 藤原作弥著 新潮社'90）

山口　吉暉　やまぐち・よしてる
勝浦市長　🎂大正10年7月27日　🏠千葉県　🎓明治大学専門部（昭和18年）卒　🏆勲三等旭日中綬章（平成14年）　💼昭和38年勝浦市議を経て、42年以来市長に8選。連続8期は現役市長としては全国最多だったが、平成11年引退。

山口　わか子　やまぐち・わかこ
衆院議員（社民党）　🎂昭和9年12月10日　🏠長野県梓川村　🎓長野県保健婦専門学院（昭和33年）卒　💼平成7年長野県豊科町収入役、総務課長、住民課長などを経て、12年衆院議員に当選。12年落選。16年参院選に立候補。　http://www.ne.jp/asahi/wakaba/wakako/
【著書】黙っていては変わらない（（長野）ほおずき書籍;星雲社〔発売〕'04）

山崎　泉　やまさき・いずみ
衆院議員（民主党）　🎂昭和17年10月8日　🏠長崎県南松浦郡　🎓上五島高（昭和36年）卒　💼民間会社勤務を経て、昭和41年魚目郵便局に就職。全逓役員を歴任し、平成2年全逓長崎県委員長、県評センター副議長。5年社会党から衆院議員に当選。8年社民党を経て、民主党に参加するが、落選。10年補選にも立候補した。　🎯柔道（2段）、書道

山崎　鋭一　やまさき・えいいち
安芸市長　🎂昭和12年10月5日　🏠高知県安芸市　🎓高知農卒　🏆全日本PTA会長賞　💼農業に従事。昭和49年以来安芸市議に連続当選し、同市議会議長などを歴任。平成元年安芸市長に当選、2期つとめる。9年落選。　🎯スポーツ観戦, 釣り

山崎　栄次郎　やまざき・えいじろう
墨田区（東京都）区長　🎂明治44年4月17日　⚰昭和62年2月3日　🏠富山県西砺波郡福岡町上川崎　🎓日白商（昭和11年）卒　💼昭和11年東京都に入り、38年墨田区助役を経て、49年以来区長に3選。

山崎 甚右衛門　やまざき・じんうえもん
野洲市長　[生]昭和9年1月17日　[出]滋賀県　[学]野洲高(昭和28年)卒　[歴]野洲町役場に入り、総務部長、昭和59年助役を経て、町長に3選。平成16年10月合併により誕生した野洲市の初代市長に当選。

山崎 拓　やまさき・たく
首相補佐官　元・自民党副総裁　衆院議員(自民党)　建設相　[生]昭和11年12月11日　[出]旧満州・大連　本名＝山﨑拓　[学]早稲田大学商学部(昭和34年)卒　[歴]4年余りの会社勤務を経て、昭和42年福岡県議に当選。のち衆院選に転じたが落選、47年当選。当選10回。53年厚生政務次官、55年防衛政務次官、自民党国対副委員長、59年11月内閣官房副長官を経て、平成元年宇野内閣の防衛庁長官、3年宮沢内閣の建設相に就任。7年党政調会長。10年参院選で大敗を喫し、政調会長を辞任。同年政策集団・近未来研究会を結成。12月には旧渡辺派を離脱して山崎派を旗揚げ。11年党総裁選に立候補するが、敗れる。12年11月森内閣不信任決議案を採決する衆院本会議を欠席。13年4月自民党幹事長。15年9月副総裁に就任するが、11月の衆院選では民主党の新人候補に敗れ、比例区でも復活できず落選し、副総裁を辞任。16年4月拉致被害者家族の帰国問題をめぐって北朝鮮高官との非公式会談を中国･大連で行った。同年9月小泉純一郎首相の特命担当補佐官に起用される。非議員のまま山崎派会長を務める。[趣]囲碁，ソフトボール，柔道　[家]父＝山崎進(相模女子大学長)　http://www.taku.net/

【著書】憲法改正(生産性出版 '01)／2010年日本実現(ダイヤモンド社 '99)／アジア太平洋時代と日米安保(サンドケー出版局 '96)／転換期の光芒(りｰぶる出版企画 '80)

【評伝】激動のなかを生きる男たち(竹村健一著 (武蔵野)バンガード社'98)／新進党VS.自民党(大下英治著 徳間書店'96)／政界再編の鍵を握る男たち(大下英治著 政界出版社'94)／政治対談 この政治家に日本を託す(増田卓二編 日新報道'92)／21世紀を担う若き政治家たち(木下厚著 政界往来社'89)

山崎 武三郎　やまさき・たけさぶろう
衆院議員(自民党)　弁護士　[生]昭和7年9月14日　[没]平成15年7月9日　[出]鹿児島県指宿市　[学]中央大学法学部(昭和30年)卒　[賞]勲二等瑞宝章(平成14年)　[歴]高卒後上京し、働きながら大学を卒業して昭和38年弁護士登録。47年上林山栄吉の後継者として衆院選に出馬するが落選。51年当選、4期務めた。61年落選。大蔵政務次官などを歴任した。

山崎 健　やまざき・たけし
大川市長　[生]昭和4年11月26日　[出]福岡県　[学]慶応義塾大学経済学部卒(昭和26年)卒　[歴]川崎重工業秘書室長、理事を経て、平成元年～5年大川市長を務めた。

山崎 竜男　やまざき・たつお
参院議員(自民党)　環境庁長官　[生]大正11年5月5日　[出]青森県青森市　[学]中央大学法学部(昭和18年)卒，青森医専(旧制)(昭和26年)卒　医学博士　[歴]産婦人科医を経て衆院議長秘書となり、昭和43年以来、参院に当選4回。行政管理政務次官、参院文教常任委員長、両院議員総会長を歴任。56年6月ロッキード裁判丸紅ルート公判のアリバイ証人として出廷した。61年の参院選では公認を得られなかったが当選を果たし、選挙後田中派から鈴木派に移った。平成元年宇野内閣の環境庁長官に就任。3年青森県知事選に出馬し落選。[趣]カメラ，音楽，旅行　[家]父＝山崎岩男(青森県知事)，長男＝山崎力(参院議員)

山崎 力　やまざき・つとむ
参院議員（自民党　青森）　⊕昭和22年5月8日　⊕青森県青森市　⊕中央大学法学部（昭和47年）卒　昭和47年読売新聞記者、のち父の秘書、日本新党青森会長、新進党青森県副会長を経て、平成7年参院議員に当選。2期目。10年1月改革クラブに参加、12年4月自民党に入党。旧橋本派。　⊕父＝山崎竜男（参院議員）、祖父＝山崎岩男（青森県知事）　http://www.yamachannel.gr.jp/

山崎 昇　やまざき・のぼる
墨田区（東京都）区長　⊕昭和20年9月15日　⊕富山県　⊕中央大学法学部卒　⊕墨田区区民課長、企画経営室長、助役を経て、平成11年墨田区長に当選。2期目。

山崎 広太郎　やまさき・ひろたろう
福岡市長　衆院議員（新進党）　⊕昭和16年9月3日　⊕島根県　⊕九州大学法学部（昭和40年）卒　⊕国際水泳連盟勲章（平成14年）　昭和46年から福岡市議に5選。60年市会議長。平成2年辞職し、3年福岡県知事選に出馬。5年日本新党に転じ、衆議院議員に当選。6年新進党結成に参加。8年落選。10年福岡市長に当選。2期目。15年博多湾の人工島（アイランドシティ）事業を担当する福岡市の第3セクター博多港開発社長を兼務。

山崎 平八郎　やまさき・へいはちろう
衆院議員（自民党）　国土庁長官　⊕明治44年12月16日　⊕平成1年1月11日　⊕福岡県大川市　⊕九州帝大農学部（昭和14年）卒　農学博士　⊕勲一等瑞宝章（昭和63年）　農林省に入省、九州農政局長を経て、昭和44年衆議院議員に当選。7期。文部政務次官、農林政務次官、衆院農水委員長を経て、60年国土庁長官に就任。安倍派。　⊕ゴルフ　⊕父＝山崎達之輔（農相）

山崎 正昭　やまざき・まさあき
参院議員（自民党　福井）　内閣官房副長官　⊕昭和17年5月24日　⊕福井県　⊕日本大学法学部（昭和40年）卒　昭和50年大野市議、54年福井県議4期、平成3年県会議長を経て、4年参院議員に当選。15年小泉第2次改造内閣の内閣官房副長官に就任。3期目。三塚派を経て、森派。　⊕父＝山崎正一（福井県議）

山崎 正雄　やまざき・まさお
青梅市長　青梅商工会議所会頭　⊕大正11年8月25日　⊕東京　⊕山梨高工（昭和17年）卒　⊕勲三等瑞宝章（平成4年）　昭和38年から青梅市議3期、46年市会議長を経て、50年から市長に3選。62年引退。63年12月青梅商工会議所会頭に就任。

山崎 真秀　やまざき・まさひで
国分寺市長　元・静岡大学人文学部法学科教授　⊕憲法　教育法　⊕昭和5年9月25日　⊕東京都新宿区四谷　⊕東京学芸大学教育学部（昭和32年）卒　⊕子どもの人権（体罰、校則、内申書など）問題；大学（改革）問題；地方自治・市民運動（町づくり等）問題　⊕東京学芸大学教授、静岡大学人文学部教授。平成9年7月国分寺市長に当選、1期務めた。主著に「現代の国家権力と法—教育」「現代教育法の展開」「内申書を考える」（共編）。　⊕日本公法学会、全国憲法研究会、日本教育法学会、「子どもの人権」研究会、自由人権協会、「父母の教育権とPTA」研究会　⊕旅行、鉄道模型

山崎 吉一　やまざき・よしいち
山田村（富山県）村長　⊕昭和4年7月10日　⊕富山県　⊕婦負農卒　富山県・山田村助役を経て、平成2年から村長。4期目。村の全世帯の7割にパソコンを配り、"電脳村"として全国的に知られる。

山崎 順子　⇒円より子（まどか・よりこ）を見よ

やまさ

山里 朝盛　やまざと・ちょうせい
糸満市長　⊕昭和12年4月18日　⊕沖縄県糸満市字米須　⊕琉球大学農学科卒　⊕糸満市収入役を経て、平成12年市長に当選。16年落選。

山路 勝男　やまじ・かつお
金ケ崎町（岩手県）町長　⊕大正8年6月25日　⊕岩手県胆沢郡金ケ崎町　⊕今戸青年学校（昭和15年）卒、陸軍航空通信学校（昭和17年）卒　⊕昭和21年ルソン島から復員。岩手県金ケ崎町役場の臨時雇いになったのが縁で22年から同役場に勤務。49年町立金ケ崎病院事務長を最後に退職。53年同町の町長選に生涯教育を公約の一つに掲げて出馬し当選。以来、3期務める。同町の生涯教育に取り組み、54年には"生涯教育の町"を宣言。平成2年引退。　⊕日本生涯教育学会　⊕読書

山下 栄一　やました・えいいち
参院議員（公明党　大阪）　⊕昭和22年8月18日　⊕大阪府　⊕京都大学法学部（昭和47年）卒　⊕関西創価高校教諭を経て、公明党大阪府副書記長、同大阪府教育改革推進会議議長。平成4年参院議員に当選。同年11月新公明党結成に参加。14年1月小泉内閣の環境副大臣。3期目。　http://www.yamashita-eiichi.com/

山下 元利　やました・がんり
衆院議員（自民党）　防衛庁長官　⊕大正10年2月22日　⊕平成6年3月14日　⊕京都府京都市下京区　⊕東京帝国大学法学部政治学科（昭和18年）卒　⊕少年期に両親を失い中学を中退。独学で専検に通って一高から東京帝大に進んだ。昭和18年大蔵省に入省。保守合同前の民主党時代に鳩山首相の秘書官を務めた。41年広島国税局長で退官。42年滋賀全県区から衆院議員に当選。47年田中内閣の内閣官房副長官、53年大平内閣の防衛庁長官、55年衆院議院運営委員長などを歴任。当選10回。旧田中派二階堂系を経て、無派閥。　⊕ゴルフ　⊕息子＝山下英利（参院議員）
【著書】いま税制改革をしなければ日本は生き残れない！（かんき出版'87）
【評伝】日本を生きる（山本茂著　社会思想社'95）／世紀末の日本政治（本沢二郎著　データハウス'94）／天元の一石（奥田鉱一郎著　新人物往来社'93）／21世紀の首相候補生（時事通信社政治部著　時事通信社'89）／大蔵省主税局（栗林良光著　講談社'87）／藤原弘達のグリーン放談〈2〉自由闊達（藤原弘達編　藤原弘達著作刊行会／学習研究社〔発売〕'86）／誰も書かなかった目白邸（小林吉弥著　徳間書店'86）

山下 栄　やました・さかえ
鹿屋市長　⊕昭和10年9月10日　⊕鹿児島県　⊕鹿屋農（昭和29年）卒　⊕鹿屋市助役を経て、平成6年鹿屋市長に当選。3期目。

山下 幸雄　やました・さちお
宿毛市長　⊕昭和7年3月19日　⊕高知県宿毛市　⊕宿毛高中退　⊕宿毛市総務課長、助役を経て、平成11年12月宿毛市長に当選。15年落選。　⊕スポーツ，読書

山下 三郎　やました・さぶろう
廿日市市長　⊕昭和5年1月1日　⊕東京　⊕山陽中（旧制）卒　⊕藍綬褒章（平成4年）　⊕昭和22年広島県庁に入庁。30年廿日市町議に当選、副議長、議長、63年市制施行に伴い廿日市市会議長、平成3年廿日市市長に当選。4期目。

山下 重　やました・しげる
磐田市長　⊕大正15年4月4日　⊕静岡県磐田市　⊕中泉農（昭和19年）卒　⊕勲四等瑞宝章（平成11年）　⊕昭和54年から静岡県議に4選。平成6年磐田市長に当選。10年落選。

山下 茂 やました・しげる
串間市長 ⊕昭和12年1月1日 ⊕宮崎県 ⊕福島高卒 串間市議3期、宮崎県議2期を経て、昭和61年串間市長に当選。通算3期つとめた。

山下 貴史 やました・たかふみ
衆院議員（自民党 比例・北海道） ⊕昭和27年10月24日 ⊕北海道留萌市 ⊕東京大学法学部（昭和51年）卒 ⊕昭和51年農林水産省入省。自治省地域政策室長、農林水産省国際企画課長、商業課長を歴任し、11年12月退官。15年衆院議員に当選。亀井派。
http://www3.siho.or.jp/jimin/

山下 力 やました・つとむ
加賀市長 ⊕大正9年3月22日 ⊕平成9年1月28日 ⊕石川県 ⊕石川県師範（昭和15年）卒 ⊕加賀市文化功労者（昭和62年） ⊕教員を経て入隊、復員後教員となり、石川県教育委員会指導主事。昭和31年退官し、家業の山下家6代目を継承。のち株式会社に改組して社長となる。51年以来加賀市長に3選。62年引退。 ⊕読書、美術鑑賞、剣道

山下 徳夫 やました・とくお
衆院議員（自民党） 厚相専修大学理事長 ⊕大正8年10月7日 ⊕佐賀県伊万里市 ⊕専修大学法学部（昭和19年）卒 ⊕勲一等旭日大綬章（平成11年）、シルバー・ジュベリー勲章（パプアニューギニア）（平成13年） ⊕山下商店に入り、昭和23年社長。日本坑木協会、全国木材協会各理事、佐賀県木材協会長を歴任。この間、22年から佐賀県議を4期務め、議長に2選。44年衆院議員に当選、10期務めた。厚生次官、通産次官などを経て、59年運輸大臣に就任。61年には大臣経験者としては異例の衆院運輸委員長となり、国鉄改革法案に取り組んだ。62年総務庁長官。平成元年海部内閣の官房長官に就任するが、女性との交際問題が週刊誌に報道され、辞任。3年宮沢内閣の厚相。旧河本派。12年引退。 ⊕旅行、読書、スポーツ観戦、剣道、柔道 ⊕弟＝山下武徳（山下石油社長）、山下義治（鳥越製粉社長）
【著書】築け、夢列島（アジア出版社;牧羊社〔発売〕）'87

山下 英雄 やました・ひでお
鳥栖市長 佐賀県議（無所属） ⊕昭和3年6月20日 ⊕佐賀県鳥栖市 ⊕明治工専（昭和23年）卒 ⊕藍綬褒章（昭和59年）、勲四等瑞宝章（平成11年） ⊕昭和23年九州電力に入社。佐賀地方同盟会長、九電労組委員長、九州地方電力総連会長、九州・沖縄民労連代表等を歴任。58年佐賀県議を経て、62年3月鳥栖市長に当選。3期。平成11年引退。 ⊕短歌、俳句、園芸

山下 英利 やました・ひでとし
参院議員（自民党 滋賀） ⊕昭和28年2月1日 ⊕滋賀県マキノ町 ⊕上智大学経済学部（昭和52年）卒 ⊕昭和52年東京三菱銀行に入行。平成10年御成門支店長、検査部検査役、海外銀行出向などを経て、12年10月参院補選に当選。2期目。旧橋本派。 ⊕父＝山下元利（衆院議員） http://www.yamashita-hidetoshi.com/

山下 八洲夫 やました・やすお
参院議員（民主党 岐阜） ⊕昭和17年8月3日 ⊕中国 ⊕中央大学法学部中退 ⊕昭和39年楯兼次郎衆院議員秘書を経て、58年以来社会党から衆院議員に4選。平成8年落選。10年参院選では民主党から岐阜選挙区に当選、2期目。

山下 芳生 やました・よしき
参院議員（共産党） ⊕昭和35年2月27日 ⊕香川県善通寺市 ⊕鳥取大学農学部卒 ⊕共産党大阪府委員、民主青年同盟中央委員を経て、党大阪府副委員長。平成7年参院議員に当選、1期つとめる。13年落選。15年衆院選に立候補。
http://www.yamashitayoshiki.net/

山下 善彦 やました・よしひこ
参院議員(自民党) [生]昭21.3.4 [出]静岡県浜松市 [学]早稲田大学政経学部(昭和44年)卒 [歴]昭和58年から自民党所属で静岡県議に4選。平成7年副議長。10年参院議員に当選、1期。16年落選。
http://www.y-yamashita.com/

山田 勇 ⇒横山ノック(よこやま・のっく)を見よ

山田 英介 やまだ・えいすけ
衆院議員(新進党) [生]昭和20年4月6日 [出]新潟県 [学]明治大学商学部(昭和43年)卒 [資]司法書士 [歴]昭和46年より司法書士、54年公明党から衆院議員に当選。平成6年新進党結成に参加。通算5期。8年落選。12年自由党から衆院選に立候補するが落選。

山田 一麿 やまだ・かずまろ
日進市長 [生]昭和9年7月11日 [出]愛知県 [学]法政大学経済学部卒 [賞]旭日双光章(平成16年) [歴]昭和62年日進町長に当選。平成6年市制施行に伴い、日進市長に就任。3期務めた。11年落選。

山田 勝文 やまだ・かつふみ
諏訪市長 [生]昭和26年2月9日 [出]長野県 [学]工学院大学(昭和49年)卒 [歴]養蜂業。平成11年諏訪市長に当選。2期目。

山田 勝麿 やまだ・かつまろ
小樽市長 [生]昭和14年2月11日 [出]北海道小樽市 [学]日本大学経済学部(昭和41年)卒 [歴]小樽市収入役、総務部長を経て、平成11年4月小樽市長に当選。2期目。

山田 克己 やまだ・かつみ
津島市長 [生]昭和4年7月7日 [没]平成12年9月28日 [出]愛知県津島市 [学]岡崎高等師範社会科(昭和26年)卒 [歴]昭和26年起工業高教諭、津島高校教諭、教頭、美和高校校長、津島高校校長などを歴任。63年津島市長に当選。3期つとめ、平成12年引退。

山田 機平 やまだ・きへい
府中町(広島県)町長 [生]昭和4年12月15日 [出]広島県庄原市 [学]庄原実(昭和22年)卒 [歴]庄原市の農家の長男。15歳の時に広島に原爆が投下され、多くの負傷者を目撃する。昭和22年から広島地方貯金局勤務。全逓広島支部長、県労会議事務局長次長を経て、47年社共中心の支持で町長に当選し、以来4選。平和、環境保護、南北問題を施政の3本柱に、広島で唯一の非核宣言都市となる。4期目の59年、非核都市宣言自治体連絡協を結成した。

山田 啓二 やまだ・けいじ
京都府知事 [生]昭和29年4月5日 [出]兵庫県 [学]東京大学法学部(昭和52年)卒 [歴]昭和52年自治省に入省。総務課長補佐、高知県財政課長、国土庁土地情報課長などを歴任。平成11年8月京都府総務部長を経て、13年6月副知事を兼務。14年与野党6党の推薦をうけ、知事に当選。

山田 敬治 やまだ・けいじ
港区(東京都)区長 [生]大正13年2月11日 [没]平成4年5月5日 [出]鹿児島県 [学]逓信官吏練習所(昭和19年)卒 [歴]港区議6期、副議長を経て、昭和60年区長に当選。2期目在任中に急死。

山田 健一 やまだ・けんいち
平生町(山口県)町長 参院議員(社会党) [生]昭和21年9月11日 [出]山口県熊毛郡 [学]国際基督教大学教養学部(昭和46年)卒 [歴]昭和58年から山口県議2期

を経て、平成元年社会党から参院議員に当選。7年落選。8年民主党から衆院選に立候補するが落選。10年山口県平生町町長に当選、2期目。

山田 兼三 やまだ・けんぞう
南光町(兵庫県)町長 ⓑ昭和23年4月3日 ⓔ香川大学卒 ⓡ昭和55年兵庫県南光町の町長に当選、全国の自治体唯一の共産党首長となる。2期目は革新系無所属で出馬。6期目。
【著書】南光町奮戦記(あけび書房 '94)

山田 耕市 やまだ・こういち
半田市長 ⓑ大正11年1月29日 ⓟ愛知県 ⓔ法政大学経済学部(昭和18年)卒 ⓗ藍綬褒章(昭和59年) ⓡ昭和26年山田防績を株式に改組すると共に、社長。48年知多信用金庫監事を兼任。62年半田市長に当選。平成3年落選。 ⓣ美術鑑賞、読書

山田 耕三郎 やまだ・こうざぶろう
参院議員(連合) ⓑ大正6年1月15日 ⓟ滋賀県大津市 ⓔ膳所中(昭和9年)卒 ⓗ勲二等瑞宝章(平成4年) ⓡ下阪本村長を振り出しに、大津市議、滋賀県議(4期)を経て、革新統一候補として大津市長に当選。障害乳幼児健診・大津方式、修学旅行全額公費負担などを実現し、"福祉の山耕"と呼ばれる。55年参院議員に当選、2期。美濃部亮吉、中山千夏の3人でミニ会派"一の会"を作り副代表をつとめた。平成元年発足した連合参議院に参加、代表をつとめた。4年引退。

山田 五良 やまだ・ごろう
みなべ町(和歌山県)町長 ⓑ昭和4年11月9日 ⓟ和歌山県日高郡南部川村 ⓔ紀南農卒 ⓡ昭和25年上南部村(のち南部川村、現・みなべ町)に入り、38年総務課長を経て、48年助役。56年より南部川村長に6選。地域特性を生かした地場産業育成として、梅のブランド品や新しい優良品種の研究を始め、役場内に"うめ課"を設置したほか、"うめ21研究センター"を作るなど梅産業の振興に取り組む。16年10月南部村と合併し、みなべ町が誕生すると初代町長に当選。 ⓣ釣り

山田 知 やまだ・さとる
西宮市長 ⓑ昭和9年2月9日 ⓟ兵庫県 ⓔ関西学院大学法学部卒 ⓡ昭和31年西宮市役所に入る。のち教育長を経て、平成12年西宮市長に当選。2期目。

山田 三郎 やまだ・さぶろう
富士見市長 ⓑ昭和2年3月7日 ⓟ栃木県 ⓔ海軍通信学校卒、京北実業卒 ⓡ外車輸入会社、事務機器販売店経営を経て、昭和47年8月共両党推薦で富士見市長に当選、4期務めた。63年落選後、10月工業団地建設をめぐる汚職事件にからみ収賄罪で逮捕、起訴される。

山田 節子 やまだ・せつこ
水上町(群馬県)町長 ⓑ*埼玉県浦和市 ⓔ東京女子高等師範学校(現・お茶の水女子大学)付属高女専攻科(昭和25年)卒 ⓡ実家は浦和市にある老舗のかっぽう旅館で、埼玉銀行の創始者の一人を祖父に持つ。昭和27年山田恭弘と結婚して群馬県水上町へ。同年ホテルを建て、33～61年水上観光ホテル副社長。レストランチェーン「五城」社長も兼任。また58年から水上町議を1期務め、61年11月水上町長に初当選、1期つとめた。女性の首長は群馬県では初めて。 ⓕ夫=山田恭弘(水上観光ホテル社長)、祖父=池田仲次郎(埼玉銀行創立者)

山田 孝夫 やまだ・たかお
東川町(北海道)町長 構造改革特区推進本部評価委員会委員 元・全上川農民連盟委員長 農民運動家 ⓑ昭和4年11月1日 ⓟ北海道上川郡東川町 ⓔ日本大学経済学部卒 ⓗ自治功労表彰(昭和54年)、優良米生産最優秀賞(昭和56年)

㊟昭和38年より町議4期ののち、49年東川町農民連盟委員長を経て、55～63年全上川農民連盟委員長をつとめ、北海道農民のリーダーとして減反をめぐる北海道の極端な傾斜配分の是正を訴え東奔西走。新減反政策ではコメと道農業を守る農民運動の旗手として活躍した。平成3年から東川町長に3選。市町村合併で旧自治体に自治区を置く私案を提唱するなど独自の立案で知られた。また、幼稚園と保育園とで管轄省庁が異なる縦割り行政の弊害を指摘、幼稚園児と保育園児を一緒に保育する町立の幼児センターを設置し、"幼保一元化特区"を提案。14年住民基本台帳ネットワーク（住基ネット）導入は住民に対する説明が不足し安全性にも不安があるとして、住民票コードの通知を一時凍結。15年2月町長選で落選。同年7月構造改革特区の実施状況や規制緩和の効果を検証する構造改革特区推進本部評価委員会委員の一般公募に応募して採用される。　㊟読書
【著書】改革の主体は現場にあり（公人の友社 '99）

山田　常道　やまだ・つねみち
青ケ島村（東京都）村長　㊟昭和5年11月24日　㊟昭和60年12月8日　㊟東京都杉並区　㊟東京学芸大学卒　㊟昭和34年から16年間、八丈島の青ケ島小の教員を務めた。54年村長に初当選したが、2期目の60年9月病気のため辞任。村長在任中は"島おこし運動"を提唱、植林事業などの産業振興を図った。郷土史の編纂などの文化事業にも力を注ぎ、自らも小説「火の島のうた」を出版した。

山田　晃睦　やまだ・てるよし
栗沢町（北海道）町長　㊟昭和9年4月16日　㊟北海道空知郡栗沢町　㊟中央大学法学部卒　㊟函館ドック（現・函館どつく）に入社。さらに札幌テレビに移り、ラジオ制作、アナウンス部長を経て、昭和62年栗沢町長に当選。5期目。札幌に近いというメリットを街づくりに生かすため、道内初の滞在型農園を発案。
㊟ゴルフ, 映画鑑賞

山田　俊昭　やまだ・としあき
参院議員（二院クラブ）　弁護士　㊟昭和12年6月11日　㊟愛知県　㊟中央大学法学部（昭和37年）卒　㊟昭和46年弁護士登録。平成4年いずみたく議員の死去に伴い、参院議員に繰り上げ当選。平成4年落選。7年青島幸男議員の東京都知事就任に伴い、繰り上げ当選。10年引退。　㊟東京弁護士会

山田　敏雅　やまだ・としまさ
衆院議員（民主党）　㊟昭和24年9月8日　㊟広島県福山市　㊟京都大学工学部（昭和48年）卒，東京大学大学院工学研究科（昭和50年）修士課程修了　㊟昭和50年通産省に入省。54年基礎産業局化学製品課係長、在ジュネーブ国連代表部を経て、57年ボストンコンサルティンググループ（米国）に入社。58年ウエルビーサイクル工業専務に就任。この間、55年フルブライト留学生としてハーバード大学ビジネススクールに留学。平成12年衆院選比例区に当選。15年福山市長選に立候補。同年11月衆院選に立候補。　http://www.t-yamada.net/

山田　豊三郎　やまだ・とよさぶろう
大津市長　㊟大正11年10月13日　㊟滋賀県守山市　㊟新京法政大学経済学部卒　㊟大津市名誉市民（平成16年），旭日中綬章（平成16年）　㊟昭和18年学徒出陣で遼陽の303部隊に入営し、120師団輜重隊に配属される。終戦後の20年大津市役所に入り、企画部長、建設部長を歴任し、47年助役、55年市長に当選。農地改革や米軍基地跡の文化観光施設化、国民健康保険料徴収で全国に先駆けた市民組織づくりなど、同市の戦後復興や近代化に努めた。6期目途中の平成15年12月健康上の理由により引

山田 亘宏　やまだ・のぶひろ
守山市長　⽣昭和21年9月1日　出滋賀県守山市　学京都大学農学部（昭和44年）卒　歴守山市民病院勤務を経て、昭和60年から平成6年まで野洲病院理事長。11年守山市議、15年市長に当選。
http://www.jungle.or.jp/y-nobu/

山田 紀之　やまだ・のりゆき
糸魚川市長　⽣昭和16年9月15日　出新潟県糸魚川市　学法政大学法学部卒　歴糸魚川市会議長を務めた後、平成9年糸魚川市長に当選。1期務め、13年落選。

山田 宏　やまだ・ひろし
杉並区（東京都）区長　衆院議員（新進党）　⽣昭和33年1月8日　出東京都杉並区　学京都大学法学部（昭和56年）卒　歴昭和56年松下政経塾に第2期生として入塾。60年東京都議選に立候補し、最年少の27歳で当選、2期つとめる。のち日本新党に入り、平成5年衆院議員に当選。6年新進党結成に参加。8年落選。11年杉並区長に当選。2期目。14年国民の個人情報を専用回線で結び全国の自治体が共有するという住民基本台帳ネットワークシステム（住基ネット）の稼動に際し、個人情報保護法が整備されていないことを理由に離脱を表明、大きな反響を呼ぶ。著書に「赤い風と赤いジャージー」「松下幸之助と政経塾」。
趣ラグビー
【著書】一言（いちごん）申しあげます。（ぎょうせい '04）／ニュージーランド行革物語（山田宏、中田宏、長浜博行著 PHP研究所 '96）／腐敗なき政治（山田宏、田辺信宏著、東京政経塾編 ぱる出版 '92）

山田 正彦　やまだ・まさひこ
衆院議員（民主党　比例・九州）　⽣昭和17年4月8日　出長崎県　学早稲田大学第一法学部（昭和41年）卒　職弁護士　歴昭和44年司法試験に合格、のち山田綜合法律事務所所長、47年鬼岳牧場代表取締役。平成5年新生党から衆院議員に当選。6年新進党結成に参加。8年落選。12年自由党から返り咲き。15年9月民主党に合流。通算3期目。
http://www.yamabiko2000.com/
【著書】輸入食品に日本は潰される（青萌堂 '03）／「日本漁業」大転換の時代（興陽館書店 '96）

山田 元　やまだ・もと
稲城市長　⽣昭和3年7月8日　没平成9年1月5日　出東京　学早稲田大学専門部中退　歴稲城市収入役、助役、市土地開発公社理事長などを務め、昭和62年稲城市長に当選。平成3年落選。

山田 幸雄　やまだ・ゆきお
小郡市長　福岡県議　⽣大正8年3月3日　没平成7年7月5日　出福岡県小郡市　学御原青年学校卒　賞藍綬褒章（昭和59年）、勲三等瑞宝章（平成6年）　歴昭和26年御原村議、30年小郡町議、47年小郡市会議長を経て、50年から福岡県議に2選。56年から小郡市長に3選。平成5年引退。

山田 譲　やまだ・ゆずる
参院議員（社会党）　⽣大13.7.16　出長野県　学東京大学法学部（旧制）（昭和23年）卒　歴労働省に入省、婦人少年局年少労働課長、群馬県労働基準局長等を歴任して退官。昭和51年群馬県知事選に立候補するが落選。群馬県労働者生活協同組合理事長を経て、55年参院議員に当選。参院国民生活経済特別委員長をつとめ、61年7月引退。著書に「先生といわれるほどの馬鹿になり」など。
趣旅行、ゴルフ

【著書】日本が日本であるために(かや書房 '01)／さらば社会党(かや書房 '89)

山田 豊　やまだ・ゆたか

可児市長　[生]昭和7年2月4日　[出]岐阜県可児市　[学]加茂高(昭和26年)卒　[歴]昭和26年岐阜県の今渡町役場(現・可児市役所)に入る。30年合併し可児町、53年建設課長、56年総務課長。57年可児市総務課長、58年福祉事務所長、59年参事、62年総務部長、同年収入役を経て、平成6年10月可児市長に当選。3期目。[趣]読書

山田 良司　やまだ・りょうじ

下呂市長　[生]昭和35年10月5日　[学]早稲田大学　[歴]岐阜県下呂町議を1期務めた後、平成16年4月同町が近隣町村と合併して新たに発足した下呂市の初代市長に当選。

山谷 えり子　やまたに・えりこ

参院議員(自民党　比例)　エッセイスト　ジャーナリスト　[専]生活　教育　政治　[生]昭和25年9月19日　[出]東京都武蔵野市　本名=小川恵里子　山谷　[学]聖心女子大学文学部心理学科(昭和48年)卒　[興]生涯教育;国際化;女性の活用　[歴]出版社勤務を経て渡米。帰国後はルポライター、テレビ・ラジオのリポーター、新聞記者、編集者、エッセイスト、コメンテイターなどマスコミ界で幅広く活躍し、昭和60年サンケイリビング新聞編集長に就任。平成元年参院選比例区に出馬したが、落選。12年民主党より衆院選に出馬、比例区東海ブロックで1位当選。14年12月保守新党に参加。15年落選。16年参院選比例区に自民党から立候補し当選。著書に「マーケティング・女心を掴まえて」「山谷えり子の元気印子育て日記」「マスコミ志願この指とまれ!」「走りつづけて—父・山谷親平五千六百一回の朝」「ねぇ、おかあさん」などがある。　[団]日本記者クラブ，日本外国特派員協会　[趣]水泳，読書，散歩　[家]父=山谷親平(放送ジャーナリスト)
http://www.yamatani-eriko.com/

山出 保　やまで・たもつ

金沢市長　全国市長会会長　[生]昭和6年11月27日　[出]石川県金沢市　[学]金沢大学法文学部(昭和29年)卒　[賞]日本建築学会文化賞(平成12年)　[歴]昭和29年金沢市民生部社会福祉事務所勤務、47年企業局営業課長、48年企画調整部企画課長、50年財務部財政課長、59年財務部長を経て、62年助役。平成2年金沢市長に当選。4期目。16年全国市長会会長。自治体初の全国規模の文学賞・泉鏡花文学賞の振興や金沢21世紀美術館建設など、文化行政に力を注ぐ。

山名 靖英　やまな・やすひで

衆院議員(公明党　比例・近畿)　[生]昭和19年1月16日　[出]兵庫県市島町　[学]立命館大学経営学部(昭和41年)卒　[歴]昭和58年より京都府議を3期つとめ、平成5年公明党から衆院議員に当選。公明党地方行政部長をつとめたのち、6年新進党結成に参加。8年落選。12年公明党から返り咲き。通算3期目。[趣]スポーツ，ゴルフ　http://www5a.biglobe.ne.jp/~yamana/

山中 燁子　やまなか・あきこ

衆院議員(自民党)　IGIグローバル・イシューズ研究所代表　[専]英語　国際交渉　戦略論　[生]昭和20年11月6日　[出]北海道小樽市　[学]津田塾大学学芸学部英文学科卒　[興]外国語としての英語教育—日本における実用英語教育;大学における英語教育のカリキュラム;北海道の国際化　[賞]千嘉代子賞(国際ソロプチミスト日本)(昭和62年)　[歴]北海道大学助手、北海学園大学教養部助教授を経て、人文学部教授。平成8年衆院選に新進党の比例区東海ブロックより出馬、当選。10年1月改革クラブに参加、11年12月自民党河野グループに入党。12年落選。IGIグローバル・イシューズ研究所代表、国

際連合大学客員教授、北海道大学客員教授を務める。著書に「子どもの生活子どもの生活環境研究鶏告書1, 2」がある。 [団]大学英語教育学会，日本英語教育学会，日本児童英語教育学会

【著書】永田町エレガンス(読売新聞社 '97)／北海道が日本を変える((札幌)北海道新聞社 '96)

山中 郁子 やまなか・いくこ

参院議員(共産党) [生]昭和7年4月19日 [出]東京都練馬区 筆名=秋元有子 [学]早稲田大学第二文学部(昭和30年)卒 [歴]昭和27年電電公社(現・NTT)に入社し、電話交換手として、45年まで勤める。この間、27年日本共産党に入党、全電通中央委員、東京市外電話支部書記長などを歴任。45年党本部の労組部に入り、平成6年まで中央委員会で活動、党婦人局長などを務めた。この間、昭和49年参院全国区に初当選、以来当選3回。平成4年引退。また、秋元有子のペンネームで小説も書く。著書に小説「はりみち」「翔ぶように」、「共産党員としての宮本百合子」などがある。 [団]日本民主主義文学同盟 [家]夫=山中光一(国文学研究資料館教授)

【著書】歩みつづけて(学習の友社 '87)

山中 漠 やまなか・きよし

壮瞥町(北海道)町長 [生]昭和22年7月1日 [出]北海道虻田町 [学]専修大学中退 [歴]昭和41年専修大学に入学。全共闘世代で、学園闘争を指導したとして4年生の時退学処分となる。のち新聞販売所経営、レストラン経営者を経て、平成11年壮瞥町長に当選。2期目。“昭和新山国際雪合戦”などを発案し、町おこしに尽力する。

山中 邦紀 やまなか・くにき

衆院議員(社会党) 元・岩手県弁護士会長 弁護士 [生]昭和8年3月1日 [没]平成13年1月3日 [出]岩手県盛岡市 [学]東京外国語大学卒，東京大学法学部(昭和32年)卒，東京大学大学院法学研究科中退 [歴]高校教師などを経て、昭和41年弁護士登録し、開業。58～59年岩手弁護士会長をつとめた。平成2年衆院議員に当選、1期つとめた。5年落選。8年社民党より出馬し、再び落選。

山中 健 やまなか・けん

芦屋市長 [生]昭和25年2月24日 [学]京都産業大学経営学部卒 [歴]日興証券勤務、刀祢館正也衆院議員秘書、中馬弘毅衆院議員秘書を経て、昭和54年から芦屋市議に6選。平成15年市長に当選。

http://www.kensan.jp/

山中 貞則 やまなか・さだのり

衆院議員(自民党) 通産相 防衛庁長官 環境庁長官 元・沖縄開発庁長官 [生]大正10年7月9日 [没]平成16年2月20日 [出]鹿児島県曽於郡末吉町 号=隼人 [学]台北第二師範(昭和16年)卒 [賞]勲一等旭日大綬章(平成3年) [歴]台湾第二師範を卒業し、台湾で国民学校教師を務める。出征・復員後、昭和21年南日本新聞支局長、22年鹿児島県議を経て、28年衆院議員に当選。45年佐藤内閣の総理府総務長官となり、初代環境庁長官、初代沖縄開発庁長官を歴任し、沖縄返還に取り組んだ。48年田中内閣の防衛庁長官、57年中曽根内閣の通産相。自民党内随一の税制通で、54年同党税制調査会長、平成元年同最高顧問を務め、消費税導入に尽力。毎年の税制改正を実質的に決めてきた同調査会で大きな影響力を持ち“税調のドン”“ミスター税調”と呼ばれた。2年消費税批判によりわずか28票差で落選したが、5年返り咲き。通算17期。 [団]日本美術刀剣保存協会 [趣]刀剣，短歌，柔道

【評伝】大蔵省主税局(栗林良光著 講談社 '87)

山中 末治 やまなか・すえはる
衆院議員(社会党) [生]大14.1.2 [出]福岡県 [学]川西航空工学校(昭和18年)卒 [賞]勲三等旭日中綬章(平成12年) [歴]昭和31年八幡町長に当選、6期つとめ、市制施行に伴って八幡市長となる。58年衆院議員に当選するが、61年落選。平成2年再選、通算2期つとめた。5年引退。 [趣]囲碁(3段)

山中 博 やまなか・ひろし
下妻市長 [生]昭和15年10月5日 [出]茨城県 [学]国学院大学政経学部卒 [歴]代議士秘書を経て、茨城県議に5選。平成7年から下妻市長に2選。10年市が設立した第三セクター方式の会社、ふれあい下妻の社長も務める。14年2月競売入札妨害容疑で東京地検特捜部に逮捕される。12月茨城県議に立候補するが、落選。 [家]父=山中俊一(茨城県議)

山西 敏一 やまにし・としかず
柏原市長 [生]昭和4年10月25日 [出]大阪府 [学]関西学院大学法学部(昭和27年)卒 [賞]藍綬褒章(平成5年) [歴]昭和48年以来柏原市長に8選。

山根 敬則 やまね・よしのり
玉野市長 [生]昭和13年6月30日 [出]岡山県玉野市 [学]中央大学法学部卒 [歴]昭和38年山根船舶工業に入社。常務を経て、39年社長。同年山陽設計工業社長、41年山根船舶機工社長、49年日本情報管理システム社長。玉野商工会議所副会頭も務める。平成5年玉野市長に当選。3期目。 [趣]ゴルフ

山根 隆治 やまね・りゅうじ
参院議員(民主党 埼玉) [生]昭和23年3月8日 [出]東京都 [学]埼玉大学経済学部中退 [歴]昭和41年医歯出版勤務、45年西田八郎、48年柄谷道一各代議士秘書、54年川越市議を経て、平成7年埼玉県議に当選、2期務める。13年民主党から参院議員に当選。 http://www.r-yamane.com/

山井 和則 やまのい・かずのり
衆院議員(民主党 京都6区) やまのい高齢社会研究所所長 [専]福祉政策 [生]昭和37年1月6日 [出]大阪府 [学]京都大学工学部工業化学科(昭和59年)卒, 京都大学大学院工学研究科(昭和61年)修士課程修了 [歴]昭和61年松下政経塾第7期生。同塾で高齢福祉などについて研究、平成元年8ケ月にわたり英国、米国、シンガポール、デンマーク等の老人ホームで実習し、そのリポートを「寝たきり大国・日本へ—高齢化先進国からのメッセージ」と題して京都新聞に連載。2年京都ボランティア協会職員となり、3年8月よりスウェーデンに留学、4～5年ルンド大学社会福祉学部客員研究員。5年7月帰国。6年立命館大学非常勤講師、7年奈良女子大学専任講師を経て、やまのい高齢社会研究所所長。8年京都6区から衆院選に立候補。12年衆院選に比例区近畿ブロック1位で当選。15年の総選挙では京都6区から当選。2期目。著書に「体験ルポ世界の高齢者福祉」「家族を幸せにする老い方」「スウェーデン発住んでみた高齢社会」「『寝たきり』老人はつくられる」(共著)、訳書に「スウェーデンのグループホーム物語」など。 [趣]マラソン, 卓球, 猫の写真撮影 [家]妻=斉藤弥生(大阪大学助教授)
http://www.yamanoi.net/

【著書】体験ルポ 日本の高齢者福祉(山井和則, 斉藤弥生著 岩波書店'03)/全国訪問ルポ こんな介護施設を選びなさい(青春出版社 '02)/福祉メールマガジン http:www.yamanoi.net 福祉現場vs.国会(講談社 '01)/図解 介護保険のすべて(山井和則, 斉藤弥生著 東洋経済新報社'00)/スウェーデン発 高齢社会と地方分権(斉藤弥生, 山井和則著 (京都)ミネルヴァ書房'94)

山内 一郎 やまのうち・いちろう
参院議員(自民党) [生]大正2年2月15日 [出]福井県 [学]東京帝大工学部土木工学科(昭和11年)卒 [賞]勲一等瑞宝章(昭

和59年） ㊻建設省に入り、経済安定本部建設公共事業課に勤務後、河川局長、建設技監などを経て、昭和38年建設事務次官。40年以来参院に4選。この間49年国土政務次官、54年参院予算委員長、55年鈴木内閣の郵政相に就任。郵便料金値上げ、グリーンカード、電電公社資材調達、預貯金金利の一元化、郵貯制度など、歴代大臣のなかで最も多忙な大臣だった。61年参院政治倫理審査会長。平成元年落選、政界を引退。
㊽ゴルフ，野球

山橋 敬一郎 やまはし・けいいちろう
小田原市長 ㊸大正14年2月6日 ㊹平成4年4月1日 ㊺神奈川県小田原市 ㊻東京大学法学部（昭和24年）卒 ㊻国税庁に入り、昭和48年広島国税局長、51年国税庁次長、52年東京国税局長を歴任して、53年退官。医療金融公庫理事を経て、60年小田原市長に当選。

山花 郁夫 やまはな・いくお
衆院議員（民主党　東京22区） ㊸昭和42年1月18日 ㊺東京都 ㊻立命館大学（平成1年）卒 ㊻代議士秘書を経て、平成12年衆院議員に当選。2期目。
㊾父＝山花貞夫（日本社会党委員長），祖父＝山花秀雄（社会党副委員長）
http://www.5a.biglobe.ne.jp/~yamahana/

山花 貞夫 やまはな・さだお
衆院議員（民主党）　元・日本社会党委員長 ㊸昭和11年2月26日 ㊹平成11年7月14日 ㊺東京・本所 ㊻中央大学法学部（昭和33年）卒 ㊼弁護士 ㊻25歳で弁護士となり、総評弁護団の一員としてもっぱら労働、公安事件を手がける。昭和51年社会党から衆院議員に当選。党中執委員、副書記長などを歴任。党内でのポジションは純粋中立で、"市民派"感覚の持ち主。平成3年書記長を経て、5年委員長に就任するが、同年の東京都議選で敗北。続く総選挙でも公認70議席という歴史的敗北を喫し、新生党、日本新党、公明党などと共に7党1会派の非自民連立政権を樹立、政治改革担当大臣となるが、選挙の責任をとって委員長を辞任した。6年8月社会党内に発足した中間・右派グループ・新民主連合の会長となる。7年離党して、民主の会を結成。8年市民リーグ結成。同年民主党に参加。8期務めた。共著に「選挙法全書」など。 ㊾息子＝山花郁夫（衆院議員），父＝山花秀雄（社会党副委員長）
【評伝】日本をダメにする10人の政治家（上田哲著 データハウス'94）

山原 健二郎 やまはら・けんじろう
衆院議員（共産党） ㊸大正9年8月11日 ㊹平成16年3月8日 ㊺高知県長岡郡本山町 ㊻二松学舎専門校国語漢文科（昭和17年）卒 ㊻昭和17年高知新聞記者。のち教師となり、高知県教組副委員長、県総評副委員長、高知県議2期を経て、44年衆院議員に当選、四国で初めて共産党の議席を獲得。党中央委員、党衆院議員団長などを歴任した。平成8年の総選挙では小選挙区となった高知1区から当選。10期務めた。12年引退。活動報告をまとめた「さるとび日記」、画集「母を恋うる歌」などの著作がある。

山村 康六 やまむら・こうろく
芦屋市長 ㊸大正10年10月3日 ㊹平成8年11月16日 ㊺兵庫県 ㊻関西大学文学部卒 ㊻芦屋市衛生部長を経て、昭和50年兵庫県議に当選、3期。60年から1年間副議長を務めた。62年芦屋市長に当選。2期つとめ、平成3年落選。 ㊽剣道，柔道，囲碁

山村 新治郎（11代目） やまむら・しんじろう
衆院議員（自民党）　運輸相　農相 ㊸昭和8年4月28日 ㊹平成4年4月12日 ㊺千葉県佐原市　山村直義 ㊻学習院大学政経学部政治学科中退 ㊾父・山

村新治郎の秘書をつとめ、昭和39年31歳で父の死による補選で初当選、以後9選。45年運輸政務次官のとき、日航機よど号ハイジャック事件で一般乗客の身替わりとして金浦空港から単独搭乗。無事に役目を果たし、大いに株を上げたのは有名。次の選挙ではトップ当選。58年第2次中曽根内閣の農水相、平成元年宇野内閣の運輸相を歴任。この間、川島派、椎名派を経て、竹下派に移る。4年予算委員長に在職中、二女に刺殺された。　囲碁、ゴルフ　父=山村新治郎（10代目・衆院議員）

山村 健　やまむら・たけし
衆院議員（フロンティア）　昭和32年6月14日　三重県志摩町　明治大学農学部農学科中退　広告代理店勤務、イベント企画会社・ダヴィンチ代表取締役を経て、平成12年民主党から衆院選比例区に当選。14年民主党を離党。15年8月政党尊命に入党、幹事長に就任。のち会派・フロンティアを設立。同年11月の総選挙には出馬しなかった。
http://www.yamamura-takeshi.org/

山本 明彦　やまもと・あきひこ
衆院議員（自民党　愛知15区）　昭和22年4月1日　愛知県一宮市　名古屋大学工学部建築学科（昭和44年）卒　フジタ工業に勤務ののち、昭和46年家業の三河土建に入り取締役、50年社長。62年愛知県議に当選、3期。平成12年衆院議員に当選。2期目。森派。　家庭菜園、日本拳法、ゴルフ、テニス、囲碁　http://www.amitaj.or.jp/~yamaaki/

山本 一太　やまもと・いちた
参院議員（自民党　群馬）　昭和33年1月24日　群馬県吾妻郡草津町　中央大学法学部卒、ジョージタウン大学大学院（昭和60年）修士課程修了　国連開発計画職員として途上国への開発援助の仕事に携わる。参院議員秘書を歴任。平成7年参院議員に当選。2期目。9年政治的メッセージを歌にしたCD「Simple Message」をリリース。三塚派を経て、森派。　父=山本富雄（衆院議員）　http://www.ichita.com/
【著書】私が総理になったなら（角川書店'02）
【評伝】マニフェスト論争 最終審判（木村剛著 光文社'03）

山本 治　やまもと・おさむ
鯖江市長　大正5年1月26日　福井県　大阪外語学校蒙古学部（昭和14年）卒　藍綬褒章（昭和48年）、勲三等瑞宝章（昭和63年）　昭和26年神明町長、30年以来福井県議5期、37年県会議長を経て、53年から鯖江市長を2期つとめた。　読書、スポーツ

山本 捷雄　やまもと・かつお
藤沢市長　昭和19年7月9日　神奈川県愛甲郡清川村　青山学院大学法学部私法学部（昭和44年）卒　藤沢市会議長を経て、平成8年2月藤沢市長に当選。3期目。　スポーツ、読書　父=山本務（清川村村長）

山本 克忠　やまもと・かつただ
新宿区（東京都）区長　明治40年4月6日　平成6年12月12日　大阪府　日本大学法文学部（昭和10年）卒　勲三等旭日中綬章（平成4年）　昭和10年東京市に入り、東京都教育庁総務部長、教育委員長を歴任。43年任命制の新宿区長となり、50年以降の公選制を含めて通算6期。23区特別区長会会長もつとめる。歌舞伎町を家族連れで楽しめる街に取り戻そうと、区役所1階にミニ図書館を開設。平成3年落選。

山本 香苗　やまもと・かなえ
参院議員（公明党　比例）　昭和46年5月14日　広島県　京都大学文学部史学科（平成7年）卒　平成7年外務省に入省。同年欧亜局新独立国家室、10年

在カザフスタン大使館(在キルギス大使館併任)、12年官房海外広報課などを経て、13年退官。同年参院選比例区に公明党から当選。 水泳、映画鑑賞、旅行
http://www.yamamoto-kanae.com/

山本 要　やまもと・かなめ
浦臼町(北海道)町長　 昭和16年3月20日　 北海道樺戸郡浦臼町　 月形高卒　 昭和63年浦臼町長に当選。平成3年ウラウス・リゾート開発公社への不正融資で話題になる。5期目。

山本 吉蔵　やまもと・きちぞう
石岡市長　 大正11年11月27日　 茨城県　 早稲田大学法学部(昭和21年)卒　 昭和35年白鹿醸造本店社長、41年茨城県酒造組合副会長、47年石岡酒造代表、50年石岡信金理事を経て、54年石岡市長に当選、2期つとめる。平成3年落選。　 読書、ゴルフ

山本 喜代宏　やまもと・きよひろ
衆院議員(社民党　比例・東北)　 昭和30年11月11日　 秋田県鹿角市花輪　 花輪高(昭和49年)卒　 昭和49年電電公社に入社。全電通組合役員を務める。57年退職し社会党岩手県本部専従となる。平成9年退職し、農業に従事するため秋田県に帰郷。15年衆院選秋田2区に社民党から立候補、比例区で当選。　http://www.sdp.or.jp/akita/yamamoto/

山本 敬三郎　やまもと・けいざぶろう
静岡県知事　参院議員(自民党)　 地方自治　地震対策　 大正2年8月17日　 静岡県　 東京帝国大学経済学部(昭和12年)卒業　 昭和30年県議2期を経て43年から参議院議員1期、予算委員、大蔵政務次官を務める。49年7月以来静岡県知事、当選3回。東海大地震対策に取り組み、"地震知事"として有名。地方自治に経営感覚を持ち込み、機構改革、定員削減などをはかる行政改革に取り組むが、61年の知事選で斎藤滋与史との公認争いに敗れ引退した。　 読書、ゴルフ

山本 公一　やまもと・こういち
衆院議員(自民党　愛媛4区)　総務副大臣　 昭和22年9月4日　 愛媛県宇和島市　 慶応義塾大学経済学部(昭和45年)卒　 関西汽船を経て、盛運汽船に入社、のち社長。平成3年愛媛県議に当選。5年衆院議員に当選。16年第2次小泉改造内閣の総務副大臣に就任。4期目。小里グループ。　 ゴルフ　 父=山本友一(衆院議員)　http://www.netwave.or.jp/~kochan-y/

山本 幸三　やまもと・こうぞう
衆院議員(自民党)　 昭和23年8月8日　 福岡県北九州市門司区　 東京大学経済学部(昭和46年)卒　 昭和46年大蔵省入省。48年米国のコーネル大学経営大学院留学。51年山口県岩国税務署長。56年ハーバード大学国際問題研究所客員研究員。60年福岡国税局直税部長、61年大蔵省官房企画官、62年宮沢喜一蔵相秘書官となり、同年7月に退官。平成2年自民党から衆院選に立候補。5年新生党から衆院議員に当選、6年新進党結成に参加。9年離党し、のち自民党入り。宮沢派、加藤派を経て無所属となるが、再び自民党入りし加藤派を経て、堀内派。当選3回。15年の衆院選で新人候補に敗れ落選。
http://www.yamamotokozo.com/
【著書】豊の国、北九州に立つ(若林出版企画 '88)

山本 幸雄　やまもと・さちお
衆院議員(自民党)　自治相　 明治44年2月26日　 三重県桑名市　 東京帝大法学部(昭和11年)卒　 勲一等瑞宝章(平成2年)　 昭和11年内務省に入り、36年大阪府警本部長、37年建設省官房長、38年建設事務次官を歴任。同年、三重1区より衆院に当選し、以来7期。57

年中曽根内閣の自治相に就任。竹下派。平成2年引退。
【評伝】警察官僚の時代（田原総一朗著 講談社'86）

山本 潤造　やまもと・じゅんぞう
徳島市長　⊕大正12年2月13日　㊣平成6年7月29日　⊖徳島県徳島市　㊦京都帝国大学工学部（昭和22年）卒　㊨昭和38年徳島市議を経て、48年から徳島市長に3選。60年県知事選に立候補したが敗れた。この間、47年から社長を務めていた四国林業の手形乱発により、平成4年10月商法の特別背任容疑で逮捕される。裁判中の6年7月交通事故死。

山本 順三　やまもと・じゅんぞう
参院議員（自民党　愛媛）　⊕昭和29年10月27日　⊖愛媛県今治市　㊦早稲田大学政経学部（昭和53年）卒　㊨昭和53年川崎製鉄勤務を経て、58年愛媛県議に当選。6期務める。16年辞職し、参院選愛媛選挙区に自民党から当選。森派。㊧テニス，剣道　㊂父＝山本博通（愛媛県議）

山本 譲司　やまもと・じょうじ
衆院議員（民主党）　⊕昭和37年9月20日　⊖北海道札幌市　㊦早稲田大学教育学部（昭和60年）卒　㊨新潮ドキュメント賞（第3回）（平成16年）「獄窓記」　㊨昭和60年菅直人衆院議員の秘書となる。東京東ティモール協会事務局長を務めた。平成元年東京都議に当選、2期務めた。8年民主党から衆院議員に2選。12年9月約3年間、国から政策秘書に支払われた給与を詐取していたとして、第1公設秘書とともに詐欺容疑で東京地検特捜部に逮捕され、辞職。16年服役中の経験を手記「獄窓記」にまとめ出版、話題となる。

山本 庄三　やまもと・しょうぞう
千早赤阪村（大阪府）村長　⊕大正12年12月30日　㊣平成12年11月5日　⊖大阪府赤阪村　㊦大阪府立農学校（昭和16年）卒　㊨昭和25年赤阪村収入役、31年千早村と合併後、37年千早赤阪村教育長、44年収入役、47年助役を経て、51年村長となる。以後、無投票で4選。

山本 末男　やまもと・すえお
茨木市長　⊕昭和5年2月13日　⊖大阪府茨木市　㊦関西大学経済学部（昭和30年）卒　㊨茨木市役所に入り、総務部長、市助役を経て、平成4年から茨木市長に3選。16年引退。

山本 清治　やまもと・せいじ
三原市長　⊕昭和6年1月1日　⊖広島県三原市　㊦忠海高卒　㊨勲五等双光旭日章（平成14年）　㊨三原市助役を経て、平成5年三原市長に当選。2期務めた。

山本 壮一郎　やまもと・そういちろう
宮城県知事　地方分権推進委員会委員　⊕大正8年6月15日　㊣平成13年1月18日　⊖大阪府大阪市天王寺区大道　㊦東京帝大法学部政治学科（昭和18年）卒，海軍経理学校（昭和19年）卒　㊨宮城県名誉県民、勲一等瑞宝章（平成1年）　㊨昭和18年内務省に入省、19年海軍主計中尉として第2南遣艦隊司令部に配属され、南ボルネオで敗戦を迎える。21年内務省に戻り、広島県調査課長、自治省官房参事官を経て、35年宮城県総務部長、40年副知事。44年知事に当選、5期20年間にわたり宮城の地方自治の礎を築き、"地方自治の伝導者"と評された。平成元年引退。のち仙台空港ビル会長、テクノプラザみやぎ社長、宮城県国際交流協会会長。7年から地方分権推進委員会委員。東北七県自治協議会会長、東北開発推進協議会会長、全国知事会副会長をつとめた。㊂弟＝山本研二郎（大阪市立大学学長）

山本 孝史　やまもと・たかし
参院議員(民主党　大阪)　㊐昭和24年7月7日　㊓兵庫県芦屋市　㊫立命館大学産業社会学部(昭和47年)卒，ミシガン州立大学大学院(昭和56年)修士課程修了　㊞平成2年交通遺児育英会事務局長を経て、5年日本新党から衆院議員に当選、2期務める。6年新進党、10年1月国民の声結成に参加。民政党を経て、4月民主党に合流。12年落選。13年参院議員に当選。　http://www.ytakashi.net/
【著書】議員立法(第一書林 '98)

山本 栄彦　やまもと・たかひこ
山梨県知事　㊐昭和10年9月6日　㊓山梨県甲府市　㊫明治大学経済学部卒
㊞温泉旅館を経営、甲府観光協会副会長を務める。平成3年甲府市長に当選、3期務める。15年山梨県知事に当選。

山本 拓　やまもと・たく
衆院議員(自民党　福井2区)　㊐昭和27年7月5日　㊓福井県　㊫法政大学文学部(昭和51年)卒　㊞福井県議を経て、平成2年自民党から衆院議員に当選。2期務める。三塚派を経て、無派閥となり、6年離党して自由党を結成。同年12月新進党結成に参加。8年落選。11年4月福井県知事選に立候補するが、落選。15年自民党より衆院選に出馬し返り咲きを果たす。通算3期目。森派。16年元衆院議員の高市早苗と結婚。
㊕妻＝高市早苗(衆院議員)，父＝山本治(鯖江市長)，祖父＝山本雅雄(福井県議)

山本 達司　やまもと・たつじ
館林市長　㊐大正5年11月23日　㊱平成12年3月6日　㊓群馬県　㊫足利工(昭和9年)卒　㊤勲三等瑞宝章(平成10年)　㊞昭和24年大島村助役、29年館林市教育委員会総務課長、45年助役を経て、52年以来市長に5選。平成9年引退。

山本 保　やまもと・たもつ
参院議員(公明党　愛知)　㊐昭和23年7月10日　㊓愛知県名古屋市　㊫東京大学大学院教育学研究科(昭和57年)博士課程修了　㊞昭和57年厚生省に入省。61年児童福祉専門官、公明党愛知県本部副書記長を歴任。平成7年新進党から参院議員に当選。10年公明に移り、同年11月新公明党結成に参加。2期目。　http://www5a.biglobe.ne.jp/~tamotsuy/

山元 勉　やまもと・つとむ
衆院議員(民主党)　㊐昭和7年8月5日
㊓滋賀県湖北町　㊫滋賀大学学芸学部(昭和31年)卒　㊤旭日中綬章(平成15年)　㊞昭和31年教員となり、大津市膳所・晴嵐小学校教諭、51年滋賀県教職員組合書記長、滋賀地評議長、いこいの村理事長などを経て、平成2年社会党より衆院議員に当選。8年民主党結成に参加。4期務め、15年引退。

山本 利寿　やまもと・としなが
衆院議員(民主党)　参院議員(自民党)
㊐明治29年11月3日　㊱平成3年12月28日　㊓島根県　㊫関西学院大学社会学科(大正12年)卒，コロンビア大学大学院(昭和4年)修了　㊤勲二等旭日重光章(昭和41年)，勲一等瑞宝章(昭和46年)
㊞関西学院大学講師を経て、昭和18年マライ半島で陸軍司政官。戦後、シンガポール戦犯裁判所通訳、帰国後、浜田進駐軍首席通訳。22年島根県議を経て、24年民主党より衆院議員当選、2期つとめる。のち33年から参院議員を3期。
㊗囲碁

山本 富雄　やまもと・とみお
参院議員(自民党)　農水相　㊐昭和3年11月5日　㊱平成7年3月16日　㊓群馬県吾妻郡草津町　㊫高崎中(昭和19年)卒
㊞昭和30年草津町議3期、42年群馬県議3期を経て、52年参院議員に当選。当選3回。平成2年第2次海部内閣の農水相に

就任。三塚派。 [趣]読書，スキー [家]長男＝山本一太（参院議員）

山本 友一 やまもと・ともいち
宇和島市長 衆院議員 [生]明治38年4月10日 [没]平成6年12月28日 [出]愛媛県北宇和郡津島町 [賞]勲三等旭日中綬章（昭和53年） [歴]宇和島市議、愛媛県議・議長を経て、昭和28年自民党から衆院議員に当選、2期。42年から宇和島市長に4選。盛運汽船社長、第二盛運社長を歴任。 [家]長男＝山本公一（衆院議員・盛運汽船社長）

山本 均 やまもと・ひとし
浄法寺町（岩手県）町長 [生]昭和24年2月5日 [出]岩手県二戸郡浄法寺町 [学]専修大学文学部（昭和46年）卒 [歴]学生時代は野球選手として活躍。卒業後は会社経営の傍ら、昭和50年より3年間、浄法寺高野球部監督を務めた。61年浄法寺町長に当選、1期。過疎化が進む町の活性化のため、同町所在の東北一の古寺・天台寺の住職に瀬戸内寂聴を招いた。平成2年落選。

山本 文男 やまもと・ふみお
添田町（福岡県）町長 全国市町村会会長 [生]大正15年1月15日 [出]福岡県田川郡添田町 [学]熊本逓信講習所普通科（昭和17年）卒 [歴]添田町議会2期、議長を経て、昭和46年添田町長。9期目。平成11年全国町村会会長。全国鉱業市町村連合会会長、都市計画中央審議会委員なども兼務する。

山本 孫春 やまもと・まごはる
日向市長 [生]昭7.2.27 [出]宮崎県日向市 [学]東京農業大学卒 [賞]藍綬褒章（平成5年） [歴]日向市議4期、市会副議長を経て、昭和54年以来宮崎県議に通算5選。この間、副議長を務める。平成12年日向市長選に当選。16年落選。
[趣]釣り，読書，盆栽

山本 正和 やまもと・まさかず
参院議員（無所属の会） [生]昭和2年10月8日 [出]中国 [学]大阪薬専（昭和24年）卒 [資]薬剤師 [賞]勲二等旭日重光章（平成14年） [歴]昭和24年水産高校教師。31年松阪高勤務を経て35年三重県教職員組合副委員長。書記長を経て、43年から委員長。61年以来参院議員に3選。社民党副党首などを務めるが、平成14年離党。16年引退。 [趣]囲碁，剣道

山本 昌寛 やまもと・まさひろ
湖西市長 [生]昭和10年6月7日 [出]静岡県湖西市 [学]静岡大学教育学部（昭和33年）卒 [歴]小、中、高校教師を務め、昭和60年静岡県生活環境部余暇対策室長、62年生活文化室長、のち県立東部養護学校副校長、平成2年湖西高校校長を経て、平成4年から湖西市長に3選。16年落選。

山本 政弘 やまもと・まさひろ
衆院議員（社会党） [生]大正7年9月16日 [出]旧満州・撫順 [学]九州帝大法文学部法科（昭和17年）卒 [歴]満鉄に勤めたが1年で応召、海軍経理学校に入学。フィリピン戦線に従軍し、復員後は通訳として米軍基地に勤務。昭和28年向坂逸郎の紹介で鈴木茂三郎社会党委員長秘書となり、昭和42年東京3区から衆院に当選、7期務める。50年松生丸事件で北朝鮮側と渡りあい、問題を解決した。社会主義協会所属。58年から社会党副委員長。61年落選。 [趣]剣道

山本 有二 やまもと・ゆうじ
衆院議員（自民党 高知3区） 弁護士
[生]昭和27年5月11日 [出]高知県高知市
[学]早稲田大学法学部卒 [歴]昭和58年法律事務所を開設。60年補選で高知県議に当選、1期つとめた。平成2年衆院議員に当選。15年小泉第2次改造内閣の財務副大臣に就任。5期目。高村派。著書に「私説坂本龍馬」がある。
[趣]ジョギング，ゴルフ，テニス，読書

http://www4.inforyoma.or.jp/~yujiyama/

【評伝】実力政治家を輩出する「早大雄弁会」の研究(大下英治著 PHP研究所'88)

山本 有造 やまもと・ゆうぞう
海南市長 ㊐大正15年10月29日 ㊕和歌山県海南市 ㊫京都大学工学部機械工学科卒 ㊖昭和42年から和歌山県議3期、46年野上電鉄社長を経て、53年海南市長に当選、4期つとめる。平成6年引退。

山本 幸男 やまもと・ゆきお
鳴門市長 ㊐昭和14年9月21日 ㊕徳島県鳴門市 ㊫京都大学法学部(昭和40年)卒 ㊖福井県警警備課長、旧国鉄新潟鉄道管理局旅客課長、警察庁交通指導課長補佐を歴任。昭和49年サンカラー設立、社長。平成7年鳴門市長に当選、1期務める。11年落選。
㊙読書

山本 芳央 やまもと・よしお
新城市長 ㊐昭和5年12月9日 ㊕愛知県 ㊫日本大学法学部(昭和28年)卒 ㊖日本マネジメント協会専務理事を経て、山本経営事務所を開業。昭和54年以来愛知県議に3選、平成2年副議長。3年新城市長に当選、4期目。著書に「金融機関の行動管理」「金融セールスマニュアル」などがある。
㊙弓道, バレーボール

山本 芳雄 やまもと・よしお
豊川市長 ㊐大正2年9月24日 ㊚平成11年2月11日 ㊕愛知県豊川市 ㊫愛知国学院専攻科(昭和8年)卒 ㊝藍綬褒章(昭和51年), 勲三等旭日中綬章(昭和63年), 豊川市名誉市民 ㊖昭和26年から豊川市議4期を経て、38年以来市長に6選。62年落選。57年東海市長会会長、全国市長会副会長を務めた。

山脇 悦司 やまわき・えつじ
八尾市長 ㊐昭和3年6月29日 ㊕大阪府八尾市 ㊫近畿大学商経学部(昭和28年)卒 ㊝藍綬褒章(昭和59年), 勲三等旭日中綬章(平成10年) ㊖昭和34年八尾市議2期、42年大阪府議2期を経て、50年以来市長に5選。平成7年引退。
㊙読書

矢山 有作 ややま・ゆうさく
衆院議員(社会党) ㊐大13.1.1 ㊕岡山県津山市 ㊫中央大学法学部(昭和24年)卒 ㊖会計検査院事務次官、津山市議、岡山県議2期を経て、昭和37年参院議員に当選。2期つとめたあと、51年衆院に転じて3期。61年落選。

【 ゆ 】

湯浅 正次 ゆあさ・しょうじ
安中市長 新島学園理事長 ㊐明治44年1月4日 ㊚平成11年1月7日 ㊕群馬県 ㊫高崎中卒 ㊝勲三等瑞宝章(平成3年) ㊖昭和22年家業の有田屋社長に。安中市商工会会長を経て、46年以来安中市長に5選。平成3年引退。新島学園理事長なども務めた。

湯川 宏 ゆかわ・ひろし
衆院議員(自民党) ㊐大正7年3月9日 ㊚昭和61年9月26日 ㊕和歌山県海南市 ㊫東京帝国大学法学部政治学科(昭和16年)卒 ㊖大阪府副知事、関西経済同友会幹事、自民党地方局長などを歴任し、昭和51年衆院議員に当選。56年12月経済企画政務次官となる。当選5回。中曽根派。

湯田 幸永　ゆだ・こうえい
新津市長　⊕昭和12年1月1日　⊕新潟県新津市　⊕新潟大学農学部卒　⊕新津市企画調整課長、収入役を経て、平成12年市長に当選。2期目。

豊 永光　ゆたか・えいこう
衆院議員（自民党）　名瀬市長　⊕大正5年10月3日　⊕平成13年7月12日　⊕鹿児島県名瀬市　⊕東京帝大法学部（昭和15年）卒　⊕農林省に入り、官房広報課長、農地局農地開発機械公団監理官などを経て、昭和36年林野庁大阪営林局長、39年熊本営林局長。44年衆院議員に当選、1期務めた後、61年名瀬市長を務めた。　⊕読書、旅行

【 よ 】

横内 正明　よこうち・しょうめい
衆院議員（自民党）　⊕昭和17年3月2日　⊕山梨県　⊕東京大学法学部（昭和39年）卒　⊕昭和39年建設省に入省。53年水資源開発公団管理部管理課長、55年建設大臣官房政策課企画官、59年道路局道路交通管理課長、60年都市局都市政策課長、62年広島県企画振興部長、平成2年官房審議官を経て、4年6月総括審察官に就任。5年6月退官。同年無所属で衆院議員に当選し、自民党に入る。当選3回。13年小泉内閣の法務副大臣に就任。15年山梨県知事選に、16年参院選比例区に立候補。旧小渕派を経て、橋本派。

横江 金夫　よこえ・かねお
衆院議員（社会党）　⊕昭和9年6月22日　⊕愛知県名古屋市　⊕明治大学法学部（昭和33年）卒　⊕昭和38年愛知県議に当選し、以来4選。党県本部書記長、副委員長を歴任。2回の落選を経験したのち、58年の総選挙で愛知6区から初当選。61年に落選。平成4年参院選に立候補。

横尾 和伸　よこお・かずのぶ
参院議員（公明）　⊕昭和24年9月22日　⊕平成10年4月1日　⊕東京都　⊕東京工業大学工学部卒　⊕厚生省課長補佐、同政策課課長企画官などを経て、公明党福岡県副書記長。平成4年参院議員に当選。

横尾 俊彦　よこお・としひこ
多久市長　⊕昭和31年5月5日　⊕慶応義塾大学法学部卒　⊕佐賀県議を経て、平成9年9月多久市長に当選。2期目。佐賀県体操協会会長、鳥栖市身体障害者福祉協会顧問も務める。

横沢 裕　よこざわ・ゆたか
白馬村（長野県）村長　⊕大正11年3月28日　⊕長野県北安曇郡白馬村　⊕早稲田大学法学部（昭和18年）卒　⊕昭和40年長野県白馬村教育委員会委員長。49年から白馬村長に4選。平成2年まで務めた。　⊕音楽鑑賞

横島 良市　よこしま・りょういち
下妻市長　⊕大正13年1月17日　⊕茨城県　⊕陸軍憲兵学校（昭和20年）卒　⊕勲四等瑞宝章（平成8年）　⊕戦後下妻市役所に奉職。昭和44年秘書課長、47年収入役、55年助役を歴任し、63年下妻市長に当選、2期つとめる。平成7年引退。　⊕旅行、読書

横関 政一　よこぜき・まさいち
中央区（東京都）区長　⊕明治40年12月10日　⊕平成10年12月8日　⊕静岡県富士宮市　⊕慶応商工（大正15年）卒　⊕勲三等瑞宝章（昭和62年）、中央区名誉区民（平成6年）　⊕中央区収入役、昭和42年助役を経て、50年以来区長に3選。62年引退。　⊕麻雀

横田 昭夫　よこた・あきお
行田市長　⽣昭和16年11月24日　出埼玉県行田市　学行田高卒　歴行田市まちづくり部長、助役を経て、平成15年市長に当選。

横田 耕一　よこた・こういち
稚内市長　⽣昭和23年12月30日　出北海道稚内市　学東洋大学社会学部応用社会学科（昭和46年）卒　歴稚内市教育委員を経て、平成11年4月稚内市長に当選。2期目。

横田 凱夫　よこた・やすお
石岡市長　⽣昭和14年2月18日　出埼玉県新座市　学立教大学経済学部（昭和39年）卒　歴茨城県広報課長、知事公室長、福祉部長、住宅供給公社顧問などを経て、平成14年石岡市長に当選。

横手 文雄　よこて・ふみお
衆院議員（民社党）　⽣昭和10年6月15日　出鹿児島県国分市　学近江高定時制（昭和31年）卒　歴昭和37年ゼンセン同盟愛知県支部に入り、45年静岡県支部次長、46年福井県支部長などを経て、54年民社党から衆院議員に当選、3期務める。"繊維族"の議員として知られ、商工委員会を舞台に活発な活動を展開するが、61年4月撚糸工連事件で東京地検特捜部から受託収賄の疑いで取り調べを受け、離党。7月の衆院選で落選した。

横溝 克己　よこみぞ・よしみ
参院議員（税金党）　早稲田大学理工学部工業経営学科教授　⾨環境工学　⽣大正13年5月12日　⿃平成2年2月23日　出東京　学早稲田大学理工学部工業経営学科（昭和23年）卒、早稲田大学大学院理工学研究科（昭和25年）修了　歴昭和40年より早稲田大学理工学部工業経営学科教授。また中国天津大学客員教授も兼務。平成元年参院選比例区に税金党1位で当選。著書に「エンジニアのための人間工学」（共著）。

横路 孝弘　よこみち・たかひろ
衆院議員（民主党　北海道1区）　元・北海道知事　⽣昭和16年1月3日　出北海道札幌市　学東京大学法学部（昭和41年）卒　⾨弁護士　賞ベスト・メン賞（第4回）（昭和63年）　歴昭和43年弁護士となり、全道労協顧問、労働学校講師などを務める。44年以来社会党から衆院議員に5選。58年4月北海道知事に転じ、3期務めた。平成7年国政復帰を目指すため知事を退く。8年民主党から衆院議員に当選。通算8期目。党副代表。11年9月、14年9月党代表選に出馬。この間、第1回冬季アジア競技大会の組織委員長も務めた。　家父＝横路節雄（政治家）、妻＝横路由美子
http://www.yokomichi.com/
【著書】往復書簡 東京ぬきでやろう（平松守彦、横路孝弘著 岩波書店'94）／知事が語る ニッポン分権（横路孝弘、橋本大二郎対談 日本社会党機関紙局'93）／北こそフロンティア（東洋経済新報社'87）
【評伝】日本の政治家 父と子の肖像（俵孝太郎著 中央公論社'97）／横路孝弘とは何か（中野博季著 イースト・プレス'95）／辺境の防人たち（重野広志著（札幌）響文社'94）／知事成金（大宮知信著 明日香出版社'94）／日本をダメにする10人の政治家（上田哲著 データハウス'94）／明日に向かって飛翔せよ！（角間隆著 ぎょうせい'88）／貧困なる精神〈第19集〉（本多勝一著 すずさわ書店'87）

横光 克彦　よこみつ・かつひこ
衆院議員（社民党　比例・九州）　俳優　⽣昭和18年11月4日　出大分県　学北九州大学外国語学部（昭和42年）卒　歴俳優を志し、文学座養成所に入所。映画「金閣寺」、テレビ「忍ぶ川」「北の家」「草燃える」などに出演。平成5年衆院議員に当選。15年の総選挙では大分3区から立候補、重複立候補した比例区九州ブロックで復活当選。　http://www.seiretsu.org/

横山 和夫　よこやま・かずお
横須賀市長　⊕大正3年10月2日　⊗平成11年5月13日　⊙広島県比婆郡東城町　⊖広島文理科大学哲学科（昭和17年）卒　⊘勲二等瑞宝章（平成5年）　⊚昭和18年高文行政科合格。消防庁総務課長、自治庁官房調査官、滋賀県教育長、36年横須賀市助役。47年米国側から出されていた米国海軍空母ミッドウェーの横須賀への"母港化"要望に対して、外務省などとの交渉を担当。米軍提供水域の返還などを条件に、"空母母港化"受け入れ決定の中心的役割を果たした。48年以来横須賀市長に5選。平成5年引退。全国基地協議会会長なども務めた。
⊛読書，園芸，釣り

横山 龍雄　よこやま・たつお
高知市長　⊕大正5年1月3日　⊗平成9年12月8日　⊙高知県高知市　⊖介良村青年学校中退　⊘勲三等旭日中綬章（平成7年）　⊚昭和11年高知市役所に入り、35年総務部長、38年経済部長、42年助役を歴任し、53年以来市長に4選。平成6年引退。　⊛登山

横山 利秋　よこやま・としあき
衆院議員（社会党）　日ソ親善協会理事長　元・国労書記長　⊕大正6年10月10日　⊗昭和63年11月1日　⊙愛知県名古屋市　⊖中京商（昭和12年）卒　⊚昭和8年国鉄に入社。25年国労本部企画長、28年書記長、社会党教宣局長、日本ILO協会常任理事を歴任。昭和30年以来衆院に11選。衆院物価対策特別委員長、決算委員長などをつとめた。61年落選。

横山 ノック　よこやま・のっく
大阪府知事　参院議員　タレント　⊕昭和7年1月30日　⊙兵庫県神戸市　本名＝山田勇　旧グループ名＝漫画トリオ，旧芸名＝秋田Kスケ　⊖神戸楠名小（昭和20年）卒　⊘上方漫才大賞奨励賞（第3回）（昭和43年），教育功労賞（南アフリカ共和国）（特別賞）（平成11年）　⊚米軍通訳を経て、昭和30年宝塚新芸座入座。その後秋田Aスケ・Bスケに弟子入り、秋田Kスケの名で秋田Oスケとコンビを組む。次に横山ノックの名で横山アウトとコンビを組んだ後、34年漫画トリオを結成。"パンパカパーン、今週のハイライト"の時事コントで人気を博す。主な出演に「2時のワイドショー」「EXテレビ」など。また、43年以来参院議員に通算4選。民社党に所属していたが平成6年12月解党後、無所属。7年3月辞職して大阪府知事選に立候補、政党の応援を一切受けずに当選した。2期目の任期途中の11年12月強制わいせつ容疑で在宅起訴され辞職。16年師匠のAスケ・Bスケの公演にゲスト出演し芸能活動を再開。
⊛少林寺拳法
【著書】知事の履歴書（太田出版 '95）

横山 万蔵　よこやま・まんぞう
西川町（山形県）町長　⊕大正15年1月13日　⊙山形県西村山郡西山村　⊖村山農学校（昭和17年）卒　⊘藍綬褒章，勲三等瑞宝章（平成15年）　⊚旧西山村議を1期、西川町議5期を経て、昭和49年同町長に当選。平成14年引退。同町は出羽三山の一つ、月山のふもとにあり、昭和58年町営事業として余剰のわき水をポリ容器入りの"月山自然水"として発売。人気を集め、町おこし事業の先駆けとなった。全国町村会副会長もつとめた。　⊛読書

横山 宗男　よこやま・むねお
大井川町（静岡県）町長　⊕昭和6年　⊗平成12年6月27日　⊖中央大学法学部（昭和32年）卒　⊚家業の製茶業を継承後、昭和51年大井川町助役、62年町議を経て、平成4年町長に当選、2期務める。大井川河川敷フルマラソンコース造りに取り組んだ。平成12年6月病気のため次期町長選への立候補を断念していたが、7月の退任を前に死去。

よしお

与謝野 馨　よさの・かおる
自民党政調会長　衆院議員（自民党比例・東京）　通産相　文相　⊕昭和13年8月22日　⊕東京都千代田区　⊕東京大学法学部（昭和38年）卒　⊕日本原子力発電勤務、中曽根康弘秘書を経て、昭和51年以来衆院議員に7選。59年通産次官、平成4年党国対副委員長、6年村山内閣の文相、8年第2次橋本内閣の官房副長官、10年小渕内閣の通産相に就任。11年1月小渕改造内閣でも留任。12年落選するが、15年比例区・東京ブロックで復活。16年自民党政調会長に就任。旧渡辺派、村上・亀井派、江藤・亀井派を経て、亀井派。CS放送の朝日ニュースター「政策神髄」のキャスターを務める。　⊕祖父＝与謝野鉄幹（歌人）、祖母＝与謝野晶子（歌人）、父＝与謝野秀（外交官）、母＝与謝野道子（評論家）

【著書】高杉良対論集 日本再生の条件（高杉良、佐高信ほか著　角川書店'03）

吉秋 雅規　⇒正木良明（まさき・よしあき）を見よ

吉井 惇一　よしい・じゅんいち
防府市長　⊕昭和8年11月6日　⊕山口県防府市　⊕山口大学文理学部卒　⊕参院議員秘書などを経て、昭和63年防府市長に当選、3期つとめる。平成10年落選。

吉井 英勝　よしい・ひでかつ
衆院議員（共産党　比例・近畿）　⊕昭和17年12月19日　⊕京都府京都市　⊕京都大学工学部原子核工学科（昭和42年）卒　⊕昭和42年大阪真空機器勤務を経て、46年以来堺市議3期、58年大阪府議に当選。62年落選したが、63年補選で参院議員に当選した。平成元年落選。2年衆院議員に当選。8年比例区九州ブロックで1位当選を果たす。12年比例区近畿ブロックで当選。5期目。　⊕読書　http://www.441-h.com/

吉井 正澄　よしい・まさずみ
水俣市長　⊕昭和6年7月10日　⊕熊本県　⊕芦北農林（旧制）卒　⊕勲四等旭日小綬章（平成14年）　⊕昭和51年以来水俣市議に当選し、市会議長を務める。平成6年から水俣市長に2選。水俣病問題に積極的に取り組んだ。

【著書】対談・気がついたらトップランナー（吉井正澄、上甲晃著　燦葉出版社'04）

吉井 光照　よしい・みつてる
衆院議員（公明党）　⊕昭6.1.4　⊕山口県防府市　⊕防府高（昭和24年）卒　⊕荒物商、防府市議、山口県議4期を経て、昭和54年以来衆院議員に4選。平成5年引退。

吉浦 忠治　よしうら・ちゅうじ
衆院議員（公明党）　⊕大正15年7月16日　⊕平成12年2月15日　⊕佐賀県三養基郡基山町　本名＝吉浦忠治　⊕日本大学文学部（昭和29年）卒　⊕勲二等瑞宝章（平成8年）　⊕東京で21年間中学校教師をつとめた後、昭和51年旧千葉3区から衆院議員に当選、4期つとめた。交通安全対策特別委員長、農水委理事などを歴任。平成2年落選。

吉尾 勝征　よしお・かつゆき
調布市長　⊕昭和19年5月28日　⊕高知県　⊕早稲田大学法学部（昭和43年）卒　⊕調布市議3期、昭和60年同市会議長を経て、61年より調布市長に4選。平成14年落選。

【評伝】青年よ故郷（ふるさと）に帰って市長になろう（全国青年市長会編　読売新聞社'94）

吉岡 清栄　よしおか・きよえ
滝川市長　⊕大正7年5月9日　⊕平成9年5月29日　⊕北海道樺戸郡浦臼町　⊕自治大学校卒　⊕藍綬褒章（昭和54年）、全国河川功労者表彰（昭和58年）、自治大臣表彰（昭和62年）、勲三等瑞宝章（平成3年）、滝川名誉市民（平成3年）

[歴]昭和26年南竜村助役、34年滝川市助役、42年浦臼町長を経て、46年以来滝川市長に5選。都市基盤整備、広域行政の推進、治水事業などに尽力。平成3年引退。

吉岡 賢治 よしおか・けんじ
衆院議員(民改連) [生]昭和13年3月5日 [出]兵庫県 [学]豊岡高(昭和31年)卒，日本電信電話公社鈴鹿電気通信学園卒 [歴]昭和31年日本電信電話公社に入る。45年全電通労組豊岡分会長、53年豊岡市議、61年但馬地労協議長を経て、情報通信労連兵庫地協副議長。平成2年衆院選に連合から出馬して唯一人当選、院内では社会党に所属。7年民主の会を経て、民改連に入る。2期。8年、12年落選。 [趣]囲碁，登山

吉岡 静夫 よしおか・しずお
糸魚川市長 [生]昭和11年5月21日 [出]新潟県 [学]慶応義塾大学法学部(通信制)中退 [歴]糸魚川市役所に26年間勤務し、昭和59年退職。この間、主に市の広報づくりを担当し全国コンテストで優勝した。のちタウン誌を発行。糸魚川市議3期を経て、平成13年現職市長を破り、糸魚川市長に当選。

吉岡 庭二郎 よしおか・ていじろう
島原市長 [生]昭和11年10月4日 [出]長崎県高来郡布津町 [学]鹿児島大学農学部(昭和34年)卒 [歴]長崎県庁に入庁。農政畑一筋に歩み、農林部園芸課長などを務めた。平成2年島原市収入役、3年助役を経て、4年市長に当選。4期目。 [趣]発明

吉岡 広小路 よしおか・ひろこうじ
三次市長 [生]昭和34年9月3日 [出]広島県三良坂町(現・三次市) [学]早稲田大学社会学部卒 [歴]三次JC理事、三次市議を経て、平成7年広島県議に当選、2期務める。13年三次市長に当選。16年4月同市に近隣7町村が合併したことを受けて実施された市長選で当選。

吉岡 吉典 よしおか・よしのり
参院議員(共産党) [専]近代・現代史 政治 外交・安全保障問題 [生]昭和3年5月16日 [出]島根県八束郡鹿島町 [学]松江高(旧制)中退 [興]軍事均衡論 [歴]在学中の昭和23年日本共産党に入党、党の専従活動家となる。34年「赤旗」編集局に入り、記者生活を経て、58年編集局長。61年参院議員に当選。3期務めた。16年引退。傍ら、社会運動史、農民運動史、近・現代史などを研究、著書に「島根県農民運動史」「日本安保体制論」などがある。

【著書】史実が示す日本の侵略と「歴史教科書」(新日本出版社 '02)／侵略の歴史と日本政治の戦後(新日本出版社 '93)／戦後半世紀の日本の政治(新日本出版社 '91)／歴史に学ぶもの逆らうもの(新日本出版社 '88)／日本型ファシズムと革新の展望(新日本出版社 '87)／危機に立つ社会党(新日本出版社 '82)／日米関係の実像(学習の友社 '81)／安保再改定論と日本の安全(大月書店 '81)／日本共産党アメリカを行く(白石書店 '80)／有事立法とガイドライン(新日本出版社 '79)

吉川 悦次 よしかわ・えつじ
大阪狭山市長 [生]大正7年6月5日 [出]大阪府南河内郡狭山町(現・大阪狭山市) [学]狭山高小(昭和10年)卒 [歴]昭和26年狭山町役場に入り、土木建設課長、厚生衛生課長兼水道課長、水道課長兼土木建設課長を歴任。37年以来狭山町長を6期務める。62年10月1日より大阪狭山市として市制施行、それにともない同市長に昇格。2期つとめ、平成4年引退。 [趣]読書，釣り

吉川 貴盛 よしかわ・たかもり
衆院議員(自民党) [生]昭和25年10月20日 [出]北海道札幌市 本名＝吉川敏 [学]日本大学経済学部(昭和48年)卒 [歴]昭和48年鳩山威一郎秘書、49年鳩山邦夫秘書を兼務。58年東洋実業副社長。54年以来北海道議に3期。平成7年の北海道議選には出馬せず、8年衆院選に自民

党から出馬、比例区北海道ブロックで当選。12年は北海道2区から当選。通算2期。橋本派。15年落選。 [趣]読書，スキー，野球，ボウリング

吉川 春子　よしかわ・はるこ

参院議員(共産党 比例) 共産党中央委員 [生]昭和15年11月26日 [出]東京都中央区 [学]中央大学法学部(昭和39年)卒 [歴]昭和39年中学校教師、48年八潮市議、党社会福祉対策委員長などを歴任。58年参院比例区に当選。4期目。
http://www.haruko.gr.jp/
【著書】従軍慰安婦(あゆみ出版 '97)

吉川 博　よしかわ・ひろし

参院議員(自民党) [生]大12.5.18 [出]愛知県海部郡十四山村 [学]東京第三師範卒 [賞]勲二等瑞宝章(平成10年) [歴]十四山村長4期、愛知県議4期、県会議長を経て、昭和58年参院議員に当選。平成元年再選。7年の参院選には出馬せず、8年衆院選に出馬するが落選。竹下派を経て、小渕派。

吉川 浩史　よしかわ・ひろふみ

須崎市長 [生]昭和19年3月6日 [出]高知県須崎市 [学]東京農業大学農学部(昭和41年)卒 [歴]会社役員を務める。平成7年須崎市長に当選したが、8年辞任して再び立候補、落選した。
[趣]ゴルフ

吉川 芳男　よしかわ・よしお

参院議員(自民党) 労相 [生]昭和6年10月25日 [出]新潟県新潟市 [学]早稲田大学政経学部(昭和29年)卒 [賞]勲一等瑞宝章(平成13年) [歴]昭和38年以来新潟県議5期を経て、58年から参院議員に3選。平成12年第2次森連立内閣の労相に就任。旧田中派二階堂系、宮沢派、加藤派を経て、堀内派。13年引退。

吉川 義彦　よしかわ・よしひこ

葛城市長 [生]昭和15年8月16日 [学]高田高卒 [歴]新庄町役場に入り、助役、町総務課長などを経て、平成12年町長に当選。1期。16年10月合併により誕生した葛城市の初代市長に当選。

吉沢 正五　よしざわ・しょうご

白根市長 [生]大11.6.24 [出]新潟県 [学]東京農業大学農業土木技術員養成所(昭和17年)卒 [資]土地家屋調査士 [賞]勲四等旭日小綬章(平成4年) [歴]昭和36年白根市長に当選。6選し、60年1月引退。

吉沢 真澄　よしざわ・ますみ

白根市長 [生]昭和27年10月27日 [出]新潟県 [学]東北福祉大学社会福祉学部卒 [歴]新潟県・月潟村住民課長を経て、平成13年白根市長に当選。

吉住 弘　よしずみ・ひろし

台東区(東京都)区長 元・東京都議(自民党) [生]昭和16年5月10日 [出]東京 [学]専修大学経済学部(昭和39年)卒 [歴]台東区議7期、昭和59年議長を経て、平成9年東京都議に当選。13年の都議選には出馬しなかった。15年台東区長に当選。

吉田 功　よしだ・いさお

花巻市長 [生]大正12年2月23日 [出]岩手県花巻市 [学]花巻農学校(昭和15年)卒 [歴]昭和50年花巻市総務部長、57年助役を経て、59年以来市長に3選。平成8年引退。

吉田 泉　よしだ・いずみ

衆院議員(民主党 比例・東北) [生]昭和24年2月26日 [出]福島県いわき市 [学]東京大学経済学部(昭和46年)卒 [歴]石川播磨重工業に勤務ののち、家業の根本園茶舗を継ぐ。平成8年いわき市議に当選。12年衆院選福島5区に民主党から立候補。15年当選。 http://www4.ocn.ne.jp/~y-izumi/

よした

吉田 逸郎 よしだ・いつお
松阪市長 ⓑ明治43年2月1日 ⓓ平成13年7月21日 ⓟ三重県伊勢市 ⓔ三重師範(昭和3年)中退 ⓡ勲三等旭日中綬章(昭和63年) ⓗ昭和11年衆議院事務局に入る。32年三重県企画調査課長、34年松阪市助役を経て、43年以来市長に5選。全国市長会副会長、東海市長会長を歴任した。63年引退。平成7年11月全国で初めて設立された介護援助サービスを行う生協法人・三重県高齢者生活協同組合の会長に就任。

吉田 治 よしだ・おさむ
衆院議員(民主党 大阪4区) ⓑ昭和37年3月16日 ⓟ大阪府 ⓔ早稲田大学法学部(昭和60年)卒 ⓗ松下政経塾出身。関西外国語大学講師を経て、大阪薫英女子短期大学教授。平成5年民社党から衆院議員に当選。6年新進党、10年1月新党友愛結成に参加、同年4月民主党に合流。12年落選。15年返り咲き。通算3期目。

吉田 和子 よしだ・かずこ
衆院議員(社会党) ⓑ昭和24年5月6日 ⓟ新潟県新潟市 ⓔ女子美術大学洋画科(昭和46年)卒 ⓗ上野学園高教員、Eコープ理事を経て、平成2年東京6区から衆院選に出馬、トマトをシンボルマークに"ベジタブルな政治"を主張して当選。5年落選。8年民主党に移り比例区落選、11年衆院補選、13年東京都議選に立候補するが落選。 ⓖ日本婦人会議

吉田 金忠 よしだ・かねただ
男鹿市長 ⓑ大正9年8月16日 ⓟ秋田県若美町 ⓔ横浜専門学校(現・神奈川大学)卒 ⓡ勲五等双光旭日章(平成6年) ⓗ日本通運に入社、秋田海陸運送取締役を経て男鹿市長を3期。昭和58年5月日本海中部地震の復旧対策に奮闘した。

吉田 廉 よしだ・きよし
富士宮市長 ⓑ大正15年8月22日 ⓟ東京 ⓔ法政大学法学部(昭和26年)卒 ⓡ静岡県教育委員会永年特別功労賞 ⓗ昭和51年大仁高校長、53年富士宮北高校長などを経て55年同市助役に就任するが、57年建設疑惑に揺れる同市議会の正常化を工作中、一方的に解任される。58年、住民投票に続く出直し市長選に、市長リコール派から請われて出馬。市政刷新を訴え続け、当選。2期務め、平成3年引退。7年市長選に再出馬するが落選。
【著書】富士山と天の川コンコース(日本地域社会研究所 '88)

吉田 公一 よしだ・こういち
衆院議員(民主党) ⓑ昭和15年10月31日 ⓟ東京 ⓔ宇都宮大学農学部(昭和38年)卒 ⓗ練馬区議を経て、昭和56年から東京都議(自民党)に3選。平成5年新生党に転じて衆院議員に当選。6年新進党、8年太陽党結成に参加。10年民政党を経て、民主党に合流。15年自民党新人に敗れ落選。3期務めた。16年参院選比例区に立候補するが落選。 http://www5a.biglobe.ne.jp/~Y-kouiti/

吉田 三郎 よしだ・さぶろう
東久留米市長 ⓑ昭3.1.25 ⓟ茨城県 ⓔ中央大学法学部(昭和28年)卒 ⓡ勲五等双光旭日章(平成12年) ⓗ昭和57年以来東久留米市長に2選。平成2年引退。

吉田 三郎 よしだ・さぶろう
羽島市長 ⓑ昭和10年8月18日 ⓟ岐阜県 ⓔ岐阜大学農学部卒 ⓗ羽島市民生部長を経て、平成8年から市長に2選。16年落選。

吉田 修一 よしだ・しゅういち
福島市長 [生]昭和2年3月4日 [出]福島県福島市 [学]早稲田大学商学部卒 [賞]勲三等瑞宝章(平成14年) [歴]福島市の商工会議所書記から、昭和31年7月当時の市長に見込まれ市役所へ移り、商工課に配属。企画商工部長、財政部長、総務部長を務め、51年退職。60年から市長に4選。 [趣]スキー, ゴルフ, カラオケ

吉田 泰一郎 よしだ・たいいちろう
大和郡山市長 [生]明治43年9月7日 [没]平成13年7月29日 [出]福岡県 [学]東京高師体育科(昭和12年)卒 [歴]東京文理科大学助手、奈良県立医専教授、奈良県労働部長を経て、昭和41年大和郡山市助役となり、44年以来市長に5選。平成元年落選。

吉田 達男 よしだ・たつお
参院議員(社会党) 元・岩美町(鳥取県)町長 [生]昭和10年7月5日 [没]平成10年1月16日 [出]鳥取県岩美郡岩美町 [学]中央大学法学部(昭和34年)卒 [歴]岩美町商工会事務局長を経て、昭和42年以来鳥取県議に5選。61年参院議員鳥取選挙区に立候補したが落選。平成元年参院議員に当選。7年落選。8年岩美町長に当選。9年11月病気のため辞職。

吉田 友好 よしだ・ともよし
大阪狭山市長 [生]昭和26年12月1日 [学]英知大学文学部中退 [歴]大阪狭山市総務部理事などを経て、平成15年市長に当選。

吉田 博美 よしだ・ひろみ
参院議員(自民党 長野) [生]昭和24年6月17日 [出]山口県柳井市 [学]早稲田大学社会科学部(昭和47年)卒 [歴]昭和48年トライウェル勤務。52年中島衛代議士秘書、56年金丸信代議士秘書を経て、58年以来長野県議に当選。5期務める。平成13年参院議員に当選。旧橋本派。
[趣]スポーツ観戦, ラグビー, 語学
http://www.yoshida-hiromi.com/

吉田 正雄 よしだ・まさお
衆院議員(社会党) [生]大正12年3月25日 [出]新潟県長岡市 [学]東京物理学校理化学科(昭和20年)卒 [賞]勲三等旭日中綬章(平成9年) [歴]新潟県労組評議会議長、新潟県労働審議会委員を歴任し、昭和52年参院議員に当選。建設常任委員長を務めた。平成2年衆院議員に転じる。5年落選。6年和田静夫元衆院議員らと護憲市民全国協議会を結成、事務局長に就任。 [趣]古典音楽鑑賞, スキー, 登山

吉田 誠克 よしだ・まさかつ
大和高田市長 [生]昭和26年3月28日 [学]高田商卒 [歴]平成15年大和高田市長に当選。

吉田 万三 よしだ・まんぞう
足立区(東京都)区長 [生]昭和22年9月19日 [学]北海道大学歯学部 [歴]歯科医。八丈島協立歯科診療所長を経て、蒲原歯科診療所長。足立区立西新井小学校医、東京民主医療機関連合会副会長も務める。歯科診療所開業以来、患者の求めに応えて寝たきりのお年寄りの往診を始め、介護や福祉の重要性を実感。平成8年9月共産党、新社会党の推薦で足立区長に当選するが、11年4月区議会本会議で11年度足立区予算案や旧区庁舎跡地利用計画をめぐり議会と対立。不信任案が可決され、直ちに議会を解散。同年5月臨時議会で再び不信任案が可決されたため、失職した。同年6月再度区長選に出馬。中央政界を巻き込んだ激しい組織選を展開するが、落選。15年再出馬するが落選。

吉田 之久 よしだ・ゆきひさ
衆院議員(民社党) 参院議員(民主党) [生]大正15年12月4日 [没]平成15年3月24日 [出]奈良県磯城郡田原本町 [学]海兵卒, 京都大学文学部(昭和24年)卒 [賞]勲一等瑞宝章(平成11年) [歴]海軍兵学校卒後、昭和20年春に美幌航空隊へ。

千歳航空隊で終戦を迎えた。関西電力の労組活動を経て、30年から奈良県議に2選。35年民社党結成に参加し、42年衆院議員に当選。56年衆院沖縄・北方問題特別委員長、民社党副委員長などを務めた。当選7回、平成2年落選。4年参院補選で連合から出馬し圧勝。同年7月民社党に戻る。6年新進党、10年1月新党友愛結成に参加。同年4月民主党に合流。2期務め、13年引退。

吉田 幸弘 よしだ・ゆきひろ
衆院議員(自民党) [生]昭和36年7月23日 [出]愛知県名古屋市 [学]愛知学院大学大学院(平成3年)修了 [歴]平成4年大同病院歯科医を経て、開業。8年新進党から衆院議員に当選、2期務める。10年1月自由党に参加、のち保守党を経て、自民党入り。亀井派。15年落選。

吉田 礼元 よしだ・れいげん
女満別町(北海道)町長 [生]大正11年12月23日 [出]北海道網走郡女満別町 [学]日本大学法文学部(昭和18年)卒 [賞]勲五等双光旭日章(平成8年) [歴]女満別町内で山林種苗業を営み、昭和46年同町長に当選。50年の2期目から連続3回無投票当選を果たす。初当選以来、一貫して新女満別空港建設を最大の目標にかかげ、建設用地買収や予算獲得に貢献。60年4月道内6番目のジェット空港として開港。

吉田 六左エ門 よしだ・ろくざえもん
衆院議員(自民党) 建築家 [生]昭和14年12月15日 [出]新潟県新潟市 [学]早稲田大学理工学部(昭和38年)卒 [資]1級建築士 [歴]昭和38年戸田建設に入社。のち吉田六左エ門一級建築事務所代表を務める。58年より新潟県議2期を経て、平成2年新潟市長選、5年衆院選に出馬。8年より衆院議員に2選。15年民主党の新人候補に敗れ落選。亀井派。[趣]ゴルフ [家]父=吉田吉平(新潟県議)
http://www.y693.com/

吉谷 宗夫 よしたに・むねお
足利市長 歯科医 [生]昭和5年7月25日 [出]栃木県足利市 [学]東京医科歯科大学歯学部(昭和29年)卒 歯学博士(昭和34年) [歴]昭和54年以来栃木県議に6選。平成4年副議長を経て、7年議長。13年足利市長に当選。 [趣]音楽,ゴルフ,麻雀

吉次 邦夫 よしつぐ・くにお
諫早市長 [生]昭和7年5月2日 [出]長崎県諫早市 [学]九州大学法学部(昭和34年)卒 [歴]昭和34年長崎県庁に入庁。59年東京事務所長、61年生活福祉部長、63年総務部長、平成元年長崎県教育長、のち長崎県土地開発公社理事長を歴任。8年諫早市長に当選。3期目。

吉次 正美 よしつぐ・まさみ
多久市長 [生]明43.2.13 [出]佐賀県 [学]水原高農(昭和7年)卒 [歴]昭和22年佐賀県庁に入る。30年知事室参事、33年農政食糧課長、34年中部農林事務所長、35年多久市助役を経て、52年から市長に2選。60年引退。

吉野 稜威雄 よしの・いつお
平塚市長 [生]昭和16年1月30日 [出]神奈川県平塚市 [学]早稲田大学第一商学部(昭和39年)卒 [歴]行政管理庁長官秘書、代議士秘書を経て、平成7年より平塚市長に2選。3市3町による湘南市設立構想を押し進めるが、15年市長選で反対派候補に敗れる。 [趣]囲碁,水泳,読書,ゴルフ

吉野 和男 よしの・かずお
府中市長 [生]大正12年3月26日 [出]東京 [学]工学院工専(昭和15年)卒 [賞]勲三等旭日中綬章(平成12年) [歴]府中市助役を経て、昭和55年以来府中市長を5期務めた。

吉野 正一　よしの・しょういち
　茂原市長　薬剤師　⊕大正2年12月6日　⊗平成13年9月30日　⊕千葉県　⊗千葉医科大学附属薬専（昭和11年）卒　⊗藍綬褒章（昭和46年）、勲四等旭日小綬章（平成4年）　茂原市商工会議所会頭、教育委員長を経て、昭和43年から市長に4選。63年引退した。

吉野 正芳　よしの・まさよし
　衆院議員（自民党　比例・東北）　⊕昭和23年8月8日　⊕福島県いわき市　⊗早稲田大学商学部（昭和46年）卒　⊗吉野木材、いわきホーム取締役などを歴任。昭和62年福島県議に当選、3期務める。平成12年衆院議員に当選。15年の総選挙では比例区東北ブロック1位で当選。2期目。森派。　⊗父＝吉野幾重（吉野木材社長）　http://www.myoshino.com/

吉野 益　よしの・ます
　藤岡市長　⊕大7.1.15　⊕群馬県　⊗藤岡中（昭和11年）卒　⊗勲四等瑞宝章（平成7年）　⊗昭和44年群馬県経済連参事、52年全国食肉学校理事・副校長を経て、53年から藤岡市長に4選。平成6年引退。

吉原 英一　よしはら・えいいち
　岩井市長　⊕昭和23年5月1日　⊕茨城県　⊗国士舘大学政経学部（昭和46年）卒　⊗昭和54年以来岩井市長に3選。平成6年、10年落選。

吉原 薫　よしはら・かおる
　阿南市長　⊕大13.5.18　⊕徳島県　⊗自治大学校（昭和30年）卒　⊗昭和45年阿南市助役を経て、50年以来市長に3選。62年引退。

吉原 米治　よしはら・よねはる
　衆院議員（社会党）　⊕昭3.2.8　⊕島根県大田市　⊗宇部工専機械科（昭和20年）卒　⊗勲二等瑞宝章（平成10年）　⊗石見交通勤務、県評副議長、昭和41年以来大田市議3期を経て、51年衆院議員に当選、5期。平成2年落選。社会党島根県本部委員長もつとめた。

吉堀 慶一郎　よしほり・けいいちろう
　袖ケ浦市長　⊕大正10年3月29日　⊗平成15年12月14日　⊕千葉県　⊗木更津中卒、日本農士学校卒　⊗勲四等旭日小綬章（平成8年）　⊗平川町収入役、助役を歴任。昭和46年袖ケ浦町と合併、54年以来袖ケ浦町長3期。平成3年市制施行に伴い袖ケ浦市長となる。同年再選。7年引退。

吉見 弘晏　よしみ・ひろやす
　八幡浜市長　⊕昭和15年6月10日　⊕愛媛県八幡浜市　⊗慶応義塾大学文学部（昭和39年）卒　⊗昭和39年毛利松平衆院議員秘書を経て、50年から愛媛県議に4選。平成2年副議長。3年より八幡浜市長に2選。11年落選。　⊗読書、ソフトボール、ゴルフ、園芸

吉道 勇　よしみち・いさむ
　貝塚市長　⊕昭2.2.4　⊕大阪府　⊗貝塚市立実業（昭和20年）卒　⊗藍綬褒章（昭和57年）　⊗昭和23年日本社会党に入党。34年以来貝塚市議、市会議長を経て、45年以来市長に9選。

吉峯 良二　よしみね・りょうじ
　加世田市長　⊕昭和2年5月24日　⊕鹿児島県　⊗大阪大学経済学部（昭和26年）卒　⊗勲五等双光旭日章（平成11年）　⊗会社役員、加世田市助役を経て、昭和60年市長に当選。2期務め、平成5年引退。

吉村 和夫 よしむら・かずお
山形市長 [生]昭和6年4月18日 [没]平成15年8月20日 [出]山形県山形市 [学]山形大学文理学部卒 [歴]鹿野彦吉衆院議員秘書を経て、昭和46年自民党から山形県議に当選。58年には副議長を務めた。通算6期。平成12年山形市長に当選したが、1期途中で病没した。
[趣]釣り，囲碁

吉村 剛太郎 よしむら・ごうたろう
参院議員(自民党 福岡) [生]昭和14年1月3日 [出]旧満州・ハルビン [学]早稲田大学第一政経学部(昭和37年)卒
[歴]昭和37年ブリヂストン入社。50年より福岡県議3期を務めた。61年、平成2年衆院選に福岡1区から立候補したが落選した。4年参院議員に当選。14年小泉改造内閣の国土交通副大臣に就任。3期目。無派閥を経て、旧橋本派。
http://www.gotaro.com/

吉村 徳昌 よしむら・のりまさ
新南陽市長 [生]昭和11年11月17日
[学]中央大学文学部卒 [歴]新南陽市助役を経て、平成11年新南陽市長に当選。15年4月新南陽市が徳山市、熊毛町、鹿野町と合併して周南市が誕生したことに伴い退任。

吉村 真事 よしむら・まこと
参院議員(自民党) [生]昭和3年3月31日
[没]平成16年1月8日 [出]大阪府大阪市西淀川区佃町 [学]東京大学工学部土木学科(昭和27年)卒 [賞]勲二等瑞宝章(平成10年) [歴]昭和27年運輸省に入省。53年第二港湾建設局長、55年港湾局長を歴任し退官。58年参院議員に当選。平成元年落選、1期。のち日本港湾振興団体連合会会長。 [団]日本土木学会

吉本 幸司 よしもと・こうじ
津久見市長 [生]S24年5月10日 [出]大分県 [学]東京経済大学経営学部(S49年)卒 [歴]大学卒業後、家業の吉本金物店を継ぐ。平成15年津久見市長に当選。
http://www.yoshimoto-koji.net/

芳本 甚二 よしもと・じんに
御所市長 [生]大正9年7月23日 [出]奈良県 [学]関西大学法学部(昭和18年)卒
[歴]昭和21年福助足袋入社。27年家業の芳本商店を継ぐ。53年御所市長に当選。5期つとめ、平成8年引退。

吉元 実 よしもと・みのる
築城町(福岡県)町長 [生]昭和9年9月1日 [出]福岡県築上郡築城町 [学]築城農(昭和28年)卒 [歴]昭和30年陸上自衛隊に入隊。36年西日本鉄道勤務を経て、42年から築城町議に4選。56年同町長に当選。平成元年3選を果たしたが、2年収賄容疑で逮捕、起訴される。3年リコール住民投票の結果、失職した。

吉山 康幸 よしやま・やすゆき
松浦市長 [生]昭和22年6月7日 [出]長崎県 [学]松浦高(昭和41年)卒 [歴]松浦市議を経て、平成11年1月松浦市長に当選。2期目。

依田 智治 よだ・ともはる
参院議員(自民党) [生]昭和7年3月31日
[出]山梨県 [学]東京大学法学部(昭和33年)卒 [歴]昭和33年警察庁入り。55年奈良県警本部長、57年首相秘書官、60年警視庁総務部長、61年6月防衛庁教育訓練局長、62年6月官房長、平成元年6月内閣安全保障室長を経て、2年7月防衛事務次官に就任。3年9月退官。7年参院議員に当選、1期。13年落選。渡辺派、村上・亀井派を経て、江藤・亀井派。
[趣]真向法，ジョギング，ゴルフ，弓道，園芸，囲碁

りゅう

依田 実　よだ・みのる
衆院議員(新自由クラブ)　⑭昭和5年7月25日　⑭東京　⑭東京大学文学部(昭和28年)卒　⑭勲三等旭日中綬章(平成12年)　⑭NHKプロデューサー、中曽根康弘事務所長を経て、昭和51年以来衆院議員を2期務めた。また新自由クラブ企画広報委員長、全国組織委員長を歴任。東京都文化振興会常務理事を務める。著書に「中華人民共和国」など。

四井 正昭　よつい・まさあき
宇佐市長　⑭昭和2年2月2日　⑭平成8年4月10日　⑭大分県宇佐市　⑭中津商(昭和20年)卒　⑭昭和22年大分県庁に入り、55年宇佐事務所長、60年総務部次長を経て、同年宇佐市長に当選。3期つとめた。

四ツ谷 光子　よつや・みつこ
衆院議員(共産党)　⑭昭和2年5月5日　⑭大阪府　⑭大阪府専(現・大阪府立女子大学)卒　⑭西淀中教師、大阪教職員組合婦人部長、大阪母親大会副委員長を経て、昭和54年大阪7区から衆院議員に当選、2期つとめた。

米沢 隆　よねざわ・たかし
衆院議員(民主党　比例・九州)　⑭昭和15年1月28日　⑭旧満州・大連　⑭京都大学法学部(昭和39年)卒　⑭昭和44年全旭化成労組連書記長、46年宮崎県議を経て、51年衆院議員に当選。平成元年民社党書記長に就任。2年党委員長に推されたが辞退。6年6月大内啓伍党委員長の辞任表明を受け、委員長に就任。同年12月民社党を解党し新進党の結成に参加、副党首となり、7年12月～8年8月幹事長をつとめた。8年落選。12年には民主党から衆院比例区九州ブロックに立候補するが落選。14年繰り上げ当選。当選9回。
【著書】土地問題への提言とQ&A (伊藤茂ほか編　アイピーシー'87)

米田 建三　よねだ・けんぞう
衆院議員(自民党)　帝京平成大学教授　⑭昭和22年10月5日　⑭長野県大町市　⑭横浜市立大学商学部(昭和47年)卒　⑭昭和47年徳間書店勤務、代議士秘書などを経て、昭和62年横浜市議に当選。平成4年建設大臣秘書官。5年自民党から衆院議員に当選。6年離党し、自由党結成に参加。さらに同年12月新進党結成に参加。8年の総選挙では比例区で当選したが、当選後、離党。9年5月自民党に復党。11年3月村上・亀井派、のち江藤・亀井派に参加。14年小泉改造内閣の内閣副大臣に就任。3期つとめた。15年落選。16年1月帝京平成大学教授。
⑭読書

米田 東吾　よねだ・とうご
衆院議員(社会党)　⑭大正4年5月7日　⑭平成8年11月22日　⑭新潟県小須戸町　⑭高小卒　⑭勲二等旭日重光章(昭和62年)　⑭昭和26年全逓新潟地本委員長、信越地本委員長、新潟県労組協議会議長を歴任後、42年以来衆院議員に6選。

米津 等史　よねつ・ひとし
衆院議員(自由党)　⑭昭和34年2月24日　⑭東京都　⑭東海大学政経学部(昭和56年)卒　⑭資生堂社員を経て、平成8年新進党から衆院議員に当選。1期務めた。10年1月自由党に参加。12年引退。

【 り 】

笠 浩史　りゅう・ひろふみ
衆院議員(民主党　神奈川9区)　⑭昭和40年1月3日　⑭福岡県　⑭慶応義塾大学文学部(平成1年)卒　⑭平成元年テレビ朝日に入社。営業局を経て、6年報道局政治部に異動、政治記者として多くの政局を取材する。15年7月退社。同年

11月衆院選神奈川9区に民主党から立候補して当選。 http://www.ryu-h.net/

【れ】

蓮舫 れんほう
参院議員(民主党 東京) 元・ニュースキャスター 元・女優 [生]昭和42年11月28日 [出]東京都 本名＝村田蓮舫 斉藤蓮舫 [学]青山学院大学法学部(平成2年)卒 [歴]母は日本人で父は台湾人。幼稚園から青山学院に通う。昭和63年台湾から帰化。同年クラリオン・ガールとしてデビュー。16年参院議員に民主党から立候補、育児問題を中心に訴え当選を果たす。 [趣]スキー，スキューバダイビング [家]夫＝村田信之(フリーライター)

【ろ】

六島 誠之助 ろくしま・せいのすけ
尼崎市長 六島クリニック理事長 医師 [生]昭和3年3月21日 [没]平成16年6月13日 [出]兵庫県 [学]兵庫県医専卒 [歴]平成2年尼崎市長に当選。6年退任、1期。六島クリニック理事長を務めた。

【わ】

若井 康彦 わかい・やすひこ
衆院議員(民主党 比例・南関東) 都市計画プランナー [生]昭和21年3月1日 [出]千葉県佐倉市 [学]東京大学工学部都市工学科(昭和44年)卒 [歴]昭和45年日本設計に入社、新宿副都心計画、江東防災再開発などを担当。退職後、51年地域計画研究所を設立。沖縄県を中心に都市、地域計画、町づくり計画、過疎、離島の振興方策に参画。平成8年から熊本県阿蘇郡の12町村が地域づくりのために設立した阿蘇地域振興デザインセンター事務局長。14年参院千葉補選に立候補。15年民主党より衆院議員に当選。著書に「若者と都市」(共著)、「島の未来史」などがある。 http://www.wakai-yasuhiko.com/

若生 正 わかいき・ただし
池田市長 [生]大正12年10月2日 [出]兵庫県宝塚市 [学]伊丹中(昭和16年)卒 [賞]勲三等瑞宝章(平成7年)，池田市名誉市民(平成11年) [歴]昭和42年池田市助役を経て、50年市長に当選、5期。平成7年引退。

若泉 征三 わかいずみ・せいぞう
衆院議員(民主党 比例・北陸信越) [生]昭和20年8月5日 [出]福井県今立郡今立町 [学]中央大学経済学部(昭和44年)卒 [歴]昭和44年前田建設営業部に入社。のち国会議員私設秘書、中日本土木取締役営業部長を経て、54年今立町議。58年より町長に4選。親子二代で町長職を務めた。平成15年衆院議員に当選。 [趣]カラオケ [家]父＝若泉二郎(福井県議)

若狭 守 わかさ・まもる
寿都町(北海道)町長 [生]大正14年4月12日 [没]平成8年7月26日 [出]北海道寿都郡寿都町 [学]函館工卒 [歴]昭和22年寿都町役場に入り、50年10月教育長を務め、60年町長に当選。3期務める。平成元年全国の自治体で初の風力発電施設を建設。6年全国町村会長表彰を受けた。 [趣]読書，音楽鑑賞

若杉 元喜 わかすぎ・げんき
新潟市長 [生]大正8年1月8日 [没]平成16年6月10日 [出]新潟県内野町(現・新潟市) [学]新潟商(昭和12年)卒 [賞]勲四等旭日小綬章(平成3年) [歴]昭和34年内野町長、52年新潟市収入役、57年助役を経て、58年以来市長に2期。革新系無所属。平成2年引退。

若杉 繁喜 わかすぎ・しげき
矢部村(福岡県)村長 [生]大正12年10月15日 [学]南筑中卒 [歴]林業家の長男として生まれる。福岡県森林組合連理事を経て、昭和58年矢部村村長に当選。平成8年退任。4年から世界子ども愛樹祭コンクールを続け、国内外から森林に関する絵や作文などを募集。578市町村が加盟する森林交付税創設促進連盟の副会長も務めた。

若月 弘 わかつき・ひろし
君津市長 [生]昭和3年4月7日 [学]東京農林専卒 [賞]勲四等瑞宝章(平成14年) [歴]千葉県企業庁長、千葉県土地開発公社理事長を経て、平成6年10月君津市長に当選。10年落選。

若林 久徳 わかばやし・ひさのり
村上市長 [生]昭和4年1月16日 [出]新潟県村上市 [学]中央大学法学部中退 [賞]旭日小綬章(平成16年) [歴]法相秘書官などを務めた後、村上市長に当選。4期務める。平成14年落選。

若林 秀樹 わかばやし・ひでき
参院議員(民主党 比例) [生]昭和29年4月1日 [出]東京都台東区 [学]早稲田大学商学部(昭和51年)卒,ミシガン州立大学大学院(昭和54年)修了 [歴]昭和55年ヤマハに入社。東京・池袋店を経て大阪支店に勤務後、組合活動に携わり、61年ヤマハ労組本部企画広報部長を務めた。平成2年電気連合(元・電機労連)労働協約対策部長に。4年若手労組幹部の外交官登用制度の5代目に選ばれる。同年9月外務省に入り、研修を経て5年ワシントンの日本大使館に赴任後経済班に所属し経済協力、人種問題などを担当。帰国後、電機総研副所長に就任。13年参院選に民主党比例区から当選。 [趣]スポーツ http://www.wakahide.com/

若林 英二 わかばやし・ひでじ
国分寺町(栃木県)町長 [生]大正12年8月22日 [出]栃木県国分寺町 [学]茨木商卒,千葉陸軍戦車学校卒 [賞]勲四等旭日小綬章(平成14年) [歴]陸軍少尉を経て27歳で国分寺町議に当選、4期。その後町助役を務めたあと昭和48年町長に当選。60年6月の町長選で校内暴力、いじめの対策を公約として掲げ、当選後小・中学生を表彰する"子ほめ条例"を制定。また間伐した木材を利用して自ら短歌や格言をしたため販売、益金を福祉基金あてるなどアイデア町長としても知られる。平成13年7期務め、引退。農村を描く随筆に定評があり、著書に「下野の四季」「国分寺の四季」など。 [趣]随筆

若林 正俊 わかばやし・まさとし
参院議員(自民党 長野) [生]昭和9年7月4日 [出]長野県 [学]東京大学法学部(昭和32年)卒 [歴]昭和32年農林省に入省。国土庁総務課長を経て、58年以来自民党から衆院議員に3選。平成2年、8年落選。10年参院議員に長野選挙区から当選、2期目。13年第2次森改造内閣で財務副大臣となり、同年5月小泉内閣でも再任。安倍派、三塚派を経て、森派。著書に「誇りあるふる里づくり国づくり」「日本の進路—科学技術立国への道」など。

若松 謙維 わかまつ・かねしげ
衆院議員(公明党) [生]昭和30年8月5日 [出]福島県石川郡石川町 [学]中央大学商学部(昭和53年)卒 [資]公認会計士,税理士 [歴]昭和53年〜平成4年監査法人トーマツに勤務。この間、57年公認会計士となる。平成5年公明党から衆院議員に

3選。公明党外交部会長を経て、6年12月新進党、10年1月新党平和、同年11月新公明党に参加。15年落選。この間、14年1月小泉内閣の総務副大臣。同年10月の小泉改造内閣でも留任。著書に「EC加盟国の税制」など。　http://www.network-wakamatsu.com/
【著書】私もとれたISO14001（東洋経済新報社 '00）

脇 信男　わき・のぶお
高松市長　⊕大正8年9月1日　㊎平成9年12月12日　⊕香川県高松市　㊎中央大学法学部（昭和18年）卒　㊎代議士秘書、社会党県副委員長を経て、昭和46年以来高松市長に6選。全国革新市長会会長、全国市長会副会長なども務めた。平成7年引退。

脇 雅史　わき・まさし
参院議員(自民党　比例区)　⊕昭和20年2月2日　⊕徳島県　㊎東京大学工学部（昭和42年）卒　㊎昭和42年建設省に入省。平成6年河川計画課長、7年近畿地方建設局長を経て、9年日本道路協会顧問。10年参院議員に自民党から当選。2期目。旧橋本派。　http://www.waki-m.jp/

脇中 孝　わきなか・たかし
田辺市長　⊕昭和8年2月11日　⊕和歌山県田辺市　㊎上芳養中卒　㊎田辺市水道事業所管理者、助役を経て、平成6年田辺市長に当選。3期目。
㊎囲碁、スポーツ

脇屋 長可　わきや・ながよし
別府市長　大分県議　⊕昭和5年5月13日　㊎平成7年10月29日　⊕大分県別府市　㊎別府一高卒　㊎昭和24年大分県議会事務局に入る。38年大分スバル自動車専務、41年日産サニー大分販売社長を経て、46年大分県議。50年以来別府市長に3選。62年落選。

和合 正治　わごう・しょうじ
松本市長　⊕大正6年2月27日　㊎平成16年3月7日　⊕長野県松本市　㊎松本中（昭和9年）卒　㊎勲四等旭日小綬章（平成5年）　㊎昭和13年松本市役所に入る。44年助役を経て、51年以来市長に4選。平成4年落選。音楽祭サイトウ・キネン・フェスティバルを招致した。

和食 富雄　わじき・とみお
安芸市長　⊕大正15年11月17日　㊎平成1年7月17日　⊕高知県　㊎陸軍少年通信兵学校卒　㊎高知県庁に奉職。昭和57年安芸市助役。61年8月社会党推薦で初当選した。

鷲沢 正一　わしざわ・しょういち
長野市長　⊕昭和15年11月8日　⊕長野県長野市　㊎早稲田大学第一商学部（昭和38年）卒　㊎昭和38年炭平本店社長に就任。のち炭平コーポレーション社長、長野セントスクウェア社長。39年から長野商工会議所議員。62年10月同所副会頭に就任。平成13年長野市長に当選。
㊎読書、囲碁、スポーツ

和田 秋広　わだ・あきひろ
別子山村（愛媛県）村長　⊕大正13年1月3日　⊕愛媛県宇摩郡別子山村　㊎別子山村高小（昭和14年）卒　㊎旭日小綬章（平成15年）　㊎昭和21〜53年住友金属鉱山別子事業所に勤務。別子山村議4期、同村助役2期を経て、平成元年から村長に4選。住友別子銅山が盛んだったころ1万2000人いた人口が閉山以後減少を続け、のち西日本で一番人口の少ない村となる。15年同村は新居浜市と合併。　㊎登山、釣り、狩猟

和田 一仁　わだ・かずひと
衆院議員（民社党）　⊕大13.7.30　⊕東京都港区西新橋　㊎明治大学政経学部（昭和23年）卒　㊎勲二等瑞宝章（平成6年）　㊎商工省勤務、西尾末広の秘書を経て、昭和35年民社党の結成に参加。

54年衆院議員に当選、5期つとめる。平成5年落選。

和田 喜造　わだ・きぞう
有明町(鹿児島県)町長　㋐鹿児島県　㋑東京高等農林卒　㋓勲五等瑞宝章(平成15年)　㋔拓務省、国際農友会常務理事を経て、プリマハムのアルゼンチン工場長、取締役。昭和51年出身地の有明町に助役として招かれ、54年無投票で町長に。町財政見直しのため、58年7月から60年3月までの自身の給与10％カットを断行した。

和田 貞夫　わだ・さだお
衆院議員(社民党)　㋐大正14年1月5日　㋑大阪府和泉市　㋒成器商(昭和18年)卒　㋓勲二等瑞宝章(平成7年)　㋔昭和22年大阪府に勤務。34年から大阪府議3期を経て、47年以来衆院議員に2選。61年落選したが、平成2年再選。通算4期。8年引退。
【著書】草莽の臣(明石書店'04)／うるさいオッサンがやってきた(にんげん社'94)

和田 静夫　わだ・しずお
衆院議員　参院議員(社会党)　㋐大正15年10月1日　㋑石川県金沢市　㋒専修大学大学院法学研究科私法学専攻(昭和32年)修了　㋓旭日重光章(平成15年)　㋔日本硬質陶器労組組合長、自治労組織部長などを歴任後、昭和43年参院議員に当選。3期つとめたあと61年6月辞任し、衆院選に東京1区から立候補したが落選。62年4月には東京都知事選に出馬した。平成2年の衆院選では埼玉1区から出馬し当選、1期つとめる。5年落選。6年9月社会党を離党し、護憲市民全国協議会を結成。8年新社会党から衆院選に、13年自由連合から参院選比例区に出馬。

和田 隆志　わだ・たかし
衆院議員(民主党　比例・中国)　㋐昭和38年7月18日　㋑広島県福山市　㋒東京大学法学部(昭和63年)卒　㋔昭和63年大蔵省に入省。金融庁総務企画局総務課長補佐などを経て、平成15年衆院議員に当選。http://www.wada-takashi.jp/

和田 教美　わだ・たかよし
参院議員(新進党)　元・朝日新聞論説委員　政治評論家　㋐国内政治　㋐大正8年3月21日　㋒平成13年1月12日　㋑和歌山県和歌山市　㋒和歌山高商(昭和14年)卒　㋐連合政治;総合安全保障　㋓勲二等瑞宝章(平成7年)　㋔朝日新聞社入社。東京本社政治部次長、大阪本社経済部長、「朝日ジャーナル」編集長、東京本社出版局次長、論説委員などを経て、政治評論家となる。昭和58年公明党から参院議員に当選、2期つとめた。平成6年新進党結成に参加。7年引退。著書多数。
【著書】創価学会問題の真実は何か(山手書房'81)／保守本流の系譜(和田教美、川内一誠著PHP研究所'81)／80年代－政治の読み方(PHP研究所'80)

和田 洋子　わだ・ひろこ
参院議員(民主党　福島)　㋐昭和16年8月8日　㋑福島県河沼郡会津坂下町　㋒会津女子高(昭和35年)卒　㋔昭和62年夫の自民党福島県議・和田光豊が死去し、補欠選挙に立候補、当選。2期務めるが、平成7年落選。同年新進党から参院議員に当選。2期目。10年1月国民の声に参加、4月民主党に合流。　㋕夫＝和田光豊(福島県議)
http://www.wada-hiroko.org/

渡瀬 憲明　わたせ・のりあき
衆院議員(自民党)　㋐大正14年10月8日　㋒平成10年8月1日　㋑熊本県八代市　㋒明治大学法学部法律学科(昭和27年)卒　㋓勲三等旭日中綬章(平成10年)

坂田道太衆院議員秘書をつとめ、平成2年衆院議員に当選、2期つとめる。8年落選。旧河本派。

渡辺 皓彦　わたなべ・あきひこ
富士吉田市長　⊕昭和7年11月15日　⊕山梨県富士吉田市　⊕国学院大学政経学部卒　⊕富士吉田市行政企画部長を経て、昭和62年市長に当選。2期。平成7年落選。

渡部 一郎　わたなべ・いちろう
衆院議員（公明党）　⊕昭和6年9月24日　⊕旧満州・大連　⊕東京大学工学部応用化学科（昭和31年）卒　⊕聖教新聞を経て、昭和39年公明新聞編集長、42年以来衆院議員に9選。その間党中執、日中有効議員連盟副会長、日中友好国民協議会世話人を歴任。平成5年引退。のち国連のための世界国会議員会議事務局長。　⊕読書,音楽　⊕妻＝渡部通子（参院議員）

渡辺 一成　わたなべ・いっせい
原町市長　⊕昭和19年1月6日　⊕福島県原町市　⊕東北大学教育学部中退　⊕1級建築士　⊕昭和47年原町建築職業訓練校講師、のち事務局長。57年福島県建築士会相馬支部事務局長。58年原町市議を経て、平成3年から福島県議に3選。14年原町市長に当選。　⊕読書，ゴルフ

渡辺 栄一　わたなべ・えいいち
衆院議員（自民党）　建設相　⊕大正7年10月11日　⊕平成9年6月16日　⊕岐阜県美濃加茂市　⊕名古屋高商（現・名古屋大学）（昭和13年）卒　⊕勲一等旭日大綬章（平成2年）　⊕家業の酒造業に従事したのち、太田町長2期を経て、昭和28年より美濃加茂市長に3期。38年衆院議員に当選、以来10期。この間自民党副幹事長、衆院懲罰委員長、第2次大平内閣建設相などを務めた。竹下派を経て、小渕派。平成5年引退。　⊕父＝渡辺栄三郎（御代桜醸造社長）

【著書】住宅と私（行政問題研究所出版局'82）

渡辺 紀　わたなべ・おさむ
富士宮市長　⊕昭和5年5月21日　⊕静岡県富士宮市　⊕早稲田大学商学部（昭和28年）卒、早稲田大学大学院商学研究科（昭和31年）修士課程修了　⊕藍綬褒章（平成6年），旭日中綬章（平成16年）　⊕静岡県農協中央会を経て、昭和49年以来静岡県議に5選。60年副議長。平成3年富士宮市長に当選。3期務め、15年引退。　⊕俳句

渡辺 一雄　わたなべ・かずお
新湊市長　⊕大正6年12月19日　⊕平成12年10月31日　⊕富山県　⊕明治大学商学部（昭和16年）卒　⊕勲四等瑞宝章（平成4年）　⊕昭和42年新湊市助役を経て、54年以来新湊市長に3選。平成3年引退。

渡辺 万男　わたなべ・かずお
富士吉田市長　⊕大正13年7月15日　⊕昭和63年5月28日　⊕山梨県富士吉田市　通称＝渡辺万男　⊕瑞穂実卒　⊕山梨県青年団協議会副会長などを経て、昭和38年から富士吉田市議2期、50年から山梨県議2期を務めた。58年富士吉田市長に当選。62年贈賄容疑で逮捕され、裁判中に死去した。正式には"かずお"だが、地元では"まんだん"で通っていた。

渡辺 嘉蔵　わたなべ・かぞう
衆院議員（民主党）　元・内閣官房副長官　⊕大正15年1月9日　⊕岐阜県岐阜市木挽町　通称＝渡辺カ三　⊕金華高小（昭和13年）卒　⊕昭和21年日本社会党に入党。30年より岐阜市議2期、岐阜県議5期を経て、58年社会党から衆院議員に当選。61年落選するが、平成2年復帰。8年橋本内閣の官房副長官。同年社民党を経て、民主党に参加。通算3期。同年、12年落選。9年民主党岐阜を結成、代表。11年岐阜県内両民主党統一を成

就し、代表。著書に「西独に学ぶ共同決定法」など。

【著書】渡辺カ三政治日記(日本評論社 '98)

渡辺 勝美 わたなべ・かつみ

上九一色村(山梨県)村長 [生]大正10年3月28日 [学]旧制農卒 [賞]勲五等双光旭日章(平成10年) [歴]山梨県職員、上九一色村助役を経て、昭和56年以来村長に3選。平成元年に入村したオウム真理教と村民とのトラブルが絶えず、村の代表として教団・麻原代表らと様々な交渉を行なう。7年3月教団の捜査を機に、村から信者や施設の退去を求める運動に取り組む。同年山梨県町村会長。9年退任。

渡部 完 わたなべ・かん

宝塚市長 [生]昭和33年8月14日 [出]兵庫県 [学]関西学院大学社会学部卒 [歴]代議士秘書を経て、平成3年自民党から兵庫県議に当選、3期務める。15年宝塚市長に当選。

渡辺 健一郎 わたなべ・けんいちろう

岩沼市長 [生]明治40年11月5日 [没]平成7年4月22日 [出]宮城県岩沼市 [学]盛岡高農卒 [賞]勲五等双光旭日章(昭和53年), 勲三等瑞宝章(平成4年) [歴]昭和11年宮城県に入り、経済部に勤めるが、戦後21年公職追放となる。30年宮城県議になり5期つとめ、50年副議長に就任。53年岩沼市長に当選、61年6月には中道・革新陣営までとり込んで3選を果たした。平成2年引退。

[家]長男=渡辺栄一(宮城県議)

渡辺 源蔵 わたなべ・げんぞう

朝霞市長 [生]大3.9.5 [出]埼玉県朝霞市 [学]朝霞町青年学校(昭和8年)卒 [賞]藍綬褒章(昭和50年), 勲三等瑞宝章(平成2年) [歴]昭和23年から朝霞町議に5選。町会議長を経て、40年町長に当選。42年市長となり、5選。平成元年落選。

渡辺 孝一 わたなべ・こういち

岩見沢市長 [生]昭和32年11月25日 [出]北海道 [学]北海道医療大学歯学部卒 [歴]渡辺歯科医院院長を務める。平成14年岩見沢市長に当選。

渡辺 浩一郎 わたなべ・こういちろう

衆院議員(新進党) [生]昭和19年5月31日 [出]東京都文京区 [学]日本大学大学院理工学研究科(昭和54年)博士課程修了 工学博士(日本大学) [歴]大成建設設計本部勤務、代議士秘書を経て、平成5年日本新党から衆院議員に当選。6年新進党結成に参加。8年落選。12年自由党、15年民主党から立候補するが落選。

渡部 恒三 わたなべ・こうぞう

衆院議員(無所属の会 福島4区) 通産相 [生]昭和7年5月24日 [出]福島県南会津郡田島町 [学]早稲田大学大学院(昭和32年)修士課程修了 [賞]勲一等旭日大綬章(平成15年) [歴]福島県議を経て、昭和44年衆院議員に当選、12期。49年通産政務次官、51年文部政務次官、56年衆院商工委員長を経て、58年第2次中曽根内閣の厚相、平成元年海部内閣の自治相、3年衆院予算委員長、同年宮沢内閣の通産相に就任。自民党竹下派、羽田派、5年新生党を経て、6年新進党結成に参加、のち総務会長。8年11月衆院副議長に就任。 [趣]読書, 登山, 囲碁(3段) [家]父=渡部又左エ門(福島県議)

http://www.kozo.gr.jp/

【著書】政治家につける薬(東洋経済新報社 '95)/水芭蕉日記(千代田永田書房 '81)

【評伝】人間・渡部恒三(大下英治著 ぴいぷる社'03)/天下を取る!(小林吉弥著 講談社'93)/天下を狙う男たち(豊田行二著 茜新社'90)/21世紀の首相候補生(時事通信社政治部著 時事通信社'89)/自民党の若き獅子たち(大下英治著 角川書店'88)/実力政治家を輩出する「早大雄弁会」の研究(大下英治著 PHP研究所'88)/これからの内閣総理大臣候補十三人衆(宮下博行著 政界往来社'88)

渡辺 紘三　わたなべ・こうぞう
衆院議員（自民党）　㊐昭17.1.28　㊓新潟県北蒲原郡紫雲寺町　㊫早稲田高中退　㊘昭和47年以来新潟2区から衆院議員6期。建設、郵政各政務次官、衆院逓信委員理事など歴任。59年衆院逓信委員長。竹下派。平成2年病気のため引退。㊕ゴルフ

渡辺 幸子　わたなべ・さちこ
多摩市長　㊐昭和24年4月18日　㊓東京都多摩市諏訪　㊫中央大学法学部卒　㊘多摩市に入り、総務部次長、文化振興財団事務局長、企画部副参事、市民部長を歴任。平成14年4月退職し、汚職事件による鈴木邦彦前市長の辞職に伴う出直し市長選で当選を果たす。

渡辺 三郎　わたなべ・さぶろう
衆院議員（社会党）　㊐大正15年12月23日　㊣平成15年2月14日　㊓山形県米沢市　㊫米沢商（昭和18年）卒　㊛勲二等瑞宝章（平成10年）　㊘山形県労評事務局長から昭和41年山形県議となり、社会党山形県本部書記長などを経て、旧山形1区で社会党から出馬し、47年衆院議員に当選。5期務め、党国会対策副委員長など歴任。61年の総選挙では党の公認が得られないまま無所属で出馬、除名処分となり、落選した。

渡辺 周　わたなべ・しゅう
衆院議員（民主党　静岡6区）　㊐昭和36年12月11日　㊓静岡県　㊫早稲田大学政経学部経済学科（昭和62年）卒　㊘昭和62年読売新聞編集局記者、代議士秘書を経て、平成3年民社党から静岡県議に当選、2期。8年民主党より衆院議員に当選。3期目。　㊜父＝渡辺朗（衆院議員）　http://www.watanabeshu.org/

渡辺 省一　わたなべ・しょういち
衆院議員（自民党）　元・科学技術庁長官　㊐昭和5年4月21日　㊣平成12年9月29日　㊓北海道美唄市　㊫中央大学経済学部（昭和28年）卒　㊛勲一等瑞宝章（平成12年），美唄市名誉市民　㊘衆院議員篠田弘作の秘書を経て、昭和38年北海道議に当選、4期つとめる。54年衆院議員に当選、6期。北海道開発政務次官、自治政務次官を歴任。平成3年自民党道連会長。5年6月科学技術庁長官。8年落選。旧宮沢派。　㊕ゴルフ，読書，麻雀

渡辺 四郎　わたなべ・しろう
参院議員（社民党）　㊐昭和4年7月29日　㊓大分県日田市　㊫日田林工（旧制）卒　㊛勲二等瑞宝章（平成11年）　㊘昭和22年福岡県庁入り。林務部治山課職員などを経て45年福岡県職員労働組合委員長。54年自治労福岡県本部委員長、福岡県評副議長、九州自治連議長、全自治連議長、58年福岡県住宅生協理事長などを歴任。社会党福岡県本部副委員長を経て、61年参院議員に当選、2期つとめる。平成10年引退。のち社民党福岡県連代表代理。　㊕囲碁

渡辺 孝男　わたなべ・たかお
参院議員（公明党　比例）　㊐昭和25年2月1日　㊓茨城県石岡市　㊫東北大学医学部（昭和49年）卒　医学博士（昭和56年）　㊮医師　㊘文部教官、昭和49年厚生技官、57年米沢市立病院部長を歴任。平成7年参院比例区に新進党から当選。10年公明に移り、同年11月新公明党結成に参加。2期目。　http://www.watanabetakao.net/

渡辺 勉　わたなべ・つとむ
花巻市長　㊐昭和15年5月21日　㊓岩手県花巻市　㊫日本大学法学部（昭和38年）　㊘昭和39年岩手県庁に入庁。44年自治省に勤務。49年県地方課主任となり、51年財政課主査、55年財政課企画

調査係長、56年主任財政主査、60年千厩県税事務所長、61年千厩地方振興局総務部長を経て、岩手県総務部財政課長、のち総務部長を経て、平成8年花巻市長に当選。3期目。　⊕スポーツ,読書

渡辺 具能　わたなべ・ともよし
衆院議員（自民党　福岡4区）　⊕昭和16年4月7日　⊕福岡県粕屋郡須恵町　⊕九州大学工学部（昭和39年）卒　⊕昭和39年運輸省に入省。港湾局開発企画調整官、運輸政策局環境課長の後、昭和62年第四港湾建設局次長、平成元年港湾局建設課長、3年第四港湾建設局長、4年8月港湾技術研究所長を歴任。6年12月退官。8年自民党より衆院議員に当選。3期目。旧渡辺派を経て、10年12月山崎派に参加。
http://www.tomoyoshi.gr.jp/

渡辺 彦太郎　わたなべ・ひこたろう
富士市長　静岡県議　⊕大正14年9月18日　⊕静岡県富士市　⊕東京鉄道教習所運転高等科（昭和23年）卒　⊕藍綬褒章,勲三等瑞宝章（平成7年）　⊕昭和34年から静岡県議3期を経て、45年以来富士市長に5選。平成元年落選。

渡辺 秀央　わたなべ・ひでお
参院議員（民主党　比例）　衆院議員（自民党）　郵政相　⊕昭和9年7月5日　⊕新潟県栃尾市　⊕拓殖大学政経学部（昭和32年）卒　⊕タイ一等王冠章（昭和63年）　⊕雑貨商の家に育ち、中曽根康弘の秘書から政治家に。昭和51年以来衆院議員7期。57年通産政務次官、のち内閣官房副長官を経て、平成3年宮沢内閣の郵政相に就任。8年落選。旧渡辺派。10年参院選比例区に自由党から当選。15年9月民主党に合流。2期目。私学連委員長、拓殖大学理事もつとめた。　⊕読書、スポーツ

渡辺 博万　わたなべ・ひろかず
美濃加茂市長　⊕大14.11.10　⊕岐阜県美濃加茂市　⊕加茂農林（昭和18年）卒　⊕昭和22年古井町役場に入る。29年合併で美濃加茂市役所に移り、収入役、助役を経て、60年市長に当選。2期務めた。

渡辺 博道　わたなべ・ひろみち
衆院議員（自民党　比例・南関東）　⊕昭和25年8月3日　⊕千葉県松戸市　⊕早稲田大学法学部卒、明治大学大学院法学研究科修士課程修了　⊕昭和51年松戸市職員を経て、61年渡辺交通社長。平成7年千葉県議に当選。8年衆院議員に当選。3期目。旧橋本派。
http://www.hiromichi21.com/

渡辺 藤正　わたなべ・ふじまさ
我孫子市長　⊕大正2年5月30日　⊕平成11年2月22日　⊕千葉県　⊕慶応義塾大学経済学部（昭和13年）卒　⊕勲四等旭日小綬章（平成1年）　⊕我孫子町議2期、市議1期を経て、46年以来市長に4選。62年1月引退。

渡辺 文雄　わたなべ・ふみお
栃木県知事　⊕昭和4年1月8日　⊕栃木県宇都宮市　⊕東京大学法学部（昭和28年）卒　⊕勲一等瑞宝章（平成14年）　⊕昭和28年農林省に入省。官房予算課長、食糧庁砂糖類課長、官房審議官などを歴任。58年夏、水産庁長官就任後、日韓漁業交渉、日ソ200カイリ内漁業交渉、日ソサケ・マス交渉など難交渉をまとめる。59年農林水産事務次官となり、同年12月栃木県知事に当選、4期務める。平成12年新人の福田昭夫前今市市長にわずか875票差で敗れた。　⊕ゴルフ
【著書】続・地酒で乾杯（ぎょうせい '96）／地酒で乾杯（ぎょうせい '90）

渡辺 正重　わたなべ・まさしげ
村上市長　[生]大正3年6月6日　[出]新潟県村上市　[学]中大経済学部(昭和14年)卒　[歴]戦後、東京で保険会社に就職するが昭和23年帰郷し家業に従事。25年瀬波町議となり、さらに29年合併に伴い村上市議に。同年村上市職員となり45年市長に当選。4期務める。

渡辺 正義　わたなべ・まさよし
大田原市長　栃木県議　[生]大8.9.6　[出]栃木県　[学]中野高等無線学校(昭和14年)卒　[賞]藍綬褒章(昭和49年), 勲三等瑞宝章(平成3年)　[歴]昭和29年大田原市議、35年栃木県議(3期)、49年栃木県農業共済組合連会長を経て、54年以来大田原市長に3選。平成2年引退。

渡部 正郎　わたなべ・まさろう
衆院議員(自民党)　元・内閣調査室長　弁護士　[専]警察学　政治学　[生]大正8年6月17日　[没]平成9年4月14日　[出]山形県米沢市　[学]東京帝国大学法律学科(昭和20年)卒　[賞]カバリエーレ・ウフィチャーレ章(イタリア)(昭和49年), 勲三等旭日中綬章(平成1年)　[歴]昭和20年旧内務省に入省。在イタリア大使館一等書記官、46年愛知県警本部長、48年警察庁交通局長、49年内閣広報室長を経て、同年から田中、三木、福田内閣の内閣調査室長を務めた。52年退官。54年の衆院選に当選するが、衆参同日選挙で落選。その後司法修習を受け弁護士資格を取得。59年ロッキード事件丸紅ルート控訴審で田中元被告の二審弁護人に起用された。著書に「若いイタリア」「官界・深層からの証言」、訳書に「マスコミ入門」「市民と警察」など。　[趣]油絵, 音楽, ゴルフ

渡辺 美智雄　わたなべ・みちお
衆院議員(自民党)　元・副総理　外相　蔵相　[生]大正12年7月28日　[没]平成7年9月15日　[出]栃木県那須郡那須町　[学]東京商科大学(現・一橋大学)附属商学専門部(昭和19年)卒　[資]税理士　[歴]終戦後、行商、税理士などを行い、昭和30年栃木県議を振り出しに政界入り、38年栃木1区から衆院議員に当選。以来、連続当選11回。51年厚相、53年農相を歴任。55年鈴木内閣の蔵相となり、財政再建に尽力。テレビ、マスコミにしばしば出演、ミッチーの名で親しまれる。60年12月第2次中曽根第2回改造内閣の通産相に就任。62年自民党政調会長を務め、平成2年2月旧中曽根派を引き継ぎ、渡辺派領袖となる。3年宮沢内閣の副総理・外相。5年4月病気のため辞任。同年7月総裁選に立候補したが、河野洋平に敗れた。　[家]息子＝渡辺喜美(衆院議員)

【著書】相続税制改革の視点(ぎょうせい'87)／知らなかった患者学(主婦と生活社'78)

【評伝】平成政治家・斬り捨て御免(谷沢永一著 PHP研究所'94)／渡辺美智雄という男の知略謀略(神一行著 大陸書房'91)／天下を盗る(永川幸樹著 第一企画出版'88)／渡辺美智雄はなぜ、安倍晋太郎に追いついたか(菊池久著 かんき出版'88)／人間・渡辺美智雄(大泉一紀著 すばる書房'87)

渡部 通子　わたなべ・みちこ
参院議員(公明党)　[生]昭和7年4月5日　[出]兵庫県　[学]早稲田大学法学部卒　[歴]潮出版社取締役を経て、昭和44年衆院議員に当選。その後公明党国民生活局長を経て、52年参院議員に当選(兵庫)。57年9月「月刊ペン」事件で証言台に立つ。63年より国連支援交流協会女性・こども・命・未来を守る会事務局長。　[趣]読書　[家]夫＝渡部一郎(衆院議員)

渡辺 貢　わたなべ・みつぐ
衆院議員(共産党)　[生]昭和3年3月4日　[出]東京都　[学]中央大学法学部卒　[歴]大蔵省事務官を経て、衆院議員を2期つとめた。埼玉中央医療生協顧問などを兼任。

渡部 行雄 わたなべ・ゆきお
衆院議員(社会党) [生]大正14年1月27日 [没]平成9年9月16日 [出]福島県会津若松市 [学]東京物理学校(昭和17年)中退 [資]司法書士 [賞]勲二等旭日重光章(平成7年) [歴]司法書士、福島県議4期を経て、昭和51年以来衆院議員に6選。全日農福島県連会長などをつとめる。平成5年引退。

渡辺 行雄 わたなべ・ゆきお
倉敷市長 岡山県議(自民党) [生]昭和6年11月6日 [没]平成8年4月1日 [出]岡山県倉敷市 [学]同志社大学経済学部(昭和29年)卒 [歴]昭和50年以来岡山県議に4選し、62年副議長。平成3年倉敷市長に当選、2期つとめた。 [趣]ゴルフ, 読書, 囲碁

渡辺 芳夫 わたなべ・よしお
栃尾市長 [生]明治41年2月28日 [没]昭和62年7月22日 [出]新潟県 [学]中大法科(昭和15年)中退 [歴]昭和36年栃尾市助役、42年栃尾市議、44年議長を経て、45年から栃尾市長を4期つとめた。61年引退。

渡辺 嘉久 わたなべ・よしひさ
笠岡市長 [生]大正13年12月27日 [出]岡山県 [学]横浜高商(昭和20年)卒 [賞]藍綬褒章(平成2年) [歴]昭和35年から笠岡市議3期を経て、51年から市長に6選。岡山県市長会会長も務めた。平成12年引退。

渡辺 喜美 わたなべ・よしみ
衆院議員(自民党 栃木3区) [生]昭和27年3月17日 [出]栃木県 [学]早稲田大学政経学部(昭和52年)卒, 中央大学法学部卒 [歴]昭和58年父の渡辺美智雄代議士秘書を経て、平成8年衆院議員に当選。3期目。無派閥。国際医療福祉大学理事を務める。 [家]父=渡辺美智雄(外相)
http://www.nasu-net.or.jp/~yoshimi/
【著書】日本はまだまだ捨てたものじゃない(徳間書店 '01)/反資産デフレの政治経済学(渡辺喜美, 平成金融問題研究会著 東洋経済新報社'01)
【評伝】40代宰相論(古賀純一郎著 東洋経済新報社'02)

渡辺 龍一 わたなべ・りゅういち
常陸太田市長 渡辺整形外科医院院長 医師 [生]昭和3年10月24日 [出]茨城県 [学]昭和医科大学(昭和29年)卒 [歴]昭和36年北浦病院整形外科医長、45年渡辺整形外科医院開業。平成2年1月常陸太田市長に当選。4期目。

渡辺 礼一 わたなべ・れいいち
武蔵村山市長 [生]昭和3年12月19日 [没]平成6年12月17日 [出]福島県 [学]中央大学法学部通信制(昭和33年)卒 [歴]武蔵村山市監査委員を経て、昭和57年武蔵村山市長に当選。平成6年引退。

渡辺 朗 わたなべ・ろう
沼津市長 衆院議員(民社党) 東海大学教授 [生]大正14年7月23日 [没]平成4年2月3日 [出]鳥取県境港市 [学]東京大学文学部(昭和27年)卒 [歴]米国留学後、ビルマ・ラングーンのアジア社会党会議事務局、ウィーンの国際青年運動本部で活動。民社党創設に参画し、昭和51年から衆院議員に当選4回。衆院沖縄・北方委員長、党国際局長をつとめた。61年7月落選、9月沼津市長に当選した。平成2年引退。東海大学教授でもあり、著書に「ナショナリズム研究」など。 [家]長男=渡辺周(衆院議員)

綿貫 健輔 わたぬき・けんすけ
釧路市長 [生]昭和21年6月13日 [出]北海道釧路市 [学]早稲田大学法学部(昭和44年)卒 [歴]昭和52年釧路市議を経て、58年自民党から北海道議に当選、4期。平成8年釧路市長に当選、2期務める。

わたぬ

綿貫 隆夫　わたぬき・たかお
中野市長　⑮昭和13年10月2日　⑯長野県中野市　⑰信州大学工学部卒　⑱弁理士　⑲長野高校卒業後、家業の醤油醸造業を引き継ぎ学生社長の生活を送る。昭和48年弁理士試験合格、科学技術翻訳士。長野市に綿貫国際特許・商標事務所を設立。クリエイ知的所有権研究所長も務める。平成8年から中野市長に2選。16年引退。

綿貫 民輔　わたぬき・たみすけ
衆院議員（自民党　富山3区）　建設相　⑮昭和2年4月30日　⑯富山県東砺波郡井波町　⑰慶応義塾大学経済学部（昭和25年）卒　⑲昭和28年トナミ運輸常務、30年社長。富山県議を経て、44年より衆院議員に12選。その間、通産政務次官、郵政政務次官、自民党副幹事長、衆院大蔵常任委員長、衆院法務委員長を歴任し、61年第3次中曽根内閣の国土庁長官兼北海道・沖縄開発庁長官、平成2年第2次海部内閣の建設相に就任。3年党幹事長。12年衆院議長。竹下派、旧小渕派を経て、旧橋本派。著書に「欧州中近東の旅」がある。　㊙父＝綿貫佐民（衆院議員）　http://www.watanuki.ne.jp/

【著書】土地は、誰のものか。（綿貫民輔、長谷川徳之輔著　集英社'93）／至誠天に通ず（ぎょうせい'91）

【評伝】政治対談 この政治家に日本を託す（増田卓二編 日新報道'92）／藤原弘達のグリーン放談〈6〉天真爛漫（藤原弘達編 藤原弘達著作刊行会'87）

渡貫 博孝　わたぬき・ひろたか
佐倉市長　⑮昭和8年3月28日　⑯千葉県四街道市　⑰千葉大学教育学部（昭和31年）卒　⑲中学校校長、千葉県教育委員会指導課主幹、昭和63年佐倉市教育長を経て、平成7年佐倉市長に当選。3期目。　㊙アマチュア無線、釣り

鰐淵 俊之　わにぶち・としゆき
衆院議員（自由党）　⑮昭和11年11月1日　⑯北海道釧路市　⑰北海道大学獣医学部獣医学科（昭和36年）卒　⑱獣医　⑳アールト北海道展記念賞（第3回）（昭和63年），藍綬褒章（平成7年）　⑲昭和36年釧路市役所に入り、44年釧路市議を経て、52年全国に先駆けた中道主導・自民支援の"釧路方式"で革新から市長の座を奪取。5期務めた。8年新進党より衆院選に立候補、比例区北海道ブロックで1位当選。1期務めた。10年1月自由党に参加。12年落選。また市長在職中、昭和63年全国で初めて事務組合立の4年制公立大学をつくり、平成元年ラムサール条約の登録湿地・釧路湿原を抱える八市町村を集め湿原サミットを開き、"釧路宣言"を採択した。

藁科 満治　わらしな・みつはる
参院議員（民主党）　元・連合会長代行　元・電機労連会長　労働運動家　⑮昭和6年12月27日　⑯神奈川県川崎市　⑰明治学院大学経済学部卒、早稲田大学大学院経済学研究科専攻中退　⑳勲一等瑞宝章（平成14年）　⑲昭和27年富士通に入社。35年富士通労組支部執行委員、41年同支部委員長。この間早稲田大学大学院で労働問題を学ぶ。43年電機労連中執、49年同書記長。55年総連合事務局長。58年中立労連事務局長。59年7月電機労連委員長。同年9月中立労連議長、62年11月連合副会長、平成元年～3年11月会長代行、のち顧問。2年電機労連会長。4年の参院選比例区に社会党の名簿1位で当選。8年橋本内閣の官房副長官。9年1月民主党に転じる。2期務めた。16年引退。労働界有数の理論家。共著に「経済と賃金」「労働界のトップリーダーの自画像」「連合築城」など。　㊙囲碁（5段），ゴルフ　http://www.warashina.gr.jp/

【著書】「出会い」こそ人生の分岐点(日本評論社 '03)／民主リベラルの政権構想(日本評論社 '97)／連合築城(日本評論社 '92)

新訂 現代政治家人名事典
── 中央・地方の政治家4000人

2005年 2 月25日 第 1 刷発行

発 行 者／大高利夫
編集・発行／日外アソシエーツ株式会社
〒143-8550 東京都大田区大森北1-23-8 第3下川ビル
電話(03)3763-5241(代表)　FAX(03)3764-0845
URL http://www.nichigai.co.jp/

電算漢字処理／日外アソシエーツ株式会社
印刷・製本／株式会社平河工業社

不許複製・禁無断転載　　《中性紙H-三菱書籍用紙イエロー使用》
〈落丁・乱丁本はお取り替えいたします〉
ISBN4-8169-1892-2　　　　　Printed in Japan, 2005

本書はディジタルデータでご利用いただくことができます。詳細はお問い合わせください。

20世紀日本人名事典

B5・2分冊 セット定価45,990円(本体43,800円)　2004.7刊

日本の近現代史に業績を残す3万人(来日・在日外国人を含む)の詳しいプロフィールを収録。明治・大正・昭和史研究の基礎ツールとして役立ちます。

新訂 政治家人名事典　明治〜昭和
A5・750頁 定価10,290円(本体9,800円)　2003.10刊

世界女性人名事典──歴史の中の女性たち
世界女性人名事典編集委員会編　A5・1,000頁 定価16,800円(本体16,000円)　2004.10刊

ノーベル賞受賞者業績事典　新訂版
ノーベル賞人名事典編集委員会編　A5・740頁 定価7,140円(本体6,800円)　2003.7刊

テレビ・タレント人名事典　第6版
A5・1,300頁 定価6,930円(本体6,600円)　2004.6刊

芸能人物事典　明治 大正 昭和
A5・640頁 定価6,930円(本体6,600円)　1998.11刊

新訂増補 歌舞伎人名事典
野島寿三郎 編　A5・950頁 定価16,800円(本体16,000円)　2002.6刊

漫画家人名事典
まんがseek・日外アソシエーツ編集部共編　A5・520頁 定価8,925円(本体8,500円)　2003.2刊

新訂 作家・小説家人名事典
A5・880頁 定価10,290円(本体9,800円)　2002.10刊

世界スポーツ人名事典
A5・560頁 定価9,240円(本体8,800円)　2004.12刊

●お問い合わせ・資料請求は…　データベースカンパニー　日外アソシエーツ

〒143-8550 東京都大田区大森北1-23-8
TEL.(03)3763-5241　FAX.(03)3764-0845
http://www.nichigai.co.jp/